The Complete Results & Line-ups of the UEFA Cup 1971-1991

Romeo Ionescu

About the author

Romeo Ionescu was born in Ploiesti, Romania, on 19th December 1962. He fell in love with football statistics the first time he held a sports newspaper in 1970 and since then has collected a great number of sports newspapers, magazines and books, now possessing around 20,000 items. He began to collate statistics when he was a schoolboy and continued as a student in Bucuresti, where he completed his Romanian football statistics, spending hundreds of hours in two national libraries. Romeo began to exchange magazines and footballing material with other enthusiasts overseas in 1985 including his Dutch friend Kees Doeleman. Kees sparked Romeo's interest with European Cup line-ups and provided a lot of match details, which eventually led to production of a book about this competition. After collaborating on several books including *The European Football Yearbook, Annuario del Calcio Mondiale*, and a Romanian yearbook, Romeo published his first book, *An Encyclopedia of Romanian Football,* in 2000, followed by books on The European Cup and The European Championship amongst others. By profession a mechanical engineer, he now works as a full-time football statistician and is seeking an appointment with an international agency.

Also available from Soccer Books Limited in the same series:

The Complete Results & Line-ups of the European Cup-Winners' Cup 1960-1999
(ISBN 1-86223-087-0)   *Softback Price £29.50*

The Complete Results & Line-ups of the European Champion Clubs' Cup 1955-1991
(ISBN 1-86223-089-7)   *Softback Price £28.00*

The Complete Results & Line-ups of the European Champions League 1991-2004
(ISBN 1-86223-114-1)   *Softback Price £27.50*

The Complete Results & Line-ups of the European Fairs Cup 1955-1971
(ISBN 1-86223-085-4)   *Softback Price £22.50*

The Complete Results & Line-ups of the UEFA Cup 1991-2004
(ISBN 1-86223-115-X)   *Softback Price £29.50*

The Complete Results & Line-ups of the Olympic Football Tournaments 1900-2004
(ISBN 1-86223-088-9)   *Softback Price £18.95*

The Complete Results & Line-ups of the European Football Championships 1958-2004
(ISBN 1-86223-108-7)   *Softback Price £24.50*

British Library Cataloguing in Publication Data
A catalogue record for this book is available from the British Library

ISBN 1-86223-109-5

Copyright © 2004, SOCCER BOOKS LIMITED. (01472 696226)
72 St. Peter's Avenue, Cleethorpes, N.E. Lincolnshire, DN35 8HU, England

All rights are reserved. No part of this publication may be reproduced, stored in a retrieval system or transmitted, in any form or by any means, electronic, mechanical, photocopying, recording, or otherwise, without the prior written permission of Soccer Books Limited.

Printed by 4edge Ltd. www.4edge.co.uk

INTRODUCTION

The first matches in the UEFA Cup were played on 14th September 1971 but the foundations of the competition were laid many years before this date. To all intents and purposes, the UEFA Cup was little more than a renamed continuation of the "Inter-Cities Fairs Cup" which ran from 1955 to 1971.

The Inter-Cities Fairs Cup

The underlying idea behind the creation of the "Fairs Cup" was the provision of inter-cities' matches to entertain and to promote international sports' relations, thus contributing to the bringing together of peoples by means of football. Furthermore, it was intended to give businessmen an opportunity to make contacts where international fairs were held.

During the period immediately after World War II, far fewer football matches between towns were played than during pre-war years. Director Ernst Thommen of Basel, Switzerland, had been studying this problem for a long time and thought that the interest of the public could be stimulated again by arranging matches to be played either by clubs or selected teams who represented towns on an international basis.

At that time UEFA did not exist so Dir. Thommen discussed the project of an "Inter-Cities Fairs Cup Competition" with various representatives of national associations on the occasion of the 50th Anniversary of the Swedish FA in Stockholm.

The proposal was well received as it was thought that such a tournament would give an opportunity to talented young players to get experience in international football.

Dir. Thommen contacted Sir Stanley Rous in London and Dr.ing. O. Barassi in Roma, who, at the time, were then acting as joint honorary Secretaries of FIFA. These three formed an "Initiative Committee" and contacted the national associations and also the committees of towns and clubs which might be interested in the idea of this new competition. Great interest was shown and the Initiative Committee decided (with the consent of the national associations) to arrange a meeting with all the interested organisations.

A meeting took place in Basel, Switzerland on 18th April 1955 and the Inter-Cities Fairs Cup Competition was founded. The following twelve towns were represented by a delegate or by a representative of their national association: Barcelona, Basel, Birmingham, København, Frankfurt, Lausanne, Leipzig, London, Milano, Stockholm, Wien, Zagreb.

The first decisions taken by the foundation assembly were the forming of groups for the first competition and the nomination of a committee under the presidency of Director Ernst Thommen composed of four representative members of the participating teams and the two members of the "Initiative Committee".

This was the beginning of the administrative side of the Inter-Cites Fairs Cup. The competition proper began in 1955 with the first match played between selected teams representing Basel and London at the St. Jakob Stadium in Basel. This match took place during the visit of the Lord Mayor of London to the Rhine City on 4th June, 1955.

During the life of the Fairs Cup, 13 competitions took place during which a total of 1,036 matches were played by 207 clubs or selected teams from towns. After the first competition, the representative teams of towns were replaced by club teams, one by one. It may interest readers to know that Soccer Books Limited also publish my book containing full statistics for this competition: –

The Complete Results & Line-ups of the European Fairs Cup 1955-1971.

The UEFA Cup

After the 1970-71 season, the autonomous committee sponsored by FIFA which had organized the Fairs Cup was replaced by UEFA. The new European football organisation preserved the competition format of the tournament, but renamed it the UEFA Cup and created a new trophy for the winner. In order to decide which team would keep the old Fairs Cup trophy permanently, a game was played between the first ever winner of this competition (FC Barcelona, 1958) and the last one (Leeds United AFC, 1971). Barcelona duly won the match to become permanent holders of the Fairs Cup.

The format of the competition was and remains a straight knock-out system with each tie played over two games, one at home and one away. In the years covered in this book, 1971-1991, there were 64 entrants to each competition many of whom were runners-up in their national Leagues. The numbers of entrants from each country in any given season were decided by an ongoing points system calculated by UEFA which depended on each country's clubs' previous successes in European competition. Hence the larger and more successful footballing nations such as Spain, Italy, Germany and England generally had more entrants than smaller, less successful countries.

The statistical information contained in this book is a result of many years work during which time I have referenced thousands of pages in newspapers and books and I was also helped by many other statisticians. Special thanks go to Kees Doeleman, Dirk Karsdorp and Daniel Paquereau from Holland, Santiago Velasco from Spain and Soccer Books Limited who now publish this book. From the many books I have used as a reference, special mention goes to *The European Football Yearbook*, *Annuario del Calcio Mondiale*, *Memo Foot* and the Greek yearbook *Gkol*.

I have endeavoured to make the contents of this book as accurate as possible but often, checking two different sources leads to different information for the same match. In cases such as this I have used the most trustworthy information I could find. It has been extremely difficult to find information for some of the games so for a few matches I do not have the full names of players, the names of goalscorers or times of goals scored.

Thoughout this book, rather than use English spellings, I have used the correct spelling of Club names and places as used in the country of origin. For example, Rome is Roma, Copenhagen is København etc. If a club's name does not include the name of the town or city from which they originate, this name has been appended. For example, Chelsea and Heart of Midlothian become Chelsea London and Heart of Midlothian Edinburgh accordingly.

Romeo Ionescu

UEFA CUP 1971-72

FIRST ROUND

GLENTORAN BELFAST
v EINTRACHT BRAUNSCHWEIG 0-1 (0-1)

The Oval, Belfast 14.09.1971

Referee: Alfred Delcourt (BEL) Attendance: 4,056

GLENTORAN: Trevor McCullough, John Hill, Geoff Gorman, William McKeag, Roy Coyle, Anthony Macken, Gerry McCaffrey, John Jamison (46 Alan Dickson), Thomas Morrow, James Magill, Anthony Cavanagh.

EINTRACHT: Horst Wolter, Wolfgang Grzyb, Peter Kaack, Joachim Bäse, Franz Merkhoffer, Max Lorenz, Friedhelm Haebermann, Bernd Gersdorff, Klaus Gerwien, Ludwig Bründl, Eberhard Haun (46 Dietmar Erler).
Trainer: Otto Knefler

Goal: Bründl (33)

EINTRACHT BRAUNSCHWEIG
v GLENTORAN BELFAST 6-1 (3-1)

Eintracht stadion an der Hamburger Str., Braunschweig 28.09.1971

Referee: Petar Nikolov (BUL) Attendance: 11,362

EINTRACHT: Bernd Franke, Wolfgang Grzyb, Peter Kaack, Joachim Bäse, Franz Merkhoffer, Max Lorenz, Bernd Gersdorff (84 Friedhelm Haebermann), Eberhard Haun, Klaus Gerwien, Ludwig Bründl, Dietmar Erler. Trainer: Otto Knefler

GLENTORAN: Trevor McCullough, John Hill, Anthony Macken, William McCullough, William McKeag, Roy Coyle, John Jamison, James Magill, Gerry McCaffrey, Paul Kirk, Anthony Cavanagh (.. Geoff Gorman).

Goals: Bründl (2, 8 pen, 23, 83, 89), McCaffrey (4), Gerwien (55)

ÍB KEFLAVÍK
v TOTTENHAM HOTSPUR FC LONDON 1-6 (0-3)

Laugardalsvöllur, Reykjavík 14.09.1971

Referee: Dermot Barrett (EIRE) Attendance: 1,887

ÍB KEFLAVÍK: Thorsteinn Olafsson; Astradur Gunnarsson, Vilhjalmur Kjetilsson (.. Ingimundur Hilmarsson), Einar Gunnarsson, Gudni Kjartansson, Gisli Torfason, Olafur Juliusson, Karl Hermansson, Steinar Johansson, Hordur Ragnarsson, Jon Olafur Jonsson (.. Fridrik Ragnarsson).
Trainer: Einar Helgason

TOTTENHAM: Patrick Jennings; Joseph Kinnear, Cyril Knowles, Alan Mullery (74 Graeme Souness), Michael England, Philip Beal; Ralph Coates (62 James Pearce), Stephen Perryman, Martin Chivers, Martin Peters, Alan Gilzean.
Manager: Bill Nicholson

Goals: Gilzean (7, 64, 87), Coates (25), Mullery (31, 59), Juliusson (76)

TOTTENHAM HOTSPUR FC LONDON
v ÍB KEFLAVÍK 9-0 (4-0)

White Hart Lane, London 28.09.1971

Referee: Karl Göppel (SWI) Attendance: 23,818

TOTTENHAM: Patrick Jennings; Raymond Evans, Cyril Knowles; Alan Mullery (70 James Pearce), Michael England, Philip Beal; Ralph Coates, Stephen Perryman, Martin Chivers, Martin Peters (46 Phil Holder), Alan Gilzean.
Manager: Bill Nicholson

ÍB KEFLAVÍK: Thorsteinn Olafsson; Astradur Gunnarsson, Ingimundur Hilmarsson, Einar Gunnarsson, Gudni Kjartansson, Gisli Torfason, Olafur Juliusson, Karl Harmansson, Steinar Johansson (.. Jon Olafur Jonsson), Hordur Ragnarsson (.. Gretar Magnusson), Birgir Einarsson.
Trainer: Einar Helgason

Goals: Chivers (8, 19, 58), Perryman (24), Coates (44), Knowles (65), Gilzean (77, 78), Holder (86)

FC DEN HAAG v ARIS BONNEVOIE 5-0 (1-0)

Zuiderparkstadion, Den Haag 14.09.1971

Referee: Clive Thomas (WAL) Attendance: 7,247

FC DEN HAAG: Ton Thie; Theo Van den Burch, Kees Weimar, Aad Mansveld, Joop Korevaar, Dick Advocaat, Piet De Zoete (46 Sjaak Roggeveen), Harald Berg, René Pas, Wietze Couperus, Aad Kila (.. Thijs Wijngaarde).
Trainer: Václav Ježek

ARIS: Théo Stendebach; Henri Roemer, Roger Fandel, Schanen, Joseph Pesch, Guy Dabee, Guy Weis, Jacques Mousel, José Da Silva (.. Stocklhausen), Devillet, Josy Kirchens.

Goals: Kila (43, 81), Roggeveen (48), Couperus (52), Mansveld (72 pen)

ARIS BONNEVOIE v FC DEN HAAG 2-2 (0-1)

Luxembourg 28.09.1971

Referee: Roger Machin (FRA) Attendance: 593

ARIS: Théo Stendebach; Henri Roemer, Roger Fandel, Schanen, Joseph Pesch, Guy Dabee, Pierrot Langers, Jacques Mousel, José Da Silva, Devillet, Josy Kirchens.

FC DEN HAAG: Ton Thie (.. Hennie Ardesch), Aad Mansveld, Theo Van den Burch, Kees Weimar, Joop Korevaar, Dick Advocaat, Harald Berg, Piet De Zoete, René Pas (.. Simon Van Vliet), Sjaak Roggeveen, Hans Van Eeden.
Trainer: Václav Ježek

Goals: Mansveld (8), Mousel (51), Da Silva (57), Roggeveen (61)

VITÓRIA SETÚBAL
v NÎMES OLYMPIQUE 1-0 (1-0)

Estádio do Bonfim, Setúbal   14.09.1971

Referee: Franz Geluck (BEL)   Attendance: 7,480

VITÓRIA: JOAQUIM Manuel Conceição TORRES, Francisco Silva REBELO, Carlos Alberto Lourenço CARDOSO, José Jesús MENDES, Manuel Luis dos Santos "CARRIÇO"; OCTÁVIO Joaquim Coelho Machado, JOSÉ MARÍA Júnior; Clemente Crista PRAIA (61 Felix Marques GUERREIRO), Joaquim Leandro Quinta ARCANJO, JOSÉ Augusto da Costa Senica TORRES, JACINTO JOÃO.   Trainer: José María PEDROTO

OLYMPIQUE: Gérard Martinelli; Michel Odasso, Jean-Pierre Betton, Henri Augé, André Kabile; Jean-Pierre Adams, Michel Mezy; Ion Pîrcălab, Florea Voinea, Jacques Vergnes (46 Jean-Charles Canetti), Jacques Bonnet.   Trainer: Kader Firoud

Goal: José Torres (5 pen)

NÎMES OLYMPIQUE
v VITÓRIA SETÚBAL 2-1 (0-1)

Stade Jean Bouin, Nîmes   29.09.1971

Referee: Curt Nystrand (SWE)   Attendance: 15,000

OLYMPIQUE: Gérard Martinelli; Michel Odasso, Jean-Pierre Betton, Henri Augé, André Kabile; Jean-Pierre Adams, Michel Mézy; Ion Pîrcălab, Florea Voinea, Jacques Vergnes, Jacques Bonnet (60 Simon Iniesta).   Trainer: Kader Firoud

VITÓRIA: JOAQUIM Manuel Conceição TORRES; Francisco Silva REBELO, Carlos Alberto Lourenço CARDOSO, José Jesús MENDES, Manuel Luis dos Santos "CARRIÇO"; OCTÁVIO Joaquim Coelho Machado, JOSÉ MARÍA Júnior; Augusto MATINE, JOSÉ Augusto da Costa Senica TORRES, Felix Marques GUERREIRO, JACINTO JOÃO (60 Clemente Crista PRAIA).   Trainer: José María PEDROTO

Goals: José Torres (24), Octávio (58 og), Adams (89)

FENERBAHÇE SK ISTANBUL
v FERENCVÁROSI TC BUDAPEST 1-1 (0-0)

Fenerbahçe, Istanbul   15.09.1971

Referee: Pavel Kazakov (USSR)   Attendance: 30,349

FENERBAHÇE: Yavuz Şimşek, Niyazi Gülsever, Ercan Aktuna, Yilmaz Şen, Yercin; Ziya Sengül, Cevher Ozer, Nedim Dogan; Yaşar Mumcu, Osman Arpacioglu, Gezmi Canan.

FERENCVÁROS: István Géczi; Péter Vépi, Miklós Páncsics, László Bálint, István Megyesi; István Juhász, Gyula Rákosi, Lajos Kü; István Szőke, Flórián Albert, József Mucha. Trainer: Ferenc Csanádi

Goals: Yaşar (59), Kü (83)

FERENCVÁROSI TC BUDAPEST
v FENERBAHÇE SK ISTANBUL 3-1 (1-0)

Népstadion, Budapest   29.09.1971

Referee: Mariano Medina Iglesias (SPA)   Att: 10,747

FERENCVÁROS: István Géczi; Péter Vépi, Miklós Páncsics, István Megyesi; István Juhász, László Bálint; István Szőke, László Branikovits, Flórián Albert, Lajos Kü, Gyula Rákosi (.. József Mucha).   Trainer: Ferenc Csanádi

FENERBAHÇE: Yavuz Şimşek; Niyazi Gülsever, Ercan Aktuna, Yilmaz Şen, Serkan Acar; Ziya Sengül, Nedim Dogan, Fuat Saner; Yasar Mumcuoglu, Osman Arpacioglu, Muharrem Ozcan (.. Şükrü Birant).

Goals: Branikovits (21, 65, 78), Şükrü (88)

HALLESCHER FC v PSV EINDHOVEN 0-0

Kurt-Wabbel-Stadion, Halle   15.09.1971

Referee: Malcolm Wright (NIR)   Attendance: 35,000

HALLESCHER FC: Helmut Brade; Paul Kersten, Klaus Urbanczyk, Bernd Bransch, Peter Klemm, Günter Riedl, Hartmut Meinert, Wolfgang Schmidt, Roland Novotny (78 Werner Peter), Klaus-Dieter Bölssen, Rainer Langer.   Trainer: Walter Schmidt

PSV: Jan van Beveren, Wim van den Dungen, Pleun Strik, Lazar Radović, Peter Kemper, Jos Dijkstra, Johan Devrindt, Guus Hiddink (76 Willy van der Kuylen), Bengt Schmidt-Hansen, Oeki Hoekema, Eef Mulders.   Trainer: Kurt Linder

The return match in Eindhoven was not played after Hallescher FC withdrew due to a fire in the hotel in Eindhoven, in which one player was killed (Wolfgand Hoffmann) and 5 players were injured.

AS ST. ETIENNE v 1.FC KÖLN 1-1 (0-0)

Stade Geoffroy Guichard, St-Etienne   15.09.1971

Referee: Jose Maria Ortiz de Mendibil (SPA)   Att: 25,029

AS ST. ETIENNE: André Castel; Pierre Repellini, Georges Polny, Alain Merchadier, Robert Herbin; Georges Bereta, Jean-Michel Larqué; Patrick Parizon, Patrick Revelli, Salif Keita, Christian Sarramagna.   Trainer: Albert Batteux

1.FC KÖLN: Gerhard Welz; Hans-Josef Kapellmann, Matthias Hemmersbach, Heinz Simmet, Werner Biskup; Wolfgang Weber, Wolfgang Overath; Harald Konopka, Karl-Heinz Thielen (86 Bernd Cullmann), Johannes Löhr, Bernd Rupp. Trainer: Gyula Loránt

Goals: Simmet (80), Sarramagna (85)

1.FC KÖLN v AS ST. ETIENNE 2-1 (0-0)

Müngersdorferstadion, Köln   28.09.1971

Referee: Francesco Francescon (ITA)   Attendance: 10,000

1.FC KÖLN: Gerhard Welz; Matthias Hemmersbach, Heinz Simmet, Bernd Cullmann, Hans-Josef Kapellmann; Heinz Flohe (46 Jürgen Glowacz), Wolfgang Weber; Bernd Rupp, Harald Konopka, Wolfgang Overath, Johannes Löhr. Trainer: Gyula Loránt

AS ST. ETIENNE: André Castel; Pierre Repellini, Robert Herbin, Alain Merchadier (75 Daniel Sanlaville), Gérard Farison; Jean-Michel Larqué, Georges Bereta; Patrick Parizon, Patrick Revelli, Salif Keita, Christian Sarramagna. Trainer: Albert Batteux

Goals: Simmet (46), Glowacz (62), Revelli (75)

MARSA v JUVENTUS TORINO 0-6 (0-1)

Valletta   15.09.1971

Referee: John Wright Paterson (SCO)   Attendance: 13,401

MARSA: Collins; Tonna, Victor Cassar; Joe Farrugia (67 Langrigde), Vella, Joseph Cassar; Farrugia, Charles Brincat, Reggie Portelli (82 Bajada), George Faure, Camilleri.

JUVENTUS: Pietro Carmignani; Luciano Spinosi, Giampietro Marchetti; Giuseppe Furino (46 Antonello Cuccureddu), Gianluigi Roveta, Sandro Salvadore; Helmut Haller (65 Fernando Viola), Franco Causio, Adriano Novellini, Fabio Capello, Roberto Bettega.   Trainer: Cestmir Vycpalek

Goals: Haller (32, 60), Causio (54), Novellini (63), Capello (69), Cuccureddu (88)

**BOLOGNA
v RSC ANDERLECHT BRUSSEL 1-1** (1-0)

Stadio communale, Bologna   15.09.1971

Referee: Gusztáv Bircsak (HUN)   Attendance: 38,000

BOLOGNA: Giuseppe Vavassori; Tazio Roversi, Adriano Fedele; Francesco Cresci, Francesco Battisodo, Ivan Gregori; Marino Perani, Francesco Rizzo, Giuseppe Savoldi, Giacomo Bulgarelli, Bruno Pace.   Trainer: Edmondo Fabbri

ANDERLECHT: Jan Ruiter; George Heylens, Jean Plaskie, Julien Kialunda, Jos Volders, Jan Verheyen, Jean Dockx, Eddy Lievens, Paul van Himst, Jan Mulder, Rob Rensenbrink.

Goals: Perani (26), Van Himst (60)

JUVENTUS TORINO v MARSA 5-0 (3-0)

Stadio Comunale, Torino   28.09.1971

Referee: Jacques Colling (LUX)   Attendance: 8,970

JUVENTUS: Pietro Carmignani; Luciano Spinosi (46 Silvio Longobucco), Giampietro Marchetti; Giuseppe Furino, Francesco Morini, Gianluigi Roveta; Helmut Haller, Franco Causio, Pietro Anastasi, Fabio Capello (46 Fernando Viola), Adriano Novellini.   Trainer: Cestmir Vycpalek

MARSA FC: Muscat; Tonna, Victor Cassar; George Faure, Vella, Joe Farrugia; Charles Brincat, Reggie Portelli (46 Bajada), Farrugia, Joseph Cassar, Camilleri.

Goals: Novellini (18, 32, 90), Haller (45), Furino (63)

**RSC ANDERLECHT BRUSSEL
v BOLOGNA 0-2** (0-1)

Parc Astrid, Brussel   28.09.1971

Referee: Antonio Camacho Jiménez (SPA)   Att: 34,000

ANDERLECHT: Jan Ruiter (12 Leen Barth), Gilbert van Binst, Jean Dockx, Jean Plaskie, Jos Volders; Jan Verheyen, Werner Deraeve (46 Hugo Broos), Eddy Lievens, Jan Mulder, Paul van Himst, Rob Rensenbrink.

BOLOGNA: Giuseppe Vavassori; Tazio Roversi, Adriano Fedele; Francesco Cresci, Francesco Battisodo, Ivan Gregori; Marino Perani (68 Fausto Landini), Francesco Rizzo, Giuseppe Savoldi, Giacomo Bulgarelli, Bruno Pace.
Trainer: Edmondo Fabbri

Goals: Savoldi (10), Rizzo (85)

**FK ŽELJEZNIČAR SARAJEVO
v CLUB BRUGGE KV 3-0** (2-0)

Grbavica, Sarajevo   15.09.1971

Referee: Alois Kessler (AUS)   Attendance: 12,000

ŽELJEZNIČAR: Slobodan Janjus, Dragan Kojović, Velija Becirspahić, Blagoje Bratić, Josip Katalinski, Enver Hadziabdić, Branimir Jelusić, Bozidar Jankovic, Josip Bukal, Edin Sprečo, Avdija Deraković.

CLUB BRUGGE: Luc Sanders, Alfons Bastijns, Johnny Velkeneers, Erwin Vandendaele, John Moulaert, Nico Rijnders, Henk Houwaert, Wietse Veenstra, Johnny Thio, Raoul Lambert, Wilfried Puis.

Goals: Sprečo (36), Katalinski (40), Bukal (57)

CLUB BRUGGE KV
v FK ŽELJEZNIČAR SARAJEVO 3-1 (2-1)

Albert-Dyserynck, Brugge 29.09.1971

Referee: Antonio Salhanda Ribeiro (POR)   Att: 16,000

CLUB BRUGGE: Luc Sanders; Alfons Bastijns, Johnny Velkeneers, Erwin Vandendaele, Pierre Carteus, Henk Houwaert (46 Gilbert Marmenout), Nico Rijnders, Johnny Thio, Raoul Lambert, Wietse Veenstra (70 John Moulaert), Wilfried Puis.

ŽELJEZNIČAR: Slobodan Janjus, Dragan Kojović, Velija Becirspahić, Blagoje Bratić, Josip Katalinski, Enver Hadziabdić, Branimir Jelusić, Kadrić, Josip Bukal, Edin Sprečo, Avdija Deraković.

Goals: Deraković (10), Rijnders (16), Carteus (25, 85)

LIERSE SK v LEEDS UNITED 0-2 (0-1)

Stadion aan het Lisp, Lier 15.09.1971

Referee: Joaquim Fernandes de Campos (POR)   Att: 17,000

LIERSE SK: Carl Engelen, Roger Dierckx, Tamas Krivitz, Ronny Michielsens, René Goelen, Frans Vermeyen, Corneel de Ceulaer, Dimitrije Davidovic (62 Walter Mertens), François Janssens, André Denul, Peter Ressel.
Trainer: Frans de Munck

LEEDS UNITED: Gary Sprake, Paul Reaney, Terence Yorath, William Bremner, John Faulkner, Norman Hunter, Peter Lorimer, Christopher Galvin, Rodney Belfitt, John Giles, Michael Bates.   Manager: Don Revie

Goals: Galvin (25), Lorimer (57)

LEEDS UNITED v LIERSE SK 0-4 (0-3)

Elland Road, Leeds 29.09.1971

Referee: Gerhard Kunze (DDR)   Attendance: 18,680

LEEDS UNITED: John Shaw (46 Gary Sprake), Paul Reaney, Terence Cooper, Terence Yorath, John Faulker, Paul Madeley, Peter Lorimer, James Mann (46 Norman Hunter), Rodney Belfitt, Michael Bates, Christopher Galvin.
Manager: Don Revie

LIERSE SK: Carl Engelen, Roger Dierckx, Corneel de Ceulaer, Tamas Krivitz, Ronny Michielsens, René Goelen, François Janssens, Dimitrije Davidovic, Frans Vermeyen, Peter Ressel, André Denul.   Trainer: Frans de Munck

Goals: Janssens (32, 37), Ressel (35, 80)

WOLVERHAMPTON WANDERERS
v ACADEMICA COIMBRA 3-0 (1-0)

Molineux, Wolverhampton 15.09.1971

Referee: István Zsolt (HUN)   Attendance: 23,349

WANDERERS: Phillip Parkes, Bernard Shaw, Derek Parkin, Mike Bailey, Francis Munro, John McAlle, Alan Sunderland, Michael O'Grady, John Richards, Derek Dougan, David Wagstaffe.   Manager: Bill McGarry

ACADEMICA: João Carlos Conceição MELO; António Manuel FELIZ da Fonseca, Carlos Alexandre Fortes ALHINHO, João António Pinto BELO, António Pereira MARQUES, Vasco Manuel Vieire Pereira GERVÁSIO, MÁRIO Alberto Domingos CAMPOS, Carlos António Fonseca SIMÕES, MANUEL ANTÓNIO Leitão da Silva (71 Joaquim António OLIVEIRA DUARTE), VITOR José Domingos CAMPOS, Manuel SERAFIM Monteiro Pereira.
Trainer: Julio Carnadas Pereira "JUCA"

Goals: McAlle (28), Richards (62), Dougan (80)

ACADEMICA COIMBRA
v WOLVERHAMPTON WANDERERS 1-4 (1-1)

Estádio Municipal, Coimbra 29.09.1971

Referee: Laurens van Ravens (HOL)   Attendance: 5,000

ACADEMICA: João Carlos Conceição MELO (83 Rogério Manuel Leal CARDOSO), António Manuel FELIZ da Fonseca, Carlos Alexandre Fortes ALHINHO, Carlos António Fonseca SIMÕES, António Pereira MARQUES, Vasco Manuel Vieire Pereira GERVÁSIO, MÁRIO Alberto Domingos CAMPOS, MANUEL ANTÓNIO Leitão da Silva, Manuel SERAFIM Monteiro Pereira, VITOR José Domingos CAMPOS Joaquim António OLIVEIRA DUARTE.
Trainer: Julio Carnadas Pereira "JUCA"

WANDERERS: Phillip Parkes, Bernard Shaw, Derek Parkin, Mike Bailey, Gerald Taylor, John McAlle, Danny Hegan, Michael O'Grady, James McCalliog, Derek Dougan, David Wagstaffe.   Manager: Bill McGarry.   **Sent off:** Hegan (51)

Goals: Manuel António (15), Dougan (23, 72, 90), McAlle (57)

SOUTHAMPTON FC
v ATHLETIC CLUB BILBAO 2-1 (0-0)

The Dell, Southampton 15.09.1971

Referee: Sergio Gonella (ITA)   Attendance: 21,600

SOUTHAMPTON: Eric Martin, Joseph Kirkup, Denis Hollywood, Hugh Fisher, John McGrath, James Gabriel; Terence Paine, Michael Channon, Robert Stokes (46 Ron Davies), Brian O. Neil, Thomas Jenkins.   Manager: Ted Bates

ATHLETIC: José Ángel IRÍBAR Cortajarena, José Ignacio SÁEZ Ruiz, Agustín GUISASOLA Zabala, Ángel María VILLAR Llona (73 CARLOS Ruiz Herrero), Luis María ECHEBERRÍA Igartua, José Ramón Martínez LARRAURI, José María ARGOITIA Acha (56 Jesús María Sáenz ORTUONDO), Fidel URIARTE Macho, Antonio María ARIETA II Araunabeña, José Ángel ROJO II Arroita, José Francisco ROJO I Arroita.   Trainer: Ronnie Allen

Goals: Jenkins (63), Channon (68 pen), Arieta (57)

**ATHLETIC CLUB BILBAO
v SOUTHAMPTON FC 2-0** (0-0)

San Mamés, Bilbao   29.09.1971

Referee: Paul Schiller (AUS)   Attendance: 24,102

ATHLETIC: José Ángel IRÍBAR Cortajarena, José Ignacio SÁEZ Ruiz, Agustín GUISASOLA Zabala, Ángel María VILLAR Llona (55 José María IGARTUA Mendizábal), Luis María ECHEBERRÍA Igartua, José Ramón Martínez LARRAURI, José María ARGOITIA Acha (66 Jesús María Sáenz ORTUONDO), Fidel URIARTE Macho, Antonio María ARIETA II Araunabeña, José Ángel ROJO II Arroita, José Francisco ROJO I Arroita.   Trainer: Ronnie Allen

SOUTHAMPTON: Eric Martin, Joseph Kirkup, Denis Hollywood, Hugh Fisher (76 Gerald O'Brien), John McGrath, David Walker, Terence Paine, Michael Channon, Robert Stokes (69 Ron Davies), Brian O'Neil, Thomas Jenkins.
Manager: Ted Bates

Goals: Ortuondo (68), Arieta (88)

**REAL CLUB CELTA VIGO
v ABERDEEN FC 0-2** (0-0)

Estadio de Balaídos, Vigo   15.09.1971

Referee: Robert Héliès (FRA)   Attendance: 11,252

CELTA: Pedro GOST Sastre, Pedro González Carnero "PEDRITO", Antonio HIDALGO Rodríguez, Manuel Rodríguez Alfonso "MANOLO", José DOMÍNGUEZ Rial, Casáreo RIVERA Pérez, Gabriel LEZCANO Rivarola, JUAN Fernández Vilela, José Fernando Martínez RODILLA, Rafael ALMAGRO Martínez (46 Antonio RIVAS Sánchez), Manuel JIMÉNEZ Rodríguez.   Trainer: Juan ARZA Iñigo

ABERDEEN FC: Robert Clark, Henning Boel, William Young, James Hermiston (58 George Murray), Stephen Murray, Martin Buchan, James Forrest (88 George Buchan), David Robb, Joseph Harper, Alexander Willoughby, Arthur Graham.   Trainer: James Bonthrone

Goals: Harper (51), Forrest (73)

**DUNDEE FC
v AKADEMISK BK KØBENHAVN 4-2** (3-1)

Dens Park, Dundee   15.09.1971

Referee: Theo Boosten (HOL)   Attendance: 8,194

DUNDEE FC: Mike Hewitt, Robert Wilson, David Johnston, James Steele, Iain Phillip, Douglas Houston, Alexander Kinninmonth (.. Duncan Lambie), Alexander Bryce, Gordon Wallace, John Scott, James Wilson.

AKADEMISK BK: Poul Werner Henriksen, Jan Larsen, Søderblom, Max Rasmussen, Niels Yde (.. Orla Astrup), Jensen, Jørgen Kaltoft, Ove Carlson, Johnny Petersen, Flemming Hansen, Andersen.

Goals: Bryce (8, 35), Wallace (30), Carlson (39, 60), Lambie (64).

**ABERDEEN FC
v REAL CLUB CELTA VIGO 1-0** (0-0)

Pittodrie, Aberdeen   29.09.1971

Referee: Kjell Wahlen (NOR)   Attendance: 20,142

ABERDEEN FC: Andy Geoghegan, Henning Boel, George Murray, Stephen Murray, William Young, Martin Buchan, James Forrest, David Robb, Joseph Harper, Alexander Willoughby, George Buchan.   Trainer: James Bonthrone

CELTA: Rafael Álvarez ALARCIA, Pedro González Carnero "PEDRITO", Antonio RIVAS Sánchez, José NAVARRO Gallardo, José DOMÍNGUEZ Rial,, Manuel Rodríguez Alfonso "MANOLO", Gabriel LEZCANO Rivarola, JUAN Fernández Vilela, José Fernando Martínez RODILLA, Rafael ALMAGRO Martínez (46 Casáreo RIVERA Pérez), José Manuel Parada Alvite "SUCO" (46 Manuel JIMÉNEZ Rodríguez).   Trainer: Juan ARZA Iñigo

Goal: Harper (89)

**AKADEMISK BK KØBENHAVN
v DUNDEE FC 0-1** (0-0)

København   29.09.1971

Referee: Martti Hirviniemi (FIN)   Attendance: 2,045

AKADEMISK BK: Poul Werner Henriksen, Jan Larsen, Søderblom, Max Rasmussen, Niels Yde, Jessen (.. Johnny Petersen), Henrik Bernburg, Ove Carlson, O. Hansen, Flemming Hansen, Andersen.

DUNDEE FC: Mike Hewitt, Robert Wilson, David Johnston, James Steele (.. Ron Selway), Iain Phillip, Douglas Houston, John Duncan, Alexander Kinninmonth, Gordon Wallace, John Scott, James Wilson.

Goal: Duncan (53)

HAMBURGER SV v ST. JOHNSTONE FC 2-1 (1-0)

Volksparkstadion, Hamburg   15.09.1971

Referee: Antonio Saldanha Ribeiro (POR)   Att: 9,646

HAMBURGER SV: Rudi Kargus (15 Arkoc Özcan), Helmut Sandmann, Jürgen Kurbjuhn, Manfred Kaltz, Hans-Jürgen Ripp, Klaus Zaczyk, Peter Nogly, Hans-Jürgen Hellfritz, Ole Björnmose, Uwe Seeler, Klaus Winkler.   Trainer: Klaus Ochs

ST. JOHNSTONE: James Donaldson, John Lambie, Alex Gordon, Alex Rennie, William Coburn, Benny Rooney, Ian McPhee, Kenny Aird, James Pearson, John Connolly, Henry Hall (85 Fred Aitken).

Goals: Zaczyk (11, 79), Pearson (53)

ST. JOHNSTONE v HAMBURGER SV 3-0 (1-0)

Mureton Park, Perth   29.09.1971

Referee: Pius Kamber (SWI)   Attendance: 11,761

ST. JOHNSTONE: James Donaldson, John Lambie, Alex Gordon, Alex Rennie, William Coburn, Henry Hall (55 James Pearson), Ian McPhee, Kenny Aird, John Connolly, Gordon Whitelaw, Fred Aitken.

HAMBURGER SV: Arkoc Özcan, Helmut Sandmann, Jürgen Kurbjuhn, Willi Schulz, Hans-Jürgen Ripp, Klaus Zaczyk, Peter Nogly, Ole Björnmose, Franz-Josef Hönig, Klaus Winkler, Georg Volkert.   Trainer: Klaus Ochs

Goals: Hall (15), Pearson (62), Whitelaw (77)

**ROSENBORG BK TRONDHEIM
v IFK HELSINKI 3-0** (1-0)

Lerkendal, Trondheim   15.09.1971

Referee: B.Nielsen (DEN)   Attendance: 7,575

ROSENBORG BK: Geir Karlsen, Erling Meirik, Kåre Rønnes, Bjørn Rime, K. Jensen, Jan Christiansen, Erling Naess, Arne Hanssen, Bjørn Wirkola, Tore Lindseth, Terje Mørkved.

IFK: Lars Näsman, Göran Ekman, Raimo Elo, Matti Haahti, Vidar Enqvist, Tryggve Wahlbäch, Thorbjörn Wiik, Pekka Heikkilä, Matti Paatelainen, Juha-Pekka Laine, Martti Kuusela.

Goals: Mørkved (11), A. Hansen (50), Meirik (79)

**HERTHA BSC BERLIN
v IF ELFSBORG BORÅS 3-1** (2-0)

Olympia Stadion, Berlin   15.09.1971

Referee: Michalakis Kiriakides (CYP)   Attendance: 6,897

HERTHA BSC: Volkmar Gross, Heinz Ferschl, Uwe Witt, Erwin Hermandung, Peter Enders, Jürgen Rumor, Zoltán Varga, Erich Beer, Hans-Jürgen Sperlich (46 Peter Gutzeit), Lorenz Horr (83 Michael Sziedat), Arno Steffenhagen.
Trainer: Helmut Kronsbein

ELSFBORG: John Hedin, Leif Gustavsson, Leif Målberg, Göran Ahlström, Mats Örn, Sverre Sverre Rökaas, Kjell Sundh (45 Thomas Johansson), Hans Höglund, Bo Falk, Rolf Carlsson, Gert Christiansson (78 Roger Karlsson).

Goals: Hermandung (35), Varga (44), Rökaas (53), Steffenhagen (66)

**IFK HELSINKI
v ROSENBORG BK TRONDHEIM 0-1** (0-1)

Olympic, Helsinki   29.09.1971

Referee: Stanisław Eksztajn (POL)   Attendance: 598

IFK: Lars Näsman, Esko Pirttijärvi, Raimo Elo, Matti Haahti, Vidar Enqvist, Tryggve Wahlbäch, Thorbjörn Wiik, Pekka Heikkilä, Matti Paatelainen, Juha-Pekka Laine, Heikki Paatelainen.

ROSENBORG BK: Geir Karlsen, Erling Meirik, Bjørn Rime, Kåre Rønnes, K. Jensen, Jan Christiansen, Erling Naess, Arne Hanssen (.. Oistein Wormdahl), Bjørn Wirkola (.. Odd Gulbrandsen), Tore Lindseth, Terje Mørkved.

Goal: Mørkved (18)

**IF ELFSBORG BORÅS
v HERTHA BSC BERLIN 1-4** (0-1)

Ryavallen, Borås   29.09.1971

Referee: John K. Taylor (ENG)   Attendance: 1,124

ELFSBORG: John Hedin, Leif Gustavsson, Leif Målberg, Göran Ahlström, Mats Örn, Sven Andersson, Kjell Sundh, Hans Höglund, Thomas Ahlström (65 Roger Carlsson), Rolf Carlsson (46 Leo Sällström), Gert Christiansson.

HERTHA BSC: Volkmar Gross, Heinz Ferschl, Uwe Witt, Erwin Hermandung, Peter Enders, Jürgen Rumor, Zoltán Varga (38 Wolfgang Gayer), Erich Beer (80 Peter Gutzeit), Hans-Jürgen Sperlich, Lorenz Horr, Arno Steffenhagen.
Trainer: Helmut Kronsbein

Goals: Horr (43, 81), Sundh (59), Steffenhagen (77), Gutzeit (83)

**VASAS SC BUDAPEST
v SHELBOURNE FC 1-0** (0-0)

Fáy u, Budapest   15.09.1971

Referee: Dogan Babacan (TUR)   Attendance: 2,453

VASAS SC: Gyula Tamás; Tibor Fábián, Iván Menczel, Csaba Vidáts, Kálmán Ihász; Péter Török, Ernő Kovács; Lajos Puskás, István Takács (.. Ottó Váradi), Béla Váradi, János Farkas.

SHELBOURNE FC: Patrick Roche; Brendan Place, Michael McGannon, Anthony McDonnel, Patrick Dunning, Raymond O'Brien; Joe Brennan (.. Vincent McKenna), Sean Core, Paul McNaughton; Jimmy O'Connor (.. Brian Delargy), John Murray.

Goal: Menczel (80)

SHELBOURNE FC
v VASAS SC BUDAPEST 1-1 (0-1)

Dalymount Park, Dublin   29.09.1971

Referee: Vital Loraux (BEL)   Attendance: 20,000

SHELBOURNE FC: Patrick Roche; Michael McGannon, Brendan Place (.. Joe Brennan), Patrick Dunning, Raymond O'Brien; Anthony McDonnel, Sean Core; Jimmy O'Connor, Vincent McKenna, John Murray, Paul McNaughton.

VASAS SC: Ferenc Mészáros; Tibor Fábián, Iván Menczel, Csaba Vidáts, Kálmán Ihász; Péter Török, Ernő Kovács; Dezső Molnár, Lajos Puskás, Béla Váradi, János Farkas.

Goals: Török (48), Murray (80)

FC CARL ZEISS JENA
v LOKOMOTIV PLOVDIV 3-0 (2-0)

Ernst Abbe Sportfeld, Jena   15.09.1971

Referee: Kestutis Andziulis (USSR)   Attendance: 6,711

FC CARL ZEISS: Wolfgang Blochwitz, Udo Preusse, Peter Rock, Harald Irmscher, Lothar Kurbjuweit, Michael Strempel, Konrad Weise, Helmut Stein, Peter Ducke (81 Gerd Struppert), Dieter Scheitler, Eberhard Vogel.
Trainer: Hans-Joachim Meyer

LOKOMOTIV: Stancho Bonchev; Vasil Valentinov, Nedialko Stamboliev, Gancho Peev, Kostas Panaiotis, Todor Paunov, Georgi Vasilev, Hristo Bonev, Georgi Valkov, Vasil Ankov, Todor Ivanov.

Goals: P. Ducke (20 pen), Vogel (45, 79 pen)

FC PORTO v FC NANTES 0-2 (0-1)

Estádio das Antas, Porto   15.09.1971

Referee: Vincent Dominic Byrne (EIRE)   Att: 17,000

FC PORTO: ARMANDO; Manuel GUALTER Martins da Costa, ARMANDO António MANHIÇA, VALDEMAR de Barros Pacheco, LEOPOLDO José Nogueira Amorim; Fernando Pascoal Neves "PAVÃO", Benedito Lacerda Ribeiro "BENÉ"; João Maria RICARDO, ABEL Fernando Miglieti, António José de LEMOS, Francisco Lage Pereira da NOBREGA (65 António Luis Alves Ribeiro de OLIVEIRA).

FC NANTES: Jean-Michel Fouché; Gabriel De Michèle, Bernard Gardon, Patrice Rio, Le Bourgocq; Henri Michel, Michel Pech; Angel Marcos, Paul Courtin, Erich Maas, Bernard Blanchet.   Trainer: José Arribas

Goals: Marcos (18, 81)

LOKOMOTIV PLOVDIV
v FC CARL ZEISS JENA 3-1 (1-1)

Lokomotiv, Plovdiv   29.09.1971

Referee: Marian Srodecki (POL)   Attendance: 10,458

LOKOMOTIV: Stancho Bonchev; Ilia Todorov, Nedialko Stamboliev, Kostas Panaiotis, Gancho Peev, Vasil Ankov, Todor Paunov, Georgi Vasiliev, Georgi Valkov, Hristo Bonev, Todor Ivanov (82 Boris Pavlov).

FC CARL ZEISS: Wolfgang Blochwitz (55 Hans-Ulrich Grapenthin), Udo Preusse, Peter Rock, Harald Irmscher, Lothar Kurbjuweit, Michael Strempel, Konrad Weise, Helmut Stein, Peter Ducke, Dieter Scheitler, Eberhard Vogel.
Trainer: Hans-Joachim Meyer

Goals: Scheitler (34), Ankov (40 pen), Bonev (55, 63)

FC NANTES v FC PORTO 1-1 (0-0)

Stade Marcel Saupin, Nantes   29.09.1971

Referee: Ivan Placek (CZE)   Attendance: 15,205

FC NANTES: Jean-Michel Fouché; Jean-Luc Laguillez, Jean-Claude Osman, Bernard Gardon, Gabriel De Michèle; Henri Michel, Michel Pech; Bernard Blanchet, Angel Marcos, Paul Courtin, Erich Maas.   Trainer: José Arribas

FC PORTO: RUI Fernando Sousa Teixeira; Manuel GUALTER Martins da Costa, ARMANDO António MANHIÇA, José ROLANDO Andrade Gonçalves, VALDEMAR de Barros Pacheco; Fernando Pascoal Neves "PAVÃO", Benedito Lacerda Ribeiro "BENÉ"; João Maria RICARDO, ABEL Fernando Miglieti, António José de LEMOS, Francisco Lage Pereira da NOBREGA.

Goals: Maas (77), De Michèle (87 og)

DINAMO ZAGREB v BOTEV VRATZA 6-1 (4-0)

Maksimir, Zagreb   15.09.1971

Referee: Kevorc Ghemigean (ROM)   Attendance: 5,187

DINAMO: Zeljko Stincić; Damir Valec, Ivica Miljković; Drago Vabec, Mladen Ramljak, Filip Blasković (.. Branko Gracanin), Ivica Senzen, Josip Lalić (.. Crnić), Alojz Renić, Zdenko Kafka, Krasnodar Rora.   Trainer: Drazan Jerković

BOTEV: Tsvetan Tasev, Nikolai Penkov, Angel Tsenov, Vesko Petkov; Petar Kamenov, Evlogi Iordanov; Veselin Toshkov, Kiril Raikov, Sasho Angelov, Georgi Kamenov, Evgeni Kamenov.

Goals: Miljković (.., ..), Vabec (.., ..), Lalić (..), Rora (..), Iordanov (85)

BOTEV VRATZA v DINAMO ZAGREB 1-2 (1-1)

Stadion Hristo Botev, Vratza   29.09.1971

Referee: Karlo Kruashvili (USSR)   Attendance: 10,729

BOTEV: Tsvetan Tasev, Nikolai Penkov, Angel Tsenov, Vesko Petkov; Petar Kamenov, Evlogi Iordanov, Veselin Toshkov (.. Nikola Bakardjiev), Kiril Raikov, Sasho Angelov (.. Iasov), Georgi Kamenov, Evgeni Kamenov.

DINAMO: Fahrija Dautbegović, Mihajlović, Damir Valec, Drago Vabec, Mladen Ramljak, Filip Blasković, Ivica Senzen, Josip Lalić, Alojz Renić, Krasnodar Rora (.. Denijal Pirić), Marijan Cercek (.. Banic).

Goals: Toshkov (..), Renić (..), Senzen (..)

SPARTAK MOSKVA v VSS KOŠICE 2-0 (1-0)

Lenin stadium, Moskva   15.09.1971

Referee: Henry Öberg (NOR)   Attendance: 30,000

SPARTAK: Anzor Kavazashvili, Gennadi Logofet (46 Vladimir Petrov), Nikolai Osianin, Evgeni Lovchev, Nikolai Abramov, Nikolai Kiseliev, Vitali Mirzoev, Galimzian Khusainov, Viacheslav Egorovich (74 Aleksandr Piskariev), Viktor Papaev, Dzhemal Silagadze.

VSS: Anton Svajlen, František Králka, Jozef Bomba, Jozef Desiatnik (28 Ladislav Štovčik), Vaclav Jutka, Jozef Stafura, Imrich Angyal, Jan Strausz (68 Jaroslav Dojciak), Jaroslav Pollák, Andrej Danko, Jaroslav Boros.   Trainer: Jozef Vengloš

Goals: Silagadze (24 pen), Egorovich (49)

**OFK BEOGRAD
v DJURGÅRDENS IF STOCKHOLM 4-1** (2-0)

Omladinski, Beograd   15.09.1971

Referee: Sabahattin Ladikli (TUR)   Attendance: 615

OFK: Petar Borota, Stojan Vukasinović, Dragoslav Stepanović, Slobodan Mesanović, Krsto Mitrović (.. Zdravko Jokić), Dragan Gugleta, Bogdan Turudija, Ninoslav Zec, Slobodan Santrač, Dušan Lukić, Ilija Petković.

DJURGÅRDENS IF: Björn Alkeby, Inge Karlsson, Jan Erik Sjöberg, Hans Nilsson, Tommy Berggren, Ingvar Sandberg, Willy Gummesson (.. Conny Granqvist); Björn Jonsson, Lars-Göran Rehnberg, Stig Åkerström, Sven Lindman, Dan Brzokoupil.

Goals: Zec (9), Lukić (21), Santrač (55), Mesanović (70), Rehnberg (77)

VSS KOŠICE v SPARTAK MOSKVA 2-1 (0-1)

Košice   29.09.1971

Referee: Josip Strmecki (YUG)   Attendance: 22000

VSS: Anton Svajlen, František Králka, Jozef Bomba, Ladislav Štovčik, Vaclav Jutka, Jozef Stafura, Imrich Angyal (63 Ondrej Halas), Jan Strausz (53 Juraj Kiss), Jaroslav Pollák, Andrej Danko, Jaroslav Boros.

SPARTAK: Anzor Kavazashvili, Gennadi Logofet, Nikolai Osianin, Nikolai Abramov, Evgeni Lovchev, Nikolai Kiseliev, Galimzian Khusainov, Vasili Kalinov, Vitali Mirzoev, Aleksandr Piskariev (60 Viacheslav Egorovich), Dzhemal Silagadze.

Goals: Štovčik (6 og), Svajlen (51 pen), Halas (84)

**DJURGÅRDENS IF STOCKHOLM
v OFK BEOGRAD 2-2** (1-1)

Olympiastadion, Stockholm   29.09.1971

Referee: Clive Thomas (WAL)   Attendance: 1,698

DJURGÅRDENS IF: Torgny Mattsson, Inge Karlsson, Jan Erik Sjöberg, Hans Nilsson (.. Ingvar Sandberg), Tommy Berggren; Conny Granqvist, Stig Åkerström; Lars-Göran Rehnberg, Björn Jonsson, Dan Brzokoupil.

OFK: Petar Borota, Stojan Vukasinović, Dragoslav Stepanović, Slobodan Mesanović, Krsto Mitrović (.. Dušan Lukić), Bogdan Turudija (.. Nebojsa Djordjević), Dragan Stojanović, Ninoslav Zec, Slobodan Santrač, Dragan Gugleta, Ilija Petković.

Goals: Rehnberg (..), Sjöberg (..), Zec (..), Mitrović (..)

FC BASEL v REAL MADRID 1-2 (1-1)

Sankt Jakob, Basel   15.09.1971

Referee: Kenneth Howard Burns (ENG)   Att: 32,059

FC BASEL: Marcel Kunz; Paul Fischli, Walter Mundschin, Urs Siegenthaler, Peter Ramseier, Jürgen Sundermann, Walter Balmer (73 Peter Wenger), Karl Odermatt, Ottmar Hitzfeld, René Hasler, Otto Demarmels.   Trainer: Helmut Benthaus

REAL: Mariano GARCÍA REMON, Juan VERDUGO Pérez, Gregorio BENITO Rubio, Fernando ZUNZUNEGUI Rodríguez, Ramón Moreno GROSSO, Ignacio ZOCO Esparza (Cap), Francisco Javier AGUILAR García, José Antonio GRANDE Cereijo, Carlos Alonso González "SANTILLANA", Manuel VELAZQUEZ Villaverde (77 Sebastian FLEITAS Miranda), Eduardo ANZARDA Álvarez.
Trainer: Miguel Muñoz

Goals: Hasler (31), Aguilar (34), Santillana (75)

REAL MADRID v FC BASEL 2-1 (0-0)
Santiago Bernabeu, Madrid   29.09.1971

Referee: Aurelio Angonese (ITA)   Attendance: 61,861

REAL: Mariano GARCÍA REMON, Fernando ZUNZUNEGUI Rodríguez (35 Pedro DE FELIPE Cortés), Gregorio BENITO Rubio, Juan VERDUGO Pérez, Ramón Moreno GROSSO, Ignacio ZOCO Esparza (Cap), Francisco Javier AGUILAR García, AMANCIO Amaro Varela (60 José Antonio GRANDE Cereijo), Carlos Alonso González "SANTILLANA", Manuel VELAZQUEZ Villaverde, Eduardo ANZARDA Álvarez.
Trainer: Miguel Muñoz

FC BASEL: Marcel Kunz; Paul Fischli, Walter Mundschin, Urs Sigenthaler, Peter Ramsier, Jürgen Sundermann, Walter Balmer, Karl Odermatt, Ottmar Hitzfled, René Hasler, Otto Demarmels.   Trainer: Helmut Benthaus

Goals: Aguilar (47), Siegenthaler (57), Santillana (72)

**ZAGLEBIE WALBRZYCH
v SKLO UNION TEPLICE 1-0** (1-0)
Ratuszowa, Walbrzych   15.09.1971

Referee: Preben Christophersen (DEN)   Attendance: 5,000

ZAGLEBIE: Marian Szeja; Zygmunt Pietraszewski, Stanisław Pazdzior, Krzysztof Pawlica, Jan Cieszowiec, Antoni Galas, Zbigniew Augustyniak (.. Tadeusz Pawlowski), Jan Nowak, Zbigniew Szylkowicz, Jerzy Odsterczyl, Józef Kwiatkowski.
Trainer: Nickel

UNION: Karel Studeny, Jaromir Mixa, Jiří Novák, Jiří Setinsky, Zdenek Koubek, Jaroslav Findejs, Rudolf Smetana, Jaroslav Melichár, Jaroslav Zalud (.. Jaroslav Vojta), Pavel Stratil, Ivan Vobornik.   Trainer: K. Forejt

Goal: Galas (39)

FC LUGANO v WKS LEGIA WARSZAWA 1-3 (0-1)
Stadio Comunale di Cornaredo, Lugano   15.09.1971

Referee: Karl Riegg (WG)   Attendance: 3,000

FC LUGANO: Franco Negri; Piermario Lanfranconi, Floro Cadlini, Adriano Coduri, Marc Berset, Flavio Signorelli, Otto Luttrop, Peter Riehn, Vicenzo Brenna, Tiziano Scacchi, Renato Pellegrini.

LEGIA: Jan Tomaszewski; Wladyslaw Stachurski, Zygfryd Blaut, Andrzej Zygmunt, Antoni Trzaskowski; Leslaw Cmikiewicz, Kazimierz Deyna, Bernard Blaut, Tadeusz Nowak, Lucjan Brychczy (.. Tadeusz Cypka), Robert Gadocha.
Trainer: Tadeusz Chruscinski

Goals: Cmikiewicz (20), Stachurski (61 pen), Luttrop (83 pen), T. Nowak (88)

**UNION SKLO TEPLICE
v ZAGLEBIE WALBRZYCH 2-3** (0-0)
Na Stínadlech, Teplice   29.09.1971

Referee: William A. O'Neill (EIRE)   Attendance: 6,000

UNION: Karel Studeny, Jaromir Mixa, Jiří Novák, Jiří Setinsky, Zdenek Koubek, Vaclav Senicky, Rudolf Smetana, Jaroslav Melichár, Jaroslav Vojta, Pavel Stratil, Ivan Vobornik (.. František Knebort).

ZAGLEBIE: Marian Szeja; Zygmunt Pietraszewski, Stanisław Pazdzior, Jan Cieszowiec, Zbigniew Szylkowicz, Jan Nowak, Antoni Galas, Joachim Stachula, Zbigniew Augustyniak, Jerzy Odsterczyl, Józef Kwiatkowski.

Goals: Kwiatkowski (65, 78), Stratil (70), Augustyniak (73), Smetana (75)

WKS LEGIA WARSZAWA v FC LUGANO 0-0
Wojska Polskiego, Warszawa   29.09.1971

Referee: Norman C.H. Burtenshaw (ENG)   Att: 10,000

LEGIA: Jan Tomaszewski; Wladyslaw Stachurski, Zygfryd Blaut, Andrzej Zygmunt, Antoni Trzaskowski; Leslaw Cmikiewicz, Kazimierz Deyna, Bernard Blaut, Tadeusz Nowak (.. Feliks Niedziolka), Lucjan Brychczy (.. Tadeusz Cypka), Robert Gadocha.   Trainer: Tadeusz Chruscinski

FC LUGANO: Mario Prosperi; Pierangelo Boffi, Adriano Coduri, Floro Cadlini (.. Peter Riehn), Marc Berset, Flavio Signorelli (.. Piermario Lanfranconi), Otto Luttrop, Henning Hansen, Vicenzo Brenna, Tiziano Scacchi, Renato Pellegrini.

UTA ARAD v AUSTRIA SALZBURG 4-1 (2-0)
UTA, Arad   15.09.1971

Referee: Hristos Mihas (GRE)   Attendance: 15,000

UTA: Miroslav Vidac; Gavrilă Birău, Iosif Lereter, Eugen Pojoni, Paul Popovici; Flavius Domide, Mircea Petescu, Ladislau Broşovschi; Viorel Sima, Attila Kun, Gavril Both.
Trainer: Nicolae Dumitrescu

AUSTRIA: Puchegger; Winklhuber, Arthur Kibler, Mairhuber, Gerhard Filzmoser, Heinz Libuda, Horst Hirnschrodt; Alfred Hala, Karl Ritter, Peter Grosser (46 Adolf Blutsch), Franz Weidinger (61 Johannes Stadler).   Trainer: J. Hof

Goals: Kun (33), Broşovschi (45), Ritter (47), Both (56), Domide (70)

AUSTRIA SALZBURG v UTA ARAD 3-1 (0-1)

Salzburger AK-Platz, Salzburg 29.09.1971

Referee: Jef F. Dorpmans (HOL)   Attendance: 4,000

AUSTRIA: Wilhelm Kaipel; Gerhard Filzmoser, Arthur Kibler, Mairhuber, Josef Larionows; Adolf Blutsch, Horst Hirnschrodt; Peter Grosser, Alfred Hala (46 Johannes Stadler), Karl Ritter, Franz Weidinger.   Trainer: J. Hof

UTA: Miroslav Vidac; Gavrilă Birău, Iosif Lereter, Eugen Pojoni, Paul Popovici; Flavius Domide, Mircea Petescu, Ladislau Broșovschi; Viorel Sima, Attila Kun, Gavril Both. Trainer: Nicolae Dumitrescu

Goals: Domide (28), Hirnschrodt (57), Kibler (80 pen), Stadler (88)

SSC NAPOLI v RAPID BUCUREȘI 1-0 (0-0)

Stadio San Paolo, Napoli 15.09.1971

Referee: Petar Kostovski (YUG)   Attendance: 21,993

SSC NAPOLI: Dino Zoff; Mario Perego (46 Carlo Ripari), Dino Panzanato, Mario Zurlini, Luigi Pogliana; Antonio Juliano, Vincenzo Montefusco; Angelo Benedicto Sormani, Emiliano Macchi, José Altafini, Giovanni Improta. Trainer: Giuseppe Chiapella

RAPID: Răducanu Necula; Ion Pop, Nicolae Lupescu, Constantin Mușat, Gheorghe Codrea; Constantin Dinu, Ion Dumitru; Constantin Năsturescu (77 Teofil Codreanu), Daniel Ene, Alexandru Neagu, Iordan Angelescu. Trainers: Bazil Marian & Gheorghe Nuțescu

Goal: Lupescu (75 og)

RAPID BUCUREȘTI v SSC NAPOLI 2-0 (2-0)

23 August, București 30.09.1971

Referee: Walter Eschweiler (WG)   Attendance: 36,000

RAPID: Răducanu Necula; Ion Pop, Alexandru Boc, Nicolae Lupescu, Constantin Mușat; Constantin Dinu, Ion Dumitru; Constantin Năsturescu, Daniel Ene, Alexandru Neagu, Iordan Angelescu.   Trainer: Bazil Marian

SSC NAPOLI: Dino Zoff; Carlo Ripari, Luigi Pogliana, Mario Zurlini, Dino Panzanato; Mario Perego, Angelo Benedicto Sormani; Antonio Juliano, Emiliano Macchi (40 Alessandro Abbondanza), José Altafini (17 Fabio Enzo), Giovanni Improta.   Trainer: Giuseppe Chiapella

Goals: Dumitru (27), Ene (34)

ATLÉTICO MADRID v PANIONIOS ATHINA 2-1 (0-0)

Estadio Vicente Calderón, Madrid 16.09.1971

Referee: Hugh Wilson (NIR)   Attendance: 19,808

ATLÉTICO: Roberto Rodríguez García RODRI; Francisco Delgado MELO, ADELARDO Rodríguez Sánchez, Jesús MARTÍNEZ JAYO, Isacio CALLEJA García; LUIS Aragonés Suárez, EUSEBIO Bejarano Vilaroz (31 Iselín Santos OVEJERO Maya); Ignacio SALCEDO Sánchez (46 Julio OROZCO Martín), José Eulogio GÁRATE Ormaechea, Javier IRURETAgoyena Amiano, Heraldo BECERRA Nuñes. Trainer: Marcel Domingo

PANIONIOS: Filis; Hristodoulou, Theofilopoulos, Papasikas, Kiriazis; Vasilis Moraitelis, Stathis Haitas; Kostas Lagos, Giorgos Dedes, Thanasis Intzoglou, Thomas Mauros (70 Konstantinos Hiotis).   Trainer: Joe Malet

Goals: Becerra (48), Irureta (65), Lagos (81)

PANIONIOS ATHINA v ATLÉTICO MADRID 1-0 (0-0)

Karaiskaki, Peiraias 6.10.1971

Referee: Alexandru Pîrvu (ROM)   Attendance: 20,000

PANIONIOS: Filis; Hristodoulou, Theofilopoulos, Papasikas, Kiriazis; Vasilis Moraitelis, Stathis Haitas; Thanasis Intzoglou, Kostas Lagos, Giorgos Dedes (77 Konstantinos Hiotis), Thomas Mauros.   Trainer: Joe Malet

ATLÉTICO: Roberto Rodríguez García RODRI; Francisco Delgado MELO, ADELARDO Rodríguez Sánchez, Iselín Santos OVEJERO Maya, Isacio CALLEJA García (38 Enrique Vicente Hernandez "QUIQUE"), LUIS Aragonés Suárez, Julio IGLESIAS Santamaría; Ignacio SALCEDO Sánchez, José Eulogio GÁRATE Ormaechea (46 Julio OROZCO Martín), Javier IRURETAgoyena Amiano, ALBERTO Fernández Fernández.   Trainer: Marcel Domingo

Sent off: Lagos (89)

Goal: Intzoglou (51 pen)

AC MILAN v DIGENIS AKRITAS MORPHOU 4-0 (2-0)

San Siro, Milano 22.09.1971

Referee: Joseph M. Cassar Naudi (MAL)   Attendance: 9,826

AC MILAN: Fabio Cudicini; Angelo Anquilletti (73 Giulio Zignoli), Giuseppe Sabadini; Luigi Maldera, Karl Heinz Schnellinger, Riccardo Sogliano; Pierpaolo Scarrone, Giorgio Biasiolo (66 Vincenzo Zazzaro), Silvano Villa, Guido Magherini, Lino Golin.   Trainer: Nereo Rocco

DIGHENIS AKRITAS MORPHOU: Eythimis Kyriakou, Kostas Tsiakkas, Kyriakos Fylaktou, Haralampos Argyrou, Harilaos Harilaou, Simos Simeonides, Leonidas Xenofontos (61 Nikos Tsiakkas), Manos Haralampous (66 Kokos Hristoforou), Ilias Exadaktylos, Mihalis Skapoullis, Andreas Tsingis.

Goals: Villa (32, 60), Magherini (34), Golin (50)

**DIGENIS AKRITAS MORPHOU
v AC MILAN 0-3** (0-1)

Trieste 29.09.1971

Referee: Atanas Sterev (BUL)   Attendance: 9,928

DIGHENIS AKRITAS MORPHOU: Eythimis Kyriakou, Kostas Tsiakkas, Hristos Skapoullis, Haralampos Argyrou, Harilaos Harilaou, Simos Simeonides, Krinos Vourkou, Kokos Hristoforou, Ias Exadaktylos, Nikos Tsiakkas, Mihalis Skapoullis.

AC MILAN: Fabio Cudicini, Angelo Anquilletti, Giuseppe Sabadini, Luigi Maldera (14 Roberto Rosato), Karl Heinz Schnellinger, Riccardo Sogliano, Giorgio Biasiolo (67 Lino Golin), Romeo Benetti, Silvano Villa, Gianni Rivera, Pierino Prati.   Trainer: Nereo Rocco

Goals: Villa (11, 77), Rivera (65)

**RAPID BUCUREŞTI
v CWKS LEGIA WARSZAWA 4-0** (3-0)

23 August, Bucureşti   19.10.1971

Referee: Jozef Krnavek (CZE)   Attendance: 15,000

RAPID: Răducanu Necula; Ion Pop, Alexandru Boc, Nicolae Lupescu, Gheorghe Codrea; Constantin Dinu, Ion Dumitru; Constantin Năsturescu, Daniel Ene, Alexandru Neagu, Iordan Angelescu (30 Teofil Codreanu).   Trainer: Bazil Marian

LEGIA: Jan Tomaszewski (30 Piotr Mowlik); Wladyslaw Stachurski, Zygfryd Blaut, Andrzej Zygmunt, Antoni Trzaskowski; Bernard Blaut, Kazimierz Deyna; Tadeusz Cypka, Wieslaw Korzeniowski, Lucjan Brychczy, Robert Gadocha.   Trainer: Tadeusz Chruscinski

Goals: Ene (21, 29), Neagu (30, 72)

SECOND ROUND

1.FC KÖLN v DUNDEE FC 2-1 (0-0)

Müngersdorferstadion, Köln   19.10.1971

Referee: Bertil Lööw (SWE)   Attendance: 12,896

1.FC KÖLN: Gerhard Welz, Hans-Josef Kapellmann, Werner Biskup, Wolfgang Weber, Harald Konpka, Heinz Simmet, Heinz Flohe, Wolfgang Overath (80 Matthias Hemmersbach), Jürgen Glowacz (50 Johannes Löhr), Paul Scheermann, Bernd Rupp.   Trainer: Gyula Loránt

DUNDEE FC: Alistair Donaldson, Robert Wilson, James Steele, George Stewart (46 Ron Selway), David Johnston, Alexander Kinninmouth, Douglas Houston, John Scott, Gordon Wallace, John Duncan, Duncan Lambie.

Goals: Scheermann (50), Kinninmouth (75), Löhr (84)

**CWKS LEGIA WARSZAWA
v RAPID BUCUREŞTI 2-0** (2-0)

Legia, Warszawa   3.11.1971

Referee: Gyula Emsberger (HUN)   Attendance: 10,000

LEGIA: Piotr Mowlik; Wladyslaw Stachurski, Zygfryd Blaut, Andrzej Zygmunt, Antoni Trzaskowski; Bernard Blaut, Kazimierz Deyna; Tadeusz Nowak, Leslaw Cmikiewicz, Lucjan Brychczy, Tadeusz Cypka.   Trainer: Tadeusz Chruscinski

RAPID: Răducanu Necula; Ion Pop, Alexandru Boc, Nicolae Lupescu, Gheorghe Codrea; Constantin Dinu, Ion Dumitru; Constantin Năsturescu (46 Constantin Muşat), Alexandru Neagu, Daniel Ene, Teofil Codreanu.   Trainer: Bazil Marian

Goals: T. Nowak (1), B. Blaut (6)

DUNDEE FC v 1.FC KÖLN 4-2 (1-1)

Dens Park, Dundee   3.11.1971

Referee: Alfred Delcourt (BEL)   Attendance: 15,274

DUNDEE FC: Alistair Donaldson, Robert Wilson, David Johnston, James Steele, Iain Phillip, Douglas Houston, John Duncan, John Scott, Alexander Kinninmonth (65 Ian Scott), Gordon Wallace, Duncan Lambie (73 James Wilson).

1.FC KÖLN: Gerhard Welz, Hans-Josef Kapellmann, Wolfgang Weber, Werner Biskup, Harald Konopka, Heinz Simmet, Heinz Flohe, Wolfgang Overath, Bernd Rupp (68 Karl-Heinz Thielen), Paul Scheermann, Johannes Löhr.   Trainer: Gyula Loránt

Goals: Duncan (12, 61, 74), R. Wilson (89), Simmet (35), Flohe (58)

ZAGLEBIE WALBRZYCH v UTA ARAD 1-1 (1-0)

Ratuszowa, Walbrzych   20.10.1971

Referee: Karlo Kruashvili (USSR)   Attendance: 15,000

ZAGLEBIE: Marian Szeja; Zygmunt Pietraszewski, Stanisław Pazdzior, Zbigniew Szlykowicz, Jan Cieszowiec, Andrzej Gluch, Antoni Galas, Joachim Stachula, Jan Nowak (68 Tadeusz Pawlowski), Jerzy Odsterczyl, Józef Kwiatkowski. Trainer: Nickel

UTA: Miroslav Vidac; Gavril Birău, Iosif Lereter, Eugen Pojoni; Paul Popovici; Mircea Petescu, Flavius Domide; Viorel Sima, Attila Kun, Ladislau Broşovschi, Gavril Both. Trainer: Nicolae Dumitrescu

Goals: Kwiatkowski (10), Broşovschi (85)

UTA ARAD
v ZAGLEBIE WALBRZYCH 2-1 (1-0, 1-1) (AET)

UTA, Arad   3.11.1971

Referee: Franz Wöhrer (AUS)   Attendance: 8,000

UTA: Miroslav Vidac; Gavril Birău, Iosif Lereter, Eugen Pojoni, Paul Popovici; Mircea Petescu, Flavius Domide; Viorel Sima (58 Dumitru Calinin), Ladislau Broşovschi, Attila Kun, Gavril Both.   Trainer: Nicolae Dumitrescu

ZAGLEBIE: Marian Szeja; Zygmunt Pietraszewski, Stanisław Pazdzior, Jan Cieszowiec, Zbigniew Szlykowicz; Andrzej Gluch (46 Tadeusz Pawlowski), Antoni Galas; Joachim Stachula, Jan Nowak, Jerzy Odsterczyl, Józef Kwiatkowski.

Goals: Domide (14), Pawlowski (66), Kun (112)

VASAS SC BUDAPEST
v ST. JOHNSTONE FC 1-0 (0-0)

Fáy u, Budapest   2.11.1971

Referee: Hristos Mihas (GRE)   Attendance: 3,408

VASAS SC: Gyula Tamás; Tibor Fábián, Péter Török, Csaba Vidáts, Kálmán Ihász; Lajos Lakinger, Ernő Kovács (.. Iván Menczel); Lajos Puskás, Sándor Müller, János Farkas, Béla Váradi.

ST. JOHNSTONE: James Donaldson, John Lambie, William Coburn, Alex Gordon, Alex Rennie, James Argue; Kenny Aird, Gordon Whitelaw, John Connolly; James Pearson, Henry Hall.

Goal: L. Puskás (85)

FERENCVÁROS TC BUDAPEST
v PANIONIOS ATHINA 6-0 (2-0)

Népstadion, Budapest   20.10.1971

Referee: Ferdinand Biwersi (WG)   Attendance: 12,310

FERENCVÁROS: István Géczi; Dezső Novák (.. Péter Vépi), Miklós Páncsics, László Bálint, István Megyesi, István Juhász, Lajos Kü; István Szőke, László Branikovits, Flórián Albert, Gyula Rákosi (62 József Mucha).   Trainer: Ferenc Csanádi

PANIONIOS: Filis, Kiriazis, Hristodoulou (46 Tsirogiannis), Haralampos Itzoglou, Papasikas, Theofilopoulos; Stathis Haitas, Vasilis Moraitelis, Thanasis Intzoglou; Giorgos Dedes, Thomas Mauros.   Trainer: Joe Malet

Sent off: Intzoglou (24), Moraitelisz (68)

Goals: Kü (2), Albert (23, 62, 89), Megyesi (67), Branikovits (83)

Panionios Athina were disqualified so the return match was not played.

FC NANTES
v TOTTENHAM HOTSPUR FC LONDON 0-0

Stade Marcel Saupin, Nantes   20.10.1971

Referee: Günter Männig (DDR)   Attendance: 21,000

FC NANTES: Jean-Paul Bertrand-Demanes; Jean-Luc Laguillez, Jean-Claude Osman, Bernard Gardon, Gabriel De Michèle; Henri Michel, Michel Pech; Bernard Blanchet, Paul Courtin (77 Georges Eo), Angel Marcos, Erich Maas (85 Patrice Kervarrec).   Trainer: José Arribas

TOTTENHAM: Patrick Jennings; Joseph Kinnear, Philip Beal, Michael England, Cyril Knowles; Alan Mullery, Stephen Perryman; Martin Peters, James Neighbour, Martin Chivers, Alan Gilzean (73 Roger Morgan).   Manager: Bill Nicholson

ST. JOHNSTONE FC
v VASAS SC BUDAPEST 2-0 (1-0)

Mureton Park, Perth   20.10.1971

Referee: Rolf Nyhus (NOR)   Attendance: 12,218

ST. JOHNSTONE: James Donaldson, John Lambie (.. James Argue), Alex Rennie, Alex Gordon, William Coburn; Ian McPhee, Kenny Aird, John Connolly, James Pearson, Gordon Whitelaw, Fred Aitken (.. John Muir).

VASAS SC: Gyula Tamás; Tibor Fábián, Péter Török, Lajos Lakinger, Csaba Vidáts, Kálmán Ihász; János Farkas, Ernő Kovács; Lajos Puskás, Sándor Müller, Béla Váradi.

Goals: Connolly (12 pen), Pearson (85)

TOTTENHAM HOTSPUR LONDON
v FC NANTES 1-0 (1-0)

White Hart Lane, London   2.11.1971

Referee: Stanisław Eksztajn (POL)   Attendance: 32,633

TOTTENHAM: Patrick Jennings; Raymond Evans, Cyril Knowles; John Pratt, Michael England, Philip Beal; James Neighbour, Stephen Perryman, Martin Chivers, Martin Peters, Alan Gilzean (87 James Pearce).   Manager: Bill Nicholson

FC NANTES: Jean-Paul Bertrand-Demanes; Philippe Barot, Jean-Claude Osman, Bernard Gardon, Gabriel De Michèle; Henri Michel, Michel Pech; Bernard Blanchet, Angel Marcos, Gilles Rampillon (62 Georges Eo), Erich Maas.   Trainer: José Arribas

Goal: Peters (14)

**FC DEN HAAG
v WOLVERHAMPTON WANDERERS 1-3** (0-0)

Zuiderparkstadion, Den Haag   20.10.1971

Referee: Kurt Tschenscher (WG)   Attendance: 13,181

FC DEN HAAG: Ton Thie; Theo Van den Burch, Kees Weimar, Aad Mansveld, Joop Korevaar, Dick Advocaat (.. Paul Roodnat), Harald Berg, Piet De Zoete, Sjaak Roggeveen, Wietze Couperus (59 René Pas), Harry Hestad.
Trainer: Václav Jezek

WANDERERS: Phillip Parkes, Bernard Shaw, Derek Parkin, Mike Bailey, Gerald Taylor (.. Leslie Wilson), John McAlle, James McCalliog (81 Kenny Hibbitt), Michael O'Grady, John Richards, Derek Dougan, David Wagstaffe.
Manager: Bill McGarry

Goals: Dougan (63), McCalliog (74), Hibbit (80), Hestad (83 pen)

**WOLVERHAMPTON WANDERERS
v FC DEN HAAG 4-0** (1-0)

Molineux, Wolverhampton   3.11.1971

Referee: Mariano Medina Iglesias (SPA)   Att: 20,299

WANDERERS: Phillip Parkes, Gerald Taylor, Derek Parkin, Mike Bailey, Francis Munro, John McAlle, James McCalliog, Kenny Hibbitt, Derek Dougan, Hugh Curran, David Wagstaffe.
Manager: Bill McGarry

FC DEN HAAG: Ton Thie; Theo Van den Burch, Kees Weimar, Aad Mansveld, Joop Korevaar, Dick Advocaat, Piet De Zoete, Harald Berg (46 Sjaak Roggeveen), Aad Kila (76 Simon Van Vliet), Wietze Couperus, Harry Hestad.
Trainer: Václav Jezek

Goals: Dougan (7), Weimar (50 og), Mansveld (58 og), Van den Burch (86 og)

REAL MADRID v PSV EINDHOVEN 3-1 (2-1)

Estadio Santiago Bernabéu, Madrid   20.10.1971

Referee: John Wright Paterson (SCO)   Attendance: 61,274

REAL: Mariano GARCÍA REMON, Juan Carlos TOURIÑO Cancela, Juan VERDUGO Pérez, Ramón Moreno GROSSO, Gregorio BENITO Rubio, Ignacio ZOCO Esparza, Francisco Javier AGUILAR García, AMANCIO Amaro Varela (70 José Antonio GRANDE Cereijo), Carlos Alonso González "SANTILLANA", Manuel VELAZQUEZ Villaverde (29 José Martínez Sánchez "PIRRI"), Eduardo ANZARDA Álvarez.
Trainer: Miguel Muñoz

PSV: Jan van Beveren, Wim van den Dungen, Pleun Strik, Lazar Radović, Peter Kemper (74 Henning Munk Jensen), Jos Dijkstra, Jac van Stippent, Bengt Schmidt-Hansen, Oeki Hoekema, Johan Devrindt, Eef Mulders (71 Guus Hiddink).
Trainer: Kurt Linder

Goals: Anzarda (2), Hoekema (22), Aguilar (34), Amancio (47 pen)

PSV EINDHOVEN v REAL MADRID 2-0 (1-0)

de Vliert, Den Bosch   3.11.1971

Referee: Gerhard Kunze (DDR)   Attendance: 19,286

PSV: Jan van Beveren, Wim van den Dungen, Pleun Strik, Lazar Radović, Henning Munk Jensen, Gerrit van Tilburg, Jos Dijkstra, Jac van Stippent, Johan Devrindt, Oeki Hoekema (75 Bengt Schmidt-Hansen), Eef Mulders.   Trainer: Kurt Linder

REAL: Mariano GARCÍA REMON, Juan Carlos TOURIÑO Cancela, Gregorio BENITO Rubio, Juan VERDUGO Pérez, Ignacio ZOCO Esparza, Ramón Moreno GROSSO, AMANCIO Amaro Varela, Francisco Javier AGUILAR García, Carlos Alonso González "SANTILLANA", Eduardo ANZARDA Álvarez (46 José Martínez Sánchez "PIRRI"), Manuel VELAZQUEZ Villaverde.   Trainer: Miguel Muñoz

Goals: Mulders (9), Hoekema (56)

**ROSENBORG BK TRONDHEIM
v LIERSE SK 4-1** (2-0)

Oslo   20.10.1971

Referee: Robert Holley Davidson (SCO)   Attendance: 6,115

ROSENBORG BK: Geir Karlsen, Erling Meirik, Kåre Rønnes, Bjørn Rime, Knut Jenssen, Arne Hanssen, Jan Christiansen, Erling Naess (70 Svein Haagenrud), Bjørn Wirkola (75 Per Loraas), Tore Lindseth, Terje Mørkved.

LIERSE SK: Carl Engelen; René Goelen, Ronny Michielsens, Tamas Krivitz, Frans Vermeyen, Roger Dierckx, Dimitrije Davidovic, Corneel de Ceulaer, Peter Ressel, André Denul, François Janssens.   Trainer: Frans de Munck

Goals: J. Christiansen (8, 72), A. Hansen (27), Davidović (67), Loraas (84)

LIERSE SK v ROSENBORG BK 3-0 (0-0)

Stadion aan het Lisp, Lierse   3.11.1971

Referee: John Adair (NIR)   Attendance: 6,751

LIERSE SK: Carl Engelen, Roger Dierckx, Tamas Krivitz, Frans Vermeyen, René Goelen, Dimitrije Davidovic, Corneel de Ceulaer, Jaak Dreesen, François Janssens, André Denul, Peter Ressel.   Trainer: Frans de Munck

ROSENBORG BK: Geir Karlsen, Oistein Wormdahl (60 Per Loraas), Kåre Rønnes, Bjørn Rime, Knut Jenssen, Jan Christiansen, Erling Naess, Arne Hanssen, Bjørn Wirkola (75 Svein Haagenrud), Tore Lindseth, Terje Mørkved.

Goals: Denul (71, 73, 79)

FK ŽELJEZNIČAR SARAJEVO
v BOLOGNA 1-1 (0-1)

Grbavica Sarajevo   20.10.1971

Referee: Vital Loraux (BEL)   Attendance: 11,584

ŽELJEZNIČAR: Slobodan Janjus, Dragan Kojović, Velija Becirspahić; Blagoje Bratic, Josip Katalinski, Enver Hadziabdic; Branimir Jelusić, Bozidar Jankovic, Josip Bukal, Edin Sprečo, Avdija Derakovic (67 Slobodan Kojović).

BOLOGNA: Amos Adani; Tazio Roversi, Roberto Prini; Francesco Cresci, Francesco Battisodo, Ivan Gregori; Marino Perani, Francesco Rizzo, Giuseppe Savoldi, Augusto Scala (79 Federico Righi), Bruno Pace (80 Fausto Landini). Trainer: Edmondo Fabbri

Goals: Perani (29), Bukal (75 pen)

BOLOGNA
v FK ŽELJEZNIČAR SARAJEVO 2-2 (1-0)

Stadio communale, Bologna   3.11.1971

Referee: Tofik Bakhramov (USSR)   Attendance: 9,397

BOLOGNA: Amos Adani; Tazio Roversi, Adriano Fedele; Francesco Cresci, Francesco Battisodo, Ivan Gregori; Marino Perani, Francesco Rizzo, Giuseppe Savoldi, Augusto Scala, Bruno Pace.   Trainer: Edmondo Fabbri

ŽELJEZNIČAR: Slobodan Janjus; Dragan Kojović, Velija Becirspahić; Blagoje Bratić, Josip Katalinski, Enver Hadziabdic; Branimir Jelusić, Bozidar Janković, Josip Bukal, Edin Sprečo, Avdija Deraković.

Goals: Fedele (15, 70), Janković (58, 83)

AC MILAN v HERTHA BSC BERLIN 4-2 (1-1)

San Siro, Milano   20.10.1971

Referee: Ferdinand Marschall (AUS)   Attendance: 16,070

AC MILAN: Fabio Cudicini, Luigi Maldera, Angelo Anquilletti, Karl Heinz Schnellinger, Giuseppe Sabadini, Giorgio Biasiolo, Riccardo Sogliano, Gianni Rivera, Romeo Benetti, Alberto Bigon, Pierino Prati.   Trainer: Nereo Rocco

HERTHA BSC: Volkmar Gross, Michael Sziedat, Uwe Witt, Erwin Hermandung, Heinz Ferschl, Wolfgang Gayer, Zoltán Varga, Erich Beer, Hans-Jürgen Sperlich, Lorenz Horr, Arno Steffenhagen.   Trainer: Helmut Kronsbein

Goals: Steffenhagen (15), Prati (39, 85), Beer (51), Benetti (62), Biasiolo (64)

HERTHA BSC BERLIN v AC MILAN 2-1 (1-1)

Olympia Stadion, Berlin   3.11.1971

Referee: John Carpenter (EIRE)   Attendance: 21,123

HERTHA BSC: Volkmar Gross, Michael Sziedat, Uwe Witt, Erwin Hermandung, Heinz Ferschl, Erich Beer, Wolfgang Gayer, Zoltán Varga, Hans-Jürgen Sperlich, Lorenz Horr, Arno Steffenhagen.   Trainer: Helmut Kronsbein

AC MILAN: Fabio Cudicini; Giuseppe Sabadini, Riccardo Sogliano, Karl Heinz Schnellinger, Giulio Zignoli; Angelo Anquilletti, Romeo Benetti, Vincenzo Zazzaro, Silvano Villa, Alberto Bigon, Pierino Prati.   Trainer: Nereo Rocco

Goals: Bigon (13), Horr (15 pen, 89)

EINTRACHT BRAUNSCHWEIG
v ATHLETIC CLUB BILBAO 2-1 (2-1)

Eintracht stadion an der Hamburger Str., Braunschweig   20.10.1971

Referee: Gusztáv Bircsak (HUN)   Attendance: 9,608

EINTRACHT: Bernd Franke, Wolfgang Grzyb, Joachim Bäse, Max Lorenz, Franz Merkhoffer, Friedhelm Haebermann, Eberhard Haun, Bernd Gersdorff, Klaus Gerwien, Ludwig Bründl, Dietmar Erler.   Trainer: Otto Knefler

ATHLETIC: José Ángel IRÍBAR Cortajarena, José Ignacio SÁEZ Ruiz, Luis María ECHEBERRÍA Igartua, José Ramón Martínez LARRAURI, Agustín GUISASOLA Zabala, José María IGARTUA Mendizábal, Fidel URIARTE Macho, José Francisco ROJO I Arroita, José María ARGOITIA Acha (55 Jesús María Sáenz ORTUONDO), Antonio María ARIETA II Araunabeña, José Ángel ROJO II Arroita.
Trainer: Ronnie Allen

Goals: Arieta (15), Bründl (16, 33 pen)

ATHLETIC CLUB BILBAO
v EINTRACHT BRAUNSCHWEIG 2-2 (1-1)

Estadio San Mamés, Bilbao   3.11.1971

Referee: Michel Kitabdjian (FRA)   Attendance: 27,514

ATHLETIC: José Ángel IRÍBAR Cortajarena, José Antonio BEITIA Abasolo, José Ignacio SÁEZ Ruiz, José Ramón Martínez LARRAURI, Agustín GUISASOLA Zabala, José María IGARTUA Mendizábal, José Ángel ROJO II Arroita, Fidel URIARTE Macho, Nicolás ESTÉFANO Montalbán (46 Jesús María Sáenz ORTUONDO), Antonio María ARIETA II Araunabeña, José Francisco ROJO I Arroita.
Trainer: Ronnie Allen

EINTRACHT: Bernd Franke, Wolfgang Grzyb, Joachim Bäse, Peter Kaack, Franz Merkhoffer, Friedhelm Haebermann, Max Lorenz, Bernd Gersdorff, Klaus Gerwien, Ludwig Bründl, Dietmar Erler.   Trainer: Otto Knefler

Goals: Erler (28), Uriarte (41), Bründl (69), J.F. Rojo (89)

OFK BEOGRAD v FC CARL ZEISS JENA 1-1 (0-1)
Omladinski Stadium, Beograd 20.10.1971
Referee: Victor Pădureanu (ROM)   Attendance: 6,575

OFK: Djordjević, Krsto Mitrović, Stojan Vukasinović, Slobodan Mesanović, Dragoslav Stepanović, Ninoslav Zec, Dušan Lukić (51 Borsović), Dragan Stojanović (70 Zdravko Jokić), Bogdan Turudija, Slobodan Santrač, Ilija Petković.

FC CARL ZEISS: Hans-Ulrich Grapenthin, Werner Krauss, Udo Preusse, Lothar Kurbjuweit, Jürgen Werner, Konrad Weise, Rainer Schlutter, Harald Irmscher, Peter Ducke, Dieter Scheitler, Eberhard Vogel.   Trainer: Hans-Joachim Meyer

Goals: Scheitler (32), Santrač (49 pen)

FC CARL ZEISS JENA v OFK BEOGRAD 4-0 (2-0)
Ernst Abbe Sportfeld, Jena 3.11.1971
Referee: Liuben Radunchev (BUL)   Attendance: 7,732

FC CARL ZEISS: Hans-Ulrich Grapenthin, Udo Preusse (74 Jürgen Werner), Peter Rock, Konrad Weise, Lothar Kurbjuweit, Michael Strempel, Harald Irmscher, Helmut Stein, Peter Ducke (68 Eberhard Vogel), Dieter Scheitler, Rainer Schlutter.   Trainer: Hans-Joachim Meyer

OFK: Petar Borota, Stojan Vukasinović, Dragoslav Stepanović, Slobodan Mesanović, Krsto Mitrović, Dragan Stojanović (46 Dragan Gugleta), Bogdan Turudija, Ninoslav Zec, Slobodan Santrač, Jurkić, Ilija Petković (68 Dušan Lukić).

Goals: Mitrović (15 og), Scheitler (18, 64), Stein (50)

DINAMO ZAGREB v RAPID WIEN 2-2 (1-1)
Maksimir, Zagreb 20.10.1971
Referee: Concetto Lo Bello (ITA)   Attendance: 18,650

DINAMO: Fahrija Dautbegovic; Ivica Mijlkovic, Josip Gucmirtl, Filip Blasković, Damir Valec; Drago Vabec, Josip Lalić; Zdenko Kafka, Ivica Senzen, Alojz Renić, Marijan Cercek.

RAPID: Adolf Antrich; Erich Fak, Egon Pajenk, Ewald Ullmann (10 Günter Scheffl), Geza Gallos; Werner Walzer, Alois Jagodic, Norbert Hof, Rudolf Flögel; Jørn Bjerregaard, Bernhard Lorenz.   Trainer: Gerd Springer

Goals: Kafka (6, 67), N. Hof (13), Jagodic (87)

RAPID WIEN v DINAMO ZAGREB 0-0
Prater, Wien 3.11.1971
Referee: Ivan Placek (CZE)   Attendance: 10,092

RAPID: Adolf Antrich; Alois Jagodic, Norbert Hof, Erich Fak, Egon Pajenk; Jørn Bjerregaard, Günter Scheffl, Rudolf Flögel; Werner Walzer, Bernhard Lorenz, Geza Gallos.   Trainer: Gerd Springer

DINAMO: Fahrija Dautbegovic; Ivica Mijlkovic, Josip Gucmirtl, Filip Blasković, Damir Valec; Denijal Pirić, Zdenko Kafka; Ivica Senzen, Josip Lalić (.. Drago Vabec), Crnić (10 Alojz Renić), Krasnodar Rora.

SPARTAK MOSKVA v VITÓRIA SETÚBAL 0-0
Lenin stadium, Moskva 21.10.1971
Referee: William John Gow (WAL)   Attendance: 27,000

SPARTAK: Anzor Kavazashvili, Gennadi Logofet, Valeri Zenkov, Evgeni Lovchev (6 Vladimir Petrov), Nikolai Abramov, Nikolai Kiseliev, Aleksandr Piskariev, Galimzian Khusainov, Nikolai Osianin, Viktor Papaev (61 Vitali Mirzoev), Dzhemal Silagadze.

VITÓRIA: JOAQUIM Manuel Conceição TORRES, Francisco Silva REBELO, Carlos Alberto CORREIA, José Jesús MENDES, Manuel Luis dos Santos "CARRIÇO", OCTÁVIO Joaquim Coelho Machado, Jose Maria, JOSÉ Augusto da Costa Senica TORRES, Augusto MATINE, Felix Marques GUERREIRO, JACINTO JOÃO.   Trainer: José Maria PEDROTO

VITÓRIA SETÚBAL v SPARTAK MOSKVA 4-0 (1-0)
Estádio do Bonfim, Setúbal 4.11.1971
Referee: Robert Wurtz (FRA)   Attendance: 40,000

VITÓRIA: JOAQUIM Manuel Conceição TORRES, Francisco Silva REBELO, Carlos Alberto Lourenço CARDOSO, José Jesús MENDES, Manuel Luis dos Santos "CARRIÇO", Augusto MATINE, OCTÁVIO Joaquim Coelho Machado, Jose Maria, Felix Marques GUERREIRO, JOSÉ Augusto da Costa Senica TORRES, JACINTO JOÃO.   Trainer: José Maria PEDROTO

SPARTAK: Anzor Kavazashvili, Gennadi Logofet, Sergei Olshanski, Nikolai Abramov, Dzhemal Silagadze, Nikolai Kiseliev, Viktor Papaev (46 Vasili Kalinov), Aleksandr Piskariev, Vladimir Redin, Nikolai Osianin, Galimzian Khusainov (46 Vitali Mirzoev).

Goals: Octávio (29), José Torres (53, 56), Jacinto João (77)

JUVENTUS TORINO v ABERDEEN FC 2-0 (1-0)
Stadio Comunale, Torino 27.10.1971
Referee: Petar Nikolov (BUL)   Attendance: 24,352

JUVENTUS: Pietro Carmignani; Luciano Spinosi, Giampietro Marchetti; Giuseppe Furino, Francesco Morini (69 Gianluigi Roveta), Sandro Salvadore; Helmut Haller, Gianluigi Savoldi, Pietro Anastasi, Fabio Capello, Roberto Bettega.   Trainer: Cestmir Vycpalek

ABERDEEN: Robert Clark, George Murray, James Hermiston; Stephen Murray, William Young (57 Ian Taylor), Martin Buchan; James Forrest, David Robb, Joseph Harper, Alexander Willoughby, Arthur Graham.
Trainer: James Bonthrone

Goals: Anastasi (5), G. Murray (55 og)

ABERDEEN v JUVENTUS TORINO 1-1 (0-0)

Pittodrie, Aberdeen   17.11.1971

Referee: Theo Boosten (HOL)   Attendance: 29,409

ABERDEEN: Robert Clark, George Murray, James Hermiston (67 George Buchan); Stephen Murray, William Young (36 Ian Taylor), Martin Buchan; James Forrest, David Robb, Joseph Harper, Alexander Willoughby, Arthur Graham.   Trainer: James Bonthrone

JUVENTUS: Pietro Carmignani; Luciano Spinosi, Giampietro Marchetti; Giuseppe Furino, Francesco Morini, Sandro Salvadore; Helmut Haller, Franco Causio, Pietro Anastasi, Fabio Capello, Roberto Bettega.   Trainer: Cestmir Vycpalek

Goals: Anastasi (50), Harper (78)

RAPID WIEN v JUVENTUS TORINO 0-1 (0-1)

Prater, Wien   24.11.1971

Referee: Ferdinand Biwersi (WG)   Attendance: 212

RAPID: Adolf Antrich, Alois Jagodic (77 Karl Müller), Egon Pajenk (46 Jürgen Ey), Erich Fak, Norbert Hof; Günter Scheffl, Werner Walzer, Rudolf Flögel; Jørn Bjerregaard, Bernhard Lorenz, Geza Gallos.   Trainer: Gerd Springer

JUVENTUS: Pietro Carmignani; Luciano Spinosi, Giampietro Marchetti; Giuseppe Furino, Francesco Morini, Sandro Salvadore; Helmut Haller, Franco Causio, Pietro Anastasi (80 Gianluigi Savoldi), Fabio Capello, Roberto Bettega.   Trainer: Cestmir Vycpalek

Goal: Bettega (30)

THIRD ROUND

EINTRACHT BRAUNSCHWEIG v FERENCVÁROS TC BUDAPEST 1-1 (0-1)

Eintracht stadion an der Hamburger Str., Braunschweig   24.11.1971

Referee: Einar J. Boström (SWE)   Attendance: 10,259

EINTRACHT: Bernd Franke; Wolfgang Grzyb, Peter Kaack, Friedhelm Haebermann, Joachim Bäse; Franz Merkhoffer, Bernd Gersdorff, Eberhard Haun, Klaus Gerwien, Ludwig Bründl, Dietmar Erler.   Trainer: Otto Knefler

FERENCVÁROS: István Géczi; Dezső Novák, László Bálint, Péter Vépi, István Megyesi; István Juhász, Lajos Kü; István Szőke, Gyula Rákosi, Flórián Albert, József Mucha.   Trainer: Ferenc Csanádi

Goals: Kü (8), Erler (84)

JUVENTUS TORINO v RAPID WIEN 4-1 (1-1)

Stadio Comunale, Torino   8.12.1971

Referee: Günter Männig (DDR)   Attendance: 26,608

JUVENTUS: Pietro Carmignani; Luciano Spinosi, Giampietro Marchetti (46 Gianluigi Roveta); Giuseppe Furino (46 Antonello Cuccureddu), Francesco Morini, Sandro Salvadore; Franco Causio, Gianluigi Savoldi, Pietro Anastasi, Fabio Capello, Roberto Bettega.   Trainer: Cestmir Vycpalek

RAPID: Adolf Antrich; Günter Scheffl (67 Karl Müller), Norbert Hof, Alois Jagodic (75 Egon Pajenk), Erich Fak; Jürgen Ey, Jørn Bjerregaard, Rudolf Flögel, Geza Gallos; Buzek, Bernhard Lorenz.   Trainer: Gerd Springer

Goals: Bettega (8, 46, 71), Lorenz (16), Causio (81 pen)

FERENCVÁROS TC BUDAPEST v EINTRACHT BRAUNSCHWEIG 5-2 (2-0)

Népstadion, Budapest   8.12.1971

Referee: Pius Kamber (SUI)   Attendance: 15,384

FERENCVÁROS: István Géczi; Dezső Novák, László Bálint, Miklós Páncsics, István Megyesi; István Juhász, Lajos Kü; László Branikovits, István Szőke, Flórián Albert, József Mucha (67 Gyula Rákosi).   Trainer: Ferenc Csanádi

EINTRACHT: Bernd Franke, Friedhelm Haebermann, Peter Kaack, Joachim Bäse, Franz Merkhoffer, Eberhard Haun, Bernd Gersdorff, Jürgen Dudda; Klaus Gerwien, Ludwig Bründl, Dietmar Erler.   Trainer: Otto Knefler

Goals: Juhász (3), Bálint (37, 51), Branikovits (59, 80), Bründl (73), Erler (90)

AC MILAN v DUNDEE FC 3-0 (1-0)

San Siro, Milano   24.11.1971

Referee: Hristos Mihas (GRE)   Attendance: 14,282

AC MILAN: Fabio Cudicini; Giuseppe Sabadini, Giulio Zignoli; Angelo Anquilletti, Karl Heinz Schnellinger, Giorgio Biasiolo; Silvano Villa (46 Vincenzo Zazzaro), Romeo Benetti, Alberto Bigon, Gianni Rivera, Pierino Prati.   Trainer: Nereo Rocco

DUNDEE FC: Alistair Donaldson; Robert Wilson, David Johnston; James Steele, Iain Phillip, Douglas Houston; James Wilson, Alexander Kinninmonth (77 Ian Scott), Gordon Wallace, John Scott (49 John Duncan), George Stewart.

Goals: Rivera (14), Stewart (50 og), Benetti (71)

DUNDEE FC v AC MILAN 2-0 (1-0)

Dens Park, Dundee   8.12.1971

Referee: Robert Wurtz (FRA)   Attendance: 15,569

DUNDEE FC: Mike Hewitt; Robert Wilson, Douglas Houston; James Steele, Iain Phillip, George Stewart; John Duncan, Duncan Lambie, Gordon Wallace, John Scott (81 Ian Scott), James Wilson (46 David Johnston).

AC MILAN: Fabio Cudicini; Giuseppe Sabadini, Giulio Zignoli; Angelo Anquilletti, Karl Heinz Schnellinger, Giorgio Biasiolo, Riccardo Sogliano; Romeo Benetti, Alberto Bigon (46 Silvano Villa), Gianni Rivera, Pierino Prati.
Trainer: Nereo Rocco

Goals: Wallace (39), Duncan (73)

UTA ARAD v VITÓRIA SETÚBAL 3-0 (2-0)

UTA, Arad   24.11.1971

Referee: Antoine Queudeville (LUX)   Attendance: 7,000

UTA: Miroslav Vidac; Gavril Birău, Iosif Lereter, Eugen Pojoni, Paul Popovici; Mircea Petescu, Flavius Domide; Viorel Sima (75 Mircea Axente), Attila Kun, Ladislau Broşovschi, Gavril Both.   Trainer: Nicolae Dumitrescu

VITÓRIA: JOAQUIM Manuel Conceição TORRES; Francisco Silva REBELO, José Jesús MENDES, Carlos Alberto CORREIA, Manuel Luis dos Santos "CARRIÇO"; OCTÁVIO Joaquim Coelho Machado (60 Clemente Crista PRAIA), JOSÉ MARIA Júnior, Augusto MATINE; Felix Marques GUERREIRO (60 Joaquim Leandro Quinta ARCANJO), JOSÉ Augusto da Costa Senica TORRES, JACINTO JOÃO.
Trainer: José Maria PEDROTO

Goals: Domide (9), Sima (16), Kun (65)

**ST. JOHNSTONE FC
v FK ŽELJEZNIČAR SARAJEVO 1-0** (0-0)

Mureton Park, Perth   24.11.1971

Referee: Adrianus Boogaerts (HOL)   Attendance: 9,061

ST. JOHNSTONE: James Donaldson; John Lambie, William Coburn, Alex Rennie, Alex Gordon, Gordon Whitelaw, Kenny Aird, Benny Rooney, James Pearson, John Connolly, Henry Hall (.. Fred Aitken).

ŽELJEZNIČAR: Slobodan Janjus; Dragan Kojović, Beciarspahić, Blagoje Bratić, Josip Katalinski, Enver Hadziabdić, Branimir Jelusić, Bozidar Janković, Josip Bukal, Edin Sprečo, Avdija Deraković.

Goal: Connolly (87)

VITÓRIA SETÚBAL v UTA ARAD 1-0 (0-0)

Estádio do Bonfim, Setúbal   8.12.1971

Referee: Sergio Gonella (ITA)   Attendance: 10,000

VITÓRIA: Artur Paulo Assunçao VAZ; Francisco Silva REBELO, Carlos Alberto CORREIA (Kap), José Jesús MENDES, Manuel Luis dos Santos "CARRIÇO"; OCTÁVIO Joaquim Coelho Machado, Augusto MATINE (22 Clemente Crista PRAIA), JOSÉ MARIA Júnior; Felix Marques GUERREIRO (70 Joaquim Leandro Quinta ARCANJO), JOSÉ Augusto da Costa Senica TORRES, JACINTO JOÃO.
Trainer: José Maria PEDROTO

UTA: Miroslav Vidac; Gavril Birău, Iosif Lereter, Eugen Pojoni, Paul Popovici; Mircea Petescu, Flavius Domide, Ladislau Broşovschi; Viorel Sima (62 Mircea Axente), Attila Kun, Gavril Both (80 Dumitru Calinin).
Trainer: Nicolae Dumitrescu

Goal: José Maria (54)

**FK ŽELJEZNIČAR SARAJEVO
v ST. JOHNSTONE FC 5-1** (3-1)

Grbavica Sarajevo   8.12.1971

Referee: Liuben Radunchev (BUL)   Attendance: 7,207

ŽELJEZNIČAR: Slobodan Janjus; Dragan Kojović (.. Horvat), Beciarspahić, Blagoje Bratić, Josip Katalinski, Enver Hadziabdić, Branimir Jelusić, Bozidar Janković, Josip Bukal, Edin Sprečo, Avdija Deraković.

ST. JOHNSTONE: James Donaldson; William Coburn, James Argue; Alex Rennie, Alex Gordon, Gordon Whitelaw (.. John Muir), Kenny Aird, Benny Rooney, John Connolly, Ian McPhee, James Pearson (.. Fred Aitken).

Goals: Janković (2), Bukal (4, 26, 63 pen), Rooney (7), Sprečo (65)

PSV EINDHOVEN v LIERSE SK 1-0 (0-0)

Philips Sportpark, Eindhoven   24.11.1971

Referee: István Zsolt (HUN)   Attendance: 20,000

PSV: Jan van Beveren, Wim van den Dungen, Pleun Strik, Jac van Stippent, Henning Munk Jensen, Gerrit van Tilburg, Jos Dijkstra, Willy van der Kuylen (60 Guus Hiddink, .. Eef Mulders), Bengt Schmidt-Hansen, Oeki Hoekema, Johan Devrindt.   Trainer: Kurt Linder

LIERSE SK: Carl Engelen, Tamas Krivitz, Roger Dierckx, Dimitrije Davidovic, René Goelen, Frans Vermeyen, Corneel de Ceulaer, Jaak Dreesen, François Janssens, André Denul, Peter Ressel (79 Juul Struyff).   Trainer: Frans de Munck

Goal: Mulders (77)

LIERSE SK v PSV EINDHOVEN 4-0 (1-0)

Stadion aan het Lisp, Lierse   8.12.1971

Referee: Norman C.H. Burtenshaw (ENG)   Att: 13,000

LIERSE SK: Carl Engelen, René Van Opstal, Tamas Krivitz, Ronny Michielsens, René Goelen, Frans Vermeyen, Corneel de Ceulaert, Dimitrije Davidovic, François Janssens, André Denul, Peter Ressel.   Trainer: Frans de Munck

PSV: Jan van Beveren, Wim van den Dungen, Pleun Strik, Lazar Radović, Peter Kemper, Adri van Kraay, Jac van Stippent, Willy van der Kuylen (63 Oeki Hoekema), Gerrit van Tilburg (70 Bengt Schmidt-Hansen), Johan Devrindt, Eef Mulders. Trainer: Kurt Linder

Goals: Janssens (5, 61), Denul (88 pen, 90)

**TOTTENHAM HOTSPUR LONDON
v RAPID BUCUREŞTI 3-0** (2-0)

White Hart Lane, London   8.12.1971

Referee: Robert Schaut (BEL)   Attendance: 30,702

TOTTENHAM: Patrick Jennings; Raymond Evans, Cyril Knowles; Ralph Coates (56 James Pearce), Michael England, Philip Beal, Alan Gilzean, Stephen Perryman, Martin Chivers, Martin Peters, James Neighbour.   Manager: Bill Nicholson

RAPID: Răducanu Necula; Ion Pop, Alexandru Boc, Nicolae Lupescu, Gheorghe Codrea; Constantin Dinu, Constantin Muşat (68 Iordan Angelescu), Ion Dumitru; Constantin Năsturescu, Alexandru Neagu, Teofil Codreanu (88 Daniel Ene).   Trainer: Bazil Marian

Goals: Peters (1), Chivers (36, 63)

**FC CARL ZEISS JENA
v WOLVERHAMPTON WANDERERS 0-1** (0-1)

Ernst Abbe Sportfeld, Jena   24.11.1971

Referee: Erich Linemayr (AUS)   Attendance: 9,719

FC CARL ZEISS: Hans-Ulrich Grapenthin; Udo Preusse, Peter Rock, Konrad Weise, Lothar Kurbjuweit, Michael Strempel, Harald Irmscher, Helmut Stein (40 Roland Ducke), Peter Ducke, Dieter Scheitler, Rainer Schlutter (80 Werner Krauss).   Trainer: Hans-Joachim Meyer

WANDERERS: Phillip Parkes, Bernard Shaw, Derek Parkin; Mike Bailey, Francis Munro, John McAlle; James McCalliog, Kenny Hibbitt, John Richards, Derek Dougan, David Wagstaffe (80 Steve Daley).   Manager: Bill McGarry

Goal: Richards (12)

**RAPID BUCUREŞTI
v TOTTENHAM HOTSPUR LONDON 0-2** (0-0)

23 August, Bucureşti   15.12.1971

Referee: Aurelio Angonese (ITA)   Attendance: 25,000

RAPID: Răducanu Necula; Ion Pop, Alexandru Boc, Nicolae Lupescu, Gheorghe Codrea; Constantin Dinu, Ion Dumitru (46 Iordan Angelescu); Marian Petreanu, Daniel Ene (60 Constantin Năsturescu), Alexandru Neagu, Teofil Codreanu. Trainer: Bazil Marian

TOTTENHAM: Patrick Jennings; Raymond Evans, Cyril Knowles; Ralph Coates, Peter Collins, Philip Beal, John Pratt, Stephen Perryman (46 Terence Naylor), Martin Chivers, Martin Peters, Alan Gilzean (52 James Pearce).   Manager: Bill Nicholson

Sent off: Pearce & Pop (64)

Goals: Pearce (58), Chivers (84)

QUARTER-FINALS

**WOLVERHAMPTON WANDERERS
v FC CARL ZEISS JENA 3-0** (2-0)

Molineux, Wolverhampton   8.12.1971

Referee: Karlo Kruashvili (USSR)   Attendance: 24,811

WANDERERS: Phillip Parkes, Bernard Shaw, Derek Parkin; Mike Bailey, Francis Munro, John McAlle; James McCalliog, Kenny Hibbitt (70 Alan Sunderland), John Richards, Derek Dougan, David Wagstaffe.   Manager: Bill McGarry

FC CARL ZEISS: Hans-Ulrich Grapenthin; Lothar Kurbjuweit, Peter Rock, Harald Irmscher, Jürgen Werner, Michael Strempel, Konrad Weise, Helmut Stein (46 Gerhard Hoppe), Peter Ducke, Dieter Scheitler (65 Werner Krauss), Rainer Schlutter.   Trainer: Hans-Joachim Meyer

Goals: Hibbit (8), Dougan (35, 59)

AC MILAN v LIERSE SK 2-0 (2-0)

San Siro, Milano   23.02.1972

Referee: Dogan Babacan (TUR)   Attendance: 40,000

AC MILAN: Fabio Cudicini; Angelo Anquilletti, Giulio Zignoli; Roberto Rosato, Karl Heinz Schnellinger, Riccardo Sogliano; Giuseppe Sabadini (62 Pierpaolo Scarrone), Romeo Benetti, Alberto Bigon, Gianni Rivera, Lino Golin. Trainer: Nereo Rocco

LIERSE SK: Carl Engelen; René Van Opstal, Tamas Krivitz; Ronny Michielsens, René Goelen (65 Roger Dierckx), Frans Vermeyen; Corneel de Ceulaer, Dimitrije Davidovic, François Janssens, André Denul, Peter Ressel.
Trainer: Frans de Munck

Goals: Rivera (30 pen), Bigon (43)

LIERSE SK v AC MILAN 1-1 (0-0)

Stadion aan het Lisp, Lierse   7.03.1972

Referee: José María Ortiz de Mendibil (SPA)   Att: 18,000

LIERSE SK: Carl Engelen; René Van Opstal, Tamas Krivitz; Ronny Michielsens, René Goelen, Corneel de Ceulaer; Dimitrije Davidovic, Frans Vermeyen, François Janssens, Juul Struyff, Peter Ressel.   Trainer: Frans de Munck

AC MILAN: Fabio Cudicini; Giuseppe Sabadini, Giulio Zignoli; Angelo Anquilletti, Roberto Rosato, Vincenzo Zazzaro; Alberto Bigon, Romeo Benetti, Silvano Villa, Gianni Rivera, Pierino Prati.   Trainer: Nereo Rocco

Goals: Villa (48), Vermeyen (83 pen)

UTA ARAD
v TOTTENHAM HOTSPUR LONDON 0-2 (0-2)

UTA, Arad   7.03.1972

Referee: Gerhard Schulenburg (WG)   Attendance: 12,253

UTA: Miroslav Vidac; Gavril Birău, Iosif Lereter, Eugen Pojoni, Paul Popovici; Mircea Petescu, Viorel Sima (80 Mircea Axente), Attila Kun, Ladislau Broşovschi, Flavius Domide, Gavril Both.   Trainer: Nicolae Dumitrescu

TOTTENHAM: Patrick Jennings; Raymond Evans, Cyril Knowles, John Pratt, Michael England, Philip Beal, Alan Gilzean (46 Peter Collins), Stephen Perryman, Martin Chivers, Martin Peters, Roger Morgan.   Manager: Bill Nicholson

Goals: Morgan (12), England (43)

JUVENTUS TORINO
v WOLVERHAMPTON WANDERERS 1-1 (1-0)

Stadio Comunale, Torino   7.03.1972

Referee: Vital Loraux (BEL)   Attendance: 26,202

JUVENTUS: Massimo Piloni (22 Pietro Carmignani); Luciano Spinosi, Giampietro Marchetti; Giuseppe Furino (63 Antonello Cuccureddu), Francesco Morini, Sandro Salvadore; Franco Causio, Helmut Haller, Pietro Anastasi, Fabio Capello, Adriano Novellini.   Trainer: Cestmir Vycpalek

WANDERERS: Phillip Parkes; Bernard Shaw, Gerald Taylor (79 Alan Sunderland); Danny Hegan, Francis Munro, John McAlle; James McCalliog, Kenny Hibbitt, John Richards, Derek Dougan, David Wagstaffe.   Manager: Bill McGarry

Goals: Anastasi (37), McCalliog (65)

TOTTENHAM HOTSPUR LONDON
v UTA ARAD 1-1 (0-0)

White Hart Lane, London   21.03.1972

Referee: Joaquim Fernandes De Campos (POR)   Att: 30,253

TOTTENHAM: Patrick Jennings; Raymond Evans, Cyril Knowles, Ralph Coates, Michael England, Terence Naylor, Alan Gilzean, Stephen Perryman, John Pratt, Martin Peters, Roger Morgan.   Manager: Bill Nicholson

UTA: Miroslav Vidac; Gavril Birău, Iosif Lereter, Paul Popovici, Mircea Petescu, Eugen Pojoni, Viorel Sima, Attila Kun, Ladislau Broşovschi, Flavius Domide, Gavril Both.   Trainer: Nicolae Dumitrescu

Goals: Domide (62), Gilzean (80)

WOLVERHAMPTON WANDERERS
v JUVENTUS TORINO 2-1 (1-0)

Molineux, Wolverhampton   22.03.1972

Referee: Michel Kitabdjian (FRA)   Attendance: 40,421

WANDERERS: Phillip Parkes; Bernard Shaw, Derek Parkin (82 Gerald Taylor); Danny Hegan, Francis Munro, John McAlle; James McCalliog, Kenny Hibbitt, John Richards, Derek Dougan, David Wagstaffe.   Manager: Bill McGarry

JUVENTUS: Massimo Piloni; Luciano Spinosi, Silvio Longobucco; Giampietro Marchetti, Gianluigi Roveta, Sandro Salvadore; Helmut Haller, Antonello Cuccureddu, Adriano Novellini, Gianluigi Savoldi, Fernando Viola.   Trainer: Cestmir Vycpalek

Goals: Hegan (39), Dougan (52), Haller (85 pen)

FERENCVÁROS TC BUDAPEST
v FK ŽELJEZNIČAR SARAJEVO 1-2 (1-1)

Népstadion, Budapest   7.03.1972

Referee: John Wright Paterson (SCO)   Attendance: 32,871

FERENCVÁROS: István Géczi; Dezső Novák (65 Péter Vépi), Miklós Páncsics, István Megyesi, László Bálint; István Juhász, Lajos Kü; István Szőke, László Branikovits, Flórián Albert, József Mucha.   Trainer: Ferenc Csanádi

ŽELJEZNIČAR: Slobodan Janjus, Horvat, Velija Becirspahić, Milo Radović, Josip Katalinski, Enver Hadziabdić, Branimir Jelusić, Blagoje Bratić, Josip Bukal, Edin Sprečo, Avdija Deraković.

Goals: Albert (12), Bukal (27), Sprečo (49)

FK ŽELJEZNIČAR SARAJEVO v FERENCVÁROS TC BUDAPEST 1-2 (1-1, 1-2) (AET)

Grbavica Sarajevo   22.03.1972

Referee: Sergio Gonella (ITA)   Attendance: 12,298

ŽELJEZNIČAR: Slobodan Janjus (.. Vasilije Radović), Horvat, Velija Becirspahić, Blagoje Bratić, Dragan Kojović, Enver Hadziabdić, Branimir Jelusić, Bozidar Janković, Josip Bukal, Edin Sprečo, Avdija Deraković (.. Ibrahimović).

FERENCVÁROS: István Géczi; Dezső Novák, Miklós Páncsics, László Bálint, István Megyesi; Péter Vépi, Lajos Kü; János Füsi, László Branikovits, Flórián Albert, Gyula Rákosi. Trainer: Ferenc Csanádi

Goals: Bratić (28), Kü (29), Branikovits (60)

Penalties: Novák, Páncsics, Branikovits, Megyesi, Kü all scored as Ferencváros TC won 5-4 on penalties

TOTTENHAM HOTSPUR LONDON v AC MILAN 2-1 (1-1)

White Hart Lane, London   5.04.1972

Referee: Mariano Medina Iglesias (SPA)   Att: 42,064

TOTTENHAM: Patrick Jennings; Joseph Kinnear, Cyril Knowles; Ralph Coates (84 James Neighbour), Michael England; Terence Naylor, Alan Gilzean, Stephen Perryman, Martin Chivers, Martin Peters, Alan Mullery. Manager: Bill Nicholson

AC MILAN: Fabio Cudicini; Giuseppe Sabadini, Giulio Zignoli; Angelo Anquilletti, Karl Heinz Schnellinger, Roberto Rosato; Riccardo Sogliano, Romeo Benetti, Alberto Bigon, Gianni Rivera, Lino Golin (69 Vincenzo Zazzaro). Trainer: Nereo Rocco

Sent off: Sogliano (62)

Goals: Benetti (26), Perryman (33, 65)

SEMI-FINALS

FERENCVÁROS TC BUDAPEST v WOLVERHAMPTON WANDERERS 2-2 (2-1)

Népstadion, Budapest   5.04.1972

Referee: Rudolf Scheurer (SWI)   Attendance: 35,000

FERENCVÁROS: Béla Vörös, Dezső Novák, Miklós Páncsics, László Bálint, István Megyesi; Péter Vépi, Lajos Kü; István Szőke, László Branikovits, Flórián Albert, József Mucha (75 Gyula Rákosi).   Trainer: Ferenc Csanádi

WANDERERS: Phillip Parkes, Bernard Shaw, Gerald Taylor, Danny Hegan, Francis Munro, John McAlle, James McCalliog, John Richards, Derek Dougan, David Wagstaffe, Kenny Hibbitt.   Manager: Bill McGarry

Goals: Richards (18), Szőke (30 pen), Albert (33), Munro (80)

AC MILAN v TOTTENHAM HOTSPUR LONDON 1-1 (0-1)

San Siro, Milano   19.04.1972

Referee: Vital Loraux (BEL)   Attendance: 69,606

AC MILAN: Fabio Cudicini; Angelo Anquilletti, Giulio Zignoli; Roberto Rosato, Karl Heinz Schnellinger, Giorgio Biasiolo (54 Giuseppe Sabadini); Lino Golin (81 Silvano Villa), Romeo Benetti, Alberto Bigon, Gianni Rivera, Pierino Prati. Trainer: Nereo Rocco

TOTTENHAM: Patrick Jennings; Joseph Kinnear, Cyril Knowles; Alan Mullery, Michael England, Philip Beal, Ralph Coates, Stephen Perryman, Martin Chivers, Martin Peters, John Pratt (75 Terence Naylor).   Manager: Bill Nicholson

Goals: Mullery (7), Rivera (67 pen)

FINAL

WOLVERHAMPTON WANDERERS v FERENCVÁROS TC BUDAPEST 2-1 (2-0)

Molineux, Wolverhampton   19.04.1972

Referee: Hristos Mihas (GRE)   Attendance: 38,262

WANDERERS: Phillip Parkes, Alan Sunderland, Gerald Taylor, Danny Hegan, Francis Munro, John McAlle; James McCalliog, Kenny Hibbitt, John Richards, Derek Dougan, Steve Daley.   Manager: Bill McGarry

FERENCVÁROS: Béla Vörös; Árpád Horváth (46 Dezső Novák), Miklós Páncsics, László Bálint, Péter Vépi; István Juhász, Lajos Kü; István Szőke (70 János Füsi), László Branikovits, Flórián Albert, József Mucha.   Trainer: Ferenc Csanádi

Goals: Daley (1), Munro (43), Kü (47)

WOLVERHAMPTON WANDERERS v TOTTENHAM HOTSPUR LONDON 1-2 (0-0)

Molineux Ground, Wolverhampton   3.05.1972

Referee: Tofik Bakhramov (USSR)   Attendance: 38,362

WANDERERS: Phillip Parkes, Bernard Shaw, Francis Munro, John McAlle, Gerald Taylor, Danny Hegan, Kenny Hibbitt, James McCalliog, John Richards, Derek Dougan, David Wagstaffe.   Manager: Bill McGarry

TOTTENHAM: Patrick Jennings, Joseph Kinnear, Michael England, Philip Beal, Cyril Knowles, Alan Mullery, Stephen Perryman, Ralph Coates (74 John Pratt), Martin Peters, Alan Gilzean, Martin Chivers.   Manager: Bill Nicholson

Goals: Chivers (57, 88), McCalliog (71)

**TOTTENHAM HOTSPUR LONDON
v WOLVERHAMPTON WANDERERS 1-1** (1-1)

White Hart Lane, London 17.05.1972

Referee: Laurens van Ravens (HOL)   Attendance: 54,303

TOTTENHAM: Patrick Jennings, Joseph Kinnear, Michael England, Philip Beal, Cyril Knowles, Alan Mullery, Stephen Perryman, Martin Peters, Alan Gilzean, Martin Chivers, Ralph Coates.   Manager: Bill Nicholson

WANDERERS: Phillip Parkes, Bernard Shaw, Danny Hegan, Francis Munro, Gerald Taylor, John McAlle, Kenny Hibbitt (60 Mike Bailey), Derek Dougan (84 Hugh Curran), James McCalliog, John Richards, David Wagstaffe.   Manager: Bill McGarry

Goals: Mullery (29), Wagstaffe (40)

UEFA Cup Top Scorers 1971-72:

10 goals: Ludwig Bründl (Eintracht Braunschweig)

9 goals: Derek Dougan (Wolverhampton Wanderers)

8 goals: Martin Chivers (Tottenham)

7 goals: László Branikovits (Ferencváros Budapest)

6 goals: Josip Bukal (Zeljeznicar Sarajevo), Alan Gilzean (Tottenham)

5 goals: Silvano Villa (Milan AC), Flórián Albert, Lajos Kü (Ferencváros Budapest), André Denul (K Lierse SK), Flavius Domide (UTA Arad), John Duncan (Dundee FC)

UEFA CUP 1972-73

FIRST ROUND

**LIVERPOOL FC
v EINTRACHT FRANKFURT am MAIN 2-0** (1-0)

Anfield Road, Liverpool 12.09.1972

Referee: Concetto Lo Bello (ITA)   Attendance: 33,380

LIVERPOOL FC: Raymond Clemence, Christopher Lawler, Alec Lindsay, Thomas Smith, Larry Lloyd, Emlyn Hughes, Kevin Keegan, Peter Cormack, Steve Heighway, John Toshack, Ian Callaghan.   Manager: William Shankly

EINTRACHT: Peter Kunter, Jürgen Kalb, Friedel Lutz, Uwe Kliemann, Thomas Rohrbach, Horst Heese, Roland Weidle (62 Peter Reichel), Jürgen Grabowski, Thomas Parits, Bernd Nickel, Ender Konca (79 Raimund Krauth).   Trainer: Erich Ribbeck

Goals: Keegan (13), Hughes (75)

**EINTRACHT FRANKFURT am MAIN
v LIVERPOOL FC 0-0**

Waldstadion, Frankfurt am Main 26.09.1972

Referee: György Müncz (HUN)   Attendance: 17,500

EINTRACHT: Peter Kunter, Peter Reichel, Gert Trinklein (89 Josef Hofmeister), Uwe Kliemann, Lothar Schämer, Jürgen Kalb, Bernd Hölzenbein, Roland Weidle, Horst Heese, Bernd Nickel, Ender Konca.   Trainer: Erich Ribbeck

LIVERPOOL FC: Raymond Clemence, Christopher Lawler, Alec Lindsay, Thomas Smith (57 Trevor Storton), Larry Lloyd, Emlyn Hughes, Kevin Keegan (89 Brian Hall), Peter Cormack, Steve Heighway, Philip Boersma, Ian Callaghan.   Manager: William Shankly

**VIKING FK STAVANGER
v ÍB VESTMANNAEYJAR 1-0** (1-0)

Stavanger Stadion 13.09.1972

Referee: Erik Axelryd (SWE)   Attendance: 8,990

VIKING: Erik Johannessen, Anbjørn Ekeland (.. Henning Aamodt), Reidar Goa, Olav Nilsen, Sigbjørn Slinning, Inge Valen, Svein Kvia, Svein Hammerø, Hans Edgar Paulsen, Johannes Vold, Arvid Knutsen.

ÍBV: Páll Palmasson, Olafur Sigurvinsson, Einar Fridthjófsson, Thordur Hallgrimsson, Fridfinnur Finnbogason, Oskar Valtysson, Orn Oskarsson, Sigurgeirsson, Tómas Pálsson, Haraldur Júliusson, Ásgeir Sigurvinsson.

Goal: Kvia (13)

**ÍB VESTMANNAEYJAR
v VIKING STAVANGER 0-0**

Laugardalsvöllur, Reykjavík 24.09.1972

Referee: John Robertson P. Gordon (SCO)   Att: 3,368

ÍBV: Páll Palmasson, Olafur Sigurvinsson, Einar Fridthjófsson, Thordur Hallgrimsson, Fridfinnur Finnbogason, Snorri Rútsson, Orn Oskarsson, Oskar Valtysson, Tómas Pálsson, Haraldur Júliusson, Ásgeir Sigurvinsson.

VIKING: Erik Johannessen, Henning Aamodt, Reidar Goa, Olav Nilsen, Sigbjørn Slinning, Inge Valen, Svein Hammerö, Hans Edgar Paulsen, Svein Kvia, Arvid Knutsen, Johannes Vold.

**OLYMPIQUE NÎMES
v GRASSHOPPER-CLUB ZÜRICH 1-2** (1-1)

Stade Jean Bouin, Nîmes 13.09.1972

Referee: Joaquim Fernandes Campos (POR)   Att: 10,000

OLYMPIQUE: Louis Landi; Michel Odasso, Jean-Pierre Betton, Henri Augé, André Kabile; Jean-Pierre Adams, Michel Mézy; Ion Pîrcălab, Josip Pirmajer, Jacques Vergnes, Pierre Dell'Oste.   Trainer: Kader Firoud

GRASSHOPPER: René Deck; Hansruedi Staudenmann, Roland Citherlet, Rainer Ohlhauser, Max Malzacher; André Meyer, Fredy Gröbli, Herbert Dimmeler; Christian Winiger, Kurt Müller, Peter Meier.

Goals: Müller (28), Dell'Oste (30), Winiger (67)

**GRASSHOPPER-CLUB ZÜRICH
v OLYMPIQUE NÎMES 2-1** (2-0)

Hardturm, Zürich   26.09.1972

Referee: Jan Keizer (HOL)   Attendance: 5,000

GRASSHOPPER: René Deck; Hansruedi Staudenmann, Roland Citherlet, Rainer Ohlrauser, Max Malzacher; Fredy Gröbli (75 Thomas Niggl), Herbert Dimmeler; Christian Winiger, André Meyer, Kurt Müller, Peter Meier.

OLYMPIQUE: Louis Landi; Michel Odasso, Jean-Pierre Betton, Henri Augé, André Kabile; Jean-Pierre Adams, Michel Mezy; Ion Pîrcălab, Josip Pirmajer, Jacques Vergnes, Pierre Dell'Oste (46 Attilio Moretti).   Trainer: Kader Firoud

Goals: Müller (19), Citherlet (37 pen), Adams (49)

MANCHESTER CITY v VALENCIA CF 2-2 (1-1)

Maine Road, Manchester   13.09.1972

Referee: Hans-Joachim Weyland (WG)   Attendance: 21,698

MANCHESTER CITY: Joseph Corrigan, Derek Jeffries, William Donachie, Michael Doyle, Thomas Booth, Alan Oakes, Ian Mellor, Colin Bell, Rodney Marsh, Francis Lee, Anthony Towers.   Manager: Malcolm Allison

VALENCIA: Juan Luis MELÉNDEZ Alberdi, Juan Cruz SOL Oria, Fernando BARRACHINA Plo, Antonio Martínez Morales "ANTÓN" (12 Pedro ARANGO Segura), ANÍBAL Pérez Miers, José CLARAMUNT I Torres, SERGIO Manzanera Lloret, José Antonio Morante Gutierrez "LICO", José Pineda Cárdenas "PEPÍN" (68 Jesús MARTÍNEZ Rivadeneyra), Miguel Ángel ADORNO Ramírez, Oscar Rubén VALDEZ Ferrero.   Trainer: Alfredo Di Stefano Lahule

Goals: Mellor (6), Valdez (42), Adorno (57), Marsh (61)

**ABERDEEN FC
v BORUSSIA MÖNCHENGLADBACH 2-3** (0-2)

Pittodrie, Aberdeen   13.09.1972

Referee: Roger Machin (FRA)   Attendance: 20,242

ABERDEEN: Andy Geoghegan, Alexander Willoughby, James Hermiston, Ian Taylor, Henning Boel, William Young, James Forrest, David Robb, Joseph Harper, Andrew Jarvie, Arthur Graham (70 Robert Miller).

BORUSSIA: Wolfgang Kleff, Heinz Michallik, Shmuel Rosenthal, Christian Kulik (75 Hartwig Bleidick), Hans-Hubert Vogts, Rainer Bonhof, Bernd Rupp, Herbert Wimmer, Josef Heynckes, Günter Netzer (46 Dietmar Danner), Henning Jensen.   Trainer: Hennes Weisweiler

Goals: Kulik (20), Heynckes (39), Harper (55), Jarvie (71), Jensen (75)

VALENCIA CF v MANCHESTER CITY 2-1 (0-0)

Estadio Luis Casanova, Valencia   27.09.1972

Referee: Michel Kitabdjian (FRA)   Attendance: 32,024

VALENCIA: José BALAGUER Berga, Pedro ARANGO Segura, Fernando BARRACHINA Plo, Antonio Martínez Morales "ANTÓN" (85 Francisco VIDAGAÑY Hernandez), ANÍBAL Pérez Miers, Juan Cruz SOL Oria, José CLARAMUNT I Torres, Jesús MARTÍNEZ Rivadeneyra (46 Enrique CLARAMUNT II Torres), SERGIO Manzanera Lloret, Joaquín Sierra Vallejo "QUINO", Oscar Rubén VALDEZ Ferrero.   Trainer: Alfredo Di Stefano Lahule

MANCHESTER CITY: Ron Healey, Anthony Book, Colin Barrett, Michael Doyle (.. Ian Mellor), Thomas Booth, Alan Oakes, Michael Summerbee, Colin Bell, Rodney Marsh, Francis Lee, Anthony Towers.   Manager: Malcolm Allison

Goals: Valdez (71), Quino (78), Marsh (90)

**BORUSSIA MÖNCHENGLADBACH
v ABERDEEN FC 6-3** (2-3)

Städtisches Stadium, Nürnberg   27.09.1972

Referee: Francis Rion (BEL)   Attendance: 25,000

BORUSSIA: Wolfgang Kleff, Heinz Michallik, Rainer Bonhof, Shmuel Rosenthal, Hans-Hubert Vogts, Dietmar Danner, Bernd Rupp (46 Adalbert Fuhrmann), Herbert Wimmer, Josef Heynckes, Christian Kulik, Henning Jensen (40 Hartwig Bleidick).   Trainer: Hennes Weisweiler

ABERDEEN: Robert Clark, Alexander Willoughby, James Hermiston, Stephen Murray, Henning Boel (24 George Murray), William Young, Ian Taylor, David Robb, Joseph Harper, Andrew Jarvie, Arthur Graham.

Goals: Rupp (2), Jarvie (21), Willoughby (25), Heynckes (39 pen, 75, 89), S. Murray (45), Vogts (70), Danner (84 pen)

**FK LYN OSLO
v TOTTENHAM HOTSPUR LONDON 3-6** (2-4)

Ullevål, Oslo   13.09.1972

Referee: Martti Hirviniemi (FIN)   Attendance: 10,777

LYN: Svein Bjørn Olsen; Jan Rodvang, Knut Iversen, Tore Børrehaug, Sven Gjedrem, Åsmund Sandland, Arild Gulden, Sven Otto Birkeland, Odd Mikal Myrland, Torbjørn Skjaerve, Jon Palmer Austnes (20 Trygve Christophersen).   Trainer: Andreas Morisbak

TOTTENHAM: Patrick Jennings, Raymond Evans, Cyril Knowles, John Pratt, Michael England, Terence Naylor, Alan Gilzean, Stephen Perryman, Martin Chivers, Martin Peters, James Pearce.   Manager: Bill Nicholson

Goals: Austnes (7), Peters (8), Pratt (24), Gilzean (37, 38), Christophersen (39, 57), Chivers (82, 83)

**TOTTENHAM HOTSPUR LONDON
v FK LYN OSLO 6-0** (2-0)

White Hart Lane, London 27.09.1972

Referee: Magnús Pétursson (ICE)   Attendance: 21,089

TOTTENHAM: Patrick Jennings, Joseph Kinnear, Cyril Knowles, John Pratt (71 Terence Naylor), Michael England, Philip Beal (71 Phil Holder), Alan Gilzean, Stephen Perryman, Martin Chivers, James Pearce, Ralph Coates.
Manager: Bill Nicholson

LYN: Svein Bjørn Olsen; Jan Rodvang, Helge Østvold, Tore Børrehaug, Sven Gjedrem, Åsmund Sandland, Arild Gulden, Sven Otto Birkeland, Odd Mikal Myrland (46 Per Hammerstrøm), Torbjørn Skjaerve, Trygve Christophersen (88 Finn Skjellestad).   Trainer: Andreas Morisbak

Goals: Chivers (20, 31, 70), Coates (52, 83), Pearce (57)

ÅTVIDABERG FF v CLUB BRUGGE 3-5 (3-2)

Kopparvallen, Åtvidaberg 13.09.1972

Referee: Brunon Piotrowicz (POL)   Attendance: 3,927

ÅTVIDABERG FF: Ulf Blomberg, Jan Olsson, Kent Karlsson, Lars-Göran Andersson, Conny Gustavsson; Ingvar Svensson, Conny Torstensson, Benno Magnusson; Veine Wallinder (32 Leif Franzen), Roland Sandberg, Ralf Edström (84 Jörgen Augustsson).

CLUB BRUGGE: Luc Sanders, Alfons Bastijns, George Leekens, Erwin Vandendaele, Henk Houwaart; Johnny Thio, Nico Rijnders (70 Johnny Velkeneers); Pierre Carteus, Ruud Geels, Raoul Lambert (74 Johan Devrindt), Ulrik Lefèvre.

Goals: Svensson (43), Wallinder (25), Lambert (12, 53), Thio (1, 74), Devrindt (76), Torstensson (24)

**HONVÉD BUDAPEST
v PARTICK THISTLE 1-0** (1-0)

Kispest, Budapest 13.09.1972

Referee: Milivoje Gugulović (YUG)   Attendance: 5,000

HONVÉD: Bertalan Bicskei; József Kelemen, József Ruzsinszki (.. György Dudás), Lajos Szűcs, Sándor Lukacs, József Pál, Sándor Pintér; László Pusztai, Mihály Kozma, János Fehérvári, Lajos Kocsis.   Trainer: József Mészáros

PARTICK THISTLE: Alan Rough, Robert Clark, Robert Gray, Donald McKinnon, Hugh Strachan, Alexander Forsyth, Ronald Glavin, Thomas Rae, Denis McQuade, Frank Coulston, Alex Rae.

Goal: Kozma (76)

CLUB BRUGGE v ÅTVIDABERG FF 1-2 (1-1)

Albert-Dyserynck, Brugge 27.09.1972

Referee: William J.Mullan (SCO)   Attendance: 14,103

CLUB BRUGGE: Luc Sanders, Alfons Bastijns, George Leekens, Erwin Vandendaele, Henk Houwaart; Johnny Thio, Nico Rijnders, Pierre Carteus, Ruud Geels, Raoul Lambert, Ulrik Lefèvre (46 Johan Devrindt).

ÅTVIDABERG FF: Ulf Blomberg; Jan Olsson, Kent Karlsson, Lars-Göran Andersson, Conny Gustavsson; Ingvar Svensson, Conny Torstentsson, Benno Magnusson (60 Jörgen Augustsson), Leif Franzen, Roland Sandberg (65 Nils Nilsson), Ralf Edström.

Goals: Olsson (32), Geels (38), Svensson (63)

**PARTICK THISTLE
v HONVÉD BUDAPEST 0-3** (0-1)

Firhill Park, Glasgow 27.09.1972

Referee: Leonardus W. van der Kroft (HOL)   Att: 16,513

PARTICK THISTLE: Alan Rough; Robert Gray, Alexander Forsyth, Ronald Glavin, Robert Clark, Hugh Strachan, Robert Lawrie, Frank Coulston, Thomas Rae (.. John Gibson), Alex Rae, Denis McQuade.

HONVÉD: Bertalan Bicskei; József Ruzsinszki, György Dudás, József Pál, Lajos Szűcs, József Tajti; Sándor Pintér, Lajos Kocsis; László Pusztai, Mihály Kozma, Tibor Kiss. Trainer: József Mészáros

Goals: Kiss (9), Kozma (54, 61)

1.FC KÖLN v BOHEMIANS DUBLIN 2-1 (0-1)

Müngersdorfersradion, Köln 13.09.1972

Referee: José María Ortiz de Mendibil (SPA)   Att: 4,000

1.FC KÖLN: Gerhard Welz, Matthias Hemmersbach, Harald Konopka, Josef Bläser, Bernd Cullmann, Heinz Simmet, Paul Scheermann, Heinz Flohe, Hans-Josef Kapellmann, Wolfgang Overath, Herbert Mühlenberg (69 Karl-Heinz Thielen).
Trainer: Rudi Schlott

BOHEMIAMS: Mick Smyth, John Doran, Tommy Kelly, David Mason, Ken McGlynn, John Fullam, Michael Martin, Joseph Boyce, Turlough O'Connor, Jimmy Hamilton (72 Paul Martin), Gerard Daly.

Goals: Daly (24), Flohe (48, 65)

BOHEMIANS DUBLIN v 1.FC KÖLN 0-3 (0-0)

Dalymount Park, Dublin   27.09.1972

Referee: Franz Geluck (BEL)   Attendance: 10,800

BOHEMIANS: Mick Smyth, Tommy Kelly (.. Niall Shelly), David Mason, Ken McGlynn, David Parkes, Harry Pedereschi, Michael Martin, John Fullam, Gerard Daly, Turlough O'Connor, Joseph Boyce.

1.FC KÖLN: Gerhard Welz, Josef Bläser, Harald Konopka, Bernd Cullmann, Karl-Heinz Thielen, Heinz Simmet, Rainer Gebauer, Wolfgang Overath, Hans-Josef Kapellmann, Heinz Flohe, Detlev Lauscher.   Trainer: Rudi Schlott

Goals: Flohe (76), Kapellmann (81), Lauscher (84)

AC TORINO v UD LAS PALMAS 2-0 (2-0)

Stadio Comunale, Torino   13.09.1972

Referee: Joseph M. Cassar Naudi (MAL)   Att: 12,125

AC TORINO: Luciano Castellini, Marino Lombardo, Natalino Fossati; Roberto Mozzini, Luciano Zecchini, Aldo Agroppi; Rosario Rampanti, Giorgio Ferrini, Paolo Pulici (84 Giovanni Bui), Claudio Sala, Giovanni Toschi.
Trainer: Gustavo Giagnoni

UD LAS PALMAS: Antonio BETANCORT Barrera, MARTÍN Marrero de la Cruz, Aureliano ESTÉVEZ Tamayo; Carmelo Álvarez Concepción "CARMELÍN", Antonio Alfonso Moreno "TONONO", Francisco CASTELLANOS Rodríguez; Teodoro FERNÁNDEZ Pérez (46 MIGUEL ÁNGEL Santana García), Justo GILBERTO González, Adolfo SOTO Dreussi, GERMAN Dévora Ceballos, José María LEON Talavera.
Trainer: Pierre Sinibaldi

Goals: Toschi (11, 45)

STOKE CITY v 1.FC KAISERSLAUTERN 3-1 (0-0)

Victoria Ground, Stoke-on Trent   13.09.1972

Referee: Kjell Wahlen (NOR)   Attendance: 22,182

STOKE CITY: Gordon Banks, John Marsh, Michael Pejic, John Mahoney, Dennis Smith, Alan Bloor, James Robertson, James Greenhoff, John Ritchie, Geoffrey Hurst, Gerard "Terry" Conroy.   Manager: Tony Waddington

1.FC KAISERSLAUTERN: Josef Elting, Lothar Huber (82 Günther Rademacher), Dietmar Schwager, Ernst Diehl, Fritz Fuchs, Jürgen Friedrich, Hermann Bitz, Wolfgang Seel (72 Josef Pirrung), Karl-Heinz Vogt, Idriz Hosic, Klaus Ackermann.   Trainer: Dietrich Weise

Goals: Conroy (59), Hurst (70), Hosic (76), Ritchie (85)

UD LAS PALMAS v AC TORINO 4-0 (2-0)

Estadio Insular, Las Palmas   27.09.1972

Referee: Walter Eschweiler (WG)   Attendance: 24,000

UD LAS PALMAS: Antonio BETANCORT Barrera, Aureliano ESTÉVEZ Tamayo, Guillermo HERNANDEZ Robayna, Felipe Ojeda del Rosario "TRONA", Antonio Alfonso Moreno "TONONO", Francisco CASTELLANOS Rodríguez, José María LEON Talavera, Justo GILBERTO González (89 Carmelo Álvarez Concepción "CARMELÍN"), Adolfo SOTO Dreussi, GERMAN Dévora Ceballos, MIGUEL ÁNGEL Santana García.
Trainer: Pierre Sinibaldi

AC TORINO: Luciano Castellini; Marino Lombardo, Natalino Fossati; Roberto Mozzini, Luciano Zecchini, Aldo Agroppi; Rosario Rampanti (46 Sergio Maddè), Giorgio Ferrini, Giovanni Bui (52 Paolo Pulici), Claudio Sala, Giovanni Toschi.   Trainer: Gustavo Giagnoni

Goals: Soto (5, 47), German (39, 72)

1.FC KAISERSLAUTERN v STOKE CITY 4-0 (2-0)

Betzenberg Stadion, Kaiserslautern   27.09.1972

Referee: Stanisław Eksztajn (POL)   Attendance: 9,153

1.FC KAISERSLAUTERN: Josef Elting, Günther Reinders, Dietmar Schwager, Ernst Diehl (50 Klaus Ackermann), Fritz Fuchs (19 Lothar Huber), Jürgen Friedrich, Hermann Bitz, Josef Pirrung, Klaus Toppmöller, Idriz Hosic, Wolfgang Seel.
Trainer: Dietrich Weise

STOKE CITY: John Farmer, John Marsh, Michael Pejic, Eric Skeels, Dennis Smith, Alan Bloor (65 John Ritchie), James Robertson, James Greenhoff, John Mahoney, Geoffrey Hurst, Gerard "Terry" Conroy.   Manager: Tony Waddington

Goals: Huber (23), Friedrich (45), Bitz (64), Hosic (79)

FC SOCHAUX v FREM KØBENHAVN 1-3 (1-1)

Stade Bonal, Sochaux   13.09.1972

Referee: Antoine Queudeville (LUX)   Attendance: 6,452

FC SOCHAUX: Eugène Battmann; Jacques Largouet, Laslo Seles, Gérard Burklé, Albert Vanucci; Michel Watteau, Vojislav Melic (70 André Perrin), Jean-Pierre Guinot; Bernard Goraguer, Philippe Piat (60 Gérard Soler), Pierre Lechantre.
Trainer: Paul Barret

FREM: Valdemar Hansen; Finn Hansen, Finn Bøje, Flemming Ahlberg, Preben Ulriksen; Jan Poulsen, Flemming Mortensen, Ole Mørch; Jørgen Hansen (62 Mogens Jensen), Lauritz Madsen, John Hansen.

Goals: Lechantre (7), Mortensen (39), Ahlberg (54), Mørch (62)

FREM KØBENHAVN v FC SOCHAUX 2-1 (1-0)

Valby Idraetspark, København 27.09.1972

Referee: Lorwerth Price Jones (WAL)   Attendance: 1,919

FREM: Valdemar Hansen; Finn Hansen, J.F. Hansen, Flemming Ahlberg, Preben Ulriksen; Mogens Jensen, Flemming Mortensen, Ole Mørch; John Hansen, Lauritz Madsen, Leif Printzlau.

FC SOCHAUX: Eugène Battmann; Albert Vannucci, Laslo Seles, Gérard Burklé, Marcel Wassmer; André Perrin, Vojislav Melic, Jean-Pierre Guinot; Léon Maier, Bernard Goraguer, Pierre Lechantre.   Trainer: Paul Barret

Goals: Madsen (15), Mørch (68), Perrin (86)

**INTERNAZIONALE MILANO
v FC VALLETTA 6-1** (5-1)

Stadio San Siro, Milano 13.09.1972

Referee: Ermis Reires (CYP)   Attendance: 8,278

INTER: Lido Vieri; Mauro Bellugi, Giacinto Facchetti; Gianfranco Bedin, Mario Giubertoni, Tarciso Burgnich; Giuseppe Massa (46 Adelio Moro), Alessandro Mazzola, Roberto Boninsegna, Mario Bertini (64 Graziano Bini), Giuseppe Doldi.   Trainer: Giovanni Invernizzi

FC VALLETTA: Alfred Debono, Louis Pace, Dimech, Joe Ciantar (11 Tony Galea), Cilia, Edward Vella, Charles Agius, Joe Borg, Grech, Tony Giglio, Carlo Seychell.

Goals: Boninsegna (11 pen, 29, 45, 65), Massa (23), Bedin (33), Borg (34)

**FEYENOORD ROTTERDAM
v UNION SPORTIVE RÜMMELANGE 9-0** (4-0)

Feyenoord, Rotterdam 13.09.1972

Referee: Karol Sarka (CZE)   Attendance: 14,034

FEYENOORD: Eddy Treijtel, Wim Rijsbergen, Joop van Daele (.. Theo De Jong), Dick Schneider, Theo van Diuvenbode, Franz Hasil, Wim Jansen, Wim van Hanegem, Peter Ressel (.. Henk Wery), Attila Ladinszky, Jørgen Kristensen.   Trainer: Ernst Happel

UNION SPORTIVE: Gérard Del Sasso, Jean Schlüter, Marcel Bertoldo, Pierre Turci (.. Rodolphe Hameling), Marius Pawlowski, René Cardoni, Armand Lambert (.. Jean Carlo Scarpellini), Nico Rohmann, Furio Cardoni, Nibio Orioli, Gérard Mordenti.   Trainer: Oswald Minci

Goals: Jansen (10, 60), Van Hanegem (12, 62), Ressel (17), Kristensen (36), Hasil (47), Ladinsky (66), De Jong (75)

**FC VALLETTA
v INTERNAZIONALE MILANO 0-1** (0-1)

Valletta 27.09.1972

Referee: Timoleon Latsios (GRE)   Attendance: 11,071

FC VALLETTA: Alfred Debono, Tony Galea, Dimech, Louis Pace, Cilia, Edward Vella, Vincent Magro (85 Charles Agius), Joe Borg, Grech, Tony Giglio, Carlo Seychell.

INTER: Lido Vieri; Mauro Bellugi, Giacinto Facchetti; Gianfranco Bedin (52 Gabriele Oriali), Mario Giubertoni, Tarciso Burgnich; Giuseppe Massa, Alessandro Mazzola, Sergio Magistrelli, Mario Bertini (46 Adelio Moro), Graziano Bini.   Trainer: Giovanni Invernizzi

Goal: Massa (23)

**US RÜMELANGE
v FEYENOORD ROTTERDAM 0-12** (0-6)

Stade de la Frontiére, Esch-sur-Alzette 27.09.1972

Referee: Pierre Wouters (BEL)   Attendance: 1,318

UNION SPORTIVE: Gérard Del Sasso (46 Jean Pierre Bertoldo), Jean Schlüter, Nico Rohmann, Marius Pawlowski, Marcel Bertoldo (.. Noel Ruzzon), Nibio Orioli, René Cardoni, Denis Stockmel, Armand Lambert, Furio Cardoni, Gérard Mordenti.   Trainer: Oswald Minci

FEYENOORD: Ger Reitsma, Wim Rijsbergen, Dick Schneider, Wim Jansen, Theo van Diuvenbode (.. Joop van Daele), Franz Hasil, Lex Schoenmaker, Wim van Hanegem, Theo De Jong, Attila Ladinszky, Jørgen Kristensen (.. Henk Wery).   Trainer: Ernst Happel

Goals: Ladinszky (6, 62, 81), Schneider (9), Hasil (25, 76), De Jong (10, 31, 44), Schoenmaker (56, 88), Van Hanagem (52)

AEK ATHINA v SALGÓTARJÁN BTC 3-1 (2-0)

Neas Filadelfeias, Athina 13.09.1972

Referee: Günter Männig (DDR)   Attendance: 14,798

AEK: Nestor Erea, Stefanos Theodoridis, Apostolos Toskas, Rizos Lelis, Nikos Karapoulitidis, Rodolfo Visente, Zeer (53 Kostas Nikolaidis), Pantelis Nikolaou (69 Haralampos Psimoiannos), Tasos Konstantinou, Dimitris Papaioannou, Spiros Pomonis.   Trainer: Branko Stanković

SALGÓTARJÁN: Lajos Magyar; Ferenc Gecse, József Kmetty, Gábor Varga, József Vertig (65 Zoltán Kegye); Ferenc Horváth, Béla Répás, István Básti (72 Tibor Kajdi); András Bartha, István Kovács, Ferenc Jeck.

Goals: Nikolaou (1), Vitsente (42), Nikolaidis (54 pen), Jeck (90 pen)

SALGÓTARJÁN BTC v AEK ATHINA 1-1 (0-0)
Malinovszkij úti Sporttelep, Salgótarján   27.09.1972
Referee: Charles Corver (HOL)   Attendance: 4,004
SALGÓTARJÁN: István Szőke; Ferenc Gecse, József Kmetty, Gábor Varga, József Vertig; Ferenc Horváth (46 András Bartha), Béla Répás, István Básti; József Szoó, Tibor Kajdi (48 István Kovács), Ferenc Jeck.
AEK: Nestor Erea, Rizos Lelis, Apostolos Toskas, Giorgos Tanidis, Nikos Karapoulitidis (61 Giannis Dandelis), Rodolfo Visente, Kostas Nikolaidis, Stefanos Theodoridis, Pantelis Nikolaou, Dimitris Papaioannou (87 Haralampos Psimoyanos), Spiros Pomonis.   Trainer: Branko Stanković
Goals: Básti (53 pen), Nikolaou (86)

DUKLA PRAHA v OFK BEOGRAD 2-2 (0-1)
Praha   13.09.1972
Referee: Kurt Tschenscher (WG)   Attendance: 4,553
DUKLA: Ivo Viktor; Ivo Novák, Václav Samek, Karel Dvorák, Jaroslav Bendl; Miroslav Gerhat, Pavel Dyba (61 Vokac), Ján Geleta; František Stambachr (61 Milan Galvánek), Dušan Herda, Petr Slaný.   Trainer: Jaroslav Vejvoda
OFK: Petar Borota; Dragan Popadić, Slobodan Mesanović, Krsto Mitrović, Dragoslav Stepanović, Dušan Lukić; Bogdan Turudija, Slobodan Santrač, Ilija Petković, Dragan Stojanović, Ninoslav Zec.   Trainer: Boris Marović
Goals: Petković (42), Herda (57), Bendl (65), Turudija (70)

OFK BEOGRAD v DUKLA PRAHA 3-1 (2-0)
OFK, Beograd   27.09.1972
Referee: Alois Kessler (AUS)   Attendance: 3,496
OFK: Petar Borota; Dragan Popadić, Slobodan Mesanović, Krsto Mitrović, Dragoslav Stepanović; Ninoslav Zec, Dragan Stojanović, Dušan Lukić; Bogdan Turudija, Slobodan Santrač, Ilija Petković.   Trainer: Boris Marović
DUKLA: Ivo Viktor; Jiří Rosicky, Ludek Macela, Karel Dvorák, Jaroslav Bendl; Rudolf Psurny, Pavel Dyba, Ján Geleta; József Móder, Vokac (51 Petr Slaný), Dušan Herda.
Goals: Zec (10), Petkovic (38), Santrač (79), Herda (60)

DINAMO TBILISI v FC TWENTE ENSCHEDE 3-2 (1-1)
Dinamo, Tbilisi   13.09.1972
Referee: Efstathios Papavasiliou (GRE)   Attendance: 17,000
DINAMO: David Gogia, Revaz Dzodzuashvili, Vakhtang Chelidze, Murtaz Khurtsilava, Shota Khinchagashvili, Guram Petriashvili, Manuchar Machaidze, Kakhi Asatiani, Vladimir Gutsaev (63 Levan Nodia), Givi Nodia, David Kipiani.
TWENTE: Piet Schrijvers, Kees van Ierssel, Epi Drost, Willem de Vries, Kalle Oranen, Willy van de Kerkhof (46 René Notten), Kick van der Vall, Eddy Achterberg, René van de Kerkhof (.. Benno Huve), Jan Jeuring, Theo Pahlplatz.   Trainer: Anton Spitz Kohn
Goals: G. Nodia (23, 53), Kipiani (75), Jeuring (6, 82)

FC TWENTE ENSCHEDE v DINAMO TBILISI 2-0 (2-0)
Diekman Stadion, Enschede   27.09.1972
Referee: Jacques Colling (LUX)   Attendance: 15,144
TWENTE: Piet Schrijvers, Kees van Ierssel, Epi Drost, Willem de Vries, Kalle Oranen, Willy van de Kerkhof, Kick van der Vall, René Notten (.. Benno Huve), René van de Kerkhof, Jan Jeuring (.. Eddy Achterberg), Theo Pahlplatz.   Trainer: Anton Spitz Kohn
DINAMO: David Gogia, Revaz Dzodzuashvili, Vakhtang Chelidze, Murtaz Khurtsilava, Zarbeg Ebralidze, Guram Petriashvili (78 Gocha Gavascheli), Manuchar Machaidze, Kakhi Asatiani, Vladimir Gutsaev, Givi Nodia (60 Levan Nodia), David Kipiani.
Goals: Notten (7), Jeuring (24)

RUCH CHORZÓW v FENERBAHÇE ISTANBUL 3-0 (1-0)
Ruch, Chorzów   13.09.1972
Referee: Reino Koskinen (FIN)   Attendance: 30,000
RUCH: Piotr Czaja, Jan Rudnow, Marian Ostafinski, Jerzy Wyrobek, Piotr Drzewiecki, Zygmunt Maszczyk, Bronislaw Bula, Józef Gomoluch, Jan Benigier (.. Józef Bon), Józef Kopicera, Joachim Marx.
FENERBAHÇE: Ilie Datcu, Sükrü Birant (.. Serkan Acar), Yilmaz Sen, Ercan Aktuna, Levent Engineri, Nedim Dogan (.. Onder Arkoç), Necati Göcman, Cevher Ozer, Osman Arpacioglu, Timuçin Cug, Muharrem Ozcan.
Goals: Maszczyk (13), Kopicera (55), Bon (59)

FENERBAHÇE ISTANBUL v RUCH CHORZÓW 1-0 (0-0)
Fenerbahçe Stadi, Istanbul   27.09.1972
Referee: Wolfgang Riedel (DDR)   Attendance: 40,000
FENERBAHÇE: Ilie Datcu, Sükrü Birant, Ercan Aktuna, Cevher Ozer, Levent Engineri, Ersöy Sandalçi, Timuçin Cug, Necati Göcman, Yasar Mumcuoglu, Osman Arpacioglu, Muharrem Ozcan.
RUCH: Piotr Czaja, Jan Rudnow, Marian Ostafinski, Jerzy Wyrobek, Piotr Drzewiecki, Zygmunt Maszczyk, Bronislaw Bula, Józef Gomoluch, Józef Kopicera, Joachim Marx, Józef Bon.
Goal: Ercan (70)

DYNAMO DRESDEN v VÖEST LINZ 2-0 (2-0)

Dynamo, Dresden   13.09.1972

Referee: Ejnar Espersen (DEN)   Attendance: 20,969

DYNAMO: Claus Boden, Frank Ganzera, Hans-Jürgen Dörner, Klaus Sammer, Siegmar Wätzlich; Reinhard Häfner, Eduard Geyer, Hans-Jürgen Kreische; Gerd Heidler, Rainer Sachse (68 Dieter Riedel), Frank Richter.

VÖEST: Herbert Rettensteiner; Kupfinger, Rudolf Horvath, Hans Reich, Wilhelm Huberts; Ferdinand Milanovich, Schröder (56 G. Horvath), Jürgen Kreuzer (56 Herwig Kircher), Horst Missfeld, Josef Stering, Pelikan.

Goals: Kreische (6, 42 pen)

**LAUSANNE SPORTS
v CRVENA ZVEZDA BEOGRAD 3-2** (1-2)

Stade Olympique de la Pontaise, Lausanne   27.09.1972

Referee: Pablo Augusto Sánchez Ibanez (SPA)   Att: 8,000

LAUSANNE SPORTS: Erich Burgener; José Álvarez, Sevalje, Jacky Ducret, Pierre Richard, Jan Lala (.. José Grobet), Franco Cucinotta (.. Daniel Dufour), Ulrich Guggisberg, Ruben García, Ove Grahn, Raffaële Nembrini.

CRVENA ZVEZDA: Ratomir Dujković, Petar Krivokuca, Vladislav Bogićević, Miroslav Pavlović (.. Mihalj Keri), Kiril Dojcinovski, Mile Novković, Vladimir Petrović (.. Nikola Jovanović), Stanislav Karasi, Zoran Filipović, Jovan Acimović, Slobodan Janković.   Trainer: Miljan Miljanić

Goals: Janković (14, 44), Cucinotta (28), Grahn (80), García (88)

VÖEST LINZ v DYNAMO DRESDEN 2-2 (0-2)

Linzer Stadion   27.09.1972

Referee: Bohumil Kopcio (CZE)   Attendance: 2,158

VÖEST: Herbert Rettensteiner, Rudolf Horvath, Norbert Ebster (46 Kupfinger), Hans Reich, Wilhelm Huberts; Horst Missfeld, Schröder, Ferdinand Milanovich, Josef Stering, Bajlicz (46 Herwig Kircher), Juri Kottan.

DYNAMO: Claus Boden; Hans-Jürgen Dörner, Frank Ganzera, Klaus Sammer, Siegmar Wätzlich; Horst Rau (75 Wolfgang Haustein), Hans-Jürgen Kreische, Klaus Lichtenberger, Dieter Riedel (75 Reinhard Häfner), Gerd Heidler, Frank Richter.

Goals: Richter (15), Lichtenberger (28), Stering (60), Missfeld (83)

UTA ARAD v IFK NORRKÖPING 1-2 (1-0)

UTA, Arad   13.09.1972

Referee: Fehmi Pazarici (TUR)   Attendance: 10,000

UTA: Miroslav Vidac (63 Gheorghe Ziller); Gavrilă Birău, Iosif Lereter, Eugen Pojoni, Paul Popovici; Mircea Axente, Mircea Petescu, Ladislau Broșovschi; Viorel Sima, Flavius Domide, Attila Kun.   Trainer: Nicolae Dumitrescu

IFK: Lennart Andersson; Per-Olof Eek, Hans Larsson, Tomas Malm, Roland Pressfeld; Ulf Hultberg, Bo Stenqvist (63 Gert Hellberg); Ulf Jansson, Ove Kindvall, Olle Nordin (74 Torbjörn Jonsson), Benny Wendt.   Trainer: Martinsson Löfgren

Goals: Broșovschi (26), Kindvall (47), Wendt (60)

**CRVENA ZVEZDA BEOGRAD
v LAUSANNE SPORTS 5-1** (2-0)

Crvena Zvezda, Beograd   13.09.1972

Referee: Ertugrul Dilek (TUR)   Attendance: 3,555

CRVENA ZVEZDA: Ognjen Petrović, Petar Krivokuca, Vladislav Bogićević, Miroslav Pavlović, Kiril Dojcinovski, Mile Novković, Slobodan Janković, Stanislav Karasi, Vojin Lazarević, Jovan Acimović, Dragan Džajić.
Trainer: Miljan Miljanić

LAUSANNE SPORTS: Georges Favre; José Grobet, Pierre-Alain Chevalier, Pierre Richard, Georges Vuilleumier, Jan Lala, Jacky Ducret, Ulrich Guggisberg, Franco Cucinotta, Ove Grahn, Daniel Dufour.

Goals: Lazarević (25, 55, 88), Karasi (17), Janković (67), Grahn (63)

IFK NORRKÖPING v UTA ARAD 2-0 (2-0)

Norrköpings Idrottspark   27.09.1972

Referee: Tofik Bakhramov (USSR)   Attendance: 8,000

IFK: Lennart Andersson; Per-Olof Eek, Hans Larsson, Tomas Malm, Roland Pressfeldt; Gert Hellberg, Torbjörn Jonsson; Ulf Jansson, Ove Kindvall, Olle Nordin, Benny Wendt.
Trainer: Martinsson Löfgren

UTA: Miroslav Vidac (52 Gheorghe Ziller); Gavril Birău, Iosif Lereter, Eugen Pojoni, Paul Popovici; Octav Condruc, Mircea Petescu, Ladislau Broșovschi; Mircea Axente (65 Viorel Sima), Flavius Domide, Attila Kun.   Trainer: Nicolae Dumitrescu

Goals: Kindvall (6), Wendt (37)

SC de L'OUEST-ANGERS
v DYNAMO BERLIN 1-1 (0-0)

Stade Jean-Bouin, Angers   13.09.1972

Referee: Antonio Camacho Jiménez (SPA)   Att: 17,000

ANGERS: René Gallina; Pierre Bourdel, Milan Damjanovic, Roger Fiévet (73 Jean Yves Le Coeur), Jacques Lemée; Alberto Poli, Jean Marc Guillou; Jean-Paul Gaidoz, Guy Lassallette, Eric Edwige, Bojidar Antić.   Trainer: Ladislas Nagy

DYNAMO: Werner Lihsa; Dieter Stumpf, Wilfried Trümpler, Jochen Carow, Hans-Jürgen Hübner; Harald Schütze, Peter Rohde, Frank Terletzki; Wolf-Rüdiger Netz, Ralf Schulenberg (75 Rainer Rohde), Norbert Johannsen.

Goals: Lemée (46), Johannsen (76 pen)

DYNAMO BERLIN
v SC de L'OUEST-ANGERS 2-1 (1-0)

Sportforum, Berlin   27.09.1972

Referee: Kenneth Howard Burns (ENG)   Att: 12,000

DYNAMO: Werner Lihsa; Dieter Stumpf, Wilfried Trümpler, Jochen Carow, Hans-Jürgen Hübner; Harald Schütze, Peter Rohde, Frank Terletzki; Norbert Johannsen (77 Detlef Weber), Ralf Schulenberg, Wolf-Rüdiger Netz.

ANGERS: René Gallina; Jacques Lemée, Pierre Bourdel, Milan Damjanovic, Jean Yves Le Coeur; Jean Marc Guillou, Alberto Poli, Eric Edwige; Jean-Paul Gaidoz, Guy Lassallette, Bojidar Antić (70 Berdoll).   Trainer: Ladislas Nagy

Goals: Schulenberg (28), Lassallette (50), Schütze (55)

BEROE STARA ZAGORA
v AUSTRIA WIEN 7-0 (4-0)

Beroe, Stara Zagora   13.09.1972

Referee: Paolo Toselli (ITA)   Attendance: 12,971

BEROE: Petko Olimpiev; Nikola Kordov, Hristo Todorov, Boris Tasev, Stefan Ivanov; Jeko Jelev, Boris Kirov, Evgeni Ianchovski; Petko Petkov, Dimitar Dimitrov, Hristo Belchev.

AUSTRIA: Menzel; Robert Sara, Eduard Krieger, Nandlstädt, Karl Weber; Johann Samer, Wagner, Karl Daxbacher; Helmut Köglberger, Werner Schwarz (40 Helmut Weigl), Kelmer (46 Josef Gallautz).

Goals: Petkov (12, 29, 44, 82, 86), Velchev (25), Ianchovski (89)

AUSTRIA WIEN
v BEROE STARA ZAGORA 1-3 (1-2)

Sportclub-Platz, Wien   27.09.1972

Referee: Mario Clematide (SWI)   Attendance: 1,904

AUSTRIA: Hodschar; Robert Sara, Eduard Krieger (75 Nandlstädt), Johann Samer, Helmut Weigl; Karl Daxbacher, Herbert Prohaska, Karl Bendekovits; Josef Gallautz, Wagner, Helmut Köglberger.

BEROE: Todor Krastev; Nikola Kordov, Hristo Todorov, Stefan Ivanov, Boris Tasev; Jeko Jelev, Evgeni Ianchovski, Dimitar Dimitrov, Boris Kirov, Petko Petkov, Hristo Belchev.

Goals: Petkov (3, 37), Gallautz (11), Belchev (64)

SLOVAN BRATISLAVA
v VOJVODINA NOVI SAD 6-0 (2-0)

Tehelné pole, Bratislava   13.09.1972

Referee: Atanas P. Mateev (BUL)   Attendance: 4,996

SLOVAN: Alexander Vencel; Ján Pivarník, Koloman Gögh, Ľudevít Zlocha, Ján Zlocha; Jozef Čapkovič, Karol Jokl (46 Ladislav Móder), Ján Medvid (68 Ivan Pekárik); Marián Masny, Ján Svehlík, Jan Čapkovič.   Trainer: Ján Hučko

VOJVODINA: Kovacević; Bošković, Rutonjski, Vladimir Savić, Jovanović; Dušan Perazić, Vukasinović, Radić (46 Slavko Licinar); Petar Nikezić, Miodrag Kustudić (46 Cvetković), Zvonko Ivezić.

Goals: Ján Čapkovič (15, 24, 55, 75, 88), Pekárik (80)

VOJVODINA NOVI SAD
v SLOVAN BRATISLAVA 1-2 (0-2)

Gradski, Novi Sad   27.09.1972

Referee: Marian Srodecki (POL)   Attendance: 2,779

VOJVODINA: Kovacević; Bošković, Jovanović, Vukasinović, Vladimir Savić; Rutonjski, Loriner, Dušan Perazić; Miodrag Kustudić (25 Cvetković), Petar Nikezić (46 Radić), Slavko Licinar.

SLOVAN: Alexander Vencel; Ján Pivarník (46 Ivan Pekárik), Vladimír Hrivňák, Ľudevít Zlocha, Ján Zlocha; Peter Mutkovic, Jozef Čapkovič, Ján Medvid; Ladislav Móder (46 Marián Masny), Karol Jokl, Jan Čapkovič.
Trainer: Ján Hučko

Goals: Jokl (8), Móder (26), Perazić (81)

VITÓRIA SETÚBAL
v GKS ZAGLEBIE SOSNOWIEC 6-1 (2-0)

Estádio do Bonfim, Setúbal   13.09.1972

Referee: Thomas H.C. Reynolds (WAL)   Attendance: 6,901

VITÓRIA: Artur Paulo Assunçao VAZ, Joaquim Adrião José da CONCEIÇÃO, Carlos Alberto Lourenço CARDOSO, José Jesús MENDES, Manuel Luis dos Santos "CARRIÇO", OCTÁVIO Joaquim Coelho Machado, JOSÉ MARIA Júnior, José Francisco Leandro Filho "DUDA" (74 Francisco AMANCIO), JOSÉ Augusto da Costa Senica TORRES (74 Felix Marques GUERREIRO), Joaquim Leandro Quinta ARCANJO, JACINTO JOÃO.   Trainer: José Maria PEDROTO

ZAGLEBIE: Jerzy Patola, Jan Leszczynski, Roman Bazan, Eugeniusz Szmidt, Wojciech Rudy, Jerzy Pielok, Józef Zawadzki, Zbigniew Seweryn, Wieslaw Ambrozy (83 Andrzej Kaczewski), Andrzej Jarosik, Józef Kowalczyk.

Goals: Duda (12, 54), José Torres (37), Jacinto João (53, 70), Guerreiro (75), Jarosik (85)

GKS ZAGLEBIE SOSNOWIEC
v VITÓRIA SETÚBAL 1-0 (0-0)

Ul. Kresowa, Sosnowiec 28.09.1972

Referee: Erik Axelryd (SWE)   Attendance: 4,000

ZAGLEBIE: Jerzy Urbanski, Jan Leszczynski, Józef Zawadzki, Eugeniusz Szmidt, Zdzislaw Bomba, Roman Bazan, Jerzy Pielok, Zbigniew Seweryn (.. Jerzy Lula), Marek Zielonka (46 Wieslaw Ambrozy), Andrzej Jarosik, Józef Kowalczyk.

VITÓRIA: Artur Paulo Assunçao VAZ, Joaquim Adrião José da CONCEIÇÃO, Carlos Alberto Lourenço CARDOSO, José Jesús MENDES, Francisco Silva REBELO, OCTÁVIO Joaquim Coelho Machado, Carlos Alberto CORREIA (75 Clemente Crista PRAIA), Jose Maria, Joaquim Leandro Quinta ARCANJO, José Francisco Leandro Filho "DUDA" (75 Felix Marques GUERREIRO), JACINTO JOÃO.
Trainer: José Maria PEDROTO

Goal: Ambrozy (55 pen)

UNIVERSITATEA CLUJ v LEVSKI SPARTAK
SOFIA 4-1 (0-0)

Municipal, Cluj 13.09.1972

Referee: Gerhardt Kunze (DDR)   Attendance: 6,105

UNIVERSITATEA: Constantin Ştefan; Simion Creţu, Dan Anca (46 Werner Pexa), Gheorghe Solomon, Vasile Mihăilă; Fanea Lazăr, Viorel Mureşan; Alexa Uifăleanu, Ion Munteanu, Vasile Soo, Dumitru Lică (75 Dorin Barbu).
Trainer: Ştefan Onisie

LEVSKI SPARTAK: Stefan Staikov (78 Biser Mihailov); Borislav Bogdanov, Dobromir Jechev, Stefan Aladjov, Kiril Ivkov; Ivan Stoianov, Nikolai Radlev; Tsvetan Veselinov, Metodi Bonchev (78 Iordan Iordanov), Iosif Haralambiev, Vasil Mitkov.

Goals: Haralambiev (54), Soo (67), Creţu (70), Mureşan (78), Uifăleanu (87)

LEVSKI SPARTAK SOFIA
v UNIVERSITATEA CLUJ 5-1 (2-0, 4-1) (AET)

Vasil Levski, Sofia 4.10.1972

Referee: Ivan Placek (CZE)   Attendance: 4,000

LEVSKI SPARTAK: Biser Mihailov; Borislav Bogdanov, Georgi Todorov, Stefan Aladjov, Kiril Ivkov; Ivan Stoianov, Dobromir Jechev; Tsvetan Veselinov, Georgi Tzvetkov, Iosif Haralambiev (86 Nikolai Radlev), Vasil Mitkov.

UNIVERSITATEA: Constantin Ştefan; Simion Creţu, Werner Pexa, Gheorghe Solomon, Vasile Mihăilă; Dan Anca, Viorel Mureşan (70 Dorin Barbu); Alexa Uifăleanu, Ion Munteanu, Vasile Soo, Dumitru Lică.

Sent off: Soo (119)

Goals: Tzvetkov (38), Jechev (41), Veselinov (63, 85), Mitkov (109 pen), Munteanu (88)

EPA LARNACA v ARARAT EREVAN 0-1 (0-0)

Zenon, Larnaca 14.09.1972

Referee: Nicolae Rainea (ROM)   Attendance: 1,602

EPA: Makis Alkiviadis; Andreas Hristodoulou, Andreas Panagiotou, Pavlos Vasileiou, Andreas Mouskos, Haris Kantzilieris, Giannakis Alexandrou, Lakis Theodorou, Andreas Kaniklis, Marios Kythreotis, Louis Theodorou.

ARARAT: Aleksei Abramian, Sanasar Gevorkian (.. Rodik Avanesian), Arkadi Arutiunian, Aleksandr Kovalenko, Norik Mesropian, Suren Martirosian, Sergei Bondarenko, Levon Ishtoian, Eduard Markarov, Nazar Petrosian, Nikolai Kazarian.

Goal: Vasileiou (61 og)

ARARAT EREVAN v EPA LARNACA 1-0 (0-0)

Razdan, Erevan 27.09.1972

Referee: Petar Nikolov (BUL)   Attendance: 12,735

ARARAT: Aleksei Abramian, Rodik Avanesian, Arkadi Arutiunian, Aleksandr Kovalenko, Norik Mesropian, Arkadi Andreasian (60 Armen Sarkisian), Sergei Bondarenko, Levon Ishtoian, Gennadi Unanov (46 Nazar Petrosian), Oganes Zanazanian, Nikolai Kazarian.

EPA: Makis Alkiviadis, Andreas Hristodoulou, Haris Kantzilieris, Pavlos Vasileiou, Andreas Mouskos, Kostas Hatzigiannakou, Giannakis Alexandrou (.. Klitos Savvidis), Marios Kythreotis, Louis Theodorou, Lakis Theodorou, Andreas Panagiotou "Kalogiros".

Goal: Ishtoian (49)

ESKIŞEHIRSPOR
v AC FIORENTINA FIRENZE 1-2 (0-1)

Istanbul 14.09.1972

Referee: Georgi Bakanidze (USSR)   Attendance: 11,254

ESKIŞEHIRSPOR: Mümin Ozcasap, Ali Erdem, Abdurrahman Temel, Ismail Arca, Yenal Kaçira (46 Vahap Özbayar), Kamuran Yavuz, Burhan Isin, Burhan Tözer (75 Bilal Arular), Fethi Heper, Halil Gundögan, Şevki Şenlen.

FIORENTINA: Francesco Superchi; Giancarlo Galdiolo, Giuseppe Longoni; Ennio Pellegrini, Giuseppe Brizi, Andrea Orlandini; Nevio Scala, Angelo Benedicto Sormani, Sergio Clerici, Claudio Merlo, Nello Saltutti (46 Mario Perego).
Trainer: Nils Liedholm

Goals: Sormani (36), Vahap (73), Clerici (85)

AC FIORENTINA FIRENZE
v ESKİŞEHIRSPOR 3-0 (2-0)

Stadio comunale, Firenze 27.09.1972

Referee: Lajos Somlai (HUN)   Attendance: 8,393

FIORENTINA: Francesco Superchi; Giancarlo Galdiolo, Giuseppe Longoni; Nevio Scala (74 Domenico Caso), Giuseppe Brizi, Andrea Orlandini; Mario Perego (74 Giancarlo Antognoni), Angelo Benedicto Sormani, Sergio Clerici, Claudio Merlo, Nello Saltutti.   Trainer: Nils Liedholm

ESKİŞEHIRSPOR: Mümin Ozcasap; Ali Erdem, Ismail Arca; Mustafa, Yenal Kaçira, Kamuran Yavuz; Ahmet (56 Burhan Isin), Hüdai Dodu, Fethi Heper, Halil Gundögan, Şevki Şenlen (72 Burhan Tözer).

Goals: Clerici (6, 74 pen), Saltutti (34)

OLYMPIAKOS PEIRAIAS v CAGLIARI 2-1 (1-0)

Karaiskaki, Peiraias 14.09.1972

Referee: Ferdinand Marschall (AUS)   Attendance: 39,935

OLYMPIAKOS: Panagiotis Kelesidis; Giannis Gkaitatzis, Athanasios Aggelis; Persidis, Lakis Gklezos, Nikos Gioutsos; Roman Argiroudis (76 Julio Losanta), Takis Synetopoulos, Giotis Papadimitriou, Giorgos Delikaris, Yves Triantafillos (79 Milton Viera).   Trainer: Lakis Petropoulos

CAGLIARI: Enrico Albertosi; Fabrizio Poletti, Eraldo Mancini (38 Mario Martiradonna); Olinto De Carvalho "Nenè", Comunardo Niccolai, Pierluigi Cera; Angelo Domenghini, Sergio Gori, Mario Maraschi, Mario Brugnera, Luigi Riva.   Trainer: Giovanni Fabbri

Goals: Gioutsos (2), Triantafilos (51), Domenghini (66)

CAGLIARI v OLYMPIAKOS PEIRAIAS 0-1 (0-1)

Sant' Elia, Cagliari 27.09.1972

Referee: Rudolf Glöckner (DDR)   Attendance: 13,511

CAGLIARI: Enrico Albertosi; Mario Martiradonna, Fabrizio Poletti; Pierluigi Cera, Comunardo Niccolai (50 Eraldo Mancini), Giuseppe Tomasini; Angelo Domenghini, Olinto De Carvalho "Nenè", Sergio Gori, Mario Maraschi, Mario Brugnera (55 Giancarlo Roffi).   Trainer: Giovanni Fabbri

OLYMPIAKOS: Panagiotis Kelesidis; Giannis Gkaitatzis, Athanasios Aggelis; Vasilis Siokos, Lakis Gklezos, Takis Synetopoulos; Yves Triantafillos, Nikos Gioutsos, Milton Viera (46 Roman Argiroudis), Giorgos Delikaris, Giotis Papadimitriou.   Trainer: Lakis Petropoulos

Goal: Gioutsos (9)

RACING WHITE BRUSSEL
v CUF BARREIRO 0-1 (0-0)

Fallon, Brussel 20.09.1972

Referee: David W. Smith (ENG)   Attendance: 4,951

RACING WHITE: Nico de Bree, Walter Vercammen, Willy Tuyaerts, Gérard Desanghere, Roland Vandeborght; Pierre Crombez, Kresten Bjerre, Henri Depireux (60 Gerard Bergholz); Eddy Koens, Jacques Teugels, Wietse Veenstra.

CUF: José António Mendonça Ferreira CONHÉ, JOSÉ ANTÓNIO Prudencio Condé Bargiela, RODRIGUES, João Manuel CASTRO, João Vieira ESTEVES; ARNALDO José Silva, VÍTOR Manuel GOMES Lopes, FERNANDO Oliveira Silva, MANUEL José Tavares FERNANDES, José MONTEIRO (75 Manuel Francisco Cambado CAPITÃO-MOR), JUVENAL Silva Costa.

Goal: Vanderborght (84 og)

CUF BARREIRO
v RACING WHITE BRUSSEL 2-0 (0-0)

Estádio D. Manuel de Melo, Barreiro 27.09.1972

Referee: Mariano Medina Iglesias (SPA)   Attendance: 2,179

CUF: José António Mendonça Ferreira CONHÉ, JOSÉ ANTÓNIO Prudencio Condé Bargiela, RODRIGUES, João Manuel CASTRO, João Vieira ESTEVES; ARNALDO José Silva, VÍTOR Manuel GOMES Lopes, FERNANDO Oliveira Silva, MANUEL José Tavares FERNANDES, José MONTEIRO (55 EDUARDO José Rodrigues Herculano), JUVENAL Silva Costa.

RACING WHITE: Nico de Bree, Walter Vercammen, Kresten Bjerre, Gérard Desanghere, Maurice Martens (53 Robert Mordang), Pierre Crombez, Willy Tuyaerts, Wietse Veenstra (68 Jean-Pierre Mathieu); Eddy Koens, Jacques Teugels, Gerard Bergholz.

Goals: Eduardo (77, 86)

FC PORTO v FC BARCELONA 3-1 (0-1)

Estádio das Antas, Porto 20.09.1972

Referee: Karl Keller (SWI)   Attendance: 18,056

FC PORTO: RUI Fernando Sousa Teixeira; Manuel GUALTER Martins da Costa, ARMANDO António MANHIÇA, VALDEMAR de Barros Pacheco, Manuel Fernando de Azevedo GUEDES; Benedito Lacerda Ribeiro "BENÉ", Fernando Pascoal Neves "PAVÃO", CELSO Luis de Matos; FLÁVIO Almeida da Fonseca, ABEL Fernando Miglieti (69 António José de LEMOS), Serafim Mesquita Pedro MALAGUETA.   Trainer: Fernando Riera

FC BARCELONA: Miguel REINA Santos, Joaquín RIFÉ Climent, Francisco Fernández Rodríguez "GALLEGO", Jesús Antonio DE LA CRUZ Gallego, Antonio TORRES García, Pedro María ZABALZA Inda, Carlos REXACH Cerda (65 José María PÉREZ Boixaderas), Narciso MARTÍ FILOSÍA, José Antonio BARRIOS Oliveros, Juan Manuel ASENSI Ripoll, MARCIAL Pina Morales.   Trainer: Rinus Michels

Goals: Barrios (34), Flávio (48), Abel (51, 67)

FC BARCELONA v FC PORTO 0-1 (0-1)

Camp Nou, Barcelona   27.09.1972

Referee: Concetto lo Bello (ITA)   Attendance: 36,200

FC BARCELONA: Miguel REINA Santos, Joaquín RIFÉ Climent, Francisco Fernández Rodríguez "GALLEGO", Jesús Antonio DE LA CRUZ Gallego, Antonio TORRES García (46 Juan Díaz Sánchez "JUANITO"), Pedro María ZABALZA Inda, Carlos REXACH Cerda, Narciso MARTÍ FILOSÍA, José Antonio BARRIOS Oliveros, Juan Manuel ASENSI Ripoll, Ramón ALFONSEDA Pous.   Trainer: Rinus Michels

FC PORTO: RUI Fernando Sousa Teixeira (23 Armando); Manuel GUALTER Martins da Costa, VALDEMAR de Barros Pacheco, José ROLANDO Andrade Gonçalves, Manuel Fernando de Azevedo GUEDES; Fernando Pascoal Neves "PAVÃO", CELSO Luis de Matos, António Luís Alves Ribeiro de OLIVEIRA; FLÁVIO Almeida da Fonseca (77 António José de LEMOS), ABEL Fernando Miglieti, Serafim Mesquita Pedro MALAGUETA.   Trainer: Fernando Riera

Goal: Abel (18)

Hvidovre IF qualified for the next round after HJK Helsinki, withdrew.

SECOND ROUND

VIKING STAVANGER v 1.FC KÖLN 1-0 (0-0)

Stavanger stadion   24.10.1972

Referee: Anders Mattsson (FIN)   Attendance: 12,619

VIKING: Erik Johannessen, Henning Aamodt, Reidar Goa, Olav Nilsen, Sigbjørn Slinning, Inge Valen, Svein Kvia, Svein Hammerö, Hans Edgar Paulsen, Johannes Vold, Arvid Kuntsen.

1.FC KÖLN: Gerhard Welz, Jürgen Glowacz, Harald Konopka, Karl-Heinz Thielen, Bernd Cullmann, Heinz Simmet, Hans-Josef Kapellmann, Josef Bläser, Johannes Löhr, Wolfgang Overath, Detlev Lauscher.   Trainer: Rudi Schlott

Goal: Vold (77)

1.FC KÖLN v VIKING STAVANGER 9-1 (4-1)

Müngersdorferstadion, Köln   7.11.1972

Referee: Charles G.R. Corver (HOL)   Attendance: 6,500

1.FC KÖLN: Gerhard Welz, Hans-Josef Kapellmann (66 Matthias Hemmersbach), Harald Konopka, Josef Bläser (58 Wolfgang Weber), Bernd Cullmann, Heinz Simmet, Jürgen Glowacz, Heinz Flohe, Johannes Löhr, Wolfgang Overath, Detlev Lauscher.   Trainer: Rudi Schlott

VIKING: Erik Johannessen (63 Terje Nilsen), Henning Aamodt, Goa, O. Nilsen, Sigbjørn Slinning, Inge Valen, Svein Kvia, Svein Hammerö (56 Gunnar Nilsen), Hans Edgar Paulsen, Johannes Vold, Arvid Knutsen.

Goals: Flohe (10), Löhr (12, 38, 55, 59, 60), Cullmann (16), Kapellmann (46, 64 pen), Paulsen (33)

LIVERPOOL FC v AEK ATHINA 3-0 (2-0)

Anfield Road, Liverpool   24.10.1972

Referee: Joaquim Fernandes de Campos (POR)   Att: 31,906

LIVERPOOL FC: Raymond Clemence; Christopher Lawler, Alec Lindsay, Thomas Smith, Larry Lloyd, Emlyn Hughes (59 Philip Thompson), Kevin Keegan, Peter Cormack, Steve Heighway, Philip Boersma (70 Brian Hall), Ian Callaghan.   Manager: William Shankly

AEK: Nestor Erea, Stefanos Theodoridis, Apostolos Toskas, Giorgos Tanidis, Rizos Lelis, Kostas Nikolaidis, Giorgos Lavaridis, Pantelis Nikolaou, Giannis Dandelis (63 Rodolfo Visente), Dimitris Papaioannou, Spiros Pomonis.   Trainer: Branko Stanković

Goals: Boersma (10), Cormack (28), Smith (78 pen)

AEK ATHINA v LIVERPOOL FC 1-3 (1-2)

Neas Filadelfeias, Athina   7.11.1972

Referee: Petar Kostovski (YUG)   Attendance: 19,412

AEK: Nestor Erea, Rizos Lelis, Apostolos Toskas, Giorgos Lavaridis, Stefanos Theodoridis, Kostas Nikolaidis, Dionisis Tsamis, Pantelis Nikolaou (46 Giorgos Karafeskos), Giannis Dandelis, Dimitris Papaioannou, Spiros Pomonis (56 Haralampos Psimoyanos).   Trainer: Branko Stanković

LIVERPOOL FC: Raymond Clemence; Christopher Lawler, Alec Lindsay, Thomas Smith, Larry Lloyd, Emlyn Hughes, Kevin Keegan, Peter Cormack, Steve Heighway (70 Philip Boersma), John Toshack, Ian Callaghan.   Manager: William Shankly

Goals: Hughes (17, 44), Nikolaidis (34 pen), Boersma (87)

**VITÓRIA SETÚBAL
v AC FIORENTINA FIRENZE 1-0** (0-0)

Estádio do Bonfim, Setúbal   25.10.1972

Referee: Jose Maria Ortiz de Mendibil (SPA)   Att: 4,867

VITÓRIA: Artur Paulo Assunçao VAZ; Francisco Silva REBELO, José Jesús MENDES; Carlos Alberto Lourenço CARDOSO, Manuel Luis dos Santos "CARRIÇO", OCTÁVIO Joaquim Coelho Machado; JOSÉ MARIA Júnior, José Francisco Leandro Filho "DUDA", Felix Marques GUERREIRO (46 Joaquim Leandro Quinta ARCANJO), JOSÉ Augusto da Costa Senica TORRES, JACINTO JOÃO.   Trainer: José Maria PEDROTO

FIORENTINA: Francesco Superchi; Giancarlo Galdiolo, Giuseppe Longoni; Ennio Pellegrini, Giuseppe Brizi, Andrea Orlandini; Mario Perego, Angelo Benedicto Sormani, Sergio Clerici (72 Nello Saltutti), Claudio Merlo, Nevio Scala.   Trainer: Nils Liedholm

Goal: Duda (60)

AC FIORENTINA FIRENZE
v VITÓRIA SETÚBAL 2-1 (2-1)

Stadio Comunale, Firenze   1.11.1972

Referee: Norman C.H. Burtenshaw (ENG)   Att: 14,073

FIORENTINA: Francesco Superchi; Giancarlo Galdiolo, Giuseppe Longoni; Nevio Scala, Ennio Pellegrini, Mario Perego; Nello Saltutti, Claudio Merlo, Sergio Clerici, Giancarlo De Sisti, Angelo Benedicto Sormani (46 Domenico Caso).
Trainer: Nils Liedholm

VITÓRIA: Artur Paulo Assunçao VAZ; Francisco Silva REBELO, José Jesús MENDES; Carlos Alberto Lourenço CARDOSO, Manuel Luis dos Santos "CARRIÇO", OCTÁVIO Joaquim Coelho Machado; JOSÉ MARIA Júnior (71 Joaquim Adrião José da CONCEIÇÃO), José Francisco Leandro Filho "DUDA", Felix Marques GUERREIRO, Joaquim Leandro Quinta ARCANJO (71 Francisco AMANCIO), JACINTO JOÃO.
Trainer: José Maria PEDROTO

Goals: Clerici (3), Perego (21), Duda (28)

GRASSHOPPER-CLUB ZÜRICH
v ARARAT EREVAN 1-3 (0-1)

Hardturm, Zürich   25.10.1972

Referee: Jacques Colling (LUX)   Attendance: 6,927

GRASSHOPPER: Roger Berbig; Rainer Ohlhauser, Hansruedi Staudenmann, Roland Citherlet, Max Malzacher, L. Meier (85 Engel), Fredy Gröbli, Herbert Dimmeller, Christian Winiger, Kurt Müller, Peter Meier.

ARARAT: Aleksei Abramian, Sanasar Gevorkian, Arkadi Arutiunian, Aleksandr Kovalenko, Norik Mesropian, Arkadi Andreasian, Sergei Bondarenko, Suren Martirosian, Levon Ishtoian, Oganes Zanazanian, Nikolai Kazarian.

Goals: Kazarian (28), Ishtoian (52), Andreasian (58), Citherlet (90 pen)

BEROE STARA ZAGORA
v HONVÉD BUDAPEST 3-0 (0-0)

Beroe, Stara Zagora   25.10.1972

Referee: Pavel Kazakov (USSR)   Attendance: 18,993

BEROE: Petko Olimpiev; Nikola Kordov, Hristo Todorov (.. Georgi Stoianov), Boris Tasev, Stefan Ivanov, Ivan Vutsov (.. Jeko Jelev), Boris Kirov, Evgeni Ianchovski, Petko Petkov, Dimitar Dimitrov, Hristo Belchev.

HONVÉD: Bertalan Bicskei; Sándor Egervári, József Ruzsinszki, József Tajti, József Pál, Lajos Szűcs, László Pusztai, Lajos Kocsis, Mihály Kozma, Sándor Pintér, Sándor Lukacs.
Trainer: József Mészáros

Goals: Petkov (46), Kirov (55), Dimitrov (57)

ARARAT EREVAN
v GRASSHOPPER-CLUB ZÜRICH 4-2 (2-1)

Razdan, Erevan   8.11.1972

Referee: Francis Rion (BEL)   Attendance: 12,486

ARARAT: Aleksei Abramian, Sanasar Gevorkian, Arkadi Arutiunian, Suren Martirosian, Norik Mesropian, Nazar Petrosian, Sergei Bondarenko (22 Armen Sarkisian), Levon Ishtoian, Eduard Markarov (83 Gennadi Unanov), Oganes Zanazanian, Nikolai Kazarian.

GRASSHOPPER: Hans Stemmer, Hansruedi Staudenmann (46 Christian Winiger), Max Malzacher, Roland Citherlet, Engel, Fredy Gröbli, L. Meier (65 Rudolf Elsener), Herbert Dimmeller, Kurt Müller, Rainer Ohlhauser, Rudolf Schneeberger.

Goals: Kazarian (13, 23), Markarov (49, 78), Gröbli (4 pen), Müller (63)

HONVÉD BUDAPEST
v BEROE STARA ZAGORA 1-0 (1-0)

Kispest, Budapest   7.11.1972

Referee: Zdenek Jelinek (CZE)   Attendance: 5,166

HONVÉD: Bertalan Bicskei; Sándor Egervári, György Dudás, József Tajti; József Pál, Lajos Szűcs, Sándor Pintér; József Kelemen, Lajos Kocsis, Mihály Kozma, János Fehérvári.
Trainer: József Mészáros

BEROE: Petko Olimpiev; Nikola Kordov, Georgi Stoianov, Stefanov Ivanov, Ivan Vutsov, Boris Tasev; Evgeni Ianchovski, Dimitar Dimitrov, Jeko Jelev; Boris Kirov, Petko Petkov.

Goal: Pál (28)

DYNAMO BERLIN
v LEVSKI SPARTAK SOFIA 3-0 (2-0)

Sportforum, Berlin   25.10.1972

Referee: Nicolae Rainea (ROM)   Attendance: 6,415

DYNAMO: Werner Lihsa, Dieter Stumpf, Bernd Brillat, Peter Rohde, Hans-Jürgen Hübner, Rainer Rohde, Frank Terletzki, Harald Schütze, Norbert Johannsen, Wolf-Rüdiger Netz, Ralf Schulenberg.

LEVSKI SPARTAK: Stefan Staikov (75 Biser Mihailov), Milko Gaidarski, Dobromir Jechev, Stefan Aladjov, Kiril Ivkov, Ivan Stoianov, Metodi Bonchev (75 Voin Voinov), Borislav Bogdanov, Georgi Tzvetkov, Iosif Haralambiev, Vasil Mitkov.

Goals: Terletzki (9), R. Rohde (43), Netz (65)

**LEVSKI SPARTAK SOFIA
v DYNAMO BERLIN 2-0** (0-0)

Vasil Levski, Sofia   7.11.1972

Referee: Mihalakis Kiriakides (CYP)   Attendance: 9,577

LEVSKI SPARTAK: Biser Mihailov; Georgi Todorov, Kiril Ivkov, Dobromir Jechev, Stefan Aladjov, Ivan Stoianov, Metodi Bonchev, Borislav Bogdanov, Tsvetan Veselinov, Iosif Haralambiev, Vasil Mitkov.

DYNAMO: Werner Lihsa, Dieter Stumpf, Bernd Brillat, Peter Rohde, Hans-Jürgen Hübner, Gerald Schwierske (76 Wilfried Trümpler), Frank Terletzki, Harald Schütze, Norbert Johannsen, Wolf-Rüdiger Netz, Ralf Schulenberg.

Goals: Jechev (54, 62)

**BORUSSIA MÖNCHENGLADBACH
v HVIDOVRE IF 3-0** (1-0)

Städtisches Stadium, Nürnberg   25.10.1972

Referee: Antoine Queudeville (LUX)   Attendance: 9,741

BORUSSIA: Wolfgang Kleff, Heinz Michallik, Ulrich Surau, Hans-Hubert Vogts, Hartwig Bleidick, Dietmar Danner, Adalbert Fuhrmann (46 Shmuel Rosenthal), Herbert Wimmer, Rainer Bonhof, Günter Netzer, Christian Kulik.
Trainer: Hennes Weisweiler

HVIDOVRE: Heinz Hildebrandt, Klemp, Jørgen Lund, Poul Frederiksen, Kaj Pedersen, Klaus Nørregaard (72 Poul Mathiasen), Torben Gullak, Steen Ziegler, Nielsen (60 Christensen), Kaj Wagener, Kjeldergaard.

Goals: Bonhof (42, 85), Wimmer (60)

**HVIDOVRE IF
v BORUSSIA MÖNCHENGLADBACH 1-3** (0-2)

København 8.11.1972

Referee: Clive Thomas (WAL)   Attendance: 4,935

HVIDOVRE: Heinz Hildebrandt, John Worbye, Jørgen Lund, Poul Frederiksen, Kaj Pedersen, Klemp, Klaus Nørregaard, Kaj Wagener (83 Torben Gullak), Steen Ziegler, Nielsen, Kjeldergaard.

BORUSSIA: Wolfgang Kleff, Heinz Michallik (28 Hartwig Bleidick), Ulrich Surau, Hans-Hubert Vogts, Rainer Bonhof, Dietmar Danner, Christian Kulik, Herbert Wimmer (72 Shmuel Rosenthal), Josef Heynckes, Günter Netzer, Henning Jensen.   Trainer: Hennes Weisweiler

Goals: Netzer (24, 41), Heynckes (62), Nørregaard (52)

FC PORTO v CLUB BRUGGE 3-0 (2-0)

Estádio das Antas, Porto   25.10.1972

Referee: Rene Vigliani (FRA)   Attendance: 21,922

FC PORTO: RUI Fernando Sousa Teixeira; Manuel GUALTER Martins da Costa, VALDEMAR de Barros Pacheco, José ROLANDO Andrade Gonçalves, Manuel Fernando de Azevedo GUEDES; Fernando Pascoal Neves "PAVÃO", CELSO Luis de Matos, António Luis Alves Ribeiro de OLIVEIRA; ABEL Fernando Miglieti, FLÁVIO Almeida da Fonseca, Serafim Mesquita Pedro MALAGUETA.
Trainer: Fernando Riera

CLUB BRUGGE: Luc Sanders, Alfons Bastijns, Johnny Velkeneers, George Leekens, Henk Houwaart; Erwin Vandendaele, Nico Rijnders, Pierre Carteus (46 Johnny Thio); Johan Devrindt (46 Ruud Geels), Raoul Lambert, Ulrik Lefèvre.

Goals: Abel (6, 49), Flávio (15)

CLUB BRUGGE v FC PORTO 3-2 (2-1)

Albert-Dyserynck, Brugge   8.11.1972

Referee: John Carpenter (EIRE)   Attendance: 14,246

CLUB BRUGGE: Luc Sanders, Alfons Bastijns, George Leekens (65 Pierre Carteus), Erwin Vandendaele, Norbert Denaeghel (46 Johnny Velkeneers), Henk Houwaart, Nico Rijnders, Johnny Thio; Ruud Geels, Johan Devrindt, Ulrik Lefèvre.

FC PORTO: RUI Fernando Sousa Teixeira; Manuel GUALTER Martins da Costa, ARMANDO António MANHIÇA, José ROLANDO Andrade Gonçalves, Manuel Fernando de Azevedo GUEDES; Fernando Pascoal Neves "PAVÃO", António Francisco VIEIRA NUNES, António Luis Alves Ribeiro de OLIVEIRA; FLÁVIO Almeida da Fonseca, ABEL Fernando Miglieti, João Maria RICARDO.
Trainer: Fernando Riera

Goals: Geels (3), Flávio (34), Thio (45), Rijnders (65), Abel (88)

**TOTTENHAM HOTSPUR LONDON
v OLYMPIAKOS PEIRAIAS 4-0** (2-0)

White Hart Lane, London   25.10.1972

Referee: Alfred Delcourt (BEL)   Attendance: 27,860

TOTTENHAM: Patrick Jennings, Raymond Evans, Cyril Knowles, James Pearce, Michael England, Philip Beal (65 Terence Naylor), Alan Gilzean (75 James Neighbour), Stephen Perryman, Martin Chivers, Martin Peters, Ralph Coates.
Manager: Bill Nicholson

OLYMPIAKOS: Panagiotis Kelesidis; Giannis Gkaitatzis, Athanasios Aggelis, Vasilis Siokos, Lakis Gklezos, Takis Synetopoulos, Giotis Papadimitriou, Nikos Gioutsos, Milton Viera (46 Roman Argiroudis), Giorgos Delikaris, Yves Triantafillos (75 Julio Losanta).   Trainer: Lakis Petropoulos

Goals: Pearce (11, 58), Chivers (35), Coates (48)

OLYMPIAKOS PEIRAIAS
v TOTTENHAM HOTSPUR LONDON 1-0 (1-0)

Karaiskaki, Peiraias   *8.11.1972*

Referee: Hans Joachim Weyland (WG)   Attendance: 28,281

OLYMPIAKOS: Panagiotis Kelesidis; Giannis Gkaitatzis, Athanasios Aggelis, Vasilis Siokos, Lakis Gklezos, Takis Synetopoulos, Julio Losanta, Nikos Gioutsos, Yves Triantafillos (56 Giotis Papadimitriou), Giorgos Delikaris, Roman Argiroudis.   Trainer: Lakis Petropoulos

TOTTENHAM: Patrick Jennings, Raymond Evans, Cyril Knowles, James Pearce, Michael England, Michael Dillon, Alan Gilzean, Stephen Perryman, Martin Chivers, Terence Naylor, John Pratt.   Manager: Bill Nicholson

Goal: Argiroudis (44)

CRVENA ZVEZDA BEOGRAD
v VALENCIA CF 3-1 (2-0)

Crvena Zvezda, Beograd   *25.10.1972*

Referee: Kenneth Howard Burns (ENG)   Att: 20,274

CRVENA ZVEZDA: Ognjen Petrović; Petar Krivokuća, Vladislav Bogićević, Miroslav Pavlović (80 Mihalj Keri), Kiril Dojčinovski, Mile Novković, Slobodan Janković, Stanislav Karasi, Vojin Lazarević, Jovan Aćimović, Dragan Džajić.   Trainer: Miljan Miljanić

VALENCIA CF: José BALAGUER Berga, Francisco VIDAGAÑY Hernandez, Fernando BARRACHINA Plo, Antonio Martínez Morales "ANTÓN", ANÍBAL Pérez Miers, José Antonio Morante Gutierrez "LICO", José CLARAMUNT I Torres, Manuel Ríos Quintanilla MANOLETE", José Ramón FUERTES Roces (75 José Pineda Cárdenas "PEPÍN"), Miguel Ángel ADORNO Ramírez, Enrique CLARAMUNT II Torres.   Trainer: Alfredo Di Stefano Lahule

Goals: Lazarević (22), Karasi (45), E. Claramunt (48), Acimović (67)

VALENCIA CF
v CRVENA ZVEZDA BEOGRAD 0-1 (0-1)

Estadio Luis Casanova, Valencia   *8.11.1972*

Referee: Ferdinand Marschall (AUS)   Attendance: 21,234

VALENCIA CF: José BALAGUER Berga, Pedro ARANGO Segura, Fernando BARRACHINA Plo, Antonio Martínez Morales "ANTON", ANÍBAL Pérez Miers, José CLARAMUNT I Torres, José Antonio Morante Gutierrez "LICO", SERGIO Manzarena Lloret, Joaquín Sierra Vallejo "QUINO" (46 Gabriel URIARTE II Macho), Manuel Ríos Quintanilla MANOLETE" (62 José Ramón FUERTES Roces), Oscar Rubén VALDEZ Ferrero.   Trainer: Alfredo Di Stefano Lahule

CRVENA ZVEZDA: Ognjen Petrović; Petar Krivokuća, Vladislav Bogićević, Miroslav Pavlović, Kiril Dojčinovski, Mile Novković, Slobodan Janković, Stanislav Karasi, Vojin Lazarević, Jovan Aćimović, Dragan Džajić.   Trainer: Miljan Miljanić

Goal: Barrachina (20 og)

INTERNAZIONALE MILANO
v IFK NORRKÖPING 2-2 (1-2)

San Siro, Milano   *25.10.1972*

Referee: Francisco S. Marques Lobo (POR)   Att: 8,185

INTERNAZIONALE: Lido Vieri; Mauro Bellugi, Giacinto Facchetti; Gianfranco Bedin, Mario Giubertoni, Tarciso Burgnich; Giuseppe Massa, Mario Bertini (46 Gabriele Oriali), Alessandro Mazzola, Adelio Moro, Giuseppe Doldi.   Trainer: Giovanni Invernizzi

IFK: Bengt Lindström, Christer Hult, Tomas Malm, Roland Pressfeldt, Per-Olof Eek, Gert Hellberg, Bo Stenqvist, Ove Kindvall, Ulf Jansson, Olle Nordin, Benny Wendt (.. Roland Svensson).   Trainer: Martinsson Löfgren

Goals: Massa (2, 48), Jansson (5), Kindvall (38)

IFK NORRKÖPING
v INTERNAZIONALE MILANO 0-2 (0-1)

Norrköpings Idrottspark   *8.11.1972*

Referee: Robert Holley Davidson (SCO)   Att: 15,332

IFK: Bengt Lindström, Christer Hult, Tomas Malm, Roland Pressfeldt, Per-Olof Eek, Gert Hellberg, Ove Kindvall, Olle Nordin, Benny Wendt, Bo Stenqvist, Ulf Hultberg (46 Ulf Jansson).   Trainer: Martinsson Löfgren

INTERNAZIONALE: Lido Vieri, Graziano Bini, Giacinto Facchetti, Gabriele Oriali, Mario Giubertoni, Tarciso Burgnich, Giuseppe Massa, Alessandro Mazzola, Roberto Boninsegna, Adelio Moro, Giuseppe Doldi (46 Sergio Magistrelli).   Trainer: Giovanni Invernizzi

Goals: Boninsegna (10), Magistrelli (68)

FEYENOORD ROTTERDAM
v OFK BEOGRAD 4-3 (3-2)

Feyenoord, Rotterdam   *25.10.1972*

Referee: William John Gow (WAL)   Attendance: 34,978

FEYENOORD: Eddy Treijtel, Wim Rijsbergen, Dick Schneider, Harry Vos, Wim Jansen, Franz Hasil, Theo De Jong, Wim van Hanegem (.. Joop van Daele), Peter Ressel, Attila Ladinszky, Jørgen Kristensen.   Trainer: Ernst Happel

OFK: Petar Borota, Dragan Popadić, Slobodan Mesanović, Krsto Mitrović, Dragoslav Stepanović, Dragan Stojanović, Bogdan Turudija, Dušan Lukić (.. Zdravko Jokić), Ninoslav Zec, Slobodan Santrač, Ilija Petković.   Trainer: Boris Marović

Goals: Santrač (11, 14), Van Hanegem (24), De Jong (26), Ladinszky (40), Hasil (63 pen), Stojanović (89)

OFK BEOGRAD
v FEYENOORD ROTTERDAM 2-1 (1-0)

OFK, Beograd   8.11.1972

Referee: Francesco Francescon (ITA)   Attendance: 13,327

OFK: Petar Borota, Dragan Popadić, Krsto Mitrović, Dragoslav Stepanović, Zdravko Jokić, Dragan Stojanović, Dušan Lukić (.. Nyksa Djuić), Ninoslav Zec, Bogdan Turudija, Slobodan Santrač, Ilija Petković.   Trainer: Boris Marović

FEYENOORD: Eddy Treijtel, Wim Rijsbergen (.. Theo van Diuvenbode), Dick Schneider, Wim Jansen, Harry Vos, Franz Hasil, Theo De Jong, Lex Schoenmaker (Jan Boskamp), Wim van Hanegem, Peter Ressel, Jørgen Kristensen.
Trainer: Ernst Happel

Goals: Santrač (24), Stepanović (61), De Jong (67)

CUF BARREIRO
v 1.FC KAISERSLAUTERN 1-3 (1-1)

Estádio Alfredo da Silva, Barreiro   25.10.1972

Referee: Anton Bucheli (SWI)   Attendance: 2,500

CUF: José António Mendonça Ferreira CONHÉ, JOSÉ ANTÓNIO Prudencio Condé Bargiela, RODRIGUES, VÍTOR Manuel MARQUES, Vieira, ARNALDO José Silva, VÍTOR Manuel GOMES Lopes, MANUEL José Tavares FERNANDES, FERNANDO Oliveira Silva (66 Manuel Francisco Cambado CAPITÃO-MOR), José MONTEIRO, JUVENAL (46 EDUARDO José Rodrigues Herculano).

1.FC KAISERSLAUTERN: Josef Stabel, Lothar Huber, Dietmar Schwager, Günther Reinders, Fritz Fuchs, Ernst Diehl (75 Heinz Henkes), Hermann Bitz, Wolfgang Seel, Karl-Heinz Vogt (70 Josef Pirrung), Idriz Hosic, Klaus Ackermann.
Trainer: Dietrich Weise

Goals: Hosic (30, 52), Fernandes (44), Diehl (64)

1.FC KAISERSLAUTERN
v CUF BARREIRO 0-1 (0-0)

Betzenberg Stadion, Kaiserslautern   8.11.1972

Referee: John Wright Paterson (SCO)   Attendance: 5,000

1.FC KAISERSLAUTERN: Josef Stabel, Günther Reinders, Fritz Fuchs, Ernst Diehl, Lothar Huber, Josef Pirrung, Heinz Henkes, Wolfgang Seel, Jochen Müller, Idriz Hosic, Klaus Ackermann.   Trainer: Dietrich Weise

CUF: José António Mendonça Ferreira CONHÉ, JOSÉ ANTÓNIO Prudencio Condé Bargiela, João Manuel CASTRO, VÍTOR Manuel MARQUES, VIEIRA, ARNALDO José Silva, VÍTOR Manuel GOMES Lopes, MANUEL José Tavares FERNANDES (45 EDUARDO José Rodrigues Herculano), VÍTOR Manuel PEREIRA, José MONTEIRO (46 Manuel Francisco Cambado CAPITÃO-MOR), JUVENAL.

Goal: Eduardo (90)

UD LAS PALMAS
v SLOVAN BRATISLAVA 2-2 (1-0)

Estadio Insular, Las Palmas   25.10.1972

Referee: Lorwerth Price Jones (WAL)   Attendance: 24,000

UD LAS PALMAS: José CERVANTES Zapata; Aureliano ESTÉVEZ Tamayo, Antonio Alfonso Moreno "TONONO", Guillermo HERNANDEZ Robayna, Felipe Ojeda del Rosario "TRONA"; Justo GILBERTO González (46 Carmelo Álvarez Concepción "CARMELÍN"), Francisco CASTELLANOS Rodríguez, GERMAN Dévora Ceballos; José María LEON Talavera, Adolfo SOTO Dreussi, MIGUEL ÁNGEL Santana García (84 Teodoro FERNÁNDEZ Pérez).
Trainer: Pierre Sinibaldi

SLOVAN: Alexander Vencel; Peter Mutkovič, Ľudevít Zlocha, Vladimír Hrivňák, Ján Zlocha; Koloman Gögh (70 Jozef Čapkovič), Ján Medvid, Karol Jokl; Ladislav Móder (81 Marián Masný), Ivan Pekárik, Jan Čapkovič.   Trainer: Ján Hučko

Goals: Soto (37, 78), Móder (52), J. Zlocha (57)

SLOVAN BRATISLAVA
v UD LAS PALMAS 0-1 (0-0)

Tehelné pole, Bratislava   8.11.1972

Referee: Efstathios Papavasiliou (GRE)   Attendance: 12,687

SLOVAN: Alexander Vencel; Ján Pivarník, Ľudevít Zlocha, Vladimír Hrivňák, Ján Zlocha; Koloman Gögh, Ján Medvid (53 Marián Masný), Karol Jokl; Ladislav Móder, Ivan Pekárik, Jan Čapkovič.   Trainer: Ján Hučko

UD LAS PALMAS: José CERVANTES Zapata; Aureliano ESTÉVEZ Tamayo, Felipe Ojeda del Rosario "TRONA", Guillermo HERNANDEZ Robayna, Manuel Alfonso Mederos "NOLY"; Federico PÁEZ Martín, Francisco CASTELLANOS Rodríguez, GERMAN Dévora Ceballos; José María LEON Talavera (35 Teodoro FERNÁNDEZ Pérez), Adolfo SOTO Dreussi, MIGUEL ÁNGEL Santana García.
Trainer: Pierre Sinibaldi

Goal: Fernández (72)

RUCH CHORZÓW
v DYNAMO DRESDEN 0-1 (0-1)

Ruch, Chorzów   25.10.1972

Referee: Georgi Bakanidze (USSR)   Attendance: 15,000

RUCH: Piotr Czaja (.. Jacek Kurowski), Konrad Bajger, Marian Ostafinski, Jerzy Wyrobek, Piotr Drzewiecki, Józef Gomoluch, Zygmunt Maszczyk, Bronislaw Bula, Joachim Marx, Józef Kopicera, Józef Bon.

DYNAMO: Claus Boden, Frank Ganzera, Hans-Jürgen Dörner, Klaus Sammer, Siegmar Wätzlich, Reinhard Häfner, Horst Rau (58 Joachim Kern), Hans-Jürgen Kreische, Gerd Heidler, Rainer Sachse, Frank Richter.

Goal: Dörner (13)

DYNAMO DRESDEN
v RUCH CHORZÓW 3-0 (1-0)

Dynamo, Dresden 8.11.1972

Referee: Gusztáv Bircsak (HUN)   Attendance: 21,822

DYNAMO: Claus Boden, Frank Ganzera, Hans-Jürgen Dörner, Klaus Sammer, Siegmar Wätzlich, Reinhard Häfner, Horst Rau, Hans-Jürgen Kreische, Gerd Heidler, Wolfgang Lischke (46 Eduard Geyer), Frank Richter.

RUCH: Piotr Czaja, Konrad Bajger, Marian Ostafinski, Jerzy Wyrobek, Andrzej Lorenczyk, Józef Gomoluch, Zygmunt Maszczyk, Józef Kopicera, Joachim Marx, Jan Benigier (.. Czeslaw Maruszka), Józef Bon.

Goals: Kreische (44, 65), K. Sammer (67)

FREM KØBENHAVN
v FC TWENTE ENSCHEDE 0-5 (0-2)

Valby Idraetspark, København 25.10.1972

Referee: Henry Öberg (NOR)   Attendance: 3,566

FREM: Valdemar Hansen, Finn Hansen, Jörgen Hansen, Preben Ulriksen (.. Lars Larsen), Flemming Ahlberg, Finn Bøje, Ole Mørch, Flemming Mortensen, Jan Poulsen, Jørn Jeppesen, Leif Printzlau.

TWENTE: Piet Schrijvers, Kees van Ierssel, Epi Drost, Willem de Vries, Kalle Oranen, René Notten, Kick van der Vall, Willy van de Kerkhof, René van de Kerkhof, Jan Jeuring, Theo Pahlplatz. (Eddy Achterberg).   Trainer: Anton Spitz Kohn

Goals: Jeuring (1, 7, 55, 60), Achterberg (83)

FC TWENTE ENSCHEDE
v FREM KØBENHAVN 4-0 (3-0)

Diekman Stadion, Enschede 8.11.1972

Referee: Ove Dahlberg (SWE)   Attendance: 9,555

TWENTE: Piet Schrijvers, Willy van de Kerkhof, Kees van Ierssel, Willem de Vries, Kalle Oranen, Eddy Achterberg, Kick van der Vall, René Notten, René van de Kerkhof, Jan Jeuring, Theo Pahlplatz.   Trainer: Anton Spitz Kohn

FREM: Valdemar Hansen, Finn Hansen, Lars Larsen, Preben Ulriksen, Flemming Ahlberg, Søren Hansen, Ole Mørch, Bent Hougaard, Jan Poulsen, Jørn Jeppesen, Leif Printzlau.

Goals: Van der Vall (1), Jeuring (25, 45), R. Van de Kerkhof (64)

The match was interrupted due to fog. Frem København refused to continue the game later in the evening.

THIRD ROUND

1.FC KÖLN
v BORUSSIA MÖNCHENGLADBACH 0-0

Müngersdorferstadion, Köln 28.11.1972

Referee: Sven Jonsson (SWE)   Attendance: 11,500

1.FC KÖLN: Gerhard Welz, Matthias Hemmersbach, Harald Konopka, Wolfgang Weber, Bernd Cullmann, Heinz Simmet, Jürgen Glowacz (67 Rainer Gebauer), Heinz Flohe, Johannes Löhr, Wolfgang Overath, Detlev Lauscher.
Trainer: Rudi Schlott

BORUSSIA: Wolfgang Kleff, Heinz Michallik, Ulrich Surau, Hans-Hubert Vogts, Hartwig Bleidick, Dietmar Danner, Bernd Rupp, Rainer Bonhof, Josef Heynckes, Hans-Jürgen Wittkamp, Christian Kulik.   Trainer: Hennes Weisweiler

BORUSSIA MÖNCHENGLADBACH
v 1.FC KÖLN 5-0 (2-0)

Bökelberg, Mönchengladbach 13.12.1972

Referee: Gyula Emsberger (HUN)   Attendance: 16,227

BORUSSIA: Wolfgang Kleff, Rainer Bonhof, Ulrich Surau, Hans-Jürgen Wittkamp, Hans-Hubert Vogts, Dietmar Danner, Bernd Rupp, Herbert Wimmer, Josef Heynckes (31 Henning Jensen), Günter Netzer, Christian Kulik (77 Hartwig Bleidick).   Trainer: Hennes Weisweiler

1.FC KÖLN: Gerhard Welz, Hans-Josef Kapellmann, Harald Konopka, Matthias Hemmersbach (46 Herbert Hein), Bernd Cullmann, Heinz Simmet, Wolfgang Weber, Heinz Flohe, Herbert Neumann (68 Josef Bläser), Johannes Löhr, Detlev Lauscher.   Trainer: Rudi Schlott

Goals: Kulik (6), Vogts (35), Jensen (64, 79), Rupp (66)

FC TWENTE ENSCHEDE
v UD LAS PALMAS 3-0 (2-0)

Diekman Stadion, Enschede 29.11.1972

Referee: Marian Srodecki (POL)   Attendance: 15,379

TWENTE: Piet Schrijvers, Kees van Ierssel, Epi Drost, Willem de Vries, Kalle Oranen, Willy van de Kerkhof, Kick van der Vall, René Notten, Theo Pahlplatz, Jan Jeuring (52 Eddy Achterberg), René van de Kerkhof.
Trainer: Anton Spitz Kohn

UD LAS PALMAS: José CERVANTES Zapata, MARTÍN Marrero de la Cruz, Francisco CASTELLANOS Rodríguez, Guillermo HERNANDEZ Robayna, Manuel Alfonso Mederos "NOLY", Felipe Ojeda del Rosario "TRONA", Federico PÁEZ Martín, GERMAN Dévora Ceballos, Teodoro FERNÁNDEZ Pérez, Adolfo SOTO Dreussi, MIGUEL ÁNGEL Santana García.   Trainer: Pierre Sinibaldi

Goals: Castellanos (17 og), W. Van de Kerkhof (28), Pahlplatz (80)

UD LAS PALMAS
v FC TWENTE ENSCHEDE 2-1 (1-0)

Estadio Insular, Las Palmas   13.12.1972

Referee: John K. Taylor (ENG)   Attendance: 24,000

UD LAS PALMAS: José CERVANTES Zapata, Aureliano ESTÉVEZ Tamayo, Antonio Alfonso Moreno "TONONO", Guillermo HERNANDEZ Robayna, Felipe Ojeda del Rosario "TRONA" (25 Manuel Alfonso Mederos "NOLY"), Francisco CASTELLANOS Rodríguez, GERMAN Dévora Ceballos, Federico PÁEZ Martín, Teodoro FERNÁNDEZ Pérez, Adolfo SOTO Dreussi, MIGUEL ÁNGEL Santana García.   Trainer: Pierre Sinibaldi

TWENTE: Piet Schrijvers, Willy van de Kerkhof, Epi Drost, Willem de Vries, Kees van Ierssel, Eddy Achterberg, Kick van der Vall, René Notten, René van de Kerkhof, Jan Jeuring, Theo Pahlplatz (59 Benno Huve).   Trainer: Anton Spitz Kohn

Goals: Noly (43), German (69 pen), Huve (89)

TOTTENHAM HOTSPUR LONDON
v CRVENA ZVEZDA BEOGRAD 2-0 (1-0)

White Hart Lane, London   29.11.1972

Referee: Robert Héliès (FRA)   Attendance: 23,958

TOTTENHAM: Patrick Jennings, Raymond Evans, Cyril Knowles, John Pratt, Michael England, Terence Naylor, Alan Gilzean, Stephen Perryman, Martin Chivers, Martin Peters, James Pearce.   Manager: Bill Nicholson

CRVENA ZVEZDA: Ognjen Petrović, Petar Krivokuća, Vladislav Bogićević, Miroslav Pavlović, Kiril Dojčinovski, Mile Novković, Slobodan Janković (51 Mihalj Keri), Stanislav Karasi, Vojin Lazarević, Jovan Acimović, Dragan Džajić.   Trainer: Miljan Miljanić

Goals: Chivers (26), Gilzean (63)

OFK BEOGRAD v BEROE STARA ZAGORA 0-0

OFK, Beograd   29.11.1972

Referee: Nicolae Petriceanu (ROM)   Attendance: 2,470

OFK: Petar Borota, Dragan Popadić, Zdravko Jokić, Dragoslav Stepanović, Slobodan Mesanović, Dragan Stojanović, Bogdan Turudija, Ninoslav Zec, Slobodan Santrač, Dušan Lukić (.. Bujić), Ilija Petković.   Trainer: Boris Marović

BEROE: Petko Olimpiev, Georgi Stoianov, Nikola Kordov, Boris Tasev, Stefan Ivanov, Jeko Jelev, Boris Kirov, Evgeni Ianchovski, Petko Petkov, Dimitar Dimitrov, Hristo Belchev (.. Ivan Vutsov).

CRVENA ZVEZDA BEOGRAD
v TOTTENHAM HOTSPUR LONDON 1-0 (0-0)

Crvena Zvezda, Beograd   13.12.1972

Referee: Sergio Gonella (ITA)   Attendance: 70,000

CRVENA ZVEZDA: Ognjen Petrović, Petar Krivokuća, Vladislav Bogićević, Miroslav Pavlović, Kiril Dojčinovski, Mile Novković (50 Dušan Nikolić), Vladimir Petrović (77 Zoran Filipović), Stanislav Karasi, Vojin Lazarević, Jovan Aćimović, Dragan Džajić.   Trainer: Miljan Miljanić

TOTTENHAM: Patrick Jennings, Raymond Evans, Cyril Knowles, John Pratt, Michael England, Joseph Kinnear, Ralph Coates, Stephen Perryman, Martin Chivers, Martin Peters, James Pearce.   Manager: Bill Nicholson

Goal: Lazarević (48)

BEROE STARA ZAGORA
v OFK BEOGRAD 1-3 (1-0)

Beroe, Stara Zagora   13.12.1972

Referee: Wolfgang Riedel (DDR)   Attendance: 22,706

BEROE: Petko Olimpiev; Georgi Stoianov, Nikola Kordov, Boris Tasev, Stefan Ivanov, Jeko Jelev (.. Ivan Vutsov), Boris Kirov (.. Spasov), Evgeni Ianchovski, Petko Petkov, Dimitar Dimitrov, Hristo Belchev.

OFK: Petar Borota, Dragan Popadić (.. Zdravko Jokić), Dragoslav Stepanović, Slobodan Mesanović, Bojović, Dragan Stojanović, Bogdan Turudija, Sergije Kresić (.. Ninoslav Zec), Slobodan Santrač, Dušan Lukić, Ilija Petković.   Trainer: Boris Marović

Goals: Kirov (43), Zec (68, 77), Santrač (87)

DYNAMO BERLIN v LIVERPOOL FC 0-0

Sportforum, Berlin   29.11.1972

Referee: Muzzafer Saridana (TUR)   Attendance: 15,835

DYNAMO: Werner Lihsa; Dieter Stumpf, Bernd Brillat, Wolfgang Filohn, Hans-Jürgen Hübner, Peter Rohde, Frank Terletzki, Harald Schütze, Ralf Schulenberg, Wolf-Rüdiger Netz (74 Gerald Schwierske), Norbert Johannsen.   Trainer: Günter Schröter

LIVERPOOL FC: Raymond Clemence; Christopher Lawler, Alec Lindsay, Trevor Storton, Larry Lloyd, Emlyn Hughes, Kevin Keegan (46 Brian Hall), Peter Cormack, Steve Heighway, John Toshack, Ian Callaghan.   Manager: William Shankly

LIVERPOOL FC v DYNAMO BERLIN 3-1 (2-1)

Anfield Road, Liverpool 13.12.1972

Referee: Petar Nikolov (BUL) Attendance: 34,280

LIVERPOOL FC: Raymond Clemence; Christopher Lawler, Alec Lindsay, Philip Thompson, Larry Lloyd, Emlyn Hughes, Philip Boersma, Peter Cormack, Steve Heighway, John Toshack (74 John Whitham), Ian Callaghan.
Manager: William Shankly

DYNAMO: Werner Lihsa; Dieter Stumpf, Bernd Brillat, Wolfgang Filohn (65 Manfred Becker), Hans-Jürgen Hübner, Peter Rohde, Frank Terletzki, Harald Schütze, Ralf Schulenberg, Wolf-Rüdiger Netz, Norbert Johannsen (72 Detlef Weber). Trainer: Günter Schröter

Goals: Boersma (1), Netz (8), Heighway (25), Toshack (56)

FC PORTO v DYNAMO DRESDEN 1-2 (0-1)

Estádio das Antas, Porto 29.11.1972

Referee: Alistair MacKenzie (SCO) Attendance: 28,272

FC PORTO: RUI Fernando Sousa Teixeira; VALDEMAR de Barros Pacheco, ARMANDO António MANHIÇA, José ROLANDO Andrade Gonçalves, Manuel Fernando de Azevedo GUEDES; Benedito Lacerda Ribeiro "BENÉ", CELSO Luis de Matos, António Luis Alves Ribeiro de OLIVEIRA (72 JÚLIO Carlos da Costa Augusto); FLÁVIO Almeida da Fonseca, ABEL Fernando Miglieti, João Maria RICARDO (81 ILÍDIO Moutinho). Trainer: Fernando Riera

DYNAMO: Claus Boden, Hans-Jürgen Dörner, Frank Ganzera, Klaus Sammer, Siegmar Wätzlich, Reinhard Häfner, Horst Rau, Hans-Jürgen Kreische, Dieter Riedel, Frank Richter, Gerd Heidler.

Goals: Richter (22), Häfner (48), Abel (52)

DYNAMO DRESDEN v FC PORTO 1-0 (0-0)

Dynamo, Dresden 13.12.1972

Referee: Timoleon Latsios (GRE) Attendance: 29,701

DYNAMO: Claus Boden, Hans-Jürgen Dörner, Frank Ganzera, Klaus Sammer, Horst Rau, Siegmar Wätzlich, Reinhard Häfner, Hans-Jürgen Kreische, Dieter Riedel (81 Klaus Lichtenberger), Frank Richter, Gerd Heidler.

FC PORTO: RUI Fernando Sousa Teixeira; VALDEMAR de Barros Pacheco, ARMANDO António MANHIÇA, José ROLANDO Andrade Gonçalves, Manuel Fernando de Azevedo GUEDES; Fernando Pascoal Neves "PAVÃO", António Luis Alves Ribeiro de OLIVEIRA, CELSO Luis de Matos; António José de LEMOS, ABEL Fernando Miglieti, João Maria RICARDO. Trainer: Fernando Riera

Goal: Richter (75)

**VITÓRIA SETÚBAL
v INTERNAZIONALE MILANO 2-0** (1-0)

Estádio do Bonfim, Setúbal 29.11.1972

Referee: Paul Bonett (MAL) Attendance: 12,292

VITÓRIA: JOAQUIM Manuel Conceição TORRES; Francisco Silva REBELO, José Jesús MENDES; Carlos Alberto Lourenço CARDOSO, Manuel Luis dos Santos "CARRIÇO", OCTÁVIO Joaquim Coelho Machado; JOSÉ Augusto da Costa Senica TORRES I (76 Felix Marques GUERREIRO), JOSÉ MARIA Júnior, José Francisco Leandro Filho "DUDA", Joaquim Adrião José da CONCEIÇÃO, Joaquim Leandro Quinta ARCANJO. Trainer: José Maria PEDROTO

INTERNAZIONALE: Ivano Bordon; Gabriele Oriali, Graziano Bini; Gianfranco Bedin, Mauro Bellugi, Tarciso Burgnich; Sergio Magistrelli, Alessandro Mazzola, Roberto Boninsegna, Mario Bertini, Adelio Moro (46 Giuseppe Doldi). Trainer: Giovanni Invernizzi

Goals: Duda (13), Bini (83 og)

**INTERNAZIONALE MILANO
v VITÓRIA SETÚBAL 1-0** (1-0)

San Siro, Milano 13.12.1972

Referee: Erich Linemayr (AUS) Attendance: 4,619

INTERNAZIONALE: Lido Vieri; Gianfranco Bedin, Giacinto Facchetti (24 Graziano Bini); Mario Bertini, Mario Giubertoni, Tarciso Burgnich; Evert Skoglund (46 Giuseppe Massa), Alessandro Mazzola, Roberto Boninsegna, Adelio Moro, Giuseppe Doldi. Trainer: Giovanni Invernizzi

VITÓRIA: JOAQUIM Manuel Conceição TORRES; Francisco Silva REBELO, José Jesús MENDES; Carlos Alberto Lourenço CARDOSO, Manuel Luis dos Santos "CARRIÇO", OCTÁVIO Joaquim Coelho Machado; JOSÉ Augusto da Costa Senica TORRES (67 Joaquim Leandro Quinta ARCANJO), JOSÉ MARIA Júnior, José Francisco Leandro Filho "DUDA", Joaquim Adrião José da CONCEIÇÃO, Felix Marques GUERREIRO. Trainer: José Maria PEDROTO

Goal: Boninsegna (37 pen)

**ARARAT EREVAN
v 1.FC KAISERSLAUTERN 2-0** (1-0)

Razdan, Erevan 29.11.1972

Referee: Mario Clematide (SWI) Attendance: 10,134

ARARAT: Aleksei Abramian, Sanasar Gevorkian, Arkadi Arutiunian, Suren Martirosian, Norik Mesropian, Arkadi Andreasian, Nazar Petrosian, Levon Ishtoian, Eduard Markarov, Oganes Zanazanian, Nikolai Kazarian.

1.FC KAISERSLAUTERN: Josef Stabel, Lothar Huber, Dietmar Schwager, Günther Reinders, Fritz Fuchs, Ernst Diehl, Hermann Bitz, Jochen Müller, Josef Pirrung, Jürgen Friedrich, Klaus Ackermann. Trainer: Dietrich Weise

Goals: Zanazanian (37 pen), Kazarian (57)

1. FC KAISERSLAUTERN
v ARARAT EREVAN 2-0 (1-0, 2-0) (AET)

Betzenberg Stadion, Kaiserslautern 13.12.1972

Referee: Leonardus W. van der Kroft (HOL)   Att: 25,000

1.FC KAISERSLAUTERN: Josef Stabel, Lothar Huber, Dietmar Schwager, Ernst Diehl, Fritz Fuchs, Jürgen Friedrich, Hermann Bitz, Wolfgang Seel, Josef Pirrung (46 Jochen Müller), Idriz Hosic, Klaus Ackermann.
Trainer: Dietrich Weise

ARARAT: Aleksei Abramian, Sanasar Gevorkian, Arkadi Arutiunian, Suren Martirosian, Norik Mesropian, Arkadi Andreasian, Nazar Petrosian (69 Sergei Bondarenko), Levon Ishtoian, Eduard Markarov, Oganes Zanazanian, Nikolai Kazarian.

Goals: Bitz (7), Huber (75 pen)

Penalties: 1-0 Huber, 1-1 ...., 2-1 Fuchs, 2-2 ...., 3-2 Diehl, 3-3 ...., 4-3 Müller, 4-4 ...., 5-4 Ackermann, 5-4 Ischtoian (miss)

QUARTER-FINALS

1.FC KAISERSLAUTERN
v BORUSSIA MÖNCHENGLADBACH 1-2 (1-2)

Betzenberg Stadion, Kaiserslautern 6.03.1973

Referee: Gerhardt Schulenburg (WG)   Attendance: 25,000

1.FC KAISERSLAUTERN: Josef Stabel, Lothar Huber, Dietmar Schwager, Ernst Diehl, Fritz Fuchs, Jürgen Friedrich, Hermann Bitz, Wolfgang Seel, Klaus Toppmöller, Idriz Hosic (25 Josef Pirrung), Klaus Ackermann.
Trainer: Dietrich Weise

BORUSSIA: Wolfgang Kleff, Ulrich Surau, Hans-Jürgen Wittkamp, Hans-Hubert Vogts, Rainer Bonhof, Dietmar Danner, Henning Jensen, Herbert Wimmer (72 Allan Simonsen), Bernd Rupp, Christian Kulik, Josef Heynckes.
Trainer: Hennes Weisweiler

Goals: Danner (14), Toppmöller (22), Jensen (26)

BORUSSIA MÖNCHENGLADBACH
v 1.FC KAISERSLAUTERN 7-1 (2-1)

Bökelberg, Mönchengladbach 20.03.1973

Referee: Kurt Tschenscher (WG)   Attendance: 18,117

BORUSSIA: Wolfgang Kleff, Ulrich Surau, Hans-Hubert Vogts, Klaus-Dieter Sieloff, Rainer Bonhof, Dietmar Danner, Bernd Rupp, Herbert Wimmer, Henning Jensen, Günter Netzer (46 Christian Kulik), Josef Heynckes.

1.FC KAISERSLAUTERN: Josef Stabel, Lothar Huber, Dietmar Schwager, Peter Schwarz, Fritz Fuchs (38 Günther Reinders), Ernst Diehl, Hermann Bitz, Wolfgang Seel, Josef Pirrung, Jürgen Friedrich (69 Klaus Toppmöller), Klaus Ackermann.   Trainer: Dietrich Weise

Goals: Jensen (7, 85), Seel (26), Netzer (42), Heynckes (53 pen, 60, 82), Danner (90)

OFK BEOGRAD
v FC TWENTE ENSCHEDE 3-2 (2-1)

OFK, Beograd 7.03.1973

Referee: Alistar MacKenzie (SCO)   Attendance: 14,496

OFK: Petar Borota, Zdravko Jokić, Dragoslav Stepanović, Dragan Popadić, Krsto Mitrović (69 Sergije Kresić), Dragan Stojanović, Bogdan Turudija, Ninoslav Zec, Slobodan Santrač, Dušan Lukić (58 Bojović), Ilija Petković.
Trainer: Boris Marović

TWENTE: Piet Schrijvers, Kees van Ierssel (13 Benno Huve), Epi Drost, Willem de Vries, Kalle Oranen, René Notten, Jan Jeuring, Kick van der Vall, René van de Kerkhof (.. Eddy Achterberg), Willy van de Kerkhof, Theo Pahlplatz.
Trainer: Anton Spitz Kohn

Goals: Van der Vall (17), Zec (30, 43, 73), Jeuring (60)

FC TWENTE ENSCHEDE
v OFK BEOGRAD 2-0 (2-0)

Diekman Stadion, Enschede 21.03.1973

Referee: Fernando Santos Leite (POR)   Attendance: 21,000

TWENTE: Piet Schrijvers, Eddy Achterberg, Willem de Vries, Epi Drost, Kalle Oranen, Willy van de Kerkhof, Kick van der Vall, René Notten, René van de Kerkhof, Jan Jeuring, Theo Pahlplatz.   Trainer: Anton Spitz Kohn

OFK: Petar Borota, Dragan Popadić, Dragoslav Stepanović, Slobodan Mesanović, Bojović, Dragan Stojanović, Bogdan Turudija (55 Zdravko Jokić), Ninoslav Zec, Slobodan Santrač, Dušan Lukić (55 Sergije Kresic), Ilija Petković.
Trainer: Boris Marović

Goals: Jeuring (22, 45)

TOTTENHAM HOTSPUR LONDON
v VITÓRIA SETÚBAL 1-0 (0-0)

White Hart Lane, London 7.03.1973

Referee: Gusztav Bircsak (HUN)   Attendance: 30,469

TOTTENHAM: Patrick Jennings, Joseph Kinnear, Cyril Knowles, Ralph Coates, Michael England, Philip Beal, Alan Gilzean (76 Raymond Evans), Stephen Perryman, Martin Chivers, Martin Peters, James Pearce.
Manager: Bill Nicholson

VITÓRIA: JOAQUIM Manuel Conceição TORRES, Francisco Silva REBELO, Carlos Alberto Lourenço CARDOSO, José Jesús MENDES, Manuel Luis dos Santos "CARRIÇO", OCTÁVIO Joaquim Coelho Machado, JOSÉ MARIA Júnior (27 Joaquim Adrião José da CONCEIÇÃO), Henrique Raul CAMPORA Carmo, JOSÉ Augusto da Costa Senica TORRES, Joaquim Leandro Quinta ARCANJO, JACINTO JOÃO (80 João VICENTE Parize).   Trainer: José Maria PEDROTO

Goal: Evans (80)

SEMI-FINALS

**VITÓRIA SETÚBAL
v TOTTENHAM HOTSPUR LONDON 2-1** (1-0)

Estádio do Bonfim, Setúbal   21.03.1973

Referee: Günter Männig (DDR)   Attendance: 30,000

VITÓRIA: JOAQUIM Manuel Conceição TORRES, Joaquim Adrião José da CONCEIÇÃO (78 Joaquim Leandro Quinta ARCANJO), Carlos Alberto Lourenço CARDOSO, José Jesús MENDES, Francisco Silva REBELO, OCTÁVIO Joaquim Coelho Machado, JOSÉ MARIA Júnior (73 João VICENTE Parize), Henrique Raul CAMPORA Carmo, JOSÉ Augusto da Costa Senica TORRES, José Francisco Leandro Filho "DUDA", JACINTO JOÃO.   Trainer: José Maria PEDROTO

TOTTENHAM: Patrick Jennings, Joseph Kinnear, Cyril Knowles, Ralph Coates, Michael England, Philip Beal, Alan Gilzean (82 Terence Naylor), Stephen Perryman, Martin Chivers, Martin Peters, James Pearce.   Manager: Bill Nicholson

Goals: Campora (20), José Torres (65), Chivers (68)

**LIVERPOOL FC
v TOTTENHAM HOTSPUR LONDON 1-0** (1-0)

Anfield Road, Liverpool   10.04.1973

Referee: Bertil Lööw (SWE)   Attendance: 42,174

LIVERPOOL FC: Raymond Clemence, Christopher Lawler, Alec Lindsay, Thomas Smith, Larry Lloyd, Emlyn Hughes, Kevin Keegan, Peter Cormack, Brian Hall, Steve Heighway (85 Philip Boersma), Ian Callaghan.   Manager: William Shankly

TOTTENHAM: Patrick Jennings, Joseph Kinnear, Cyril Knowles, Ralph Coates (84 Raymond Evans), Michael England, Philip Beal, Alan Gilzean, Stephen Perryman, Martin Chivers (85 James Pearce), Martin Peters, John Pratt.   Manager: Bill Nicholson

Goal: Lindsay (26)

LIVERPOOL FC v DYNAMO DRESDEN 2-0 (1-0)

Anfield Road, Liverpool   7.03.1973

Referee: Paul Schiller (AUS)   Attendance: 33,330

LIVERPOOL FC: Raymond Clemence, Christopher Lawler, Alec Lindsay, Thomas Smith, Larry Lloyd, Emlyn Hughes, Kevin Keegan, Brian Hall, Philip Boersma, Steve Heighway (62 John Toshack), Ian Callaghan.   Manager: William Shankly

DYNAMO: Claus Boden, Frank Ganzera, Hans-Jürgen Dörner, Klaus Sammer, Eduard Geyer, Dieter Riedel, Horst Rau, Hans-Jürgen Kreische (46 Klaus Lichtenberger), Gerd Heidler, Frank Richter (78 Joachim Kern), Wolfgang Lischke.   Trainer: Walter Fritzsch

Goals: Hall (25), Boersma (60)

**TOTTENHAM HOTSPUR LONDON
v LIVERPOOL FC 2-1** (0-0)

White Hart Lane, London   24.04.1973

Referee: Aurelio Angonese (ITA)   Attendance: 46,919

TOTTENHAM: Patrick Jennings, Joseph Kinnear (71 Raymond Evans), Ralph Coates, Michael England, Cyril Knowles (57 James Pearce), Stephen Perryman, Philip Beal, Martin Peters, Alan Gilzean, Martin Chivers, John Pratt.   Manager: Bill Nicholson

LIVERPOOL FC: Raymond Clemence, Christopher Lawler, Philip Boersma, Larry Lloyd, Philip Thompson, Emlyn Hughes, Thomas Smith, Ian Callaghan, Kevin Keegan, Steve Heighway, Brian Hall.   Manager: William Shankly

Goals: Peters (49, 62), Heighway (54)

DYNAMO DRESDEN v LIVERPOOL FC 0-1 (0-0)

Dynamo, Dresden   21.03.1973

Referee: Arie van Gemert (HOL)   Attendance: 33,634

DYNAMO: Claus Boden, Frank Ganzera, Siegmar Wätzlich, Klaus Sammer, Eduard Geyer (58 Christian Helm), Dieter Riedel, Horst Rau, Hans-Jürgen Dörner, Frank Richter, Klaus Lichtenberger, Rainer Sachse.   Trainer: Walter Fritzsch

LIVERPOOL FC: Raymond Clemence, Christopher Lawler, Alec Lindsay, Thomas Smith, Larry Lloyd, Emlyn Hughes, Brian Hall, Peter Cormack, Kevin Keegan (75 John Toshack), Steve Heighway, Ian Callaghan.   Manager: William Shankly

Goal: Keegan (53)

**BORUSSIA MÖNCHENGLADBACH
v FC TWENTE ENSCHEDE 3-0** (1-0)

Bökelberg, Mönchengladbach   11.04.1973

Referee: Petar Hristov (BUL)   Attendance: 34,110

BORUSSIA: Wolfgang Kleff, Hans-Hubert Vogts, Ulrich Surau, Klaus-Dieter Sieloff, Rainer Bonhof, Dietmar Danner, Christian Kulik, Herbert Wimmer, Josef Heynckes, Günter Netzer, Henning Jensen.   Trainer: Hennes Weisweiler

TWENTE: Piet Schrijvers, Kees van Ierssel, Willem de Vries, Epi Drost, Kalle Oranen, René Notten, Kick van der Vall, Willy van de Kerkhof (65 Eddy Achterberg), René van de Kerkhof, Jan Jeuring, Theo Pahlplatz.   Trainer: Anton Spitz Kohn

Goals: Heynckes (32, 60 pen), Jensen (51)

FC TWENTE ENSCHEDE
v BORUSSIA MÖNCHENGLADBACH 1-2 (0-2)

Diekman Stadion, Enschede   25.04.1973

Referee: John Carpenter (EIRE)   Attendance: 25,000

TWENTE: Piet Schrijvers, Kees van Ierssel, Willem de Vries, Epi Drost, Kalle Oranen, Kick van der Vall, René Notten, Benno Huve (47 Harry Bruggink), Willy van de Kerkhof (46 Roel Brinks), Jan Jeuring, Theo Pahlplatz.
Trainer: Anton Spitz Kohn

BORUSSIA: Wolfgang Kleff, Hans-Hubert Vogts, Ulrich Surau, Klaus-Dieter Sieloff, Rainer Bonhof, Dietmar Danner, Günter Netzer, Christian Kulik (63 Herbert Wimmer), Henning Jensen, Bernd Rupp, Josef Heynckes.
Trainer: Hennes Weisweiler

Goals: Drost (13 og), Rupp (27), Notten (81)

FINAL

LIVERPOOL FC
v BORUSSIA MÖNCHENGLADBACH 0-0

Anfield Road, Liverpool   9.05.1973

Referee: Erich Linemayr (AUS)   Attendance: 44,900

LIVERPOOL FC: Raymond Clemence, Christopher Lawler, Thomas Smith, Larry Lloyd, Alec Lindsay, Emlyn Hughes, Peter Cormack, Ian Callaghan, Kevin Keegan, Brian Hall, Steve Heighway.   Manager: William Shankly

BORUSSIA: Wolfgang Kleff, Günter Netzer, Hans-Hubert Vogts, Rainer Bonhof, Ulrich Surau, Dietmar Danner, Herbert Wimmer, Christian Kulik, Henning Jensen, Bernd Rupp, Josef Heynckes.   Trainer: Hennes Weisweiler

The match was abandoned after 28 minutes due to a waterlogged pitch.

REPLAY

LIVERPOOL FC
v BORUSSIA MÖNCHENGLADBACH 3-0 (2-0)

Anfield Road, Liverpool   10.05.1973

Referee: Erich Linemayr (AUS)   Attendance: 41,169

LIVERPOOL FC: Raymond Clemence, Christopher Lawler, Thomas Smith, Larry Lloyd, Alec Lindsay, Emlyn Hughes, Peter Cormack, Ian Callaghan, Kevin Keegan, John Toshack, Steve Heighway (83 Brian Hall).   Manager: William Shankly

BORUSSIA: Wolfgang Kleff, Hans-Hubert Vogts, Rainer Bonhof, Heinz Michallik, Dietmar Danner, Herbert Wimmer, Christian Kulik, Henning Jensen, Bernd Rupp (82 Allan Simonsen), Günter Netzer, Josef Heynckes.
Trainer: Hennes Weisweiler

Goals: Keegan (20, 32), Lloyd (61)

BORUSSIA MÖNCHENGLADBACH
v LIVERPOOL FC 2-0 (2-0)

Bökelberg, Mönchengladbach   23.05.1973

Referee: Pavel Kazakov (USSR)   Attendance: 34,905

BORUSSIA: Wolfgang Kleff, Rainer Bonhof, Ulrich Surau, Hans-Hubert Vogts, Dietmar Danner, Günter Netzer, Christian Kulik, Herbert Wimmer, Henning Jensen, Bernd Rupp, Josef Heynckes.   Trainer: Hennes Weisweiler

LIVERPOOL FC: Raymond Clemence, Christopher Lawler, Thomas Smith, Larry Lloyd, Alec Lindsay, Emlyn Hughes, Peter Cormack, Ian Callaghan, Kevin Keegan, John Toshack, Steve Heighway (77 Philip Boersma).
Manager: William Shankly

Goals: Heynckes (31, 40)

UEFA Cup Top Scorers 1972-73:

12 goals: Josef Heynckes (Borussia Mönchengladbach), Jan Jeuring (Twente Enschede)

8 goals: Petko Petkov (Beroe Stara Zagora), Martin Chivers (Tottenham)

7 goals: ABEL Fernando Miglietti (FC Porto), Henning Jensen (Borussia Mönchengladbach)

6 goals: Roberto Boninsegna (Inter Milano), Ninoslav Zec (OFK Beograd), Theo de Jong (Feyenoord)

5 goals: Slobodan Santrac (OFK Beograd), Attila Ladinszky (Feyenoord), Hans-Jürgen Kreische (Dynamo Dresden), Jan Čapkovič (Slovan Bratislava), Johannes Löhr (FC Köln), José Francisco Leandro Filho "DUDA" (Vitória Setúbal), Vojin Lazarević (Crvena Zvezda),

UEFA CUP 1973-74

FIRST ROUND

ARDS NEWTONARDS
v STANDARD LIÈGE 3-2 (2-2)

Castlereagh Park, Newtonards   12.09.1973

Referee: Gudjón Finnbogasson (ICE)   Attendance: 6,285

ARDS: Dennis Matthews, Don Johnston (75 Maxie Patton), Ray Mowat (70 David Graham), David McCoy, Syd Patterson, William Nixon, William Humphries, Ronnie McAteer, William McAvoy, Dennis Guy, Des Cathcart.

STANDARD: Christian Piot, Eric Gerets, Nico Dewalque, Jacques Beurlet, Leo Dolmans, Krasnodar Rora, Silvester Takać (46 Gilbert Govaert), Roger Henrotay, Asgeir Sigurvinsson (75 Francis Servais), Johnny Lambrichts, Josip Bukal. Trainer: Vlatko Marković

Goals: Bukal (5, 32), Cathcart (24), McAvoy (27 pen), McAteer (55 pen)

STANDARD LIÈGE
v ARDS NEWTONARDS 6-1 (3-1)

Stade Maurice Dufrasne, Liège   19.09.1973

Referee: Wolfgang Riedel (DDR)   Attendance: 30,000

STANDARD: Christian Piot, Eric Gerets, Jacques Beurlet, Nico Dewalque, Leo Dolmans, Gilbert Govaert, Roger Henrotay (54 Asgeir Sigurvinsson), Silvester Takać (76 Francis Servais), Johnny Lambrichts, Josip Bukal, Krasnodar Rora. Trainer: Vlatko Marković

ARDS: Dennis Matthews, Don Johnston, Syd Patterson, David Graham, David McCoy, William Nixon, Ronnie McAteer, William McAvoy, Dennis Guy, William Humphries, Des Cathcart.

Goals: Henrotay (18), Bukal (23, 69, 75 pen), Lambrichts (41), Govaert (72), Guy (43)

VITÓRIA SETÚBAL
v BEERSCHOT ANTWERP 2-0 (2-0)

Estádio do Bonfim, Setúbal   12.09.1973

Referee: Roger Machin (FRA)   Attendance: 13,000

VITÓRIA: JOAQUIM Manuel Conceição TORRES; JOSÉ LINO Beas Sousa, Carlos Alberto Lourenço CARDOSO (69 Joaquim Leandro Quinta ARCANJO), José Jesús MENDES, Manuel Luis dos Santos "CARRIÇO"; OCTÁVIO Joaquim Coelho Machado, Augusto MATINE, William Verissimo "BIO" (46 JOSÉ MARIA Júnior); JOSÉ Augusto da Costa Senica TORRES, José Francisco Leandro Filho "DUDA", JACINTO JOÃO. Trainer: José Maria PEDROTO

BEERSCHOT: André Lauryssen; Julien van Opdorp, Robert Dalving, Arto Tolsa, Louis Van Gucht; Leo de Smet, Jos Heyligen, Adri Van Staeyen; Walter Meeuws (80 Jo Geyselaers), Guy Nicolaes, Guido Mallants.

Goals: José Torres (30, 39)

BEERSCHOT ANTWERP
v VITÓRIA SETÚBAL 0-2 (0-1)

Olympisch, Antwerp   26.09.1973

Referee: Riccardo Lattanzi (ITA)   Attendance: 10,000

BEERSCHOT: André Lauryssen; Julien van Opdorp, Robert Dalving, Arto Tolsa, Louis Van Gucht; Leo De Smet, Jos Heyligen, Juan Lozano, Walter Meeuws (46 Jo Geyselaers), Guy Nicolaes, Guido Mallants.

VITÓRIA: JOAQUIM Manuel Conceição TORRES; Francisco Silva REBELO, Carlos Alberto Lourenço CARDOSO, José Jesús MENDES, Manuel Luis dos Santos "CARRIÇO"; OCTÁVIO Joaquim Coelho Machado, JOSÉ MARIA Júnior, Augusto MATINE, Henrique Raul CAMPORA Carmo (87 JOSÉ Augusto da Costa Senica TORRES), José Francisco Leandro Filho "DUDA", JACINTO JOÃO.
Trainer: José Maria PEDROTO

Goals: José Maria (20), Duda (68)

VfB STUTTGART
v OLYMPIAKOS NICOSIA 9-0 (5-0)

Neckarstadion, Stuttgart   17.09.1973

Referee: Leo W. Van der Kroft (HOL)   Attendance: 9,583

VfB: Gerhard Heinze, Manfred Weidmann, Egon Coordes, Roland Mall (46 Bernd Martin), Willi Entenmann, Reinhold Zech (46 Arno Schäfer), Eckhart Müller, Karl-Heinz Handschuh, Hermann Ohlicher, Hans Ettmayer, Dieter Brenninger.   Trainer: Hermann Eppenhoff

OLYMPIAKOS: Varnavas Hristofi, Dimos Koromias, Kokos Mihail, Hrysanthos Lagos, Simos Skoufaris, Giorgos Aristeidou, Lakis Mitsides (46 Filippos Kalotheou), Panagiotis Prodromou, Takis Papettas, Giannis Pavlou (46 Nikos Kikas), Andreas Limbouris.

Goals: Ettmayer (17, 70), Brenninger (19 pen), Ohlicher (33), Mall (39), Entenmann (43, 59, 84), Weidmann (72)

OLYMPIAKOS NICOSIA
v VfB STUTTGART 0-4 (0-2)

Biberach an der Riss   19.09.1973

Referee: Joop C. Vervoort (HOL)   Attendance: 3,605

OLYMPIAKOS: Varnavas Hristofi, Kokos Mihail, Dimos Koromias, Hrysanthos Lagos, Simos Skoufaris, Andreas Iosif, Takis Papettas, Panagiotis Prodromou, Panikos Efthimiadis, Giorgos Aristeidou, Andreas Limbouris (70 Nikos Kikas).

VfB: Gerhard Heinze (46 Helmut Roleder), Arno Schäfer, Günther Eisele, Bernd Martin, Willi Entenmann, Norbert Siegmann, Eckhart Müller, Markus Elmer, Hermann Ohlicher, Hans Ettmayer, Klaus Jank (46 Hermann Lindner). Trainer: Hermann Eppenhoff

Goals: Ohlicher (11), Martin (36), Müller (59), Ettmayer (67)

**US LUXEMBOURG
v OLYMPIQUE MARSEILLE 0-5** (0-3)

Stade Municipal, Luxembourg   18.09.1973

Referee: Ferdinand Biwersi (WG)   Attendance: 2,481

US: Roland Pletschette, Nicolas Ney, Jean Hardt, Johny Hoffmann, Pierre Weis, Jacques Mousel, Paul Goedert, Jean-Paul Martin, Armand Welbes, Claude Bokendorf (.. Cum), Joseph Zangerle (.. Romain Delhalt).

OLYMPIQUE: Georges Carnus; Jean-Pierre Lopez, Marius Tresor, Victor Zvunka, François Bracci, Raymond Keruzore, Georges Franceschetti, Robert Buigues, Roger Magnusson, Josip Skoblar, Antoine Kuszowski.   Trainer: Joseph Bonnet

Goals: Hardt (10 og), Kuszowski (15, 30, 59), Buigues (70)

DINAMO KIEV v FK FREDRIKSTAD 4-0 (2-0)

Republikan, Kiev   3.10.1973

Referee: Giorgos Katsoras (GRE)   Attendance: 18,259

DINAMO: Evgeni Rudakov, Valeri Zuev, Viktor Matvienko, Mikhail Fomenko, Stefan Reshko, Vladimir Troshkin (65 Viacheslav Semionov), Vladimir Muntian (65 Aleksandr Damin), Leonid Buriak, Viktor Kolotov, Vladimir Veremeev, Oleg Blohin.

FK FREDRIKSTAD: Per Haftorssen, Terje Andersen, Knut Røragen, Björn Drillestad, Erik Karlsen, Jarmendsen, Tore Jan Solvang, Arvidsen, Terje Høili, Bjørge Sandhaug, Reidar Lund (70 Viggo Karlsen).

Goals: Troshkin (15), Kolotov (35), Buriak (51), Blohin (90)

**OLYMPIQUE MARSEILLE
v US LUXEMBOURG 7-1** (4-0)

Stade Vélodrome, Marseille   3.10.1973

Referee: Roland Racine (SWI)   Attendance: 4,176

OLYMPIQUE: Georges Carnus; Armenante, Marius Tresor, Victor Zvunka, François Bracci, Georges Franceschetti, Bernard Bosquier, Roger Magnusson, Raymond Keruzore, Josip Skoblar, Antoine Kuszowski.   Trainer: Joseph Bonnet

US: Roland Pletschette, Nicolas Ney, Jean Hardt, Johny Hoffmann, Pierre Weis, Vinicio Monacelli, Jacques Mousel (78 Roger Medernach), Romain Delhalt, Claude Bokendorf, Jean-Paul Martin, Joseph Zangerle (46 Armand Welbes).

Goals: Magnusson (17), Skoblar (25, 37, 42), Kuszowski (56), Bracci (60 pen), Tresor (72), Hoffmann (62 pen)

RUCH CHORZÓW v WUPPERTALER SV 4-1 (1-0)

Ruch, Chorzów   19.09.1973

Referee: Michel Kitabdjian (FRA)   Attendance: 35,000

RUCH: Jacek Kurowski, Konrad Bajger, Marian Ostafinski, Piotr Drzewiecki, Jerzy Wyrobek, Zygmunt Maszczyk, Józef Bon, Joachim Marx, Bronislaw Bula, Jan Benigier (65 Stefan Herisz), Józef Kopicera.   Trainer: Michal Vican

WUPPERTALER SV: Manfred Müller, Manfred Cremer, Erich Miss, Emil Meisen, Jürgen Galbierz, Willi Neuberger, Theo Homann (9 Jürgen Kohle), Gustav Jung, Günter Pröpper, Herbert Stöckl (69 Georg Jung), Heinz-Dieter Lömm.   Trainer: Horst Buhtz

Goals: Bula (8), Marx (47), Kohle (70 pen), Herisz (74), Maszczyk (79)

FK FREDRIKSTAD v DINAMO KIEV 0-1 (0-1)

Fredrikstad Stadion   19.09.1973

Referee: Hugh Wilson (NIR)   Attendance: 2,394

FK FREDRIKSTAD: Per Haftorssen, Terje Andersen, Robert Nilsson, Björn Drillestad, Erik Karlsen, Jamendsen, Tore Jan Solvang, Viggo Karlsen, Per Albert Iversen, Terje Høili, Bjørge Sandhaug.

DINAMO: Evgeni Rudakov, Sergei Dotsenko, Valeri Zuev, Viktor Matvienko, Stefan Reshko, Vladimir Troshkin, Aleksandr Damin, Leonid Buriak, Viacheslav Semionov, Vladimir Veremeev, Viktor Kondratov.

Goal: Kondratov (6)

WUPPERTALER SV v RUCH CHORZÓW 5-4 (2-3)

Stadion am Zoo, Wuppertal   3.10.1973

Referee: Ernst Dörflinger (SWI)   Attendance: 20,000

WUPPERTALER SV: Manfred Müller, Manfred Cremer, Erich Miss, Willi Neuberger, Manfred Reichert, Bernhard Hermes, Jürgen Kohle, Gustav Jung, Günter Pröpper, Herbert Stöckl, Heinz-Dieter Lömm.   Trainer: Horst Buhtz

RUCH: Piotr Czaja, Ireneusz Malcher, Marian Ostafinski, Piotr Drzewiecki, Jerzy Wyrobek, Zygmunt Maszczyk, Józef Bon, Joachim Marx, Bronislaw Bula, Jan Benigier, Józef Kopicera.   Trainer: Michal Vican

Goals: Benigier (8), Stöckl (32), Kopicera (37), Marx (40), Cremer (41, 73), Pröpper (50), Bula (62), Reichert (85)

B 1903 KØBENHAVN v AIK SOLNA 2-1 (2-1)

København 19.09.1973

Referee: Henry Öberg (NOR)   Attendance: 2,077

B 1903: Birger Jensen, John Andersen, Niels Jørgensen, Søren Petersen, Rigo Møgelberg, Keld Kristensen, Frank Mathiesen, Niels Thorn, Jørn Damm, Poul Erik Thygesen, Ole Nielsen.

AIK: Ronny Gustavsson, Björn Lundberg, Torbjörn Ek, Börje Marcus, Jörgen Bengtsson, Rolf Zetterlund, Börje Leback, Sten Pettersson, Tommy Lundh, Dag Szepanski, Yngve Leback.

Goals: O. Nielsen (24), R. Zetterlund (37), Thorn (40)

AIK SOLNA v B 1903 KØBENHAVN 1-1 (0-0)

Råsunda, Solna 3.10.1973

Referee: Martti Hirviniemi (FIN)   Attendance: 1,346

AIK: Ronny Gustavsson, Björn Lundberg, Torbjörn Ek, Börje Marcus, Jörgen Bengtsson, Rolf Zetterlund, Börje Leback, Bo Anderberg, Sanny Åslund, Dag Szepanski, Yngve Leback.

B 1903: Birger Jensen, John Andersen, Niels Jørgensen (.. Jens Abling), Søren Petersen, Rigo Møgelberg, Keld Kristensen, Frank Mathiesen, Niels Thorn, Jørn Damm, Poul Erik Thygesen, Ole Nielsen.

Goals: S. Åslund (50), K. Kristensen (70)

**FC CARL ZEISS JENA
v MIKKELIN PALLOILIJAT 3-0** (2-0)

Ernst Abbe Sportfeld, Jena 19.09.1973

Referee: Clive Thomas (WAL)   Attendance: 4,228

FC CARL ZEISS: Wolfgang Blochwitz, Bernd Bransch, Andreas Wachter, Peter Rock, Lothar Kurbjuweit, Harald Irmscher, Helmut Stein, Rainer Schlutter, Peter Ducke, Dieter Scheitler, Norbert Schumann (74 Gerd Struppert).   Trainer: Hans-Joachim Meyer

MP: Risto Remes, Antti Russanen, Rainer Jungman, Vilho Rajantie, Heikki Valjakka, Antero Hyttinen, Eero Karppinen, Antero Nikkanen, Kari Pasanen, Matti Vanhanen, Heikki Kangaskorpi.

Goals: Bransch (26), Schlutter (40), Scheitler (52)

**MIKKELIN PALLOILIJAT
v FC CARL ZEISS JENA 0-3** (0-2)

Urheilopuisto, Mikkeli 3.10.1973

Referee: Kaj Rasmussen (DEN)   Attendance: 1,010

MP: Risto Remes, Rainer Jungman, Raimo Marttinen, Vilho Rajantie, Antero Hyttinen, Eero Karppinen, Antero Nikkanen (80 Heikki Valjakka), Antti Russanen, Matti Vanhanen, Kari Mutanen (85 Jouko Vuori), Markku Kääriäinen.

FC CARL ZEISS: Wolfgang Blochwitz, Bernd Bransch, Konrad Weise, Peter Rock, Lothar Kurbjuweit, Harald Irmscher, Helmut Stein, Rainer Schlutter, Peter Ducke, Harry Kunze, Eberhard Vogel.   Trainer: Hans-Joachim Meyer

Goals: Irmscher (30), P. Ducke (35, 75)

**STRØMSGODSET IF DRAMMEN
v LEEDS UNITED 1-1** (1-1)

Ulleval, Drammen 19.09.1973

Referee: Sven Jonsson (SWE)   Attendance: 16,276

STRØMSGODSET IF: Inge Thun, Per Rune Wøllner, Johnny Vidar Pedersen, Tor Alsaker-Nøstdahl, Svein Dahl Andersen, Odd Arild Amundsen, Finn Aksel Olsen, Bjørn Odmar Andersen (.. Per Ståle Aarseth), Thorodd Presberg, Steinar Pettersen, Ingar Pettersen (.. Bjørn Erik Halvorsen).   Trainer: Erik Eriksen

LEEDS UNITED: Gary Sprake, Paul Madeley, Trevor Cherry, Terence Yorath, Gordon McQueen, Frank Gray, Gary Liddell, Allan Clarke, Michael Jones, Michael Bates, Edward Gray.   Manager: Don Revie

Goals: Clarke (15), Amundsen (24)

**LEEDS UNITED
v STRØMSGODSET IF DRAMMEN 6-1** (3-1)

Elland Road, Leeds 3.10.1973

Referee: Richard Casha (MAL)   Attendance: 18,710

LEEDS UNITED: David Harvey, Paul Reaney (80 Sean O'Neill), Trevor Cherry, William Bremner, Roy Ellam, Terence Yorath, Peter Lorimer, Allan Clarke (75 William McGinley), Michael Jones, Michael Bates, Frank Gray.

STRØMSGODSET IF: Inge Thun, Per Rune Wøllner (84 Per Ståle Aarseth), Johnny Vidar Pedersen, Tor Alasker-Nøstdahl, Svein Dahl Andersen, Odd Arild Amundsen, Finn Aksel Olsen, Bjørn Odmar Andersen, Thorodd Presberg, Steinar Pettersen, Ingar Pettersen (84 Bjørn Erik Halvorsen).   Trainer: Erik Eriksen

Goals: Clarke (11, 42), S. Pettersen (18), Jones (20, 84), F. Gray (57), Bates (62)

**ÖSTERS IF VÄXJÖ
v FEYENOORD ROTTERDAM 1-3** (1-0)

Värendsvallen, Växjö 19.09.1973

Referee: Joseph Minnoy (BEL)   Attendance: 12,531

ÖSTERS: Göran Hagberg, Björn Andersson, Mats Nordenberg, Karl-Axel Blomqvist, Per-Olof Bild, Anders Linderoth, Torbjörn Isaksson, Harry Bild (70 Karl Gunnar Björklund), Harry Svensson, Jan Mattsson, Leif Fransson.   Trainer: Bengt "Julle" Gustavsson

FEYENOORD: Eddy Treijtel, Wim Rijsbergen, Joop van Daele, Dick Schneider, Harry Vos, Theo De Jong, Wim van Hanegem, Wim Jansen, Peter Ressel, Henk Wery, Jørgen Kristensen.   Trainer: Wiel Coerver

Goals: Svensson (3), Van Hanegem (46, 74), Wery (89)

**FEYENOORD ROTTERDAM
v ÖSTERS IF VÄXJÖ 2-1** (1-0)

Feyenoord, Rotterdam   3.10.1973

Referee: Robert Holley Davidson (SCO)   Att: 25,000

FEYENOORD: Eddy Treijtel, Wim Rijsbergen (.. Wim van Til), Dick Schneider, Joop van Daele, Harry Vos, Wim Jansen, Wim van Hanegem, Jan Boskamp, Theo De Jong, Peter Ressel (.. Lex Schoenmaker), Jørgen Kristensen.
Trainer: Wiel Coerver

ÖSTERS: Göran Hagberg, Björn Andersson, Mats Nordenberg, Karl-Axel Blomqvist, Per-Olof Bild, Anders Linderoth, Torbjörn Isaksson, Tord Ljunggren (46 Harry Bild), Johnny Klüft, Harry Svensson, Jan Mattsson.
Trainer: Bengt "Julle" Gustavsson

Goals: Kristensen (14), De Jong (60), Klüft (84)

OGC NICE v FC BARCELONA 3-0 (1-0)

Stade Municipal du Ray, Nice   19.09.1973

Referee: Concetto Lo Bello (ITA)   Attendance: 11,229

OGC NICE: Dominique Baratelli; Dario Grava, Jean-Pierre Adams, Francis Isnard, André Chorda, Jean-Noël Huck, Leif Eriksson, Roger Jouve, Marc Molitor, Dick Van Dijk, Charles Loubet.   Trainer: Jean Snella

FC BARCELONA: Salvador SADURNÍ Urpi, Jesús Antonio DE LA CRUZ Gallego, Francisco Fernández Rodríguez "GALLEGO", JUAN CARLOS Pérez López, Enrique Álvarez COSTAS, Antonio TORRES García, Jorge CARREÑO Padilla, Hugo SOTIL Yerén, Juan Díaz Sánchez "JUANITO" (55 Bernardo Patricio Fernández COS), MARCIAL Pina Morales, Juan Manuel ASENSI Ripoll.   Trainer: Rinus Michels

Goals: Van Dijk (4), Molitor (66, 79)

**HIBERNIAN EDINBURGH
v ÍB KEFLAVÍK 2-0** (1-0)

Easter Road Park, Edinburgh   19.09.1973

Referee: Robert Hélies (FRA)   Attendance: 13,652

HIBERNIAN: Robert Robertson, Desmond Bremner, Eric Schaedler, Patrick Stanton, James Black, John Blackley, Alex Edwards, James O'Rourke, Tony Higgins, Alexander Cropley, Iain Munro (.. Arthur Duncan).

ÍB KEFLAVÍK: Thorsteinn Olafsson, Gunnar Jónsson, Astradur Gunnarsson, Einar Gunnarsson, Gudni Kjartansson, Hjortur Zakariasson, Olafur Júliusson, Karl Hermansson, Steinar Jóhansson, Gisli Torfason, Jón Olafur Jónsson.

Goals: Black (41), Higgins (64)

FC BARCELONA v OGC NICE 2-0 (1-0)

Camp Nou, Barcelona   3.10.1973

Referee: Alfred Delcourt (BEL)   Attendance: 23,829

FC BARCELONA: Salvador SADURNÍ Urpi, Joaquín RIFÉ Climent, Francisco Fernández Rodríguez "GALLEGO", Antonio TORRES García (67 José Antonio BARRIOS Oliveros), Jesús Antonio DE LA CRUZ Gallego, Enrique Álvarez COSTAS (70 Narciso MARTÍ FILOSÍA), Juan Díaz Sánchez "JUANITO", Juan Manuel ASENSI Ripoll, JUAN CARLOS Pérez López, Hugo SOTIL Yerén, MARCIAL Pina Morales.   Trainer: Rinus Michels

OGC NICE: Dominique Baratelli; Dario Grava, Jean-Pierre Adams, Francis Isnard, André Chorda, Jean-Noël Huck, Leif Eriksson, Roger Jouve, Marc Molitor (64 Francis Camerini), Dick Van Dijk, Charles Loubet.   Trainer: Jean Snella

Goals: Sotil (21), Juanito (61)

**ÍB KEFLAVÍK
v HIBERNIAN EDINBURGH 1-1** (1-0)

Laugardalsvöllur, Reykjavík   3.10.1973

Referee: Dominic Vincent Byrne (EIRE)   Attendance: 3,514

ÍB KEFLAVÍK: Thorsteinn Olafsson, Gunnar Jónsson, Astradur Gunnarsson, Einar Gunnarsson, Gudni Kjartansson, Hjortur Zakariasson (.. Vilhjalmur Kjetilsson), Olafur Júliusson, Karl Hermansson, Steinar Jóhansson, Gisli Torfason, Jón Olafur Jónsson.

HIBERNIAN: Robert Robertson, Desmond Bremner, Eric Schaedler, Patrick Stanton, James Black, John Blackley, Alex Edwards, James O'Rourke, Alan Gordon, Alexander Cropley, Arthur Duncan.

Goals: Zakariasson (35), Stanton (64)

**FORTUNA DÜSSELDORF
v NAESTVED IF 1-0** (0-0)

Rheinstadion, Düsseldorf   19.09.1973

Referee: Kenneth Howard Burns (ENG)   Attendance: 6,329

FORTUNA: Wilfried Woyke, Heiner Baltes, Werner Lungwitz, Werner Kriegler, Fred Hesse, Gerd Zewe, Hans Sculz, Dieter Brei, Wolfgang Seel, Klaus Budde (46 Peter Biesenkamp), Dieter Herzog.   Trainer: Heinz Lucas

NAESTVED: J. Hansen, Kisum (38 Jensen), Jørgen Clausen, Fl. Hansen, Gert Clausen, Christensen, Ole Rasmussen, Ole Andersen, Torben Andersen, Benny Nielsen, Kurt Ottosen (80 Bent Olsen).

Goal: Hesse (52)

NAESTVED IF
v FORTUNA DÜSSELDORF 2-2 (0-1)

Naestved stadion 3.10.1973

Referee: Arne Axelsson (SWE)   Attendance: 7,043

NAESTVED: J. Hansen, S. Olsen (65 Fl. Hansen), N. Hansen, Jørgen Clausen, Gert Clausen, Christensen, Ole Rasmussen, Ole Andersen, Bent Olsen, Benny Nielsen, Keld Bak (59 Kurt Ottosen).

FORTUNA: Wilfried Woyke, Heiner Baltes, Werner Lungwitz, Werner Kriegler, Fred Hesse, Gerd Zewe (77 Egon Köhnen), Dieter Brei, Wolfgang Seel, Reiner Geye, Hans Sculz, Dieter Herzog.   Trainer: Heinz Lucas

Goals: Seel (30), B. Olsen (50), Herzog (70), Ottosen (89)

ABERDEEN FC
v FINN HARPS BALLYBOFEY 4-1 (3-0)

Pittodrie, Aberdeen 19.09.1973

Referee: Erik Axelryd (SWE)   Attendance: 10,719

ABERDEEN: Robert Clark, Ian Hair, James Hermiston, Edward Thomson, William Young, William Miller, Alexander Willoughby, Arthur Graham, Ian Taylor, Andrew Jarvie, Robert Miller.   Manager: James Bonthrone

FINN HARPS: Gerald Murray, Paddy McGrory, Peter Hutton, Declan McDowell, James Sheridan, Jim McDermott, Jim Smith, Joseph Nicholl, Brendan Bradley, Terence Harkin, Charles Ferry.

Goals: R. Miller (32), Jarvie (36, 82), Graham (37), Harkin (88)

GRASSHOPPER-CLUB ZÜRICH
v TOTTENHAM HOTSPUR LONDON 1-5 (1-2)

Hardturm, Zürich 19.09.1973

Referee: Bohumil Kopcio (CZE)   Attendance: 10,314

GRASSHOPPER: René Deck, Hans Niggl, Hansruedi Staudenmann, Ove Grahn, Rainer Ohlhauser (72 Christian Winiger), André Meyer, Thomas Niggl, Max Malzacher, Rudolf Elsener, Kurt Becker, Adolf Noventa.
Trainers: Erich Vogel & István Szabó

TOTTENHAM: Patrick Jennings, Raymond Evans, Cyril Knowles, John Pratt, Michael England, Philip Beal, James Neighbour (62 Alan Gilzean), Stephen Perryman, Martin Chivers, Martin Peters, Ralph Coates (46 Phil Holder).
Manager: Bill Nicholson

Goals: Chivers (5, 72), Evans (31), Noventa (44 pen), Gilzean (80, 85)

FINN HARPS BALLYBOFEY
v ABERDEEN FC 1-3 (0-2)

Finn Park, Ballybofey 3.10.1973

Referee: Franz Geluck (BEL)   Attendance: 3,434

FINN HARPS: Gerald Murray, Declan McDowell, Peter Hutton, Antohony O'Doherty, James Sheridan, Jim McDermott, Jim Smith, Joseph Nicholl, Brendan Bradley, Terence Harkin, Charles Ferry (.. Paddy McGrory).

ABERDEEN: Robert Clark, Ian Hair, James Hermiston, Edward Thomson (.. Joseph Smith), William Young, William Miller, Alexander Willoughby, David Robb, Arthur Graham (.. Ian Purdie), Andrew Jarvie, Robert Miller.
Manager: James Bonthrone

Goals: Robb (21), Jarvie (28), Harkin (67), R. Miller (89)

TOTTENHAM HOTSPUR LONDON
v GRASSHOPPER-CLUB ZÜRICH 4-1 (0-1)

White Hart Lane, London 3.10.1973

Referee: Robert Schaut (BEL)   Attendance: 18,105

TOTTENHAM: Barry Daines, Raymond Evans, Cyril Knowles, John Pratt, Michael England, Philip Beal, Alan Gilzean, Stephen Perryman, Martin Chivers, Martin Peters, Ralph Coates.   Manager: Bill Nicholson

GRASSHOPPER: René Deck; Hansruedi Staudenmann, Max Malzacher, Hans Niggel, Robert Lador, Fredy Gröbli, Thomas Niggl, André Meyer, Rudolf Elsener, Kurt Becker, Andreas Capra (80 Luigi Stomeo).
Trainers: Erich Vogel & István Szabó

Goals: Elsener (24), Lador (73 og), Peters (79, 88), England (84)

DUNDEE FC v FC TWENTE ENSCHEDE 1-3 (0-1)

Dens Park, Dundee 19.09.1973

Referee: Svein Inge Thime (NOR)   Attendance: 11,210

DUNDEE FC: Thomson Allan, Robert Wilson, George Stewart, Thomas Gemmell, David Johnston, Robert Ford, Robert Robinson (.. Alex Pringle), Duncan Lambie, John Gray (.. Jim Scott), Gordon Wallace, John Scott.

TWENTE: Hennie Ardesch, Kees van Ierssel, Epi Drost, Willem de Vries, Kalle Oranen, René Notten, Kick van der Vall, Eddy Achterberg, Frans Thijssen, Jan Jeuring, Theo Pahlplatz (.. Johan Zuidema).   Trainer: Anton Spitz Kohn

Goals: Achterberg (32), Stewart (57), Jeuring (59, 79)

FC TWENTE ENSCHEDE v DUNDEE FC 4-2 (2-1)

Diekman Stadion, Enschede   3.10.1973

Referee: Pablo Augusto Sánchez Ibanez (SPA)   Att: 11,650

TWENTE: Hennie Ardesch, Kees van Ierssel, Epi Drost (.. Johan Zuidema), Willem de Vries, Kalle Oranen, Frans Thijssen, Acterberg, Kick van der Vall, René Notten, Dieter Schwemmle, Theo Pahlplatz.   Trainer: Anton Spitz Kohn

DUNDEE FC: Thomson Allan, Robert Wilson, Alex Pringle, Thomas Gemmell, David Johnston, Robert Ford, Robert Robinson, Duncan Lambie (.. Ian Anderson), John Gray (.. William Semple), Jim Scott, John Scott.

Goals: Van der Vall (1), Achterberg (9), Johnston (42), Zuidema (53, 70), Jock Scott (62)

**ESPANYOL BARCELONA
v RWD MOLENBEEK 0-3** (0-2)

Estadio de Sarriá, Barcelona   19.09.1973

Referee: António José da Silva Garrido (POR)   Att: 15,000

ESPANYOL: José Luis BORJA Alarcón, Rafael GRANERO Bellver, Pedro Eugenio DE FELIPE Cortés, Miguel Ángel OCHOA Vaca, Manuel Polinario Muñoz "POLI" (55 José Luis ROMERO Robledo), Jesús GLARÍA Roldán, José Cabezas Benavente "PEPÍN", Daniel SOLSONA Puig, Juan María AMIANO Mariñalena, Rafael DE DIEGO Larrañaga, JOSÉ MARÍA García Lavilla.
Trainer: José Emilio SANTAMARIA Iglesias

RWD: Nico de Bree, Eric Dumon, Maurice Martens, Gerard Bergholz, Gérard Desanghere, Pierre Crombez (85 Wietse Veenstra), Eddy Koens, Kresten Bjerre, Jacques Teugels, Henri Depireux, Odilon Polleunis.

Goals: Koens (18), Polleunis (40), Teugels (82)

**RWD MOLENBEEK BRUSSEL
v ESPANYOL BARCELONA 1-2** (1-1)

La Commune, Brussel   3.10.1973

Referee: David W. Smith (ENG)   Attendance: 22,000

RWD: Nico de Bree, Eric Dumon, Kresten Bjerre, Gérard Desanghere, Maurice Martens, Pierre Crombez, Henri Depireux, Odilon Polleunis, Gerard Bergholz, Eddy Koens, Jacques Teugels.

ESPANYOL: José Luis BORJA Alarcón, Rafael GRANERO Bellver, Pedro Eugenio DE FELIPE Cortés, Antonio CARBONELL Rovira, Miguel Ángel OCHOA Vaca, Manuel Polinario Muñoz "POLI" (70 Daniel SOLSONA Puig), Juan María AMIANO Mariñalena, JOSÉ MARÍA García Lavilla, José Luis Juan María, ROBERTO MARTÍNEZ Martínez, José Luis ROMERO Robledo.
Trainer: José Emilio SANTAMARIA Iglesias

Goals: Polleunis (11), Martínez (15, 78)

IPSWICH TOWN v REAL MADRID 1-0 (0-0)

Portman Road, Ipswich   19.09.1973

Referee: Stanisław Eksztajn (POL)   Attendance: 25,064

IPSWICH TOWN: David Best, Michael Mills, Alan Hunter, Colin Harper, Ian Collard, Kevin Beattie, Bryan Hamilton, Colin Viljoen, David Johnson, Trevor Whymark, Michael Lambert (88 John Miller).   Manager: Robert Robson

REAL: Mariano GARCÍA REMON, JOSÉ LUIS López Peinado, Gregorio BENITO Rubio, Benito RUBIÑAN Soutullo, José Martínez Sánchez "PIRRI", Juan Carlos TOURIÑO Cancela, AMANCIO Amaro Varela (Cap) (19 Francisco Javier AGUILAR García), Ramón Moreno GROSSO, Juan Bautista PLANELLES Marco (84 Rafael Pérez González "MARAÑÓN"), Günter Netzer, Oscar Tomás MAS.
Trainer: Miguel MUÑOZ Mozún

Goal: Rubiñan (52 og)

REAL MADRID v IPSWICH TOWN 0-0

Estadio Santiago Bernabeu, Madrid   3.10.1973

Referee: René Vigliani (FRA)   Attendance: 68,049

REAL: Mariano GARCÍA REMON, JOSÉ LUIS López Peinado, Gregorio BENITO Rubio, Juan Carlos TOURIÑO Cancela, José Martínez Sánchez "PIRRI" (43 Rafael Pérez González "MARAÑÓN"), Ignacio ZOCO Esparza (Cap), Francisco Javier AGUILAR García, Ramón Moreno GROSSO, Juan Bautista PLANELLES Marco, Vicente DEL BOSQUE González, Oscar Tomás MAS.   Trainer: Miguel MUÑOZ Mozún

IPSWICH TOWN: David Best, Michael Mills, Alan Hunter, Kevin Beattie, Colin Harper, Ian Collard, Bryan Hamilton (78 Peter Morris), Colin Viljoen, David Johnson, Trevor Whymark, Michael Lambert.   Manager: Robert Robson

LAZIO ROMA v FC SION 3-0 (3-0)

Stadio Olimpico, Roma   19.09.1973

Referee: Joseph M. Cassar Naudi (MAL)   Attendance: 24,247

LAZIO: Felice Pulici, Giancarlo Oddi, Giuseppe Wilson, Luigi Martini, Sergio Petrelli, Luciano Re Cecconi, Franco Nanni (75 Vincenzo D'Amico), Mario Frustalupi, Renzo Garlaschelli, Pierpaolo Manservisi (26 Fausto Inselvini), Giorgio Chinaglia.
Trainer: Tommaso Maestrelli

FC SION: Jean-Claude Donzé; Jean-Yves Valentini, Serge Trinchero, Milenko Bajic, Pierre-Antoine Dayen, Günter Hermann, Umberto Barberis, Hubert Schaller, Fernand Luisier (76 Roger Vergere), René-Pierre Quentin, Edmond Isoz (84 Alvaro Lopez).

Goals: Chinaglia (2, 22 pen, 38 pen)

FC SION v LAZIO ROMA 3-1 (1-1)

Stade de Tourbillon, Sion 3.10.1973

Referee: Ferdinand Biwersi (WG)   Attendance: 6,653

FC SION: Jean-Claude Donzé; Jean-Yves Valentini, Serge Trinchero, Milenko Bajic, Pierre-Antoine Dayen, Günter Hermann; Umberto Barberis, Hubert Schaller, Fernand Luisier, René-Pierre Quentin, Edmond Isoz.

LAZIO: Felice Pulici, Giancarlo Oddi, Giuseppe Wilson, Luigi Martini, Sergio Petrelli, Luciano Re Ceconni, Franco Nanni (69 Ferruccio Mazzola), Mario Frustalupi, Renzo Garlaschelli, Giorgio Chinaglia, Fausto Inselvini.
Trainer: Tommaso Maestrelli

Goals: Garlaschelli (10), Isoz (14, 90), Barberis (57)

**FERENCVÁROS BUDAPEST
v GWARDIA WARSZAWA 0-1** (0-1)

Népstadion, Budapest 19.09.1973

Referee: Iosif Samosienkov (USSR)   Attendance: 27,130

FERENCVÁROS: István Géczi, Gyözö Martos, Miklós Páncsics, István Megyesi, László Bálint; Péter Vépi, Lajos Kü, Ebedli; István Szőke, László Branikovits (.. Zóltan Engelbrecht), János Máté.   Trainer: Jenő Dalnoki

GWARDIA: Zbigniew Pocialik, Ryszard Kielak, Adam Lipinski, Wladyslaw Zmuda, Krystian Michalik; Ryszard Szymczak, Jan Sroka, Zbigniew Kwasniewski, Miroslaw Polakow; Jan Malkiewicz, Andrzej Wisniewski (.. Edward Biernacki).   Trainer: Ryszard Konciewicz

Goal: Szymczak (40)

**AC FIORENTINA FIRENZE
v UNIVERSITATEA CRAIOVA 0-0**

Stadio Comunale, Firenze 19.09.1973

Referee: Atanas Mateev (BUL)   Attendance: 20,000

FIORENTINA: Francesco Superchi; Giancarlo Galdiolo, Moreno Roggi, Bruno Beatrice, Giuseppe Brizi; Vincenzo Guerini (67 Claudio Desolati), Giancarlo Antognoni, Claudio Merlo; Walter Speggiorin, Giancarlo De Sisti (30 Domenico Caso), Nello Saltutti.   Trainer: Luigi Radice

UNIVERSITATEA: Paul Manta; Victor Niculescu, Dragu Bădin, Cornel Berneanu, Alexandru Boc, Petre Deselnicu); Teodor Țarălungă, Lucian Strîmbeanu, Ion Oblemenco, Costică Ștefănescu, Dumitru Marcu (70 Ilie Balaci).
Trainer: Constantin Cernăianu

**GWARDIA WARSZAWA
v FERENCVÁROS BUDAPEST 2-1** (2-0)

Gwardia, Warszawa 3.10.1973

Referee: Petar Nikolov (BUL)   Attendance: 3,860

GWARDIA: Zbigniew Pocialik, Adam Lipinski, Ryszard Kielak, Wladyslaw Zmuda, Krystian Michalik, Jan Sroka, Zbigniew Kwasniewski (.. Bogdan Masztaler), Miroslaw Polakow, Jan Malkiewicz, Ryszard Szymczak (.. Zenon Smialek), Andrzej Wisniewski.   Trainer: Ryszard Konciewicz

FERENCVÁROS: László Domján; Péter Vépi (.. Tamas Viczkó), Gyözö Martos, László Bálint, István Megyesi; Ferenc Eipel, István Szőke, László Branikovits (.. Zóltan Ebedli), János Máté, Lajos Kü, Zóltan Engelbrecht.   Trainer: Jenő Dalnoki

Goals: A. Wisniewski (32 pen), Szymczak (39), Máté (81)

**UNIVERSITATEA CRAIOVA
v AC FIORENTINA FIRENZE 1-0** (0-0)

Central, Craiova 3.10.1973

Referee: Marijan Rauš (YUG)   Attendance: 22,624

UNIVERSITATEA: Paul Manta; Victor Niculescu, Alexandru Boc, Petre Deselnicu, Ion Velea; Lucian Strîmbeanu, Ilie Balaci (78 Iulian Bălan); Teodor Țarălungă (78 Costică Ștefănescu), Ion Niță, Ion Oblemenco, Dumitru Marcu.

FIORENTINA: Francesco Superchi; Giancarlo Galdiolo, Mauro Della Martina, Bruno Beatrice, Giuseppe Brizi, Moreno Roggi, Giancarlo Antognoni, Claudio Merlo; Claudio Desolati (74 Walter Speggiorin), Giancarlo De Sisti, Nello Saltutti.
Trainer: Luigi Radice

Goal: Oblemenco (89)

TATRAN PREŠOV v VELEŽ MOSTAR 4-2 (3-2)

Prešov 19.09.1973

Referee: Vladimir Alov (USSR)   Attendance: 5,813

TATRAN: Jaroslav Cervenan; Miroslav Sopko, Eduard Cabala, Peter Molnár, Jozef Macupa; Ján Turcányi, Igor Novak, Jozef Sobota (87 Tibor Takacz); Jozef Bubenko, Jozef Stepanek, Marian Bartek.   Trainer: M. Moravec

VELEŽ: Enver Marić; Ristić, Ahmed Glavović, Boro Primorac, Džemal Hadžiabdić, Dragan Okuka, Franjo Vladić (42 Dubravko Ledić), Jadranko Topić; Marijan Kvesić, Dušan Bajević, Momčilo Vukoje.

Goals: Kvesić (5, 65), Turcány (20), Novak (24), Sobota (38), Cabala (65)

VELEŽ MOSTAR v TATRAN PREŠOV 1-1 (0-1)

Gradski, Mostar 3.10.1973

Referee: György Müncz (HUN) Attendance: 4,509

VELEŽ: Enver Marić; Ristić, Džemal Hadžiabdić, Marko Colić, Ahmed Glavović; Vladimir Pecelj, Jadranko Topić (.. Vahid Halilhodžić); Marijan Kvesić, Dušan Bajević, Franjo Vladić, Momčilo Vukoje (.. Dubravko Ledić).

TATRAN: Jaroslav Cervenan; Miroslav Sopko, Anton Mikita, Peter Molnár (46 Marian Bartek), Jozef Macupa; Anton Skorupa, Ján Turcányi, Igor Novak; Jozef Sobota, Jozef Bubenko, Vladimir Onufrak.

Goals: Sobota (34), Colić (77)

**PANATHINAIKOS ATHINA
v OFK BEOGRAD 1-2** (0-1)

PAO, Athina 19.09.1973

Referee: Gerhard Kunze (DDR) Attendance: 21,566

PANATHINAIKOS: Panagiotis Oikonomopoulos, Dimitris Dimitriou, Kostas Athanasopoulos (57 Giorgos Vlahos), Anthimos Kapsis, Dinos Kampas, Kostas Eleutherakis, Harilaos Grammos, Araken Demelo, Antonis Antoniadis, Dimitris Domazos (72 Giorgos Gonios), Juan Ramon Veron.
Trainer: Ferenc Puskas

OFK: Petar Borota, Stojan Vukasinović, Bojović, Bujić (46 Dragan Stojanović), Krsto Mitrović, Sergije Kresić, Bogdan Turudija, Ninoslav Zec, Mane Bajić, Dušan Lukić, Stefanović.
Trainer: Soskić

Goals: Bajić (35), Antoniadis (58 pen), Lukić (89)

DINAMO TBILISI v SLAVIA SOFIA 4-1 (2-0)

Dinamo, Tbilisi 19.09.1973

Referee: Lajos Somlai (HUN) Attendance: 15,625

DINAMO: David Gogia, Zarbeg Ebralidze, Peruz Kanteladze, Vakhtang Chelidze (75 Nodar Khizanishvili), Shota Khinchagashvili, Gocha Gavascheli, Manuchar Machaidze, Kakhi Asatiani, Vladimir Gutsaev, Givi Nodia, Levan Nodia.

SLAVIA: Petar Tsolov; Ivan Chakarov, Aleksandar Shalamanov, Milcho Evtimov, Nikola Krastev, Vanio Kostov, Georgi Georgiev I (78 Georgiev II), Isakidis, Bozhidar Grigorov, Andrei Jeliazkov, Zdravko Dimov (35 Chavdar Tzvetkov).

Goals: G. Nodia (5), Gavascheli (37), L. Nodia (53), Machaidze (84), Jeliazkov (88)

**OFK BEOGRAD
v PANATHINAIKOS ATHINA 0-1** (0-1)

Partizan, Beograd 3.10.1973

Referee: Michal Jursa (CZE) Attendance: 12,430

OFK: Petar Borota, Bujić (46 Stojan Vukasinović), Dragan Stojanović, Bojović, Krsto Mitrović, Sergije Kresić, Bogdan Turudija, Ninoslav Zec, Mane Bajić, Dušan Lukić, Stefanović.
Trainer: Soskić

PANATHINAIKOS: Vasilis Konstantinou, Giorgos Gonios, Giorgos Vlahos, Kostas Eleuterakis (.. Panagiotis Filakouris), Anthimos Kapsis, Aristeidis Kamaras, Harilaos Grammos, Dimitris Dimitriou, Antonis Antoniadis, Araken Demelo, Juan Ramon Veron (80 Takis Papadimitriou).
Trainer: Ferenc Puskas

Goal: Demelo (20)

SLAVIA SOFIA v DINAMO TBILISI 2-0 (1-0)

Sofia 3.10.1973

Referee: Muzafer Sarvan (TUR) Attendance: 15,675

SLAVIA: Petar Tsolov, Ivan Chakarov, Aleksandar Shalamanov, Milcho Evtimov, Nikola Krastev, Vanio Kostov, Atanas Aleksandrov, Isakidis, Bozhidar Grigorov, Andrei Jeliazkov, Georgi Georgiev (82 Chavdar Tzvetkov).

DINAMO: David Gogia, Revaz Dzodzuashvili, Zarbeg Ebralidze, Peruz Kanteladze, Shota Khinchagashvili, Gocha Gavascheli, Manuchar Machaidze, Kakhi Asatiani, Vladimir Gutsaev, Givi Nodia, David Kipiani (46 Levan Nodia).

Goals: Krastev (49), Grigorov (62)

**ADMIRA WACKER WIEN
v INTERNAZIONALE MILANO 1-0** (1-0)

Bundesstadion, Südstadt, Wien 19.09.1973

Referee: Nicolae Rainea (ROM) Attendance: 5,845

ADMIRA WACKER: Herbert Stachowicz; Hannes Demantke, Nicolae Lupescu, Heinrich Strasser (77 Helmut Füllenhals), Kurt Swojanowsky, Michael Polywka, Anton Herzog; Rudolf Nowak, Wilhelm Cerny, Günther Kaltenbrunner, Heinz Krappel.

INTERNAZIONALE: Lido Vieri, Mario Giubertoni (74 Gabriele Oriali), Giacinto Facchetti, Adriano Fedele, Mauro Bellugi, Tarciso Burgnich, Sergio Magistrelli (46 Giuseppe Massa), Alessandro Mazzola, Roberto Boninsegna, Gianfranco Bedin, Nevio Scala. Trainer: Helenio Herrera

Goal: Swojanowsky (8)

**INTERNAZIONALE MILANO
v ADMIRA WACKER WIEN 2-1** (0-0, 1-0) (AET)

San Siro, Milano 3.10.1973

Referee: Rudolf Glöckner (DDR)   Attendance: 18.284

INTERNAZIONALE: Lido Vieri, Gabriele Oriali (44 Mario Giubertoni), Giacinto Facchetti, Graziano Bini, Mauro Bellugi, Tarciso Burgnich, Giuseppe Massa (57 Giuseppe Doldi), Alessandro Mazzola, Roberto Boninsegna, Gianfranco Bedin, Adelio Moro.   Trainer: Helenio Herrera

ADMIRA WACKER: Gerhard Fleischmann; Hannes Demantke, Nicolae Lupescu, Rudolf Nowak, Heinrich Strasser; Kurt Swojanowsky, Michael Polywka, Anton Herzog; Wilhelm Cerny (25 Franz Hochleuthner), Günther Kaltenbrunner, Josef Pribil.

Goals: Moro (55), Boninsegna (92), Kaltenbrunner (96)

VSS KOŠICE v HONVÉD BUDAPEST 1-0 (0-0)

Košice Stadium 19.09.1973

Referee: Aurel Bentu (ROM)   Attendance: 15,570

VSS: Anton Svajlen; František Králka (52 Vojtech Battányi), Vaclav Jutka, Robert Borták, Ladislav Štovčik; Jaroslav Pollák, Jozef Stafura, Andrej Danko; Imrich Angyal (63 Dušan Gális), Jan Strausz, Bohumil Andrejko.   Trainer: J. Jankech

HONVÉD: Bertalan Bicskei; József Kelemen, József Ruzsinszki, József Varga, Sándor Lukacs; József Pál, Sándor Pintér, Lajos Szűcs; Gábor Morgós, Lajos Kocsis, Mihály Kozma.   Trainer: Lajos Faragó

Goal: Pollák (82)

**FENERBAHÇE ISTANBUL
v FC ARGEŞ PITEŞTI 5-1** (1-1)

Mithat Paşa, Istanbul 19.09.1973

Referee: Erich Linemayr (AUS)   Attendance: 35,000

FENERBAHÇE: Ilie Datcu; Timuçin Çug, Niyazi Gülsever, Yilmaz Şen, Alparslan Eratli; Mustafa Kalpakaslan (74 Ibrahim Ejder), Ziya Şengül, Ersöy Sandalçi; Cemil Turan, Osman Arpacioglu, Ender Konca.

FC ARGEŞ: Daniel Ariciu (53 Vasile Stan); Marcel Pigulea, Dumitru Ciolan (74 Nicolae Burcea), Remus Vlad, Petre Ivan; Constantin Nedelcu, Alexandru Muştăţea, Ion Prepurgel; Constantin Radu, Ion Roşu, Radu Jercan.
Trainer: Ştefan Coidum

Goals: Roşu (31), Cemil (43, 47, 68), Osman (50), Mustafa (62)

HONVÉD BUDAPEST v VSS KOŠICE 5-2 (2-2)

Kispest, Budapest 3.10.1973

Referee: Marian Srodecki (POL)   Attendance: 5,452

HONVÉD: Bertalan Bicskei (46 Tibor Lévay), József Kelemen, Sándor Egervári, Lajos Szűcs, Sándor Lukacs; József Pál, Lajos Kocsis, Lajos Füle; Gábor Morgós (67 Zoltán Bódi), Sándor Pintér, Mihály Kozma.   Trainer: Lajos Faragó

VSS: Anton Svajlen; Robert Bortak, Vaclav Jutka, Vojtech Battányi, Ladislav Štovčik; Jaroslav Pollák, Jozef Stafura, Andrej Danko; Bohumil Andrejko (67 Imrich Angyal), Dušan Gális (77 Jan Strausz), Jaroslav Boros.   Trainer: J. Jankech

Goals: Pintér (1, 19), Pollák (12), Stafura (28), Bortak (60 og), Füle (65), Szűcs (75)

**FC ARGEŞ PITEŞTI
v FENERBAHÇE ISTANBUL 1-1** (1-1)

1 Mai, Piteşti 3.10.1973

Referee: Nikos Zlatanos (GRE)   Attendance: 8,000

FC ARGEŞ: Spiridon Niculescu; Marcel Pigulea, Constantin Olteanu, Remus Vlad, Petre Ivan; Alexandru Muştăţea, Marian Popescu; Ion Prepurgel (73 Mihai Zamfir); Constantin Radu (46 Ion Roşu), Nicolae Dobrin, Radu Jercan.

FENERBAHÇE: Ilie Datcu; Timuçin Çug, Niyazi Gülsever, Yilmaz Şen, Alparslan Eratli; Selahattin Karasu, Ziya Şengül, Ersöy Sandalçi, Cemil Turan, Osman Arpacioglu, Ender Konca.

Goals: Dobrin (12 pen), Cemil (16)

AC TORINO v LOKOMOTIVE LEIPZIG 1-2 (0-0)

Stadio Comunale, Torino 19.09.1973

Referee: Franz Wöhrer (AUS)   Attendance: 28,836

AC TORINO: Luciano Castellini, Marino Lombardo (84 Roberto Salvadori), Natalino Fossati, Roberto Mozzini, Angelo Cereser, Giorgio Ferrini (63 Raffaello Vernacchia), Rosario Rampanti, Emiliano Mascetti, Giovanni Bui, Claudio Sala, Paolo Pulici.   Trainer: Gustavo Giagnoni

LOKOMOTIVE: Werner Friese, Gunter Sekora, Wilfried Gröbner, Peter Giessner, Joachim Fritsche, Rainer Lisiewicz, Lutz Moldt, Henning Frenzel, Manfred Geisler, Hans-Bert Matoul (76 Eberhard Köditz), Wolfram Löwe.
Trainer: Horst Scherbaum

Goals: Bui (50), Löwe (66), Köditz (79)

LOKOMOTIVE LEIPZIG v AC TORINO 2-1 (2-0)

Zentralstadion, Leipzig   3.10.1973

Referee: Bertil Lööw (SWE)   Attendance: 31,805

LOKOMOTIVE: Werner Friese, Gunter Sekora, Wilfried Gröbner, Peter Giessner, Joachim Fritsche, Manfred Geisler, Lutz Moldt, Henning Frenzel (80 Eberhard Köditz), Rainer Lisiewicz, Hans-Bert Matoul, Wolfram Löwe.
Trainer: Horst Scherbaum

AC TORINO: Luciano Castellini, Roberto Mozzini, Natalino Fossati (33 Raffaello Vernacchia), Luciano Zecchini, Angelo Cereser (46 Marino Lombardo), Giorgio Ferrini, Rosario Rampanti, Emiliano Mascetti, Giovanni Bui, Claudio Sala, Francesco Graziani.   Trainer: Gustavo Giagnoni

Goals: Lisiewicz (10), Matoul (45 pen), Sala (55)

ESKIŞEHIRSPOR v 1.FC KÖLN 0-0

Atatürk Stadi, Eskişehir   19.09.1973

Referee: Zeja Turkdogan (TUR)   Attendance: 9,295

ESKIŞEHIRSPOR: Dogan, Necmi, Yenal Kaçira, Bilal Arular, Ismail Arca, Kamuran Yavuz, Mehmet Kalaycy (55 Abdurrahman Temel), Ali Erdem, Fethi Heper, K. Burhan, Ömer Kaner (78 Metin).

1.FC KÖLN: Harald Schumacher, Harald Konopka, Herbert Hein, Wolfgang Weber, Bernd Cullmann, Heinz Simmet, Jürgen Glowacz, Heinz Flohe, Herbert Neumann, Wolfgang Overath, Johannes Löhr.   Trainer: Zlatko Čajkovski

1.FC KÖLN v ESKIŞEHIRSPOR 2-0 (1-0)

Radrennbahn, Köln   3.10.1973

Referee: Antoine Queudeville (LUX)   Attendance: 12,988

1.FC KÖLN: Gerhard Welz, Harald Konopka, Herbert Hein, Josef Bläser, Bernd Cullmann, Heinz Simmet, Jürgen Glowacz, Heinz Flohe, Johannes Löhr, Herbert Neumann (46 Dieter Müller), Detlev Lauscher.   Trainer: Zlatko Čajkovski

ESKIŞEHIRSPOR: Dogan, Necmi, Yenal Kaçira, Bilal Arular, Ismail Arca (51 Ahmet), Kamuran Yavuz, Ömer Kaner, Ali Erdem, Fethi Heper (76 Taskin), K. Burhan, Hüdai Dodu.

Goals: Lauscher (38), Löhr (47)

PANAHAIKI PATRA v GRAZER AK 2-1 (2-1)

Leoforou Alexandras Stadion, Athina   20.09.1973

Referee: Gyula Emsberger (HUN)   Attendance: 10,514

PANAHAIKI: Stathis Tzanetoulakos, Giannis Androutsos, Abraam Kalfin, Sotiris Leventis, Pavlos Sideris; Manolis Pappas, Giannis Dandelis (80 Giorgos Spiropoulos), Andreas Mihalopoulos, Vasilsi Stravopodis, Petyros Leventakos, Dimitris Spentzopoulos (75 Nikos Augerinopoulos).
Trainer: Gouilf McGuinness

GAK: Rudolf Roth; Gert Trafella, Anton Maier, Wilhelm Huberts, Gottfried Lamprecht; Engelbert Breiner, Wolfgang Rebernig, Hermann Repitsch; Robert Fendler (46 Josef Kirisits II), Koleznik, Karl Philipp (82 Alexander Bauer).
Trainer: Alfred Günthner

Goals: Mihalopoulos (16), Koleznik (30), Spentzopoulos (41)

GRAZER AK v PANAHAIKI PATRA 0-1 (0-0)

Bundesstadion Liebenau, Graz   3.10.1973

Referee: Karl Keller (SWI)   Attendance: 6,607

GAK: Rudolf Roth; Gert Trafella, Anton Maier, Wilhelm Huberts, Gottfried Lamprecht; Robert Fendler, Wolfgang Rebernig, Hermann Repitsch (46 Alexander Bauer), Helmut Kirisits (60 Engelbert Breiner), Koleznik, Karl Philipp.
Trainer: Alfred Günthner

PANAHAIKI: Antonis Pliatsikas, Giannis Androutsos, Abraam Kalfin, Sotiris Leventis, Pavlos Sideris; Manolis Pappas, Giannis Dandelis, Andreas Mihalopoulos (78 Giannis Zoannos), Vasilis Stravopodis, Petyros Leventakos, Dimitris Spentzopoulos (89 Giorgos Spiropoulos).
Trainer: Gouilf McGuinness

Goal: Spentzopoulos (50)

**SLIEMA WANDERERS
v LOKOMOTIV PLOVDIV 0-2** (0-2)

Gzira   22.09.1973

Referee: Alberto Michelotti (ITA)   Attendance: 4,341

SLIEMA WANDERERS: Alfred Vella, Gennaro Camilleri, Jimmy Briffa (.. David Azzopardi), Emanuel Micallef, Mario Schembri, Edward Darmanin, Richard Aquilina, Ronald Cocks, Anton Camilleri, Edward Aquilina, Joseph Vella (.. Lawrence Borg).

LOKOMOTIV: Stancho Bonchev; Ilko Bekiarov, Asen Balabanov, Gancho Peev; Kosta Bosakov, Nedialko Stamboliev, Georgi Vasilev, Vladimir Fatov, Todor Ivanov, Ivan Kiuchukov, Mihail Georgiev.

Goals: Vasilev (5), A. Camilleri (23 og)

**LOKOMOTIV PLOVDIV
v SLIEMA WANDERERS 1-0** (1-0)

Lokomotiv, Plovdiv   2.10.1973

Referee: Nikola Mladenović (YUG)   Attendance: 8,123

LOKOMOTIV: Georgi Andreev (.. Stancho Bonchev), Vasil Valentinov, Asen Balabanov, Gancho Peev, Nedialko Stamboliev, Vladimir Fatov, Georgi Vasilev, Hristo Bonev, Todor Ivanov, Ivan Kiuchukov, Mihail Georgiev (.. Petar Uzunov).

SLIEMA WANDERERS: Charles Sciberras, Emanuel Micallef, Jimmy Briffa, Joe Serge (.. Lawrence Borg), Edward Darmanin, Mario Schembri, David Azzopardi, Ronald Cocks, Mario Zammit (.. Anton Camilleri), Richard Aquilina, Edward Aquilina.

Goal: Vasilev (22)

**BELENENSES LISBOA
v WOLVERHAMPTON WANDERERS 0-2** (0-1)

Estádio do Rostelo, Lisboa   26.09.1973

Referee: Ángel Franco Martínez (SPA)   Attendance: 8,150

BELENENSES: José Manuel MOURINHO Felix; Alfredo Manuel Ferreira Silva MURÇA, JORGE de Oliveira CALADO, Fernando José FREITAS Alexandrino, Minervino José Lopes PIETRA; Alfredo Perrulas QUARESMA, Joaquim Lucas Duro Jesús "QUINITO", ELISEU António Ferreira Vinagre de Godoy, LUIS CARLOS de Freitas, Vitor Manuel da Cruz GODINHO, Francisco GONZÁLEZ.   Trainer: Alejandro Scopelli

WOLVERHAMPTON: Gary Pierce, Gerald Taylor, Derek Parkin, Mike Bailey (51 Danny Hegan), Francis Munro, John McAlle, James McCalliog, Kenny Hibbitt; John Richards, Derek Dougan, David Wagstaffe.   Manager: Bill McGarry

Goals: Richards (18), Dougan (53)

**WOLVERHAMPTON WANDERERS
v BELENENSES LISBOA 2-1** (1-1)

Molineux, Wolverhampton   3.10.1973

Referee: Hans Joachin Weyland (WG)   Attendance: 16,010

WOLVERHAMPTON: Gary Pierce, Gerald Taylor, Derek Parkin, Alan Sunderland, Francis Munro, John McAlle, James McCalliog, Kenny Hibbitt, Peter Eastoe, Derek Dougan, David Wagstaffe.   Manager: Bill McGarry

BELENENSES: José Manuel MOURINHO Felix; Alfredo Manuel Ferreira Silva MURÇA, JORGE de Oliveira CALADO, Fernando José FREITAS Alexandrino, João Soares CARDOSO; Alfredo Perrulas QUARESMA, LUIS CARLOS de Freitas, ELISEU António Ferreira Vinagre de Godoy, Joaquim Lucas Duro Jesús "QUINITO" (46 António Martins dos Santos "TONINHO"), Vitor Manuel da Cruz GODINHO, Francisco GONZÁLEZ.   Trainer: Alejandro Scopelli

Goals: Murça (7), Eastoe (27), McCalliog (73)

SECOND ROUND

VITÓRIA SETÚBAL v RACING WHITE DARING MOLENBEEK BRUSSEL 1-0 (0-0)

Estádio do Bonfim, Setúbal   16.10.1973

Referee: John Robertson Gordon (SCO)   Att: 10,000

VITÓRIA: JOAQUIM Manuel Conceição TORRES; Francisco Silva REBELO, Carlos Alberto Lourenço CARDOSO, José Jesús MENDES, Manuel Luis dos Santos "CARRIÇO"; OCTÁVIO Joaquim Coelho Machado, Augusto MATINE, Henrique Raul CAMPORA Carmo (46 João VICENTE Parize); José Francisco Leandro Filho "DUDA", JOSÉ Augusto da Costa Senica TORRES (72 William Verissimo "BIO"), JACINTO JOÃO.   Trainer: José María PEDROTO

RWD: Nico de Bree; Eric Dumon, Kresten Bjerre, Gérard Desanghere, Maurice Martens; Pierre Crombez, Henri Depireux, Wietse Veenstra, Gerard Bergholz; Eddy Koens, Jacques Teugels (78 Philippe Garot).

Goal: Vicente (60)

**RWD MOLENBEEK BRUSSEL
v VITÓRIA SETÚBAL 2-1** (1-0)

Stade Edmond Machtens, Brussel   7.11.1973

Referee: Franz Wöhrer (AUS)   Attendance: 14,822

RWD: Nico de Bree, Eric Dumon, Kresten Bjerre, Gérard Desanghere, Maurice Martens; Pierre Crombez, Wietse Veenstra, Gerard Bergholz, Eddy Koens, Henri Depireux, Jacques Teugels.

VITÓRIA: JOAQUIM Manuel Conceição TORRES, Francisco Silva REBELO, Carlos Alberto Lourenço CARDOSO, José Jesús MENDES, Manuel Luis dos Santos "CARRIÇO"; OCTÁVIO Joaquim Coelho Machado, JOSÉ MARÍA Júnior, João VICENTE Parize, Augusto MATINE (60 Edvaldo Sousa Anjos "CIPÓ"), José Francisco Leandro Filho "DUDA", JACINTO JOÃO.   Trainer: José María PEDROTO

Goals: Depireux (20), Veenstra (77), Vicente (89)

OLYMPIQUE MARSEILLE v 1.FC KÖLN 2-0 (0-0)

Stade Vélodrome, Marseille   23.10.1973

Referee: Lorwerth Price Jones (WAL)   Attendance: 33,415

OLYMPIQUE: Georges Carnus; Jean-Pierre Lopez, Marius Tresor, Victor Zvunka, François Bracci, Georges Franceschetti, Bernard Bosquier, Roger Magnusson, Raymond Keruzore, Josip Skoblar, Antoine Kuszowski.   Trainer: Joseph Bonnet

1.FC KÖLN: Gerhard Welz, Harald Konopka, Herbert Hein, Wolfgang Weber, Bernd Cullmann, Heinz Simmet, Jürgen Glowacz, Heinz Flohe, Johannes Löhr, Wolfgang Overath, Detlev Lauscher (75 Dieter Müller).
Trainer: Zlatko Čajkovski

Goals: Lopez (68), Kuszowski (74)

1.FC KÖLN v OLYMPIQUE MARSEILLE 6-0 (4-0)

Radrennbahn, Köln   6.11.1973

Referee: Michal Jursa (CZE)   Attendance: 16,251

1.FC KÖLN: Gerhard Welz, Harald Konopka (66 Josef Bläser), Herbert Hein, Wolfgang Weber, Bernd Cullmann, Heinz Simmet, Jürgen Glowacz, Heinz Flohe (60 Ricardo Neumann), Dieter Müller, Wolfgang Overath, Johannes Löhr.   Trainer: Zlatko Čajkovski

OLYMPIQUE: Georges Carnus; Victor Zvunka, Bernard Bosquier, Marius Tresor, François Bracci, Georges Franceschetti, Robert Buigues, Roger Magnusson, Raymond Keruzore, Josip Skoblar, Antoine Kuszowski.
Trainer: Joseph Bonnet

Goals: Flohe (7), Müller (10, 37), Overath (40 pen), Löhr (47, 55)

IPSWICH TOWN v LAZIO ROMA 4-0 (2-0)
Portman Road, Ipswich 24.10.1973
Referee: Bertil Lööw (SWE)   Attendance: 26,433

IPSWICH TOWN: David Best, Michael Mills, Colin Harper, Peter Morris, Alan Hunter, Kevin Beattie (68 Geoffrey Hammond), Bryan Hamilton, Colin Viljoen, David Johnson (80 Clive Woods), Trevor Whymark, Michael Lambert. Manager: Robert Robson

LAZIO: Felice Pulici, Mario Facco, Luigi Martini; Giuseppe Wilson, Giancarlo Oddi, Franco Nanni (68 Pierpaolo Manservisi); Renzo Garlaschelli (68 Vincenzo D'Amico), Luciano Re Cecconi, Giorgio Chinaglia, Mario Frustalupi, Sergio Petrelli.   Trainer: Tommaso Maestrelli

Goals: Whymark (16, 42, 47, 56)

B 1903 KØBENHAVN v DINAMO KIEV 1-2 (0-0)
København 7.11.1973
Referee: Magnus Petursson (ICE)   Attendance: 6,400

B1903: Birger Jensen, John Andersen, Svend Andreasen, Søren Petersen, Rigo Møgelberg, Keld Kristensen, Frank Mathiesen, Niels Thorn, Jørn Damm, Poul Erik Thygesen, Ole Nielsen.

DINAMO: Valeri Samokhin, Aleksandr Damin, Stefan Reshko, Mikhail Fomenko, Viktor Matvienko, Valeri Zuev, Viktor Kolotov, Vladimir Troshkin, Vladimir Veremeev, Leonid Buriak (.. Vladimir Muntian), Oleg Blohin.

Goals: Kolotov (51), Troshkin (68), Kristensen (80)

LAZIO ROMA v IPSWICH TOWN 4-2 (2-0)
Stadio Olimpico, Roma 7.11.1973
Referee: Leo W. Van der Kroft (HOL)   Attendance: 19,772

LAZIO: Felice Pulici, Mario Facco, Luigi Martini; Giuseppe Wilson, Giancarlo Oddi, Franco Nanni, Renzo Garlaschelli, Luciano Re Cecconi, Giorgio Chinaglia, Mario Frustalupi, Vincenzo D'Amico (79 Sergio Petrelli).
Trainer: Tommaso Maestrelli

IPSWICH TOWN: David Best, Michael Mills, Colin Harper (42 Geoffrey Hammond), Peter Morris, Alan Hunter, Kevin Beattie, Bryan Hamilton, Colin Viljoen, Clive Woods (83 David Johnson), Trevor Whymark, John Miller. Manager: Robert Robson

Goals: Garlaschelli (1), Chinaglia (26, 83 pen, 86), Viljoen (70 pen), Johnson (90)

LOKOMOTIV PLOVDIV v HONVÉD BUDAPEST 3-4 (2-3)
Lokomotiv, Plovdiv 24.10.1973
Referee: Zdenek Jelinek (CZE)   Attendance: 3,893

LOKOMOTIV: Georgi Andreev (46 Stancho Boncev); Kosta Bosakov (46 Ilko Bekiarov), Asen Balabanov, Nedialko Stamboliev, Gancho Peev; Vladimir Fatov, Hristo Bonev, Ivan Kiuchukov; Georgi Vasilev, Todor Ivanov, Mihail Georgiev.

HONVÉD: Tibor Lévay; József Kelemen, József Ruzsinszki, Lajos Szűcs, Sándor Lukacs; József Pál, Sándor Pintér, Sándor Egervári; László Pusztai, Lajos Kocsis, Mihály Kozma.
Trainer: Lajos Faragó

Goals: Kozma (18, 26), Ivanov (39), Bosakov (35), L. Kocsis (44), Pál (63), Bonev (90)

DINAMO KIEV v B 1903 KØBENHAVN 1-0 (0-0)
Republikan, Kiev 24.10.1973
Referee: Hilmi Ok (TUR)   Attendance: 13,186

DINAMO: Evgeni Rudakov, Sergei Dotsenko (46 Aleksandr Damin), Viktor Matvienko, Mikhail Fomenko, Stefan Reshko, Vladimir Troshkin, Vladimir Muntian, Leonid Buriak, Viktor Kolotov, Vladimir Veremeev, Oleg Blohin.

B1903: Birger Jensen, John Andersen, Svend Andreasen, Søren Petersen, Rigo Møgelberg, Keld Kristensen, Frank Mathiesen, Niels Thorn, Jørn Damm, Poul Erik Thygesen, Ole Nielsen.

Goal: Buriak (67)

HONVÉD BUDAPEST v LOKOMOTIV PLOVDIV 3-2 (1-0)
Kispest, Budapest 7.11.1973
Referee: David W. Smith (ENG)   Attendance: 8,305

HONVÉD: Tibor Lévay; József Kelemen, József Ruzsinszki, Lajos Szűcs, Sándor Lukacs (69 József Varga); József Pál, Sándor Egervári; (.. László Cspregi); László Pusztai, Lajos Kocsis, Sándor Pintér, Mihály Kozma.   Trainer: Lajos Faragó

LOKOMOTIV: Stancho Bonchev; Kosta Bosakov, Asen Balabanov (58 Ilko Bekiarov), Nedialko Stamboliev, Vasil Valentinov, Vladimir Fatov, Hristo Bonev, Ivan Kiuchukov, Georgi Vasilev, Todor Ivanov, Mihail Georgiev.

Goals: Kozma (43, 64), Pintér (54), Ivanov (69), Vasilev (89)

RUCH CHORZÓW
v FC CARL ZEISS JENA 3-0 (1-0)

Ruch, Chorzów   24.10.1973

Referee: Dušan Maksimović (YUG)   Attendance: 8,000

RUCH: Piotr Czaja, Konrad Bajger, Marian Ostafinski, Jerzy Wyrobek, Ireneusz Malcher, Zygmunt Maszczyk, Józef Bon, Joachim Marx, Bronislaw Bula, Jan Benigier (87 Stefan Herisz), Józef Kopicera.   Trainer: Michal Vican

FC CARL ZEISS: Hans-Ulrich Grapenthin, Bernd Bransch, Peter Rock, Konrad Weise, Ulrich Göhr, Lothar Kurbjuweit, Harald Irmscher, Helmut Stein, Eberhard Vogel (85 Harry Kunze), Dieter Scheitler (50 Norbert Schumann), Peter Ducke.   Trainer: Hans-Joachim Meyer

Goals: Benigier (39), Kopicera (64), Bula (80)

TATRAN PREŠOV
v VfB STUTTGART 3-5 (1-1, 3-1) (AET)

Prešov   7.11.1973

Referee: Karl Keller (SWI)   Attendance: 6,032

TATRAN: Jaroslav Cervenan, Miroslav Sopko, Anton Mikita, Peter Molnár, Jozef Macupa, Anton Skorupa, Jozef Sobota, Jozef Bubenko, Igor Novak (87 Jozef Stepanek), Ján Turcányi, Vladimir Onufrak (107 Marian Bartek).

VfB: Gerhard Heinze, Manfred Weidmann, Günther Eisele, Roland Mall, Willi Entenmann, Reinhold Zech, Eckhart Müller (91 Bernd Martin), Karl-Heinz Handschuh, Hermann Ohlicher, Hans Ettmayer, Dieter Brenninger (73 Markus Elmer).   Trainer: Hermann Eppenhoff

Goals: Turcányi (33 pen, 74, 110 og), Ohlicher (40, 117), Skorupa (66), Handschuh (95, 115)

FC CARL ZEISS JENA
v RUCH CHORZÓW 1-0 (0-0)

Ernst Abbe Sportfeld, Jena   7.11.1973

Referee: Nicolae Petriceanu (ROM)   Attendance: 8,138

FC CARL ZEISS: Hans-Ulrich Grapenthin, Bernd Bransch, Peter Rock, Konrad Weise, Ulrich Göhr, Lothar Kurbjuweit, Harald Irmscher, Helmut Stein, Norbert Schumann, Peter Ducke, Eberhard Vogel.   Trainer: Hans-Joachim Meyer

RUCH: Piotr Czaja, Konrad Bajger, Marian Ostafinski, Jerzy Wyrobek (32 Jan Benigier), Piotr Drzewiecki, Józef Bon (60 Ireneusz Malcher), Zygmunt Maszczyk, Bronislaw Bula, Józef Kopicera, Joachim Marx, Stefan Herisz.   Trainer: Michal Vican

Goal: Bransch (72)

LEEDS UNITED v HIBERNIAN EDINBURGH 0-0

Elland Road, Leeds   24.10.1973

Referee: Károly Palotai (HUN)   Attendance: 27,145

LEEDS UNITED: David Harvey, Trevor Cherry, Paul Madeley, William Bremner, Roy Ellam, Terence Yorath, Peter Lorimer, Allan Clarke, Michael Jones (46 Joseph Jordan), Michael Bates, Frank Gray (55 James O'Neill).   Manager: Don Revie

HIBERNIAN: James McArthur, Desmond Bremner, Eric Schaedler, Patrick Stanton, James Black, John Blackley, Robert Smith (69 John Hazel), Tony Higgins, Alan Gordon, Alexander Cropley, Arthur Duncan.   Trainer: Eddie Turnbull

VfB STUTTGART v TATRAN PREŠOV 3-1 (0-1)

Neckarstadion, Stuttgart   24.10.1973

Referee: Svein Inge Thime (NOR)   Attendance: 10,382

VfB: Gerhard Heinze, Manfred Weidmann, Egon Coordes (46 Norbert Siegmann), Roland Mall (38 Eckhart Müller), Willi Entenmann, Reinhold Zech, Heinz Stickel, Karl-Heinz Handschuh, Hermann Ohlicher, Hans Ettmayer, Dieter Brenninger.   Trainer: Hermann Eppenhoff

TATRAN: Jaroslav Cervenan, Miroslav Sopko, Anton Mikita, Jozef Stepanek, Jozef Macupa, Anton Skorupa, Jozef Sobota, Jozef Bubenko, Igor Novak (84 Jan Soltis), Ján Turcányi, Vladimir Onufrak (57 Marian Bartek).

Goals: Skorupa (26), Müller (48), Brenninger (62), Ohlicher (83)

HIBERNIAN EDINBURGH
v LEEDS UNITED 0-0 (AET)

Easter Road Park, Edinburgh   7.11.1973

Referee: Paul Schiller (AUS)   Attendance: 36,014

HIBERNIAN: James McArthur, Desmond Bremner, Eric Schaedler, Patrick Stanton, James Black, John Blackley, Alex Edwards, Tony Higgins (46 John Hazel), Alan Gordon, Alexander Cropley, Arthur Duncan.   Trainer: Eddie Turnbull

LEEDS UNITED: John Shaw (45 Glan Letheren), Paul Reaney, Trevor Cherry, William Bremner, Roy Ellam, Terence Yorath, Peter Lorimer, Allan Clarke, Joseph Jordan, Michael Bates, Frank Gray.   Manager: Don Revie

Penalties: Stanton (miss), 0-1 Lorimer, 1-1 Cropley, 1-2 Gray, 2-2 Blackley, 2-3 Bates, 3-3 Bremner, 3-3 Jordan, 3-4 Clarke, 4-4 Hazel, 4-5 Bremner

**FEYENOORD ROTTERDAM
v GWARDIA WARSZAWA 3-1** (0-1)

Feyenoord, Rotterdam   24.10.1973

Referee: Joaquim Fernandes de Campos (POR)   Att: 14,563

FEYENOORD: Ger Reitsma, Dick Schneider, Joop van Daele, Wim Rijsbergen, Harry Vos (.. Peter Ressel), Wim Jansen, Jan Boskamp, Wim van Hanegem, Theo De Jong, Henk Wery, Lex Schoenmaker.   Trainer: Wiel Coerver

GWARDIA: Zbigniew Pocialik, Adam Lipinski, Ryszard Kielak, Stanislaw Dawidczynski, Krystian Michalik (.. Zenon Smialek), Jan Sroka, Bogdan Masztaler (.. Zbigniew Kwasniewski), Miroslaw Polakow, Ryszard Szymczak, Jan Malkiewicz, Edward Biernacki.   Trainer: Ryszard Konciewicz

Goals: Szymczak (36), Schoenmaker (58, 88), De Jong (70)

**UNIVERSITATEA CRAIOVA
v STANDARD LIÈGE 1-1** (1-0)

Central, Craiova   7.11.1973

Referee: Ertugrul Dilek (TUR)   Attendance: 20,000

UNIVERSITATEA: Paul Manta; Victor Niculescu, Alexandru Boc, Petre Deselnicu, Dragu Bădin; Lucian Strîmbeanu, Ilie Balaci, Ion Niță (64 Ion Stăncescu), Teodor Țarălungă (80 Nicolae Ivan), Iulian Bălan, Dumitru Marcu.

STANDARD: Zdravko Brkljacic; Eric Gerets, Nicolas Dewalque, Léon Jeck, Leo Dolmans; Gilbert Govaert, Roger Henrotay (75 Jean Thissen), Asgeir Sigurvinsson; Vahdin Musovic (61 Léon Semmeling), Josip Bukal, Krasnodar Rora. Trainer: Vlatko Marković

Goals: Bălan (43), Henrotay (67)

**GWARDIA WARSZAWA
v FEYENOORD ROTTERDAM 1-0** (1-0)

Gwardia, Warszawa   6.11.1973

Referee: Robert Héliès (FRA)   Attendance: 3,173

GWARDIA: Zbigniew Pocialik, Jan Sroka, Ryszard Kielak, Stanislaw Dawidczynski, Krystian Michalik, Zbigniew Kwasniewski (.. Zenon Smialek), Bogdan Masztaler, Ryszard Szymczak, Miroslaw Polakow, Jan Malkiewicz, Stanisław Terlecki.   Trainer: Ryszard Konciewicz

FEYENOORD: Eddy Treijtel, Wim Rijsbergen, Joop van Daele, Wim Jansen, Jan Everse, Jan Boskamp, Theo De Jong, Wim van Hanegem, Henk Wery (.. Lex Schoenmaker), Peter Ressel, Jørgen Kristensen.   Trainer: Wiel Coerver

Goal: Szymczak (41)

**ADMIRA WACKER WIEN
v FORTUNA DÜSSELDORF 2-1** (0-1)

Bundesstadion Südstadt, Wien   4.10.1973

Referee: Wieslaw Karolak (POL)   Attendance: 1,336

ADMIRA WACKER: Gerhard Fleischmann; Hannes Demantke, Franz Hochleuthner, Rudolf Nowak, Helmut Füllenhals; Heinz Krappel, Kurt Swojanovsky, Anton Herzog; Wilhelm Cerny, Günther Kaltenbrunner, Josef Pribil.

FORTUNA: Wilfried Woyke (50 Kurt Büns), Heiner Baltes, Werner Lungwitz, Werner Kriegler, Fred Hesse, Gerd Zewe, Hans Sculz (80 Dieter Brei), Reiner Geye, Wolfgang Seel, Klaus Budde, Dieter Herzog.   Trainer: Heinz Lucas

Goals: Budde (26), Kaltenbrunner (67, 78)

**STANDARD LIÈGE
v UNIVERSITATEA CRAIOVA 2-0** (1-0)

Stade Maurice Dufrasne, Liège   24.10.1973

Referee: Ángel Franco Martínez (SPA)   Attendance: 20,000

STANDARD: Zdravko Brkljacic; Eric Gerets, Nicolas Dewalque, Léon Jeck, Leo Dolmans; Roger Henrotay, Asgeir Sigurvinsson (.. Léon Semmeling); Sylvester Takac; Vahdin Musović, Josip Bukal, Krasnodar Rora. Trainer: Vlatko Marković

UNIVERSITATEA: Paul Manta; Victor Niculescu, Dragu Bădin, Petre Deselnicu, Ion Velea; Lucian Strîmbeanu (70 Ion Niță), Alexandru Boc, Ilie Balaci; Teodor Țarălungă (76 Iulian Bălan), Ion Oblemenco, Dumitru Marcu.

Goals: Bukal (21, 65 pen)

**FORTUNA DÜSSELDORF
v ADMIRA WACKER WIEN 3-0** (3-0)

Rheinstadion, Düsseldorf   7.11.1973

Referee: Antonio Rigo Sureda (SPA)   Attendance: 8,852

FORTUNA: Kurt Büns, Heiner Baltes, Werner Lungwitz, Werner Kriegler, Fred Hesse, Gerd Zewe (60 Egon Köhnen), Dieter Brei, Reiner Geye, Wolfgang Seel (77 Hans-Joachim Abel), Klaus Budde, Dieter Herzog.   Trainer: Heinz Lucas

ADMIRA WACKER: Gerhard Fleischmann; Hannes Demantke, Franz Hochleuthner, Rudolf Nowak, Heinrich Strasser; Michael Polywka, Kurt Swojanovsky, Anton Herzog; Wilhelm Cerny, Günther Kaltenbrunner, Heinz Krappel.

Goals: Brei (7, 16), Geye (25)

**ABERDEEN FC
v TOTTENHAM HOTSPUR LONDON 1-1** (0-1)

Pittodrie, Aberdeen   24.10.1973

Referee: Samuel E. Patterson (NIR)   Attendance: 30,000

ABERDEEN: Robert Clark, Ian Hair, James Hermiston, Edward Thomson (70 Robert Miller), William Young, William Miller, Arthur Graham, David Robb, Andrew Jarvie, Joseph Smith, Ian Taylor.   Manager: James Bonthrone

TOTTENHAM: Barry Daines, Raymond Evans, Joseph Kinnear (34 Terence Naylor), John Pratt, Michael England, Philip Beal, Alan Gilzean, Stephen Perryman, Christopher McGrath, Martin Peters, Ralph Coates (72 James Neighbour).   Manager: Bill Nicholson

Goals: Coates (15), Hermiston (87 pen)

**TOTTENHAM HOTSPUR LONDON
v ABERDEEN FC 4-1** (2-0)

White Hart Lane, London   7.11.1973

Referee: Kurt Tschenscher (WG)   Attendance: 21,785

TOTTENHAM: Patrick Jennings, Raymond Evans, Cyril Knowles, John Pratt, Michael England, Philip Beal, Alan Gilzean, Stephen Perryman, Martin Chivers, Martin Peters, James Neighbour (71 Christopher McGrath).   Manager: Bill Nicholson

ABERDEEN: Robert Clark, Ian Hair, James Hermiston, Edward Thomson (83 Barrie Mitchell), William Young, William Miller (60 Robert Miller), Alexander Willoughby, David Robb, Andrew Jarvie, Joseph Smith, Arthur Graham.   Manager: James Bonthrone

Goals: Peters (13), Neighbour (37), Jarvie (54), McGrath (80, 89)

DINAMO TBILISI v OFK BEOGRAD 3-0 (2-0)

Dinamo, Tbilisi   24.10.1973

Referee: Tsvetan P. Stanev (BUL)   Attendance: 35,000

DINAMO: David Gogia, Revaz Dzodzuashvili, Vakhtang Chelidze, Murtaz Khurtsilava (43 Peruz Kanteladze), Shota Khinchagashvili, Zarbeg Ebralidze, Manuchar Machaidze, Kakhi Asatiani, David Kipiani (78 Zurab Tsereteli), Givi Nodia, Levan Nodia.

OFK: Petar Borota, Stojan Vukasinović (55 Djorić), Dragan Stojanović, Bojović (63 Kurbalija), Krsto Mitrović, Sergije Kresić, Bogdan Turudija, Ninoslav Zec, Mane Bajić, Dušan Lukić, Stefanović.   Trainer: Soskić

Goals: Kipiani (26), G. Nodia (35), L. Nodia (60)

OFK BEOGRAD v DINAMO TBILISI 1-5 (0-3)

OFK, Beograd   7.11.1973

Referee: Anthony Briguglio (MAL)   Attendance: 503

OFK: Petar Borota, Djorić, Dragan Stojanović, Slobodan Mesanović, Krsto Mitrović (.. Stojan Vukasinović), Sergije Kresić, Ninoslav Zec, Dušan Lukić (.. Gligor), Bogdan Turudija, Paunović, Stefanović.   Trainer: Soskić

DINAMO: David Gogia, Revaz Dzodzuashvili, Vakhtang Chelidze, Murtaz Khurtsilava, Peruz Kanteladze, Zarbeg Ebralidze (70 Gocha Gavascheli), Manuchar Machaidze, Kakhi Asatiani, David Kipiani (68 Zurab Tsereteli), Givi Nodia, Levan Nodia.

Goals: Chelidze (7), G. Nodia (17), Kipiani (35, 62), Tsereteli (72), Stojanović (85 pen)

OGC NICE v FENERBAHÇE ISTANBUL 4-0 (2-0)

Stade Municipal du Ray, Nice   24.10.1973

Referee: Kenneth Howard Burns (ENG)   Attendance: 12,449

OGC NICE: Dominique Baratelli; Dario Grava, Francis Camerini, Francis Isnard, Jean-Noël Huck, André Chorda, Jean-Pierre Adams, Leif Eriksson, Roger Jouve (84 Bernard Castellani), Marc Molitor, Dick Van Dijk.   Trainer: Jean Snella

FENERBAHÇE: Ilie Datcu, Timucin Çug, Yilmaz Şen, Niyazi Gülsever, Alparslan Eratli, Ersöy Sandalçi, Ziya Şengül, Selahattin Karasu, Ibrahim Ejder, Cemil Turan, Ender Konca.

Goals: Molitor (33, 41, 78, 84)

FENERBAHÇE ISTANBUL v OGC NICE 2-0 (1-0)

Mithat Paşa, Istanbul   7.11.1973

Referee: Lajos Somlai (HUN)   Attendance: 34,636

FENERBAHÇE: Ilie Datcu, Timucin Çug, Yilmaz Şen, Niyazi Gülsever, Serkan Acar, Ersöy Sandalçi, Ziya Şengül, Selahattin Karasu (69 Ibrahim Ejder), Mustafa Kalpakaslan, Osman Arpacioglu, Cemil Turan.

OGC NICE: Dominique Baratelli; Jean-Pierre Ascery, Dario Grava, Jean-Pierre Adams, Francis Isnard, André Chorda, Jean-Noël Huck, Leif Eriksson, Roger Jouve, Dick Van Dijk, Charles Loubet.   Trainer: Jean Snella

Goals: Osman (45, 63 pen)

**LOKOMOTIVE LEIPZIG
v WOLVERHAMPTON WANDERERS 3-0** (1-0)

Zentralstadion, Leipzig   24.10.1973

Referee: Joseph Minnoy (BEL)   Attendance: 16,035

LOKOMOTIVE: Werner Friese, Peter Giessner, Gunter Sekora, Wilfried Gröbner, Joachim Fritsche, Lutz Moldt, Henning Frenzel (11 Eberhard Köditz), Rainer Lisiewicz, Manfred Geisler, Wolfram Löwe, Hans-Bert Matoul.   Trainer: Horst Scherbaum

WOLVERHAMPTON: Phillip Parkes, Geoffrey Palmer, Francis Munro, John McAlle, Derek Parkin, Kenny Hibbitt, Danny Hegan, James McCalliog, Steve Daley, Alan Sunderland (74 Peter Eastoe), Derek Dougan.   Manager: Bill McGarry

Goals: Matoul (37, 76 pen), Köditz (83)

**WOLVERHAMPTON WANDERERS
v LOKOMOTIVE LEIPZIG 4-1** (0-0)

Molineux, Wolverhampton 7.11.1973

Referee: Antonio José da Silva Garrido (POR)   Att: 14530

WOLVERHAMPTON: Phillip Parkes, Geoffrey Palmer, Francis Munro, John McAlle, Derek Parkin, Kenny Hibbitt, Barry Powell, Alan Sunderland (68 Steve Daley), Derek Dougan, Stephen Kindon, David Wagstaffe.
Manager: Bill McGarry

LOKOMOTIVE: Werner Friese, Peter Giessner, Gunter Sekora, Wilfried Gröbner, Manfred Geisler, Joachim Fritsche, Lutz Moldt, Henning Frenzel, Rainer Lisiewicz (68 Wolfgang Wolfgang Altmann), Hans-Bert Matoul, Wolfram Löwe.
Trainer: Horst Scherbaum

Goals: Kindon (53), Munro (67), Löwe (72), Dougan (74), Hibbitt (82)

**PANAHAIKI PATRAS
v FC TWENTE ENSCHEDE 1-1** (1-1)

Panahaikis, Patras 25.10.1973

Referee: Nicolae Petriceanu (ROM)   Attendance: 19,000

PANAHAIKI: Stathis Tzanetoulakos, Giannis Androutsos, Pavlos Sideris, Abraam Kalfin, Sotiris Leventis, Manolis Pappas, Petyros Leventakos, Vasilsi Stravapodis (51 Giannis Zoannos), Giorgos Rigas, Kostas Davourlis, Dimitris Spentzopoulos.   Trainer: Gouilf McGuinness

TWENTE: Hennie Ardesch, Eddy Achterberg, Kees van Ierssel, Willem de Vries, Kalle Oranen, René Notten, Kick van der Vall, Frans Thijssen, Dieter Schwemmle, Johan Zuidema, Theo Pahlplatz (83 Jan Streuer).   Trainer: Anton Spitz Kohn

Goals: Davourlis (11 pen), Thijssen (21)

**FC TWENTE ENSCHEDE
v PANAHAIKI PATRAS 7-0** (0-0)

Diekman Stadion, Enschede 8.11.1973

Referee: Heinz Einbeck (DDR)   Attendance: 10,441

TWENTE: Piet Schrijvers, René Notten, Kees van Ierssel, Willem de Vries, Kalle Oranen, Frans Thijssen, Kick van der Vall, Eddy Achterberg, Dieter Schwemmle, Johan Zuidema, Theo Pahlplatz.   Trainer: Anton Spitz Kohn

PANAHAIKI: Stathis Tzanetoulakos, Giannis Androutsos, Pavlos Sideris, Abraam Kalfin, Sotiris Leventis, Vasilis Stravapodis, Manolis Pappas, Petyros Leventakos (.. Giorgos Ioakimidis), Giannis Zoannos, Giannis Dandelis, Kostas Davourlis (83 Giorgos Rigas).   Trainer: Gouilf McGuinness

Goals: Pahlplatz (52, 60, 61, 68), Zuidema (64), Van der Vall (70 pen), Van Ierssel (72)

THIRD ROUND

DINAMO KIEV v VfB STUTTGART 2-0 (1-0)

Republikan, Kiev 27.11.1973

Referee: Kenneth Howard Burns (ENG)   Attendance: 18,807

DINAMO: Evgeni Rudakov, Aleksandr Damin, Sergei Dotsenko, Mikhail Fomenko, Stefan Reshko, Vladimir Troshkin, Vladimir Muntian, Leonid Buriak (77 Valeri Zuev), Viktor Kolotov, Vladimir Veremeev, Oleg Blohin.

VfB: Gerhard Heinze, Roland Mall, Günther Eisele (53 Arno Schäfer), Bernd Martin, Willi Entenmann, Reinhold Zech, Heinz Stickel, Karl-Heinz Handschuh, Hermann Ohlicher, Hans Ettmayer, Markus Elmer.
Trainer: Hermann Eppenhoff

Goals: Veremeev (16), Troshkin (63)

VfB STUTTGART v DINAMO KIEV 3-0 (1-0)

Neckarstadion, Stuttgart 12.12.1973

Referee: Károly Palotai (HUN)   Attendance: 26,824

VfB: Gerhard Heinze, Manfred Weidmann (87 Arno Schäfer), Markus Elmer (78 Bernd Martin), Roland Mall, Willi Entenmann, Reinhold Zech, Heinz Stickel, Karl-Heinz Handschuh, Hermann Ohlicher, Hans Ettmayer, Dieter Brenninger.   Trainer: Hermann Eppenhoff

DINAMO: Evgeni Rudakov, Aleksandr Damin, Sergei Dotsenko, Vladimir Troshkin, Stefan Reshko, Mikhail Fomenko, Valeri Zuev, Vladimir Veremeev, Vladimir Muntian, Viktor Kolotov, Oleg Blohin.

Goals: Ohlicher (40), Handschuh (75), Martin (87)

**FORTUNA DÜSSELDORF
v LOKOMOTIVE LEIPZIG 2-1** (0-1)

Rheinstadion, Düsseldorf 28.11.1973

Referee: Lorwerth Price Jones (WAL)   Attendance: 34,262

FORTUNA: Kurt Büns, Heiner Baltes, Werner Kriegler, Egon Köhnen, Fred Hesse, Dieter Brei, Gerd Zewe, Reiner Geye, Wolfgang Seel, Klaus Budde, Dieter Herzog.
Trainer: Heinz Lucas

LOKOMOTIVE: Werner Friese, Gunter Sekora, Wilfried Gröbner, Peter Giessner, Joachim Fritsche, Manfred Geisler, Wolfgang Altmann (62 Lutz Moldt), Henning Frenzel, Rainer Lisiewicz, Hans-Bert Matoul, Wolfram Löwe.
Trainer: Horst Scherbaum

Goals: Matoul (41 pen), Brei (59), Herzog (67)

**LOKOMOTIVE LEIPZIG
v FORTUNA DÜSSELDORF 3-0** (1-0)

Zentralstadion, Leipzig   12.12.1973

Referee: Aurelio Angonese (ITA)   Attendance: 71,066

LOKOMOTIVE: Werner Friese, Gunter Sekora, Wilfried Gröbner, Peter Giessner, Joachim Fritsche, Wolfgang Altmann, Roland Hammer, Henning Frenzel (67 Eberhard Köditz), Rainer Lisiewicz, Hans-Bert Matoul, Wolfram Löwe. Trainer: Horst Scherbaum

FORTUNA: Kurt Büns, Heiner Baltes, Werner Kriegler, Egon Köhnen, Fred Hesse, Dieter Brei, Gerd Zewe, Reiner Geye, Wolfgang Seel, Klaus Budde, Dieter Herzog. Trainer: Heinz Lucas

Goals: Lisiewicz (43), Löwe (46), Frenzel (55)

**DINAMO TBILISI
v TOTTENHAM HOTSPUR LONDON 1-1** (0-1)

Dinamo, Tbilisi   28.11.1973

Referee: Franz Wöhrer (AUS)   Attendance: 45,000

DINAMO: David Gogia, Revaz Dzodzuashvili, Peruz Kanteladze, Murtaz Khurtsilava, Vakhtang Chelidze, Zarbeg Ebralidze (69 Zurab Tsereteli), Manuchar Machaidze, Kakhi Asatiani, David Kipiani, Givi Nodia, Levan Nodia. Trainer: Aleksei Kotrikadze

TOTTENHAM: Patrick Jennings, Raymond Evans, Cyril Knowles, John Pratt, Michael England, Philip Beal, Terence Naylor, Stephen Perryman, Martin Chivers, Martin Peters, Ralph Coates.   Manager: Bill Nicholson

Goals: Coates (26), Asatiani (71)

OGC NICE v 1.FC KÖLN 1-0 (0-0)

Stade Municipal du Ray, Nice   28.11.1973

Referee: Ángel Franco Martínez (SPA)   Attendance: 18,155

OGC NICE: Dominique Baratelli; Dario Grava, Jean-Pierre Ascery, Francis Isnard, André Chorda, Jean-Noël Huck, Leif Eriksson, Roger Jouve, Rend Fioroni (68 Bernard Castellani), Dick Van Dijk, Charles Loubet.   Trainer: Jean Snella

1.FC KÖLN: Gerhard Welz, Harald Konopka, Herbert Neumann, Bernd Cullmann, Herbert Hein, Heinz Simmet, Heinz Flohe, Wolfgang Overath, Jürgen Glowacz, Dieter Müller, Johannes Löhr.   Trainer: Zlatko Čajkovski

Goal: Eriksson (70)

**TOTTENHAM HOTSPUR LONDON
v DINAMO TBILISI 5-1** (1-0)

White Hart Lane, London   12.12.1973

Referee: René Vigliani (FRA)   Attendance: 18,602

TOTTENHAM: Patrick Jennings, Raymond Evans, Terence Naylor, John Pratt, Michael England, Philip Beal, Christopher McGrath, Stephen Perryman, Martin Chivers, Martin Peters, Ralph Coates.   Manager: Bill Nicholson

DINAMO: David Gogia, Revaz Dzodzuashvili, Vakhtang Chelidze, Murtaz Khurtsilava, Shota Khinchagashvili, Zarbeg Ebralidze, Manuchar Machaidze, Kakhi Asatiani, Vladimir Gutsaev (68 Levan Nodia), Givi Nodia, David Kipiani. Trainer: Aleksei Kotrikadze

Goals: McGrath (29), Chivers (52, 77), Ebralidze (54), Peters (61, 80)

1.FC KÖLN v OGC NICE 4-0 (2-0)

Radrennbahn, Köln   12.12.1973

Referee: John Wright Paterson (SCO)   Attendance: 15,471

1.FC KÖLN: Gerhard Welz, Harald Konopka, Herbert Hein (88 Ricardo Neumann), Wolfgang Weber, Bernd Cullmann, Heinz Simmet, Jürgen Glowacz, Heinz Flohe (88 Josef Bläser), Dieter Müller, Wolfgang Overath, Johannes Löhr. Trainer: Zlatko Čajkovski

OGC NICE: Dominique Baratelli; Dario Grava, Francis Isnard, Jean-Pierre Ascery, André Chorda, Leif Eriksson, Jean-Noël Huck, Roger Jouve, Charles Loubet, Dick Van Dijk, Bernard Castellani.   Trainer: Jean Snella

Goals: Müller (22), Flohe (32, 83), Löhr (85)

**IPSWICH TOWN
v FC TWENTE ENSCHEDE 1-0** (0-0)

Portman Road, Ipswich   28.11.1973

Referee: Michal Jursa (CZE)   Attendance: 18,944

IPSWICH: Laurence Sivell, Geoffrey Hammond, Glenn Keely, Kevin Beattie, Michael Mills, Bryan Hamilton (65 Eric Gates), Colin Viljoen (70 Ian Collard), Peter Morris, David Johnson, Trevor Whymark, Clive Woods.   Trainer: Robert Robson

TWENTE: Piet Schrijvers, René Notten, Kees van Ierssel, Willem de Vries, Kalle Oranen, Eddy Achterberg, Kick van der Vall, Frans Thijssen, Dieter Schwemmle, Johan Zuidema, Theo Pahlplatz.   Trainer: Anton Kohn

Goal: Whymark (81)

**FC TWENTE ENSCHEDE
v IPSWICH TOWN 1-2** (0-0)

Diekman Stadion, Twente   12.12.1973

Referee: Rudolf Scheurer (SWI)   Attendance: 17,862

TWENTE: Piet Schrijvers, René Notten, Kees van Ierssel, Willem de Vries, Kalle Oranen, Eddy Achterberg, Kick van der Vall (70 Jan Streuer), Frans Thijssen, Dieter Schwemmle (68 Roel Brinks), Johan Zuidema, Theo Pahlplatz.
Trainer: Anton Kohn

IPSWICH: David Best, Geoffrey Hammond, Alan Hunter, Kevin Beattie, Michael Mills, Peter Morris, Bryan Hamilton, Colin Viljoen, David Johnson, Trevor Whymark, Clive Woods.
Trainer: Robert Robson

Goals: Morris (57), Hamilton (70), Streuer (82)

LEEDS UNITED v VITÓRIA SETÚBAL 1-0 (0-0)

Elland Road, Leeds   28.11.1973

Referee: Preben Christophersen (DEN)   Attendance: 14,202

LEEDS UNITED: David Harvey, Paul Reaney (83 Nigel Davey), Trevor Cherry, William Bremner, Gordon McQueen, Norman Hunter, Peter Lorimer, Allan Clarke, Joseph Jordan, Michael Bates, Terence Yorath (64 Frank Gray).
Manager: Don Revie

VITÓRIA: JOAQUIM Manuel Conceição TORRES; Francisco Silva REBELO, Carlos Alberto Lourenço CARDOSO, José Jesús MENDES, Manuel Luis dos Santos "CARRIÇO"; OCTÁVIO Joaquim Coelho Machado, JOSÉ MARÍA Júnior, Augusto MATINE; Henrique Raul CAMPORA Carmo, JACINTO JOÃO, José Francisco Leandro Filho "DUDA" (76 JOSÉ Augusto da Costa Senica TORRES).   Trainer: José María PEDROTO

Sent off: Campora (39)

Goal: Cherry (71)

**HONVÉD BUDAPEST
v RUCH CHORZÓW 2-0** (1-0)

Kispest, Budapest   28.11.1973

Referee: Vital Loraux (BEL)   Attendance: 3,254

HONVÉD: Bertalan Bicskei; József Kelemen (.. József Varga), József Ruzsinszki, Sándor Lukacs; József Pál, Lajos Szűcs, László Pusztai, Lajos Kocsis; Sándor Pintér, Gábor Morgós, Mihály Kozma.   Trainer: Lajos Faragó

RUCH: Piotr Czaja, Konrad Bajger, Marian Ostafinski, Jerzy Wyrobek, Piotr Drzewiecki, Józef Bon, Bronislaw Bula, Zygmunt Maszczyk, Stefan Herisz, Jan Benigier, Józef Kopicera (.. Jerzy Faber).   Trainer: Michal Vican

Goals: Pusztai (30, 67)

VITÓRIA SETÚBAL v LEEDS UNITED 3-1 (0-0)

Estádio do Bonfim, Setúbal   12.12.1973

Referee: Arie Van Gemert (HOL)   Attendance: 14,576

VITÓRIA: JOAQUIM Manuel Conceição TORRES; Francisco Silva REBELO, Carlos Alberto Lourenço CARDOSO, José Jesús MENDES, Manuel Luis dos Santos "CARRIÇO"; OCTÁVIO Joaquim Coelho Machado, JOSÉ MARÍA Júnior, Augusto MATINE (46 João VICENTE Parize); JOSÉ Augusto da Costa Senica TORRES (79 Joaquim Leandro Quinta ARCANJO), José Francisco Leandro Filho "DUDA", JACINTO JOÃO.
Trainer: José María PEDROTO

LEEDS UNITED: David Harvey, Paul Reaney, Trevor Cherry, Terence Yorath, Gordon McQueen (80 Gary Liddell), Roy Ellam, Peter Lorimer, James Mann, Joseph Jordan, Peter Hampton, Frank Gray.   Manager: Don Revie

Goals: Duda (51, 74), José Torres (62), Liddell (81)

**RUCH CHORZÓW
v HONVÉD BUDAPEST 5-0** (1-0)

Ruch, Chorzów   12.12.1973

Referee: Dogan Babacan (TUR)   Attendance: 12,000

RUCH: Piotr Czaja, Konrad Bajger, Marian Ostafinski, Jerzy Wyrobek, Piotr Drzewiecki, Zygmunt Maszczyk, Bronislaw Bula, Józef Bon, Joachim Marx, Jan Benigier, Józef Kopicera.
Trainer: Michal Vican

HONVÉD: Bertalan Bicskei (46 Tibor Lévay), József Kelemen, József Ruzsinszki, Sándor Lukacs; József Pál, Lajos Szűcs, Lajos Kocsis, Sándor Pintér, Zoltán Bódi, Sándor Egervári, Mihály Kozma.   Trainer: Lajos Faragó

Goals: Bon (34), Kopicera (52, 72 pen), Marx (60), Bula (62)

**STANDARD LIÈGE
v FEYENOORD ROTTERDAM 3-1** (0-1)

Stade Maurice Dufrasne, Sclessin, Liège   27.11.1973

Referee: Concetto Lo Bello (ITA)   Attendance: 14,407

STANDARD: Christian Piot, Eric Gerets, Leo Dolmans, Nico Dewalque, Jean Thissen, Roger Henrotay, Léon Semmeling, Johnny Lambrichts, Vahdin Musovic, Asgeir Sigurvinsson, Krasnodar Rora (85 Gilbert Govaert).
Trainer: Vlatko Marković

FEYENOORD: Eddy Treijtel, Wim Jansen, Joop van Daele, Wim Rijsbergen, Jan Everse, Jan Boskamp, Theo De Jong, Wim van Hanegem (46 Rinus Israël), Peter Ressel, Lex Schoenmaker, Jørgen Kristensen.   Trainer: Wiel Coerver

Goals: Kristensen (46), Piot (68 pen), Lambrichts (73), Thissen (90)

**FEYENOORD ROTTERDAM
v STANDARD LIÈGE 2-0** (0-0)

Feyenoord, Rotterdam   10.12.1973

Referee: Ferdinand Biwersi (WG)   Attendance: 41,131

FEYENOORD: Eddy Treijtel, Wim Rijsbergen (.. Harry Vos), Rinus Israël, Joop van Daele, Wim Jansen, Jan Boskamp, Theo De Jong, Wim van Hanegem, Peter Ressel, Lex Schoenmaker, Jørgen Kristensen.   Trainer: Wiel Coerver

STANDARD: Christian Piot, Eric Gerets, Leo Dolmans, Nico Dewalque, Jean Thissen, Roger Henrotay, Léon Semmeling, Johnny Lambrichts, Vahdin Musovic, Asgeir Sigurvinsson, Krasnodar Rora (53 Gilbert Govaert).
Trainer: Vlatko Marković

Goals: Schoenmaker (61), Van Hanegem (69)

**IPSWICH TOWN
v LOKOMOTIVE LEIPZIG 1-0** (0-0)

Portman Road, Ipswich   6.03.1974

Referee: Lajos Somlai (HUN)   Attendance: 26,466

IPSWICH TOWN: Laurence Sivell, George Burley, Michael Mills, Peter Morris, Alan Hunter, Kevin Beattie, Bryan Hamilton, Brian Talbot, David Johnson, Trevor Whymark, Clive Woods.   Trainer: Robert Robson

LOKOMOTIVE: Werner Friese, Gunter Sekora, Wilfried Gröbner, Peter Giessner, Joachim Fritsche, Wolfgang Altmann, Roland Hammer, Henning Frenzel, Rainer Lisiewicz, Hans-Bert Matoul, Wolfram Löwe.   Trainer: Horst Scharbaum

Goal: Beattie (86)

QUARTER-FINALS

VfB STUTTGART v VITÓRIA SETÚBAL 1-0 (0-0)

Neckarstadion, Stuttgart   6.03.1974

Referee: Valentin Lipatov (USSR)   Attendance: 20,388

VfB: Gerhard Heinze, Manfred Weidmann, Egon Coordes, Bernd Martin, Willi Entenmann, Reinhold Zech, Klaus Jank (62 Heinz Stickel), Karl-Heinz Handschuh, Hermann Ohlicher, Markus Elmer (46 Arno Schäfer), Dieter Brenninger.   Trainer: Hermann Eppenhoff

VITÓRIA: JOAQUIM Manuel Conceição TORRES; Francisco Silva REBELO, Carlos Alberto Lourenço CARDOSO, José Jesús MENDES, Manuel Luis dos Santos "CARRIÇO"; OCTÁVIO Joaquim Coelho Machado, JOSÉ MARÍA Júnior, Augusto MATINE; João VICENTE Parize (65 Joaquim Leandro Quinta ARCANJO), José Francisco Leandro Filho "DUDA", JACINTO JOÃO.

Goal: Stickel (70)

**LOKOMOTIVE LEIPZIG
v IPSWICH TOWN 1-0** (0-0)

Zentralstadion, Leipzig   20.03.1974

Referee: Ángel Franco Martínez (SPA)   Attendance: 57,948

LOKOMOTIVE: Werner Friese, Peter Giessner, Gunter Sekora, Wilfried Gröbner, Joachim Fritsche, Roland Hammer, Wolfgang Altmann (61 Lutz Moldt), Rainer Lisiewicz (95 Manfred Geisler), Henning Frenzel, Hans-Bert Matoul, Wolfram Löwe.   Trainer: Horst Scharbaum

IPSWICH TOWN: Laurence Sivell, George Burley, Peter Morris, Alan Hunter, Michael Mills, Bryan Hamilton, Kevin Beattie, Brian Talbot, Trevor Whymark, David Johnson, Clive Woods (102 Roger Osborne).   Trainer: Robert Robson

Goal: Giessner (49)

Penalties: 0-1 Talbot, 1-1 Matoul, Morris (miss), 2-1 Geisler, 2-2 Whymark, Frenzel (miss), 2-3 Beattie, 3-3 Fritsche, Johnston (miss), Gröbner (miss), Hunter (miss), 4-3 Moldt

VITÓRIA SETÚBAL v VfB STUTTGART 2-2 (2-0)

Estádio do Bonfim, Setúbal   20.03.1973

Referee: Lorwerth Price Jones (WAL)   Attendance: 11,000

VITÓRIA: JOAQUIM Manuel Conceição TORRES; Francisco Silva REBELO, Carlos Alberto Lourenço CARDOSO, José Jesús MENDES, Manuel Luis dos Santos "CARRIÇO" (15 JOSÉ LINO Beas Sousa); OCTÁVIO Joaquim Coelho Machado, JOSÉ MARÍA Júnior (65 João VICENTE Parize), Augusto MATINE; JOSÉ Augusto da Costa Senica TORRES, José Francisco Leandro Filho "DUDA", JACINTO JOÃO.

VfB: Gerhard Heinze; Manfred Weidmann, Egon Coordes, Bernd Martin, Willi Entenmann, Reinhold Zech; Heinz Stickel, Karl-Heinz Handschuh; Hermann Ohlicher, Hans Ettmayer, Dieter Brenninger.   Trainer: Hermann Eppenhoff

Goals: José Torres (30), José María (40), Ohlicher (47), Stickel (68)

**1.FC KÖLN
v TOTTENHAM HOTSPUR LONDON 1-2** (0-1)

Radrennbahn, Köln   6.03.1974

Referee: Gheorghe Limona (ROM)   Attendance: 27,021

1.FC KÖLN: Gerhard Welz, Harald Konopka (75 Detlev Lauscher), Herbert Hein, Wolfgang Weber, Bernd Cullmann, Heinz Simmet, Jürgen Glowacz, Heinz Flohe, Dieter Müller, Wolfgang Overath, Johannes Löhr.   Trainer: Zlatko Čajkovski

TOTTENHAM: Patrick Jennings, Raymond Evans, Terence Naylor, John Pratt, Michael England, Philip Beal, Christopher McGrath, Stephen Perryman, Martin Chivers, Martin Peters, Michael Dillon.   Manager: Bill Nicholson

Goals: McGrath (18), Müller (54), Peters (75)

TOTTENHAM HOTSPUR LONDON
v 1.FC KÖLN 3-0 (2-0)

White Hart Lane, London   20.03.1974

Referee: Paolo Tosselli (ITA)   Attendance: 40,933

TOTTENHAM: Patrick Jennings, Raymond Evans, Terence Naylor, John Pratt, Michael England, Philip Beal, Christopher McGrath, Stephen Perryman, Martin Chivers, Martin Peters, Ralph Coates.   Manager: Bill Nicholson

1.FC KÖLN: Harald Schumacher, Harald Konopka, Herbert Hein, Wolfgang Weber, Bernd Cullmann, Heinz Simmet, Jürgen Glowacz, Heinz Flohe, Dieter Müller, Wolfgang Overath, Detlev Lauscher (46 Johannes Löhr).
Trainer: Zlatko Čajkovski

Goals: Chivers (11), Coates (15), Peters (49)

RUCH CHORZÓW
v FEYENOORD ROTTERDAM 1-1 (0-0)

Ruch, Chorzów   6.03.1974

Referee: Kenneth Howard Burns (ENG)   Att: 30,000

RUCH: Piotr Czaja, Konrad Bajger, Marian Ostafinski, Jerzy Wyrobek, Piotr Drzewiecki, Zygmunt Maszczyk, Bronislaw Bula, Józef Kopicera, Stefan Herisz, Joachim Marx, Jan Benigier (70 Marian Wasilewski).   Trainer: Michal Vican

FEYENOORD: Eddy Treijtel, Wim Rijsbergen, Joop van Daele, Mladen Ramljak, Harry Vos, Wim Jansen, Theo De Jong, Wim van Hanegem (68 Jan Boskamp), Henk Wery (72 Lex Schoenmaker), Peter Ressel, Jørgen Kristensen.
Trainer: Wiel Coerver

Goals: Schoenmaker (67), Maszczyk (90)

FEYENOORD ROTTERDAM
v RUCH CHORZÓW 3-1 (0-1, 1-1) (AET)

Feyenoord, Rotterdam   21.03.1974

Referee: Franz Wöhrer (AUS)   Attendance: 44,624

FEYENOORD: Eddy Treijtel, Wim Rijsbergen, Joop van Daele, Mladen Ramljak, Harry Vos, Wim Jansen, Theo De Jong, Wim van Hanegem (94 Jan Boskamp), Peter Ressel, Lex Schoenmaker, Jørgen Kristensen (108 Henk Wery).
Trainer: Wiel Coerver

RUCH: Piotr Czaja, Konrad Bajger, Marian Ostafinski, Jerzy Wyrobek, Piotr Drzewiecki, Zygmunt Maszczyk, Bronislaw Bula (29 Marian Wasilewski), Józef Bon (109 Albin Wira), Joachim Marx, Stefan Herisz, Józef Kopicera.
Trainer: Michal Vican

Goals: Marx (20), Schoenmaker (55 pen, 95), De Jong (91)

SEMI-FINALS

FEYENOORD ROTTERDAM
v VfB STUTTGART 2-1 (0-1)

Feyenoord, Rotterdam   10.04.1974

Referee: Nicolae Rainea (ROM)   Attendance: 63,000

FEYENOORD: Eddy Treijtel, Wim Rijsbergen, Joop van Daele, Harry Vos, Wim Jansen, Theo De Jong, Jan Boskamp (10 Mladen Ramljak), Wim van Hanegem (46 Lex Schoenmaker), Henk Wery, Peter Ressel, Jørgen Kristensen.
Trainer: Wiel Coerver

VfB: Gerhard Heinze, Manfred Weidmann, Arno Schäfer, Reinhold Zech, Willi Entenmann, Markus Elmer, Bernd Martin, Karl-Heinz Handschuh, Roland Mall (71 Günther Eisele), Heinz Stickel (86 Klaus-Dieter Jank), Dieter Brenninger.   Trainer: Hermann Eppenhoff

Goals: Brenninger (23), Schoenmaker (62, 68)

VfB STUTTGART
v FEIJENOORD ROTTERDAM 2-2 (0-1)

Neckarstadion, Stuttgart   24.04.1974

Referee: John Wright Paterson (SCO)   Attendance: 70,000

VfB: Gerhard Heinze, Manfred Weidmann, Willi Entenmann, Reinhold Zech, Markus Elmer (57 Arno Schäfer), Bernd Martin, Karl-Heinz Handschuh, Hans Ettmayer, Heinz Stickel, Hermann Ohlicher, Dieter Brenninger.
Trainer: Hermann Eppenhoff

FEYENOORD: Eddy Treijtel, Wim Rijsbergen, Mladen Ramljak, Joop van Daele, Harry Vos, Dick Schneider, Theo De Jong, Wim Jansen, Peter Ressel, Lex Schoenmaker (75 Rinus Israël), Jørgen Kristensen (61 Henk Wery).
Trainer: Wiel Coerver

Goals: Ressel (14), Schoenmaker (46), Brenninger (55, 59 pen)

LOKOMOTIVE LEIPZIG
v TOTTENHAM HOTSPUR LONDON 1-2 (0-2)

Zentralstadion, Leipzig   10.04.1974

Referee: Robert Héliès (FRA)   Attendance: 74,698

LOKOMOTIVE: Werner Friese, Gunter Sekora, Wilfried Gröbner, Peter Giessner, Manfred Geisler, Roland Hammer (80 Eberhard Köditz), Lutz Moldt (53 Wolfgang Altmann), Henning Frenzel, Rainer Lisiewicz, Hans-Bert Matoul, Wolfram Löwe.   Trainer: Horst Scherbaum

TOTTENHAM: Patrick Jennings, Raymond Evans, Terence Naylor, John Pratt, Michael England, Philip Beal, James Neighbour, Stephen Perryman, Martin Chivers, Martin Peters, Ralph Coates (76 Phil Holder).   Manager: Bill Nicholson

Goals: Peters (15), Coates (27), Löwe (57)

**TOTTENHAM HOTSPUR LONDON
v LOKOMOTIVE LEIPZIG 2-0** (0-0)

White Hart Lane, London   24.04.1973

Referee: Alfred Delcourt (BEL)   Attendance: 41,390

TOTTENHAM: Patrick Jennings, Joseph Kinnear, John Pratt (86 Phil Holder), Michael England, Terence Naylor, Philip Beal, Stephen Perryman, Martin Peters, Christopher McGrath, Martin Chivers, Ralph Coates.   Manager: Bill Nicholson

LOKOMOTIVE: Werner Friese, Gunter Sekora, Wilfried Gröbner, Peter Giessner, Manfred Geisler, Wolfgang Altmann (61 Roland Hammer), Lutz Moldt, Henning Frenzel, Rainer Lisiewicz (76 Eberhard Köditz), Hans-Bert Matoul, Wolfram Löwe.   Trainer: Horst Scherbaum

Goals: McGrath (57), Chivers (87)

UEFA Cup Top Scorers 1973-74:

9 goals: Lex Schoenmaker (Feyenoord Rotterdam)

8 goals: Martin Peters (Tottenham)

7 goals: Hermann Ohlicher (VfB Stuttgart), Josip Bukal (Standard Liège)

6 goals: Marc Molitor (OGC Nice), Giorgio Chinaglia (Lazio Roma), Martin Chivers (Tottenham),

5 goals: Christopher McGrath (Tottenham), Trevor Whymark (Ipswich Town), Dieter Brenninger (VfB Stuttgart), Antoine Kuszowski (Olympique de Marseille)

FINAL

**TOTTENHAM HOTSPUR LONDON
v FEYENOORD ROTTERDAM 2-2** (1-1)

White Hart Lane, London   21.05.1974

Referee: Rudolf Scheurer (SWI)   Attendance: 46,281

TOTTENHAM: Patrick Jennings, Raymond Evans, Michael England, Philip Beal (79 Mike Dillon), John Pratt, Terence Naylor, Christopher McGrath, Stephen Perryman, Martin Chivers, Martin Peters, Ralph Coates.
Manager: Bill Nicholson

FEYENOORD: Eddy Treijtel, Wim Rijsbergen, Rinus Israël, Joop van Daele, Harry Vos, Theo De Jong, Wim Jansen, Wim van Hanegem, Peter Ressel, Lex Schoenmaker, Jørgen Kristensen.   Trainer: Wiel Coerver

Goals: England (40), Van Hanegem (43), Van Daele (62 og), De Jong (85)

**FEYENOORD ROTTERDAM
v TOTTENHAM HOTSPUR LONDON 2-0** (1-0)

Feyenoord, Rotterdam   29.05.1974

Referee: Concetto Lo Bello (ITA)   Attendance: 59,317

FEYENOORD: Eddy Treijtel, Wim Rijsbergen (76 Jan Boskamp, 86 Henk Wery), Joop van Daele, Rinus Israël (Cap), Harry Vos, Mladen Ramljak, Wim Jansen, Theo De Jong, Peter Ressel, Lex Schoenmaker, Jørgen Kristensen.
Trainer: Wiel Coerver

TOTTENHAM: Patrick Jennings, Raymond Evans, Michael England, Philip Beal, John Pratt (77 Phil Holder), Terence Naylor, Christopher McGrath, Stephen Perryman, Martin Chivers, Martin Peters, Ralph Coates.
Manager: Bill Nicholson

Goals: Rijsbergen (42), Ressel (85)

UEFA CUP 1974-75

FIRST ROUND

VITÓRIA SETÚBAL v REAL ZARAGOZA 1-1 (1-0)

Estádio do Bonfim, Setúbal   11.09.1974

Referee: Robert Holley Davidson (SCO)   Attendance: 6,375

VITÓRIA: JOAQUIM Manuel Conceição TORRES; Francisco Silva REBELO, José Jesús MENDES, Carlos Alberto Lourenço CARDOSO, Manuel Luís dos Santos "CARRIÇO"; Augusto MATINE, OCTÁVIO Joaquim Coelho Machado, CÉSAR Machado Leite; Henrique Raul CAMPORA Carmo (46 JOSÉ Augusto da Costa Senica TORRES), José Francisco Leandro Filho "DUDA" (63 JOSÉ MARÍA Júnior), João VICENTE Parize.
Trainer: José Augusto Pinto

REAL ZARAGOZA: Juan Luis IRAZUSTA Adarraga (29 José Manuel Fernández NIEVES); José Luis RICO Ibáñez, José Luis VIOLETA Lajusticia, Iselín Santos OVEJERO Maya, Juan Carlos BLANCO Peñalba; Laureano RUBIAL Fernández, Francisco Javier PLANAS Abad, Pablo GARCÍA CASTANY, Carlos Martínez DIARTE, Saturnino ARRÚA Molinas, Alfonso SOTO Dreussi.   Trainer: Luis Perez Cid "CARRIEGA"

Goals: Vicente (33), Arrúa (85)

REAL ZARAGOZA v VITÓRIA SETÚBAL 4-0 (1-0)

La Romareda, Zaragoza   2.10.1974

Referee: Vittorio Lattanzi (ITA)   Attendance: 22,000

REAL ZARAGOZA: José Manuel Fernández NIEVES, José Luis RICO Ibáñez, Juan José RUIZ IGARTUA, Juan Carlos BLANCO Peñalba, Francisco Javier PLANAS Abad, José Luis VIOLETA Lajusticia, Laureano RUBIAL Fernández, Pablo GARCÍA CASTANY, Carlos Martínez DIARTE, Saturnino ARRÚA Molinas, Alfonso SOTO Dreussi (61 José Ramón LEIRÓS Álvarez).   Trainer: Luis Perez Cid "CARRIEGA"

VITÓRIA: JOAQUIM Manuel Conceição TORRES; Francisco Silva REBELO, JOSÉ LINO Beas Sousa, Carlos Alberto Lourenço CARDOSO, José Jesús MENDES; OCTÁVIO Joaquim Coelho Machado, CÉSAR Machado Leite (59 JOSÉ Augusto da Costa Senica TORRES), Augusto MATINE; Henrique Raul CAMPORA Carmo, José Francisco Leandro Filho "DUDA", JACINTO JOÃO.   Trainer: José Augusto Pinto

Goals: Arrúa (14), Diarte (52), García-Castany (66), Leirós (74)

AC TORINO v FORTUNA DÜSSELDORF 1-1 (1-0)

Stadio Comunale, Torino   18.09.1974

Referee: Robert Wurtz (FRA)   Attendance: 40,000

AC TORINO: Luciano Castellini, Marino Lombardo, Vito Callioni; Nello Santin, Angelo Cereser, Aldo Agroppi, Francesco Graziani, Giorgio Ferrini, Renato Zaccarelli (58 Roberto Salvadori), Emiliano Mascetti, Paolo Pulici.   Trainer: Edmondo Fabbri

FORTUNA: Wilfried Woyke, Heiner Baltes, Werner Kriegler; Gerd Zimmermann, Peter Czernotzky, Dieter Brei; Gerd Zewe, Reiner Geye, Wolfgang Seel, Klaus Budde, Dieter Herzog.   Trainer: Heinz Lucas

Goals: Pulici (27), Zewe (56)

**OLYMPIQUE LYON
v RED BOYS DIFFERDANGE 7-0** (4-0)

Stade Gerland, Lyon   17.09.1974

Referee: Roland Racine (SWI)   Attendance: 6,172

OLYMPIQUE: Yves Chauveau; Raymond Domenech, Aimé Jacquet, Robert Valette, Albert Domenech; Robert Cacchioni, Ildo Maneiro; Jean-Paul Bernad, Bernard Lacombe, Michel Maillard, Yves Mariot.   Trainer: Aimé Mignot

RED BOYS: Schonckert; Marcel Barthel, René Flenghi, Louis Chiuminatto, Jean Welter; Erwin Kuffer, René Schiltz, Berkefeld, Romain Michaux, Nicolas Benetti, Mulder.   Trainer: Boreux

Goals: Maillard (10, 68, 77), Lacombe (23, 33, 34), Maneiro (53)

FORTUNA DÜSSELDORF v AC TORINO 3-1 (2-1)

Rheinstadion, Düsseldorf   25.09.1974

Referee: Franz Geluck (BEL)   Attendance: 22,252

FORTUNA: Wilfried Woyke, Heiner Baltes, Werner Kriegler, Gerd Zimmermann, Peter Czernotzky, Dieter Brei; Gerd Zewe, Reiner Geye, Wolfgang Seel (82 Egon Köhnen), Klaus Budde, Dieter Herzog.   Trainer: Heinz Lucas

AC TORINO: Luciano Castellini, Marino Lombardo, Nello Santin; Roberto Salvadori, Angelo Cereser, Aldo Agroppi, Francesco Graziani, Giorgio Ferrini, Giovanni Roccotelli, Emiliano Mascetti, Giovanni Quadri (70 Ferdinando Rossi).   Trainer: Edmondo Fabbri

Goals: Zimmermann (10), Agroppi (19), Seel (21), Geye (73 pen)

**RED BOYS DIFFERDANGE
v OLYMPIQUE LYONNAIS 1-4** (1-3)

Stade du Thillenberg, Differdange   2.10.1974

Referee: Frans P. Derks (HOL)   Attendance: 589

RED BOYS: Schonckert; Marcel Barthel, Flothi, René Schiltz, Jean Welter; Erwin Kuffer, Gabriel Christophe, Berckefeld (46 Johny Kirsch); Jean-Paul Goerres, Romain Michaux (60 Giardin), Nicolas Benetti.   Trainer: Boreux

OLYMPIQUE: Jean-Claude Chemier; Raymond Domenech, Ljubomir Mihajlovic, Zuang, Bernard Lhomme; Serge Chiesa, Robert Valette, Ildo Maneiro; Michel Maillard, Bernard Lacombe, Yves Mariot.   Trainer: Aimé Mignot

Goals: Christophe (16), R. Domenech (13, 25), Maneiro (33), Lacombe (65)

VALUR FC REYKJAVÍK v PORTADOWN FC 0-0

Reykjavík   18.09.1974

Referee: Antoine Queudeville (LUX)   Attendance: 5,062

VALUR FC: Sigurdur Dagsson; Kristinn Björnsson, Grimur Saemundsen, Sigurdur Jonsson, Dyri Gudmundsson, Atli Edvaldsson, Bergsveinn Alfonsson, Hordur Hilmarsson, Johannes Edvaldsson, Ingi Björn Albertsson, Alexander Johannesson (.. Hermann Gunnarsson).

PORTADOWN FC: Robert Carlisle; Robert Strain, Ronnie McFall, Jackie Hutton, David Malcolmson, James Cleary, Ronnie Morrison, Terry Kingon, Martin Malone, Matthew Laverty, William Murray (.. Victor Fleming).

PORTADOWN FC v VALUR REYKJAVÍK 2-1 (0-0)
Shamrock Park, Portadown   1.10.1974
Referee: Joop Vervoort (HOL)   Attendance: 6,000
PORTADOWN FC: Robert Carlisle; Robert Strain, Ronnie McFall, Jackie Hutton, David Malcolmson, Matthew Laverty (.. Victor Fleming), Ronnie Morrison, Terry Kingon, Martin Malone (.. Robert McAuley), James Cleary, William Murray.
VALUR FC: Sigurdur Dagsson; Kristinn Björnsson (.. Alexander Johanneson), Grimur Saemundsen, Sigurdur Jonsson, Dyri Gudmundsson, Johannes Edvaldsson, Atli Edvaldsson (.. Hermann Gunnarsson), Hordur Hilmarsson, Vilhjalmur Kjartanson, Ingi Bjorn Albertsson, Bergsveinn Alfonsson.
Goals: McFall (59), Albertsson (73), R. Morrison (77 pen)

ÖSTERS IF VÄXJÖ v DINAMO MOSKVA 3-2 (2-2)
Värendsvallen, Växjö   18.09.1974
Referee: William John Gow (WAL)   Attendance: 5,398
ÖSTERS: Bengt-Åke Karlsson, Bjorn Andersson, Mats Nordenberg, Per-Olof Bild, Håkan Arvidsson, Anders Linderoth, Karl-Axel Blomqvist (.. Peter Svensson), Jan-Ivar Bergqvist, Inge Ejderstedt, Tommy Svensson (.. Torbjörn Isaksson), Jan Mattsson.
DINAMO: Vladimir Pilgui, Vladimir Basalaev, Sergei Nikulin, Vladimir Komarov, Vladimir Dolbonosov, Aleksei Petruschin, Yuri Pudischev, Aleksandr Makhovikov (75 Yuri Gavrilov), Vladimir Kozlov, Vadim Pavlenko, Gennadi Evriuzhikhin.
Goals: Mattsson (17, 26), Nordenberg (75 pen), Kozlov (34), Pavlenko (39)

DINAMO MOSKVA v ÖSTERS IF VÄXJÖ 2-1 (1-0)
Dinamo, Moskva   2.10.1974
Referee: Anders Mattsson (FIN)   Attendance: 14,155
DINAMO: Vladimir Pilgui, Vladimir Basalaev, Sergei Nikulin, Valeri Zikov, Vladimir Dolbonosov, Aleksei Petruschin (70 Andrei Yakubik), Yuri Pudischev, Aleksandr Makhovikov, Vladimir Kozlov (65 Anatoli Kozhemiakin), Vadim Pavlenko, Gennadi Evriuzhikhin.
ÖSTERS: Bengt-Åke Karlsson, Björn Andersson, Mats Nordenberg, Håkan Arvidsson, Per-Olof Bild, Anders Linderoth, Tommy Svensson, Karl-Axel Blomqvist, Staffan Söderqvist (77 Peter Svensson), Jan Mattsson, Jan-Ivar Bergqvist.
Goals: Evriuzhikhin (13), T. Svensson (48 pen), Petruschin (69)

FREJA RANDERS v DYNAMO DRESDEN 1-1 (0-1)
Randers stadion   18.09.1974
Referee: Robert Matthewson (ENG)   Attendance: 2,612
FREJA: Jens Poulsen, Pedersen, Leif Raaby, Steen Danielsen, Jørgen Rassmussen, Per Lykke, Steenberg, Carsten Brandenborg (78 Ravn), Andres Bødker, Erik Sørensen, Gert Nielsen.
DYNAMO: Claus Boden, Hans-Jürgen Dörner, Gerd Weber, Siegmar Wätzlich, Reinhard Häfner, Klaus Sammer, Hartmut Schade (68 Christian Helm), Hans-Jürgen Kreische, Dieter Riedel, Frank Richter (77 Peter Kotte), Gerd Heidler.
Goals: Dörner (32), Gert Nielsen (69)

DYNAMO DRESDEN v FREJA RANDERS 0-0
Dynamo, Dresden   2.10.1974
Referee: Ian M.D. Foote (SCO)   Attendance: 13,762
DYNAMO: Claus Boden, Klaus Lichtenberger, Christian Helm, Siegmar Wätzlich, Hans-Jürgen Dörner, Gerd Weber, Eduard Geyer, Hans-Jürgen Kreische, Reinhard Häfner, Frank Richter, Rainer Sachse (66 Dieter Riedel).
FREJA: Jens Poulsen, Palle Lund, Leif Raaby, Jørgen Kjaer, Jørgen Rassmussen, Per Lykke, Steenberg (65 Hansen), Ebbe Andersen, Anders Bødker, Erik Sørensen, Gert Nielsen (86 John Andreasen).

**IPSWICH TOWN
v FC TWENTE ENSCHEDE 2-2** (2-1)
Portman Road, Ipswich   18.09.1974
Referee: Hans-Joachim Weyland (WG)   Attendance: 28,407
IPSWICH: Laurence Sivell, George Burley, Alan Hunter, Brian Talbot, Kevin Beattie, Colin Harper, Bryan Hamilton (78 Ian Collard), Colin Viljoen, David Johnson (75 Eric Gates), Trevor Whymark, Clive Woods.   Trainer: Robert Robson
TWENTE: Hennie Ardesch, Kees van Ierssel, Epi Drost, Willem de Vries, Kalle Oranen, Frans Thijssen (78 Niels Overweg), Kick van der Vall, René Notten, Jaap Bos, Johan Zuidema (85 Jan Jeuring), Theo Pahlplatz.   Trainer: Anton Spitz Kohn
Goals: Zuidema (23), Hamilton (34), Talbot (38), Pahlplatz (83)

**FC TWENTE ENSCHEDE
v IPSWICH TOWN 1-1** (1-1)
Diekman Stadion, Enschede   2.10.1974
Referee: Paul Schiller (AUS)   Attendance: 16,358
TWENTE: Hennie Ardesch, Kees van Ierssel, Epi Drost, Willem de Vries, Kalle Oranen, Frans Thijssen, Kick van der Vall, René Notten, Jaap Bos (13 Jan Jeuring, 54 Niels Overweg), Johan Zuidema, Theo Pahlplatz.   Trainer: Anton Kohn
IPSWICH: Laurence Sivell, George Burley, Colin Harper, Brian Talbot, Alan Hunter, Kevin Beattie, Bryan Hamilton, Colin Viljoen, David Johnson (63 Eric Gates), Trevor Whymark, Clive Woods.   Trainer: Robert Robson
Goals: Bos (7), Hamilton (14)

HAMBURGER SV
v BOHEMIANS DUBLIN 3-0 (2-0)

Volksparkstadion, Hamburg   18.09.1974

Referee: Clive Thomas (WAL)   Attendance: 9,293

HAMBURGER SV: Rudi Kargus, Manfred Kaltz, Peter Nogly, Horst Bertl, Hans-Jürgen Ripp (60 Peter Krobbach), Klaus Winkler, Hans-Jürgen Sperlich, Klaus Zaczyk, Willi Reimann, Kurt Eigl, Georg Volkert.   Trainer: Kuno Klötzer

BOHEMIANS: Mick Smyth, Eamonn Gregg, Fran O'Brien (46 Niall Shelly), Tommy Kelly, Joe Burke, John Fullam, Pat Byrne, Padraig O'Connor, John McCormack, Terence Flanagan, Con Martin.

Goals: Volkert (24 pen, 31), Kaltz (68)

SERVETTE GENÈVE
v DERBY COUNTY FC 1-2 (1-0)

Stade des Charmilles, Genève   2.10.1974

Referee: Franz Wöhrer (AUS)   Attendance: 9,590

SERVETTE: Denis De Blaireville; Marc Schnyder, Christian Morgenegg, Jean-Luc Martin, Gilbert Guyot, Jürgen Sundermann (68 Frantz Barriquand), Hans-Jörg Pfister, Ueli Wegmann, Rolf Riner, Claude Andrey (63 Franco Marchi), Miodrag Petrović.   Trainer: Jürgen Sundermann

DERBY COUNTY: Colin Boulton, Ronald Webster, David Nish, Bruce Rioch, Peter Daniel, Colin Todd, Henry Newton, Archibald Gemmill, Jeffrey Bourne, Kevin Hector, Francis Lee.   Trainer: David Mackay

Goals: Martin (19), Lee (46), Hector (72)

BOHEMIANS DUBLIN
v HAMBURGER SV 0-1 (0-0)

Dalymount Park, Dublin   2.10.1974

Referee: Jean Bancourt (FRA)   Attendance: 7,000

BOHEMIANS: Mick Smyth, Eamonn Gregg, Niall Shelly, Tommy Kelly, Joe Burke, John Fullam, Pat Byrne, Padraig O'Connor, Turlough O'Connor, Terence Flanagan, Con Martin.

HAMBURGER SV: Rudi Kargus, Manfred Kaltz, Peter Nogly, Ole Björnmose (70 Peter Hidien), Hans-Jürgen Ripp, Klaus Winkler, Hans-Jürgen Sperlich, Klaus Zaczyk, Horst Bertl, Kurt Eigl, Georg Volkert.   Trainer: Kuno Klötzer

Goal: Bertl (87)

STOKE CITY v AJAX AMSTERDAM 1-1 (0-1)

Victoria Ground, Stoke-on Trent   18.09.1974

Referee: Alberto Michelotti (ITA)   Attendance: 37,145

STOKE CITY: John Farmer, John Marsh, Alan Dodd, Dennis Smith, Michael Pejic, John Mahoney, Alan Hudson, Geoffrey Salmons (72 James Robertson), Sean Haslegrave, Gerard "Terry" Conroy, James Greenhof.
Manager: Tony Waddington

AJAX: Piet Schrijvers, Pim van Dord, Horst Blankenburg, John Dusbaba, Ruud Krol, Henk van Santen, Arie Haan, Piet Keizer, Gerrie Mühren, Johnny Rep, Ruud Geels.   Trainer: Hans Kraay

Goals: Krol (27), Smith (78)

DERBY COUNTY FC
v SERVETTE GENÈVE 4-1 (3-0)

Baseball Ground, Derby   18.09.1974

Referee: Antonio Rigo Sureda (SPA)   Attendance: 17,716

DERBY COUNTY: Colin Boulton, Ronald Webster, David Nish, Bruce Rioch, Peter Daniel, Colin Todd, Henry Newton (56 Alan Hinton), Archibald Gemmill, Jeffrey Bourne, Kevin Hector, Francis Lee.   Trainer: David Mackay

SERVETTE: Denis De Blaireville; Marc Schnyder, Christian Morgenegg, Jean-Luc Martin, Gilbert Guyot, Franco Marchi, Hans-Jörg Pfister, Gérard Castella (50 Jürgen Sundermann, 63 Claude Andrey), Rolf Riner, Ueli Wegmann, Miodrag Petrović.   Trainer: Jürgen Sundermann

Goals: Hector (14, 47), Daniel (38), Lee (43), Petrović (71)

AJAX AMSTERDAM v STOKE CITY 0-0

Olympisch, Amsterdam   2.10.1974

Referee: Nicolae Rainea (ROM)   Attendance: 29,000

AJAX: Piet Schrijvers, Henk van Santen, Horst Blankenburg, John Dusbaba, Ruud Krol, Arie Haan, Gerrie Mühren, Piet Keizer (74 Arnold Mühren), Johnny Rep, Ruud Geels (80 Arno Steffenhagen), Jan Mulder.   Trainer: Hams Kraay

STOKE CITY: John Farmer, John Marsh, Alan Dodd, Dennis Smith, Michael Pejic, John Mahoney, Alan Hudson, Geoffrey Salmons, Sean Haslegrave (64 JamesRobertson), Geoffrey Hurst, James Greenhoff (75 Gerard "Terry" Conroy).
Manager: Tony Waddington

STURM GRAZ v ANTWERP FC 2-1 (1-0)

Bundesstadion Liebenau, Graz   18.09.1974

Referee: Petar Nikolov (BUL)   Attendance: 4369

STURM: Refik Muftic; Manfred Ruth, Heinz Russ, Anton Pichler, Manfred Wirth, Kjeld Seneca, Anton Ringert, Hubert Kulmer, Kurt Stendal, Robert Kaiser, Heinz Zamut (63 Walter Peintinger).

ANTWERP FC: Jean Trappeniers, Jos Van Riel, Jos Velser, Robert Geens, Xavier Caers, René De Sayere (75 Herman Houben), Jim De Schrijver, Jos Heyligen, Flemming Lund (70 Ove Eklund), Karl Kodat, Alfred Riedl.

Goals: Stendal (29), Kulmer (65), Heyligen (78)

ANTWERP FC v STURM GRAZ 1-0 (1-0)

Bosuil, Antwerp   2.10.1974

Referee: John Bartley Homewood (ENG)   Att: 8,903

ANTWERP FC: Jean Trappeniers, Jos Van Riel, Jos Velser, Robert Geens, Xavier Caers, René De Saeyere, Jim De Schrijver, Ove Eklund, Flemming Lund, Karl Kodat, Alfred Riedl (67 Herman Houben).

STURM: Refik Muftic, Manfred Ruth, Heinz Russ, Robert Kaiser, Manfred Wirth, Anton Pichler, Hubert Kulmer, Anton Ringert, Kurt Stendal (23 Gernot Jurtin), Kjeld Seneca, Heinz Zamut (78 Walter Peintinger).

Goal: Kodat (12)

**ETAR VELIKO TRNOVO
v INTERNAZIONALE MILANO 0-0**

Ivailo, Veliko Trnovo   18.09.1974

Referee: Hilmi Ok (TUR)   Attendance: 13,119

ETAR: Petar Petrov; Stefan Lulchev, Dimitar Mitov, Stefan Chakarov, Stefan Grozdanov, Velichkov, Ivan Petrov, Georgi Vasilev, Dimitar Zekov, Nikolai Kochev, Georgi Iliev (80 Petar Kirilov).

INTER: Ivano Bordon, Adriano Fedele, Gabriele Oriali; Sauro Catellani, Mario Giubertoni, Giacinto Facchetti; Giorgio Mariani (76 Carlo Muraro), Alessandro Mazzola, Roberto Boninsegna, Mario Bertini, Aldo Nicoli.
Trainer: Luis Suárez

**INTERNAZIONALE MILANO
v ETAR VELIKO TRNOVO 3-0** (1-0)

San Siro Milano   2.10.1974

Referee: Pablo Augusto Sánchez Ibañez (SPA)   Att: 19,778

INTER: Ivano Bordon, Adriano Fedele, Gabriele Oriali (70 Aldo Nicoli), Mario Bertini, Mario Giubertoni, Giacinto Facchetti, Giorgio Mariani, Alessandro Mazzola, Roberto Boninsegna, Nevio Scala (46 Graziano Bini), Adelio Moro.
Trainer: Luis Suárez

ETAR: Petar Petrov, Stefan Lulchev, Dimitar Mitov, Stefan Chakarov, Stefan Grozdanov, Velichkov, Ivan Petrov, Georgi Vasilev, Dimitar Zekov, Trifonov, Nikolai Kochev.

Goals: Oriali (32), Boninsegna (51, 90 pen)

**LOKOMOTIV PLOVDIV
v RÁBA ETO GYÖR 3-1** (2-1)

Lokomotiv, Plovdiv   18.09.1974

Referee: Kostantinos Xanthoulis (CYP)   Attendance: 30,000

LOKOMOTIV: Venko Kamburov; Iordan Iankov, Kosta Bosakov, Petar Uzunov, Nedialko Stamboliev; Ivan Kiuchukov, Mihail Georgiev, Hristo Bonev; Iordan Kichekov, Todor Ivanov, Nikolai Kurbanov.

RÁBA ETO: Dénes Földes; József Varga, Lajos Pozsgai, György Sebök, László Izsáki; Tibor Varsányi, József Somogyi, József Póczik; Mihály Pénzes, Sándor Mile, Róbert Glázer.
Trainer: Ferenc Farsang

Goals: Glázer (24), Kurbanov (43), Bonev (46), Kiuchukov (80)

**RÁBA ETO GYÖR
v LOKOMOTIV PLOVDIV 3-1** (3-1, 3-1) (AET)

Györ stadion   2.10.1974

Referee: John K. Taylor (ENG)   Attendance: 8,773

RÁBA ETO: Dénes Földes; József Varga, Lajos Pozsgai, György Sebök, László Izsáki; Tibor Varsányi, József Somogyi, József Póczik (.. László Horváth); Mihály Pénzes, János Stolcz, Róbert Glázer.   Trainer: Ferenc Farsang

LOKOMOTIV: Venko Kamburov; Kosta Bosakov, Iordan Iankov, Asen Balabanov (46 Ivan Kiuchukov), Nedialko Stamboliev, Mihail Georgiev; Todor Ivanov (84 Aliosha Dimitrov), Hristo Bonev; Georgi Vasilev, Iordan Kichekov, Nikolai Kurbanov.

Goals: Kichekov (4), Sebök (24), Pénzes (25), Glázer (28)

Penalties: 1-0 Stolcz; Kamburov (miss), 2-0 Pozsgai; 2-1 Bonev, 3-1 Somogyi; 3-2 Dimitrov, 4-2 Glázer; 4-3 Kichekov, Horváth (miss), 4-4 Georgiev, 5-4 Sebők; Stambuliev (miss)

**GÓRNIK ZABRZE
v PARTIZAN BEOGRAD 2-2** (0-0)

Górnik, Zabrze   18.09.1974

Referee: Károly Palotai (HUN)   Attendance: 18,744

GÓRNIK: Andrzej Fischer, Jan Wrazy, Jerzy Gorgon, Henryk Wieczorek, Jerzy Kisiel, Lucjan Kwasny, Alojzy Deja (74 Joachim Gorzawski), József Kurzeja, Herbert Kaszel, Andrzej Szarmach, Stanisław Gzil.

PARTIZAN: Blagoje Istatov; Blagoje Paunović, Vladimir Pejović, Novica Vulić, Radomir Antić, Ivan Golac, Refik Kozić, Momčilo Vukotić, Arandjel Todorović, Ilija Zavišić, Boško Djordjević.

Sent off: Golac (63)

Goals: Kurzeja (57), Kwasny (68), Zavišić (72), Vukotić (86)

PARTIZAN BEOGRAD v GÓRNIK ZABRZE 3-0 (1-0)

JNA, Beograd 2.10.1974

Referee: Nikola M. Dudin (BUL)   Attendance: 4,000

PARTIZAN: Milić, Novica Vulić, Zoran Vranes, Radomir Antić, Blagoje Paunović, Refik Kozić, Ilija Zavišić, Borcević, Momčilo Vukotić, Arandjel Todorović, Miodrag Zivaljević (.. Pavle Grubejsić).

GÓRNIK: Andrzej Fischer, Jerzy Kisiel (.. Jaroslaw Studzizba), Jerzy Gorgon, Henryk Wieczorek, Joachim Gorzawski, Lucjan Kwasny, Alojzy Deja, Józef Kurzeja, Ireneusz Lazurowicz, Andrzej Szarmach, Stanisław Gzil.

Goals: Vukotić (21), Borcević (79), Todorović (89)

RAPID WIEN v ARIS THESSALONIKI 3-1 (0-0)

Prater, Wien 18.09.1974

Referee: Jan Lazowski (POL)   Attendance: 11,974

RAPID: Helmut Maurer, Emil Krause, Egon Pajenk, Alfred Takacs (26 Karl Ritter), Norbert Hof, Werner Walzer, Herbert Gronen, Rainer Schlagbauer, Johann Krankl, August Starek, Ernst Dokupil.   Trainer: Ernst Hlozek

ARIS: Stelios Papafloratos, Theodoros Pallas, Hristos Nalbantis, Giorgos Foiros, Aggelos Spiridon, Kasapis, Kostas Drampis, Miltiadis Koumarias (81 Dimitris Stauridis), Alekos Alexiadis, Pasternakis (46 Giannis Balafas), Kostas Papaioannou.   Trainer: Branko Stanković

Goals: Pajenk (55), Ritter (83), Alexiadis (88), Krankl (90)

SPARTAK MOSKVA v VELEŽ MOSTAR 3-1 (2-1)

Lenin, Moskva 18.09.1974

Referee: Miroslav Zivny (CZE)   Attendance: 8,924

SPARTAK: Aleksandr Prokhorov, Vladimir Bukievski, Sergei Olshanski, Gennadi Logofet (61 Aleksandr Kokorev), Nikolai Osianin, Evgeni Lovchev, Mikhail Bulgakov, Aleksandr Minaev, Aleksandr Piskariev, Valeri Gladilin, Valeri Andreev (70 Vladimir Redin).

VELEŽ: Enver Marić, Miomir Meter, Džemal Hadžiabdić, Marko Colić, Boro Primorac, Vladimir Pecelj, Jadranko Topić, Marijan Kvesić, Dušan Bajević, Franjo Vladic (66 Dubravko Ledić), Momčilo Vukoje (76 Vahid Halilhodžić). Trainer: Sulejman Rebac

Goals: Piskariev (26), Gladilin (34), Bajević (38), Lovchev (50)

ARIS THESSALONIKI v RAPID WIEN 1-0 (0-0)

Toumpas, Thessaloniki 2.10.1974

Referee: Anatoli Ivanov (USSR)   Attendance: 14,153

ARIS: Stelios Papafloratos, Theodoros Pallas, Hristos Nalbantis, Giorgos Foiros, Aggelos Spiridon, Kasapis, Kostas Drampis, Miltiadis Koumarias (75 Dimitris Stauridis), Alekos Alexiadis, Pasternakis (46 Giannis Balafas), Kostas Papaioannou.   Trainer: Branko Stanković

RAPID: Helmut Maurer, Emil Krause, Egon Pajenk, Alfred Takacs, Norbert Hof, Werner Walzer, Herbert Gronen (59 Gerhard Sturmberger), Rainer Schlagbauer (82 Ernst Dokupil), Johann Krankl, Karl Ritter, August Starek. Trainer: Ernst Hlozek

Goal: Alexiadis (54)

VELEŽ MOSTAR v SPARTAK MOSKVA 2-0 (0-0)

Gradski, Mostar 2.10.1974

Referee: Nicolae Petriceanu (ROM)   Attendance: 4,672

VELEŽ: Slobodan Mrgan, Miomir Meter, Mulahasanović, Džemal Hadžiabdić, Marko Colić, Boro Primorac, Vladimir Pecelj, Jadranko Topić, Marijan Kvesić (.. Dubravko Ledić), Vahid Halilhodžić, Franjo Vladić (.. Momčilo Vukoje). Trainer: Sulejman Rebac

SPARTAK: Aleksandr Prokhorov, Vladimir Bukievski, Sergei Olshanski, Nikolai Osianin, Evgeni Lovhcev, Aleksandr Minaev, Valeri Zenkov, Aleksandr Kokorev, Valeri Gladilin (73 Sergei Rozhkov), Valeri Andreev (68 Mikhail Bulgakov), Aleksandr Piskariev.

Goals: Colić (53), Topić (85)

SSC NAPOLI v VIDEOTON SC SZÉKESFEHÉRVÁR 2-0 (0-0)

Stadio San Paolo, Napoli 18.09.1974

Referee: Paul Bonett (MAL)   Attendance: 48,681

SSC NAPOLI: Pietro Carmignani, Giuseppe Bruscolotti, Luigi Pogliana; Tarciso Burgnich, Antonio La Palma, Andrea Orlandini, Rosario Rampanti, Antonio Juliano, Sergio Clerici, Salvatore Esposito, Giorgio Braglia (46 Giuseppe Massa). Trainer: Luis Vinicius de Menezes "Vinicio"

VIDEOTON: László Kovács; Gábor Hartyáni, János Nagy III, Gábor Fejes, Károly Czeczeli; József Kovács, László Karsai, Imre Burka; Tibor Wollek (68 Tamás Szalmásy), János Nagy II, László Tieber.   Trainer: Ferenc Kovács

Goals: Massa (46), Pogliana (72)

**VIDEOTON SZÉKESFEHÉRVÁR
v SSC NAPOLI 1-1** (1-1)

Sóstói, Székesfehérvár 2.10.1974

Referee: Rudolf Frickel (WG)   Attendance: 6,486

VIDEOTON: László Kovács; Gábor Hartyáni, János Nagy III, Gábor Fejes, Károly Czeczeli (77 Ferenc Csongradi); János Nagy II, Imre Burka, László Karsai; Ferenc Nyitray (55 Sándor Jankovics), Tibor Wollek, Tamás Szalmásy.
Trainer: Ferenc Kovács

SSC NAPOLI: Pietro Carmignani, Giuseppe Bruscolotti, Luigi Pogliana; Tarciso Burgnich, Antonio La Palma, Andrea Orlandini; Rosario Rampanti (46 Giuseppe Massa), Antonio Juliano, Sergio Clerici, Salvatore Esposito, Giorgio Braglia.
Trainer: Luis Vinicius de Menezes "Vinicio"

Goals: Wollek (9), Braglia (18)

**ROSENBORG BK TRONDHEIM
v HIBERNIAN FC EDINBURGH 2-3** (0-2)

Lerkendal, Trondheim 18.09.1974

Referee: Jan Peeters (BEL)   Attendance: 6,537

ROSENBORG BK: Arve Thunshelle; Erling Meirik, Kåre Ronnes, Bjørn Rime, Oistein Wormdahl, Anders Farstad, Jan Christiansen, Erling Naess, Harald Sunde (.. Svend Didrichsen), Odd Iversen, Eivind Garberg.

HIBERNIAN: James McArthur; John Brownlie, Eric Schaedler, Patrick Stanton, Derek Spalding, John Blackley, Alex Edwards, Alexander Cropley, Joseph Harper, Alan Gordon, Iain Munro.

Goals: Stanton (18), Gordon (37), Cropley (59), Iversen (60, 90)

**SSW INNSBRUCK
v BORUSSIA MÖNCHENGLADBACH 2-1** (0-0)

Tivoli, Innsbruck 18.09.1974

Referee: Jozef Korcek (CZE)   Attendance: 16,000

SSW: Friedrich Koncilia; Engelbert Kordesch, Rudolf Horvath, Johann Eigenstiller (62 Helmut Metzler), Werner Kriess, Hans Rebele (43 Werner Schwarz), Franz Oberacher, Othmar Bajlics, Ove Flindt-Bjerg, Manfred Gombasch, Günter Rinker.   Trainer: Branko Elsner

BORUSSIA: Wolfgang Kleff, Hans-Hubert Vogts, Walter Posner (31 Lorenz Hilkes, 71 Karl Del'Haye), Hans-Jürgen Wittkamp, Rainer Bonhof, Ulrich Surau, Henning Jensen, Uli Stielike, Allan Simonsen, Lorenz-Günter Köstner, Josef Heynckes.   Trainer: Hennes Weisweiler

Goals: Flindt (53, 55), Heynckes (62)

**HIBERNIAN FC EDINBURGH
v ROSENBORG BK TRONDHEIM 9-1** (5-1)

Easter Road Park, Edinburgh 2.10.1974

Referee: Gudmundur Haraldsson (ICE)   Attendance: 12,379

HIBERNIAN: James McArthur; John Brownlie (.. Desmond Bremner), Eric Schaedler, Patrick Stanton, Derek Spalding, John Blackley, Alex Edwards, Alexander Cropley, Joseph Harper, Alan Gordon, Iain Munro.

ROSENBORG BK: Arve Thunshelle; Erling Meirik, Kåre Ronnes, Bjørn Rime, Oistein Wormdahl, Svend Didrichsen, Jan Christiansen, Anders Farstad, Eivind Garberg, Odd Iversen, Harald Sunde.

Goals: Iversen (16), Harper (19, 22), Munro (20, 33), Stanton (37, 85), Cropley (61 pen, 80 pen), Gordon (69)

**BORUSSIA MÖNCHENGLADBACH
v SSW INNSBRUCK 3-0** (1-0)

Bökelberg, Mönchengladbach 2.10.1974

Referee: Ernst Dörflinger (SWI)   Attendance: 17,041

BORUSSIA: Wolfgang Kleff, Hans-Hubert Vogts, Hans Klinkhammer (67 Christian Kulik), Hans-Jürgen Wittkamp, Rainer Bonhof, Uli Stielike, Allan Simonsen, Herbert Wimmer, Henning Jensen (70 Karl Del'Haye), Lorenz-Günter Köstner, Josef Heynckes.   Trainer: Hennes Weisweiler

SSW: Friedrich Koncilia; Engelbert Kordesch, Rudolf Horvath, Johann Eigenstiller, Werner Kriess (52 Bruno Pezzey), Hans Rebele, Franz Oberacher, Othmar Bajlics, Ove Flindt-Bjerg, Manfred Gombasch, Günter Rinker (46 Helmut Metzler).   Trainer: Branko Elsner

Goals: Vogts (17), Heynckes (66), Jensen (70)

**START KRISTIANSAND
v DJURGÅRDENS IF STOCKHOLM 1-2** (0-1)

Kristiansand 18.09.1974

Referee: Preben Chritophersen (DEN)   Attendance: 4,100

START: Roy Amundsen, Trond Pedersen, Thorgny Svenssen, Svein Kaalaas, Kaj Ljösdal, Odd Frivold, Reidar Flaa, Sven Otto Birkeland, Svein Mathisen, Kenneth Fjelde (60 Gunnar Jonassen), Helge Skuseth.

DJURGÅRDENS: Björn Alkeby, Tommy Davidsson, Tommy Berggren, Sven Lindman, Per-Olof Erixon, Curt Olsberg, Kjell Karlsson, Kjell Samuelsson, Håkan Stenback, Harry Svensson, Arne Skotte.

Goals: H. Svensson (17), Skotte (54), S. Mathisen (82)

**DJURGÅRDENS IF STOCKHOLM
v START KRISTIANSAND 5-0** (0-0)

Olympiastadion, Stockholm   2.10.1974

Referee: Marian Srodecki (POL)   Attendance: 322

DJURGÅRDENS: Björn Alkeby, Tommy Davidsson, Berger Jacobsson, Sven Lindman, Per-Olof Erixon, Curt Olsberg, Kjell Karlsson, Kjell Samuelsson, Håkan Stenback, Harry Svensson, Arne Skotte.

START: Roy Amundsen, Trond Pedersen, Thorgny Svenssen, Reidar Flaa, Kaj Ljösdal, Helge Skuseth, Odd Frivold, Tor Helge Stensland, Kenneth Fjelde (.. Gunnar Jonassen), Sven Otto Birkeland, Svein Mathisen

Goals: Samuelsson (63), Stenback (65), K. Karlsson (70, 88), Skotte (87)

**RWD MOLENBEEK BRUSSEL
v DUNDEE FC 1-0** (0-0)

Stade Edmond Machtens, Brussel   18.09.1974

Referee: César da Luz Dias Correia (POR)   Att: 15,000

RWD: Nico de Bree, Eric Dumon (64 Alex Lafont), Kresten Bjerre, Gérard Desanghere, Maurice Martens, Benny Nielsen, Jan Boskamp, Odilon Polleunis, Eddy Koens, Willy Wellens, Jacques Teugels.

DUNDEE FC: Thomson Allan, Robert Wilson, Thomas Gemmell, Alex Caldwell (69 Ian Anderson), George Stewart, Iain Phillip, Ian Scott, Robert Robinson, Robert Hutchinson, John Scott, David Johnston.

Goal: Wellens (88)

**1.FC KÖLN
v KOKKOLAN PALLO-VEIKOT 5-1** (4-0)

Radrennbahn, Köln   18.09.1974

Referee: Norbert Rolles (LUX)   Attendance: 5,000

1.FC KÖLN: Harald Schumacher, Harald Konopka, Jürgen Glowacz, Gerd Strack (61 Herbert Zimmermann), Bernd Cullmann, Heinz Simmet, Peter Ehmke (54 Herbert Neumann), Heinz Flohe, Dieter Müller, Wolfgang Overath, Johannes Löhr.   Trainer: Zlatko Cajkovski

KOKKOLAN PV: Gunnar Isosaari, Esa Korhonen (61 Raimo Mattila), Matti Leskelä, Seppo Mäkelä, Kenth Myntti, Tapio Raatikainen, Raimo Sorvisto, Olavi Paavolainen, Arvo Lamberg (67 Henry Bergström), Vesa Kallio, Hannu Lamberg.

Goals: Löhr (1), Müller (12, 25), Overath (33), Mäkelä (48), Flohe (84)

**DUNDEE FC
v RWD MOLENBEEK BRUSSEL 2-4** (1-2)

Dens Park, Dundee   2.10.1974

Referee: Heinz Einbeck (DDR)   Attendance: 9,709

DUNDEE FC: Thomson Allan, Robert Wilson (.. James Wilson), Thomas Gemmell, Robert Ford, Alex Caldwell, Iain Phillip, Robert Robinson, John Duncan, Robert Hutchinson, John Scott, David Johnston.

RWD: Nico de Bree, Eric Dumon, Kresten Bjerre, Gérard Desanghere, Maurice Martens, Benny Nielsen, Jan Boskamp, Odilon Polleunis, Eddy Koens, Willy Wellens, Jacques Teugels.

Goals: Duncan (12), Teugels (33), Boskamp (39), J. Scott (51), Wellens (70), Koens (88)

**KOKKOLAN PALLO-VEIKOT
v 1.FC KÖLN 1-4** (0-0)

Keskuskenttä, Kokkola   2.10.1974

Referee: B. Nielsen (DEN)   Attendance: 3,000

KOKKOLAN PV: Gunnar Isosaari, Esa Korhonen (13 Raimo Mattila), Matti Leskelä, Seppo Mäkelä, Kenth Myntti, Tapio Raatikainen, Raimo Sorvisto, Olavi Paavolainen,, Henry Bergström (63 Arvo Lamberg), Vesa Kallio, Hannu Lamberg.

1.FC KÖLN: Harald Schumacher, Harald Konopka, Herbert Zimmermann (25 Winfried Berkemeier), Wolfgang Weber, Bernd Cullmann, Heinz Simmet, Jürgen Glowacz, Herbert Neumann, Dieter Müller, Wolfgang Overath, Johannes Löhr.   Trainer: Zlatko Cajkovski

Goals: Neumann (50), Löhr (60 pen), Lamberg (75), Simmet (85, 88)

**FC PORTO
v WOLVERHAMPTON WANDERERS FC 4-1** (3-0)

Estádio das Antas, Porto   18.09.1974

Referee: Robert Héliès (FRA)   Attendance: 21,909

FC PORTO: António José Oliveira Meireles "TIBI", Alfredo Manuel Ferreira Silva MURÇA, José ROLANDO Andrade Gonçalves (46 MARCO AURÉLIO Berg), Adelino de Jesús TEIXEIRA, Carlos Antonio Fonseca SIMÕES, RODOLFO Reis Ferreira, António Francisco VIEIRA NUNES, Teofilo CUBILLAS, ABEL Fernando Miglieti (58 António José de LEMOS), FLÁVIO Almeida da Fonseca, Fernando Mendes Soares GOMES.   Trainer: Aimoré MOREIRA

WANDERERS: Phillip Parkes, Geoffrey Palmer, Derek Parkin, Mike Bailey, Francis Munro, John McAlle, Kenny Hibbitt, Barry Powell (73 Steve Daley), Alan Sunderland, Derek Dougan (46 Stephen Kindon), John Farley.   Manager: Bill McGarry

Goals: McAlle (3 og), Cubillas (37), Flávio (41), Bailey (63), Gomes (69)

WOLVERHAMPTON WANDERERS
v FC PORTO 3-1 (1-1)

Molineux, Wolverhampton 2.10.1974

Referee: Adolf Prokop (DDR)   Attendance: 15,924

WANDERERS: Phillip Parkes, Geoffrey Palmer, Derek Parkin, Mike Bailey, Francis Munro, John McAlle, Kenny Hibbitt, Steve Daley, John Richards, Derek Dougan, Alan Sunderland.   Manager: Bill McGarry

FC PORTO: António José Oliveira Meireles "TIBI", Alfredo Manuel Ferreira Silva MURÇA, José ROLANDO Andrade Gonçalves, GABRIEL Azevedo Mendes, LEOPOLDO José Nogueira Amorim, RODOLFO Reis Ferreira, António Francisco VIEIRA NUNES, Carlos Antonio Fonseca SIMÕES, Eduardo LAURINDO Silva (77 António José de LEMOS), Teofilo CUBILLAS, Fernando Mendes Soares GOMES (77 António Luis Alves Ribeiro de OLIVEIRA).
Trainer: Aimoré MOREIRA

Goals: Bailey (3), Cubillas (37), Daley (46), Dougan (79)

FC AMSTERDAM
v HIBERNIANS PAOLA 5-0 (1-0)

Olympisch, Amsterdam 18.09.1974

Referee: Lorwerth Price Jones (WAL)   Attendance: 3,007

FC AMSTERDAM: Jan Jongbloed, Frits Flinkevleugel, Tjeerd Koopman, Jan Fransz, Rob Bianchi, Klaas Karte, Chris Dekker, Leen van der Merkt, Theo Husers, Nico Jansen, Gerard van der Lem (.. Heini Otto).   Trainer: Pim van de Meent

HIBERNIANS: Alfred Mizzi, Tony Zerafa, Bertu Carter, Zarb, Sonny Gouder, Buhega (.. Camilleri), Alfred Mallia, Gatt, Christopher Vella (.. Norman Buttigieg), Ernest Spiteri-Gonzi, Joe Muscat.

Goals: Husers (5), N. Jansen (46, 48), Koopman (80), Otto (88)

HIBERNIANS PAOLA
v FC AMSTERDAM 0-7 (0-2)

Olympisch, Amsterdam 22.09.1974

Referee: Walter Eschweiller (WG)   Attendance: 2,000

HIBERNIANS: Alfred Mizzi, Tony Zerafa, Bertu Carter, Zarb, Sonny Gouder, Camilleri (.. Tony Spiteri Gonzi), Alfred Mallia, Gatt, Christopher Vella (.. Buhega), Ernest Spiteri-Gonzi, Joe Muscat.

FC AMSTERDAM: Jan Jongbloed, Frits Flinkevleugel, Tjeerd Koopman, Jan Fransz, Rob Bianchi, Klaas Karte, Chris Dekker, Jaap Visser, Theo Husers (.. Heini Otto), Nico Jansen, Gerard van der Lem (.. Geert Meijer).   Trainer: Pim van de Meent

Goals: Fransz (17), Husers (29), Dekker (47), Nico Jansen (49, 56), Karte (53, 75)

REAL SOCIEDAD SAN SEBASTIÁN
v BANÍK OSTRAVA 0-1 (0-0)

Atocha, San Sebastián 18.09.1974

Referee: Robert Schaut (BEL)   Attendance: 28,069

REAL SOCIEDAD: Francisco González URRUTICOECHEA, Francisco GORRITI Sarasola, José MARTÍNEZ Muguerza, Ignacio CORTABARRÍA Abarrategui, Luciano MURILLO Vega (26 Juan Antonio de la Hoz URANGA), José DIEGO Álvarez Álvarez, Dionisio URREISTI Beristain, José Agustín Aranzábal Ascasibar "GAZTELU"; José María ARAQUISTÁIN Oñaederra (68 Carmelo AMAS Méndez), Fernando ANSOLA Sanmartín, Marco Aurelio BORONAT Gimeno.
Trainer: Andoni ELIZONDO Mendiola

BANÍK: Pavol Michalík; Lumír Mochel, Rostislav Vojáček, František Huml, Zdeněk Rygel; Lubomír Knapp, Jiří Hudeček, Miroslav Mička, Josef Tondra; Petr Slaný, Milan Albrecht.
Trainer: Tomáš Pospíchal

Goal: Mička (63)

BANÍK OSTRAVA
v REAL SOCIEDAD SAN SEBASTIÁN 4-0 (2-0)

Stadión na Bazaloch, Ostrava 2.10.1974

Referee: Miloš Cajić (YUG)   Attendance: 25,000

BANÍK: Pavol Michalík; Lumír Mochel, Rostislav Vojáček, František Huml, Zdeněk Rygel; Lubomír Knapp (46 Jiří Hudeček), Miroslav Mička, Josef Tondra; Petr Slaný, Rostislav Sionko (16 Jozef Kolečko), Milan Albrecht.
Trainer: Tomáš Pospíchal

REAL SOCIEDAD: Pedro María ARTOLA Urrutia; Francisco GORRITI Sarasola, José MARTÍNEZ Muguerza, Juan Antonio de la Hoz URANGA, José Agustín Aranzábal Ascasibar "GAZTELU"; Ignacio CORTABARRÍA Abarrategui, Carmelo AMAS Méndez, José DIEGO Álvarez Álvarez (71 José Antonio CORCUERA Oca); Santiago IDÍGORAS Bilbao, Dionisio URREISTI Beristain (53 José María ARAQUISTÁIN Oñaederra), Marco Aurelio BORONAT Gimeno.
Trainer: Andoni ELIZONDO Mendiola

Goals: Vojáček (10), Slaný (30), Albrecht (66), Kolečko (86)

FC NANTES v LEGIA WARSZAWA 2-2 (0-1)

Stade Marcel Saupin, Nantes 18.09.1974

Referee: J.A. Ismael Baltasar (POR)   Attendance: 13,156

FC NANTES: Jean-Paul Bertrand-Demanes; Raynald Denoueix, Ugo Bargas, Patrice Rio, Gabriel De Michele, Henri Michel, Omar Sahnoun, Bernard Vendrely, Ugo Curioni, Gilles Rampillon, Loic Amisse.   Trainer: José Arribas

LEGIA: Piotr Mowlik, Adam Topolski, Feliks Niedziółka, Leslaw Cmikiewicz, Waldemar Tuminski, Tadeusz Cypka (75 Jerzy Jagiello), Stefan Bialas, Kazimierz Deyna, Tadeusz Nowak, Wladyslaw Dabrowski, Jan Pieszko.

Goals: Bialas (17), Pieszko (49), Cmikiewicz (66 og), Michel (69 pen)

LEGIA WARSZAWA v FC NANTES 0-1 (0-0)

Stadion Wojska Polskiego, Warszawa   2.10.1974

Referee: Rolf Haugen (NOR)   Attendance: 4,767

LEGIA: Piotr Mowlik, Adam Topolski, Feliks Niedziolka, Leslaw Cmikiewicz, Waldemar Tuminski, Jan Pieszko (.. Wieslaw Pacocha), Stefan Bialas, Kazimierz Deyna, Tadeusz Nowak, Wladyslaw Dabrowski (.. Bogdan Kwapisz), Robert Gadocha.

FC NANTES: Jean-Paul Bertrand-Demanes; Raynald Denoueix, Ugo Bargas, Patrice Rio, Maxime Bossis, Henri Michel, Michel Pech, Denis Mérigot, Ugo Curioni, Gilles Rampillon, Loic Amisse.   Trainer: José Arribas

Goal: Rampillon (65)

**FC VORWÄRTS FRANKFURT am ODER
v JUVENTUS TORINO 2-1** (1-1)

Stadion der Freundschaft, Frankfurt am Oder   18.09.1974

Referee: Charles Corver (HOL)   Attendance: 16,255

VORWÄRTS: Rolf-Dieter Kahnt (15 Eckhardt Kreutzer), Lothar Hause, Gerd Schuth, Wolfgang Andressen, Rainer Withulz, Horst Wruck (69 Wolfgang Strübing), Hans-Hermann Herbst, Horst Krautzig, Jürgen Pfefferkorn, Frieder Andrich, Jürgen Piepenburg.   Trainer: Gerhard Reichelt

JUVENTUS: Dino Zoff, Gaetano Scirea, Luciano Spinosi, Francesco Morini, Antonello Cuccureddu, Giuseppe Furino, Franco Causio, Fabio Capello, Giuseppe Damiani, Pietro Anastasi, Roberto Bettega.   Trainer: Carlo Parola

Goals: Schuth (3), Capello (8), Krautzig (74)

**JUVENTUS TORINO v FC VORWÄRTS
FRANKFURT am ODER 3-0** (2-0)

Stadio Comunale, Torino   2.10.1974

Referee: Kenneth Howard Burns (ENG)   Att: 44,914

JUVENTUS: Dino Zoff, Luciano Spinosi, Antonello Cuccureddu, Giuseppe Furino, Gentile, Gaetano Scirea (88 Francesco Morini), Giuseppe Damiani (63 José Altafini), Franco Causio, Pietro Anastasi, Fabio Capello, Roberto Bettega.   Trainer: Carlo Parola

VORWÄRTS: Eckhardt Kreutzer, Gerd Schuth, Wolfgang Andressen (37 Wolfgang Strübing), Rainer Withulz, Lothar Hause, Horst Wruck (70 Reinhard Segger), Hans-Hermann Herbst, Frieder Andrich, Jürgen Pfefferkorn, Horst Krautzig, Jürgen Piepenburg.   Trainer: Gerhard Reichelt

Goals: Anastasi (17), Hause (34 og), Altafini (83)

**BEŞIKTAŞ ISTANBUL
v STEAGUL ROŞU BRAŞOV 2-0** (0-0)

Ismet Inönü, Istanbul   18.09.1974

Referee: Vladimir Rudnev (USSR)   Attendance: 12,157

BEŞIKTAŞ: Sabri Dino; Ahmet Börtüçere, Zekeriya Alp, Milic, Niko Kovi; Lütfü Isigöllü, Ahmet II (46 Vedat Okyar); Sinan Alayoglu, Tezcan Özan, Kahraman Kartaloglu (63 Sanli Sarialioglu), Tugrul Sener.   Trainer: Türel Metin

STEAGUL ROŞU: Stere Adamache; Adrian Hîrlab, Iuliu Jenei, Marius Ciugarin, Ion Mateescu; Gheorghe Şerbănoiu, Alexandru Gergely, Petru Kadar; Vasile Papuc (26 Mihai Iambor), Nicolae Pescaru (70 Valentin Miclos), Csaba Györfi.   Trainers: Nicolae Proca & Alexandru Meszaros

Goals: Sinan (64), Teczan (90)

**STEAGUL ROŞU BRAŞOV
v BEŞIKTAŞ ISTANBUL 3-0** (0-0)

Tineretului, Braşov   2.10.1974

Referee: Mitko Tchokov (BUL)   Attendance: 9,515

STEAGUL ROŞU: Stere Adamache; Adrian Hîrlab, Ion Nagy, Ion Mihăilescu, Ion Mateescu; Gheorghe Şerbănoiu, Petru Kadar, Alexandru Gergely; Vasile Papuc (67 Mihai Iambor), Nicolae Pescaru, Csaba Györfi.   Trainer: Nicolae Proca

BEŞIKTAŞ: Sabri Dino; Ahmet Börtüçere, Niko Kovi, Lütfü Isigöllü, Zekeriya Alp; Vedat Okyar, Milic (28 Sanli Sarialioglu), Kahrman Kartaloglu; Sinan Alayoglu, Tezcan Özan, Tügrül Sener (80 Mesut Sen).   Trainer: Türel Metin

Goals: Kadar (87), Şerbănoiu (88, 90)

BOLUSPOR v DINAMO BUCUREŞTI 0-1 (0-1)

Seheir, Bolu   18.09.1974

Referee: Giulio Ciacci (ITA)   Attendance: 2,116

BOLUSPOR: Talip; Ibrahim, Nuri, Aleatin I, Fikret; Ridvan, Haydar (75 Aleatin II); Mustafa, Vahet (46 Sadullah), Cetin Erdogan, Şükrü.   Trainer: Valeriu Neagu

DINAMO: Mircea Constantinescu; Florin Cheran, Vasile Dobrău, Alexandru Sătmăreanu, Augustin Pax Deleanu; Gabriel Sandu, Cornel Dinu, Radu Nunweiller; Viorel Sălceanu, Toma Zamfir, Alexandru Custov.   Trainers: Dumitru Nicolae Nicuşor & Lică Nunweiller

Goal: R. Nunweiller (36)

DINAMO BUCUREŞTI v BOLUSPOR 3-0 (1-0)

Dinamo, Bucureşti   2.10.1974

Referee: Marian Kuston (POL)   Attendance: 18,000

DINAMO: Mircea Constantinescu; Florin Cheran (72 Teodor Lucuţă), Vasile Dobrău, Alexandru Sătmăreanu, Augustin Pax Deleanu; Cornel Dinu, Viorel Sălceanu, Radu Nunweiller; Florea Dumitrache, Dudu Georgescu (51 Alexandru Custov), Mircea Lucescu.

BOLUSPOR: Talip; Ibrahim, Nuri, Alaetin I, Fikret; Haydar; Ridvan, Şükrü; Vahtet (32 Sadullah), Cetin Erdogan, Mustafa.

Goals: Dinu (36), Dumitrache (58), Lucescu (85)

GRASSHOPPER-CLUB ZÜRICH
v PANATHINAIKOS ATHINA 2-0 (1-0)

Hardturm, Zürich   18.09.1974

Referee: Zdenek Jelinek (CZE)   Attendance: 9,000

GRASSHOPPER: Hans Stemmer, Hansruedi Staudenmann, Thomas Niggl, Rainer Ohlrauser, Hans Niggl, Christian Gross, Alfons Bosco (56 Adolf Noventa), André Meyer, Slobodan Santrač, Ove Grahn, Rudolf Elsener.   Trainer: Vogel

PANATHINAIKOS: Panagiotis Oikonomopoulos, Giorgos Gonios, Giorgos Vlahos, Kostas Eleutherakis, Anthimos Kapsis, Dinos Kampas, Grammos (73 Fuchs), Dimitris Dimitriou, Antonis Antoniadis, Dimitris Domazos, Panagiotis Filakouris.   Trainer: Stjepan Bobek

Goals: Elsener (2), Grahn (83)

PANATHINAIKOS ATHINA
v GRASSHOPPER-CLUB ZÜRICH 2-1 (0-1)

Leoforou Alexandras stadium, Athina   3.10.1974

Referee: Gheorghe Limona (ROM)   Attendance: 17,000

PANATHINAIKOS: Panagiotis Oikonomopoulos, Giorgos Vlahos, Kostas Athanasopoulos (35 Panagiotis Filakouris), Kostas Eleutherakis, Anthimos Kapsis, Dinos Kampas, Fuchs (66 Takis Papadimitriou), Dimitris Dimitriou, Antonis Antoniadis, Dimitris Domazos, Giorgos Karaiskos. Trainer: Stjepan Bobek

GRASSHOPPER: Hans Stemmer; Luca Bonacic, Thomas Niggl, Rainer Ohlrauser, Hans Niggl, Christian Gross, Rudolf Elsener (46 Roland Rehmann), André Meyer, Slobodan Santrač, Ove Grahn, Adolf Noventa.   Trainer: Vogel

Goals: Santrač (8), Antoniadis (74, 82)

KB KØBENHAVN v ATLÉTICO MADRID 3-2 (1-1)

Idrætspark, København   19.09.1974

Referee: Rolf Nyhus (NOR)   Attendance: 16,400

KB: Ole Qvist, Ole Højgaard, Niels Krogdahl, Anders Sørensen, Eggert Jensen, Leif Skjolden, Henrik Bernburg, Søren Andreasen, Niels-Christian Holmstrøm, Niels Sørensen, Karl Aage Skouborg. Trainer: Mario Astorri (Ita)

ATLÉTICO: Miguel REINA Santos, Francisco Delgado MELO, Ramón Armando HEREDIA Dionisio, EUSEBIO Bejarano Vilaroz, José Luis CAPÓN González; MARCELINO Pérez Ayllón (46 LUIS Aragonés Suárez), Javier IRURETAgoyena Amiano, Eugenio LEAL Vargas (55 Francisco Javier BERMEJO Caballero), Manuel SALCEDO Sánchez Blanca, José Eulogio GÁRATE Ormaechea, Rubén Hugo AYALA Zanabria.   Trainer: Juan Carlos LORENZO

Goals: V. N. Sørensen (6), Ayala (44), Holmstrøm (48), Salcedo (49), Bernburg (53)

ATLÉTICO MADRID v KB KØBENHAVN 4-0 (1-0)

Estadio Vicente Calderón, Madrid   2.10.1974

Referee: Anthony Briguglio (MAL)   Attendance: 32,469

ATLÉTICO: Miguel REINA Santos, Francisco Delgado MELO, Ramón Armando HEREDIA Dionisio (80 Rubén Osvaldo "PANADERO" DÍAZ Figueroa), José Luis CAPÓN González, ADELARDO Rodríguez Sánchez, Domingo BENEGAS Jiménez, Javier IRURETAgoyena Amiano, Eugenio LEAL Vargas, Manuel SALCEDO Sánchez Blanca, José Eulogio GÁRATE Ormaechea, Heraldo BECERRA Nuñes (53 ALBERTO Fernández Fernández).
Trainer: Juan Carlos LORENZO

KB: Ole Qvist, Ole Højgaard, Eggert Jensen (53 Lindby), Niels Krogdahl (77 Flemming Pedersen), Anders Sørensen, Leif Skjolden, Niels-Christian Holmstrøm, Henrik Bernburg, Niels Sørensen, Søren Andreasen, Karl Aage Skouborg.
Trainer: Mario Astorri

Goals: Leal (44), Irureta (51, 60), Gárate (78)

Pezoporikos Larnaca of Cyprus withdrew so Dukla Praha qualified for the next round.

SECOND ROUND

BORUSSIA MÖNCHENGLADBACH
v OLYMPIQUE LYON 1-0 (1-0)

Bökelberg, Mönchengladbach   22.10.1974

Referee: Marijan Rauš (YUG)   Attendance: 4,769

BORUSSIA: Wolfgang Kleff, Hans-Hubert Vogts, Ulrich Surau (33 Lorenz-Günter Köstner), Hans-Jürgen Wittkamp, Rainer Bonhof, Uli Stielike, Allan Simonsen, Herbert Wimmer, Henning Jensen, Christian Kulik (75 Karl Del'Haye), Josef Heynckes.   Trainer: Hennes Weisweiler

OLYMPIQUE: Yves Chauveau; Raymond Domenech, Ljubomir Mihajlovic, Robert Valette, Albert Domenech, Robert Cacchioni, Ildo Maneiro, Serge Chiesa, Bernard Lacombe, Jean-Paul Bernad (60 Alain Thiry), Yves Mariot. Trainer: Aimé Mignot

Goal: Simonsen (8)

OLYMPIQUE LYON
v BORUSSIA MÖNCHENGLADBACH 2-5 (1-2)

Stade Gerland, Lyon   5.11.1974

Referee: Antonio Camacho Jiménez (SPA)   Att: 35,000

OLYMPIQUE: Yves Chauveau; Raymond Domenech, Ljubomir Mihajlovic, Zuang, Albert Domenech, Robert Valette, Ildo Maneiro (57 Alain Thiry), Serge Chiesa, Bernard Lacombe, Jean-Paul Bernad, Michel Maillard.
Trainer: Aimé Mignot

BORUSSIA: Wolfgang Kleff, Hans-Hubert Vogts, Uli Stielike, Dietmar Danner (46 Hans Klinkhammer), Rainer Bonhof, Hans-Jürgen Wittkamp, Allan Simonsen, Lorenz-Günter Köstner, Henning Jensen, Christian Kulik (82 Horst Köppel), Herbert Wimmer.   Trainer: Hennes Weisweiler

Goals: Valette (1), Bonhof (23, 50), Simonsen (28, 89), Kulik (64), R. Domenech (71)

INTERNAZIONALE MILANO
v FC AMSTERDAM 1-2 (0-2)

San Siro, Milano   23.10.1974

Referee: John K. Taylor (ENG)   Attendance: 19,281

INTER: Ivano Bordon, Adriano Fedele, Giacinto Facchetti (57 Graziano Bini), Mario Giubertoni, Gabriele Oriali, Mario Bertini, Alessandro Mazzola, Adelio Moro (57 Carlo Muraro), Aldo Nicoli, Roberto Boninsegna, Giorgio Mariani.
Trainer: Luis Suárez

FC AMSTERDAM: Jan Jongbloed, Frits Flinkevleugel, Tjeerd Koopman, Jan Fransz, Rob Bianchi, Theo Husers, Chris Dekker, Leen van der Merkt, Heini Otto, Nico Jansen (87 Jaap Visser), Gerard van der Lem (74 Geert Meijer).
Trainer: Pim van de Meent

Goals: Nico Jansen (6, 38), Boninsegna (73)

FC AMSTERDAM
v INTERNAZIONALE MILANO 0-0

Olympisch, Amsterdam   6.11.1974

Referee: Franz Wöhrer (AUS)   Attendance: 8,677

FC AMSTERDAM: Jan Jongbloed, Frits Flinkevleugel (79 Jaap Visser), Jan Fransz, Tjeerd Koopman, Rob Bianchi, Leen van der Merkt, Chris Dekker, Theo Husers, Gerard van der Lem, Nico Jansen, Heini Otto.   Trainer: Pim van de Meent

INTER: Lido Vieri, Viviano Guida, Adriano Fedele (83 Nevio Scala), Sauro Catellani, Mario Giubertoni, Graziano Bini; Carlo Muraro, Alessandro Mazzola, Roberto Boninsegna (79 Giorgio Mariani), Gabriele Oriali, Aldo Nicoli.   Trainer: Luis Suárez

FC NANTES v BANÍK OSTRAVA 1-0 (1-0)

Stade Marcel Saupin, Nantes   23.10.1974

Referee: Günter Männig (DDR)   Attendance: 10,439

FC NANTES: Donoyan, Raynald Denoueix (82 Gabriel De Michele), Maxime Bossis, Ugo Bargas, Patrice Rio, Michel Pech, Angel Alberto Marcos, Henri Michel, Ugo Curioni, Gilles Rampillon, Erich Maas (60 Loic Amisse).
Trainer: José Arribas

BANÍK: Pavol Michalík, Lumír Mochel, Rostislav Vojáček, František Huml, Miroslav Vojkuvka, Zdenek Rygel (64 Zdenek Svatonsky), Jiří Hudeček, Miroslav Mička, Lubomír Knapp (85 Milan Geduldík), Jozef Kolečko, Petr Slaný.
Trainer: Tomáš Pospíchal

Goal: Bossis (19)

BANÍK OSTRAVA
v FC NANTES 2-0 (0-0, 1-0) (AET)

Stadión na Bazaloch, Ostrava   6.11.1974

Referee: Josef Bucek (AUS)   Attendance: 6,367

BANÍK: Pavol Michalík, Lumír Mochel (99 Zdenek Svatonsky), Rostislav Vojáček (39 Jiří Hudeček), František Huml, Miroslav Vojkuvka, Lubomír Knapp, Miroslav Mička, Petr Slaný, Jozef Kolečko, Jiří Klement, Milan Albrecht.
Trainer: Tomáš Pospíchal

FC NANTES: Jean-Paul Bertrand-Demanes; Raynald Denoueix, Maxime Bossis, Ugo Bargas, Patrice Rio, Michel Pech (66 Omar Sahnoun), Angel Alberto Marcos, Henri Michel, Ugo Curioni, Gilles Rampillon, Loic Amisse.
Trainer: José Arribas

Goals: Klement (62, 118)

DYNAMO DRESDEN
v DINAMO MOSKVA 1-0 (1-0)

Dynamo, Dresden   23.10.1974

Referee: Tsvetan P. Stanev (BUL)   Attendance: 9,884

DYNAMO DRESDEN: Claus Boden, Christian Helm, Hans-Jürgen Dörner, Udo Schmuck, Siegmar Wätzlich, Reinhard Häfner, Eduard Geyer, Hans-Jürgen Kreische, Rainer Sachse (78 Dieter Riedel), Frank Richter, Peter Kotte.

DINAMO MOSKVA: Vladimir Pilgui, Vladimir Basalaev, Sergei Nikulin, Valeri Zikov, Vladimir Dolbonosov, Aleksei Petruschin, Andrei Yakubik, Vladimir Kozlov, Vadim Pavlenko, Aleksandr Makhovikov (75 Yuri Pudishev), Gennadi Evriuzhikhin.

Goal: Sachse (11)

DINAMO MOSKVA
v DYNAMO DRESDEN 1-0 (0-0, 0-0) (AET)

Dinamo, Moskva 6.11.1974

Referee: Sándor Petri (HUN)   Attendance: 8,263

DINAMO MOSKVA: Vladimir Pilgui, Vladimir Basalaev, Sergei Nikulin, Valeri Zikov, Vladimir Dolbonosov, Aleksei Petruschin (85 Yuri Pudischev), Oleg Dolmatov, Yuri Kurnenin (117 Andrei Yakubik), Vadim Pavlenko, Aleksandr Makhovikov, Gennadi Evriuzhikhin.

DYNAMO DRESDEN: Claus Boden, Hans-Jürgen Dörner, Christian Helm, Udo Schmuck, Siegmar Wätzlich, Reinhard Häfner, Eduard Geyer, Hans-Jürgen Kreische, Peter Kotte, Dieter Riedel (115 Rainer Sachse), Frank Richter (72 Gerd Heidler).

Goal: Kurnenin (28)

Penalties: 1-0 Evriuzhikhin, 1-1 Wätzlich, 2-1 Yakubik, 2-2 Dörner, 3-2 Makhovikov, 3-3 Kreische, Basalaev (miss), Sachse (miss), Dolmatov (miss), 3-4 Kotte

DJURGÅRDENS IF STOCKHOLM
v DUKLA PRAHA 0-2 (0-0)

Olympiastadion, Stockholm 23.10.1974

Referee: Ian M.D. Foote (SCO)   Attendance: 728

DJURGÅRDENS: Björn Alkeby, Tommy Davidsson, Tommy Berggren, Sven Lindman, Per-Olof Erixon, Curt Olsberg, Kjell Karlsson, Håkan Stenbäck (75 Berger Jacobsson), Harry Svensson, Kjell Samuelsson (75 Lars Åhs), Arne Skotte.

DUKLA: Ivo Viktor; Ludek Macela, Václav Samek, Jaroslav Bendl, Karel Dvorák, Ján Geleta, Rudolf Gergel (75 Alojz Fandel), Oldrich Rott, Zdenek Nehoda (84 Jiří Krumich), Miroslav Gajdusek, František Stambachr.

Trainer: Josef Masopust

Goals: Nehoda (55), Gajdusek (70)

RÁBA ETO GYÖR
v FORTUNA DUSSELDORF 2-0 (1-0)

Györ stadion 23.10.1974

Referee: Roland Racine (SWI)   Attendance: 15,000

RÁBA ETO: Dénes Földes; László Izsáki, Lajos Pozsgai, György Sebök, László Horváth; Tibor Varsányi, László Szokolai, József Pöczik; Mihály Penzes, János Stolcz, Sándor Mile.   Trainer: Ferenc Farsang

FORTUNA: Wilfried Woyke; Heiner Baltes, Werner Kriegler, Gerd Zimmermann, Egon Köhnen; Dieter Brei, Gerd Zewe, Reiner Geye (63 Karl-Heinz Brücken); Wolfgang Seel, Klaus Budde, Dieter Herzog.   Trainer: Heinz Lucas

Goals: Varsányi (43), Stolcz (61)

DUKLA PRAHA
v DJURGÅRDENS IF STOCKHOLM 3-1 (1-1)

Juliska, Praha 6.11.1974

Referee: Cesare Gussoni (ITA)   Attendance: 738

DUKLA: Ivo Viktor (60 Jaroslav Netolicka), Ludek Macela, Václav Samek, Jaroslav Bendl (75 Vokac), Karel Dvorák, Ján Geleta, Rudolf Gergel, Oldrich Rott, Zdenek Nehoda, Miroslav Gajdusek, František Stambachr.

DJURGÅRDENS: Björn Alkeby, Dan Bingestam, Tommy Berggren, Sven Lindman, Jörgen Lindman, Curt Olsberg, Kjell Karlsson, Håkan Stenbäck, Harry Svensson, Per Lövfors (76 Ronnie Skoogh), Arne Skotte.

Goals: Svensson (8), Nehoda (21, 47), Macela (46)

FORTUNA DÜSSELDORF
v RÁBA ETO GYÖR 3-0 (0-0)

Rheinstadion, Düsseldorf 5.11.1974

Referee: Georgi Bakanidze (USSR)   Attendance: 8,634

FORTUNA: Kurt Büns, Heiner Baltes, Werner Kriegler (46 Peter Czernotzky), Gerd Zimmermann, Egon Köhnen; Dieter Brei, Gerd Zewe, Reiner Geye (30 Karl-Heinz Brücken); Wolfgang Seel, Klaus Budde, Dieter Herzog.
Trainer: Heinz Lucas

RÁBA ETO: Dénes Földes; József Varga, Lajos Pozsgai, György Sebök, László Horvath (71 János Baumann); József Somogyi, László Szokolai, József Póczik, Róbert Glázer; Mihály Pénzes (81 János Stolcz), Sándor Mile.
Trainer: Ferenc Farsang

Goals: Herzog (58 pen), Czernotzky (64), Brücken (78)

PARTIZAN BEOGRAD
v PORTADOWN FC 5-0 (2-0)

Beograd 23.10.1974

Referee: Giorgos Katsoras (GRE)   Attendance: 15,000

PARTIZAN: Milić; Novica Vulić, Radomir Antić, Vladimir Pejović, Blagoje Paunović, Refik Kozić, Ilija Zavišić, Arandjel Todorović, Miodrag Zivaljević (57 Simeon Nikolić), Momčilo Vukotić, Boško Djordjevic

PORTADOWN FC: Robert Carlisle; Robert Strain, Ronnie McFall, George Bowden, Jackie Hutton, David Malcolmson, James Cleary, Robert McAuley, Victor Fleming, Terry Kingon, William Murray (46 Ronnie Morrison, .. George Falloon).

Goals: Kozić (24, 63), Zavišić (35), Nikolić (79), Vukotić (90)

PORTADOWN FC
v PARTIZAN BEOGRAD 1-1 (1-0)
Shamrock Park, Portadown   6.11.1974
Referee: Preben Christophersen (DEN)   Attendance: 1,908
PORTADOWN FC: Robert Carlisle; Robert Strain, Ronnie McFall, George Bowden, Jackie Hutton (70 George Falloon), David Malcolmson, Ronnie Morrison (60 Liam Harbinson), Terry Kingon, Anthony Bell, Robert Matchett, Victor Fleming.
PARTIZAN: Milić (70 Blagoje Istatov); Novica Vulić, Radomir Antić, Vladimir Pejović, Blagoje Paunović, Refik Kozić, Ilija Zavišić, Zoran Cvetanović (46 Arandjel Todorović), Simeon Nikolić, Momčilo Vukotić, Boško Djordjević.
Goals: Malcolmson (38), Todorović (62)

FC TWENTE ENSCHEDE
v RWD MOLENBEEK BRUSSEL 2-1 (1-1)
Diekman Stadion, Enschede   23.10.1974
Referee: Michal Jursa (CZE)   Attendance: 14,519
TWENTE: Hennie Ardesch, Kees van Ierssel, Epi Drost (46 Niels Overweg), Willem de Vries, Kalle Oranen, Frans Thijssen, Kick van der Vall, René Notten, Eddy Achterberg, Johan Zuidema, Theo Pahlplatz.   Trainer: Anton Kohn
RWD: Nico de Bree, Eric Dumon, Kresten Bjerre, Gérard Desanghere, Maurice Martens, Benny Nielsen, Jan Boskamp, Chris Stroybant, Willy Wellens, Eddy Koens, Jacques Teugels.
Goals: Thijssen (20), Koens (27), Van der Vall (90 pen)

RWD MOLENBEEK BRUSSEL
v FC TWENTE ENSCHEDE 0-1 (0-0)
Stade Edmond Machtens, Brussel   6.11.1974
Referee: Robert Holley Davidson (SCO)   Att: 19,000
RWD: Nico de Bree, Eric Dumon, Kresten Bjerre, Gérard Desanghere, Maurice Martens, Benny Nielsen, Jan Boskamp, Odilon Polleunis, Eddy Koens, Willy Wellens, Jacques Teugels.
TWENTE: Hennie Ardesch, Kees van Ierssel, Epi Drost, Willem de Vries, Kalle Oranen, Frans Thijssen, Kick van der Vall, René Notten, Eddy Achterberg, Johan Zuidema (72 Jan Jeuring), Theo Pahlplatz (82 Niels Overweg).
Trainer: Anton Kohn
Goal: Zuidema (50)

RAPID WIEN v VELEŽ MOSTAR 1-1 (0-0)
Rapid-Platz Hütteldorf, Wien   23.10.1974
Referee: Nicolae Rainea (ROM)   Attendance: 4,684
RAPID: Helmut Maurer, Emil Krause, Egon Pajenk, Alfred Takacs, Norbert Hof (80 Ernst Dokupil), Werner Walzer, Herbert Gronen, Karl Ritter, Johann Krankl, August Starek (58 Gerhard Sturmberger), Rainer Schlagbauer.
Trainer: Ernst Hlozek
VELEŽ: Slobodan Mrgan (82 Njegus), Vladimir Pecelj, Džemal Hadžiabdić, Dubravko Ledić, Ahmed Glavović, Boro Primorac, Jadranko Topić, Vahid Halilhodžić, Marijan Kvesić, Franjo Vladić, Momčilo Vukoje.   Trainer: Sulejman Rebac
Goals: Halilhodžić (66), Ritter (90)

VELEŽ MOSTAR v RAPID WIEN 1-0 (1-0)
Gradski, Mostar   6.11.1974
Referee: Vittorio Lattanzi (ITA)   Attendance: 3,287
VELEŽ: Slobodan Mrgan; Vladimir Pecelj, Džemal Hadžiabdić, Marko Colić, Ahmed Glavović, Boro Primorac, Jadranko Topić, Franjo Vladić, Vahid Halilhodžić, Dubravko Ledić, Milidrag Hodzić.   Trainer: Sulejman Rebac
RAPID: Adolf Antrich, Emil Krause, Egon Pajenk, Rainer Schlagbauer, Norbert Hof, Werner Walzer (62 Günter Scheffl), Gerhard Sturmberger, Karl Ritter, Johann Krankl, August Starek, Ernst Dokupil (75 Ferdinand Wolf).
Trainer: Ernst Hlozek
Goal: Hodzić (44)

DERBY COUNTY v ATLÉTICO MADRID 2-2 (1-1)
Baseball Ground, Derby   23.10.1974
Referee: Robert Héliès (FRA)   Attendance: 25,347
DERBY COUNTY: Colin Boulton, Ronald Webster, David Nish, Bruce Rioch, Peter Daniel, Colin Todd, Henry Newton, Archibald Gemmill, Jeffrey Bourne (63 Alan Hinton), Kevin Hector, Francis Lee.   Trainer: David Mackay
ATLÉTICO: Miguel REINA Santos, José Luis CAPÓN González, Rubén Osvaldo "PANADERO" DÍAZ Figueroa, MARCELINO Pérez Ayllón (66 Francisco Javier BERMEJO Caballero), Domingo BENEGAS Jiménez, EUSEBIO Bejarano Vilaroz, Eugenio LEAL Vargas (70 LUIS Aragonés Suárez), ADELARDO Rodríguez Sánchez, José Eulogio GÁRATE Ormaechea, Javier IRURETAgoyena Amiano, Rubén Hugo AYALA Zanabria.   Trainer: Juan Carlos LORENZO
Goals: Ayala (13), Nish (15), Luis (77 pen), Rioch (87 pen)

ATLÉTICO MADRID
v DERBY COUNTY 2-2 (1-0, 2-2) (AET)
Estadio Vicente Calderón, Madrid   6.11.1974
Referee: Ferdinand Biwersi (WG)   Attendance: 38,973
ATLÉTICO: Miguel REINA Santos, José Luis CAPÓN González, Rubén Osvaldo "PANADERO" DÍAZ Figueroa, ADELARDO Rodríguez Sánchez (46 MARCELINO Pérez Ayllón), Domingo BENEGAS Jiménez, ALBERTO Fernández Fernández (62 Manuel SALCEDO Sánchez Blanca), LUIS Aragonés Suárez, EUSEBIO Bejarano Vilaroz, José Eulogio GÁRATE Ormaechea, Javier IRURETAgoyena Amiano, Rubén Hugo AYALA Zanabria.   Trainer: Juan Carlos LORENZO
DERBY COUNTY: Colin Boulton, Ronald Webster, David Nish, Bruce Rioch, Peter Daniel, Stephen Powell, Henry Newton, Archibald Gemmill, Roger Davies, Kevin Hector, Francis Lee.   Trainer: David Mackay
Goals: Luis (4, 75), Rioch (54), Hector (63)
Penalties: 0-1 Rioch, 1-1 Luis, 1-2 Hector, 2-2 Ayala, Davies (saved), 3-2 Salcedo, 3-3 Nish, Capón (miss), 4-3 Lee, 4-4 Irureta, 4-5 Gemmill, 5-5 Benegas, 5-6 Newton, 6-6 Gárate, 6-7 Powell, Eusébio (saved)

**HIBERNIAN FC EDINBURGH
v JUVENTUS TORINO 2-4** (0-1)

Easter Road Park, Edinburgh   23.10.1974

Referee: Jean Dubach (SWI)   Attendance: 28,963

HIBERNIAN: James McArthur, John Brownlie, Eric Schaedler, Patrick Stanton, Derek Spalding, John Blackley, Alex Edwards (46 MacKenzie), Alexander Cropley, Joseph Harper, Alan Gordon, Arthur Duncan (46 Iain Munro).

JUVENTUS: Dino Zoff, Luciano Spinosi, Silvio Longobucco, Giuseppe Furino, Francesco Morini, Gaetano Scirea, Giuseppe Damiani (46 Fernando Viola), Antonello Cuccureddu, Pietro Anastasi, Gentile, Roberto Bettega (46 José Altafini).   Trainer: Carlo Parola

Goals: Gentile (44), Stanton (58), Cropley (64), Altafini (69, 87), Cuccureddu (79)

**JUVENTUS TORINO
v HIBERNIAN FC EDINBURGH 4-0** (1-0)

Stadio Comunale, Torino   6.11.1974

Referee: Walter Eschweiler (WG)   Attendance: 17,989

JUVENTUS: Dino Zoff, Gentile, Silvio Longobucco, Antonello Cuccureddu (75 Giampietro Marchetti), Francesco Morini, Gaetano Scirea, Giuseppe Damiani (66 José Altafini), Franco Causio, Pietro Anastasi, Fabio Capello, Roberto Bettega. Trainer: Carlo Parola

HIBERNIAN: James McArthur, Desmond Bremner, Eric Schaedler, Patrick Stanton, Derek Spalding, John Blackley, Arthur Duncan, Alan Gordon, Joseph Harper (46 Alex Edwards), Alexander Cropley, Iain Munro.

Goals: Bettega (9), Anastasi (58, 83), Altafini (74)

SSC NAPOLI v FC PORTO 1-0 (0-0)

Stadio San Paolo, Napoli   23.10.1974

Referee: Ángel Franco Martínez (SPA)   Attendance: 32,805

SSC NAPOLI: Pietro Carmignani, Spartaco Landini I, Andrea Orlandini; Tarcisio Burgnich, Antonio La Palma, Salvatore Esposito, Giuseppe Massa, Antonio Juliano, Sergio Clerici, Rosario Rampanti, Giorgio Braglia.
Trainer: Luis Vinicius de Menezes "Vinicio"

FC PORTO: António José Oliveira Meireles "TIBI", Alfredo Manuel Ferreira Silva MURÇA, José ROLANDO Andrade Gonçalves, GABRIEL Azevedo Mendes, Carlos Antonio Fonseca SIMÕES, RODOLFO Reis Ferreira (73 Arsénio Jardim SENINHO); António Luis Alves Ribeiro de OLIVEIRA (73 ABEL Fernando Miglieti), Adelino de Jesús TEIXEIRA, António José de LEMOS, Teofilo CUBILLAS, António Francisco VIEIRA NUNES.   Trainer: Aimoré MOREIRA

Goal: Orlandini (51)

FC PORTO v SSC NAPOLI 0-1 (0-0)

Estádio das Antas, Porto   6.11.1974

Referee: Robert Schaut (BEL)   Attendance: 27,241

FC PORTO: António José Oliveira Meireles "TIBI", Alfredo Manuel Ferreira Silva MURÇA, José ROLANDO Andrade Gonçalves, GABRIEL Azevedo Mendes, Carlos Antonio Fonseca SIMÕES, Adelino de Jesús TEIXEIRA, António Luis Alves Ribeiro de OLIVEIRA, ABEL Fernando Miglieti, António José de LEMOS (70 FLÁVIO Almeida da Fonseca), Teofilo CUBILLAS, Antonio Francisco VIEIRA NUNES (70 Arsénio Jardim "SENINHO").   Trainer: Aimoré MOREIRA

SSC NAPOLI: Pietro Carmignani, Spartaco Landini I, Andrea Orlandini, Tarcisio Burgnich, Antonio La Palma, Salvatore Esposito, Giuseppe Massa, Antonio Juliano, Sergio Clerici, Jarbas Faustinho Canè, Giorgio Braglia.
Trainer: Luis Vinicius de Menezes "Vinicio"

Goal: Clerici (77)

**GRASSHOPPER-CLUB ZÜRICH
v REAL ZARAGOZA 2-1** (1-0)

Hardturm, Zürich   23.10.1974

Referee: Heinz Einbeck (DDR)   Attendance: 6,500

GRASSHOPPER: Roger Berbig; Hansruedi Staudenmann, Thomas Niggl, Rainer Ohlhauser, Hans Niggl, Christian Gross, Alfons Bosco, André Meyer, Slobodan Santrač, Ove Grahn, Adolf Noventa.   Trainer: Vogel

REAL ZARAGOZA: José Manuel Fernández NIEVES, José Luis RICO Ibáñez, Juan Carlos BLANCO Peñalba, Francisco Javier PLANAS Abad, Juan José RUIZ IGARTUA, José Luis VIOLETA Lajusticia, Laureano RUBIAL Fernández, Pablo GARCÍA CASTANY, Carlos Martínez DIARTE (73 José Ramón LEIRÓS Álvarez), Saturnino ARRÚA Molinas, Alfonso SOTO Dreussi (84 José María DUÑABEITIA Larrea).
Trainer: Luis Perez Cid "CARRIEGA"

Goals: Grahn (31), Arrúa (54), Santrač (90)

**REAL ZARAGOZA
v GRASSHOPPER-CLUB ZÜRICH 5-0** (2-0)

El Campo de Torrero, Zaragoza   6.11.1974

Referee: Theo Boosten (HOL)   Attendance: 20,000

REAL ZARAGOZA: Juan Luis IRAZUSTA Adarraga, José Luis RICO Ibáñez, Juan Carlos BLANCO Peñalba (83 Ángel ROYO Valencia), Francisco Javier PLANAS Abad, Juan José RUIZ IGARTUA, José Luis VIOLETA Lajusticia, Laureano RUBIAL Fernández, Pablo GARCÍA CASTANY, Carlos Martínez DIARTE (74 Juan Manuel García SIMARRO), Saturnino ARRÚA Molinas, Alfonso SOTO Dreussi.
Trainer: Luis Perez Cid "CARRIEGA"

GRASSHOPPER: Hans Stemmer; Hansruedi Staudenmann, Luca Bonacic (46 Adolf Noventa), Rainer Ohlhauser, Hans Niggl, Christian Gross, Alfons Bosco, André Meyer, Slobodan Santrač, Ove Grahn, Rudolf Elsener.   Trainer: Vogel

Goals: Rubial (12, 65), Soto (20), Ohlhauser (48 og), H. Niggl (88 og)

DINAMO BUCUREŞTI v 1.FC KÖLN 1-1 (0-1)

Dinamo, Bucureşti 23.10.1974

Referee: Michael Kitabdjian (FRA) Attendance: 15,000

DINAMO: Mircea Constantinescu; Florin Cheran, Vasile Dobrău, Alexandru Sătmăreanu, Augustin Pax Deleanu; Gabriel Sandu (60 Toma Zamfir), Cornel Dinu, Radu Nunweiller; Dudu Georgescu, Florea Dumitrache, Mircea Lucescu.

Trainers: Nicolae Nicuşor Dumitru & Lică Nunweiller

1.FC KÖLN: Harald Schumacher; Jürgen Glowacz, Harald Konopka, Wolfgang Weber (77 Gerhard Strack), Bernd Cullmann; Heinz Simmet, Herbert Neumann, Heinz Flohe, Dieter Müller (60 Johannes Löhr), Wolfgang Overath, Detlev Lauscher.   Trainer: Zlatko Cajkovski

Goals: Lauscher (41), Dinu (65)

**STEAGUL ROŞU BRAŞOV
v HAMBURGER SV 1-2** (1-1)

Tineretului, Braşov 6.11.1974

Referee: Ertugrul Dilek (TUR)

STEAGUL ROŞU: Stere Adamache (46 Gheorghe Clipa); Adrian Hîrlab, Ion Nagy, Ion Mihăilescu, Leon Rusu; Ion Mateescu, Vasile Papuc (61 Petru Kadar), Alexandru Gergely; Nicolae Pescaru, Gheorghe Şerbănoiu, Csaba Györfi.
Trainer: Nicolae Proca

HAMBURGER SV: Rudi Kargus; Manfred Kaltz, Peter Nogly, Klaus Winkler, Peter Hidien; Ole Björnmöse, Horst Bertl; Hans-Jürgen Sperlich (77 Caspar Memering), Klaus Zaczyk (46 Peter Krobbach), Willi Reimann, Georg Volkert.
Trainer: Kuno Klötzer

Goals: Şerbănoiu (14 pen), Kaltz (45), Björnmose (55)

1 FC KÖLN v DINAMO BUCUREŞTI 3-2 (1-2)

Radrennbahn, Köln 5.11.1974

Referee: Zdenek Jelinek (CZE) Attendance: 14,246

1.FC KÖLN: Harald Schumacher; Jürgen Glowacz, Harald Konopka, Wolfgang Weber, Bernd Cullmann; Heinz Simmet, Herbert Neumann, Heinz Flohe; Dieter Müller, Wolfgang Overath, Detlev Lauscher.   Trainer: Zlatko Cajkovski

DINAMO: Mircea Constantinescu; Florin Cheran, Vasile Dobrău, Alexandru Sătmăreanu, Augustin Pax Deleanu; Cornel Dinu, Dudu Georgescu, Alexandru Custov; Radu Nunweiller (65 Gabriel Sandu), Toma Zamfir, Mircea Lucescu.
Trainer: Nicolae Nicuşor Dumitru

Goals: Custov (4), D. Georgescu (8), Overath (17), Neumann (58), Müller (72)

AJAX AMSTERDAM v FC ANTWERP 1-0 (0-0)

Olympisch, Amsterdam 23.10.1974

Referee: Thoms H.C. Reynolds (WAL) Attendance: 10,988

AJAX: Piet Schrijvers, Wim Suurbier, Pim van Dord, John Dusbaba, Ruud Krol, Arie Haan (46 Arnold Mühren), Gerrie Mühren, Jan Mulder, Arno Steffenhagen, Johnny Rep, Ruud Geels. Trainer: Hams Kraay

ANTWERP: Jean Trappeniers, Jos Van Riel, Jos Velser, Robert Geens, Xavier Caers, Jim De Schrijver, René De Sayere, Louis Pilot, Flemming Lund, Karl Kodat, Alfred Riedl.

Goal: G. Mühren (86)

**HAMBURGER SV
v STEAGUL ROŞU BRAŞOV 8-0** (2-0)

Volksparkstadion, Hamburg 23.10.1974

Referee: Malcolm Wright (NIR) Attendance: 25,000

HAMBURGER SV: Rudi Kargus; Manfred Kaltz, Peter Nogly, Peter Krobbach, Hans-Jürgen Ripp; Ole Björnmöse, Klaus Zaczyk, Caspar Memering; Hans-Jürgen Sperlich, Horst Bertl (62 Willi Reimann), Georg Volkert.
Trainers: Kuno Klötzer & Ozcan

STEAGUL ROŞU: Stere Adamache (50 Gheorghe Clipa); Adrian Hîrlab, Iuliu Jenei, Ion Nagy, Ion Mateescu; Gheorghe Şerbănoiu, Petru Kadar, Alexandru Gergely; Mihai Iambor, Nicolae Pescaru, Csaba Györfi.   Trainer: Nicolae Proca

Goals: Zaczyk (18), Memering (37), Volkert (49, 82 pen), Bertl (54), Nagy (71 og), Ripp (77), Krobbach (90)

FC ANTWERP v AJAX AMSTERDAM 2-1 (1-1)

Bosuilstadion, Antwerp 13.11.1974

Referee: Hans Joachim Weyland (WG) Attendance: 38,711

ANTWERP: Jean Trappeniers, Jos Van Riel, Jos Velser, Robert Geens, Xavier Caers, Louis Pilot (46 Herman Houben), René De Sayere, Jos Heyligen, Flemming Lund, Karl Kodat, Alfred Riedl.

AJAX: Piet Schrijvers, Wim Suurbier, Horst Blankenburg, John Dusbaba, Ruud Krol, Arie Haan, Arnold Mühren, Gerrie Mühren, Johnny Rep, Ruud Geels (78 Arno Steffenhagen), Jan Mulder.   Trainer: Hams Kraay

Goals: Geels (10), Kodat (40), Riedl (61 pen)

THIRD ROUND

**JUVENTUS TORINO
v AJAX AMSTERDAM 1-0** (1-0)

Stadio Comunale, Torino   27.11.1974

Referee: Paul Schiller (AUS)   Attendance: 54,025

JUVENTUS: Dino Zoff, Gentile, Gaetano Scirea, Francesco Morini, Antonello Cuccureddu, Giuseppe Furino, Fernando Viola (65 Fabio Capello), Franco Causio, Giuseppe Damiani, Pietro Anastasi, Roberto Bettega (46 José Altafini). Trainer: Carlo Parola

AJAX: Piet Schrijvers, Wim Suurbier, Horst Blankenburg (20 Pim van Dord), Barry Hulshoff, Ruud Krol, John Dusbaba, Arnold Mühren, Arie Haan, Gerrie Mühren, Arno Steffenhagen, Jan Mulder.   Trainer: Hams Kraay

Goal: Damiani (19)

**AJAX AMSTERDAM
v JUVENTUS TORINO 2-1** (1-0)

Olympisch, Amsterdam   11.12.1974

Referee: René Vigliani (FRA)   Attendance: 13,952

AJAX: Piet Schrijvers, Wim Suurbier, Horst Blankenburg, John Dusbaba, Ruud Krol (55 Henk van Santen), Arie Haan, Arnold Mühren (88 Rob Kok), Gerrie Mühren, Jan Mulder, Ruud Geels, Arno Steffenhagen.   Trainer: Hams Kraay

JUVENTUS: Dino Zoff, Gentile, Gaetano Scirea, Francesco Morini, Silvio Longobucco, Giuseppe Furino, Fabio Capello (89 Fernando Viola), Franco Causio, Giuseppe Damiani (76 Antonello Cuccureddu), José Altafini, Roberto Bettega. Trainer: Carlo Parola

Goals: Blankenburg (16), Damiani (66 pen), G. Muhren (89)

HAMBURGER SV v DYNAMO DRESDEN 4-1 (4-1)

Volksparkstadion, Hamburg   27.11.1974

Referee: John K. Taylor (ENG)   Attendance: 52,000

HAMBURGER SV: Rudi Kargus, Manfred Kaltz, Peter Nogly, Ole Björnmose, Peter Hidien, Peter Krobbach, Caspar Memering, Klaus Zaczyk, Horst Bertl (81 Hans-Heinrich Radbruch), Kurt Eigl (77 Hans-Jürgen Ripp), Georg Volkert. Trainer: Kuno Klötzer

DYNAMO: Claus Boden, Christian Helm, Hans-Jürgen Dörner, Udo Schmuck, Gerd Weber, Reinhard Häfner, Dieter Riedel (62 Hans-Jürgen Kreische), Eduard Geyer, Gerd Heidler, Frank Richter (80 Rainer Sachse), Peter Kotte.

Goals: Björnmose (6, 40), Volkert (11), Schmuck (32), Nogly (43)

DYNAMO DRESDEN v HAMBURGER SV 2-2 (1-2)

Dynamo, Dresden   11.12.1974

Referee: Dogan Babacan (TUR)   Attendance: 32,000

DYNAMO: Claus Boden, Christian Helm, Hans-Jürgen Dörner, Udo Schmuck, Eduard Geyer, Reinhard Häfner, Dieter Riedel, Klaus Lichtenberger, Gerd Heidler, Frank Richter (46 Peter Kotte), Rainer Sachse.

HAMBURGER SV: Rudi Kargus, Manfred Kaltz, Peter Nogly, Ole Björnmose, Peter Hidien, Peter Krobbach, Caspar Memering, Klaus Zaczyk, Horst Bertl, Kurt Eigl (46 Hans-Jürgen Ripp), Georg Volkert.   Trainer: Kuno Klötzer

Goals: Dörner (16), Bertl (43, 45), Häfner (56)

PARTIZAN BEOGRAD v 1.FC KÖLN 1-0 (0-0)

Beograd   27.11.1974

Referee: Robert Schaut (BEL)   Attendance: 16,000

PARTIZAN: Milić, Novica Vulić, Radomir Antić, Borivoje Djordjević, Blagoje Paunović, Refik Kozić, Ilija Zavišić, Momčilo Vukotić, Miodrag Zivaljević, Arandjel Todorović, Boško Djordjević.

1.FC KÖLN: Harald Schumacher, Jürgen Glowacz, Harald Konopka, Gerhard Strack, Bernd Cullmann, Heinz Simmet, Herbert Neumann, Heinz Flohe, Dieter Müller, Wolfgang Overath, Johannes Löhr.   Trainer: Zlatko Cajkovski

Goal: Vukotić (81)

1.FC KÖLN v PARTIZAN BEOGRAD 5-1 (0-0)

Radrennbahn, Köln   11.12.1974

Referee: Vittorio Lattanzi (ITA)   Attendance: 18,000

1.FC KÖLN: Harald Schumacher, Jürgen Glowacz, Harald Konopka, Gerhard Strack, Bernd Cullmann, Heinz Simmet, Herbert Neumann, Heinz Flohe, Dieter Müller, Wolfgang Overath, Johannes Löhr.   Trainer: Zlatko Cajkovski

PARTIZAN: Milić, Novica Vulić, Radomir Antić, Borivoje Djordjević, Blagoje Paunović, Refik Kozić, Ilija Zavišić, Arandjel Todorović (63 Vladimir Pejović), Miodrag Zivaljević, Momcilo Vukotić, Boško Djordjević.

Goals: Overath (48), Löhr (64), Müller (66), Glowacz (71), Kozić (73), Flohe (85)

BORUSSIA MÖNCHENGLADBACH
v REAL ZARAGOZA 5-0 (4-0)

Bökelberg, Mönchengladbach   27.11.1974

Referee: Erik Axelryd (SWE)   Attendance: 10,000

BORUSSIA: Wolfgang Kleff, Hans-Hubert Vogts, Hans Klinkhammer (34 Lorenz-Günter Köstner), Uli Stielike, Rainer Bonhof, Dietmar Danner, Allan Simonsen, Herbert Wimmer, Henning Jensen, Christian Kulik, Josef Heynckes.   Trainer: Hennes Weisweiler

REAL ZARAGOZA: Juan Luis IRAZUSTA Adarraga, José Luis RICO Ibáñez (22 Ángel ROYO Valencia), Juan Carlos BLANCO Peñalba, Iselín Santos OVEJERO Maya, José Manuel "MANOLO" GONZÁLEZ López, José Luis VIOLETA Lajustica, Laureano RUBIAL Fernández, Francisco Javier PLANAS Abad (46 José María DUÑABEITIA Larrea), Pablo GARCÍA CASTANY, Saturnino ARRÚA Molinas, Carlos Martínez DIARTE.   Trainer: Luis Perez Cid "CARRIEGA"

Goals: Simonsen (8 pen, 32), Heynckes (24, 76), Bonhof (45)

FC TWENTE ENSCHEDE
v DUKLA PRAHA 5-0 (2-0)

Diekman Stadion, Enschede   11.12.1974

Referee: Gyula Emsberger (HUN)   Attendance: 9,887

TWENTE: Hennie Ardesch, Kees van Ierssel, Epi Drost, Willem de Vries, Kalle Oranen, Frans Thijssen, Eddy Achterberg (79 Roel Brinks), René Notten, Jan Jeuring (20 Niels Overweg), Johan Zuidema, Theo Pahlplatz.   Trainer: Anton Kohn

DUKLA: Ivo Viktor, Ludek Macela, Mikulas, Karel Dvorák, František Stambachr, Oldrich Rott, Ján Geleta (60 Datko), Alojz Fandel, Rudolf Gergel, Ivan Bilsky, Zdenek Nehoda.

Goals: Zuidema (33, 71, 81), Notten (43, 73)

REAL ZARAGOZA
v BORUSSIA MÖNCHENGLADBACH 2-4 (1-2)

El Campo de Torrero, Zaragoza   11.12.1974

Referee: William John Gow (WAL)   Attendance: 25,000

REAL ZARAGOZA: Juan Luis IRAZUSTA Adarraga, Juan Carlos BLANCO Peñalba, Ángel ROYO Valencia, José María DUÑABEITIA Larrea, José Manuel "MANOLO" GONZÁLEZ López, José Luis VIOLETA Lajustica, Laureano RUBIAL Fernández, Pablo GARCÍA CASTANY (76 José "PEPE" GONZÁLEZ González), Francisco Javier GALDÓS Almeta, Saturnino ARRÚA Molinas, Juan Manuel García SIMARRO.   Trainer: Luis Perez Cid "CARRIEGA"

BORUSSIA: Wolfgang Kleff, Hans-Hubert Vogts, Lorenz-Günter Köstner (72 Walter Posner), Uli Stielike, Rainer Bonhof, Dietmar Danner, Allan Simonsen, Herbert Wimmer, Henning Jensen, Christian Kulik, Josef Heynckes.   Trainer: Hennes Weisweiler

Goals: Violeta (11), Simonsen (18), Heynckes (20, 90), Galdós (63), Stielike (75)

DERBY COUNTY FC
v FC VELEŽ MOSTAR 3-1 (0-1)

Baseball Ground, Derby   27.11.1974

Referee: Günter Männig (DDR)   Attendance: 26,131

DERBY COUNTY: Colin Boulton, Ronald Webster, David Nish, Bruce Rioch, Peter Daniel, Colin Todd, Henry Newton, Archibald Gemmill, Roger Davies (59 Jeffrey Bourne), Kevin Hector, Francis Lee (69 Alan Hinton).   Trainer: David Mackay

VELEŽ: Slobodan Mrgan, Marko Čolić, Džemal Hadžiabdić, Boro Primorac, Ahmed Glavović, Vladimir Pecelj, Jadranko Topić, Franjo Vladić (61 Dragan Okuka), Momčilo Vukoje, Dubravko Ledić, Milidrag Hodžić.   Trainer: Sulejman Rebac

Sent off: Glavović (89)

Goals: Vladić (2), Bourne (72, 86), Hinton (77)

DUKLA PRAHA
v FC TWENTE ENSCHEDE 3-1 (3-0)

Juliska, Praha   28.11.1974

Referee: Walter Eschweiller (WG)   Attendance: 3,000

DUKLA: Ivo Viktor, Ludek Macela, Václav Samek, Karel Dvorák, František Stambachr, Ján Geleta, Rudolf Gergel, Ivan Bilsky, Zdenek Nehoda, Miroslav Gajdusek, Jiří Krumich (.. Alojz Fandel).

TWENTE: Hennie Ardesch, Kees van Ierssel, Epi Drost, Willem de Vries, Kalle Oranen, Frans Thijssen, Kick van der Vall, René Notten, Johan Zuidema, Jan Jeuring (60 Eddy Achterberg), Theo Pahlplatz (70 Niels Overweg).   Trainer: Anton Kohn

Goals: Dvorák (9), Krumich (22), Nehoda (40), Notten (52)

VELEŽ MOSTAR v DERBY COUNTY FC 4-1 (2-0)

Gradski, Mostar   11.12.1974

Referee: Charles G.R. Corver (HOL)   Attendance: 15,000

VELEŽ: Slobodan Mrgan, Miomir Meter, Džemal Hadžiabdić, Marko Čolić, Boro Primorac, Vladimir Pecelj, Jadranko Topić, Vahid Halilhodžić, Dušan Bajević, Franjo Vladić, Momčilo Vukoje.   Trainer: Sulejman Rebac

DERBY COUNTY: Colin Boulton, Ronald Webster, Roderick Thomas, Bruce Rioch, Peter Daniel, Colin Todd, Henry Newton, Archibald Gemmill, Jeffrey Bourne (54 Roger Davies), Kevin Hector, Francis Lee (70 Alan Hinton).   Trainer: David Mackay

Goals: Primorac (11 pen), Pecelj (30), Vladić (51), Hector (57), Bajević (85 pen)

SSC NAPOLI v BANÍK OSTRAVA 0-2 (0-0)

Stadio San Paolo, Napoli   27.11.1974

Referee: Gheorghe Limona (ROM)   Attendance: 24,649

SSC NAPOLI: Pietro Carmignani, Giuseppe Bruscolotti, Luigi Pogliana, Tarciso Burgnich, Antonio La Palma, Andrea Orlandini, Giuseppe Massa (65 Giovanni Ferradini), Antonio Juliano, Sergio Clerici, Jarbas Faustinho Canè, Giorgio Braglia. Trainer: Luis Vinicius de Menezes "Vinicio"

BANÍK: Pavol Michalík, Lumír Mochel (65 Miroslav Vojkuvka), Rostislav Vojáček, František Huml, Zdenek Rygel, Lubomír Knapp, Miroslav Mička, Jozef Kolečko, Petr Slaný, Jiří Klement, Milan Albrecht.   Trainer: Tomáš Pospíchal

Goals: Albrecht (81), Kolečko (83)

BANÍK OSTRAVA v SSC NAPOLI 1-1 (0-1)

Stadión na Bazaloch, Ostrava   11.12.1974

Referee: Jean Dubach (SWI)   Attendance: 14,236

BANÍK: Pavol Michalík, Lumír Mochel, Jiří Hudeček, František Huml, Miroslav Vojkuvka, Lubomír Knapp (71 Josef Tondra), Miroslav Mička, Jozef Kolečko, Petr Slaný, Jiří Klement, Milan Albrecht.   Trainer: Tomáš Pospíchal

SSC NAPOLI: Pietro Carmignani, Giuseppe Bruscolotti, Luigi Pogliana, Tarciso Burgnich, Spartaco Landini, Andrea Orlandini, Rosario Rampanti (76 Giuseppe Massa), Antonio Juliano, Giovanni Ferradini, Salvatore Esposito, Giorgio Braglia (76 Jarbas Faustinho Canè).

Trainer: Luis Vinicius de Menezes "Vinicio"

Goals: Ferradini (40), Slaný (81)

**FC AMSTERDAM
v FORTUNA DÜSSELDORF 3-0** (1-0)

Olympisch, Amsterdam   28.11.1974

Referee: Ángel Franco Martínez (SPA)   Attendance: 4,500

FC AMSTERDAM: Jan Jongbloed, Frits Flinkevleugel, Tjeerd Koopman, Jan Fransz, Rob Bianchi, Leen van der Merkt, Ave van de Ban, Jaap Visser, Theo Husers, Gerard van der Lem (71 Heini Otto), Nico Jansen.   Trainer: Pim van de Meent

FORTUNA: Kurt Büns, Heiner Baltes, Gerd Zewe, Werner Kriegler, Gerd Zimmermann, Dieter Brei, Egon Köhnen, Wolfgang Seel, Reiner Geye, Klaus Budde, Dieter Herzog.   Trainer: Heinz Lucas

Goals: Husers (33, 62), Kriegler (75 og)

**FORTUNA DÜSSELDORF
v FC AMSTERDAM 1-2** (1-1)

Rheinstadion, Düsseldorf   11.12.1974

Referee: John Robertson P. Gordon (SCO)   Att: 4,618

FORTUNA: Wilfried Woyke, Heiner Baltes, Werner Kriegler, Gerd Zimmermann, Peter Czernotzky (55 Gerd Zewe), Dieter Brei, Egon Köhnen, Wolfgang Seel, Reiner Geye, Karl-Heinz Brücken (63 Horst-Franz Degen), Dieter Herzog.   Trainer: Heinz Lucas

FC AMSTERDAM: Jan Jongbloed, Frits Flinkevleugel, Theo Cornwall, Jan Fransz, Tjeerd Koopman, Leen van der Merkt, Ave van de Ban, Jaap Visser, Theo Husers, Nico Jansen, Gerard van der Lem (75 Heini Otto).   Trainer: Pim van de Meent

Goals: Seel (11), Husers (37), Jansen (82)

QUARTER-FINALS

**VELEŽ MOSTAR
v FC TWENTE ENSCHEDE 1-0** (0-0)

Gradski, Mostar   5.03.1975

Referee: Franz Wöhrer (AUS)   Attendance: 33,000

VELEŽ: Slobodan Mrgan, Miomir Meter, Džemal Hadžiabdić, Dubravko Ledić (46 Mulahasanović), Marko Colić, Boro Primorac, Jadranko Topić, Marijan Kvesić, Dušan Bajević, Franjo Vladić, Momčilo Vukoje.   Trainer: Sulejman Rebac

TWENTE: Volkmar Gross, Kees van Ierssel, Epi Drost, Willem de Vries, Niels Overweg, Harry Bruggink, Kick van der Vall, Arnold Mühren, Theo Pahlplatz, Jan Jeuring (70 Acterberg), Johan Zuidema.   Trainer: Anton Kohn

Goal: Kvesić (66)

**FC TWENTE ENSCHEDE
v VELEŽ MOSTAR 2-0** (1-0)

Diekman Stadion, Enschede   19.03.1975

Referee: Antonio Camacho Jiménez (SPA)   Att: 21,000

TWENTE: Volkmar Gross, Kees van Ierssel, Epi Drost, Willem de Vries, Harry Bruggink, Niels Overweg, Kick van der Vall, Frans Thijssen, Jan Jeuring (83 Eddy Achterberg), Theo Pahlplatz (80 Arnold Mühren), Johan Zuidema.   Trainer: Anton Kohn

VELEŽ: Slobodan Mrgan, Miomir Meter, Džemal Hadžiabdić (53 Prskalo), Marijan Kvesić, Marko Colić, Boro Primorac, Jadranko Topić, Vahid Halilhodžić, Dušan Bajević, Franjo Vladić, Momčilo Vukoje.   Trainer: Sulejman Rebac

Goals: Zuidema (43), Overweg (90)

JUVENTUS TORINO v HAMBURGER SV 2-0 (2-0)

Stadio Comunale, Torino 5.03.1975

Referee: Nicolae Rainea (ROM)   Attendance: 60,000

JUVENTUS: Dino Zoff, Antonello Cuccureddu, Silvio Longobucco, Fabio Capello, Gentile, Gaetano Scirea, Giuseppe Damiani, Franco Causio, Pietro Anastasi, Fernando Viola, Roberto Bettega (46 José Altafini).   Trainer: Carlo Parola

HAMBURGER SV: Rudi Kargus, Manfred Kaltz, Peter Nogly, Ole Björnmose, Peter Hidien, Peter Krobbach, Hans-Jürgen Sperlich, Klaus Zaczyk (78 Klaus Winkler), Horst Bertl (46 Kurt Eigl), Caspar Memering, Georg Volkert.   Trainer: Kuno Klötzer

Goals: Capello (3), Viola (12)

HAMBURGER SV v JUVENTUS TORINO 0-0

Volksparkstadion, Hamburg 19.03.1975

Referee: Vital Loraux (BEL)   Attendance: 59,405

HAMBURGER SV: Rudi Kargus, Manfred Kaltz, Peter Nogly, Ole Björnmose, Peter Hidien, Klaus Winkler, Hans-Jürgen Sperlich, Klaus Zaczyk, Willi Reimann, Horst Bertl, Georg Volkert.   Trainer: Kuno Klötzer

JUVENTUS: Dino Zoff, Luciano Spinosi, Gentile, Giuseppe Furino, Francesco Morini, Gaetano Scirea, Fernando Viola, Franco Causio, Pietro Anastasi (46 José Altafini), Fabio Capello, Roberto Bettega (80 Giuseppe Damiani).   Trainer: Carlo Parola

1.FC KÖLN v FC AMSTERDAM 5-1 (1-1)

Radrennbahn, Köln 5.03.1975

Referee: Marian Srodecki (POL)   Attendance: 25,000

1.FC KÖLN: Harald Schumacher, Jürgen Glowacz, Harald Konopka, Bernd Cullmann, Herbert Zimmermann (46 Detlev Lauscher), Heinz Simmet, Herbert Neumann, Wolfgang Overath, Heinz Flohe, Dieter Müller, Johannes Löhr.   Trainer: Zlatko Cajkovski

FC AMSTERDAM: Jan Jongbloed, Cor Ten Bosch, Tjeerd Koopman, Theo Husers, Rob Bianchi, Heini Otto, Ave van de Ban, Jaap Visser, Gerard van der Lem, Klaas Karte, Geert Meijer.   Trainer: Pim van de Meent

Goals: Flohe (1, 50 pen), Visser (31), D. Müller (63, 70, 77)

FC AMSTERDAM v 1.FC KÖLN 2-3 (0-3)

Olympisch, Amsterdam 19.03.1975

Referee: Clive Thomas (WAL)   Attendance: 4,145

FC AMSTERDAM: Jan Jongbloed, Frits Flinkevleugel, Tjeerd Koopman, Theo Husers, Rob Bianchi, Heini Otto, Leen van der Merkt, Klaas Karte, Gerard van der Lem, Nico Jansen, Geert Meijer.   Trainer: Pim van de Meent

1.FC KÖLN: Harald Schumacher (46 Slobodan Topalovic), Jürgen Glowacz, Harald Konopka, Bernd Cullmann, Gerhard Strack, Heinz Simmet, Herbert Neumann, Wolfgang Overath, Johannes Löhr, Dieter Müller (73 Peter Ehmke), Detlev Lauscher.   Trainer: Zlatko Cajkovski

Goals: Strack (27), D. Müller (43), Löhr (45), Jansen (68, 71)

**BANÍK OSTRAVA
v BORUSSIA MÖNCHENGLADBACH 0-1** (0-0)

Stadión na Bazaloch, Ostrava 5.03.1975

Referee: Robert Wurtz (FRA)   Attendance: 32,269

BANÍK: Pavol Michalík, Lubomír Knapp, Rostislav Vojáček, Jiří Hudeček, Miroslav Vojkuvka, Libor Radimec (60 Jozef Kolečko), Miroslav Mička, Josef Tondra, Petr Slaný, Jiří Klement, Milan Albrecht.   Trainer: Tomáš Pospíchal

BORUSSIA: Wolfgang Kleff, Hans-Hubert Vogts, Hans Klinkhammer, Ulrich Surau, Rainer Bonhof, Dietmar Danner, Allan Simonsen, Herbert Wimmer, Henning Jensen, Christian Kulik, Josef Heynckes.   Trainer: Hennes Weisweiler

Goal: Heynckes (51)

**BORUSSIA MÖNCHENGLADBACH
v BANÍK OSTRAVA 3-1** (1-0)

Bökelberg, Mönchengladbach 19.03.1975

Referee: Rolf Nyhus (NOR)   Attendance: 10,119

BORUSSIA: Wolfgang Kleff, Hans-Hubert Vogts, Hans Klinkhammer, Hans-Jürgen Wittkamp, Rainer Bonhof, Ulrich Surau, Allan Simonsen, Herbert Wimmer (74 Dietmar Danner), Henning Jensen, Christian Kulik, Josef Heynckes.   Trainer: Hennes Weisweiler

BANÍK: Pavol Michalík, Lumír Mochel, Rostislav Vojáček, Jiří Hudeček, Zdenek Rygel, Arnost Kvasnica, Miroslav Mička (84 Jiří Klement), Jozef Kolečko (74 Josef Tondra), Petr Slaný, Lubomír Knapp, Milan Albrecht.   Trainer: Tomáš Pospíchal

Goals: Mička (10 og), Heynckes (46), Vogts (50), Hudeček (67)

SEMI-FINALS

**1.FC KÖLN
v BORUSSIA MÖNCHENGLADBACH 1-3** (0-2)

Radrennbahn, Köln 8.04.1975

Referee: Robert Matthewson (ENG)   Attendance: 26,745

1.FC KÖLN: Harald Schumacher, Harald Konopka, Bernd Cullmann, Herbert Hein, Heinz Simmet, Herbert Neumann, Heinz Flohe (78 Detlev Lauscher), Wolfgang Overath, Jürgen Glowacz, Dieter Müller, Johannes Löhr.   Trainer: Zlatko Cajkovski

BORUSSIA: Wolfgang Kleff, Hans Klinkhammer (81 Frank Schäffer), Ulrich Surau, Hans-Jürgen Wittkamp, Hans-Hubert Vogts, Uli Stielike, Herbert Wimmer, Christian Kulik, Dietmar Danner, Allan Simonsen, Josef Heynckes.   Trainer: Hennes Weisweiler

Goals: Simonsen (23, 60), Danner (35), Löhr (52)

BORUSSIA MÖNCHENGLADBACH
v 1.FC KÖLN 1-0 (0-0)

Bökelberg, Mönchengladbach   22.04.1975

Referee: Milivoje Gugulović (YUG)   Attendance: 29,575

BORUSSIA: Wolfgang Kleff, Hans-Hubert Vogts, Ulrich Surau, Hans-Jürgen Wittkamp, Uli Stielike, Rainer Bonhof, Dietmar Danner (81 Frank Schäffer), Christian Kulik, Allan Simonsen (81 Herbert Wimmer), Henning Jensen, Josef Heynckes.   Trainer: Hennes Weisweiler

1.FC KÖLN: Slobodan Topalovic, Jürgen Glowacz, Herbert Hein, Bernd Cullmann, Rainer Nicot, Harald Konopka, Herbert Neumann, Winfried Berkemeier, Wolfgang Overath, Johannes Löhr, Detlev Lauscher.   Trainer: Zlatko Cajkovski

Goal: Danner (48)

FINAL

BORUSSIA MÖNCHENGLADBACH
v FC TWENTE ENSCHEDE 0-0

Rheinstadion, Düsseldorf   7.05.1975

Referee: Károly Palotai (HUN)   Attendance: 42,368

BORUSSIA: Wolfgang Kleff, Hans-Hubert Vogts (Cap), Hans-Jürgen Wittkamp, Ulrich Surau, Rainer Bonhof, Herbert Wimmer, Uli Stielike, Dietmar Danner (75 Karl Del'Haye), Allan Simonsen, Henning Jensen, Christian Kulik (78 Frank Schäffer).   Trainer: Hennes Weisweiler

TWENTE: Volkmar Gross, Kees Van Ierssel, Epi Drost (Cap), Niels Overweg, Kalle Oranen, Frans Thijssen, Kick Van der Vall, Theo Pahlplatz, Jaap Bos, Jan Jeuring (86 Eddy Achterberg), Johan Zuidema.   Trainer: Anton Kohn

FC TWENTE ENSCHEDE
v JUVENTUS TORINO 3-1 (1-0)

Diekman, Enschede   9.04.1975

Referee: René Vigliani (FRA)   Attendance: 22,000

TWENTE: Volkmar Gross, Kees van Ierssel, Epi Drost, Niels Overweg, Kalle Oranen, Frans Thijssen, Kick van der Vall, Arnold Mühren (22 Jaap Bos), Johan Zuidema, Jan Jeuring, Theo Pahlplatz.   Trainer: Anton Kohn

JUVENTUS: Dino Zoff, Gaetano Scirea, Luciano Spinosi, Silvio Longobucco, Giuseppe Furino, Francesco Morini, Fernando Viola, Franco Causio, Fabio Capello (46 Antonello Cuccureddu), Pietro Anastasi, Roberto Bettega (46 José Altafini).   Trainer: Carlo Parola

Goals: Jeuring (20), Zuidema (59, 83), Altafini (64)

FC TWENTE ENSCHEDE
v BORUSSIA MÖNCHENGLADBACH 1-5 (0-2)

Diekman, Enschede   21.05.1975

Referee: Paul Schiller (AUS)   Attendance: 21,767

TWENTE: Volkmar Gross, Kees Van Ierssel, Epi Drost (Cap), Niels Overweg, Kalle Oranen, Frans Thijssen, Kick Van der Vall, Theo Pahlplatz (75 Eddy Achterberg), Jaap Bos (53 Arnold Mühren), Jan Jeuring, Johan Zuidema.   Trainer: Anton Kohn

BORUSSIA: Wolfgang Kleff, Hans-Hubert Vogts (Cap), Ulrich Surau (13 Frank Schäfer), Hans-Jürgen Wittkamp, Hans Klinkhammer, Rainer Bonhof, Herbert Wimmer (75 Horst Köppel), Dietmar Danner, Allan Simonsen, Henning Jensen, Josef Heynckes.   Trainer: Hennes Weisweiler

Goals: Simonsen (3, 87 pen), Heynckes (9, 50, 60), Drost (76)

JUVENTUS TORINO
v FC TWENTE ENSCHEDE 0-1 (0-1)

Stadio Comunale, Torino   23.04.1975

Referee: Rudolf Glöckner (DDR)   Attendance: 45,328

JUVENTUS: Dino Zoff, Gaetano Scirea, Gentile, Antonello Cuccureddu, Francesco Morini, Fernando Viola, Fabio Capello, Franco Causio, José Altafini (46 Giuseppe Damiani), Pietro Anastasi, Roberto Bettega (72 Silvio Longobucco).   Trainer: Carlo Parola

TWENTE: Volkmar Gross, Kees van Ierssel, Epi Drost, Niels Overweg, Kalle Oranen, Frans Thijssen, Kick van der Vall, Theo Pahlplatz, Jaap Bos, Jan Jeuring, Johan Zuidema (75 Eddy Achterberg).   Trainer: Anton Kohn

Goal: Zuidema (10)

UEFA Cup Top Scorers 1974-75:

11 goals: Josef Heynckes (Borussia Mönchengladbach)

10 goals: Allan Simonsen (Borussia Mönchengladbach)

9 goals: Nico Jansen (FC Amsterdam), Johan Zuidema (FC Twente Enschede)

8 goals: Dieter Müller (1.FC Köln)

5 goals: José João Altafini (Juventus Torino), Kevin Hector (Derby County), Theo Husers (FC Amsterdam), Johannes Löhr (1.FC Köln), Georg Volkert (Hamburger SV)

UEFA CUP 1975-76

FIRST ROUND

MSV DUISBURG
v PARALIMNI FAMAGUSTA 7-1 (5-1)
Wedaustadion, Duisburg 14.09.1975
Referee: Albert Victor (LUX)   Attendance: 5,000
MSV: Dietmar Linders, Werner Schneider, Bernard Dietz, Detlef Pirsig (46 Lothar Schneider), Michael Bella, Kees Bregman, Rudolf Seliger, Bernd Lehmann, Ronald Worm, Theo Bücker, Klaus Thies (77 Herbert Büssers).   Trainer: Willibert Kremer
PARALIMNI: Dimos Konstantinou, Aimilios Mavroudis, Loukas Papaloukas, Giannis Mertakkas, Giorgos Eystathiou "Forsos", Mihalis Tsoukkas, Kyriakos Tsoukkas, Giannis Hatzigiannis, Giorgos Vlittis, Andreas Konstantinou, Mihalis Goumenos (77 Giorgos Kezos).
Goals: Mertakkas (3 og, 11), Lehmann (16, 24, 25), Worm (40, 87), Thies (49).

PARALIMNI FAMAGUSTA
v MSV DUISBURG 2-3 (1-2)
Oberhausen 16.09.1975
Referee: Marcel Herrmann (LUX)   Attendance: 3,000
PARALIMNI: Dimos Konstantinou, Aimilios Mavroudis, Loukas Papaloukas, Giannis Mertakkas, Giorgos Eystathiou "Forsos", Mihalis Tsoukkas (36 Pieris Flouris), Kyriakos Tsoukkas, Giannis Hatzigiannis, Giorgos Vlittis, Andreas Konstantinou, Mihalis Goumenos.
MSV: Dietmar Linders, Lothar Schneider, Bernard Dietz (77 Kees Bregman), Klaus Bruckmann, Michael Bella, Herbert Büssers, Rudolf Seliger, Bernd Lehmann (46 Uwe Montelett), Walter Krause, Ronald Worm, Theo Bücker.   Trainer: Willibert Kremer
Goals: Dietz (16), A. Konstantinou (19), Krause (44), Seliger (64), Mertakkas (85).

GLENTORAN BELFAST
v AJAX AMSTERDAM 1-6 (0-3)
The Oval, Belfast 16.09.1975
Referee: Rafn Hjaltalin (ICE)   Attendance: 6,000
GLENTORAN: Trevor McCullough, Robert McCreery, Thomas Craig, Roy Walsh, William Stewart, John Jamison, William Caskey, Victor Moreland, Alex Robson (70 Andrew Dougan), William Kennedy (46 Peter Dickenson), Warren Feeney.   Trainer: William McCullough
AJAX: Piet Schrijvers, Wim Suurbier, Barry Hulshoff, John Dusbaba, Ruud Krol, René Notten (88 Dick Helling), Gerrie Mühren, Pim van Dord, Arno Steffenhagen, Ruud Geels, Geert Meijer.   Trainer: Rinus Michels
Goals: Geels (21, 24, 47, 76), Meijer (30), Notten (72), Jamison (78).

AJAX AMSTERDAM
v GLENTORAN BELFAST 8-0 (2-0)
Olympisch, Amsterdam 1.10.1975
Referee: René Vigliani (FRA)   Attendance: 5,000
AJAX: Piet Schrijvers, Wim Suurbier, Ruud Krol, John Dusbaba, Pim van Dord, René Notten (53 Dick Helling), Barry Hulshoff, Gerrie Mühren, Ruud Geels, Willy Brokamp, Geert Meijer.   Trainer: Rinus Michels
GLENTORAN: Trevor McCullough, Robert McCreery, Thomas Craig, Roy Walsh, Alex Robson, Andrew Dougan, William Caskey, Victor Moreland, Peter Dickenson (65 William Kennedy), John Jamison, Warren Feeney.   Trainer: William McCullough
Goals: Notten (20), Van Dord (26), Geels (54, 60, 67), G. Mühren (79), Brokamp (81, 89).

GRASSHOPPER-CLUB ZÜRICH
v REAL SOCIEDAD SAN SEBASTIÁN 3-3 (2-2)
Hardturm, Zürich 16.09.1975
Referee: Marijan Rauš (YUG)   Attendance: 6,600
GRASSHOPPER: Hans Stemmer; Hansruedi Staudenmann, Francis Montandon, Thomas Niggl, Kurt Becker, Raimondo Ponte, Umberto Barberis, Alfons Bosco (77 Silvano Bianchi), Marcel Cornioley, Slobodan Santrač, Rudolf Elsener (68 Christian Fleury).   Trainers: Erich Vogel & Istvan Szabo
REAL SOCIEDAD: Francisco González URRUTICOECHEA, Francisco GORRITI Sarasola, Ignacio CORTABARRÍA Abarrategui, Francisco ELCORO Gabilondo, Julio OLAIZOLA, Dionisio URREISTI Beristain, Jesús María ZAMORA Ansorena (85 José DIEGO Álvarez Álvarez), Luciano MURILLO Vega, José Agustín Aranzábal Ascasibar "GAZTELU", Jesús SATRÚSEGUI Azpiroz (60 Marco Aurelio BORONAT Gimeno), Santiago IDÍGORAS Bilbao.   Trainer: Andoni ELIZONDO Mendiola
Goals: Elsener (23), Santrač (27), Satrúsegui (30, 31), Bosco (62), Murillo (65).

REAL SOCIEDAD SAN SEBASTIÁN
v GRASSHOPPER-CLUB ZÜRICH 1-1 (1-0)
Atocha, San Sebastián 1.10.1975
Referee: J.A. Ismael Baltasar (POR)   Attendance: 11,192
REAL SOCIEDAD: Francisco González URRUTICOECHEA, Francisco GORRITI Sarasola, Ignacio CORTABARRÍA Abarrategui, Francisco ELCORO Gabilondo, Juan Antonio de la Hoz URANGA, José DIEGO Álvarez Álvarez, Dionisio URREISTI Beristain, Jesús María ZAMORA Ansorena (73 Luciano MURILLO Vega), Santiago IDÍGORAS Bilbao, José Agustín Aranzábal Ascasibar "GAZTELU", Marco Aurelio BORONAT Gimeno.   Trainer: Andoni ELIZONDO Mendiola
GRASSHOPPER: Hans Stemmer; Hansruedi Staudenmann, Francis Montandon, Thomas Niggl, Kurt Becker, Raimondo Ponte (88 Christian Fleury), Umberto Barberis, Alfons Bosco, Marcel Cornioley, Slobodan Santrač, Rudolf Elsener.
Goals: Urreisti (37), Santrač (78).

PAOK THESSALONIKI
v FC BARCELONA 1-0 (0-0)

Toumpas, Thessaloniki   16.09.1975

Referee: Nicolae Petriceanu (ROM)   Attendance: 42,000

PAOK: Mladen Fortoula, Neto Gkouerino, Filotas Pellios, Kiriakos Apostolidis, Kostas Iosifidis, Aggelos Anastasiadis, Giorgos Koudas, Stavros Sarafis, Panagiotis Kermanidis, Ahilleas Aslanidis, Dimitris Paridis.   Trainer: Gyula Lorant

FC BARCELONA: Pedro Valentín MORA Mariné, Jesús Antonio DE LA CRUZ Gallego, Miguel Bernardo Bianquetti "MIGUELI", Miguel COROMINAS, MARCIAL Pina Morales, Mário Peres Ulibarri "MARINHO", Carlos REXACH Cerdá (46 Juan Carlos HEREDIA Alvarado), Johan Neeskens (67 Joaquín RIFÉ Climent), Johan Cruijff, Hugo SOTIL Yerén, Juan Manuel ASENSI Ripoll.   Trainer: Hennes Weisweiler

Goal: Koudas (73)

LIVERPOOL FC
v HIBERNIAN EDINBURGH 3-1 (1-1)

Anfield Road, Liverpool   30.09.1975

Referee: Ferdinand Biwersi (WG)   Attendance: 29,963

LIVERPOOL: Raymond Clemence, Philip Neal, Alec Lindsay, Philip Thompson, Peter Cormack, Emlyn Hughes, Kevin Keegan, Brian Hall, Steve Heighway (46 James Case), John Toshack, Ian Callaghan.   Manager: Robert Paisley

HIBERNIAN: James McArthur, John Brownlie, Eric Schaedler, Desmond Bremner, Roy Barry, John Blackley, Alex Edwards, Ally MacLeod, Joseph Harper, Iain Munro, Arthur Duncan.   Manager: Edward Turnbull

Goals: Toshack (21, 54, 64), Edwards (33)

FC BARCELONA
v PAOK THESSALONIKI 6-1 (2-0)

Camp Nou, Barcelona   1.10.1975

Referee: John K. Taylor (ENG)   Attendance: 32,708

FC BARCELONA: Pedro Valentín MORA Mariné, Jesús Antonio DE LA CRUZ Gallego, Miguel Bernardo Bianquetti "MIGUELI", Miguel COROMINAS, MARCIAL Pina Morales, Johan Neeskens, Juan Manuel ASENSI Ripoll, Carlos REXACH Cerdá, Johan Cruijff (72 Manuel TOMÉ Portela), Hugo SOTIL Yerén, Francisco FORTES Calvo (80 Juan Carlos HEREDIA Alvarado).   Trainer: Hennes Weisweiler

PAOK: Mladen Fortoula, Neto Gkouerino, Filotas Pellios, Kiriakos Apostolidis, Kostas Iosifidis, Aggelos Anastasiadis, Giorgos Koudas, Stavros Sarafis, Panagiotis Kermanidis, Ahilleas Aslanidis, Dimitris Paridis.   Trainer: Gyula Lorant

Goals: Neeskens (22 pen, 56 pen), Rexach (43, 65, 81), Cruijff (52), A. Anastasiadis (77)

AIK SOLNA v SPARTAK MOSKVA 1-1 (0-0)

Råsunda, Solna   17.09.1975

Referee: Alistar McKenzie (SCO)   Attendance: 1,107

AIK: Leif Karlsson, Åke Andersson, Björn Lundberg, Jan Olof Wallgren, Bo-Lennart Jepson, Rolf Zetterlund (53 Börje Leback), Göran Göransson, Christer Andersson, Ove Nilsson (75 Bo Sjögren), Tommy Lundh, Yngve Leback.

SPARTAK: Aleksandr Prokhorov, Vladimir Bukievski, Viktor Samokhin, Nikolai Osianin, Evgeni Lovchev, Aleksandr Minaev, Valeri Gladilin, Viktor Papaev, Mikhail Bulgakov, Evgeni Sidorov (70 Nikolai Kiseliev), Valeri Andreev.

Goals: Lovchev (57), B. Lebak (58 pen)

HIBERNIAN EDINBURGH
v LIVERPOOL FC 1-0 (1-0)

Easter Road Park, Edinburgh   17.09.1975

Referee: Frans P. Derks (HOL)   Attendance: 19,219

HIBERNIAN: James McArthur, John Brownlie, Eric Schaedler, Patrick Stanton, Roy Barry, John Blackley, Alex Edwards, Robert Smith, Joseph Harper, Iain Munro, Arthur Duncan.   Manager: Edward Turnbull

LIVERPOOL: Raymond Clemence, Philip Neal, Joseph Jones, Christopher Lawler, Peter Cormack, Emlyn Hughes, Kevin Keegan, Brian Hall, Steve Heighway (84 Philip Boersma), Raymond Kennedy (62 John Toshack), Ian Callaghan.   Manager: Robert Paisley

Goal: Harper (19)

SPARTAK MOSKVA v AIK SOLNA 1-0 (0-0)

Lenin, Moskva   1.10.1975

Referee: Rolf Nyhus (NOR)   Attendance: 6,227

SPARTAK: Aleksandr Prokhorov, Nikolai Abramov, Viktor Samokhin, Nikolai Osianin, Evgeni Lovchev, Aleksandr Kokorev, Valeri Gladilin, Viktor Papaev, Mikhail Bulgakov, Aleksandr Minaev, Valeri Andreev.

AIK: Leif Karlsson, Åke Andersson, Björn Lundberg, Jan Olof Wallgren, Bo-Lennart Jepson, Göran Göransson, Rolf Zetterlund (74 Christer Johansson), Börje Leback, Yngve Leback, Ove Nilsson, Christer Andersson (77 Bo Sjögren).

Goal: V. Andreev (78)

HERTHA BSC BERLIN
v HJK HELSINKI 4-1 (3-1)

Olympiastadion, Berlin   17.09.1975

Referee: Norbert Rolles (LUX)   Attendance: 7,500

HERTHA: Horst Wolter, Michael Sziedat (81 Jürgen Diefenbach), Holger Brück, Uwe Kliemann, Frank Hanisch, Stephans Walbeek, Wolfgang Sidka, Hans Weiner, Erwin Kostedde, Lorenz Horr, Benno Magnusson (62 Michael Wohlfarth).   Trainer: Georg Keβler

HJK: Pertti Alaja, Hannu Kautiainen, Juha Dahllund, Jorma Virtanen (46 Keijo Dromberg), Henry Forssell (75 Kai Haaskivi), Markku Peltoniemi, Hannu Bäckman, Heikki Kangaskorpi, Raimo Paldanius, Timo Rahja, Miikka Toivola.

Goals: Kostedde (4, 56), Horr (5, 23), Kangaskorpi (34)

HJK HELSINKI
v HERTHA BSC BERLIN 1-2 (1-0)

Olympia, Helsinki   1.10.1975

Referee: Jerzy Swistek (POL)   Attendance: 2,000

HJK: Pertti Alaja, Hannu Kautiainen, Juha Dahllund, Jorma Virtanen, Henry Forssell, Erkki Salo, Hannu Bäckman, Heikki Kangaskorpi, Raimo Paldanius, Timo Rahja, Miikka Toivola.

HERTHA: Horst Wolter, Michael Sziedat, Holger Brück, Frank Hanisch, Hans Weiner, Stephans Walbeek, Wolfgang Sidka (75 Erwin Hermandung), Jürgen Diefenbach, Erwin Kostedde, Lorenz Horr, Gerhard Grau (65 Michael Wohlfarth).   Trainer: Georg Keβler

Goals: Salo (2), Sidka (47), Grau (50)

HOLBAEK IF v STAL MIELEC 0-1 (0-0)

Holbaek stadion   17.09.1975

Referee: Svein Inge Thime (NOR)   Attendance: 5,000

HOLBAEK: Benno Larsen, Nielsen, H. Hansen, Niels Tune, Palle Krath, Jørgen Jørgensen, Per Svenningsen, Jens Johansen, Per Tofte (.. Madsen), Torben Hansen, Leif Pedersen.

STAL: Zygmunt Kukla; Krzysztof Rzesny, Edward Bielewicz, Ryszard Per, Marian Kosinski, Wlodzimierz Gasior, Henryk Kasperczak, Edward Oratowski (.. Zbigniew Hnatio), Grzegorz Lato, Jan Domarski, Ryszard Sekulski.

Goal: Sekulski (76)

STAL MIELEC v HOLBAEK IF 2-1 (1-0)

Stal, Mielec   1.10.1975

Referee: Werner Spiegel (AUS)   Attendance: 20,000

STAL: Zygmunt Kukla, Krzysztof Rzesny, Edward Bielewicz, Ryszard Per, Marian Kosinski, Zbigniew Hnatio, Henryk Kasperczak, Edward Oratowski, Grzegorz Lato, Jerzy Krawczyk, Witold Karas (39 Kazimierz Polak).

HOLBAEK: Benno Larsen, Jørgen Jørgensen, Niels Tune, Allan Hansen, Palle Krath (.. Per Christiansen), Johansson, Benny Nielsen (.. Per Rønneberg), Per Svenningsen, Madsen, Torben Hansen, Leif Pedersen.

Goals: Karas (18), T. Hansen (47), Krawczyk (54)

FC CARL ZEISS JENA
v OLYMPIQUE MARSEILLE 3-0 (2-0)

Ernst Abbe Sportfeld, Jena   17.09.1975

Referee: Walter Hungerbühler (SWI)   Attendance: 22,000

FC CARL ZEISS: Hans-Ulrich Grapenthin, Gert Brauer, Helmut Stein, Konrad Weise, Lothar Kurbjuweit; Ulrich Göhr, Irmscher, Dietmar Sengewald; Peter Ducke, Klaus Schröder, Eberhard Vogel.   Trainer: Hans-Joachim Meyer

OLYMPIQUE: René Charrier; Roland Gransart, Marius Trésor, Victor Zvunka, François Bracci; Robert Buigues, Michel Albaladejo (76 Georges Eo), Georges Bereta; Sarr Boubacar, Hector Yazalde (61 Hervé Flores), Albert Emon.
Trainer: Jules Zvunka

Goals: Sengewald (32, 34), Kurbjuweit (46)

OLYMPIQUE MARSEILLE
v FC CARL ZEISS JENA 0-1 (0-1)

Stade Vélodrome, Marseille   1.10.1975

Referee: John Wright Paterson (SCO)   Attendance: 19,550

OLYMPIQUE: René Charrier; Jacques Lemée, Marius Trésor, Victor Zvunka, François Bracci; Robert Buigues, Raoul Nogues (68 Michel Albaladejo), Georges Bereta; Sarr Boubacar, Hector Yazalde, Albert Emon.   Trainer: Jules Zvunka

FC CARL ZEISS: Hans-Ulrich Grapenthin; Gert Brauer, Helmut Stein, Konrad Weise, Lothar Kurbjuweit; Ulrich Göhr, Irmscher, Dietmar Sengewald; Klaus Schröder, Peter Ducke, Eberhard Vogel.   Trainer: Hans-Joachim Meyer

Goal: Irmscher (45)

ANTWERP FC
v ASTON VILLA BIRMINGHAM 4-1 (4-0)

Stade du Bosuil, Antwerpen   17.09.1975

Referee: Antonio José da Silva Garrido (POR)   Att: 15,813

ANTWERP FC: Jean Trappeniers, Paul Lieben, Jos Velser, Robert Geens, Xavier Caers, Jim De Schrijver, Louis Van Gaal, Jos Heyligen, Flemming Lund, Karl Kodat (78 Gust Willemsen), Jos Deraeve.   Trainer: Guy Thys

ASTON VILLA: James Cumbes, John Gidman, Charles Aitken, Ian Ross, Christopher Nicholl, Leighton Phillips, Ray Graydon, Robert McDonald (46 John Robson), Samuel Morgan, Ian Hamilton (81 Stephen Hunt), Francis Carrodus.   Manager: Ron Saunders

Goals: Heyligen (28), Kodat (33, 35, 43), Graydon (80)

ASTON VILLA BIRMINGHAM v ANTWERP FC 0-1 (0-1)

Villa Park, Birmingham   1.10.1975

Referee: Günter Männig (DDR)   Attendance: 31,513

ASTON VILLA: John Findlay, John Gidman, Charles Aitken, Ian Ross, Christopher Nicholl, Leighton Phillips, Ray Graydon, Brian Little, John Robson (62 Samuel Morgan), Ian Hamilton, Francis Carrodus.   Manager: Ron Saunders

ANTWERP FC: Jean Trappeniers, Paul Lieben, Jos Velser, Robert Geens, Xavier Caers, Jim De Schrijver, Louis Van Gaal, Jos Heyligen, Flemming Lund, Karl Kodat, Jos Deraeve.   Trainer: Guy Thys

Goal: Kodat (17)

FK MOLDE v ÖSTERS IF VÄXJÖ 1-0 (0-0)

Nye Molde   17.09.1975

Referee: Edgar Pedersen (DEN)   Attendance: 3,000

MOLDE: Inge Bratteteig, Stål Bjørkly, Einar Sekkeseter, Bertil Stranden, Svein Kanestrøm, Torkild Brakstad, Kjell Westerdahl, Åge Hareide, Stein Olev Hestad, Jan Fuglset, Harry Hestad.

ÖSTERS: Göran Hagberg, Jan Ivar Bergqvist, Håkan Arvidsson, Mats Nordenberg, Per-Olof Bild, Anders Linderoth, Tommy Svensson, Peter Svensson (60 Torbjörn Isaksson), Inge Ejderstedt, Jan Mattsson, Tommy Evesson.

Goal: Westerdahl (67)

ÖSTERS IF VÄXJÖ-FK MOLDE 6-0 (1-0)

Värendsvallen, Växjö   1.10.1975

Referee: Olavi Peltola (FIN)   Attendance: 2,145

ÖSTERS: Göran Hagberg, Jan Ivar Bergqvist, Mats Nordenberg, Håkan Arvidsson, Per-Olof Bild, Anders Linderoth, Tommy Svensson, Torbjörn Isaksson, Inge Ejderstedt, Jan Mattsson, Tommy Evesson.

MOLDE: Inge Bratteteig, Stål Bjørkly, Einar Sekkeseter, Bertil Bertil Stranden, Svein Kanestrøm, Kjell Westerdahl, Torkild Brakstad, Åge Hareide, Stein Olav Hestad (70 Odd Ivar Moen), Jan Fuglset, Harry Hestad.

Goals: T. Svensson (31), Mattsson (60, 80), Evesson (67), Ejderstedt (74), Isaksson (89)

GÖTEBORG AIS v SLASK WROCLAW 2-1 (1-0)

Göteborg   17.09.1975

Referee: Gordon Cecil Kew (ENG)   Attendance: 1,776

GAIS: Glenn Sevestedt, Mikael Johansson, Osborne Larsson, Mikael Berthagen, Sune Persson, Tommy Andersson, Roger Gustafsson (.. Leif Larsson), Kenneth Wessberg, Sten Pålsson, Leif Johansson, Hans Johansson.

SLASK: Zygmunt Kalinowski, Marian Balcerzak, Mieczyslaw Kopycki, Krzysztof Karpinski, Wladyslaw Zmuda, Tadeusz Wanat, Zdzislaw Rybotycki, Zygmunt Garlowski, Jan Erlich, Józef Kwiatkowski, Janusz Sybis.

Goals: Pälsson (9, 85 pen), Kwiatkowski (82)

SLASK WROCLAW v GÖTEBORG AIS 4-2 (2-1)

Slask, Wroclaw   1.10.1975

Referee: Nikos Zlatanos (GRE)   Attendance: 15,000

SLASK: Zygmunt Kalinowski, Marian Balcerzak, Tadeusz Rachwalski, Wladyslaw Zmuda, Krzysztof Karpinski, Zdzislaw Rybotycki, Jan Erlich, Tadeusz Pawlowski, Zygmunt Garlowski, Józef Kwiatkowski, Janusz Sybis.

GAIS: Kjell Uppling, Mikael Johansson, Osborne Larsson, Mikael Berthagen, Sune Persson, Tommy Andersson, Thomas Bloom, Kenneth Wessberg, Sten Pålsson, Leif Johansson, Hans Johansson.

Goals: Sybis (23, 41, 73), Pawlowski (85), H. Johansson (14, 80)

1.FC KÖLN v B 1903 KØBENHAVN 2-0 (2-0)

Radrennbahn, Köln   17.09.1975

Referee: Ian M.D. Foote (SCO)   Attendance: 7,000

1.FC KÖLN: Slobodan Topalovic, Gerhard Strack, Herbert Hein, Wolfgang Weber, Bernd Cullmann, Harald Konopka, Jürgen Glowacz, Heinz Flohe, Heinz Simmet, Wolfgang Overath, Johannes Löhr (55 Otto Hiestermann).   Trainer: Zlatko Cajkovski

BK 1903: Poulsen, Frederiksen, John Andersen, Svend Andresen, Søren Petersen, Carsten Jønsson (72 Keld Kristensen), Jørgen Lorentzen, Niels Thorn, Robert Lund, Bent Kristiansen, Ole Nielsen (85 Saabye).

Goals: Andresen (17 og), Löhr (25 pen)

B 1903 KØBENHAVN v 1.FC KÖLN 2-3 (1-0, 2-0) (AET)

København   1.10.1975

Referee: Dominic Vincent Byrne (EIRE)   Attendance: 2,141

BK 1903: Poulsen, Frederiksen, John Andersen, Svend Andresen, Jørgen Lorentzen, Søren Petersen, Carsten Jønsson (77 Rømer Lausen), Niels Thorn (116 Keld Kristensen), Robert Lund, Bent Kristiansen, Ole Nielsen.

1.FC KÖLN: Slobodan Topalovic, Gerhard Strack, Herbert Zimmermann, Wolfgang Weber, Bernd Cullmann, Harald Konopka, Jürgen Glowacz, Heinz Flohe, Wolfgang Overath, Herbert Neumann (69 Matthias Brücken), Johannes Löhr.   Trainer: Zlatko Cajkovski

Goals: Kristiansen (14, 65), Brücken (96, 110, 118)

**FEYENOORD ROTTERDAM
v IPSWICH TOWN 1-2** (0-1)

Feyenoord, Rotterdam 17.09.1975

Referee: Vladimir Rudnev (USSR)   Attendance: 22,000

FEYENOORD: Eddy Treytel, Dick Schneider, Joop van Daele, Mladen Ramljak, Jan Everse, Theo de Jong (.. Steve Wegerle), Wim Rijsbergen (.. John Steen Olsen), Wim Jansen, Martin Vreijsen, Willy Kreuz, Jørgen Kristensen.
Trainer: Antoni Brzezanczyk

IPSWICH TOWN: Paul Cooper, George Burley, Alan Hunter, Kevin Beattie, Michael Mills, Roger Osborne, Trevor Whymark (78 Terence Austin), Colin Viljoen, Bryan Hamilton, David Johnson (84 Michael Lambert), Clive Woods.
Manager: Robert Robson

Goals: Whymark (32), De Jong (68), Johnson (77)

CLUB BRUGGE v OLYMPIQUE LYON 3-0 (0-0)

Olympiapark, Brugge 1.10.1975

Referee: John Robertson Gordon (SCO)   Att: 15,000

CLUB BRUGGE: Birger Jensen, Alfons Bastijns, Eduard Krieger, George Leekens, Jos Volders; Julien Cools, René Vandereycken, Norbert Denaeghel; Roger van Gool, Raoul Lambert (76 Dirk Sanders), Ulrik Lefèvre.
Trainer: Ernst Happel

OLYMPIQUE: Jean-Claude Chemier; Raymond Domenech, Ljubomir Mihajlovic, Robert Cacchioni, Patrick Baldassara; Jean-François Jodar (63 Jean-Paul Bernad), Robert Valette, Ildo Maneiro; Serge Chiesa, Michel Maillard (76 Bernard Ferrigno), Yves Mariot.   Trainer: Aimé Mignot

Goals: Vandereycken (61), Valette (63 og), Chemier (76 og)

**IPSWICH TOWN
v FEYENOORD ROTTERDAM 2-0** (2-0)

Portman Road, Ipswich 1.10.1975

Referee: Erich Linemayr (AUS)   Attendance: 30,400

IPSWICH TOWN: Paul Cooper, George Burley, Michael Mills, Roger Osborne (83 Eric Gates), Alan Hunter, Kevin Beattie, Bryan Hamilton, Colin Viljoen, Trevor Whymark, David Johnson (80 Michael Lambert), Clive Woods.
Manager: Robert Robson

FEYENOORD: Eddy Treytel, Dick Schneider, Joop van Daele, Mladen Ramljak, Jan Everse (51 Harry Vos), Wim Jansen, Willy Kreuz, Wim van Hanegem, Martin Vreijsen, Steve Wegerle, Jørgen Kristensen.   Trainer: Antoni Brzezanczyk

Goals: Woods (7), Whymark (40)

FC PORTO v AVENIR BEGGEN 7-0 (2-0)

Estadio das Antas, Porto 17.09.1975

Referee: Antonio Camacho Jiménez (SPA)   Att: 35,000

FC PORTO: António José Oliveira Meireles "TIBI", Alfredo Manuel Ferreira Silva MURÇA, José ROLANDO Andrade Gonçalves (46 RODOLFO Reis Ferreira), Carlos Antonio Fonseca SIMÕES, Adelino de Jesús TEIXEIRA; OCTÁVIO Joaquim Coelho Machado, JÚLIO Carlos da Costa Augusto, António Luis Alves Ribeiro de OLIVEIRA, Fernando Mendes Soares GOMES, Teofilo CUBILLAS, Joaquim António DINIS (68 Arsénio Jardim "SENINHO").

AVENIR: Jeannot Moes; Marc Jungbluth, Georges Grilli, Kempis, Jean-Pierre Zender; Jean Hansen, Quaring, Gilbert Dresch; Chahbi (30 J. Dresch), Gilbert Zender, Carlo Bamberg.

Goals: Júlio (10), Cubillas (30 pen, 79, 82), Oliveira (60), Octávio (85), F. Gomes (89)

OLYMPIQUE LYON v CLUB BRUGGE 4-3 (2-2)

Stade Gerland, Lyon 17.09.1975

Referee: Alberto Michelotti (ITA)   Attendance: 19,088

OLYMPIQUE: Jean-Claude Chemier; Raymond Domenech, Ljubomir Mihajlovic, Robert Cacchioni, Patrick Baldassara; Jean-Paul Bernad, Jean-François Jodar, Ildo Maneiro; Serge Chiesa, Michel Maillard, Yves Mariot.   Trainer: Aimé Mignot

CLUB BRUGGE: Birger Jensen, Alfons Bastijns, Eduard Krieger, George Leekens, Norbert Denaeghel; Julien Cools, René Vandereycken, Daniel de Cubber; Roger van Gool, Raoul Lambert, Ulrik Lefèvre (56 Dirk Sanders).
Trainer: Ernst Happel

Goals: Lambert (2), Vandereycken (10, 81 pen), Jodar (36), Maillard (44, 68), Mihajlovic (90)

AVENIR BEGGEN v FC PORTO 0-3 (0-2)

Luxembourg 1.10.1975

Referee: Theo Boosten (HOL)   Attendance: 3,264

AVENIR: Jeannot Moes; Marc Jungbluth, Georges Grilli, Kempis, Jean-Pierre Zender; Jean Hansen, Quaring, Gilbert Dresch; Chahbi (82 Guy Wohlfart), Gilbert Zender, J. Dresch (46 Achille Sinner).

FC PORTO: António José Oliveira Meireles "TIBI"; Adelino de Jesús TEIXEIRA, Alfredo Manuel Ferreira Silva MURÇA, Carlos Antonio Fonseca SIMÕES, GABRIEL Azevedo Mendes; OCTÁVIO Joaquim Coelho Machado, JÚLIO Carlos da Costa Augusto (62 Angelo Ferreira CARVALHO), Arsénio Jardim "SENINHO", António Luis Alves Ribeiro de OLIVEIRA, Fernando Mendes Soares GOMES, Joaquim António DINIS.

Goals: Júlio (8), Grilli (44 og), Seninho (76)

YOUNG BOYS BERN v HAMBURGER SV   0-0
Wankdorf, Bern   17.09.1975
Referee: Ángel Franco Martínez (SPA)   Attendance: 17,173
YOUNG BOYS: Walter Eichenberger, Jakob Brechbühl, Heinz Rebmann, Martin Trümpler, Jan Andersen, Karl Odermatt, Peter Burkhardt, Jean-Marie Conz, Urs Siegenthaler (64 Adolf Noventa), Hanspeter Schild, Jean-Claude Bruttin.
Trainer: Kurt Linder
HAMBURGER SV: Rudi Kargus, Manfred Kaltz, Peter Nogly, Ole Björnmose, Peter Hidien (68 Hans-Jürgen Ripp), Horst Blankenburg, Hans-Jürgen Sperlich, Horst Bertl, Caspar Memering, Kurt Eigl, Georg Volkert.   Trainer: Kuno Klötzer

HAMBURGER SV v YOUNG BOYS BERN   4-2 (1-0)
Volksparkstadion, Hamburg   1.10.1975
Referee: Patrick Partridge (ENG)   Attendance: 29,199
HAMBURGER SV: Rudi Kargus, Manfred Kaltz, Peter Nogly, Horst Bertl, Peter Hidien, Horst Blankenburg, Hans-Jürgen Sperlich, Ole Björnmose, Willi Reimann (78 Kurt Eigl), Hans Ettmayer, Georg Volkert.   Trainer: Kuno Klötzer
YOUNG BOYS: Walter Eichenberger, Jakob Brechbühl, Heinz Rebmann, Martin Trümpler, Jean-Marie Conz, Jan Andersen (46 Karl Odermatt), Peter Burkhardt, Roger Corminboeuf, Urs Siegenthaler, Hanspeter Schild, Adolf Noventa (68 Jean-Claude Bruttin).
Goals: Reimann (15), Bertl (50, 67), Siegenthaler (65, 87), Björnmose (85)

EVERTON LIVERPOOL v AC MILAN   0-0
Goodison Park, Liverpool   17.09.1975
Referee: Alfred Delcourt (BEL)   Attendance: 31,917
EVERTON: David Lawson; Michael Bernard, Stephen Seargeant; James Pearson, Roger Kenyon, Michael Lyons; Michael Buckley (57 David Clements), Martin Dobson, Robert Latchford, David Smallman (65 John Hurst), Gary Jones.
Manager: William Bingham
AC MILAN: Enrico Albertosi; Angelo Anquilletti, Luciano Zecchini; Maurizio Turone, Aldo Bet, Aldo Maldera; Duino Gorin, Romeo Benetti, Alberto Bigon, Nevio Scala, Luciano Chiarugi.   Trainer: Giovanni Trapattoni

AC MILAN v EVERTON LIVERPOOL   1-0 (0-0)
Stadio San Siro, Milano   1.10.1975
Referee: Rudolf Glöckner (DDR)   Attendance: 85,825
AC MILAN: Enrico Albertosi; Angelo Anquilletti, Giuseppe Sabadini; Maurizio Turone, Aldo Bet, Aldo Maldera; Duino Gorin, Romeo Benetti, Egidio Calloni, Alberto Bigon, Luciano Chiarugi.   Trainer: Giovanni Trapattoni
EVERTON: David Davies; Stephen Seargent, David Clements; James Pearson, Roger Kenyon, Michael Lyons; Michael Buckley (79 Terence Darracott), Martin Dobson, Robert Latchford, George Telfer, Gary Jones.
Manager: William Bingham
Goal: Calloni (68 pen)

**BOHEMIANS PRAHA
v HONVÉD BUDAPEST   1-2** (0-0)
Stadión Vrsovice, Praha   17.09.1975
Referee: Franz Wöhrer (AUS)   Attendance: 3,395
BOHEMIANS: František Kozinka; Petr Králicek (75 Josef Ivancik), Miroslav Valent, Pavel Loukota, Josef Vejvoda; Karel Mastník, František Barát, Petr Packert; Stefan Ivancik, Anton Panenka, Jan Jarkovsky (81 Ludek Starch).   Trainer: B. Musil
HONVÉD: Sándor Gujdár; Sándor Egervári, István Kocsis, Sándor Lukacs, Miklós Páncsics; József Pál, Lajos Szűcs, Sándor Pintér; Gábor Morgós (57 Sándor Bartos), Lajos Kocsis, János Máté (70 Ernő Tóth).   Trainer: Károly Lakat
Goals: Pintér (85), Mastník (86), E. Tóth (89)

**HONVÉD BUDAPEST
v BOHEMIANS PRAHA   1-1** (1-1)
Népstadion, Budapest   1.10.1975
Referee: Atanas P. Mateev (BUL)   Attendance: 9,496
HONVÉD: János Rabcsák, József Kelemen, István Kocsis, Lajos Szűcs, Sándor Lukacs; József Pál, Lajos Kocsis, Sándor Pintér; Gábor Morgós, Sándor Bartos (25 János Máté), János Fehérvári.   Trainer: Károly Lakat
BOHEMIANS: František Kozinka; Petr Králicek, Miroslav Valent, Pavel Loukota, Josef Vejvoda; Karel Mastník, Anton Panenka, Stefan Ivancik; Josef Ivancik, Petr Packert (63 Petr Vokác), Jan Jarkovsky.
Goals: L. Kocsis (24 pen), Panenka (35)

AS ROMA v DUNAV RUSE   2-0 (2-0)
Stadio Olimpico, Roma   17.09.1975
Referee: Thomas H.C. Reynolds (WAL)   Attendance: 53,581
AS ROMA: Paolo Conti; Piergiorgio Negrisolo, Francesco Rocca; Franco Cordova, Sergio Santarini, Franco Peccenini (67 Alberto Battistoni); Loris Boni, Giorgio Morini, Carlo Petrini, Giancarlo De Sisti, Stefano Pellegrini.   Trainer: N. Liedholm
DUNAV: Ignat Mladenov; Blagoi Dalev, Ivan Vazharov; Ventzeslav Lambev, Slavi Damianov, Todor Todorov; Sasho Stanoev (46 Liudmil Aleksandrov), Todor Ivanov, Aleksandar Manolov, Nikola Hristov, Stoian Iliev.
Goals: Pellegrini (5), Petrini (20)

DUNAV RUSE v AS ROMA   1-0 (0-0)
Gradski, Ruse   1.10.1975
Referee: Sotos Afxentiou (CYP)   Attendance: 12,369
DUNAV: Ignat Mladenov; Blagoi Dalev, Ivan Vazharov; Todor Todorov, Slavi Damianov, Pavel Malinov; Liudmil Aleksandrov (56 Todor Ivanov), Aleksandar Manolov, Nikola Hristov, Georgi Kovachev (75 Sasho Stanoev), Stoian Iliev.
AS ROMA: Paolo Conti; Franco Peccenini, Francesco Rocca; Franco Cordova (70 Piergiorgio Negrisolo), Sergio Santarini, Alberto Battistoni; Loris Boni, Giorgio Morini (70 Valerio Spadoni), Carlo Petrini, Giancarlo De Sisti, Stefano Pellegrini.
Trainer: Nils Liedholm
Goal: Ivanov (63)

CHERNOMORETS ODESSA
v LAZIO ROMA 1-0 (1-0)

Central, Odessa 17.09.1975

Referee: Ertugrul Dilek (TUR)   Attendance: 20,235

CHERNOMORETS: Aleksandr Degtiariev; Vladimir Nechaev, Viacheslav Leschuk, Evgeni Logvinenko (40 Vladimir Ustimchik), Aleksandr Sapelniak, Anatoli Ribak, Grigori Sapozhnikov, Vladimir Ploskina, Rafik Ali-Zade (62 Viktor Zubkov), Anatoli Doroschenko, Vitali Schevchenko.

LAZIO: Felice Pulici, Paolo Ammoniaci, Sergio Petrelli; Giuseppe Wilson, Pietro Ghedin, Luigi Martini; Giovanni Ferrari (53 Bruno Giordano), Francesco Brignani (65 Andrea Agostinelli), Giorgio Chinaglia, Vincenzo d'Amico, Roberto Badiani.   Trainer: Mario Corsini

Goal: Doroschenko (33)

GALATASARAY ISTANBUL
v RAPID WIEN 3-1 (1-0)

Ali Sami Yen, Istanbul   1.10.1975

Referee: Jean Dubach (SWI)   Attendance: 60,000

GALATASARAY: Yasin Özdenak, Aydin Bogalar, Tarik Küpoglu, Enver Ürekli, Fatih Terim, Ali Elveren (85 Mustafa Ergücü), Metin Kurt, Mehmet Özgul, Gökmen Özdenak, Mehmet Oğuz, Şevki Şenlen (73 Engin Tuncer).

RAPID: Peter Barthold, Emil Krause, Egon Pajenk, Rainer Schlagbauer, Norbert Hof; Werner Walzer, Kurt Widmann, Peter Persidis, Johann Krankl, August Starek (63 Gerhard Sturmberger), Ernst Dokupil.   Trainer: Josef Pecanka

Goals: Sevki (36), Gökmen (56, 87), Krankl (60)

LAZIO ROMA
v CHERNOMORETS ODESSA 3-0 (0-0, 1-0) (AET)

Stadio Olimpico, Roma   1.10.1975

Referee: Károly Palotai (HUN)   Attendance: 47,000

LAZIO: Felice Pulici; Paolo Ammoniaci, Luigi Martini; Giuseppe Wilson, Sergio Petrelli (84 Luigi Polentes), Luciano Re Cecconi; Giovanni Ferrari (63 Renzo Garlaschelli), Francesco Brignani, Giorgio Chinaglia, Roberto Badiani, Bruno Giordano.   Trainer: Mario Corsini

CHERNOMORETS: Aleksandr Degtiariev; Vladimir Nechaev, Viacheslav Leschuk; Evgeni Logvinenko (65 Aleksandr Sapelniak), Anatoli Ribak, Aleksandr Polischuk, Grigori Sapozhnikov (89 Nikolai Mikhailov), Vladimir Ustimchik, Vladimir Makarov, Vladimir Ploskina, Anatoli Doroschenko.

Goals: Chinaglia (89, 102, 120)

VOJVODINA NOVI SAD v AEK ATHINA 0-0

Gradski, Novi Sad   17.09.1975

Referee: Heinz Einbeck (DDR)   Attendance: 7,800

VOJVODINA: Ratko Svilar, Zeljko Jurcić, Mokus, Trifunović, Martin Novoselac, Rudinski, Djordje Vujkov (46 Vukasinović), Zvonko Ivezić (73 Srdanović), Vucković, Pavković, Slavko Licinar.   Trainer: Toza Veselinović

AEK: Lakis Stergioudas, Giorgos Skrekis, Apostolos Toskas, Pantelis Nikolaou, Athanasias Zarzopoulos, Lazaros Papadopoulos, Dionisis Tsamis, Giorgos Dedes, Walter Wagner, Dimitris Papaioannou, Tasos Konstantinou.   Trainer: František Fadrhonc

RAPID WIEN
v GALATASARAY ISTANBUL 1-0 (0-0)

Prater, Wien   17.09.1975

Referee: Jan Kmec (CZE)   Attendance: 7,948

RAPID: Peter Barthold, Emil Krause, Egon Pajenk, Rainer Schlagbauer, Norbert Hof; Werner Walzer, Kurt Widmann, Herbert Gronen, Johann Krankl, August Starek, Ernst Dokupil.   Trainer: Josef Pecanka

GALATASARAY: Nihat Akbay, Aydin Bogalar, Tarik Küpoglu, Enver Ürekli, Fatih Terim, Bülent Under, Mehmet Özgul, Ali Elveren, Gökmen Özdenak (60 Metin Kurt), Tuncay Temeller, Şevki Şenlen (80 Engin Tuncer).

Goal: Widmann (77)

AEK ATHINA v VOJVODINA NOVI SAD 3-1 (1-0)

Neas Filadelfeias, Athina   1.10.1975

Referee: Pavel Kazakov (USSR)   Attendance: 27,541

AEK: Lakis Stergioudas, Giorgos Skrekis, Apostolos Toskas, Pantelis Nikolaou, Athanasias Zarzopoulos (12 Stefanos Theodoridis), Lazaros Papadopoulos, Dionisis Tsamis, Giorgos Dedes, Walter Wagner, Dimitris Papaioannou, Tasos Konstantinou.   Trainer: František Fadrhonc

VOJVODINA: Ratko Svilar, Zeljko Juricić, Mokus, Trifunović, Martin Novoselac, Rudinski, Stakić (76 Bincić), Djordje Vujkov, Zvonko Ivezić, Pavković (20 Licinar), Nenadić.   Trainer: Toza Veselinović

Goals: Papaioannou (41), Papadopoulos (58), Wagner (69), Rudinski (89)

TORPEDO MOSKVA v SSC NAPOLI 4-1 (2-1)

Moskva   17.09.1975

Referee: Robert Matthewson (ENG)   Attendance: 14,000

TORPEDO: Anatoli Elizarov, Viktor Kruglov, Leonid Pakhomov, Vladimir Belousov, Vladimir Buturlakin, Aleksandr Maksimenkov (68 Sergei Petrenko), Valeri Filatov, Vladimir Yurin, Vladimir Sakharov, Evgeni Khrabrostin (68 Anatoli Belenkov), Sergei Grishin.

SSC NAPOLI: Pietro Carmignani; Giuseppe Bruscolotti, Luigi Pogliana; Tarciso Burgnich, Antonio La Palma, Andrea Orlandini; Giuseppe Massa, Antonio Juliano, Giuseppe Savoldi, Salvatore Esposito, Luigi Boccolini (74 Giorgio Braglia).   Trainer: Luis Vinicius de Menezes "Vinicio"

Goals: Grishin (2, 88), Saharov (30 pen), Savoldi (35), Belenkov (89)

VASAS BUDAPEST v VÖEST LINZ 4-0 (3-0)

Népstadion, Budapest   1.10.1975

Referee: Jan Redelfs (WG)   Attendance: 12,000

VASAS: Gyula Tamás; Péter Török, Tibor Fábián, István Szőke; András Komjáti, Lajos Lakinger, Sándor Zombori; István Timár (72 Zoltán Bódi), István Kovács, Ignác Izsó, Béla Váradi.   Trainer: Rudolf Illovszky

VÖEST: Erwin Fuchsbichler; Max Haffner, Norbert Ebster, Ivan Brzić, Hans-Dieter Mirnegg; Gerhard Horvath (38 Wilfried Ortner), Ferdinand Milanovich, Gerhard Ulmer, Jürgen Kreuzer (63 Michael Lorenz); Josef Stering, Walter Rosskogler.

Goals: Váradi (8, 41), Kovács (35), Izsó (51)

SSC NAPOLI v TORPEDO MOSCOVA 1-1 (1-1)

Stadio San Paolo, Napoli   1.10.1975

Referee: Walter Hungerbühler (SWI)   Attendance: 43,230

SSC NAPOLI: Pietro Carmignani; Giuseppe Bruscolotti, Luigi Pogliana; Tarciso Burgnich, Antonio La Palma, Andrea Orlandini; Giuseppe Massa (63 Giannantonio Sperotto), Antonio Juliano (75 Luigi Punziano), Giuseppe Savoldi, Luigi Boccolini, Giorgio Braglia.   Trainer: Luis Vinicius de Menezes "Vinicio"

TORPEDO: Anatoli Elizarov, Viktor Kruglov, Leonid Pakhomov, Vladimir Buturlakin, Vladimir Belousov, Sergei Petrenko, Valeri Filatov, Evgeni Khrabrostin (59 Anatoli Belenkov), Vladimir Yurin, Vladimir Sakharov (55 Aleksandr Maksimenkov), Sergei Grishin.

Goals: Filatov (15), Braglia (37)

**UNIVERSITATEA CRAIOVA
v CRVENA ZVEZDA BEOGRAD 1-3** (1-1)

Central, Craiova   17.09.1975

Referee: Eldar Asim Zade (USSR)   Attendance: 40,000

UNIVERSITATEA: Marius Purcaru; Petre Purima, Alexandru Boc, Petre Deselnicu, Cornel Berneanu; Lucian Strîmbeanu, Grigore Ciupitu, Ilie Balaci; Zoltán Crişan (55 Rodion Cămătaru, 77 Costică Ştefănescu), Ion Oblemenco, Leonida Nedelcu.   Trainers: Constantin Cernăianu & Constantin Oţet

CRVENA ZVEZDA: Ognjen Petrović; Zoran Jelikić, Slavoljub Muslin, Mile Novković, Mihajl Keri; Petar Baralić, Vladimir Petrović (80 Miloš Šestić), Dušan Nikolić; Zoran Filipović, Dušan Savić, Sead Sušić (67 Srboljub Stamenković).

Goals: Savić (18), Oblemenco (45), Filipović (55, 79)

VÖEST LINZ v VASAS BUDAPEST 2-0 (1-0)

Linzer Stadion   17.09.1975

Referee: Hilmi Ok (TUR)   Attendance: 4,317

VÖEST: Erwin Fuchsbichler; Max Haffner, Norbert Ebster, Hans-Dieter Mirnegg (60 Juri Kottan), Ivan Brzić; Ferdinand Milanovich, Gerhard Horvath, Charly Scharmann; Josef Stering, Walter Rosskogler, Michael Lorenz (78 Wilfried Ortner).

VASAS: Gyula Tamás; Péter Török, Tibor Fábián, Mihály Kántor (60 József Kánász), András Komjáti; Zoltán Bódi, Sándor Zombori, Zoltán Szijjarto (46 István Szőke); Sándor Müller, Ignác Izsó, Béla Váradi.   Trainer: Rudolf Illovszky

Goals: Schärmann (34), Stering (65)

**CRVENA ZVEZDA BEOGRAD
v UNIVERSITATEA CRAIOVA 1-1** (1-0)

Crvena Zvezda, Beograd   1.10.1975

Referee: Mihály Halasz (HUN)   Attendance: 20,000

CRVENA ZVEZDA: Ognjen Petrović; Zoran Jelikić, Mile Novković, Dušan Nikolić, Mihalj Keri, Slavoljub Muslin, Vladimir Petrović, Zoran Filipović, Dušan Savić, Jovan Aćimović (46 Srboljub Stamenković), Sead Sušić.

UNIVERSITATEA: Silviu Lung; Petre Purima, Alexandru Boc, Ion Constantinescu, Nicolae Negrilă; Grigore Ciupitu, Lucian Strîmbeanu, Ilie Balaci; Zoltán Crişan, Ion Oblemenco, Dumitru Marcu (65 Costică Ştefănescu).

Goals: Filipović (30 pen), Crişan (78)

ASA TÎRGU MUREŞ
v DYNAMO DRESDEN 2-2 (1-2)

23 August, Tîrgu Mureş   17.09.1975

Referee: Efstathios Papavasiliou (GRE)   Attendance: 20,000

ASA: Zoltán Nagel; Ştefan Gligore, Pintea, Florea Ispir, Carol Onuţan; Petre Varodi, Vasile Pîslaru (75 Nicolae Nagy), Ladislau Bölöni; Árpád Fazekas, Ion Mureşan, Iuliu Hajnal (77 Horea Popa).   Trainer: Tiberiu Bone

DYNAMO: Claus Boden; Hans-Jürgen Dörner, Gerd Weber, Udo Schmuck, Siegmar Wätzlich; Reinhard Häfner, Hartmut Schade, Hans-Jürgen Kreische; Dieter Riedel, Gerd Heidler, Rainer Sachse.   Trainer: Walter Fritzsch

Goals: Mureşan (10), Schade (24), Heidler (28), Fazekas (49)

DYNAMO DRESDEN
v ASA TÎRGU MUREŞ 4-1 (1-0)

Dynamo, Dresden   1.10.1975

Referee: Nikola Dudin (BUL)   Attendance: 27,000

DYNAMO: Claus Boden; Hans-Jürgen Dörner, Gerd Weber, Udo Schmuck, Siegmar Wätzlich; Reinhard Häfner, Hartmut Schade, Hans-Jürgen Kreische; Dieter Riedel, Gerd Heidler, Rainer Sachse (67 Peter Kotte).   Trainer: Walter Fritzsch

ASA: Zoltán Nagel; Ştefan Gligore, Madocsa Kiss, Florea Ispir, Carol Onuţan; Petre Varodi, Ladislau Bölöni, Iuliu Hajnal; Árpád Fazekas (67 Vasile Pîslaru), Ion Mureşan, Horea Popa.

Goals: Heidler (15, 66, 83), Mureşan (75), Kreische (87)

LEVSKI SPARTAK SOFIA
v ESKİŞEHİRSPOR 3-0 (1-0)

Vasil Levski, Sofia   18.09.1975

Referee: Milos Cajić (YUG)   Attendance: 13,215

LEVSKI SPARTAK: Nikolai Iliev, Georgi Ganev (46 Ivan Stoianov), Milko Gaidarski, Stefan Aladjov, Kiril Ivkov, Stefan Pavlov, Voin Voinov, Georgi Tzvetkov, Kiril Milanov, Pavel Panov, Emil Spasov.   Trainer: Ivan Vutsov

ESKİŞEHİRSPOR: Fuat, K. Mehmet Kalaycy, Coskun, Bilal Arular, Ismail Arca, K. Burhan (76 Adnan), Halil Gundögan, Ali Erdem, Ertan, B. Burhan (46 Mehmet II), Hüdai Dodu.

Goals: Spasov (15, 69), Panov (57)

ESKİŞEHİRSPOR
v LEVSKI SPARTAK SOFIA 1-4 (1-4)

Atatürk Stadi, Eskişehir   1.10.1975

Referee: Riccardo Lattanzi (ITA)   Attendance: 6,230

ESKİŞEHİRSPOR: Fuat, K. Mehmet Kalaycy, Coskun, Bilal Arular, Ismail Arca, K. Burhan, Adnan (46 Ertan), Ali Erdem, Halil Gundögan, Tayfun, Hüdai Dodu.

LEVSKI SPARTAK: Nikolai Iliev; Milko Gaidarski, Stefan Pavlov, Stefan Aladjov, Kiril Ivkov, Ivan Stoianov, Voin Voinov (46 Georgi Tzvetkov), Emil Spasov, Kiril Milanov, Pavel Panov, Krasimir Borisov (80 Georgi Vasilev).   Trainer: Ivan Vutsov

Goals: Spasov (6, 15), Panov (30), Milanov (43), K. Mehmet (45)

INTERNACIONÁL SLOVNAFT BRATISLAVA
v REAL ZARAGOZA 5-0 (1-0)

Pasienky, Bratislava   18.09.1975

Referee: Achille Verbecke (FRA)   Attendance: 7,870

INTER: Miroslav Kovarik, Milan Paliatka, Ladislav Jurkemik, Jaroslav Simončič, Jozef Barmoš, Jozef Sajanek, Marián Novotný (75 Julius Gögh), Peter Lupřich, Jozef Levický, Ladislav Petraš, Peter Mráz (85 Ľudovít Zlocha).   Trainer: Valerián Švec

REAL ZARAGOZA: Juan Luis IRAZUSTA Adarraga, José Luis RICO Ibáñez, José Manuel "MANOLO" GONZÁLEZ López, Victorino BASTOS (46 José Luis VIOLETA Lajusticia), Ángel ROYO Valencia, José María DUÑABEITIA Larrea, Pablo GARCÍA CASTANY, José "PEPE" GONZÁLEZ González, Laureano RUBIAL Fernández (67 Juan Manuel García SIMARRO), Carlos Martínez DIARTE, Juan José Rodríguez Gutiérrez "JUANJO".   Trainer: Luis Perez Cid "CARRIEGA"

Goals: Levický (16), Jurkemik (57, 78), Petraš (59), Sajanek (83)

REAL ZARAGOZA v INTERNACIONÁL SLOVNAFT BRATISLAVA 2-3 (2-1)

La Romareda, Zaragoza   1.10.1975

Referee: Jan Peeters (BEL)   Attendance: 10,141

REAL ZARAGOZA: José Manuel Fernández NIEVES, José Luis RICO Ibáñez, José Manuel "MANOLO" GONZÁLEZ López, Ángel ROYO Valencia, José "PEPE" GONZÁLEZ González, Victorino BASTOS, Juan Manuel García SIMARRO (52 Enrique PORTA Guiu), Pablo GARCÍA CASTANY (78 José María DUÑABEITIA Larrea), Carlos Martínez DIARTE, Saturnino ARRÚA Molinas, Juan José Rodríguez Gutiérrez "JUANJO".   Trainer: Luis Perez Cid "CARRIEGA"

INTER: Miroslav Kovarik, Milan Paliatka, Ladislav Jurkemik, Jaroslav Simončič, Jozef Barmoš, Jozef Sajanek, Marián Novotný, Peter Lupřich, Peter Mráz, Ladislav Petraš, Jozef Bajza.   Trainer: Valerián Švec

Goals: Jurkemik (10), J. González (24 pen), Arrúa (40), Petraš (50), Mráz (74)

ATHLONE TOWN v VÅLERENGEN OSLO 3-1 (1-1)

St. Mel's Park, Athlone   18.09.1975

Referee: Koen Hoppenbrouwer (HOL)   Attendance: 4,000

ATHLONE TOWN: Mick O'Brien, John Duffy, Kevin Smith, Douglas Wood, Andy Stevenson, Noel Larkin, John Minnock, Carl Humphries, Paul Martin (.. Joe Healy), Eugene Davis, Terry Daly.

VÅLERENGEN: Arild Blomfeldt, Rune Hansen (.. Terje Skoglie), Tor Reidar Brekke, Arne Haslie, Kjell Jørgensen, Ole Bjørn Edner, Kjell Eriksen, Trond Hoftvedt, Dag Olavson (.. Erik Foss), Harry Karlsen, Terje Olsen.

Goals: Martin (3), Davis (66, 85), Olsen (10)

VÅLERENGEN OSLO v ATHLONE TOWN 1-1 (0-1)

Oslo 1.10.1975

Referee: Sven Jonsson (SWE)   Attendance: 747

VÅLERENGEN: Arild Blomfeldt, Rune Hansen, Tor Reidar Brekke, Arne Haslie, Kjell Jørgensen, Ole Bjørn Edner, Kjell Eriksen, Erik Foss, Dag Olavson (.. Tom Petter Hyving), Harry Karlsen, Terje Olsen.

ATHLONE TOWN: Mick O'Brien, John Duffy, Kevin Smith, Joe Healy, Andy Stevenson, Noel Larkin, John Minnock, Carl Humphries, Paul Martin (.. Douglas Wood), Eugene Davis, Terry Daly.

Goals: Martin (19), Eriksen (55)

ÍB KEFLAVÍK v DUNDEE UNITED 0-2 (0-2)

Keflavík 23.09.1975

Referee: Eric Smyton (NIR)   Attendance: 3,540

ÍB KEFLAVÍK: Thorsteinn Olafsson, Gunnar Jónsson, Hjortur Zakariasson, Gisli Torfason, Astradur Gunnarsson, Einar Gunnarsson, Jón Olafur Jónsson, Grétar Magnusson, Steinar Jóhansson, Hilmar Hjalmarsson, Olafur Júliusson.

DUNDEE UNITED: Hamish McAlpine, Andy Rolland, Frank Kopel, Jackie Copland (.. Douglas Smith), Douglas Houston, David Narey, Alex Rennie, Graeme Payne, Paul Hegarty, George Fleming, Andy Gray.

Goals: Narey (4, 43)

DUNDEE UNITED v ÍB KEFLAVÍK 4-0 (1-0)

Tannadice Park, Dundee   30.09.1975

Referee: Rolf Ericsson (SWE)   Attendance: 4,500

DUNDEE UNITED: Hamish McAlpine, Andy Rolland, Frank Kopel, Derek Addison, Douglas Houston (.. Archie Knox), David Narey, Alex Rennie, Graeme Payne, Paul Hegarty, Henry Hall, Paul Sturrock (.. Iain McDonald).

ÍB KEFLAVÍK: Thorsteinn Olafsson, Gunnar Jónsson, Hjortur Zakariasson, Gisli Torfason, Astradur Gunnarsson, Einar Gunnarsson, Jón Olafur Jónsson, Grétar Magnusson, Fridrik Ragnarsson, Hilmar Hjalmarsson, Olafur Júliusson.

Goals: Hall (29, 85), Hegarty (58 pen), Sturrock (66)

SLIEMA WANDERERS v SPORTING LISBOA 1-2 (0-1)

Valletta 24.09.1975

Referee: Domenico Serafino (ITA)   Attendance: 4,500

SLIEMA WANDERERS: Charles Sciberras, Gennaro Camilleri, Lawrence Borg, David Azzopardi, Mario Schembri, Edward Darmanin, Joseph Bajada (54 Edward Aquilina), Richard Aquilina, Emanuel Fabri, Eric Schembri, Mario Loporto.

SPORTING: VITOR Manuel Afonso DAMAS de Oliveira, Augusto Soares INÁCIO, JOSÉ de Jesús MENDES, Francisco José Teles de Andrade "ZEZINHO", Fernando José Tomé DA COSTA, Fernando Massano TOMÉ (69 Vitor Manuel Jesús Gonçalves "BALTASAR"), Mário Abreu Alves da Silva "MÁRINHO", NÉLSON Fernandes, MANUEL José Tavares FERNANDES, Samuel Ferreira FRAGUITO, Francisco Delfim Dias "CHICO" Faria.

Goals: Marinho (36), Azzopardi (66), Fernandes (89)

SPORTING LISBOA v SLIEMA WANDERERS 3-1 (1-1)

Estádio José Alvalade, Lisboa   1.10.1975

Referee: Achille Verbecke (FRA)   Attendance: 10,780

SPORTING: VITOR Manuel Afonso DAMAS de Oliveira, Augusto Soares INÁCIO, Francisco José Teles de Andrade "ZEZINHO", JOSÉ de Jesús MENDES, Fernando José Tomé DA COSTA, Vitor Manuel Jesús Gonçalves "BALTASAR" (46 VALTER Caetano Costa Ferreira), Mário Abreu Alves da Silva "MÁRINHO", NÉLSON Fernandes, MANUEL José Tavares FERNANDES, Samuel Ferreira FRAGUITO, Francisco Delfim Dias "CHICO" Faria.

SLIEMA WANDERERS: Charles Sciberras, Jimmy Briffa, Edward Darmanin, Mario Schembri, Oliver Losco, Gennaro Camilleri (66 Edward Aquilina), David Azzopardi, Richard Aquilina, Emanuel Fabri, Eric Schembri, Mario Loporto (81 Joseph Bajada).

Goals: Baltasar (39), Fabri (42), Da Costa (50), Fernandes (84 pen)

SECOND ROUND

MSV DUISBURG
v LEVSKI SPARTAK SOFIA 3-2 (1-2)

Wedaustadion, Duisburg 21.10.1975

Referee: Francisco S. Marques Lobo (POR)   Att: 18,000

MSV: Dietmar Linders, Werner Schneider, Bernard Dietz, Detlef Pirsig, Michael Bella, Kees Bregman, Rudolf Seliger, Lothar Schneider, Ronald Worm, Theo Bücker (63 Klaus Bruckmann), Klaus Thies (46 Walter Krause). Trainer: Willibert Kremer

LEVSKI SPARTAK: Nikolai Iliev; Milko Gaidarski, Ivan Tishanski (78 Krasimir Borisov), Stefan Aladjov, Kiril Ivkov, Ivan Stoianov, Voin Voinov, Stefan Pavlov (39 Georgi Tzvetkov), Kiril Milanov, Pavel Panov, Iordan Iordanov. Trainer: Ivan Vutsov

Goals: Panov (11, 31), W. Schneider (17), Worm (73), Krause (90)

LEVSKI SPARTAK SOFIA
v MSV DUISBURG 2-1 (0-0)

Vasil Levski, Sofia 4.11.1975

Referee: Anthony Briguglio (MAL)   Attendance: 35,973

LEVSKI SPARTAK: Nikolai Iliev, Stefan Pavlov, Ivan Tishanski, Milko Gaidarski, Kiril Ivkov, Ivan Stoianov (75 Georgi Tzvetkov), Voin Voinov (73 Krasimir Borisov), Iordan Iordanov, Kiril Milanov, Pavel Panov, Emil Spasov. Trainer: Ivan Vutsov

MSV: Dietmar Linders, Werner Schneider, Bernard Dietz, Detlef Pirsig, Michael Bella, Kees Bregman, Rudolf Seliger, Lothar Schneider, Ronald Worm, Theo Bücker, Herbert Büssers. Trainer: Willibert Kremer

Goals: Ivkov (49), Worm (59), Panov (83 pen)

HONVÉD BUDAPEST
v DYNAMO DRESDEN 2-2 (0-2)

Népstadion, Budapest 22.10.1975

Referee: Michal Jursa (CZE)   Attendance: 12,350

HONVÉD: Sándor Gujdár; József Kelemen, István Kocsis, Lajos Szűcs, Sándor Lukacs; József Pál (63 Sándor Bartos), Lajos Kocsis, Sándor Pintér; Gábor Morgós, István Weimper, János Fehérvári (46 János Máté). Trainer: Károly Lakat

DYNAMO: Claus Boden, Gerd Weber, Hans-Jürgen Dörner, Udo Schmuck, Siegmar Wätzlich; Reinhard Häfner, Hartmut Schade, Hans-Jürgen Kreische; Dieter Riedel (71 Rainer Sachse), Peter Kotte, Gerd Heidler. Trainer: Walter Fritzsch

Goals: Heidler (32, 41), Weimper (67, 80)

DYNAMO DRESDEN
v HONVÉD BUDAPEST 1-0 (1-0)

Dynamo, Dresden 5.11.1975

Referee: Pavel Kazakov (USSR)   Attendance: 33,678

DYNAMO: Claus Boden; Gerd Weber, Hans-Jürgen Dörner, Udo Schmuck, Siegmar Wätzlich; Reinhard Häfner, Hartmut Schade, Hans-Jürgen Kreische; Dieter Riedel (65 Klaus Lichtenberger), Peter Kotte, Gerd Heidler. Trainer: Walter Fritzsch

HONVÉD: Sándor Gujdár; Sándor Egervári, Miklós Páncsics, József Varga, Lajos Szűcs, Sándor Lukacs; József Pál, Lajos Kocsis (37 Sándor Bartos), Sándor Pintér; János Fehérvári, István Weimper.   Trainer: Károly Lakat

Goal: Dörner (25 pen)

CRVENA ZVEZDA BELGRAD
v HAMBURGER SV 1-1 (1-1)

Crvena Zvezda, Beograd 22.10.1975

Referee: Paul Schiller (AUS)   Attendance: 17,137

CRVENA ZVEZDA: Ognjen Petrović, Zoran Jelikić, Mile Novković (60 Petar Krivokuca), Petar Baralić, Mihalj Keri, Slavoljub Muslin, Vladimir Petrović, Zoran Filipović (40 Srboljub Stamenković), Dušan Savić, Dušan Nikolić, Sead Sušić.

HAMBURGER SV: Rudi Kargus; Manfred Kaltz, Peter Nogly, Horst Bertl, Peter Hidien, Horst Blankenburg, Ole Björnmose, Caspar Memering, Willi Reimann, Hans Ettmayer, Georg Volkert.   Trainer: Kuno Klötzer

Goals: Sušić (23), Björnmose (24)

HAMBURGER SV
v CRVENA ZVEZDA BEOGRAD 4-0 (1-0)

Volksparkstadion, Hamburg 5.11.1975

Referee: Charles Corver (HOL)   Attendance: 61,300

HAMBURGER SV: Rudi Kargus, Manfred Kaltz, Peter Nogly, Horst Bertl, Peter Hidien, Horst Blankenburg, Hans-Jürgen Sperlich (56 Klaus Zaczyk), Caspar Memering, Willi Reimann, Hans Ettmayer, Georg Volkert. Trainer: Kuno Klötzer

CRVENA ZVEZDA: Ognjen Petrović, Mile Novković, Petar Krivokuca, Dušan Nikolić, Mihalj Keri, Slavoljub Muslin, Vladimir Petrović (64 Zoran Jelikić), Jovan Aćimović, Dušan Savic, Sead Sušic (46 Milan Calasan), Srboljub Stamenković.

Goals: Reimann (14, 90), Ettmayer (78), Memering (82)

IPSWICH TOWN v CLUB BRUGGE 3-0 (1-0)

Portman Road, Ipswich   22.10.1975

Referee: Adolf Prokop (DDR)   Attendance: 28,617

IPSWICH TOWN: Paul Cooper, Michael Mills, Kevin Beattie, Roger Osborne, Alan Hunter, John Peddelty, Bryan Hamilton, Eric Gates (80 Michael Lambert), David Johnson (33 Terence Austin), Trevor Whymark, Clive Woods.   Manager: Robert Robson

CLUB BRUGGE: Birger Jensen, Alfons Bastijns, Eduard Krieger, George Leekens, Jos Volders, Julien Cools, René Vandereycken, Roger van Gool, Raoul Lambert (75 Dirk Sanders), Daniel de Cubber, Ulrik Lefèvre.   Trainer: Ernst Happel

Goals: Gates (21), Peddelty (54), Austin (65)

AJAX AMSTERDAM v HERTHA BSC BERLIN 4-1 (2-1)

Olympisch, Amsterdam   5.11.1975

Referee: Ernst Dörflinger (SWI)   Attendance: 46,000

AJAX: Piet Schrijvers, Wim Suurbier, Ruud Krol, John Dusbaba, Henk van Santen, Barry Hulshoff (58 Geert Meijer), René Notten, Gerrie Mühren, Ruud Geels, Willy Brokamp, Arno Steffenhagen.   Trainer: Rinus Michels

HERTHA: Horst Wolter, Michael Sziedat, Holger Brück, Uwe Kliemann, Hans Weiner, Detlef Szymanek, Wolfgang Sidka, Erich Beer, Gerhard Grau, Erwin Kostedde (69 Erwin Hermandung), Lorenz Horr.   Trainer: Georg Keßler

Goals: Brokamp (24), Geels (29 pen, 76), Kostedde (39), Meijer (85)

CLUB BRUGGE v IPSWICH TOWN 4-0 (3-0)

Olympiastadion, Brugge   5.11.1975

Referee: César da Luz Dias Correa (POR)   Att: 30,000

CLUB BRUGGE: Birger Jensen, Alfons Bastijns, Eduard Krieger, George Leekens, Jos Volders (73 Norbert Denaeghel), Julien Cools, René Vandereycken, Roger van Gool, Raoul Lambert, Daniel de Cubber, Ulrik Lefèvre.   Trainer: Ernst Happel

IPSWICH TOWN: Paul Cooper, George Burley, Michael Mills, Roger Osborne, Alan Hunter, John Peddelty, Bryan Hamilton, Colin Viljoen (22 Eric Gates), David Johnson, Trevor Whymark, Clive Woods.   Manager: Robert Robson

Goals: Lambert (11 pen), De Cubber (25), Lefèvre (40), Vandereycken (89)

DUNDEE UNITED v FC PORTO 1-2 (0-1)

Tannadice Park, Dundee   22.10.1975

Referee: Svein Inge Thime (NOR)   Attendance: 6,500

DUNDEE UNITED: Hamish McAlpine, Andy Rolland, Frank Kopel (79 William Steele), Douglas Houston (46 Archie Knox), Alan Forsyth, David Narey, Alex Rennie, Graeme Payne, Henry Hall, George Fleming, Paul Sturrock.

FC PORTO: António José Oliveira Meireles "TIBI", Alfredo Manuel Ferreira Silva MURÇA, Carlos Antonio Fonseca SIMÕES, José ROLANDO Andrade Gonçalves, GABRIEL Azevedo Mendes; OCTÁVIO Joaquim Coelho Machado, Teofilo CUBILLAS, RODOLFO Reis Ferreira; António Luis Alves Ribeiro de OLIVEIRA, Arsénio Jardim "SENINHO", Joaquim António DINIS.

Goals: Oliveira (34), Rennie (68), Seninho (75)

HERTHA BSC BERLIN v AJAX AMSTERDAM 1-0 (0-0)

Olympia-stadion, Berlin West   22.10.1975

Referee: Sergio Gonella (ITA)   Attendance: 54,584

HERTHA: Horst Wolter, Michael Sziedat, Holger Brück, Uwe Kliemann, Hans Weiner, Erwin Hermandung (85 Stephanus Walbeek), Wolfgang Sidka, Erich Beer, Gerhard Grau, Erwin Kostedde, Lorenz Horr.   Trainer: Georg Keßler

AJAX: Piet Schrijvers, Wim Suurbier, John Dusbaba, Pim van Dord, Ruud Krol, René Notten, Barry Hulshoff, Dick Helling, Gerrie Mühren, Ruud Geels (46 Geert Meijer), Willy Brokamp.   Trainer: Rinus Michels

Goal: Kostedde (48)

FC PORTO v DUNDEE UNITED 1-1 (0-0)

Estádio das Antas, Porto   5.11.1975

Referee: Ferdinand Biwersi (WG)   Attendance: 23,117

FC PORTO: António José Oliveira Meireles "TIBI", Alfredo Manuel Ferreira Silva MURÇA, Carlos Antonio Fonseca SIMÕES, José ROLANDO Andrade Gonçalves, GABRIEL Azevedo Mendes; OCTÁVIO Joaquim Coelho Machado, Teofilo CUBILLAS, Adelino de Jesús TEIXEIRA (70 RODOLFO Reis Ferreira); António Luis Alves Ribeiro de OLIVEIRA, Arsénio Jardim "SENINHO", Joaquim António DINIS.

DUNDEE UNITED: Hamish McAlpine, Andy Rolland, George Fleming, Alex Rennie, Douglas Smith, Douglas Houston, John Holt, Graeme Payne, Paul Hegarty, Archie Knox (75 Thomas Traynor), Paul Sturrock.

Goals: Hegarty (65), Seninho (70)

FC CARL ZEISS JENA v STAL MIELEC 1-0 (0-0)

Ernst Abbe Sportfeld, Jena   22.10.1975

Referee: Zdenek Jelinek (CZE)   Attendance: 22,000

FC CARL ZEISS: Hans-Ulrich Grapenthin, Helmut Stein, Irmscher, Konrad Weise, Ulrich Göhr (41 Andreas Wachter), Rainer Schlutter, Lothar Kurbjuweit, Dietmar Sengewald, Klaus Schröder, Peter Ducke, Eberhard Vogel.
Trainer: Hans-Joachim Meyer

STAL: Zygmunt Kukla, Edward Bielewicz, Krzysztof Rzesny, Marian Kosinski, Ryszard Per, Wlodzimierz Gasior (69 Jerzy Krawczyk), Henryk Kasperczak, Zbigniew Hnatio, Edward Oratowski, Grzegorz Lato, Ryszard Sekulski.

Goal: Kurbjuweit (79)

**STAL MIELEC
v FC CARL ZEISS JENA 1-0** (0-0, 1-0) (AET)

Stal, Mielec   5.11.1975

Referee: Lajos Somlai (HUN)   Attendance: 21,000

STAL: Zygmunt Kukla, Marian Kosinski, Krzysztof Rzesny, Edward Oratowski, Jerzy Krawczyk, Grzegorz Lato, Witold Karas (86 Wlodzimierz Gasior), Henryk Kasperczak, Ryszard Per, Jan Domarski (46 Zbigniew Hnatio), Ryszard Sekulski.

FC CARL ZEISS: Hans-Ulrich Grapenthin, Lothar Kurbjuweit, Gert Brauer, Andreas Wachter, Irmscher, Martin Goebel, Rainer Schlutter, Konrad Weise, Dietmar Sengewald, Peter Ducke (97 Klaus Schröder), Eberhard Vogel.
Trainer: Hans-Joachim Meyer

Goal: Karas (80)

Penalties: Vogel (miss), Sekulski (miss), 0-1 Kurbjuweit, 1-1 Per, Schlutter (miss), 2-1 Kasperczak, 2-2 Schröder, Krawczyk (miss), Irmscher (miss), 3-2 Lato

SPARTAK MOSKVA v 1.FC KÖLN 2-0 (1-0)

Lenin, Moskva   22.10.1975

Referee: Ulf Eriksson (SWE)   Attendance: 8,423

SPARTAK: Aleksandr Prokhorov, Vladimir Bukievski, Viktor Samokhin, Nikolai Abramov, Nikolai Osianin, Evgeni Lovchev, Mikhail Bulgakov, Aleksandr Minaev, Viktor Papaev, Valeri Gladilin, Valeri Andreev.

1.FC KÖLN: Slobodan Topalovic, Harald Konopka, Herbert Zimmermann, Wolfgang Weber, Bernd Cullmann, Gerhard Strack, Jürgen Glowacz (83 Heinz Simmet), Heinz Flohe, Matthias Brücken, Wolfgang Overath, Johannes Löhr.
Trainer: Zlatko Cajkovski

Goals: Lovchev (15, 89)

1.FC KÖLN v SPARTAK MOSKVA 0-1 (0-0)

Radrennbahn, Köln   5.11.1975

Referee: Antonio Camacho Jiménez (SPA)   Att: 23,000

1.FC KÖLN: Slobodan Topalovic, Harald Konopka, Gerhard Strack, Wolfgang Weber, Bernd Cullmann, Heinz Simmet, Jürgen Glowacz (66 Herbert Neumann), Heinz Flohe, Matthias Brücken (66 Günter Weber), Wolfgang Overath, Johannes Löhr.   Trainer: Zlatko Cajkovski

SPARTAK: Aleksandr Prokhorov, Vladimir Bukievski, Viktor Samokhin, Nikolai Abramov, Nikolai Osianin, Evgeni Lovchev, Aleksandr Kokorev, Viktor Papaev, Mikhail Bulgakov, Aleksandr Minaev, Valeri Andreev.

Goal: V. Andreev (62)

SLASK WROCLAW v ANTWERP FC 1-1 (1-0)

Slask, Wroclaw   22.10.1975

Referee: Josef Bucek (AUS)   Attendance: 15,000

SLASK: Zygmunt Kalinowski, Marian Balcerzak, Tadeusz Rachwalski, Wladyslaw Zmuda, Krzysztof Karpinski, Zdzislaw Rybotycki (66 Roman Faber), Jan Erlich, Tadeusz Wanat (76 Mieczyslaw Olesiak), Tadeusz Pawlowski, Józef Kwiatkowski, Zygmunt Garlowski.

ANTWERP FC: Jean Trappeniers, Jim De Scrijver, Robert Geens, Jos Velser, Xavier Caers, Jos Heyligen, Louis Van Gaal, Henk Houwaart (50 André Heerwegh), Frank Mariman, Flemming Lund, Karl Kodat.   Trainer: Guy Thys

Goals: Pawlowski (38), Houwaart (50)

ANTWERP FC v SLASK WROCLAW 1-2 (0-2)

Stade du Bosuil, Antwerpen   5.11.1975

Referee: Alistair McKenzie (SCO)   Attendance: 12,246

ANTWERP FC: Theo Custers, Jos Van Riel (23 Paul Lieben), Jos Velser, Robert Geens, Xavier Caers, Jos Heyligen, René De Saeyere (46 Frank Mariman), Jim De Scrijver, Flemming Lund, Karl Kodat, Louis Van Gaal.   Trainer: Guy Thys

SLASK: Zygmunt Kalinowski, Marian Balcerzak, Jan Erlich, Henryk Kowalczyk, Mieczyslaw Kopycki, Tadeusz Wanat (.. Zdzislaw Rybotycki), Roman Faber, Zygmunt Garlowski, Tadeusz Pawlowski, Józef Kwiatkowski, Janusz Sybis.

Goals: Sybis (36), Pawlowski (41), De Schrijver (52)

ATHLONE TOWN v AC MILAN 0-0

St. Mel's Park, Athlone   22.10.1975

Referee: Henning Lund Sørensen (DEN)   Attendance: 5,874

ATHLONE TOWN: Mick O'Brien; John Duffy, Kevin Smith; Douglas Wood, Andy Stevenson, Noel Larkin (86 Cyril Barnicle); John Minnock, Carl Humphries, Paul Martin (58 Joe Healy), Eugene Davis, Terry Daly.

AC MILAN: Enrico Albertosi; Angelo Anquilletti, Aldo Maldera; Maurizio Turone, Aldo Bet, Nevio Scala; Duino Gorin, Romeo Benetti, Egidio Calloni (46 Giuseppe Sabadini), Alberto Bigon, Francesco Vincenzi.
Trainer: Giovanni Trapattoni

AC MILAN v ATHLONE TOWN 3-0 (0-0)

Stadio San Siro, Milano   5.11.1975

Referee: Constantin Ghiţă (ROM)   Attendance: 42,804

AC MILAN: Enrico Albertosi; Giuseppe Sabadini, Aldo Maldera (75 Angelo Anquilletti); Maurizio Turone, Aldo Bet, Nevio Scala; Duino Gorin, Romeo Benetti, Alberto Bigon, Gianni Rivera, Francesco Vincenzi (75 Egidio Calloni). Trainer: Giovanni Trapattoni

ATHLONE TOWN: Mick O'Brien; John Duffy, Kevin Smith; Douglas Wood, Andy Stevenson, Noel Larkin; John Minnock, Carl Humphries, Paul Martin, Eugene Davis (75 Pauric Nicholson), Terry Daly (64 Joe Healy).

Goals: Vincenzi (63), Benetti (70, 79 pen)

REAL SOCIEDAD SAN SEBASTIÁN v LIVERPOOL FC 1-3 (0-1)

Atocha, San Sebastián   22.10.1975

Referee: Franz Wöhrer (AUS)   Attendance: 16,256

REAL SOCIEDAD: Luis Miguel ARCONADA Echarre, Juan Antonio de la Hoz URANGA, José Agustín Aranzábal Ascasibar "GAZTELU", Dionisio URREISTI Beristain, Luciano MURILLO Vega (58 José MARTÍNEZ Muguerza), Ignacio CORTABARRÍA Abarrategui, Santiago IDÍGORAS Bilbao (58 José María ARAQUISTÁIN Oñaederra), Carmelo AMAS Méndez, Jesús SATRÚSEGUI Azpiroz, Jesús María ZAMORA Ansorena, Marco Aurelio BORONAT Gimeno. Trainer: Andoni ELIZONDO Mendiola

LIVERPOOL: Raymond Clemence, Philip Neal, Alec Lindsay, Philip Thompson, Peter Cormack, Emlyn Hughes, Kevin Keegan, Brian Hall, Steve Heighway, John Benjamin Toshack, Ian Callaghan.   Manager: Robert Paisley

Goals: Heighway (18), Callaghan (61), P. Thompson (83), Amas (86)

LIVERPOOL FC v REAL SOCIEDAD SAN SEBASTIÁN 6-0 (2-0)

Anfield Road, Liverpool   4.11.1975

Referee: Rolf Nyhus (NOR)   Attendance: 23,796

LIVERPOOL: Raymond Clemence, Philip Neal, Brian Kettle (86 Maxwell Thompson), Philip Thompson, Thomas Smith, Raymond Kennedy, Kevin Keegan, Brian Hall, Steve Heighway, John Benjamin Toshack, Ian Callaghan (46 David Fairclough).   Manager: Robert Paisley

REAL SOCIEDAD: Francisco Javier González URRUTIcoechea, José Agustín Aranzábal Ascasibar "GAZTELU" (83 Juan María ESNAOLA Escudero), Juan Antonio de la Hoz URANGA, Dionisio URREISTI Beristain, José MARTÍNEZ Muguerza, Francisco ELCORO Gabilondo, Carmelo AMAS Méndez, Luciano MURILLO Vega, Jesús SATRÚSEGUI Azpiroz, Jesús María ZAMORA Ansorena, Santiago IDÍGORAS Bilbao (55 José María ARAQUISTÁIN Oñaederra).   Trainer: Andoni ELIZONDO Mendiola

Goals: Toshack (14), Kennedy (30, 74), Fairclough (72), Heighway (76), Neal (79)

INTERNACIONÁL SLOVNAFT BRATISLAVA v AEK ATHINA 2-0 (1-0)

Stadión na Pasienkoh, Bratislava   22.10.1975

Referee: John Robertson P. Gordon (SCO)   Att: 8,120

INTER: Miroslav Kovarik; Milan Paliatka, Jozef Sajanek, Jaroslav Simoncic, Jozef Barmos; Marián Novotný, Jozef Bajza, Ľudovít Zlocha; Peter Luprich, Ladislav Petrás (38 Julius Gögh), Peter Mráz.   Trainer: Valerián Švec

AEK: Lakis Stergioudas; Giorgos Skrekis, Apostolos Toskas, Pantelis Nikolaou, Stefanos Theodoridis; Lazaros Papadopoulos, Giorgos Dedes, Dimitris Papaioannou; Dionisis Tsamis, Tasos Konstantinou, Walter Wagner. Trainer: František Fadrhonc

Goals: Luprich (36 pen), Mráz (81)

AEK ATHINA v INTERNACIONÁL SLOVNAFT BRATISLAVA 3-1 (0-1)

Neas Filadelfeias, Athina   5.11.1975

Referee: Milivoje Gugulović (YUG)   Attendance: 25,023

AEK: Giorgos Sidiropoulos; Apostolos Toskas, Pantelis Nikolaou, Stefanos Theodoridis, Lazaros Papadopoulos, Giorgos Dedes, Dimitris Papaioannou, Dionisis Tsamis, Tasos Konstantinou (77 Spiros Stefanidis), Walter Wagner, Timo Zahnleiter.   Trainer: František Fadrhonc

INTER: Miroslav Kovarik; Milan Paliatka, Ladislav Jurkemik, Jaroslav Simoncic, Jozef Barmos; Marián Novotný, Jozef Bajza (70 Peter Michalec), Ľudovít Zlocha, Peter Luprich, Jozef Levicky (85 Ladislav Hudec), Peter Mráz. Trainer: Valerián Švec

Goals: Novotný (2), Tasos (58, 60 pen), Wagner (74)

ÖSTERS IF VÄXJÖ - AS ROMA 1-0 (1-0)

Värendsvallen, Växjö   22.10.1975

Referee: Marian Kuston (POL)   Attendance: 10,000

ÖSTERS: Göran Hagberg; Jan Ivar Bergqvist, Mats Nordenberg; Håkan Arvidsson, Per-Olof Bild, Peter Svensson; Tommy Evesson, Torbjörn Isaksson, Inge Ejderstedt, Johnny Gustavsson, Jan Mattsson.

AS ROMA: Paolo Conti; Piergiorgio Negrisolo, Francesco Rocca; Franco Cordova, Sergio Santarini, Alberto Battistoni; Stefano Pellegrini, Loris Boni, Pierino Prati, Giancarlo De Sisti, Valerio Spadoni.   Trainer: Nils Liedholm

Goal: Evesson (27)

AS ROMA v ÖSTERS IF VÄXJÖ 2-0 (1-0)

Stadio Olimpico, Roma 5.11.1975

Referee: Paul Bonett (MAL)   Attendance: 42,804

AS ROMA: Paolo Conti; Piergiorgio Negrisolo, Francesco Rocca; Franco Cordova, Sergio Santarini, Franco Peccenini; Loris Boni, Giorgio Morini, Pierino Prati, Giancarlo De Sisti, Stefano Pellegrini (8 Carlo Petrini, 83 Valerio Spadoni). Trainer: Nils Liedholm

ÖSTERS: Göran Hagberg; Jan Ivar Bergqvist, Mats Nordenberg; Håkan Arvidsson, Per-Olof Bild, Anders Linderoth; Tommy Evesson, Torbjörn Isaksson, Inge Ejderstedt, Tommy Svensson, Jan Mattsson (83 Peter Svensson).

Goals: Pellegrini (5), Boni (49)

GALATASARAY ISTANBUL v TORPEDO MOSKVA 2-4 (0-2)

Ali Sami Yen, Istanbul 22.10.1975

Referee: Alberto Michelotti (ITA)   Attendance: 35,994

GALATASARAY: Yasin Özdenak, Aydin Bogalar, Tarik Küpoglu, Enver Ürekli, Ali Elveren (67 Engin Tuncer), Metin Kurt, Fatih Terim, B. Mehmet Ozgül, Gökmen Özdenak, K. Mehmet Oğuz (63 Mustafa Ergücü), Şevki Şenlen.

TORPEDO: Anatoli Elizarov, Viktor Kruglov, Leonid Pakhomov, Vladimir Buturlakin, Vladimir Belousov, Sergei Petrenko, Valeri Filatov, Vladimir Yurin, Vladimir Sakharov, Evgeni Khrabrostin (81 Anatoli Belenkov), Sergei Grishin (33 Aleksandr Maksimenkov).

Goals: Enver (11 og), Khrabrostin (30, 83), B. Mehmet (55), Sevki (57), Saharov (59 pen)

LAZIO ROMA v FC BARCELONA

SS Lazio refused to play this game and UEFA awarded the match 3-0 to CF Barcelona. UEFA also specified that this score was not applicable for the "away goals" rule. The president of SS Lazio, Umberto Lenzini, alleged security reasons for not playing this match at the Olympic Stadium in Rome. These were due to fears about a possible political demonstration against FC Barcelona as a result of the execution of five people charged with acts of terrorism by the Spanish Regime on 27th September 1975.

TORPEDO MOSKVA v GALATASARAY ISTANBUL 3-0 (1-0)

Moskva 5.11.1975

Referee: Olavi Peltola (FIN)   Attendance: 4,798

TORPEDO: Anatoli Elizarov, Viktor Kruglov, Leonid Pakhomov, Vladimir Buturlakin, Vladimir Belousov, Aleksandr Maksimenkov, Valeri Filatov, Evgeni Khrabrostin (78 Anatoli Belenkov), Vladimir Yurin, Sergei Petrenko, Anatoli Degtiariev (46 Vladimir Sakharov).

GALATASARAY: Nihat Akbay, Aydin Bogalar, Tarik Küpoglu, Enver Ürekli, Tuncay Temeller, Ali Elveren, Metin Kurt, Fatih Terim, B. Mehmet Ozgül (60 Mustafa Ergücü), Gökmen Özdenak, Şevki Şenlen.

Goals: Degtiariev (27), Saharov (68 pen), Buturlakin (74)

FC BARCELONA v LAZIO ROMA 4-0 (2-0)

Camp Nou, Barcelona 5.11.1975

Referee: René Vigliani (FRA)   Attendance: 29,238

FC BARCELONA: Pedro Valentín MORA Mariné; Manuel TOMÉ Portela, Miguel Bernardo Bianquetti "MIGUELI"; Enrique Álvarez COSTAS, Jesús Antonio DE LA CRUZ Gallego, Johan Neeskens; MARCIAL Pina Morales, Juan Manuel ASENSI Ripoll (72 Miguel COROMINAS), Johan Cruijff, Hugo SOTIL Yerén, Francisco FORTES Calvo. Trainer: Hennes Weisweiler

LAZIO: Felice Pulici; Luigi Polentes, Stefano di Chiara; Lionello Manfredonia, Pietro Ghedin, Luciano Re Cecconi; Renzo Garlaschelli (54 Giovanni Carlo Ferrari), Francesco Brignani, Giorgio Chinaglia, Roberto Badiani, Bruno Giordano.   Trainer: Mario Corsini

Goals: Sotil (6), Cruijff (43), Neeskens (79), Fortes (83)

VASAS BUDAPEST v SPORTING LISBOA 3-1 (0-0)

Népstadion, Budapest 22.10.1975

Referee: John Wright Paterson (SCO)   Attendance: 12,350

VASAS: Ferenc Mészáros; Péter Török, Tibor Fábián, István Szőke, Lajos Lakinger (46 István Gass); András Komjáti, Sándor Zombori; István Timár (46 Sándor Müller), Ignác Izsó, István Kovács, Béla Váradi.   Trainer: Rudolf Illovszky

SPORTING: VITOR Manuel Afonso DAMAS de Oliveira; Augusto Soares INÁCIO, Francisco José Teles de Andrade "ZEZINHO", JOSÉ de Jesús MENDES, Fernando José Tomé DA COSTA; VALTER Caetano Costa Ferreira, Mário Abreu Alves da Silva "MÁRINHO", NÉLSON Fernandes, MANUEL José Tavares FERNANDES, Samuel Ferreira FRAGUITO, Francisco Delfim Dias "CHICO" Faria.

Goals: Kovács (63, 79), Váradi (86 pen), Chico Faria (69)

SPORTING LISBOA v VASAS BUDAPEST 2-1 (1-0)

Estadio José Alvalade, Lisboa 5.11.1975

Referee: Roland Racine (SWI)   Attendance: 35,169

SPORTING: VITOR Manuel Afonso DAMAS de Oliveira, Augusto Soares INÁCIO, Francisco José Teles de Andrade "ZEZINHO", JOSÉ de Jesús MENDES, Fernando José Tomé DA COSTA; VALTER Caetano Costa Ferreira, Mário Abreu Alves da Silva "MÁRINHO", NÉLSON Fernandes, MANUEL José Tavares FERNANDES, Samuel Ferreira FRAGUITO, Francisco Delfim Dias "CHICO" Faria.

VASAS: Ferenc Mészáros; Péter Török, Tibor Fábián, Mihály Kántor, István Szőke (76 István Gass); András Komjáti, Sándor Müller (76 Ignác Izsó), Lajos Lakinger, István Kovács, Sándor Zombori, Béla Váradi.   Trainer: Rudolf Illovszky

Goals: M. Fernandes (32, 70), Gass (76)

INTERNACIONÁL SLOVNAFT BRATISLAVA v STAL MIELEC 1-0 (0-0)

Stadión na Pasienkoh, Bratislava 26.11.1975

Referee: Rudolf Glöckner (DDR)   Attendance: 10,000

INTER: Miroslav Kovarik, Milan Paliatka, Ladislav Jurkemik, Jaroslav Simoncic, Jozef Barmos, Peter Luprich, Jozef Bajza, Marián Novotný, Jozef Levicky, Jozef Sajanek, Peter Mráz. Trainer: Valerián Švec

STAL: Zygmunt Kukla, Krzysztof Rzesny, Marian Kosinski, Ryszard Per, Edward Oratowski, Wlodzimierz Gasior, Henryk Kasperczak, Jan Domarski (86 Jerzy Krawczyk), Grzegorz Lato, Zbigniew Hnatio, Witold Karas (86 Ryszard Sekulski).

Goal: Sajanek (90)

THIRD ROUND

SLASK WROCLAW v LIVERPOOL FC 1-2 (0-0)

Stadion Olimpijski, Wroclaw 26.11.1975

Referee: Hilmi Ok (TUR)   Attendance: 50,000

SLASK: Zygmunt Kalinowski, Marian Balcerzak, Henryk Kowalczyk, Krzysztof Karpinski, Jan Erlich, Mieczyslaw Kopycki, Tadeusz Pawlowski, Roman Faber, Zygmunt Garlowski, Józef Kwiatkowski (65 Mieczyslaw Olesiak), Janusz Sybis.

LIVERPOOL FC: Raymond Clemence, Philip Neal, Thomas Smith, Philip Thompson, Raymond Kennedy, Emlyn Hughes, James Case, Brian Hall, Steve Heighway, John Toshack, Ian Callaghan.   Manager: Robert Paisley

Goals: Kennedy (60), Toshack (74), Pawlowski (79)

STAL MIELEC v INTERNACIONÁL SLOVNAFT BRATISLAVA 2-0 (0-0)

Stal, Mielec 10.12.1975

Referee: Nikola M. Dudin (BUL)   Attendance: 25,000

STAL: Zygmunt Kukla, Krzysztof Rzesny, Marian Kosinski, Ryszard Per, Edward Oratowski, Ryszard Sekulski, Zbigniew Hnatio, Henryk Kasperczak, Grzegorz Lato, Jan Domarski, Witold Karas.

INTER: Miroslav Kovarik, Milan Paliatka, Ladislav Jurkemik, Jaroslav Simoncic, Jozef Barmos, Peter Luprich, Jozef Levicky, Jozef Sajanek, Peter Mráz, Ladislav Hudec (46 Ľudovít Zlocha), Jozef Bajza.   Trainer: Valerián Švec

Goals: Sekulski (75), Karas (85)

LIVERPOOL FC v SLASK WROCLAW 3-0 (2-0)

Anfield Road, Liverpool 10.12.1975

Referee: Cesare Gussoni (ITA)   Attendance: 17,886

LIVERPOOL FC: Raymond Clemence, Thomas Smith, Philip Neal, Philip Thompson, Raymond Kennedy (46 Peter Cormack), Emlyn Hughes, Kevin Keegan, Brian Hall, James Case, John Toshack, Ian Callaghan.   Manager: Robert Paisley

SLASK: Zygmunt Kalinowski, Marian Balcerzak, Henryk Kowalczyk, Krzysztof Karpinski, Jan Erlich, Mieczyslaw Kopycki, Tadeusz Pawlowski, Roman Faber (24 Tadeusz Wanat), Zygmunt Garlowski, Mieczyslaw Olesiak (65 Józef Kwiatkowski), Janusz Sybis.

Goal: Case (22, 29, 46)

CLUB BRUGGE v AS ROMA 1-0 (1-0)

Olympiastadion, Brugge 26.11.1975

Referee: Milivoje Gugulović (YUG)   Attendance: 26,930

CLUB BRUGGE: Birger Jensen; Alfons Bastijns, Eduard Krieger, George Leekens, Jos Volders, Julien Cools, René Vandereycken, Roger van Gool, Raoul Lambert (71 Dirk Sanders), Daniel de Cubber, Ulrik Lefèvre.
Trainer: Ernst Happel

AS ROMA: Paolo Conti; Franco Peccenini, Francesco Rocca; Franco Cordova, Sergio Santarini, Alberto Battistoni (65 Stefano Pellegrini); Loris Boni, Giorgio Morini, Pierino Prati (46 Piergiorgio Negrisolo), Giancarlo De Sisti, Carlo Petrini.
Trainer: Nils Liedholm

Goal: Cools (42)

AS ROMA v CLUB BRUGGE 0-1 (0-0)

Stadio Olimpico, Roma   10.12.1975

Referee: Ferdinand Biwersi (WG)   Attendance: 36,796

AS ROMA: Paolo Conti; Franco Peccenini, Francesco Rocca; Franco Cordova, Sergio Santarini, Alberto Battistoni; Loris Boni, Stefano Pellegrini, Pierino Prati, Giancarlo De Sisti, Carlo Petrini.   Trainer: Nils Liedholm

CLUB BRUGGE: Birger Jensen; Alfons Bastijns, Eduard Krieger, George Leekens, Jos Volders, Julien Cools, René Vandereycken, Roger van Gool, Raoul Lambert, Daniel de Cubber, Ulrik Lefèvre.   Trainer: Ernst Happel

Goal: Lambert (69)

**DYNAMO DRESDEN
v TORPEDO MOSKVA 3-0** (1-0)

Dynamo, Dresden   26.11.1975

Referee: John Robertson P. Gordon (SCO)   Att: 22,405

DYNAMO: Claus Boden, Gerd Weber, Frank Ganzera, Udo Schmuck, Siegmar Wätzlich, Reinhard Häfner, Hans-Jürgen Kreische, Hartmut Schade, Dieter Riedel, Peter Kotte, Gerd Heidler.

TORPEDO: Anatoli Elizarov, Viktor Kruglov, Leonid Pakhomov, Vladimir Belousov, Vladimir Buturlakin, Vladimir Yurin, Sergei Petrenko, Aleksandr Maksimenkov, Valeri Filatov, Vladimir Sakharov (80 Grishin), Evgeni Khrabrostin.

Goals: Riedel (31, 74), Kreische (90)

**AJAX AMSTERDAM
v LEVSKI SPARTAK SOFIA 2-1** (1-0)

Olympisch, Amsterdam   26.11.1975

Referee: Pedro Maria Urrestarazu Elordi (SPA)   Att: 25,000

AJAX: Piet Schrijvers, Wim Suurbier, Ruud Krol, John Dusbaba, Pim van Dord, René Notten, Dick Helling (63 Henk van Santen), Gerrie Mühren, Willy Brokamp, Ruud Geels, Arno Steffenhagen.   Trainer: Rinus Michels

LEVSKI SPARTAK: Stefan Staikov, Nikolai Grancharov (80 Georgi Tzvetkov), Kiril Ivkov, Milko Gaidarski, Stefan Aladjov, Ivan Tishanski, Ivan Stoianov (60 Voin Voinov), Iordan Iordanov, Kiril Milanov, Pavel Panov, Krasimir Borisov.   Trainer: Ivan Vutsov

Goals: Geels (33), Steffenhagen (75), Voinov (84)

**TORPEDO MOSKVA
v DYNAMO DRESDEN 3-1** (2-0)

Lokomotiv, Simferopol   10.12.1975

Referee: Leonardus W. Van der Kroft (HOL)   Att: 18,707

TORPEDO: Anatoli Elizarov, Viktor Kruglov, Leonid Pakhomov, Vladimir Belousov (77 Yuri Mironov), Vladimir Buturlakin, Vladimir Yurin, Sergei Petrenko, Aleksandr Maksimenkov, Evgeni Khrabrostin (77 Nikolai Vasiliev), Anatoli Belenkov, Anatoli Degtiariev.

DYNAMO: Claus Boden, Gerd Weber, Frank Ganzera, Udo Schmuck, Siegmar Wätzlich, Reinhard Häfner, Hans-Jürgen Kreische, Hartmut Schade, Dieter Riedel, Peter Kotte, Gerd Heidler.

Goals: Degtiariev (17, 81), Petrenko (23), Heidler (70)

**LEVSKI SPARTAK SOFIA
v AJAX AMSTERDAM 2-1** (1-0, 2-1) (AET)

Vasil Levski, Sofia   10.12.1975

Referee: Paul Schiller (AUS)   Attendance: 75,000

LEVSKI SPARTAK: Stefan Staikov, Nikolai Grancharov (106 Milko Gaidarski), Kiril Ivkov, Ivan Tishanski, Stefan Aladjov, Stefan Pavlov, Voin Voinov (98 Georgi Tzvetkov), Iordan Iordanov, Kiril Milanov, Pavel Panov, Krasimir Borisov.   Trainer: Ivan Vutsov

AJAX: Piet Schrijvers, Wim Suurbier, Ruud Krol, John Dusbaba, Pim van Dord (112 Dick Helling), René Notten, Barry Hulshoff, Henk van Santen (46 Arno Steffenhagen), Gerrie Mühren, Ruud Geels, Willy Brokamp.   Trainer: Rinus Michels

Goals: Panov (28, 71), Geels (55)

Penalties: 1-0 Tishanski, 1-1 Geels, 2-1 Panov, 2-2 Krol, 3-2 Milanov, Helling (miss), 4-2 Borisov, 4-3 Notten, 5-3 Iordanov

AC MILAN v SPARTAK MOSKVA 4-0 (1-0)

Stadio San Siro, Milano   26.11.1975

Referee: Roland Racine (SWI)   Attendance: 16,290

AC MILAN: Enrico Albertosi; Giuseppe Sabadini, Aldo Maldera; Angelo Anquilletti, Aldo Bet, Nevio Scala; Duino Gorin (65 Giorgio Biasiolo), Romeo Benetti, Alberto Bigon (77 Silvano Villa), Gianni Rivera, Egidio Calloni.   Trainer: Giovanni Trapattoni

SPARTAK: Aleksandr Prokhorov; Vladimir Bukievski, Viktor Samokhin; Nikolai Abramov (46 Valeri Gladilin), Nikolai Osianin, Evgeni Lovchev, Mikhail Bulgakov, Aleksandr Minaev, Viktor Papaev, Aleksandr Kokorev, Valeri Andreev (51 Evgeni Sidorov).

Goals: Calloni (19, 71), Bigon (48), Maldera (51)

SPARTAK MOSKVA v AC MILAN 2-0 (0-0)

Sochi   10.12.1975

Referee: Robert Matthewson (ENG)   Attendance: 14,000

SPARTAK: Aleksandr Prokhorov, Vladimir Bukievski, Viktor Samokhin, Nikolai Osianin, Nikolai Abramov, Aleksandr Kokorev, Viktor Papaev, Valeri Gladilin, Evgeni Lovchev, Aleksandr Minaev, Mikhail Bulgakov.

AC MILAN: Enrico Albertosi; Angelo Anquilletti, Giuseppe Sabadini; Maurizio Turone, Aldo Bet (46 Duino Gorin), Aldo Maldera; Giorgio Biasiolo, Romeo Benetti, Egidio Calloni, Alberto Bigon, Silvano Villa (85 De Nadai).   Trainer: Giovanni Trapattoni

Goals: Papaev (60), Lovchev (84)

HAMBURGER SV v FC PORTO 2-0 (1-0)

Volksparkstadion, Hamburg   26.11.1975

Referee: Lajos Somlai (HUN)   Attendance: 42,184

HAMBURGER SV: Rudi Kargus, Caspar Memering, Peter Nogly, Horst Blankenburg, Hans-Jürgen Ripp, Horst Bertl, Ole Björnmose, Hans Ettmayer, Klaus Zaczyk, Willi Reimann, Georg Volkert.   Trainer: Kuno Klötzer

FC PORTO: António José Oliveira Meireles "TIBI", Alfredo Manuel Ferreira Silva MURÇA, José ROLANDO Andrade Gonçalves, Carlos Antonio Fonseca SIMÕES, Adelino de Jesús TEIXEIRA; OCTÁVIO Joaquim Coelho Machado, Teofilo CUBILLAS, António Luis Alves Ribeiro de OLIVEIRA, GABRIEL Azevedo Mendes, Arsénio Jardim "SENINHO", Joaquim António DINIS.

Goals: Murça (15 og), Volkert (89 pen)

FC BARCELONA v VASAS BUDAPEST 3-1 (3-1)

Camp Nou, Barcelona   26.11.1975

Referee: Clive Thomas (WAL)   Attendance: 26,317

FC BARCELONA: Pedro Valentín MORA Mariné; Manuel TOMÉ Portela, Miguel Bernardo Bianquetti "MIGUELI", Enrique Álvarez COSTAS, Jesús Antonio DE LA CRUZ Gallego; Johan Neeskens, Carlos REXACH Cerdá, MARCIAL Pina Morales, Johan Cruijff, Juan Manuel ASENSI Ripoll, Francisco FORTES Calvo (50 Hugo SOTIL Yerén).   Trainer: Hennes Weisweiler

VASAS: Ferenc Mészáros; Péter Török, Lajos Lakinger, Csaba Vidáts, Mihály Kántor; István Gass (49 Ignác Izsó), András Komjáti, Sándor Zombori; Sándor Müller, István Kovács (71 István Szőke), Béla Váradi.   Trainer: Rudolf Illovszky

Goals: Migueli (16), Rexach (37), Neeskens (39), Müller (26)

FC PORTO v HAMBURGER SV 2-1 (1-1)

Estadio das Antas, Porto   10.12.1975

Referee: Robert Wurtz (FRA)   Attendance: 21,582

FC PORTO: RUI Fernando Sousa Teixeira, Alfredo Manuel Ferreira Silva MURÇA, José ROLANDO Andrade Gonçalves, Carlos Antonio Fonseca SIMÕES, Adelino de Jesús TEIXEIRA; OCTÁVIO Joaquim Coelho Machado, Teofilo CUBILLAS, ADEMIR Vieira Silva (81 AILTON Ballesteros); JÚLIO Carlos da Costa Augusto (54 RODOLFO Reis Ferreira), Arsénio Jardim "SENINHO", Fernando Mendes Soares GOMES.

HAMBURGER SV: Rudi Kargus, Hans-Jürgen Ripp, Peter Nogly, Horst Blankenburg, Peter Hidien, Ole Björnmose, Horst Bertl, Caspar Memering, Klaus Zaczyk, Willi Reimann, Georg Volkert.   Trainer: Kuno Klötzer

Goals: Reimann (29), Júlio (31), Cubillas (71)

QUARTER-FINALS

VASAS BUDAPEST v FC BARCELONA 0-1 (0-1)

Népstadion, Budapest   10.12.1975

Referee: Alfred Delcourt (BEL)   Attendance: 28,280

VASAS: Ferenc Mészáros; Tibor Fábián, Lajos Lakinger, Mihály Kántor (69 István Szőke), István Gass, András Komjáti (46 Péter Török), Sándor Müller, Ignác Izsó, István Kovács, Sándor Zombori, Béla Váradi.   Trainer: Rudolf Illovszky

FC BARCELONA: Pedro Valentín MORA Mariné, Manuel TOMÉ Portela, Miguel Bernardo Bianquetti "MIGUELI", Enrique Álvarez COSTAS, Jesús Antonio DE LA CRUZ Gallego; Johan Neeskens, Carlos REXACH Cerdá, MARCIAL Pina Morales, Johan Cruijff, Juan Manuel ASENSI Ripoll, Francisco FORTES Calvo.   Trainer: Hennes Weisweiler

Goal: Fortes (15)

DYNAMO DRESDEN v LIVERPOOL FC 0-0

Dynamo, Dresden   3.03.1976

Referee: Alfred Delcourt (BEL)   Attendance: 32,182

DYNAMO: Claus Boden, Matthias Müller, Frank Ganzera, Udo Schmuck, Klaus Müller, Reinhard Häfner, Hartmut Schade, Dieter Riedel, Rainer Sachse (76 Frank Richter), Peter Kotte, Gerd Heidler.   Trainer: Walter Fritzsch

LIVERPOOL: Raymond Clemence, Thomas Smith, Philip Neal, Philip Thompson, Raymond Kennedy, Emlyn Hughes, Kevin Keegan, James Case, Steve Heighway, David Fairclough (60 Brian Hall), Ian Callaghan.   Manager: Robert Paisley

LIVERPOOL FC v DYNAMO DRESDEN 2-1 (1-0)

Anfield Road, Liverpool   17.03.1976

Referee: Robert Wurtz (FRA)   Attendance: 39,300

LIVERPOOL: Raymond Clemence, Thomas Smith, Philip Neal, Philip Thompson, Raymond Kennedy, Emlyn Hughes, Kevin Keegan, James Case, Steve Heighway (80 David Fairclough), John Toshack, Ian Callaghan.
Manager: Robert Paisley

DYNAMO: Claus Boden, Matthias Müller, Frank Ganzera, Udo Schmuck, Klaus Müller, Reinhard Häfner, Gerd Weber, Hans-Jürgen Kreische, Dieter Riedel, Peter Kotte, Gerd Heidler.
Trainer: Walter Fritzsch

Goals: Case (24), Keegan (47), Heidler (63)

FC BARCELONA v LEVSKI SPARTAK SOFIA 4-0 (2-0)

Camp Nou, Barcelona   3.03.1976

Referee: Jean Dubach (SWI)   Attendance: 60,000

FC BARCELONA: Pedro Valentín MORA Mariné, Manuel TOMÉ Portela, Miguel Bernardo Bianquetti "MIGUELI", MARCIAL Pina Morales, José Joaquín ALBADALEJO Gispert, Johan Neeskens, Carlos REXACH Cerdá, Hugo SOTIL Yerén (65 Juan Carlos HEREDIA Alvarado), Johan Cruijff, Juan Manuel ASENSI Ripoll, Miguel MIR (81 Francisco FORTES Calvo).   Trainer: Hennes Weisweiler

LEVSKI SPARTAK: Stefan Staikov, Nikolai Grancharov, Milko Gaidarski, Stefan Aladjov, Kiril Ivkov, Ivan Tishanski, Voin Voinov, Ivan Stoianov (60 Emil Spasov), Kiril Milanov, Pavel Panov, Iordan Iordanov (46 Krasimir Borisov).
Trainer: Ivan Vutsov

Goals: Neeskens (38 pen), Marcial (44), Asensi (80), Heredia (89)

CLUB BRUGGE v AC MILAN 2-0 (1-0)

Olympiastadion, Brugge   3.03.1976

Referee: René Vigliani (FRA)   Attendance: 28,686

CLUB BRUGGE: Birger Jensen, Alfons Bastijns, Eduard Krieger, George Leekens, Jos Volders (46 Dirk Sanders), Julien Cools, René Vandereycken, Roger van Gool, Raoul Lambert, Daniel de Cubber, Ulrik Lefèvre.   Trainer: Ernst Happel

AC MILAN: Enrico Albertosi; Angelo Anquilletti, Giuseppe Sabadini; Maurizio Turone, Aldo Bet, Aldo Maldera; Nevio Scala, Romeo Benetti (80 Francesco Bergamaschi), Alberto Bigon, Gianni Rivera (74 Egidio Calloni), Luciano Chiarugi.
Trainer: Giovanni Trapattoni

Goals: Lefèvre (5), Krieger (62)

LEVSKI SPARTAK SOFIA v FC BARCELONA 5-4 (2-2)

Vasil Levski, Sofia   17.03.1976

Referee: Kenneth Howard Burns (ENG)   Att: 39,008

LEVSKI SPARTAK: Stefan Staikov, Nikolai Grancharov, Ivan Tishanski, Stefan Aladjov, Kiril Ivkov (74 Milko Gaidarski), Stefan Pavlov, Voin Voinov, Iordan Iordanov, Kiril Milanov, Pavel Panov, Emil Spasov.   Trainer: Ivan Vutsov

FC BARCELONA: Pedro Valentín MORA Mariné, Manuel TOMÉ Portela, Miguel Bernardo Bianquetti "MIGUELI", Enrique Álvarez COSTAS, José Joaquín ALBADALEJO Gispert, Johan Neeskens, Carlos REXACH Cerdá, MARCIAL Pina Morales, Johan Cruijff, Juan Manuel ASENSI Ripoll, Juan Carlos HEREDIA Alvarado.   Trainer: Hennes Weisweiler

Goals: Panov (8, 89 pen), Iordanov (10, 87), Marcial (33), Asensi (45), Spasov (48), Heredia (57), Neeskens (62 pen)

AC MILAN v CLUB BRUGGE 2-1 (1-0)

Stadio San Siro, Milano   17.03.1976

Referee: Alistair McKenzie (SCO)   Attendance: 55,000

AC MILAN: Enrico Albertosi; Giuseppe Sabadini, Angelo Anquilletti; Maurizio Turone, Aldo Bet, Aldo Maldera; Francesco Bergamaschi (60 Francesco Vincenzi), Nevio Scala, Egidio Calloni, Alberto Bigon (81 Giorgio Biasiolo), Luciano Chiarugi.   Trainer: Giovanni Trapattoni

CLUB BRUGGE: Birger Jensen, Alfons Bastijns, Eduard Krieger, George Leekens, Jos Volders, Julien Cools, René Vandereycken, Dirk Sanders, Roger van Gool, Konrad Holenstein, Ulrik Lefèvre (46 Dirk Hinderijckx).
Trainer: Ernst Happel

Goals: Bigon (32), Chiarugi (66), Hinderijckx (74)

HAMBURGER SV v STAL MIELEC 1-1 (1-0)

Volksparkstadion, Hamburg   3.03.1976

Referee: Anatoli Ivanov (USSR)   Attendance: 34,262

HAMBURGER SV: Rudi Kargus, Caspar Memering, Peter Nogly, Ole Björnmose, Peter Hidien, Horst Blankenburg, Hans-Jürgen Sperlich, Horst Bertl, Willi Reimann, Hans Ettmayer, Georg Volkert.   Trainer: Kuno Klötzer

STAL: Zygmunt Kukla, Krzysztof Rzesny, Marian Kosinski, Edward Oratowski, Ryszard Per, Edward Bielewicz, Grzegorz Lato, Henryk Kasperczak, Zbigniew Hnatio, Jerzy Krawczyk, Witold Karas.

Goals: Bertl (11), Oratowski (46)

STAL MIELEC v HAMBURGER SV 0-1 (0-1)

Stal, Mielec 17.03.1976

Referee: Walter Hungerbühler (SWI)   Attendance: 23,385

STAL: Zygmunt Kukla, Krzysztof Rzesny, Marian Kosinski, Edward Bielewicz, Ryszard Per, Edward Oratowski, Henryk Kasperczak, Zbigniew Hnatio, Jerzy Krawczyk, Grzegorz Lato, Jan Domarski (65 Ryszard Sekulski).

HAMBURGER SV: Rudi Kargus, Manfred Kaltz, Peter Nogly, Horst Blankenburg, Peter Hidien, Ole Björnmose, Hans Ettmayer, Klaus Zaczyk (70 Kurt Eigl), Caspar Memering, Willi Reimann, Georg Volkert.   Trainer: Kuno Klötzer

Goal: Nogly (17)

HAMBURGER SV v CLUB BRUGGE 1-1 (0-0)

Volksparkstadion, Hamburg 31.03.1976

Referee: Károly Palotai (HUN)   Attendance: 50,000

HAMBURGER SV: Rudi Kargus, Manfred Kaltz, Peter Nogly, Horst Blankenburg, Peter Hidien, Ole Björnmose, Hans Ettmayer (76 Horst Bertl), Klaus Zaczyk, Caspar Memering, Willi Reimann, Georg Volkert (76 Hans-Jürgen Sperlich).
Trainer: Kuno Klötzer

CLUB BRUGGE: Birger Jensen, Alfons Bastijns, George Leekens, Eduard Krieger, Jos Volders, Julien Cools, Daniel de Cubber, René Vandereycken, Roger van Gool, Raoul Lambert (75 Dirk Sanders), Ulrik Lefèvre.   Trainer: Ernst Happel

Goals: Lambert (48), Reimann (77)

SEMI-FINALS

FC BARCELONA v LIVERPOOL FC 0-1 (0-1)

Camp Nou, Barcelona 30.03.1976

Referee: Paul Schiller (AUS)   Attendance: 49,572

FC BARCELONA: Pedro Valentín MORA Mariné, MARCIAL Pina Morales, Manuel TOMÉ Portela, Miguel Bernardo Bianquetti "MIGUELI", Miguel COROMINAS, Johan Neeskens, Johan Cruijff, Juan Manuel ASENSI Ripoll, Carlos REXACH Cerdá, Miguel MIR (77 Manuel CLARES García), Francisco FORTES Calvo.   Trainer: Hennes Weisweiler

LIVERPOOL FC: Raymond Clemence, Emlyn Hughes, Thomas Smith, Philip Thompson, Philip Neal, Raymond Kennedy, James Case (69 Brian Hall), Ian Callaghan, Kevin Keegan, Steve Heighway, John Toshack.
Manager: Robert Paisley

Goal: Toshack (13)

CLUB BRUGGE v HAMBURGER SV 1-0 (0-0)

Olympiastadion, Brugge 14.04.1976

Referee: Robert Holley Davidson (SCO)   Att: 29,458

CLUB BRUGGE: Birger Jensen, Alfons Bastijns, Eduard Krieger, George Leekens, Jos Volders, Julien Cools, René Vandereycken, Ulrik Lefèvre (82 Dirk Sanders), Roger van Gool, Raoul Lambert, Dirk Hinderijckx (46 Daniel de Cubber).
Trainer: Ernst Happel

HAMBURGER SV: Rudi Kargus, Manfred Kaltz, Horst Blankenburg, Peter Nogly, Peter Hidien, Ole Björnmose, Klaus Zaczyk, Caspar Memering, Horst Bertl, Willi Reimann, Georg Volkert.   Trainer: Kuno Klötzer

Goal: Kaltz (85 og)

FINAL

LIVERPOOL FC v FC BARCELONA 1-1 (0-0)

Anfield Road, Liverpool 14.04.1976

Referee: Riccardo Lattanzi (ITA)   Attendance: 55,104

LIVERPOOL FC: Raymond Clemence, Thomas Smith, Philip Neal, Philip Thompson, Emlyn Hughes, Raymond Kennedy, James Case (80 Brian Hall), Steve Heighway, Kevin Keegan, John Toshack, Ian Callaghan.   Manager: Robert Paisley

FC BARCELONA: Pedro Valentín MORA Mariné, Enrique Álvarez COSTAS, Miguel Bernardo Bianquetti "MIGUELI", Joaquín RIFÉ Climent, José Joaquín ALBALADEJO Gispert (74 Manuel TOMÉ Portela), Miguel COROMINAS (79 Jesús Antonio DE LA CRUZ Gallego), Johan Neeskens, MARCIAL Pina Morales, Carlos REXACH Cerdá, Johan Cruijff, Juan Carlos HEREDIA Alvarado.   Trainer: Laureano Ruiz

Goals: P. Thompson (51), Rexach (52)

LIVERPOOL FC v CLUB BRUGGE 3-2 (0-2)

Anfield Road, Liverpool 28.04.1976

Referee: Ferdinand Biwersi (WG)   Attendance: 49,981

LIVERPOOL: Raymond Clemence, Thomas Smith, Philip Neal, Philip Thompson, Raymond Kennedy, Emlyn Hughes (Cap), David Fairclough, Kevin Keegan, Steve Heighway, John Toshack (46 James Case), Ian Callaghan.
Manager: Robert Paisley

CLUB BRUGGE: Birger Jensen, Alfons Bastijns, George Leekens, Eduard Krieger, Jos Volders, René Vandereycken, Roger van Gool, Julien Cools, Daniel de Cubber, Raoul Lambert, Ulrik Lefèvre.   Trainer: Ernst Happel

Goals: Lambert (5), Cools (12), Kennedy (58), Case (60), Keegan (65 pen)

CLUB BRUGGE v LIVERPOOL FC 1-1 (1-1)

Olympiastadion, Brugge 19.05.1976

Referee: Rudolf Glöckner (DDR)   Attendance: 29,423

CLUB BRUGGE: Birger Jensen, Alfons Bastijns, George Leekens, Eduard Krieger, Jos Volders, Julien Cools, Daniel de Cubber (68 Dirk Hynderickx), René Vendereycken, Roger van Gool, Raoul Lambert (73 Dirk Sanders), Ulrik Lefèvre. Trainer: Ernst Happel

LIVERPOOL: Raymond Clemence, Thomas Smith, Philip Neal, Philip Thompson, Raymond Kennedy, Emlyn Hughes, James Case, Kevin Keegan, Steve Heighway, John Toshack (63 David Fairclough), Ian Callaghan.   Manager: Robert Paisley

Goals: Lambert (11 pen), Keegan (15)

UEFA Cup Top Scorers 1975-76:

11 goals: Ruud Geels (Ajax Amsterdam)

9 goals: Pavel Panov (Levski Spartak Sofia)

8 goals: Gerd Heidler (Dynamo Dresden)

6 goals: Johan Neeskens (FC Barcelona), John Toshack (Liverpool FC), Raoul Lambert (Club Brugge)

5 goals: Willi Reimann (Hamburger SV), Carlos REXACH Cerdá (FC Barcelona), Emil Spasov (Levski Spartak Sofia), James Case (Liverpool FC)

UEFA CUP 1976-77

FIRST ROUND

**FC PORTO
v SCHALKE 04 GELSENKIRCHEN 2-2** (0-2)

Lisboa 8.09.1976

Referee: William Gow (WAL)   Attendance: 33,000

FC PORTO: Joaquim Manuel Conceição TORRES, Alfredo Manuel Ferreira Silva MURÇA, Adelino de Jesús TEIXEIRA, Fernando José António FREITAS Ale, António Lima "TAI"; OCTÁVIO Joaquim Coelho Machado, RODOLFO Reis Ferreira (65 ADEMIR Vieira Silva), José Francisco Leandro Filho "DUDA", Fernando Mendes Soares GOMES, Teofilo CUBILLAS, Arsénio Jardim "SENINHO" (72 JÚLIO Carlos da Costa Augusto).

SCHALKE 04: Günther Schubert, Jürgen Sobieray, Bernd Thiele, Rolf Rüssmann, Klaus Fichtel, Herbert Lütkebohmert, Rüdiger Abramczik, Branko Oblak, Klaus Fischer, Helmut Kremers, Erwin Kremers (75 Ulrich Bittcher). Trainer: Friedel Rausch

Goals: Fischer (37, 44), Rodolfo (47), Cubillas (66)

**SCHALKE 04 GELSENKIRCHEN
v FC PORTO 3-2** (0-0)

Parkstadion, Gelsenkirchen 29.09.1976

Referee: John K. Taylor (ENG)   Attendance: 38,000

SCHALKE 04: Enver Maric, Jürgen Sobieray, Klaus Fichtel, Rolf Rüssmann (70 Rüdiger Abramczik), Bernd Thiele, Helmut Kremers, Manfred Dubski (56 Hans Bongartz), Herbert Lütkebohmert, Branko Oblak, Klaus Fischer, Erwin Kremers.   Trainer: Friedel Rausch

FC PORTO: Joaquim Manuel Conceição TORRES, Adelino de Jesús TEIXEIRA, Carlos Antonio Fonseca SIMÕES, Fernando José António FREITAS Ale, Alfredo Manuel Ferreira Silva MURÇA (46 António Lima "TAI"), CELSO Luis de Matos, RODOLFO Reis Ferreira, OCTÁVIO Joaquim Coelho Machado (75 MANUEL TEIXEIRA), António Luis Alves Ribeiro de OLIVEIRA, Teofilo CUBILLAS, Arsénio Jardim "SENINHO".

Goals: Oliveira (51, 69), Fichtel (74 pen), Abramczik (86), Fischer (88)

**PARALIMNI FAMAGUSTA
v 1.FC KAISERSLAUTERN 1-3** (0-1)

Famagusta 14.09.1976

Referee: Atanas Mateev (BUL)   Attendance: 2,500

PARALIMNI: Dimos Konstantinou, Aimilios Mavroudis, Loukas Papaloukas, Giannis Mertakkas, Giorgos Efstathiou "Forsos", Antonis Kalimeras, Giorgos Vlittis, Mihalis Goumenos, Andreas Konstantinou, Giorgos Kezos (65 Pierakis Markoulis), Kyriakos Tsoukas (78 Kostas Tsierkezos).

1.FC KAISERSLAUTERN: Ronnie Hellström, Manfred Ritschel, Werner Melzer, Herbert Scheller (70 Jürgen Groh), Heinz Stickel, Reinhard Meier, Peter Schwarz, Josef Pirrung, Klaus Toppmöller (60 Heinz-Rudolf Weiler), Johannes Riedl, Heinz Wilhelmi.   Trainer: Erich Ribbek

Goals: Riedl (39), Meier (47), Mertakkas (80), Stickel (86)

**1.FC KAISERSLAUTERN
v PARALIMNI FAMAGUSTA 8-0** (4-0)

Betzenberg, Kaiserslautern 28.09.1976

Referee: Norbert Rolles (LUX)   Attendance: 5,200

1.FC KAISERSLAUTERN: Josef Stabel, Herbert Scheller, Ernst Diehl, Werner Melzer, Heinz Stickel, Reinhard Meier, Heinz Wilhelmi, Johannes Riedl, Josef Pirrung, Klaus Toppmöller, Hans-Peter Briegel (46 Jürgen Groh). Trainer: Erich Ribbek

PARALIMNI: Dimos Konstantinou, Aimilios Mavroudis, Loukas Papaloukas, Giannis Mertakkas, Giorgos Efstathiou "Forsos", Antonis Kalimeras (46 Giorgos Kezos), Giorgos Vlittis, Nikos Krasias, Andreas Konstantinou (85 Pierakis Markoulis), Mihalis Goumenos, Kyriakos Tsoukas.

Goals: Toppmöller (18, 35, 37, 72), Pirrung (31, 67), Meier (68), Riedl (83)

GLENTORAN BELFAST v FC BASEL 3-2 (2-1)
The Oval, Belfast   14.09.1976
Referee: Rolf Ericsson (SWE)   Attendance: 4,000
GLENTORAN: Trevor McCullough, Alex Robson, Robert McCreery, Roy Walsh, Ronnie McFall, William Caskey, Thomas McVeigh, John Jamison, Peter Dickenson (70 Victor Moreland), Alan Hay (46 Fred Devine), Warren Feeney.
FC BASEL: Jürg Wenger; Walter Geisser, Jörg Stohler, Walter Mundschin, Jean-Pierre Maradan, Otto Demarmels, Eigil Nielsen (65 Peter Ramseier), Arthur Von Wartburg, Erni Maissen (65 Peter Marti), Serge Muhmenthaler, Detlev Lauscher.   Trainer: Helmut Benthaus
Goals: Feeney (12, 42), Dickenson (51), Maissen (26), Ramseier (73)

**DYNAMO BERLIN
v SKHAKHTER DONETSK 1-1** (1-1)
Friedrich-Ludwig-Jahn-Sportpark, Berlin   29.09.1976
Referee: Malcolm Wright (NIR)   Attendance: 15,000
DYNAMO: Hans-Gustav Creydt, Michael Noack, Bernhard Jonelat, Lutz Eigendorf, Reinhard Lauck, Heinz Wroblewski, Frank Terletzki, Roland Jüngling, Hans-Jürgen Riediger (73 Dieter Labes), Harald Schütze, Wolf-Rüdiger Netz (62 Norbert Trieloff).   Trainer: Harry Nippert
SKHAKHTER: Yuri Degtiariev, Valeri Yaremchenko, Valeri Gorbunov, Viktor Kondratov, Vladimir Pianikh, Valeri Schevliuk, Vladimir Rogovskoi (72 Yuri Reznik), Mikhail Sokolovski, Vitali Starukhin, Yuri Dudinski (67 Valeri Rudakov), Vladimir Safonov.
Trainer: Vladimir Maksimovich Salkov
Goals: Noack (11), Rogovski (16)

FC BASEL v GLENTORAN BELFAST 3-0 (2-0)
Sankt Jakob, Basel   29.09.1976
Referee: Cesare Gussoni (ITA)   Attendance: 9,600
FC BASEL: Hans Müller, Walter Geisser, Jean-Pierre Maradan, Walter Mundschin, Paul Fischli, Jörg Stohler, Eigil Nielsen, Otto Demarmels (78 Markus Tanner), Peter Marti, Erni Maissen, Detlev Lauscher.   Trainer: Helmut Benthaus
GLENTORAN: Dennis Matthews, Robert McCreery, Victor Moreland, Alex Robson, Ronnie McFall, Andrew Dougan, John Jamison, William Caskey, Fred Devine, Peter Dickenson (46 Thomas McVeigh), Warren Feeney.
Goals: Nielsen (33), Mundschin (35), Demarmels (73)

NAESTVED IF v RWD MOLENBEEK 0-3 (0-1)
Naestved Stadion   15.09.1976
Referee: Henry Öberg (NOR)   Attendance: 10,000
NAESTVED: Erik Jensen, Lars Oto Petersen, Borge Nielsen, Jørgen Clausen, John Povelsen, Torben Andersen, Benny Jacobsen, Flemming Lindergaard, Svend Erik Christensen, Ole Christensen, Mogens Hansen, (78 Hans Henrik Ditlevsen).
RWD MOLENBEEK: Nico de Bree, Eric Dumon, Kresten Bjerre, Hubert Cordiez, Maurice Martens, Morten Olsen, Jan Boskamp (46 Eddy Koens), Karl-Heinz Wissmann, Benny Nielsen, Willy Wellens, Jacques Teugels.
Trainer: Piet de Visser
Goals: Boskamp (40), Wellens (85, 87)

**SKHAKHTER DONETSK
v DYNAMO BERLIN 3-0** (1-0)
Skhakhter, Donetsk   15.09.1976
Referee: Dimitar Parmakov (BUL)   Attendance: 35,000
SKHAKHTER: Yuri Degtiariev, Valeri Yaremchenko, Valeri Gorbunov, Viktor Kondratov, Vladimir Pianikh, Valeri Schevliuk, Vladimir Rogovskoi, Mikhail Sokolovski, Vitali Starukhin, Yuri Dudinski (63 Aleksandr Vasin), Vladimir Safonov (74 Nikolai Latisch).
Trainer: Vladimir Maksimovich Salkov
DYNAMO: Reinhard Schwerdtner, Michael Noack, Bernhard Jonelat, Lutz Eigendorf, Reinhardt Lauck, Heinz Wroblewski, Frank Terletzki, Norbert Trieloff, Ralf Schulenberg (56 Wolf-Rüdiger Netz), Harald Schütze (70 Roland Jüngling), Hans-Jürgen Riediger.   Trainer: Harry Nippert
Goals: Rogovski (3), Sokolovski (75), Starukhin (80)

RWD MOLENBEEK v NAESTVED IF 4-0 (2-0)
Stade Edmond Machtens, Brussel   29.09.1976
Referee: Ángel Franco Martínez (SPA)   Attendance: 8,000
RWD MOLENBEEK: Nico de Bree, Eric Dumon, Kresten Bjerre, Hubert Cordiez, Maurice Martens; Morten Olsen, Jan Boskamp, Benny Nielsen; Eddy Koens, Willy Wellens, Karl-Heinz Wissmann.   Trainer: Piet de Visser
NAESTVED: Erik Jensen, Lars Oto Petersen (46 Niels Jørgen Thomsen), John Povelsen, Jørgen Clausen, Gert Clausen, Borge Nielsen, Benny Jacobsen, Svend Erik Christensen (62 Hans Henrik Ditlevsen), Flemming Lindergaard, Mogens Hansen, Torben Andersen.
Goals: Koens (23), Boskamp (32, 58), Cordiez (76)

RED BOYS DIFFERDANGE
v KSC LOKEREN 0-3 (0-2)

Stade Municipal, Differdange   15.09.1976

Referee: Paul Kindervater (WG)   Attendance: 2,500

RED BOYS: Jean-Paul Scoltes (59 Berens), Marcel Barthel, René Flenghi, Francis Kremer, René Schiltz, Gabriel Christophe, René Müller, Jean Paul Goerres (81 Della Siega), Romain Michaux, Marcel Di Domenico, Carlevaris.

LOKEREN: Bob Hoogenboom, Roland Ingels, Robert Dalving, Johnny Velkeneers, Maurits de Schrijver, Ronny de Beuckelaer, René Verheyen, Raymond Mommens (28 Etienne Everaert, 46 Guy Hanssens), Jan de Koning, Aage Hansen, Roger Henrotay.   Trainer: Ladislav Novák

Goals: Verheyen (12, 25), Dalving (70)

DJURGÅRDENS IF STOCKHOLM
v FEYENOORD ROTTERDAM 2-1 (1-0)

Olympiastadion, Stockholm   29.09.1976

Referee: Pavel Kazakov (USSR)   Attendance: 1,737

DJURGÅRDENS: Björn Alkeby, Roland Andersson, Tommy Davidsson, Birger Jacobsson, Tommy Berggren, Curt Olsberg, Sven Lindmann, Kjell Karlsson, Kjell Samuelsson (.. Per Lövfors), Hakan Stenbäck (.. Roger Lindevall), Anders Grönhagen.   Trainer: Bengt Person

FEYENOORD: Eddy Treytel, Dick Schneider, Wim Rijsbergen (.. Joop van Daele), Michel van de Korput, Harry Vos, Theo de Jong, Willy Kreuz, Wim Jansen, Martin Vreijsen, Nico Jansen, Jan van Deinsen.   Trainer: Vujadin Boskov

Goals: Karlsson (2), H. Stenback (70), N. Jansen (76)

KSC LOKEREN
v RED BOYS DIFFERDANGE 3-1 (3-1)

Daknamstadion, Lokeren   29.09.1976

Referee: Eric Smyton (NIR)   Attendance: 5,000

LOKEREN: Bob Hoogenboom, Roland Ingels, Johnny Velkeneers, Maurits de Schrijver, Ronny de Beuckelaer, Aage Hansen, Guy Hanssens, René Verheyen, Raymond Mommens (72 Karel Cornelissen), Wlodzimierz Lubanski (57 Frank Nollet), Roger Henrotay.   Trainer: Ladislav Novák

RED BOYS: Jean-Paul Scoltes, Marcel Barthel, René Flenghi, Francis Kremer, René Schiltz, Jean Paul Goerres, Gabriel Christophe, René Müller, Marcel Di Domenico, Gianni Baldinucci, Carlevaris.

Goals: Mommens (17), Hansen (26), Flenghi (30 pen), Lubanski (37)

AJAX AMSTERDAM
v MANCHESTER UNITED 1-0 (1-0)

Olympisch, Amsterdam   15.09.1976

Referee: Paul Schiller (AUS)   Attendance: 22,000

AJAX: Piet Schrijvers, Josko Gluić, Barry Hulshoff, John Dusbaba, Ruud Krol, Pim van Dord, René Notten, Hans Erkens, Dick Schoenaker (80 Johan Zuidema), Frank Arnesen (80 Tscheu La Ling), Ruud Geels.   Trainer: Tomislav Ivić

MANCHESTER UNITED: Alexander Stepney, James Nicholl, Martin Buchan, Brian Greenhoff, Stewart Houston, Gerard Daly (67 David McCreery), Lou Macari, Steve Coppell, Samuel McIlroy, Stuart Pearson, Gordon Hill.   Manager: Thomas Docherty

Goal: Krol (43)

FEYENOORD ROTTERDAM
v DJURGÅRDENS IF STOCKHOLM 3-0 (1-0)

Feyenoord, Rotterdam   15.09.1976

Referee: Francisco S. Marques Lobo (POR)   Att: 9,000

FEYENOORD: Eddy Treytel, Dick Schneider, Wim Rijsbergen, Joop van Daele, Harry Vos, Wim Jansen, Theo de Jong, Willy Kreuz, Martin Vreijsen, Jan Verheyen (.. Harry Melis), Jan van Deinsen.   Trainer: Vujadin Boskov

DJURGÅRDENS: Björn Alkeby, Roland Andersson, Tommy Davidsson, Birger Jacobsson, Jörgen Lindmann, Curt Olsberg, Sven Lindmann, Lars Stenbäck, Kjell Samuelsson (75 Harry Svensson), Hakan Stenbäck (.. Kjell Karlsson), Anders Grönhagen.   Trainer: Bengt Person

Goals: Schneider (9 pen), Kreuz (82), Vreijsen (84)

MANCHESTER UNITED
v AJAX AMSTERDAM 2-0 (1-0)

Old Trafford, Manchester   29.09.1976

Referee: Georges Konrath (FRA)   Attendance: 58,938

MANCHESTER UNITED: Alexander Stepney, James Nicholl, Martin Buchan, Brian Greenhoff, Stewart Houston, Gerard Daly (60 Arthur Albiston), Lou Macari, Steve Coppell, Samuel McIlroy, David McCreery, Gordon Hill (70 Steve Paterson).   Manager: Thomas Docherty

AJAX: Piet Schrijvers, Josko Gluic, Pim van Dord, John Dusbaba, Ruud Krol, René Notten, Barry Hulshoff, Hans Erkens, Tscheu La Ling, Ruud Geels, Frank Arnesen (70 Geert Meijer).   Trainer: Tomislav Ivić

Goals: Macari (42), McIlroy (65)

**QUEEN'S PARK RANGERS LONDON
v BRANN BERGEN 4-0** (3-0)

Loftus Road, London 15.09.1976

Referee: Gudjón Finnbogasson (ICE)   Attendance: 14,698

QPR: Phillip Parkes, David Clement, Ian Gillard, John Hollins, Frank McLintock, David Webb, David Thomas, Michael Leach, Donald Masson, Stanley Bowles, Donald Givens. Manager: Dave Sexton

BRANN: Jan Knudsen, Helge Karlsen, Rune Pedersen, Tore Nordtvedt, Per Egil Pedersen, Egil Austbø, Atle Hellesø, Neil MacLeod, Ingvald Haseklepp (70 Frode Larsen), Bjørn Tronstad, Steinar Aase.   Trainer: William Elliott

Goals: Bowles (29, 34, 64), Masson (85)

**FINN HARPS BALLYBOFEY
v DERBY COUNTY FC 1-4** (1-2)

Finn Park, Ballybofey 29.09.1976

Referee: Jacques van Melkebeeke (BEL)   Attendance: 2,217

FINN HARPS: Gerald Murray, Declan McDowell, Peter Hutton, Antohony O'Doherty, James Sheridan, Andy Stevenson, Joe Logan, Terence Harkin, Brendan Bradley, Charles Ferry, Joe Healy.   Manager: Dave Mackay

DERBY COUNTY: Graham Moseley, Roderick Thomas, David Nish, Bruce Rioch, Roy McFarland (16 Ronald Webster), Colin Todd, Henry Newton, Archibald Gemmill (46 Anthony Macken), Kevin Hector, Charles George, Leighton James. Manager: Dave Mackay

Goals: McFarland (1 og), Hector (26, 32), George (81, 90)

**BRANN BERGEN
v QUEEN'S PARK RANGERS LONDON 0-7** (0-2)

Brann, Bergen 29.09.1976

Referee: Jan Keizer (HOL)   Attendance: 11,000

BRANN: Jan Knudsen, Helge Karlsen, Tore Nordtvedt (46 Robert Hirsch), Atle Bilsback, Rune Pedersen, Egil Austbø, Atle Hellesø, Frode Larsen, Neil MacLeod, Bjørn Tronstad, Steinar Aase.   Trainer: William Elliott

QPR: Phillip Parkes, David Clement, Ian Gillard, John Hollins, Frank McLintock, David Webb, David Thomas, Michael Leach (21 Martyn Busby), Donald Masson, Stanley Bowles, Donald Givens.   Manager: Dave Sexton

Goals: Webb (2), Givens (35, 70), Bowles (68, 84, 88), Thomas (86)

**HIBERNIAN EDINBURGH
v FC SOCHAUX 1-0** (1-0)

Easter Road Park, Edinburgh 15.09.1976

Referee: Wolfgang Riedel (DDR)   Attendance: 9,454

HIBERNIAN: Michael McDonald; John Brownlie, Eric Schaedler, Desmond Bremner, George Stewart; John Blackley, William Murray, Lindsay Muir; Ally Scott, Robert Smith, Arthur Duncan.

FC SOCHAUX: Joël Bats; Didier Dufour, Laslo Seles, Rolland Courbis, Jean-Pierre Posca; Abdel Djaadaoui, Jean-Paul Pfertzel, Gérard Soler (78 Léon Maier); Robert Pintenat, Johannes Klijnjan, André Gutierrez.   Trainer: Paul Barret

Goal: Brownlie (35)

**DERBY COUNTY FC
v FINN HARPS BALLYBOFEY 12-0** (9-0)

Baseball Ground, Derby 15.09.1976

Referee: Antoine Queudeville (LUX)   Attendance: 13,353

DERBY COUNTY: Graham Moseley, Roderick Thomas, David Nish, Bruce Rioch, Roy McFarland, Colin Todd (46 Jeffrey King), Anthony Macken, Archibald Gemmill, Kevin Hector, Charles George, Leighton James. Manager: Dave Mackay

FINN HARPS: Gerald Murray, Declan McDowell, Peter Hutton, Antohony O'Doherty, James Sheridan, Andy Stevenson, Donal O'Doherty (55 Joe Logan), Terence Harkin, Brendan Bradley (63 Kevin Mahon), Hilary Carlyle, Joe Healy.   Manager: Patsy McGowan

Goals: Hector (6, 22, 37, 39, 65), Rioch (12), James (20, 29, 70), George (24, 28, 77)

FC SOCHAUX v HIBERNIAN EDINBURGH 0-0

Bonal, Sochaux 29.09.1976

Referee: Sergio Gonella (ITA)   Attendance: 10,000

FC SOCHAUX: Joël Bats; Jean-Pierre Dartevelle, Laslo Seles, Rolland Courbis, Jean-Pierre Posca; Abdel Djaadaoui, Jean-Paul Pfertzel (68 Eric Benoît), Johannes Klijnjan (68 Yves Ibanez), André Gutierrez; Gérard Soler, Robert Pintenat. Trainer: Paul Barret

HIBERNIAN: Michael McDonald; John Brownlie, Eric Schaedler, Desmond Bremner, George Stewart, John Blackley, Alex Edwards, Robert Smith, Ally Scott (46 Graham Fyfe), William Murray, Arthur Duncan (46 Tony Higgins).

CELTIC GLASGOW v WISLA KRAKÓW 2-2 (1-0)

Celtic Park, Glasgow   15.09.1976

Referee: César da Luz Dias Correia (POR)   Att: 30,000

CELTIC: Peter Latchford, Danny McGrain, Andy Lynch, Ronald Glavin, Rodney McDonald, Johannes Edvaldsson, John Doyle, Kenneth Dalglish, Paul Wilson, Thomas Burns, Robert Lennox.   Manager: Jock Stein

WISLA: Janusz Adamczyk, Antoni Szymanowski, Henryk Maculewicz, Krzysztof Budka (62 Jan Jalocha), Zbigniew Plaszewski, Henryk Szymanowski, Michal Wróbel (.. Jerzy Plonka), Zdzislaw Kapka, Adam Nawalka, Kazimierz Kmiecik, Marek Kusto.

Goals: McDonald (13), Dalglish (86), Kmiecik (67), Wróbel (74)

JUVENTUS TORINO v MANCHESTER CITY 2-0 (1-0)

Stadio Comunale, Torino   29.09.1976

Referee: Francis Rion (BEL)   Attendance: 55,000

JUVENTUS: Dino Zoff; Antonello Cuccureddu, Claudio Gentile; Giuseppe Furino, Francesco Morini, Gaetano Scirea; Franco Causio, Marco Tardelli, Roberto Boninsegna, Romeo Benetti, Roberto Bettega.   Trainer: Giovanni Trapattoni

MANCHESTER CITY: Joseph Corrigan; Michael Docherty, William Donachie; Michael Doyle, David Watson, Thomas Booth; Gerard Keegan (73 Michael Lester), Brian Kidd, Joseph Royle, Asa Hartford, Dennis Tueart.   Manager: Anthony Book

Goals: Scirea (36), Boninsegna (69)

WISLA KRAKÓW v CELTIC GLASGOW 2-0 (0-0)

Wisla, Kraków   29.09.1976

Referee: Ertugrul Dilek (TUR)   Attendance: 45,000

WISLA: Stanisław Gonet; Antoni Szymanowski, Henryk Szymanowski, Henryk Maculewicz, Zbigniew Plaszewski, Krzysztof Budka, Jan Jalocha (.. Leszek Lipka), Zdzislaw Kapka, Marek Kusto, Adam Nawalka, Kazimierz Kmiecik.

CELTIC: Peter Latchford, Danny McGrain, Andy Lynch, Patrick McCluskey, Johannes Edvaldsson, Rodney McDonald, Ronald Glavin, Roy Aitken, John Doyle (.. Robert Lennox), Kenneth Dalglish, Paul Wilson.   Manager: Jock Stein

Goal: Kmiecik (53, 59)

1.FC MAGDEBURG v AS CESENA 3-0 (2-0)

Ernst-Grube-Stadion, Magdeburg   15.09.1976

Referee: Pablo Augusto Sánchez Ibañez (SPA)   Att: 31,000

1.FC MAGDEBURG: Bernd Dorendorf, Manfred Zapf, Detlef Raugust, Axel Tyll, Jürgen Pommerenke, Wolfgang Seguin, Wolfgang Steinbach, Klaus Decker, Joachim Streich, Jürgen Sparwasser, Martin Hoffmann.   Trainer: Klaus Urbanczyk

CESENA: Lamberto Boranga, Pierluigi Cera, Giampiero Ceccarelli, Giancarlo Oddi, Marino Lombardo, Giorgio Bittolo (74 Raffaello Vernacchia), Mario Frustaluppi, Giorgio Rognoni, Bruno Beatrice (46 Alberto Battistoni), Fiorino Pepe, Giorgio Mariani.   Trainer: Giulio Corsini

Sent off: Oddi (38)

Goals: Steinbach (26), Streich (40 pen, 87)

MANCHESTER CITY v JUVENTUS TORINO 1-0 (1-0)

Maine Road, Manchester   15.09.1976

Referee: Walter Hungerbühler (SWI)   Attendance: 36,955

MANCHESTER CITY: Joseph Corrigan, Michael Docherty, William Donachie, Michael Doyle, David Watson, James Conway, Peter Barnes (57 Paul Power), Brian Kidd, Joseph Royle, Asa Hartford, Dennis Tueart.   Manager: Anthony Book

JUVENTUS: Dino Zoff; Antonello Cuccureddu, Claudio Gentile; Giuseppe Furino, Francesco Morini, Gaetano Scirea; Franco Causio, Marco Tardelli, Roberto Bettega, Romeo Benetti, Giampietro Marchetti.   Trainer: Giovanni Trapattoni

Goal: Kidd (44)

AS CESENA v 1.FC MAGDEBURG 3-1 (1-0)

Stadio Fiorita, Cesena   29.09.1976

Referee: Lajos Somlai (HUN)   Attendance: 15,000

CESENA: Lamberto Boranga, Pierluigi Cera, Giampiero Ceccarelli, Alberto Battistoni, Marino Lombardo, Giorgio Bittolo (50 Fabio Bonci), Bruno Beatrice, Giorgio Rognoni, Fiorino Pepe, Emiliano Macchi, Giorgio Mariani.   Trainer: Giulio Corsini

1.FC MAGDEBURG: Bernd Dorendorf, Manfred Zapf, Detlef Raugust, Wolfgang Seguin, Klaus Decker, Axel Tyll, Jürgen Pommerenke, Wolfgang Steinbach (58 Siegmund Mewes), Joachim Streich, Jürgen Sparwasser, Martin Hoffmann.   Trainer: Klaus Urbanczyk

Sent off: Mariani (69)

Goals: Mariani (29), Pepe (51), Sparwasser (69), Macchi (73)

INTERNAZIONALE MILANO
v HONVÉD BUDAPEST 0-1 (0-1)

Stadio San Siro, Milano 15.09.1976

Referee: Charles Corver (HOL)   Attendance: 30,000

INTERNAZIONALE: Ivano Bordon; Angiolino Gasparini (76 Giorgio Roselli), Giacinto Facchetti, Gabriele Oriali, Mario Bertini; Graziano Bini, Giampiero Marini, Claudio Merlo; Pietro Anastasi, Alessandro Mazzola, Giacomo Libera (64 Giuseppe Pavone).   Trainer: Giuseppe Chiapella

HONVÉD: Sándor Gujdár; József Kelemen, István Kocsis, Lajos Szűcs, József Varga; József Pál, Lajos Kocsis, Sándor Pintér; János Fehérvári, Mihály Kozma, István Weimper. Trainer: Lajos Tichy

Goal: Kozma (34)

HONVÉD BUDAPEST
v INTERNAZIONALE MILANO 1-1 (1-0)

Népstadion, Budapest 29.09.1976

Referee: Gordon Cecil Kew (ENG)   Attendance: 25,000

HONVÉD: Sándor Gujdár; József Pál, István Kocsis, Lajos Szűcs, József Varga, Lajos Kocsis, Sándor Pintér, József Póczik; János Fehérvári (77 Gábor Morgós), István Weimper, Mihály Kozma.   Trainer: Lajos Tichy

INTERNAZIONALE: Ivano Bordon; Gabriele Oriali, Viviano Guida, Graziano Bini, Adriano Fedele; Mario Bertini (63 Giorgio Roselli), Claudio Merlo, Giampiero Marini; Pietro Anastasi (72 Carlo Muraro), Alessandro Mazzola, Giacomo Libera.   Trainer: Giuseppe Chiapella

Goals: Póczik (26), Muraro (89)

FENERBAHÇE ISTANBUL
v VIDEOTON SZÉKESFEHÉRVÁR 2-1 (1-0)

Fenerbahçe Stadi, Istanbul 15.09.1976

Referee: Yuri Sergienko (USSR)   Attendance: 50,000

FENERBAHÇE: Adil Eriç; Alparslan Eratli; Ender Konca, Zafer Göncüler, Cem Pamiroglu, Yenal Kaçira; Önder Mustafaoglu (60 Nevruz Serif), Ömer Kaner; Engin Verel, Cemil Turan, Aydin Celik.

VIDEOTON: László Kovács; János Nagy III, Sándor Baranyi, Gábor Fejes, Tibor Végh; József Kovács, János Nagy II, Károly Czeczeli; Lajos Májer, Tibor Wollek, László Tieber (51 Tamás Szalmásy).   Trainer: Ferenc Kovács

Goals: Cemil (19, 88), Nagy II (72)

VIDEOTON SZÉKESFEHÉRVÁR
v FENERBAHÇE ISTANBUL 4-0 (0-0)

Sóstói, Székesfehérvár 29.09.1976

Referee: Ian M.D. Foote (SCO)   Attendance: 25,000

VIDEOTON: László Kovács; János Nagy III, Sándor Baranyi, Gábor Fejes (52 László Tieber), Tibor Végh; József Kovács, János Nagy II, Károly Czeczeli; Lajos Májer, Tibor Wollek, Tamás Szalmásy.   Trainer: Ferenc Kovács

FENERBAHÇE: Adil Eriç; Alparslan Eratli; Ender Konca, Emin Ilhan, Cem Pamiroglu, Yenal Kacira; Ersoy Sandalçi (46 Zafer Göncüler), Engin Verel; Aydin Celik (67 Nevruz Serif), Ömer Kaner, Cemil Turan.

Goals: Wollek (52), J. Kovács (64), Szalmásy (68, 85)

ÚJPEST DÓZSA BUDAPEST
v ATHLETIC CLUB BILBAO 1-0 (0-0)

Megyeri út, Budapest 15.09.1976

Referee: Clive Thomas (WAL)   Attendance: 12,000

ÚJPEST DÓZSA: Adám Rothermel; Tamás Viczkó, Ede Dunai III, András Sarlós, József Tóth; Jenő Kellner, András Tóth; László Fazekas, Ferenc Bene (46 Antal Dunai II), László Fekete, László Nagy (70 Endre Kolár).   Trainer: Pál Várhidi

ATHLETIC: José Ángel IRÍBAR Cortajarena; José María LASA Ibarguren, Daniel ASTRAIN Egozcue, Agustín GUISASOLA Zabala, Javier ESCALZA Ellacuría; Ángel María VILLAR Llona, Javier IRURETAgoyena Amiano, Iñaki GARAY; DANIel Ruiz Bazán, José María AMORRORTU Prieto, José Francisco ROJO I Arroitia.
Trainer: Luís María AGUIRRE Vidaurrázaga

Goal: Dunai II (89)

ATHLETIC CLUB BILBAO
v ÚJPEST DÓZSA BUDAPEST 5-0 (4-0)

Estadio San Mamés, Bilbao 29.09.1976

Referee: Ferdinand Biwersi (WG)   Attendance: 35,000

ATHLETIC: José Ángel IRÍBAR Cortajarena; José María LASA Ibarguren, Daniel ASTRAIN Egozcue, Ignacio MADARIAGA Medio, Javier ESCALZA Ellacuría; Ángel María VILLAR Llona (70 José María BENGOETXEA), Iñaki GARAY; DANIel Ruiz Bazán (62 José Ignacio OÑAEDERRA), Javier IRURETAgoyena Amiano, José María AMORRORTU Prieto, José Francisco ROJO I Arroitia.
Trainer: Luís María AGUIRRE Vidaurrázaga

ÚJPEST DÓZSA: Adám Rothermel (46 Károly Szigeti); Tamás Viczkó, Ede Dunai III, András Sarlós, József Tóth; Endre Kolár, Jenő Kellner, András Tóth; László Fazekas, András Törőcsik, László Nagy (71 László Fekete).
Trainer: Pál Várhidi

Goals: J.F. Rojo (14, 45), Dani (26, 32, 54)

ESPANYOL BARCELONA v OGC NICE 3-1 (1-1)
Estadio de Sarriá, Barcelona   15.09.1976

Referee: Hilmi Ok (TUR)   Attendance: 30,000

ESPANYOL: Francisco Javier ECHEVARRÍA Barrenechea; Miguel Ángel OCHOA Vaca (86 Rafael GRANERO Bellver), Pedro Eugenio DE FELIPE Cortés, José FERRER Selma (29 JOSÉ MANUEL Casanova), Juan VERDUGO; Fernando MOLINOS Granada, Juvencio OSORIO, Carlos Humberto CASZELY; Manuel de la CUESTA Martínez, Juan María AMIANO Mariñalena, Rafael Carlos Pérez "MARAÑÓN". Trainer: José Emilio Santamaria

OGC NICE: Dominique Baratelli; Jean-François Douis, Jean-Pierre Ascery, Josip Katalinski, Henri Zambelli; Jean-Noël Huck, Roger Jouve, Jean-Marc Guillou (84 Daniel Sánchez); Dario Grava, Nenad Bjeković, Nambatingue Toko. Trainer: Vlatko Marković

Goals: Cuesta (13), Toko (20), Marañón (65), Caszely (73)

OGC NICE v ESPANYOL BARCELONA 2-1 (1-0)
Stade Municipal du Ray, Nice   29.09.1976

Referee: Erich Linemayr (AUS)   Attendance: 13,000

OGC NICE: Dominique Baratelli; Jean-François Douis, Jean-Pierre Adams, Josip Katalinski, Henri Zambelli; Jean-Noël Huck, Roger Jouve, Jean-Marc Guillou; Daniel Sánchez (70 René Bocchi), Nenad Bjekovic, Nambatingue Toko (70 Dario Grava).   Trainer: Vlatko Marković

ESPANYOL: Francisco Javier ECHEVARRÍA Barrenechea; Fernando MOLINOS Granada, Pedro Eugenio DE FELIPE Cortés, José FERRER Selma, Juan VERDUGO; Juvencio OSORIO, Manuel de la CUESTA Martínez, Luis César ORTIZ AQUINO; Rafael Carlos Pérez "MARAÑÓN" (60 Juan María AMIANO Mariñalena), JOSÉ MANUEL Casanova, Jorge Pereira da Silva "JEREMIAS" (85 Manuel FERNÁNDEZ AMADO).   Trainer: José Emilio Santamaria

Goals: Bjekovic (22, 72), Ortiz Aquino (60 pen)

BELENENSES LISBOA v FC BARCELONA 2-2 (1-1)
Estadio do Restelo, Lisboa   15.09.1976

Referee: John Robertson Gordon (SCO)   Att: 35,000

BELENENSES: Joaquim Alberto Castanheira de MELO; Raul Ferreira dos Santos "SAMBINHA", Alfredo Perrulas QUARESMA, LUÍS Manuel Alfar HORTA, João Soares CARDOSO; Vítor Manuel Pinho ESMORIZ, ISIDRO Miguel Beato, João Newton "JOHNY" (21 José Costa Guilherme "PINCHO"); JOSÉ Severino ROCHA (30 Julio AMARAL), ALFREDO MUIANGA, Francisco GONZÁLEZ. Trainer: Carlos Silva

FC BARCELONA: Pedro Valentín MORA Mariné; José Antonio RAMOS Huete, Miguel Bernardo Bianquetti "MIGUELI", Antonio OLMO Ramírez, Jesús Antonio DE LA CRUZ Gallego; MARCIAL Pina Morales, Johan Neeskens, José Cirilo MACIZO Cañadas; Juan Carlos HEREDIA Alvarado, Manuel CLARES García, Juan Manuel ASENSI Ripoll. Trainer: Rinus Michels

Goals: Quaresma (29), Luís Horta (55), Heredia (15, 84)

FC BARCELONA v BELENENSES LISBOA 3-2 (1-1)
Camp Nou, Barcelona   29.09.1976

Referee: Bruno della Bruna (SWI)   Attendance: 20,000

FC BARCELONA: Pedro Valentín MORA Mariné; José Antonio RAMOS Huete, Miguel Bernardo Bianquetti "MIGUELI", Enrique Álvarez COSTAS (53 Antonio OLMO Ramírez), Jesús Antonio DE LA CRUZ Gallego; MARCIAL Pina Morales (64 Hugo SOTIL Yerén), Johan Neeskens, Juan Manuel ASENSI Ripoll; Carlos REXACH Cerdá, Johan Cruijff, Manuel CLARÉS García.   Trainer: Rinus Michels

BELENENSES: Joaquim Alberto Castanheira de MELO; Raul Ferreira dos Santos "SAMBINHA", Alfredo Perrulas QUARESMA, LUÍS Manuel Alfar HORTA, João Soares CARDOSO; Vítor Manuel Pinho ESMORIZ, ISIDRO Miguel Beato, JOSÁ Severino ROCHA; João VASQUES (68 ALFREDO MUIANGA), Vítor Manuel da Cruz GODINHO, Julio AMARAL (75 José Costa Guilherme "PINCHO"). Trainer: Carlos Silva

Goals: Rexach (34), Asensi (58), Clarés (87), Vasques (45), José Rocha (59)

GRASSHOPPER-CLUB ZÜRICH
v HIBERNIANS PAOLA 7-0 (4-0)
Hardturm, Zürich   15.09.1976

Referee: René Vigliani (FRA)   Attendance: 1,800

GRASSHOPPER: Hans Stemmer; Kurt Becker, Thomas Niggl (46 Pirmin Stoob), Francis Montandon, André Meyer, Richard Bauer (73 René Nafzger), Marcel Cornioley, Alfons Bosco, Walter Seiler, Günter Netzer, Raimondo Ponte. Trainer: Helmuth Johannsen

HIBERNIANS: Alfred Mizzi, Buckingham, R. Mizzi, Tony Zerafa, Sonny Gouder, Ernest Spiteri Gonzi, John Cauchi (67 Alfred Mallia), Paul Xuereb, Christopher Vella, Norman Buttigieg, Joe Muscat.

Goals: Bosco (3), Seiler (8, 18, 31), Bauer (46), Cornioley (57 pen, 86)

HIBERNIANS PAOLA
v GRASSHOPPER-CLUB ZÜRICH 0-2 (0-0)
Valletta   29.09.1976

Referee: Milos Cajić (YUG)   Attendance: 1,000

HIBERNIANS: Alfred Mizzi, Buckingham, R. Mizzi, Tony Zerafa, Norman Buttigieg, Sonny Gouder, Christopher Vella (65 Joe Farrugia), John Cauchi, Ernest Spiteri Gonzi, Paul Xuereb, Joe Muscat (68 Alfred Mallia).

GRASSHOPPER: Hans Stemmer, Kurt Becker, Thomas Niggl, Francis Montandon, André Meyer, Richard Bauer, Marcel Cornioley, Alfons Bosco, Walter Seiler, Raimondo Ponte, Silvano Bianchi.

Goals: Seiler (54), Cornioley (77 pen)

AEK ATHINA v DINAMO MOSKVA 2-0 (1-0)

Neas Filadelfeias, Athina   15.09.1976

Referee: Marijan Rauš (YUG)   Attendance: 29,000

AEK: Lakis Stergioudas, Stefanos Theodoridis, Timo Zahanleiter, Pantelis Nikolaou, Petros Ravousis, Dionisis Tsamis, Tasos Konstantinou (55 Giorgos Dedes), Dimitris Nikoloudis, Walter Wagner, Dimitris Papaioannou, Thomas Mauros.   Trainer: František Fadrhonc

DINAMO: Nikolai Gontar, Anatoli Parov, Aleksandr Novikov, Aleksandr Bubnov, Aleksandr Makhoviokov, Aleksandr Minaev, Mikhail Gershkovich (46 Aleksei Petruschin), Oleg Dolmatov, Andrei Yakubik, Vladimir Kazachyenok (56 Vadim Pavlenko), Gennadi Evriuzhikhin.   Trainer: Aleksandr Sevidov

Goals: Nikoloudis (34), Papaioannou (54)

ADANASPOR v AUSTRIA SALZBURG 2-0 (1-0)

Atatürk Stadi, Adana   29.09.1976

Referee: Mitko Chukov (BUL)

ADANASPOR: Malik Gençalp; Sevket Kesler, Halis, Sener, Necip, Vedat, Sinan Alpçogay, Harun, Köksal Mesci, Isa Ertürk, Sellahatin Karasu.

AUSTRIA: Herbert Rettensteiner (50 Karl Hodits), Günther Pleninger, Johannes Winklbauer, Franz Bacher, Jaroslav Pirnus; Günther Unterguggenberger, Gerhard Filzmoser, Peter Schwarz; Gerald Haider, Michael Lorenz, Wolfgang Schwarz. Trainer: Hans Reich

Goals: Isa (2), Sener (88)

**DINAMO MOSKVA
v AEK ATHINA 2-1** (1-0, 2-0) (AET)

Dinamo, Moskva   29.09.1976

Referee: Hugh Alexander (SCO)   Attendance: 30,000

DINAMO: Nikolai Gontar, Anatoli Parov, Aleksandr Bubnov, Sergei Nikulin, Aleksandr Makhoviokov, Aleksandr Minaev, Oleg Dolmatov, Yuri Gavrilov (46 Oleg Kramarenko), Andrei Yakubik, Mikhail Gershkovich (118 Aleksandr Novikov), Vladimir Kazachyenok.   Trainer: Aleksandr Sevidov

AEK: Lakis Stergioudas, Stefanos Theodoridis (80 Timo Zahnleiter), Haralampos Intzoglou, Petros Ravousis, Pantelis Nikolaou, Giorgos Dedes (70 Tasos Konstantinou), Dionisis Tsamis, Dimitris Nikoloudis, Walter Wagner, Dimitris Papaioannou, Thomas Mauros.   Trainer: František Fadrhonc

Goals: Bubnov (43), Yakubik (52 pen), Tasos Konstantinou (120 pen)

**SSW INNSBRUCK
v IK START KRISTIANSAND 2-1** (1-0)

Tivoli, Innsbruck   15.09.1976

Referee: Jacques Colling (LUX)   Attendance: 9,000

SSW: Norbert Schatz, Peter Pumm, Rudolf Horvath, Bruno Pezzey, Boris Sikic; Josef Stering, Peter Koncilia, Manfred Gombasch; Werner Schwarz, Kurt Welzl, Karl-Heinz Lercher (36 Franz Oberacher).   Trainer: Fritz Pfister

START: Morten Halvorsen, Trond Pedersen, Thorgny Svenssen, Svein Kaalaas, Kaj Ljösdal, Reidar Flaa, Yngvar Ommundsen, Sven Otto Birkeland, Stein Thunberg, Svein Mathisen, Preben Jørgensen (85 Odd Frivold).

Goals: Stering (8), S. Mathisen (67 pen), Pezzey (76)

SV AUSTRIA SALZBURG v ADANASPOR 5-0 (2-0)

Lehen-stadion, Salzburg   15.09.1976

Referee: Jerzy Swistek (POL)   Attendance: 6,000

AUSTRIA: Hans Berger, Günther Pleninger, Johannes Winklbauer, Franz Bacher, Jaroslav Pirnus; Günther Unterguggenberger, Gerhard Filzmoser (81 Roland Walkner), Peter Schwarz; Gerald Haider, Michael Lorez, Wolfgang Schwarz.   Trainer: Hans Reich

ADANASPOR: Erhan Aslan, Sevket Kesler, Alkin, Sener, Necip, Harun, Sinan Alpçogay, Ertugrül, Irfan Kaynak, Selahattin Karasu, Isa Ertürk.

Goals: Wo. Schwarz (2, 37 pen, 61), Haider (58, 81)

**START KRISTIANSAND
v SSW INNSBRUCK 0-5** (0-3)

Kristiansand stadion   22.09.1976

Referee: Ole Amundsen (DEN)   Attendance: 3,400

START: Per Otto Larsen, Trond Pedersen, Thorgny Svenssen (57 Helge Torjussen), Svein Kaalaas, Kaj Ljösdal, Odd Frivold, Stein Thunberg, Sven Otto Birkeland, Svein Mathisen, Helge Skuseth, Reidar Flaa (40 Yngvar Ommundsen).

SSW: Friedrich Koncilia, Werner Kriess, Rudolf Horvath, Bruno Pezzey, Boris Sikic; Josef Stering, Peter Koncilia, Manfred Gombasch (60 Dietmar Constantini); Kurt Welzl, Karl-Heinz Lercher, Franz Oberacher (75 Werner Zanon). Trainer: Fritz Pfister

Goals: P. Koncilia (5, 60), Stering (19, 31 pen), Welzl (88)

EINTRACHT BRAUNSCHWEIG v HOLBAEK IF 7-0 (2-0)

Eintracht stadion an der Hamburger Str., Braunschweig   15.09.1976

Referee: Sándor Petri (HUN)   Attendance: 14,000

EINTRACHT: Bernd Franke, Wolfgang Grzyb, Friedhelm Haebermann, Reiner Hollmann, Franz Merkhoffer, Dieter Zembski, Karl-Heinz Handschuh, Bernd Gersdorff, Danilo Popivoda (22 Norbert Stolzenburg), Wolfgang Frank, Frank Holzer (68 Wolfgang Dremmler).   Trainer: Branko Zebec

HOLBAEK: Benno Larsen, Finn Jensen, Allan Hansen, Nielsen, Hans Andersen (68 Per Tofte-Hansen), Per Christiansen, Jens Johansen, Jørgen Jørgensen, Poul Aabling, Palle Krath, Per Svenningsen (68 Hans Poulsen).

Goals: Hollmann (7), Stolzenberg (37, 89), Frank (49, 77, 79), Gersdorff (55)

GKS TYCHY v 1.FC KÖLN 1-1 (1-0)

Tychy   29.09.1976

Referee: Frans P. Derks (HOL)   Attendance: 15,000

GKS: Eugeniusz Cebrat, Józef Trójca, Alfred Potrawa, Jerzy Ludyga, Marian Piechaczek, Jerzy Bielenin, Zbigniew Janikowski, Lechoslaw Olsza (69 Czeslaw Czarnynoga), Jerzy Kubica, Roman Ogaza, Krzysztof Rasek (69 Kazimierz Szachnitowski).

1.FC KÖLN: Harald Schumacher, Harald Konopka, Herbert Zimmermann, Gerhard Strack, Wolfgang Weber, Heinz Simmet, Roger van Gool, Heinz Flohe, Dieter Müller, Wolfgang Overath, Roland Gerber (73 Klaus Kösling).
Trainer: Hennes Weisweiler

Goals: Ogaza (18), Müller (75)

HOLBAEK IF v EINTRACHT BRAUNSCHWEIG 1-0 (0-0)

Holbaek stadion   29.09.1976

Referee: Martti Hirviniemi (FIN)   Attendance: 1,200

HOLBAEK: Benno Larsen, Finn Jensen, Allan Hansen, Søren Lindsted, Palle Krath, Jens Johansen (76 Ib Gregers Hansen), Jørgen Jørgensen, Poul Aabling, Erling Hansen (19 Per Tofte-Hansen), Hans Andersen, Per Svenningsen.

EINTRACHT: Bernd Franke (19 Uwe Hain), Wolfgang Grzyb, Friedhelm Haebermann, Reiner Hollmann, Franz Merkhoffer, Wolfgang Grobe, Karl-Heinz Handschuh, Aleksander Ristic, Wolfgang Dremmler, Norbert Stolzenburg, Danilo Popivoda.
Trainer: Branko Zebec

Goal: Tofte-Hansen (70)

PALLOSEURA KUOPIO v ÖSTERS IF VÄXJÖ 3-2 (0-1)

Väinölänniemi, Kuopio   15.09.1976

Referee: Adolf Prokop (DDR)   Attendance: 1,500

PALLOSEURA: Kari Leskinen, Pekka Vepsäläinen, Ari Heikkinen, Kari Kröger, Arvo Rautio, Pekka Parivainen, Esa Heiskanen, Leo Houtsonen, Olavi Rissanen, Matti Eskelinen, Seppo Törnroos.

ÖSTERS: Göran Hagberg, Jan Ivar Bergqvist, Mats Nordenberg, Håkan Arvidsson, Karl Gunnar Björklund, Anders Linderoth, Peter Svensson, Tommy Svensson, Inge Ejderstedt, Peter Strömberg, Tommy Evesson.
Trainer: Gunnar Nordahl

Goals: Strömberg (42), Ejderstedt (52), Törnroos (77), Rissanen (81, 85)

1.FC KÖLN v GKS TYCHY 2-0 (1-0)

Müngersdorfer Stadion, Köln   15.09.1976

Referee: Torben Mansson (DEN)   Attendance: 20,000

1.FC KÖLN: Harald Schumacher, Jürgen Glowacz, Wolfgang Weber, Herbert Zimmermann, Harald Konopka, Heinz Simmet, Heinz Flohe, Wolfgang Overath, Roger van Gool, Dieter Müller (77 Klaus Kösling), Johannes Löhr.
Trainer: Hennes Weisweiler

GKS: Eugeniusz Cebrat, Henryk Gdawiec, Alfred Potrawa, Jerzy Ludyga, Marian Piechaczek, Jerzy Bielenin, Zbigniew Janikowski, Lechoslaw Olsza, Jerzy Kubica, Roman Ogaza, Kazimierz Szachnitowski (46 Józef Trójca).

Goals: Flohe (42 pen), Van Gool (88)

ÖSTERS IF VÄXJÖ v PALLOSEURA KUOPIO 2-0 (0-0)

Värendsvallen, Växjö   29.09.1976

Referee: Jan Lazowski (POL)

ÖSTERS: Göran Hagberg, Karl Gunnar Björklund, Mats Nordenberg, Håkan Arvidsson, Jan Ivar Bergqvist, Anders Linderoth, Peter Svensson, Tommy Svensson, Inge Ejderstedt, Peter Strömberg, Tommy Evesson.
Trainer: Gunnar Nordahl

PALLOSEURA: Kari Leskinen, Pekka Vepsäläinen, Ari Heikkinen, Kari Marttila, Arvo Rautio, Kari Kröger, Leo Houtsonen (77 Esa Heiskanen), Pauli Koponen, Matti Eskelinen, Olavi Rissanen, Ossi Loikkanen.

Goals: Strömberg (59), T. Svensson (82)

ASA TÎRGU MUREŞ
v DINAMO ZAGREB 0-1 (0-0)

23 August, Tîrgu Mureş   15.09.1976

Referee: P. Marinos (GRE)   Attendance: 20,000

ASA: István Solyom; Ştefan Gligore, Dumitru Unchiaş, Florea Ispir, Carol Onuţan; Petre Varodi, Vasile Pîslaru, Ladislau Bölöni; Arpád Fazekas (81 Levente Marton), Andrei Fanici (46 Nicolae Nagy), Gheorghe Both.   Trainer: Tiberiu Bone

DINAMO: Zeljko Stincić; Branko Devcić, Ivica Miljković, Srecko Bogdan, Čedomir Jovičević; Srecko Huljić, Veljko Tuksa, Zlatko Kranjcar (71 Brncić); Mario Bonić, Ivan Jurisić, Džemal Mustedanagić.   Trainer: Mirko Bazić

Goal: Jurisić (64)

OLYMPIAKOS PEIRAIAS
v SPORTUL STUDENŢESC BUCUREŞTI 2-1 (0-1)

Karaiskaki, Peiraias   29.09.1976

Referee: Thomas Reynolds (WAL)   Attendance: 40,000

OLYMPIAKOS: Panagiotis Kelesidis; G. Vasilopoulos, Takis Synetopoulos, Vasilis Siokos, Giannis Gkaitatzis (46 Athanasios Aggelis); Petros Karavitis (60 Kostas Aidiniou), Giannis Kyrastas, Giorgos Delikaris; Mihalis Kritikopoulos, Ilias Maik Galakos, Kostas Davourlis.   Trainer: Les Shannon

SPORTUL STUDENŢESC: Răducanu Necula; Nicolae Tănăsescu, Marius Ciugarin, Ion Bruno Grigore, Dumitru Manea; Adalbert Kassai, Paul Cazan, Aurel Rădulescu (81 Vlad Marica); Petre Grosu (71 Aurel Munteanu), Octavian Ionescu, Cornel Vlad.   Trainer: Angelo Niculescu

Goals: Necula (30 pen), Galakos (50), Karavitis (53p)

DINAMO ZAGREB v ASA TÎRGU MUREŞ 3-0 (1-0)

Maksimir, Zagreb   29.09.1976

Referee: Martin Horbas (CZE)   Attendance: 20,000

DINAMO: Zeljko Stincić; Srecko Huljić, Ivica Miljković, Srecko Bogdan, Čedomir Jovičević; Ivan Bedi (67 Branko Devcić), Rajko Janjanin, Zlatko Kranjcar; Ivica Senzen, Ivan Jurisić, Džemal Mustedanagić (60 Mario Bonić).

ASA: István Solyom; Ştefan Gligore, Dumitru Unchiaş, Florea Ispir, Carol Onuţan; Ladislau Bölöni, Vasile Pîslaru, Iuliu Hajnal (60 Petre Varodi); Levente Marton, Nicolae Nagy (79 Andrei Fanici), Arpád Fazekas.   Trainer: Tiberiu Bone

Goals: Senzen (28), Bogdan (65), Jurisić (78)

DINAMO BUCUREŞTI v AC MILAN 0-0

Dinamo, Bucureşti   15.09.1976

Referee: Klaus Ohmsen (WG)   Attendance: 20,000

DINAMO: Constantin Ştefan; Florin Cheran, Alexandru Sătmăreanu, Gabriel Sandu, Ion Marin; Ion Moldovan, Vasile Dobrău (68 Adalbert Rozsnyai), Alexandru Custov; Mircea Lucescu (46 Vasile Chitaru), Dudu Georgescu, Cristian Vrînceanu.   Trainers: Ion Nunweiller & Lică Nunweiller

AC MILAN: Enrico Albertosi; Giuseppe Sabadini, Aldo Bet, Maurizio Turone, Angelo Anquilletti; Fabio Capello, Giorgio Morini (57 Fulvio Collovati), Simone Boldini; Duino Gorin, Egidio Calloni, Alberto Bigon.   Trainer: Giuseppe Marchioro

SPORTUL STUDENŢESC BUCUREŞTI
v OLYMPIAKOS PEIRAIAS 3-0 (1-0)

23 August, Bucureşti   15.09.1976

Referee: André Favre (SWI)   Attendance: 12,000

SPORTUL STUDENŢESC: Răducanu Necula; Nicolae Tănăsescu, Marius Ciugarin, Ion Bruno Grigore, Dumitru Manea; Adalbert Kassai, Octavian Ionescu, Aurel Rădulescu (87 Aurel Munteanu); Petre Grosu, Vlad Marica (66 Paul Cazan), Cornel Vlad.
Trainers: Angelo Niculescu & Ion Voica

OLYMPIAKOS: Panagiotis Kelesidis; Giannis Gkaitatzis, Takis Synetopoulos, Vasilis Siokos, Athanasios Aggelis; Petros Karavitis (85 Mihalis Kritikopoulos), Giannis Kyrastas, Kostas Aidiniou (46 G. Vasilopoulos); Ilias Maik Galakos, Giorgos Delikaris, Kostas Davourlis.   Trainer: Les Shannon

Goals: Grosu (38), O. Ionescu (75, 81)

AC MILAN v DINAMO BUCUREŞTI 2-1 (1-1)

San Siro, Milano   30.09.1976

Referee: John Wright Paterson (SCO)   Attendance: 60,000

AC MILAN: Enrico Albertosi; Giorgio Morini (58 Giuseppe Sabadini), Aldo Bet, Maurizio Turone, Fulvio Collovati; Gianni Rivera, Fabio Capello, Giorgio Biasiolo, Aldo Maldera; Egidio Calloni, Alberto Bigon (59 Massimo Silva).
Trainer: Giuseppe Marchioro

DINAMO: Constantin Ştefan; Florin Cheran, Gabriel Sandu, Alexandru Sătmăreanu, Teodor Lucuţă; Vasile Dobrău, Dudu Georgescu, Alexandru Custov; Alexandru Moldovan, Adalbert Rozsnyai, Cristian Vrînceanu (72 Ion Moldovan).

Goals: Sătmăreanu (9), Calloni (26), Silva (74)

LOKOMOTIV PLOVDIV
v CRVENA ZVEZDA BEOGRAD 2-1 (1-1)

Deveti Septemvri, Plovdiv   16.09.1976

Referee: Heinz Einbeck (DDR)   Attendance: 25,000

LOKOMOTIV: Stancho Bonchev; Dimitar Valchkov, Iordan Yankov, Gancho Peev, Nedialko Stamboliev, Mincho Ovcharov, Georgi Vasilev, Hristo Bonev, Georgi Fidanov, Todor Ivanov (60 Rujdi Kerimov), Nikolai Kurbanov.
Trainer: Atanas Dramov

CRVENA ZVEZDA: Aleksandar Stojanović, Zoran Jelikić, Mile Novković, Slavoljub Muslin, Branko Radović, Vladislav Bogicević, Dušan Savić, Dragoslav Stepanović, Zoran Filipović, Sead Sušic (46 Dušan Lukić), Srboljub Stamenković.
Trainer: Branco Zec

Goals: Filipović (19), Fidanov (30), Bonev (46)

SLOVAN BRATISLAVA
v FRAM REYKJAVÍK 5-0 (2-0)

Tehelné Pole, Bratislava   30.09.1976

Referee: Nikola Dudin (BUL)

SLOVAN: Alexander Vencel; Marián Elefant (65 Ján Nezhyba), Anton Ondrus, Koloman Gögh, Ivan Pekárik, Karol Kristof, Juraj Novotný, Miroslav Barto; Marián Masny (76 Furinda), Ján Haraslín, Jan Čapkovič.   Trainer: Michal Vičan

FRAM: Arni Stefansson; Trausti Haraldsson, Jón Petursson (31 Kristinn Atlason), August Gudmundsson, Simon Kristiansson; Stigurbegur Sigsteinsson, Runar Gíslason, Asgeir Eliasson; Eggert Steingrimsson, Kristinn Jörundsson, Gunnar Gudmundsson.

Goals: Pekárik (21), Ondrus (39), Barto (50), Jan Čapkovič (58), Atlasson (71 og)

CRVENA ZVEZDA BEOGRAD
v LOKOMOTIV PLOVDIV 4-1 (2-1)

Crvena Zvezda, Beograd   30.09.1976

Referee: Nicolae Rainea (ROM)   Attendance: 30,000

CRVENA ZVEZDA: Aleksandar Stojanović, Zoran Jelikić, Mile Novković, Slavoljub Muslin, Branko Radović, Vladislav Bogicević, Dušan Nikolić, Dragoslav Stepanović, Zoran Filipović, Sead Sušić (.. Milan Calasan), Srboljub Stamenković (.. Dušan Lukić).   Trainer: Branco Zec

LOKOMOTIV: Stancho Boncev (.. Kurbanov); Dimitar Valchkov, Iordan Yankov, Gancho Peev, Krasimir Chavdarov, Mincho Ovcharov, Georgi Vasilev, Hristo Bonev, Georgi Fidanov, Todor Ivanov, Nikolai Kurbanov.
Trainer: Atanas Dramov

Goals: Bonev (15), Bogicević (37), Filipović (41, 46), Stamenković (58)

SLAVIA PRAHA v AKADEMIK SOFIA 2-0 (0-0)

Praha   16.09.1976

Referee: Velibor Ljujić (YUG)

SLAVIA: Miroslav Stárek; Miroslav Paurík, Pavol Biros, Jan Luza, František Cipro; Peter Herda (74 Robert Segmüller), Rudolf Svoboda, Ivo Lubas; František Vesely, Miroslav Radolsky, Dušan Herda (16 Pavol Stricko).
Trainer: Jaroslav Jareš

AKADEMIK: Georgi Tihanov; Ilia Chalev (74 Vialov), Boris Angelov, Iulian Ivanov, Stefan Parvanov; Bogomil Simov, Todor Paunov, Krasimir Goranov (72 Yasenov), Valeri Spasov, Aliosha Dimitrov, Simeon Yankov.   Trainer: Danko Roev

Goals: P. Herda (48), Radolsky (65)

FRAM REYKJAVÍK
v SLOVAN BRATISLAVA 0-3 (0-2)

Reykjavík   16.09.1976

Referee: Farrel (EIRE)   Attendance: 2,500

FRAM: Arni Stefansson; Simon Kristiansson, Jón Petursson, Trausti Haraldsson; Stigurbegur Sigsteinsson (46 Pétur Ormslev), Gunnar Gudmundsson, Runar Gíslason; Asgeir Eliasson, August Gudmundsson, Kristinn Jörundsson, Eggert Steingrimsson.

SLOVAN: Alexander Vencel; Marián Elefant, Jozef Čapkovič, Anton Ondruš, Koloman Gögh; Ivan Pekárik (46 Jozef Mrva), Karol Kristof (71 Milan Nemec), Juraj Novotný; Marián Masny, Ján Haraslín, Jan Čapkovič.   Trainer: Michal Vičan

Goals: Haraslín (10, 39), Mrva (60)

AKADEMIK SOFIA
v SLAVIA PRAHA 3-0 (1-0, 2-0) (AET)

Sofia   30.09.1976

Referee: Emanouil Platopoulos (GRE)

AKADEMIK: Georgi Tihanov; Ilia Chalev (.. Todor Paunov), Boris Angelov, Yuriy Nikolov, Iulian Ivanov; Iordan Nikolov, Bogomil Simov, Krasimir Goranov, Valeri Spasov, Aliosha Dimitrov, Simeon Yankov.   Trainer: Danko Roev

SLAVIA: Miroslav Stárek; Miroslav Paurík, Pavol Biros, Jiří Grospic, František Cipro; Ivo Lubas, Rudolf Svoboda, Zdenek Peclinovsky (.. Miroslav Radolsky), František Vesely, Pavol Stricko, Peter Herda (.. Robert Segmüller).

Goals: Dimitrov (35, 70), Yankov (103)

SECOND ROUND

AEK ATHINA v DERBY COUNTY 2-0 (0-0)

Neas Filadelfeias, Athina   20.10.1976

Referee: Francis Rion (BEL)   Attendance: 32,000

AEK: Lakis Stergioudas, Tasos Konstantinou, Haralampos Intzoglou, Petros Ravousis, Pantelis Nikolaou, Stefanos Theodoridis, Dionisis Tsamis, Dimitris Nikoloudis, Walter Wagner, Dimitris Papaioannou, Thomas Mauros.   Trainer: František Fadrhonc

DERBY COUNTY: Graham Moseley, Roderick Thomas, David Nish, Anthony Macken, Roy McFarland, Colin Todd, Stephen Powell, Archie Gemmill (40 Jeff King), Bruce Rioch, Charles George, Leighton James.   Manager: Dave Mackay

Goals: Wagner (65, 69)

DERBY COUNTY v AEK ATHINA 2-3 (0-0)

Baseball Ground, Derby   3.11.1976

Referee: Heinz Einbeck (DDR)   Attendance: 28,000

DERBY COUNTY: Graham Moseley, Roderick Thomas (46 Anthony Macken), Henry Newton, Bruce Rioch, Roy McFarland, Colin Todd, Stephen Powell, Archibald Gemmill, Kevin Hector, Charles George (70 Jeffrey Bourne), Leighton James.   Manager: Dave Mackay

AEK: Lakis Stergioudas, Tasos Konstantinou, Haralampos Intzoglou, Petros Ravousis, Pantelis Nikolaou, Stefanos Theodoridis, Dionisis Tsamis (80 Lazaros Papadopoulos), Dimitris Nikoloudis, Walter Wagner, Dimitris Papaioannou (59 Giorgos Skrekis), Thomas Mauros.   Trainer: František Fadrhonc

Goals: George (53), Nikoloudis (64), Tasos (77), Wagner (85), Rioch (88)

SLOVAN BRATISLAVA v QUEEN'S PARK RANGERS LONDON 3-3 (1-2)

Tehelné pole, Bratislava   20.10.1976

Referee: Ángel Franco Martínez (SPA)   Attendance: 40,000

SLOVAN: Alexander Vencel, Marián Elefant, Jozef Čapkovič, Anton Ondruš, Koloman Gögh, Juraj Novotný, Ivan Pekárik (69 Karol Krištof), Miroslav Barto, Marián Masný, Ján Haraslín, Ján Čapkovič.   Trainer: Michal Vičan

QPR: Phillip Parkes, David Clement, Frank McLintock, David Webb, Ian Gillard, John Hollins, Michael Leach, Donald Masson, Stanley Bowles, Donald Givens, David Thomas.   Manager: Dave Sexton

Goals: Novotný (12), Bowles (23, 66), Givens (29), Haraslín (51), Ondruš (61)

QUEEN'S PARK RANGERS LONDON v SLOVAN BRATISLAVA 5-2 (3-0)

Loftus Road, London   3.11.1976

Referee: César da Luz Dias Correia (POR)   Att: 22,001

QPR: Phillip Parkes, David Clement, Frank McLintock, David Webb, Ian Gillard, John Hollins, Michael Leach, Donald Masson, Stanley Bowles, Donald Givens, David Thomas.   Manager: Dave Sexton

SLOVAN: Alexander Vencel, Karol Krištof, Marián Elefant, Anton Ondruš, Koloman Gögh (46 Ján Nezhyba), Miroslav Barto, Ivan Pekárik, Juraj Novotný, Marián Masný, Ján Haraslín, Ján Čapkovič.   Trainer: Michal Vičan

Goals: Givens (20, 33, 52pen), Bowles (36), Ondruš (61), Jan Čapkovič (65), Clement (86)

HIBERNIAN EDINBURGH v ÖSTERS IF VÄXJÖ 2-0 (2-0)

Easter Road Park, Edinburgh   20.10.1976

Referee: Heinz Aldinger (WG)   Attendance: 12,000

HIBERNIAN: Michael McDonald, John Brownlie, Eric Schaedler (.. William Murray), Desmond Bremner, George Stewart, John Blackley, Alex Edwards, Lindsay Muir, Tony Higgins, Robert Smith, Arthur Duncan.

ÖSTERS: Göran Hagberg, Jan Ivar Bergqvist, Mats Nordenberg, Håkan Arvidsson, Karl Gunnar Björklund, Anders Linderoth, Per-Olof Bild, Peter Svensson, Inge Ejderstedt, Tommy Svensson, Tommy Evesson.   Trainer: Gunnar Nordahl

Goals: Blackley (34), Brownlie (36 pen)

ÖSTERS IF VÄXJÖ v HIBERNIAN EDINBURGH 4-1 (2-0)

Värendsvallen, Växjö   3.11.1976

Referee: Olavi Peltola (FIN)   Attendance: 1,715

ÖSTERS: Thomas Ravelli, Jan Ivar Bergqvist, Mats Nordenberg, Håkan Arvidsson, Karl Gunnar Björklund, Per-Olof Bild, Anders Linderoth, Peter Svensson, Tommy Svensson, Inge Ejderstedt, Tommy Evesson.   Trainer: Gunnar Nordahl

HIBERNIAN: Michael McDonald, John Brownlie, Eric Schaedler, Desmond Bremner, Derek Spalding, John Blackley, William Murray, Alex Edwards, Robert Smith, Lindsay Muir (.. Michael Wilson), Graham Fyfe.

Goals: Linderoth (20, 80), Ejderstedt (35, 53), Smith (81)

**MANCHESTER UNITED
v JUVENTUS TORINO 1-0** (1-0)
Old Trafford, Manchester   20.10.1976
Referee: Ferdinand Biwersi (WG)   Attendance: 59,021
MANCHESTER UNITED: Alexander Stepney, James Nicholl, Arthur Albiston, Gerard Daly (57 David McCreery), Brian Greenhoff, Stewart Houston, Steve Coppel, Samuel McIlroy, Stuart Pearson, Lou Macari, Gordon Hill.
Manager: Thomas Docherty
JUVENTUS: Dino Zoff, Antonello Cuccureddu, Claudio Gentile, Giuseppe Furino, Francesco Morini, Gaetano Scirea; Franco Causio, Marco Tardelli, Roberto Boninsegna, Romeo Benetti, Roberto Bettega.   Trainer: Giovanni Trapattoni
Goal: Hill (37)

AC MILAN v AKADEMIK SOFIA 2-0 (2-0)
Stadio San Siro, Milano   3.11.1976
Referee: Erich Linemayr (AUS)
AC MILAN: Enrico Albertosi, Angelo Anquilletti, Aldo Maldera, Giorgio Morini, Aldo Bet, Maurizio Turone (57 Giorgio Biasiolo), Gianni Rivera, Fabio Capello, Egidio Calloni, Alberto Bigon, Francesco Vincenzi.
Trainer: Giuseppe Marchioro
AKADEMIK: Georgi Tihanov; Ilia Chalev, Boris Angelov, Iulian Ivanov, Yuriy Nikolov (56 Stefan Parvanov), Simeon Yankov, Bogomil Simov, Todor Paunov (71 Krasimir Goranov), Krasimir Manolov, Valeri Spasov, Aliosha Dimitrov.
Trainer: Danko Roev
Goals: Calloni (13), Morini (29)

**JUVENTUS TORINO
v MANCHESTER UNITED 3-0** (1-0)
Stadio Comunale, Torino   3.11.1976
Referee: Károly Palotai (HUN)   Attendance: 65,000
JUVENTUS: Dino Zoff, Antonello Cuccureddu, Claudio Gentile, Giuseppe Furino, Francesco Morini (8 Luciano Spinosi), Gaetano Scirea, Franco Causio, Marco Tardelli, Roberto Boninsegna, Romeo Benetti, Roberto Bettega.
Trainer: Giovanni Trapattoni
MANCHESTER UNITED: Alexander Stepney; James Nicholl, Arthur Albiston; Gerard Daly, Brian Greenhoff, Stewart Houston; Steve Coppell, Samuel McIlroy (55 David McCreery), Stuart Pearson, Lou Macari (65 Steve Paterson), Gordon Hill.   Manager: Thomas Docherty
Goals: Boninsegna (29, 62), Benetti (85)

**AUSTRIA SALZBURG
v CRVENA ZVEZDA BEOGRAD 2-1** (0-1)
Lehen-Stadion, Salzburg   20.10.1976
Referee: György Müncz (HUN)   Attendance: 20,000
AUSTRIA: Hans Berger, Günther Pleninger, Johannes Winklbauer, Franz Bacher, Jaroslav Pirnus; Alfred Hala, Gerhard Filzmoser, Peter Schwarz, Michael Lorenz (77 Norbert Ebster); Gearld Haider, Wolfgang Schwarz.
Trainer: Hans Reich
CRVENA ZVEZDA: Aleksandar Stojanović, Zoran Jelikić, Mile Novković, Slavoljub Muslin, Nikola Jovanović, Vladislav Bogicević, Miloš Šestić, Dušan Nikolić, Zoran Filipović (74 Zdravko Borovnica), Dušan Lukic (55 Srboljub Stamenković), Dušan Savić.   Trainer: Branco Zec
Goals: Filipović (35), P. Schwarz (73), W. Schwarz (74 pen)

AKADEMIK SOFIA v AC MILAN 4-3 (3-1)
Sofia   20.10.1976
Referee: Georges Konrath (FRA)
AKADEMIK: Georgi Tihanov; Ilia Chalev, Boris Angelov, Stefan Parvanov, Yuriy Nikolov, Valeri Spasov, Bogomil Simov, Todor Paunov (74 Dimitar Gologanov), Krasimir Manolov, Krasimir Goranov (82 Iordan Nikolov), Aliosha Dimitrov.
Trainer: Danko Roev
AC MILAN: Enrico Albertosi, Angelo Anquilletti, Aldo Maldera, Giorgio Morini (81 Giuseppe Sabadini), Fulvio Collovati, Maurizio Turone, Gianni Rivera, Fabio Capello, Massimo Silva (66 Francesco Vincenzi), Alberto Bigon, Egidio Calloni.   Trainer: Giuseppe Marchioro
Goals: Paunov (18, 51), Manolov (25), Capello (33, 80), A. Dimitrov (40 pen), Collovati (47)

**CRVENA ZVEZDA BEOGRAD
v AUSTRIA SALZBURG 1-0** (0-0)
Crvena Zvezda, Beograd   3.11.1976
Referee: John K. Taylor (ENG)   Attendance: 20,000
CRVENA ZVEZDA: Bosko Kajganić, Zoran Jelikić, Mile Novković, Slavoljub Muslin, Nikola Jovanović, Vladislav Bogicević, Miloš Šestić (70 Zdravko Borovnica), Dušan Nikolić, Zoran Filipović, Petar Baralić (46 Srboljub Stamenković), Dušan Savić.   Trainer: Branco Zec
AUSTRIA: Hans Berger, Günther Pleninger, Johannes Winklbauer, Franz Bacher, Jaroslav Pirnus; Norbert Ebster, Gerhard Filzmoser, Peter Schwarz, Michael Lorenz; Gerald Haider, Wolfgang Schwarz.   Trainer: Hans Reich
Goal: Filipović (80)

SSW INNSBRUCK
v VIDEOTON SZÉKESFEHÉRVÁR 1-1 (0-0)
Tivoli, Innsbruck 20.10.1976
Referee: André Favre (SWI)   Attendance: 8,000

SSW: Friedrich Koncilia; Werner Kriess, Rudolf Horvath, Bruno Pezzey (35 Dietmar Constantini), Boris Sikic; Josef Stering, Peter Koncilia, Manfred Gombasch; Werner Zanon (70 Werner Schwarz), Kurt Welzl, Karl-Heinz Lercher.   Trainer: Fritz Pfister

VIDEOTON: László Kovács; János Nagy III (14 Lajos Gáramvölgyi), Sándor Baranyi, Gábor Fejes, Tibor Végh; József Kovács, János Nagy II, Károly Czeczeli; Lajos Májer, Tibor Wollek (63 László Karsai), Tamás Szalmásy.   Trainer: Ferenc Kovács

Goals: Stering (53), Czeczeli (62 pen)

VIDEOTON SZÉKESFEHÉRVÁR
v SSW INNSBRUCK 1-0 (1-0)
Sóstói, Székesfehérvar 3.11.1976
Referee: Robert Schaut (BEL)   Attendance: 22,000

VIDEOTON: László Kovács; Tibor Végh, Sándor Baranyi, Gábor Fejes, Károly Czeczeli; József Kovács, János Nagy II, László Karsai; Lajos Májer, Tibor Wollek (75 László Tieber), Tamás Szalmásy.   Trainer: Ferenc Kovács

SSW: Friedrich Koncilia; Werner Kriess, Dietmar Constantini, Bruno Pezzey, Günther Rinker; Josef Stering, Peter Koncilia (75 Gerhard Forstinger), Manfred Gombasch; Werner Schwarz, Kurt Welzl, Franz Oberacher (46 Werner Zanon).   Trainer: Fritz Pfister

Goal: Nagy II (23)

SKHAKHTER DONETSK
v HONVÉD BUDAPEST 3-0 (2-0)
Skhakhter, Donetsk 20.10.1976
Referee: Michal Jursa (CZE)   Attendance: 12,000

SKHAKHTER: Yuri Degtiariev, Valeri Yaremchenko (46 Valeri Rudakov), Valeri Gorbunov, Viktor Kondratov, Vladimir Pianikh; Valeri Schevliuk, Yuri Dudinski (64 Aleksandr Vasin), Mikhail Sokolovski; Vladimir Rogovskoi, Vitali Starukhin, Vladimir Safonov.   Trainer: Vladimir Maksimovich Salkov

HONVÉD: Sándor Gujdár; István Varga (46 Lajos Kocsis), István Kocsis, Gábor Köhalmi, József Varga; József Pál, Lajos Szűcs, Sándor Pintér, József Póczik; Mihály Kozma, István Weimper.   Trainer: Lajos Tichy

Goals: Schevliuk (3), Starukhin (35), Vasin (82)

HONVÉD BUDAPEST
v SKHAKHTER DONETSK 2-3 (1-0)
Népstadion, Budapest 3.11.1976
Referee: Ernst Dörflinger (SWI)   Attendance: 18,000

HONVÉD: Sándor Gujdár (64 János Rabcsák); József Kelemen, István Kocsis I, József Varga, Lajos Szűcs; József Pál, Lajos Kocsis, József Póczik (46 Béla Bodonyi), Mihály Kozma, István Weimper, Sándor Pintér.   Trainer: Lajos Tichy

SKHAKHTER: Yuri Degtiariev (54 Viacheslav Chanov); Valeri Gorbunov, Valeri Yaremchenko, Vladimir Pianikh, Valeri Rudakov, Viktor Kondratov; Yuri Dudinski (61 Mikhail Sokolovski), Valeri Schevliuk, Vladimir Safonov; Yuri Reznik, Vladimir Rogovskoi.   Trainer: Vladimir Maksimovich Salkov

Goals: Kozma (35, 70 pen), Schevliuk (53), Reznik (60, 65)

EINTRACHT BRAUNSCHWEIG
v ESPANYOL BARCELONA 2-1 (1-1)
Eintracht stadion an der Hamburger Str., Braunschweig 20.10.1976
Referee: Ulf Eriksson (SWE)   Attendance: 24,000

EINTRACHT: Bernd Franke, Wolfgang Grzyb, Friedhelm Haebermann, Reiner Hollmann, Franz Merkhoffer, Dieter Zembski, Karl-Heinz Handschuh, Wolfgang Dremmler (46 Norbert Stolzenburg), Danilo Popivoda, Wolfgang Frank, Bernd Gersdorff (39 Frank Holzer).   Trainer: Branko Zebec

ESPANYOL: Roberto "GATO" FERNÁNDEZ Roa; Fernando MOLINOS Granada, Luis César ORTIZ AQUINO, Pedro Eugenio DE FELIPE Cortés, Juan VERDUGO, Manuel Fernández AMADO, Manuel de la CUESTA Martínez, Juvencio OSORIO (57 José Cano 'CANITO'), JOSÉ MANUEL Casanova, Jorge Pereira da Silva "JEREMIAS" (76 Juan María AMIANO Mariñalena), Rafael Carlos Pérez "MARAÑÓN".   Trainer: José Emilio Santamaria

Goals: Frank (16), Marañón (23), Stolzenburg (53)

ESPANYOL BARCELONA
v EINTRACHT BRAUNSCHWEIG 2-0 (1-0)
Estadio de Sarriá, Barcelona 3.11.1976
Referee: Clive Thomas (WAL)   Attendance: 25,000

ESPANYOL: Roberto "GATO" FERNÁNDEZ Roa, Fernando MOLINOS Granada, Luis César ORTIZ AQUINO, Pedro Eugenio DE FELIPE Cortés, Juan VERDUGO, Manuel Fernández AMADO (86 José Cano 'CANITO'),, Manuel de la CUESTA Martínez (63 Juan María AMIANO Mariñalena), Juvencio OSORIO, JOSÉ MANUEL Casanova, Jorge Pereira da Silva "JEREMIAS", Rafael Carlos Pérez "MARAÑÓN".   Trainer: José Emilio Santamaria

EINTRACHT: Bernd Franke, Wolfgang Grzyb, Wolfgang Frank, Dieter Zembski, Franz Merkhoffer, Aleksander Ristić, Karl-Heinz Handschuh (88 Norbert Stolzenburg), Wolfgang Dremmler, Danilo Popivoda, Dietmar Erler, Frank Holzer.   Trainer: Branko Zebec.   **Sent off**: Merkhoffer (58)

Goals: Jeremias (40, 65 pen)

1.FC KÖLN
v GRASSHOPPER-CLUB ZÜRICH 2-0 (1-0)

Müngersdorfer Stadion, Köln   20.10.1976

Referee: Malcolm Wright (NIR)   Attendance: 20,000

1.FC KÖLN: Harald Schumacher, Harald Konopka, Wolfgang Weber, Roland Gerber, Gerhard Strack, Heinz Simmet, Heinz Flohe, Wolfgang Overath, Jürgen Glowacz (70 Roger van Gool), Dieter Müller, Klaus Kösling (70 Johannes Löhr).   Trainer: Hennes Weisweiler

GRASSHOPPER: Roger Berbig, René Nafzger, Thomas Niggl, Francis Montandon, André Meyer, Richard Bauer, Marcel Cornioley, Alfons Bosco, Raimondo Ponte, Günter Netzer, Walter Seiler (82 Rudolf Elsener).

Goals: Konopka (37), Müller (77)

FEYENOORD ROTTERDAM
v 1.FC KAISERSLAUTERN 5-0 (4-0)

Feyenoord, Rotterdam   3.11.1976

Referee: Alberto Michelotti (ITA)   Attendance: 36,000

FEYENOORD: Eddy Treytel, Dick Schneider, Michel van de Korput, Wim Rijsbergen (70 Joop van Daele), Harry Vos, Theo de Jong, Wim Jansen (65 Jan Verheyen), Willy Kreuz, Martin Vreijsen, Nico Jansen, Jan van Deinsen.   Trainer: Vujadin Boskov

1.FC KAISERSLAUTERN: Ronnie Hellström, Manfred Ritschel, Ernst Diehl, Werner Melzer, Herbert Scheller, Reinhard Meier, Klaus Scheer, Johannes Riedl (37 Jürgen Groh), Heinz Wilhelmi, Klaus Toppmöller, Roland Sandberg (61 Hans-Peter Briegel).   Trainer: Erich Ribbek

Goals: W. Jansen (15), N. Jansen (17), De Jong (38), Van Deinsen (43), Schneider (74 pen)

GRASSHOPPER-CLUB ZÜRICH
v 1.FC KÖLN 2-3 (0-0)

Hardturm, Zürich   3.11.1976

Referee: Marijan Rauš (YUG)   Attendance: 13,000

GRASSHOPPER: Roger Berbig (63 Hans Stemmer), René Nafzger, Thomas Niggl, Francis Montandon, André Meyer, Richard Bauer, Marcel Cornioley, Alfons Bosco, Walter Seiler, Günter Netzer, Raimondo Ponte.

1.FC KÖLN: Harald Schumacher, Jürgen Glowacz, Roland Gerber, Wolfgang Weber (81 Herbert Hein), Bernd Cullmann, Heinz Simmet, Roger van Gool, Heinz Flohe, Wolfgang Overath, Dieter Müller, Preben Elkjaer Larsen.   Trainer: Hennes Weisweiler

Goals: Müller (56), Larsen (58, 79), Bauer (75 pen), Bosco (85)

1.FC MAGDEBURG v DINAMO ZAGREB 2-0 (1-0)

Ernst-Grube-Stadion, Magdeburg   20.10.1976

Referee: Hugh Alexander (SCO)   Attendance: 33,000

1.FC MAGDEBURG: Bernd Dorendorf, Manfred Zapf, Detlef Raugust, Bernd Sandrock, Klaus Decker, Axel Tyll, Jürgen Pommerenke, Wolfgang Seguin, Siegmund Mewes, Joachim Streich, Wolfgang Steinbach.   Trainer: Klaus Urbanczyk

DINAMO: Zeljko Stincić, Ivica Miljković, Branko Devcić, Srecko Huljić, Čedomir Jovičević, Zlatko Kranjcar, Veljko Tuksa, Džemal Mustedanagić (70 Rajko Janjanin), Ivica Senzen (46 Brncić), Ivan Jurisić, Mario Bonić.

Goals: Steinbach (19), Zapf (54)

1.FC KAISERSLAUTERN
v FEYENOORD ROTTERDAM 2-2 (1-2)

Betzenberg, Kaiserslautern   20.10.1976

Referee: Pablo Augusto Sánchez Ibañez (SPA)   Att: 20,000

1.FC KAISERSLAUTERN: Ronnie Hellström, Manfred Ritschel, Ernst Diehl, Werner Melzer, Heinz Stickel, Jürgen Groh, Peter Schwarz (61 Klaus Scheer), Johannes Riedl, Josef Pirrung (73 Heinz Wilhelmi), Klaus Toppmöller, Hans-Peter Briegel.   Trainer: Erich Ribbek

FEYENOORD: Eddy Treytel, Dick Schneider, Michel van de Korput, Wim Rijsbergen, Harry Vos, Theo de Jong, Wim Jansen, Willy Kreuz, Martin Vreijsen, Nico Jansen, Jan van Deinsen.   Trainer: Vujadin Boskov

Goals: Briegel (27, 65), De Jong (39), N. Jansen (41)

DINAMO ZAGREB v 1.FC MAGDEBURG 2-2 (2-1)

Maksimir, Zagreb   3.11.1976

Referee: Sergio Gonella (ITA)   Attendance: 35,000

DINAMO: Zeljko Stincić, Ivica Miljković, Srecko Bogdan, Čedomir Jovičević, Branko Devcić, Ivan Bedi (69 Džemal Mustedanagić), Zlatko Kranjcar, Rajko Janjanin, Mario Bonić, Ivan Jurisić (58 Ivica Senzen), Drago Vabec.

1.FC MAGDEBURG: Bernd Dorendorf, Manfred Zapf, Detlef Raugust, Wolfgang Seguin, Bernd Sandrock, Axel Tyll, Peter Kohde, Jürgen Pommerenke, Wolfgang Steinbach, Siegmund Mewes, Joachim Streich.   Trainer: Klaus Urbanczyk

Goals: Kranjcar (15, 31), Streich (17), Pommerenke (51)

FC BASEL v ATHLETIC CLUB BILBAO 1-1 (1-1)

Sankt Jakob, Basel   20.10.1976

Referee: Rudolf Glöckner (DDR)   Attendance: 15,000

FC BASEL: Hans Müller; Walter Mundschin, Walter Geisser, Paul Fischli, Peter Ramseier, Eigil Nielsen, Markus Tanner (70 Jörg Stohler), Arthur von Wartburg, Peter Marti, Serge Muhmenthaler (70 Erni Maissen), Detlev Lauscher. Trainer: Helmut Benthaus

ATHLETIC: José Ángel IRÍBAR Cortajarena, Ignacio MADARIAGA Medio, José María LASA Ibarguren, Javier ESCALZA Ellacuría, Daniel ASTRAIN Egozcue, Ángel María VILLAR Llona, José Ignacio OÑAEDERRA, Javier IRURETAgoyena Amiano, DANIel Ruiz Bazán (86 CARLOS Ruiz Herrero), José María AMORRORTU Prieto (78 Iñaki GARAY), José Francisco ROJO I Arroitia. Trainer: Luís María AGUIRRE Vidaurrázaga

Goals: Marti (2), Madariaga (45)

ATHLETIC CLUB BILBAO v FC BASEL 3-1 (1-0)

Estadio San Mamés, Bilbao   3.11.1976

Referee: Patrick Partridge (ENG)   Attendance: 35,000

ATHLETIC: José Ángel IRÍBAR Cortajarena, Ignacio MADARIAGA Medio, José María LASA Ibarguren, Daniel ASTRAIN Egozcue, Javier ESCALZA Ellacuría, Ángel María VILLAR Llona, Javier IRURETAgoyena Amiano (80 José Ignacio OÑAEDERRA), José María AMORRORTU Prieto, DANIel Ruiz Bazán (46 Iñaki GARAY), CARLOS Ruiz Herrero, José Francisco ROJO I Arroitia. Trainer: Luís María AGUIRRE Vidaurrázaga

FC BASEL: Hans Müller; Walter Mundschin, Jean-Pierre Maradan, Paul Fischli, Walter Geisser, Peter Ramseier, Arthur von Wartburg (72 Jörg Stohler), Eigil Nielsen, Markus Tanner, Erni Maissen (68 Serge Muhmenthaler), Peter Marti. Trainer: Helmut Benthaus

Goals: Villar (45), Carlos (61, 68), Marti (66)

**SPORTUL STUDENŢESC BUCUREŞTI
v SCHALKE 04 GELSENKIRCHEN 0-1** (0-0)

Republicii, Bucureşti   20.10.1976

Referee: Dogan Babacan (TUR)   Attendance: 8,000

SPORTUL STUDENŢESC: Răducanu Necula; Nicolae Tănăsescu, Paul Cazan, Ion Bruno Grigore, Dumitru Manea; Aurel Munteanu (87 Ion Căţoi), Adalbert Kassai; Petre Grosu (70 Marian Mihail), Vlad Marica, Octavian Ionescu, Cornel Vlad.   Trainer: Angelo Niculescu

SCHALKE 04: Enver Maric; Bernd Thiele (67 Helmut Kremers), Klaus Fichtel, Jürgen Sobieray, Rolf Rüssmann; Herbert Lütkebohmert, Rüdiger Abramczik, Branko Oblak; Hans Bongartz (88 Heinz-Jürgen Gede), Klaus Fischer, Manfred Dubski.   Trainer: Friedel Rausch

Goal: K. Fischer (58)

**SCHALKE 04 GELSENKIRCHEN
v SPORTUL STUDENŢESC BUCUREŞTI 4-0** (3-0)

Parkstadion, Gelsenkirchen   3.11.1976

Referee: Pavel Kazakov (USSR)   Attendance: 40,000

SCHALKE 04: Enver Maric; Bernd Thiele, Klaus Fichtel, Jürgen Sobieray (46 Helmut Kremers), Rolf Rüssmann; Herbert Lütkebohmert, Rüdiger Abramczik, Branko Oblak; Hans Bongartz, Klaus Fischer, Erwin Kremers (59 Heinz-Jürgen Gede).   Trainer: Friedel Rausch

SPORTUL STUDENŢESC: Răducanu Necula; Nicolae Tănăsescu, Marius Ciugarin, Ion Bruno Grigore, Dumitru Manea; Adalbert Kassai, Octavian Ionescu, Aurel Rădulescu (76 Aurel Munteanu); Marian Petreanu, Petre Grosu, Cornel Vlad (46 Vlad Marica).   Trainer: Angelo Niculescu

Goals: Bongartz (3, 78), K. Fischer (15, 24)

WISLA KRAKÓW v RWD MOLENBEEK 1-1 (1-0)

Wisla, Kraków   20.10.1976

Referee: William Gow (WAL)   Attendance: 25,000

WISLA: Stanisław Gonet, Antoni Szymanowski, Henryk Maculewicz, Kazimierz Kmiecik (.. Kazimierz Gazda), Zdzislaw Kapka, Zbigniew Plaszewski, Adam Musial, Adam Nawalka, Henryk Szymanowski, Michal Wróbel (84 Leszek Lipka), Marek Kusto.

RWD MOLENBEEK: Nico de Bree, Alex Lafont, Kresten Bjerre, Hubert Cordiez, Maurice Martens; Karl-Heinz Wissmann, Jan Boskamp, Morten Olsen; Eddy Koens, Willy Wellens, Jacques Teugels.   Trainer: Piet de Visser

Goals: Kapka (7), Olsen (74)

**RWD MOLENBEEK
v WISLA KRAKÓW 1-1** (1-1, 1-1) (AET)

Stade Edmond Machtens, Brussel   3.11.1976

Referee: Josef Bucek (AUS)   Attendance: 10,000

RWD MOLENBEEK: Nico de Bree, Eric Dumon, Kresten Bjerre, Hubert Cordiez, Maurice Martens (46 Alex Lafont), Benny Nielsen, Jan Boskamp, Morten Olsen, Eddy Koens, Willy Wellens, Jacques Teugels.   Trainer: Piet de Visser

WISLA: Stanisław Gonet, Antoni Szymanowski, Henryk Maculewicz, Zbigniew Plaszewski, Adam Musial, Adam Nawalka, Henryk Szymanowski, Zdzislaw Kapka, Michal Wróbel, Marek Kusto, Jan Jalocha (91 Leszek Lipka).

Goals: Wellens (25), Maculewicz (35)

Penalties: 0-1 Kusto, 1-1 Lafont, Maculewicz (miss), B. Nielsen (miss), 1-2 Plaszewski, 2-2 M. Olsen, 2-3 Nawalka, 3-3 Teugels, 3-4 Kapka, 4-4 Boskamp, Szymanowski (miss), 5-4 Wellens

FC BARCELONA v KSC LOKEREN 2-0 (0-0)

Camp Nou, Barcelona 20.10.1976

Referee: Richard Casha (MAL) Attendance: 45,000

FC BARCELONA: Pedro Valentín MORA Mariné, José Antonio RAMOS Huete (78 Antonio OLMO Ramírez), Miguel Bernardo Bianquetti "MIGUELI", Alfredo AMARILLO, Enrique Álvarez COSTAS, Johan Neeskens, Carlod REXACH Cerdá, Hugo SOTIL Yerén (73 José Cirilo MACIZO Cañadas), Juan Manuel ASENSI Ripoll, Johan Cruijff, Manuel CLARES García. Trainer: Rinus Michels

LOKEREN: Bob Hoogenboom, Roland Ingels, Johnny Velkeneers, Robert Dalving, Maurits de Schrijver, Ronny De Beuckelaer, Aage Hansen, René Verheyen, Raymond Mommens, Włodzimierz Lubański (55 Jan de Koning), Roger Henrotay. Trainer: Ladislav Novák

Goals: Cruijff (77), Clares (88)

KSC LOKEREN v FC BARCELONA 2-1 (2-0)

Daknamstadion Lokeren 4.11.1976

Referee: Ian Foote (SCO) Attendance: 19,000

LOKEREN: Bob Hoogenboom, Roland Ingels, Johnny Velkeneers, Robert Dalving, Maurits de Schrijver, Ronald Somers, René Verheyen, Aage Hansen, Włodzimierz Lubański, Raymond Mommens (72 Ronny De Beuckelaer), Roger Henrotay. Trainer: Ladislav Novák

FC BARCELONA: Pedro Valentín MORA Mariné, José Antonio RAMOS Huete, Miguel Bernardo Bianquetti "MIGUELI", Antonio OLMO Ramírez, Alfredo AMARILLO, Johan Neeskens, José Cirilo MACIZO Cañadas (88 Jorge CARREÑO Padilla), Juan Manuel ASENSI Ripoll, Johan Cruijff, Hugo SOTIL Yerén (46 José Vicente SÁNCHEZ Felip), Manuel CLARES García. Trainer: Rinus Michels

Goals: Verheyen (17), Dalving (25), Cruijff (54)

THIRD ROUND

**QUEEN'S PARK RANGERS LONDON
v 1.FC KÖLN 3-0** (2-0)

Loftus Road, London 24.11.1976

Referee: Paul Schiller (AUS) Attendance: 21143

QPR: Phillip Parkes, David Clement, Frank McLintock, David Webb, Ian Gillard, John Hollins, Donald Masson, Michael Leach, David Thomas, Donald Givens, Stanley Bowles. Manager: Dave Sexton

1.FC KÖLN: Harald Schumacher, Jürgen Glowacz, Wolfgang Weber, Roland Gerber, Harald Konopka, Heinz Simmet, Heinz Flohe, Bernd Cullmann, Roger van Gool, Dieter Müller, Preben Elkjaer Larsen. Trainer: Hennes Weisweiler

Goals: Givens (39), Webb (41), Bowles (75)

**1.FC KÖLN
v QUEEN'S PARK RANGERS LONDON 4-1** (3-1)

Müngersdorfer, Köln 7.12.1976

Referee: Pablo Augusto Sánchez Ibañez (SPA) Att: 50,000

1.FC KÖLN: Harald Schumacher, Harald Konopka, Herbert Zimmermann, Wolfgang Weber, Roland Gerber, Heinz Simmet, Roger van Gool (76 Preben Elkjaer Larsen), Heinz Flohe, Dieter Müller, Wolfgang Overath, Johannes Löhr. Trainer: Hennes Weisweiler

QPR: Phillip Parkes, David Clement, Ian Gillard, John Hollins, Frank McLintock, David Webb, David Thomas (89 Peter Eastoe), Michael Leach, Donald Masson, Stanley Bowles, Donald Givens. Manager: Dave Sexton

Goals: Masson (4), Müller (22, 60), Löhr (33), Weber (36)

**RWD MOLENBEEK
v SCHALKE 04 GELSENKIRCHEN 1-0** (0-0)

Stade Edmond Machtens, Brussel 24.11.1976

Referee: Antonio José da Silva Garrido (POR) Att: 10,000

RWD MOLENBEEK: Nico de Bree, Eric Dumon (71 Jean-Paul den Haese), Kresten Bjerre, Alex Lafont, Maurice Martens, Benny Nielsen, Morten Olsen, Jan Boskamp, Karl-Heinz Wissmann, Willy Wellens, Jacques Teugels. Trainer: Piet de Visser

SCHALKE 04: Enver Maric, Helmut Kremers, Klaus Fichtel, Bernd Thiele, Rolf Rüssmann, Hans Bongartz (81 Manfred Dubski), Branko Oblak (81 Heinz-Jürgen Gede), Herbert Lütkebohmert, Erwin Kremers, Jürgen Sobieray, Rüdiger Abramczik. Trainer: Friedel Rausch

Goal: Lafont (87)

**SCHALKE 04 GELSENKIRCHEN
v RWD MOLENBEEK 1-1** (1-1)

Parkstadion, Gelsenkirchen 8.12.1976

Referee: Patrick Partridge (ENG) Attendance: 40,000

SCHALKE 04: Enver Maric, Jürgen Sobieray (46 Bernd Thiele), Rolf Rüssmann, Klaus Fichtel, Helmut Kremers, Hans Bongartz, Branko Oblak, Herbert Lütkebohmert (18 Heinz-Jürgen Gede), Rüdiger Abramczyk, Klaus Fischer, Erwin Kremers. Trainer: Friedel Rausch

RWD MOLENBEEK: Nico de Bree, Alex Lafont (73 Jean-Paul den Haese), Kresten Bjerre, Hubert Cordiez, Maurice Martens, Benny Nielsen, Morten Olsen, Jan Boskamp, Karl-Heinz Wissmann, Willy Wellens, Jacques Teugels. Trainer: Piet de Visser

Goals: Teugels (25), Abramczik (44)

1.FC MAGDEBURG
v VIDEOTON SZÉKESFEHÉRVÁR 5-0 (2-0)
Ernst-Grube-Stadion, Magdeburg 24.11.1976
Referee: Ulf Eriksson (SWE)   Attendance: 15,000

1.FC MAGDEBURG: Bernd Dorendorf, Detlef Raugust, Manfred Zapf, Wolfgang Seguin, Klaus Decker; Jürgen Pommerenke (82 Jürgen Ebeling), Axel Tyll, Peter Kohde (46 Jürgen Sparwasser); Joachim Streich, Wolfgang Steinbach, Siegmund Mewes.   Trainer: Klaus Urbanczyk

VIDEOTON: László Kovács; János Nagy III (46 Tibor Wollek), Sándor Baranyi, Gábor Fejes, Tibor Végh; József Kovács, János Nagy II, László Karsai, Károly Czeczeli; Lajos Májer, Tamás Szalmásy.   Trainer: Ferenc Kovács

Goals: Streich (7), Tyll (23, 60), Mewes (54), Pommerenke (80)

CRVENA ZVEZDA BEOGRAD
v AEK ATHINA 3-1 (3-1)
Crvena Zvezda, Beograd 8.12.1976
Referee: Alberto Michelotti (ITA)   Attendance: 70,000

CRVENA ZVEZDA: Bosko Kajganić; Zoran Jelikić, Nikola Jovanović, Slavoljub Muslin, Branko Radović, Vladislav Bogicević, Dušan Lukić (74 Srboljub Stamenković), Dušan Nikolić (46 Zoran Filipović), Petar Baralić, Dušan Savić, Sead Sušić.   Trainer: Branco Zec

AEK: Lakis Stergioudas, Stefanos Theodoridis, Haralampos Intzoglou, Pantelis Nikolaou, Petros Ravousis, Lazaros Papadopoulos, Dionisis Tsamis (46 Tasos Konstantinou), Dimitris Nikoloudis, Walter Wagner, Dimitris Papaioannou, Thomas Mauros.   Trainer: František Fadrhonc

Goals: Baralić (20), Wagner (25), Filipović (30), Savić (34)

VIDEOTON SZÉKESFEHÉRVÁR
v 1.FC MAGDEBURG 1-0 (1-0)
Sóstói, Székesfehérvár 8.12.1976
Referee: Nicolae Rainea (ROM)   Attendance: 8,000

VIDEOTON: László Kovács; János Nagy III, József Kovács, Gábor Fejes, Tibor Végh; János Nagy II, László Karsai (10 Sándor Baranyi), Károly Czeczeli; Lajos Májer, Tamás Szalmásy, László Tieber (46 Tibor Wollek).
Trainer: Ferenc Kovács

1.FC MAGDEBURG: Bernd Dorendorf; Detlef Raugust, Manfred Zapf, Wolfgang Seguin, Klaus Decker; Siegmund Mewes, Jürgen Pommerenke, Jürgen Sparwasser, Wolfgang Steinbach; Joachim Streich, Martin Hoffmann.
Trainer: Klaus Urbanczyk

Goal: Nagy II (21)

ÖSTERS IF VÄXJÖ v FC BARCELONA 0-3 (0-1)
Värendsvallen, Växjö 24.11.1976
Referee: Thomas Reynolds (WAL)   Attendance: 18,000

ÖSTERS: Göran Hagberg, Per-Olof Bild, Mats Nordenberg, Håkan Arvidsson, Karl Gunnar Björklund, Anders Linderoth, Peter Strömberg, Peter Svensson, Inge Ejderstedt, Tommy Svensson, Tommy Evesson.   Trainer: Gunnar Nordahl

FC BARCELONA: Pedro Valentín MORA Mariné, José Antonio RAMOS Huete, Miguel Bernardo Bianquetti "MIGUELI", Antonio OLMO Ramírez, Alfredo AMARILLO, Johan Neeskens, Carlos REXACH Cerdá, José Vicente SÁNCHEZ Felip, Johan Cruijff, Juan Manuel ASENSI Ripoll, Manuel CLARES García.   Trainer: Rinus Michels

Goals: Clarés (37, 50), Neeskens (46)

AEK ATHINA
v CRVENA ZVEZDA BEOGRAD 2-0 (2-0)
Neas Filadelfeias, Athina 24.11.1976
Referee: Jarkov (USSR)   Attendance: 22,000

AEK: Lakis Stergioudas, Stefanos Theodoridis, Haralampos Intzoglou, Petros Ravousis, Pantelis Nikolaou, Tasos Konstantinou, Dionisis Tsamis, Dimitris Nikoloudis, Walter Wagner (75 Lazaros Papadopoulos), Dimitris Papaioannou, Thomas Mauros.   Trainer: František Fadrhonc

CRVENA ZVEZDA: Bosko Kajganić, Zoran Jelikić, Nikola Jovanović, Slavoljub Muslin, Branko Radović, Vladislav Bogicević, Dušan Lukić, Dušan Nikolić (83 Milan Babić), Zoran Filipović, Petar Baralić, Sead Sušić (7 Miloš Šestić). Trainer: Branco Zec

Goals: Papaioannou (18), Mauros (26)

FC BARCELONA v ÖSTERS VÄXJÖ 5-1 (3-0)
Camp Nou, Barcelona 8.12.1976
Referee: Alfred Delcourt (BEL)   Attendance: 30,000

FC BARCELONA: Pedro Valentín MORA Mariné, José Antonio RAMOS Huete, Miguel Bernardo Bianquetti "MIGUELI", Antonio OLMO Ramírez, Alfredo AMARILLO, Johan Neeskens, Carlos REXACH Cerdá (75 MARCIAL Pina Morales), José Vicente SÁNCHEZ Felip, Johan Cruijff, Juan Manuel ASENSI Ripoll, Manuel CLARES García (46 Juan Carlos HEREDIA Alvarado).   Trainer: Rinus Michels

ÖSTERS: Göran Hagberg, Jan Ivar Bergqvist, Mats Nordenberg, Håkan Arvidsson, Karl Gunnar Björklund, Anders Linderoth, Per-Olof Bild, Peter Svensson, Peter Johansson (66 Johnny Gustavsson), Tommy Svensson, Tommy Evesson.   Trainer: Gunnar Nordahl

Goals: Clarés (3), Cruijff (11), Asensi (33, 52), Heredia (81), Evesson (64)

**ESPANYOL BARCELONA
v FEYENOORD ROTTERDAM 0-1** (0-1)

Estadio Sarria, Barcelona   24.11.1976

Referee: Adolf Prokop (DDR)   Attendance: 40,000

ESPANYOL: Roberto "GATO" FERNÁNDEZ Roa, Fernando MOLINOS Granada, Juan VERDUGO, Manuel Fernández AMADO, Pedro Eugenio DE FELIPE Cortés, Luis César ORTIZ AQUINO, Manuel de la CUESTA Martínez, JOSÉ MANUEL Casanova, Jorge Pereira da Silva "JEREMIAS", Juvencio OSORIO, Rafael Carlos Pérez "MARAÑÓN".
Trainer: José Emilio Santamaria

FEYENOORD: Eddy Treytel, Dick Schneider, Michel van de Korput, Wim Rijsbergen, Harry Vos, Theo de Jong, Wim Jansen, Willy Kreuz, Martin Vreijsen, Nico Jansen, Jan van Deinsen.   Trainer: Vujadin Boškov

Goal: N. Jansen (13)

**FEYENOORD ROTTERDAM
v ESPANYOL BARCELONA 2-0** (1-0)

Feyenoord, Rotterdam   8.12.1976

Referee: Robert Wurtz (FRA)   Attendance: 54,280

FEYENOORD: Eddy Treytel, Dick Schneider, Michel van de Korput, Wim Rijsbergen, Harry Vos, Willy Kreuz, Theo de Jong, Wim Jansen, Martin Vreijsen (65 Jan René Verheyen), Nico Jansen, Jan van Deinsen.   Trainer: Vujadin Boškov

ESPANYOL: Roberto "GATO" FERNÁNDEZ Roa, Fernando MOLINOS Granada, Juan VERDUGO, Manuel Fernández AMADO, Pedro Eugenio DE FELIPE Cortés, José Cano "CANITO", Daniel SOLSONA Puig, JOSÉ MANUEL Casanova, Jorge Pereira da Silva "JEREMIAS" (75 Juan María AMIANO Mariñalena), Juvencio OSORIO (75 Manuel de la CUESTA Martínez), Rafael Carlos Pérez "MARAÑÓN".
Trainer: José Emilio Santamaria

Goals: Kreuz (28), N. Jansen (77)

ATHLETIC CLUB BILBAO v AC MILAN 4-1 (1-1)

Estadio San Mamés, Bilbao   24.11.1976

Referee: Charles Corver (HOL)

ATHLETIC: Juan Antonio ZALDÚA Olazar; José María LASA Ibarguren, Agustín GUISASOLA Zabala, Ángel María VILLAR Llona, Ignacio MADARIAGA Medio, Javier ESCALZA Ellacuría, DANIel Ruiz Bazán, Javier IRURETAgoyena Amiano (44 José Ignacio OÑAEDERRA), José María AMORRORTU Prieto, CARLOS Ruiz Herrero, José Francisco ROJO I Arroitia.
Trainer: Luís María AGUIRRE Vidaurrázaga

AC MILAN: Enrico Albertosi, Giuseppe Sabadini, Aldo Maldera; Aldo Bet, Giorgio Morini, Angelo Anquilletti; Gianni Rivera (69 Duino Gorin), Giorgio Biasiolo, Alberto Bigon (60 Massimo Silva), Fabio Capello, Francesco Vincenzi.   Trainer: Giuseppe Marchioro

Goals: Capello (25), Dani (45 pen, 81), Carlos (48, 86)

AC MILAN v ATHLETIC CLUB BILBAO 3-1 (0-0)

Stadio San Siro, Milano   8.12.1976

Referee: Walter Eschweiler (WG)   Attendance: 32,898

AC MILAN: Enrico Albertosi; Giuseppe Sabadini, Aldo Maldera; Giorgio Morini (54 Simone Boldini), Aldo Bet, Angelo Anquilletti; Gianni Rivera, Alberto Bigon, Francesco Vincenzi (46 Egidio Calloni), Giorgio Biasiolo, Massimo Silva.
Trainer: Giuseppe Marchioro

ATHLETIC: José Ángel IRÍBAR Cortajarena, José María LASA Ibarguren, Javier ESCALZA Ellacuría, José Ignacio OÑAEDERRA, Agustín GUISASOLA Zabala, Ignacio MADARIAGA Medio, José María AMORRORTU Prieto (90 DANIel Ruiz Bazán), Ángel María VILLAR Llona, CARLOS Ruiz Herrero, Javier IRURETAgoyena Amiano, José Francisco ROJO I Arroitia.
Trainer: Luís María AGUIRRE Vidaurrázaga

Goals: Calloni (53, 83 pen), Biasiolo (60), Madariaga (87 pen)

**JUVENTUS TORINO
v SKHAKHTER DONETSK 3-0** (3-0)

Stadio Comunale, Torino   24.11.1976

Referee: Dušan Maksimović (YUG)   Attendance: 60,000

JUVENTUS: Dino Zoff; Antonello Cuccureddu, Claudio Gentile; Giampietro Marchetti, Luciano Spinosi, Gaetano Scirea; Franco Causio, Marco Tardelli, Roberto Boninsegna, Romeo Benetti, Roberto Bettega.
Trainer: Giovanni Trapattoni

SKHAKHTER: Yuri Degtiariev; Valeri Rudakov, Valeri Yaremchenko; Vladimir Pianikh, Viktor Kondratov, Yuri Dudinski (55 Vladimir Rogovskoi), Valeri Schevliuk, Mikhail Sokolovski, Aleksandr Vasin, Yuri Reznik (46 Vitali Starukhin), Vladimir Safonov.   Trainer: Vladimir Maksimovich Salkov

Goals: Bettega (16), Tardelli (19), Boninsegna (38)

**SKHAKHTER DONETSK
v JUVENTUS TORINO 1-0** (1-0)

Skhakhter, Donetsk   8.12.1976

Referee: Hilmi Ok (TUR)   Attendance: 40,000

SKHAKHTER: Yuri Degtiariev; Valeri Yaremchenko, Valeri Rudakov; Viktor Kondratov, Vladimir Pianikh, Valeri Schevliuk; Aleksandr Vasin (46 Vladimir Rogovskoi), Mikhail Sokolovski (68 Yuri Dudinski), Vitali Starukhin, Yuri Reznik, Vladimir Safonov.   Trainer: Vladimir Maksimovich Salkov

JUVENTUS: Dino Zoff; Antonello Cuccureddu, Luciano Spinosi; Giuseppe Furino, Francesco Morini, Gaetano Scirea; Franco Causio, Marco Tardelli, Roberto Boninsegna, Romeo Benetti, Roberto Bettega.   Trainer: Giovanni Trapattoni

Goal: Schevliuk (35)

QUARTER-FINALS

ATHLETIC CLUB BILBAO
v FC BARCELONA 2-1 (1-1)

Estadio San Mamés, Bilbao   2.03.1977

Referee: Michel Kitabdjian (FRA)   Attendance: 50,000

ATHLETIC: José Ángel IRÍBAR Cortajarena, Ángel María VILLAR Llona, Agustín GUISASOLA Zabala, José Ramón ALEXANCO Ventosa, Francisco Javier ESCALZA Ellacuría, Javier IRURETAgoyena Amiano, José Ignacio CHURRUCA Sistiaga, José Francisco ROJO I Arroitia, DANIel Ruiz Bazán (82 José María LASA Ibarguren), CARLOS Ruiz Herrero, José Ángel ROJO II Arroitia (55 José María AMORRORTU Prieto). Trainer: Luís María AGUIRRE Vidaurrázaga

FC BARCELONA: Pedro Valentín MORA Mariné, José Antonio RAMOS Huete, Miguel Bernardo Bianquetti "MIGUELI" (55 José Cirilo MACIZO Cañadas), Antonio OLMO Ramírez, Alfredo AMARILLO, José Vicente SÁNCHEZ Felip, Johan Neeskens, Juan Manuel ASENSI Ripoll (15 Enrique Álvarez COSTAS), Juan Carlos HEREDIA Alvarado, Manuel CLARES García, Johan Cruijff. Trainer: Rinus Michels

Goals: Asensi (13), Churruca (40), Dani (63 pen)

FC BARCELONA
v ATHLETIC CLUB BILBAO 2-2 (1-2)

Camp Nou, Barcelona   16.03.1977

Referee: Cesare Gussoni (ITA)   Attendance: 80,000

FC BARCELONA: Pedro María ARTOLA Urrutia, José Antonio RAMOS Huete, Enrique Álvarez COSTAS, Antonio OLMO Ramírez, Alfredo AMARILLO (46 Manuel CLARES García), Johan Neeskens, Juan Carlos HEREDIA Alvarado, José Vicente SÁNCHEZ Felip (38 MARCIAL Pina Morales), Johan Cruijff, Juan Manuel ASENSI Ripoll, Carlos REXACH Cerdá. Trainer: Rinus Michels

ATHLETIC: José Ángel IRÍBAR Cortajarena, Agustín GUISASOLA Zabala, Francisco Javier ESCALZA Ellacuría, Ángel María VILLAR Llona, Andoni GOICOECHEA Olascoaga, José Ramón ALEXANCO Ventosa, Javier IRURETAgoyena Amiano, José María AMORRORTU Prieto (80 DANIel Ruiz Bazán), José Ignacio CHURRUCA Sistiaga, José Francisco ROJO I Arroitia, José Ángel ROJO II Arroitia (86 José María LASA Ibarguren). Trainer: Luís María AGUIRRE Vidaurrázaga

Goals: Irureta (13, 29), Cruijff (24, 63)

1.FC MAGDEBURG
v JUVENTUS TORINO 1-3 (1-1)

Ernst-Grube-Stadion, Magdeburg   2.03.1977

Referee: Thomas Reynolds (WAL)   Attendance: 33,000

1.FC MAGDEBURG: Bernd Dorendorf, Wolfgang Seguin, Detlef Raugust, Bodo Sommer, Klaus Decker (63 Peter Kohde), Axel Tyll, Siegmund Mewes, Wolfgang Steinbach, Jürgen Sparwasser, Joachim Streich, Martin Hoffmann. Trainer: Klaus Urbanczyk

JUVENTUS: Dino Zoff, Gaetano Scirea, Luciano Spinosi, Francesco Morini, Claudio Gentile, Marco Tardelli, Giuseppe Furino, Antonello Cuccureddu, Romeo Benetti, Roberto Boninsegna (68 Sergio Gori), Roberto Bettega (69 Antonio Cabrini). Trainer: Giovanni Trapattoni

Goals: Cuccureddu (2), Sparwasser (32), Benetti (58), Boninsegna (63)

JUVENTUS TORINO
v 1.FC MAGDEBURG 1-0 (1-0)

Stadio Comunale, Torino   16.03.1977

Referee: Kenneth Howard Burns (ENG)   Att: 45,000

JUVENTUS: Dino Zoff, Gaetano Scirea, Luciano Spinosi, Francesco Morini (60 Antonio Cabrini), Claudio Gentile, Antonello Cuccureddu, Franco Causio, Marco Tardelli, Romeo Benetti, Roberto Boninsegna, Roberto Bettega (46 Sergio Gori). Trainer: Giovanni Trapattoni

1.FC MAGDEBURG: Dirk Ullrich, Manfred Zapf, Detlef Raugust, Peter Kohde, Klaus Decker, Wolfgang Seguin, Siegmund Mewes, Axel Tyll, Jürgen Sparwasser, Joachim Streich, Martin Hoffmann.   Trainer: Klaus Urbanczyk

Goal: Cuccureddu (16)

QUEEN'S PARK RANGERS LONDON
v AEK ATHINA 3-0 (3-0)

Loftus Road, London   2.03.1977

Referee: Ole Amundsen (DEN)   Attendance: 23,039

QPR: Phillip Parkes, John Hollins, Ian Gillard, Edward Kelly, Frank McLintock, David Webb, Gerald Francis, Stanley Bowles, David Thomas, Donald Masson, Donald Givens. Manager: Dave Sexton

AEK: Lakis Stergioudas, Giorgos Skrekis, Stefanos Theodoridis, Petros Ravousis, Pantelis Nikolaou, Lazaros Papadopoulos (55 Tasos Konstantinou), Dionisis Tsamis, Dimitris Nikoloudis, Walter Wagner, Dimitris Papaioannou, Thomas Mauros.   Trainer: František Fadrhonc

Goals: Francis (7 pen, 11 pen), Bowles (42)

AEK ATHINA v QUEEN'S PARK RANGERS LONDON 3-0 (1-0, 3-0) (AET)

Neas Filadelfeias, Athina 16.03.1977

Referee: Ferdinand Biwersi (WG)   Attendance: 35,000

AEK: Lakis Stergioudas (117 Nikos Hristidis), Stefanos Theodoridis, Haralampos Intzoglou, Petros Ravousis, Pantelis Nikolaou (115 Athanasios Zarzopoulos), Dimitris Nikoloudis, Dionisis Tsamis, Dimitris Papaioannou, Walter Wagner, Tasos Konstantinou, Thomas Mauros.   Trainer: František Fadrhonc

QPR: Phillip Parkes, Donald Shanks, Ian Gillard, John Hollins, Frank McLintock, David Webb, Peter Eastoe, Edward Kelly, Donald Masson, Stanley Bowles, Donald Givens.
Manager: Dave Sexton

Goals: Mauros (11, 65), Papaioannou (82)

Penalties: 1-0 Konstantinou, 1-1 McLintock, 2-1 Theodoridis, 2-2 Masson, 3-2 Ravousis, 3-3 Hollins, Nikoloudis (miss), Eastoe (miss), 4-3 Wagner, 4-4 Bowles, 5-4 Intzoglou, 5-5 Givens, 6-5 Zarzopoulos, 6-6 Shanks, 7-6 Papaioannou, Webb (miss)

FEYENOORD ROTTERDAM v RWD MOLENBEEK 0-0

Feyenoord, Rotterdam 2.03.1977

Referee: Heinz Aldinger (WG)   Attendance: 42,000

FEYENOORD: Eddy Treytel, Dick Schneider, Mladen Ramljak (70 Michel van de Korput), Wim Rijsbergen, Harry Vos, Willy Kreuz, Theo de Jong, Martin Vreijsen, Jan Verheyen, Nico Jansen (66 Dick Ernst), Jan van Deinsen.
Trainer: Vujadin Boskov

RWD MOLENBEEK: Nico de Bree, Eric Dumon, Kresten Bjerre, Gérard Desanghere, Hubert Cordiez, Jan Boskamp, Morten Olsen, Benny Nielsen, Karl-Heinz Wissmann, Willy Wellens, Jacques Teugels.   Trainer: Piet de Visser

RWD MOLENBEEK v FEYENOORD ROTTERDAM 2-1 (1-1)

Stade Edmond Machtens, Brussel 16.03.1977

Referee: Franz Wöhrer (AUS)   Attendance: 26,000

RWD MOLENBEEK: Nico de Bree, Eric Dumon, Kresten Bjerre, Gérard Desanghere, Alex Lafont, Hubert Cordiez (46 Eddy Koens), Morten Olsen, Benny Nielsen, Karl-Heinz Wissmann, Willy Wellens, Jacques Teugels.
Trainer: Piet de Visser

FEYENOORD: Eddy Treytel, Dick Schneider, Michel van de Korput (.. Jan Verheyen), Wim Rijsbergen, Harry Vos, Willy Kreuz, Theo de Jong, Jan van Deinsen, Martin Vreijsen, Nico Jansen, Dick Ernst.   Trainer: Vujadin Boskov

Goals: De Jong (31), Wellens (40), Teugels (84 pen)

SEMI-FINALS

RWD MOLENBEEK v ATHLETIC CLUB BILBAO 1-1 (0-1)

Stade Edmond Machtens, Brussel 6.04.1977

Referee: Walter Hungerbühler (SWI)   Attendance: 25,000

RWD MOLENBEEK: Nico de Bree, Eric Dumon, Gérard Desanghere, Kresten Bjerre, Alex Lafont, Morten Olsen, Jan Boskamp, Benny Nielsen, Karl-Heinz Wissmann (17 Eddy Koens), Willy Wellens, Jacques Teugels.
Trainer: Piet de Visser

ATHLETIC: José Ángel IRÍBAR Cortajarena, José María LASA Ibarguren, Agustín GUISASOLA Zabala, Andoni GOICOECHEA Olascoaga, Iñaki GARAY, Javier ESCALZA Ellacuría, José Ignacio OÑAEDERRA, José Francisco ROJO I Arroitia, Ignacio CHURRUCA Sistiaga (84 DANIel Ruiz Bazán), José María AMORRORTU Prieto (78 CARLOS Ruiz Herrero), José Ángel ROJO II Arroitia.
Trainer: Luís María AGUIRRE Vidaurrázaga

Goals: Churruca (29), Teugels (89)

ATHLETIC CLUB BILBAO v RWD MOLENBEEK 0-0

Estadio San Mamés, Bilbao 20.04.1977

Referee: Adolf Prokop (DDR)   Attendance: 40,000

ATHLETIC: José Ángel IRÍBAR Cortajarena, José María LASA Ibarguren, Agustín GUISASOLA Zabala, Andoni GOICOECHEA Olascoaga, Javier ESCALZA Ellacuría, Ángel María VILLAR Llona, Javier IRURETAgoyena Amiano (84 Iñaki GARAY), José María AMORRORTU Prieto (73 CARLOS Ruiz Herrero), Ignacio CHURRUCA Sistiaga, José Ángel ROJO II Arroitia, José Francisco ROJO I Arroitia.
Trainer: Luís María AGUIRRE Vidaurrázaga

RWD MOLENBEEK: Nico de Bree, Eric Dumon (75 Eddy Koens), Gérard Desanghere, Hubert Cordiez, Kresten Bjerre, Jean-Paul den Haese, Benny Nielsen, Willy Wellens, Morten Olsen, Jan Boskamp, Jacques Teugels.   Trainer: Piet de Visser

JUVENTUS TORINO v AEK ATHINA 4-1 (1-1)

Stadio Comunale, Torino 6.04.1977

Referee: Jarkov (USSR)   Attendance: 80,000

JUVENTUS: Dino Zoff; Antonello Cuccureddu, Claudio Gentile; Giampietro Marchetti, Francesco Morini, Gaetano Scirea; Franco Causio, Marco Tardelli, Roberto Boninsegna, Romeo Benetti, Roberto Bettega.
Trainer: Giovanni Trapattoni

AEK: Lakis Stergioudas, Lazaros Papadopoulos (74 Tasos Konstantinou), Stefanos Theodoridis, Petros Ravousis, Pantelis Nikolaou, Apostolos Toskas, Dionisis Tsamis, Dimitris Nikoloudis, Walter Wagner, Dimitris Papaioannou, Thomas Mauros.   Trainer: František Fadrhonc

Goals: Cuccureddu (18), Papadopoulos (31), Bettega (59, 83), Causio (67)

AEK ATHINA v JUVENTUS TORINO 0-1 (0-0)

Neas Filadelfeias, Athina   20.04.1977

Referee: Károly Palotai (HUN)   Attendance: 32,000

AEK: Nikos Hristidis, Haralampos Intzoglou, Stefanos Theodoridis, Petros Ravousis, Pantelis Nikolaou, Lazaros Papadopoulos (75 Athanasias Zarzopoulos), Dionisis Tsamis, Tasos Konstantinou, Dimitris Papaioannou, Walter Wagner, Thomas Mauros.   Trainer: František Fadrhonc

JUVENTUS: Dino Zoff, Gaetano Scirea, Luciano Spinosi, Francesco Morini, Claudio Gentile, Giuseppe Furino, Antonello Cuccureddu, Romeo Benetti, Marco Tardelli (46 Franco Causio), Roberto Boninsegna, Roberto Bettega. Trainer: Giovanni Trapattoni

Goal: Bettega (85)

FINAL

JUVENTUS TORINO v ATHLETIC CLUB BILBAO 1-0 (1-0)

Stadio Comunale, Torino   4.05.1977

Referee: Charles Corver (HOL)   Attendance: 75,000

JUVENTUS: Dino Zoff; Antonello Cuccureddu, Claudio Gentile; Gaetano Scirea, Marco Tardelli, Giuseppe Furino, Francesco Morini, Franco Causio, Roberto Boninsegna (39 Sergio Gori), Romeo Benetti, Roberto Bettega. Trainer: Giovanni Trapattoni

ATHLETIC: José Ángel IRÍBAR Cortajarena, José Ignacio OÑAEDERRA, Javier ESCALZA Ellacuría, Ángel María VILLAR Llona, Agustín GUISASOLA Zabala, Andoni GOICOECHEA Olascoaga, DANIel Ruiz Bazán, Javier IRURETAgoyena Amiano, Ignacio CHURRUCA Sistiaga, José Francisco ROJO I Arroitia, José Ángel ROJO II Arroitia. Trainer: Luís María AGUIRRE Vidaurrázaga

Goal: Tardelli (14)

ATHLETIC CLUB BILBAO v JUVENTUS TORINO 2-1 (1-1)

Estadio San Mamés, Bilbao   18.05.1977

Referee: Erich Linemayr (AUS)   Attendance: 43,000

ATHLETIC: José Ángel IRÍBAR Cortajarena, José María LASA Ibarguren (63 CARLOS Ruiz Herrero), Javier ESCALZA Ellacuría; Ángel María VILLAR Llona, Agustín GUISASOLA Zabala, José Ramón ALEXANCO Ventosa; DANIel Ruiz Bazán, Javier IRURETAgoyena Amiano, José María AMORRORTU Prieto, Ignacio CHURRUCA Sistiaga, José Francisco ROJO I Arroitia.   Trainer: Luís María AGUIRRE Vidaurrázaga

JUVENTUS: Dino Zoff; Antonello Cuccureddu, Claudio Gentile; Gaetano Scirea, Marco Tardelli, Giuseppe Furino, Francesco Morini, Franco Causio, Roberto Boninsegna (60 Luciano Spinosi), Romeo Benetti, Roberto Bettega. Trainer: Giovanni Trapattoni

Goals: Bettega (7), Irureta (12), Carlos (79)

UEFA Cup Top Scorers 1976-77:

11 goals: Stanley Bowles (Queen's Park Rangers)

7 goals: Donald Givens (Queen's Park Rangers), Kevin Hector (Derby County)

6 goals: Daniel Ruíz Bazán "DANI" (Athletic Bilbao), Zoran Filipović (Crvena Zvezda), Klaus Fischer (Schalke 04), Charles George (Derby County)

5 goals: Roberto Bettega, Roberto Boninsegna (Juventus Torino), CARLOS Ruiz Herrero (Athletic Bilbao), Manuel CLARÉS García, Johann Cruijff (FC Barcelona), Nico Jansen (Feyenoord), Dieter Müller (1.FC Köln)

UEFA CUP 1977-78

FIRST ROUND

EINTRACHT FRANKFURT am MAIN v SLIEMA WANDERERS 5-0 (3-0)

Waldstadion, Frankfurt am Main   14.09.1977

Referee: Marian Srodecki (POL)   Attendance: 6,000

EINTRACHT: Heinz-Josef Koitka, Peter Reichel, Lothar Skala, Karl-Heinz Körbel (33 Peter Krobbach), Helmut Müller, Dragoslav Stepanovic (63 Wolfgang Trapp), Wolfgang Kraus, Bernd Nickel, Jürgen Grabowski, Bernd Hölzenbein, Rüdiger Wenzel.   Trainer: Gyula Lorant

SLIEMA WANDERERS: Charles Sciberras, Lawrence Borg, Gennaro Camilleri, Oliver Losco, Mario Schembri, Simon Tortell (71 Joseph John Aquilina), David Azzopardi, Richard Aquilina, Parkin, Emanuel Fabri, Mario Loporto.

Goals: Nickel (19, 25), Wenzel (21), Kraus (58), Grabowski (78)

SLIEMA WANDERERS v EINTRACHT FRANKFURT am MAIN 0-0

Gzira   28.09.1977

Referee: Giulio Ciacci (ITA)   Attendance: 1,900

SLIEMA WANDERERS: Charles Sciberras, Lawrence Borg, Gennaro Camilleri, Oliver Losco, Mario Schembri, Simon Tortell, David Azzopardi, Richard Aquilina, Parkin, Emanuel Fabri, Mario Loporto.

EINTRACHT: Heinz-Josef Koitka, Roland Weidle, Gert Trinklein, Peter Krobbach, Willi Neuberger, Dragoslav Stepanovic, Peter Reichel, Jürgen Grabowski, Wolfgang Trapp, Wolfgang Kraus, Bernd Hölzenbein.   Trainer: Gyula Lorant

AZ 67 ALKMAAR
v RED BOYS DIFFERDANGE 11-1 (4-0)

Alkmaardelhout, Alkmaar   14.09.1977

Referee: Heinz Einbeck (DDR)   Attendance: 19,000

AZ 67: Rizah Meskovic, Henk van Rijnsoever, Ronald Spelbos, Theo Vonk, Hugo Hovenkamp, Peter Arntz, Wim van Hanegem (.. Bobby Vosmaer), Kristen Nygaard, Jan Peters, Kees Kist, Bert Van Marwijk.   Trainer: Hans Kraaij

RED BOYS: Jean-Paul Scoltes, Marcel Barthel, Berkefeld, Louis Chiuminatto, Schmitz, René Flenghi (.. René Müller), Gabriel Christophe, Nico Wagner, Romain Michaux, Marcel Di Domenico, Romain Schreiner.

Goals: Van Hanegem (5), Arntz (12), Nygaard (21, 52, 89), Peters (37, 50, 60, 78), Christophe (55 pen) Kist (58, 61)

RED BOYS DIFFERDANGE
v AZ 67 ALKMAAR 0-5 (0-3)

Stade Municipal, Differdange   27.09.1977

Referee: Roland Racine (SWI)   Attendance: 2,300

RED BOYS: Jean-Paul Scoltes, Marcel Barthel, Louis Chiuminatto, Berkefeld, Schmitz, Francis Kremer, Marcel Di Domenico, Nico Wagner, Romain Michaux, René Müller, Romain Schreiner.

AZ 67: Rizah Meskovic, Theo Vonk, John Metgod, Ronald Spelbos, Hugo Hovenkamp, Henk van Rijnsoever, Kristen Nygaard, Wim van Hanegem, Jan Peters, Kees Kist, Bobby Vosmaer.   Trainer: Hans Kraaij

Goals: Kist (9, 25, 60), Van Hanegem (17), Van Rijnsoever (71)

DUNDEE UNITED v KB KØBENHAVN 1-0 (0-0)

Tannadice Park, Dundee   14.09.1977

Referee: Henry Oberg (NOR)   Attendance: 8,500

DUNDEE UNITED: Hamish McAlpine, Alex Rennie, Frank Kopel, Robert Robinson, Paul Hegarty, David Narey, Paul Sturrock, Gordon Wallace, William Kirkwood, Derek Addison (.. John Holt), Graeme Payne.

KB: Ole Qvist, Ole Højgaard, Boesen, Palle Hansen, Peter Lindby, Henrik Eigenbrod, Frimann, Klaus Nøregaard, Pedersen, Finn Laudrup, Søren Andreasen.

Goal: Sturrock (66)

KB KØBENHAVN v DUNDEE UNITED 3-0 (0-0)

København   27.09.1977

Referee: Frans P. Derks (HOL)   Attendance: 9,000

KB: Ole Qvist, Eigil Nielsen, Boesen, Palle Hansen (.. Karl Kroll), Peter Lindby, Henrik Eigenbrod, Niels-Christian Holmstrøm, Klaus Nørregaard, L. Hansen (.. Søren Andreasen), Finn Laudrup, Torsten Andersen.

DUNDEE UNITED: Hamish McAlpine, Andy Rolland, Frank Kopel, Robert Robinson, Paul Hegarty, David Narey, Paul Sturrock, Gordon Wallace, Walter Smith, Derek Addison, Graeme Payne (.. William Kirkwood).

Goals: Andersen (49, 84, 89)

START KRISTIANSAND
v FRAM REYKJAVÍK 6-0 (4-0)

Kristiansand stadion   14.09.1977

Referee: Sven Jonsson (SWE)   Attendance: 1,345

START: Roy Amundsen, Trond Pedersen, Svein Kaalaas, Reidar Flaa, Kaj Ljösdal, Audun Myhre, Helge Haugen, Stein Thunberg (75 Tor Einar Andersen), Svein Mathisen, Helge Skuseth (60 Preben Jørgensen), Sven Otto Birkeland.

FRAM: Arni Stefansson (50 Gudmundur Baldursson), Simon Kristjansson, Johannesson (64 Rafn Rafnsson), Sigurbegur Sigsteinsson, August Gudmundsson, Asgeir Eliasson, Gunnar Gudmundsson, Runar Gíslason, Pétur Ormslev, Gudbjartsson, Kristinn Jörundsson.

Goals: Myhre (5), Skuseth (9), Haugen (25, 27), S. Mathisen (50 pen, 55)

FRAM REYKJAVÍK
v START KRISTIANSAND 0-2 (0-1)

Reykjavík   27.09.1977

Referee: Malcolm Moffatt (NIR)   Attendance: 1,500

FRAM: Gudmundur Baldursson, Simon Kristjansson, August Gudmundsson, Gunnar Gudmunsson, Rafn Rafnsson, Sigurbegur Sigsteinsson, Runar Gíslason, Kristinn Jörundsson, Gudbjartsson, Asgeir Eliasson, Pétur Ormslev (.. Gunnar Orrasson).

START: Roy Amundsen (75 Geir Jørgensen), Reidar Flaa, Thorgny Svenssen, Svein Kaalaas, Kaj Ljösdal, Audun Myhre, Sven Otto Birkeland, Stein Thunberg, Svein Mathisen, Helge Skuseth (.. Odd Magne Olsen), Preben Jørgensen.

Goals: Skuseth (26), Olsen (65)

STANDARD LIÈGE v SLAVIA PRAHA 1-0 (0-0)

Stade Maurice Dufrasne "Sclessin", Liège   14.09.1977

Referee: Thomas Reynolds (WAL)   Attendance: 24,000

STANDARD: Michel Preud'homme; Eric Gerets, Michel Renquin, Theo Poel, Philippe Garot; Gyula Visnyei, Gérard Plessers, Helmut Graf, Harald Nickel, Asgeir Sigurvinsson, Alfred Riedl.   Trainer: Ernst Happel

SLAVIA: František Zlámal; Miroslav Paurík, Karol Nachtman, František Patlejch, František Cipro; Karel Jarolím (67 Rudolf Svoboda), Josef Frydrych, Josef Jebavy; Robert Segmüller, Peter Herda, Zbynek Hotovy.   Trainer: Jaroslav Jareš

Goal: Nickel (82)

SLAVIA PRAHA v STANDARD LIÈGE 3-2 (1-1)

Dr. Vacka, Praha 28.09.1977

Referee: Rudolf Frickel (WG)   Attendance: 10,000

SLAVIA: František Zlámal, Miroslav Paurík, Karol Nachtman, František Patlejch, František Cipro, Josef Jebavy, Peter Herda, Karel Jarolím (.. Dušan Herda), František Vesely, Robert Segmüller (.. Rudolf Svoboda), Zbynek Hotovy.

STANDARD: Michel Preud'homme, Eric Gerets, Michel Renquin, Theo Poel, Philippe Garot, Gyula Visnyei, André Gorez, Christian Labarbe, Harald Nickel, Asgeir Sigurvinsson, Alfred Riedl.   Trainer: Ernst Happel

Goals: Nickel (14), Vesely (26), Sigurvinsson (46), Hotovy (53), Nachtman (78)

MAREK STANKE DIMITROV v FERENCVÁROS BUDAPEST 3-0 (2-0)

Bonchuk, Stanke Dimitrov   14.09.1977

Referee: Nicolae Rainea (ROM)   Attendance: 25,000

MAREK: Stoian Stoianov, Liuben Sevdin, Nikolai Vukov, Roman Karakolev, Ivan Palev; Aleksandar Rainov, Asen Tomov, Ventsislav Petrov; Sasho Pargov, Ivan Petrov, Emil Kiuchukov (76 Stanke Bojurin).   Trainer: Ianko Donkov

FERENCVÁROS: Gábor Zsiborás; Györö Martos, Zsolt Giron, László Bálint, Ferenc Major; Tibor Nyilasi, Zoltán Ebedli, László Takács; László Pusztai, László Szokolai, László Pogány.   Trainer: Jenő Dalnoki

Goals: Pargov (18), V. Petrov (33), I. Petrov (73)

ODRA OPOLE v 1.FC MAGDEBURG 1-2 (1-0)

Ul. Oleska, Opole   14.09.1977

Referee: Atanas P.Mateev (BUL)   Attendance: 20,000

ODRA: Józef Mlynarczyk, Franciszek Rokitnicki, Wieslaw Korek, Roman Wójcicki, Bogdan Haranczyk, Antoni Kot (46 Jerzy Tkaczyk), Zbigniew Kwasniewski, Andrzej Pszenniak, Krystian Kozniewski, Wojciech Tyc, Józef Klose (59 Alfred Bolcek).

1.FC MAGDEBURG: Dirk Heine, Manfred Zapf, Detlef Raugust, Bernd Sandrock, Klaus Decker, Axel Tyll, Wolfgang Seguin, Wolfgang Steinbach, Joachim Streich, Jürgen Sparwasser, Martin Hoffmann.   Trainer: Klaus Urbanczyk

Goals: Decker (39 og), Sparwasser (59, 65)

FERENCVÁROS BUDAPEST v MAREK STANKE DIMITROV 2-0 (2-0)

Üllöi út, Budapest   28.09.1977

Referee: Heinz Einbeck (DDR)   Attendance: 20,000

FERENCVÁROS: József Hajdú; Györö Martos, László Bálint, Péter Vépi, Ferenc Major; Zoltán Ebedli, Tibor Nyilasi, László Takács (68 László Pogány); László Pusztai, László Szokolai (82 Zsolt Giron), István Magyar.   Trainer: Jenő Dalnoki

MAREK: Stoian Stoianov, Liuben Sevdin, Liuben Kolev, Ivan Palev, Roman Karakolev; Ventsislav Petrov, Aleksandar Rainov, Nikolai Vukov; Sasho Pargov, Ivan Petrov, Emil Kiuchukov (46 Asen Tomov).   Trainer: Ianko Donkov

Goals: Pusztai (12), Ebedli (33 pen)

1.FC MAGDEBURG v ODRA OPOLE 1-1 (1-1)

Ernst-Grube-Stadion, Magdeburg   27.09.1977

Referee: Constantin Bărbulescu (ROM)   Attendance: 20,000

1.FC MAGDEBURG: Dirk Heine, Manfred Zapf, Detlef Raugust, Wolfgang Seguin, Klaus Decker, Axel Tyll, Jürgen Pommerenke (46 Siegmund Mewes), Wolfgang Steinbach, Joachim Streich, Martin Hoffmann, Jürgen Sparwasser.   Trainer: Klaus Urbanczyk

ODRA: Józef Mlynarczyk, Franciszek Rokitnicki, Wieslaw Korek, Bogdan Haranczyk, Roman Wójcicki, Henryk Krawczyk, Krystian Kozniewski, Zbigniew Kwasniewski (84 Alfred Bolcek), Wojciech Tyc, Andrzej Pszenniak (65 Antoni Kot), Józef Klose.

Goals: Streich (11), Klose (39)

AC FIORENTINA FIRENZE v SCHALKE 04 GELSENKIRCHEN 0-0

Stadio Comunale, Firenze   14.09.1977

Referee: Michel Vautrot (FRA)   Attendance: 43,000

FIORENTINA: Pietro Carmignani, Giancarlo Galdiolo (75 Luigi Sacchetti), Marco Rossinelli, Ennio Pellegrini, Mauro Della Martira, Sergio Zuccheri, Domenico Caso, Piero Braglia, Gianfranco Casarsa, Giancarlo Antognoni, Claudio Desolati.   Trainer: Carlo Mazzone

SCHALKE 04: Volkmar Gross, Bernd Thiele (30 Mathias Schipper), Norbert Dörmann, Rolf Rüssmann, Jürgen Sobieray, Helmut Kremers, Ulrich Bittcher, Hans Bongartz, Rüdiger Abramczik, Klaus Fischer, Erwin Kremers.   Trainer: Friedel Rausch

The match was awarded to Schalke 04 with a 3-0 scoreline after AC Fiorentina played Gianfranco Casarsa who was ineligible to play in this game.

SCHALKE 04 GELSENKIRCHEN
v AC FIORENTINA FIRENZE 2-1 (1-0)

Parkstadion, Gelsenkirchen 28.09.1977

Referee: Leonardo Soto Montesinos (SPA)   Att: 37,000

SCHALKE 04: Volkmar Gross, Manfred Dubski, Norbert Dörmann, Rolf Rüssmann, Mathias Schipper, Helmut Kremers, Herbert Lütkebohmert, Ulrich Bittcher (69 Thomas Lander), Hans Bongartz, Rüdiger Abramczik (51 Herbert Demange), Erwin Kremers.   Trainer: Friedel Rausch

FIORENTINA: Pietro Carmignani, Alessio Tendi, Marco Rossinelli, Ennio Pellegrini (59 Andrea Orlandini), Mauro Della Martira, Sergio Zuccheri, Luigi Sacchetti, Piero Braglia, Claudio Desolati, Giancarlo Antognoni, Sante Crepaldi (46 Giancarlo Galdiolo).   Trainer: Carlo Mazzone

Sent off: Della Martira (37), Antognoni (70)

Goals: Abramczik (17), H. Kremers (76), Desolati (82)

RAPID WIEN v INTERNACIONÁL SLOVNAFT BRATISLAVA 1-0 (0-0)

West-Stadion, Wien 14.09.1977

Referee: Marcel van Langenhove (BEL)   Attendance: 9,750

RAPID: Herbert Feurer, Emil Krause, Peter Persidis, Egon Pajenk, Wolfgang Augustin; Helmut Kirisits, Werner Walzer, Johann Pregesbauer, Bernd Krauss, Johann Krankl, Geza Gallos.   Trainer: Anton Brzezanczyk

INTER: Miroslav Kovarik, Zrubec, Jozef Barmos, Ladislav Jurkemik, Ladislav Hudec, Jozef Sajanek, Horvath, Karol Brezik, Marián Novotný, Ladislav Petras, Jozef Bajza.

Goal: Walzer (63)

INTERNACIONÁL SLOVNAFT BRATISLAVA
v RAPID WIEN 3-0 (1-0)

Bratislava 28.09.1977

Referee: Dogan Babacan (TUR)   Attendance: 8,000

INTER: Miroslav Kovarik, Zrubec, Jozef Barmos, Ladislav Jurkemik, Ladislav Hudec, Jozef Sajanek, Jozef Levicky (85 František Kalman), Karol Brezik, Marián Novotný, Horvath, Jozef Bajza.

RAPID: Herbert Feurer, Christian Kautzky, Egon Pajenk, Emil Krause, Wolfgang Augustin; Helmut Kirisits (74 Trifun Mihailovics), Werner Walzer, Johann Pregesbauer, Bernd Krauss, Johann Krankl, Geza Gallos (46 Johann Krejcirik).   Trainer: Anton Brzezanczyk

Goals: Novotný (17), Levický (59, 74)

SERVETTE GENÈVE
v ATHLETIC CLUB BILBAO 1-0 (1-0)

Stade des Charmilles, Genève 14.09.1977

Referee: Heinz Aldinger (WG)   Attendance: 18,500

SERVETTE: Karl Engel, Gilbert Guyot, Jean-Yves Valentini, Lucio Bizzini, Serge Trinchero, Marc Schnyder, Umberto Barberis, Franco Marchi, Jean-Christian Thouvenel (80 Franz Peterhans), Martin Chivers, Claude Andrey.
Trainer: Peter Pazmandy

ATHLETIC: José Ángel IRÍBAR Cortajarena, José María LASA Ibarguren (38 Daniel ASTRAIN Egozcue), Agustín GUISASOLA Zabala, Javier ESCALZA Ellacuría, Andoni GOICOECHEA Olascoaga, Ángel María VILLAR Llona, DANIel Ruiz Bazán, Fernando TIRAPU Arteta, Aitor AGUIRRE Uriarte (83 CARLOS Ruiz Herrero), Juan Carlos VIDAL, Ignacio CHURRUCA Sistiaga.
Trainer: Luis María AGUIRRE Vidaurrázaga

Goal: Barberis (26)

ATHLETIC CLUB BILBAO
v SERVETTE GENÈVE 2-0 (0-0)

Estadio San Mamés, Bilbao 28.09.1977

Referee: Hugh Alexander (SCO)   Attendance: 42,500

ATHLETIC: José Ángel IRÍBAR Cortajarena, José María LASA Ibarguren, Daniel ASTRAIN Egozcue, Javier ESCALZA Ellacuría, Fernando TIRAPU Arteta, José Ramón ALEXANCO Ventosa, DANIel Ruiz Bazán, Javier IRURETAgoyena Amiano (72 Ángel María VILLAR Llona), CARLOS Ruiz Herrero, Juan Carlos VIDAL (46 Ignacio CHURRUCA Sistiaga), José María AMORRORTU Prieto.
Trainer: Luis María AGUIRRE Vidaurrázaga

SERVETTE: Karl Engel, Gilbert Guyot, Jean-Yves Valentini, Lucio Bizzini, Serge Trinchero (46 Jean-Luc Martin), Marc Schnyder, Umberto Barberis, Franco Marchi (77 Franz Peterhans), Claude Andrey, Jean-Christian Thouvenel, Martin Chivers.

Goals: Dani (58), Amorrortu (71)

SEC BASTIA v SPORTING LISBOA 3-2 (0-1)

Stade Armand Cesari-Furiani, Bastia 14.09.1977

Referee: Emilio Carlos Guruceta Muro (SPA)   Att: 6,000

BASTIA: Ognjen Petrović; Jean-Louis Cazes, Charles Orlanducci, André Guesdon, André Burkhardt, Felix Lacuesta, Claude Papi, Jean-Louis Desvignes, Abdelkrim Merry "Krimau" (46 Jean-François Larios), François Félix, Yves Mariot.   Trainer: Pierre Cahuzac

SPORTING: António José da Silva BOTELHO, João Gonçalves LARANJEIRA, Carlos Alberto MANACA Dias, ARTUR Soares CORREIA, VÍTOR Manuel GOMES Lopes, Fernando José Tomé DA COSTA (17 Augusto Soares INÁCIO), MANUEL José Tavares FERNANDES, Samuel Ferreira FRAGUITO, Rui Manuel da Trindade JORDÃO, Salif Keita, Vítor Manuel Jesús Gonçalves "BALTASAR".
Trainer: Paolo Emilio

Goals: Jordão (40 pen), Félix (52, 76, 83), Fraguito (59)

SPORTING LISBOA v SEC BASTIA 1-2 (0-0)

Estadio José Alvalade, Lisboa   28.09.1977

Referee: Jean Dubach (SWI)   Attendance: 60,000

SPORTING: António José da Silva BOTELHO, João Gonçalves LARANJEIRA, Carlos Alberto MANACA Dias, ARTUR Soares CORREIA (42 Augusto Soares INÁCIO), VÍTOR Manuel GOMES Lopes, Fernando José Tomé DA COSTA, MANUEL José Tavares FERNANDES, Samuel Ferreira FRAGUITO, Rui Manuel da Trindade JORDÃO, Salif Keita (46 Carlos Manuel da Silva Freire), AILTON Ballesteros.

BASTIA: Ognjen Petrović; Jean-Louis Cazes, André Burkhardt (14 Paul Marchioni), Charles Orlanducci, André Guesdon, Jean-Louis Desvignes, Felix Lacuesta (76 Jean-François Larios), Claude Papi, Johnny Rep, François Félix, Yves Mariot.   Trainer: Pierre Cahuzac

Goals: Manuel Fernandes (73), Rep (87), Félix (89)

**ASTON VILLA BIRMINGHAM
v FENERBAHÇE ISTANBUL 4-0** (2-0)

Villa Park, Birmingham   14.09.1977

Referee: Charles G.R. Corver (HOL)   Attendance: 30,351

ASTON VILLA: James Rimmer, John Gidman, John Robson, Leighton Phillips, Kenneth McNaught, Dennis Mortimer, John Deehan, Brian Little, Andrew Gray, Alexander Cropley, Francis Carrodus.   Manager: Ron Saunders

FENERBAHÇE: Radmilo Ivancević, Onur Alpkayador (59 Zafer Göncüler), Yenal Kaçira, Cem Pamiroglu, Alparslan Eratli (24 Aydin Çelik), Radomir Antić, Tuna Güneysu, Coşkun Demirbakan, Onder Mustafaoğlu, Cemil Turan, Şevki Şenlen.   Trainer: Tome Kaloperović

Goals: A. Gray (12), Deehan (34, 66), Little (80)

**BOHEMIANS DUBLIN
v NEWCASTLE UNITED 0-0**

Dalymount Park, Dublin   14.09.1977

Referee: Gwyn P. Owen (WAL)   Attendance: 20,000

BOHEMIANS: Mick Smyth, Eamonn Gregg, Fran O'Brien, Padraig O'Connor, John McCormack, Pat Byrne, Niall Shelly, Tommy Kelly, Eddie Byrne, Turlough O'Connor, Gerald Ryan.   Manager: William Young

NEWCASTLE UNITED: Michael Mahoney, David Craig, Alan Kennedy, Thomas Cassidy, John Bird, Irving Nattrass, Stewart Barrowclough, Paul Cannell, Michael Burns, Ralph Callachan, Thomas Craig.   Manager: Richard Dinnis

**FENERBAHÇE ISTANBUL
v ASTON VILLA BIRMINGHAM 0-2** (0-1)

Inönü, Istanbul   28.09.1977

Referee: Anatoly Ivanov (USSR)   Attendance: 25,000

FENERBAHÇE: Fuat Güngör, Coşkun Demirbakan, Yenal Kaçira, Serkan Acar, Onur Alpkayador (.. Bülent), Cem Pamiroglu, Zafer Göncüler, Tuna Güneysu, Bahri Kaya (.. Kamuran), Onder Mustafaoğlu, Şevki Şenlen.   Trainer: Tome Kaloperović

ASTON VILLA: James Rimmer, John Gidman, Gordon Smith, Leighton Phillips, Kenneth McNaught, Dennis Mortimer, John Deehan (50 John Gregory), Brian Little, Gordon Cowans (65 Ivor Linton), Alexander Cropley, Francis Carrodus.   Manager: Ron Saunders

Goals: Deehan (7), Little (51)

**NEWCASTLE UNITED
v BOHEMIANS DUBLIN 4-0** (1-0)

St. James Park, Newcastle   28.09.1977

Referee: Gudmundur Haraldsson (ICE)   Attendance: 19,046

NEWCASTLE UNITED: Michael Mahoney, David Craig, Alan Kennedy, David McLean, Aiden McCaffery, Irving Nattrass, Stewart Barrowclough, Ralph Callachan, Michael Burns, Alan Gowling, Thomas Craig.   Manager: Richard Dinnis

BOHEMIANS: Mick Smyth, Eamonn Gregg, Fran O'Brien, Tommy Kelly, Joe Burke, Padraig O'Connor, Pat Byrne, John McCormack, Eddie Byrne (68 Tony Dixon), Turlough O'Connor, Gerald Ryan.   Manager: William Young

Goals: Gowling (28, 68), T. Craig (65, 69)

**DINAMO KIEV
v EINTRACHT BRAUNSCHWEIG 1-1** (1-1)

Republikanskiy, Kiev   14.09.1977

Referee: Gianfranco Menegali (ITA)   Attendance: 93,000

DINAMO: Viktor Yurkovski, Anatoli Konkov, Viktor Matvienko, Mikhail Fomenko (63 Vladimir Troshkin), Vladimir Bessonov, Vladimir Lozinski (46 Vladimir Onischenko), Leonid Buriak, Aleksandr Berezhnoi, Viktor Kolotov, Vladimir Veremeev, Oleg Blohin.   Trainer: Valeriy Lobanovskiy

EINTRACHT: Bernd Franke, Dieter Zembski, Friedhelm Haebermann, Reiner Hollmann, Hasse Borg, Wolfgang Dremmler, Paul Breitner, Dietmar Erler, Karl-Heinz Handschuh, Wolfgang Frank, Danilo Popivoda.   Trainer: Branko Zebec

Goals: Frank (30), Veremeev (36)

EINTRACHT BRAUNSCHWEIG v DINAMO KIEV 0-0

Eintracht stadion an der Hamburger Str., Braunschweig 28.09.1977

Referee: Georges Konrath (FRA) Attendance: 40,000

EINTRACHT: Bernd Franke, Hasse Borg, Friedhelm Haebermann, Reiner Hollmann, Franz Merkhoffer, Dieter Zembski, Wolfgang Dremmler, Karl-Heinz Handschuh, Paul Breitner, Danilo Popivoda, Wolfgang Frank. Trainer: Branko Zebec

DINAMO: Viktor Yurkovski, Anatoli Konkov, Viktor Matvienko, Mikhail Fomenko (69 Vladimir Onischenko), Stefan Reshko, Vladimir Troshkin, Vladimir Bessonov, Aleksandr Berezhnoi, Viktor Kolotov, Vladimir Veremeev (64 Leonid Buriak), Oleg Blohin. Trainer: Valeriy Lobanovskiy

RC LENS v MALMÖ FF 4-1 (2-1)

Félix Bollaert, Lens 14.09.1977

Referee: Antonio Tomeo Palanques (SPA) Att: 23657

RC LENS: Jean Pierre Tempet; Alain Hopquin, Daniel Leclercq, Didier Delcampe (65 Hassan Harmatallah), Michel Joly, Jean Marie Elie, Richard Krawczik, Fares Bousdira, Joachim Marx (46 Moncef Djebaili), Pascal Françoise, Didier Six. Trainer: Arnold Sowinski

MALMÖ FF: Jan Möller, Roland Andersson, Roy Andersson, Ingemar Erlandsson, Krister Kristensson, Claes Malmberg, Anders Ljungberg, Bo Larsson, Thomas Sjöberg, Tommy Andersson, Tommy Larsson.

Goals: Bousdira (4), Françoise (20), Sjöberg (33), Joly (51), Elie (71)

GÓRNIK ZABRZE v HAKA VALKEAKOSKI 5-3 (3-1)

Zabrze 14.09.1977

Referee: Eduard Shklovski (USSR) Attendance: 20,000

GÓRNIK: Waldemar Cimander, Bernard Jarzina, Jerzy Gorgon, Ireneusz Lazurowicz, Zygfryd Szoltysik, Henryk Wieczorek, Józef Kurzeja, Joachim Hutka (73 Adam Popowicz), Marian Wasilewski, Jerzy Radecki (46 Janusz Marcinkowski), Stanisław Gzil. Trainer: Hubert Kostka

HAKA: Stefan Lindström, Teuvo Vilen, Jukka Pirinen, Juha Helin, Esko Ranta, Risto Salonen, Pekka Heikkila (60 Petri Uimonen), Kari Lindholm, Arto Uimonen, Markku Närvä, Matti Paatelainen.

Goals: Radecki (15), Gzil (18, 25, 47), Wasilewski (46), Jarzina (35 og), A. Uimonen (60), Pirinen (62)

MALMÖ FF v RC LENS 2-0 (0-0)

Malmö Stadium 28.09.1977

Referee: Günter Männig (DDR) Attendance: 6,534

MALMÖ FF: Jan Möller; Roland Andersson, Krister Kristensson, Ingemar Erlandsson, Roy Andersson, Anders Ljungberg, Claes Malmberg, Tommy Larsson, Tore Cervin, Thomas Sjöberg, Tommy Hansson.

RC LENS: Jean Pierre Tempet; Alain Hopquin, Daniel Leclercq, Hervé Flak, Michel Joly; Jean Marie Elie, Fares Bousdira, Richard Krawczik, Joachim Marx, Pascal Françoise, Didier Six (72 Moncef Djebaili). Trainer: Arnold Sowinski

Goals: Cervin (60), Ljungberg (78)

HAKA VALKEAKOSKI v GÓRNIK ZABRZE 0-0

Tehtaankenttä, Valkeakoski 28.09.1977

Referee: Torben Mansson (DEN) Attendance: 5,000

HAKA: Stefan Lindström, Teuvo Vilen, Jukka Pirinen, Juha Helin, Esko Ranta, Risto Salonen, Pekka Heikkila (75 Petri Uimonen), Kari Lindholm (75 Heikki Huoviala), Arto Uimonen, Markku Närvä, Matti Paatelainen.

GÓRNIK: Waldemar Cimander, Bernard Jarzina, Jerzy Gorgon, Ireneusz Lazurowicz, Zygfryd Szoltysik, Henryk Wieczorek, Józef Kurzeja, Joachim Hutka (77 Jerzy Radecki), Adam Popowicz, Marian Wasilewski, Stanisław Gzil. Trainer: Hubert Kostka

BAYERN MÜNCHEN v MJØNDALEN IF 8-0 (3-0)

Olympiastadion, München 14.09.1977

Referee: Josef Poucek (CZE) Attendance: 6,500

BAYERN: Josef Maier, Kurt Niedermayer, Wolfgang Rausch, Georg Schwarzenbeck, Peter Gruber, Hans-Josef Kapellmann (70 Rainer Künkel), Branko Oblak, Uli Hoeness, Karl-Heinz Rummenigge, Gerd Müller, Bernd Dürnberger. Trainer: Dettmar Cramer

MJØNDALEN: Jan Erik Olsen (79 V. Skistad), Bjørn Krangnes, Ole Kristian Olsen, Brede Skistad, Geir Solheim (26 Arne Dokken), Bjørnar Oen, Per Johan Wilthil, Boye Skistad, Arnt Kortgaard, Saihou Sarr, Egil Solberg.

Goals: Oblak (16), K.H. Rummenigge (36, 40, 46), U. Hoeness (53), G. Müller (57, 73, 81)

MJØNDALEN IF v BAYERN MÜNCHEN 0-4 (0-1)

Ulleval, Oslo 28.09.1977

Referee: John Hunting (ENG)   Attendance: 7,000

MJØNDALEN: Jan Erik Olsen, Arne Dokken, Ole Kristian Olsen, Bjørnar Oen, Geir Solheim, Brede Skistad, Per Johan Wilthil, Boye Skistad (46 Jens Bjørge Dolva), Kjell Solberg, Egil Solberg, Tommy Olsen (67 Tor Erling Gunnerud).

BAYERN: Josef Maier, Udo Horsmann, Wolfgang Rausch, Georg Schwarzenbeck, Peter Gruber, Kurt Niedermayer (79 Klaus Augenthaler), Bernd Dürnberger, Branko Oblak, Karl-Heinz Rummenigge, Gerd Müller, Uli Hoeness (46 Rainer Künkel).   Trainer: Dettmar Cramer

Goals: Rausch (17), Gruber (52), Künkel (62), Niedermayer (64)

RWD MOLENBEEK v ABERDEEN FC 0-0

Stade Edmond Machtens, Brussel 14.09.1977

Referee: Lars-Åke Björck (SWE)   Attendance: 12,000

RWD MOLENBEEK: Jan Ruiter (46 Guy Leonard), Eric Dumon, Gérard Desanghere, Carlos Alhinho, Jean-Paul den Haese, Morten Olsen, Jan Boskamp, Hubert Cordiez, Patrick Gorez, Willy Wellens, Franky Van Haecke (62 Karl-Heinz Wissmann)

ABERDEEN: Robert Clark, Stuart Kennedy, Charles McLelland, James Shirra, William Garner, William Miller, Andrew Jarvie, Duncan Davidson, Joseph Harper, Ian Fleming, John McMaster.

ABERDEEN FC v RWD MOLENBEEK 1-2 (0-0)

Pittodrie, Aberdeen 28.09.1977

Referee: Alain Delmer (FRA)   Attendance: 20,000

ABERDEEN: Robert Clark, Stuart Kennedy, Charles McLelland, James Shirra (55 Dominic Sullivan), William Garner, William Miller, Andrew Jarvie, Duncan Davidson, Joseph Harper, Ian Fleming, John McMaster.

RWD MOLENBEEK: Jan Ruiter, Eric Dumon, Gérard Desanghere, Carlos Alhinho, Alex Lafont, Morten Olsen, Jan Boskamp, Hubert Cordiez, Karl-Heinz Wissmann, Patrick Gorez, Willy Wellens (85 Reygaert).

Goals: Gorez (46), Jarvie (78), Wellens (84)

MANCHESTER CITY v WIDZEW ŁÓDŹ 2-2 (1-0)

Maine Road, Manchester 14.09.1977

Referee: Dominic Vincent Byrne (EIRE)   Att: 33,695

MANCHESTER CITY: Joseph Corrigan, Kenneth Clements, William Donachie, Gary Owen, David Watson, Thomas Booth, Peter Barnes, Michael Channon, Brian Kidd, Asa Hartford, Gerard Keegan (78 Joseph Royle).   Manager: Anthony Book

WIDZEW: Stanisław Burzynski, Zdzislaw Kostrzewinski, Pawel Janas, Andrzej Grebosz, Wieslaw Chodakowski, Andrzej Mozejko, Zdzislaw Rozborski, Zbigniew Boniek, Miroslaw Tlokinski, Ryszard Kowenicki, Tadeusz Gapinski (66 Jerzy Krawczyk).   Manager: Bronislaw Waligora

Goals: Barnes (10), Channon (50), Boniek (70, 76 pen)

WIDZEW ŁÓDŹ v MANCHESTER CITY 0-0

LKS, Łódź 28.09.1977

Referee: Walter Hungerbühler (SWI)   Attendance: 35,000

WIDZEW: Stanisław Burzynski, Zdzislaw Kostrzewinski, Pawel Janas, Andrzej Grebosz, Pawel Zawadzki, Wieslaw Chodakowski, Miroslaw Tlokinski, Zdzislaw Rozborski, Zbigniew Boniek, Ryszard Kowenicki (62 Jerzy Krawczyk), Tadeusz Gapinski.   Manager: Bronislaw Waligora

MANCHESTER CITY: Joseph Corrigan, Michael Doyle (31 Kenneth Clements), Paul Power, Gary Owen, David Watson, Thomas Booth, Peter Barnes, Brian Kidd, Joseph Royle, Asa Hartford, Dennis Tueart.   Manager: Anthony Book

GLENAVON LURGAN v PSV EINDHOVEN 2-6 (2-2)

Mourneview Park, Lurgan 14.09.1977

Referee: Svein Inge Thime (NOR)   Attendance: 3,000

GLENAVON: Robert Carlisle, David Cull, Thomas Ferguson, Jeff Blair, Alan Campbell, Alan Gracey, Stan Sheppard, David Neill, Paul Malone, Michael McDonald (.. Sammy McQuiston), Brian Megarry.

PSV: Jan van Beveren, Adri van Kraay, Ernie Brandts, Nick Deacy, Kees Krijgh, Willy van de Kerkhof, Jan Poortvliet, Willy van der Kuijlen, René van de Kerkhof, Harrie Lubse, Gerrie Deijkers.   Trainer: Kees Rijvers

Goals: Malone (10 pen), Van der Kuijlen (11, 84), Krijgh (29), McDonald (30), Deijkers (48), Deacy (55), Lubse (82)

PSV EINDHOVEN v GLENAVON LURGAN 5-0 (4-0)

Philips sportpark, Eindhoven 28.09.1977

Referee: Henning Lund Sørensen (DEN)   Att: 12,000

PSV: Jan van Beveren (.. Ton van Engelen), Huub Stevens, Adri van Kraay, Ernie Brandts, Jan Poortvliet, Willy van de Kerkhof (.. Nick Deacy), Willy van der Kuijlen, Gerrie Deijkers, Guy François, Harrie Lubse, René van de Kerkhof.   Trainer: Kees Rijvers

GLENAVON: Robert Carlisle, David Cull (.. Stan Sheppard), Jeff Blair, Joseph Marley, Thomas Ferguson, David Neill, Brian Megarry, Alan Gracey, Michael McDonald (.. Sammy McQuiston), Paul Malone, Alan Campbell.

Goals: Deijkers (28, 51), Lubse (37, 42), François (39)

LANDSKRONA BoIS v IPSWICH TOWN 0-1 (0-0)

Landskrona Idrottsplats   14.09.1977

Referee: Norbert Rolles (LUX)   Attendance: 7,156

LANDSKRONA: Ronny Sörensen, Jörgen Augustsson, Dan Mårtensson, Claes Cronqvist, Stefan Nilsson, Jan-Erik Sjöberg (78 Torbjörn Lindström), Per-Ake Theander, Bo Augustsson, Göran Pettersson, Mats Aronsson, Sonny Johansson.
Trainer: Finn-Willy Sørensen

IPSWICH TOWN: Paul Cooper, George Burley, Leslie Tibbott, Brian Talbot, Alan Hunter, Kevin Beattie, Roger Osborne, Eric Gates, Paul Mariner (79 Robin Turner), Trevor Whymark (84 David Geddis), Clive Woods.
Manager: Robert Robson

Goal: Whymark (33)

CSKA SOFIA v FC ZÜRICH 1-1 (1-0, 1-0) (AET)

Sofia   28.09.1977

Referee: Adolf Mathias (AUS)   Attendance: 20,000

CSKA: Ivan Kamarashev, Borislav Sredkov, Georgi Iliev, Tsonio Vasilev, Bojil Kolev, Valeri Peichev (70 Svetlin Mirchev), Dimitrov Dimitrov, Plamen Markov, Spas Djevizov (74 Milen Goranov), Todor Atanasov, Tsvetan Ionchev.
Trainer: Nikola Kovachev

FC ZÜRICH: Karl Grob, Pierre-Albert Chapuisat, Max Heer, Gianpietro Zappa, Pirmin Stierli (14 Peter Risi), Conny Torstensson, Fritz Baur, René Botteron, Manfred Moser, Franco Cucinotta, Fredy Scheiwiler.

Goals: Markov (32), Cucinotta (105)

IPSWICH TOWN v LANDSKRONA BoIS 5-0 (4-0)

Portman Road, Ipswich   28.09.1977

Referee: Ib Nielsen (DEN)   Attendance: 18,741

IPSWICH TOWN: Paul Cooper, George Burley, Leslie Tibbott, Brian Talbot, Alan Hunter (68 Russell Osman), Kevin Beattie, Michael Mills, Eric Gates, Paul Mariner, Trevor Whymark, Clive Woods (68 Michael Lambert).

LANDSKRONA: Ronny Sörensen, Stefan Nilsson, Per-Ake Theander, Jan-Erik Sjöberg, Jörgen Augustsson, Kenneth Elgström, Göran Petersson, Tommy Gustavsson, Bo Augustsson, Mats Aronsson, Sonny Johansson.
Trainer: Finn-Willy Sørensen

Goals: Whymark (14, 33, 39, 52 pen), Mariner (38)

AC TORINO v APOEL NICOSIA 3-0 (2-0)

Stadio Comunale, Torino   14.09.1977

Referee: Richard Stagno Navarra (MAL)   Att: 30,000

AC TORINO: Giuliano Terraneo, Luigi Danova, Roberto Salvadori, Patrizio Sala, Roberto Mozzini, Nello Santin, Claudio Sala, Eraldo Pecci, Francesco Graziani, Renato Zaccarelli, Paolo Pulici.   Trainer: Luigi Radice

APOEL: Giorgos Pantziaras, Haralampos Menelaou (46 Andreas Stavrou), Andreas Stefanou, Leonidas Leonidou, Mihalis Kolokasis, Nikos Pantziaras, Stefanis Mihail, Takis Antoniu, Andreas Miamiliotis (72 Giorgos Petrou), Mihalis Hatzipieris, Markos Markou.

Goals: Pulici (12, 40), C. Sala (55)

FC ZÜRICH v CSKA SOFIA 1-0 (1-0)

Zürich   14.09.1977

Referee: László Padar (HUN)   Attendance: 8,500

FC ZÜRICH: Karl Grob, Pierre-Albert Chapuisat, Max Heer, Gianpietro Zappa, Pius Fischbach (26 Alberto Erba), Conny Torstensson, René Botteron, Pirmin Stierli, Franco Cucinotta, Peter Risi, Fredy Scheiwiler.   Trainer: Timo Konietzka

CSKA: Ivan Kamarashev, Ivan Zafirov, Georgi Iliev, Tsonio Vasilev, Bojil Kolev, Valeri Peichev, Dimitar Dimitrov (61 Svetlin Mirchev), Plamen Markov, Spas Djevizov, Todor Atanasov (80 Milen Goranov), Tsvetan Ionchev.
Trainer: Nikola Kovachev

Goal: Risi (4)

APOEL NICOSIA v AC TORINO 1-1 (1-0)

Nicosia   28.09.1977

Referee: Otto Anderco (ROM)   Attendance: 13,500

APOEL: Giorgos Pantziaras, Andreas Stefanou, Nikos Pantziaras, Stefanis Mihail, Mihalis Kolokasis, Andreas Stavrou, Leonidas Leonidou, Markos Markou, Andreas Stylianou (46 Takis Antoniou), Andreas Miamiliotis, Mihalis Hatzipieris (77 Giorgos Petrou).

AC TORINO: Giuliano Terraneo, Luigi Danova, Roberto Salvadori, Fabrizio Gorin II, Roberto Mozzini, Nello Santin, Patrizio Sala, Eraldo Pecci (46 Danilo Pileggi), Salvatore Garritano, Cesare Butti, Paolo Pulici (46 Francesco Graziani).
Trainer: Luigi Radice

Goals: Markou (30), Garritano (75)

LINZER ASK
v ÚJPESTI DÓZSA BUDAPEST 3-2 (1-2)

Linzer Stadion   14.09.1977

Referee: Ian M.D. Foote (SCO)   Attendance: 15,000

LASK: Otto Kronberger, Karl Kiesenebner (74 Johann Pigel), Walter Gebhardt, Johann Schmidradner, Gert Trafella; Wolfgang Gayer, Raimund Bincsik, Gerhard Stöffelbauer, Helmut Köglberger, Johann Scharmann, Nebojsa Vuckovic.

ÚJPESTI DÓZSA: Zoltán Tóth; Tamás Viczkó, József Tóth, Ede Dunai III, Jenő Kellner; Peter Schumann, Sándor Zámbó, András Tóth; László Fazekas, András Töröcsik, László Nagy.   Trainer: Pál Várhidi

Goals: Töröcsik (1, 15), Köglberger (18, 48), Vucković (62)

DINAMO ZAGREB
v OLYMPIAKOS PEIRAIAS 5-1 (2-1)

Maksimir, Zagreb   28.09.1977

Referee: Bela Nagy (HUN)   Attendance: 35,000

DINAMO: Zeljko Stincić, Ivan Bedi, Velimir Zajec, Martin Novoselac, Srecko Bogdan (60 Gouzel), Ivica Senzen, Petar Brucić (82 ....), Snjesko Cerin, Džemal Mustedanagić, Mario Bonić, Ivan Poljak.   Trainer: Ivan Marković

OLYMPIAKOS: Leuteris Poupakis, Giannis Prokovas, Petros Karavitis, Siokos, Giannis Kyrastas, Thomas Katsavakis, Meletis Persias, Giorgos Delikaris, Julio Losanta, Ilias Maik Galakos, Mihalis Kritikopoulos.   Trainer: Toza Veselinović

Goals: Cerin (4, 75), Senzen (16), Karavitis (37 pen), Zajec (63 pen), Bonić (81)

ÚJPESTI DÓZSA BUDAPEST
v LINZER ASK 7-0 (1-0)

Megyeri út, Budapest   28.09.1977

Referee: Ertugrul Dilek (TUR)   Attendance: 7,000

ÚJPESTI DÓZSA: Zoltán Tóth; Tamás Viczkó, József Tóth, Ede Dunai, András Sarlós; Peter Schumann (66 Jenő Kellner), Sándor Zámbó, András Tóth; László Fazekas, András Töröcsik, László Nagy (75 László Fekete).   Trainer: Pál Várhidi

LASK: Otto Kronberger, Karl Kiesenebner, Gert Trafella, Gerhard Stöffelbauer, Johann Schmidradner, Walter Gebhardt, Miroslav Vukasinovic, Nebojsa Vuckovic, Helmut Köglberger, Johann Scharmann, Wolfgang Gayer.

Goals: Fazekas (29, 88), A Tóth (52, 70), Töröcsik (62), Sarlós (72), Fekete (83)

INTERNAZIONALE MILANO
v DINAMO TBILISI 0-1 (0-0)

Stadio San Siro, Milano   14.09.1977

Referee: Franz Wöhrer (AUS)   Attendance: 45,000

INTERNAZIONALE: Ivano Bordon, Graziano Bini, Nazzareno Canuti, Adriano Fedele (76 Giuseppe Baresi), Angiolino Gasparini, Giacinto Facchetti, Alessandro Scanziani (67 Giuseppe Pavone), Gabriele Oriali, Alessandro Altobelli, Giampiero Marini, Carlo Muraro.   Trainer: Eugenio Bersellini

DINAMO: David Gogia, Tamaz Kostava, Peruz Kanteladze, Shota Khinchagashvili, David Mudzhiri, Gocha Machaidze, Manuchar Machaidze, Vakhtang Koridze, Vladimir Gutsaev, David Kipiani, Ramaz Schengeliya (86 Vitali Daraselia).

Goal: Kipiani (78)

OLYMPIAKOS PEIRAIAS
v DINAMO ZAGREB 3-1 (1-1)

Karaiskaki, Peiraias   14.09.1977

Referee: Anatoli Ivanov (USSR)   Attendance: 30,000

OLYMPIAKOS: Panagiotis Kelesidis, Kiriakos Androutsos (33 Giannis Prokovas), Giannis Kyrastas, Petros Karavitis, Thomas Katsavakis, Vasilis Siokos, Mihalis Kritikopoulos, Sørensen, Ilias Maik Galakos, Giorgos Delikaris (54 Julio Losanta), Meletis Persias.   Trainer: Toza Veselinović

DINAMO: Zeljko Stincić, Branko Devcić, Branco Tucak, Velimir Zajec, Martin Novoselac, Srecko Bogdan, Ivica Senzen, Ivan Poljak (63 Vujadinović), Snjesko Cerin, Petar Brucić, Mario Bonić.   Trainer: Ivan Marković

Goals: Senzen (27), Karavitis (34), Losanta (60), Galakos (63)

DINAMO TBILISI
v INTERNAZIONALE MILANO 0-0

Dinamo, Tbilisi   28.09.1977

Referee: Walter Eschweiler (WG)   Attendance: 90,000

DINAMO: David Gogia, Tamaz Kostava, Peruz Kanteladze, Shota Khinchagashvili, David Mudzhiri, Gocha Machaidze (82 Aleksandr Chivadze), Manuchar Machaidze, Vakhtang Koridze, Vladimir Gutsaev, David Kipiani, Ramaz Schengeliya (46 Vitali Daraselia).

INTERNAZIONALE: Ivano Bordon, Giuseppe Baresi, Gabriele Oriali, Giampiero Marini, Nazzareno Canuti, Graziano Bini, Giuseppe Pavone, Alessandro Scanziani, Pietro Anastasi (46 Alessandro Altobelli), Claudio Merlo, Carlo Muraro.   Trainer: Eugenio Bersellini

BOAVISTA PORTO v LAZIO ROMA 1-0 (1-0)

Estádio do Bessa, Porto   14.09.1977

Referee: Jean Claude Jourquin (BEL)   Attendance: 32,500

BOAVISTA: Joaquim Pereira SOUSA, Leonel TRINDADE, ALBERTO Teixeira, JORGE GOMES da Silva Filho (75 Manuel José Ferreira da Silva BARBOSA), ARTUR Nogueira Ferreira, MÁRIO JOÃO Fernandes, ALBERTINO Eduardo Pereira, VÍTOR Manuel PEREIRA, Mario Jorge MOINHOS de Matos, FRANCISCO MÁRIO P. Silva, SALVADOR Luis Almeida.

LAZIO: Claudio Garella, Dario Pighin, Luigi Martini (46 Luigi Boccolini), Antonio Lopez, Lionello Manfredonia, Giuseppe Wilson, Bruno Giordano (67 Renzo Garlaschelli), Andrea Agostinelli, Sergio Clerici, Vincenzo d'Amico, Roberto Badiani.   Trainer: Luis Vinicius de Menezes "Vinicio"

Goal: Jorge Gomes (35)

LAZIO ROMA v BOAVISTA PORTO 5-0 (3-0)

Stadio Olimpico, Roma   28.09.1977

Referee: John Robertson Gordon (SCO)   Attendance: 37,955

LAZIO: Claudio Garella, Paolo Ammoniaci, Pietro Ghedin, Franco Cordova, Lionello Manfredonia, Giuseppe Wilson, Renzo Garlaschelli, Andrea Agostinelli, Bruno Giordano, Vincenzo d'Amico (39 Antonio Lopez), Roberto Badiani.   Trainer: Luis Vinicius de Menezes "Vinicio"

BOAVISTA: Joaquim Pereira SOUSA (46 SERAFIM Pereira Batista), Leonel TRINDADE, ALBERTO Teixeira, VÍTOR Manuel PEREIRA, AUSTRINO Ribeiro Silva, ARTUR Nogueira Ferreira, ALBERTINO Eduardo Pereira, JORGE GOMES da Silva Filho, Mario Jorge MOINHOS de Matos, FRANCISCO MÁRIO P. Silva, SALVADOR Luis Almeida.

Goals: Garlaschelli (7, 20), Giordano (13, 53, 87)

FC CARL ZEISS JENA v ALTAY IZMIR 5-1 (1-1)

Ernst Abbe Sportfeld, Jena   14.09.1977

Referee: Martti Hirviniemi (FIN)   Attendance: 8,000

FC CARL ZEISS: Hans-Ulrich Grapenthin, Ullrich Oevermann, Gert Brauer, Konrad Weise, Dieter Noack, Uwe Neuber (15 Martin Trocha), Rüdiger Schnuphase, Lutz Lindemann, Dietmar Sengewald, Thomas Töpfer, Eberhard Vogel.   Trainer: Hans-Joachim Meyer

ALTAY: Tanzer Sencer, Sabahattin Erboga, Bilal Yasar, Erol Togay, Nevruz, Şeref Incirmen, Murat, Akif Basaran, Ümit Birol, Mustafa III, Mustafa Denizli.

Goals: Mustafa Denizli (24 pen), Trocha (39), Vogel (54 pen, 79), Töpfer (75, 88)

ALTAY IZMIR v FC CARL ZEISS JENA 4-1 (3-0)

Alsancak, Izmir   28.09.1977

Referee: Francisc Kolosi (ROM)   Attendance: 5,479

ALTAY: Çetin, Sabahattin Erboga, Bilal Yasar, Erol Togay, Zafer Bilgitay, Şeref Incirmen, Murat Inan, Nevruz (68 Bora Öztürk), Ümit Birol, Akif Basaran, B. Mustafa Denizli.

FC CARL ZEISS: Hans-Ulrich Grapenthin, Ullrich Oevermann, Gert Brauer, Konrad Weise, Dieter Noack, Uwe Neuber, Rüdiger Schnuphase, Lutz Lindemann, Dietmar Sengewald, Thomas Töpfer (65 Klaus Schröder), Eberhard Vogel.   Trainer: Hans-Joachim Meyer

Goals: Mustafa Denizli (4, 45), Murat (37, 68), Lindemann (52)

UD LAS PALMAS v SLOBODA TUZLA 5-0 (2-0)

Estadio Insular, Las Palmas   14.09.1977

Referee: Antonio Luis Porem (POR)

UD LAS PALMAS: Daniel Alberto CARNEVALLI Spunchessi, MARTÍN Marrero de la Cruz, Guillermo HERNÁNDEZ Robayna (46 Aureliano ESTÉVEZ Tamayo), Juan FELIPE Martín Martín, ROQUE Díaz Fuentes, FÉLIX Marrero Morán, Crispín García MACIEL, Miguel Ángel BRINDISI (72 GERMÁN Dévora Ceballos), Carlos Manuel MORETE, JORGE Fernández Armas, Juan Castillo Barreto "JUANI".   Trainer: Miguel MUÑOZ Mozun

SLOBODA: Cakić, Jovicić, Milicić, Mulesinović, Verlasević, Alibegović, Esref Jaserević, Fuad Mulahasanović, Jovan Geca, Mustafa Hukić, Dževad Šećerbegović (72 Mehmed Kovačević).   Trainer: Djordje Gerum

Goals: Maciel (12 pen, 80), Juani (22), Morete (69, 78)

SLOBODA TUZLA v UD LAS PALMAS 4-3 (1-2)

Tuzan stadion, Tuzla   28.09.1977

Referee: Michal Jursa (CZE)   Attendance: 15,000

SLOBODA: Divanefendić, Ismet Hadžić, Jovicić, Lazarević, Verlasević, Alibegović, Mehmed Kovačević, Fuad Mulahasanović, Jovan Geca, Mustafa Hukić, Dževad Šećerbegović.   Trainer: Djordje Gerum

UD LAS PALMAS: Daniel Alberto CARNEVALLI Spunchessi, MARTÍN Marrero de la Cruz (68 Aureliano ESTÉVEZ Tamayo), Guillermo HERNÁNDEZ Robayna, Juan FELIPE Martín Martín, ROQUE Díaz Fuentes, Federico PÁEZ Martín, Crispín García MACIEL, Miguel Ángel BRINDISI (75 GERMÁN Dévora Ceballos), Carlos Manuel MORETE, JORGE Fernández Armas, FÉLIX Marrero Morán.   Trainer: Miguel MUÑOZ Mozun

Goals: Morete (15, 82), Geca (36), Maciel (45), Kovačević (51, 52), Mulahasanović (66)

ASA TÎRGU MUREŞ v AEK ATHINA 1-0 (0-0)

23 August, Tîrgu Mureş   14.09.1977

Referee: Mitko Chukov (BUL)   Attendance: 14,000

ASA: István Solyom; Carol Onuţan, Dumitru Unchiaş, Florea Ispir, Dezső Gall; Petre Varodi (60 Gheorghe Both), Vasile Pîslaru, Ladislau Bölöni; Arpád Fazekas (74 Attila Kaniaro), Andrei Fanici, Iuliu Hajnal.
Trainers: Tiberiu Bone & Attila Erdögh

AEK: Lakis Stergioudas; Haralampos Inzoglou (48 Dionisis Tsamis), Pantelis Nikolaou, Petros Ravousis, Aris Damianidis; Milton Viera, Dimitris Nikoloudis, Stefanos Theodoridis; Hristos Ardizoglou, Giannis Mousouris, Thomas Mauros.
Trainer: František Fadrhonc

Goal: Fanici (81)

AEK ATHINA v ASA TÎRGU MUREŞ 3-0 (3-0)

Neas Filadelfeias, Athina   28.09.1977

Referee: Tome Manojlovski (YUG)   Attendance: 18,500

AEK: Lakis Stergioudas; Stefanos Theodoridis, Haralampos Inzoglou, Pantelis Nikolaou, Petros Ravousis, Aris Damianidis; Milton Viera, Dimitris Nikoloudis (46 Dionisis Tsamis), Dimitris Papaioannou; Giannis Mousouris, Thomas Mauros.
Trainer: František Fadrhonc

ASA: István Solyom; Carol Onuţan, Dumitru Unchiaş, Florea Ispir, Bela Körtessi; Iuliu Hajnal, Ladislau Bölöni, Dezső Gall; Arpád Fazekas (67 Levente Marton), Andrei Fanici, Gheorghe Both.   Trainer: Tiberiu Bone

Goals: Papaioannou (20), Viera (35), Mousouris (44)

FC BARCELONA v STEAUA BUCUREŞTI 5-1 (3-0)

Camp Nou, Barcelona   14.09.1977

Referee: Ernst Dörflinger (SWI)   Attendance: 50,000

FC BARCELONA: Pedro María ARTOLA Urrutia; José Antonio RAMOS Huete, Antonio OLMO Ramírez, Miguel Bernardo Bianquetti "MIGUELI", Jesús Antonio DE LA CRUZ Gallego; Juan Carlos HEREDIA Alvarado, José Vicente SÁNCHEZ Felip, Juan Manuel ASENSI Ripoll (79 Juan José Enríquez Gómez "JUANJO"); Rafael Ignacio ZUVIRÍA Rodríguez, Manuel CLARES García (67 Jorge CARREÑO Padilla), Johan Cruijff (Cap).   Trainer: Marinus Michels

STEAUA: Dumitru Moraru; Teodor Anghelini, Mario Agiu, Ştefan Sameş, Iosif Vigu; Ion Dumitru (Cap), Anghel Iordănescu, Ion Ion (46 Tudorel Stoica); Radu Troi, Viorel Năstase, Constantin Zamfir (70 Marcel Răducanu).
Trainer: Emerich Jenei

Goals: Heredia (4, 30), Cruijff (5 pen), Clares (65), Năstase (72), Zubiría (82)

STEAUA BUCUREŞTI v FC BARCELONA 1-3 (1-1)

Steaua, Bucureşti   28.09.1977

Referee: Domenico Serafino (ITA)   Attendance: 30,000

STEAUA: Vasile Iordache; Teodor Anghelini (61 Gabriel Zahiu), Mario Agiu, Ştefan Sameş, Iosif Vigu; Tudorel Stoica, Ion Ion, Ion Dumitru (Cap); Radu Troi (70 Vasile Aelenei), Marcel Răducanu, Constantin Zamfir.

FC BARCELONA: Pedro María ARTOLA Urrutia; José Antonio RAMOS Huete, Antonio OLMO Ramírez, Miguel Bernardo Bianquetti "MIGUELI", Jesús Antonio DE LA CRUZ Gallego; Juan Manuel ASENSI Ripoll, Johan Neeskens (76 Juan José Enríquez Gómez "JUANJO"), Johan Cruijff (Cap); José Vicente SÁNCHEZ Felip, Juan Carlos HEREDIA Alvarado, Rafael Ignacio ZUVIRÍA Rodríguez.
Trainer: Marinus Michels

Goals: Cruijff (24), Dumitru (36 pen), Asensi (75), Sánchez (89)

FREM KØBENHAVN v GRASSHOPPER-CLUB ZÜRICH 0-2 (0-2)

Valby Idraetspark, København   14.09.1977

Referee: Jan Redelfs (WG)   Attendance: 1,956

FREM: Per Wind; Steen Ryborg, Mogens Nielsen, Lars Larsen, Flemming Ahlberg, Christiansen (73 Jul. Christensen), Hester Hansen, Jan Jacobsen, Leif Printzlau (56 Eriksen), Ole Mørch, Flemming Rasmussen.

GRASSHOPPER: Roger Berbig; Jonny Hey, Thomas Niggl, Francis Montandon, Richard Bauer, Roger Wehrli, André Meyer, Kurt Becker, Claudio Sulser, Raimundo Ponte, Rudolf Elsener.   Trainer: Helmuth Johannsen

Goals: Elsener (34), Becker (39)

GRASSHOPPER-CLUB ZÜRICH v FREM KØBENHAVN 6-1 (2-1)

Hardturm, Zürich   28.09.1977

Referee: Horst Brummeier (AUS)   Attendance: 3,400

GRASSHOPPER: Roger Berbig; Jonny Hey, Thomas Niggl, Francis Montandon, Richard Bauer, Roger Wehrli (65 Heinz Hermann), André Meyer, Kurt Becker (75 Roger Picand), Claudio Sulser, Raimundo Ponte, Rudolf Elsener.

FREM: Per Wind; Steen Ryborg, Mogens Nielsen, Hester Hansen, Flemming Ahlberg, Jan Jacobsen, F. Nielsen, Christiansen (60 Leif Printzlau), Eriksen (77 Bjarne Andersen), Ole Mørch, Jørgen Mikkelsen.

Goals: Meyer (7, 70), Becker (40), Jørgen Mikkelsen (45), Elsener (57), Ponte (82, 83)

SECOND ROUND

ÚJPESTI DÓZSA BUDAPEST
v ATHLETIC CLUB BILBAO 2-0 (1-0)

Megyeri út, Budapest   19.10.1977

Referee: Sergio Gonella (ITA)   Attendance: 15,000

ÚJPESTI DÓZSA: Zoltán Tóth; Tamás Viczkó, Ede Dunai, József Tóth; Sándor Zámbó, András Sarlós, András Tóth; László Fazekas, András Törőcsik, László Fekete, László Nagy (72 György Kerekes).   Trainer: Pál Várhidi

ATHLETIC: José Ángel IRÍBAR Cortajarena (81 Juan Antonio ZALDÚA Olazar), José María LASA Ibarguren, Ángel María VILLAR Llona, Daniel ASTRAIN Egozcue (46 Andoni GOICOECHEA Olascoaga), Javier ESCALZA Ellacuría; Fernando TIRAPU Arteta, José Ramón ALEXANCO Ventosa, José María AMORRORTU Prieto, Ignacio CHURRUCA Sistiaga, Javier IRURETAgoyena Amiano, CARLOS Ruiz Herrero.   Trainer: Luis María AGUIRRE Vidaurrázaga

Goals: Törőcsik (7), Viczkó (85)

ATHLETIC CLUB BILBAO v ÚJPESTI DÓZSA
BUDAPEST 3-0 (0-0, 2-0) (AET)

Estadio San Mamés, Bilbao   2.11.1977

Referee: Patrick Partridge (ENG)   Attendance: 40,000

ATHLETIC: José Ángel IRÍBAR Cortajarena, Agustín GUISASOLA Zabala (74 José María LASA Ibarguren), José Ramón ALEXANCO Ventosa, Javier ESCALZA Ellacuría, Fernando TIRAPU Arteta, Javier IRURETAgoyena Amiano, DANIel Ruiz Bazán, CARLOS Ruiz Herrero, Aitor AGUIRRE Uriarte (46 José María AMORRORTU Prieto), Ignacio CHURRUCA Sistiaga, José Francisco ROJO I Arroitia.   Trainer: Luis María AGUIRRE Vidaurrázaga

ÚJPESTI DÓZSA: Zoltán Tóth (84 Adám Rothermel), József Tóth, Tamás Viczkó, András Sarlós, Peter Schumann, László Nagy, László Fazekas, Sándor Zámbó (74 Ferenc Bene), András Tóth; András Törőcsik, László Fekete.   Trainer: Pál Várhidi

Goals: Dani (69, 81), Tirapu (107)

INTERNACIONÁL SLOVNAFT BRATISLAVA
v GRASSHOPPER-CLUB ZÜRICH 1-0 (0-0)

Bratislava   19.10.1977

Referee: William Gow (WAL)   Attendance: 4,600

INTER: Miroslav Kovarik; Ladislav Hudec, Ladislav Jurkemik, Jaroslav Simoncic, Jozef Barmos, Jozef Sajanek, Marián Novotný, Julius Gögh (74 Horvath), Jozef Levicky, Karol Brezik, Zrubec.

GRASSHOPPER: Roger Berbig; Kurt Becker, Francis Montandon, Jonny Hey, Thomas Niggl, Richard Bauer, André Meyer, Roger Wehrli, Raimundo Ponte, Claudio Sulser, Rudolf Elsener (79 Heinz Hermann).

Goal: Sajanek (83)

GRASSHOPPER ZÜRICH v INTERNACIONÁL
SLOVNAFT BRATISLAVA 5-1 (3-0)

Hardturm, Zürich   2.11.1977

Referee: Jan Beck (HOL)   Attendance: 5,500

GRASSHOPPER: Roger Berbig; Jonny Hey, Kurt Becker, René Nafzger, Thomas Niggl, Richard Bauer, Francis Montandon, Roger Wehrli, Claudio Sulser, Raimundo Ponte, Rudolf Elsener.

INTER: Miroslav Kovarik, Jaroslav Simoncic, Jozef Barmos, Ladislav Jurkemik, Ladislav Hudec, Jozef Sajanek, Jozef Levicky, Karol Brezik, Jozef Bajza, Ladislav Petras, Zrubec.

Goals: Elsener (3, 35), Ponte (40), Sulser (60), Jurkemik (75), Hey (80)

AZ 67 ALKMAAR v FC BARCELONA 1-1 (1-0)

Alkmaarderhout   19.10.1977

Referee: Walter Eschweiler (WG)   Attendance: 20,600

AZ 67: Rizah Mešković, Henk van Rijnsoever, Ronald Spelbos, Theo Vonk, Hugo Hovenkamp, John Metgod, Peter Arntz, Jan Peters, Wim van Hanegem, Kristen Nygaard, Kees Kist (69 Loek Ursem).   Trainer: Hans Kraaij

FC BARCELONA: Pedro María ARTOLA Urrutia, José Antonio RAMOS Huete (74 Enrique Álvarez COSTAS), Miguel Bernardo Bianquetti "MIGUELI", Antonio OLMO Ramírez, Jesús Antonio DE LA CRUZ Gallego, Johan Neeskens, José Vicente SÁNCHEZ Felip, Juan Manuel ASENSI Ripoll, Juan Carlos HEREDIA Alvarado (90 Jorge CARREÑO Padilla), Johan Cruijff, Rafael Ignacio ZUVIRÍA Rodríguez.   Trainer: Marinus Michels

Goals: Nygaard (41), Neeskens (47)

FC BARCELONA
v AZ 67 ALKMAAR 1-1 (1-0, 1-1) (AET)

Camp Nou, Barcelona   2.11.1977

Referee: John Wright Paterson (SCO)   Attendance: 53,000

FC BARCELONA: Pedro María ARTOLA Urrutia, Alfredo AMARILLO, Miguel Bernardo Bianquetti "MIGUELI", Antonio OLMO Ramírez, Jesús Antonio DE LA CRUZ Gallego, Johan Neeskens, José Vicente SÁNCHEZ Felip (110 Miguel MIR Genes), Juan Manuel ASENSI Ripoll, Juan Carlos HEREDIA Alvarado (77 ESTEBAN Vigo Benítez), Johan Cruijff, Carlos REXACH Cerdá.   Trainer: Marinus Michels

AZ 67: Rizah Mešković, Henk Van Rijnsoever, Ronald Spelbos (46 Bert Nijdam), Theo Vonk, Hugo Hovenkamp (31 Fred Filippo), John Metgod, Peter Arntz, Jan Peters, Kristen Nygaard, Loek Ursem, Kees Kist.   Trainer: Hans Kraaij

Goals: Rexach (32 pen), Kist (69)

Penalties: 0-1 Metgod, 1-1 Rexach, 1-2 Kist, 2-2 Asensi, Nygaard (miss), 3-2 Olmo, 3-3 Arntz, 4-3 Amarillo, 4-4 Spelbos, 5-4 Cruyff

**1.FC MAGDEBURG
v SCHALKE 04 GELSENKIRCHEN 4-2** (2-0)
Ernst-Grube-Stadion, Magdeburg   19.10.1977
Referee: Erik Fredriksson (SWE)   Attendance: 37,500
1.FC MAGDEBURG: Dirk Heine, Detlef Raugust, Manfred Zapf, Wolfgang Seguin, Klaus Decker, Siegmund Mewes, Jürgen Pommerenke, Wolfgang Steinbach, Joachim Streich, Jürgen Sparwasser, Martin Hoffmann.
Trainer: Klaus Urbanczyk
SCHALKE 04: Volkmar Gross, Bernd Thiele, Rolf Rüssmann, Helmut Kremers, Schipper, Manfred Dubski, Herbert Lütkebohmert (75 Thomas Lander), Hans Bongartz, Rüdiger Abramczik, Klaus Fischer, Erwin Kremers (40 Herbert Demange). Trainer: Friedel Rausch
Goals: Sparwasser (18, 45, 64), Demange (51), Abramczik (55), Steinbach (76)

**SCHALKE 04 GELSENKIRCHEN
v 1.FC MAGDEBURG 1-3** (0-2)
Parkstadion, Gelsenkirchen   2.11.1977
Referee: Brian McGinlay (SCO)   Attendance: 70,600
SCHALKE 04: Volkmar Gross, Manfred Dubski, Bernd Thiele, Rolf Rüssmann, Schipper, Helmut Kremers, Ulrich Bittcher (55 Herbert Lütkebohmert), Rüdiger Abramczik, Herbert Demange (65 Thomas Lander), Klaus Fischer, Erwin Kremers.   Trainer: Friedel Rausch
1.FC MAGDEBURG: Dirk Heine, Detlef Raugust, Manfred Zapf, Wolfgang Seguin, Klaus Decker, Jürgen Pommerenke, Wolfgang Steinbach, Siegmund Mewes, Joachim Streich, Jürgen Sparwasser, Martin Hoffmann.
Trainer: Klaus Urbanczyk
Goals: Pommerenke (15, 49), Steinbach (20), E. Kremers (51)

SEC BASTIA v NEWCASTLE UNITED 2-1 (0-1)
Stade Armand Cesari-Furiani, Bastia   19.10.1977
Referee: Erich Linemayr (AUS)   Attendance: 10,000
BASTIA: Marc Weller, Jean-Louis Cazes, Charles Orlanducci, André Guesdon, André Burkhardt, Felix Lacuesta, Jean-Louis Desvignes (10 Georges Franceschetti, 77 Jean-François Larios), Claude Papi, Johnny Rep, François Félix, Jean-Marie De Zerbi.   Trainer: Pierre Cahuzac
NEWCASTLE UNITED: Steven Hardwick, Peter Kelly, Irving Nattrass, Thomas Cassidy, Aiden McCaffrey, Geoffrey Nulty, Stewart Barrowclough, Paul Cannell, Michael Burns, Alan Gowling, Thomas Craig.   Manager: Richard Dinnis
Goals: Cannell (7), Papi (50, 88)

NEWCASTLE UNITED v SEC BASTIA 1-3 (1-2)
St. James' Park, Newcastle-upon-Tyne   2.11.1977
Referee: Svein Inge Thime (NOR)   Attendance: 34,560
NEWCASTLE UNITED: Steven Hardwick, Irving Nattrass, John Blackley, Thomas Cassidy, Aiden McCaffery, Geoffrey Nulty (52 John Bird), Stewart Barrowclough, Paul Cannell (80 Raymond Hudson), Michael Burns, Alan Gowling, Thomas Craig.
BASTIA: Marc Weller, Jean-Louis Cazes, Didier Knayer, André Guesdon, Paul Marchioni, Charles Orlanducci, Felix Lacuesta, Claude Papi, Johnny Rep, François Félix, Jean-Marie De Zerbi (60 Jean-François Larios).   Trainer: Pierre Cahuzac
Goals: De Zerbi (3), Rep (9, 67), Gowling (36)

**FC ZÜRICH
v EINTRACHT FRANKFURT am MAIN 0-3** (0-1)
Zürich   19.10.1977
Referee: Vojtech Christov (CZE)   Attendance: 17,000
FC ZÜRICH: Karl Grob, Pierre-Albert Chapuisat, Max Heer, Pius Fischbach, Conny Torstensson (73 Rudolf Landolt), Fritz Baur, René Botteron, Fredy Scheiwiler, Manfred Moser, Franco Cucinotta, Peter Risi (46 Alberto Erba).
EINTRACHT: Heinz-Josef Koitka, Lothar Skala, Gert Trinklein, Peter Reichel, Willi Neuberger, Wolfgang Trapp, Wolfgang Kraus, Bernd Nickel, Jürgen Grabowski, Bernd Hölzenbein, Rüdiger Wenzel.   Trainer: Gyula Lorant
Goals: Hölzenbein (28), Wenzel (77), Grabowski (90)

**EINTRACHT FRANKFURT am MAIN
v FC ZÜRICH 4-3** (1-1)
Waldstadion, Frankfurt am Main   2.11.1977
Referee: Anatoli Ivanov (USSR)   Attendance: 3,000
EINTRACHT: Heinz-Josef Koitka, Peter Reichel, Lothar Skala, Karl-Heinz Körbel, Willi Neuberger, Roland Weidle, Jürgen Grabowski, Bernd Nickel, Wolfgang Trapp (63 Dragoslav Stepanovic), Bernd Hölzenbein, Wolfgang Kraus (66 Peter Krobbach).   Trainer: Gyula Lorant
FC ZÜRICH: Karl Grob, Georg Aliesch, Alberto Erba (88 Rudolf Landolt), Pius Fischbach, Gianpietro Zappa, Conny Torstensson, Fredy Scheiwiler, René Botteron, Manfred Moser (63 Fritz Baur), Peter Risi, Franco Cucinotta.
Goals: Kraus (1), Risi (45 pen, 60), Grabowski (62), Stepanović (68), Torstensson (82), Krobbach (87)

KB KØBENHAVN v DINAMO TBILISI 1-4 (0-2)

Frederiksberg stadion, København   19.10.1977

Referee: Thomas Perry (NIR)   Attendance: 9,000

KB: Ole Qvist, Eigil Nielsen (76 D. Hansen), Palle Hansen, Peter Lindby, Boesen, Henrik Eigenbrod, Nussing (70 Frimann), Klaus Nørregaard, Finn Laudrup, Søren Andreasen, Torsten Andersen.

DINAMO: David Gogia, Tamaz Kostava, Peruz Kanteladze, Shota Khinchagashvili, David Mudzhiri, Manuchar Machaidze, Vakhtang Koridze (81 Ramaz Schengeliya), Aleksandr Chivadze, Vitali Daraselia (46 Gocha Machaidze), David Kipiani, Revaz Chelebadze.

Goals: Chivadze (10), Kipiani (25), Chelebadze (76), Laudrup (80), Schengeliya (84)

GÓRNIK ZABRZE v ASTON VILLA BIRMINGHAM 1-1 (1-0)

Górnik, Zabrze   2.11.1977

Referee: Alberto Michelotti (ITA)   Attendance: 15,000

GÓRNIK: Andrzej Fischer, Bernard Jarzina, Jerzy Gorgon, Henryk Wieczorek, Ireneusz Lazurowicz (67 Jerzy Radecki), Joachim Hutka, Adam Popowicz, Zygfryd Szoltysik, Józef Kurzeja, Stanisław Gzil, Janusz Marcinkowski (76 Marian Wasilewski).   Trainer: Hubert Kostka

ASTON VILLA: James Rimmer, John Gidman, Gordon Smith, Leighton Phillips, Kenneth McNaught, Dennis Mortimer, John Deehan (46 Gordon Cowans), Brian Little, Andrew Gray, Alexander Cropley, Francis Carrodus.

Goals: Marcinowski (40), A. Gray (52)

DINAMO TBILISI v KB KØBENHAVN 2-1 (0-0)

Dinamo, Tbilisi   2.11.1977

Referee: Anders Mattsson (FIN)   Attendance: 80,000

DINAMO: Otar Gabeliya, Tamaz Kostava, Peruz Kanteladze, Shota Khinchagashvili, David Mudzhiri, Manuchar Machaidze, Vakhtang Koridze, Aleksandr Chivadze (46 Revaz Chelebadze), Vitali Daraselia, Vladimir Gutsaev, David Kipiani (68 Ramaz Schengeliya).

KB: Ole Qvist, Nussing, Palle Hansen, Peter Lindby, Eigil Nielsen, Klaus Nørregaard (79 Søren Andreasen), Henrik Eigenbrod, L. Hansen, Niels-Christian Holmstrøm, Finn Laudrup, Torsten Andersen.

Goals: Chelebadze (52, 58), Andersen (85)

LAZIO ROMA v RC LENS 2-0 (2-0)

Stadio Olimpico, Roma   19.10.1977

Referee: Josef Bucek (AUS)   Attendance: 50,739

LAZIO: Claudio Garella, Paolo Ammoniaci, Pietro Ghedin, Franco Cordova, Lionello Manfredonia, Giuseppe Wilson, Renzo Garlaschelli, Andrea Agostinelli, Bruno Giordano, Antonio Lopez, Roberto Badiani.
Trainer: Luis Vinicius de Menezes "Vinicio"

RC LENS: Jean Pierre Tempet; Alain Hopquin (46 Hassan Harmatallah), Michel Joly, Jean Marie Elie, Hervé Flak, Daniel Leclercq, Robert Sab, Richard Krawczik (67 Pascal Françoise), Joachim Marx, Fares Bousdira, Didier Six.
Trainer: Arnold Sowinski

Goals: Wilson (30), Giordano (31)

ASTON VILLA BIRMINGHAM v GÓRNIK ZABRZE 2-0 (1-0)

Villa Park, Birmingham   19.10.1977

Referee: Ángel Franco Martínez (SPA)   Attendance: 34,138

ASTON VILLA: James Rimmer (20 John Findlay), John Gidman, Gordon Smith, Leighton Phillips, Kenneth McNaught, Dennis Mortimer, John Deehan, Brian Little, Andrew Gray, Alexander Cropley, Francis Carrodus.   Manager: Ron Saunders

GÓRNIK: Waldemar Cimander, Bernard Jarzina, Jerzy Gorgon, Henryk Wieczorek, Zygmunt Bindek, Zygfryd Szoltysik (80 Janusz Marcinkowski), Adam Popowicz, Józef Kurzeja, Joachim Hutka, Stanisław Gzil, Jerzy Radecki (61 Marian Wasilewski).   Trainer: Hubert Kostka

Goals: McNaught (11, 54)

RC LENS v LAZIO ROMA 6-0 (1-0, 2-0) (AET)

Félix Bollaert, Lens   2.11.1977

Referee: César da Luz Dias Correia (POR)   Att: 27,000

RC LENS: Jean Pierre Tempet; Alain Hopquin, Michel Joly, Robert Sab (94 Moncef Djebaili), Hervé Flak, Daniel Leclercq, Joachim Marx, Richard Krawczik (75 Jean Marie Elie), Pascal Françoise, Fares Bousdira, Didier Six.
Trainer: Arnold Sowinski

LAZIO: Claudio Garella, Paolo Ammoniaci (15 Dario Pighin), Pietro Ghedin, Franco Cordova, Lionello Manfredonia, Giuseppe Wilson, Andrea Agostinelli (82 Renzo Garlaschelli), Antonio Lopez, Bruno Giordano, Vincenzo d'Amico, Roberto Badiani.   Trainer: Luis Vinicius de Menezes "Vinicio"

Goals: Six (45, 57, 115), Bousdira (109), Djebaili (118, 119)

IPSWICH TOWN v UD LAS PALMAS 1-0 (1-0)

Portman Road, Ipswich   19.10.1977

Referee: Jean Dubach (SWI)   Attendance: 22,195

IPSWICH TOWN: Paul Cooper, George Burley (46 Roger Osborne), Leslie Tibbott, Brian Talbot, Alan Hunter, Russell Osman, Michael Mills, Eric Gates, Paul Mariner, Trevor Whymark (70 David Geddis), Clive Woods.
Manager: Robert Robson

UD LAS PALMAS: Daniel Alberto CARNEVALLI Spunchessi, Aureliano ESTÉVEZ Tamayo, Federico PÁEZ Martín, ROQUE Díaz Fuentes, Juan FELIPE Martín Martín, FELIX Marrero Morán, Crispín García MACIEL, Miguel Ángel BRINDISI, Carlos Manuel MORETE, JORGE Fernández Armas, Juan Castillo Barreto "JUANI" (32 José "PEPE" JUAN Sánchez).
Trainer: Miguel MUÑOZ Mozún

Goal: Gates (23)

**EINTRACHT BRAUNSCHWEIG
v START KRISTIANSAND 4-0** (1-0)

Eintracht stadion an der Hamburger Str., Braunschweig   2.11.1977

Referee: D. Stec (POL)   Attendance: 9,600

EINTRACHT: Bernd Franke, Hasse Borg, Friedhelm Haebermann, Dieter Zembski, Franz Merkhoffer, Reiner Hollmann, Wolfgang Grobe, Paul Breitner, Wolfgang Dremmler (46 Dietmar Erler), Karl-Heinz Handschuh, Danilo Popivoda (72 Matthias Bruns).   Trainer: Branko Zebec

START: Roy Amundsen, Trond Pedersen, Thorgny Svenssen, Svein Kaalaas, Kaj Ljösdal, Stein Thunberg, Helge Haugen (81 Audun Myhre), Sven Otto Birkeland, Svein Mathisen, Helge Skuseth, Preben Jørgensen.

Goals: Breitner (14), Handschuh (47), Hollmann (55, 79)

UD LAS PALMAS v IPSWICH TOWN 3-3 (1-2)

Estadio Insular, Las Palmas   2.11.1977

Referee: Achille Verbecke (FRA)   Attendance: 22,000

UD LAS PALMAS: Daniel Alberto CARNEVALLI Spunchessi, Aureliano ESTÉVEZ Tamayo, Juan FELIPE Martín Martín, Federico PÁEZ Martín (79 GERARDO Miranda Concepción), ROQUE Díaz Fuentes, FELIX Marrero Morán, Crispín García MACIEL, Miguel Ángel BRINDISI, Carlos Manuel MORETE, JORGE Fernández Armas, Juan Castillo Barreto "JUANI" (46 Teodoro FERNÁNDEZ Pérez).
Trainer: Miguel MUÑOZ Mozún

IPSWICH TOWN: Paul Cooper, Michael Mills, Leslie Tibbott, Brian Talbot, Alan Hunter, Russell Osman, Roger Osborne, Eric Gates, Paul Mariner, Trevor Whymark (24 David Geddis), Clive Woods (70 Dale Roberts).

Goals: Morete (24, 55), Mariner (13, 74), Tibbott (28), Fernández (78)

WIDZEW LÓDZ v PSV EINDHOVEN 3-5 (1-2)

Widzew, Lódz   19.10.1977

Referee: Alfred Delcourt (BEL)   Attendance: 35,000

WIDZEW: Stanisław Burzynski, Zdzisław Kostrzewinski, Pawel Janas, Andrzej Grebosz (46 Henryk Dawid, 70 Jerzy Krawczyk), Pawel Zawadzki, Miroslaw Tlokinski, Zbigniew Boniek, Zdzislaw Rozborski, Wieslaw Chodakowski, Ryszard Kowenicki, Tadeusz Gapinski.   Manager: Bronisław Waligora

PSV: Jan van Beveren, Huub Stevens, Adri van Kraay, Ernie Brandts, Jan Poortvliet, Willy van de Kerkhof, Gerrie Deijkers (79 Tom Smits), Harrie Lubse, René van de Kerkhof (75 Guy François), Willy van der Kuijlen, Nick Deacy.
Trainer: Kees Rijvers

Goals: Rozborski (16), Deacy (25), Deijkers (37, 54), Kowenicki (65), Van der Kuijlen (72), François (74), Boniek (79)

**START KRISTIANSAND
v EINTRACHT BRAUNSCHWEIG 1-0** (0-0)

Kristiansand stadion   19.10.1977

Referee: Henning Lund Sørensen (DEN)   Attendance: 7,917

START: Roy Amundsen, Trond Pedersen, Thorgny Svenssen, Svein Kaalaas, Kaj Ljösdal, Stein Thunberg, Helge Haugen, Sven Otto Birkeland, Helge Skuseth, Svein Mathisen, Preben Jørgensen.

EINTRACHT: Bernd Franke, Hasse Borg, Reiner Hollmann, Friedhelm Haebermann, Franz Merkhoffer, Dieter Zembski, Wolfgang Grobe, Paul Breitner, Dietmar Erler, Danilo Popivoda, Wolfgang Dremmler.   Trainer: Branko Zebec

Goal: H. Haugen (78)

PSV EINDHOVEN v WIDZEW LÓDZ 1-0 (0-0)

Philips sportpark, Eindhoven   2.11.1977

Referee: Dušan Maksimović (YUG)   Attendance: 10,000

PSV: Jan van Beveren, Kees Krijgh, Huub Stevens, Adri van Kraay, Ernie Brandts, Willy van de Kerkhof (70 Paul Postuma), Willy van der Kuijlen, Jan Poortvliet, Guy François (46 Nick Deacy), Harrie Lubse, Gerrie Deijkers.   Trainer: Kees Rijvers

WIDZEW: Stanisław Burzynski, Zdzisław Kostrzewinski, Andrzej Grebosz, Miroslaw Tlokinski, Jerzy Krawczyk (74 Andrzej Mozejko), Pawel Zawadzki, Zbigniew Boniek, Zdzislaw Rozborski, Ryszard Kowenicki, Tadeusz Gapinski, Wieslaw Chodakowski.   Manager: Bronisław Waligora

Goal: Deijkers (68)

BAYERN MÜNCHEN
v MAREK STANKE DIMITROV 3-0 (1-0)
Olympiastadion, München 19.10.1977
Referee: Paul Bonett (MAL)   Attendance: 14,000
BAYERN: Josef Maier, Kurt Niedermayer, Wolfgang Rausch, Georg Schwarzenbeck, Peter Gruber, Bernd Dürnberger, Branko Oblak, Udo Horsmann, Uli Hoeness, Gerd Müller, Karl-Heinz Rummenigge.   Trainer: Dettmar Cramer
MAREK: Stoian Stoianov, Liuben Sevdin, Roman Karakolev, Ivan Palev, Nikolai Vukov, Sasho Pargov, Aleksandar Rainov, Ivan Petrov, Ventsislav Petrov, Emil Kiuchukov (70 Stanke Bojurin), Liuben Kolev.   Trainer: Ianko Donkov
Goals: Müller (44), K.H. Rummenigge (50, 64)

MAREK STANKE DIMITROV
v BAYERN MÜNCHEN 2-0 (2-0)
Bonchuk, Stanke Dimitrov 2.11.1977
Referee: Ertrugrul Dilek (TUR)   Attendance: 40,000
MAREK: Stoian Stoianov, Liuben Sevdin, Roman Karakolev, Ivan Palev, Nikolai Vukov, Sasho Pargov, Aleksandar Rainov, Emil Kiuchukov, Asen Tomov, Ivan Petrov, Ventsislav Petrov. Trainer: Ianko Donkov
BAYERN: Josef Maier, Kurt Niedermayer, Wolfgang Rausch, Georg Schwarzenbeck, Bernd Dürnberger (46 Hans-Josef Kapellmann), Peter Gruber, Branko Oblak, Karl-Heinz Rummenigge, Klaus Augenthaler, Gerd Müller, Uli Hoeness (65 Rainer Künkel).   Trainer: Dettmar Cramer
Goals: I. Petrov (32), Pargov (37)

AEK ATHINA v STANDARD LIÈGE 2-2 (0-2)
Neas Filadelfeias, Athina 19.10.1977
Referee: Kenneth Howard Burns (ENG)   Att: 25,000
AEK: Lakis Stergioudas, Haralampos Intzoglou, Stefanos Theodoridis (38 Dimitris Outsikas), Petros Ravousis, Pantelis Nikolaou, Milton Viera, Tasos Konstantinou (39 Hristos Ardizoglou), Dimitris Nikoloudis, Giannis Mousouris, Dimitris Papaioannou, Thomas Mauros.
Trainer: Zlatko Cajkovski
STANDARD: Michel Preud'homme, Eric Gerets, Michel Renquin, Theo Poel, Philippe Garot, Christian Labarbe, André Gorez, Gérard Plessers, Gyula Visnyei, Asgeir Sigurvinsson (57 Mathy Billen), Alfred Riedl.   Trainer: Ernst Happel
Goals: Sigurvinsson (14), Poel (42), Mauros (57), Nikoloudis (83)

STANDARD LIÈGE v AEK ATHINA 4-1 (1-0)
Stade Maurice Dufrasne "Sclessin", Liège 2.11.1977
Referee: Walter Hungerbuhler (SWI)   Attendance: 35,000
STANDARD: Michel Preud'homme, Eric Gerets, Michel Renquin, Theo Poel, Philippe Garot, Gyula Visnyei, André Gorez, Christian Labarbe, Harald Nickel, Asgeir Sigurvinsson, Alfred Riedl.   Trainer: Ernst Happel
AEK: Lakis Stergioudas, Stefanos Theodoridis, Petros Ravousis, Pantelis Nikolaou, Dimitris Outsikas, Milton Viera, Dimitris Nikoloudis, Dimitris Papaioannou, Hristos Azdizoglou, Giannis Mousouris, Thomas Mauros.
Trainer: Zlatko Cajkovski
Goals: Gorez (40, 82), Ardizoglou (60), Riedl (61), Nickel (79)

AC TORINO v DINAMO ZAGREB 3-1 (2-0)
Stadio Comunale, Torino 19.10.1977
Referee: Lajos Somlai (HUN)   Attendance: 40,000
AC TORINO: Giuliano Terraneo, Luigi Danova, Roberto Salvadori, Patrizio Sala, Roberto Mozzini, Vittorio Caporale, Claudio Sala, Eraldo Pecci, Francesco Graziani, Cesare Butti, Paolo Pulici.   Trainer: Luigi Radice
DINAMO: Zeljko Stincić, Vujadinović, Branco Tucak, Velimir Zajec, Martin Novoselac, Srecko Bogdan, Ivica Senzen, Petar Brucić, Snjesko Cerin, Džemal Mustedanagić, Mario Bonić.   Trainer: Ivan Marković
Goals: Pulici (8), P. Sala (26), Pecci (49), Bonić (58)

DINAMO ZAGREB v AC TORINO 1-0 (1-0)
Maksimir, Zagreb 2.11.1977
Referee: Eldar Asim Zade (USSR)   Attendance: 52,500
DINAMO: Zeljko Stincić, Ivan Bedi, Branco Tucak, Džemal Mustedanagić, Martin Novoselac, Srecko Bogdan, Ivica Senzen, Petar Brucić, Snjesko Cerin, Velimir Zajec, Mario Bonić (57 Zupetić).   Trainer: Ivan Marković
AC TORINO: Giuliano Terraneo, Luigi Danova, Roberto Salvadori, Patrizio Sala, Roberto Mozzini, Vittorio Caporale, Claudio Sala, Eraldo Pecci, Francesco Graziani, Renato Zaccarelli, Paolo Pulici.   Trainer: Luigi Radice
Goal: Senzen (24)

RWD MOLENBEEK
v FC CARL ZEISS JENA 1-1 (1-1)
Stade Edmond Machtens, Brussel 20.10.1977
Referee: Emilio Carlos Guruceta Muro (SPA)   Att: 15,000
RWD MOLENBEEK: Jan Ruiter, Gérard Desanghere, Alex Lafont, Carlos Alhinho, Hubert Cordiez, Jan Boskamp, Karl-Heinz Wissmann (82 Jean-Paul den Haese), Morten Olsen, André Raes, Willy Wellens, Patrick Gorez.
FC CARL ZEISS: Detlev Zimmer, Ullrich Oevermann, Gert Brauer, Konrad Weise, Dieter Noack, Lutz Lindemann, Lothar Kurbjuweit, Dietmar Sengewald, Thomas Töpfer (85 Klaus Schröder), Rüdiger Schnuphase, Eberhard Vogel.
Trainer: Hans-Joachim Meyer
Goals: Wellens (37), Lindemann (41)

**FC CARL ZEISS JENA
v RWD MOLENBEEK 1-1** (0-0, 1-1) (AET)

Ernst Abbe Sportfeld, Jena   2.11.1977

Referee: Dogan Babacan (TUR)   Attendance: 12,000

FC CARL ZEISS: Detlev Zimmer, Ullrich Oevermann, Gert Brauer, Konrad Weise, Dieter Noack, Lothar Kurbjuweit (114 Uwe Neuber), Lutz Lindemann, Dietmar Sengewald, Thomas Töpfer, Rüdiger Schnuphase, Eberhard Vogel (73 Martin Trocha).   Trainer: Hans-Joachim Meyer

RWD MOLENBEEK: Jan Ruiter, Eric Dumon, Maurice Martens, Carlos Alhinho, Morten Olsen, Jan Boskamp, Hubert Cordiez, Alex Lafont, Karl-Heinz Wissmann (62 Patrick Gorez), Willy Wellens, Franky van Haecke (62 André Raes).

Goals: Lindemann (62 pen), Alhinho (68)

Penalties: 1-0 Weise, Martens (miss), 2-0 Töpfer, 2-1 Cordiez, 3-1 Schnuphase, 3-2 Boskamp, 4-2 Oevermann, 4-3 Wissmann, Lindemann (miss), 4-4 Wellens, 5-4 Sengewald, 5-5 Gorez, 6-5 Brauer, Dumon (miss)

1.FC MAGDEBURG v RC LENS 4-0 (2-0)

Ernst-Grube-Stadion, Magdeburg   23.11.1977

Referee: Francis Rion (BEL)   Attendance: 25,000

1.FC MAGDEBURG: Dirk Heine, Manfred Zapf, Detlef Raugust, Wolfgang Seguin, Klaus Decker, Siegmund Mewes, Jürgen Pommerenke, Wolfgang Steinbach, Joachim Streich, Jürgen Sparwasser, Martin Hoffmann.
Trainer: Klaus Urbanczyk

RC LENS: Jean Pierre Tempet; Eric Lhote, Daniel Leclercq, Hervé Flak, Michel Joly, Robert Sab, Moncef Djebaili (74 Pascal Françoise), Richard Krawczik, Joachim Marx, Fares Bousdira, Didier Six.   Trainer: Arnold Sowinski

Goals: Zapf (4), Pommerenke (35 pen), Hoffmann (55), Steinbach (65)

THIRD ROUND

**EINTRACHT FRANKFURT am MAIN
v BAYERN MÜNCHEN 4-0** (2-0)

Waldstadion, Frankfurt am Main   23.11.1977

Referee: Nicolae Rainea (ROM)   Attendance: 26,000

EINTRACHT: Heinz-Josef Koitka, Helmut Müller, Lothar Skala, Willi Neuberger, Karl-Heinz Körbel, Roland Weidle, Wolfgang Kraus (70 Peter Krobbach), Bernd Nickel (80 Egon Bihn), Jürgen Grabowski, Bernd Hölzenbein, Rüdiger Wenzel.   Trainer: Gyula Lorant

BAYERN: Josef Maier, Kurt Niedermayer, Wolfgang Rausch, Georg Schwarzenbeck, Peter Gruber, Bernd Dürnberger, Hans-Josef Kapellmann, Karl-Heinz Wohland, Karl-Heinz Rummenigge, Gerd Müller, Norbert Janzon.
Trainer: Dettmar Cramer

Goals: Grabowski (23), Hölzenbein (37), Kraus (66), Skala (67)

**BAYERN MÜNCHEN
v EINTRACHT FRANKFURT am MAIN 1-2** (1-0)

Olympiastadion, München   7.12.1977

Referee: Cesare Gussoni (ITA)   Attendance: 13,000

BAYERN: Josef Maier, Hans-Josef Kapellmann, Georg Schwarzenbeck, Klaus Augenthaler, Udo Horsmann (73 Norbert Janzon), Wolfgang Rausch, Franz Roth, Bernd Dürnberger, Karl-Heinz Rummenigge, Gerd Müller, Uli Hoeness.   Trainer: Gyula Lorant

EINTRACHT: Heinz-Josef Koitka, Willi Neuberger, Helmut Müller, Karl-Heinz Körbel, Dragoslav Stepanovic, Wolfgang Kraus, Roland Weidle, Jürgen Grabowski, Bernd Hölzenbein, Bernd Nickel, Rüdiger Wenzel.

Goals: K.H. Rummenigge (3), Wenzel (83), Hölzenbein (86)

RC LENS v 1.FC MAGDEBURG 2-0 (1-0)

Félix Bollaert, Lens   7.12.1977

Referee: Patrick Partridge (ENG)   Attendance: 23,000

RC LENS: Jean Pierre Tempet; Eric Lhote, Richard Krawczik, Hervé Flak, Michel Joly, Jean Marie Elie, Joachim Marx, Robert Sab, Pascal Françoise, Fares Bousdira, Didier Six.
Trainer: Arnold Sowinski

1.FC MAGDEBURG: Dirk Heine, Jürgen Pommerenke, Detlef Raugust, Wolfgang Seguin, Klaus Decker, Axel Tyll, Siegmund Mewes, Wolfgang Steinbach, Joachim Streich, Jürgen Sparwasser, Martin Hoffmann.
Trainer: Klaus Urbanczyk

Goals: Bousdira (4, 46)

**DINAMO TBILISI
v GRASSHOPPER-CLUB ZÜRICH 1-0** (1-0)

Dinamo, Tbilisi   23.11.1977

Referee: Rolf Nyhus (NOR)   Attendance: 80,000

DINAMO: Otar Gabeliya, Tamaz Kostava, Peruz Kanteladze, Shota Khinchagashvili, David Mudzhiri, Gocha Machaidze, Manuchar Machaidze, Vakhtang Koridze (46 Aleksandr Chivadze), Vladimir Gutsaev, Ramaz Schengeliya, Revaz Chelebadze (65 Zurab Tsereteli).

GRASSHOPPER: Roger Berbig; Jonny Hey, Kurt Becker, Francis Montandon, Thomas Niggl, André Meyer, Roger Wehrli, Richard Bauer, Claudio Sulser, Raimundo Ponte, Rudolf Elsener.

Goal: Schengeliya (20)

GRASSHOPPER-CLUB ZÜRICH
v DINAMO TBILISI 4-0 (1-0)

Hardturm, Zürich   7.12.1977

Referee: Michel Kitabdjian (FRA)   Attendance: 17,000

GRASSHOPPER: Roger Berbig; Jonny Hey, René Nafzger, Francis Montandon, André Meyer, Roger Wehrli, Kurt Becker, Richard Bauer, Claudio Sulser, Raimundo Ponte, Rudolf Elsener.

DINAMO: Otar Gabeliya, Tamaz Kostava, Peruz Kanteladze, Shota Khinchagashvili, David Mudzhiri, Aleksandr Chivadze, Manuchar Machaidze, Vakhtang Koridze, Gocha Machaidze (46 Vakhtang Kopaleischvili), David Kipiani, Revaz Chelebadze.

Goals: Sulser (14), Ponte (46 pen, 77), Elsener (90)

SEC BASTIA v AC TORINO 2-1 (1-1)

Stade Armand Cesari-Furiani, Bastia   23.11.1977

Referee: Heinz Aldinger (WG)   Attendance: 12,000

BASTIA: Marc Weller, Paul Marchioni, Jean-Louis Cazes, Charles Orlanducci, André Guesdon, Jean-François Larios, Johnny Rep, Felix Lacuesta, François Félix, Claude Papi, Jean-Marie De Zerbi.   Trainer: Pierre Cahuzac

AC TORINO: Luciano Castellini, Luigi Danova, Roberto Salvadori, Patrizio Sala, Roberto Mozzini, Vittorio Caporale, Claudio Sala, Eraldo Pecci, Francesco Graziani, Cesare Butti, Paolo Pulici.   Trainer: Luigi Radice

Goals: Pulici (24), Papi (37), Rep (62)

PSV EINDHOVEN
v EINTRACHT BRAUNSCHWEIG 2-0 (0-0)

Philips sportpark, Eindhoven   23.11.1977

Referee: Brian McGinlay (SCO)   Attendance: 26,000

PSV: Jan van Beveren, Kees Krijgh, Adri van Kraay, Ernie Brandts, Jan Poortvliet, Huub Stevens (61 Nick Deacy), Willy van de Kerkhof, Willy van der Kuijlen, René van de Kerkhof, Gerrie Deijkers, Harrie Lubse.   Trainer: Kees Rijvers

EINTRACHT: Bernd Franke, Hasse Borg, Dieter Zembski, Friedhelm Haebermann, Franz Merkhoffer, Aleksander Ristic, Wolfgang Dremmler, Karl-Heinz Handschuh, Paul Breitner (78 Wolfgang Grzyb), Danilo Popivoda, Dietmar Erler.   Trainer: Branko Zebec

Goals: Lubse (66), Van der Kuijlen (70)

AC TORINO v SEC BASTIA 2-3 (1-1)

Stadio Comunale, Torino   7.12.1977

Referee: Clive Thomas (WAL)   Attendance: 42,500

AC TORINO: Luciano Castellini (53 Giuliano Terraneo), Luigi Danova, Roberto Salvadori, Patrizio Sala, Roberto Mozzini, Vittorio Caporale, Claudio Sala, Eraldo Pecci, Francesco Graziani, Renato Zaccarelli (29 Fabrizio Gorin II), Paolo Pulici.   Trainer: Luigi Radice

BASTIA: Marc Weller, Paul Marchioni, Jean-Louis Cazes, Charles Orlanducci, André Guesdon, Jean-François Larios, Johnny Rep, Felix Lacuesta, Abdelkrim Merry "Krimau", Claude Papi, Jean-Marie De Zerbi.   Trainer: Pierre Cahuzac

Goals: Larios (19), Graziani (22, 47), Krimau (50, 65)

EINTRACHT BRAUNSCHWEIG
v PSV EINDHOVEN 1-2 (0-2)

Eintracht stadion an der Hamburger Str., Braunschweig   7.12.1977

Referee: Károly Palotai (HUN)   Attendance: 18,124

EINTRACHT: Bernd Franke, Hasse Borg, Wolfgang Grzyb, Friedhelm Haebermann, Dieter Zembski, Franz Merkhoffer, Aleksander Ristic (46 Matthias Bruns), Karl-Heinz Handschuh, Wolfgang Grobe, Danilo Popivoda, Wolfgang Dremmler.   Trainer: Branko Zebec

PSV: Jan van Beveren, Kees Krijgh, Adri van Kraay, Ernie Brandts, Jan Poortvliet, Huub Stevens, Willy van de Kerkhof, Nick Deacy, René van de Kerkhof (65 Paul Postuma), Gerrie Deijkers, Harrie Lubse (76 Guy François).   Trainer: Kees Rijvers

Goals: Van Kraay (33), Deijkers (43), Bruns (46)

ASTON VILLA BIRMINGHAM
v ATHLETIC CLUB BILBAO 2-0 (1-0)

Villa Park, Birmingham   23.11.1977

Referee: Jan Beck (HOL)   Attendance: 32,973

ASTON VILLA: James Rimmer, John Gidman, Gordon Smith, Leighton Phillips, Kenneth McNaught, Dennis Mortimer, John Deehan, Brian Little, Andrew Gray, Alexander Cropley, Francis Carrodus.   Manager: Ron Saunders

ATHLETIC: José Ángel IRÍBAR Cortajarena, Agustín GUISASOLA Zabala, Daniel ASTRAIN Egozcue, Andoni GOICOECHEA Olascoaga, Fernando TIRAPU Arteta, José Ramón ALEXANCO Ventosa, DANIel Ruiz Bazán, Ángel María VILLAR Llona, CARLOS Ruiz Herrero, Javier IRURETAgoyena Amiano, Ignacio CHURRUCA Sistiaga.   Trainer: Luis María AGUIRRE Vidaurrázaga

Goals: Iríbar (34 og), Deehan (78)

ATHLETIC CLUB BILBAO
v ASTON VILLA BIRMINGHAM 1-1 (0-1)

Estadio San Mamés, Bilbao   7.12.1977

Referee: Jean Dubach (SWI)   Attendance: 39,000

ATHLETIC: José Ángel IRÍBAR Cortajarena, José María LASA Ibarguren, Daniel ASTRAIN Egozcue, Javier ESCALZA Ellacuría, Fernando TIRAPU Arteta, José Ramón ALEXANCO Ventosa, DANIel Ruiz Bazán, Javier IRURETAgoyena Amiano, Aitor AGUIRRE Uriarte (49 Ángel María VILLAR Llona), Ignacio CHURRUCA Sistiaga, José María AMORRORTU Prieto.   Trainer: Luis María AGUIRRE Vidaurrázaga

ASTON VILLA: James Rimmer, John Gidman, Gordon Smith, Leighton Phillips, Kenneth McNaught, Dennis Mortimer, Gordon Cowans, Brian Little, Andrew Gray, John Gregory, Francis Carrodus.   Manager: Ron Saunders

Goals: Mortimer (44), Dani (85)

IPSWICH TOWN v FC BARCELONA 3-0 (1-0)

Portman Road, Ipswich   23.11.1977

Referee: Adolf Prokop (DDR)   Attendance: 33,663

IPSWICH TOWN: Paul Cooper, John Stirk, Michael Mills, Brian Talbot, Alan Hunter, Kevin Beattie, Roger Osborne, Eric Gates (Cap) (74 Colin Viljoen), Paul Mariner, Trevor Whymark, Clive Woods.   Manager: Robert Robson

FC BARCELONA: Pedro María ARTOLA Urrutia, José Cirilo MACIZO Canadas (81 Manuel CLARES García), Miguel Bernardo Bianquetti "MIGUELI", Antonio OLMO Ramírez, Jesús Antonio DE LA CRUZ Gallego, Johan Neeskens, José Vicente SÁNCHEZ Felip, Juan Carlos HEREDIA Alvarado (41 Carlos REXACH Cerdá), Johan Cruijff (Cap), Juan Manuel ASENSI Ripoll, Rafael Ignacio ZUVIRÍA Rodríguez.
Trainer: Marinus Michels

Goals: Gates (17), Whymark (62), Talbot (75)

FC BARCELONA
v IPSWICH TOWN 3-0 (1-0, 3-0) (AET)

Camp Nou, Barcelona   7.12.1977

Referee: Erich Linemayr (AUS)   Attendance: 24,000

FC BARCELONA: Pedro María ARTOLA Urrutia, José Cirilo MACIZO Canadas, Miguel Bernardo Bianquetti "MIGUELI", Antonio OLMO Ramírez, José Vicente SÁNCHEZ Felip (63 Alfredo AMARILLO), Johan Neeskens, Carlos REXACH Cerdá, Francisco FORTES Calvo, Johan Cruijff (Cap), Juan Manuel ASENSI Ripoll, Rafael Ignacio ZUVIRÍA Rodríguez (63 Manuel CLARES García).   Trainer: Marinus Michels

IPSWICH TOWN: Paul Cooper, Michael Mills (Cap), Leslie Tibbott, Brian Talbot, Alan Hunter, Russell Osman, Roger Osborne, Eric Gates (66 Colin Viljoen), Paul Mariner, Trevor Whymark (59 David Geddis), Clive Woods.

Goals: Cruijff (20, 47), Rexach (87 pen)

Penalties: Talbot (miss), 1-0 Rexach, Viljoen (saved), 2-0 Asensi, 2-1 Mills, Olmo (saved), Woods (miss), 3-1 Amarillo

FC CARL ZEISS JENA
v STANDARD LIÈGE 2-0 (1-0)

Ernst Abbe Sportfeld, Jena   23.11.1977

Referee: Ángel Franco Martínez (SPA)   Attendance: 12,000

FC CARL ZEISS: Detlev Zimmer, Ullrich Oevermann, Gert Brauer, Konrad Weise, Dieter Noack (69 Andreas Krause), Rüdiger Schnuphase, Lutz Lindemann, Dietmar Sengewald, Thomas Töpfer, Lothar Kurbjuweit, Eberhard Vogel.
Trainer: Hans-Joachim Meyer

STANDARD: Christian Piot, Eric Gerets, Michel Renquin, Theo Poel, Philippe Garot, Gyula Visnyei (46 André Gorez), Helmut Graf, Christian Labarbe, Harald Nickel, Asgeir Sigurvinsson, Alfred Riedl.

Goals: Schnuphase (11), Lindemann (70 pen)

STANDARD LIÈGE
v FC CARL ZEISS JENA 1-2 (0-1)

Stade Maurice Dufrasne "Sclessin", Liège   7.12.1977

Referee: John Carpenter (EIRE)   Attendance: 37,000

STANDARD: Michel Preud'homme, Eric Gerets, Mathy Billen, Theo Poel, Philippe Garot, Christian Labarbe, André Gorez (59 Armand Thaeter), Helmut Graf, Harald Nickel, Asgeir Sigurvinsson, Alfred Riedl.

FC CARL ZEISS: Detlev Zimmer, Ullrich Oevermann, Gert Brauer, Konrad Weise, Dieter Noack, Rüdiger Schnuphase, Lothar Kurbjuweit, Lutz Lindemann, Dietmar Sengewald, Thomas Töpfer, Eberhard Vogel.
Trainer: Hans-Joachim Meyer

Goals: Sengewald (37), Nickel (75), Weise (87 pen)

QUARTER-FINALS

EINTRACHT FRANKFURT am MAIN
v GRASSHOPPER-CLUB ZÜRICH 3-2 (0-1)

Waldstadion, Frankfurt am Main   1.03.1978

Referee: Erich Linemayr (AUS)   Attendance: 14,000

EINTRACHT: Heinz-Josef Koitka; Peter Reichel, Karl-Heinz Körbel, Lothar Skala, Willi Neuberger, Roland Weidle (46 Dragoslav Stepanovic), Bernd Nickel, Jürgen Grabowsky, Wolfgang Kraus, Bernd Hölzenbein, Rüdiger Wenzel (78 Egon Bihn).   Trainer: Dettmar Cramer

GRASSHOPPER: Roger Berbig; Kurt Becker, Thomas Bachmann, Francis Montandon, André Meyer, Alfons Bosco, Roger Wehrli, Heinz Hermann, Claudio Sulser, Raimundo Ponte, Rudolf Elsener.

Goals: Bosco (36), Ponte (51 pen), Kraus (58), Hölzenbein (69, 90 pen)

GRASSHOPPER-CLUB ZÜRICH
v EINTRACHT FRANKFURT am MAIN 1-0 (1-0)

Hardturm, Zürich   14.03.1978

Referee: Dušan Maksimović (YUG)   Attendance: 30,000

GRASSHOPPER: Roger Berbig; Jonny Hey, Francis Montandon, Roger Wehrli, Kurt Becker, André Meyer, Heinz Hermann, Alfons Bosco, Claudio Sulser, Raimundo Ponte, Rudolf Elsener.

EINTRACHT: Heinz-Josef Koitka, Peter Reichel, Willi Neuberger, Wolfgang Kraus, Dragoslav Stepanovic (76 Ronald Borchers), Peter Krobbach, Roland Weidle, Bernd Nickel, Jürgen Grabowski, Bernd Hölzenbein, Rüdiger Wenzel. Trainer: Dettmar Cramer

Goal: Ponte (33 pen)

1.FC MAGDEBURG v PSV EINDHOVEN 1-0 (0-0)

Ernst-Grube-Stadion, Magdeburg   1.03.1978

Referee: Emilio Carlos Guruceta Muro (SPA)   Att: 33,000

1.FC MAGDEBURG: Dirk Heine, Detlef Raugust, Manfred Zapf, Wolfgang Seguin, Klaus Decker, Jürgen Pommerenke, Wolfgang Steinbach, Axel Tyll, Joachim Streich, Jürgen Sparwasser, Martin Hoffmann.   Trainer: Klaus Urbanczyk

PSV: Jan van Beveren, Kees Krijgh, Adri van Kraay, Ernie Brandts, Jan Poortvliet, Willy van de Kerkhof, Willy van der Kuijlen, Huub Stevens, Harrie Lubse, René van de Kerkhof, Gerrie Deijkers.   Trainer: Kees Rijvers

Goal: Streich (75)

ASTON VILLA BIRMINGHAM
v FC BARCELONA 2-2 (0-1)

Villa Park, Birmingham   1.03.1978

Referee: Cézar da Luz Dias Correia (POR)   Att: 46,619

ASTON VILLA: James Rimmer, David Evans (63 Allan Evans), Gordon Smith, Leighton Phillips, Kenneth McNaught, Dennis Mortimer, John Gregory, Brian Little, John Deehan, Gordon Cowans, Francis Carrodus.   Manager: Ron Saunders

FC BARCELONA: Pedro María ARTOLA Urrutia, José Antonio RAMOS Huete, Miguel Bernardo Bianquetti "MIGUELI", Antonio OLMO Ramírez, Jesús Antonio DE LA CRUZ Gallego, Enrique Álvarez COSTAS (66 Juan José Enríquez Gómez "JUANJO"), Rafael Ignacio ZUVIRÍA Rodríguez, Carlos REXACH Cerdá, Johan Cruijff (82 José Cirilo MACIZO Canadas), Juan Manuel ASENSI Ripoll, Francisco FORTES Calvo.   Trainer: Marinus Michels

Goals: Cruijff (20), Zuviría (80), McNaught (87), Deehan (89)

PSV EINDHOVEN v 1.FC MAGDEBURG 4-2 (2-1)

Philips sportpark, Eindhoven   15.03.1978

Referee: Franz Wöhrer (AUS)   Attendance: 27,000

PSV: Jan van Beveren, Jan Poortvliet, Adri van Kraay, Ernie Brandts, Kees Krijgh, Willy van de Kerkhof, Huub Stevens, Willy van der Kuijlen, Harrie Lubse, Gerrie Deijkers, René van de Kerkhof.   Trainer: Kees Rijvers

1.FC MAGDEBURG: Dirk Heine, Detlef Raugust, Manfred Zapf, Wolfgang Seguin, Klaus Decker, Axel Tyll, Jürgen Pommerenke, Wolfgang Steinbach, Joachim Streich, Jürgen Sparwasser, Martin Hoffmann.   Trainer: Klaus Urbanczyk

Goals: Hoffmann (34), Brandts (38, 72), Seguin (45 og), Pommerenke (70), Lubse (89)

FC BARCELONA
v ASTON VILLA BIRMINGHAM 2-1 (0-0)

Camp Nou, Barcelona   15.03.1978

Referee: Doğan Babacan (TUR)   Attendance: 90,000

FC BARCELONA: Pedro María ARTOLA Urrutia, José Antonio RAMOS Huete (64 Johan Neeskens), Miguel Bernardo Bianquetti "MIGUELI", Antonio OLMO Ramírez, Jesús Antonio DE LA CRUZ Gallego, Juan José Enríquez Gómez "JUANJO", Francisco FORTES Calvo (64 Manuel CLARÉS García), Carlos REXACH Cerdá, Johan Cruijff, Juan Manuel ASENSI Ripoll, Rafael Ignacio ZUVIRÍA Rodríguez.
Trainer: Marinus Michels

ASTON VILLA: James Rimmer, John Gidman, Gordon Smith, Leighton Phillips, Kenneth McNaught, Dennis Mortimer, John Gregory, Brian Little, John Deehan, Gordon Cowans, Francis Carrodus.   Manager: Ron Saunders

Sent off: Gidman (23)

Goals: Little (57), Migueli (67), Asensi (77)

SEC BASTIA v FC CARL ZEISS JENA 7-2 (2-0)

Stade Armand Cesari-Furiani, Bastia   1.03.1978

Referee: Alfred Delcourt (BEL)   Attendance: 12,000

BASTIA: Pierrick Hiard, Paul Marchioni, Charles Orlanducci, André Guesdon, Jean-Louis Cazes, Felix Lacuesta, Georges Franceschetti, Claude Papi, Jean-François Larios, Abdelkrim Merry "Krimau" (68 François Félix), Yves Mariot (68 Jean-Marie De Zerbi).   Trainer: Pierre Cahuzac

FC CARL ZEISS: Detlev Zimmer, Ullrich Oevermann (53 Klaus Schröder), Gert Brauer, Konrad Weise, Dieter Noack (34 Andreas Krause), Rüdiger Schnuphase, Lothar Kurbjuweit, Uwe Neuber, Dietmar Sengewald, Thomas Töpfer, Jürgen Raab. Trainer: Hans-Joachim Meyer

Goals: Larios (3), Papi (41), Mariot (57), Raab (62, 73), Félix (69, 77), Cazes (77), Franceschetti (86)

FC CARL ZEISS JENA v SEC BASTIA 4-2 (2-1)

Ernst Abbe Sportfeld, Jena   15.03.1978

Referee: Alberto Michelotti (ITA)   Attendance: 13,000

FC CARL ZEISS: Hans-Ulrich Grapenthin, Gert Brauer, Konrad Weise, Dieter Noack, Lothar Kurbjuweit, Rüdiger Schnuphase, Uwe Neuber (60 Dietmar Sengewald), Lutz Lindemann, Thomas Töpfer, Jürgen Raab, Eberhard Vogel. Trainer: Hans-Joachim Meyer

BASTIA: Marc Weller, Paul Marchioni, Charles Orlanducci, André Guesdon, Jean-Louis Cazes, Georges Franceschetti, Claude Papi, Felix Lacuesta, Jean-François Larios, Abdelkrim Merry "Krimau", Johnny Rep.   Trainer: Pierre Cahuzac

Goals: Raab (21), Papi (26), Lindemann (33), Vogel (53), Krimau (64), Töpfer (69 pen)

**GRASSHOPPER-CLUB ZÜRICH
v SEC BASTIA 3-2** (2-2)

Hardturm, Zürich   29.03.1978

Referee: John Carpenter (EIRE)   Attendance: 29,000

GRASSHOPPER: Roger Berbig; Jonny Hey, Thomas Niggl, Francis Montandon, Kurt Becker, André Meyer, Roger Wehrli, Heinz Hermann, Claudio Sulser (78 Alfons Bosco), Raimundo Ponte, Rudolf Elsener.

BASTIA: Pierrick Hiard; Jean-Louis Cazes, Charles Orlanducci, André Guesdon, Paul Marchioni, Felix Lacuesta, Abdelkrim Merry "Krimau", Claude Papi, Johnny Rep, François Félix, Yves Mariot (55 Jean-François Larios). Trainer: Pierre Cahuzac

Goals: Krimau (18), Hermann (22), Ponte (31 pen), Papi (37 pen), Montandon (54)

SEMI-FINALS

PSV EINDHOVEN v FC BARCELONA 3-0 (2-0)

Philips sportpark, Eindhoven   29.03.1978

Referee: Sergio Gonella (ITA)   Attendance: 29,000

PSV: Jan van Beveren, Huub Stevens, Adri van Kraay, Ernie Brandts, Kees Krijgh, Willy van de Kerkhof, Jan Poortvliet, Willy van der Kuijlen (67 Paul Postuma), Harrie Lubse, Gerrie Deijkers, René van de Kerkhof.   Trainer: Kees Rijvers

FC BARCELONA: Pedro María ARTOLA Urrutia, José Antonio RAMOS Huete, Miguel Bernardo Bianquetti "MIGUELI", Antonio OLMO Ramírez, Jesús Antonio DE LA CRUZ Gallego, Johan Neeskens, Rafael Ignacio ZUVIRÍA Rodríguez, Juan Manuel ASENSI Ripoll, Johan Cruijff, Carlos REXACH Cerdá, Francisco FORTES Calvo (60 ESTEBAN Vigo Benítez).   Trainer: Marinus Michels

Goals: Olmo (9 og), Lubse (17), Postuma (69)

**SEC BASTIA
v GRASSHOPPER-CLUB ZÜRICH 1-0** (0-0)

Stade Armand Cesari-Furiani, Bastia   12.04.1978

Referee: Patrick Partridge (ENG)   Attendance: 14,000

BASTIA: Pierrick Hiard; Paul Marchioni, Charles Orlanducci, Jean-Louis Cazes, André Burkhardt, Felix Lacuesta, Jean-François Larios, Claude Papi, Pierre Aussu (52 François Félix), Abdelkrim Merry "Krimau", Yves Mariot. Trainer: Pierre Cahuzac

GRASSHOPPER: Roger Berbig; Jonny Hey, Roger Wehrli, Francis Montandon (86 René Nafzger), Thomas Niggl, André Meyer, Heinz Hermann, Raimundo Ponte, Claudio Sulser, Alfons Bosco, Rudolf Elsener (74 Thomas Bachmann).

Goal: Papi (67)

FC BARCELONA v PSV EINDHOVEN 3-1 (2-0)

Camp Nou, Barcelona   12.04.1978

Referee: Robert Wurtz (FRA)   Attendance: 85,000

FC BARCELONA: Pedro Valentín MORA Mariné, Alfredo AMARILLO (31 Juan José Enríquez Gómez "JUANJO"), Miguel Bernardo Bianquetti "MIGUELI", Antonio OLMO Ramírez, Jesús Antonio DE LA CRUZ Gallego, Rafael Ignacio ZUVIRÍA Rodríguez, Francisco FORTES Calvo (62 José Vicente SÁNCHEZ Felip), Juan Manuel ASENSI Ripoll, Johan Cruijff, Carlos REXACH Cerdá, ESTEBAN Vigo Benítez.   Trainer: Marinus Michels

PSV: Jan van Beveren, Huub Stevens, Adri van Kraay, Ernie Brandts, Kees Krijgh, Willy van de Kerkhof, Jan Poortvliet, Willy van der Kuijlen, Harrie Lubse, Gerrie Deijkers, Paul Postuma (46 Nick Deacy).   Trainer: Kees Rijvers

Goals: Rexach (9 pen, 69 pen), Fortes (19), Deacy (48)

FINAL

SEC BASTIA v PSV EINDHOVEN 0-0

Stade Armand-Césari Furiani, Bastia   26.04.1978

Referee: Dušan Aron Maksimović (YUG)   Att: 15,000

BASTIA: Pierrick Hiard, André Burkhardt, Charles Orlanducci, André Guesdon, Jean-Louis Cazes, Felix Lacuesta (55 François Félix), Jean-François Larios, Claude Papi, Johnny Rep, Abdelkrim Merry "Krimau", Yves Mariot. Trainer: Pierre Cahuzac

PSV: Jan Van Beveren, Huub Stevens, Adri Van Kraay, Ernie Brandts, Kees Krijgh, Willy van de Kerkhof, Jan Poortvliet, Willy van der Kuijlen, René van de Kerkhof, Harrie Lubse, Gerrie Deijkers.

PSV EINDHOVEN v SC BASTIA 3-0 (1-0)

Philips sportpark, Eindhoven   9.05.1978

Referee: Nicolae Rainea (ROM)   Attendance: 29,000

PSV: Jan Van Beveren, Huub Stevens, Adri Van Kraay (80 Nick Deacy), Ernie Brandts, Kees Krijgh, Willy van de Kerkhof, Jan Poortvliet, Willy Van der Kuijlen, René van de Kerkhof, Harrie Lubse, Gerrie Deijkers.

BASTIA: Pierrick Hiard (75 Marc Weller); Paul Marchioni, Charles Orlanducci, André Guesdon, Jean-Louis Cazes, Felix Lacuesta, Jean-François Larios, Claude Papi, Johnny Rep, Abdelkrim Merry "Krimau", Yves Mariot (58 Jean-Marie De Zerbi).   Trainer: Pierre Cahuzac

Goals: Willy van de Kerkhof (24), Deijkers (65), Van der Kuijlen (66)

**GLENTORAN BELFAST
v ÍB VESTMANNAREYJAR 1-1** (1-0)

The Oval, Belfast   14.09.1978

Referee: Egbert Mulder (HOL)   Attendance: 5,000

GLENTORAN: Dennis Matthews, Andrew Dougan, Ronnie McFall, Norman Porter, Sammy Cranston, Victor Moreland, John Caskey, John Jamison, William Caskey, Quintan McFall, Stephen O'Neill (.. Ronnie Carleton).

ÍB VESTMANNAEYJAR: Arsaell Sveinsson, Orn Oskarsson, Einar Fridthjofsson, Thordur Hallgrimsson, Fridfinnur Finnbogasson, Sveinn Sveinsson, Valthor Sigthorsson, Oskar Valtysson, Sigurlás Thorleifsson (.. Gudmundur Erlingsson), Tómas Pálsson (.. Omar Jóhansson), Gustaf Baldvinsson.

Goals: Oskarsson (89), J. Caskey (44)

UEFA Cup Top Scorers 1977-78:

8 goals: Raimondo Ponte (Grasshopper Zürich), Gerrie Deijkers (PSV Eindhoven)

6 goals: Carlos Manuel MORETE (UD Las Palmas), Karl-Heinz Rummenigge (Bayern München), Trevor Whymark (Ipswich Town), François Félix (SEC Bastia), Kees Kist (AZ 67 Alkmaar), Harrie Lubse (PSV Eindhoven)

5 goals: Jürgen Sparwasser (1.FC Magdeburg), Willy van der Kuijlen (PSV Eindhoven), Johann Cruijff (FC Barcelona), John Deehan (Aston Villa), Rudolf Elsener (Grasshopper Zürich), Bernd Hölzenbein (Eintracht Frankfurt), Lutz Lindemann (FC Carl Zeiss Jena)

**FINN HARPS BALLYBOFFEY
v EVERTON LIVERPOOL 0-5** (0-2)

Finn Park, Ballyboffey   12.09.1978

Referee: Alain Delmer (FRA)   Attendance: 5,000

FINN HARPS: Eddie Mahon (61 Joe Harper), Declan McDowell, Peter Hutton, Antohony O'Doherty, Jim Sheridan, Felix Healy, Joe Logan, John Minnock, Tom McGuinness (68 Andy Stevenson), John Duffy, Charles Ferry.
Manager: Eunan Blake

EVERTON: George Wood, Terence Darracott, Michael Pejic, Michael Lyons (68 Mark Higgins), William Wright, Geoffrey Nulty, Andrew King, Trevor Ross, Robert Latchford, Mickey Walsh, David Thomas.   Manager: Gordon Lee

Goals: Thomas (10), King (14, 48), Latchford (62), Walsh (64)

UEFA CUP 1978-79

FIRST ROUND

**ÍB VESTMANNAEYJAR
v GLENTORAN BELFAST 0-0**

Kopavougal, Reykjavík   5.09.1978

Referee: Robert Valentine (SCO)   Attendance: 1,000

ÍB VESTMANNAEYJAR: Arsaell Sveinsson, Orn Oskarsson, Einar Fridthjofsson, Thordur Hallgrimsson, Sveinn Sveinsson, Valthor Sigthorsson, Oskar Valtysson, Sigurlás Thorleifsson, Tómas Pálsson, Omar Jóhansson, Karl Sveinsson.

GLENTORAN: Dennis Matthews, Andrew Dougan, Ronnie McFall, Roy Walsh, Sammy Cranston, Victor Moreland, John Caskey, John Jamison, William Caskey, Quintan McFall, Stephen O'Neill.

**EVERTON LIVERPOOL
v FINN HARPS BALLYBOFFEY 5-0** (2-0)

Goodison Park, Liverpool   26.09.1978

Referee: Vojtech Christov (CZE)   Attendance: 21,611

EVERTON: George Wood, Terence Darracott, Michael Pejic, Michael Lyons (.. Mark Higgins), William Wright, Trevor Ross, Andrew King, Martin Dobson, Robert Latchford, Mickey Walsh, David Thomas (.. Neil Robinson).
Manager: Gordon Lee

FINN HARPS: Joe Harper (61 Eddie Mahon), Declan McDowell, Peter Hutton, Antohony O'Doherty, Jim Sheridan, Paul McGuinness, Joe Logan, Felix Healy, Tom McGuinness, Charles Ferry, John Minnock.   Manager: Eunan Blake

Goals: King (21), Latchford (25), Walsh (53), Ross (60), Dobson (63)

STANDARD LIÈGE v DUNDEE UNITED 1-0 (1-0)

Jules Ottenstadion, Gent   12.09.1978

Referee: Jaromir Fausek (CZE)   Attendance: 18,000

STANDARD: Michel Preud'homme, Eric Gerets, Gérard Plessers, Philippe Garot, Theo Poel; Christian Labarbe, Mathieu Denier, Asgeir Sigurvinsson, Helmut Graf; Willy Wellens, Yves Maréchal (80 Erhan Önal).
Trainer: Robert Waseige

DUNDEE UNITED: Hamish McAlpine, William Kirkwood, Frank Kopel, Robert Robinson, Paul Hegarty, David Narey, Walter Smith, Derek Addison, Paul Sturrock (46 David Dodds), John Holt, Graeme Payne (16 James Frye).

Goal: Denier (39)

DUNDEE UNITED v STANDARD LIÈGE 0-0

Tannadice Park, Dundee   27.09.1978

Referee: Siegfried Kirschen (DDR)   Attendance: 11,656

DUNDEE UNITED: Hamish McAlpine, Ray Stewart, Frank Kopel, John Holt, Paul Hegarty, David Narey, Walter Smith, Derek Addison (46 George Fleming), Graeme Payne, Paul Sturrock (71 William Kirkwood), David Dodds.

STANDARD: Michel Preud'homme, Eric Gerets, Michel Renquin, Philippe Garot, Theo Poel, Christian Labarbe, Mathieu Denier, Helmut Graf, Willy Wellens, Asgeir Sigurvinsson, Luis Norton de Matos.
Trainer: Robert Waseige

**SPORTING BRAGA
v HIBERNIANS PAOLA 5-0** (3-0)

Estádio 1. de Maio, Braga   13.09.1978

Referee: Antonio Tomeo Palanques (SPA)   Att: 10,000

SPORTING: José António Mendonça Ferreira "CONHÉ", ARTUR Soares Correia (64 José Manuel de Azevedo MENDES), FERNANDO Jorge da Conceição Martins, RONALDO Brito, João Soares CARDOSO, PAULO José ROCHA Beldroegas, JOSÉ ARTUR da Silva Matos (64 Armando Gonçalves de Medeiros FONTES), RODRIGO da Silva Carvalho, Bernardo Francisco S. "CHICO" GORDO, José Eduardo de Araújo Lobo "LITO", Francisco Delfim Dias "CHICO" Faria.   Trainer: Mario Imbelloni

HIBERNIANS: John Bonello, Norman Buttigieg, Tony Zerafa, Ellul, Mizzi, John Cauchi, Guzi Xuereb, Joe Muscat, Mario Farrugia (31 Joseph Galea), Paul Xuereb, Ernest Spiteri Gonzi (69 Joe Farrugia).

Goals: Chico Gordo (2, 17, 19, 77), Lito (74)

**HIBERNIANS PAOLA
v SPORTING BRAGA 3-2** (1-1)

Valletta   20.09.1978

Referee: Heinz Fahnler (AUS)   Attendance: 5,000

HIBERNIANS: John Bonello, Tony Zerafa, Ellul, Norman Buttigieg, Mizzi, Joe Muscat, Guzi Xuereb, John Cauchi, Paul Xuereb (53 Joe Farrugia), Ernest Spiteri Gonzi, Joe Galea.

SPORTING: José António Mendonça Ferreira "CONHÉ" (82 JOÃO Vieira Airosa da Silva), ARTUR Soares Correia, FERNANDO Jorge da Conceição Martins, RONALDO Brito (63 António José Carvalho Gonçalves "SERRA"), João Soares CARDOSO, PAULO José ROCHA Beldroegas, Manuel Gomes da Silva "NELITO", RODRIGO da Silva Carvalho, Bernardo Francisco S. "CHICO" GORDO, José Eduardo de Araújo Lobo "LITO", Francisco Delfim Dias "CHICO" Faria.
Trainer: Mario Imbelloni

Goals: Mizzi (20, 63), Chico Gordo (29), Ronaldo (49), Spiteri Gonzi (86)

JEUNESSE D'ESCH v LAUSANNE SPORTS 0-0

Esch sur Alzzette   13.09.1978

Referee: Michel Vautrot (FRA)   Attendance: 2,200

JEUNESSE: René Hoffmann; Serge Pigat, Jeannot Schaul, Léon Jang Mond, Gianni Di Pentima, Carlo Jungbluth, André Zwally, Pfeiffer, Manou Scheitler, Jean-Pierre Barboni, Richelli (55 Claude Zwally).

LAUSANNE SPORTS: Erich Burgener; Claude Ryf, Hans Niggl, Marcel Parietti, Robert Lei-Ravello, Svemir Djordjic, Jean-Michel Guillaume (60 Francis Sampedro), Marcel Cornioley, Fritz Künzli, Lucien Favre, Georges Diserens.
Trainer: Miroslav Blazevic

**LAUSANNE SPORTS
v JEUNESSE D'ESCH 2-0** (1-0)

Stade Olympique de la Pontaise, Lausanne   26.09.1978

Referee: Jean Claude Jourquin (BEL)   Attendance: 4,000

LAUSANNE SPORTS: Erich Burgener; Claude Ryf, Hans Niggl, Robert Lei-Ravello, Walter Gretler, Walter Seiler, Jean-Michel Guillaume (70 Francis Sampedro), Marcel Cornioley, Fritz Künzli, Lucien Favre, Georges Diserens.

JEUNESSE: René Hoffmann; Serge Pigat, Jeannot Schaul, Calzi, Gianni Di Pentima, Léon Jang Mond, André Zwally, Carlo Jungbluth (75 Richelli), Manou Scheitler, Jean-Pierre Barboni, Pfeiffer.

Goals: Diserens (39), Sampedro (76)

DYNAMO BERLIN v CRVENA ZVEZDA BEOGRAD 5-2 (3-2)

Friedrich-Ludwig-Jahn-Sportpark, Berlin 13.09.1978

Referee: Gianfranco Menegali (ITA)   Attendance: 35,000

DYNAMO: Bodo Rudwaleit, Michael Noack, Norbert Trieloff, Lutz Eigendorf, Reinhardt Lauck, Bernd Brillat, Frank Terletzki, Arthur Ullrich, Hans-Jürgen Riediger, Ralf Strässer, Wolf-Rüdiger Netz.   Trainer: Jürgen Bogs

CRVENA ZVEZDA: Aleksandar Stojanović, Zoran Jelikić, Milan Jovin, Slavoljub Muslin, Mihajl Keri, Zlatko Krmpotić (76 Ivan Jurišic), Vladimir Petrovic, Cvijetin Blagojević, Dušan Savić, Miloš Šestić, Nedeljko Milosavljević (61 Zdravko Borovnica).   Trainer: Branko Stanković

Goals: Riediger (16, 28, 69), Netz (20), Šestić (34), Savić (36), Brillat (89)

CRVENA ZVEZDA BEOGRAD v DYNAMO BERLIN 4-1 (0-1)

Crvena Zvezda, Beograd 26.09.1978

Referee: Sándor Kuti (HUN)   Attendance: 38,000

CRVENA ZVEZDA: Aleksandar Stojanović, Zoran Jelikić (55 Zdravko Borovnica), Milan Jovin, Slavoljub Muslin, Mihajl Keri, Nikola Jovanović, Vladimir Petrović, Cvijetin Blagojević, Dušan Savić, Petar Baralić (46 Dušan Lukić), Miloš Šestić.   Trainer: Branko Stanković

DYNAMO: Reinhard Schwerdtner, Michael Noack, Norbert Trieloff, Lutz Eigendorf, Reinhardt Lauck, Bernd Brillat, Frank Terletzki, Arthur Ullrich, Hans-Jürgen Riediger, Roland Jüngling, Wolf-Rüdiger Netz (70 Ralf Strässer).   Trainer: Jürgen Bogs

Goals: Riediger (12), Savić (58), Borovnica (69, 80), Šestić (90)

FC NANTES v BENFICA LISBOA 0-2 (0-2)

Stade Marcel Saupin, Nantes 13.09.1978

Referee: Alexis Ponnet (BEL)   Attendance: 12,128

FC NANTES: Jean-Paul Bertrand-Demanes; Lacombe, Patrice Rio, Ugo Bargas, Maxime Bossis; Thierry Tusseau, Henri Michel, Bruno Baronchelli; Eric Pécout, Enzo Trossero, Loic Amisse.   Trainer: Jean Vincent

BENFICA: Manuel Galrinho BENTO; Minervino José Lopes PIETRA (80 António BASTOS LOPES), Carlos Alexandre Fortes ALHINHO, ALBERTO Gomes da Fonseca Junior, EURICO Monteiro Gomes; HUMBERTO Manuel Jesús COELHO, Tamagnini Manuel Gomes Baptista NENÉ (87 Joaquim Miguel Pedreirinho PEREIRINHA), António José da Conceição Oliveira "TONI" (Cap), João António Ferreira Resende ALVES, Fernando Albino Sousa CHALANA, SHÉU Han.   Trainer: John Mortimore

Goals: Chalana (35), Nené (40)

BENFICA LISBOA v FC NANTES 0-0

Estádio da Luz, Lisboa 27.09.1978

Referee: Paul Kindervater (WG)   Attendance: 45,000

BENFICA: Manuel Galrinho BENTO; António BASTOS LOPES (50 Joaquim Miguel Pedreirinho PEREIRINHA), HUMBERTO Manuel Jesús COELHO, ALBERTO Gomes da Fonseca Junior, EURICO Monteiro Gomes, Carlos Alexandre Fortes ALHINHO; Tamagnini Manuel Gomes Baptista NENÉ, António José da Conceição Oliveira "TONI" (Cap), João António Ferreira Resende ALVES, Mauricio Zacarias REINALDO Gomes, SHÉU Han (87 Armando RUI Augusto LOPES).   Trainer: John Mortimore

FC NANTES: Jean-Paul Bertrand-Demanes; Michel Bibard, Patrice Rio, Ugo Bargas, Maxime Bossis; Henri Michel, Oscar Muller, Gilles Rampillon; Bruno Baronchelli (70 Lacombe), Enzo Trossero, Eric Pécout (67 Loic Amisse).   Trainer: Jean Vincent

DUKLA PRAHA v LANEROSSI VICENZA 1-0 (1-0)

Stadión Juliska, Praha 13.09.1978

Referee: Jan Beck (HOL)

DUKLA: Karel Stromsik, Jozef Barmos, Jan Fiala, Stanislav Pelc, Ludek Macela, Václav Samek, Ladislav Vízek, Oldrich Rott, Zdenek Nehoda, František Stambachr, Miroslav Gajdusek.   Trainer: Jaroslav Vejvoda

LANEROSSI: Ernesto Galli, Vito Callioni, Luciano Marangon, Mario Guidetti, Valeriano Prestanti, Roberto Stefanello; Franco Cerilli, Giancarlo Salvi, Paolo Rossi, Renato Faloppa, Giorgio Roselli.   Trainer: Giovanni Battista Fabbri

Goal: Nehoda (6)

LANEROSSI VICENZA v DUKLA PRAHA 1-1 (1-0)

Stadio Romeo Menti, Vicenza 27.09.1978

Referee: Heinz Einbeck (DDR)   Attendance: 17,000

LANEROSSI: Ernesto Galli, Vito Callioni, Luciano Marangon (81 Enzo Mocellin), Mario Guidetti, Valeriano Prestanti, Luciano Miani, Franco Cerilli, Giancarlo Salvi, Massimo Briaschi (81 Nicola Zanone), Renato Faloppa, Giorgio Roselli.   Trainer: Giovanni Battista Fabbri

DUKLA: Karel Stromsik, Jozef Barmos, Jan Fiala, Stanislav Pelc, Ludek Macela, Václav Samek, Ladislav Vízek (81 Ivan Bilsky), Oldrich Rott, Zdenek Nehoda, František Stambachr, Miroslav Gajdusek.

Goals: Briaschi (14), Gajdusek (50)

CSKA SOFIA v VALENCIA CF 2-1 (1-0)

Vasil Levski, Sofia   13.09.1978

Referee: Clive Thomas (WAL)   Attendance: 55,000

CSKA: Iordan Filipov; Ivan Zafirov, Georgi Dimitrov, Bojil Kolev, Tsonio Vasilev; Borislav Sredkov, Tsvetan Ioncev, Plamen Markov, Ivan Metodiev, Spas Djevizov, Nikola Hristov (81 Mario Vlkov).   Trainer: Nikola Kovachev

VALENCIA CF: José Luis Fernández MANZANEDO, José CARRETE de Julián (73 José PALMER), Manuel BOTUBOT Pereira, Juan Daniel CORDERO Quintana, José CERVERÓ San Braulio, Ricardo ARIAS Penella, Rainer Bonhof, Mario Alberto KEMPES Chiodi, Enrique SAURA Gil, Ángel CASTELLANOS Céspedes (60 Daniel SOLSONA Puig), Luis Darío FELMAN.   Trainer: Marcel Domingo

Goals: Djevizov (7), Hristov (54), Solsona (71)

**STURM GRAZ
v BORUSSIA MÖNCHENGLADBACH 1-2** (0-1)

Bundesstadion Liebenau, Graz   27.09.1978

Referee: Eduard Shklovski (USSR)   Attendance: 7,000

STURM: Walter Saria, Manfred Wirth, Manfred Steiner, Hans Koller, Helmut Krainz, Heinz Schilcher, Hubert Kulmer, Anton Pichler, Anton Haas (55 Harald Stückler), Anton Ringert (43 Walter Gruber), Gernot Jurtin.

BORUSSIA: Wolfgang Kneib, Frank Schäffer, Helmut Dudek, Horst Wohlers, Norbert Ringels, Hans-Günter Bruns, Allan Simonsen (75 Klaus Amrath), Carsten Nielsen, Ewald Lienen (70 Helmut Lausen), Winfried Schäfer, Rudolf Gores.   Trainer: Udo Lattek

Goals: Simonsen (5), Bruns (50), Schilcher (65)

VALENCIA CF v CSKA SOFIA 4-1 (1-1)

Estadio Luis Casanova, Valencia   27.09.1978

Referee: Michel Kitabdjian (FRA)   Attendance: 55,000

VALENCIA CF: José Luis Fernández MANZANEDO; José CARRETE de Julián, Manuel BOTUBOT Pereira, Juan Daniel CORDERO Quintana, José PALMER; Enrique SAURA Gil (86 PABLO Rodríguez Flores), Luis Darío FELMAN, Rainer Bonhof, Carlos Martínez DIARTE (46 Ricardo ARIAS Penella), Daniel SOLSONA Puig, Mario Alberto KEMPES Chiodi. Trainer: Marcel Domingo

CSKA: Iordan Filipov; Ivan Zafirov, Georgi Dimitrov, Bojil Kolev, Tsonio Vasilev; Borislav Sredkov, Tsvetan Ioncev, Plamen Markov (86 Ivan Metodiev), Milen Goranov (69 Todor Atanasov), Spas Djevizov, Nikola Hristov. Trainer: Nikola Kovachev

Goals: Saura (15, 82), Hristov (17), Felman (54), Kempes (88)

**ATHLETIC CLUB BILBAO
v AJAX AMSTERDAM 2-0** (1-0)

Estadio San Mamés, Bilbao   13.09.1978

Referee: Walter Horstmann (WG)   Attendance: 40,000

ATHLETIC: José Ángel IRÍBAR Cortajarena, Fernando TIRAPU Arteta, José María NÚÑEZ Urrezola, Ángel María VILLAR Llona, Daniel ASTRAIN Egozcue, José Ramón ALEXANCO Ventosa, DANIel Ruiz Bazán, Javier IRURETAgoyena Amiano, CARLOS Ruiz Herrero, Ignacio CHURUCA Sistiaga (46 Juan Carlos VIDAL), José Francisco ROJO I Arroitia.   Trainer: Luis María AGUIRRE Vidaurrázaga

AJAX: Piet Schrijvers, Wim Meutstege, Ruud Krol, Pim van Dord, Søren Lerby, Dick Schoenaker (81 Ruud Kaiser), Frank Arnesen, Simon Tahamata, Tscheu La Ling, Ray Clarke, Geert Meijer.   Trainer: Cor Brom

Goals: Van Dord (10 og), Vidal (57)

**BORUSSIA MÖNCHENGLADBACH
v STURM GRAZ 5-1** (1-1)

Bökelberg, Mönchengladbach   13.09.1978

Referee: Bruno Galler (SWI)   Attendance: 9,000

BORUSSIA: Wolfgang Kneib, Frank Schäffer, Helmut Dudek, Horst Wohlers, Norbert Ringels, Hans-Günter Bruns, Allan Simonsen, Carsten Nielsen (87 Ewald Lienen), Helmut Lausen (46 Steen Thychosen), Winfried Schäfer, Rudolf Gores. Trainer: Udo Lattek

STURM: Walter Saria, Manfred Wirth, Heinz Schilcher, Herbert Dobaj, Walter Gruber, Manfred Steiner, Hubert Kulmer, Anton Pichler, Anton Haas (63 Harald Stückler), Rudolf Schauss, Gernot Jurtin.

Goals: Bruns (4, 90), Jurtin (11), Gores (48), Nielsen (67), Simonsen (89)

**AJAX AMSTERDAM
v ATHLETIC CLUB BILBAO 3-0** (1-0)

Ajax stadion Watergraafsmeer Amsterdam   27.09.1978

Referee: Patrick Partridge (ENG)   Attendance: 22,000

AJAX: Piet Schrijvers, Hans Erkens, Wim Meutstege, Ruud Krol, Pim van Dord, Søren Lerby, Frank Arnesen, Simon Tahamata, Tscheu La Ling, Ray Clarke, Geert Meijer.   Trainer: Cor Brom

ATHLETIC: José Ángel IRÍBAR Cortajarena, Fernando TIRAPU Arteta, Daniel ASTRAIN Egozcue, José Ramón ALEXANCO Ventosa, Javier ESCALZA Ellacuría, Juan Carlos VIDAL, Ángel María VILLAR Llona, Javier IRURETAgoyena Amiano (77 José María NÚÑEZ Urrezola), DANIel Ruiz Bazán, CARLOS Ruiz Herrero (36 Estanislao ARGOTE Salaberría), José Francisco ROJO I Arroitia.   Trainer: Luis María AGUIRRE Vidaurrázaga

Goals: Clarke (38 pen, 54), Lerby (87)

REAL SPORTING GIJÓN v AC TORINO 3-0 (2-0)

El Molinón, Gijón   13.09.1978

Referee: Franz Wöhrer (AUS)

REAL SPORTING: Jesús Antonio CASTRO González, José Antonio REDONDO García, Secundino Suárez Vázquez "CUNDI"; Francisco Javier Álvarez URÍA, CIRIACO Cano González, Ricardo Néstor REZZA Pérez; Enrique MORÁN Blanco, JOAQUÍN Alonso González, Enrique Castro González "QUINI", Jorge DAVID López Fernández, Enzo FERRERO Aquila.   Trainer: Vicente Miera

AC TORINO: Giuliano Terraneo, Luigi Danova, Nello Santin; Roberto Salvadori, Roberto Mozzini, Claudio Onofri; Patrizio Sala, Eraldo Pecci, Francesco Graziani, Salvatore Vullo, Paolo Pulici.   Trainer: Luigi Radice

Goals: Ferrero (4), Morán (14, 68)

AC TORINO v REAL SPORTING GIJÓN 1-0 (0-0)

Stadio Comunale, Torino   27.09.1978

Referee: Béla Nagy (HUN)   Attendance: 40,000

AC TORINO: Giuliano Terraneo, Luigi Danova, Salvatore Vullo; Roberto Salvadori, Roberto Mozzini, Claudio Onofri; Giuseppe Greco (33 Maurizio Iorio), Patrizio Sala, Francesco Graziani, Eraldo Pecci, Paolo Pulici.   Trainer: Luigi Radice

REAL SPORTING: Jesús Antonio CASTRO González, José Antonio REDONDO García, Secundino Suárez Vázquez "CUNDI"; Francisco Javier Álvarez URÍA, Antonio MACEDA Francés, Ricardo Néstor REZZA Pérez; CIRIACO Cano González, JOAQUÍN Alonso González, Enrique Castro González "QUINI", Jorge DAVID López Fernández, Enzo FERRERO Aquila (83 Enrique MORÁN Blanco).   Trainer: Vicente Miera

Goal: Graziani (64)

**GALATASARAY ISTANBUL
v WEST BROMWICH ALBION 1-3** (0-1)

Alsancak, Izmir   13.09.1978

Referee: Francisc Kolossi (ROM)   Attendance: 50,000

GALATASARAY: Eser Özaltindere, Müfit Erkaçap, Erdogan Arica, Güngör Tekin, Fatih Terim, Mehmet Oğuz, Öner Kiliç, Ali Yavas, Cüneyt Tanman (.. Murat Inan), Gökmen Özdenak, Tuncay Temeller (70 Tacettin Belek).   Trainer: Coşkun Özari

WEST BROMWICH ALBION: Anthony Godden, Brendon Batson, John Wile, Alistair Robertson, Derek Statham, Allistair Brown, Bryan Robson, Leonard Cantello, Lawrence Cunningham, Cyrille Regis, John Trewick.   Manager: Ron Atkinson

Goals: Robson (6), Cunningham (62, 67), Fatih (88 pen)

**WEST BROMWICH ALBION
v GALATASARAY ISTANBUL 3-1** (2-1)

The Hawthorns, West Bromwich   27.09.1978

Referee: Antonio José da Silva Garrido (POR)   Att: 22,380

WEST BROMWICH ALBION: Anthony Godden (65 Mark Grew), Brendon Batson, John Wile, Alistair Robertson, Derek Statham, Allistair Brown, Bryan Robson, Leonard Cantello, Lawrence Cunningham, Cyrille Regis, John Trewick (55 Anthony Brown).   Manager: Ron Atkinson

GALATASARAY: Bahattin Demircan, Müfit Erkaçap, Güngör Tekin, Tuncay Temeller, Erdogan Arica, Gürcan Aday, Fatih Terim, Turgay Inal, Öner Kiliç, Cüneyt Tanman (69 Ridvan Kiliç), Tacettin Belek (69 Murat Inan).
Trainer: Coşkun Özari

Goals: Robson (33), Cunningham (39 pen), Turgay (44), Trewick (47)

**PALLOSEURA KUOPIO
v B 1903 KØBENHAVN 2-1** (1-1)

Väinölänniemi, Kuopio   13.09.1978

Referee: Erik Fredriksson (SWE)   Attendance: 646

PALLOSEURA: Timo Julkunen, Aki Heiskanen, Pekka Vepsäläinen, Tapani Hämäläinen, Heikki Turunen, Petteri Kupiainen, Juha Suhonen, Pauli Koponen, Olavi Rissanen (79 Seppo Törnroos), Esa Heiskanen, Kari Mönkkönen.

B 1903: Per Poulsen, John Andersen, Jørn Damm, Jørgen Lorentzen, Poul Kristiansen, Michael Sundby, Keld Kristensen (.. Niels Thorn), Thomas Larsen, Jens Sass Hansen, Niels Haarbye, Bent Kristiansen.

Goals: Haarbye (5), Mönkkönen (25), Esa Heiskanen (48)

**B 1903 KØBENHAVN
v PALLOSEURA KUOPIO 4-4** (3-3)

Gentofte stadion, København   27.09.1978

Referee: Henry Öberg (NOR)   Attendance: 1,500

B 1903: Per Poulsen, John Andersen, Benny Johansen, Jørn Damm, Poul Kristiansen, Michael Sundby, Thomas Larsen (61 Keld Kristiansen), Bent Kristiansen (68 Jørgen Lorentzen), Jens Sass Hansen, Fl. Hansen, Finn Schmidt Jensen.

PALLOSEURA: Kari Leskinen, Aki Heiskanen, Pekka Vepsäläinen, Tapani Hämäläinen, Heikki Turunen, Petteri Kupiainen (.. Arvo Rautio), Juha Suhonen, Pauli Koponen, Olavi Rissanen (.. Ossi Loikkanen), Esa Heiskanen, Kari Mönkkönen.

Goals: Aki Heiskanen (10, 16), B. Kristiansen (15), F.S. Jensen (19), Larsen (21), T. Hämäläinen (26), Rautio (75), Damm (82)

FC BASEL v VfB STUTTGART 2-3 (1-1)

Sankt Jakob, Basel   13.09.1978

Referee: Brian McGinlay (SCO)   Attendance: 25,000

FC BASEL: Hans Küng; Walter Geisser, Jean-Pierre Maradan, Urs Siegenthaler (73 Robert Baldinger), Jörg Stohler, Otto Demarmels, Hansruedi Schaer, Markus Tanner, Erni Maissen (59 Peter Marti), Arthur Von Wartburg, Detlev Lauscher. Trainer: Helmut Benthaus

VfB: Helmut Roleder; Bernd Martin, Markus Elmer, Karl Heinz Förster, Dragan Holcer, Bernd Förster, Walter Kelsch, Hermann Ohlicher, Dieter Hoeness (60 Bernd Schmider), Hans Müller, Georg Volkert (74 Harald Beck). Trainer: Jürgen Sundermann

Goals: Stohler (30), Hoeness (44), Ohlicher (54, 70), Tanner (78)

FK MOLDE v TORPEDO MOSKVA 3-3 (1-1)

Nye Molde   27.09.1978

Referee: Alfred William Grey (ENG)   Attendance: 2,813

MOLDE: Torleif Bergsås, Odd Ivar Moen, Einar Sekkeseter, Svein Kanestrøm, Bertil Stranden, Knut Bjørnå, Torkild Brakstad, Arnfinn Rye, Stein Olav Hestad, Jan Fuglset, Rune Ulvestad (70 Tor Gunnar Hagbø).

TORPEDO: Anatoli Zarapin, Yuri Vaniushkin, Vasili Zhupikov, Yuri Mironov, Sergei Prigoda, Sergei Petrenko, Valeri Filatov, Nikolai Vasiliev, Vladimir Yurin (76 Vladimir Suchilin), Vladimir Sakharov, Evgeni Khrabrostin.

Goals: Vasiliev (25, 69), Brakstad (29), Bjørnå (59), Fuglset (66), Suchilin (81)

VfB STUTTGART v FC BASEL 4-1 (1-1)

Neckarstadion, Stuttgart   27.09.1978

Referee: Miroslav Stupar (USSR)   Attendance: 23,000

VfB: Helmut Roleder; Bernd Martin, Markus Elmer, Karl Heinz Förster, Dragan Holcer, Erwin Hadewicz (69 Bernd Schmider), Walter Kelsch, Hermann Ohlicher, Dieter Hoeness, Hans Müller (81 Roland Hattenberger), Georg Volkert. Trainer: Jürgen Sundermann

FC BASEL: Hans Küng; Jean-Pierre Maradan, Robert Baldinger (81 Paul Fischli), Urs Siegenthaler, Jörg Stohler, Otto Demarmels, Peter Marti, Markus Tanner, Roland Schönenberger (46 Erni Maissen), Hansruedi Schaer, Detlev Lauscher.

Goals: Kelsch (24, 48, 68), Schönenberger (35), Müller (64)

IF ELFSBORG BORÅS v RC STRASBOURG 2-0 (2-0)

Ryavallen, Borås   13.09.1978

Referee: Ole Amundsen (DEN)   Attendance: 3,383

ELFSBORG: Tore Stenbäcken, Leif Gustavsson, Goran Ahlström, Leif Målberg, Bengt Andersen (81 Tommy Berggren), Christer Andersen, Christer Qvist, Thomas Johansson, Thomas Ahlström, Tommy Svensson, Dan Magnusson (77 Frank Klarström).

RC STRASBOURG: Dominique Dropsy; Jean-Jacques Marx, Léonard Specht, Jacques Novi, Jacky Dugueperoux, René Deutschmann (81 Eric Mosser), Yves Ehrlacher, Francis Piasecki, Roland Wagner, Joël Tanter (84 Eberhard Vogel), Albert Gemmrich.   Trainer: Gilbert Gress

Goals: Svensson (17), Magnusson (44 pen)

TORPEDO MOSKVA v FK MOLDE 4-0 (2-0)

Moskva   13.09.1978

Referee: Talal Tokat (TUR)   Attendance: 10,000

TORPEDO: Anatoli Zarapin, Yuri Vaniushkin, Vasili Zhupikov, Yuri Mironov, Sergei Prigoda, Sergei Petrenko, Valeri Filatov, Nikolai Vasiliev, Vladimir Yurin, Vladimir Sakharov (72 Vladimir Suchilin), Evgeni Khrabrostin (72 Sergei Grishin).

MOLDE: Inge Bratteteig, Odd Ivar Moen, Stål Bjørkly, Torkild Brakstad, Bertil Stranden, Knut Bjørnå, Arnfinn Rye, Åge Hareide (15 Tor Gunnar Hagbø), Stein Olav Hestad, Jan Fuglset, Rune Ulvestad.

Goals: Vasiliev (5), Mironov (35), Grishin (77), Suchilin (86)

RC STRASBOURG v IF ELFSBORG BORÅS 4-1 (2-1)

Stade de la Meinau, Strasbourg   27.09.1978

Referee: Gwyn Pierce Owen (WAL)   Attendance: 26,505

RC STRASBOURG: Dominique Dropsy; Jean-Jacques Marx, Léonard Specht, Jacques Novi, Raymond Domenech, Jacky Dugueperoux, Roger Jouve (63 Yves Ehrlacher), Francis Piasecki, Roland Wagner, Joël Tanter, Albert Gemmrich. Trainer: Gilbert Gress

ELFSBORG: Tore Stenbäcken, Leif Gustavsson, Goran Ahlström, Leif Målberg, Christer Andersen (84 Peder Larsson), Christer Qvist, Tommy Svensson, Thomas Johansson, Tommy Berggren, Thomas Ahlström, Dan Magnusson (71 Frank Klarström).

Goals: Piasecki (8), Tanter (27), T. Ahlström (43), Gemmrich (75), Wagner (80)

MSV DUISBURG v LECH POZNAN 5-0 (4-0)
Wedaustadion, Duisburg   13.09.1978

Referee: John Homewood (ENG)   Attendance: 8,000

MSV: Wolfgang Schreiner, Peter Fenten, Ditmar Jakobs, Kees Bregman, Bernard Dietz, Herbert Büssers, Reiner Alhaus, Norbert Fruck, Ronald Worm (63 Werner Buttgereit), Kurt Jara, Günter Weber.   Trainer: Rolf Schafstall

LECH: Piotr Mowlik, Zbigniew Gut, Józef Szewczyk, Miroslaw Justek, Hieronim Barczak, Teodor Napierala, Zbigniew Milewski, Jerzy Kasalik, Marek Skurczynski (42 Ryszard Szpakowski), Romuald Chojnacki, Miroslaw Okonski.

Goals: Jara (21), Worm (23, 37), Alhaus (32), Büssers (88)

LECH POZNAN v MSV DUISBURG 2-5 (1-3)
Lech, Poznan   27.09.1978

Referee: Marijan Rauš (YUG)   Attendance: 4,000

LECH: Piotr Mowlik, Zbigniew Gut, Józef Szewczyk, Miroslaw Justek, Hieronim Barczak, Marek Skurczynski (75 Teodor Napierala), Andrzej Grzeskowiak, Jerzy Kasalik, Ryszard Szpakowski (35 Zbigniew Milewski), Romuald Chojnacki, Miroslaw Okonski.

MSV: Wolfgang Schreiner, Peter Fenten, Ditmar Jakobs, Kees Bregman (15 Reiner Alhaus), Bernard Dietz, Michael Brocker, Norbert Fruck, Herbert Büssers (48 Werner Buttgereit), Ronald Worm, Kurt Jara, Günter Weber.   Trainer: Rolf Schafstall

Goals: Büssers (4), Worm (22, 72), Fenten (30), Kasalik (34), Buttgereit (71), Okonski (83)

START KRISTIANSAND v ESBJERG BK 0-0
Kristiansand stadion   13.09.1978

Referee: Olavi Peltola (FIN)   Attendance: 1,417

START: Roy Amundsen, Trond Pedersen, Thorgny Svenssen, Reidar Flaa, Kaj Ljösdal, Audun Myhre, Sven Otto Birkeland, Helge Haugen, Svein Mathisen, Helge Skuseth, Preben Jørgensen (70 Kai Haestad).

ESBJERG: Ole Kjaer, Torben Luxhøj, Jørgen Toft, Erik Brock Petersen, Ole Madsen, Jens Jørn Bertelsen, Jørn Bach, Leif Hansen (64 Erik Jespersen), Flemming Iversen, Kristian Østergaard, Henning Nielsen.

ESBJERG BK v START KRISTIANSAND 1-0 (0-0)
Esbjerg Idraetspark   27.09.1978

Referee: Rolf Ericsson (SWE)   Attendance: 4,730

ESBJERG: Ole Kjaer, Jørgen Toft, Erik Brock Petersen, Torben Luxhøj, Ole Madsen, Jens Jørn Bertelsen, Erik Jespersen (.. J. Madsen), Henning Nielsen (.. Leif Hansen), Jørn Bach, Kristian Østergaard, Flemming Iversen.

START: Roy Amundsen, Trond Pedersen, Thorgny Svenssen, Reidar Flaa, Kaj Ljösdal, Audun Myhre, Sven Otto Birkeland (56 Preben Jørgensen), Stein Thunberg (58 Tor Einar Andersen), Svein Mathisen, Helge Skuseth, Helge Haugen.

Goal: Iversen (88)

ARSENAL LONDON v LOKOMOTIVE LEIPZIG 3-0 (0-0)
Highbury, London   13.09.1978

Referee: Svein Inge Thime (NOR)   Attendance: 34,233

ARSENAL: Patrick Jennings, Patrick Rice, Samuel Nelson, David Price, Stephen Walford, William Young, Liam Brady (89 Stephen Gatting), Alan Sunderland, Francis Stapleton, James Harvey (46 Mark Heeley), Graham Rix.   Manager: Terence Neill

LOKOMOTIVE: Siegfried Stötzner, Gunter Sekora (20 Andreas Roth), Roland Hammer, Wilfried Gröbner, Joachim Fritsche, Wolfgang Altmann, Lutz Moldt, Matthias Liebers, Hans-Jürgen Kinne, Wolfram Löwe (75 Lutz Eichhorn), Dieter Kühn.   Trainer: Heinz Jörk

Goals: Stapleton (67, 68), Sunderland (80)

LOKOMOTIVE LEIPZIG v ARSENAL LONDON 1-4 (0-1)
Zentralstadion Leipzig   27.09.1978

Referee: Toma Manojlovski (YUG)   Attendance: 22,000

LOKOMOTIVE: Siegfried Stötzner, Thomas Dennstedt, Roland Hammer, Wilfried Gröbner, Joachim Fritsche, Matthias Liebers, Lutz Moldt, Frank Baum (66 Wolfgang Altmann), Hans-Jürgen Kinne, Lutz Eichhorn, Dieter Kühn.   Trainer: Heinz Jörk

ARSENAL: Patrick Jennings, Patrick Rice, Samuel Nelson, David Price (86 Stephen Walford), David O'Leary, William Young (86 Paul Vaessen), Liam Brady, Alan Sunderland, Francis Stapleton, John Devine, Graham Rix.   Manager: Terence Neill

Goals: Brady (20 pen), Sunderland (51), Stapleton (62, 66, 72 og)

FC CARL ZEISS JENA v LIERSE SK 1-0 (1-0)
Ernst Abbe Sportfeld, Jena   13.09.1978

Referee: Augusto Llamo Castillo (SPA)   Attendance: 12,000

FC CARL ZEISS: Hans-Ulrich Grapenthin, Gert Brauer, Andreas Krause, Konrad Weise, Dieter Noack, Rüdiger Schnuphase, Dietmar Sengewald, Lutz Lindemann, Jürgen Raab (72 Martin Trocha), Thomas Töpfer, Eberhard Vogel.   Trainer: Hans-Joachim Meyer

LIERSE: Carl Engelen, Roger Dierckx, Leo De Smet, Raymond van der Borght, Walter Ceulemans, Robert Bosch, Herman Helleputte (47 Michel Hermans), Raul Aguas, François Janssens, Erwin Vandenbergh, Rob Kok (40 Luc Soons).

Goal: Töpfer (25)

LIERSE SK v FC CARL ZEISS JENA 2-2 (1-0)

Stadion aan het Lisp Lierre   27.09.1978

Referee: Ian M.D. Foote (SCO)   Attendance: 12,000

LIERSE SK: Carl Engelen, Roger Dierckx, Leo De Smet (68 Miloš Jovasevic), Raymond van der Borght, Walter Ceulemans, Robert Bosch, Michel Hermans, Raul Aguas, François Janssens, Erwin Vandenbergh, Rob Kok.

FC CARL ZEISS: Hans-Ulrich Grapenthin, Gert Brauer, Andreas Krause, Konrad Weise, Dieter Noack, Rüdiger Schnuphase, Dietmar Sengewald (46 Jürgen Raab), Lutz Lindemann, Gerhard Hoppe (79 Uwe Neuber), Thomas Töpfer, Eberhard Vogel.   Trainer: Hans-Joachim Meyer

Goals: Bosch (40), Vandenbergh (51), Schnuphase (57), Töpfer (83 pen)

**HIBERNIAN EDINBURGH
v IFK NORRKÖPING 3-2** (1-0)

Easter Road Park, Edinburgh   13.09.1978

Referee: Torben Mansson (DEN)   Attendance: 10,000

HIBERNIAN: Michael McDonald, Arthur Duncan, Robert Smith, Gordon Rae, Richard Fleming, John McNamara, William Murray, Ally MacLeod, Tony Higgins, Patrick Carroll (.. Robert Hutchinson), William Temperley.

IFK: Jan Åke Jonsson, Per-Olof Eek, Leif Andersson, Eine Fredriksson, Pär-Olof Ohlsson, Curt Bernsten, Tomas Erixon, Kent Lundqvist, Peter Liljedahl, Jan Svensson (.. Gert Hellberg), Håkan Larsson.   Trainer: Bengt Gustavsson

Goals: Higgins (25, 88), Temperley (49), Ohlsson (64), Andersson (66)

**FC TWENTE ENSCHEDE
v MANCHESTER CITY 1-1** (0-1)

Diekman, Enschede   13.09.1978

Referee: Ángel Franco Martínez (SPA)   Attendance: 12,000

FC TWENTE: Eddy Pasveer, Kees van Ierssel, Epi Drost, Niels Overweg, Piet Wildschut, Frans Thijssen, Kick van der Vall, Heini Otto, Jaap Bos (82 Roel Smand), Ab Gritter, Hallvar Thoresen.   Trainer: Anton Spitz Kohn

MANCHESTER CITY: Joseph Corrigan, Kenneth Clements, David Watson, Paul Futcher, Paul Power, Colin Viljoen, Asa Hartford, Gary Owen, Michael Channon, Roger Palmer, Peter Barnes.   Manager: Anthony Book

Goals: Watson (26), Thoresen (50)

**IFK NORRKÖPING
v HIBERNIAN EDINBURGH 0-0**

Norrköpings Idrottspark   27.09.1978

Referee: Marian Srodecki (POL)   Attendance: 1,300

IFK: Jan-Åke Jonsson, Per-Olof Eek, Leif Andersson, Eine Fredriksson, Curt Bernsten, Tomas Erixon, Kent Lundqvist, Peter Liljedahl, Pär-Olof Ohlsson, Jan Svensson, Håkan Larsson.   Trainer: Bengt Gustavsson

HIBERNIAN: Michael McDonald, Arthur Duncan, Robert Smith, Gordon Rae, Richard Fleming, John McNamara, Ally MacLeod, Tony Higgins, George Stewart, Robert Hutchinson, Desmond Bremner.

**MANCHESTER CITY
v FC TWENTE ENSCHEDE 3-2** (1-0)

Maine Road, Manchester   27.09.1978

Referee: Riccardo Lattanzzi (ITA)   Attendance: 29,330

MANCHESTER CITY: Joseph Corrigan, Kenneth Clements, David Watson, Paul Futcher, Paul Power, Colin Viljoen (60 Colin Bell), Gary Owen, Asa Hartford, Michael Channon, Brian Kidd, Peter Barnes.   Manager: Anthony Book

FC TWENTE: Eddy Pasveer, Kees van Ierssel, Epi Drost, Niels Overweg, Piet Wildschut, Frans Thijssen, Kick van der Vall, Theo Pahlplatz, Jaap Bos (.. Harry Bruggink), Ab Gritter, Hallvar Thoresen.   Trainer: Anton Spitz Kohn

Goals: Wildschut (9 og), van der Vall (48), Kidd (69), Bell (81), Gritter (87)

AC MILAN v LOKOMOTIVA KOŠICE 1-0 (1-0)

Stadio San Siro, Milano   13.09.1978

Referee: Charles Scerri (MAL)

AC MILAN: Enrico Albertosi, Giorgio Morini, Aldo Maldera, Walter de Vecchi, Aldo Bet, Franco Franco Baresi, Ruben Buriani, Fabio Capello, Walter Novellino, Gianni Rivera (77 Roberto Antonelli), Stefano Chiodi (77 Giovanni Sartori).   Trainer: Nils Liedholm

LOKOMOTIVA: Stanislav Seman, Jiří Repik, Józef Suchanek, Ján Kozák, Gejza Farkas, Vladimír Dobrovic, Peter Jacko, Józef Moder, Ladislav Jozsa (46 Jozef Kubasovsky), Peter Fecko, Dušan Ujhely (46 Sviezeny).   Trainer: M. Baranék

Goal: Novellino (34)

**LOKOMOTÍVA KOŠICE
v AC MILAN 1-0** (0-0, 1-0) (AET)

Košice stadion 27.09.1978

Referee: Rudolf Renggli (SWI)   Attendance: 30,000

LOKOMOTÍVA: Stanislav Seman, Jiří Repik, Józef Suchanek, Ján Kozák, Gejza Farkas, Vladimír Dobrovic, Peter Jacko, Józef Moder, Ladislav Jozsa (91 Jozef Kubasovsky), Peter Fecko, Dušan Ujhely.

AC MILAN: Enrico Albertosi, Fulvio Collovati, Aldo Maldera, Walter de Vecchi, Aldo Bet, Franco Franco Baresi, Alberto Bigon (104 Roberto Antonelli), Giorgio Morini, Walter Novellino, Fabio Capello (80 Ruben Buriani), Stefano Chiodi.   Manager: Nils Liedholm

Goal: Kozák (81)

Penalties: 0-1 Maldera, 1-1 Kozak, Novellino (miss), 2-1 Ujhely, 2-2 Chiodi, Jacko (miss), 2-3 Buriani, 3-3 Moder, 3-4 Antonelli, 4-4 Suchánek, 4-5 Morini, 5-5 Dobrovic, 5-6 De Vecchi, 6-6 Fecko, 6-7 Baresi, Repík (miss)

DINAMO TBILISI v SSC NAPOLI 2-0 (1-0)

Dinamo, Tbilisi 13.09.1978

Referee: Josef Bucek (AUS)   Attendance: 75,000

DINAMO: David Gogia, Tamaz Kostava, Peruz Kanteladze, Vitali Daraselia, Gocha Machaidze, Aleksandr Chivadze, Vladimir Gutsaev, Manuchar Machaidze, David Kipiani (80 Revaz Chelebadze), Vakhtang Koridze, Ramaz Schengeliya.

SSC NAPOLI: Luciano Castellini, Giuseppe Bruscolotti, Moreno Ferrario; Claudio Vinazzani, Sauro Catellani, Vittorio Caporale, Domenico Caso (72 Pellegrino Valente), Roberto Filippi, Giuseppe Savoldi, Livio Pin (75 Valerio Majo), Claudio Pellegrini.   Trainer: Giovanni Di Marzio

Goals: Kipiani (39), Schengeliya (49)

SSC NAPOLI v DINAMO TBILISI 1-1 (0-0)

Stadio San Paolo, Napoli 27.09.1978

Referee: René Vigliani (FRA)   Attendance: 61,000

SSC NAPOLI: Luciano Castellini, Giuseppe Bruscolotti, Pellegrino Valente; Livio Pin, Moreno Ferrario, Vittorio Caporale, Domenico Caso, Roberto Filippi, Giuseppe Savoldi, Valerio Majo, Santino Nuccio.   Trainer: Giovanni Di Marzio

DINAMO: David Gogia, Tamaz Kostava, Peruz Kanteladze, Vitali Daraselia, Gocha Machaidze, Aleksandr Chivadze, Vladimir Gutsaev, Manuchar Machaidze, David Kipiani, Vakhtang Koridze (80 Vakhtang Kopaleischvili), Ramaz Schengeliya (26 Tengiz Sulakvelidze).

Goals: Daraselia (64), Savoldi (79 pen)

NK HAJDUK SPLIT v RAPID WIEN 2-0 (1-0)

Plinada, Split 13.09.1978

Referee: Paul Bonett (MAL)   Attendance: 25,000

HAJDUK: Spiro Ćosić; Boro Primorac, Mišo Krstičević, Mićun Jovanić, Luka Peruzović, Vedran Rozić, Slaviša Žungul, Drazen Mužinić, Davor Čop, Borislav Djordjević (59 Sime Luketin), Ivan Šurjak (63 Damir Maricić).   Trainer: T. Ivić

RAPID: Herbert Feurer; Werner Walzer, Peter Persidis, Johann Pregesbauer, Egon Pajenk, Günther Happich, Johann Krejcirik (75 Wolfgang Kienast), Reinhard Kienast, Lars Francker (66 Paul Pawlek), Heribert Weber, Geza Gallos.   Trainer: Karl Schlechta

Goals: Cop (30), Luketin (90)

RAPID WIEN v HAJDUK SPLIT 2-1 (0-1)

Prater, Wien 27.09.1978

Referee: Ángel Franco Martínez (SPA)   Attendance: 25,000

RAPID: Herbert Feurer, Reinhard Kienast, Peter Persidis, Johann Pregesbauer, Egon Pajenk, Günther Happich, Bernd Krauss (46 Johann Krejcirik), Helmut Kirisits (72 Paul Pawlek), Lars Francker, Heribert Weber, Geza Gallos.   Trainer: Karl Schlechta

HAJDUK: Spiro Ćosić; Boro Primorac, Mišo Krstičević, Šime Luketin, Luka Peruzovic, Vedran Rozić, Slaviša Žungul, Drazen Mužinić, Mićun Jovanić, Borislav Djordjević, Ivan Šurjak.   Trainer: Tomislav Ivić

Goals: Žungul (24), Krejcirik (73), Francker (89)

HERTHA BSC BERLIN v TRAKIA PLOVDIV 0-0

Olympiastadion, Berlin 13.09.1978

Referee: John Hunting (ENG)   Attendance: 4,500

HERTHA: Norbert Nigbur, Michael Sziedat, Holger Brück, Uwe Kliemann, Hans Weiner, Dieter Nüssing, Rainer Blechschmidt (75 Jürgen Milewski), Erich Beer, Karl-Heinz Granitza, Bernd Gersdorff, Henrik Agerbeck.   Trainer: Kuno Klötzer

TRAKIA: Dimitar Vichev, Atanas Garabski, Atanas Marinov, Ivan Kunchev, Kosta Bosakov, Slavcho Horozov (83 Ivan Todorov), Kostadin Kostadinov, Petar Zehtinski, Kosta Tanev, Aleksandar Ivanov, Mitko Argirov.   Trainer: Ivan Manolov

TRAKIA PLOVDIV v HERTHA BERLIN 1-2 (0-2)

Hristo Botev, Plovdiv 27.09.1978

Referee: Jakob Baumann (SWI)   Attendance: 35,000

TRAKIA: Kiril Peichev, Atanas Garabski, Atanas Marinov, Ivan Kunchev, Slavcho Horozov, Krasimir Manolov, Kostadin Kostadinov, Georgi Slavkov, Kosta Tanev, Aleksandar Ivanov, Mitko Argirov.   Trainer: Ivan Manolov

HERTHA: Norbert Nigbur, Michael Sziedat, Holger Brück, Uwe Kliemann (46 Hans-Joachim Förster), Hans Weiner, Ole Rasmussen, Wolfgang Sidka, Rainer Blechschmidt, Karl-Heinz Granitza (79 Dieter Nüssing), Bernd Gersdorff, Jürgen Milewski.   Trainer: Kuno Klötzer

Goals: Granitza (23, 44), Slavkov (49)

FC ARGEŞ PITEŞTI
v PANATHINAIKOS ATHINA 3-0 (1-0)

1 Mai, Piteşti   13.09.1978

Referee: Adolf Mathias (AUS)   Attendance: 20,000

FC ARGEŞ: Andrei Speriatu; Mihai Zamfir, Constantin Stancu, Constantin Cîrstea, Petre Ivan; Ilie Bărbulescu (67 Nicolae Radu), Doru Toma, Sevastian Iovănescu; Doru Nicolae, Marin Radu, Nicolae Dobrin (73 Viorel Moiceanu).
Trainers: Florin Halagian & Constantin Oţet

PANATHINAIKOS: Vasilis Konstantinou; Takis Eleutheriadis, Dimitris Kizas, Giorgos Gonios, Stelios Stefanakis; Hristos Terzanidis, Kostas Eleutherakis (70 Lakis Katsiakos), Spiros Livathinos; Giorgos Delikaris (73 Odiseas Vakalis), Oscar Álvarez Gomez, Walter Wagner.
Trainer: Kazimir Gorski

Goals: Toma (19), Moiceanu (75, 90)

PANATHINAIKOS ATHINA
v FC ARGEŞ PITEŞTI 1-2 (0-0)

PAO, Athina   27.09.1978

Referee: Alojzy Jarguz (POL)   Attendance: 25,000

PANATHINAIKOS: Vasilis Konstantinou; Hristos Terzanidis, Dimitris Kizas, Giorgos Gonios, Stelios Stefanakis; Takis Eleutheriadis (62 Nikos Kovis), Lakis Katsiakos, Giorgos Delikaris; Kostas Eleutherakis (72 Hristos Giannakoulas), Oscar Álvarez Gomez, Walter Wagner.
Trainer: Kazimir Gorski

FC ARGEŞ: Andrei Speriatu; Mihai Zamfir, Constantin Stancu, Constantin Cîrstea, Petre Ivan; Ilie Bărbulescu, Gheorghe Chivescu, Sevastian Iovănescu; Doru Nicolae (88 Viorel Moiceanu), Marin Radu, Nicolae Dobrin.
Trainer: Florin Halagian

Goals: Gonios (52), D. Nicolae (55), M. Radu (70)

POLITEHNICA TIMIŞOARA
v MTK VM BUDAPEST 2-0 (1-0)

1 Mai, Timişoara   13.09.1978

Referee: Klaus Scheurell (DDR)   Attendance: 25,000

POLITEHNICA: Ioan Katona; Dumitru Nadu, Dan Păltinişan, Petre Mehedinţu, Dorin Barna (71 Teodor Floareş); Viorel Vişan, Emerich Dembrovski, Gheorghe Cotec; Stelian Anghel, Gheorghe Volaru (46 Octavian Roşca), Romulus Petrescu.   Trainers: Angelo Niculescu & Constantin Rădulescu

MTK VM: Béla Brünyi; Tibor Palicskó, Csaba Turner, Imre Aszalai, Sándor Egervári; Béla Kovács, László Burg, János Borsó; László Takács, Gábor Morgós (67 István Pekker), György Garics.   Trainer: György Mezey

Goals: Cotec (11), Păltinişan (55)

MTK VM BUDAPEST
v POLITEHNICA TIMIŞOARA 2-1 (0-0)

Hungária krt, Budapest   27.09.1978

Referee: Atanas Mateev (BUL)   Attendance: 4,000

MTK VM: Béla Brünyi; Tibor Palicskó, Csaba Turner, Imre Aszalay (60 László Krómer), Sándor Egervári; László Burg, Lajos Koritár; László Takács, István Pekker, Tibor Gruborovics, Gábor Morgós (84 György Garics).

POLITEHNICA: Ioan Katona; Dumitru Nadu, Dan Păltinişan, Petre Mehedinţu, Dorin Barna; Emerich Dembrovski (81 Octavian Roşca), Viorel Vişan, Gheorghe Cotec; Stelian Anghel, Teodor Floareş, Romulus Petrescu.

Goals: Koritár (51), Nadu (67 og), Petrescu (77)

HONVÉD BUDAPEST v ADANASPOR 6-0 (1-0)

Kispest, Budapest   14.09.1978

Referee: Mehmet Mishku (ALB)   Attendance: 6,000

HONVÉD: Sándor Gujdár; Sándor Paróczai, István Kocsis, Antal Nagy, József Varga; József Pál, Sándor Lukacs, Sándor Pintér; Béla Bodonyi, István Weimper, László Gyimesi.

ADANASPOR: Erhan Aslan, Vedat, Sevket Kesler, Timucin, Mustafa Şentürk; Ibrahim Okutan (26 Eyüp), Selahattin Karasu, Halis, Özer Umdu, Günay Haznedaroglu (78 Sener), Irfan Kaynak.

Goals: Lukács (14), Weimper (64, 67), Gyimesi (65), Bodonyi (78), Nagy (88)

ADANASPOR v HONVÉD BUDAPEST 2-2 (1-1)

Atatürk Stadi, Adana   27.09.1978

Referee: Dimiter Parmakov (BUL)   Attendance: 18,000

ADANASPOR: Erhan Aslan; Vedat, Sevket Kesler, Timucin, Mustafa Şentürk, Ibrahim Okutan, Selahattin Karasu, Halis, Özer Umdu (46 Medzik); Günay Haznedaroglu, Irfan Kaynak.

HONVÉD: Sándor Gujdár; Sándor Paróczai, István Kocsis, Antal Nagy, József Varga; József Pál, Sándor Lukacs (69 István Varga), Sándor Pintér; István Weimper, József Póczik, László Gyimesi.   Trainer: Lajos Tichy

Goals: Lukács (25), Irfan (45), Pintér (54), Medzik (61)

OLYMPIAKOS PEIRAIAS
v LEVSKI SPARTAK SOFIA 2-1 (0-1)

Karaiskaki, Peiraias   14.09.1978

Referee: André Daina (SWI)   Attendance: 40,000

OLYMPIAKOS: Panagiotis Kelesidis, Takis Synetopoulos, Giannis Kyrastas, Stavros Papadopoulos, Petros Kanellos (55 Meletis Persias), Thomas Katsavakis (46 Takis Lemonis), Hristos Kaltsas, Petros Karavitis, Antonis Antoniadis, Rafael Perone, Mihalis Kritikopoulos.   Trainer: Toza Veselinović

LEVSKI SPARTAK: Stefan Staikov, Plamen Nikolov, Ivan Tishanski, Stefan Aladjov, Nikolai Grancharov, Todor Barzov, Emil Spasov (76 Dimitar Enchev), Iordan Iordanov, Angel Stankov (62 Georgi Todorov), Pavel Panov, Krasimir Borisov.
Trainer: Ivan Vutsov

Goals: Barzov (44), Kritikopoulos (51), Kaltsas (75)

LEVSKI SPARTAK SOFIA
v OLYMPIAKOS PEIRAIAS 3-1 (0-0, 2-1) (AET)

Vasil Levski, Sofia 28.09.1978

Referee: Paolo Casarin (ITA)   Attendance: 30,000

LEVSKI SPARTAK: Tomas Lafchis, Plamen Nikolov, Dimitar Enchev, Stefan Aladjov, Nikolai Grancharov, Todor Barzov, Voin Voinov, Branimir Kochev, Angel Stankov (61 Iordan Iordanov), Pavel Panov, Anton Milkov (67 Georgi Todorov). Trainer: Ivan Vutsov

OLYMPIAKOS: Panagiotis Kelesidis, Takis Synetopoulos (97 Petros Mihos), Giannis Kyrastas, Petros Karavitis, Petros Kanellos, Stavros Papadopoulos, Julio Losanta (56 Takis Lemonis), Meletis Persias, Mihalis Kritikopoulos, Ilias Maik Galakos, Hristos Kaltsas.   Trainer: Toza Veselinović

Goals: Milkov (47), Panov (52), Kaltsas (60), Voinov (91)

PEZOPORIKOS LARNACA
v SLASK WROCLAW 2-2 (1-1)

Zenon, Larnaca 16.09.1978

Referee: Atanas Mateev (BUL)   Attendance: 9,000

PEZOPORIKOS: Mihalis Kyriakides; Andreas Iakovou, Hristos Loizou, Iakovos Filippou, Andreas Pastellidis, Kypros Damianou, Lakis Gavriel, Pavlos Kounnas, Giorgos Kasparis (73 Marios Erotokritou), Lakis Lambrou, Theofanis Theofanous (89 Hristos Pastellidis)

SLASK: Zygmunt Kalinowski; Ryszard Sobiesiak, Henryk Kowalczyk, Mieczyslaw Kopycki, Krzysztof Karpinski, Mieczyslaw Olesiak, Tadeusz Pawlowski, Zygmunt Garlowski (75 Zenon Trzonkowski), Jan Erlich, Janusz Sybis, Józef Kwiatkowski.

Goals: Theofanou (40, 64), Pawlowski (44 pen), Sybis (86)

SLASK WROCLAW
v PEZOPORIKOS LARNACA 5-1 (3-1)

Slask, Wroclaw 27.09.1978

Referee: Volker Roth (WG)   Attendance: 10,000

SLASK: Zygmunt Kalinowski, Ryszard Sobiesiak, Zenon Trzonkowski, Wladyslaw Zmuda, Krzysztof Karpinski, Roman Faber (67 Miroslaw Pekala), Zygmunt Garlowski, Tadeusz Pawlowski, Janusz Sybis, Mieczyslaw Olesiak, Józef Kwiatkowski (73 Jacek Nocko).

PEZOPORIKOS: Mihalis Kyriakides, Andreas Iakovou (46 Giorgos Pouros), Hristos Loizou, Andreas Pastellidis, Iakovos Filippou, Kypros Damianou, Pavlos Kounnas, Lakis Lambrou, Giorgos Kasparis (53 Marios Antoniou), Lakis Gavriel, Theofanis Theofanous.

Goals: Z. Garlowski (12), Lambrou (13), Faber (30), Olesiak (34), Kwiatkowski (60), Sybis (87)

SECOND ROUND

BENFICA LISBOA
v BORUSSIA MÖNCHENGLADBACH 0-0

Estádio da Luz, Lisboa 18.10.1978

Referee: Charles Corver (HOL)   Attendance: 60,000

BENFICA: Manuel Galrinho BENTO; Minervino José Lopes PIETRA, HUMBERTO Manuel Jesús COELHO, ALBERTO Gomes da Fonseca Junior, EURICO Monteiro Gomes (71 Armando RUI Augusto LOPES); Carlos Alexandre Fortes ALHINHO, Tamagnini Manuel Gomes Baptista NENÉ, António José da Conceição Oliveira "TONI" (Cap), João António Ferreira Resende ALVES, Mauricio Zacarias REINALDO Gomes, SHÉU Han.   Trainer: John Mortimore

BORUSSIA: Wolfgang Kneib, Frank Schäffer, Hans Klinkhammer, Horst Wohlers, Wilfried Hannes, Hans-Günter Bruns, Karl Del'Haye (32 Klaus Amrath), Christian Kulik, Carsten Nielsen, Winfried Schäffer, Rudolf Gores. Trainer: Udo Lattek

BORUSSIA MÖNCHENGLADBACH
v BENFICA LISBOA 2-0 (0-0, 0-0) (AET)

Bökelberg, Mönchengladbach 31.10.1978

Referee: Clive Thomas (WAL)   Attendance: 36,000

BORUSSIA: Wolfgang Kneib, Frank Schäffer, Hans Klinkhammer, Horst Wohlers, Dietmar Danner (71 Helmut Dudek), Hans-Günter Bruns, Karl Del'Haye, Christian Kulik, Ewald Lienen, Carsten Nielsen, Rudolf Gores (91 Klaus Amrath).   Trainer: Udo Lattek

BENFICA: Manuel Galrinho BENTO; Minervino José Lopes PIETRA, HUMBERTO Manuel Jesús COELHO, ALBERTO Gomes da Fonseca Junior, EURICO Monteiro Gomes (61 Mário Valdez WILSON), Carlos Alexandre Fortes ALHINHO; Tamagnini Manuel Gomes Baptista NENÉ, António José da Conceição Oliveira "TONI" (Cap) (58 Joaquim Miguel Pedreirinho PEREIRINHA), João António Ferreira Resende ALVES, Mauricio Zacarias REINALDO Gomes, SHÉU Han. Trainer: John Mortimore

Goals: Bruns (93), Klinkhammer (119)

AJAX AMSTERDAM
v LAUSANNE SPORTS 1-0 (1-0)

Ajax-stadion, Amsterdam 18.10.1978

Referee: Valentin Lipatov (USSR)   Attendance: 29,000

AJAX: Piet Schrijvers, Hans Erkens, Ruud Krol (34 Jan Everse), Pim van Dord (13 Dick Schoenaker), Wim Meutstege, Simon Tahamata, Frank Arnesen, Søren Lerby, Tscheu La Ling, Ray Clarke, Geert Meijer.   Trainer: Cor Brom

LAUSANNE SPORTS: Erich Burgener; Claude Ryf, Robert Lei-Ravello, Walter Gretler, Hans Niggl, Marcel Parietti, Jean-Michel Guillaume, Lucien Favre, Walter Seiler, Marcel Cornioley, Georges Diserens (57 Fritz Künzli).

Goal: Lerby (22)

LAUSANNE SPORTS
v AJAX AMSTERDAM 0-4 (0-3)
Stade Olympique de la Pontaise, Lausanne 1.11.1978
Referee: Nikola M. Dudin (BUL)   Attendance: 15,000

LAUSANNE SPORTS: Erich Burgener; Claude Ryf, Robert Lei-Ravello, Walter Gretler, Hans Niggl, Marcel Parietti, Lucien Favre, Marcel Cornioley (77 Pipo Monteleone), Walter Seiler, Fritz Künzli, Georges Diserens (46 Jean-Michel Guillaume).

AJAX: Piet Schrijvers; Hans Erkens, Ruud Krol, Wim Meutstege, Jan Everse (84 Guido Pen), Dick Schoenaker, Simon Tahamata, Søren Lerby, Tscheu La Ling, Ray Clarke, Frank Arnesen (77 Geert Meijer).   Trainer: Cor Brom

Goals: Erkens (9), Clarke (12, 82), Arnesen (36)

EVERTON LIVERPOOL
v DUKLA PRAHA 2-1 (1-0)
Goodison Park, Liverpool 18.10.1978
Referee: Antonio José da Silva Garrido (POR)   Att: 32857

EVERTON: George Wood, Terence Darracott (70 Neil Robinson), Michael Pejic, Michael Lyons, William Wright, Trevor Ross, Andrew King, Martin Dobson, Robert Latchford, Mickey Walsh, David Thomas.   Manager: Gordon Lee

DUKLA: Karel Stromsík, Jozef Barmoš, Václav Samek, Luděk Macela, Jan Fiala, Oldřich Rott, Stanislav Pelc (82 Ivan Bilský), Josef Novák, František Štambachr, Zdeněk Nehoda, Miroslav Gajdušek.   Trainer: Jaroslav Vejvoda

Goals: Latchford (19), King (78), Macela (87)

RC STRASBOURG
v HIBERNIAN EDINBURGH 2-0 (1-0)
Stade de la Meinau, Strasbourg 18.10.1978
Referee: Sándor Kuti (HUN)   Attendance: 25,000

RC STRASBOURG: Dominique Dropsy; Jean-Jacques Marx (87 René Deutschmann), Léonard Specht, Jacques Novi, Raymond Domenech, Roger Jouve (68 Yves Ehrlachter), Jacky Dugueperoux, Francis Piasecki, Joël Tanter, Roland Wagner, Albert Gemmrich.   Trainer: Gilbert Gress

HIBERNIAN: Michael McDonald, Arthur Duncan, Robert Smith, Desmond Bremner, George Stewart, Richard Fleming, Ally MacLeod, Colin Campbell, Gordon Rae, Robert Hutchinson, Tony Higgins.

Goals: Gemmrich (20), Piasecki (60 pen)

DUKLA PRAHA
v EVERTON LIVERPOOL 1-0 (0-0)
Stadión Juliska, Praha 1.11.1978
Referee: Heinz Aldinger (WG)   Attendance: 35,000

DUKLA: Karel Stromsík, Jozef Barmoš, Luděk Macela, Václav Samek, Josef Novák, Ivan Bilský, Stanislav Pelc (68 Jan Berger), František Stambachr, Ladislav Vízek, Zdeněk Nehoda, Miroslav Gajdušek.   Trainer: Jaroslav Vejvoda

EVERTON: George Wood, Terence Darracott, Michael Pejic, Roger Kenyon, William Wright, Geoffrey Nulty (82 Andrew King), Trevor Ross, Martin Dobson, Robert Latchford, Mickey Walsh, David Thomas.   Manager: Gordon Lee

Goal: Gajdušek (81)

HIBERNIAN EDINBURGH
v RC STRASBOURG 1-0 (0-0)
Easter Road Park, Edinburgh 1.11.1978
Referee: Klaus Scheurell (DDR)   Attendance: 14,662

HIBERNIAN: Michael McDonald, Arthur Duncan, George Stewart, John McNamara, Robert Smith, Desmond Bremner, Gordon Rae, William Murray, Ally MacLeod, Robert Hutchinson, Tony Higgins.

RC STRASBOURG: Dominique Dropsy; Jean-Jacques Marx, Léonard Specht, Jacques Novi, Raymond Domenech, René Deutschmann, Jacky Dugueperoux, Francis Piasecki, Joël Tanter, Roland Wagner, Albert Gemmrich.
Trainer: Gilbert Gress

Goal: McLeod (63 pen)

FC ARGEŞ PITEŞTI v VALENCIA CF 2-1 (1-1)
1 Mai, Piteşti 18.10.1978
Referee: John Homewood (ENG)   Attendance: 20,000

FC ARGEŞ: Andrei Speriatu; Ilie Bărbulescu, Mihai Zamfir, Constantin Stancu, Petre Ivan; Doru Toma, Sevastian Iovănescu, Gheorghe Chivescu (61 Viorel Moiceanu), Nicolae Dobrin; Marin Radu, Doru Nicolae.   Trainer: Florin Halagian

VALENCIA CF: José Luis Fernández MANZANEDO; José CARRETE de Julián, Rainer Bonhof, Manuel BOTUBOT Pereira, José CERVERÓ San Braulio; Ricardo ARIAS Penella, Enrique SAURA Gil, Eufemio Raúl Fernández CABRAL (65 Carlos Martínez DIARTE), Daniel SOLSONA Puig; Mario Alberto KEMPES Chiodi, Luis Dario FELMAN (88 Ángel CASTELLANOS Céspedes).   Trainer: Marcel Domingo

Goals: Dobrin (10), Saura (28), Moiceanu (82)

VALENCIA CF v FC ARGEŞ PITEŞTI 5-2 (2-0)

Estadio Luis Casanova, Valencia   1.11.1978

Referee: Alexis Ponnet (BEL)   Attendance: 60,000

VALENCIA CF: José Luis Fernández MANZANEDO (76 Carlos Santiago PEREIRA); José CARRETE de Julián, Juan CORDERO, Manuel BOTUBOT Pereira, José CERVERÓ San Braulio; Eufemio Raúl Fernández CABRAL (80 Ricardo ARIAS Penella), Rainer Bonhof, Daniel SOLSONA Puig; Enrique SAURA Gil, Luis Dario FELMAN, Mario Alberto KEMPES Chiodi.   Trainer: Marcel Domingo

FC ARGEŞ: Andrei Speriatu; Sergiu Moisescu, Mihai Zamfir, Constantin Stancu, Petre Ivan; Gheorghe Chivescu, Sevastian Iovănescu, Doru Toma; Nicolae Dobrin (69 Viorel Turcu), Marin Radu (16 Viorel Moiceanu), Doru Nicolae.   Trainer: Florin Halagian

Goals: Kempes (34, 42), Toma (47), Bonhof (58), Saura (64), Iovănescu (75), Solsona (85)

SPORTING BRAGA v WEST BROMWICH ALBION 0-2 (0-0)

Estádio 1. de Maio, Braga   18.10.1978

Referee: Rudolf Frickel (WG)   Attendance: 20,000

SPORTING: José António Mendonça Ferreira "CONHÉ", ARTUR Soares Correia, FERNANDO Jorge da Conceição Martins (46 Manuel Gomes da Silva "NELITO"), António José Carvalho Gonçalves "SERRA", João Soares CARDOSO, PAULO José ROCHA Beldroegas, JOSÉ ARTUR da Silva Matos, RODRIGO da Silva Carvalho, Joaquim Manuel Marques "NÉLINHO" (75 Armando Gonçalves de Medeiros FONTES), Francisco Delfim Dias "CHICO" Faria, José Eduardo de Araújo Lobo "LITO".   Trainer: Mario Imbelloni

WEST BROMWICH ALBION: Anthony Godden, Brendon Batson, Derek Statham, Lawrence Cunningham, John Wile, Alistair Robertson, Bryan Robson, Allistair Brown, Cyrille Regis, Leonard Cantello, Anthony Brown.   Manager: Ron Atkinson

Goals: Regis (50, 51)

HONVÉD BUDAPEST v POLITEHNICA TIMIŞOARA 4-0 (1-0)

Kispest, Budapest   18.10.1978

Referee: Theodors Tsanaklidis (GRE)   Attendance: 5,000

HONVÉD: Sándor Gujdár; Sándor Paróczai, István Kocsis, Antal Nagy, Sándor Lukács (60 József Varga); József Pál, Sándor Pintér, József Póczik; Béla Bodonyi (60 Ferenc Geiger), István Weimper, László Gyimesi.   Trainer: Lajos Tichy

POLITEHNICA: Ioan Katona; Teodor Floareş, Viorel Vişan, Petre Mehedinţu, Dorin Barna; Gheorghe Şerbănoiu, Emerich Dembrovski, Octavian Roşca, Stelian Anghel, Vasile Nucă (50 Gheorghe Volaru), Romulus Petrescu.

Goals: Weimper (5 pen, 89), Gyimesi (82), Pintér (85)

WEST BROMWICH ALBION v SPORTING BRAGA 1-0 (0-0)

Tha Hawthorns, West Bromwich   1.11.1978

Referee: Marian Kuston (POL)   Attendance: 26,019

WEST BROMWICH ALBION: Anthony Godden, Brendon Batson, Derek Statham, Lawrence Cunningham, John Wile, Alistair Robertson, Bryan Robson (75 John Trewick), Allistair Brown, Cyrille Regis, Leonard Cantello (71 Michael Martin), Anthony Brown.   Manager: Ron Atkinson

SPORTING: José António Mendonça Ferreira "CONHÉ", ARTUR Soares Correia, João Soares CARDOSO, António José Carvalho Gonçalves "SERRA", Manuel da Cunha VILACA (73 José Manuel de Azevedo MENDES), PAULO José ROCHA Beldroegas, JOSÉ ARTUR da Silva Matos, Carlos José Neves GARCÍA Gomes (67 Armando Gonçalves de Medeiros FONTES), Francisco Delfim Dias "CHICO" Faria, José Eduardo de Araújo Lobo "LITO", Joaquim Manuel Marques "NÉLINHO"   Trainer: Mario Imbelloni

Goal: Allistair Brown (46)

POLITEHNICA TIMIŞOARA v HONVÉD BUDAPEST 2-0 (0-0)

1 Mai, Timişoara   1.11.1978

Referee: Miroslav Stupar (USSR)   Attendance: 10,000

POLITEHNICA: Ioan Katona; Teodor Floareş, Dan Păltinişan, Petre Mehedinţu, Dorin Barna (46 Emerich Dembrovski); Octavian Roşca, Viorel Vişan, Stelian Anghel; Dumitru Nadu, Ionel Iuga, Romulus Petrescu (74 Gheorghe Volaru).

HONVÉD: Sándor Gujdár; Sándor Paróczai, István Kocsis, Antal Nagy, József Varga; József Pál, József Póczik, Sándor Pintér; Sándor Lukács, László Gyimesi, István Weimper.   Trainer: Lajos Tichy

Goals: Roşca (51), Păltinişan (90)

TORPEDO MOSKVA v VfB STUTTGART 2-1 (1-1)

Moskva   18.10.1978

Referee: Rolf Ericsson (SWE)   Attendance: 19,000

TORPEDO: Anatoli Zarapin, Sergei Prigoda, Vasili Zhupikov, Vladimir Buturlakin, Yuri Mironov, Sergei Petrenko, Vladimir Suchilin, Nikolai Vasiliev, Vladimir Yurin, Sergei Grishin, Evgeni Khrabrostin (15 Vladimir Sakharov).

VfB: Helmut Roleder, Bernd Förster, Markus Elmer, Karl Heinz Förster, Dragan Holcer, Roland Hattenberger (75 Erwin Hadewicz), Walter Kelsch, Hermann Ohlicher, Dieter Hoeness, Hans Müller, Georg Volkert.   Trainer: Jürgen Sundermann

Goals: Vasiliev (3), Hoeness (26), Saharov (61)

VfB STUTTGART v TORPEDO MOSKVA 2-0 (0-0)
Neckarstadion, Stuttgart   1.11.1978
Referee: Ángel Franco Martínez (SPA)   Attendance: 63,500

VfB: Helmut Roleder, Bernd Martin, Markus Elmer, Karl Heinz Förster, Dragan Holcer, Erwin Hadewicz (78 Roland Hattenberger), Walter Kelsch, Hermann Ohlicher, Dieter Hoeness, Hans Müller, Georg Volkert.
Trainer: Jürgen Sundermann

TORPEDO: Anatoli Zarapin, Sergei Prigoda, Vasili Zhupikov, Vladimir Buturlakin, Yuri Mironov, Sergei Petrenko, Vladimir Suchilin, Nikolai Vasiliev, Vladimir Yurin, Vladimir Sakharov (46 Yuri Khlopotnov), Yuri Vaniushkin (76 Sergei Grishin).

Goals: Müller (61), Volkert (71)

FC CARL ZEISS JENA v MSV DUISBURG 0-0
Ernst Abbe Sportfeld, Jena   18.10.1978
Referee: Talal Tokat (TUR)   Attendance: 15,000

FC CARL ZEISS: Hans-Ulrich Grapenthin, Gert Brauer, Andreas Krause, Konrad Weise, Lothar Kurbjuweit, Rüdiger Schnuphase, Dietmar Sengewald, Lutz Lindemann, Jürgen Raab (55 Martin Trocha), Thomas Töpfer (75 Uwe Neuber), Eberhard Vogel.   Trainer: Hans-Joachim Meyer

MSV: Gerhard Heinze, Peter Fenten, Ditmar Jakobs, Kees Bregman, Bernard Dietz, Norbert Dronia (80 Gregor Grillemeier), Günter Weber, Michael Brocker, Ronald Worm, Kurt Jara, Reiner Alhaus (60 Norbert Fruck).
Trainer: Rolf Schafstall

**REAL SPORTING GIJÓN
v CRVENA ZVEZDA BEOGRAD 0-1** (0-0)
El Molinón, Gijón   18.10.1978
Referee: John Carpenter (EIRE)   Attendance: 35,000

REAL SPORTING: Jesús Antonio CASTRO González, José Antonio REDONDO García (30 CIRIACO Cano González), Ricardo Néstor REZZA Pérez, Antonio MACEDA Francés, Secundino Suárez Vázquez "CUNDI", JOAQUIN Alonso González, Jorge DAVID López Fernández (67 Manuel MESA Quirós), Francisco Javier Álvarez URIA, Enrique MORAN Blanco, Enrique Castro González "QUINI", Enzo FERRERO Aquila.   Trainer: Vicente Miera

CRVENA ZVEZDA: Aleksandar Stojanović, Nikola Jovanović, Zlatko Krmpotić, Slavoljub Muslin, Mihalj Keri, Dragan Miletović, Vladimir Petrović, Cvijetin Blagojević (87 Nedeljko Milosavljević), Dušan Savić, Zdravko Borovnica, Petar Baralić (82 Ivan Jurišić).   Trainer: Branko Stanković

Sent off: Jovanović (30)

Goal: Blagojević (85)

**MSV DUISBURG
v FC CARL ZEISS JENA 3-0** (0-0, 0-0) (AET)
Wedaustadion, Duisburg   1.11.1978
Referee: Brian McGinlay (SCO)   Attendance: 30,000

MSV: Gerhard Heinze, Peter Fenten, Ditmar Jakobs, Kees Bregman, Bernard Dietz, Norbert Dronia, Rudolf Seliger (110 Reiner Alhaus), Norbert Fruck, Ronald Worm, Kurt Jara, Günter Weber.   Trainer: Rolf Schafstall

FC CARL ZEISS: Hans-Ulrich Grapenthin, Gert Brauer, Andreas Krause, Konrad Weise, Dieter Noack (100 Thomas Töpfer), Rüdiger Schnuphase, Dietmar Sengewald, Lutz Lindemann, Jürgen Raab, Martin Trocha (73 Lothar Kurbjuweit), Eberhard Vogel.   Trainer: Hans-Joachim Meyer

Goals: Dietz (98), Jara (107), Fruck (119)

**CRVENA ZVEZDA BEOGRAD
v REAL SPORTING GIJÓN 1-1** (0-1)
Crvena Zvezda Beograd   1.11.1978
Referee: Georges Konrath (FRA)   Attendance: 50,000

CRVENA ZVEZDA: Aleksandar Stojanović, Zlatko Krmpotić, Milan Jovin, Slavoljub Muslin, Mihalj Keri, Dragan Miletović (33 Petar Baralić), Vladimir Petrović, Cvijetin Blagojević, Dušan Savić, Zdravko Borovnica, Miloš Šestić (88 Nedeljko Milosavljević).   Trainer: Branko Stanković

REAL SPORTING: Jesús Antonio CASTRO González, CIRIACO Cano González, Ricardo Néstor REZZA Pérez, Antonio MACEDA Francés, Secundino Suárez Vázquez "CUNDI" (67 ABEL Díaz), JOAQUIN Alonso González, Jorge DAVID López Fernández (87 Víctor Hugo DORIA Torrente), Manuel MESA Quirós, Enrique MORAN Blanco, Enrique Castro González "QUINI", Enzo FERRERO Aquila.
Trainer: Vicente Miera

Goals: Borovnica (23 og), Petrović (79)

PALLOSEURA KUOPIO v ESBJERG BK 0-2 (0-2)
Urheilupuisto, Mikkeli   18.10.1978
Referee: Siegfried Kirschen (DDR)   Attendance: 870

PALLOSEURA: Kari Leskinen, Juha Suhonen, Pekka Vepsäläinen, Tapani Hämäläinen, Heikki Turunen, Petteri Kupiainen, Aki Heiskanen (64 Ossi Loikkanen), Pauli Koponen, Olavi Rissanen, Esa Heiskanen, Kari Mönkkönen (77 Seppo Törnroos).

ESBJERG BK: Ole Kjaer, Torben Luxhøj, Jørgen Toft, Erik Broch Petersen, Ole Madsen, Leif Hansen, Jens Jørn Bertelsen, Jørn Bach, Fleming Iversen, Henning Nielsen (50 Erik Jespersen), Kristian Østergaard.

Goals: Bach (11), He. Nielsen (18)

ESBJERG BK v PALLOSEURA KUOPIO 4-1 (2-0)

Esbjerg Idraetspark   1.11.1978

Referee: Eysteinn Gudmundsson (ICE)   Attendance: 4,800

ESBJERG BK: Ole Kjaer, Torben Luxhøj, Jørgen Toft, Erik Broch Petersen, Ole Madsen, J. Madsen (Erik Jespersen), Jens Jørn Bertelsen (.. Henrik Nielsen), Jørn Bach, Flemming Iversen, Henning Nielsen, Kristian Østergaard.

PALLOSEURA: Timo Julkunen, Juha Suhonen, Pekka Vepsäläinen, Arvo Rautio, Heikki Turunen, Petteri Kupiainen (65 Ossi Loikkanen), Aki Heiskanen, Pauli Koponen, Olavi Rissanen, Esa Heiskanen, Kari Mönkkönen.

Goals: Bertelsen (10), Iversen (25), Østergaard (59 pen), Bach (60), Loikkanen (79)

HERTHA BSC BERLIN
v DINAMO TBILISI 2-0 (1-0)

Olympiastadion, Berlin   18.10.1978

Referee: Milorad Vlajić (YUG)   Attendance: 15,000

HERTHA: Norbert Nigbur, Michael Sziedat, Holger Brück, Hans-Joachim Förster, Hans Weiner, Dieter Nüssing, Wolfgang Sidka, Erich Beer (56 Bernd Gersdorff), Karl-Heinz Granitza, Rainer Blechschmidt, Dietmar Krämer.
Trainer: Kuno Klötzer

DINAMO: David Gogia, Tamaz Kostava, Peruz Kanteladze, Aleksandr Chivadze, Gocha Machaidze (65 Tengiz Sulakvelidze), Vitali Daraselia, Manuchar Machaidze, Vakhtang Koridze, Vladimir Gutsaev, David Kipiani, Ramaz Schengeliya.

Goals: Nüssing (42), Granitza (63)

MANCHESTER CITY
v STANDARD LIÈGE 4-0 (1-0)

Maine Road, Manchester   18.10.1978

Referee: Nicolae Rainea (ROM)   Attendance: 27,498

MANCHESTER CITY: Joseph Corrigan, Kenneth Clements, William Donachie, Thomas Booth, David Watson, Colin Viljoen (82 Gerard Keegan), Roger Palmer, Colin Bell, Brian Kidd, Asa Hartford, Peter Barnes.   Manager: Anthony Book

STANDARD: Michel Preud'homme, Eric Gerets, Michel Renquin, Philippe Garot, Théo Poel, Erhan Önal, Mathieu Denier, Helmut Graf, Willy Wellens, Asgeir Sigurvinsson, Luis Norton de Matos.   Trainer: Robert Waseige

Goals: Hartford (13), Kidd (85 pen, 87), Palmer (90)

DINAMO TBILISI
v HERTHA BSC BERLIN 1-0 (0-0)

Dinamo, Tbilisi   1.11.1978

Referee: Anders Mattsson (FIN)   Attendance: 80,000

DINAMO: David Gogia, Tamaz Kostava, Peruz Kanteladze, Aleksandr Chivadze, Gocha Machaidze (63 Tengiz Sulakvelidze), Vitali Daraselia, Manuchar Machaidze, Vakhtang Koridze, Vladimir Gutsaev, David Kipiani, Ramaz Schengeliya.

HERTHA: Norbert Nigbur, Michael Sziedat, Holger Brück, Jürgen Diefenbach, Hans Weiner, Dieter Nüssing, Ole Rasmussen (37 Dietmar Krämer), Erich Beer, Karl-Heinz Granitza, Bernd Gersdorff, Jürgen Milewski.
Trainer: Kuno Klötzer

Goal: Schengeliya (57)

STANDARD LIÈGE
v MANCHESTER CITY 2-0 (0-0)

Stade Maurice Dufrasne 'Sclessin', Liège   1.11.1978

Referee: Franz Wöhrer (AUS)   Attendance: 25,000

STANDARD: Michel Preud'homme, Eric Gerets, Michel Renquin, Philippe Garot, Théo Poel, Christian Labarbe, Erhan Önal, Helmut Graf, Willy Wellens (46 Mathieu Denier), Asgeir Sigurvinsson, Luis Norton de Matos (77 Gérard Plessers).   Trainer: Robert Waseige

MANCHESTER CITY: Joseph Corrigan, Kenneth Clements, William Donachie, Thomas Booth, David Watson, Gary Owen, Michael Channon, Colin Bell, Brian Kidd, Asa Hartford, Roger Palmer.   Manager: Anthony Book

Sent off: Owen (86)

Goals: Sigurvinsson (62, 85 pen)

HAJDUK SPLIT v ARSENAL LONDON 2-1 (2-1)

Plinada, Split   18.10.1978

Referee: Ernst Dörflinger (SWI)   Attendance: 30,000

HAJDUK: Spiro Ćosić; Boro Primorac, Mišo Krstičević (60 Damir Maričić), Mićun Jovanić, Luka Peruzović, Vedran Rožić, Slaviša Žungul, Dražen Mužinić, Davor Čop (83 Zlatko Vujović), Borislav Djordjević, Ivan Šurjak.
Trainer: Tomislav Ivić

ARSENAL: Patrick Jennings, Patrick Rice, Samuel Nelson, David Price, David O'Leary, William Young, Liam Brady, Mark Heeley, Francis Stapleton, John Kosmina, Graham Rix.   Manager: Terence Neill

Goals: Čop (13), Brady (16), Djordjević (39)

ARSENAL LONDON v HAJDUK SPLIT 1-0 (0-0)

Highbury, London 1.11.1978

Referee: Alberto Michelotti (ITA)   Attendance: 41,787

ARSENAL: Patrick Jennings, Patrick Rice, Samuel Nelson, David Price, David O'Leary, William Young, Liam Brady, Stephen Gatting, Francis Stapleton, Mark Heeley (46 John Kosmina, 83 Paul Vaessen), Graham Rix.
Manager: Terence Neill

HAJDUK: Ivan Budinčević, Boro Primorac, Mišo Krstičević, Šime Luketin (84 Zlatko Vujović), Luka Peruzović, Vedran Rožić, Slaviša Žungul, Drazen Mužinić, Mičun Jovanić, Borislav Djordjević, Ivan Šurjak.   Trainer: Tomislav Ivić

Sent off: Brady (76), Krstičević (76), Mužinić (88)

Goal: Young (85)

**ÍB VESTMANNAEYJAR
v SLASK WROCLAW 0-2** (0-0)

Melavöllur, Reykjavík 21.10.1978

Referee: Dominic Vincent Byrne (NIR)   Attendance: 2,000

ÍB VESTMANNAEYJAR: Arsaell Svensson, Orn Oskarsson, Einar Fridthjofsson, Thordur Hallgrimsson, Sveinn Sveinsson, Valthor Sigthórsson (70 Gudmundur Erlingsson), Oskar Valtysson, Sigurlás Thorleifsson, Tómas Pálsson (46 Gustaf Baldvinsson), Fridfinnur Finnbogasson, Karl Sveinsson.

SLASK: Zygmunt Kalinowski, Ryszard Sobiesiak (80 Ireneusz Garlowski), Wladyslaw Zmuda, Zygmunt Garlowski, Krzysztof Karpinski, Roman Faber, Tadeusz Pawlowski, Mieczyslaw Olesiak (60 Miroslaw Pekala), Józef Kwiatkowski, Jacek Nocko, Janusz Sybis.

Goals: Kwiatkowski (52), Faber (68)

LEVSKI SPARTAK SOFIA v AC MILAN 1-1 (1-1)

Vasil Levski, Sofia 19.10.1978

Referee: Erich Linemayr (AUS)

LEVSKI SPARTAK: Tomas Lafchis, Plamen Nikolov, Dimiter Enchev; Todor Barzov, Vladimir Nikolchev, Stefan Aladjov; Voin Voinov, Branimir Kochev, Angel Stankov (76 Georgi Todorov), Iordan Iordanov (64 Emil Spasov), Anton Milkov.
Trainer: Ivan Vutsov

AC MILAN: Enrico Albertosi, Fulvio Collovati, Aldo Maldera, Giorgio Morini (46 Ruben Buriani), Aldo Bet, Franco Baresi, Alberto Bigon, Fabio Capello, Walter Novellino, Gianni Rivera (46 Roberto Antonelli), Stefano Chiodi.
Manager: Nils Liedholm

Goals: Chiodi (11), Milkov (12)

**SLASK WROCLAW
v ÍB VESTMANNAEYJAR 2-1** (1-1)

Slask, Wroclaw 2.11.1978

Referee: Antonin Vencl (CZE)   Attendance: 5,000

SLASK: Zygmunt Kalinowski, Ryszard Sobiesiak, Henryk Kowalczyk, Zygmunt Garlowski, Krzysztof Karpinski, Roman Faber, Tadeusz Pawlowski, Mieczyslaw Olesiak, Józef Kwiatkowski, Jacek Nocko (46 Miroslaw Pekala), Janusz Sybis.

ÍB VESTMANNAEYJAR: Arsaell Svensson, Orn Oskarsson, Einar Fridthjofsson, Fridfinnur Finnbogasson, Thordur Hallgrimsson, Valthor Sigthórsson, Sveinn Sveinsson, Oskar Valtysson, Sigurlás Thorleifsson, Tómas Pálsson, Karl Svensson.

Goals: Nocko (15), Hallgrimsson (31), Kwiatkowski (87)

THIRD ROUND

AC MILAN v LEVSKI SPARTAK SOFIA 3-0 (2-0)

Stadio San Siro, Milano 1.11.1978

Referee: John Robertson Gordon (SCO)   Att: 25,000

AC MILAN: Enrico Albertosi, Fulvio Collovati, Aldo Maldera, Walter de Vecchi, Aldo Bet (76 Simone Boldini), Franco Baresi, Ruben Buriani, Alberto Bigon, Walter Novellino (82 Roberto Antonelli), Gianni Rivera, Stefano Chiodi.
Manager: Nils Liedholm

LEVSKI SPARTAK: Tomas Lafchis, Plamen Nikolov, Dimitar Encev, Vladimir Nikolchev, Nikolai Grancharov, Stefan Aladjov, Anton Milkov, Branimir Kochev, Angel Stankov (46 Iordan Iordanov), Todor Barzov, Krasimir Borisov (46 Voin Voinov).   Trainer: Ivan Vutsov

Goals: Maldera (12), Bigon (40), Chiodi (75)

**BORUSSIA MÖNCHENGLADBACH
v SLASK WROCLAW 1-1** (1-0)

Bökelberg Mönchengladbach 22.11.1978

Referee: David F.T. Syme (SCO)   Attendance: 25,000

BORUSSIA: Wolfgang Kneib, Frank Schäffer, Horst Wohlers, Winfried Schäfer (65 Hans-Günter Bruns), Helmut Dudek, Ewald Lienen, Christian Kulik, Carsten Nielsen, Karl Del'Haye, Allan Simonsen, Steen Thychosen (68 Rudolf Gores).
Trainer: Udo Lattek

SLASK: Zygmunt Kalinowski, Ryszard Sobiesiak, Wladyslaw Zmuda, Henryk Kowalczyk, Krzysztof Karpinski, Roman Faber, Tadeusz Pawlowski, Mieczyslaw Olesiak, Zenon Trzonkowski, Janusz Sybis, Józef Kwiatkowski.

Goals: Kulik (36 pen), Olesiak (50)

**SLASK WROCLAW
v BORUSSIA MÖNCHENGLADBACH 2-4** (1-1)
Slask, Wroclaw   6.12.1978
Referee: Patrick Partridge (ENG)   Attendance: 25,000
SLASK: Zygmunt Kalinowski, Ryszard Sobiesiak, Wladyslaw Zmuda, Henryk Kowalczyk, Krzysztof Karpinski, Roman Faber, Zenon Trzonkowski (72 Jacek Nocko), Tadeusz Pawlowski, Mieczyslaw Olesiak, Janusz Sybis, József Kwiatkowski.
BORUSSIA: Wolfgang Kneib, Winfried Schäfer, Horst Wohlers, Frank Schäffer, Norbert Ringels, Hans-Günter Bruns, Carsten Nielsen, Christian Kulik, Karl Del'Haye, Allan Simonsen, Ewald Lienen.   Trainer: Udo Lattek
Goals: Pawlowski (25 pen, 49), Simonsen (37, 85, 89), Nielsen (48)

VfB STUTTGART v DUKLA PRAHA 4-1 (2-0)
Neckarstadion, Stuttgart   22.11.1978
Referee: John Homewood (ENG)   Attendance: 71,000
VfB: Helmut Roleder, Bernd Martin (46 Bernd Förster), Dragan Holcer, Karl Heinz Förster, Markus Elmer, Erwin Hadewicz, Hermann Ohlicher, Hans Müller, Walter Kelsch, Dieter Hoeness, Georg Volkert.   Trainer: Jürgen Sundermann
DUKLA: Karel Stromsik, Jozef Barmos, Václav Samek, Josef Novák, Ludek Macela, Ladislav Vízek, Oldrich Rott, Stanislav Pelc (78 Jan Berger), František Stambachr, Zdenek Nehoda (46 Ivan Bilsky), Miroslav Gajdusek.   Trainer: Jaroslav Vejvoda
Goals: Volkert (8, 33 pen), Gajdusek (57), Kelsch (66), Ohlicher (87)

RC STRASBOURG v MSV DUISBURG 0-0
La Meinau, Strasbourg   22.11.1978
Referee: Antonio José da Silva Garrido (POR)   Att: 30,000
RC STRASBOURG: Dominique Dropsy; Jacques Glassmann, Tischner, Léonard Specht, Raymond Domenech, Jacky Dugueperoux, Yves Ehrlacher, Francis Piasecki, Roland Wagner, Joël Tanter (74 Rémy Gentes), Albert Gemmrich.   Trainer: Gilbert Gress
MSV: Gerhard Heinze, Norbert Dronia, Kees Bregman, Ditmar Jakobs, Peter Fenten, Michael Brocker, Norbert Fruck, Kurt Jara, Günter Weber (54 Reiner Alhaus), Bernard Dietz, Ronald Worm.   Trainer: Rolf Schafstall

DUKLA PRAHA v VfB STUTTGART 4-0 (1-0)
Stadión Juliska, Praha   6.12.1978
Referee: Marcel Van Langenhove (BEL)   Attendance: 30,000
DUKLA: Karel Stromsik, Jozef Barmos, Ludek Macela, Václav Samek, Jan Fiala, Oldrich Rott, Stanislav Pelc, František Stambachr, Ladislav Vízek, Zdenek Nehoda, Miroslav Gajdusek.   Trainer: Jaroslav Vejvoda
VfB: Helmut Roleder, Bernd Martin, Roland Hattenberger (83 Bernd Klotz), Karl Heinz Förster, Markus Elmer, Erwin Hadewicz, Hermann Ohlicher, Hans Müller, Walter Kelsch (83 Harald Beck), Dieter Hoeness, Georg Volkert.   Trainer: Jürgen Sundermann
Goals: Hoeness (24 og), Vízek (46), Pelc (52 pen), Gajdusek (87)

MSV DUISBURG v RC STRASBOURG 4-0 (2-0)
Wedaustadion, Duisburg   6.12.1978
Referee: Gianfranco Menegali (ITA)   Attendance: 21,000
MSV: Gerhard Heinze, Norbert Dronia, Kees Bregman, Ditmar Jakobs, Peter Fenten, Bernard Dietz, Norbert Fruck, Kurt Jara, Günter Weber, Rudolf Seliger (78 Werner Buttgereit), Ronald Worm.   Trainer: Rolf Schafstall
RC STRASBOURG: Dominique Dropsy; Jean-Jacques Marx, Wenger, Léonard Specht, Raymond Domenech, Jacky Dugueperoux, Roger Jouve, Francis Piasecki, Roland Wagner (64 Yves Ehrlacher), Joël Tanter, Albert Gemmrich.   Trainer: Gilbert Gress
Goals: Worm (33), Weber (43, 76), Fruck (49)

**HONVÉD BUDAPEST
v AJAX AMSTERDAM 4-1** (0-0)
Népstadion, Budapest   22.11.1978
Referee: Paolo Casarin (ITA)   Attendance: 15,000
HONVÉD: Sándor Gujdár; Sándor Paróczai, István Kocsis, Sándor Lukacs, József Varga; József Pál, Sándor Pintér, Antal Nagy; László Gyimesi, István Weimper, József Póczik.   Trainer: Lajos Tichy
AJAX: Piet Schrijvers, Hans Erkens, Ruud Krol, Wim Meutstege, Jan Everse, Dick Schoenaker, Simon Tahamata, Frank Arnesen, Søren Lerby, Tscheu La Ling (70 Geert Meijer), Ray Clarke.   Trainer: Cor Brom
Goals: Nagy (51, 62), Lukács (66), Clarke (81 pen), Weimper (88 pen)

AJAX AMSTERDAM
v HONVÉD BUDAPEST 2-0 (1-0)

Ajax-stadion, Amsterdam   6.12.1978

Referee: Augusto Llamo Castillo (SPA)   Attendance: 23,000

AJAX: Piet Schrijvers, Hans Erkens (62 Dick Schoenaker), Ruud Krol, Wim Meutstege, Jan Everse; Simon Tahamata, Frank Arnesen, Søren Lerby, Tscheu La Ling, Ray Clarke, Geert Meijer (85 Ruud Kaiser).   Trainer: Cor Brom

HONVÉD: Sándor Gujdár; Sándor Paróczai, István Kocsis, Sándor Lukacs, József Varga; József Pál, Sándor Pintér, Antal Nagy; Ferenc Geiger (46 István Varga), István Weimper, József Póczik.   Trainer: Lajos Tichy

Goals: Clarke (45 pen), Tahamata (67)

VALENCIA CF
v WEST BROMWICH ALBION 1-1 (1-0)

Estadio Luis Casanova, Valencia   22.11.1978

Referee: Bruno Galler (SWI)   Attendance: 50,000

VALENCIA CF: Carlos Santiago PEREIRA, José CERVERO San Braulio, Ángel CASTELLANOS Céspedes, Ricardo ARIAS Penella, Manuel BOTUBOT Pereira, Eufemio Raul Fernández CABRAL, Enrique SAURA Gil, Rainer Bonhof, Luis Dario FELMAN, Daniel SOLSONA Puig, Mario Alberto KEMPES Chiodi.   Trainer: Marcel Domingo

WEST BROMWICH ALBION: Anthony Godden, Brendon Batson, John Wile, Derek Statham, John Trewick, Alistair Robertson, Bryan Robson, Allistair Brown, Cyrille Regis, Leonard Cantello, Lawrence Cunningham.
Manager: Ron Atkinson

Goals: Felman (16), Cunningham (48)

CRVENA ZVEZDA BEOGRAD
v ARSENAL LONDON 1-0 (1-0)

Crvena Zvezda, Beograd   22.11.1978

Referee: Eldar Asim Zade (USSR)   Attendance: 35256

CRVENA ZVEZDA: Aleksandar Stojanović, Nikola Jovanović, Milan Jovin, Slavoljub Muslin, Mihalj Keri, Ivan Jurišić, Vladimir Petrović, Cvijetin Blagojević (88 Nedeljko Milosavljević), Dušan Savić, Miloš Šestić, Dušan Lukić (71 Zoran Simić).   Trainer: Branko Stanković

ARSENAL: Patrick Jennings, Patrick Rice, Samuel Nelson, David Price, David O'Leary, William Young, Mark Heeley, Alan Sunderland, Francis Stapleton, Stephen Walford, Graham Rix.
Manager: Terence Neill

Goal: Blagojević (15)

WEST BROMWICH ALBION
v VALENCIA CF 2-0 (1-0)

The Hawthorns, West Bromwich   6.12.1978

Referee: Robert Wurtz (FRA)   Attendance: 34,164

WEST BROMWICH ALBION: Anthony Godden, Brendon Batson, Derek Statham, Anthony Brown, John Wile, Alistair Robertson, Bryan Robson, Allistair Brown, Cyrille Regis, Leonard Cantello (46 John Trewick), Lawrence Cunningham.
Manager: Ron Atkinson

VALENCIA CF: José Luis Fernández MANZANEDO, José CARRETE de Julián, Juan Daniel CORDERO Quintana, Ricardo ARIAS Penella, Manuel BOTUBOT Pereira, Rainer Bonhof, Enrique SAURA Gil, Eufemio Raul Fernández CABRAL (54 Carlos Martínez DIARTE), Mario Alberto KEMPES Chiodi, Daniel SOLSONA Puig, Luis Dario FELMAN.   Trainer: Marcel Domingo

Goals: Anthony Brown (5 pen, 80)

ARSENAL LONDON
v CRVENA ZVEZDA BEOGRAD 1-1 (0-0)

Arsenal Stadium Highbury, London   6.12.1978

Referee: Ulf Eriksson (SWE)   Attendance: 41,566

ARSENAL: Patrick Jennings, Patrick Rice, Samuel Nelson, David Price, David O'Leary, William Young, Mark Heeley (89 John Kosmina), Alan Sunderland, Francis Stapleton, Stephen Gatting, Graham Rix (68 Malcolm McDonald).

CRVENA ZVEZDA: Aleksandar Stojanović, Nikola Jovanović, Zlatko Krmpotić, Slavoljub Muslin, Mihalj Keri, Ivan Jurišić, Vladimir Petrović, Cvijetin Blagojević, Dušan Savić, Nedeljko Milosavljević, Zdravko Borovnica.
Trainer: Branko Stanković

Goals: Sunderland (69), Savić (87)

ESBJERG BK v HERTHA BSC BERLIN 2-1 (1-1)

Esbjerg Idraetspark   22.11.1978

Referee: Aleksander Suchanek (POL)   Attendance: 16,700

ESBJERG BK: Ole Kjaer, Torben Luxhøj, Erik Brock Petersen, Jørgen Toft, Ole Madsen, Jens Jørn Bertelsen, Leif Hansen (70 Jan Hansen), Erik Jespersen, Flemming Iversen, Henning Nielsen, Kristian Østergaard (72 Søren Fisker).

HERTHA: Norbert Nigbur, Michael Sziedat, Holger Brück, Hans Weiner, Jürgen Diefenbach, Dieter Nüssing (66 Ole Rasmussen), Erich Beer, Bernd Gersdorff, Henrik Agerbeck, Karl-Heinz Granitza, Jürgen Milewski.
Trainer: Kuno Klötzer

Goals: Milewski (6), L. Hansen (12 pen), Jespersen (48)

HERTHA BSC BERLIN v ESBJERG BK 4-0 (3-0)

Olympia Stadion, Berlin   6.12.1978

Referee: Jaromir Fausek (CZE)   Attendance: 3,295

HERTHA: Norbert Nigbur, Michael Sziedat, Holger Brück, Hans Weiner, Jürgen Diefenbach, Dieter Nüssing, Ole Rasmussen, Erich Beer, Jürgen Milewski, Karl-Heinz Granitza, Thomas Remark.   Trainer: Kuno Klötzer

ESBJERG BK: Ole Kjaer, Torben Luxhøj, Jørgen Toft, Erik Brock Petersen, Ole Madsen, Jens Jørn Bertelsen, Jørn Bach (66 Leif Hansen), Erik Jespersen, Kristian Østergaard, Flemming Iversen, Henning Nielsen.

Goals: Milewski (3, 25, 32, 54)

AC MILAN v MANCHESTER CITY 2-2 (0-1)

Stadio San Siro, Milano   23.11.1978

Referee: Heinz Einbeck (DDR)   Attendance: 35,000

AC MILAN: Enrico Albertosi, Fulvio Collovati, Aldo Maldera, Walter de Vecchi, Aldo Bet, Franco Baresi, Ruben Buriani (76 Simone Boldini), Alberto Bigon, Walter Novellino, Gianni Rivera, Stefano Chiodi.   Manager: Nils Liedholm

MANCHESTER CITY: Joseph Corrigan, Kenneth Clements, William Donachie, Thomas Booth, David Watson, Paul Power, Colin Viljoen (75 Gerard Keegan), Colin Bell, Brian Kidd, Asa Hartford, Roger Palmer.   Manager: Anthony Book

Goals: Kidd (37), Power (57), Bigon (59, 82)

MANCHESTER CITY v AC MILAN 3-0 (3-0)

Maine Road, Manchester   6.12.1978

Referee: Heinz Aldinger (WG)   Attendance: 39,000

MANCHESTER CITY: Joseph Corrigan, Gerard Keegan, William Donachie; Thomas Booth, David Watson, Paul Power; Michael Channon, Colin Viljoen, Brian Kidd, Asa Hartford, Peter Barnes.   Manager: Anthony Book

AC MILAN: Enrico Albertosi, Fulvio Collovati, Aldo Maldera, Walter de Vecchi, Aldo Bet, Franco Baresi, Ruben Buriani, Roberto Antonelli, Walter Novellino, Gianni Rivera (46 Simone Boldini), Giovanni Sartori.   Manager: Nils Liedholm

Goals: Booth (15), Hartford (31), Kidd (43)

QUARTER-FINALS

HERTHA BSC BERLIN v DUKLA PRAHA 1-1 (0-1)

Olympiastadion, Berlin   7.03.1979

Referee: Svein Inge Thime (NOR)   Attendance: 30,000

HERTHA: Norbert Nigbur, Michael Sziedat, Holger Brück, Uwe Kliemann, Jürgen Diefenbach, Hans Weiner, Jürgen Milewski, Erich Beer, Dieter Nüssing, Rainer Blechschmidt, Thomas Remark.   Trainer: Kuno Klötzer

DUKLA: Jaroslav Netolicka, Josef Novák, Václav Samek, Jan Fiala, Jozef Barmos, Stanislav Pelc (80 Ivan Bilsky), Ladislav Vízek, Oldrich Rott, Zdenek Nehoda, Miroslav Gajdusek (84 Jan Berger), František Stambachr.   Trainer: Jaroslav Vejvoda

Goals: Pelc (45), Nüssing (50)

DUKLA PRAHA v HERTHA BSC BERLIN 1-2 (1-1)

Stadión Juliska, Praha   21.03.1979

Referee: Ian M.D. Foote (SCO)   Attendance: 30,000

DUKLA: Karel Stromsik, Ludek Macela (80 Josef Novák), Václav Samek, Jan Fiala, Jozef Barmos, Stanislav Pelc (62 Ivan Bilsky), Ladislav Vízek, Jan Berger, Zdenek Nehoda, Miroslav Gajdusek, František Stambachr.   Trainer: Jaroslav Vejvoda

HERTHA: Norbert Nigbur, Michael Sziedat, Jürgen Diefenbach, Uwe Kliemann, Ole Rasmussen, Holger Brück, Dieter Nüssing, Erich Beer, Jürgen Milewski, Bernd Gersdorff, Henrik Agerbeck.   Trainer: Kuno Klötzer

Goals: Nehoda (21), Agerbeck (32), Milewski (57)

HONVÉD BUDAPEST v MSV DUISBURG 2-3 (1-1)

Népstadion, Budapest   7.03.1979

Referee: Georges Konrath (FRA)   Attendance: 15,000

HONVÉD: Sándor Gujdár; Sándor Paróczai (60 Ferenc Geiger), István Kocsis, József Varga; József Pál, Antal Nagy, István Varga, Ferenc Fejes; István Weimper, József Póczik, László Gyimesi.   Trainer: Lajos Tichy

MSV: Gerhard Heinze; Norbert Dronia, Ditmar Jakobs, Kees Bregman, Bernard Dietz; Peter Fenten (74 Norbert Fruck), Rudolf Seliger, Manfred Dubski, Herbert Büssers, Kurt Jara, Ronald Worm (83 Günter Weber).   Trainer: Rolf Schafstall

Goals: Worm (22, 53), Varga II (36), Weimper (49 pen), Seliger (85)

MSV DUISBURG v HONVÉD BUDAPEST 1-2 (1-0)

Wedaustadion, Duisburg   21.03.1979

Referee: Nicolae Rainea (ROM)   Attendance: 35,000

MSV: Gerhard Heinze; Norbert Dronia, Ditmar Jakobs, Kees Bregman, Bernard Dietz; Norbert Fruck, Günter Weber, Manfred Dubski, Herbert Büssers, Kurt Jara, Ronald Worm.   Trainer: Rolf Schafstall

HONVÉD: Sándor Gujdár; Szegö (55 István Karalyos), István Kocsis, József Varga; József Pál, Antal Nagy, Sándor Paróczai, Ferenc Geiger (46 Béla Melis), László Gyimesi, József Póczik, István Varga.   Trainer: Lajos Tichy

Goals: Büssers (38), Karalyos (84), Pál (88)

**CRVENA ZVEZDA BEOGRAD
v WEST BROMWICH ALBION 1-0** (0-0)

Crvena Zvezda, Beograd   7.03.1979

Referee: Vojtech Christov (CZE)   Attendance: 95,000

CRVENA ZVEZDA: Aleksandar Stojanović, Nikola Jovanović, Zlatko Krmpotić, Slavoljub Muslin, Dragan Miletović, Ivan Jurišić, Vladimir Petrović (33 Nedeljko Milosavljević), Dušan Savić, Cvijetin Blagojević, Djordje Milovanović, Miloš Šestić (69 Zoran Simic).   Trainer: Branko Stanković

WEST BROMWICH: Anthony Godden, Brendon Batson, Derek Statham, Anthony Brown, John Wile, Alistair Robertson, Bryan Robson, Allistair Brown, Cyrille Regis, John Trewick, Lawrence Cunningham.   Manager: Ron Atkinson

Goal: Savić (86)

WEST BROMWICH ALBION
v CRVENA ZVEZDA BEOGRAD 1-1 (1-0)

The Hawthorns, West Bromwich   21.03.1979

Referee: Klaus Scheurell (DDR)   Attendance: 31,110

WEST BROMWICH: Anthony Godden, Brendon Batson, Derek Statham, Anthony Brown, John Wile, Alistair Robertson, Bryan Robson, Allistair Brown, Cyrille Regis, Leonard Cantello, Lawrence Cunningham.   Manager: Ron Atkinson

CRVENA ZVEZDA: Aleksandar Stojanović, Nikola Jovanović, Zlatko Krmpotić, Slavoljub Muslin, Ivan Jurišić, Zoran Jelikić, Miloš Šestić, Cvijetin Blagojević, Dušan Savić, Zdravko Borovnica, Nedeljko Milosavljević.
Trainer: Branko Stanković

Goals: Regis (40), Šestić (87)

SEMI-FINALS

MSV DUISBURG
v BORUSSIA MÖNCHENGLADBACH 2-2 (0-0)

Wedaustadion, Duisburg   10.04.1979

Referee: Ulf Eriksson (SWE)   Attendance: 22,000

MSV: Gerhard Heinze, Norbert Dronia, Ditmar Jakobs, Kees Bregman (79 Günter Weber), Bernard Dietz, Peter Fenten, Rudolf Seliger (46 Norbert Fruck), Manfred Dubski, Herbert Büssers, Kurt Jara, Ronald Worm.   Trainer: Rolf Schafstall

BORUSSIA: Wolfgang Kneib, Frank Schäffer, Wilfried Hannes, Hans-Günter Bruns, Hans Klinkhammer (27 Helmut Lausen), Norbert Ringels, Allan Simonsen, Christian Kulik, Carsten Nielsen, Dietmar Danner, Ewald Lienen.
Trainer: Udo Lattek

Goals: Worm (47), Simonsen (62), Fruck (63), Lausen (76)

MANCHESTER CITY
v BORUSSIA MÖNCHENGLADBACH 1-1 (1-0)

Maine Road, Manchester   7.03.1979

Referee: Alexis Ponnet (BEL)   Attendance: 39,005

MANCHESTER CITY: Joseph Corrigan, William Donachie, Paul Power, Nicholas Reid, David Watson, Thomas Booth, Michael Channon, Colin Viljoen, Brian Kidd, Asa Hartford, Peter Barnes.   Manager: Anthony Book

BORUSSIA: Wolfgang Kneib, Frank Schäffer, Wilfried Hannes, Winfried Schäfer, Hans Klinkhammer, Hans-Günter Bruns, Allan Simonsen, Christian Kulik (75 Horst Wohlers), Karl Del'Haye, Carsten Nielsen, Ewald Lienen (80 Rudolf Gores).   Trainer: Udo Lattek

Goals: Channon (26), Lienen (66)

BORUSSIA MÖNCHENGLADBACH
v MSV DUISBURG 4-1 (1-0)

Bökelberg Mönchengladbach   24.04.1979

Referee: Franz Wöhrer (AUS)   Attendance: 15,000

BORUSSIA: Wolfgang Kneib, Hans-Hubert Vogts, Wilfried Hannes, Frank Schäffer, Norbert Ringels, Dietmar Danner (83 Horst Köppel), Allan Simonsen, Christian Kulik, Rudolf Gores, Winfried Schäfer, Ewald Lienen.   Trainer: Udo Lattek

MSV: Gerhard Heinze, Norbert Dronia (52 Reiner Alhaus), Ditmar Jakobs, Kees Bregman, Bernard Dietz, Peter Fenten, Rudolf Seliger (20 Günter Weber), Manfred Dubski, Herbert Büssers, Kurt Jara, Ronald Worm.   Trainer: Rolf Schafstall

Goals: Simonsen (43, 55), Kulik (47), Büssers (70), Lienen (81)

BORUSSIA MÖNCHENGLADBACH
v MANCHESTER CITY 3-1 (1-0)

Bökelberg Mönchengladbach   20.03.1979

Referee: César da Luz Dias Correia (POR)   Att: 35,000

BORUSSIA: Wolfgang Kneib, Frank Schäffer, Wilfried Hannes, Winfried Schäfer, Norbert Ringels, Hans-Günter Bruns, Allan Simonsen, Christian Kulik, Karl Del'Haye (80 Klaus Amrath), Horst Wohlers, Ewald Lienen.
Trainer: Udo Lattek

MANCHESTER CITY: Joseph Corrigan, William Donachie, Paul Power, Nicky Reid (62 Kazimierz Deyna), David Watson, Thomas Booth, Michael Channon, Colin Viljoen, Anthony Henry, Asa Hartford, Peter Barnes.   Manager: Anthony Book

Goals: Kulik (45), Bruns (52), Del'Haye (71), Deyna (78)

CRVENA ZVEZDA BEOGRAD
v HERTHA BSC BERLIN 1-0 (1-0)

Crvena Zvezda, Beograd   11.04.1979

Referee: Alexis Ponnet (BEL)   Attendance: 75,000

CRVENA ZVEZDA: Aleksandar Stojanović, Zoran Jelikić, Milan Jovin, Nikola Jovanović, Dragan Miletović, Ivan Jurišić, Dušan Lukić (75 Milko Djurovski), Djordje Milovanović, Dušan Savić, Zdravko Borovnica, Nedeljko Milosavljević.
Trainer: Branko Stanković

HERTHA: Norbert Nigbur, Jürgen Diefenbach, Ole Rasmussen, Hans-Joachim Förster, Hans Weiner, Holger Brück, Wolfgang Sidka, Dieter Nüssing, Erich Beer, Dietmar Krämer, Henrik Agerbeck.   Trainer: Kuno Klötzer

Goal: Savić (7)

HERTHA BSC BERLIN
v CRVENA ZVEZDA BEOGRAD 2-1 (2-0)

Olympiastadion, Berlin 25.04.1979

Referee: Riccardo Lattanzzi (ITA)   Attendance: 75,000

HERTHA: Norbert Nigbur, Michael Sziedat, Jürgen Diefenbach, Uwe Kliemann, Hans Weiner, Holger Brück, Wolfgang Sidka, Dieter Nüssing, Erich Beer, Dietmar Krämer, Henrik Agerbeck.   Trainer: Kuno Klötzer

CRVENA ZVEZDA: Aleksandar Stojanović, Nikola Jovanović, Milan Jovin, Slavoljub Muslin, Dragan Miletović, Ivan Jurišić, Vladimir Petrović, Cvijetin Blagojević, Dušan Savić, Zlatko Krmpotić (46 Miloš Šestić), Nedeljko Milosavljević.   Trainer: Branko Stanković

Goals: Beer (2), Sidka (18), Šestić (74)

UEFA Cup Top Scorers 1978-79:

9 goals: Allan Simonsen (Borussia Mönchengladbach)
8 goals: Ronald Worm (MSV Duisburg)
6 goals: Ray Clarke (Ajax Amsterdam), István Weimper (Honvéd), Jürgen Milewski (Hertha Berlin)
5 goals: Bernardo Francisco CHICO GORDO (Sporting Braga), Brian Kidd (Manchester City), Miloš Šestić, Dušan Savić (Crvena Zvezda), Hans-Günter Bruns (Borussia M)

UEFA CUP 1979-80

FINAL

CRVENA ZVEZDA BEOGRAD
v BORUSSIA MÖNCHENGLADBACH 1-1 (1-0)

Crvena Zvezda, Beograd 9.05.1979

Referee: Ian M.D.Foote (SCO)   Attendance: 98,000

CRVENA ZVEZDA: Aleksandar Stojanović, Nikola Jovanović, Slavoljub Muslin (88 Zlatko Krmpotić), Dragan Miletović, Milan Jovin, Ivan Jurišić, Vladimir Petrović, Cvijetin Blagojević, Nedeljko Milosavljević (88 Djordje Milovanović), Dušan Savić, Miloš Šestić.   Trainer: Branko Stanković

BORUSSIA: Wolfgang Kneib, Norbert Ringels, Hans Hubert Vogts, Frank Schäffer, Wilfried Hannes, Horst Wohlers (80 Rudolf Gores), Christian Kulik, Winfried Schäfer, Carsten Nielsen (75 Dietmar Danner), Allan Simonsen, Ewald Lienen.   Trainer: Udo Lattek

Goals: Šestić (22), Jurišić (60 og)

BORUSSIA MÖNCHENGLADBACH
v CRVENA ZVEZDA BEOGRAD 1-0 (1-0)

Rheinstadion, Düsseldorf 23.05.1979

Referee: Alberto Michelotti (ITA)   Attendance: 50,000

BORUSSIA: Wolfgang Kneib, Norbert Ringels, Hans Hubert Vogts, Frank Schäffer, Winfried Schäfer, Wilfried Hannes, Christian Kulik (59 Horst Köppel), Horst Wohlers, Allan Simonsen, Ewald Lienen, Rudolf Gores.   Trainer: Udo Lattek

CRVENA ZVEZDA: Aleksandar Stojanović, Nikola Jovanović, Dragan Miletović, Vladimir Petrović, Dušan Savić, Nedeljko Milosavljević, Ivan Jurišić, Milan Jovin, Slavoljub Muslin, Cvijetin Blagojević, Djordje Milovanović (46 Miloš Šestić).   Trainer: Branko Stanković

Goal: Simonsen (17 pen)

FIRST ROUND

LOKOMOTIV SOFIA
v FERENCVÁROS BUDAPEST 3-0 (1-0)

Sofia 18.09.1979

Referee: Dušan Krchnak (CZE)   Attendance: 15,000

LOKOMOTIV: Rumiancho Goranov, Georgi Stefanov, Borislav Dimitrov, Georgi Bonev, Iordan Stoikov; Ventsislav Arsov, Angel Kolev (83 Ivan Vasilev), Traiko Sokolov; Boicho Velichkov, Atanas Mihailov, Ivan Dangov (76 Nako Doichev).   Trainer: Apostol Chachevski

FERENCVÁROS: Gábor Zsiborás; Ignác Tepszics, Péter Judik, Péter Vépi, Károly Jancsika; László Takács, József Mucha (60 Mihály Nagy), Tibor Nyilasi, Pál Mészöly, Zoltán Ebedli, László Pogány.   Trainer: Zoltán Friedmanszky

Goals: Dangov (28), Velichkov (48), Sokolov (66)

FERENCVÁROS BUDAPEST
v LOKOMOTIV SOFIA 2-0 (1-0)

Népstadion, Budapest 3.10.1979

Referee: George B. Smith (SCO)   Attendance: 40,000

FERENCVÁROS: Gábor Zsiborás; Ignác Tepszics, Péter Judik, Péter Vépi; László Takács, Tibor Rab, László Pusztai (71 László Szokolai), Tibor Nyilasi, Pál Mészöly, Zoltán Ebedli (70 Károly Jancsika), László Pogány.   Trainer: Zoltán Friedmanszky

LOKOMOTIV: Rumiancho Goranov; Nasko Jelev, Borislav Dimitrov, Georgi Bonev, Iordan Stoikov; Ventsislav Arsov, Angel Kolev, Traiko Sokolov, Boicho Velichkov (78 Kiril Petkov), Atanas Mihailov (88 Georgi Stefanov), Ivan Dangov.   Trainer: Apostol Chachevski

Goals: Pusztai (43), Pogany (60 pen)

**GLENAVON LURGAN
v STANDARD LIÈGE 0-1** (0-0)

Mournewiew Park, Lurgan   18.09.1979

Referee: Henrik J. Van Ettekoven (HOL)   Attendance: 3,500

GLENAVON: Trevor McCullough, Con Davey, Sean Quinn, David Neill, Gerry Clarke, Raymond McGuigan, Michael McDonald, Stan Sheppard (68 Francis Smith), Thomas Armstrong, Laurence Stitt, Gerry Higgins (84 Alex Denver).

STANDARD: Michel Preud'homme (80 Claude Dardenne), Eric Gerets, Philippe Garot, Gérard Plessers, Michel Renquin, Theo Poel, Helmut Graf, Asgeir Sigurvinsson, Eddy Voordeckers (46 Luis Norton De Matos), Ralf Edström, Alfred Riedl.   Trainer: Ernst Happel

Goal: Edström (68)

**ANDERLECHT BRUSSEL
v DUNDEE UNITED 1-1** (1-0)

Constant vanden Stock, Brussel   2.10.1979

Referee: Adolf Prokop (DDR)   Attendance: 25,000

ANDERLECHT: Nico de Bree, Gilbert van Binst, John Dusbaba (21 Hugo Broos), Raymond Jaspers, Michel de Groote, Arie Haan, François van der Elst, Frank Vercauteren, Benny Nielsen (81 Ronny Martens), Enrique Villalba, Rob Rensenbrink.

DUNDEE UNITED: Hamish McAlpine, Derek Stark, George Fleming, Frank Kopel, Paul Hegarty, David Narey, Iain Phillip, Paul Sturrock, William Pettigrew (76 David Dodds), Derek Addison (50 William Kirkwood), Graeme Payne.

Goals: Benny Nielsen (25), Kopel (82)

**STANDARD LIÈGE
v GLENAVON LURGAN 1-0** (0-0)

Stade Maurice Dufrasne 'Sclessin', Liège   3.10.1979

Referee: Marcel Herrmann (LUX)   Attendance: 20,000

STANDARD: Michel Preud'homme, Eric Gerets, Theo Poel, Philippe Garot, Michel Renquin, Gérard Plessers, Asgeir Sigurvinsson (63 Luis Norton de Matos), Helmut Graf, Eddy Voordeckers, Ralf Edström, Alfred Riedl (63 Erhan Önal).

GLENAVON: Trevor McCullough, Con Davey, Sean Quinn, David Neill, Gerry Clarke, Raymond McGuigan, Alex Denver (63 Stan Sheppard), Francis Smith, Thomas Armstrong, Laurence Stitt, Gerry Higgins.

Goal: Edström (56)

**ABERDEEN FC
v EINTRACHT FRANKFURT am MAIN 1-1** (0-1)

Pittodrie, Aberdeen   19.09.1979

Referee: Luigi Agnolin (ITA)   Attendance: 18,000

ABERDEEN: Robert Clark; Stuart Kennedy, William Miller, William Garner, Douglas Considine, Dominic Sullivan, John McMaster (77 Duncan Davidson), Gordon Strachan, Steve Archibald, Joseph Harper (77 Andrew Jarvie), Ian Scanlon.

EINTRACHT: Klaus Funk, Helmut Müller, Willi Neuberger, Karl-Heinz Körbel, Wolfgang Trapp, Bruno Pezzey, Werner Lorant, Jürgen Grabowski, Bernd Hölzenbein, Stefan Lottermann (80 Harald Karger), Cha Bum Kun.   Trainer: Friedel Rausch

Goals: Cha Bum Kun (13), Harper (53)

DUNDEE UNITED v ANDERLECHT BRUSSEL 0-0

Tannadice Park, Dundee   19.09.1979

Referee: Reidar Bjørnestad (NOR)   Attendance: 12,282

DUNDEE UNITED: Hamish McAlpine, William Kirkwood, Frank Kopel, George Fleming, Paul Hegarty, David Narey, Ralph Milne (65 David Dodds), Paul Sturrock, William Pettigrew, Derek Addison, Graeme Payne.

ANDERLECHT: Nico de Bree, Gilbert van Binst, Michel de Groote, John Dusbaba, Raymond Jaspers, Frank Vercauteren, François van der Elst, Benny Nielsen, Arie Haan, Enrique Villalba, Ronny Martens (32 Didier Electeur).

**EINTRACHT FRANKFURT am MAIN
v ABERDEEN FC 1-0** (0-0)

Waldstadion, Frankfurt am Main   3.10.1979

Referee: Augusto Llamo Castillo (SPA)   Attendance: 17,000

EINTRACHT: Klaus Funk, Helmut Müller, Willi Neuberger, Karl-Heinz Körbel, Norbert Nachtweih, Werner Lorant, Bruno Pezzey, Bernd Hölzenbein, Jürgen Grabowski, Harald Karger (81 Ronald Borchers), Cha Bum Kun.   Trainer: Friedel Rausch

ABERDEEN: Robert Clark, Stuart Kennedy, Alex McLeish, William Miller, Douglas Considine (61 William Garner), John McMaster (69 Dominic Sullivan), Gordon Strachan, Andrew Jarvie, Steve Archibald, Joseph Harper, Ian Scanlon.

Goal: Hölzenbein (50)

FC VALLETTA v LEEDS UNITED 0-4 (0-2)

National Stadium, Gzira   19.09.1979

Referee: Rudolf Renggli (SWI)   Attendance: 18,000

FC VALLETTA: Frank Grima, Raymond Gauci, Emanuel Farrugia, Joe Abdilla, Charles Spiteri, Dennis Fenech, Vincent Magro, Leonard Farrugia, Charles Agius, Emanuel Seychell (81 Paul Curmi), Carlo Seychell.   Trainer: John Calleja

LEEDS UNITED: David Harvey, Kevin Hird, Paul Hart, Paul Madeley, Peter Hampton, Brian Flynn, Trevor Cherry, Edward Gray, Alan Curtis, Raymond Hankin, Arthur Graham (78 Carl Harris).   Manager: James Adamson

Goals: Graham (12, 46, 53), Hart (33)

LEEDS UNITED v FC VALLETTA 3-0 (2-0)

Elland Road, Leeds   3.10.1979

Referee: Gudmundur Haraldsson (ICE)   Attendance: 13,682

LEEDS UNITED: John Lukic, Kevin Hird, Peter Hampton, Brian Flynn, Paul Hart, Keith Parkinson, Gary Hamson, Trevor Cherry, Raymond Hankin, Alan Curtis, Arthur Graham.   Manager: James Adamson

FC VALLETTA: Frank Grima, Raymond Gauci, Paul Curmi, Joe Abdilla (46 Joe Cassar), Charles Spiteri, Emanuel Farrugia, Vincent Magro, Leonard Farrugia, Charles Agius, Dennis Fenech, Carlo Seychell.   Trainer: John Calleja

Goals: Curtis (1), Hankin (62), Hart (82)

SKEID OSLO v IPSWICH TOWN 1-3 (1-2)

Ullevaal, Oslo   19.09.1979

Referee: Ole Amundsen (NOR)   Attendance: 3,190

SKEID: Per Egil Nygård, Rune Pettersen, Morten Vinje, Erik Nielsen, Rolf Grønfur, Steinar Thue (63 Erik Skrettingland), Tor Egil Johansen, Ole Dyrstad, Tomm Kristensen, Bjørn Skjønsberg, Svein Gunnar Rein.   Trainer: Jacek Gmoch

IPSWICH TOWN: Paul Cooper, George Burley, Alan Hunter, Russell Osman, Terence Butcher, Michael Mills, Thomas Parkin, Arnold Mühren (76 Noel Parkinson), Robin Turner, Paul Mariner, Stephen McCall.   Manager: Robert Robson

Goals: Rein (4), Mills (9), Turner (35), Mariner (52)

IPSWICH TOWN v SKEID OSLO 7-0 (4-0)

Portman Road, Ipswich   3.10.1979

Referee: Eysteinn Gudmundsson (ICE)   Attendance: 13,440

IPSWICH TOWN: Paul Cooper, George Burley (56 Noel Parkinson), Alan Hunter, Russell Osman, Terence Butcher, Frans Thijssen, John Wark, Arnold Mühren, Paul Mariner, Alan Brazil (46 Robin Turner), Stephen McCall.   Manager: Robert Robson

SKEID: Per Egil Nygård (65 Bjørn Hilland), Rune Pettersen, Erik Nielsen, Morten Vinje, Steinar Amundsen, Steinar Thue (76 Bård Nilsen), Tor Egil Johansen, Ole Dyrstad, Tomm Kristensen, Bjørn Skjønsberg, Svein Gunnar Rein.   Trainer: Jacek Gmoch

Goals: Wark (8), Mühren (19, 21), Thijssen (38), Mariner (58), McCall (62, 84)

FC CARL ZEISS JENA v WEST BROMWICH ALBION 2-0 (1-0)

Ernst Abbe Sportfeld, Jena   19.09.1979

Referee: Emilio Carlos Guruceta Muro (SPA)   Att: 15,000

FC CARL ZEISS: Hans-Ulrich Grapenthin, Rüdiger Schnuphase, Gert Brauer, Konrad Weise, Lothar Kurbjuweit, Andreas Krause, Gerhard Hoppe, Lutz Lindemann, Thomas Töpfer, Martin Trocha, Eberhard Vogel (70 Dietmar Sengewald).   Trainer: Hans-Joachim Meyer

WEST BROMWICH: Anthony Godden, John Wile, Brendon Batson, Alistair Robertson, Derek Statham, John Trewick, Bryan Robson, Gary Owen, David Mills, Allistair Brown, Anthony Brown.   Manager: Ron Atkinson

Goals: Schnuphase (36), Lindemann (64)

WEST BROMWICH ALBION v FC CARL ZEISS JENA 1-2 (1-1)

Tha Hawthorns, West Bromwich   3.10.1979

Referee: Josef Bucek (AUS)   Attendance: 19,376

WEST BROMWICH: Anthony Godden, John Wile, Brendon Batson, Alistair Robertson (85 Derek Monaghan), Derek Statham, John Trewick (65 David Mills), Bryan Robson, Gary Owen, Anthony Brown, Allistair Brown, Peter Barnes.   Manager: Ron Atkinson

FC CARL ZEISS: Hans-Ulrich Grapenthin, Rüdiger Schnuphase, Gert Brauer, Konrad Weise, Lothar Kurbjuweit, Ulrich Oevermann (62 Dietmar Sengewald), Gerhard Hoppe, Lutz Lindemann, Jürgen Raab, Martin Trocha, Eberhard Vogel.   Trainer: Hans-Joachim Meyer

Sent off: Allistair Brown (45)

Goals: Raab (6, 59 pen), Wile (32)

SPORTING LISBOA v BOHEMIANS DUBLIN 2-0 (1-0)

Estadio José Alvalade, Lisboa   19.09.1979

Referee: Georges Konrath (FRA)   Attendance: 40,000

SPORTING: Manuel António Costa VAZ, Vítorino Manuel Antunes BASTOS, Paulo MENESES, EURICO Monteiro Gomes, Francisco da Cruz BARAO, Helio Lima "HELINHO" (53 ADEMAR Moreira Marques), Carlos Manuel da Silva FREIRE, Samuel Ferreira FRAGUITO, MANUEL José Tavares FERNANDES, MANOEL da Silva Costa, Rui Manuel da Trindade JORDÃO.

BOHEMIANS: Fred Davis, Eamonn Gregg, Austin Brady, Tommy Kelly, Joe Burke, Anthony Whelan, Eugene Lawless, John McCormack, Rodney Collins, Paddy Joyce, Terry Eviston.

Goals: Manoel (18, 68)

BOHEMIANS DUBLIN v SPORTING LISBOA 0-0

Dalymount Park, Dublin   3.10.1979

Referee: Jean Claude Jourquin (BEL)   Attendance: 2,500

BOHEMIANS: Fred Davis, Eamonn Gregg, Joe Burke, John McCormack, Austin Brady, Anthony Whelan, Tommy Kelly, Brendan O'Riordan, Paddy Joyce, Eugene Lawless (83 Rodney Collins), Terry Eviston.

SPORTING: António Henrique Martins FIDALGO, Francisco da Cruz BARAO, Paulo MENESES, Vítorino Manuel Antunes BASTOS, Augusto Soares INÁCIO, EURICO Monteiro Gomes, Samuel Ferreira FRAGUITO (79 Carlos Manuel da Silva FREIRE), Mário Abreu Alves da Silva "MARINHO" (68 ADEMAR Moreira Marques), Rui Manuel da Trindade JORDÃO, MANUEL José Tavares FERNANDES, MANOEL da Silva Costa.

**FEYENOORD ROTTERDAM
v EVERTON LIVERPOOL 1-0** (1-0)

Feyenoord, Rotterdam   19.09.1979

Referee: Károly Palotai (HUN)   Attendance: 37,000

FEYENOORD: Ton van Engelen, Benny Wijnstekers, Michel van de Korput, Ivan Nielsen, Jan van Deinsen, Wim Jansen (80 André Stafleu), Wim van Til (68 Roger Albertsen), René Notten, Gérard van der Lem, Jan Peters, Petur Petursson.   Trainer: Vaclav Jezek

EVERTON: George Wood, John Barton, John Bailey, Michael Lyons, Mark Higgins, Trevor Ross, Geoffrey Nulty, William Wright, Andrew King, Brian Kidd (83 George Telfer), Peter Eastoe (83 Imre Varadi).   Manager: Gordon Lee

Goal: Notten (30)

**EVERTON LIVERPOOL
v FEYENOORD ROTTERDAM 0-1** (0-0)

Goodison Park, Liverpool   3.10.1979

Referee: Ulf Eriksson (SWE)   Attendance: 28,203

EVERTON: George Wood, John Barton, John Bailey, Michael Lyons, Mark Higgins, Geoffrey Nulty, Joseph McBride (67 Imre Varadi), William Wright, Andrew King, Brian Kidd, Peter Eastoe (66 Robert Latchford).   Manager: Gordon Lee

FEYENOORD: Ton van Engelen, Benny Wijnstekers, Michel van de Korput, Ivan Nielsen, Jan van Deinsen, Wim Jansen, André Stafleu, René Notten, Gerard van der Lem (67 Richard Budding), Jan Peters, Petur Petursson (.. Wim van Til).   Trainer: Vaclav Jezek

Goal: Budding (73)

REAL SPORTING GIJÓN v PSV EINDHOVEN 0-0

El Molinón, Gijón   19.09.1979

Referee: Volker Roth (WG)   Attendance: 35,000

REAL SPORTING: Jesús Antonio CASTRO González, CIRIACO Cano González, Manuel Enrique JIMÉNEZ Ábalo, Victor Hugo DORIA Torrente, Francisco Javier Álvarez URIA, JOAQUIN Alonso González, Jorge DAVID López Fernández (65 Francisco Javier AGUILAR García), Manuel MESA Quirós, ABEL Díaz (81 ANDRÉS Fernández), Enrique Castro González "QUINI", Enzo FERRERO Aquila.
Trainer: José Manuel Diaz Novoa

PSV: Jan van Beveren, Huub Stevens, Adri van Kraay, Ernie Brandts, Piet Wildschut (46 Adrie Koster), Willy van de Kerkhof, Jan Poortvliet, Willy van der Kuijlen, Michel Valke (81 Tom Smits), René van de Kerkhof, Harrie Lubse.
Trainer: Kees Rijvers

**PSV EINDHOVEN
v REAL SPORTING GIJÓN 1-0** (1-0)

Philips sportpark, Eindhoven   3.10.1979

Referee: John Hunting (ENG)   Attendance: 24,500

PSV: Jan van Beveren, Huub Stevens, Adri van Kraay, Ernie Brandts, Jan Poortvliet, Willy van de Kerkhof (83 Piet Wildschut), Willy van der Kuijlen, Michel Valke, Adrie Koster, Harrie Lubse, René van de Kerkhof.   Trainer: Kees Rijvers

REAL SPORTING: Jesús Antonio CASTRO González, CIRIACO Cano González (71 Francisco Javier AGUILAR García), Manuel Enrique JIMÉNEZ Ábalo, Victor Hugo DORIA Torrente, Francisco Javier Álvarez URIA, JOAQUIN Alonso González, Jorge DAVID López Fernández, Manuel MESA Quirós, ABEL Díaz (71 ANDRÉS Fernández), Enrique Castro González "QUINI", Enzo FERRERO Aquila.
Trainer: José Manuel Diaz Novoa

Goal: W. Van de Kerkhof (21)

**ATLÉTICO MADRID
v DYNAMO DRESDEN 1-2** (0-0)

Estadio Vicente Calderón, Madrid   19.09.1979

Referee: Ernst Dörflinger (SWI)   Attendance: 38,000

ATLÉTICO: Miguel REINA Santos, LUIZ Edmundo PEREIRA Pereira, MARCELINO Pérez Ayllón (57 Antonio GUZMÁN), Juan Carlos ARTECHE Gómez, José Luis CAPÓN González, Eugenio LEAL Vargas, Enrique "QUIQUE" RAMOS González, Valentín Jorge ROBI, Rubén Hugo AYALA Zanabria (46 MARCOS Alonso Peña), RUBÉN Andrés CANO Martínez, Juan José RUBIO Jiménez.   Trainer: LUIS Aragonés

DYNAMO: Bernd Jakubowski, Hans-Jürgen Dörner, Christian Helm, Udo Udo Schmuck, Matthias Müller, Reinhard Häfner, Hartmut Schade, Gerd Weber, Dieter Riedel (64 Matthias Döschner), Peter Kotte, Gerd Heidler.
Trainer: Gerhard Prautzsch

Goals: Rubén Cano (46), Häfner (57), Weber (84)

**DYNAMO DRESDEN
v ATLÉTICO MADRID 3-0** (2-0)

Dynamo, Dresden   3.10.1979

Referee: Erik Fredriksson (SWE)   Attendance: 37,000

DYNAMO: Bernd Jakubowski, Hans-Jürgen Dörner, Christian Helm, Udo Schmuck, Matthias Müller, Reinhard Häfner, Hartmut Schade, Gerd Weber (73 Gerd Heidler), Dieter Riedel, Matthias Döschner (78 Rainer Sachse), Peter Kotte.   Trainer: Gerhard Prautzsch

ATLÉTICO: José AGUINAGA, LUIZ Edmundo PEREIRA Pereira (46 Juan Carlos ARTECHE Gómez), José Luis CAPÓN González, Miguel Ángel RUIZ García, Juan Jesús González SIERRA, Antonio GUZMÁN, Eugenio LEAL Vargas, Enrique "QUIQUE" RAMOS González (44 Oswaldo GONZÁLEZ), Francisco Javier García 'JAVI', RUBÉN Andrés CANO Martínez, Juan José RUBIO Jiménez.
Trainer: LUIS Aragonés

Goals: Riedel (21), Ruiz (37 og), Weber (46)

**INTERNAZIONALE MILANO
v REAL SOCIEDAD SAN SEBASTIÁN 3-0** (0-0)

Stadio Giuseppe Meazza, Milano   19.09.1979

Referee: Antonio José da Silva Garrido (POR)   Att: 60,000

INTER: Ivano Bordon, Nazzareno Canuti, Giuseppe Baresi, Giancarlo Pasinato (62 Giampiero Marini), Roberto Mozzini, Graziano Bini, Domenico Caso, Gabriele Oriali (87 Franco Pancheri), Alessandro Altobelli, Evaristo Beccalossi, Carlo Muraro.   Trainer: Eugenio Bersellini

REAL SOCIEDAD: Luis Miguel ARCONADA Echarre, Genaro CELAYETA San Sebastián, Julio OLAIZOLA, Miguel Ángel "PERICO" ALONSO Oyarbide (68 Salvador IRIARTE Montejo), José Agustín Aranzábal Ascasibar "GAZTELU", Ignacio CORTABARRÍA Abarrategui, Santiago IDÍGORAS Bilbao, José DIEGO Álvarez Álvarez, Jesús SATRÚSEGUI Azpiroz (75 Juan AMIANO Mariñalena), Jesús María ZAMORA Ansorena, Roberto LÓPEZ UFARTE.
Trainer: Luis Alberto ORMAECHEA

Goals: Muraro (46), Baresi (48), Marini (78)

**REAL SOCIEDAD SAN SEBASTIÁN
v INTERNAZIONALE MILANO 2-0** (1-0)

Atocha, San Sebastián   3.10.1979

Referee: Patrick Partridge (ENG)   Attendance: 18,198

REAL SOCIEDAD: Luis Miguel ARCONADA Echarre, Genaro CELAYETA San Sebastián, Julio OLAIZOLA (87 Salvador IRIARTE Montejo), Miguel Ángel "PERICO" ALONSO Oyarbide, Agustín GAJATE Vidriales, Ignacio CORTABARRÍA Abarrategui (57 José Agustín Aranzábal Ascasibar "GAZTELU"), Santiago IDÍGORAS Bilbao, José DIEGO Álvarez Álvarez, Jesús SATRÚSEGUI Azpiroz, Jesús María ZAMORA Ansorena, Roberto LÓPEZ UFARTE.
Trainer: Luis Alberto ORMAECHEA

INTER: Ivano Bordon, Nazzareno Canuti, Giuseppe Baresi, Giancarlo Pasinato, Roberto Mozzini, Graziano Bini, Gabriele Oriali (64 Franco Pancheri), Giampiero Marini, Alessandro Altobelli (79 Domenico Caso), Evaristo Beccalossi, Carlo Muraro.   Trainer: Eugenio Bersellini

Goals: Satrúsegui (21, 73)

AS PERUGIA v DINAMO ZAGREB 1-0 (1-0)

Stadio Renato Curi, Perugia   19.09.1979

Referee: Nicolae Rainea (ROM)   Attendance: 28,000

PERUGIA: Nello Malizia, Michele Nappi, Antonio Ceccarini, Pierluigi Frosio, Mauro Della Martira, Paolo Dal Fiume, Salvatore Bagni, Cesare Butti, Paolo Rossi, Gianfranco Casarsa (82 Egidio Calloni), Daniele Tacconi.
Trainer: Ilario Castagner

DINAMO: Zeljko Stincić, Branko Devcić, Vujadinović, Džemal Mustedanagić, Velimir Zajec, Srecko Bogdan, Zlatko Kranjcar, Petar Brucić, Marić (63 Čedomir Jovićević), Rajko Janjanin, Milan Calasan (72 Snjesko Cerin).

Goal: Vujadinovic (44 og)

DINAMO ZAGREB v AS PERUGIA 0-0

Maksimir, Zagreb   3.10.1979

Referee: Charles Corver (HOL)   Attendance: 35,000

DINAMO: Zeljko Stincić, Branko Devcić, Vujadinović, Džemal Mustedanagić (80 Čedomir Jovićević), Velimir Zajec, Srecko Bogdan, Zlatko Kranjcar, Milan Calasan, Petar Brucić, Snjesko Cerin (68 Drago Dumbović), Rajko Janjanin.

PERUGIA: Nello Malizia, Michele Nappi, Antonio Ceccarini, Pierluigi Frosio, Mauro Della Martira, Paolo Dal Fiume, Salvatore Bagni, Mario Goretti (57 Daniele Tacconi), Cesare Butti, Paolo Rossi, Gianfranco Casarsa.
Trainer: Ilario Castagner

VfB STUTTGART v AC TORINO 1-0 (0-0)

Neckarstadion, Stuttgart   19.09.1979

Referee: César da Luz Dias Correia (POR)   Att: 65,000

VfB: Helmut Roleder, Bernd Martin, Dragan Holcer, Karl-Heinz Förster, Bernd Förster, Roland Hattenberger, Hermann Ohlicher, Bernd Schmider (50 Bernd Klotz), Walter Kelsch, Hans Müller, Georg Volkert.   Trainer: Lothar Buchmann

AC TORINO: Giuliano Terraneo, Domenico Volpati, Renato Zaccarelli (40 Andrea Mandorlini), Luigi Danova, Salvatore Vullo, Roberto Salvadori, Eraldo Pecci, Patrizio Sala, Danilo Pileggi, Claudio Sala, Francesco Graziani.

Goal: Kelsch (70)

AC TORINO
v VfB STUTTGART 2-1 (0-0, 1-0) (AET)
Stadio Comunale, Torino   3.10.1979

Referee: Eldar Asim Zade (USSR)   Attendance: 50,000

AC TORINO: Giuliano Terraneo, Andrea Mandorlini, Roberto Salvadori, Luigi Danova, Salvatore Vullo, Patrizio Sala, Danilo Pileggi, Giuseppe Greco, Claudio Sala, Francesco Graziani, Paolo Pulici.   Trainer: Luigi Radice

VfB: Helmut Roleder, Bernd Martin (91 Erwin Hadewicz), Dragan Holcer, Karl Heinz Förster, Bernd Förster, Roland Hattenberger, Hermann Ohlicher, Hans Müller, Walter Kelsch, Bernd Klotz, Georg Volkert (115 Bernd Schmider).   Trainer: Lothar Buchmann

Goals: C. Sala (68), Graziani (104), Ohlicher (120)

FC ZÜRICH v 1.FC KAISERSLAUTERN 1-3 (0-1)
Zürich   19.09.1979

Referee: Alexis Ponnet (BEL)   Attendance: 20,000

FC ZÜRICH: Karl Grob; Fritz Baur, Pierre-Albert Chapuisat, Heinz Lüdi, Rudolf Landolt, Gianpietro Zappa, Roger Kundert, Jurica Jerkovic, Rudolf Elsener (46 Hanspeter Zwicker), Franz Peterhans (57 Walter Seiler), René Botteron.
Trainer: Zlatko Cajkovski

1.FC KAISERSLAUTERN: Ronnie Hellström, Wolfgang Wolf, Hans-Günther Neues, Hans-Peter Briegel, Jürgen Groh, Michael Scumacher, Reiner Geye, Hans Bongartz, Josef Pirrung (77 Arno Wolf), Bernd Dobiasch (63 Werner Mörsdorf), Benny Wendt.   Trainer: Karl-Heinz Feldkamp

Goals: Neues (20 pen), Bongartz (81), Zwicker (83), W. Wolf (84)

BORUSSIA MÖNCHENGLADBACH
v VIKING STAVANGER 3-0 (2-0)
Bökelberg Mönchengladbach   19.09.1979

Referee: Marijan Rauš (YUG)   Attendance: 8,000

BORUSSIA: Ulrich Sude, Norbert Ringels, Frank Schäffer, Jürgen Fleer (63 Hans Klinkhammer), Wilfried Hannes, Dietmar Danner (77 Lothar Matthäus), Christian Kulik, Carsten Nielsen, Rudolf Gores, Harald Nickel, Ewald Lienen.   Trainer: Josef Heynckes

VIKING: Erik Johannessen, Bjarne Berntsen, Per Henriksen, Tor Reidar Brekke, Tonning Hammer, Inge Valen, Svein Kvia (48 Rolf Bjørnsen), Svein Fjaelberg, Trygve Johannessen, Torbjørn Svendsen, Isak Arne Refvik (71 Magnus Flatestöl)

Goals: Lienen (11), Nickel (43 pen), Kulik (79)

1.FC KAISERSLAUTERN v FC ZÜRICH 5-1 (2-1)
Betzenberg, Kaiserslautern   3.10.1979

Referee: Robert Valentine (SCO)   Attendance: 14,160

1.FC KAISERSLAUTERN: Ronnie Hellström, Wolfgang Wolf, Hans-Günther Neues, Hans-Peter Briegel (73 Peter Schwarz), Jürgen Groh, Michael Scumacher, Reiner Geye, Jörn Kaminke, Werner Melzer, Arno Wolf, Benny Wendt.
Trainer: Karl-Heinz Feldkamp

FC ZÜRICH: Karl Grob; Fritz Baur, Pierre-Albert Chapuisat, Gianpietro Zappa, Rudolf Landolt, Franz Peterhans, Roger Kundert (59 Walter Seiler), Jurica Jerkovic, Rudolf Elsener, Hanspeter Zwicker (59 Winfried Kurz), René Botteron.

Goals: Melzer (15, 46), Zappa (16), Kaminke (29), Wendt (52), Geye (85)

VIKING STAVANGER
v BORUSSIA MÖNCHENGLADBACH 1-1 (1-0)
Stavanger stadion   3.10.1979

Referee: Gwyn Pierce Owen (WAL)   Attendance: 10,000

VIKING: Erik Johannessen, Bjarne Berntsen, Tor Reidar Brekke, Per Henriksen, Inge Valen, Torbjørn Svendsen (29 Rolf Bjørnsen), Svein Fjaelberg, Svein Kvia, Trygve Johannessen, Isak Arne Refvik (70 Finn Einar Krogh), Magnus Flatestöl.

BORUSSIA: Wolfgang Kneib, Frank Schäffer, Horst Wohlers, Wilfried Hannes, Norbert Ringels, Winfried Schäfer, Christian Kulik, Carsten Nielsen (46 Dietmar Danner), Rudolf Gores (74 Helmut Lausen), Harald Nickel, Ewald Lienen.
Trainer: Josef Heynckes

Goals: Bjørnsen (44), Kulik (62)

BOHEMIANS PRAHA
v BAYERN MÜNCHEN 0-2 (0-1)
Praha   19.09.1979

Referee: Michel Vautrot (FRA)   Attendance: 31,000

BOHEMIANS: Zdenek Hruska; František Jakubec, Zdenek Prokes, Karol Dobiás, Jiří Ondra, Premysl Bicovsky, Jaroslav Nemec, Anton Panenka, Rostislav Vybiral (46 Jiří Tichy), Milan Cermák, Pavel Kloucek (70 Stanislav Levy).   Trainer: Tomáš Pospíchal

BAYERN: Walter Junghans, Hans Weiner, Udo Horsmann, Kurt Niedermayer, Wolfgang Kraus, Klaus Augenthaler, Paul Breitner, Wolfgang Dremmler, Bernd Dürnberger, Norbert Janzon, Karl-Heinz Rummenigge.   Trainer: Pal Csernai

Goals: Kraus (24), K.H. Rummenigge (72)

**BAYERN MÜNCHEN
v BOHEMIANS PRAHA 2-2** (0-0)

Olympiastadion, München 3.10.1979

Referee: Iordan Zhezhov (BUL)   Attendance: 15,000

BAYERN: Walter Junghans, Peter Gruber (46 Norbert Janzon), Kurt Niedermayer, Klaus Augenthaler, Udo Horsmann, Bernd Dürnberger, Paul Breitner, Dieter Hoeneβ, Karl-Heinz Rummenigge, Hans Weiner, Wolfgang Dremmler (79 Wilhelm Reisinger).   Trainer: Pal Csernai

BOHEMIANS: Zdenek Hruska; František Jakubec, Zdenek Prokes, Karol Dobiás, Jiří Ondra, Premysl Bicovsky, Jaroslav Nemec, Anton Panenka (79 Jiří Tichy), Rostislav Vybiral, Milan Cermák, Karel Roubícek (65 Stanislav Levy).

Goals: K.H. Rummenigge (55), Ondra (83), Breitner (85 pen), Prokes (86)

ORDUSPOR v BANÍK OSTRAVA 2-0 (1-0)

Ankara 19.09.1979

Referee: Nikola M.Dudin (BUL)   Attendance: 5,000

ORDUSPOR: Alptekin Nazifoglu, Salih Aldogan, Ugur (87 B. Turgay), Güven Türközer, K. Turgay Poyraz, Sükrü Bakiroglu, Arif Güney, Sekim Üstün, Senol Corlu, Cihan, Dursen (80 Selim Sener).

BANÍK: Pavel Maçák, Lubomír Srámek, Rostislav Vojáçek, Libor Radimec, Zdenek Rygel; Zdenek Sreiner, Petr Nemec (46 Dušan Srubar), Lubomír Knapp; Augustín Antalík, Werner Liçka, Milan Albrecht (75 Jan Matustík).
Trainer: Evzen Hadamczik

Goals: Ustun (28), Arif (57)

ZBROJOVKA BRNO v ESBJERG BK 6-0 (1-0)

Za Luzankami, Brno 19.09.1979

Referee: Franz Latzin (AUS)   Attendance: 12,000

ZBROJOVKA: Josef Hron; Josef Mazura, Rostislav Václavícek, Stefan Horný, Jaroslav Petrtyl, Jindrich Svoboda, Karel Jarušek, Libor Dosek (46 Vítzeslav Kotásek), Petr Janecka, Karel Kroupa, Jan Kopenec (69 Skala).
Trainer: Josef Masopust

ESBJERG: Ole Kjaer, Jan Hansen, Torben Luxhøj, Erik Brock Petersen, Ole Madsen, Jens Jørn Bertelsen, Leif Hansen, Jørn Bach, Flemming Iversen, Henning Nielsen (64 Kristensen), Erik Jespersen.

Goals: Mazura (17), Janecka (53, 75), Kroupa (55), Jarušek (72, 88)

BANÍK OSTRAVA v ORDUSPOR 6-0 (3-0)

Bazaloch, Ostrava 3.10.1979

Referee: Ib Nielsen (DEN)   Attendance: 15,000

BANÍK: Pavel Maçák, Lubomír Srámek (78 Václav Pecháçek), Rostislav Vojáçek, Libor Radimec, Zdenek Rygel; Zdenek Sreiner, Petr Nemec, Lubomír Knapp; Werner Liçka, Václav Danek (70 Jan Matustík), Milan Albrecht.

ORDUSPOR: Alptekin Nazifoglu, Güven Türközer, Salih Aldogan, Zafer, K. Turgay Poyraz; Sekim Üstün, Sükrü Bakiroglu, Cihan (68 B. Turgay); Arif Güney, Mahmut Kiliç, Senol Corlu (46 Dursen).

Goals: Knapp (24), Vojáček (25), Nemec (29), Liçka (56, 64), Danek (70)

ESBJERG BK v ZBROJOVKA BRNO 1-1 (0-0)

Esbjerg Idraetspark 3.10.1979

Referee: Brian McGinlay (SCO)   Attendance: 1,300

ESBJERG: Ole Kjaer, Jan Hansen, Torben Luxhøj, Erik Brock Petersen, Ole Madsen, Jens Jørn Bertelsen, Leif Hansen, Jørn Bach, Flemming Iversen, Henning Nielsen, Erik Jespersen.

ZBROJOVKA: Eduard Dosek; Josef Mazura, Rostislav Václavícek, Karel Dvorák, Stefan Horný, Vítzeslav Kotásek, Karel Jarušek, Libor Dosek, Petr Janecka, Karel Kroupa, Jan Kopenec.

Goals: Jarušek (57), Bach (75)

**GALATASARAY ISTANBUL
v CRVENA ZVEZDA BEOGRAD 0-0**

Inonü, Istanbul 19.09.1979

Referee: Franz Wöhrer (AUS)   Attendance: 20,000

GALATASARAY: Eser Özaltindere, Müfit Erkaçap, Erdogan Arica, Güngör Tekin, Fatih Terim, Gurdzon, Ibrahim Sokullu, Mustafa Ceylan, Gökmen Özdenak (.. Metin Yildiz), Kemal Yildirim, Orhan Akyüz.

CRVENA ZVEZDA: Zivan Ljukovcan, Nikola Jovanović, Milan Jovin, Slavoljub Muslin (.. Zlatko Krmpotić), Dragan Miletović, Zdravko Borovnica, Miloš Šestić, Cvijetin Blagojević, Dušan Savić, Nedeljko Milosavljević, Srebrenko Repcić (.. Srboljub Stamenković).

CRVENA ZVEZDA BEOGRAD v GALATASARAY ISTANBUL 3-1 (1-0)

Crvena Zvezda, Beograd   4.10.1979

Referee: Marcel van Langenhove (BEL)   Attendance: 30,000

CRVENA ZVEZDA: Zivan Ljukovcan, Nikola Jovanović, Zlatko Krmpotić, Slavoljub Muslin, Dragan Miletović, Zdravko Borovnica (.. Dušan Nikolić), Miloš Šestić, Cvijetin Blagojević, Dušan Savić, Zoran Filipović (.. Djordje Milovanović), Srebrenko Repcić.

GALATASARAY: Eser Özaltindere, Müfit Erkaçap, Erdogan Arica, Güngör Tekin, Fatih Terim, Cüneyt Tanman, Metin Yildiz, Mustafa Ceylan, Gökmen Özdenak, Orhan Akyüz, Kemal Yildirim (.. Jurdzen).

Goals: Savić (20, 71), Milovanović (76), Gungor (75)

ARIS THESSALONIKI v BENFICA LISBOA 3-1 (2-1)

Harilaou, Thessaloniki   19.09.1979

Referee: Bogdan Dochev (BUL)   Attendance: 22,000

ARIS: Giorgos Pantziaras, Giorgos Foiros, Kostas Mokalis, Giannis Venos, Dinos Ballis (71 Mimis Alexiou), Theodoros Pallas; Giorgos Zindros, Ole Skouboe, Kostas Kouis, Themistoklis Vaggis (77 Kostas Drampis), Giorgos Ananiadis. Trainer: P. Sasia

BENFICA: Manuel Galrinho BENTO, António BASTOS LOPES, HUMBERTO Manuel Jesús COELHO, Carlos Alexandre Fortes ALHINHO, ALBERTO Gomes da Fonseca Junior; Orlando António FONSECA da Costa (71 António José da Conceição Oliveira "TONI"), Minervino José Lopes PIETRA, SHÉU Han, Fernando Albino Sousa CHALANA; Tamagnini Manuel Gomes Baptista NENÉ, Mauricio Zacarias REINALDO Gomes.   Trainer: John Mortimore

Goals: Kouis (15), Pallas (21 pen), Reinaldo (30), Zindros (57)

BENFICA LISBOA v ARIS THESSALONIKI 2-1 (1-0)

Estádio da Luz, Lisboa   3.10.1979

Referee: George Courtney (ENG)   Attendance: 46,059

BENFICA: Manuel Galrinho BENTO, António BASTOS LOPES, HUMBERTO Manuel Jesús COELHO, Carlos Alexandre Fortes ALHINHO, ALBERTO Gomes da Fonseca Junior; Minervino José Lopes PIETRA, SHÉU Han, Tamagnini Manuel Gomes Baptista NENÉ, Fernando Albino Sousa CHALANA (75 António José da Conceição Oliveira "TONI"); Mauricio Zacarias REINALDO Gomes, JORGE GOMES da Silva Filho.   Trainer: John Mortimore

ARIS: Giorgos Pantziaras, Kostas Mokalis, Giorgos Foiros, Giannis Venos, Kostas Kouis, Theodoros Pallas; Ole Skouboe, Giorgos Semertzidis, Dinos Ballis (67 Themistoklis Vaggis); Giorgos Zindros (46 Giannis Mihalitsios), Giorgos Ananiadis. Trainer: P. Sasia

Goals: Reinaldo (21), Gomes (50), Semertzidis (80)

DINAMO KIEV v CSKA SOFIA 2-1 (1-1)

Republikanskiy, Kiev   19.09.1979

Referee: Constantin Ghiță (ROM)   Attendance: 18,000

DINAMO: Yuri Romenski, Anatoli Konkov (46 Pietr Slobodian), Sergei Baltacha, Sergei Zhuravliev, Anatoli Demianenko, Vladimir Lozinski, Leonid Buriak, Aleksandr Khapsalis, Viktor Kolotov, Aleksandr Berezhnoi, Vladimir Bessonov (76 Aleksandr Boiko).
Trainer: Valeriy Lobanovskiy

CSKA: Iordan Filipov, Ivan Zafirov, Georgi Dimitrov, Tsono Vasilev, Angel Rangelov, Hristo Topalov, Plamen Markov, Georgi Slavkov (83 Milen Goranov), Spas Djevizov, Nikola Hristov, Ivan Metodiev.   Trainer: Nikola Milanov

Goals: Bessonov (2), Metodiev (34), Demianenko (55)

CSKA SOFIA v DINAMO KIEV 1-1 (0-0)

Vasil Levski, Sofia   3.10.1979

Referee: Aleksander Suchanek (POL)   Attendance: 26,000

CSKA: Iordan Filipov, Ivan Zafirov, Georgi Dimitrov, Tsono Vasilev, Angel Rangelov, Hristo Topalov, Plamen Markov, Georgi Slavkov (46 Mario Vlkov), Spas Djevizov, Nikola Hristov (46 Tsvetko Ioncev), Ivan Metodiev.
Trainer: Nikola Milanov

DINAMO: Yuri Romenski, Anatoli Konkov, Aleksandr Boiko, Sergei Zhuravliev, Anatoli Demianenko, Vladimir Lozinski, Leonid Buriak, Aleksandr Khapsalis (90 Viktor Kaplun), Viktor Kolotov, Aleksandr Berezhnoi (70 Sergei Baltacha), Pietr Slobodian.   Trainer: Valeriy Lobanovskiy

Goals: Buriak (61), Metodiev (63 pen)

SKHAKHTER DONETSK v AS MONACO 2-1 (0-0)

Skhakhter, Donetsk   19.09.1979

Referee: Heinz Fahnler (AUS)   Attendance: 44,000

SKHAKHTER: Yuri Degtiariev, Aleksei Varnavski, Valeri Gorbunov, Viktor Kondratov, Vladimir Pianikh, Valeri Rudakov, Mikhail Sokolovski, Nikolai Fedorenko (28 Yuri Dudinski), Vladimir Rogovskoi, Vitali Starukhin, Vladimir Malîi (58 Leonid Malyi)

AS MONACO: Jean-Luc Ettori; Alfred Vitalis, Bernard Gardon, Roland Courbis, Thierry Ninot, Didier Christophe, Jean Petit, Alain Moizan, Christian Dalger, Délio Onnis (57 Raul Nogues), Albert Emon.   Trainer: Gérard Banide

Goals: Sokolovski (48, 70), Petit (80)

AS MONACO v SKHAKHTER DONETSK 2-0 (0-0)

Louis II, Monaco   3.10.1979

Referee: Jan Redelfs (WG)   Attendance: 10,325

AS MONACO: Jean-Luc Ettori; Alfred Vitalis, Bernard Gardon, Roland Courbis, Thierry Ninot, Didier Christophe, Jean Petit (66 Raul Nogues), Alain Moizan, Christian Dalger, Délio Onnis, Albert Emon (46 Roger Milla).
Trainer: Gérard Banide

SKHAKHTER: Yuri Degtiariev, Aleksei Varnavski, Viktor Zviagintsev, Igor Simonov, Vladimir Pianikh, Valeri Rudakov, Mikhail Sokolovski (60 Leonid Malyi), Nikolai Fedorenko, Vladimir Rogovskoi, Vitali Starukhin, Vladimir Safonov (60 Vladimir Malyi).

Goals: Onnis (48), Dalger (53)

WIDZEW LÓDZ v AS ST. ETIENNE 2-1 (0-1)

Widzew, Lódz   19.09.1979

Referee: Rolf Nyhus (NOR)   Attendance: 35,000

WIDZEW: Stanisław Burzynski, Ryszard Kowenicki, Andrzej Grebosz, Miroslaw Tlokinski, Andrzej Mozejko, Tadeusz Blachno, Jan Jezewski, Zbigniew Boniek, Wlodzimierz Smolarek, Piotr Romke (51 Krzysztof Surlit), Marek Pieta (65 Zdzislaw Rozborski).

AS ST. ETIENNE: Yvan Curković; Gérard Janvion, Christian Lopez, Jacques Santini, Gérard Farison (46 Jacques Borel), Jean-François Larios, Michel Platini, Pierre Repellini, Dominique Rocheteau, Johnny Rep, Jacques Zimako.
Trainer: Robert Herbin

Goals: Platini (35), Boniek (66), Kowenicki (82)

AS ST. ETIENNE v WIDZEW LÓDZ 3-0 (1-0)

Stade Geoffroy Guichard, St.Etienne   3.10.1979

Referee: Ian M.D. Foote (SCO)   Attendance: 36,428

AS ST. ETIENNE: Yvan Curković; Gérard Janvion, Christian Lopez, Jacques Santini, Gérard Farison, Jean-François Larios, Jean-Marie Elie, Michel Platini, Dominique Rocheteau, Johnny Rep, Jacques Zimako.   Trainer: Robert Herbin

WIDZEW: Stanisław Burzynski, Ryszard Kowenicki (46 Zdzislaw Rozborski), Andrzej Grebosz, Miroslaw Tlokinski, Andrzej Mozejko, Tadeusz Blachno, Jan Jezewski, Zbigniew Boniek, Wlodzimierz Smolarek, Wladyslaw Dabrowski (74 Piotr Romke), Marek Pieta.

Goals: Rep (24, 52 pen, 68)

ÅRHUS GF v STAL MIELEC 1-1 (0-0)

Århus stadion   19.09.1979

Referee: Malcolm Moffat (NIR)   Attendance: 4,300

ÅRHUS: Wendelboe, Ross, Hylgaard, Trads, Frank Olsen, John Stampe, Kim Ziegler, Nielsen, Lars Jensen (65 Kristensen), Torben Mikkelsen, Kim Sander.

STAL: Zygmunt Kukla, Boguslaw Skiba, Janusz Duchnowski, Edward Zalezny, Antoni Mrowiec, Zbigniew Hnatio (70 Krzysztof Frankowski), Edward Oratowski, Wlodzimierz Ciolek, Kazimierz Buda, Grzegorz Lato, Witold Karas.

Goals: Olsen (55), Karas (64)

STAL MIELEC v ÅRHUS GF 0-1 (0-0)

Stal, Mielec   3.10.1979

Referee: Ihsan Ture (TUR)   Attendance: 20,000

STAL: Zygmunt Kukla, Boguslaw Skiba, Marian Kosinski, Edward Zalezny, Antoni Mrowiec, Edward Oratowski (63 Zbigniew Hnatio), Wlodzimierz Ciolek, Kazimierz Buda, Grzegorz Lato, Andrzej Szarmach, Miroslaw Wnuk (82 Edward Tyburski).

ÅRHUS GF: Wendelboe, Jens Harmsen, Hylgaard, Trads, Frank Olsen, John Stampe, Kim Ziegler, Kim Sander, Nielsen, Torben Mikkelsen (71 Henrik Mikkelsen), Kristensen (77 Lars Jensen).

Goal: Jensen (81)

**KUOPION PALLOTOVERIT
v MALMÖ FF 1-2** (0-1)

Väinölänniemi, Kuopio   19.09.1979

Referee: Rolf Haugen (NOR)   Attendance: 1,435

KPT: Pekka Hieta, Aimo Pasanen, Juha Rissanen, Keijo Pasanen, Matti Koskinen, Sakari Sulosaari, Jouko Suomalainen, Hannu Turunen, Hannu Tiilikainen, Jarmo Kaivonurmi, Juha Koistinen (.. Antti Pirinen).

MALMÖ FF: Jan Möller, Roland Andersson, Ingemar Erlandsson, Kent Jönsson, Magnus Andersson, Tommy Hansson, Claes Malmberg, Tommy Larsson, Mats Arvidsson, Tommy Andersson, Robert Prytz.
Trainer: Robert Houghton

Goals: T. Andersson (29), Prytz (52 pen), Pirinen (87)

**MALMÖ FF
v KUOPION PALLOTOVERIT 2-0** (1-0)

Malmö Stadium   3.10.1979

Referee: Widukind Hermann (DDR)   Attendance: 3,715

MALMÖ FF: Jan Möller, Roland Andersson, Ingemar Erlandsson, Kent Jönsson, Magnus Andersson, Tommy Hansson, Jörgen Ohlin, Jan-Olof Kinnvall, Mats Arvidsson, Tommy Andersson, Robert Prytz.   Trainer: R. Houghton

KPT: Pekka Hieta, Aimo Pasanen, Juha Rissanen, Keijo Pasanen, Matti Koskinen, Antti Kinnunen, Jouko Suomalainen, Hannu Turunen, Antti Pirinen, Jarmo Kaivonurmi, Ari Räsänen.

Goals: Arvidsson (29, 68)

KALMAR FF v ÍB KEFLAVÍK 2-1 (2-0)

Fredriksskans, Kalmar 19.09.1979

Referee: Mauri Laakso (FIN)   Attendance: 1,360

KALMAR FF: Tony Ström, Stig Andreasson, Ulf Ohlsson, Börje Axelsson, Alf Nilsson, Tommy Berggren, Benno Magnusson, Tomas Sunesson, Johnny Erlandsson, Björn Wigstedt, Roland Sandberg.

ÍB KEFLAVÍK: Thorsteinn Olafsson, Gudjon Gudjónsson, Sigurbjörn Gústafsson (80 Thórir Sigfusson), Sigurdur Björgvinsson, Oskar Faerseth, Skúli Rósantsson (58 Thordur Karlsson), Einar Björn Olafsson, Gisli Eyjölfsson, Rúnar Georgsson, Ragnar Margeirsson, Olafur Júliusson.

Goals: Sunesson (4), Sandberg (30), Margeirsson (67)

DIOSGYÖRI VTK v RAPID WIEN 3-2 (2-1)

Karl Marx Stadion, Diósgyör 3.10.1979

Referee: Walter Horstmann (WG)   Attendance: 22,000

DIÓSGYÖR: György Veréb; Gábor Szántó, József Salamon, Ottó Váradi, László Kutasi; Ferenc Oláh, György Tatár, János Görgei; Mihály Borostyán (82 Balász Magyar), Miklós Szalai (69 Sándor Fükö), László Fekete.

RAPID: Peter Barthold, Bernd Krauss, Peter Persidis, Heribert Weber, Martin Lefor; Peter Sallmayer, Johann Weiss, Johann Pregesbauer, Christian Keglevits, Helmut Hofmann, Johann Krejcirik.   Trainer: Walter Skocik

Goals: Szalai (9), Fekete (16), Keglevits (42), Sallmayer (60), Tatár (80)

ÍB KEFLAVÍK v KALMAR FF 1-0 (1-0)

Keflavík 3.10.1979

Referee: A. Farrell (EIRE)   Attendance: 800

ÍB KEFLAVÍK: Thorsteinn Olafsson, Gudjon Gudjónsson, Sigurdur Björgvinsson, Gisli Eyjölfsson, Oskar Faerseth, Skúli Rósantsson (65 Kári Gunnlaugsson), Thordur Karlsson, Einar Björn Olafsson, Rúnar Georgsson, Ragnar Margeirsson (85 Thórir Sigfusson), Steinar Jóhansson.

KALMAR: Leif Friberg, Mikael Marko, Ulf Ohlsson, Börje Axelsson, Stig Andreasson, Benno Magnusson (69 Björn Wigstedt), Tommy Berggren, Tomas Sunesson, Johnny Erlandsson, Jan-Åke Lundberg (80 Alf Nilsson), Roland Sandberg.

Goal: Stig Andreasson (17 og)

WIENER SPORTKLUB POST v UNIVERSITATEA CRAIOVA 0-0

West-stadion, Wien 19.09.1979

Referee: Marian Srodecki (POL)   Attendance: 15,000

WIENER SC: Otto Krönberger; Wolfgang Kienast (30 Hans Samer), Norbert Hof, Norbert Lichtenegger; Walter Müllner; Franz Viertl, Miloš Djuric; Walter Demel (60 Jorge Doval), Karl Ritter, Karl Brauneder, Alfred Drabits.
Trainer: Willi Kainrath

UNIVERSITATEA: Gabriel Boldici; Nicolae Negrilă, Adrian Bumbescu, Costică Ştefănescu, Nicolae Ungurcanu; Ilie Balaci, Costică Donose, Aurică Beldeanu; Ion Geolgău, Rodion Cămătaru (76 Zoltan Crişan), Sorin Cîrţu.
Trainers: Valentin Stănescu & Ion Oblemenco

RAPID WIEN v DIOSGYÖRI VTK 0-1 (0-0)

West-Stadion, Wien 19.09.1979

Referee: Paolo Casarin (ITA)   Attendance: 12,000

RAPID: Herbert Feurer, Bernd Krauss, Peter Persidis, Heribert Weber, Martin Lefor; Peter Sallmayer, Johann Pregesbauer, Johann Weiss, Christian Keglevits, Reinhard Kienast (80 Kurt Garger), Johann Krejcirik (73 Reinhard Trojan).   Trainer: Walter Skocik

DIOSGYÖR: György Veréb; Gábor Szántó (67 Ottó Váradi), József Salamon, Borisz Teodoru I, László Kutasi; Ferenc Oláh, György Tatár, János Görgei; Mihály Borostyán, Balász Magyar (84 Sándor Fükö), László Fekete.

Goal: Fükö (86)

UNIVERSITATEA CRAIOVA v WIENER SPORTKLUB POST 3-1 (1-0)

Central, Craiova 3.10.1979

Referee: Nikolaos Lagogiannis (GRE)   Attendance: 20,000

UNIVERSITATEA: Gabriel Boldici (88 Silviu Lung); Nicolae Negrilă, Nicolae Tilihoi, Costică Ştefănescu, Nicolae Ungureanu; Aurică Beldeanu, Ilie Balaci, Ion Geolgău (72 Mircea Irimescu); Zoltán Crişan, Rodion Cămătaru, Sorin Cîrţu.

WIENER SC: Otto Krönberger; Hans Sammer, Norbert Lichtenegger, Norbert Hof, Wolfgang Kienast; Franz Viertl, Miloš Djuric, Karl Brauneder; Walter Demel (46 Jorge Doval), Karl Ritter, Alfred Drabits.

Goals: Cămătaru (23, 75), Geolgău (49), Drabits (80)

DINAMO BUCUREŞTI v ALKI LARNACA 3-0 (2-0)

Dinamo, Bucureşti   19.09.1979

Referee: Arseni Hoxha (ALB)   Attendance: 17,000

DINAMO: Constantin Eftimescu; Florin Cheran, Alexandru Sătmăreanu, Cornel Dinu, Teodor Lucuţă; Ion Marin (66 Ionel Augustin), Gheorghe Mulţescu, Alexandru Custov; Ion Apostol (46 Cornel Ţălnar), Dudu Georgescu, Cristian Vrînceanu. Trainer: Angelo Niculescu

ALKI: Giorgos Perikleous; Olimbios Georgiou, Vasos Violaris, Marios Panagotou, Giorgos Andreou; Marios Ioannou (46 Marios Petrou), Tony Fantousis, Panais Nikolaou; Andreas Mapouras, Stasos Anastasi, Kiriakos Pirillos.
Trainers: Polislav Milenov & Stylianou Nikolis

Goals: Mulţescu (33), D. Georgescu (39), Vrânceanu (62)

OLYMPIAKOS PEIRAIAS v SSC NAPOLI 1-0 (1-0)

Karaiskaki, Peiraias   4.10.1979

Referee: Robert Wurtz (FRA)   Attendance: 34,213

OLYMPIAKOS: Hristos Arvanitis, Giannis Kyrastas, Nikos Vamvakoulas (82 Hristos Kaltsas), Stavros Papadopoulos, Martin Novoselac, Vaggelis Kousoulakis, Mihalis Kritikopoulos, Petros Karavitis, Ilias Maik Galakos, Rafael Perone, Julio Losanta (65 Takis Lemonis).
Trainer: Toza Veselinović

SSC NAPOLI: Luciano Castellini, Giuseppe Bruscolotti (25 Francesco Bomben), Attilio Tesser, Mauro Bellugi, Moreno Ferrario, Mario Guidetti, Giuseppe Damiani, Claudio Vinazzani, Antonio Capone (53 Erasmo Lucido), Andrea Agostinelli, Roberto Filippi.
Trainer: Luis Vinicius de Menezes "Vinicio"

Goal: Karavitis (33)

ALKI LARNACA v DINAMO BUCUREŞTI 0-9 (0-3)

GSP, Larnaca   4.10.1979

Referee: Edward Gerald Morgan (WAL)   Attendance: 3,000

ALKI: Petrakis Saittis (57 Giorgos Perikleous); Marios Ioannou, Giorgos Andreou, Marios Panagotou, Vasos Violaris (75 Nikos Leonidou); Andreas Mapouras, Panais Nikolaou, Olimbios Georgiou; Marios Petrou, Stasos Anastasi, Tony Fantousis.

DINAMO: Constantin Eftimescu; Florin Cheran (63 Adrian Bădilaş), Cornel Dinu, Alexandru Sătmăreanu, Teodor Lucuţă; Gheorghe Mulţescu, Ionel Augustin, Alexandru Custov (59 Ion Moldovan); Cornel Ţălnar, Dudu Georgescu, Cristian Vrînceanu.

Goals: D. Georgescu (10 pen, 46, 67), Augustin (20), Vrînceanu (22, 77), Ţălnar (51), Mulţescu (52), Moldovan (62)

PROGRÈS NIEDERCORN v GRASSHOPPER-CLUB ZÜRICH 0-2 (0-0)

Differdange   26.09.1979

Referee: Alain Delmer (FRA)   Attendance: 2,500

PROGRÈS: Jean-Paul Defrang; Jean-Louis Margue, Hubert Meunier, Marcel Bossi, Jean Paul Bossi, Henri Bossi (81 Yves Schwachtgen), Emile Lahure, Guy Back, Roland Thill (67 Claude Mirkes), Albert May, Camille Neumann.

GRASSHOPPER: Roger Berbig, André Meyer, Charly In-Albon, René Nafzger, Heinz Hermann, Roger Wehrli, André Egli, Raimondo Ponte, Hansjörg Pfister, Claudio Sulser (79 Thomas Niggl), Peter Traber (62 Herbert Hermann).
Trainer: Jürgen Sundermann

Goals: Herbert Hermann (53), Egli (79)

SSC NAPOLI v OLYMPIAKOS PEIRAIAS 2-0 (1-0)

Stadio San Paolo, Napoli   19.09.1979

Referee: Heinz Aldinger (WG)   Attendance: 62,031

SSC NAPOLI: Luciano Castellini, Giuseppe Bruscolotti, Mauro Bellugi, Vittorio Caporale, Moreno Ferrario, Attilio Tesser, Giuseppe Damiani, Claudio Vinazzani, Walter Speggiorin (68 Antonio Capone), Giovanni Improta, Andrea Agostinelli.   Trainer: Luis Vinicius de Menezes "Vinicio"

OLYMPIAKOS: Hristos Arvanitis, Petros Mihos, Giannis Kyrastas, Stavros Papadopoulos, Martin Novoselac, Nikos Vamvakoulas, Petros Karavitis (57 Giorgos Gkavasiadis), Vaggelis Kousoulakis, Ilias Maik Galakos, Rafael Perone, Mihalis Kritikopoulos (78 Takis Lemonis).
Trainer: Toza Veselinović

Goals: Damiani (26 pen), Agostinelli (89)

GRASSHOPPER-CLUB ZÜRICH v PROGRÈS NIEDERCORN 4-0 (3-0)

Hardturm, Zürich   3.10.1979

Referee: Richard Casha (MAL)   Attendance: 3,900

GRASSHOPPER: Roger Berbig, André Meyer, Charly In-Albon, René Nafzger, Roger Wehrli (62 Richard Bauer), Raimondo Ponte, André Egli, Heinz Hermann, Hansjörg Pfister, Claudio Sulser, Peter Traber (62 Herbert Hermann).
Trainer: Jürgen Sundermann

PROGRÈS: Jean-Paul Defrang; Jean-Louis Margue, Hubert Meunier, Marcel Bossi, Jean Paul Bossi, Roland Thill, Henri Bossi, Emile Lahure, Guy Back (73 Yves Schwachtgen), Albert May, Camille Neumann (46 Alain Nurenberg).

Goals: Ponte (15), Pfister (31), Egli (38), Heinz Hermann (87)

SECOND ROUND

DUNDEE UNITED v DIÓSGYÖR VTK 0-1 (0-0)
Tannadice Park, Dundee   24.10.1979
Referee: Anders Mattsson (FIN)   Attendance: 10,500
DUNDEE UNITED: Hamish McAlpine, Derek Stark, Paul Hegarty, Iain Phillip, Frank Kopel; George Fleming, David Narey, Derek Addison (48 David Dodds); Graeme Payne, William Pettigrew, Paul Sturrock (77 Ralph Milne).
DIOSGYÖR: György Veréb; József Salamon; Gábor Szántó, Janosz Kerekes (86 Borisz Teodoru I), Ottó Váradi, László Kutasi; Ferenc Oláh, György Tatár, János Görgei; Mihály Borostyán (80 Miklós Szalai), László Fekete.
Goal: Fekete (89)

IPSWICH TOWN v GRASSHOPPER-CLUB ZÜRICH 1-1 (1-0)
Portman Road, Ipswich   7.11.1979
Referee: Klaus Scheurell (DDR)   Attendance: 19,574
IPSWICH TOWN: Paul Cooper; George Burley, Kevin Beattie, Russell Osman, Terence Butcher, Michael Mills, Frans Thijssen, John Wark (80 Alan Brazil), Eric Gates, Paul Mariner, Arnold Mühren.   Manager: Robert Robson
GRASSHOPPER: Roger Berbig; André Meyer, Charly In-Albon, René Nafzger, Heinz Hermann, Roger Wehrli, André Egli, Raimondo Ponte, Hansjörg Pfister, Claudio Sulser, Herbert Hermann (85 Peter Traber).
Trainer: Jürgen Sundermann
Goals: Beattie (42), Sulser (69)

DIÓSGYÖR VTK v DUNDEE UNITED 3-1 (2-0)
Diosgyör   7.11.1979
Referee: Alain Delmer (FRA)   Attendance: 25,000
DIOSGYÖR: György Veréb; Gábor Szántó, József Salamon, Ottó Váradi (55 Borisz Teodoru I), László Kutasi; Ferenc Oláh, Sándor Fükö, György Tatár; Mihály Borostyán, Miklós Szalai (73 Vaszilisz Teodoru II), László Fekete.
DUNDEE UNITED: Hamish McAlpine, Derek Stark, Paul Hegarty, David Narey, Frank Kopel; Graeme Payne (80 John Holt), William Kirkwood, Iain Phillip, George Fleming; Paul Sturrock (56 David Dodds), William Pettigrew.
Goals: Borostyán (11), Tatár (42 pen, 68), Kopel (83)

UNIVERSITATEA CRAIOVA v LEEDS UNITED 2-0 (1-0)
Central, Craiova   24.10.1979
Referee: Gianfranco Menegali (ITA)   Attendance: 40,000
UNIVERSITATEA: Gabriel Boldici; Nicolae Negrilă, Nicolae Tilihoi, Costică Ştefănescu, Nicolae Ungureanu, Ilie Balaci, Ion Geolgău (78 Costică Donose), Aurică Beldeanu; Zoltán Crişan, Rodion Cămătaru, Sorin Cîrţu (67 Mircea Irimescu).
Trainers: Valentin Stănescu & Ion Oblemenco
LEEDS UNITED: John Lukic; Kevin Hird, Byron Stevenson, Paul Hart, Paul Madeley; Brian Flynn, Trevor Cherry, Edward Gray; Carl Harris (73 Gary Hamson), Raymond Hankin, Alan Curtis.   Manager: James Adamson
Sent off: Tilihoi (86)
Goals: Balaci (8), Irimescu (84)

GRASSHOPPER-CLUB ZÜRICH v IPSWICH TOWN 0-0
Hardturm, Zürich   24.10.1979
Referee: Roger Schoeters (BEL)   Attendance: 16,000
GRASSHOPPER: Roger Berbig; André Meyer, Charly In-Albon, René Nafzger, Heinz Hermann, Roger Wehrli, André Egli, Raimondo Ponte, Hansjörg Pfister, Claudio Sulser, Peter Traber (46 Herbert Hermann).   Trainer: Jürgen Sundermann
IPSWICH TOWN: Paul Cooper; George Burley, Kevin Beattie, Russell Osman, Terence Butcher, Michael Mills, Frans Thijssen, John Wark, Eric Gates, Paul Mariner, Alan Brazil. Manager: Robert Robson

LEEDS UNITED v UNIVERSITATEA CRAIOVA 0-2 (0-0)
Elland Road, Leeds   7.11.1979
Referee: Antonin Vencl (CZE)   Attendance: 14,438
LEEDS UNITED: John Lukic; Trevor Cherry, Paul Hart, Paul Madeley, Byron Stevenson; Brian Flynn, Keith Parkinson (63 Carl Harris), Edward Gray; Alan Curtis, Raymond Hankin, Arthur Graham.   Manager: James Adamson
UNIVERSITATEA: Gabriel Boldici; Nicolae Negrilă, Adrian Bumbescu, Costică Ştefănescu, Nicolae Ungureanu; Ilie Balaci, Aurică Beldeanu, Aurel Ţicleanu (88 Petre Purima); Ion Geolgău (88 Costică Donose), Rodion Cămătaru, Sorin Cîrţu.
Trainer: Valentin Stănescu
Goals: Cîrţu (73), Beldeanu (85)

**DINAMO BUCUREȘTI
v EINTRACHT FRANKFURT am MAIN 2-0** (1-0)

Dinamo, București   24.10.1979

Referee: Ian M.D. Foote (SCO)

DINAMO: Constantin Ștefan; Florin Cheran, Cornel Dinu, Alexandru Sătmăreanu, Teodor Lucuță; Ionel Augustin, Ion Moldovan, Gheorghe Mulțescu; Cornel Țălnar, Ion Apostol, Cristian Vrînceanu (86 Emilian Tevi).

EINTRACHT: Klaus Funk; Helmut Müller, Willi Neuberger, Bruno Pezzey, Karl-Heinz Körbel; Werner Lorant, Ronald Borchers, Jürgen Grabowski, Norbert Nachtweih; Cha Bum Kun, Harald Karger.   Trainer: Friedel Rausch

Goluri: Mulțescu (20 pen), Augustin (88)

**EINTRACHT FRANKFURT am MAIN
v DINAMO BUCUREȘTI 3-0** (0-0, 2-0) (AET)

Waldstadion, Frankfurt am Main   7.11.1979

Referee: Erik Fredriksson (SWE)   Attendance: 45,000

EINTRACHT: Klaus Funk; Helmut Müller, Karl-Heinz Körbel, Bruno Pezzey, Willi Neuberger; Werner Lorant, Jürgen Grabowski, Bernd Nickel; Cha Bum Kun, Bernd Hölzenbein, Harald Karger (46 Norbert Nachtweih).
Trainer: Friedel Rausch

DINAMO: Constantin Ștefan; Florin Cheran, Cornel Dinu, Alexandru Sătmăreanu, Teodor Lucuță; Ionel Augustin, Ion Marin (85 Nelu Stănescu), Ion Moldovan (74 Alexandru Custov); Cornel Țălnar, Gheorghe Mulțescu, Ion Apostol.

Goals: Cha Bum (73), Hölzenbein (90), Nickel (90+3)

DYNAMO DRESDEN v VfB STUTTGART 1-1 (1-1)

Dynamo, Dresden   24.10.1979

Referee: Franz Wöhrer (AUS)   Attendance: 37,000

DYNAMO: Bernd Jakubowski, Hans-Jürgen Dörner, Christian Helm, Udo Schmuck, Matthias Müller, Reinhard Häfner, Hartmut Schade, Gerd Weber, Dieter Riedel (56 Matthias Döschner), Peter Kotte, Gerd Heidler (67 Rainer Sachse).   Trainer: Gerhard Prautzsch

VfB: Uwe Greiner, Dragan Holcer, Bernd Martin, Karl Heinz Förster, Markus Elmer, Bernd Förster, Roland Hattenberger, Hans Müller, Harald Beck (54 Bernd Schmider), Hermann Ohlicher, Erwin Hadewicz (84 Klaus Jank).
Trainer: Lothar Buchmann

Goals: Weber (34 pen), K.H. Förster (44)

VfB STUTTGART v DYNAMO DRESDEN 0-0

Neckarstadion, Stuttgart   7.11.1979

Referee: Patrick Partridge (ENG)   Attendance: 70,000

VfB: Uwe Greiner, Dragan Holcer, Bernd Martin, Karl Heinz Förster, Bernd Förster, Roland Hattenberger, Bernd Schmider (68 Harald Beck), Hermann Ohlicher, Hans Müller (80 Markus Elmer), Bernd Klotz, Georg Volkert.
Trainer: Lothar Buchmann

DYNAMO: Bernd Jakubowski, Hans-Jürgen Dörner, Christian Helm, Udo Schmuck, Matthias Müller, Gerd Weber, Reinhard Häfner, Hartmut Schade, Andreas Trautmann, Peter Kotte, Matthias Döschner.   Trainer: Gerhard Prautzsch

ÅRHUS GF v BAYERN MÜNCHEN 1-2 (0-1)

Århus stadion   24.10.1979

Referee: A. Farrel (EIRE)   Attendance: 23,000

ÅRHUS GF: Wendelboe, Jens Harmsen (71 Kim Sander), Hylgaard, Ross, Frank Olsen, John Stampe, Lars Jensen, Kim Ziegler, Nielsen, Torben Mikkelsen, Henrik Mikkelsen (66 Kristensen).

BAYERN: Walter Junghans, Hans Weiner, Wolfgang Dremmler, Klaus Augenthaler, Udo Horsmann, Paul Breitner, Wolfgang Kraus, Bernd Dürnberger, Kurt Niedermayer, Dieter Hoeneβ, Karl-Heinz Rummenigge.   Trainer: Pal Csernai

Goals: K.H. Rummenigge (43, 47), Sander (83)

BAYERN MÜNCHEN v ÅRHUS GF 3-1 (1-1)

Olympiastadion, München   7.11.1979

Referee: Francisc Kolossi (ROM)   Attendance: 3,000

BAYERN: Walter Junghans, Hans Weiner, Wolfgang Dremmler, Klaus Augenthaler, Udo Horsmann, Paul Breitner, Bernd Dürnberger (46 Wolfgang Kraus), Kurt Niedermayer, Dieter Hoeneβ, Karl-Heinz Rummenigge, Branko Oblak (70 Norbert Janzon).   Trainer: Pal Csernai

ÅRHUS GF: Wendelboe, Jens Harmsen, Hylgaard, Ross, Frank Olsen, John Stampe, Kim Ziegler, Nielsen, Torben Mikkelsen (74 Kim Sander), Henrik Mikkelsen, Kristensen.

Goals: Hoeneβ (28, 89), T. Mikkelsen (38), Breitner (84)

SPORTING LISBOA
v 1.FC KAISERSLAUTERN 1-1 (0-0)

Estadio José Alvalade, Lisboa   24.10.1979

Referee: John Carpenter (EIRE)   Attendance: 40,000

SPORTING: António Henrique Martins FIDALGO, Francisco da Cruz BARAO (62 Carlos Manuel da Silva FREIRE), Paulo MENESES, Vítorino Manuel Antunes BASTOS, Augusto Soares INÁCIO, EURICO Monteiro Gomes, ADEMAR Moreira Marques, MANOEL da Silva Costa, Mário Abreu Alves da Silva "MARINHO" (70 Helio Lima "HELINHO"), MANUEL José Tavares FERNANDES, Rui Manuel da Trindade JORDÃO.

1.FC KAISERSLAUTERN: Ronnie Hellström, Wolfgang Wolf, Hans-Günther Neues, Hans-Peter Briegel, Jürgen Groh, Reiner Geye, Werner Melzer, Hans Bongartz, Josef Pirrung (80 Arno Wolf), Jörn Kaminke (80 Peter Schwarz), Benny Wendt. Trainer: Karl-Heinz Feldkamp

Goals: Manoel (48), Bongartz (56)

1.FC KAISERSLAUTERN
v SPORTING LISBOA 2-0 (1-0)

Betzenberg, Kaiserslautern   7.11.1979

Referee: Hilmi Ok (TUR)   Attendance: 29,739

1.FC KAISERSLAUTERN: Ronnie Hellström, Wolfgang Wolf, Hans-Günther Neues, Hans-Peter Briegel, Jürgen Groh, Werner Melzer, Peter Schwarz, Hans Bongartz, Reiner Geye, Benny Wendt, Arno Wolf (65 Jörn Kaminke). Trainer: Karl-Heinz Feldkamp

SPORTING: Manuel António Costa VAZ, Francisco da Cruz BARAO, Vítorino Manuel Antunes BASTOS, EURICO Monteiro Gomes, Augusto Soares INÁCIO (30 José EDUARDO Malheiro Sampaio), Helio Lima "HELINHO", Samuel Ferreira FRAGUITO (60 Carlos Manuel da Silva FREIRE), ADEMAR Moreira Marques, MANUEL José Tavares FERNANDES, MANOEL da Silva Costa, Rui Manuel da Trindade JORDÃO.

Goals: Geye (26), Neues (63 pen)

BORUSSIA MÖNCHENGLADBACH
v INTERNAZIONALE MILANO 1-1 (1-0)

Bökelberg Mönchengladbach   24.10.1979

Referee: Robert Wurtz (FRA)   Attendance: 36,500

BORUSSIA: Wolfgang Kneib, Norbert Ringels, Wilfried Hannes, Frank Schäffer, Horst Wohlers (59 Lothar Matthäus), Winfried Schäfer, Christian Kulik, Carsten Nielsen, Karl Del'Haye, Harald Nickel, Ewald Lienen.
Trainer: Josef Heynckes

INTER: Ivano Bordon, Nazzareno Canuti, Roberto Mozzini, Graziano Bini, Giuseppe Baresi, Giancarlo Pasinato (85 Franco Pancheri), Giampiero Marini, Gabriele Oriali, Domenico Caso, Alessandro Altobelli, Carlo Muraro (82 Evaristo Beccalossi). Trainer: Eugenio Bersellini

Goals: Hannes (39), Altobelli (55)

INTERNAZIONALE MILANO v BORUSSIA
MÖNCHENGLADBACH 2-3 (1-1, 1-1) (AET)

Stadio Giuseppe Meazza, Milano   7.11.1979

Referee: Károly Palotai (HUN)   Attendance: 81,000

INTER: Ivano Bordon, Nazzareno Canuti, Graziano Bini, Roberto Mozzini, Franco Pancheri, Giancarlo Pasinato, Domenico Caso, Giampiero Marini, Gabriele Oriali (60 Evaristo Beccalossi), Alessandro Altobelli, Carlo Muraro (84 Claudio Ambu).   Trainer: Eugenio Bersellini

BORUSSIA: Wolfgang Kneib, Hans Klinkhammer (103 Winfried Schäfer), Wilfried Hannes, Frank Schäffer, Jürgen Fleer (95 Norbert Ringels), Lothar Matthäus, Christian Kulik, Carsten Nielsen, Karl Del'Haye, Harald Nickel, Ewald Lienen. Trainer: Josef Heynckes

Goals: Altobelli (25, 92), Nickel (37, 110 pen), Ringels (103)

ARIS THESSALONIKI v AS PERUGIA 1-1 (0-1)

Harilaou, Thessaloniki   24.10.1979

Referee: Marcel Van Langenhove (BEL)   Attendance: 18,000

ARIS: Giorgos Pantziaras, Kostas Mokalis (75 Giannis Tzifopoulos), Theodoros Pallas, Giannis Venos, Giorgos Foiros, Kostas Kouis, Giorgos Zindros (46 Dinos Ballis), Themistoklis Vaggis, Giorgos Ananiadis, Ole Scouboe, Giorgos Semertzidis. Trainer: P. Sasia

PERUGIA: Nello Malizia, Michele Nappi, Antonio Ceccarini, Pierluigi Frosio, Mauro Della Martira, Paolo Dal Fiume, Salvatore Bagni, Mario Goretti, Paolo Rossi, Gianfranco Casarsa, Daniele Tacconi.   Trainer: Ilario Castagner

Goals: Rossi (16), Semertzidis (61)

AS PERUGIA v ARIS THESSALONIKI 0-3 (0-2)

Stadio Renato Curi, Perugia   7.11.1979

Referee: Vojtech Christov (CZE)   Attendance: 33,000

PERUGIA: Nello Malizia, Michele Nappi (87 Daniele Tacconi), Antonio Ceccarini, Pierluigi Frosio, Luciano Zecchini, Paolo Dal Fiume, Salvatore Bagni, Cesare Butti, Paolo Rossi, Mario Goretti, Egidio Calloni.
Trainer: Ilario Castagner

ARIS: Giorgos Pantziaras, Kostas Mokalis, Giannis Tzifopoulos, Giannis Venos, Giorgos Foiros, Kostas Kouis, Giorgos Zindros (70 Theodoros Zelilidis), Dinos Ballis, Giorgos Semertzidis (70 Mimis Alexiou), Ole Scouboe, Themistoklis Vaggis.   Trainer: P. Sasia

Goals: Ballis (7), Semertzidis (18), Zindros (67)

STANDARD LIÈGE v SSC NAPOLI 2-1 (0-1)

Stade Maurice Dufrasne 'Sclessin', Liège   24.10.1979

Referee: Emilio Carlos Guruceta Muro (SPA)   Att: 45,000

STANDARD: Michel Preud'homme, Eric Gerets, Michel Renquin (85 Luis Norton de Matos), Philippe Garot, Theo Poel, Gérard Plessers, Eddy Voordeckers, Helmut Graf, Ralf Edström, Asgeir Sigurvinsson, Alfred Riedl.

SSC NAPOLI: Luciano Castellini, Mauro Bellugi, Attilio Tesser, Vittorio Caporale, Moreno Ferrario, Claudio Vinazzani, Costanzo Celestini, Erasmo Lucido (85 Raimondo Marino), Antonio Capone, Andrea Agostinelli, Walter Speggiorin. Trainer: Luis Vinicius de Menezes "Vinicio"

Goals: Capone (29), Riedl (47), Sigurvinsson (58 pen)

**FC CARL ZEISS JENA
v CRVENA ZVEZDA BEOGRAD 2-3** (1-0)

Ernst Abbe, Jena   7.11.1979

Referee: George Courtney (ENG)   Attendance: 18,000

FC CARL ZEISS: Hans-Ulrich Grapenthin, Rüdiger Schnuphase, Gert Brauer, Konrad Weise, Lothar Kurbjuweit, Andreas Krause (69 Jörg Burow), Ulrich Oevermann, Gerhard Hoppe, Martin Trocha, Jürgen Raab, Eberhard Vogel (55 Thomas Töpfer).   Trainer: Hans-Joachim Meyer

CRVENA ZVEZDA: Aleksandar Stojanović, Slavoljub Muslin, Nikola Jovanović, Dragan Miletović, Milan Jovin, Cvijetin Blagojević (76 Zdravko Borovnica), Djordje Milovanović, Nedeljko Milosavljević, Vladimir Petrović, Dušan Savić (58 Zoran Filipović), Srebrenko Repcić.

Goals: Trocha (43), Kurbjuweit (62 og), Filipović (67), Blagojević (75), Töpfer (82)

SSC NAPOLI v STANDARD LIÈGE 1-1 (0-1)

Stadio San Paolo, Napoli   7.11.1979

Referee: Adolf Prokop (DDR)   Attendance: 45,000

SSC NAPOLI: Luciano Castellini, Mauro Bellugi, Attilio Tesser, Vittorio Caporale (51 Raimondo Marino), Moreno Ferrario, Roberto Badiani, Andrea Agostinelli, Erasmo Lucido (46 Gaetano Musella), Giuseppe Damiani, Giovanni Improta, Vincenzo Marino.
Trainer: Luis Vinicius de Menezes "VINICIO"

STANDARD: Michel Preud'homme, Eric Gerets, Theo Poel, Philippe Garot, Michel Renquin, Erhan Önal, Eddy Voordeckers, Helmut Graf, Ralf Edström, Asgeir Sigurvinsson, Alfred Riedl.

Goals: Riedl (40), Damiani (79)

LOKOMOTIV SOFIA v AS MONACO 4-2 (2-0)

Vasil Levski, Sofia   24.10.1979

Referee: Jan Keiser (HOL)   Attendance: 35,000

LOKOMOTIV: Rumiancho Goranov, Georgi Stefanov, Borislav Dimitrov, Iordan Stoikov, Georgi Bonev, Traiko Sokolov, Ventsislav Arsov, Atanas Mihailov, Angel Kolev, Boicho Velichkov, Ivan Dangov.   Trainer: Apostol Chachevski

AS MONACO: Jean-Luc Ettori; Marc Culetto, Bernard Gardon, Thierry Ninot, Alfred Vitalis, Didier Christophe, Alain Moizan, Jean Petit, Christian Dalger, Délio Onnis, Raoul Nogues (46 Roger Milla).   Trainer: Gérard Banide

Goals: Mihailov (27, 36, 79 pen, 89), Onnis (75, 86 pen)

**CRVENA ZVEZDA BEOGRAD
v FC CARL ZEISS JENA 3-2** (2-0)

Crvena Zvezda Beograd   24.10.1979

Referee: André Daina (SWI)   Attendance: 56,314

CRVENA ZVEZDA: Zivan Ljukovcan, Nikola Jovanović, Zlatko Krmpotić, Dragan Miletović, Milan Jovin, Slavoljub Muslin (74 Djordje Milovanović), Cvijetin Blagojević, Miloš Šestić, Vladimir Petrović, Dušan Savić, Srebrenko Repcic.

FC CARL ZEISS: Hans-Ulrich Grapenthin, Rüdiger Schnuphase, Gert Brauer, Konrad Weise, Lothar Kurbjuweit, Gerhard Hoppe, Ulrich Oevermann, Lutz Lindemann (4 Dietmar Sengewald), Martin Trocha (86 Thomas Töpfer), Jürgen Raab, Eberhard Vogel.   Trainer: Hans-Joachim Meyer

Goals: Savić (10 pen), Muslin (25), Šestić (78), Raab (63, 66 pen)

AS MONACO v LOKOMOTIV SOFIA 2-1 (2-0)

Louis II, Monaco   7.11.1979

Referee: Antonio José da Silva Garrido (POR)   Att: 9,434

AS MONACO: Jean-Luc Ettori; Alfred Vitalis, Bernard Gardon, Roland Courbis, Thierry Ninot, Didier Christophe, Alain Moizan, Jean Petit, Christian Dalger, Délio Onnis, Raoul Nogues (61 Albert Emon).   Trainer: Gérard Banide

LOKOMOTIV: Rumiancho Goranov, Georgi Stefanov, Borislav Dimitrov, Iordan Stoikov, Georgi Bonev, Traiko Sokolov, Ventsislav Arsov (66 Nikola Spasov), Atanas Mihailov, Angel Kolev (75 Nako Doichev), Boicho Velichkov, Ivan Dangov.   Trainer: Apostol Chachevski

Goals: Christophe (3), Onnis (38), Mihailov (79)

PSV EINDHOVEN v AS ST. ETIENNE 2-0 (1-0)
Philips sportpark, Eindhoven 24.10.1979
Referee: Rolf Ericsson (SWE) Attendance: 27,000
PSV: Jan van Beveren, Huub Stevens, Adri van Kraay, Ernie Brandts, Piet Wildschut, Jan Poortvliet, Willy van der Kuijlen, Michel Valke, Adrie Koster, Harrie Lubse, René van de Kerkhof (28 Willy van de Kerkhof). Trainer: Kees Rijvers
AS ST. ETIENNE: Yvan Curkovic; Pierre Repellini, Christian Lopez, Gérard Janvion, Gérard Farison, Jean-François Larios, Jacques Santini, Jean Marie Elie, Jacques Zimako, Dominique Rocheteau, Johnny Rep. Trainer: Robert Herbin
Goals: R. Van de Kerkhof (33), Koster (59)

**MALMÖ FF
v FEYENOORD ROTTERDAM 1-1** (0-0)
Malmö Stadion 7.11.1979
Referee: Miroslav Stupar (USSR) Attendance: 5,790
MALMÖ FF: Jan Möller, Ulf Martensson, Ingemar Erlandsson, Kent Jönsson, Magnus Andersson, Tommy Hansson, Anders Ljungberg, Claes Malmberg, Mats Arvidsson, Björn Nilsson, Robert Prytz. Trainer: Robert Houghton
FEYENOORD: Ton van Engelen, Benny Wijnstekers, Michel van de Korput, Ivan Nielsen, Jan van Deinsen, André Stafleu, René Notten, Roger Albertsen, Gerard van der Lem, Jan Peters (68 Wim van Til), Petur Petursson. Trainer: Vaclav Jezek
Goals: Petursson (81), Arvidsson (87)

AS ST. ETIENNE v PSV EINDHOVEN 6-0 (3-0)
Stade Geoffroy Guichard, St.Etienne 7.11.1979
Referee: Alberto Michelotti (ITA) Attendance: 40,000
AS ST. ETIENNE: Yvan Curkovic; Gérard Janvion, Christian Lopez, Thierry Oleksiak, Gérard Farison, Jean-François Larios, Jacques Santini, Jean Marie Elie, Jacques Zimako, Michel Platini (74 Laurent Roussey), Johnny Rep.
Trainer: Robert Herbin
PSV: Jan van Beveren, Huub Stevens (23 Adrie Koster, 61 Paul Postuma), Adri van Kraay, Ernie Brandts, Piet Wildschut, Jan Poortvliet, Willy van de Kerkhof, Willy van der Kuijlen, Michel Valke, René van de Kerkhof, Harrie Lubse.
Trainer: Kees Rijvers
Goals: Larios (3), Platini (4, 60), Santini (5), Roussey (87), Rep (89 pen)

BANÍK OSTRAVA v DINAMO KIEV 1-0 (0-0)
Bazaloch, Ostrava 24.10.1979
Referee: László Padar (HUN) Attendance: 25,000
BANÍK: Pavel Macák, Lubomír Srámek, Václav Pecháček, Libor Radimec, Zdenek Rygel, Zdenek Sreiner, Petr Nemec, Lubomír Knapp, Jozef Marchevsky (65 Jan Matustík), Václav Danek, Werner Licka.
DINAMO: Yuri Romenski, Vladimir Lozinski, Vladimir Bessonov, Anatoli Konkov, Anatoli Demianenko, Aleksandr Berezhnoi, Viktor Kolotov, Leonid Buriak, Vladimir Veremeev (60 Sergei Zhuravliev), Aleksandr Khapsalis, Oleg Blohin (75 Pietr Slobodian). Trainer: Valeriy Lobanovskiy
Goal: Nemec (47)

**FEYENOORD ROTTERDAM
v MALMÖ FF 4-0** (3-0)
Feyenoord, Rotterdam 24.10.1979
Referee: Heinz Aldinger (WG) Attendance: 36,376
FEYENOORD: Ton van Engelen, Benny Wijnstekers, Michel van de Korput, Ivan Nielsen, Jan van Deinsen, Wim van Til, René Notten, Wim Jansen, Gerard van der Lem (51 Richard Budding), Jan Peters, Petur Petursson. Trainer: Vaclav Jezek
MALMÖ FF: Jan Möller, Ulf Martensson, Ingemar Erlandsson, Kent Jönsson, Magnus Andersson, Tommy Hansson, Anders Ljungberg, Jan-Olof Kinnvall, Mats Arvidsson, Björn Nilsson (63 Anders Olsson), Robert Prytz.
Trainer: Robert Houghton
Goals: Petursson (1, 37 pen, 80), Van Deinsen (45)

DINAMO KIEV v BANÍK OSTRAVA 2-0 (0-0)
Republikanskiy, Kiev 7.11.1979
Referee: Talal Tokat (TUR) Attendance: 8,000
DINAMO: Yuri Romenski, Vladimir Lozinski, Vladimir Bessonov, Anatoli Konkov, Sergei Zhuravliev (46 Aleksandr Khapsalis), Anatoli Demianenko, Leonid Buriak, Viktor Kolotov, Vladimir Veremeev (84 Sergei Baltacha), Pietr Slobodian, Oleg Blohin. Trainer: Valeriy Lobanovskiy
BANÍK: Pavel Macák, Lubomír Srámek, Rostislav Vojáček, Libor Radimec, Zdenek Rygel, Zdenek Sreiner, Václav Pecháček (80 Petr Nemec), Lubomír Knapp, Jan Matustík, Augustín Antalík (69 Dušan Srubar), Werner Licka.
Goals: Demianenko (59), Khapsalis (78)

ZBROJOVKA BRNO v ÍB KEFLAVÍK 3-1 (1-1)

Za Luzankami, Brno   24.10.1979

Referee: Emanouil Platopoulos (GRE)   Attendance: 8,000

ZBROJOVKA: Josef Hron; Josef Mazura, Rostislav Václavícek, Karel Dvorák, Jaroslav Petrtyl, Jindrich Svoboda (72 Karel Kroupa), Stefan Horný (75 Václav Vojtek), Libor Dosek, Petr Janecka, Vítzeslav Kotásek, Jan Kopenec.

ÍB KEFLAVÍK: Thorsteinn Olafsson, Oskar Faerseth (35 Kári Gunnlaugsson), Sigurbjörn Gústafsson, Gisli Eyjölfsson, Gudjon Gudjónsson, Skúli Rósantsson, Sigurdur Björgvinsson, Einar Asbjörn Olafsson, Olafur Júliusson, Ragnar Margeirsson, Rúnar Georgsson.

Goals: Georgsson (9), Kotásek (43, 46), Janecka (83)

ZBROJOVKA BRNO v STANDARD LIÈGE 3-2 (1-1)

Za Luzankami, Brno   12.12.1979

Referee: Ronald Bridges (WAL)   Attendance: 20,000

ZBROJOVKA: Josef Hron, Josef Mazura, Rostislav Václavícek, Jaroslav Petrtyl, Karel Dvorák, Stefan Horný (72 Vítzeslav Kotásek), Jindrich Svoboda (87 Václav Vojtek), Karel Jarušek, Libor Dosek, Karel Kroupa, Petr Janecka.

STANDARD: Michel Preud'homme, Eric Gerets, Philippe Garot, Christian Labarbe, Gérard Plessers, Erhan Önal, Asgeir Sigurvinsson, Helmut Graf (80 Guy Vandersmissen), Luis Norton de Matos, Ralf Edström, Alfred Riedl (80 Willy Wellens).

Goals: Edström (18), Jarušek (45), De Matos (53), Kroupa (65), Janecka (69)

ÍB KEFLAVÍK v ZBROJOVKA BRNO 1-2 (0-1)

Reykjavík   8.11.1979

Referee: Torben Mansson (DEN)   Attendance: 1,500

ÍB KEFLAVÍK: Thorsteinn Olafsson, Kári Gunnlaugsson, Gudjon Gudjónsson, Skúli Rósantsson (40 Thordur Karlsson), Gisli Eyjölfsson, Sigurdur Björgvinsson, Einar Björn Olafsson, Steinar Jóhansson (75 Sigurbjörn Gústafsson), Ragnar Margeirsson, Rúnar Georgsson, Olafur Júliusson.

ZBROJOVKA: Josef Hron; Josef Mazura, Rostislav Václavícek, Karel Dvorák, Jaroslav Petrtyl, Jindrich Svoboda, Karel Jarušek, Libor Dosek, Petr Janecka, Karel Kroupa, Václav Vojtek.

Goals: Kroupa (35), Vojtek (65), Olafsson (83)

AS ST. ETIENNE v ARIS THESSALONIKI 4-1 (1-1)

Stade Geoffroy Guichard, St.Etienne   28.11.1979

Referee: Walter Eschweiller (WG)   Attendance: 38,000

AS ST. ETIENNE: Yvan Curkovic; Gérard Janvion (80 Patrice Lestage), Thierry Oleksiak, Christian Lopez, Gérard Farison, Jean Marie Elie, Jean-François Larios, Jacques Santini, Johnny Rep (67 Laurent Roussey), Michel Platini, Jacques Zimako.   Trainer: Robert Herbin

ARIS: Giorgos Pantziaras, Kostas Mokalis, Giannis Venos, Giorgos Foiros, Giannis Tzifopoulos, Kostas Kouis, Dinos Ballis (83 Mimis Alexiou), Ole Skouboe, Giorgos Zindros, Giorgos Semertzidis, Themistoklis Vaggis (80 Giorgos Ananiadis).   Trainer: P. Sasia

Goals: Platini (14 pen), Semertzidis (34), Larios (46), Lopez (54), Roussey (77)

THIRD ROUND

STANDARD LIÈGE v ZBROJOVKA BRNO 1-2 (1-0)

Stade Maurice Dufrasne 'Sclessin', Liège   28.11.1979

Referee: Bruno Galler (SWI)   Attendance: 30,000

STANDARD: Michel Preud'homme, Eric Gerets, Gérard Plessers, Philippe Garot (65 Willy Wellens), Michel Renquin, Christian Labarbe, Eddy Voordeckers, Helmut Graf, Ralf Edström (46 Luis Norton de Matos), Asgeir Sigurvinsson, Alfred Riedl.

ZBROJOVKA: Josef Hron, Josef Mazura, Rostislav Václavícek, Jaroslav Petrtyl, Karel Dvorák, Jindrich Svoboda, Libor Dosek, Petr Janecka, Karel Kroupa (86 Jan Kopenec), Karel Jarušek, Vítzeslav Kotásek (77 Stefan Horný).

Goals: Voordeckers (7), Svoboda (62), Dosek (84)

ARIS THESSALONIKI v AS ST. ETIENNE 3-3 (1-1)

Harilaou, Thessaloniki   12.12.1979

Referee: Erich Linemayr (AUS)   Attendance: 25,000

ARIS: Giorgos Pantziaras, Giannis Tzifopoulos (46 Theodoros Pallas), Giannis Venos, Giorgos Foiros, Kostas Mokalis, Dinos Ballis, Kostas Kouis, Ole Skouboe, Giorgos Zindros, Giorgos Semertzidis, Themistoklis Vaggis (65 Theodoros Zelilidis).   Trainer: P. Sasia

AS ST. ETIENNE: Yvan Curkovic; Gérard Janvion, Jacques Santini, Christian Lopez, Gérard Farison, Thierry Oleksiak, Jean Marie Elie, Michel Platini, Jacques Zimako, Jean-François Larios, Johnny Rep.   Trainer: Robert Herbin

Goals: Larios (8), Zindros (26), Zimako (64), Rep (80), Pallas (84 pen), Venos (87)

LOKOMOTIV SOFIA v DINAMO KIEV 1-0 (1-0)

Sofia 28.11.1979

Referee: Adolf Prokop (DDR)   Attendance: 5,000

LOKOMOTIV: Nikolai Donev, Nasko Jelev, Borislav Dimitrov, Georgi Bonev, Iordan Stoikov, Ventsislav Arsov, Georgi Stefanov, Nikola Spasov, Angel Kolev (81 Ivan Vasilev), Boicho Velichkov, Atanas Mihailov.   Trainer: Apostol Chachevski

DINAMO: Yuri Romenski, Anatoli Konkov, Vladimir Bessonov, Sergei Zhuravliev, Anatoli Demianenko, Vladimir Lozinski (89 Sergei Baltacha), Leonid Buriak, Vladimir Veremeev (66 Oleg Blohin), Aleksandr Khapsalis, Viktor Kolotov, Aleksandr Berezhnoi.   Trainer: Valeriy Lobanovskiy

Goal: Mihailov (39)

**VfB STUTTGART
v GRASSHOPPER-CLUB ZÜRICH 3-0** (2-0)

Neckarstadion, Stuttgart 12.12.1979

Referee: Jan Beck (HOL)   Attendance: 65,000

VfB: Uwe Greiner, Bernd Martin, Dragan Holcer, Bernd Förster, Markus Elmer, Roland Hattenberger, Erwin Hadewicz, Hans Müller (80 Rainer Rühle), Bernd Schmider, Walter Kelsch, Georg Volkert.   Trainer: Lothar Buchmann

GRASSHOPPER: Roger Berbig; Charly In-Albon, André Meyer, Francis Montandon (46 Herbert Hermann), Heinz Hermann, René Nafzger, Roger Wehrli, Raimondo Ponte, André Egli, Hansjörg Pfister, Claudio Sulser.
Trainer: Jürgen Sundermann

Goals: Müller (4), Martin (34), Kelsch (59)

DINAMO KIEV v LOKOMOTIV SOFIA 2-1 (2-0)

Republikanskiy, Kiev 12.12.1979

Referee: Károly Palotai (HUN)   Attendance: 18,000

DINAMO: Yuri Romenski, Anatoli Konkov, Vladimir Bessonov, Sergei Zhuravliev, Anatoli Demianenko, Vladimir Lozinski, Leonid Buriak (76 Pietr Slobodian), Aleksandr Khapsalis, Viktor Kolotov, Vladimir Veremeev (85 Sergei Baltacha), Oleg Blohin.   Trainer: Valeriy Lobanovskiy

LOKOMOTIV: Nikolai Donev, Nasko Jelev (31 Nako Doichev), Borislav Dimitrov, Georgi Bonev, Iordan Stoikov, Ventsislav Arsov, Nikola Spasov, Georgi Stefanov, Boicho Velichkov, Atanas Mihailov, Ivan Dangov (67 Ivan Vasilev).
Trainer: Apostol Chachevski

Goals: Blohin (40), Khapsalis (42), Spasov (75)

**EINTRACHT FRANKFURT am MAIN
v FEYENOORD ROTTERDAM 4-1** (2-0)

Waldstadion, Frankfurt am Main 28.11.1979

Referee: John Hunting (ENG)   Attendance: 40,000

EINTRACHT: Klaus Funk, Helmut Müller, Willi Neuberger, Karl-Heinz Körbel, Bruno Pezzey (78 Rigobert Gruber), Werner Lorant, Bernd Hölzenbein, Norbert Nachtweih, Bernd Nickel (35 Stefan Lottermann), Jürgen Grabowski, Bum Kun Cha.   Trainer: Friedel Rausch

FEYENOORD: Ton van Engelen, Benny Wijnstekers, Michel van de Korput, Ivan Nielsen, Jan van Deinsen, Wim Jansen, René Notten, Roger Albertsen (67 André Stafleu), Gerard van der Lem (75 Richard Budding), Jan Peters, Petur Petursson.
Trainer: Vaclav Jezek

Goals: Cha (20), Nickel (30), Müller (55), Lottermann (58), Stafleu (86)

**GRASSHOPPER-CLUB ZÜRICH
v VfB STUTTGART 0-2** (0-1)

Hardturm, Zürich 28.11.1979

Referee: Vojtech Christov (CZE)   Attendance: 30,000

GRASSHOPPER: Roger Berbig; André Meyer, René Nafzger, Francis Montandon, Heinz Hermann, Roger Wehrli, André Egli, Raimondo Ponte, Hansjörg Pfister, Claudio Sulser, Herbert Hermann (72 Peter Traber).
Trainer: Jürgen Sundermann

VfB: Uwe Greiner; Dragan Holcer, Bernd Förster, Bernd Martin, Karl Heinz Förster, Hermann Ohlicher, Roland Hattenberger (46 Erwin Hadewicz), Hans Müller, Walter Kelsch, Bernd Klotz (53 Bernd Schmider), Georg Volkert.
Trainer: Lothar Buchmann

Goals: Klotz (14), Hadewicz (78)

**FEYENOORD ROTTERDAM
v EINTRACHT FRANKFURT am MAIN 1-0** (0-0)

Feyenoord, Rotterdam 12.12.1979

Referee: Michel Vautrot (FRA)   Attendance: 63,000

FEYENOORD: Ton van Engelen, Benny Wijnstekers, Sjaak Troost (67 Gerard van der Lem), Ivan Nielsen, Jan van Deinsen, Wim Jansen, André Stafleu, René Notten (33 Roger Albertsen), Richard Budding, Jan Peters, Petur Petursson.
Trainer: Vaclav Jezek

EINTRACHT: Klaus Funk, Helmut Müller, Willi Neuberger, Karl-Heinz Körbel, Bruno Pezzey, Norbert Nachtweih, Bernd Hölzenbein (75 Wolfgang Trapp), Stefan Lottermann, Ronald Borchers (85 Harald Karger), Jürgen Grabowski, Bum Kun Cha.   Trainer: Friedel Rausch

Goal: Peters (89)

BAYERN MÜNCHEN
v CRVENA ZVEZDA BEOGRAD 2-0 (0-0)

Olympiastadion, München   28.11.1979

Referee: Paolo Casarin (ITA)   Attendance: 38,000

BAYERN: Walter Junghans, Wolfgang Dremmler, Udo Horsmann, Hans Weiner, Klaus Augenthaler, Paul Breitner, Kurt Niedermayer, Dieter Hoeneβ, Branko Oblak (46 Norbert Janzon), Bernd Dürnberger, Karl-Heinz Rummenigge. Trainer: Pal Csernai

CRVENA ZVEZDA: Aleksandar Stojanović, Zlatko Krmpotić, Milan Jovin, Slavoljub Muslin, Nikola Jovanović, Djordje Milovanović, Vladimir Petrović (59 Nedeljko Milosavljević), Cvijetin Blagojević, Zoran Filipović, Miloš Šestić, Srebrenko Repcić.

Goals: K.H. Rummenigge (51), Janzon (71)

1.FC KAISERSLAUTERN v DIÓSGYÖR 6-1 (0-0)

Betzenberg, Kaiserslautern   12.12.1979

Referee: Emilio Carlos Guruceta Muro (SPA)   Att: 17,000

1.FC KAISERSLAUTERN: Josef Stabel; Michael Scumacher, Hans-Günther Neues, Peter Schwarz, Jürgen Groh, Werner Melzer, Reiner Geye, Hans Bongartz (81 Wolfgang Wolf), Josef Pirrung, Benny Wendt (63 Jörn Kaminke), Axel Brummer. Trainer: Karl-Heinz Feldkamp

DIÓSGYÖR: György Veréb; Gábor Szántó (85 Borisz Teodoru I), József Salamon, László Kutasi, János Görgei (82 Miklós Szalai); Ferenc Oláh, Janosz Kerekes, György Tatár; Mihály Borostyán, Sándor Fükö, László Fekete.

Goals: Neues (47 pen), Melzer (52), Borostyán (54), Brummer (62), Kaminke (66), Bongartz (78), Stabel (90 pen)

CRVENA ZVEZDA BEOGRAD
v BAYERN MÜNCHEN 3-2 (2-0)

Crvena Zvezda, Beograd   12.12.1979

Referee: Hilmi Ok (TUR)   Attendance: 95,000

CRVENA ZVEZDA: Aleksandar Stojanović, Dragan Miletović, Milan Jovin, Slavoljub Muslin, Nikola Jovanović, Djordje Milovanović, Vladimir Petrović, Cvijetin Blagojević, Dušan Savić, Miloš Šestić (78 Zoran Filipović), Srebrenko Repcić.

BAYERN: Walter Junghans, Wolfgang Dremmler, Udo Horsmann, Hans Weiner, Klaus Augenthaler, Kurt Niedermayer, Bernd Dürnberger (46 Norbert Janzon), Paul Breitner, Dieter Hoeneβ, Wolfgang Kraus, Karl-Heinz Rummenigge.   Trainer: Pal Csernai

Goals: Savić (4), Petrović (42), Repcić (50), Hoeneβ (69, 73)

BORUSSIA MÖNCHENGLADBACH
v UNIVERSITATEA CRAIOVA 2-0 (1-0)

Bökelberg, Mönchengladbach   28.11.1979

Referee: John Syme (SCO)   Attendance: 23,000

BORUSSIA: Wolfgang Kneib; Frank Schäffer, Jürgen Fleer (86 Hans Klinkhammer), Wilfried Hannes, Norbert Ringels; Lothar Matthäus, Christian Kulik, Carsten Nielsen; Karl Del'Haye, Harald Nickel, Ewald Lienen. Trainer: Josef Heynckes

UNIVERSITATEA: Gabriel Boldici; Nicolae Negrilă, Nicolae Tilihoi, Costică Ştefănescu, Nicolae Ungureanu; Aurel Ţicleanu, Costică Donose, Ilie Balaci, Mircea Irimescu; Sorin Cîrţu (55 Zoltán Crişan), Rodion Cămătaru.

Goals: Nickel (10, 78)

DIÓSGYÖR VTK
v 1.FC KAISERSLAUTERN 0-2 (0-1)

Diósgyör   28.11.1979

Referee: Emanouil Platopoulos (GRE)   Attendance: 25,000

DIOSGYÖR: György Veréb; Gábor Szántó, József Salamon, Ottó Váradi (71 Borisz Teodoru I), László Kutasi; Ferenc Oláh, György Tatár, Sándor Fükö, János Görgei (71 Miklós Szalai); Mihály Borostyán, László Fekete.

1.FC KAISERSLAUTERN: Ronnie Hellström, Michael Scumacher, Hans-Günther Neues, Hans-Peter Briegel, Jürgen Groh; Werner Melzer, Hans Bongartz (85 Wolfgang Wolf), Reiner Geye, Johannes Riedl (81 Arno Wolf); Josef Pirrung, Benny Wendt.   Trainer: Karl-Heinz Feldkamp

Goals: Wendt (14), Bongartz (55)

UNIVERSITATEA CRAIOVA
v BORUSSIA MÖNCHENGLADBACH 1-0 (0-0)

Central, Craiova   12.12.1979

Referee: Marcel van Langenhove (BEL)   Attendance: 40,000

UNIVERSITATEA: Gabriel Boldici; Nicolae Negrilă, Nicolae Tilihoi, Costică Ştefănescu, Nicolae Ungureanu; Ilie Balaci, Aurel Ţicleanu, Costică Donose (62 Sorin Cîrţu); Zoltán Crişan, Rodion Cămătaru, Mircea Irimescu.

BORUSSIA: Wolfgang Kneib; Norbert Ringels, Frank Schäffer, Wilfried Hannes, Hans Klinkhammer; Lothar Matthäus, Carsten Nielsen (62 Winfried Schäfer), Christian Kulik; Karl Del'Haye, Harald Nickel, Ewald Lienen (80 Ralf Bördekel).   Trainer: Josef Heynckes

Goal: Irimescu (75)

QUARTER-FINALS

**1.FC KAISERSLAUTERN
v BAYERN MÜNCHEN 1-0** (0-0)
Betzenberg, Kaiserslautern   5.03.1980
Referee: Dušan Krchnak (CZE)   Attendance: 34,000
1.FC KAISERSLAUTERN: Ronnie Hellström, Werner Melzer, Hans-Peter Briegel, Michael Dusek, Johannes Riedl, Jürgen Groh, Hans Bongartz, Reiner Geye, Benny Wendt, Hans-Günther Neues, Axel Brummer (89 Reinhard Meier).
Trainer: Karl-Heinz Feldkamp
BAYERN: Manfred Müller, Hans Weiner, Wolfgang Kraus, Udo Horsmann, Kurt Niedermayer, Klaus Augenthaler, Bernd Dürnberger (77 Norbert Janzon), Paul Breitner, Branko Oblak, Karl-Heinz Rummenigge, Dieter Hoeneß.
Trainer: Pal Csernai
Goal: Brummer (57)

**BAYERN MÜNCHEN
v 1.FC KAISERSLAUTERN 4-1** (1-1)
Olympiastadion, München   19.03.1980
Referee: Nikola M. Dudin (BUL)   Attendance: 30,000
BAYERN: Walter Junghans, Hans Weiner, Klaus Augenthaler, Wolfgang Dremmler, Udo Horsmann, Bernd Dürnberger, Branko Oblak (46 Norbert Janzon), Dieter Hoeneß, Karl-Heinz Rummenigge, Wolfgang Kraus, Paul Breitner.
Trainer: Pal Csernai
1.FC KAISERSLAUTERN: Ronnie Hellström, Werner Melzer, Hans-Günther Neues, Hans-Peter Briegel, Reiner Geye, Hans Bongartz, Johannes Riedl, Benny Wendt, Axel Brummer, Michael Dusek, Jürgen Groh.   Trainer: Karl-Heinz Feldkamp
Goals: Wendt (12), Hoeneß (35, 82), Janzon (60), Breitner (73 pen)

**AS ST. ETIENNE
v BORUSSIA MÖNCHENGLADBACH 1-4** (0-4)
Geoffroy Guichard, St.Etienne   5.03.1980
Referee: Augusto Llamo Castillo (SPA)   Attendance: 42,000
AS ST. ETIENNE: Yvan Curkovic; Gérard Janvion, Thierry Oleksiak, Christian Lopez, Gérard Farison, Jacques Santini, Michel Platini, Jean Marie Elie, Dominique Rocheteau (46 Laurent Roussey), Jean-François Larios, Johnny Rep (46 Jacques Zimako).   Trainer: Robert Herbin
BORUSSIA: Wolfgang Kneib, Frank Schäffer, Lothar Matthäus, Wilfried Hannes, Norbert Ringels, Christian Kulik, Ralf Bödeker, Carsten Nielsen (53 Winfried Schäfer), Karl Del'Haye, Harald Nickel, Ewald Lienen (78 Steen Thychosen).
Trainer: Josef Heynckes
Goals: Nielsen (14, 22), Nickel (18), Lienen (38), Platini (56 pen)

**BORUSSIA MÖNCHENGLADBACH
v AS ST. ETIENNE 2-0** (2-0)
Bökelberg Mönchengladbach   19.03.1980
Referee: Nicolae Rainea (ROM)   Attendance: 30,000
BORUSSIA: Wolfgang Kneib, Norbert Ringels, Frank Schäffer, Wilfried Hannes, Ralf Bödeker (46 Carsten Nielsen), Lothar Matthäus, Christian Kulik, Winfried Schäfer, Steen Thychosen, Harald Nickel, Ewald Lienen (46 Karl Del'Haye).
Trainer: Josef Heynckes
AS ST. ETIENNE: Yvan Curkovic; Gérard Janvion, Christian Lopez, Jacques Santini, Gérard Farison, Jean-François Larios, Jean Marie Elie, Michel Platini, Dominique Rocheteau, Laurent Roussey, Johnny Rep.   Trainer: Robert Herbin
Goals: Thychosen (11), Hannes (15)

VfB STUTTGART v LOKOMOTIV SOFIA 3-1 (2-1)
Neckarstadion, Stuttgart   5.03.1980
Referee: Marijan Rauš (YUG)   Attendance: 38,000
VfB: Helmut Roleder, Bernd Martin, Roland Hattenberger, Karl Heinz Förster, Bernd Förster, Erwin Hadewicz (66 Markus Elmer), Hermann Ohlicher, Hans Müller, Walter Kelsch, Bernd Klotz, Georg Volkert.
Trainer: Lothar Buchmann
LOKOMOTIV: Rumiancho Goranov, Aleksandar Elenkov, Georgi Stefanov, Ventsislav Arsov, Georgi Bonev, Nako Doichev (86 Ivan Vasilev), Angel Kolev, Nikola Spasov, Boicho Velichkov, Atanas Mihailov, Ivan Dangov.
Trainer: Apostol Chachevski
Goals: Kolev (29), H. Müller (30), Volkert (35 pen, 76)

LOKOMOTIV SOFIA v VfB STUTTGART 0-1 (0-1)
Sofia   19.03.1980
Referee: Clive Thomas (WAL)   Attendance: 30,000
LOKOMOTIV: Rumiancho Goranov, Aleksandar Elenkov, Borislav Dimitrov, Nasko Jelev, Georgi Bonev, Ventsislav Arsov, Georgi Stefanov (46 Peichev), Nako Doichev, Angel Kolev, Traiko Sokolov (76 Ivan Vasilev), Ivan Dangov.
Trainer: Apostol Chachevski
VfB: Helmut Roleder, Bernd Martin, Dragan Holcer, Karl Heinz Förster, Bernd Förster, Markus Elmer (86 Klaus Jank), Roland Hattenberger (78 Bernd Klotz), Hans Müller, Walter Kelsch, Hermann Ohlicher, Bernd Schmider.
Trainer: Lothar Buchmann
Goal: Ohlicher (7)

EINTRACHT FRANKFURT am MAIN
v ZBROJOVKA BRNO 4-1 (2-1)

Waldstadion, Frankfurt am Main 5.03.1980

Referee: A.Farrell (EIRE)   Attendance: 30,000

EINTRACHT: Jürgen Pahl, Helmut Müller, Willi Neuberger, Karl-Heinz Körbel, Norbert Nachtweih, Bruno Pezzey, Werner Lorant, Bernd Nickel, Jürgen Grabowski, Ronald Borchers, Harald Karger.   Trainer: Friedel Rausch

ZBROJOVKA: Josef Hron (82 Eduard Dosek), Josef Mazura, Karel Dvorák, Rostislav Václavícek, Jaroslav Petrtyl, Jindrich Svoboda, Stefan Horný, Karel Jarušek, Václav Vojtek, Petr Janecka, Karel Kroupa.

Goals: Nachtweih (13), Horný (31), Lorant (44 pen), Nickel (51), Karger (72)

EINTRACHT FRANKFURT am MAIN
v BAYERN MÜNCHEN 5-1 (1-0, 2-0) (AET)

Waldstadion, Frankfurt am Main 22.04.1980

Referee: Brian McGinlay (SCO)   Attendance: 50,000

EINTRACHT: Jürgen Pahl, Willi Neuberger (83 Helmut Müller), Bruno Pezzey, Karl-Heinz Körbel, Horst Ehrmanntraut (83 Harald Karger), Werner Lorant, Norbert Nachtweih, Ronald Borchers, Bernd Nickel, Cha Bum Kun, Bernd Hölzenbein.   Trainer: Friedel Rausch

BAYERN: Walter Junghans, Wolfgang Dremmler, Hans Weiner, Udo Horsmann, Klaus Augenthaler, Kurt Niedermayer, Bernd Dürnberger (91 Norbert Janzon), Paul Breitner, Wolfgang Kraus (40 Branko Oblak), Karl-Heinz Rummenigge, Dieter Hoeneβ.   Trainer: Pal Csernai

Goals: Pezzey (31, 87), Karger (103, 107), Dremmler (105), Lorant (118 pen)

ZBROJOVKA BRNO
v EINTRACHT FRANKFURT am MAIN 3-2 (1-1)

Za Luzankami, Brno 19.03.1980

Referee: Ole Amundsen (DEN)   Attendance: 45,000

ZBROJOVKA: Josef Hron, Josef Mazura, Karel Dvorák (78 Václav Vojtek), Stefan Horný (78 Vítzeslav Kotásek), Jaroslav Petrtyl, Jindrich Svoboda, Libor Dosek, Karel Jarušek, Petr Janecka, Karel Kroupa, Jan Kopenec.

EINTRACHT: Klaus Funk, Helmut Müller, Bruno Pezzey, Karl-Heinz Körbel, Werner Lorant, Willi Neuberger, Bernd Nickel, Ronald Borchers, Norbert Nachtweih, Harald Karger (77 Stefan Lottermann) Cha Bum Kun (86 Horst Ehrmanntraut).   Trainer: Friedel Rausch

Goals: Horný (10), Karger (18), Neuberger (77), Kotásek (89), Kopenec (90)

VfB STUTTGART
v BORUSSIA MÖNCHENGLADBACH 2-1 (0-0)

Neckarstadion, Stuttgart 9.04.1980

Referee: George Courtney (ENG)   Attendance: 42,000

VfB: Helmut Roleder, Bernd Martin (87 Rainer Rühle), Dragan Holcer, Bernd Förster, Markus Elmer, Roland Hattenberger, Walter Kelsch, Hans Müller, Bernd Schmider (65 Bernd Klotz), Hermann Ohlicher, Georg Volkert.   Trainer: Lothar Buchmann

BORUSSIA: Wolfgang Kneib, Jürgen Fleer, Frank Schäffer, Wilfried Hannes, Ralf Bödeker, Lothar Matthäus, Winfried Schäfer, Carsten Nielsen (82 Hans Klinkhammer), Karl Del'Haye, Harald Nickel, Ewald Lienen (73 Christian Kulik).   Trainer: Josef Heynckes

Goals: Nickel (74), Ohlicher (87), Volkert (90 pen)

SEMI-FINALS

BAYERN MÜNCHEN
v EINTRACHT FRANKFURT am MAIN 2-0 (0-0)

Olympiastadion, München 9.04.1980

Referee: László Padar (HUN)   Attendance: 14,000

BAYERN: Walter Junghans, Wolfgang Dremmler, Hans Weiner, Klaus Augenthaler, Udo Horsmann, Wolfgang Kraus (46 Kurt Niedermayer), Bernd Dürnberger, Paul Breitner, Branko Oblak (46 Norbert Janzon), Dieter Hoeneβ, Karl-Heinz Rummenigge.   Trainer: Pal Csernai

EINTRACHT: Klaus Funk, Helmut Müller, Bruno Pezzey, Karl-Heinz Körbel, Willi Neuberger, Bernd Hölzenbein, Werner Lorant, Ronald Borchers, Cha Bum Kun, Harald Karger, Norbert Nachtweih.   Trainer: Friedel Rausch

Goals: Hoeneβ (50), Breitner (76 pen)

BORUSSIA MÖNCHENGLADBACH
v VfB STUTTGART 2-0 (1-0)

Bökelberg Mönchengladbach 22.04.1980

Referee: Erik Fredriksson (SWE)   Attendance: 22,000

BORUSSIA: Wolfgang Kneib, Jürgen Fleer, Ralf Bödeker, Winfried Schäfer, Norbert Ringels, Lothar Matthäus, Christian Kulik (78 Frank Schäffer), Carsten Nielsen (85 Hans Klinkhammer), Karl Del'Haye, Harald Nickel, Ewald Lienen.   Trainer: Josef Heynckes

VfB: Helmut Roleder, Bernd Martin, Dragan Holcer, Karl Heinz Förster, Markus Elmer (5 Bernd Klotz), Bernd Förster, Roland Hattenberger, Hermann Ohlicher, Hans Müller, Walter Kelsch, Bernd Schmider (46 Klaus Jank).   Trainer: Lothar Buchmann

Goals: Matthäus (23), Schäfer (68)

FINAL

**BORUSSIA MÖNCHENGLADBACH
v EINTRACHT FRANKFURT am MAIN 3-2** (1-1)
Bökelberg, Mönchengladbach 7.05.1980
Referee: Emilio Carlos Guruceta Muro (SPA)   Att: 25,000
BORUSSIA: Wolfgang Kneib, Wilfried Hannes, Winfried Schäfer, Norbert Ringels, Lothar Matthäus, Frank Schäffer, Christian Kulik, Carsten Nielsen (86 Steen Thychosen), Karl Del Haye (72 Ralf Bödeker), Harald Nickel, Ewald Lienen. Trainer: Josef Heynckes
EINTRACHT: Jürgen Pahl, Bruno Pezzey, Horst Ehrmanntraut, Karl-Heinz Körbel, Willi Neuberger, Werner Lorant, Harald Karger (81 Wolfgang Trapp), Bernd Nickel, Ronald Borchers, Bernd Hölzenbein (79 Norbert Nachtweih), Bum Kun Cha. Trainer: Friedel Rausch
Goals: Karger (37), Kulik (45, 88), Hölzenbein (71), Matthäus (77)

**EINTRACHT FRANKFURT am MAIN
v BORUSSIA MÖNCHENGLADBACH 1-0** (0-0)
Waldstadion, Frankfurt am Main 21.05.1980
Referee: Alexis Ponnet (BEL)   Attendance: 59,000
EINTRACHT: Jürgen Pahl, Bruno Pezzey, Horst Ehrmanntraut, Karl-Heinz Körbel, Willi Neuberger, Werner Lorant, Bernd Hölzenbein, Ronald Borchers, Bernd Nickel, Bum Kun Cha, Norbert Nachtweih (77 Fred Schaub). Trainer: Friedel Rausch
BORUSSIA: Wolfgang Kneib, Wilfried Hannes, Ralf Bödeker, Winfried Schäfer, Norbert Ringels, Lothar Matthäus (86 Steen Thychosen), Jürgen Fleer, Christian Kulik, Carsten Nielsen (68 Karl Del Haye), Harald Nickel, Ewald Lienen. Trainer: Josef Heynckes
Goal: Schaub (81)

UEFA Cup Top Scorers 1979-80:

7 goals: Harald Nickel (Borussia Mönchengladbach), Dieter Hoeness (Bayern München)
6 goals: Atanas Mihailov (Lokomotiv Sofia)
5 goals: Michel Platini, Johnny Rep (AS Saint-Etienne), Karl-Heinz Rummenigge (Bayern München), Harald Karger (Eintracht Frankfurt)

UEFA CUP 1980-81

FIRST ROUND

**SLIEMA WANDERERS
v FC BARCELONA 0-2** (0-1)
Gzira stadium 16.09.1980
Referee: Riccardo Lattanzi (ITA)   Attendance: 12,000
SLIEMA WANDERERS: Charles Sciberras, Oliver Losco, David Buckingham, Mario Schembri, Gennaro Camilleri, Joseph John Aquilina, Emanuel Fabri, Chris Vella, David Azzopardi (85 John Mary Caruana), Eric Schembri, Steven Pandolfino (68 Tony Tabone). Trainer: Eduard Aquilina
FC BARCELONA: Pedro María ARTOLA Urrutia, Juan José ESTELLA Salas, José Cano "CANITO", Antonio OLMO Ramírez, Francisco MARTÍNEZ Díaz, José Vicente SÁNCHEZ Felip (72 Julio PEDRAZA), Carlos REXACH Cerdá, Jesús LANDÁBURU Sahuquillo, Andrés RAMÍREZ Gandullo, ESTEBAN Vigo Benítez, Francisco José CARRASCO Hidalgo (78 José Manuel Martínez Toral 'MANOLO').
Goals: Canito (26), Landáburu (50)

**FC BARCELONA
v SLIEMA WANDERERS 1-0** (1-0)
Camp Nou, Barcelona 1.10.1980
Referee: Viriato Graça Oliva (POR)   Attendance: 25,000
FC BARCELONA: Pedro María ARTOLA Urrutia, Juan José ESTELLA Salas, Antonio OLMO Ramírez, José Cano "CANITO", Rafael Ignacio ZUVIRÍA Rodríguez (30 CASAS), Jesús LANDÁBURU Sahuquillo, Carlos REXACH Cerdá, Francisco MARTÍNEZ Díaz, Andrés RAMÍREZ Gandullo, ESTEBAN Vigo Benítez, Francisco José CARRASCO Hidalgo. Trainer: Ladislav Kubala
SLIEMA WANDERERS: Charles Sciberras, Lawrence Borg, Oliver Losco, Mario Schembri, Gennaro Camilleri, David Buckingham, Emanuel Fabri, John Caruana (71 Chris Vella), David Azzopardi, Joseph John Aquilina, Eric Schembri (59 Joseph Bajada). Trainer: Eduard Aquilina
Goal: Rexach (28 pen)

ÍA AKRANES v 1.FC KÖLN 0-4 (0-0)
Laugardalsvöllur, Reykjavík 16.09.1980
Referee: James Haughley (NIR)   Attendance: 3,000
ÍA AKRANES: Bjarni Sigurdsson, Sigurdur Haldórsson, Gudjón Thordarson, Jón Gunnlaugsson, Jón Askelsson, Julius Petur Ingólfsson, Kristján Olgeirsson, Björn H. Björnsson, Gudbjörn Tryggvason (.. Astvaldur Jóhansson), Sigthór Omarsson, Arni Sveinsson (.. Helgasson).
1.FC KÖLN: Harald Schumacher, Dieter Prestin, Roland Gerber, Gerd Strack, Thomas Kroth, Rainer Bonhof (38 Bernd Cullmann), René Botteron, Anthony Woodcock, Stephan Engels, Pierre Littbarski, Dieter Müller. Trainer: Karl-Heinz Heddergott
Goals: Kroth (50), Littbarski (59), D. Müller (77), Strack (80)

1.FC KÖLN v ÍA AKRANES 6-0 (2-0)

Müngersdorfer Stadion, Köln   1.10.1980

Referee: Torben Mansson (DEN)   Attendance: 1,500

1.FC KÖLN: Harald Schumacher, Dieter Prestin, Roland Gerber, Gerd Strack (21 Yasuhiko Okudera), Holger Willmer, Thomas Kroth, René Botteron, Anthony Woodcock, Pierre Littbarski, Dieter Müller, Stephan Engels.
Trainer: Karl-Heinz Heddergott

ÍA AKRANES: Bjarni Sigurdsson, Gudjón Thordarson, Sigurdur Haldórsson, Sigurdur Lárusson, Sigurdur Hardarsson (58 Astvaldur Jóhansson), Julius Petur Ingólfsson (74 Gudbjörn Tryggvason), Kristján Olgeirsson, Björn H. Bjornsson, Jón Askelsson, Sigthór Omarsson, Arni Sveinsson.

Goals: Engels (27), D. Müller (34, 74, 83, 86), Okudera (90)

ÚJPESTI DÓZSA BUDAPEST
v REAL SOCIEDAD SAN SEBASTIÁN 1-1 (0-0)

Megyeri út, Budapest   16.09.1980

Referee: Erkan Göksel (TUR)   Attendance: 12,000

ÚJPESTI DOZSA: Adám Rothermel; Tamás Viczkó, József Kovács, József Kardos, Mátyás Jurácsik; Endre Kolár (80 Sándor Kiss), Ede Dunai, András Tóth; Attila Herédi (46 László Nagy), András Törocsik, László Fekete.
Trainer: Pál Várhidi

REAL SOCIEDAD: Luis Miguel ARCONADA Echarre, Genaro CELAYETA San Sebastián, Agustín GAJATE Vidriales, Ignacio CORTABARRÍA Abarrategui, Julio OLAIZOLA; José DIEGO Álvarez Álvarez, Miguel Ángel "PERICO" ALONSO Oyarbide, Jesús María ZAMORA Ansorena; Santiago IDÍGORAS Bilbao (90 Alberto GÓRRIZ Echarte), Jesús María SATRÚSTEGUI Aspiroz, Pedro Jesús URALDE Hernáez (56 Roberto LÓPEZ UFARTE).
Trainer: Luis Alberto ORMAECHEA

Goals: Kardos (68), Alonso (77)

REAL SOCIEDAD SAN SEBASTIÁN
v ÚJPESTI DÓZSA BUDAPEST 1-0 (0-0)

Estadio San Mamés, Bilbao   1.10.1980

Referee: Roger Schoeters (BEL)   Attendance: 25,421

REAL SOCIEDAD: Luis Miguel ARCONADA Echarre, Genaro CELAYETA San Sebastián, Alberto GÓRRIZ Echarte, Ignacio CORTABARRÍA Abarrategui, Julio OLAIZOLA; José DIEGO Álvarez Álvarez, Miguel Ángel "PERICO" ALONSO Oyarbide, Jesús María ZAMORA Ansorena; Santiago IDÍGORAS Bilbao (50 Roberto LÓPEZ UFARTE), Jesús María SATRÚSTEGUI Aspiroz, Pedro Jesús URALDE Hernáez (33 Eliseo MURILLO Vega).
Trainer: Luis Alberto ORMAECHEA

ÚJPESTI DÓZSA: Adám Rothermel; Tamás Viczkó (57 Endre Kolár), József Kovács, József Kardos, Mátyás Jurácsik; Ede Dunai, Béla Kovács (46 László Nagy), József Tóth; András Törocsik, András Tóth, László Fekete.   Trainer: Pál Várhidi

Goal: Satrústegui (89)

VfB STUTTGART
v PEZOPORIKOS LARNACA 6-0 (3-0)

Neckarstadion, Stuttgart   17.09.1980

Referee: Richard Casha (MAL)   Attendance: 13,500

VfB: Helmut Roleder, Bernd Martin, Roland Hattenberger, Karl-Heinz Förster, Günther Schäfer, Bernd Förster, Hermann Ohlicher, Karl Allgöwer, Walter Kelsch, Bernd Klotz, Bernd Schmider.   Trainer: Jürgen Sundermann

PEZOPORIKOS: Mihalis Kyriakides, Marios Erotokritou, Kallis Konstantinou, Lefteris Kouis, Andreas Pastellidis, Kypros Damianou, Lakis Gavriel, Antonis Antoniadis, Petros Theophanous (46 Pavlos Kounnas), Giorgos Kasparis, Theofanis Theofanous.

Goals: Klotz (10, 11, 86), Kelsch (25), Allgöwer (49, 68)

PEZOPORIKOS LARNACA
v VfB STUTTGART 1-4 (0-3)

Larnaca   24.09.1980

Referee: Damir Matovinović (YUG)   Attendance: 6,000

PEZOPORIKOS: Mihalis Kyriakides, Marios Erotokritou, Kallis Konstantinou, Lefteris Kouis, Andreas Pastellidis, Kypros Damianou, Lakis Gavriel (29 Lakis Lambrou), Antonis Antoniadis, Giorgos Kasparis (62 Pavlos Kounnas), Petros Theofanous, Theofanis Theofanous.

VfB: Uwe Greiner, Bernd Martin, Dragan Holcer, Karl-Heinz Förster, Bernd Förster, Karl Allgöwer (46 Erwin Hadewicz), Hermann Ohlicher, Hans-Peter Müller, Walter Kelsch (46 Bernd Schmider), Bernd Klotz, Ilyas Tüfekci.
Trainer: Jürgen Sundermann

Goals: Tüfekci (13, 71), Klotz (16), Allgöwer (36), P. Theofanous (69)

AZ 67 ALKMAAR
v RED BOYS DIFFERDANGE 6-0 (3-0)

Alkmaarderhout, Alkmaar   17.09.1980

Referee: Roger Verhaeghe (BEL)   Attendance: 6,000

AZ 67: Eddy Treytel, Richard van der Meer, John Metgod (.. Ronald Weijsters), Ronald Spelbos, Hugo Hovenkamp, Peter Arntz, Jan Peters, Kristen Nygaard, Jos Jonker (.. Chris van den Dungen), Kurt Welzl, Kees Tol.   Trainer: Georg Kessler

RED BOYS: Alain Valli, Marcel Barthel, Pascal Burger, Francis Kremer, Nico Wagner, (46 Jean-Marc Schmit), Gianni Baldinucci, René Müller, Romain Schreiner, Marcel Di Domenico (78 Arthur Schmitz), William Bianchini, Gilbert Hotton.

Goals: Hotton (29 og), Nygaard (36), Peters (44, 47), Welzl (57), Tol (85)

RED BOYS DIFFERDANGE
v AZ 67 ALKMAAR 0-4 (0-2)

Stade Municipal, Differdange   30.09.1980

Referee: Marcel Bacou (FRA)   Attendance: 1,500

RED BOYS: Alain Valli, Jean-Marc Schmit, Pascal Burger, Francis Kremer, Gilbert Hotton, Romain Schreiner, Baldimiri, Nico Wagner, René Müller, William Bianchini, Marcel Di Domenico.

AZ 67: Eddy Treytel, Peter Arntz, John Metgod, Ronald Spelbos, Hugo Hovenkamp (.. Hans Reijnders), Jan Peters, Kristen Nygaard, Jos Jonker (.. Richard van der Meer), Kurt Welzl, Kees Kist, Kees Tol.   Trainer: Georg Kessler

Goals: Kist (15, 40 pen, 46), Welzl (55)

PSV EINDHOVEN
v WOVERHAMPTON WANDERERS 3-1 (1-0)

Philips sportpark, Eindhoven   17.09.1980

Referee: Siegfried Kirschen (DDR)   Attendance: 29,000

PSV: Pim Doesburg, Piet Wildschut, Willy van de Kerkhof, Huub Stevens, Ernie Brandts, Adri van Kraay, Willy Van der Kuylen (78 Willy Janssen), Michel Valke, Jung Moo Huh, Adrie Koster, Teddy Maybank.   Trainer: Thijs Libregts

WOLVERHAMPTON: Paul Bradshaw, Geoffrey Palmer, Derek Parkin (46 Colin Brazier), David Thomas, Emlyn Hughes, George Berry, Rafael Villazan, William Carr, Andrew Gray, John Richards (78 Wayne Clarke), Melvyn Eves.   Manager: John Barnwell

Goals: Brandts (33), Gray (46), Van Kraay (66), Van der Kuylen (76 pen)

FC TWENTE ENSCHEDE
v IFK GÖTEBORG 5-1 (2-0)

Diekman, Enschede   17.09.1980

Referee: Paolo Bergamo (ITA)   Attendance: 15,000

FC TWENTE: André van Gerven, Martin Jol, Ab Gritter, Tjalling Dilling, Romeo Zondervan, Aad Kila, Heini Otto, Jaap Bos, Manuel Sánchez Torres, Ferdi Rohde, Hallvar Thoresen.   Trainer: Hennie Hollink

IFK: Thorsteinn Ólafsson, Ruben Svensson, Conny Karlsson, Glenn Hysén, Reine Olausson, Glenn Strömberg, Tord Holmgren, Jerry Karlsson, Tommy Holmgren (.. Joakim Wendt), Torbjörn Nilsson, Dan Corneliusson.

Goals: Bos (21), Rohde (39), Kila (53, 89), Nilsson (58), Jol (79)

WOLVERHAMPTON WANDERERS
v PSV EINDHOVEN 1-0 (0-0)

Molineux, Wolverhampton   1.10.1980

Referee: Franz Wöhrer (AUS)   Attendance: 20,176

WOLVERHAMPTON: Paul Bradshaw, Geoffrey Palmer, Derek Parkin, Peter Daniel, Emlyn Hughes, Kenneth Hibbitt (68 Colin Brazier), Rafael Villazan, William Carr (68 Hugh Atkinson), Andrew Gray, John Richards, Melvyn Eves.   Manager: John Barnwell

PSV: Pim Doesburg, Piet Wildschut, Willy van de Kerkhof, Huub Stevens, Ernie Brandts, Adri van Kraay, Willy Van der Kuylen (68 Jung Moo Huh), Michel Valke, Jan Poortvliet, Adrie Koster, Paul Postuma.   Trainer: Thijs Libregts

Goal: Eves (53)

IFK GÖTEBORG
v FC TWENTE ENSCHEDE 2-0 (1-0)

Nya Ullevi, Göteborg   1.10.1980

Referee: Valeri Butenko (USSR)   Attendance: 3,779

IFK: Thorsteinn Ólafsson, Conny Karlsson, Glenn Hysén, Reine Olausson, Glenn Strömberg, Tord Holmgren, Jerry Carlsson, Tommy Holmgren, Ruben Svensson (35 Glenn Schiller, .. Joakim Wendt), Torbjörn Nilsson, Dan Corneliusson.

FC TWENTE: André van Gerven, Martin Jol, Ab Gritter, Tjalling Dilling, Romeo Zondervan, Aad Kila, Heini Otto, Jaap Bos, Manuel Sánchez Torres (.. Marcel Mentink), Ferdi Rohde, Hallvar Thoresen.   Trainer: Hennie Hollink

Goals: Nilsson (1, 68)

FC ARGEŞ PITEŞTI v FC UTRECHT 0-0

1 Mai, Piteşti   17.09.1980

Referee: Heinz Fahnler (AUS)   Attendance: 14,000

FC ARGEŞ: Daniel Ariciu; Mihai Zamfir, Constantin Stancu, Constantin Pană, Dan Tulpan; Stelian Badea, Constantin Ignat, Nicolae Kallo; Petre Nica (60 Dumitru Băluţă), Marin Radu II, Viorel Moiceanu (67 Dumitru Sigmirean).   Trainers: Florin Halagian & I. Dinuţ

FC UTRECHT: Hans Van Breukelen; Ton Du Chatinier, Joop Wildbret, Henk Van der Vlag, Wim Flight; Gerard Tervoort, Ton De Kruyk, Frans Adelaar, Gerard Van der Lem, Ben Rietveld (80 Jan Van Staa), Willy Carbo.   Trainer: Van Berger

FC UTRECHT v FC ARGEŞ PITEŞTI 2-0 (0-0)
Stadion Galgenwaard, Utrecht   1.10.1980

Referee: John Carpenter (EIRE)   Attendance: 10,000

FC UTRECHT: Hans Van Breukelen; Ton Du Chatinier, Joop Wildbret, Henk Van der Vlag, Wim Flight, Gerard Tervoort (.. Jan Van Staa), Ton De Kruyk, Wim Van Hanegem, Frans Adelaar, Gerard Van der Lem (84 Willy Carbo), Ben Rietveld. Trainer: Van Berger

FC ARGEŞ: Cristian Gheorghe; Marin Zamfir, Constantin Cîrstea, Constantin Stancu, Dan Tulpan; Ilie Bărbulescu, Dumitru Sigmirean (50 Viorel Moiceanu), Constantin Ignat (53 Stelian Badea), Nicolae Kallo; Marin Radu, Dumitru Băluţă.   Trainer: Florin Halagian

Goals: Van der Lem (60), Carbo (85)

KSC LOKEREN v DINAMO MOSKVA 1-1 (0-1)
Daknamstadion, Lokeren   17.09.1980

Referee: Daniel Lambert (FRA)   Attendance: 18,000

LOKEREN: Bob Hoogenboom, Roland Ingels, Eddy Snelders, Marc Verbruggen, Maurits de Schrijver, Preben Elkjaer-Larsen, René Verheyen, Ronald Somers, Wlodzimierz Lubanski (82 Rik van Cauter), Raymond Mommens, Grzegorz Lato.   Trainer: Urbain Haesaert

DINAMO: Vladimir Pilgui, Aleksandr Novikov, Aleksandr Bubnov, Sergei Nikulin, Nikolai Tolstikh, Aleksandr Minaev, Aleksandr Maksimenkov, Valeri Matiunin (85 Sergei Moiseev), Aleksei Petruschin, Yuri Reznik, Valeri Gazzaev.

Goals: V. Gazzaev (34), Verheyen (85 pen)

**STANDARD LIÈGE
v STEAUA BUCUREŞTI 1-1** (1-0)
Stade Maurice Dufrasne 'Sclessin', Liège   17.09.1980

Referee: Victoriano Sánchez Arminio (SPA)   Att: 23,500

STANDARD: Michel Preud'homme; Eric Gerets, Jos Daerden, Gérard Plessers, Michel Renquin, Guy Vandersmissen, Helmut Graf, Ásgeir Sigurvinsson; Ralf Edström, Eddy Voordeckers (25 Luis Norton de Matos), Simon Tahamata. Trainers: Ernst Happel & Mathieu Bollen

STEAUA: Vasile Iordache; Teodor Anghelini, Florin Marin, Ştefan Sameş, Ion Niţu; Vasile Aelenei, Gabriel Zahiu, Anghel Iordănescu (84 Doru Andreicuţ), Viorel Jurcă; Marcel Răducanu, Adrian Ionescu.
Trainers: Gheorghe Constantin & Vasile Zavoda

Goals: Daerden (27), Răducanu (90)

DINAMO MOSKVA v KSC LOKEREN 0-1 (0-0)
Moskva   1.10.1980

Referee: Jan Redelfs (WG)   Attendance: 11,000

DINAMO: Vladimir Pilgui, Aleksandr Novikov, Sergei Nikulin, Nikolai Tolstikh, Aleksandr Bubnov, Aleksei Petruschin, Nikolai Latisch, Aleksandr Minaev, Aleksandr Maksimenkov, Valeri Matiunin, Yuri Reznik (56 Nikolai Kolesov, 84 Yuri Gazzaev).

LOKEREN: Bob Hoogenboom, Roland Ingels (46 Robert Dalving), Eddy Snelders, Marc Verbruggen, Maurits de Schrijver, Preben Elkjaer-Larsen, René Verheyen, Ronald Somers, Grzegorz Lato (80 Rik van Cauter), Raymond Mommens, Arnór Guðjohnsen.   Trainer: Urbain Haesaert

Goal: Verheyen (90)

**STEAUA BUCUREŞTI
v STANDARD LIÈGE 1-2** (1-0)
Steaua, Bucureşti   1.10.1980

Referee: Bruno Galler (SWI)   Attendance: 20,000

STEAUA: Vasile Iordache; Teodor Anghelini, Florin Marin, Ştefan Sameş, Ion Niţu; Vasile Aelenei, Gabriel Zahiu, Anghel Iordănescu, Viorel Jurcă; Marcel Răducanu, Adrian Ionescu.   Trainer: Gheorghe Constantin

STANDARD: Michel Preud'homme; Eric Gerets, Jos Daerden (37 Theo Poel), Michel Renquin, Gérard Plessers; Erhan Önal (72 Guy Vandersmissen), Helmut Graf, Ásgeir Sigurvinsson; Eddy Voordeckers, Ralf Edström, Simon Tahamata.   Trainer: Ernst Happel

Sent off: Poel (45)

Goals: Răducanu (37), Voordeckers (51), Edström (81)

**1.FC KAISERSLAUTERN
v ANDERLECHT BRUSSEL 1-0** (1-0)
Betzenberg, Kaiserslautern   17.09.1980

Referee: Vojtěch Christov (CZE)   Attendance: 28,000

1.FC KAISERSLAUTERN: Ronnie Hellström, Michael Dusek, Hans-Peter Briegel, Hans-Günther Neues, Werner Melzer; Johannes Riedl (74 Reinhard Meier), Lutz Eigendorf, Hans Bongartz; Reiner Geye, Friedhelm Funkel, Josef Pirrung (83 Axel Brummer).   Trainer: Karlheinz Feldkamp

ANDERLECHT: Jacky Munaron; Morten Olsen, Hugo Broos, John Dusbaba, Michel de Groote; Arie Haan, Luka Peruzović (49 Raymond Jaspers), Ludo Coeck; Benny Nielsen, Kenneth Brylle-Larsen (79 Ronny Martens), Frank Vercauteren. Trainer: Tomislav Ivić

Goal: F. Funkel (19)

ANDERLECHT BRUSSEL
v 1.FC KAISERSLAUTERN 3-2 (1-1)

Stade Emile Versé, Brussel   1.10.1980

Referee: Brian McGinlay (SCO)   Attendance: 33,000

ANDERLECHT: Jacky Munaron, Hugo Broos, Luka Peruzović, John Dusbaba, Michel de Groote, Frank Vercauteren, Morten Olsen, Arie Haan, Ludo Coeck, Benny Nielsen, Kenneth Brylle-Larsen.   Trainer: Tomislav Ivić

1.FC KAISERSLAUTERN: Ronnie Hellström, Lutz Eigendorf, Hans-Günther Neues, Hans-Peter Briegel, Michael Dusek, Reinhard Meier, Johannes Riedl (72 Erhard Hofeditz), Josef Pirrung, Hans Bongartz (14 Friedhelm Funkel), Reiner Geye, Benny Wendt.   Trainer: Karlheinz Feldkamp

Goals: Geye (20), Nielsen (42, 47, 65 pen), Wendt (64)

JUVENTUS TORINO
v PANATHINAIKOS ATHINA 4-0 (4-0)

Stadio Comunale, Torino   17.09.1980

Referee: Walter Eschweiller (WG)   Attendance: 56,000

JUVENTUS: Dino Zoff, Antonello Cuccureddu, Antonio Cabrini, Giuseppe Furino, Claudio Gentile, Gaetano Scirea, Franco Causio, Vinicio Verza, Roberto Bettega, William Brady (59 Claudio Prandelli), Pietro Fanna.
Trainer: Giovanni Trapattoni

PANATHINAIKOS: Vasilis Konstantinou, Hristos Ziakos, Nikos Karoulias, Spiros Livathinos, Anthimos Kapsis, Nikos Kovis, Hristos Terzanidis, Lakis Katsiakos (66 Luis Andreuchi), Antonis Antoniadis (62 Alvaro Bistakis), Giorgos Delikaris, Doru Nicolae.   Trainer: Roni Allen

Goals: Scirea (4), Verza (16), Bettega (37), Cabrini (42 pen)

RWD MOLENBEEK v AC TORINO 1-2 (1-0)

Stade Edmond Machtens, Brussel   17.09.1980

Referee: Patrick Partridge (ENG)   Attendance: 12,500

RWD: Jan Ruiter, Dirk De Vriese, Maurice Martens, Eddy De Bolle, Michel de Wolf, René Desaeyere, Guy Dardenne (81 Alain Cneudt), Jan Boskamp, Nico Jansen, Freddy Luyckx, Robbie De Kip.   Trainer: Borremans

AC TORINO: Giuliano Terraneo, Domenico Volpati, Agatino Cuttone, Patrizio Sala, Luigi Danova, Roberto Salvadori, Vincenzo d'Amico, Eraldo Pecci, Francesco Graziani, Claudio Sclosa, Pietro Mariani.   Trainer: Rabitti

Goals: de Wolf (42), Mariani (61), Graziani (68)

PANATHINAIKOS ATHINA
v JUVENTUS TORINO 4-2 (2-1)

PAO, Athina   1.10.1980

Referee: Charles Corver (HOL)   Attendance: 25,000

PANATHINAIKOS: Vasilis Konstantinou, Hristos Ziakos, Nestoras Argyropoulos, Spiros Livathinos, Petros Banasas, Nikos Kovis, Doru Nicolae, Katsiakos (26 Kostas Antoniou), Luis Andreuchi, Alvaro Bistakis (60 Giorgos Delikaris), Juan Ramon Rocha.   Trainer: Roni Allen

JUVENTUS: Dino Zoff, Antonello Cuccureddu, Carlo Osti, Giuseppe Furino, Claudio Gentile, Gaetano Scirea, Franco Causio (66 Vinicio Verza), Marco Tardelli, Roberto Bettega, William Brady, Pietro Fanna (83 Claudio Prandelli).
Trainer: Giovanni Trapattoni

Goals: Gentile (31 og), Andreuchi (35), Bettega (37), Livathinos (68), Fanna (76), Delikaris (87)

AC TORINO
v RWD MOLENBEEK 2-2 (1-0, 1-2) (AET)

Stadio Comunale, Torino   1.10.1980

Referee: Erich Linemayr (AUS)   Attendance: 35,000

AC TORINO: Giuliano Terraneo, Domenico Volpati, Agatino Cuttone, Patrizio Sala, Luigi Danova, Michel van de Korput, Vincenzo d'Amico, Eraldo Pecci (87 Claudio Sclosa), Francesco Graziani, Renato Zaccarelli, Pietro Mariani.
Trainer: Rabitti

RWD: Jan Ruiter, Dirk De Vriese, Maurice Martens, Eddy De Bolle, Michel de Wolf, René Desaeyere, Freddy Luyckx, Jan Boskamp, Sead Susić, Guy Dardenne (78 Nico Jansen), Robbie De Kip.   Trainer: Borremans

Goals: D'Amico (2), Graziani (91), De Bolle (69), Van de Korput (80 og)

HAMBURGER SV v NK SARAJEVO 4-2 (3-1)

Volksparkstadion, Hamburg   17.09.1980

Referee: Clive Thomas (WAL)   Attendance: 15,000

HAMBURGER SV: Ulrich Stein, Manfred Kaltz, Jürgen Groh, Ivan Buljan, Holger Hieronymus (72 Jürgen Milewski), Ditmar Jakobs, Willi Reimann, Caspar Memering, Horst Hrubesch, Felix Magath, Werner Dressel (80 William Hartwig).
Trainer: Branko Zebec

NK SARAJEVO: Janjus, Ferid Radeljas, Zoran Lukić, Nenad Vidaković, Ante Rajkovic, Nijaz Ferhatović, Safet Susić, Hadziabdić, Senad Merdanovic (59 Nihad Milak), Mirza Kapetanović, Predrag Pasić.

Goals: Susić (18, 74), Kaltz (32 pen), Hrubesch (42, 44), Hartwig (89)

NK SARAJEVO v HAMBURGER SV 3-3 (2-1)

Koševo, Sarajevo   1.10.1980

Referee: Paolo Casarin (ITA)   Attendance: 55,000

NK SARAJEVO: Janjus, Dragan Bozović, Zoran Lukić, Nenad Vidaković, Ante Rajković, Nijaz Ferhatović, Safet Susić, Mehmed Janjos (70 Slavisa Slavisa Vukicević), Senad Merdanović (59 Besović), Mirza Kapetanović, Predrag Pasić

HAMBURGER SV: Heinz-Josef Koitka, Manfred Kaltz, Jürgen Groh, Ditmar Jakobs, Holger Hieronymus, William Hartwig, Willi Reimann, Caspar Memering, Horst Hrubesch, Felix Magath, Werner Dressel.   Trainer: Branko Zebec

Goals: Lukić (24), Pasić (43, 78), Hrubesch (26, 59, 88)

DINAMO KIEV v LEVSKI SPARTAK SOFIA 1-1 (1-1)

Republikanskiy, Kiev   17.09.1980

Referee: Dušan Krchnák (CZE)   Attendance: 40,000

DINAMO: Yuri Romenski, Anatoli Konkov, Aleksandr Boiko (12 Sergei Baltacha), Sergei Zhuravliev, Anatoli Demianenko, Vladimir Lozinski, Leonid Buriak (73 Viktor Kaplun), Vadim Evtushenko, Vladimir Bessonov, Vladimir Veremeev, Oleg Blohin.   Trainer: Valeriy Lobanovskiy

LEVSKI SPARTAK: Stefan Staikov (20 Vlado Delchev), Plamen Nikolov, Veselin Balevski, Stefan Aladjov, Nikolai Grancharov, Branimir Kochev, Rusi Gochev, Emil Spasov, Iordan Iordanov (70 Todor Barzov), Pavel Panov, Krasimir Borisov.   Trainer: Hristo Mladenov

Goals: Spasov (25), Buriak (38 pen)

SHAKHTER DONETSK v EINTRACHT FRANKFURT am MAIN 1-0 (1-0)

Shakhter, Donetsk   17.09.1980

Referee: George Courtney (ENG)   Attendance: 44,000

SHAKHTER: Viktor Chanov, Aleksei Varnavski, Valeri Gorbunov, Viktor Kondratov, Vladimir Pianikh, Valeri Rudakov (56 Anatoli Radenko), Vladimir Rogovski, Mikhail Sokolovski, Vitali Starukhin, Nikolai Fedorenko (67 Vladimir Malyi), Leonid Malyi.

EINTRACHT: Klaus Funk, Michael Sziedat, Willi Neuberger, Karl-Heinz Körbel, Michael Blättel (72 Fred Schaub), Werner Lorant, Bernd Hölzenbein, Wolfgang Trapp, Stefan Lottermann, Ronald Borchers, Norbert Hönnscheidt (64 Rigobert Gruber).   Trainer: Lothar Buchmann

Goal: Starukhin (23 pen)

LEVSKI SPARTAK SOFIA v DINAMO KIEV 0-0

Vasil Levski, Sofia   1.10.1980

Referee: László Pádár (HUN)   Attendance: 24,000

LEVSKI SPARTAK: Vlado Delchev, Plamen Nikolov, Veselin Balevski, Stefan Aladjov, Nikolai Grancharov, Todor Barzov (89 Voin Voinov), Branimir Kochev, Rusi Gochev, Emil Spasov, Pavel Panov (68 Iordan Iordanov), Krasimir Borisov.

DINAMO: Yuri Romenski, Anatoli Konkov, Sergei Baltacha, Sergei Zhuravliev, Anatoli Demianenko (46 Vadim Evtushenko), Vladimir Lozinski, Vladimir Bessonov, Viktor Kaplun, Viktor Kolotov (77 Aleksandr Boiko), Vladimir Veremeev, Oleg Blohin.   Trainer: Valeriy Lobanovskiy

EINTRACHT FRANKFURT am MAIN v SHAKHTER DONETSK 3-0 (2-0)

Waldstadion, Frankfurt am Main   1.10.1980

Referee: José Luis Garcia Carrion (SPA)   Att: 24,000

EINTRACHT: Klaus Funk, Michael Sziedat, Willi Neuberger, Karl-Heinz Körbel, Bruno Pezzey, Werner Lorant, Bernd Hölzenbein, Stefan Lottermann, Norbert Nachtweih (83 Wolfgang Trapp), Ronald Borchers, Cha Bum Kun.   Trainer: Lothar Buchmann

SHAKHTER: Viktor Chanov, Aleksei Varnavski, Valeri Rudakov, Igor Simonov, Viktor Kondratov, Anatoli Radenko (71 Vladimir Malyi), Vladimir Rogovski, Mikhail Sokolovski, Vitali Starukhin, Nikolai Fedorenko (58 Leonid Malyi), Vladimir Safonov.

Goals: Hölzenbein (4), Cha (38, 72)

FENERBAHÇE ISTANBUL v BEROE STARA ZAGORA 0-1 (0-1)

Istanbul   17.09.1980

Referee: Anatoli Milchenko (USSR)   Attendance: 28,000

FENERBAHÇE: Adem Ibrahimoglu, Onur Alpkayador, Alparslan Eratli, Cem Pamiroglu, Hasan Yildizeli (70 Sertaç Olcayto), Müjdat Yetkiner (46 Mustafa Arabacibasi), Yasar Gosku, Ali Kemal Denizci, Erol Togay, Isa Ertürk, Selçuk Yula.

BEROE: Kosta Kostov, Kancho Kasherov, Tenio Minchev, Georgi Georgiev, Nikolai Iankov, Georgi Stoianov, Tanko Tanev, Plamen Lipenski, Petko Petkov, Vasil Dragolov, Valentin Peev.   Trainer: Ivan Tanev

Goal: Peev (38)

**BEROE STARA ZAGORA
v FENERBAHÇE ISTANBUL 2-1** (1-0)

Beroe, Stara Zagora   1.10.1980

Referee: Heinz Aldinger (WG)   Attendance: 25,000

BEROE: Kosta Kostov, Ilia Iliev, Tenio Minchev, Georgi Georgiev, Kancho Kasherov, Georgi Stoianov, Tanko Tanev (65 Tenio Tenev), Valentin Peev, Plamen Lipenski, Petko Petkov, Vasil Dragolov.

FENERBAHÇE: Adem Ibrahimoglu, Onur Alpkayador, Alparslan Eratli, Erol Togay, Cem Pamiroglu, Hasan Yildizeli (57 Raşit Çetiner), Müjdat Yetkiner, Onder Cakar, Ali Kemal Denizci (46 Selçuk Yula), Tuna Güneysu, Isa Ertürk.

Goals: Petkov (20), Dragolov (88), Selçuk (89)

**BOHEMIANS PRAHA
v REAL SPORTING GIJÓN 3-1** (1-0)

Ďolíček, Praha   17.09.1980

Referee: Ottorino di Bernardo (FRA)   Attendance: 7,000

BOHEMIANS: Zdeněk Hruška, Karel Roubíček, František Jakubec, Zdeněk Prokeš, Jiří Ondra, Rostislav Vybíral, Premysl Bičovský, Zdeněk Koukal (46 Jan Poštulka), Milan Čermák, Stanislav Levý, Tibor Mičinec.   Trainer: Tomáš Pospíchal

SPORTING GIJÓN: Jesús Antonio CASTRO González, José Antonio REDONDO García, Manuel Enrique JIMÉNEZ Abalo, Antonio MACEDA Francés, Secundino Suárez Vázquez "CUNDI", JOAQUÍN Alonso González, CIRIACO Cano González, Francisco Javier Álvarez URÍA, Francisco Javier AGUILAR García (46 ABEL Díaz), Manuel MESA Quirós, Enzo FERRERO Aquila.   Trainer: Vicente MIERA

Goals: Bičovský (13, 85), Levý (78), Ferrero (72)

**REAL SPORTING GIJÓN
v BOHEMIANS PRAHA 2-1** (1-1)

El Molinón, Gijón   1.10.1980

Referee: Ronald Bridges (WAL)   Attendance: 18,649

SPORTING GIJÓN: Jesús Antonio CASTRO González, José Antonio REDONDO García, Manuel Enrique JIMÉNEZ Abalo, Antonio MACEDA Francés, Secundino Suárez Vázquez "CUNDI", JOAQUÍN Alonso González, CIRIACO Cano González, Francisco Javier Álvarez URÍA, Francisco Javier AGUILAR García, Manuel MESA Quirós, Enzo FERRERO Aquila.   Trainer: Vicente MIERA

BOHEMIANS: Zdeněk Hruška, František Jakubec, Premysl Bičovský, Zdeněk Prokeš, Jiří Ondra, Milan Čermák, Zdeněk Koukal, Karel Roubíček, Pavel Chaloupka, Jaroslav Němec, Stanislav Levý (25 Rostislav Vybíral, 88 Tibor Mičinec).   Trainer: Tomáš Pospíchal

Goals: Němec (10), Ferrero (18), Jiménez (56)

TJ ZBROJOVKA BRNO v VÖEST LINZ 3-1 (2-1)

Za Luzankami, Brno   17.09.1980

Referee: Erik Fredriksson (SWE)   Attendance: 22,000

ZBROJOVKA: Josef Hron; Josef Mazura (76 Jan Homola), Rostislav Václavíček, Karel Dvořák, Jaroslav Petrtýl; Jindřich Svoboda (72 Vítezslav Kotásek), Stefan Horný, Libor Došek; Petr Janečka, Karel Kroupa, František Mikulička.

VÖEST: Erwin Fuchsbichler; Gerhard Ulmer, Koloman Gögh, Alfred Gert, Siegfried Bauer; Helmut Wartinger, Manfred Mertel, Manfred Schill; Gerald Haider, Thomas Parits, Maximilian Hagmayr.

Goals: Haider (10), Kroupa (15), Mikulicka (17), Mazura (75)

VÖEST LINZ v TJ ZBROJOVKA BRNO 0-2 (0-1)

Linzer stadion   1.10.1980

Referee: Jakob Baumann (SWI)   Attendance: 10,000

VÖEST: Erwin Fuchsbichler; Gerhard Ulmer, Koloman Gögh, Alfred Gert, Siegfried Bauer; Helmut Wartinger, Manfred Mertel, Manfred Schill (31 Jürgen Werner); Gerald Haider (40 Fritz Drazan), Thomas Parits, Maximilian Hagmayr.

ZBROJOVKA: Josef Hron; Josef Mazura, Rostislav Václavíček, Karel Dvořák, Jaroslav Petrtýl; Jindřich Svoboda, Stefan Horný, Libor Došek; Petr Janečka (78 Vítezslav Kotásek), Karel Kroupa, František Mikulička (85 Jan Homola).   Trainer: Valerián Švec

Goals: Janecka (24), Kroupa (65)

LINZER ASK v RADNICKI NIS 1-2 (0-1)

Linzer stadion   17.09.1980

Referee: Marian Srodecki (POL)   Attendance: 9,500

LASK: Klaus Lindenberger, Gert Traffela, Kurt Nagl, Johann Pigel (46 Hans Halter), Eduard Krieger (75 Josef Brandstätter), Josef Bläser, Michael Toppel, Heinz Singerl, Helmut Köglberger, Walter Koch, Erwin Höld.

RADNICKI: Dragan Pantelić, Stojan Gavrilović, Milovan Obradović, Zoran Bojović, Aleksandar Panajotović, Miroslav Simonović, Miodrag Stoiljković, Branislav Djordjević, Slobodan Halilović, Martinović, Dušan Mitosević.

Goals: Stoiljković (45), Krieger (55), Pantelić (64 pen)

RADNICKI NIS v LINZER ASK 4-1 (3-0)

Cair, Nis   1.10.1980

Referee: Vasilis Vourakis (GRE)   Attendance: 23,000

RADNICKI: Dragan Pantelić, Stojan Gavrilović, Milovan Obradović, Zoran Bojović, Aleksandar Panajotović, Miroslav Simonović, Miodrag Stoiljković, Branislav Djordjević, Slobodan Halilović (58 Slavoljub Nikolić), Martinović, Dušan Mitosevic.

LASK: Klaus Lindenberger; Josef Brandstätter, Gert Traffela, Erwin Höld, Christian Braun (82 Eduard Krieger), Josef Bläser, Michael Toppel, Johann Sigl, Miroslav Vukasinović, Walter Koch, Helmut Köglberger.

Goals: Mitosević (8), Stoiljković (25, 86), Panajotović (36), Sigl (47)

**GRASSHOPPER-CLUB ZÜRICH
v KB KØBENHAVN 3-1** (1-0)

Hardturm, Zürich 17.09.1980

Referee: Adolf Prokop (DDR)   Attendance: 4,200

GRASSHOPPER: Roger Berbig; André Meyer, Herbert Hermann, André Egli, Roger Wehrli, Heinz Hermann, Hansjörg Pfister, Marcel Koller (46 Livio Zanetti), Marco Schällibaum (59 Rolf Lauper), Metin Sengoer, Claudio Sulser. Trainer: Timo Konietzka

KB: Ole Qvist, Henrik Tune Hansen, Henrik Eigenbrod, Søren Busk, Bo Fossgaard, Palle Hansen, Claus Windfeld, Michael Røssel, Klaus Nørregaard, Hans Aabech (61 Michael Pedersen), Stig Andersen.

Goals: Meyer (20 pen, 52 pen, 55), Eigenbrod (67)

BOAVISTA PORTO v VASAS BUDAPEST 0-1 (0-1)

Estadio do Bessa, Porto 1.10.1980

Referee: Hendrick Weerink (HOL)   Attendance: 13,000

BOAVISTA: Luís Filipe da Cruz MATOS; Manuel José Ferreira da Silva BARBOSA, António Rodrigues CACHEIRA, ADÃO da Silva, ARTUR Nogueira Ferreira; António Alves de Oliveira "QUEIRÓ", João Idalécio Rodrigues BRAVO, ELISEU Martins Ramalho (50 Fernando Manuel Parada FOLHA), AÍLTON Ballesteros; JÚLIO Carlos da Costa Augusto, Rui Manuel Lima Correia PALHARES (82 António Manuel dos Santos ALMEIDA).

VASAS: Ferenc Mészáros; Péter Török, Gábor Hires, András Komjáti, Mihály Kántor (68 László Rácz); István Birinyi, András Szebegyinszki, Sándor Zombori; Tibor Farkas (76 Ignác Izsó), László Kiss, Géza Rixer.

Goal: Kiss (26)

**KB KØBENHAVN
v GRASSHOPPER-CLUB ZÜRICH 2-5** (1-0)

København 1.10.1980

Referee: Martti Hirviniemi (FIN)   Attendance: 4,800

KB: Ole Qvist, Henrik Tune Hansen, Henrik Eigenbrod, Søren Busk, Bo Fossgaard, Palle Hansen (66 Jens Kristensen), Claus Windfeld, Michael Røssel, Klaus Nørregaard, Hans Aabech, Stig Andersen.

GRASSHOPPER: Roger Berbig; André Meyer, Herbert Hermann, André Egli, Marco Schällibaum (46 Rolf Lauper), Roger Wehrli, Hansjörg Pfister, Marcel Koller, Livio Zanetti, Heinz Hermann, Claudio Sulser.

Goals: Fosgaard (29), Heinz Hermann (51, 60, 75), Zanetti (57), Sulser (77), Tune Hansen (86 pen)

FC PORTO v DUNDALK FC 1-0 (1-0)

Estádio das Antas, Porto 17.09.1980

Referee: Emilio Soriano Aladren (SPA)   Attendance: 57,000

FC PORTO: João Francisco FONSECA dos Santos; GABRIEL Azevedo Mendes, FERNANDO Jorge da Costa Martins, Fernando José António FREITAS, Adelino de Jesús TEIXEIRA; RODOLFO Reis Ferreira, António Manuel FRASCO Vieira, ROMEU Fernando Fernandes da Silva (41 Joaquim José Ferreirinha Moreira "QUINITO"); António Augusto Gomes de Silva "SOUSA", NIROMAR Campos (63 José da Silva COELHO), José Alberto COSTA.

DUNDALK: Richard Blackmore; Thomas McConville, Martin Lawlor, Dermot Keely, Anthony O'Doherty, Paddy Dunning, Jerome Clarke, Vincent McKenna, Michael Fairclough, Leo Flanagan, John Archbold (46 Sean Byrne).

Goal: Sousa (16 pen)

VASAS BUDAPEST v BOAVISTA PORTO 0-2 (0-2)

Fáy u., Budapest 17.09.1980

Referee: Gerd Henning (WG)   Attendance: 5,000

VASAS: Ferenc Mészáros; Péter Török, András Komjáti, József Somogyi (54 Gábor Hires), László Rácz; István Birinyi, Sándor Zombori, Géza Rixer; László Kiss, Béla Váradi, Ignác Izsó (54 Tibor Farkas).

BOAVISTA: Luís Filipe da Cruz MATOS; Manuel José Ferreira da Silva BARBOSA, António Rodrigues CACHEIRA, ADÃO da Silva, ARTUR Nogueira Ferreira; António Alves de Oliveira "QUEIRÓ", João Idalécio Rodrigues BRAVO (88 Fernando Manuel Parada FOLHA), ELISEU Martins Ramalho, AÍLTON Ballesteros; JÚLIO Carlos da Costa Augusto (90 Francisco JARBAS), Rui Manuel Lima Correia PALHARES.

Goals: Eliseu (7), Júlio (44)

DUNDALK FC v FC PORTO 0-0

Oriel Park, Dundalk 1.10.1980

Referee: Roger Verhaeghe (BEL)   Attendance: 5,000

DUNDALK: Richard Blackmore; Thomas McConville, Martin Lawlor, Dermot Keely, Paddy Dunning, Anthony O'Doherty, Vincent McKenna (46 Brian Duff), Leo Flanagan, Jerome Clarke (66 Sean Byrne), Michael Fairclough, John Archbold.

FC PORTO: João Francisco FONSECA dos Santos; GABRIEL Azevedo Mendes, Carlos António Fonseca SIMÕES, Fernando José António FREITAS, António José LIMA PEREIRA; Adelino de Jesús TEIXEIRA, António Manuel FRASCO Vieira, António Augusto Gomes de Silva "SOUSA", José Francisco Leandro Filho "DUDA"; ALBERTINO Eduardo Pereira, José Alberto COSTA.

IPSWICH TOWN
v ARIS THESSALONIKI 5-1 (3-0)
Portman Road, Ipswich   17.09.1980
Referee: Antonio José da Silva Garrido (POR)   Att: 20,842
IPSWICH TOWN: Paul Cooper, George Burley, Michael Mills, Frans Thijssen, Russell Osman, Terence Butcher, John Wark, Arnold Mühren (75 Kevin Beattie), Paul Mariner, Alan Brazil (75 Kevin O'Callaghan), Eric Gates.
Manager: Robert Robson

ARIS: Giorgos Pantziaras, Kostas Mokalis, Theodoros Pallas, Giannis Venos, Giorgos Foiros, Kostas Kouis, Giorgos Zindros, Dinos Ballis, Thalis Tsirimokos (65 Kostas Drampis), Giorgos Semertzidis, Theodoros Zelilidis.   Trainer: Michal Vican

Sent off: Foiros (35)

Goals: Wark (12 pen, 15, 29 pen, 81 pen), Mariner (61), Pallas (47 pen)

ARIS THESSALONIKI
v IPSWICH TOWN 3-1 (2-0)
Kautatzogleio, Thessaloniki   1.10.1980
Referee: Alojzy Jarguz (POL)   Attendance: 25,000
ARIS: Giorgos Pantziaras, Kostas Mokalis, Nikos Hatziantoniou (85 Tasos Zelidis), Giannis Mihalitsios, Giannis Venos, Kostas Kouis, Theodors Zelilidis, Dinos Ballis (68 Themistoklis Vaggis), Thalis Tsirimokos, Kostas Drampis, Giorgos Semertzidis.   Trainer: Michal Vican

IPSWICH TOWN: Paul Cooper, George Burley, Michael Mills, Frans Thijssen, Russell Osman, Terence Butcher, John Wark, Arnold Mühren (87 Kevin Beattie), Paul Mariner, Alan Brazil (77 Stephen McCall), Eric Gates.
Manager: Robert Robson

Goals: Tsirimokos (4), Drambis (22), Ballis (65), Gates (75)

MANCHESTER UNITED
v WIDZEW LÓDZ 1-1 (1-1)
Old Trafford, Manchester   17.09.1980
Referee: Klaus Scheurell (DDR)   Attendance: 38,037
MANCHESTER UNITED: Gary Bailey, James Nicholl (46 Michael Duxbury), Nikola Jovanović, Martin Buchan, Arthur Albiston, Ashley Grimes, Samuel McIlroy, Lou Macari, Michael Thomas, James Greenhof, Steve Coppell.
Manager: Dave Sexton

WIDZEW: Józef Mlynarczyk, Boguslaw Plich, Wladyslaw Zmuda, Andrzej Grebosz, Andrzej Mozejko, Miroslaw Tlokinski, Zbigniew Boniek, Zdzislaw Rozborski, Krzysztof Surlit, Wlodzimierz Smolarek, Marek Pieta.
Trainer: Jacek Machcinski

Goal: McIlroy (4), Surlit (5)

WIDZEW LÓDZ v MANCHESTER UNITED 0-0
LKS, Lódz   1.10.1980
Referee: Anders Mattsson (FIN)   Attendance: 40,000
WIDZEW: Józef Mlynarczyk, Boguslaw Plich, Wladyslaw Zmuda, Andrzej Grebosz, Andrzej Mozejko, Miroslaw Tlokinski, Zbigniew Boniek, Zdzislaw Rozborski, Krzysztof Surlit, Wlodzimierz Smolarek, Marek Pieta.
Trainer: Jacek Machcinski

MANCHESTER UNITED: Gary Bailey, James Nicholl, Nikola Jovanović, Martin Buchan (65 Kevin Moran), Arthur Albiston, Ashley Grimes, Samuel McIlroy, Michael Duxbury, Michael Thomas, Steve Coppell, Joseph Jordan.
Manager: Dave Sexton

SLASK WROCLAW v DUNDEE UNITED 0-0
Slask, Wroclaw   17.09.1980
Referee: Svein Inge Thime (NOR)   Attendance: 10,000
SLASK: Zdzislaw Kostrzewa, Ryszard Sobiesiak, Henryk Kowalczyk, Zygmunt Garlowski, Jerzy Matys, Roman Faber (80 Sieja), Tadeusz Pawlowski, Roman Wójcicki (68 Marek Szeptunowski), Miroslaw Pekala, Janusz Szarek, Jacek Nocko.

DUNDEE UNITED: Hamish McAlpine, Derek Stark, Paul Hegarty, William Kirkwood, David Narey, Frank Kopel, Eamonn Bannon, Graeme Payne, Walter Smith, Paul Sturrock, David Dodds.

DUNDEE UNITED v SLASK WROCLAW 7-2 (2-1)
Tannadice Park, Dundee   1.10.1980
Referee: Karl Johansson (SWE)   Attendance: 8,415
DUNDEE UNITED: Hamish McAlpine, Derek Stark, Frank Kopel, Paul Hegarty, Iain Phillip, David Narey, Paul Sturrock, Graeme Payne, John Holt (84 Joseph Ward), William Pettigrew (86 Paul Cavanagh), David Dodds.

SLASK: Zdzislaw Kostrzewa, Ryszard Sobiesiak, Henryk Kowalczyk (85 Robert Majewski), Zygmunt Garlowski, Mieczyslaw Kopycki, Miroslaw Pekala, Roman Wójcicki, Janusz Szarek, Tadeusz Pawlowski, Janusz Sybis, Jacek Nocko.

Goals: Dodds (6, 73), Stark (26), Pawlowski (37, 89), Hegarty (50), Pettigrew (61, 70), Payne (87 pen)

ELFSBORG BORÅS
v ST. MIRREN PAISLEY 1-2 (1-1)
Ryavallen, Borås   17.09.1980
Referee: M. Laakso (FIN)   Attendance: 3,776
ELFSBORG: Roger Svensson, Leif Målberg, Lennart Johansson, Tommy Svensson, Christer Qvist, Benngt Andersen, Göran Ahlström, Thomas Johansson, Frank Klarström, Leif Gustavsson, Lennart Nilsson.

ST. MIRREN: William Thomson, John Young, John McCormack, Jackie Copland, Alex Beckett, Lex Richardson, William Stark, William Abercromby, Frank McDougall, Douglas Somner, Peter Weir.

Goals: Nilsson (16), Somner (43), Abercromby (80)

ST. MIRREN PAISLEY v ELFSBORG BORÅS 0-0

St. Mirren Park, Paisley   1.10.1980

Referee: Gudmundur Haraldsson (ICE)   Attendance: 8,326

ST. MIRREN: William Thomson, John Young, Alex Beckett, Lex Richardson (.. Alan Logan), John McCormack, Jackie Copland, Frank McDougall, William Stark, Douglas Somner, Peter Weir, William Abercromby.

ELFSBORG: Roger Svensson; Leif Gustavsson, Lennart Johansson, Göran Ahlström, Tommy Svensson, Leif Målberg, Christer Qvist, Lennart Nilsson, Stefan Larsson, Morgan Hansson (.. Frank Klarström), Thomas Johansson (.. Bengt Andersen).

**BALLYMENA UNITED
v VORWÄRTS FRANKFURT am ODER 2-1** (0-1)

The Showgrounds, Ballymena   17.09.1980

Referee: Francis Bastian (LUX)   Attendance: 5,000

BALLYMENA UNITED: Brian White; Graham Fox, George Beattie, Ronnie McCullough, Nigel Worthington, David Neill, John Sloan, Anthony McCall, Paul Malone, Sammy McQuiston, Gerry Mullan.

VORWÄRTS: Karl-Heinz Wienhold; Lothar Lothar Hause, Ralph Probst, Gerd Schuth, Frank Geyer, André Jarmuszkiewicz, Frieder Andrich (73 Horst Krautzig), Jürgen Theuerkorn, Ralph Conrad, Rainer Pietsch, Lutz Otto. Trainer: Gerhard Reichelt

Goals: Geyer (5), McQuiston (55), Sloan (65)

**VORWÄRTS FRANKFURT am ODER
v BALLYMENA UNITED 3-0** (2-0)

Stadion der Freudschaft, Frankfurt am Oder   1.10.1980

Referee: László Körös (HUN)   Attendance: 15,000

VORWÄRTS: Karl-Heinz Wienhold; Christoph Ringk, Ralph Probst, Gerd Schuth, Frank Geyer, André Jarmuszkiewicz (57 Lothar Enzmann), Frieder Andrich, Horst Krautzig, Harald Gramenz, Ralph Conrad, Lutz Otto (73 Frank Lindemann). Trainer: Gerhard Reichelt

BALLYMENA UNITED: Brian White; Graham Fox, George Beattie, Alex McQuillan, Nigel Worthington, David Neill, John Sloan, Anthony McCall, Gerry Mullan, Paul Malone, Sammy McQuiston.

Goals: Conrad (3), Jarmuszkiewicz (11), Krautzig (59)

**DYNAMO DRESDEN
v NAPREDAK KRUSEVAC 1-0** (0-0)

Dynamo, Dresden   17.09.1980

Referee: Vasile Tătar (ROM)   Attendance: 27,000

DYNAMO: Bernd Jakubowski, Hans-Jürgen Dörner, Udo Schmuck, Matthias Müller, Reinhard Häfner, Andreas Trautmann, Gerd Weber, Andreas Schmidt, Gerd Heidler, Peter Kotte, Frank Richter.

NAPREDAK: Eric, Robert Juricko, Miladin Pesterac, Kramarković, Momirović (59 Tomić), Novica Kostic, Tupajić, Jovanović, Jasarević (72 Ahmetović), Davor Cop, Dragoljub Kostić.

Goal: Pesterac (67 og)

**NAPREDAK KRUSEVAC
v DYNAMO DRESDEN 0-1** (0-0)

Mladosti, Krusevac   1.10.1980

Referee: Ihsan Ture (TUR)   Attendance: 25,000

NAPREDAK: Eric, Robert Juricko, Miladin Pesterac, Kramarković, Momirović, Novica Kostić, Tupajić, Jovanović, Dragoljub Kostić, Panić, Davor Cop.

DYNAMO: Bernd Jakubowski, Hans-Jürgen Dörner, Andreas Schmidt, Udo Schmuck, Matthias Müller, Reinhard Häfner, Andreas Trautmann, Gerd Weber, Frank Lippmann (53 Ralf Minge), Peter Kotte, Gerd Heidler.

Goal: Müller (83 pen)

1.FC MAGDEBURG v MOSS FK 2-1 (1-0)

Ernst-Grube-Stadion, Magdeburg   17.09.1980

Referee: Bogdan Dochev (BUL)   Attendance: 12,000

1.FC MAGDEBURG: Dirk Heyne, Dirk Stahmann, Detlef Raugust, Siegmund Mewes (69 Axel Tyll), Gerald Cramer, Jürgen Pommerenke, Wolfgang Seguin, Wolfgang Steinbach; Damian Halata, Joachim Streich, Martin Hoffmann.

MOSS: Odd Skauen; Rune Gjestrumsbakken, Per Heliasz, Jan Erik Fredriksen, Ivan Listerud; Roar Breivik, Ole Johnny Henriksen, Jon Pettersen, Stein Kollshaugen; Geir Henaes, Kurt Tunheim.

Goals: Hoffmann (36), Pommerenke (76 pen), G. Henaes (86)

FK MOSS v 1.FC MAGDEBURG 2-3 (0-2)

Melløs, Moss   1.10.1980

Referee: Patrick Mulhall (EIRE)   Attendance: 5,789

MOSS: Odd Skauen; Rune Gjestrumsbakken, Per Heliasz, Jan Erik Fredriksen, Ivan Listerud, Roar Breivik, Jon Pettersen, Ole Johnny Henriksen; Geir Henaes, Stein Kollshaugen, Kurt Tunheim.

1.FC MAGDEBURG: Dirk Heyne; Dirk Stahmann; Detlef Raugust, Siegmund Mewes (71 Frank Windelband), Gerald Cramer, Jürgen Pommerenke, Wolfgang Seguin, Wolfgang Steinbach; Damian Halata (46 Axel Tyll), Joachim Streich, Martin Hoffmann.   Trainer: Klaus Urbanczyk

Goals: Streich (19), Mewes (38), Kollshaugen (47, 63), Windelband (89)

FC SOCHAUX v SERVETTE GENEVE 2-0 (1-0)

Bonal, Sochaux   17.09.1980

Referee: José María Miguel Pérez (SPA)   Attendance: 5,212

FC SOCHAUX: Albert Rust; Moussa Bezaz, Jean-Luc Ruty, Abdel Djaadaoui, Jean-Pierre Posca, Zvonko Ivezić, Philippe Anziani, Bernard Genghini, Patrick Jeskowiak, Yannick Stopyra (58 Jacques Bonnevay), Patrick Revelli.
Trainer: Jean Fauvergue

SERVETTE: Jean-Claude Milani; Jean-Yves Valentini, Gérald Coutaz, Gilbert Guyot, Lucio Bizzini, Charles Zwygart (74 Jesper Rassmusen), Marc Schnyder, Guy Dutoit; Yagcha Mustapha, Christian Matthey, Franco Cucinotta.
Trainer: Peter Pazmandy

Goals: Jeskowiak (38), Ivezić (68 pen)

AS ST. ETIENNE v PALLOSURA KUOPIO 7-0 (3-0)

Stade Geoffroy Guichard, St.Etienne   1.10.1980

Referee: Richard Stagno Navarra (MAL)   Att: 10,054

AS ST. ETIENNE: Jean Castaneda; Patrick Battiston, Patrice Lestage, Christian Lopez, Gérard Janvion, Jean Marie Elie, Jean-François Larios, Michel Platini (70 Yves Colleu), Johnny Rep, Laurent Roussey (46 Laurent Paganelli), Jacques Zimako.
Trainer: Robert Herbin

PALLOSEURA: Jarmo Karhunen, Juha Suhonen, Pekka Vepsäläinen, Tuomo Hyvärinen (70 Kari Tuhkanen), Ensio Pellikka, Kari Ukkonen (46 Raimo Malmivuori), Jukka Sarnola, Pauli Koponen, Heikki Turunen, Olavi Rissanen, Pekka Parviainen.

Goals: Rep (20, 43, 70, 84 pen), Lestage (31), Paganelli (74), Lopez (80)

SERVETTE GENEVE v FC SOCHAUX 2-1 (0-1)

Stade des Charmilles, Genève   1.10.1980

Referee: David Richardson (ENG)   Attendance: 12,000

SERVETTE: Jean-Claude Milani; Jean-Yves Valentini, Gérald Coutaz, Gilbert Guyot, Lucio Bizzini, Charles Zwygart, Marc Schnyder, Guy Dutoit, Claude Sarrasin (66 Pascal Cacciapaglia), Franco Cucinotta, Christian Matthey (39 Youssef Radi).

SOCHAUX: Albert Rust; Moussa Bezaz, Jean-Luc Ruty, Abdel Djaadaoui, Jean-Pierre Posca, Zvonko Ivezić, Jacques Bonnevay, Bernard Genghini, Salih Durkalić (73 Yannick Stopyra), Philippe Anziani, Patrick Revelli.
Trainer: Jean Fauvergue

Goals: Genghini (16), Cucinotta (54), Bizzini (75)

SECOND ROUND

**LEVSKI SPARTAK SOFIA
v AZ 67 ALKMAAR 1-1** (0-0)

Levski, Sofia   21.10.1980

Referee: Walter Eschweiller (WG)   Attendance: 4,000

LEVSKI SPARTAK: Vlado Delchev, Plamen Nikolov, Veselin Balevski, Nikolai Grancharov, Stefan Aladjov, Todor Barzov (.. Iordan Iordanov), Pavel Panov, Emil Spasov, Voin Voinov, Marin Stanchev (.. Petar Kurdov), Krasimir Borisov.

AZ 67: Eddy Treytel, Richard van der Meer, John Metgod, Ronald Spelbos, Hugo Hovenkamp, Peter Arntz, Jan Peters, Kristen Nygaard, Kees Kist, Kurt Welzl (.. Chris van den Dungen), Kees Tol.   Trainer: Georg Kessler

Goals: Kist (46), Spasov (54)

**PALLOSEURA KUOPIO
v AS ST. ETIENNE 0-7** (0-2)

Väinölänniemi, Kuopio   17.09.1980

Referee: Reidar Bjørnestad (NOR)   Attendance: 5,580

PALLOSEURA: Timo Julkunen, Juha Suhonen (67 Petteri Kemppinen), Pekka Vepsäläinen, Tuomo Hyvärinen, Ensio Pellikka, Pauli Koponen, Jukka Sarnola, Kari Ukkonen, Markus Räsänen (55 Kari Kinnunen), Olavi Rissanen, Heikki Turunen.

AS ST. ETIENNE: Jean Castaneda; Patrick Battiston, Bernard Gardon, Christian Lopez, Gérard Janvion, Jacques Santini, Jean-François Larios, Michel Platini, Laurent Paganelli, Laurent Roussey, Johnny Rep.   Trainer: Robert Herbin

Goals: Paganelli (34, 64), Hyvarinen (45 og), Platini (48, 74), Roussey (79), Janvion (81)

**AZ 67 ALKMAAR
v LEVSKI SPARTAK SOFIA 5-0** (1-0)

Alkmaarderhout, Alkmaar   4.11.1980

Referee: Rolf Nyhus (NOR)   Attendance: 18,000

AZ 67: Eddy Treytel, Richard van der Meer, John Metgod, Ronald Spelbos, Hugo Hovenkamp, Peter Arntz, Jan Peters, Kristen Nygaard, Jos Jonker, Kees Kist, Kees Tol.

LEVSKI SPARTAK: Vlado Delchev, Plamen Nikolov, Vladimir Nikolchev, Nikolai Grancharov, Stefan Aladjov, Branimir Kochev, Pavel Panov, Emil Spasov, Voin Voinov, Angel Stankov, Krasimir Borisov (.. Todor Barzov).
Trainer: Georg Kessler

Goals: Tol (30, 57), Nygaard (51 pen), Kist (61), Peters (89)

**FC TWENTE ENSCHEDE
v DYNAMO DRESDEN 1-1** (1-0)

Diekman, Enschede   22.10.1980

Referee: Augusto Lamo Castillo (SPA)   Attendance: 18,000

FC TWENTE: André van Gerven, Martin Jol, Tjalling Dilling, Ab Gritter, Romeo Zondervan, Aad Kila, Heini Otto, Jaap Bos (81 Sören Lindsted), Manuel Sánchez Torres, Ferdi Rohde, Hallvar Thoresen (73 Evert Bleuming).
Trainer: Hennie Hollink

DYNAMO: Bernd Jakubowski, Matthias Müller, Hans-Jürgen Dörner, Udo Schmuck, Andreas Schmidt, Reinhard Häfner, Andreas Trautmann, Gerd Weber, Gerd Heidler, Peter Kotte, Matthias Döschner.

Goals: Rohde (41), Heidler (49)

HAMBURGER SV v PSV EINDHOVEN 2-1 (0-0)

Volksparkstadion, Hamburg   5.11.1980

Referee: Georges Konrath (FRA)   Attendance: 46,000

HAMBURGER SV: Heinz-Josef Koitka, Manfred Kaltz, Peter Hidien, Ditmar Jakobs, Jürgen Groh, Ivan Buljan, William Hartwig, Felix Magath, Caspar Memering, Horst Hrubesch, Willi Reimann (71 Jürgen Milewski).   Trainer: Branko Zebec

PSV: Pim Doesburg, Adri van Kraay, Willy van de Kerkhof, Ernie Brandts, Piet Wildschut, Jan Poortvliet, Willy Van der Kuylen, Michel Valke, Jung Moo Huh, Paul Postuma, René van de Kerkhof.   Trainer: Thijs Libregts

Goals: Groh (47), Van der Kuylen (63), Hrubesch (72)

**DYNAMO DRESDEN
v FC TWENTE ENSCHEDE 0-0**

Dynamo, Dresden   5.11.1980

Referee: Rolf Ericsson (SWE)   Attendance: 25,000

DYNAMO: Bernd Jakubowski, Matthias Müller, Hans-Jürgen Dörner, Udo Schmuck, Andreas Schmidt, Reinhard Häfner, Andreas Trautmann, Gerd Weber, Gerd Heidler, Peter Kotte, Matthias Döschner.

FC TWENTE: André van Gerven, John Scheve (78 Manuel Sánchez Torres), Tjalling Dilling, Ab Gritter, Romeo Zondervan, Martin Jol, Jaap Bos (64 Evert Bleuming), Aad Kila, Heini Otto, Ferdi Rohde, Hallvar Thoresen.
Trainer: Hennie Hollink

**FC UTRECHT
v EINTRACHT FRANKFURT am MAIN 2-1** (0-1)

Stadion Galgenwaard, Utrecht   22.10.1980

Referee: Bruno Galler (SWI)   Attendance: 22,000

FC UTRECHT: Hans Van Breukelen, Ton Du Chatinier, Joop Wildbret, Gerard Tervoort, Wim Flight, Frans Adelaar, Ton De Kruyk, Wim Van Hanegem (71 Henk Van der Vlag), Jan Van Staa, Gerard Van der Lem, Ben Rietveld (46 Willy Carbo).

EINTRACHT: Klaus Funk, Michael Sziedat, Karl-Heinz Körbel (46 Bernd Nickel), Willi Neuberger, Bruno Pezzey, Stefan Lottermann, Bernd Hölzenbein, Ronald Borchers, Werner Lorant, Norbert Nachtweih, Bum-Kun Cha (46 Michael Blättel).   Trainer: Lothar Buchmann

Goals: Borchers (31), Carbo (61), De Kruyk (90)

PSV EINDHOVEN v HAMBURGER SV 1-1 (0-1)

Philips sportpark, Eindhoven   22.10.1980

Referee: Károly Palotai (HUN)   Attendance: 27,000

PSV: Pim Doesburg, Piet Wildschut, Huub Stevens, Ernie Brandts, Jan Poortvliet, Adri van Kraay, Willy van de Kerkhof (46 Adrie Koster), Willy Van der Kuylen, Michel Valke, Paul Postuma, René van de Kerkhof (65 Jung Moo Huh).
Trainer: Thijs Libregts

HAMBURGER SV: Heinz-Josef Koitka, Manfred Kaltz, Holger Hieronymus (46 Peter Hidien), Ditmar Jakobs, Jürgen Groh, Ivan Buljan, William Hartwig, Felix Magath, Caspar Memering, Horst Hrubesch, Willi Reimann.
Trainer: Branko Zebec

Goals: Hrubesch (2), Van der Kuylen (47)

**EINTRACHT FRANKFURT am MAIN
v FC UTRECHT 3-1** (0-0)

Waldstadion, Frankfurt am Main   5.11.1980

Referee: Dušan Krchnák (CZE)   Attendance: 29,000

EINTRACHT: Jürgen Pahl, Michael Sziedat, Karl-Heinz Körbel, Willi Neuberger, Bruno Pezzey, Bernd Nickel, Ronald Borchers, Werner Lorant (46 Harals Karger), Bernd Hölzenbein, Norbert Nachtweih, Bum-Kun Cha.
Trainer: Lothar Buchmann

FC UTRECHT: Hans Van Breukelen, Ton Du Chatinier, Joop Wildbret, Henk Van der Vlag, Gerard Tervoort, Wim Flight, Koos Van Tamelen, Ton De Kruyk, Frans Adelaar (78 Ben Rietveld), Gerard Van der Lem, Willy Carbo.

Goals: Neuberger (48 og), Karger (51), Nachtweih (56), Pezzey (68)

1.FC KÖLN v FC BARCELONA 0-1 (0-1)

Müngersdorfer Stadion, Köln 22.10.1980

Referee: Charles Corver (HOL)   Attendance: 31,000

1.FC KÖLN: Harald Schumacher, Harald Konopka, Roland Gerber, Gerd Strack (23 Holger Willmer), Dieter Prestin, Bernd Cullmann, René Botteron, Rainer Bonhof, Pierre Littbarski, Dieter Müller, Anthony Woodcock.
Trainer: Rolf Herings

FC BARCELONA: Pedro María ARTOLA Urrutia, José Antonio RAMOS Huete, Miguel Bernardo Bianquetti "MIGUELI", José Ramón ALEXANCO Ventosa, Antonio OLMO Ramírez (66 Francisco MARTÍNEZ Díaz), José Vicente SÁNCHEZ Felip, José Cano "CANITO" (80 ESTEBAN Vigo Benítez), Juan Manuel ASENSI Ripoll, Enrique Castro González "QUINI", Johann Krankl, Allan Simonsen.
Trainer: Ladislav Kubala

Goal: Quini (44)

FC BARCELONA v 1.FC KÖLN 0-4 (0-1)

Camp Nou, Barcelona 5.11.1980

Referee: Patrick Partridge (ENG)   Attendance: 35,000

FC BARCELONA: Pedro María ARTOLA Urrutia, José Antonio RAMOS Huete, José Ramón ALEXANCO Ventosa, Miguel Bernardo Bianquetti "MIGUELI" (41 Francisco MARTÍNEZ Díaz), José Manuel Martínez Toral 'MANOLO', José Vicente SÁNCHEZ Felip (12 Rafael Ignacio ZUVIRÍA Rodríguez), José Cano "CANITO", Juan Manuel ASENSI Ripoll, Allan Simonsen, Enrique Castro González "QUINI", Andrés RAMÍREZ Gandullo.   Trainer: Ladislav Kubala

1.FC KÖLN: Harald Schumacher, Dieter Prestin (41 Pierre Littbarski), Gerd Strack, Bernd Cullmann, Harald Konopka, Holger Willmer, René Botteron, Rainer Bonhof, Anthony Woodcock, Stephan Engels, Dieter Müller.
Trainer: Rolf Herings

Goals: Strack (41), Engels (46), Littbarski (63), D. Müller (70)

1.FC KAISERSLAUTERN v STANDARD LIÈGE 1-2 (1-1)

Betzenberg, Kaiserslautern 22.10.1980

Referee: George Courtney (ENG)   Attendance: 21,000

1.FC KAISERSLAUTERN: Ronnie Hellström, Friedhelm Funkel, Hans-Günther Neues, Hans-Peter Briegel, Michael Dusek, Werner Melzer, Johannes Riedl, Hans Bongartz, Reiner Geye, Benny Wendt (66 Lutz Eigendorf), Erhard Hofeditz.
Trainer: Karlheinz Feldkamp

STANDARD: Michel Preud'homme, Erhan Önal, Eric Gerets, Gérard Plessers, Antony Englebert (24 Michel Renquin), Guy Vandersmissen, Helmut Graf, Ásgeir Sigurvinsson, Simon Tahamata, Ralf Edström, Willy Wellens (87 Eddy Voordeckers).

Goals: Wendt (31), Wellens (45), Plessers (66)

STANDARD LIÈGE v 1.FC KAISERSLAUTERN 2-1 (1-1)

Stade Maurice Dufrasne 'Sclessin', Liège 5.11.1980

Referee: Ulf Eriksson (SWE)   Attendance: 38,000

STANDARD: Michel Preud'homme, Erhan Önal, Eric Gerets, Jos Daerden, Michel Renquin, Guy Vandersmissen, Helmut Graf, Gérard Plessers (74 Antony Englebert), Simon Tahamata, Ralf Edström, Willy Wellens.

1.FC KAISERSLAUTERN: Ronnie Hellström, Lutz Eigendorf, Hans-Günther Neues, Hans-Peter Briegel, Michael Dusek, Johannes Riedl, Hans Bongartz, Reinhard Meier, Friedhelm Funkel (65 Axel Brummer), Reiner Geye, Erhard Hofeditz.   Trainer: Karlheinz Feldkamp

Goals: Edström (4), Briegel (10), Graf (83)

VfB STUTTGART v VORWÄRTS FRANKFURT am ODER 5-1 (2-0)

Neckarstadion, Stuttgart 22.10.1980

Referee: Gianfranco Menegalli (ITA)   Attendance: 30,000

VfB: Helmut Roleder, Roland Hattenberger, Bernd Martin, Karl-Heinz Förster, Bernd Förster, Hermann Ohlicher, Hans Peter Müller, Karl Allgöwer, Walter Kelsch, Bernd Klotz, Ilyas Tüfekci.   Trainer: Jürgen Sundermann

VORWÄRTS: Karl-Heinz Wienhold (12 Eckhardt Kreutzer), Frieder Andrich, Ralph Probst, Gerd Schuth, Frank Geyer, André Jarmuszkiewicz, Horst Krautzig, Lothar Enzmann (24 Jürgen Theuerkorn), Harald Gramenz, Ralph Conrad, Lutz Otto.   Trainer: Gerhard Reichelt

Goals: Tüfekci (20), Martin (41 pen), Schuth (46 og), Allgöwer (55), Klotz (82), Krautzig (84)

VORWÄRTS FRANKFURT am ODER v VfB STUTTGART 1-2 (0-1)

Stadion der Freundschaft, Frankfurt am Oder 5.11.1980

Referee: George B. Smith (SCO)   Attendance: 18,000

VORWÄRTS: Eckhardt Kreutzer, Christoph Ringk, Ralph Probst, Gerd Schuth, Frank Geyer, Horst Krautzig, Frieder Andrich, Lothar Enzmann, Harald Gramenz (66 Lutz Otto), Ralph Conrad (56 Frank Lindemann), Rainer Pietsch.   Trainer: Gerhard Reichelt

VfB: Helmut Roleder, Roland Hattenberger, Bernd Martin, Karl-Heinz Förster, Bernd Förster, Hermann Ohlicher, Erwin Hadewicz (70 Dragan Holcer), Hans Peter Müller, Walter Kelsch, Karl Allgöwer, Ilyas Tüfekci (60 Harald Beck).   Trainer: Jürgen Sundermann

Goals: Allgöwer (20), H. Müller (84 pen), Lindemann (86)

WIDZEW LÓDZ v JUVENTUS TORINO 3-1 (1-1)

LKS, Lódz   22.10.1980

Referee: Horst Brummeier (AUS)   Attendance: 38,000

WIDZEW: Józef Mlynarczyk, Boguslaw Plich, Andrzej Grebosz, Wladyslaw Zmuda, Andrzej Mozejko, Miroslaw Tlokinski, Zbigniew Boniek, Zdzislaw Rozborski, Krzysztof Surlit, Marek Pieta, Wlodzimierz Smolarek.
Trainer: Jacek Machcinski

JUVENTUS: Dino Zoff, Antonello Cuccureddu, Claudio Gentile, Gaetano Scirea, Massimo Storgato, Marco Tardelli, Giuseppe Furino, William Brady, Vinicio Verza (86 Claudio Prandelli), Roberto Bettega, Pietro Fanna.
Trainer: Giovanni Trapattoni

Goals: Grebosz (30), Bettega (43), Pieta (69), Smolarek (79)

**JUVENTUS TORINO
v WIDZEW LÓDZ 3-1** (1-0, 3-1) (AET)

Stadio Comunale, Torino   5.11.1980

Referee: Talal Tokat (TUR)   Attendance: 35,000

JUVENTUS: Dino Zoff, Antonello Cuccureddu, Gaetano Scirea, Antonio Cabrini, Claudio Gentile, Marco Tardelli, William Brady, Giuseppe Furino (91 Claudio Prandelli), Franco Causio, Roberto Bettega, Pietro Fanna (91 Vinicio Verza).   Trainer: Giovanni Trapattoni

WIDZEW: Józef Mlynarczyk, Boguslaw Plich (98 Jan Jezewski), Wladyslaw Zmuda, Andrzej Grebosz, Andrzej Mozejko, Miroslaw Tlokinski, Zdzislaw Rozborski, Zbigniew Boniek, Krzysztof Surlit, Marek Pieta, Wlodzimierz Smolarek.
Trainer: Jacek Machcinski

Goals: Tardelli (37), Furino (46), Pieta (58), Brady (60)

Penalties: 0-1 Tlokinski, Causio (miss), 0-2 Grebosz, Cabrini (miss), 0-3 Smolarek, 1-3 Brady, 1-4 Boniek

AC TORINO v 1.FC MAGDEBURG 3-1 (1-0)

Stadio Comunale, Torino   22.10.1980

Referee: Alexis Ponnet (BEL)   Attendance: 35,000

AC TORINO: Giuliano Terraneo, Marco Masi, Domenico Volpati, Michel van de Korput, Roberto Salvadori (78 Agatino Cuttone), Claudio Sclosa, Patrizio Sala, Eraldo Pecci, Renato Zaccarelli, Francesco Graziani, Paolo Pulici (61 Vincenzo d'Amico). Trainer: Rabitti

1.FC MAGDEBURG: Dirk Heyne, Dirk Stahmann, Detlef Raugust, Siegmund Mewes, Wolfgang Steinbach, Jürgen Pommerenke, Wolfgang Seguin, Gerald Cramer, Frank Windelband (70 Axel Tyll), Joachim Streich, Martin Hoffmann.   Trainer: Klaus Urbanczyk

Goals: P. Sala (44), Pecci (54), Steinbach (66), D'Amico (74)

1.FC MAGDEBURG v AC TORINO 1-0 (1-0)

Ernst-Grube-Stadion, Magdeburg   5.11.1980

Referee: Jan Keizer (HOL)   Attendance: 14,500

1.FC MAGDEBURG: Dirk Heyne, Dirk Stahmann, Detlef Raugust, Siegmund Mewes, Rolf Döbbelin, Jürgen Pommerenke, Axel Tyll, Wolfgang Steinbach, Gerald Cramer, Frank Windelband, Joachim Streich.   Trainer: K. Urbanczyk

AC TORINO: Giuliano Terraneo, Michel van de Korput, Domenico Volpati, Luigi Danova, Roberto Salvadori, Vincenzo d'Amico (89 Paolo Pulici), Patrizio Sala, Eraldo Pecci, Renato Zaccarelli, Francesco Graziani, Claudio Sclosa.   Trainer: Rabitti

Goal: Tyll (24)

IPSWICH TOWN v BOHEMIANS PRAHA 3-0 (0-0)

Portman Road, Ipswich   22.10.1980

Referee: Ole Amundsen (DEN)   Attendance: 17,163

IPSWICH TOWN: Paul Cooper, George Burley, Stephen McCall, Michael Mills, Russell Osman, Terence Butcher, John Wark (81 Kevin Beattie), Arnold Mühren, Paul Mariner, Alan Brazil, Eric Gates.   Manager: Robert Robson

BOHEMIANS: Zdeněk Hruška, Karel Roubíček, František Jakubec, Zdeněk Prokeš, Jiří Ondra, Přemysl Bičovský, Jaroslav Němec, Antonín Panenka, Milan Čermák, Pavel Chaloupka, Zdeněk Koukal (84 Jiří Kotrba).   Trainer: Tomáš Pospíchal

Goals: Wark (48, 55), Beattie (85)

BOHEMIANS PRAHA v IPSWICH TOWN 2-0 (1-0)

Štadion-Dolíčku, Praha   5.11.1980

Referee: Paolo Casarin (ITA)   Attendance: 16,000

BOHEMIANS: Jan Poštulka, František Jakubec, Zdeněk Prokeš, Zdeněk Koukal (84 Jiří Kotrba), Jiří Ondra, Premysl Bičovský, Jaroslav Němec, Antonín Panenka, Pavel Chaloupka, Milan Čermák, Tibor Miěinec. Trainer: Tomáš Pospíchal

IPSWICH TOWN: Laurence Sivell, George Burley, Terence Butcher, Michael Mills, Russell Osman, Kevin Beattie, John Wark, Arnold Mühren, Eric Gates, Alan Brazil (62 Robin Turner), Stephen McCall.   Manager: Robert Robson

Goals: Micinec (3), Panenka (54)

DUNDEE UNITED v KSC LOKEREN 1-1 (0-0)

Tannadice Park, Dundee   22.10.1980

Referee: Martti Hirviniemi (FIN)   Attendance: 7,663

DUNDEE UNITED: Hamish McAlpine, Derek Stark, Frank Kopel, Iain Phillip, Paul Hegarty, David Narey, William Pettigrew, Eamonn Bannon, Graeme Payne, Paul Sturrock, Colin Campbell (.. Ralph Milne).

LOKEREN: Bob Hoogenboom, Preben Elkjaer-Larsen, Eddy Snelders, Marc Verbruggen, Maurits de Schrijver, Robert Dalving, René Verheyen, Ronald Somers, Grzegorz Lato, Raymond Mommens, Arnór Guðjohnsen.
Trainer: Urbain Haesaert

Goals: Mommens (60), Pettigrew (66)

KSC LOKEREN v DUNDEE UNITED 0-0

Daknamstadion, Lokeren   5.11.1980

Referee: Klaus Scheurell (DDR)   Attendance: 12,000

LOKEREN: Bob Hoogenboom, Preben Elkjaer-Larsen, Grzegorz Lato, Marc Verbruggen, Maurits de Schrijver, Robert Dalving, René Verheyen, Ronald Somers, Wlodzimierz Lubanski, Raymond Mommens, Arnór Guðjohnsen.
Trainer: Urbain Haesaert

DUNDEE UNITED: Hamish McAlpine, Derek Stark, Frank Kopel, Iain Phillip, Paul Hegarty, David Narey, Eamonn Bannon, William Kirkwood, Graeme Payne (.. John Holt), Paul Sturrock, Joseph Ward (.. William Pettigrew).

ST. MIRREN PAISLEY v AS ST. ETIENNE 0-0

St. Mirren Park, Paisley   22.10.1980

Referee: Henning Lund Sørensen (DEN)   Att: 11,471

ST. MIRREN: William Thomson, John Young, Jackie Copland, Alex Beckett, John McCormack, William Stark, Lex Richardson, Peter Weir, William Abercromby, Frank McDougall, Douglas Somner.

AS ST. ETIENNE: Jean Castaneda; Patrick Battiston, Bernard Gardon, Christian Lopez, Gérard Janvion, Jean-Louis Zanon, Thierry Oleksiak, Jean-François Larios, Laurent Paganelli (71 Jacques Zimako), Laurent Roussey, Johnny Rep.
Trainer: Robert Herbin

AS ST. ETIENNE v ST. MIRREN PAISLEY 2-0 (1-0)

Stade Geoffroy Guichard, St.Etienne   5.11.1980

Referee: Mario Da Silva Luis (POR)   Attendance: 17,870

AS ST. ETIENNE: Jean Castaneda; Patrick Battiston, Bernard Gardon, Christian Lopez, Gérard Janvion, Jean Marie Elie, Jean-François Larios, Michel Platini, Jacques Zimako, Laurent Roussey, Johnny Rep.   Trainer: Robert Herbin

ST. MIRREN: William Thomson, John Young, Andy Dunlop (61 Lex Richardson), Jackie Copland, Alex Beckett, John McCormack, William Stark, Peter Weir, William Abercromby, Frank McDougall, Douglas Somner.

Goals: Larios (14, 58)

FC SOCHAUX v BOAVISTA PORTO 2-2 (1-1)

Bonal, Sochaux   22.10.1980

Referee: Stjepan Glavina (YUG)   Attendance: 9,689

FC SOCHAUX: Albert Rust; Moussa Bezaz, Jean-Luc Ruty, Abdel Djaadaoui, Jean-Pierre Posca (56 Eric Benoît), Jacques Bonnevay, Zvonko Ivezić, Bernard Genghini, Salih Durkalić, Philippe Anziani (63 Yannick Stopyra), Patrick Revelli.
Trainer: Jean Fauvergue

BOAVISTA: Luís Filipe da Cruz MATOS, António Alves de Oliveira "QUEIRÓ", ADÃO da Silva, ARTUR Nogueira Ferreira, António Rodrigues CACHEIRA, ELISEU Martins Ramalho, Manuel José Ferreira da Silva BARBOSA, AÍLTON Ballesteros, Rui Manuel Lima Correia PALHARES (87 António Manuel dos Santos ALMEIDA), João Idalécio Rodrigues BRAVO (46 Fernando Manuel Parada FOLHA), JÚLIO Carlos da Costa Augusto.

Goals: Júlio (27), Genghini (33), P. Revelli (54), Eliseu (63)

BOAVISTA PORTO v FC SOCHAUX 0-1 (0-0)

Estadio do Bessa, Porto   5.11.1980

Referee: Ronald Bridges (WAL)   Attendance: 12,000

BOAVISTA: Luís Filipe da Cruz MATOS, António Alves de Oliveira "QUEIRÓ", ADÃO da Silva, ARTUR Nogueira Ferreira, António Rodrigues CACHEIRA, ELISEU Martins Ramalho, Manuel José Ferreira da Silva BARBOSA, AÍLTON Ballesteros, Rui Manuel Lima Correia PALHARES (84 João Idalécio Rodrigues BRAVO), JÚLIO Carlos da Costa Augusto, Fernando Manuel Parada FOLHA.

FC SOCHAUX: Albert Rust; Philippe Anziani, Jean-Luc Ruty, Abdel Djaadaoui, Jean-Pierre Posca, Jacques Bonnevay, Zvonko Ivezić, Bernard Genghini, Salih Durkalić, Thierry Meyer (80 Yannick Stopyra), Patrick Revelli.
Trainer: Jean Fauvergue

Goal: Durkalić (75)

**FC PORTO
v GRASSHOPPER-CLUB ZÜRICH 2-0 (1-0)**

Estádio das Antas, Porto   22.10.1980

Referee: Egbert Mulder (HOL)   Attendance: 35,000

FC PORTO: João Francisco FONSECA dos Santos; GABRIEL Azevedo Mendes, Carlos António Fonseca SIMÕES, Fernando José António FREITAS, António José LIMA PEREIRA; Adelino de Jesús TEIXEIRA, RODOLFO Reis Ferreira, António Augusto Gomes de Silva "SOUSA"; ALBERTINO Eduardo Pereira (76 NIROMAR Campos), António Manuel FRASCO Vieira (85 José Francisco Leandro Filho "DUDA"), José Alberto COSTA.

GRASSHOPPER: Roger Berbig; Charly In-Albon, André Egli, André Meyer, Marco Schällibaum (76 Rolf Lauper), Roger Wehrli, Hansjörg Pfister, Heinz Hermann, Herbert Hermann, Claudio Sulser, Livio Zanetti (65 Metin Sengoer).
Trainer: Konietzka

Goals: Teixeira (36), Sousa (55)

GRASSHOPPER-CLUB ZÜRICH
v FC PORTO 3-0 (1-0)

Hardturm, Zürich   5.11.1980

Referee: Bogdan Dochev (BUL)   Attendance: 8,100

GRASSHOPPER: Roger Berbig; Heinz Hermann, Charly In-Albon, André Egli, Rolf Lauper, Herbert Hermann, Marcel Koller (81 Metin Sengoer), Hansjörg Pfister, Roger Wehrli, Claudio Sulser, Livio Zanetti.   Trainer: Konietzka

FC PORTO: João Francisco FONSECA dos Santos; GABRIEL Azevedo Mendes, Carlos António Fonseca SIMÕES, Fernando José António FREITAS, António José LIMA PEREIRA; António Manuel FRASCO Vieira (55 José Francisco Leandro Filho "DUDA"), António Augusto Gomes de Silva "SOUSA", RODOLFO Reis Ferreira; Adelino de Jesús TEIXEIRA, ALBERTINO Eduardo Pereira (70 NIROMAR Campos), José Alberto COSTA.

Goals: Sulser (25), Koller (62), Pfister (119 pen)

ZBROJOVKA BRNO
v REAL SOCIEDAD SAN SEBASTIÁN 1-1 (0-0)

Za Luzankami, Brno   22.10.1980

Referee: Alain Delmer (FRA)   Attendance: 11,520

ZBROJOVKA: Josef Hron; Josef Mazura, Karel Dvořák, Rostislav Václavíček, Jaroslav Petrtýl; Jindřich Svoboda, Libor Došek, František Schneider (84 Jan Homola), Petr Janečka, Karel Kroupa, František Mikulička (61 Vítězslav Kotásek).
Trainer: Valerián Švec

REAL SOCIEDAD: Luis Miguel ARCONADA Echarre, Eliseo MURILLO Vega, Alberto GÓRRIZ Echarte, Ignacio CORTABARRÍA Abarrategui, Julio OLAIZOLA, Miguel Ángel "PERICO" ALONSO Oyarbide, José DIEGO Álvarez Álvarez, Jesús María ZAMORA Ansorena, Santiago IDÍGORAS Bilbao, Jesús María SATRÚSTEGUI Aspiroz (71 Roberto LÓPEZ UFARTE), Pedro Jesús URALDE Hernáez.
Trainer: Luis Alberto ORMAECHEA

Goals: Murillo (58 og), Uralde (66)

REAL SOCIEDAD SAN SEBASTIÁN
v ZBROJOVKA BRNO 2-1 (2-0)

Estadio Atocha, San Sebastián   5.11.1980

Referee: Robert Valentine (SCO)   Attendance: 20,485

REAL SOCIEDAD: Luis Miguel ARCONADA Echarre, Eliseo MURILLO Vega, Alberto GÓRRIZ Echarte, Julio OLAIZOLA, Miguel Ángel "PERICO" ALONSO Oyarbide, Genaro CELAYETA San Sebastián, Santiago IDÍGORAS Bilbao (68 José Agustín Aranzábal Ascasibar "GAZTELU"), José DIEGO Álvarez Álvarez, Jesús María SATRÚSTEGUI Aspiroz, Pedro Jesús URALDE Hernáez, Roberto LÓPEZ UFARTE.
Trainer: Luis Alberto ORMAECHEA

ZBROJOVKA: Josef Hron; Josef Mazura, Karel Dvořák, Rostislav Václavíček, Jaroslav Petrtýl (46 Vítězslav Kotásek), Jindřich Svoboda, Petr Janečka, Štefan Horný, Libor Došek, Karel Kroupa, František Mikulička (71 Jan Homola).
Trainer: Valerián Švec

Goals: Satrústegui (2, 7), Kotasek (73)

BEROE STARA ZAGORA
v RADNICKI NIS 0-1 (0-0)

Beroe, Stara Zagora   22.10.1980

Referee: Sandor Kuti (HUN)   Attendance: 30,000

BEROE: Kosta Kostov, Kancho Kasherov, Petko Tenev, Georgi Georgiev, Tenio Minchev, Georgi Stoianov, Tanio Petrov (60 Valentin Peev), Vasil Dragolov (73 Tenio Tenev), Petko Petkov, Stefan Naidenov, Tanko Tanev.

RADNICKI: Dragan Pantelić, Stojan Gavrilovic, Milovan Obradović, Zoran Bojović (82 Bratislav Rincić), Aleksandar Panajotović, Miroslav Simonović, Miodrag Stoiljković, Slobodan Halilović, Avramović, Martinović, Dušan Mitosevic.

Goal: Halilović (75)

RADNICKI NIS
v BEROE STARA ZAGORA 2-1 (1-0)

Cair, Nis   5.11.1980

Referee: Ion Igna (ROM)   Attendance: 10,000

RADNICKI: Dragan Pantelić, Stojan Gavrilović, Milovan Obradović, Zoran Bojović, Aleksandar Panajotović, Miroslav Simonović, Miodrag Stoiljković, Slobodan Halilović, Goran Antić (36 Mirko Vojinović), Martinović, Dušan Mitosević.

BEROE: Kosta Kostov, Kancho Kasherov, Petko Tenev, Ilia Iliev, Tenio Minchev; Georgi Stoianov, Tanio Petrov (46 Tenio Tenev), Plamen Lipenski (75 Valentin Peev), Petko Petkov, Stefan Naidenov, Tanko Tanev.

Goals: Stoijlković (18), Mitosević (53), Stoianov (84)

THIRD ROUND

GRASSHOPPER-CLUB ZÜRICH
v AC TORINO 2-1 (0-0)

Hardturm, Zürich   26.11.1980

Referee: Vojtěch Christov (CZE)   Attendance: 25,000

GRASSHOPPER: Roger Berbig; Charly In-Albon, André Egli, Roger Wehrli, Rolf Lauper (55 André Meyer), Hansjörg Pfister, Heinz Hermann, Herbert Hermann, Livio Zanetti, Claudio Sulser, Marcel Koller (70 Renato Hächler).
Trainer: Konietzka

AC TORINO: Giuliano Terraneo; Michel van de Korput, Domenico Volpati, Luigi Danova, Roberto Salvadori, Claudio Sclosa, Patrizio Sala, Eraldo Pecci, Vincenzo d'Amico (73 Paolo Pulici), Renato Zaccarelli (89 Pietro Mariani), Francesco Graziani.   Trainer: Rabitti

Goals: Sclosa (50), Heinz Hermann (53), Koller (55)

AC TORINO v GRASSHOPPER-CLUB ZÜRICH 2-1 (0-1, 2-1) (AET)
Stadio Comunale, Torino 10.12.1980
Referee: Károly Palotai (HUN)   Attendance: 50,000
AC TORINO: Giuliano Terraneo; Marco Masi, Domenico Volpati, Luigi Danova, Patrizio Sala, Eraldo Pecci, Renato Zaccarelli, Vincenzo d'Amico, Claudio Sclosa, Pietro Mariani (46 Paolo Pulici), Francesco Graziani.   Trainer: Rabitti
GRASSHOPPER: Roger Berbig; Charly In-Albon, Rolf Lauper, André Egli, Herbert Hermann, Roger Wehrli, Hansjörg Pfister, Marcel Koller, Heinz Hermann, Claudio Sulser, Livio Zanetti (70 Renato Hächler).   Trainer: Konietzka
Goals: Terraneo (28 og), Graziani (62), Pulici (63)
Penalties: 1-0 D'Amico, 1-1 Heinz Hermann, 2-1 Sclosa, 2-2 Egli, 3-2 Graziani, 3-3 Sulser, Zaccarelli (miss), 3-4 Hächler, Pecci (miss).

IPSWICH TOWN v WIDZEW LÓDZ 5-0 (3-0)
Portman Road, Ipswich 26.11.1980
Referee: Robert Wurtz (FRA)   Attendance: 20,445
IPSWICH TOWN: Paul Cooper, Michael Mills (86 Kevin Beattie), Terence Butcher, Russell Osman, Eric Gates, Arnold Mühren, Frans Thijssen, Stephen McCall, Alan Brazil (70 Kevin O'Callaghan), John Wark, Paul Mariner.   Manager: Robert Robson
WIDZEW: Józef Mlynarczyk, Boguslaw Plich, Andrzej Grebosz, Wladyslaw Zmuda, Andrzej Mozejko, Zdzislaw Rozborski, Zbigniew Boniek, Jan Jezewski, Miroslaw Tlokinski, Wlodzimierz Smolarek, Marek Pieta (19 Piotr Romke).   Trainer: Jacek Machcinski
Goals: Wark (22, 45, 78), Brazil (42), Mariner (70)

RADNICKI NIS v AZ 67 ALKMAAR 2-2 (0-1)
Cair, Nis 26.11.1980
Referee: Rudolf Renggli (SWI)   Attendance: 18,000
RADNICKI: Dragan Pantelić, Stojan Gavrilović, Aleksandar Panajotović, Miroslav Simonović, Milovan Obradović, Goran Antić (80 Mirko Vojinović), Zoran Bojović, Slobodan Halilović (76 Bratislav Rincić), Martinković, Miodrag Stoiljković, Dušan Mitosević.
AZ 67: Eddy Treytel, Richard van der Meer, John Metgod, Ronald Spelbos, Hugo Hovenkamp, Peter Arntz, Jan Peters, Kristen Nygaard, Jos Jonker, Kees Kist, Kees Tol.   Trainer: Georg Kessler
Goals: Tol (32), Pantelić (46 pen), Kist (76), Panajotović (82)

WIDZEW LÓDZ v IPSWICH TOWN 1-0 (0-0)
LKS, Lódz 10.12.1980
Referee: Jan Redelfs (WG)   Attendance: 15,000
WIDZEW: Jerzy Klepczynski, Boguslaw Plich, Andrzej Grebosz, Miroslaw Tlokinski, Andrzej Mozejko, Piotr Romke, Jan Jezewski, Zdzislaw Rozborski, Krzysztof Surlit, Marek Pieta (83 Janusz Lisiak), Wlodzimierz Smolarek.   Trainer: Jacek Machcinski
IPSWICH TOWN: Paul Cooper, George Burley, Russell Osman, Terence Butcher, Stephen McCall, John Wark, Frans Thijssen, Arnold Mühren (56 Kevin Beattie), Alan Brazil, Paul Mariner (82 Kevin O'Callaghan), Eric Gates.   Manager: Robert Robson
Goal: Pieta (55)

AZ 67 ALKMAAR v RADNICKI NIS 5-0 (3-0)
Alkmaarderhout, Alkmaar 10.12.1980
Referee: Adolf Prokop (DDR)   Attendance: 17,000
AZ 67: Eddy Treytel, Richard van der Meer (.. Hans Reijnders), John Metgod, Ronald Spelbos, Hugo Hovenkamp, Peter Arntz, Jan Peters, Kristen Nygaard, Jos Jonker, Kees Kist, Kees Tol (.. Kurt Welzl).   Trainer: Georg Kessler
RADNICKI: Dragan Pantelić, Aleksandar Panajotović (.. Bratislav Rincić), Milovan Obradović, Zoran Bojović, Pojinović, Miroslav Simonović, Miodrag Stoiljković, Slobodan Halilović, Slavoljub Nikolić (.. Stojan Gavrilović), Martinković, Dušan Mitosević.
Goals: Kist (20, 21, 65), Nygaard (42), Welzl (59)

KSC LOKEREN v REAL SOCIEDAD SAN SEBASTIÁN 1-0 (0-0)
Daknamstadion, Lokeren 26.11.1980
Referee: Josef Bucek (AUS)   Attendance: 12,000
LOKEREN: Bob Hoogenboom, Ronald Somers, Robert Dalving, Maurits de Schrijver, Marc Verbruggen, Grzegorz Lato, René Verheyen, Raymond Mommens, Eddy Snelders, Preben Elkjaer-Larsen, Arnór Guðjohnsen.   Trainer: Urbain Haesaert
REAL SOCIEDAD: Luis Miguel ARCONADA Echarre, Genaro CELAYETA San Sebastián, Julio OLAIZOLA, Ignacio CORTABARRÍA Abarrategui, Alberto GÓRRIZ Echarte, Miguel Ángel "PERICO" ALONSO Oyarbide, Jesús María ZAMORA Ansorena, José DIEGO Álvarez Álvarez, José María BAKERO Escudero (80 Santiago IDÍGORAS Bilbao), Jesús María SATRÚSTEGUI Aspiroz, Roberto LÓPEZ UFARTE.   Trainer: Luis Alberto ORMAECHEA
Goal: Lato (47)

**REAL SOCIEDAD SAN SEBASTIÁN
v KSC LOKEREN 2-2** (0-1)

Estadio Atocha, San Sebastián   10.12.1980

Referee: Clive Thomas (WAL)   Attendance: 25,000

REAL SOCIEDAD: Luis Miguel ARCONADA Echarre, Genaro CELAYETA San Sebastián, Eliseo MURILLO Vega (46 Santiago IDÍGORAS Bilbao), Alberto GÓRRIZ Echarte, Julio OLAIZOLA, José DIEGO Álvarez Álvarez, Miguel Ángel "PERICO" ALONSO Oyarbide, Jesús María ZAMORA Ansorena, José María BAKERO Escudero, Jesús María SATRÚSTEGUI Aspiroz (86 Pedro Jesús URALDE Hernáez), Roberto LÓPEZ UFARTE.   Trainer: Luis Alberto ORMAECHEA

LOKEREN: Bob Hoogenboom, Ronald Somers, Robert Dalving, Maurits de Schrijver, Marc Verbruggen, Roland Ingels (70 Włodzimierz Lubański, 88 Arnor Gudjonsson), Eddy Snelders, René Verheyen, Raymond Mommens, Grzegorz Lato, Preben Elkjaer-Larsen.   Trainer: Urbain Haesaert

Goals: Elkjaer-Larsen (21, 49), López Ufarte (81 pen), Zamora (84)

**STANDARD LIÈGE
v DYNAMO DRESDEN 1-1** (0-1)

Stade Maurice Dufrasne 'Sclessin', Liège   26.11.1980

Referee: Alberto Michelotti (ITA)   Attendance: 18,000

STANDARD: Michel Preud'homme, Jos Daerden (56 Guy Vandersmissen), Eric Gerets, Michel Renquin, Gérard Plessers, Simon Tahamata, Eddy Voordeckers, Ásgeir Sigurvinsson, Helmut Graf, Willy Wellens, Ralf Edström (46 Luis Norton de Matos).

DYNAMO: Bernd Jakubowski, Hans-Jürgen Dörner, Matthias Müller, Udo Schmuck, Andreas Schmidt, Reinhard Häfner, Gerd Weber, Andreas Trautmann, Gerd Heidler, Peter Kotte, Matthias Döschner.

Goals: Heidler (36), Plessers (86)

**DYNAMO DRESDEN
v STANDARD LIÈGE 1-4** (0-2)

Dynamo, Dresden   10.12.1980

Referee: Charles Corver (HOL)   Attendance: 38,000

DYNAMO: Bernd Jakubowski, Hans-Jürgen Dörner, Matthias Müller, Udo Schmuck, Andreas Schmidt, Reinhard Häfner, Gerd Weber (79 Frank Lippmann), Andreas Trautmann, Gerd Heidler (46 Ralf Minge), Peter Kotte, Matthias Döschner.

STANDARD: Michel Preud'homme, Jos Daerden, Eric Gerets, Erhan Önal (85 Theo Poel), Gérard Plessers, Guy Vandersmissen, Simon Tahamata, Helmut Graf, Ásgeir Sigurvinsson, Willy Wellens (85 Eddy Voordeckers), Luis Norton de Matos.

Goals: Sigurvinsson (17, 40, 55), Tahamata (76), Döschner (80)

HAMBURGER SV v AS ST. ETIENNE 0-5 (0-3)

Volksparkstadion, Hamburg   26.11.1980

Referee: John Hunting (ENG)   Attendance: 37,000

HAMBURGER SV: Heinz-Josef Koitka, Manfred Kaltz, Ditmar Jakobs, Holger Hieronymus, Peter Hidien, William Hartwig, Jürgen Groh, Caspar Memering, Jürgen Milewski (46 Bernd Wehmeyer), Horst Hrubesch, Willi Reimann.   Trainer: Branko Zebec

AS ST. ETIENNE: Jean Castaneda; Patrick Battiston, Bernard Gardon, Christian Lopez, Jean-Louis Zanon, Gérard Janvion, Jean-François Larios, Michel Platini, Laurent Paganelli, Jacques Zimako, Johnny Rep.   Trainer: Robert Herbin

Goals: Hartwig (9 og), Platini (26, 87), Larios (39), Zimako (85)

AS ST. ETIENNE v HAMBURGER SV 1-0 (1-0)

Stade Geoffroy Guichard, St.Etienne   10.12.1980

Referee: Emilio Carlos Guruceta Muro (SPA)   Att: 36,998

AS ST. ETIENNE: Jean Castaneda; Christian Lopez, Patrick Battiston, Bernard Gardon, Jean-Louis Zanon, Gérard Janvion, Jean-François Larios, Michel Platini, Laurent Paganelli (82 Jean Marie Elie), Laurent Roussey (82 Jacques Santini), Jacques Zimako.   Trainer: Robert Herbin

HAMBURGER SV: Ulrich Stein, Ditmar Jakobs, Manfred Kaltz, William Hartwig, Jürgen Groh, Bernd Wehmeyer, Holger Hieronymus, Felix Magath, Caspar Memering, Horst Hrubesch, Willi Reimann.   Trainer: Branko Zebec

Goal: Paganelli (10)

**EINTRACHT FRANKFURT am MAIN
v FC SOCHAUX 4-2** (2-0)

Waldstadion, Frankfurt am Main   26.11.1980

Referee: Bogdan Dochev (BUL)   Attendance: 13,000

EINTRACHT: Jürgen Pahl, Michael Sziedat, Karl-Heinz Körbel, Bruno Pezzey, Willi Neuberger, Werner Lorant, Stefan Lottermann (67 Bernd Nickel), Norbert Nachtweih, Bernd Hölzenbein, Ronald Borchers, Bum-Kun Cha.   Trainer: Lothar Buchmann

FC SOCHAUX: Albert Rust; Jacques Bonnevay, Jean-Luc Ruty, Abdel Djaadaoui, Jean-Pierre Posca (60 Philippe Anziani), Zvonko Ivezic, Eric Benoît, Bernard Genghini, Salih Durkalić (73 Thierry Meyer), Yannick Stopyra, Patrick Revelli.   Trainer: Jean Fauvergue

Goals: Neuberger (3), Borchers (43), Hölzenbein (52), Nachtweih (62), Genghini (71), Pezzey (88 og)

FC SOCHAUX
v EINTRACHT FRANKFURT am MAIN 2-0 (2-0)

Bonal, Sochaux   10.12.1980

Referee: Marcel Van Langenhove (BEL)   Attendance: 9,000

FC SOCHAUX: Albert Rust; Abdel Djaadaoui, Jean-Luc Ruty, Jacques Bonnevay, Jean-Pierre Posca (66 Salih Durkalić); Zvonko Ivezić, Eric Benoît, Bernard Genghini; Yannick Stopyra, Philippe Anziani, Patrick Revelli.
Trainer: Jean Fauvergue

EINTRACHT: Jürgen Pahl (22 Klaus Funk), Bruno Pezzey, Michael Sziedat, Karl-Heinz Körbel, Werner Lorant, Willi Neuberger, Bernd Nickel, Bernd Hölzenbein, Ronald Borchers, Norbert Nachtweih (52 Stefan Lottermann), Bum-Kun Cha.
Trainer: Lothar Buchmann

Goals: P. Revelli (16, 42)

VfB STUTTGART v 1.FC KÖLN 3-1 (2-1)

Neckarstadion, Stuttgart   26.11.1980

Referee: Rolf Ericsson (SWE)   Attendance: 26,000

VfB: Helmut Roleder, Dragan Holcer, Erwin Hadewicz, Karl-Heinz Förster, Bernd Förster, Roland Hattenberger, Hermann Ohlicher, Hans Peter Müller, Walter Kelsch, Bernd Klotz, Karl Allgöwer.   Trainer: Jürgen Sundermann

1.FC KÖLN: Harald Schumacher, Roland Gerber, Gerd Strack, Dieter Prestin (6 Thomas Kroth), Harald Konopka (84 Pierre Littbarski), Bernd Cullmann, René Botteron, Holger Willmer, Stephan Engels, Dieter Müller, Anthony Woodcock.
Trainer: Rolf Herings

Goals: Konopka (17), H. Müller (22, 35 pen), K.H. Förster (53)

1.FC KÖLN
v VfB STUTTGART 4-1 (1-0, 3-1) (AET)

Müngersdorfer Stadion, Köln   10.12.1980

Referee: Valeri Butenko (USSR)   Attendance: 26,000

1.FC KÖLN: Harald Schumacher, Bernd Cullmann, Harald Konopka, Gerd Strack, Holger Willmer, Rainer Bonhof, Stephan Engels, René Botteron (70 Thomas Kroth), Pierre Littbarski (84 Frank Hartmann), Dieter Müller, Anthony Woodcock.   Trainer: Marinus Michels

VfB: Helmut Roleder, Dragan Holcer, Erwin Hadewicz, Roland Hattenberger, Bernd Martin, Karl Allgöwer, Hermann Ohlicher, Hans Peter Müller, Walter Kelsch, Bernd Klotz (80 Etepe Kakoko), Ilyas Tüfekci (66 Frank Elser).
Trainer: Jürgen Sundermann

Goals: D. Müller (24), Strack (62, 86), Konopka (85 og), Woodcock (107)

QUARTER-FINALS

GRASSHOPPER-CLUB ZÜRICH
v FC SOCHAUX 0-0

Hardturm, Zürich   4.03.1981

Referee: Eldar Asim Zade (USSR)   Attendance: 22,000

GRASSHOPPER: Roger Berbig; Charly In-Albon, Herbert Hermann (46 Martin Frei), André Egli, Marco Schällibaum, Rolf Lauper, Roger Wehrli, Hansjörg Pfister, Heinz Hermann, Livio Zanetti, Claudio Sulser.   Trainer: Konietzka

FC SOCHAUX: Albert Rust; Abdel Djaadaoui, Moussa Bezaz (61 Romain Zandona), Jean-Luc Ruty, Jean-Pierre Posca, Zvonko Ivezić, Philippe Anziani, Bernard Genghini, Salih Durkalić, Patrick Revelli, Thierry Meyer.
Trainer: Jean Fauvergue

FC SOCHAUX
v GRASSHOPPER-CLUB ZÜRICH 2-1 (1-1)

Bonal, Sochaux   18.03.1981

Referee: Jan Redelfs (WG)   Attendance: 18,000

FC SOCHAUX: Albert Rust; Abdel Djaadaoui, Jean-Pierre Posca, Jean-Luc Ruty, Zvonko Ivezić, Moussa Bezaz (73 Yannick Stopyra), Bernard Genghini, Romain Zandona, Salih Durkalić, Philippe Anziani, Patrick Revelli.
Trainer: Jean Fauvergue

GRASSHOPPER: Roger Berbig; Charly In-Albon, Rolf Lauper, André Egli, Herbert Hermann, Roger Wehrli, Renato Hächler, Hansjörg Pfister, Marcel Koller, Claudio Sulser, Livio Zanetti.   Trainer: Konietzka

Goals: Koller (7), Durkalić (25), Genghini (85)

STANDARD LIÈGE v 1.FC KÖLN 0-0

Stade Maurice Dufrasne 'Sclessin', Liège   4.03.1981

Referee: Vojtěch Christov (CZE)   Attendance: 42,000

STANDARD: Michel Preud'homme, Eric Gerets, Theo Poel, Gérard Plessers, Michel Renquin, Guy Vandersmissen, Simon Tahamata, Helmut Graf, Jos Daerden, Ralf Edström (73 Eddy Voordeckers), Willy Wellens

1.FC KÖLN: Harald Schumacher, Herbert Zimmermann, Bernd Cullmann, Gerd Strack, Harald Konopka, René Botteron, Rainer Bonhof, Stephan Engels, Dieter Prestin, Holger Willmer, Anthony Woodcock.
Trainer: Marinus Michels

1.FC KÖLN v STANDARD LIÈGE 3-2 (1-1)

Müngersdorfer Stadion, Köln   18.03.1981

Referee: John Carpenter (EIRE)   Attendance: 61,000

1.FC KÖLN: Harald Schumacher, Dieter Prestin, Harald Konopka, Gerd Strack, Rainer Bonhof, Roland Gerber, Pierre Littbarski, René Botteron, Dieter Müller, Herbert Zimmermann (55 Holger Willmer), Anthony Woodcock (88 Thomas Kroth).   Trainer: Marinus Michels

STANDARD: Michel Preud'homme, Erhan Önal, Gérard Plessers, Theo Poel (88 Luis Norton de Matos), Michel Renquin, Guy Vandersmissen, Jos Daerden, Helmut Graf (58 Pascal Delbrouk), Willy Wellens, Ásgeir Sigurvinsson, Simon Tahamata.

Goals: D. Müller (30), Graf (43), Vandersmissen (65), Bonhof (70 pen), Littbarski (87).

AS ST. ETIENNE v IPSWICH TOWN 1-4 (1-1)

Stade Geoffroy Guichard, St.Etienne   4.03.1981

Referee: Nicolae Rainea (ROM)   Attendance: 36,919

AS ST. ETIENNE: Jean Castaneda; Patrick Battiston, Jean-Louis Zanon, Bernard Gardon, Christian Lopez, Gérard Janvion, Johnny Rep, Jean-François Larios, Laurent Roussey (55 Jacques Zimako), Michel Platini, Laurent Paganelli.   Trainer: Robert Herbin

IPSWICH TOWN: Paul Cooper, Michael Mills, Terence Butcher, Frans Thijssen, Russell Osman, Kevin Beattie, John Wark, Arnold Mühren, Paul Mariner, Alan Brazil, Eric Gates.   Manager: Robert Robson

Goals: Rep (16), Mariner (28, 57), Mühren (47), Wark (75)

AZ 67 ALKMAAR v KSC LOKEREN 2-0 (2-0)

Alkmaarderhout, Alkmaar   4.03.1981

Referee: Augusto Lamo Castillo (SPA)   Attendance: 13,400

AZ 67: Eddy Treytel, Richard van der Meer, John Metgod, Ronald Spelbos, Hugo Hovenkamp, Peter Arntz, Jan Peters, Kristen Nygaard, Jos Jonker, Kees Tol (46 Kees Kist), Kurt Welzl (80 Chris van den Dungen).   Trainer: Georg Kessler

LOKEREN: Bob Hoogenboom, Roland Ingels, Eddy Snelders, Karol Dobiás, Maurits de Schrijver, Robert Dalving, René Verheyen (84 Arnór Guðjohnsen), Ronald Somers, Raymond Mommens, Wlodzimierz Lubanski, Grzegorz Lato.

Goals: Tol (9), Welzl (17)

IPSWICH TOWN v AS ST. ETIENNE 3-1 (0-0)

Portman Road, Ipswich   18.03.1981

Referee: Erich Linemayr (AUS)   Attendance: 30,141

IPSWICH TOWN: Paul Cooper, Kevin Steggles, Stephen McCall, Frans Thijssen, Russell Osman, Terence Butcher, Arnold Mühren, Paul Mariner, Alan Brazil (53 Kevin O'Callaghan), John Wark, Eric Gates (73 Michael D'Avray).   Manager: Robert Robson

AS ST. ETIENNE: Jean Castaneda; Patrick Battiston, Jean-Louis Zanon, Bernard Gardon, Christian Lopez, Gérard Janvion, Jacques Zimako, Jean-François Larios, Laurent Roussey, Michel Platini, Johnny Rep.   Trainer: Robert Herbin

Goals: Butcher (47), Zimako (80), Wark (82 pen), Mariner (89)

SEMI-FINALS

KSC LOKEREN v AZ 67 ALKMAAR 1-0 (1-0)

Daknamstadion, Lokeren   18.03.1981

Referee: Clive Bradley White (ENG)   Attendance: 16,000

LOKEREN: Bob Hoogenboom, Roland Ingels (73 Arnór Guðjohnsen), Eddy Snelders, Robert Dalving, Maurits de Schrijver, Ronald Somers, René Verheyen, Raymond Mommens, Preben Elkjaer-Larsen, Wlodzimierz Lubanski, Grzegorz Lato.

AZ 67: Eddy Treytel, Richard van der Meer, John Metgod, Ronald Spelbos, Hugo Hovenkamp, Peter Arntz, Jan Peters, Kristen Nygaard, Jos Jonker, Kurt Welzl, Kees Tol (83 Chris van den Dungen).   Trainer: Georg Kessler

Goal: Verheyen (36)

IPSWICH TOWN v 1.FC KÖLN 1-0 (1-0)

Portman Road, Ipswich   8.04.1981

Referee: Augusto Lamo Castillo (SPA)   Attendance: 24,780

IPSWICH TOWN: Paul Cooper, Michael Mills, Stephen McCall (77 Kevin Beattie), Frans Thijssen, Russell Osman, Terence Butcher, John Wark, Arnold Mühren, Paul Mariner, Alan Brazil (77 Kevin O'Callaghan), Eric Gates.   Manager: Robert Robson

1.FC KÖLN: Harald Schumacher, Dieter Prestin, Harald Konopka, Gerd Strack (5 Thomas Kroth), Roland Gerber, Bernd Cullmann, Pierre Littbarski, René Botteron, Dieter Müller (70 Holger Willmer), Stephan Engels, Anthony Woodcock.   Trainer: Marinus Michels

Goal: Wark (35)

1.FC KÖLN v IPSWICH TOWN 0-1 (0-0)

Müngersdorfer Stadion, Köln   22.04.1981

Referee: Károly Palotai (HUN)   Attendance: 55,000

1.FC KÖLN: Harald Schumacher, Dieter Prestin, Harald Konopka, Herbert Zimmermann (70 Holger Willmer), Rainer Bonhof, Bernd Cullmann, Pierre Littbarski, René Botteron, Dieter Müller, Stephan Engels, Anthony Woodcock. Trainer: Marinus Michels

IPSWICH TOWN: Paul Cooper, Kevin Steggles, Stephen McCall, Frans Thijssen, Russell Osman, Terence Butcher, John Wark, Arnold Mühren, Paul Mariner, Alan Brazil, Michael Mills.   Manager: Robert Robson

Goal: Butcher (64)

FC SOCHAUX v AZ 67 ALKMAAR 1-1 (0-1)

Bonal, Sochaux   8.04.1981

Referee: Talal Tokat (TUR)   Attendance: 18,000

FC SOCHAUX: Albert Rust; Moussa Bezaz (46 Romain Zandona), Abdel Djaadaoui (46 Jacky Colin), Jean-Luc Ruty, Jean-Pierre Posca, Philippe Anziani, Eric Benoît, Bernard Genghini, Salih Durkalić, Yannick Stopyra, Patrick Revelli. Trainer: Jean Fauvergue

AZ 67: Eddy Treytel, Richard van der Meer, John Metgod, Ronald Spelbos, Hugo Hovenkamp, Peter Arntz, Jan Peters, Kristen Nygaard, Jos Jonker, Kurt Welzl, Kees Tol. Trainer: Georg Kessler

Goals: Arntz (14), Genghini (62)

AZ 67 ALKMAAR v FC SOCHAUX 3-2 (2-1)

Alkmaarderhout, Alkmaar   22.04.1981

Referee: Nicolae Rainea (ROM)   Attendance: 12,000

AZ 67: Eddy Treytel, Richard van der Meer, John Metgod, Ronald Spelbos, Hugo Hovenkamp, Ronald Weijsters, Jan Peters, Kristen Nygaard, Jos Jonker, Kurt Welzl, Kees Tol (28 Kees Kist).   Trainer: Georg Kessler

FC SOCHAUX: Albert Rust; Jean-Pierre Posca, Zvonko Ivezić, Jean-Luc Ruty (67 Jacky Colin), Romain Zandona, Eric Benoît, Bernard Genghini, Thierry Meyer, Salih Durkalić, Yannick Stopyra, Patrick Revelli.   Trainer: Jean Fauvergue

Goals: Genghini (8), Metgod (19), Jonker (37), Peters (65), Meyer (71)

FINAL

IPSWICH TOWN v AZ 67 ALKMAAR 3-0 (1-0)

Portman Road, Ipswich   6.05.1981

Referee: Adolf Prokop (DDR)   Attendance: 27,532

IPSWICH TOWN: Paul Cooper, Michael Mills, Russell Osman, Terence Butcher, Stephen McCall, Frans Thijssen, John Wark, Arnold Mühren, Alan Brazil, Paul Mariner, Eric Gates. Manager Robert Robson

AZ 67: Eddy Treytel, Richard Van der Meer, John Metgod, Ronald Spelbos, Hugo Hovenkamp, Peter Arntz, Jan Peters, Kristen Nygaard (75 Kurt Welzl), Jos Jonker, Kees Kist, Kees Tol.   Trainer: Georg Kessler

Goals: Wark (28 pen), Thijssen (46), Mariner (56)

AZ 67 ALKMAAR v IPSWICH TOWN 4-2 (3-2)

Olympisch, Amsterdam   20.05.1981

Referee: Walter Eschweiller (WG)   Attendance: 28,500

AZ 67: Eddy Treytel, Hans Reijnders, John Metgod, Ronald Spelbos, Hugo Hovenkamp, Peter Arntz, Jan Peters, Kristen Nygaard, Jos Jonker, Kurt Welzl (80 Chris Van den Dungen), Kees Tol (46 Kees Kist).   Trainer: Georg Kessler

IPSWICH: Paul Cooper, Michael Mills, Russell Osman, Terence Butcher, Stephen McCall, Frans Thijssen, John Wark, Arnold Mühren, Alan Brazil, Paul Mariner, Eric Gates. Manager: Robert Robson

Goals: Thijssen (4), Welzl (7), Metgod (25), Wark (31), Tol (40), Jonker (73)

UEFA Cup Top Scorers 1980-81:

14 goals: John Wark (Ipswich Town)

9 goals: Kees Kist (AZ 67 Alkmaar)

8 goals: Dieter Müller (1.FC Köln)

7 goals: Horst Hrubesch (Hamburger SV)

6 goals: Bernard Genghini (FC Sochaux), Paul Mariner (Ipswich Town), Kees Tol (AZ 67 Alkmaar)

5 goals: Karl Allgöwer, Bernd Klotz (VfB Stuttgart), Johnny Rep (AS Saint-Etienne), Kurt Welzl (AZ 67 Alkmaar)

UEFA CUP 1981-82

FIRST ROUND

SPORTING LISBOA
v RED BOYS DIFFERDANGE 4-0 (1-0)
Estádio de José Alvalade, Lisboa   9.09.1981

Referee: Victoriano Sánchez Arminio (SPA)   Att: 30,000

SPORTING: Ferenc Meszaros, Francisco da Cruz BARÃO, Francisco José Teles de Andrade "ZÉZINHO", EURICO Monteiro Gomes, Augusto Soares INÁCIO, VIRGÍLIO Manuel Bagulho Lopes, Carlos Manuel da Silva FREIRE, António Luis Alves Ribeiro de OLIVEIRA, MANUEL José Tavares FERNANDES, Rui Manuel da Trindade JORDÃO, Carlos ALBERTO Alves Fernandes.   Trainer: Malcolm Allison

RED BOYS: Alain Valli, Francis Kremer, Romain Michaux, Pascal Burger, Juan Sarriás, Jean-Marc Schmit (75 Niederhausen), Gianni Baldinucci, Gilbert Hotton, René Müller (85 Herrin), Lapeyre, William Bianchini.

Goals: Oliveira (31, 88), Manuel Fernandes (47), Jordão (90 pen)

RED BOYS DIFFERDANGE
v SPORTING LISBOA 0-7 (0-4)
Stade Municipal, Differdange   30.09.1981

Referee: Louis Delsemme (BEL)   Attendance: 3,250

RED BOYS: Alain Valli, Herrin, Niederhausen, Francis Kremer, Jean-Marc Schmit, Juan Sarriás, Gianni Baldinucci, Lapeyre, Gilbert Hotton, William Bianchini, Marcel Di Domenico.

SPORTING: Ferenc Meszaros, JOSÉ EDUARDO Malheiro Sampaio, EURICO Monteiro Gomes, CARLOS Jorge Marques Caldas XAVIER, Augusto Soares INÁCIO, Carlos Manuel da Silva FREIRE, António Luis Alves Ribeiro de OLIVEIRA (46 MÁRIO JORGE da Silva Pinho Fernandes), ADEMAR Moreira Marques, VIRGÍLIO Manuel Bagulho Lopes, MANUEL José Tavares FERNANDES, Rui Manuel da Trindade JORDÃO.
Trainer: Malcolm Allison

Goals: Oliveira (17, 37), Inácio (29), Jordão (32), Mário Jorge (54, 84), Freire (79)

BOHEMIANS PRAHA v VALENCIA CF 0-1 (0-0)
Dr. Vacka vo Vršoviciach, Praha   15.09.1981

Referee: Rolf Ericsson (SWE)   Attendance: 12,000

BOHEMIANS: Zdeněk Hruška; František Jakubec, Premysl Bicovský, Zdeněk Prokeš, Karel Roubíček, Pavel Chaloupka, Dušan Herda (46 Stanislav Levý), Zdeněk Koukal, Jaroslav Němec, Milan Čermák, Tibor Mičinec (73 Vladimír Hruška).
Trainer: Tomáš Pospíchal

VALENCIA CF: José Manuel SEMPERE Maciá; José CARRETE de Julián, José CERVERO San Braulio, Miguel TENDILLO Berenguer, Manuel BOTUBOT Perreira, Daniel SOLSONA Puig, Ángel CASTELLANOS Céspedes, Javier SUBIRATS Hernández, Enrique SAURA Gil, Frank Arnesen, PABLO Rodríguez Flores.
Trainer: Bernardino Pérez Elizarán "PASIEGUITO"

Goal: Saura (66)

VALENCIA CF v BOHEMIANS PRAHA 1-0 (1-0)
Estadio Luis Casanova, Valencia   30.09.1981

Referee: André Daina (SWI)   Attendance: 22,500

VALENCIA CF: José Manuel SEMPERE Maciá; José CARRETE de Julián, Manuel BOTUBOT Perreira, José CERVERO San Braulio, Miguel TENDILLO Berenguer, Ángel CASTELLANOS Céspedes, Frank Arnesen, Daniel SOLSONA Puig, Enrique SAURA Gil, Kurt Welzl (84 Javier SUBIRATS Hernández), PABLO Rodríguez Flores.
Trainer: Bernardino Pérez Elizarán "PASIEGUITO"

BOHEMIANS: Vladimír Borovička; František Jakubec, Zdeněk Prokeš, Stanislav Levý, Premysl Bicovský, Zdeněk Koukal, Pavel Chaloupka, Tibor Mičinec (65 Vladimír Hruška), Jaroslav Němec, Milan Čermák, Karel Roubíček.
Trainer: Tomáš Pospíchal

Goal: Solsona (33)

NEUCHATEL XAMAX v SPARTA PRAHA 4-0 (3-0)
Stade de la Maladière, Neuchâtel   15.09.1981

Referee: Luigi Agnolin (ITA)   Attendance: 12,750

XAMAX: Karl Engel; Peter Küffer, Serge Trinchero, Rainer Hasler, Silvano Bianchi, Philippe Perret, Walter Pellegrini (82 Stéphane Forestier), Claude Andrey, Claude Sarrasin, Don Givens (73 Yvan Moret), Robert Lüthi.   Trainer: Gilbert Gress

SPARTA: Miroslav Stárek; Zdeněk Caudr, Václav Kotal, Daniel Drahokoupil, Vratislav Chaloupka, Josef Jarolím, Jan Berger, Petr Slaný, Jozef Chovanec (46 Milan Vdovjak), Zbyněk Houška (57 Ivan Hašek), Stanislav Griga.
Trainer: Dušan Uhrín

Goals: Lüthi (8, 77), Pellegrini (22), Trinchero (25 pen)

SPARTA PRAHA v NEUCHATEL XAMAX 3-2 (0-2)
Praha   30.09.1981

Referee: Heinz Fahnler (AUS)   Attendance: 2,562

SPARTA: Miroslav Stárek (46 André Houška), Ivan Hašek (50 Stanislav Griga), Daniel Drahokoupil, František Straka, Zdeněk Caudr, Josef Jarolím, Jan Berger, Jozef Chovanec, Milan Vdovjak, Vratislav Chaloupka, Václav Kotal.

XAMAX: Karl Engel; Rainer Hasler (56 Carlo Gianfreda), Serge Trinchero, Stéphane Forestier, Silvano Bianchi, Peter Küffer, Philippe Perret, Claude Andrey, Walter Pellegrini, Robert Lüthi, Don Givens (77 Yvan Moret).

Goals: Trinchero (21 pen), Pellegrini (36), Griga (66, 86), Jarolim (82 pen)

FC NANTES v KSC LOKEREN 1-1 (1-0)

Stade Marcel Saupin, Nantes   16.09.1981

Referee: Klaus Scheurell (DDR)   Attendance: 12,938

FC NANTES: Jean-Paul Bertrand-Demanes; Michel Bibard, Michel Der Zakarian, Henri Michel, Maxime Bossis, Oscar Muller, Bruno Baronchelli, Gilles Rampillon, Patrice Lecornu (46 Henrik Agerbeck, 85 Fabrice Picot), Vahid Halilhodzic, Loic Amisse.   Trainer: Jean Vincent

LOKEREN: Bob Hoogenboom, Ronald Somers, Robert Dalving, Maurits de Schrijver, Karol Dobiáš, Eddy Snelders, Raymond Mommens, René Verheyen, Grzegorz Lato, Wlodzimierz Lubanski (51 Arnór Guðjohnsen), Preben Elkjaer-Larsen.   Trainer: Robert Waseige

Goals: Halilhodzić (2), Dobiáš (46)

LINFIELD BELFAST v BEVEREN WAAS 0-5 (0-1)

Windsor Park, Belfast   29.09.1981

Referee: Egbert Mulder (HOL)   Attendance: 2,700

LINFIELD: George Dunlop, Terry Hayes, Gary McCartney (.. Martin Beattie), John Garrett, Peter Rafferty, Roy Walsh, David Nixon, Martin McGaughey, John Whitten, William Murray, Trevor Anderson (.. William Gordon).

BEVEREN: Jean-Marie Pfaff, Eddy Jaspers, Philippe Garot, Freddy Buyl, Marc Baecke, Danny Pfaff, Heinz Schönberger, Erwin Albert (34 Peter Crève), Paul Theunis, Ronny Martens, David Alcock (.. Jan Van Eyken).

Goals: Martens (25, 50, 64, 87), D. Pfaff (48)

KSC LOKEREN v FC NANTES 4-2 (2-0)

Daknamstadion, Lokeren   30.09.1981

Referee: Alfred William Grey (ENG)   Attendance: 16,000

LOKEREN: Bob Hoogenboom, Ronald Somers, Robert Dalving, Maurits de Schrijver, Roland Ingels, Eddy Snelders, Dirk de Wachter (58 Ronny Laroy), René Verheyen, Raymond Mommens, Grzegorz Lato, Preben Elkjaer-Larsen.   Trainer: Robert Waseige

FC NANTES: Jean-Paul Bertrand-Demanes; Michel Bibard, Michel Der Zakarian, Henri Michel, Maxime Bossis, Oscar Muller, Seth Adonkor, Gilles Rampillon, Patrice Lecornu (75 José Touré), Bruno Baronchelli, Loic Amisse.   Trainer: Jean Vincent

Goals: Elkjaer-Larsen (20, 69), Snelders (27), Verheyen (62), Baronchelli (82), Bibard (84)

LIMERICK UNITED AFC v SOUTHAMPTON FC 0-3 (0-0)

Markets Field, Limerick   16.09.1981

Referee: Harold J. van Ettekoven (HOL)   Attendance: 10,000

LIMERICK: Kevin Fitzpatrick, Patrick Nolan, Al Finucane, Eoin Hand, Brendan Storan, Tony Meaney, Gerry Duggan (60 Mick McDonald), Gary Hulmes, Des Kennedy, John Walsh, Tony Ward.   Manager: Eoin Hand

SOUTHAMPTON: Peter Wells, Ivan Golac, Nick Holmes, Graham Baker, David Watson, Reuben Agboola, Kevin Keegan, Michael Channon, Stephen Moran, David Armstrong, Alan Ball.   Manager: Lawrie McMenemy

Goals: Moran (58, 60), Armstrong (77)

BEVEREN WAAS v LINFIELD BELFAST 3-0 (1-0)

Freethiel, Beveren   16.09.1981

Referee: Jean-Marie Macheret (SWI)   Attendance: 7,000

BEVEREN: Jean-Marie Pfaff, Eddy Jaspers, Philippe Garot, Freddy Buyl, Marc Baecke, Wilfried van Moer, Erwin Albert, Heinz Schönberger, Paul Theunis, Ronny Martens, Dieter Weihrauch (.. Patrick Schoofs).

LINFIELD: George Dunlop, Frank Parks, Gary McCartney, Terry Hayes, Peter Rafferty, Roy Walsh, David Nixon, Stephen McKee (.. William Murray), John Whitten, Peter Dornan, Trevor Anderson.

Goals: Schonberger (24 pen), Albert (59), Martens (63)

SOUTHAMPTON FC v LIMERICK UNITED AFC 1-1 (0-0)

The Dell, Southampton   29.09.1981

Referee: Rolf Nyhus (NOR)   Attendance: 12,841

SOUTHAMPTON: Ivan Katalinic, Ivan Golac, Nick Holmes, Graham Baker, David Watson, Reuben Agboola, Kevin Keegan, Michael Channon, Stephen Moran, David Armstrong, Alan Ball.   Manager: Lawrie McMenemy

LIMERICK: Kevin Fitzpatrick, Patrick Nolan, James Nodwell, Al Finucane, Brendan Storan, Tony Meaney, Gerry Duggan (70 Mick McDonnell), Gary Hulmes (50 Tony Morris), Des Kennedy, John Walsh, Tony Ward.   Manager: Eoin Hand

Goals: Keegan (63), Morris (65)

DINAMO BUCUREŞTI v LEVSKI SPARTAK SOFIA 3-0 (3-0)

Dinamo, Bucureşti 16.09.1981

Referee: Talal Tokat (TUR)   Attendance: 13,000

DINAMO: Dumitru Moraru; Nicuşor Vlad, Cornel Dinu, Adrian Bumbescu, Teofil Stredie; Ionel Augustin, Alexandru Custov, Marin Dragnea (79 Ion Marin); Cornel Ţălnar (67 Dorel Zamfir), Dudu Georgescu, Costel Orac.
Trainer: Nicolae Nicuşor Dumitru

LEVSKI SPARTAK: Vlado Delchev; Plamen Nikolov, Veselin Balevski, Nikolai Grancharov, Petar Petrov; Grigor Grigorov (46 Rusi Gochev), Krasimir Chavdarov, Plamen Tzvetkov (46 Todor Barzov); Bojidar Iskrenov, Petar Kurdov, Emil Spasov.
Trainers: Hristo Mladenov & Kiril Ivkov

Goals: Georgescu (13, 40), Dragnea (37)

FC ARGEŞ PITEŞTI v APOEL NICOSIA 4-0 (2-0)

1 Mai, Piteşti 30.09.1981

Referee: Miroslav Stupar (USSR)   Attendance: 9,000

FC ARGEŞ: Cristian Gheorghe; Mihai Zamfir, Constantin Stancu, Constantin Cîrstea, Dan Tulpan; Nicolae Kallo, Ilie Bărbulescu, Constantin Ignat (75 Gheorghe Chivescu); Viorel Turcu, Viorel Moiceanu (56 Marin Radu II), Dumitru Băluţă.
Trainers: Alexandru Constantinescu & Dan Silvăşan

APOEL: Herodotos Herodotou "Koupanos"; Tullis, Andreas Stefanou, Nikos Pantziaras, Haralampos Menelaou; Koulis Pantziaras, Takis Antoniou, Kyriakos Vasileiou, Nikos Kritikos (65 Takis Timotheou); Giannis Katsioloudis "Gouras" (83 Giorgos Petrou), Petrakis Hatzithomas.

Goals: Turcu (21), Băluţă (28), Cîstea (61), Kallo (77)

LEVSKI SPARTAK SOFIA v DINAMO BUCUREŞTI 2-1 (2-0)

Vasil Levski, Sofia 29.09.1981

Referee: Eldar Asim Zade (USSR)   Attendance: 35,000

LEVSKI SPARTAK: Vlado Delchev; Plamen Nikolov, Veselin Balevski, Nikolai Grancharov, Petar Petrov; Todor Barzov, Rusi Gochev (77 Hristo Denchev), Krasimir Chavdarov; Emil Spasov (65 Plamen Tzvetkov), Petar Kurdov, Bojidar Iskrenov.
Trainers: Dobromir Jechev & Kiril Ivkov

DINAMO: Dumitru Moraru; Nicuşor Vlad, Cornel Dinu (46 Ion Marin), Adrian Bumbescu, Teofil Stredie; Ionel Augustin, Marin Dragnea, Alexandru Custov; Cornel Ţălnar, Dudu Georgescu, Costel Orac.   Trainer: Nicolae Nicuşor Dumitru

Goals: Kurdov (12, 35), Augustin (88)

IPSWICH TOWN v ABERDEEN 1-1 (1-0)

Portman Road, Ipswich 16.09.1981

Referee: Gianfranco Menegalli (ITA)   Attendance: 18,535

IPSWICH TOWN: Paul Cooper, Michael Mills, Stephen McCall, Frans Thijssen, Russell Osman, Terence Butcher, John Wark, Arnold Mühren, Kevin O'Callaghan (78 Michael d'Avray), Alan Brazil, Eric Gates.   Manager: Robert Robson

ABERDEEN: James Leighton, Stuart Kennedy, Doug Rougvie, Andy Watson, Alexander McLeish, William Miller, Gordon Strachan, Neale Cooper, Mark McGhee, John Hewitt, Peter Weir (80 Neil Simpson).   Manager: Alex Ferguson

Goals: Thijssen (45), Hewitt (51)

APOEL NICOSIA v FC ARGEŞ PITEŞTI 1-1 (1-1)

Makarios, Nicosia 16.09.1981

Referee: Hiqmet Kuka (ALB)   Attendance: 4,000

APOEL: Kyriakos Kouis; Haralampos Menelaou, Petrakis Hatzithomas, Nikos Pantziaras (Cap), Kostas Miamiliotis; Koulis Pantziaras, Panourgias, Kyriakos Vasileiou; Giannis Katsioloudis "Gouras", Giorgos Petrou, Takis Hristos Antoniou.
Trainer: Ferenson Marik

FC ARGEŞ: Cristian Gheorghe; Mihai Zamfir, Constantin Stancu, Constantin Cîrstea, Dan Tulpan (58 Stelian Badea); Nicolae Kallo, Ilie Bărbulescu, Constantin Ignat; Viorel Turcu (76 Viorel Moiceanu), Marin Radu II, Dumitru Băluţă.
Trainers: Alexandru Constantinescu & Dan Silvăşan

Goals: Antoniou (10), Ignat (17)

ABERDEEN v IPSWICH TOWN 3-1 (1-1)

Pittodrie, Aberdeen 30.09.1981

Referee: Michel Vautrot (FRA)   Attendance: 24,000

ABERDEEN: James Leighton, Stuart Kennedy, Doug Rougvie, Andy Watson (56 Douglas Bell), Alexander McLeish, William Miller, Gordon Strachan, Neale Cooper (79 Neil Simpson), Mark McGhee, John Hewitt, Peter Weir.
Manager: Alex Ferguson

IPSWICH TOWN: Paul Cooper, Michael Mills, Stephen McCall, Frans Thijssen (84 Kevin O'Callaghan), Russell Osman, Terence Butcher, John Wark, Arnold Mühren, Paul Mariner, Alan Brazil, Eric Gates.

Goals: Strachan (19 pen), Weir (54, 84), Wark (34 pen)

AS MONACO v DUNDEE UNITED 2-5 (0-2)

Louis II, Monaco 16.09.1981

Referee: José Luis Garcia Carrion (SPA)   Attendance: 7,609

AS MONACO: Jean-Luc Ettori; Abdallah Liégeon (46 Jacques Perais), Manuel Amoros, Rolland Courbis, Alfred Vitalis, Umberto Barberis, Didier Christophe, Ralf Edström, Alain Couriol, Eric Pecout, Bruno Bellone.   Trainer: Géarrd Banide

DUNDEE UNITED: Hamish McAlpine, John Holt, David Narey, Paul Hegarty, Frank Kopel, Iain Phillip (80 Richard Gough), William Kirkwood, Ralph Milne, Eamonn Bannon, Paul Sturrock, David Dodds.

Goals: Kirkwood (15), Dodds (20, 70), Edström (62), Bannon (67 pen, 83 pen), Bellone (89)

**ARSENAL LONDON
v PANATHINAIKOS ATHINA 1-0** (0-0)

Arsenal stadium, Highbury, London 30.09.1981

Referee: Erich Linemayr (AUS)   Attendance: 23,514

ARSENAL: Patrick Jennings, John Devine, Kenneth Sansom, Brian Talbot, David O'Leary (64 Christopher Whyte), William Young, John Hollins, Alan Sunderland, Brian McDermott, Peter Nicholas, Graham Rix.   Manager: Terence Neill

PANATHINAIKOS: Vasilis Konstantinou, Giannis Kyrastas, Nikos Karoulias, Nikos Kovis, Theofilos Simaioforidis, Siros Livathinos, Grigoris Haralampidis, Giorgos Delikaris (77 Aggelos Anastasiadis), Ilias Galakos, Juan Rocha-Boublis (70 Pantelis Katsiakos), Arne Dokken.
Trainer: Lakis Petropoulos

Goal: Talbot (54)

DUNDEE UNITED v AS MONACO 1-2 (0-0)

Tannadice Park, Dundee 30.09.1981

Referee: Roger Verhaeghe (BEL)   Attendance: 12,013

DUNDEE UNITED: Hamish McAlpine, Derek Stark, John Holt, Iain Phillip, Paul Hegarty, David Narey, Eamonn Bannon, Graeme Payne (76 Ralph Milne), William Kirkwood, Paul Sturrock, David Dodds.

AS MONACO: Jean-Luc Ettori; Abdallah Liégeon, Claude Puel, Jacques Perais, Thierry Ninot, Didier Christophe, Manuel Amoros (84 Serge Recordier), Dominique Bijotat, Ralf Edström, Alain Couriol (67 Jean-Marc Valadier), Bruno Bellone.   Trainer: Géarrd Banide

Goals: Edström (47), Bellone (59), Milne (83)

**GRASSHOPPER-CLUB ZÜRICH
v WEST BROMWICH ALBION 1-0** (1-0)

Hardturm, Zürich 16.09.1981

Referee: Franz Wöhrer (AUS)   Attendance: 8,100

GRASSHOPPER: Roger Berbig; Herbert Hermann, André Meyer, Charly In-Albon, Roger Wehrli, André Egli, Kurt Jara, Heinz Hermann, Claudio Sulser, Livio Zanetti, André Fimian (74 Hansjörg Pfister).   Trainer: Timo Konietzka

WEST BROMWICH ALBION: Anthony Godden, Brendon Batson, Derek Statham, Remi Moses, John Wile, Alistair Robertson, Bryan Robson, David Mills, Cyrille Regis, Gary Owen, Stephen McKenzie.   Manager: Ronnie Allen

Goal: Fimian (38)

**PANATHINAIKOS ATHINA
v ARSENAL LONDON 0-2** (0-1)

Stadio Apostolos Nikolaidis, Athina 16.09.1981

Referee: Siegfried Kirschen (DDR)   Attendance: 27,000

PANATHINAIKOS: Vasilis Konstantinou, Giannis Kyrastas, Nikos Karoulias, Nikos Kovis, Anthimos Kapsis, Aggelos Anastasiadis, Spiros Livathinos, Pantelis Katsiakos (55 Giorgos Delikaris), Ilias Galakos, Juan Rocha-Boublis, Arne Dokken.
Trainer: Lakis Petropoulos

ARSENAL: Patrick Jennings, John Hollins, Kenneth Sansom, Brian Talbot, David O'Leary, William Young, Paul Davis, Paul Vaessen (70 Raphael MEADE), Brian McDermott, Peter Nicholas, Graham Rix.   Manager: Terence Neill

Goals: McDermott (34), Meade (71)

**WEST BROMWICH ALBION
v GRASSHOPPER-CLUB ZÜRICH 1-3** (0-2)

The Hawthorns, West Bromwich 30.09.1981

Referee: Günter Linn (WG)   Attendance: 16,745

WEST BROMWICH ALBION: Anthony Godden, Brendon Batson, Derek Statham, David Mills (63 David Cross), John Wile, Alistair Robertson (80 Alan Webb), Bryan Robson, John Deehan, Cyrille Regis, Gary Owen, Stephen McKenzie.

GRASSHOPPER: Roger Berbig; Charly In-Albon, André Meyer, André Egli, Herbert Hermann, Roger Wehrli, Marcel Koller, Heinz Hermann, Claudio Sulser, Kurt Jara, André Fimian (69 Livio Zanetti).

Goals: Fimian (10), Koller (15), Robertson (59), Jara (72)

PSV EINDHOVEN v NAESTVED IF 7-0 (3-0)

Philips sportpark, Eindhoven   16.09.1981

Referee: Frederick McKnight (NIR)   Attendance: 10,000

PSV: Pim Doesburg, Huub Stevens, Adri van Kraay (60 Michel Valke), Ernie Brandts, Jan Poortvliet, Jung Moo Huh, Willy van de Kerkhof, Erwin Koeman (81 Willy Van der Kuylen), René van de Kerkhof, Ruud Geels, Hallvar Thoresen. Trainer: Thijs Libregts

NAESTVED IF: Gammelgaard, Torben Johansen, Hans Henrik Ditlevsen, Peter Bonde (54 Bogvad), Klaus Juliussen, Nedergaard (65 Nielsen), Birkedal, Heino Hansen, Pedersen, Kristensen, Mogens Hansen.

Goals: R. Van de Kerkhof (5), W. Van de Kerkhof (11), Thoresen (17), Geels (51, 61, 77), Huh (85)

FC UTRECHT v HAMBURGER SV 3-6 (0-3)

Stadion Nieuw-Monnikenhuizen, Arnhem   30.09.1981

Referee: David Richardson (ENG)   Attendance: 20,000

FC UTRECHT: Hans Van Breukelen, Koos Van Tamelen, Aad Mansveld, Ton Du Chatinier (46 Bert Goosens), Wim Flight, Ton De Kruyk, Gerard Tervoort (50 Frans Adelaar), Jan Wouters, Leo Van Veen, Willy Carbo, Monster.

HAMBURGER SV: Ulrich Stein, Manfred Kaltz, Holger Hieronymus, Ditmar Jakobs, Bernd Wehmeyer, William Hartwig, Jürgen Groh, Felix Magath, Thomas von Heesen (74 Michael Schröder), Jürgen Milewski, Lars Bastrup. Trainer: Ernst Happel

Goals: Milewski (14, 89), Wehmeyer (25), Hartwig (38), Bastrup (47), Carbo (58), von Heesen (67), De Kruyk (70 pen), Van Veen (83)

NAESTVED IF v PSV EINDHOVEN 2-1 (0-0)

Naestved stadion   30.09.1981

Referee: Arto Ravander (FIN)   Attendance: 2,794

NAESTVED IF: Gammelgaard, Nielsen, Hans Henrik Ditlevsen, Peter Bonde (.. Bogvad), Pedersen, Nedergaard, Klaus Juliussen, Kristensen (.. Torben Johansen), Heino Hansen, Birkedal, Mogens Hansen.

PSV: Pim Doesburg, Adri van Kraay (.. Ernie Brandts), Willy de Kerkhof, Huub Stevens, Piet Wildschut, Jan Poortvliet, Jung Moo Huh (.. Rob Landsbergen), Michel Valke, René van de Kerkhof, Ruud Geels, Hallvar Thoresen.

Goals: Mogens Hansen (55, 89), Thoresen (65)

FEYENOORD ROTTERDAM v SZOMBIERKI BYTOM 2-0 (0-0)

Feyenoord, Rotterdam   16.09.1981

Referee: Josef Poucek (CZE)   Attendance: 9,000

FEYENOORD: Joop Hiele, Ben Wijnstekers (68 André Stafleu), Sjaak Troost, Ivan Nielsen, Stanley Brard, Wim van Hanegem, Wim van Til, Jan van Deinsen, Karel Bouwens, Johnny Jacobsen (46 Hans Groenendijk), Pierre Vermeulen. Trainer: Vaclav Ježek

SZOMBIERKI: Wieslaw Surlit, Jan Pietryga, Andrzej Mierzwiak, Janusz Sroka, Wenanty Fuhl, Pawel Janik, Jan Bys, Grzegorz Skiba (.. Stanislaw Kwasniowski), Roman Ogaza, Grzegorz Kapica (85 Andrzej Król), Janusz Sobol.

Goals: Bouwens (72), Nielsen (75)

HAMBURGER SV v FC UTRECHT 0-1 (0-0)

Volksparkstadion, Hamburg   16.09.1981

Referee: Dušan Krchnák (CZE)   Attendance: 18,000

HAMBURGER SV: Ulrich Stein, Manfred Kaltz, Holger Hieronymus, Ditmar Jakobs, Bernd Wehmeyer, Jürgen Milewski (30 Thomas von Heesen), William Hartwig, Caspar Memering, Felix Magath, Lars Bastrup, Horst Hrubesch. Trainer: Ernst Happel

FC UTRECHT: Hans Van Breukelen, Wim Flight, Ton Du Chatinier, Aad Mansveld, Koos van Tamelen, Jan Wouters, Ton De Kruyk, Leo Van Veen, Frans Adelaar (8 Jan van de Akker), Willy Carbo, Gerard Van der Lem (64 Monster). Trainer: Han Berger

Goal: Carbo (82)

SZOMBIERKI BYTOM v FEYENOORD ROTTERDAM 1-1 (0-0)

Frycza Modrzewskiego Bytom   30.09.1981

Referee: Jakob Baumann (SWI)   Attendance: 10,000

SZOMBIERKI: Wieslaw Surlit, Jan Pietryga, Henryk Sosnica (70 Stanislaw Kwasniowski), Andrzej Mierzwiak, Janusz Sroka, Wenanty Fuhl, Pawel Janik, Jan Bys, Roman Ogaza, Grzegorz Kapica, Janusz Sobol.   Trainer: Vaclav Ježek

FEYENOORD: Joop Hiele, Ben Wijnstekers, André Stafleu, Ivan Nielsen, Sjaak Troost, Wim van Til, Wim van Hanegem, Jan van Deinsen, Richard Budding (84 Hans Groenendijk), Karel Bouwens, Pierre Vermeulen (56 Stanley Brard). Trainer: Vaclav Ježek

Goals: Ogaza (53), Bouwens (88)

MALMÖ FF v WISLA KRAKÓW 2-0 (1-0)

Malmö Stadion   16.09.1981

Referee: Gerd Henning (WG)   Attendance: 5,049

MALMÖ FF: Tony Ström, Roland Andersson, Roy Andersson, Magnus Andersson, Kent Jönsson, Ingemar Erlandsson, Robert Prytz, Jan Olov Kinnval, Björn Nilsson, Thomas Sjöberg, Paul McKinnon.

WISLA: Janusz Adamczyk, Marek Motyka (70 Janusz Nawrocki), Henryk Szymanowski, Krzysztof Budka, Piotr Skrobowski, Jan Jalocha, Leszek Lipka, Andrzej Targosz (46 Janusz Krupinski), Zdzislaw Kapka, Andrzej Iwan, Michal Wróbel.

Goals: Nilsson (34), Kinnval (59)

WISLA KRAKÓW v MALMÖ FF 1-3 (1-0)

Wisla, Kraków   30.09.1981

Referee: Hendrick Weerink (HOL)   Attendance: 14,895

WISLA: Janusz Adamczyk, Henryk Szymanowski (67 Janusz Krupinski), Piotr Skrobowski, Marek Motyka, Jan Jalocha, Janusz Nawrocki, Zdzislaw Kapka, Andrzej Targosz, Leszek Lipka (67 Boguslaw Dziegiela), Andrzej Iwan, Michal Wróbel.

MALMÖ FF: Tony Ström, Roland Andersson, Roy Andersson, Magnus Andersson, Anders Olsson, Ingemar Erlandsson, Robert Prytz, Mats Arvidsson, Jan Olov Kinnval, Björn Nilsson, Anders Palmer.

Goals: Kapka (5), Palmer (50), Prytz (58 pen), Nilsson (73)

BOAVISTA PORTO
v ATLÉTICO MADRID 4-1 (2-0)

Estádio do Bessa, Porto   16.09.1981

Referee: John Hunting (ENG)   Attendance: 20,000

BOAVISTA: Luís Filipe da Cruz MATOS, António Alves de Oliveira "QUEIRÓ", PAULO CÉSAR Morais, ARTUR Nogueira Ferreira, António Rodrigues CACHEIRA, Manuel José Ferreira da Silva BARBOSA (72 ANTÓNIO Manuel Rodrigues BARBOSA), ELISEU Martins Ramalho, AÍLTON Ballesteros, JORGE Manuel Lopes da SILVA, Francisco António Lucas VITAL (68 DIAMANTINO Manuel Fernandes Miranda), Rui Manuel Lima Correia PALHARES.   Trainer: Mário Lino

ATLÉTICO: José NAVARRO, Juan Jesús González SIERRA, Juan Carlos ARTECHE Gómez, BALBINO García Puerto, JULIO ALBERTO Moreno Casas, Miguel Ángel RUIZ García, MARCOS Alonso Peña, Enrique "QUIQUE" RAMOS González, RUBÉN Andrés CANO Martínez (76 HUGO SÁNCHEZ Márquez), José DIRCEU Guimarães, PEDRO PABLO Matesán Muñoz.   Trainer: Luis Cid Carriega

Goals: Vital (6), Jorge Silva (17), Pedro Pablo (62), Diamantino (74), Palhares (87)

ATLÉTICO MADRID
v BOAVISTA PORTO 3-1 (1-1)

Estadio Vicente Calderón, Madrid   1.10.1981

Referee: Walter Horstmann (WG)   Attendance: 20,000

ATLÉTICO: José AGUINAGA, MARCELINO Pérez Ayllón, Juan Carlos ARTECHE Gómez (53 PEDRO PABLO Matesan Muñoz), BALBINO García Puerto, JULIO ALBERTO Moreno Casas, Miguel Ángel RUIZ García, José DIRCEU Guimarães, Enrique "QUIQUE" RAMOS González, MARCOS Alonso Peña, RUBÉN Andrés CANO Martínez, HUGO SÁNCHEZ Márquez (46 Juan José RUBIO Jiménez).   Trainer: Luis Cid Carriega

BOAVISTA: Luís Filipe da Cruz MATOS, António Alves de Oliveira "QUEIRÓ", PAULO CÉSAR Morais, ARTUR Nogueira Ferreira, Manuel da Silva Fangueiro "NELINHO", JORGE Manuel Lopes da SILVA (46 José da Silva COELHO), Manuel José Ferreira da Silva BARBOSA, ELISEU Martins Ramalho, AÍLTON Ballesteros, DIAMANTINO Manuel Fernandes Miranda (74 João Idalécio Rodrigues BRAVO), Rui Manuel Lima Correia PALHARES.   Trainer: Mário Lino

Goals: Dirceu (9, 61), Diamantino (44), R. Cano (88 pen)

RAPID WIEN
v VIDEOTON SZÉKESFEHÉRVÁR 2-2 (0-1)

Prater, Wien   16.09.1981

Referee: Trajce Madzoski (YUG)   Attendance: 30,000

RAPID: Herbert Feurer; Bernd Krauss, Heribert Weber, Kurt Garger, Johann Pregesbauer; Antonín Panenka, Reinhard Kienast, Anatoli Sinchenko; Rudolf Steinbauer (58 Rudolf Weinhofer), Johann Krankl, Christian Keglevits. Trainer: Walter Skocik

VIDEOTON: Péter Disztl; József Csuhay, László Disztl, Sándor Baranyi, Tibor Végh; István Pálkovics, Péter Kiss, Imre Vadász; Lajos Májer, József Szabó (85 Tibor Nagy), György Nováth.   Trainer: Antal Szentmihályi

Goals: Szabó (32), Weber (81), Végh (88 pen), Panenka (90 pen)

VIDEOTON SZÉKESFEHÉRVÁR
v RAPID WIEN 0-2 (0-1)

Sóstói, Székesfehérvár   30.09.1981

Referee: Evangelos Giannakoudakis (GRE)   Att: 10,000

VIDEOTON: Péter Disztl; József Csuhay, László Disztl, Sándor Baranyi, Gábor Horváth; István Pálkovics, Ferenc Csongrádi, Imre Vadász; Lajos Májer (63 László Tieber), Tibor Nagy, György Nováth.   Trainer: Antal Szentmihályi

RAPID: Herbert Feurer; Bernd Krauss, Johann Pregesbauer, Kurt Garger, Heribert Weber; Reinhard Kienast, Antonín Panenka (88 Peter Persidis), Anatoli Sinchenko; Rudolf Steinbauer (73 Heinz Weiss), Johann Krankl, Christian Keglevits.   Trainer: Walter Skocik

Goals: Krankl (21, 82)

**TATABÁNYA BANYASZ
v REAL MADRID 2-1** (1-1)

Bányász stadion, Tatabánya 16.09.1981

Referee: Adolf Matthias (AUS)   Attendance: 22,000

TATABÁNYA: Imre Kiss; György Szabó, Károly Lakatos, Ferenc Fejes, László Fischer; László Emmer, Károly Csapó, Sándor Hermann; László P. Nagy, István Kovács, István Weimper.   Trainer: Károly Lakat

REAL: MIGUEL ÁNGEL González Suárez; Isidoro SAN JOSÉ Pozo, Antonio GARCIA NAVAJAS, José Antonio CAMACHO Alfaro, Rafael GARCIA CORTES; ÁNGEL de los Santos Cano, Vicente DEL BOSQUE González (80 Francisco GARCIA HERNÁNDEZ), Ricardo GALLEGO Redondo (87 Juan CARCELÉN); Juan Gomez González "JUANITO", Carlos Alonso González "SANTILLANA", ISIDRO Díaz González. Trainer: Vujadin Boškov

Sent off: Fejes (38), Kovács (71), Pineda (71), Ito (79)

Goals: Weimper (32 pen), Santillana (45), Csapó (79)

**REAL MADRID
v TATABÁNYA BANYASZ 1-0** (0-0)

Estadio Santiago Bernabéu, Madrid 30.09.1981

Referee: Patrick Mulhall (EIRE)   Attendance: 52,500

REAL: MIGUEL ÁNGEL González Suárez; Andrés SABIDO Martín, José Antonio CAMACHO Alfaro, Antonio GARCIA NAVAJAS, Rafael GARCIA CORTES; ÁNGEL de los Santos Cano (60 ISIDRO Díaz González), Vicente DEL BOSQUE González, Ulrich Stielike; Andrés Alonso "ITO", Carlos Alonso González "SANTILLANA" (20 Francisco PINEDA García), Juan Gomez González "JUANITO".   Trainer: Vujadin Boškov

TATABÁNYA: Imre Kiss; György Szabó, Károly Lakatos, Ferenc Fejes, László Fischer; László Emmer, Károly Csapó, Sándor Hermann; László P. Nagy, István Kovács, István Weimper.   Trainer: Károly Lakat

Goal: Isidro (74)

**DINAMO TIRANA
v FC CARL ZEISS JENA 1-0** (0-0)

Qemal Stafa, Tirana 16.09.1981

Referee: László Györi (HUN)   Attendance: 19,000

DINAMO: Ilir Luarasi, Kutjim Cocoli, Agron Duati, Muhedin Targaj, Kola (87 Durim Kuqi), Halit Gega, Aleko Bregu, Andrea Marko, Urani (87 Artur Cobani), Vasillaq Zëri, Haxhi Ballgjini.

FC CARL ZEISS: Hans-Ulrich Grapenthin, Rüdiger Schnuphase, Gerhard Hoppe, Konrad Weise (50 Wolfgang Schilling), Lothar Kurbjuweit, Andreas Krause, Ullrich Oevermann, Thomas Töpfer, Andreas Bielau, Jürgen Raab, Eberhard Vogel (66 Martin Trocha). Trainer: Hans-Joachim Meyer

Goal: Zeri (61)

**FC CARL ZEISS JENA
v DINAMO TIRANA 4-0** (1-0)

Ernst-Abbe-Sportfeld, Jena 30.09.1981

Referee: Gheorghe Dragomir (ROM)   Attendance: 4,000

FC CARL ZEISS: Hans-Ulrich Grapenthin, Rüdiger Schnuphase, Konrad Weise, Wolfgang Schilling, Gerhard Hoppe, Andreas Krause, Ullrich Oevermann (75 Stefan Meixner), Lothar Kurbjuweit, Andreas Bielau (70 Eberhard Vogel), Jürgen Raab, Martin Trocha. Trainer: Hans-Joachim Meyer

DINAMO: Ilir Luarasi, Kutjim Cocoli, Agron Duati, Muhedin Targaj, Kola, Halit Gega, Aleko Bregu (22 Artur Cobani), Urani, Andrea Marko (70 Durim Kuqi), Ilir Pernaska, Vasillaq Zëri.

Goals: Raab (11), Schnuphase (60 pen), Bielau (66), Trocha (83)

SSC NAPOLI v RADNICKI NIŠ 2-2 (0-0)

Stadio San Paolo, Napoli 16.09.1981

Referee: George Courtney (ENG)   Attendance: 55,000

SSC NAPOLI: Luciano Castellini, Giuseppe Bruscolotti, Filippo Citterio; Paolo Benedetti, Moreno Ferrario, Gaetano Musella, Claudio Vinazzani, Claudio Pellegrini, Antonino Criscimanni, Massimo Palanca (60 Giuseppe Damiani), Ruud Krol (72 Raimondo Marino).   Trainer: Marchesi

RADNICKI: Stevanović; Slobodan Halilović, Milovan Obradovic, Zoran Bojović, Aleksandar Panajotović, Mirko Vojinović, Miodrag Stoiljkovic, Goran Antić, Slavoljub Nikolić, Dragan Radosavljević, Miroslav Aleksić. Trainer: Dušan Nenković

Goals: Damiani (68 pen), Stoiljković (72), Aleksić (79), Musella (81)

RADNICKI NIŠ v SSC NAPOLI 0-0

Cair, Niš 30.09.1981

Referee: Augusto Marques Pires (POR)   Attendance: 15,000

RADNICKI: Stevanović, Slobodan Halilović, Milovan Obradović, Zoran Bojović, Aleksandar Panajotović, Mirko Vojinović, Branislav Djordjević (82 Bratislav Rinčić), Goran Antić, Slavoljub Nikolić (56 Stanisa Savić), Dragan Radosavljević, Miodrag Stoiljković. Trainer: Dušan Nenković

SSC NAPOLI: Luciano Castellini, Giuseppe Bruscolotti, Filippo Citterio; Mario Guidetti, Roberto Amodio (68 Antonino Criscimanni), Moreno Ferrario; Giuseppe Damiani, Claudio Vinazzani, Gaetano Musella (52 Massimo Palanca), Paolo Benedetti, Claudio Pellegrini.   Trainer: Marchesi

Sent off: Guidetti (88)

ADANASPOR
v INTERNAZIONALE MILANO 1-3 (1-0)

Atatürk Stadi, Adana 16.09.1981

Referee: Vojtěch Christov (CZE) Attendance: 25,000

ADANASPOR: Malik Gençalp; Timucin, Sevket Kesler, Mustafa Şentürk, Halis (70 Mahmut Feyzullah), Mustafa Ulucan, Kayhan Kaynak, Gani Açikel, Selahattin Karasu, Ahmet Kahraman, Özer Umdu. Trainer: Guney

INTERNAZIONALE: Ivano Bordon, Nazzareno Canuti (78 Giuseppe Baresi), Giuseppe Bergomi; Giancarlo Pasinato (55 Aldo Serena), Klaus Bachlechner, Graziano Bini; Gabriele Oriali, Herbert Prohaska, Alessandro Altobelli, Giancarlo Centi, Giampiero Marini. Trainer: Eugenio Bersellini

Goals: Özer (10 pen), Serena (61), Bini (78), Altobelli (89)

SLIEMA WANDERERS
v ARIS THESSALONIKI 2-4 (0-2)

National, Ta Qali 30.09.1981

Referee: Pietro D'Elia (ITA) Attendance: 1,799

SLIEMA: Charles Sciberras; David Buckingham (.. Chris Vella), Oliver Losco, Mario Schembri, Frank Gollcher; Emanuel Fabri, Paul Portelli, David Azzopardi (64 Gennaro Camilleri); Eric Schembri, Simon Tortell, Tony Tabone. Trainer: Butigkeri

ARIS: Giorgos Pantziaras; Nikos Pasialis, Giorgos Foiros, Giannis Venos, Giannis Tzifopoulos; Fuat Mulahasanovic, Kostas Kouis (75 Pavel Panov), Giorgos Semertzidis; Giorgos Zindros, Kostas Haralampidis (72 Nikos Hatziantoniou), Theodoros Zelilidis. Trainer: Michal Vican

Goals: Semertzidis (14), Kouis (16), Tortell (51), Zelilidis (61), Losco (81), Panov (83)

INTERNAZIONALE MILANO
v ADANASPOR 4-1 (1-0)

Stadio Giuseppe Meazza, Milano 30.09.1981

Referee: Ivan Iosifov (BUL) Attendance: 27,000

INTERNAZIONALE: Ivano Bordon; Giuseppe Bergomi, Giuseppe Baresi; Gabriele Oriali (72 Luigi Rocca), Nazzareno Canuti, Klaus Bachlechner; Salvatore Bagni, Herbert Prohaska, Alessandro Altobelli, Evaristo Beccalossi, Aldo Serena (75 Claudio Fermanelli). Trainer: Eugenio Bersellini

ADANASPOR: Malik Gençalp; Timucin, Mahmut Feyzullah, Mustafa Ulucan, Sevket Kesler, Gani Açikel, Kayhan Kaynak, Selahattin Karasu, Ahmet Kahraman, Özer Umdu, Ercan.

Goals: Beccalossi (18), Bagni (51), Serena (74), Altobelli (75), Ahmet (86)

BRYNE IL v KFC WINTERSLAG 0-2 (0-1)

Stavanger stadium 16.09.1981

Referee: Ib Nielsen (DEN) Attendance: 2,732

BRYNE: Per Egil Nygard; Kjell Iversen, Birk Engstrøm, Knut Ertresvåg, Ásgeir Kleppa (77 Trond Sirevåg); Gaute Engstrøm (45 Geir Herrem), Rune Ottesen, Oddgeir Mellemstrand; Nils Ove Hellvik, Gabriel Hoyland, Bernt Maeland.

WINTERSLAG: Jean-Paul de Bruyne; Patrick Houben, Mathy Billen, Eric van Lessen, Paul Lambrichts; Roger Albertsen, Luc Thijs, Mathieu Denier, Pierre Denier (75 Carlo Weis); Karl Berger, Will van Woerkum.

Goals: Berger (31), Weis (87)

ARIS THESSALONIKI
v SLIEMA WANDERERS 4-0 (1-0)

Harilaou, Thessaloniki 16.09.1981

Referee: Cristian Teodorescu (ROM) Attendance: 8,000

ARIS: Stelios Papafloratos; Kostas Mokalis (46 Haralampos Savvidis), Giorgos Foiros, Giannis Venos, Giorgos Zindros (72 Nikos Hatziantoniou); Kostas Kouis, Giorgos Semertzidis, Pavel Panov; Theodoros Zelilidis, Kostas Haralampidis, Fuat Mulahasanovic. Trainer: Michal Vican

SLIEMA: Charles Sciberras; David Buckingham, Oliver Losco, Mario Schembri, Frank Gollcher; Emanuel Fabri, Simon Tortell, Richard Aquilina; Spiteri (76 Paul Portelli), Chris Vella (46 Gennaro Camilleri), Tony Tabone. Trainer: Butigkeri

Goals: Panov (33), Kouis (63, 75 pen, 90)

KFC WINTERSLAG v BRYNE IL 1-2 (1-1)

Gemeentelijk Sportpark, Winterslag 30.09.1981

Referee: David F.T. Syme (SCO) Attendance: 5,000

WINTERSLAG: Jean-Paul de Bruyne; Patrick Houben, Mathy Billen, Eric van Lessen; Roger Albertsen, Luc Thijs, Mathieu Denier, Pierre Denier (63 Daniel Deraeve); Karl Berger, Carlo Weis, Guido Davids. Trainer: Mathieu Bollen

BRYNE: Odd Kåre Rogenes; Kjell Iversen, Birk Engstrøm, Oddvar Kristensen, Ásgeir Kleppa; Geir Herrem, Rune Ottesen, Oddgeir Mellemstrand, Gabriel Hoyland; Nils Ove Hellvik, Bernt Maeland.

Goals: Billen (19), Maeland (23), Hellvik (51)

ZENIT LENINGRAD
v DYNAMO DRESDEN 1-2 (1-2)

Sergei Kirov, Leningrad   16.09.1981

Referee: Anders Mattsson (FIN)   Attendance: 45,000

ZENIT: Mikhail Biriukov, Sergei Bondarenko, Anatoli Davidov, Gennadi Timofeev, Nikolai Larionov, Sergei Vedeneev, Viacheslav Melnikov, Valeri Broschin (46 Igor Yakovlev), Vladimir Kazacyenok (60 Vladimir Dolgopolov), Yuri Zheludkov, Vladimir Klementiev.

DYNAMO: Bernd Jakubowski, Hans-Jürgen Dörner, Christian Helm, Udo Schmuck, Klaus Malzahn, Frank Schuster, Hartmut Schade, Andreas Trautmann, Gerd Heidler, Ralf Minge, Matthias Döschner (88 Lutz Schülbe).   Trainer: Gerhard Prautzsch

Goals: Zheludkov (16), Dörner (32), Heidler (37)

AKADEMIK SOFIA
v 1.FC KAISERSLAUTERN 1-2 (1-2)

Sofia   30.09.1981

Referee: Alain Delmer (FRA)   Attendance: 11,000

AKADEMIK: Decho Pavlov, Rumen Dimov, Plamen Kanchev, Sasho Borisov, Aleksandrov, Iordan Kostov (62 Panaiot Gorov), Borislav Giorev, Lipenski, Dimitar Georgiev (62 Tsonko Simeonov), Dimitar Dimitrov, Joro Machkanski.

1.FC KAISERSLAUTERN: Armin Reichel, Wolfgang Wolf, Hans-Günther Neues, Hans-Peter Briegel, Andreas Brehme, Werner Melzer, Norbert Eilenfeldt, Hans Bongartz, Reiner Geye, Friedhelm Funkel, Erhard Hofeditz (69 Bruno Hübner).   Trainer: Karlheinz Feldkamp

Goals: Lipenski (15), Melzer (20), Briegel (25 pen)

DYNAMO DRESDEN
v ZENIT LENINGRAD 4-1 (2-1)

Dynamo, Dresden   30.09.1981

Referee: Velichko Tsonchev (BUL)   Attendance: 17,000

DYNAMO: Bernd Jakubowski, Hans-Jürgen Dörner, Andreas Mittag, Udo Schmuck, Christian Helm, Frank Schuster, Hartmut Schade, Andreas Trautmann, Gerd Heidler (74 Lutz Schülbe), Ralf Minge, Matthias Döschner (78 Torsten Gütschow).   Trainer: Gerhard Prautzsch

ZENIT: Mikhail Biriukov, Sergei Bondarenko, Anatoli Davidov, Valeri Zolin (37 Valeri Broschin), Vladimir Golubev, Sergei Vedeneev (82 Vladimir Dolgopolov), Nikolai Larionov, Gennadi Timofeev, Vladimir Kazacyenok, Viacheslav Melnikov, Vladimir Klementiev.

Goals: Trautmann (8), Schmuck (13), Kazacyenok (38 pen), Minge (49), Heidler (71 pen)

1.FC MAGDEBURG
v BORUSSIA MÖNCHENGLADBACH 3-1 (2-0)

Ernst-Grube-Stadion, Magdeburg   16.09.1981

Referee: Brian McGinlay (SCO)   Attendance: 32,000

1.FC MAGDEBURG: Dirk Heyne, Dirk Stahmann, Detlef Raugust, Siegmund Mewes, Klaus Decker, Rolf Döbbelin, Jürgen Pommerenke, Wolfgang Steinbach, Damian Halata, Joachim Streich, Martin Hoffmann.
Trainer: Klaus Urbanczyk

BORUSSIA: Wolfgang Kleff, Hans-Günter Bruns, Norbert Ringels, Frank Schäffer, Jürgen Fleer, Lothar Matthäus, Armin Veh, Uwe Rahn, Kurt Pinkall, Frank Mill, Wolfram Wuttke (75 Peter Loontiens).   Trainer: Josef Heynckes

Goals: Hoffmann (37), Streich (42), Mill (51), Mewes (57)

1.FC KAISERSLAUTERN
v AKADEMIK SOFIA 1-0 (1-0)

Betzenberg, Kaiserslautern   16.09.1981

Referee: Zoran Petrović (YUG)   Attendance: 10,338

1.FC KAISERSLAUTERN: Armin Reichel, Michael Dusek, Hans-Günther Neues, Hans-Peter Briegel, Andreas Brehme, Werner Melzer, Norbert Eilenfeldt (90 Wolfgang Wolf), Hans Bongartz, Reiner Geye (71 Axel Brummer), Friedhelm Funkel, Bruno Hübner.   Trainer: Karlheinz Feldkamp

AKADEMIK: Decho Pavlov, Dimitar Dimitrov, Rumen Dimov, Sasho Borisov, Aleksandrov, Kiril Liubomirov, Borislav Giorev, Joro Machkanski, Nikolai Bachvarov (46 Tsonko Simeonov, 87 Panaiot Gorov), Iordan Kostov, Lipenski.   Trainer: Dimitar Kontev

Goal: Brehme (29 pen)

BORUSSIA MÖNCHENGLADBACH
v 1.FC MAGDEBURG 2-0 (0-0)

Bökelberg, Mönchengladbach   30.09.1981

Referee: Ronald Bridges (WAL)   Attendance: 38,500

BORUSSIA: Wolfgang Kleff, Norbert Ringels, Wilfried Hannes, Frank Schäffer, Jürgen Fleer, Lothar Matthäus, Hans-Günter Bruns, Winfried Schäfer, Kurt Pinkall, Frank Mill, Wolfram Wuttke.   Trainer: Josef Heynckes

1.FC MAGDEBURG: Dirk Heyne (70 Holger Bahra), Gerald Cramer, Dirk Stahmann, Siegmund Mewes, Klaus Decker, Jürgen Pommerenke, Rolf Döbbelin, Wolfgang Steinbach, Damian Halata, Joachim Streich, Martin Hoffmann.   Trainer: Klaus Urbanczyk

Goals: Pinkall (65), Matthäus (84)

HAJDUK SPLIT v VfB STUTTGART 3-1 (1-0)
Poljud, Split 16.09.1981

Referee: Marcel van Langenhove (BEL)   Attendance: 35,000

HAJDUK: Ivan Pudar, Berić, Vedran Rožic, Zoran Jelikić, Zoran Vulić, Ivan Gudelj, Blaž Slišković, Nenad Šalov, Zoran Vujović, Zlatko Vujović, Mladen Bogdanović (78 Dušan Pešić).
Trainer: Ante Mladinić

VfB: Helmut Roleder, Martin, Alexandru Szatmari, Rainer Adrion, Günther Schäfer, Karl Allgöwer, Hermann Ohlicher, Erwin Hadewicz, Walter Kelsch, Dieter Müller, Didier Six.
Trainer: Jürgen Sundermann

Goals: Zoran Vujović (41), Rožić (58 og), Zlatko Vujović (65, 81)

IFK GÖTEBORG v HAKA VALKEAKOSKI 4-0 (3-0)
Nya Ullevi, Göteborg 30.09.1981

Referee: Siegfried Kirschen (DDR)   Attendance: 3,381

IFK: Thomas Wernersson, Ruben Svensson, Thomas Hansson, Conny Karlsson, Stig Fredriksson, Glenn Schiller, Jerry Karlsson (65 Glenn Holm), Tord Holmgren, Torbjörn Nilsson, Håkan Sandberg, Tommy Holmgren.
Trainer: Sven-Göran Eriksson

HAKA: Olavi Huttunen, Kari Lindholm, Teuvo Vilen, Thomas Meagan, Esko Ranta, Pekka Heikkilää (73 Reijo Vuorinen), Heikki Huoviala, Mark Dziadulewicz, Jouko Pirinen, Jarmo Kujanpää, Ari Valvee.

Goals: Schiller (1), Nilsson (4), Karlsson (27), Tommy Holmgren (66)

VfB STUTTGART v HAJDUK SPLIT 2-2 (0-2)
Neckarstadion, Stuttgart 30.09.1981

Referee: Károly Palotai (HUN)   Attendance: 39,000

VfB: Helmut Roleder, Erwin Hadewicz, Alexandru Szatmari, Scäffer, Rainer Adrion, Hermann Ohlicher, Karl Allgöwer, Walter Kelsch, Harald Beck (75 Peter Reichert), Dieter Müller, Didier Six.   Trainer: Jürgen Sundermann

HAJDUK: Ivan Pudar, Berić, Vedran Rožić, Boro Primorac, Esad Mehmedalić, Ivan Gudelj, Blaž Slišković (89 Nenad Šalov), Zoran Jelikić, Zoran Vujović, Zlatko Vujović, Mladen Bogdanović (78 Dušan Pešić).   Trainer: Ante Mladinić

Goals: Bogdanović (12), Jelikić (29), Schäfer (83), D. Müller (85)

SPARTAK MOSKVA v CLUB BRUGGE 3-1 (1-1)
Lenin stadion, Moskva 16.09.1981

Referee: Ulf Eriksson (SWE)   Attendance: 40,000

SPARTAK: Rinat Dasaev, Vladimir Sochnov, Aleksandr Mirzoian (78 Evgeni Sidorov), Viktor Samokhin, Oleg Romantsev, Sergei Schavlo, Sergei Schvetsov, Edgar Gess, Yuri Gavrilov, Fiedor Cherenkov, Sergei Rodionov (88 Vladimir Safronenko).

CLUB BRUGGE: Birger Jensen, Gilbert Van Binst, Paul Op de Beek, Anton Ondrus, Walter Ceulemans, Jan Ceulemans, Willy Wellens, Jos Volders, Dirk Ranson, Jacky Debougnoux, Jan Sørensen (85 Tjapko Teuben).

Goals: Schvetsov (7, 65), Sørensen (15), Gavrilov (80)

HAKA VALKEAKOSKI v IFK GÖTEBORG 2-3 (1-1)
Tammelan Pallokenttä, Tampere 16.09.1981

Referee: Rolf Haugen (NOR)   Attendance: 1,935

HAKA: Olavi Huttunen, Kari Lindholm, Teuvo Vilen, Thomas Meagan, Esko Ranta, Pekka Heikkilä, Mark Dziadulewicz, Heikki Huoviala (61 Olli Laakso), Jarmo Kujanpää, Hannu Tuomimäki (70 Reijo Vuorinen), Ari Valvee.

IFK: Thomas Wernersson, Ruben Svensson, Conny Karlsson, Glenn Hysén, Stig Fredriksson, Jerry Karlsson, Tord Holmgren, Glenn Schiller, Torbjörn Nilsson, Dan Corneliusson, Tommy Holmgren.   Trainer: Sven-Göran Eriksson

Goals: Kujanpää (14, 69), Fredriksson (26), Corneliusson (46), J. Karlsson (60)

CLUB BRUGGE v SPARTAK MOSKVA 1-3 (1-2)
Olympiapark, Brugge 30.09.1981

Referee: Miklos Nagy (HUN)   Attendance: 25,000

CLUB BRUGGE: Birger Jensen, Dirk Ranson, Gilbert Van Binst, Anton Ondrus (46 Paul Op de Beek), Walter Ceulemans, Jan Ceulemans, Willy Wellens, Guy Dardenne, István Magyar (75 Luc Hinderijckx), Gino Maes, Jan Sørensen.

SPARTAK: Rinat Dasaev (89 Aleksei Prudnikov), Gennadi Morozov, Viktor Samokhin, Sergei Schvetsov, Oleg Romantsev, Sergei Schavlo, Evgeni Sidorov (82 Vladimir Safronenko), Edgar Gess, Yuri Gavrilov, Fiedor Cherenkov, Sergei Rodionov.

Goals: Rodionov (12), Wellens (31), Schavlo (42), Gavrilov (48)

STURM GRAZ v CSKA MOSKVA 1-0 (0-0)

Bundesstadion Liebenau, Graz   16.09.1981

Referee: Alojzy Jarguz (POL)   Attendance: 14,000

STURM: Walter Saria, Kurt Grössinger, Josef Stering, Heinz Schilcher, Rudolf Schauss, Zvonko Breber, Anton Pichler, Walter Hörmann (62 Wolfgang Bauer), Bozo Bakota, Richard Niederbacher (46 Franz Pfleger), Kurt Stendal.

CSKA: Valeri Novikov, Evgeni Dulik, Vasili Schvetsov, Vagiz Khidiatulin, Valentin Kobischa, Valeri Glusakov, Aleksandr Sorokin, Viktor Koliadko, Aleksandr Tarkhanov (83 Vladimir Bukievski), Nikolai Bulgakov (77 Sergei Morozov), Yuri Chesnokov.

Goal: Schauss (66)

**GIRONDINS de BORDEAUX
v VIKINGUR REYKJAVÍK 4-0** (1-0)

Municipal, Bordeaux   30.09.1981

Referee: Francis Bastian (LUX)   Attendance: 6,500

GIRONDINS: Dragan Pantelic; Gernot Rohr, Marius Trésor, Nordine Kourichi, François Bracci, Jean Fernández, Antoine Martínez, René Girard, Jean-François Thouvenel (46 Mario Relmy), Gerars Soler, Albert Gemmrich.
Trainer: Aimé Jacquet

VIKINGUR: Didrik Ólafsson, Thordur Marelsson, Ragnar Gíslason, Helgi Helgason, Magnus Thorvaldsson, Omar Torfason, Baraldsson, Sverrir Herbertsson, Adalsteinn Adalsteinsson, Lárus Guðmundsson (83 Thordarsson), J. Thorvaldsson.

Goals: Fernández (44), Martínez (75), Relmy (80), Trésor (87)

CSKA MOSKVA v STURM GRAZ 2-1 (1-0)

Dinamo, Moskva   30.09.1981

Referee: Paolo Bergamo (ITA)   Attendance: 13,900

CSKA: Valeri Novikov, Aleksandr Sorokin, Vasili Schvetsov, Vagiz Khidiatulin, Valentin Kobischa (75 Nikolai Badusov), Valeri Glusakov, Yuri Chesnokov, Viktor Koliadko, Aleksandr Tarkhanov, Sergei Morozov, Nikolai Bulgakov.

STURM: Walter Saria; Kurt Grössinger, Manfred Steiner, Rudolf Schauss, Zvonko Breber, Heinz Schilcher, Bozo Bakota, Anton Pichler, Kurt Stendal (76 Hubert Kulmer), Manfred Wirth, Peter Huberts (46 Walter Hörmann).

Goals: Chesnokov (26), Bakota (64), Tarkhanov (74)

SECOND ROUND

WINTERSLAG v ARSENAL LONDON 1-0 (0-0)

Noordlaan Stadion, Genk   20.10.1981

Referee: Emilio Carlos Guruceta Muro (SPA)   Att: 8,000

WINTERSLAG: Jean-Paul de Bruyne, Patrick Houben, Mathy Billen, Eric van Lessen, Paul Lambrichts, Roger Albertsen, Luc Thijs, Pierre Denier, Karl Berger, Carlo Weis, Guido Davids.
Trainer: Mathieu Bollen

ARSENAL: Patrick Jennings, John Devine, Kenneth Sansom, Brian Talbot, David O'Leary, William Young, John Hollins, Alan Sunderland, Raphael Meade (67 Brian McDermott), Peter Nicholas, Graham Rix.   Manager: Terence Neill

Goal: Berger (62)

**VIKINGUR REYKJAVÍK
v GIRONDINS de BORDEAUX 0-4** (0-3)

Reykjavík   17.09.1981

Referee: Hugh Alexander (SCO)   Attendance: 1,500

VIKINGUR: Didrik Ólafsson, Thordur Marelsson, Bardron, Helgi Helgason (46 Oskar Pétur Tómasson), Magnus Thorvaldsson, Sigurdur Gunnarsson (46 Adalsteinn Adalsteinsson), Ragnar Gíslason, Omar Torfason, Heimir Karlsson, Sverrir Herbertsson, Lárus Guðmundsson.

GIRONDINS: Dragan Pantelic; Jean-François Thouvenel, Gernot Rohr, Marius Trésor, François Bracci, Antoine Martínez (55 Mario Relmy), Jean Fernández, René Girarad, Alain Giresse, Bernard Lacombe (74 Gerard Soler), Albert Gemmrich.   Trainer: Aimé Jacquet

Goals: Fernández (16), Trésor (30), Gemmrich (40), Lacombe (71)

ARSENAL LONDON v WINTERSLAG 2-1 (1-1)

Arsenal Stadium, Highbury, London   3.11.1981

Referee: Alojzy Jarguz (POL)   Attendance: 22,930

ARSENAL: Patrick Jennings, John Hollins, Kenneth Sansom, Brian Talbot, David O'Leary, Christopher Whyte, Brian McDermott, Paul Vaessen (52 Paul Davis), Raphael Meade, Peter Nicholas, Graham Rix.   Manager: Terence Neill

WINTERSLAG: Jean-Paul de Bruyne, Patrick Houben, Mathy Billen, Eric van Lessen, Paul Lambrichts, Roger Albertsen, Luc Thijs, Pierre Denier, Karl Berger, Carlo Weis, Guido Davids (46 Danie Deraeve).   Trainer: Mathieu Bollen

Goals: Billen (3), Hollins (32), Rix (73)

**BORUSSIA MÖNCHENGLADBACH
v DUNDEE UNITED 2-0** (0-0)

Bökelberg, Mönchengladbach   20.10.1981

Referee: Nicolae Rainea (ROM)   Attendance: 31,000

BORUSSIA: Wolfgang Kleff, Norbert Ringels, Wilfried Hannes, Frank Schäffer, JÜrgen Fleer, Lothar Matthäus, Hans-Günter Bruns, Uwe Rahn (70 Armin Veh), Kurt Pinkall, Frank Mill, Wolfram Wuttke.   Trainer: Josef Heynckes

DUNDEE UNITED: Hamish McAlpine, Frank Kopel, Paul Hegarty, David Narey, Derek Murray, Iain Phillip, Eamonn Bannon, John Holt, Ralph Milne, William Kirkwood, David Dodds.

Goals: Schäffer (70), Hannes (86)

IFK GÖTEBORG v STURM GRAZ 3-2 (0-0)

Nya Ullevi, Göteborg   4.11.1981

Referee: Rolf Nyhus (NOR)   Attendance: 12,000

IFK: Thomas Wernersson; Ruben Svensson, Conny Karlsson, Glenn Hysén, Stig Fredriksson; Jerry Karlsson, Glenn Peter Strömberg, Tord Holmgren; Torbjörn Nilsson, Håkan Sandberg, Tommy Holmgren.
Trainer: Sven-Göran Eriksson

STURM: Walter Saria, Manfred Steiner (63 Kurt Stendal), Heinz Schilcher, Kurt Grössinger, Rudolf Schauss, Zvonko Breber, Anton Pichler, Wolfgang Bauer (46 Walter Hörmann); Bozo Bakota, Richard Niederbacher, Hubert Kulmer.

Goals: Tord Holmgren (47), Stendal (67), Nilsson (78), Bakota (81), Fredriksson (90 pen)

**DUNDEE UNITED
v BORUSSIA MÖNCHENGLADBACH 5-0** (2-0)

Tannadice Park, Dundee   3.11.1981

Referee: Ulf Eriksson (SWE)   Attendance: 17,500

DUNDEE UNITED: Hamish McAlpine, John Holt, David Narey, Paul Hegarty, Derek Murray, Richard Gough, Eamonn Bannon, William Kirkwood, Ralph Milne, Paul Sturrock, David Dodds.

BORUSSIA: Wolfgang Kleff, Norbert Ringels, Wilfried Hannes, Frank Schäffer, JÜrgen Fleer, Lothar Matthäus, Armin Veh (56 Winfried Schäfer), Hans-Günter Bruns, Wolfram Wuttke, Frank Mill, Kurt Pinkall.   Trainer: Josef Heynckes

Goals: Milne (36), Kirkwood (44), Sturrock (57), Hegarty (75), Bannon (76)

MALMÖ FF v NEUCHATEL XAMAX 0-1 (0-1)

Malmö Stadion   21.10.1981

Referee: Juhani Smolander (FIN)   Attendance: 6,404

MALMÖ FF: Mats Strandberg, Roland Andersson, Ingemar Erlandsson, Roy Andersson, Magnus Andersson, Kent Jönsson, Paul McKinnon (72 Torbjörn Persson), Anders Olsson, Robert Prytz, Anders Palmer, Jan Olov Kinnvall.

XAMAX: Karl Engel; Rainer Hasler, Serge Trinchero, Stéphane Forestier, Silvano Bianchi, Peter Küffer, Philippe Perret, Claude Andrey, Walter Pellegrini, Robert Lüthi, Don Givens.

Goal: Pellegrini (10)

STURM GRAZ v IFK GÖTEBORG 2-2 (2-1)

Bundesstadion Liebenau, Graz   20.10.1981

Referee: Eduard Sostarić (YUG)   Attendance: 9,000

STURM: Walter Saria, Manfred Wirth, Heinz Schilcher, Kurt Grössinger, Rudolf Schauss; Zvonko Breber, Anton Pichler, Wolfgang Bauer (46 Hubert Kulmer); Bozo Bakota, Richard Niederbacher, Walter Hörmann (68 Kurt Stendal).

IFK: Thomas Wernersson, Ruben Svensson, Conny Karlsson, Glenn Hysén, Stig Fredriksson; Jerry Karlsson, Glenn Schiller (66 Håkan Sandberg), Glenn Peter Strömberg, Tord Holmgren, Torbjörn Nilsson, Tommy Holmgren (88 Glenn Holm).
Trainer: Sven-Göran Eriksson

Goals: Breber (13 pen), Niederbacher (22), Nilsson (36, 68)

NEUCHATEL XAMAX v MALMÖ FF 1-0 (0-0)

Stade de la Maladiere, Neuchâtel   3.11.1981

Referee: Augusto Marques Pires (POR)   Attendance: 13,200

XAMAX: Karl Engel; Peter Küffer, Serge Trinchero, Rainer Hasler, Silvano Bianchi, Philippe Perret, Walter Pellegrini, Claude Andrey, Claude Sarrasin (46 Stéphane Forestier), Robert Lüthi, Don Givens.

MALMÖ FF: Tony Ström, Roland Andersson, Kent Jönsson, Roy Andersson, Ingemar Erlandsson, Robert Prytz, Magnus Andersson, Anders Palmer (50 Björn Nilsson), Paul McKinnon, Thomas Sjöberg, Jan Olov Kindvall.

Goal: Pellegrini (58)

SOUTHAMPTON v SPORTING LISBOA 2-4 (0-3)

The Dell, Southampton   21.10.1981

Referee: Erik Fredriksson (SWE)   Attendance: 18,573

SOUTHAMPTON: Peter Wells, Ivan Golac, Christopher Nicholl, Mark Whitlock (62 George Lawrence), Nick Holmes, Alan Ball, Steven Williams, David Armstrong, Michael Channon, Kevin Keegan, Stephen Moran.
Manager: Lawrie McMenemy

SPORTING: Ferenc Meszaros, Francisco José Teles de Andrade "ZÉZINHO" (83 Francisco da Cruz BARÃO), CARLOS Jorge Marques Caldas XAVIER, EURICO Monteiro Gomes, Augusto Soares INÁCIO, António Luis Alves Ribeiro de OLIVEIRA, ADEMAR Moreira Marques, António Manuel da Costa NOGUEIRA (55 VIRGÍLIO Manuel Bagulho Lopes), Carlos Manuel da Silva FREIRE, MANUEL José Tavares FERNANDES, Rui Manuel da Trindade JORDÃO.
Trainer: Malcolm Allison

Goals: Jordão (2), Holmes (21 og), Manuel Fernandes (42, 88), Keegan (68 pen), Channon (72)

SPORTING LISBOA v SOUTHAMPTON FC 0-0

Estádio de José Alvalade, Lisboa   4.11.1981

Referee: Rudolf Renggli (SWI)   Attendance: 50,000

SPORTING: Ferenc Meszaros, VIRGÍLIO Manuel Bagulho Lopes, CARLOS Jorge Marques Caldas XAVIER, EURICO Monteiro Gomes, Francisco da Cruz BARÃO, ADEMAR Moreira Marques, António Luis Alves Ribeiro de OLIVEIRA, Mario Abreu Alves da Silva "MARINHO", MANUEL José Tavares FERNANDES, Rui Manuel da Trindade JORDÃO, Carlos Manuel da Silva FREIRE.   Trainer: Malcolm Allison

SOUTHAMPTON: Ivan Katalinic, Stephen Baker, Christopher Nicholl, Reuben Agboola, Nick Holmes, Steven Williams, Alan Ball, Michael Channon, Kevin Keegan, George Lawrence (46 David Wallace), Stephen Moran.
Manager: Lawrie McMenemy

ABERDEEN v FC ARGEŞ PITEŞTI 3-0 (3-0)

Pittodrie, Aberdeen   21.10.1981

Referee: Svein Inge Thime (NOR)   Attendance: 20,000

ABERDEEN: James Leighton; Stuart Kennedy, Neale Cooper, William Miller, Doug Rougvie; John McMaster (71 Ian Angus), Gordon Strachan, Andy Watson; Mark McGhee, John Hewitt (78 Walker McCall), Peter Weir.   Manager: Alex Ferguson

FC ARGEŞ: Daniel Ariciu (46 Gheorghe Cristian); Mihai Zamfir, Constantin Stancu, Constantin Cîrstea, Dan Tulpan; Nicolae Kallo, Ilie Bărbulescu (68 Viorel Moiceanu), Constantin Ignat; Viorel Turcu, Marin Radu II, Dumitru Băluţă.   Trainers: Alexandru Constantinescu & Dan Silvăşan

Goals: Strachan (12), Weir (25), Hewitt (45)

FC ARGEŞ PITEŞTI v ABERDEEN FC 2-2 (2-0)

1 Mai, Piteşti   4.11.1981

Referee: Jan Redelfs (WG)   Attendance: 13,000

FC ARGEŞ: Gheorghe Cristian; Ilie Bărbulescu, Constantin Stancu, Constantin Cîrstea, Augustin Eduard; Nicolae Kallo, Stelian Badea, Constantin Ignat; Dumitru Băluţă (81 Petre Nica), Marin Radu II, Viorel Turcu (68 Viorel Moiceanu).
Trainers: Alexandru Constantinescu & Dan Silvăşan

ABERDEEN: James Leighton; Stuart Kennedy, Alexander McLeish, William Miller, Doug Rougvie (33 Neil Simpson); Gordon Strachan, Neale Cooper, John McMaster (69 John Hewitt), Andy Watson; Mark McGhee, Peter Weir.

Goals: M. Radu (31), Bărbulescu (37), Strachan (55 pen), Hewitt (86)

INTERNAZIONALE MILANO v DINAMO BUCUREŞTI 1-1 (1-1)

Stadio Giuseppe Meazza, Milano   21.10.1981

Referee: Georges Konrath (FRA)   Attendance: 40,000

INTER: Ivano Bordon; Giuseppe Bergomi, Giuseppe Baresi, Giancarlo Pasinato, Klaus Bachlechner (84 Aldo Serena); Graziano Bini, Salvatore Bagni, Herbert Prohaska; Alessandro Altobelli, Evaristo Beccalossi, Giancarlo Centi.
Trainer: Eugenio Bersellini

DINAMO: Dumitru Moraru; Ion Marin, Adrian Bumbescu, Cornel Dinu, Nelu Stănescu; Alexandru Custov, Ionel Augustin, Marin Dragnea; Cornel Ţălnar (84 Teofil Stredie), Dudu Georgescu, Costel Orac.
Trainer: Nicolae Nicuşor Dumitru

Goals: Pasinato (24), Custov (39)

DINAMO BUCUREŞTI v INTERNAZIONALE MILANO 3-2 (1-0, 1-1) (AET)

Dinamo, Bucureşti   4.11.1981

Referee: Roger Schoeters (BEL)   Attendance: 20,000

DINAMO: Dumitru Moraru; Ion Marin, Adrian Bumbescu, Cornel Dinu, Nelu Stănescu; Ionel Augustin, Alexandru Custov (91 Gheorghe Mulţescu), Marin Dragnea (65 Teofil Stredie); Cornel Ţălnar, Dudu Georgescu, Costel Orac.
Trainer: Nicolae Nicuşor Dumitru

INTER: Ivano Bordon; Giuseppe Bergomi, Giuseppe Baresi (107 Aldo Serena), Giancarlo Centi, Klaus Bachlechner; Giampiero Marini, Salvatore Bagni, Herbert Prohaska, Alessandro Altobelli; Evaristo Beccalossi, Gabriele Oriali.
Trainer: Eugenio Bersellini

Goals: D. Georgescu (30), Altobelli (47), Prohaska (97), Augustin (101), Orac (107)

REAL MADRID v FC CARL ZEISS JENA 3-2 (0-1)
Estadio Santiago Bernabéu, Madrid   21.10.1981
Referee: Marcel van Langenhove (BEL)   Attendance: 60,000
REAL: MIGUEL ÁNGEL González Suárez, Ricardo GALLEGO Redondo, Andrés SABIDO Martín (81 Isidoro SAN JOSÉ Pozo), José Antonio CAMACHO Alfaro, Rafael GARCIA CORTES, ÁNGEL de los Santos Cano, Ulrich Stielike (37 Antonio GARCIA NAVAJAS), Francisco GARCIA HERNÁNDEZ, Juan Gomez González "JUANITO", Carlos Alonso González "SANTILLANA", ISIDRO Díaz González.
Trainer: Vujadin Boškov

FC CARL ZEISS: Hans-Ulrich Grapenthin, Rüdiger Schnuphase, Gerhard Hoppe, Konrad Weise, Wolfgang Schilling, Ullrich Oevermann, Andreas Krause, Lothar Kurbjuweit, Andreas Bielau, Jürgen Raab, Martin Trocha.
Trainer: Hans-Joachim Meyer

Goals: Bielau (36), Garcia Cortes (65 pen), Kurbjuweit (73), Gallego (77), Isidro (79)

RADNICKI NIS v GRASSHOPPER-CLUB ZÜRICH 2-0 (1-0, 2-0) (AET)
Cair, Niš   4.11.1981
Referee: Dušan Krchnák (CZE)   Attendance: 13,200
RADNICKI: Zoran Milenković, Stojan Gavrilović, Miloš Drizić (105 Slobodan Halilović), Dragan Radosavljević, Aleksandar Panajotović, Mirko Vojinović, Sanid Beganović, Branislav Djordjević, Miodrag Stoiljković, Zoran Bojović, Miroslav Aleksić (62 Stanisa Savić).
Trainer: Dušan Nenković

GRASSHOPPER: Roger Berbig; Herbert Hermann, Charly In-Albon (119 Renato Hächler), André Egli, André Meyer, Heinz Hermann, Marcel Koller, Roger Wehrli, Claudio Sulser, Kurt Jara, Livio Zanetti (46 André Fimian).

Goals: Djordjević (39 pen), Savić (63)

Penalties: 1-0 Djordjević, Fimian (saved), 2-0 Stoiljkovic, Meyer (saved), 3-0 Panajotovic, Sulser (missed)

FC CARL ZEISS JENA v REAL MADRID 0-0
Ernst-Abbe-Sportfeld, Jena   4.11.1981
Referee: Brian McGinlay (SCO)   Attendance: 16,000
FC CARL ZEISS: Hans-Ulrich Grapenthin, Rüdiger Schnuphase, Gerhard Hoppe, Konrad Weise (46 Gert Brauer), Wolfgang Schilling, Andreas Krause, Ullrich Oevermann, Lothar Kurbjuweit, Martin Trocha, Andreas Bielau, Eberhard Vogel (72 Thomas Töpfer).   Trainer: Hans-Joachim Meyer

REAL: MIGUEL ÁNGEL González Suárez, Antonio GARCIA NAVAJAS, Rafael GARCIA CORTES, Andrés SABIDO Martín (90 Gregorio BENITO Rubio), José Antonio CAMACHO Alfaro, Ricardo GALLEGO Redondo, Vicente DEL BOSQUE González, ÁNGEL de los Santos Cano, Juan Gomez González "JUANITO" (81 Juan CARCELÉN), Carlos Alonso González "SANTILLANA", ISIDRO Díaz González.
Trainer: Vujadin Boškov

ARIS THESSALONIKI v KSC LOKEREN 1-1 (0-0)
Harilaou, Thessaloniki   21.10.1981
Referee: Bogdan Dochev (BUL)   Attendance: 12,500
ARIS: Giorgos Pantziaras, Haralampos Savvidis, Nikos Pasialis, Giorgos Foiros, Giannis Venos, Giorgos Semertzidis (46 Giannis Tzifopoulos), Theodoros Zelilidis, Fuat Mulahasanovic, Kostas Haralampidis, Kostas Kouis, Nikos Hatziantoniou (76 Haralampos Doulgerakis).
Trainer: Michal Vican

LOKEREN: Bob Hoogenboom, Ronald Somers (88 Marc Verbruggen), Maurits de Schrijver, Robert Dalving (46 Dirk de Wachter), Roland Ingels, Eddy Snelders, Arnór Guðjohnsen, Karol Dobiás, Raymond Mommens, Grzegorz Lato, Preben Elkjaer-Larsen.   Trainer: Robert Waseige

Goals: Elkjaer-Larsen (53), Kouis (61 pen)

GRASSHOPPER-CLUB ZÜRICH v RADNICKI NIS 2-0 (1-0)
Hardturm, Zürich   21.10.1981
Referee: Emanouil Platopoulos (GRE)   Attendance: 9,200
GRASSHOPPER: Roger Berbig; Herbert Hermann, Charly In-Albon, André Egli, André Meyer, Heinz Hermann, Marcel Koller (17 Marco Schällibaum), Roger Wehrli, Kurt Jara, Claudio Sulser, André Fimian (46 Livio Zanetti).

RADNICKI: Stevanović, Stojan Gavrilović, Milovan Obradović, Zoran Bojović, Aleksandar Panajotović, Mirko Vojinović, Miodrag Stoiljković, Branislav Djordjević, Slavoljub Nikolić (74 Dragan Radosavljević), Slobodan Halilović, Miroslav Aleksić.   Trainer: Dušan Nenković

Goals: Jara (18), Sulser (76 pen)

KSC LOKEREN v ARIS THESSALONIKI 4-0 (2-0)
Daknamstadion, Lokeren   4.11.1981
Referee: Ronald Bridges (WAL)   Attendance: 7,000
LOKEREN: Bob Hoogenboom, Roland Ingels, Eddy Snelders, Karol Dobiás, Maurits de Schrijver, Arnór Guðjohnsen, René Verheyen, Ronald Somers, Grzegorz Lato, Raymond Mommens, Preben Elkjaer-Larsen.   Trainer: Robert Waseige

ARIS: Giorgos Pantziaras, Nikos Pasialis (64 Haralampos Savvidis), Giannis Tzifopoulos, Giannis Venos, Giorgos Foiros, Giorgos Semertzidis, Giorgos Zindros, Kostas Kouis, Pavel Panov, Fuat Mulahasanovic, Theodoros Zelilidis (46 Kostas Haralampidis).   Trainer: Michal Vican

Goals: Guðjohnsen (32, 51), Lato (42), Mommens (89)

RAPID WIEN v PSV EINDHOVEN 1-0 (0-0)

Prater, Wien   21.10.1981

Referee: Klaus Scheurell (DDR)   Attendance: 30,000

RAPID: Herbert Feurer; Heribert Weber, Bernd Krauss, Kurt Garger, Johann Pregesbauer; Antonín Panenka, Reinhard Kienast, Anatoli Sinchenko, Rudolf Steinbauer, Johann Krankl, Christian Keglevits.   Trainer: Walter Skocik

PSV: Pim Doesburg, Willy van de Kerkhof, Piet Wildschut, Huub Stevens, Ernie Brandts, Jung Moo Huh, Jan Poortvliet, Erwin Koeman, René van de Kerkhof, Ruud Geels (57 Michel Valke), Hallvar Thoresen.

Goal: Panenka (73 pen)

PSV EINDHOVEN v RAPID WIEN 2-1 (1-1)

Philips sportpark, Eindhoven   4.11.1981

Referee: David F.T. Syme (SCO)   Attendance: 20,000

PSV: Pim Doesburg, Willy van de Kerkhof, Huub Stevens, Ernie Brandts, Piet Wildschut, Jan Poortvliet, Adri van Kraay, Erwin Koeman, René van de Kerkhof (24 Rob Landsbergen), Ruud Geels, Hallvar Thoresen.

RAPID: Herbert Feurer, Heribert Weber, Bernd Krauss, Kurt Garger, Rudolf Weinhofer, Reinhard Kienast, Rudolf Steinbauer (84 Heinz Weiss), Antonín Panenka, Anatoli Sinchenko, Johann Krankl, Christian Keglevits.   Trainer: Walter Skocik

Goals: Krankl (25), Poortvliet (38, 56)

FEYENOORD ROTTERDAM v DYNAMO DRESDEN 2-1 (0-1)

Feyenoord, Rotterdam   21.10.1981

Referee: Clive Thomas (WAL)   Attendance: 13,900

FEYENOORD: Joop Hiele, Ben Wijnstekers, Sjaak Troost, Ivan Nielsen, Jan van Deinsen, Wim van Til, André Stafleu (46 Stanley Brard), Wim van Hanegem, Karel Bouwens, Jupp Kaczor (68 Hans Groenendijk), Pierre Vermeulen.   Trainer: Vaclav Ježek

DYNAMO: Bernd Jakubowski, Hans-Jürgen Dörner, Andreas Mittag, Udo Schmuck, Christian Helm, Frank Schuster, Hartmut Schade, Andreas Trautmann, Gerd Heidler, Ralf Minge (81 Torsten Gütschow), Matthias Döschner.   Trainer: Gerhard Prautzsch

Goals: Heidler (41), Kaczor (55), Vermeulen (71)

DYNAMO DRESDEN v FEYENOORD ROTTERDAM 1-1 (0-0)

Dynamo, Dresden   4.11.1981

Referee: George Courtney (ENG)   Attendance: 33,000

DYNAMO: Bernd Jakubowski, Hans-Jürgen Dörner, Andreas Mittag, Udo Schmuck, Christian Helm, Frank Schuster, Hartmut Schade, Andreas Trautmann, Gerd Heidler (70 Torsten Gütschow), Ralf Minge (77 Frank Lippmann), Matthias Döschner.   Trainer: Gerhard Prautzsch

FEYENOORD: Joop Hiele, Ben Wijnstekers, Sjaak Troost, Ivan Nielsen, Jan van Deinsen, Wim van Til, André Stafleu, Wim van Hanegem (80 Stanley Brard), Karel Bouwens, Jupp Kaczor (63 Luuk Balkestein), Pierre Vermeulen.   Trainer: Vaclav Ježek

Goals: Lippmann (84), Balkestein (90)

VALENCIA CF v BOAVISTA PORTO 2-0 (0-0)

Estadio Luis Casanova, Valencia   21.10.1981

Referee: Alexis Ponnet (BEL)   Attendance: 32,500

VALENCIA CF: José Manuel SEMPERE Maciá, José CARRETE de Julián, Manuel BOTUBOT Perreira, Miguel TENDILLO Berenguer, José CERVERO San Braulio, Ángel CASTELLANOS Céspedes, Frank Arnesen, Javier SUBIRATS Hernández (46 ROBERTO Fernández Bonilla), Enrique SAURA Gil, Kurt Welzl, PABLO Rodríguez Flores.   Trainer: Bernardino Pérez Elizarán "PASIEGUITO"

BOAVISTA: Luís Filipe da Cruz MATOS, António Alves de Oliveira "QUEIRÓ", PAULO CÉSAR Morais, ARTUR Nogueira Ferreira, Manuel José Ferreira da Silva BARBOSA (70 ANTÓNIO Manuel Rodrigues BARBOSA), ELISEU Martins Ramalho, AÍLTON Ballesteros, DIAMANTINO Manuel Fernandes Miranda, Manuel da Silva Fangueiro "NELINHO", JORGE Manuel Lopes da SILVA (70 José da Silva COELHO), Rui Manuel Lima Correia PALHARES.   Trainer: Mário Lino

Goals: Roberto (54), Welzl (84)

BOAVISTA PORTO v VALENCIA CF 1-0 (1-0)

Estádio do Bessa, Porto   4.11.1981

Referee: Vojtěch Christov (CZE)   Attendance: 15,000

BOAVISTA: Luís Filipe da Cruz MATOS, António Alves de Oliveira "QUEIRÓ" (46 José da Silva COELHO), ADÃO da Silva, ARTUR Nogueira Ferreira, Manuel da Silva Fangueiro "NELINHO", ELISEU Martins Ramalho, AÍLTON Ballesteros (73 Manuel José Ferreira da Silva BARBOSA), ANTÓNIO Manuel Rodrigues BARBOSA, DIAMANTINO Manuel Fernandes Miranda, JORGE Manuel Lopes da SILVA, Rui Manuel Lima Correia PALHARES.   Trainer: Mário Lino

VALENCIA CF: José Manuel SEMPERE Maciá, José Vicente ALIAGA, Manuel BOTUBOT Perreira, Ángel CASTELLANOS Céspedes, Miguel TENDILLO Berenguer, CÉSAR Ferrando Giménez, Enrique SAURA Gil, Daniel SOLSONA Puig, Kurt Welzl, Frank Arnesen (85 ROBERTO Fernández Bonilla), PABLO Rodríguez Flores.   Trainer: Bernardino Pérez Elizarán "PASIEGUITO"

Goal: Diamantino (11)

**GIRONDINS de BORDEAUX
v HAMBURGER SV 2-1** (1-1)

Municipal, Bordeaux 21.10.1981

Referee: André Daina (SWI)   Attendance: 9,746

GIRONDINS: Dragan Pantelić; Gernot Rohr, Marius Trésor, Nordine Kourichi (71 Antoine Martínez), François Bracci, Jean Fernández, Jean-François Thouvenel, Alain Giresse, René Girard, Bernard Lacombe, Albert Gemmrich (59 Gérard Soler).   Trainer: Aimé Jacquet

HAMBURGER SV: Ulrich Stein; Manfred Kaltz, Franz Beckenbauer, William Hartwig, Jürgen Groh, Bernd Wehmeyer, Felix Magath, Caspar Memering, Jürgen Milewski, Horst Hrubesch (63 Borisa Djordjević), Lars Bastrup. Trainer: Ernst Happel

Goals: Gemmrich (13), Kaltz (27 pen), Soler (78)

**1.FC KAISERSLAUTERN
v SPARTAK MOSKVA 4-0** (2-0)

Betzenberg, Kaiserslautern 4.11.1981

Referee: Victoriano Sánchez Arminio (SPA)   Att: 34,000

1.FC KAISERSLAUTERN: Armin Reichel, Wolfgang Wolf, Hans-Günther Neues, Lutz Eigendorf, Hans-Peter Briegel, Werner Melzer, Norbert Eilenfeldt, Hans Bongartz (75 Michael Schuhmacher), Reiner Geye, Friedhelm Funkel, Erhard Hofeditz.   Trainer: Karlheinz Feldkamp

SPARTAK: Rinat Dasaev, Viktor Samokhin, Sergei Schvetsov, Gennadi Morozov, Oleg Romantsev, Fiedor Cherenkov, Sergei Schavlo, Yuri Gavrilov, Edgar Gess, Evgeni Sidorov (46 Aleksandr Kalashnikov), Sergei Rodionov.

Goals: Funkel (13), Briegel (45, 65), Geye (55)

**HAMBURGER SV
v GIRONDINS de BORDEAUX 2-0** (2-0)

Volksparkstadion, Hamburg 4.11.1981

Referee: Miklós Nagy (HUN)   Attendance: 35,000

HAMBURGER SV: Ulrich Stein, Manfred Kaltz, Franz Beckenbauer, Jürgen Groh, Bernd Wehmeyer, William Hartwig, Caspar Memering, Felix Magath, Jürgen Milewski, Horst Hrubesch, Lars Bastrup.   Trainer: Ernst Happel

GIRONDINS: Dragan Pantelic; Gernot Rohr (62 Antoine Martínez), Marius Trésor, Nordine Kourichi, François Bracci, Jean Fernández, Jean Tigana, Alain Giresse, Jean-François Thouvenel, Bernard Lacombe, Gérard Soler (77 Albert Gemmrich).   Trainer: Aimé Jacquet

Goals: Hrubesch (28, 43)

BEVEREN WAAS v HAJDUK SPLIT 2-3 (0-2)

Freethielstadion, Beveren 21.10.1981

Referee: Romualdas Jushka (USSR)   Attendance: 19,600

BEVEREN: Jean-Marie Pfaff, Eddy Jaspers, Philippe Garot, Freddy Buyl, Marc Baecke, Wilfried van Moer (82 Patrick Schoofs), Heinz Schönberger, Erwin Albert, Paul Theunis, Ronny Martens (46 Robert Stevens), Peter Crève.

HAJDUK: Ivan Pudar, Zoran Jelikić (70 Dušan Pešić), Berić, Ivan Gudelj, Boro Primorac, Vedran Rožić, Zlatko Vujović, Blaž Slišković (89 Ivo Sepurović), Zoran Vujović, Nenad Šalov, Zoran Vulić.   Trainer: Ante Mladinić

Goals: Gudelj (18), Zlatko Vujović (40), Theunis (49), Van Moer (50), Slisković (72)

**SPARTAK MOSKVA
v 1.FC KAISERSLAUTERN 2-1** (1-0)

Lenin stadion Moskva 21.10.1981

Referee: Egbert Mulder (HOL)   Attendance: 41,500

SPARTAK: Rinat Dasaev, Viktor Samokhin, Gennadi Morozov, Sergei Schvetsov, Oleg Romantsev, Sergei Schavlo, Evgeni Sidorov (88 Vladimir Safronenko), Edgar Gess, Yuri Gavrilov, Fiedor Cherenkov, Sergei Rodionov.

1.FC KAISERSLAUTERN: Armin Reichel, Wolfgang Wolf, Andreas Brehme, Werner Melzer, Hans-Peter Briegel, Hans-Günther Neues, Erhard Hofeditz, Norbert Eilenfeldt (75 Michael Dusek), Bruno Hübner, Hans Bongartz, Friedhelm Funkel.   Trainer: Karlheinz Feldkamp

Goals: Rodionov (40), Gavrilov (62), Funkel (82)

HAJDUK SPLIT v BEVEREN WAAS 1-2 (0-2)

Poljud, Split 4.11.1981

Referee: Talal Tokat (TUR)   Attendance: 25,000

HAJDUK: Ivan Pudar, Zoran Jelikić, Berić, Ivan Gudelj, Boro Primorac, Vedran Rožić, Zlatko Vujović, Blaž Slišković (9 Zoran Vulić), Zoran Vujović, Nenad Šalov, Dušan Pešić.   Trainer: Ante Mladinić

BEVEREN: Jean-Marie Pfaff, Eddy Jaspers, Philippe Garot, Freddy Buyl, Marc Baecke, Wilfried van Moer (75 Patrick Schoofs), Heinz Schönberger, Erwin Albert, Paul Theunis, Dieter Weihrauch (75 Robert Stevens), Peter Crève.

Goals: Crève (12), Albert (17), Pešić (68)

THIRD ROUND

KSC LOKEREN
v 1.FC KAISERSLAUTERN 1-0 (0-0)

Daknamstadion, Lokeren   25.11.1981

Referee: Gianfranco Menegalli (ITA)   Attendance: 13,000

LOKEREN: Bob Hoogenboom, Karol Dobiás, Maurits De Schrijver, Robert Dalving, Marc Verbruggen, Eddy Snelders, Raymond Mommens, René Verheyen, Arnór Guðjohnsen, Grzegorz Lato, Preben Elkjaer-Larsen.
Trainer: Robert Waseige

1.FC KAISERSLAUTERN: Armin Reichel, Werner Melzer, Hans-Günther Neues, Hans-Peter Briegel, Wolfgang Wolf, Lutz Eigendorf, Norbert Eilenfeldt, Friedhelm Funkel, Reiner Geye, Bruno Hübner, Erhard Hofeditz.
Trainer: Karlheinz Feldkamp

Goal: Lato (46)

1.FC KAISERSLAUTERN
v KSC LOKEREN 4-1 (1-0)

Betzenberg, Kaiserslautern   9.12.1981

Referee: Ioan Igna (ROM)   Attendance: 24,355

1.FC KAISERSLAUTERN: Armin Reichel, Werner Melzer, Hans-Günther Neues, Wolfgang Wolf, Lutz Eigendorf, Norbert Eilenfeldt, Hans-Peter Briegel, Hans Bongartz (83 Axel Brummer), Reiner Geye, Friedhelm Funkel, Erhard Hofeditz (76 Andreas Brehme).   Trainer: Karlheinz Feldkamp

LOKEREN: Bob Hoogenboom, Karol Dobiás (69 Rik van Cuter), Maurits de Schrijver, Robert Dalving (41 Roland Ingels), Marc Verbruggen, Eddy Snelders, Raymond Mommens, René Verheyen, Arnór Guðjohnsen, Grzegorz Lato, Preben Elkjaer-Larsen.   Trainer: Robert Waseige

Goals: Hofeditz (45), Briegel (63), Funkel (74), Eilenfeldt (81), Guðjohnsen (87)

RAPID WIEN v REAL MADRID 0-1 (0-0)

Prater, Wien   25.11.1981

Referee: Georges Konrath (FRA)   Attendance: 35,000

RAPID: Herbert Feurer; Bernd Krauss, Heribert Weber, Kurt Garger, Johann Pregesbauer; Antonín Panenka, Reinhard Kienast, Anatoli Sinchenko, Rudolf Steinbauer (46 Rudolf Weinhofer), Johann Krankl, Christian Keglevits.   Trainer: Walter Skocik

REAL: MIGUEL ÁNGEL González Suárez, Rafael GARCIA CORTES, Gregorio BENITO Rubio (63 Antonio GARCIA NAVAJAS), Ulrich Stielike, José Antonio CAMACHO Alfaro, ÁNGEL de los Santos Cano, Vicente DEL BOSQUE González (84 Juan CARCELÉN), Ricardo GALLEGO Redondo, Juan Gomez González "JUANITO", Carlos Alonso González "SANTILLANA", ISIDRO Díaz González.
Trainer: Vujadin Boškov

Goal: Santillana (72)

REAL MADRID v RAPID WIEN 0-0

Estadio Santiago Bernabéu, Madrid   9.12.1981

Referee: Jakob Baumann (SWI)   Attendance: 67,500

REAL: AGUSTÍN Rodríguez Santiago, Isidoro SAN JOSÉ Pozo, Ricardo GALLEGO Redondo, Gregorio BENITO Rubio, Rafael GARCIA CORTES, José Antonio CAMACHO Alfaro, Vicente DEL BOSQUE González (64 Francisco GARCIA HERNÁNDEZ), Ulrich Stielike, Andrés Alonso "ITO", Francisco PINEDA García (88 Antonio GARCIA NAVAJAS), ISIDRO Díaz González.   Trainer: Vujadin Boškov

RAPID: Herbert Feurer; Bernd Krauss, Heribert Weber, Kurt Garger, Johann Pregesbauer, Reinhard Kienast, Antonín Panenka, Josef Hickersberger (76 Peter Persidis), Anatoli Sinchenko (71 Helmut Hofmann), Johann Krankl, Christian Keglevits.   Trainer: Walter Skocik

RADNICKI NIS
v FEYENOORD ROTTERDAM 2-0 (1-0)

Cair, Niš   25.11.1981

Referee: Emilio Carlos Guruceta Muro (SPA)   Att: 16,000

RADNICKI: Zoran Milenković, Stojan Gavrilović, Aleksandar Panajotović, Zoran Bojović, Milovan Obradović, Mirko Vojinović, Branislav Djordjević, Dragan Radosavljević, Sanid Beganović (87 Miloš Drizić), Slavoljub Nikolić, Miroslav Aleksić (66 Stanisa Savić).   Trainer: Dušan Nenković

FEYENOORD: Joop Hiele, Ben Wijnstekers, Sjaak Troost, Ivan Nielsen (46 Stanley Brard), André Stafleu, Wim van Til, Wim van Hanegem, Jan van Deinsen, Karel Bouwens, Andrei Jeliazkov (73 Jupp Kaczor), Pierre Vermeulen.
Trainer: Vaclav Ježek

Goals: Radosavljević (28), Savić (83)

FEYENOORD ROTTERDAM
v RADNICKI NIS 1-0 (1-0)

Feyenoord, Rotterdam   9.12.1981

Referee: Erik Fredriksson (SWE)   Attendance: 17,560

FEYENOORD: Joop Hiele, Ben Wijnstekers, Sjaak Troost, Ivan Nielsen, André Stafleu, Jan van Deinsen, Wim van Til (68 Stanley Brard), Wim van Hanegem, Richard Budding, Karel Bouwens (21 Jupp Kaczor), Pierre Vermeulen.
Trainer: Vaclav Ježek

RADNICKI: Zoran Milenković, Stojan Gavrilović, Miloš Drizić, Zoran Bojović, Milovan Obradović, Mirko Vojinović, Dragan Radosavljević, Branislav Djordjević (63 Slobodan Halilović), Miodrag Stoiljković, Slavoljub Nikolić, Miroslav Aleksić (46 Stanisa Savić).   Trainer: Dušan Nenković

Goal: Nielsen (28)

VALENCIA CF v HAJDUK SPLIT 5-1 (2-0)
Estadio Luis Casanova, Valencia   25.11.1981
Referee: Robert Valentine (SCO)   Attendance: 25,000
VALENCIA CF: José Manuel SEMPERE Maciá, José CARRETE de Julián, Miguel TENDILLO Berenguer, Ricardo Penella ARIAS, Manuel BOTUBOT Perreira, Frank Arnesen, Ángel CASTELLANOS Céspedes, Javier SUBIRATS Hernández, Enrique SAURA Gil, Kurt Welzl, PABLO Rodríguez Flores.
Trainer: Bernardino Pérez Elizarán "PASIEGUITO"
HAJDUK: Mladen Pralija; Zoran Vujović, Boro Primorac, Vedran Rožić, Berić, Zoran Jelikić, Blaž Slišković (64 Zoran Vulić), Ivan Gudelj, Nenad Šalov, Zlatko Vujović, Dušan Pešić.
Trainer: Ante Mladinić
Goals: Tendillo (27), Pablo (32, 52), Zoran Vujović (67), Welzl (84), Arnesen (89)

HAJDUK SPLIT v VALENCIA CF 4-1 (2-0)
Poljud, Split   9.12.1981
Referee: Erich Linemayr (AUS)   Attendance: 50,000
HAJDUK: Ivan Pudar, Berić, Boro Primorac, Vedran Rožić, Zoran Vujović, Ivan Gudelj, Blaž Slišković (66 Zdenko Adamović), Nenad Šalov, Dušan Pešić (56 Zoran Vulić), Petrov, Zlatko Vujović.   Trainer: Ante Mladinić
VALENCIA CF: José Manuel SEMPERE Maciá, Manuel BOTUBOT Perreira, Ángel CASTELLANOS Céspedes, Miguel TENDILLO Berenguer, José CERVERO San Braulio, CESAR Ferrando Gimenez, Daniel SOLSONA Puig, Javier SUBIRATS Hernández, Enrique SAURA Gil, Frank Arnesen, PABLO Rodríguez Flores (72 Luis Dario FELMAN).
Trainer: Bernardino Pérez Elizarán "PASIEGUITO"
Goals: Gudelj (7 p, 69, 89), Primorac (21), Saura (52)

IFK GÖTEBORG v DINAMO BUCUREȘTI 3-1 (2-0)
Nya Ullevi, Göteborg   25.11.1981
Referee: Volker Roth (WG)   Attendance: 10,000
IFK: Thomas Wernersson, Conny Karlsson, Glenn Hysén, Jerry Karlsson, Ruben Svensson; Stig Fredriksson, Glenn Peter Strömberg (86 Glenn Holm), Tord Holmgren, Torbjörn Nilsson, Dan Corneliusson, Tommy Holmgren.
Trainer: Sven-Göran Eriksson
DINAMO: Dumitru Moraru; Ion Marin, Cornel Dinu, Adrian Bumbescu, Nelu Stănescu; Marin Dragnea, Ionel Augustin, Teofil Stredie; Cornel Țălnar, Gheorghe Mulțescu, Costel Orac.   Trainer: Nicolae Nicușor Dumitru
Goals: Tommy Holmgren (28), T. Nilsson (34, 52), Mulțescu (65)

DINAMO BUCUREȘTI v IFK GÖTEBORG 0-1 (0-1)
Dinamo, București   9.12.1981
Referee: Egbert Mulder (HOL)   Attendance: 15,000
DINAMO: Dumitru Moraru; Ion Mărginean (37 Nelu Stănescu), Cornel Dinu, Ionel Augustin, Ion Marin; Marin Dragnea (74 Pompiliu Iordache), Gheorghe Mulțescu, Alexandru Custov; Cornel Țălnar, Dudu Georgescu, Costel Orac.   Trainer: Nicolae Nicușor Dumitru
IFK: Thomas Wernersson; Conny Karlsson, Glenn Hysén, Jerry Karlsson, Ruben Svensson; Stig Fredriksson, Glenn Peter Strömberg (86 Glenn Schiller), Tord Holmgren; Torbjörn Nilsson, Dan Corneliusson, Tommy Holmgren (84 Glenn Holm).   Trainer: Sven-Göran Eriksson
Goal: T. Nilsson (23)

SPORTING LISBOA v NEUCHÂTEL XAMAX 0-0
Estádio de José Alvalade, Lisboa   26.11.1981
Referee: Siegfried Kirschen (DDR)   Attendance: 42,500
SPORTING: Ferenc Meszaros, CARLOS Jorge Marques Caldas XAVIER, VIRGÍLIO Manuel Bagulho Lopes, EURICO Monteiro Gomes, Augusto Soares INÁCIO, Francisco da Cruz BARÃO, ADEMAR Moreira Marques, António Luis Alves Ribeiro de OLIVEIRA, MÁRIO JORGE da Silva Pinho Fernandes (83 José Eldon de Araújo Lobo Júnior "LITO"), MANUEL José Tavares FERNANDES, Rui Manuel da Trindade JORDÃO.   Trainer: Malcolm Allison
XAMAX: Karl Engel; Philippe Perret, Rainer Hasler, Stéphane Forestier, Serge Trinchero, Silvano Bianchi, Peter Küffer, Walter Pellegrini (89 Bertrand De Coulon), Claude Andrey, Don Givens (85 Yvan Moret), Robert Lüthi.

NEUCHÂTEL XAMAX v SPORTING LISBOA 1-0 (1-0)
Stade de la Maladière, Neuchâtel   9.12.1981
Referee: Bogdan Dochev (BUL)   Attendance: 17,188
XAMAX: Karl Engel; Serge Trinchero, Rainer Hasler, Stéphane Forestier, Silvano Bianchi, Peter Küffer, Walter Pellegrini, Claude Andrey, Philippe Perret (85 Bertrand De Coulon), Don Givens, Robert Lüthi (89 Claude Sarrasin).
SPORTING: Ferenc Meszaros, ADEMAR Moreira Marques, CARLOS Jorge Marques Caldas XAVIER, EURICO Monteiro Gomes, Augusto Soares INÁCIO (39 Francisco da Cruz BARÃO), VIRGÍLIO Manuel Bagulho Lopes, Mario Abreu Alves da Silva "MARINHO", António Manuel da Costa NOGUEIRA, António Luis Alves Ribeiro de OLIVEIRA, MANUEL José Tavares FERNANDES, Carlos Manuel da Silva FREIRE (63 MÁRIO JORGE da Silva Pinho Fernandes).
Trainer: Malcolm Allison
Goal: Andrey (28)

ABERDEEN FC v HAMBURGER SV 3-2 (1-0)

Pittodrie, Aberdeen   25.11.1981

Referee: Roger Schoetters (BEL)   Attendance: 24,000

ABERDEEN: James Leighton, Stuart Kennedy, William Miller, Doug Rougvie (90 Neale Cooper), John McMaster, Gordon Strachan, Andy Watson, Neil Simpson, Eric Black, Mark McGhee (79 Walker McCall), John Hewitt.

HAMBURGER SV: Ulrich Stein, Manfred Kaltz, Franz Beckenbauer, William Hartwig (79 Peter Hidien), Jürgen Groh, Jürgen Milewski (32 Holger Hieronymus), Bernd Wehmeyer, Caspar Memering, Felix Magath, Horst Hrubesch, Lars Bastrup.   Trainer: Ernst Happel

Goals: Black (24), Hrubesch (52, 87), Watson (66), Hewitt (81)

HAMBURGER SV v ABERDEEN FC 3-1 (1-0)

Volksparkstadion, Hamburg   9.12.1981

Referee: Romualdas Yushka (USSR)   Attendance: 45,600

HAMBURGER SV: Ulrich Stein, Bernd Wehmeyer, Franz Beckenbauer, Ditmar Jakobs, Jürgen Groh, Jürgen Milewski, Thomas von Heesen, Caspar Memering, Felix Magath, Horst Hrubesch, Lars Bastrup.   Trainer: Ernst Happel

ABERDEEN: James Leighton, Stuart Kennedy, Alexander McLeish, William Miller, John McMaster, Gordon Strachan (68 Douglas Bell), Neale Cooper, Andy Watson, Neil Simpson, Eric Black, John Hewitt (46 Mark McGhee).

Goals: Hrubesch (33), Memering (59 pen), Jakobs (67), McGhee (79)

WINTERSLAG v DUNDEE UNITED 0-0

Gemeentelijk Sportpark, Winterslag   1.12.1981

Referee: Bruno Galler (SWI)   Attendance: 10,000

WINTERSLAG: Jean-Paul de Bruyne, Patrick Houben, Eric van Lessen, Paul Lambrichts, Mathy Billen, Roger Albertsen, Carlo Weis, Luc Thijs, Pierre Denier (76 Mathieu Denier), Karl Berger, Will van Woerkum.   Trainer: Mathieu Bollen

DUNDEE UNITED: Hamish McAlpine, John Holt, Derek Stark, Iain Phillip (79 Frank Kopel), Paul Hegarty, David Narey, Eamonn Bannon, Ralph Milne, Richard Gough, Paul Sturrock, David Dodds.

DUNDEE UNITED v WINTERSLAG 5-0 (3-0)

Tannadice Park, Dundee   9.12.1981

Referee: Vojtěch Christov (CZE)   Attendance: 16,232

DUNDEE UNITED: Hamish McAlpine, John Holt (46 Ian Gibson), Paul Hegarty, Iain Phillip, Maurice Malpas, William Kirkwood, David Narey, Eamonn Bannon, Ralph Milne, Paul Sturrock, David Dodds.

WINTERSLAG: Jean-Paul de Bruyne, Patrick Houben, Walter Vitali, Mathy Billen, Paul Lambrichts, Roger Albertsen, Luc Thijs (.. Marco Vitali), Pierre Denier, Karl Berger, Carlo Weis, Mathieu Denier.   Trainer: Mathieu Bollen

Goals: Bannon (24), Narey (33), Hegarty (36), Milne (50, 70)

QUARTER-FINALS

**REAL MADRID
v 1.FC KAISERSLAUTERN 3-1** (2-0)

Estadio Santiago Bernabéu, Madrid   3.03.1982

Referee: Vojtěch Christov (CZE)   Attendance: 68,000

REAL: AGUSTÍN Rodríguez Santiago, Isidoro SAN JOSÉ Pozo, Andrés SABIDO Martín, Ricardo GALLEGO Redondo, José Antonio CAMACHO Alfaro, Ulrich Stielike, ÁNGEL de los Santos Cano, Francisco GARCIA HERNÁNDEZ, Francisco PINEDA García, Lawrence Cunningham (68 ISIDRO Díaz González), Juan Gomez González "JUANITO".   Trainer: Vujadin Boškov

1.FC KAISERSLAUTERN: Armin Reichel, Wolfgang Wolf, Hans-Peter Briegel (68 Michael Dusek), Werner Melzer, Lutz Eigendorf, Reiner Geye, Hans Bongartz, Friedhelm Funkel (40 Hans-Günther Neues), Norbert Eilenfeldt, Bruno Hübner, Erhard Hofeditz.   Trainer: Karlheinz Feldkamp

Goals: Cunningham (31), Garcia Hernández (35), Juanito (68), Eilenfeldt (85 pen)

**1.FC KAISERSLAUTERN
v REAL MADRID 5-0** (2-0)

Betzenberg, Kaiserslautern   17.03.1982

Referee: Károly Palotai (HUN)   Attendance: 34,500

1.FC KAISERSLAUTERN: Ronnie Hellström, Michael Dusek, Wolfgang Wolf, Hans-Peter Briegel, Andreas Brehme, Werner Melzer, Reiner Geye, Norbert Eilenfeldt (85 Axel Brummer), Hans Bongartz, Friedhelm Funkel (72 Lutz Eigendorf), Erhard Hofeditz.   Trainer: Karlheinz Feldkamp

REAL: AGUSTÍN Rodríguez Santiago, Isidoro SAN JOSÉ Pozo, Andrés SABIDO Martín (70 Juan CARCELÉN), Ricardo GALLEGO Redondo, Rafael GARCIA CORTES, Ulrich Stielike, Vicente DEL BOSQUE González, José Antonio CAMACHO Alfaro, Francisco GARCIA HERNÁNDEZ (57 ISIDRO Díaz González), Francisco PINEDA García, Lawrence Cunningham.   Trainer: Vujadin Boškov

Sent off: San José (31), Cunningham (40), Pineda (66)

Goals: Funkel (7, 14), Bongartz (50), Eilenfeldt (56), Geye (73)

VALENCIA CF v IFK GÖTEBORG 2-2 (2-2)
Estadio Luis Casanova, Valencia   3.03.1982
Referee: John Carpenter (EIRE)   Attendance: 29,000
VALENCIA CF: José Manuel SEMPERE Maciá, José CARRETE de Julián, Miguel TENDILLO Berenguer, Ricardo Penella ARIAS, Manuel BOTUBOT Perreira, Ángel CASTELLANOS Céspedes, ROBERTO Fernández Bonilla (53 Javier SUBIRATS Hernández), Frank Arnesen, Enrique SAURA Gil, Kurt Welzl (71 Salvador RIBES), PABLO Rodríguez Flores.   Trainer: Manolo Mestre
IFK: Thomas Wernersson, Ruben Svensson, Glenn Hysén, Conny Karlsson, Glenn Schiller, Tord Holmgren, Torbjörn Nilsson (75 Håkan Sandberg), Dan Corneliusson, Tommy Holmgren, Jerry Karlsson, Glenn Peter Strömberg. Trainer: Sven-Göran Eriksson
Goals: Arnesen (5, 17 pen), Corneliusson (12), Nilsson (14)

NEUCHATEL XAMAX v HAMBURGER SV 0-0
Stade de la Maladiere, Neuchâtel   17.03.1982
Referee: Alojzy Jarguz (POL)   Attendance: 21,615
XAMAX: Karl Engel; Serge Trinchero, Rainer Hasler, Stéphane Forestier (71 Walter Pellegrini), Silvano Bianchi, Peter Küffer, Philippe Perret, Claude Sarrasin, Robert Lüthi, Don Givens, Claude Andrey.
HAMBURGER SV: Ulrich Stein, Holger Hieronymus, Manfred Kaltz, Ditmar Jakobs, Bernd Wehmeyer, Jürgen Groh, William Hartwig, Caspar Memering, Thomas von Heesen (66 Jürgen Milewski), Horst Hrubesch, Lars Bastrup. Trainer: Ernst Happel

IFK GÖTEBORG v VALENCIA CF 2-0 (1-0)
Nya Ullevi, Göteborg   17.03.1982
Referee: Luigi Agnolin (ITA)   Attendance: 50,108
IFK: Thomas Wernersson, Ruben Svensson (25 Glenn Schiller), Conny Karlsson, Glenn Hysén, Stig Fredriksson, Tord Holmgren, Jerry Karlsson, Torbjörn Nilsson, Glenn Peter Strömberg, Tommy Holmgren, Dan Corneliusson. Trainer: Sven-Göran Eriksson
VALENCIA CF: José Luis Fernández MANZANEDO, Salvador RIBES, Miguel TENDILLO Berenguer, Enrique MORENO Bellver, Manuel BOTUBOT Perreira, Ángel CASTELLANOS Céspedes, ROBERTO Fernández Bonilla, Javier SUBIRATS Hernández (74 CESAR Ferrando Gimenez), Enrique SAURA Gil, Kurt Welzl (59 PABLO Rodríguez Flores), Frank Arnesen.   Trainer: Manolo Mestre
Goals: Tommy Holmgren (4), Fredriksson (56 pen)

DUNDEE UNITED v RADNICKI NIS 2-0 (2-0)
Tannadice Park, Dundee   3.03.1982
Referee: Jan Redelfs (WG)   Attendance: 16,000
DUNDEE UNITED: Hamish McAlpine, John Holt, Maurice Malpas, Richard Gough, Paul Hegarty, David Narey, Eamonn Bannon, Ralph Milne (55 Graeme Payne), William Kirkwood, Paul Sturrock, David Dodds.
RADNICKI: Zoran Milenković, Slobodan Halilović, Milovan Obradović, Zoran Bojović, Mirko Vojinović, Miloš Drizić, Aleksandar Panajotović, Branislav Djordjević, Dragan Radosavljević (62 Miroslav Aleksić), Slavoljub Nikolić, Sanid Beganović.   Trainer: Dušan Nenković
Goals: Narey (41), Dodds (43)

HAMBURGER SV v NEUCHÂTEL XAMAX 3-2 (1-1)
Volksparkstadion, Hamburg   3.03.1982
Referee: Anders Mattsson (FIN)   Attendance: 16,000
HAMBURGER SV: Ulrich Stein; Franz Beckenbauer (46 Jürgen Milewski), Manfred Kaltz, Ditmar Jakobs, Bernd Wehmeyer, Jürgen Groh (62 Thomas von Heesen), William Hartwig, Caspar Memering, Holger Hieronymus, Horst Hrubesch, Lars Bastrup.   Trainer: Ernst Happel
XAMAX: Karl Engel; Serge Trinchero, Rainer Hasler, Stéphane Forestier, Silvano Bianchi, Philippe Perret, Peter Küffer (83 Marc Morandi), Don Givens (87 Bertrand De Coulon), Claude Andrey, Robert Lüthi, Claude Sarrasin.
Goals: Bastrup (32), Givens (37), Lüthi (52), Memering (71), Von Heesen (74)

RADNICKI NIS v DUNDEE UNITED 3-0 (0-0)
Cair, Niš   17.03.1982
Referee: Bogdan Dochev (BUL)   Attendance: 15,000
RADNICKI: Zoran Milenković, Milovan Obradović, Zoran Bojović, Mirko Vojinović, Stojan Gavrilović, Miodrag Stoiljković, Miloš Drizić, Branislav Djordjević, Dragan Radosavljević (46 Aleksandar Panajotović), Slavoljub Nikolić, Sanid Beganović.   Trainer: Dušan Nenković
DUNDEE UNITED: Hamish McAlpine, John Holt, Derek Stark, Richard Gough, Paul Hegarty, Eamonn Bannon (77 Ralph Milne), Iain Phillip, William Kirkwood, Paul Sturrock, David Narey, David Dodds.
Goals: Panajotović (53, 72), Djordjević (85 pen)

SEMI-FINALS

**1.FC KAISERSLAUTERN
v IFK GÖTEBORG 1-1** (1-1)

Betzenberg, Kaiserslautern   7.04.1982

Referee: Roger Schoeters (BEL)   Attendance: 34,500

1.FC KAISERSLAUTERN: Ronnie Hellström, Werner Melzer, Wolfgang Wolf, Michael Dusek, Andreas Brehme, Hans-Peter Briegel, Hans Bongartz, Norbert Eilenfeldt, Reiner Geye, Friedhelm Funkel, Erhard Hofeditz.
Trainer: Karlheinz Feldkamp

IFK: Thomas Wernersson, Conny Karlsson, Ruben Svensson (70 Glenn Schiller), Glenn Hysén, Stig Fredriksson, Tord Holmgren, Jerry Karlsson, Glenn Peter Strömberg, Tommy Holmgren, Torbjörn Nilsson, Dan Corneliusson.
Trainer: Sven-Göran Eriksson

Goals: Hofeditz (10), Corneliusson (29)

**IFK GÖTEBORG
v 1.FC KAISERSLAUTERN 2-1** (1-0, 1-1)   (AET)

Nya Ullevi, Göteborg   21.04.1982

Referee: Romualdas Yushka (USSR)   Attendance: 52,000

IFK: Thomas Wernersson, Conny Karlsson, Glenn Schiller, Ruben Svensson, Stig Fredriksson, Martin Holmberg (80 Glenn Holm), Jerry Karlsson, Glenn Peter Strömberg (108 Håkan Sandberg), Tommy Holmgren, Torbjörn Nilsson, Dan Corneliusson.   Trainer: Sven-Göran Eriksson

1.FC KAISERSLAUTERN: Ronnie Hellström, Werner Melzer, Wolfgang Wolf, Michael Dusek, Hans-Peter Briegel, Andreas Brehme, Hans Bongartz, Norbert Eilenfeldt, Reiner Geye, Friedhelm Funkel (75 Lutz Eigendorf), Erhard Hofeditz (106 Axel Brummer).   Trainer: Karlheinz Feldkamp

Goals: Tommy Holmgren (43), Geye (58), Fredriksson (102 pen)

RADNICKI NIS v HAMBURGER SV 2-1 (0-0)

Cair, Niš   7.04.1982

Referee: Luigi Agnolin (ITA)   Attendance: 22,000

RADNICKI: Zoran Milenković, Stojan Gavrilović, Zoran Bojović, Mirko Vojinović, Milovan Obradović, Miloš Drizić, Branislav Djordjević, Miroslav Aleksić (46 Dragan Radosavljević), Miodrag Stoiljković, Slavoljub Nikolić (60 Ivan Stanković), Sanid Beganović.   Trainer: Dušan Nenković

HAMBURGER SV: Ulrich Stein, Manfred Kaltz, Ditmar Jakobs (62 Borisa Djordjević), Holger Hieronymus, Jürgen Groh, William Hartwig, Thomas von Heesen, Bernd Wehmeyer, Jürgen Milewski, Horst Hrubesch, Lars Bastrup. Trainer: Ernst Happel

Goals: Beganović (50), Von Heesen (57), Obradović (78)

HAMBURGER SV v RADNICKI NIS 5-1 (3-0)

Volksparkstadion, Hamburg   21.04.1982

Referee: André Daina (SWI)   Attendance: 39,000

HAMBURGER SV: Ulrich Stein, Holger Hieronymus, Jürgen Groh (35 Caspar Memering), Manfred Kaltz, Ditmar Jakobs, Bernd Wehmeyer, Felix Magath (73 Peter Hidien), William Hartwig, Thomas von Heesen, Horst Hrubesch, Lars Bastrup.
Trainer: Ernst Happel

RADNICKI: Zoran Milenković, Stojan Gavrilović, Mirko Vojinović, Milovan Obradović, Miloš Drizić, Bratislav Rincić (46 Aleksandar Panajotović), Miroslav Aleksić (56 Miroslav Simonović), Miodrag Stoiljković, Slavoljub Nikolić, Sanid Beganović, Branislav Djordjević.   Trainer: Dušan Nenković

Goals: Hartwig (7, 30), Von Heesen (21, 49), Magath (58), Panajotović (82)

FINAL

IFK GÖTEBORG v HAMBURGER SV 1-0 (0-0)

Nya Ullevi, Göteborg   5.05.1982

Referee: John Carpenter (EIRE)   Attendance: 42,548

IFK: Thomas Wernersson, Glenn Hysén, Ruben Svensson, Conny Karlsson, Stig Fredriksson, Tord Holmgren, Jerry Karlsson, Glenn Peter Strömberg, Dan Corneliusson, Torbjörn Nilsson (19 Håkan Sandberg), Tommy Holmgren (46 Glenn Schiller).   Trainer: Sven-Göran Eriksson

HAMBURGER SV: Ulrich Stein, Holger Hieronymus, Manfred Kaltz, Ditmar Jakobs, Jürgen Groh, Bernd Wehmeyer, William Hartwig, Felix Magath, Thomas von Heesen (82 Caspar Memering), Horst Hrubesch, Lars Bastrup. Trainer: Ernst Happel

Goal: Tord Holmgren (88)

HAMBURGER SV v IFK GÖTEBORG 0-3 (0-1)

Volksparkstadion, Hamburg   19.05.1982

Referee: George Courtney (ENG)   Attendance: 60,200

HAMBURGER SV: Ulrich Stein, Holger Hieronymus, Manfred Kaltz (75 Peter Hidien), Jürgen Groh, Bernd Wehmeyer, William Hartwig, Felix Magath, Thomas von Heesen, Caspar Memering, Horst Hrubesch, Lars Bastrup.
Trainer: Ernst Happel

IFK: Thomas Wernersson, Conny Karlsson, Ruben Svensson, Glenn Hysén (19 Glenn Schiller), Stig Fredriksson, Tord Holmgren, Glenn Peter Strömberg, Jerry Karlsson, Dan Corneliusson (68 Håkan Sandberg), Torbjörn Nilsson, Tommy Holmgren.   Trainer: Sven-Göran Eriksson

Goals: Corneliusson (26), Nilsson (61), Fredriksson (66 pen)

UEFA Cup Top Scorers 1981-82:

9 goals: Torbjörn Nilsson (IFK Göteborg)

5 goals: Ronny Martens (K SK Beveren), Thomas von Heesen (Hamburger SV), Stig Fredriksson (IFK Göteborg), Friedhelm Funkel (1.FC Kaiserslautern), Horst Hrubesch (Hamburger SV), Kostas Kouis (Aris Thessaloniki)

SLAVIA SOFIA v NK SARAJEVO 2-2 (1-1)
Sofia 14.09.1982

Referee: Rudolf Renggli (SWI)   Attendance: 10,500

SLAVIA: Georgi Gugalov, Rusi Ivanov, Ivan Haidarliev, Svetli Kalistratov, Ivan Iliev, Dimitar Diev, Stefan Vasilev, Pavlin Dimitrov (64 Ilia Velichkov), Emil Serafimov, Mladen Radkov, Ilia Aliev.

NK SARAJEVO: Janjus, Zoran Lukić, Mirza Kapetanović, Zelimir Vidović, Nijaz Ferhatović, Dragan Bozović, Safet Susić, Mehmed Janjos, Edin Hadzialagić, Boban Bozović (71 Slavisa Vukicevic), Predrag Pasić (86 Husref Musemić). Trainer: Srboljub Markusević

Goals: Radkov (17, 90), Pasić (22, 83)

UEFA CUP 1982-83

FIRST ROUND

PROGRÈS NIEDERCORN v SERVETTE GENEVE 0-1 (0-0)
Stade Jos Haupert, Niedercorn 8.09.1982

Referee: Werner Föckler (WG)   Attendance: 717

PROGRÈS: Jean-Paul Defrang, Hentzen, Marcel Bossi, Jean Schmitz, Jean-Paul Bossi, Henri Bossi, Guy Back, Josy Schmitz, Roland Thill, Patrick Zieser, Camille Neumann (68 Alain Nurenberg).

SERVETTE: Erich Burgener; Franco Seramondi, Alain Geiger, Michel Renquin, Guy Dutoit (83 Vittorio Bevilacqua), Marc Schnyder, Lucien Favre, Michel Decastel, Angelo Elia (81 Manuel Mattioli), Jean-Paul Brigger, Yagcha Mustapha. Trainer: Guy Mathez

Goal: Brigger (60)

NK SARAJEVO v SLAVIA SOFIA 4-2 (2-2)
Koševo, Sarajevo 29.09.1982

Referee: John Hunting (ENG)   Attendance: 18,750

NK SARAJEVO: Janjus, Ferid Radeljas, Mirza Kapetanović, Zelimir Vidović (35 Mehmed Janjos), Nijaz Ferhatović, Faruk Hadzibegić, Safet Susić, Edin Hadzialagić (75 Zoran Lukić), Husref Musemić, Boban Bozović, Predrag Pasić. Trainer: Srboljub Markusević

SLAVIA: Georgi Gugalov, Rusi Ivanov, Ivan Haidarliev, Svetli Kalistratov, Ivan Iliev, Dimitar Diev, Stefan Vasilev, Pavlin Dimitrov (75 Emil Serafimov), Mladen Radkov, Ilia Aliev, Ilia Velichkov.

Goals: Musemić (10, 29, 85), Susić (90), Velichkov (42, 45)

SERVETTE GENEVE v PROGRÈS NIEDERCORN 3-0 (0-0)
Stade des Charmilles, Genève 29.09.1982

Referee: Anthony Mangion (MAL)   Attendance: 5,000

SERVETTE: Erich Burgener; Franco Seramondi, Alain Geiger, Michel Renquin, Guy Dutoit, Marc Schnyder, Lucien Favre, Michel Decastel, Angelo Elia, Jean-Paul Brigger, Manuel Mattioli. Trainer: Guy Mathez

PROGRÈS: Jean-Paul Defrang; Hentzen, Marcel Bossi, Jean Schmitz, Jean Paul Bossi, Guy Back, Josy Schmitz, Henri Bossi, Camille Neumann, Roland Thill (81 Johny Mancini), Patrick Zieser (46 Alain Nurenberg).

Goals: Brigger (58), Decastel (87), Seramondi (89)

SPARTAK MOSKVA v ARSENAL LONDON 3-2 (1-2)
Lenin, Moskva 14.09.1982

Referee: Gianfranco Menegalli (ITA)   Attendance: 68,500

SPARTAK: Rinat Dasaev, Vladimir Sochnov, Boris Pozdniakov, Vladimir Scherbak, Oleg Romantsev, Sergei Schavlo, Sergei Schvetsov, Edgar Gess (68 Aleksandr Kalashnikov), Yuri Gavrilov, Fiedor Cherenkov, Sergei Rodionov. Trainer: Konstantin Beskov

ARSENAL: George Wood, John Hollins, Kenneth Sansom, Brian Talbot, David O'Leary, Christopher Whyte, Paul Davis, Stewart Robson, Lee Chapman, Anthony Woodcock, Graham Rix. Manager: Terence Neill

Goals: Robson (15), Chapman (30), Schvetsov (37), Gavrilov (69 pen, 88)

ARSENAL LONDON v SPARTAK MOSKVA 2-5 (0-1)

Arsenal Stadium, Highbury, London   29.09.1982

Referee: Emilio Carlos Guruceta Muro (SPA)   Att: 28,455

ARSENAL: George Wood, John Hollins (46 Alan Sunderland), Kenneth Sansom, Brian Talbot, David O'Leary, Christopher Whyte, Paul Davis (46 Brian McDermott), Stewart Robson, Lee Chapman, Anthony Woodcock, Graham Rix. Manager: Terence Neill

SPARTAK: Rinat Dasaev (80 Aleksei Prudnikov), Vladimir Sochnov, Boris Pozdniakov, Vladimir Scherbak, Oleg Romantsev, Sergei Schavlo, Sergei Schvetsov, Edgar Gess (80 Evgeni Kuznetsov), Yuri Gavrilov, Fiedor Cherenkov, Sergei Rodionov.   Trainer: Konstantin Beskov

Goals: Schvetsov (27), Rodionov (56), Cherenkov (66), Schavlo (71), McDermott (74), Gess (77), Chapman (90)

SEVILLA FC v LEVSKI SPARTAK SOFIA 3-1 (1-1)

Ramón Sánchez Pizjuán, Sevilla   15.09.1982

Referee: Enzo Barbaresco (ITA)   Attendance: 40,000

SEVILLA FC: Francisco BUYO Sánchez, José Ramón NIMO Maldonado, José Romero RIVAS, Antonio ÁLVAREZ Giráldez, Pablo BLANCO, JUAN CARLOS Álvarez Vega (56 Enrique MONTERO Román), FRANCISCO López Alfaro, Carlos Alberto Gomes "PINTINHO", Jorge Orlando LÓPEZ, Enrique MAGDALENO Díaz, Santiago Llorente "SANTI" (46 Francisco Sánchez Pérez "CURRO").
Trainer: Manuel CARDO ROMERO

LEVSKI SPARTAK: Vlado Delchev, Plamen Nikolov, Krasimir Koev, Petar Petrov, Veselin Balevski, Grigor Grigorov, Rusi Gochev (67 Bojidar Iskrenov), Nasko Sirakov, Krasimir Chavdarov (81 Emil Velev), Mihail Valchev, Emil Spasov.
Trainer: Dobromir Jechev

Goals: Spasov (32), Santi (33 pen), Montero (63), Magdaleno (74)

LEVSKI SPARTAK SOFIA v SEVILLA FC 0-3 (0-2)

Vasil Levski, Sofia   28.09.1982

Referee: Adolf Mathias (AUS)   Attendance: 40,000

LEVSKI SPARTAK: Borislav Mihailov, Plamen Nikolov, Veselin Balevski, Krasimir Koev, Petar Petrov (46 Bojidar Iskrenov), Grigor Grigorov, Rusi Gochev, Nasko Sirakov, Mihail Valchev, Petar Kurdov, Emil Spasov (65 Emil Velev).
Trainer: Dobromir Jechev

SEVILLA FC: Francisco BUYO Sánchez, José Ramón NIMO Maldonado, Francisco Sánchez Pérez "CURRO", Ricardo SERNA Orozco, Antonio ÁLVAREZ Giráldez, Pablo BLANCO, Jorge Orlando LÓPEZ (82 FRANCISCO López Alfaro), Carlos Alberto Gomes "PINTINHO", Enrique MAGDALENO Díaz, JUAN CARLOS Álvarez Vega, Santiago Llorente "SANTI" (46 Enrique MONTERO Román).
Trainer: Manuel CARDO ROMERO

Goals: Magdaleno (16), Santi (25), Juan Carlos (70)

STAL MIELEC v KSC LOKEREN 1-1 (0-0)

Stal, Mielec   15.09.1982

Referee: David Richardson (ENG)   Attendance: 35,000

STAL: Janusz Stawarz, Boguslaw Skiba, Edward Oratowski, Witold Lukasik, Dariusz Kubicki, Zbigniew Hnatio, Stefan Kawalek, Wlodzimierz Ciolek, Edward Tyburski, Henryk Janikowski, Kazimierz Buda.

LOKEREN: Bob Hoogenboom, Ronald Somers, Maurits de Schrijver, Raymond Mommens, Dirk de Wachter, James Tolmie, Rik van Cauter, René Verheyen, Arnór Guðjohnsen, René Van der Gijp, Preben Elkjaer-Larsen.

Goals: Van der Gijp (69), Buda (86)

KSC LOKEREN v STAL MIELEC 0-0

Daknamstadion, Lokeren   28.09.1982

Referee: Kenneth J. Hope (SCO)   Attendance: 10,000

LOKEREN: Bob Hoogenboom, Ronny Laroy, Maurits de Schrijver, Ronald Somers, Raymond Mommens, James Tolmie, Rik van Cauter, René Verheyen, Arnór Guðjohnsen, René Van der Gijp, Preben Elkjaer-Larsen.

STAL: Janusz Stawarz, Boguslaw Skiba, Edward Oratowski, Witold Lukasik, Dariusz Kubicki, Zbigniew Hnatio, Stefan Kawalek, Wlodzimierz Ciolek, Kazimierz Buda, Henryk Janikowski, Janusz Dobrowolski.

TJ BOHEMIANS PRAHA v ADMIRA WACKER WIEN 5-0 (3-0)

Štadion-Dolíčku, Praha   15.09.1982

Referee: Heikki L.Tuominen (FIN)   Attendance: 8,000

BOHEMIANS: Zdeněk Hruška; František Jakubec, Zdeněk Prokeš, Premysl Bicovský, Jiří Ondra; Pavel Chaloupka, Peter Zelenský, Jiří Sloup, Milan Cermák (72 Stanislav Levý), Miroslav Prilozný, Vladimír Hruška (80 Tibor Micinec).
Trainer: Tomás Pospichal

ADMIRA WACKER: Gerhard Fleischmann; Hannes Demantke, Ladislav Kuna, Gerald Messlender, Henry Bronkhorst (46 Josef Degeorgi); Walter Knaller, Helmut Weigl (73 Walter Binder), Walter Stöffelbauer, Manfred Kern; Johann Krejcirik, Gordon Igesund.   Trainer: Felix Latzke

Goals: Cermak (18), Prilozný (26, 31, 90), V. Hruška (69)

ADMIRA WACKER WIEN
v BOHEMIANS PRAHA 1-2 (1-1)

Bundesstadion Südstadt, Wien   28.09.1982

Referee: Sándor Kuti (HUN)   Attendance: 2,000

ADMIRA WACKER: Gerhard Fleischmann; Hans-Peter Troindl, Ladislav Kuna, Gerald Messlender (46 Henry Bronkhorst), Josef Degeorgi; Walter Knaller, Walter Binder, Walter Stöffelbauer, Manfred Kern, Johann Krejcirik (60 Manfred Zsak), Gordon Igesund.

BOHEMIANS: Zdeněk Hruška (46 Vladimír Borovicka); František Jakubec, Zdeněk Prokeš, Premysl Bicovský, Jiří Ondra; Pavel Chaloupka, Peter Zelenský, Jiří Sloup; Stanislav Levý (70 Tibor Micinec), Milan Cermák, Vladimír Hruška. Trainer: Tomás Pospichal

Goals: Zelenský (15), Binder (28), Sloup (67)

BORUSSIA DORTMUND
v GLASGOW RANGERS   0-0

Westfalenstadion, Dortmund   15.09.1982

Referee: Bruno Galler (SWI)   Attendance: 54,000

BORUSSIA: Eike Immel, Lothar Huber, Ralf Loose, Rolf Rüssmann, Siegfried Bönighausen, Franz-Josef Tenhagen, Michael Zorc, Manfred Burgsmüller, Marcel Răducanu, Bernd Klotz, Erdal Keser (68 Meinolf Koch).
Trainer: Karlheinz Feldkamp

RANGERS: James Stewart, David MacKinnon, Alistair Dawson, John McClelland, Craig Paterson, James Bett, David Cooper, Robert Prytz (85 Alex Miller), Derek Johnstone, Robert Russell, Ian Redford.

GLENTORAN BELFAST
v BANÍK OSTRAVA   1-3 (0-1)

The Oval, Belfast   15.09.1982

Referee: Hendrik Weernik (HOL)   Attendance: 2,231

GLENTORAN: Alan Paterson, George Neill, Thomas Connell, Dermot Keely, Robert McCreery, James Cleary, John Jameson, Robert Bowers, Ron Manley, Gerry Mullan, Sammy Troughton (.. Raymond Morrison).   Trainer: Ronnie McFall

BANÍK: Luděk Mikloško, Lubomír Knapp, Lubomír Šrámek, Václav Pecháček, Zdeněk Rygel, Zdeněk Šreiner, Petr Němec (68 Libor Radimec), Augustín Antalík, Zdeněk Válek, Werner Licka, Václav Danek.   Trainer: Evžen Hadamczik

Goals: Sreiner (32), Danek (53), Bowers (72), Antalik (79)

GLASGOW RANGERS
v BORUSSIA DORTMUND 2-0 (1-0)

Ibrox Park, Glasgow   29.09.1982

Referee: Nicolae Rainea (ROM)   Attendance: 44,000

RANGERS: James Stewart, David MacKinnon, John McClelland, Craig Paterson, Alistair Dawson, Robert Russell (80 Ian Redford), James Bett, Robert Prytz, David Cooper, Derek Johnstone, John MacDonald.

BORUSSIA: Eike Immel, Lothar Huber, Ralf Loose, Meinolf Koch, Siegfried Bönighausen, Franz-Josef Tenhagen, Michael Zorc, Marcel Răducanu (72 Rüdiger Abramczik), Manfred Burgsmüller, Heinz-Werner Eggeling (69 Bernd Klotz), Erdal Keser.   Trainer: Karlheinz Feldkamp

Goals: Cooper (44), Johnstone (83)

BANÍK OSTRAVA
v GLENTORAN BELFAST 1-0 (0-0)

Bazaloch, Ostrava   29.09.1982

Referee: Andrzej Libich (POL)   Attendance: 15,000

BANÍK: Pavol Michalík, Václav Pecháček, Rostislav Vojácek, Libor Radimec, Zdeněk Rygel, Zdeněk Šreiner, Augustín Antalík (71 Ladislav Kalmár), Lubomír Knapp, Werner Licka, Václav Danek, Zdeněk Válek.   Trainer: Evžen Hadamczik

GLENTORAN: Alan Paterson; Robert McCreery, Dermot Keeley, Thomas Connell, George Neill, Robert Bowers, Raymond Morrison, John Jameson, James Cleary, Gerry Mullan, Ron Manley.   Trainer: Ronnie McFall

Goal: Valek (47)

MANCHESTER UNITED v VALENCIA CF   0-0

Old Trafford, Manchester   15.09.1982

Referee: Dušan Krchnák (CZE)   Attendance: 46,599

MANCHESTER UNITED: Gary Bailey, Michael Duxbury, Gordon McQueen, Martin Buchan, Arthur Albiston, Raymond Wilkins, Ashley Grimes, Norman Whiteside, Bryan Robson, Francis Stapleton, Steve Coppell.   Manager: Ron Atkinson

VALENCIA CF: José Manuel SEMPERE Maciá, José CARRETE de Julián, Miguel TENDILLO Berenguer, Ricardo Penella ARIAS, Enrique MORENO Bellver (39 Daniel SOLSONA Puig), Manuel BOTUBOT Perreira, Ángel CASTELLANOS Céspedes, ROBERTO Fernández Bonilla, Mario Alberto KEMPES Chiodi, Enrique SAURA Gil, PABLO Rodríguez Flores (75 Javier SUBIRATS Hernández).
Trainer: Manuel MESTRE Torres

VALENCIA CF v MANCHESTER UNITED 2-1 (0-1)

Estadio Luis Casanova, Valencia   29.09.1982

Referee: Ion Igna (ROM)   Attendance: 47,000

VALENCIA CF: José Manuel SEMPERE Maciá, José CARRETE de Julián, Ricardo Penella ARIAS, Miguel TENDILLO Berenguer (68 Salvador RIBES), Manuel BOTUBOT Perreira, Daniel SOLSONA Puig, Ángel CASTELLANOS Céspedes, ROBERTO Fernández Bonilla, Enrique SAURA Gil, Mario Alberto KEMPES Chiodi, PABLO Rodríguez Flores.   Trainer: Manuel MESTRE Torres

MANCHESTER UNITED: Gary Bailey, Michael Duxbury, Kevin Moran, Martin Buchan (84 Lou Macari), Arthur Albiston, Raymond Wilkins, Ashley Grimes, Remi Moses (77 Steve Coppell), Bryan Robson, Francis Stapleton, Norman Whiteside.   Manager: Ron Atkinson

Goals: Robson (44), Solsona (71 pen), Roberto (75)

SOUTHAMPTON v IFK NORRKÖPPING 2-2 (0-0)

The Dell, Southampton   15.09.1982

Referee: Miklós Nagy (HUN)   Attendance: 10,155

SOUTHAMPTON: Peter Shilton, Stephen Baker, Dennis Rofe (46 David Wallace), Steven Williams, Christopher Nicholl, Mark Wright, Alan Ball, Keith Cassels, Stephen Moran, David Armstrong, Reuben Agboola.   Manager: Lawrie McMenemy

IFK: Jan-Ake Jonsson, Mikael Granskog, Håkan Lundström (69 Jonas Lind), Sven-Olof Bergman, Tomas Mansson, Peter Liljedahl, Eine Fredriksson, Håkan Petterson (77 Leif Andersson), Jan Svensson, Stefan Pettersson, Jan Hellström.   Trainer: Bo Axberg

Goals: S. Petterson (48, 68), Williams (62), Wright (88)

IFK NORRKÖPPING v FC SOUTHAMPTON 0-0

Idrottspark, Norrköpping   29.09.1982

Referee: Aleksandr Mushkovets (USSR)   Attendance: 10,252

IFK: Jan-Ake Jonsson, Peter Liljedahl, Tomas Mansson, Mikael Granskog, Håkan Lundström, Håkan Pettersson (74 Leif Andersson), Sören Nilsson, Sven-Olof Bergman, Stefan Pettersson (37 Kent Lundqvist), Jan Hellström, Jan Svensson.   Trainer: Bo Axberg

SOUTHAMPTON: Peter Shilton, Stephen Baker (74 David Wallace), Christopher Nicholl, Nick Holmes, Mark Wright, Steven Williams, Alan Ball, David Armstrong, Reuben Agboola, Stephen Moran, Keith Cassells (75 David Puckett).   Manager: Lawrie McMenemy

DUNDEE UNITED v PSV EINDHOVEN 1-1 (1-0)

Tannadice Park, Dundee   15.09.1982

Referee: Völker Roth (WG)   Attendance: 12,223

DUNDEE UNITED: Hamish McAlpine, Derek Stark, Richard Gough, Paul Hegarty, David Narey, Maurice Malpas (50 Ralph Milne), Ian Britton, Eamonn Bannon, William Kirkwood (75 Iain Phillip), Paul Sturrock, David Dodds.   Trainer: James McLean

PSV: Pim Doesburg, Berry van Aerle, Huub Stevens, Ernie Brandts, Piet Wildschut, Jan Poortvliet, Willy van de Kerkhof, Ton Lokhoff, René van de Kerkhof, Jurrie Koolhof (76 Rob Landsbergen), Hallvar Thoresen.   Trainer: Thijs Libregts

Goals: Dodds (38), W. Van de Kerkhof (68)

PSV EINDHOVEN v DUNDEE UNITED 0-2 (0-2)

Philips sportpark, Eindhoven   29.09.1982

Referee: Eldar Asim-Zade (USSR)   Attendance: 12,500

PSV: Pim Doesburg, Berry van Aerle (36 Jung Moo Huh), Huub Stevens, Ernie Brandts, Piet Wildschut, Jan Poortvliet, Willy van de Kerkhof, Ton Lokhoff (46 Rob Landsbergen), René van de Kerkhof, Jurrie Koolhof, Hallvar Thoresen.

DUNDEE UNITED: Hamish McAlpine, Iain Phillip (46 Maurice Malpas), Derek Stark, Richard Gough, Paul Hegarty, David Narey, Eamonn Bannon, Ralph Milne, William Kirkwood, Paul Sturrock, David Dodds.   Trainer: J. McLean

Goals: Kirkwood (5), Hegarty (29)

HAARLEM FC v AA GENT 2-1 (1-0)

Haarlem stadion   15.09.1982

Referee: Ib Nielsen (DEN)   Attendance: 11,800

HAARLEM: Edward Metgod, Keith Masefield, Martin Haar, Luc Nijholt, Alwin Leijsner, Wim Balm, Gerrie Kleton, Chris Verkaik, Joop Böckling, Pieter Keur (86 Andreas Van der Veldt), Tommy Kristiansen.   Trainer: Hans van Doorneveld

AA GENT: Tony Daenen, Guy Hanssens, Luc Criel, Rudy Van Goethem, Søren Busk, Willy Quipor, Boudewijn Braem (78 Kiyiaki Tokodi), Aad Koudijzer, René Mücher, Kees Schapendonk, Jean-Claude Bouvy (69 Jean-Michel Lecloux).

Goals: Kleton (37), Haar (73), Tokodi (78 pen)

AA GENT v HAARLEM 3-3 (2-1)

Stade Jules Otten, Gent   29.09.1982

Referee: Osmo Orakangas (FIN)   Attendance: 9,604

AA GENT: André Lauryssen, Guy Hanssens, Luc Criel, Rudy Van Goethem (78 Jean-Michel Lecloux), Søren Busk, Willy Quipor (67 Boudewijn Braem), Aad Koudijzer, René Mücher, Tony Rombouts, Kees Schapendonk, Hubert Cordiez.

HAARLEM: Edward Metgod, Keith Masefield, Martin Haar, Piet Huyg, Alwin Leijsner, Luc Nijholt, Wim Balm, Chris Verkaik, Gerrie Kleton (82 Pieter Keur), Joop Böckling, Frank Van Leen.

Goals: Böckling (3), Koudijzer (23, 60), Schapendonk (29), Kleton (67), Keur (90)

ANDERLECHT BRUSSEL v KUOPION PALLOTOVERIT 3-0 (2-0)

Stade Emile Versé, Brussel   15.09.1982

Referee: Norbert Rolles (LUX)   Attendance: 10,000

ANDERLECHT: Jacky Munaron, Wim Hofkens, Hugo Broos, Luka Peruzović, Michel de Groote, Per Frimann-Hansen, Juan Lozano, Ludo Coeck, Frank Vercauteren, Erwin Vandenbergh, Alex Czerniatynski (62 Kenneth Brylle).
Trainer: Paul van Himst

KPT: Stefan Lindström, Pekka Vepsäläinen, Juha Rissanen, Ari Räsänen, Michael Belfield, Timo Hämäläinen, Juha Koistinen (57 Jukka Turrunen), Hannu Turunen, Olavi Rissanen, Paul Lazarus (76 Tero Sintonen), Antti Kinnunen.

Goals: Vercauteren (4), Vandenbergh (36 pen), Brylle (70)

KUOPION PALLOTOVERIT v ANDERLECHT BRUSSEL 1-3 (0-2)

Väinölänniemi, Kuopio   29.09.1982

Referee: Peer Frickmann (DEN)   Attendance: 2,163

KPT: Stefan Lindström, Pekka Vepsäläinen, Juha Rissanen, Ari Räsänen, Jukka Turunen, Timo Hämäläinen, Juha Koistinen, Hannu Turrunen, Olavi Rissanen, Jorma Pirinen (66 Pentti Laukkanen), Tero Sintonen (70 Paul Lazarus).

ANDERLECHT: Jacky Munaron, Walter de Greef, Hugo Broos, Luka Peruzović, Michel de Groote, Per Frimann-Hansen, Wim Hofkens (73 Kenneth Brylle), Ludo Coeck, Frank Vercauteren, Erwin Vandenbergh, Alex Czerniatynski.
Trainer: Paul van Himst

Goals: Vandenbergh (17), Coeck (25), Jukka Turunen (58), Czerniatynski (63)

AS ST. ETIENNE v TATABÁNYA BANYASZ 4-1 (1-1)

Stade Geoffroy Guichard, St.Etienne   15.09.1982

Referee: Augusto Marques Pires (POR)   Attendance: 12,000

AS ST. ETIENNE: Jean Castaneda; Patrice Lestage, Philippe Mahut, Gérard Janvion, Jean-Louis Zanon; Thierry Oleksiak, Jean-François Larios, Bernard Genghini; Laurent Paganelli (60 Jean-François Daniel), Laurent Roussey, Johnny Rep.
Trainer: Robert Herbin

TATABÁNYA: Imre Kiss; Ignác Tepszics, Károly Lakatos, Endre Udvardi, László Fischer; László Emmer, László P. Nagy (74 Róbert Horváth), Sándor Hermann; József Kiprich (83 János Dupai), István Weimper, István Schmidt.
Trainer: Dalnoki

Sent off: Weimper

Goals: Rep (6), Weimper (24), Daniel (72), Roussey (85), Genghini (90)

TATABÁNYA BANYASZ v AS ST. ETIENNE 0-0

Bányász, Tatabánya   29.09.1982

Referee: David F.T. Syme (SCO)   Attendance: 6,000

TATABÁNYA: Imre Kiss; Ignác Tepszics, Károly Lakatos, Endre Udvardi, László Fischer; László Emmer, Róbert Horváth, Sándor Hermann; József Kiprich, László P. Nagy, István Schmidt.   Trainer: Dalnoki

AS ST. ETIENNE: Jean Castaneda; Patrick Battiston, Philippe Mahut, Gérard Janvion, Patrice Lestage; Thierry Oleksiak, Jean-François Larios, Jean-Louis Zanon; Johnny Rep, Laurent Roussey, Jean-François Daniel.   Trainer: Robert Herbin

FERENCVÁROS BUDAPEST v ATHLETIC CLUB BILBAO 2-1 (2-0)

Népstadion, Budapest   15.09.1982

Referee: Heinz Fahnler (AUS)   Attendance: 25,000

FERENCVÁROS: László Kakas; Károly Jancsika, Péter Judik, Tibor Rab, Ferenc Beles (77 László Szabadi); Zoltán Ebedli, Tibor Nyilasi, László Pogány; Sándor Murai, László Szokolai, Gábor Pölöskei (44 Lajos Kvaszta).   Trainer: Dezső Novák

ATHLETIC: Andoni ZUBIZARRETA Urreta, Santiago URQUIAGA Pérez, Jesús Íñigo LICERANZU Ochoa, José BOLAÑOS Carcelén, José María NÚÑEZ Urrezola (46 Luis DE LA FUENTE Castillo), Miguel DE ANDRÉS Barace, José Ramón GALLEGO Souto, Miguel Ángel SOLA Elizalde (69 Ismael URTUBI Aróstegui); Daniel Ruiz Bazán "DANI", Manuel SARABIA López, Estanislao ARGOTE Salaberría.
Trainer: Javier CLEMENTE Lázaro

Goals: Szokolai (18), Pölöskey (33), Sola (60)

ATHLETIC CLUB BILBAO v FERENCVÁROS BUDAPEST 1-1 (1-1)

Estadio San Mamés, Bilbao   29.09.1982

Referee: Brian McGinlay (SCO)   Attendance: 42,500

ATHLETIC: Andoni ZUBIZARRETA Urreta; Santiago URQUIAGA Pérez, Jesús Íñigo LICERANZU Ochoa (78 José María NORIEGA Aldecoa), José María NÚÑEZ Urrezola, Luis DE LA FUENTE Castillo (50 Antonio GOICOECHEA Olascoaga); José Ramón GALLEGO Souto, Miguel DE ANDRÉS Barace, Miguel Ángel SOLA Elizalde; Daniel Ruiz Bazán "DANI", Manuel SARABIA López, Estanislao ARGOTE Salaberría.   Trainer: Javier CLEMENTE Lázaro

FERENCVÁROS: Gábor Zsiboras; Károly Jancsika, Attila Dózsa, Tibor Rab, Péter Judik; Zoltán Ebedli, Tibor Nyilasi, László Szokolai; Sándor Murai (70 Péter Rubold), László Szabadi (89 Róbert Koch), László Pogány.
Trainer: Dezső Novák

Goals: Dani (15 pen), Szokolai (37)

AS ROMA v IPSWICH TOWN 3-0 (2-0)

Stadio Olimpico, Roma   15.09.1982

Referee: Talal Tokat (TUR)   Attendance: 60,334

AS ROMA: Franco Tancredi; Michele Nappi, Sebastiano Nela; Pietro Vierchowod, Paulo Roberto Falcão, Aldo Maldera; Maurizio Iorio, Herbert Prohaska, Roberto Pruzzo, Agostino di Bartolomei, Claudio Valigi.   Trainer: Nils Liedholm

IPSWICH TOWN: Paul Cooper; George Burley, Michael Mills; Frans Thijssen, Russell Osman, Terence Butcher; John Wark, Stephen McCall (78 Kevin O'Callaghan), Paul Mariner, Alan Brazil, Eric Gates.   Manager: Robert Ferguson

Goals: Osman (10 og), Pruzzo (35, 69)

SSC NAPOLI v DINAMO TBILISI 1-0 (0-0)

Stadio San Paolo, Napoli   29.09.1982

Referee: Walter Eschweiller (WG)   Attendance: 90,000

SSC NAPOLI: Luciano Castellini; Giuseppe Bruscolotti, Moreno Ferrario; Costanzo Celestini, Ruud Krol, Filippo Citterio (79 Roberto Amodio); Claudio Vinazzani, Paolo Dal Fiume, Ramon Angel Diaz, Antonino Criscimanni (18 Raimondo Marino), Claudio Pellegrini.

DINAMO: Otar Gabeliya, David Paikidze, Aleksandr Chivadze, Nodar Khizanishvili, David Mudzhiri, Vitali Daraselia, Zaur Svanadze, Tengiz Sulakvelidze, Nugzar Kakilashvili (46 Mikhail Meskhi), Georgi Tsaava (63 Gocha Dzhokhadze), Ramaz Schengeliya.
Trainer: Nodari Akhalkatsi

Goal: Dal Fiume (59)

IPSWICH TOWN v AS ROMA 3-1 (1-0)

Portman Road, Ipswich   29.09.1982

Referee: Vojtěch Christov (CZE)   Attendance: 17,751

IPSWICH TOWN: Laurence Sivell; George Burley, Michael Mills; Frans Thijssen, Russell Osman, Terence Butcher; John Wark, Stephen McCall, Michael d'Avray (84 John Linford), Alan Brazil, Eric Gates.   Manager: Robert Ferguson

AS ROMA: Franco Tancredi; Michele Nappi, Sebastiano Nela; Pietro Vierchowod, Paulo Roberto Falcão, Aldo Maldera; Claudio Valigi, Herbert Prohaska, Roberto Pruzzo, Agostino di Bartolomei, Bruno Conti (26 Odoacre Chierico).
Trainer: Nils Liedholm

Goals: Gates (42), McCall (54), Maldera (65), Butcher (72)

SLASK WROCLAW v DINAMO MOSKVA 2-2 (2-1)

Slask, Wroclaw   15.09.1982

Referee: Svein Inge Thime (NOR)   Attendance: 25,000

SLASK: Zdzislaw Kostrzewa, Ryszard Sobiesiak, Pawel Król, Mieczyslaw Kopycki, Robert Majewski, Ryszard Tarasiewicz, Waldemar Prusik (78 Kazimierz Mikolajewicz), Roman Faber, Miroslaw Pekala, Janusz Sybis, Aleksandr Socha (58 Eugeniusz Ptak).

DINAMO: Nikolai Gontar, Aleksandr Golovnia, Aleksandr Novikov, Sergei Nikulin, Aleksandr Makhovikov, Nikolai Tolstikh, Aleksandr Minaev, Yuri Mentiukov, Aleksandr Molodtsov, Nikolai Latisch (68 Gocha Tkebuchava, 88 Valeri Matiunin), Iskander Dzhavadov.

Goals: Sybis (1), Socha (17), Mentiukov (35), Dzhavadov (50)

DINAMO TBILISI v SSC NAPOLI 2-1 (2-1)

Dinamo, Tbilisi   15.09.1982

Referee: Robert Valentine (SCO)   Attendance: 80,550

DINAMO: Otar Gabeliya, Nodar Khizanishvili, Aleksandr Chivadze, Shota Khinchagashvili (12 Amiran Andguladze), David Mudzhiri (67 Gocha Dzhokhadze), Vitali Daraselia, Zaur Svanadze, Tengiz Sulakvelidze, Mikhail Meskhi, Georgi Tsaava, Ramaz Schengeliya.   Trainer: Nodari Akhalkatsi

SSC NAPOLI: Luciano Castellini, Giuseppe Bruscolotti, Moreno Ferrario; Raimondo Marino (46 Roberto Amodio), Ruud Krol, Costanzo Celestini; Claudio Vinazzani, Paolo Dal Fiume, Antonino Criscimanni, Claudio Pellegrini, Ramon Angel Diaz.   Trainer: Giacomini

Goals: Khizanishvili (5), Diaz (19), Schengeliya (32)

DINAMO MOSKVA v SLASK WROCLAW 0-1 (0-1)

Dinamo, Moskva   29.09.1982

Referee: Dieter Pauli (WG)   Attendance: 12,000

DINAMO: Nikolai Gontar, Aleksandr Golovnia (46 Andrei Schvetsov), Sergei Nikulin, Aleksandr Makhovikov, Aleksandr Novikov, Yuri Mentiukov, Nikolai Latisch, Aleksandr Minaev, Nikolai Tolstikh, Aleksandr Molodtsov (46 Guram Adzhoev), Iskandar Dzhavadov.

SLASK: Zdzislaw Kostrzewa, Mieczyslaw Kopycki, Ryszard Sobiesiak, Pawel Król, Henryk Kowalczyk (85 Aleksandr Socha), Robert Majewski, Miroslaw Pekala (25 Jacek Nocko), Roman Faber, Ryszard Tarasiewicz, Waldemar Prusik, Janusz Sybis.

Goal: Tarasiewicz (17)

**VORWÄRTS FRANKFURT am ODER
v WERDER BREMEN 1-3** (0-1)

Stadion der Freundschaft, Frankfurt am Oder   15.09.1982

Referee: Emilio Soriano Aladren (SPA)   Attendance: 17,000

VORWÄRTS: Eckhardt Kreutzer, Lothar Hause, Ralph Probst, Gerd Schuth, Frank Geyer, André Jarmuszkiewicz, Frieder Andrich (67 Sculz), Horst Krautzig, Bernd Wunderlich, Norbert Rudolph (54 Ralph Conrad), Lutz Otto.   Trainer: Jürgen Grossheim

WERDER: Dieter Burdenski, Klaus Fichtel, Karl-Heinz Kamp, Rigobert Gruber (72 Norbert Siegmann), Jonny Otten, Thomas Schaaf, Benno Möhlmann, Yasuhiko Okudera, Uwe Reinders, Rudolf Völler, Norbert Meier (77 Michael Böhnke).   Trainer: Otto Rehhagel

Goals: Meier (33), Reinders (56), Völler (62), Krautzig (90)

**TRABZONSPOR
v 1.FC KAISERSLAUTERN 0-3** (0-2)

Avni Aker, Trabzon   29.09.1982

Referee: Octavian Ştreng (ROM)   Attendance: 15,050

TRABZONSPOR: Senol Güneş, Mustafa Gedik, Yasar Alemdaroglu, Bahattin Güneş, Ahmet Ceylan, Metin (46 Turgay Semercioglu), Osman Denizci, K. Senol Ustaömer, Cemil Canalioglu, Sinan, Iskender Gönen (72 Levent Erköse).

1.FC KAISERSLAUTERN: Armin Reichel, Wolfgang Wolf, Werner Melzer, Michael Dusek, Andreas Brehme, Norbert Eilenfeldt, Reiner Geye (76 Bruno Hübner), Hans-Peter Briegel, Hans Bongartz (76 Manfred Plath), Torbjörn Nilsson, Thomas Allofs.   Trainer: Rudi Kröner

Goals: Eilenfeldt (2), Briegel (41, 71)

**WERDER BREMEN
v VORWÄRTS FRANKFURT am ODER 0-2** (0-0)

Weserstadion, Bremen   29.09.1982

Referee: Clive Thomas (WAL)   Attendance: 21,000

WERDER: Dieter Burdenski, Klaus Fichtel, Thomas Schaaf (60 Martin Haskamp), Norbert Siegmann, Jonny Otten, Wolfgang Sidka, Benno Möhlmann, Norbert Meier, Yasuhiko Okudera, Michael Böhnke (57 Uwe Bracht), Frank Neubarth.   Trainer: Otto Rehhagel

VORWÄRTS: Karl-Heinz Wienhold, Lothar Hause, Gerd Schuth, Frank Geyer, Frieder Andrich, Ralph Probst (41 Hans-Jörg Hildebrandt), Norbert Rudolph, André Jarmuszkiewicz, Bernd Wunderlich, Ralph Conrad, Harald Gramenz.   Trainer: Jürgen Grossheim

Goals: Conrad (69), Andrich (85 pen)

**FC CARL ZEISS JENA
v GIRONDINS de BORDEAUX 3-1** (1-0)

Ernst-Abbe-Sportfeld, Jena   15.09.1982

Referee: Ulf Eriksson (SWE)   Attendance: 16,000

FC CARL ZEISS: Hans-Ulrich Grapenthin, Rüdiger Schnuphase, Wolfgang Schilling, Konrad Weise, Gerhard Hoppe, Lothar Kurbjuweit, Stefan Meixner, Matthias Kaiser (62 Andreas Bielau), Martin Trocha (75 Thomas Töpfer), Jürgen Raab, Jörg Burow.   Trainer: Hans-Joachim Meyer

GIRONDINS: Richard Ruffier; Jean-François Thouvenel, Marius Trésor, Léonard Specht, François Bracci, Caspar Memering (69 Raymond Domenech), Jean Tigana, René Girard, Alain Giresse, Dieter Müller, Bernard Lacombe.   Trainer: Aimé Jacquet

Goals: Schnuphase (8, 63), Giresse (72), Töpfer (77)

**1.FC KAISERSLAUTERN
v TRABZONSPOR 3-0** (1-0)

Betzenberg, Kaiserslautern   15.09.1982

Referee: Josef Poucek (CZE)   Attendance: 17,238

1.FC KAISERSLAUTERN: Armin Reichel, Wolfgang Wolf, Hans-Günther Neues (46 Manfred Plath), Hans-Peter Briegel, Werner Melzer, Norbert Eilenfeldt, Reiner Geye, Hans Bongartz, Thomas Allofs, Torbjörn Nilsson, Axel Brummer (79 Friedhelm Funkel).   Trainer: Rudi Kröner

TRABZONSPOR: Senol Güneş, Mustafa Gedik, K. Senol Ustaömer, Yasar Alemdaroglu, Bahattin Güneş, Ahmet, Metin, Raci, Cemil Canalioglu, Sinan Ünal (46 Gungör Sahinkaya), Iskender Gönen.

Goals: Nilsson (20), Briegel (71, 74 pen)

**GIRONDINS de BORDEAUX
v FC CARL ZEISS JENA 5-0** (3-0)

Municipal, Bordeaux   29.09.1982

Referee: Pietro d'Elia (ITA)   Attendance: 17,000

GIRONDINS: Richard Ruffier; Marius Trésor, Jean-François Thouvenel, Léonard Specht, François Bracci, Jean Tigana, René Girard, Alain Giresse, Caspar Memering (80 Raymond Domenech), Dieter Müller, Bernard Lacombe (75 Antoine Martínez).   Trainer: Aimé Jacquet

FC CARL ZEISS: Hans-Ulrich Grapenthin, Rüdiger Schnuphase, Gerhard Hoppe, Konrad Weise, Uwe Pohl (60 Matthias Kaiser), Stefan Meixner (60 Jörg Burow), Jürgen Raab, Andreas Krause, Lothar Kurbjuweit, Andreas Bielau, Martin Trocha.   Trainer: Hans-Joachim Meyer

Goals: D. Müller (7, 14, 66), Giresse (35, 72)

VIKING STAVANGER
v LOKOMOTIVE LEIPZIG 1-0 (0-0)

Stavanger stadion   15.09.1982

Referee: Eamonn Farrell (EIRE)   Attendance: 5,059

VIKING: Erik Johannessen, Bjarne Berntsen, Gunstein Fjetland, Per Henriksen, Einar Saabbø, Tor Reidar Brekke, Torbjørn Svendsen, Cato Andersen, Isak Arne Refvik, Gary Goodchild, Tonning Hammer.

LOKOMOTIVE: René Müller; Frank Baum; Andreas Treske, Thomas Dennstedt, Uwe Zötzsche; Ronald Kreer, Matthias Liebers, Wolfgang Altmann; Hans-Jürgen Kinne, Dieter Kühn, Andreas Bornschein (65 Volker Grossmann).
Trainer: Harro Miller

Goal: Refvik (50)

FC SOCHAUX
v PAOK THESSALONIKI 2-1 (0-0, 1-0) (AET)

Bonal, Sochaux   29.09.1982

Referee: Ronald Bridges (WAL)   Attendance: 13,000

FC SOCHAUX: Albert Rust; Jean-Pierre Posca, Jean-Luc Ruty, Jacques Bonnevay, Romain Zandona, Jacky Colin, Eric Benoît (60 Thierry Fernier), Philippe Anziani, Lada, Yannick Stopyra, Daniel Lubin (75 Jean-Christophe Thomas).

PAOK: Mladen Fortoula, Giorgos Skartados, Thomas Siggas, Nikos Alavantas, Kostas Iosifidis, Vasilis Georgopoulos, Holger Trimhold, Giannis Damanakis (78 Hristos Dimopoulos), Giannis Psarras, Giorgos Koudas, Giorgos Kostikos (116 Theodoros Apostolidis).   Trainer: Heinz Heer

Goals: Anziani (90 pen, 98), Dimopoulos (94)

LOKOMOTIVE LEIPZIG
v VIKING STAVANGER 3-2 (0-0)

Zentralstadion, Leipzig   29.09.1982

Referee: Jean-Marie Macheret (SWI)   Attendance: 13,500

LOKOMOTIVE: René Müller; Frank Baum; Thomas Dennstedt, Uwe Zötzsche; Lutz Moldt, Ronald Kreer, Hans-Jürgen Kinne, Matthias Liebers; Volker Grossmann, Dieter Kühn, Andreas Bornschein.   Trainer: Harro Miller

VIKING: Tore Haugvaldstad, Bjarne Berntsen, Trygve Johannessen, Per Henriksen, Gunstein Fjetland, Tor Reidar Brekke, Torbjørn Svendsen, Einar Saabbø, Cato Andersen, Isak Arne Refvik (89 Rolf Bjørnsen), Gary Goodchild.

Goals: Liebers (57), Kühn (62), Brekke (68), Refvik (83), Zötzsche (87 pen)

PEZOPORIKOS LARNACA v FC ZÜRICH 2-2 (2-1)

Larnaca   15.09.1982

Referee: Ahmed Yasharov (BUL)   Attendance: 3,000

PEZOPORIKOS: Fanos Stylianou; Marios Antoniou, Lakis Lambrou, Hrysanthos Lagos "Faketti", Andreas Pastellidis, Kypros Damianou, Lefteris Kouis, Sylvester Vernon (.. Paskalis Hristoforou), Pavlos Kounnas (77 Giorgos Kasparis), Muida Ramadan, Theofanis Theofanous.

FC ZÜRICH: Karl Grob, Urs Schönenberger, Gianpietro Zappa (74 Ruedi Zahner), Rudolf Landolt, Fritz Baur, Hanspeter Zwicker, Roland Häusermann, Jurica Jerković, Erni Maissen, Walter Seiler, Rudolf Elsener.
Trainer: Daniel Jeandupeux

Goals: Theofanous (24), Vernon (35), Seiler (40), Jerković (50)

PAOK THESSALONIKI v FC SOCHAUX 1-0 (0-0)

Toumpas, Thessaloniki   15.09.1982

Referee: Adolf Prokop (DDR)   Attendance: 35,000

PAOK: Mladen Fortoula, Giorgos Skartados, Thomas Siggas, Nikos Alavantas, Kostas Iosifidis, Vasilis Georgopoulos (68 Vasilis Vasilakos), Holger Trimhold (75 Minervino Gkouerino), Giorgos Koudas, Giannis Psarras, Giorgos Kostikos, Hristos Dimopoulos.   Trainer: Heinz Heer

FC SOCHAUX: Albert Rust; Moussa Bezaz, Jean-Luc Ruty, Jacques Bonnevay, Romain Zandona, Jacky Colin, Philippe Anziani, Thierry Fernier, N'Diela Santos, Yannick Stopyra (75 Jean-Christophe Thomas), Daniel Lubin.
Trainer: Pierre Mosca

Goal: Dimopoulos (80)

FC ZÜRICH v PEZOPORIKOS LARNACA 1-0 (0-0)

Letzigrund, Zürich   29.09.1982

Referee: Gerard Losert (AUS)   Attendance: 3,200

FC ZÜRICH: Karl Grob, Ruedi Zahner, Heinz Lüdi, Rudolf Landolt, Fritz Baur, Hanspeter Zwicker, Jurica Jerkovic, Roland Häusermann (62 Gianpietro Zappa), Erni Maissen, Walter Seiler, Rudolf Elsener.

PEZOPORIKOS: Fanos Stylianou; Lakis Lambrou, Marios Antoniou, Hrysanthos Lagos "Faketti", Andreas Pastellidis, Kypros Damianou, Lefteris Kouis, Silvester Vernon, Pavlos Kounnas (65 Giorgos Kasparis), Muida Ramadan, Theofanous (70 Paskalis Hristoforou).

Goal: Lüdi (68 pen)

GRAZER AK
v CORVINUL HUNEDOARA 1-1 (0-1)

Bundesstadion Liebenau, Graz   15.09.1982

Referee: Josef Marko (CZE)   Attendance: 6,000

GAK: Savo Ekmecic; Bernhard Leitner, Barry Hulshoff (66 Erwin Hohenwarter), Harald Gamauf, Wilfried Marchl; Ernst Gössl (57 Mario Mohapp), Josef Stering, Mario Zuenelli, Rudolf Steinbauer; Johann Pigel, Wolfgang Schwicker. Trainer: Gustl Starek

CORVINUL: Marian Ioniţă; Mircea Rednic, Florin Dubinciuc, Ioan Andonie, Ion Bogdan; Ioan Petcu, Dorin Nicşa, Victor Oncu, Michael Klein; Romulus Gabor (89 Cristian Vrînceanu), Florea Dumitrache (87 Ioan Bucur). Trainers: Remus Vlad & Octavian Cojocaru

Goals: Gabor (15), Schwichler (52)

FIORENTINA FIRENZE
v UNIVERSITATEA CRAIOVA 1-0 (0-0)

Stadio Comunale, Firenze   29.09.1982

Referee: André Daina (SWI)   Attendance: 48,000

FIORENTINA: Giovanni Galli; Federico Rossi, Celeste Pin, Daniel Alberto Passarella, Armando Ferroni (75 Renzo Contratto); Luciano Miani, Eraldo Pecci, Giancarlo Antognoni; Daniel Ricardo Bertoni, Francesco Graziani (70 Alessandro Bertoni), Daniele Massaro.   Trainer: Giancarlo de Sisti

UNIVERSITATEA: Silviu Lung; Nicolae Negrilă, Nicolae Tilihoi, Costică Ştefănescu, Nicolae Ungureanu; Aurel Ţicleanu (87 Aurel Beldeanu), Costică Donose, Ilie Balaci; Mircea Irimescu, Zoltan Crişan (80 Ion Geolgău), Rodion Cămătaru. Trainer: Constantin Oţet

Goal: Antognoni (11 pen)

CORVINUL HUNEDOARA
v GRAZER AK 3-0 (0-0)

Corvinul, Hunedoara   29.09.1982

Referee: Ihsan Ture (TUR)   Attendance: 15,000

CORVINUL: Marian Ioniţă; Mircea Rednic, Ioan Andonie, Florin Dubinciuc, Ion Bogdan; Dorin Nicşa (70 Dumitru Gălan), Victor Oncu, Michael Klein (82 Dorin Mateuţ); Romulus Gabor, Florea Dumitrache, Ioan Petcu. Trainer: Remus Vlad

GAK: Savo Ekmecic; Bernhard Leitner, Barry Hulshoff, Harald Gamauf, Wilfried Marchl; Josef Stering, Ernst Gössl, Mario Zuenelli; Johann Pigel, Manfred Nekola (56 Günther Koschak), Mario Mohapp (84 Wolfgang Schwicker). Trainer: Gustl Starek

Goals: Andonie (52 pen), Klein (63), Dumitrache (84)

BENFICA LISBOA
v REAL BETIS SEVILLA 2-1 (0-0)

Estádio da Luz, Lisboa   15.09.1982

Referee: George Courtney (ENG)   Attendance: 60,000

BENFICA: Manuel Galrinho BENTO, Minervino José Lopes PIETRA, HUMBERTO Manuel Jesús COELHO, António José BASTOS LOPES, António Augusto da Silva VELOSO; CARLOS MANUEL Correia dos Santos (75 CÉSAR Martins de Oliveira), João António Ferreira Resende ALVES, SHÉU IIan, Tamagnini Manuel Gomes Baptista NENÉ, Zoran Filipović, DIAMANTINO Manuel Fernandes Miranda (62 Paulo José Vieira PADINHA).   Trainer: Sven-Göran Eriksson

REAL BETIS: José Ramón ESNAOLA Laburu; DIEGO Rodríguez Fernández, CARMELO Navarro Careaga, Al Lai Mohamed Amar "ALEX", Rafael GORDILLO Vázquez; Antolín ORTEGA Fernández, Antonio PARRA Fernández, Antonio CASADO Ruiz, Julio CARDEÑOSA Rodríguez (75 Antonio BIOSCA Pérez); Carlos Martínez DIARTE, Hipólito RINCÓN Povedano (62 Peter Barnes).   Trainer: Antal Dunai

Goals: Nené (44 pen), Padinha (73), Diarte (76)

UNIVERSITATEA CRAIOVA
v FIORENTINA FIRENZE 3-1 (0-1)

Central, Craiova   15.09.1982

Referee: Alexis Ponnet (BEL)   Attendance: 50,000

UNIVERSITATEA: Silviu Lung; Nicolae Negrilă, Nicolae Tilihoi, Costică Ştefănescu (58 Grigore Ciupitu), Nicolae Ungureanu; Aurel Ţicleanu (83 Mircea Irimescu), Costică Donose, Ilie Balaci; Zoltan Crişan, Rodion Cămătaru, Ion Geolgău.   Trainer: Constantin Oţet

FIORENTINA: Giovanni Galli; Armando Ferroni, Celeste Pin, Daniel Alberto Passarella, Renzo Contratto; Federico Rossi, Eraldo Pecci, Giancarlo Antognoni, Daniele Massaro; Daniel Ricardo Bertoni, Francesco Graziani (83 Alessandro Bertoni).   Trainer: Giancarlo de Sisti

Goals: D. Bertoni (37), Ungureanu (55), Cîrţu (72), Balaci (86)

REAL BETIS SEVILLA
v BENFICA LISBOA 1-2 (1-0)
Benito Villamarín, Sevilla   29.09.1982
Referee: Michel Vautrot (FRA)   Attendance: 45,000

REAL BETIS: José Ramón ESNAOLA Laburu; DIEGO Rodríguez Fernández, CARMELO Navarro Careaga, Antonio BIOSCA Pérez (85 Antonio PARRA Fernández), Al Lai Mohamed Amar "ALEX", Antolín ORTEGA Fernández, Antonio CASADO Ruiz (81 Cristóbal CARREÑO Romera), Julio CARDEÑOSA Rodríguez, Rafael GORDILLO Vázquez, Carlos Martínez DIARTE, Hipólito RINCÓN Povedano.

BENFICA: Manuel Galrinho BENTO; Minervino José Lopes PIETRA, HUMBERTO Manuel Jesús COELHO, António José BASTOS LOPES, António Augusto da Silva VELOSO; CARLOS MANUEL Correia dos Santos, João António Ferreira Resende ALVES (86 DIAMANTINO Manuel Fernandes Miranda), Fernando Albino de Sousa CHALANA, SHÉU Han; Tamagnini Manuel Gomes Baptista NENÉ (89 CÉSAR Martins de Oliveira), Zoran Filipović.   Trainer: Sven-Göran Eriksson

Goals: Rincón (25), Carlos Manuel (67), Nené (85)

FC UTRECHT v FC PORTO 0-1 (0-1)
Oosterpark, Groningen   15.09.1982
Referee: Bernd Stumpf (DDR)   Attendance: 3,750

FC UTRECHT: Jan-Willem Van Ede, Herman Verrips, Ton Du Chatinier (67 Ben Rietveld), Jan Van de Akker (46 Ton De Kruyk), Wim Flight, Gerard Tervoort, Frans Adelaar, Gert Kruys, Gerard Van der Lem, Willy Carbo, Koos Van Tamelen. Trainer: Han Berger

FC PORTO: António Jorge Rodrigues AMARAL; Adelino de Jesús TEIXEIRA, Carlos António Fonseca SIMÕES, EURICO Monteiro Gomes, Augusto Soares INÁCIO; RODOLFO Reis Ferreira, António Manuel FRASCO Vieira, José Alberto COSTA (72 Michael Walsh), Fernando Mendes Soares GOMES, António Augusto Gomes de Silva "SOUSA" (86 JOÃO Domingos Silva PINTO), ROMEU Fernando Fernandes da Silva.

Goal: Sousa (31)

FC PORTO v FC UTRECHT 2-0 (2-0)
Estádio da Luz, Porto   30.09.1982
Referee: George Courtney (ENG)   Attendance: 27,500

FC PORTO: António Jorge Rodrigues AMARAL; GABRIEL Azevedo Mendes, Carlos António Fonseca SIMÕES (70 Adelino de Jesús TEIXEIRA), EURICO Monteiro Gomes, Augusto Soares INÁCIO (83 JAIME Moreira PACHECO), RODOLFO Reis Ferreira, António Manuel FRASCO Vieira, José Alberto COSTA, Fernando Mendes Soares GOMES, António Augusto Gomes de Silva "SOUSA", ROMEU Fernando Fernandes da Silva.

FC UTRECHT: Jan-Willem Van Ede, Herman Verrips (64 Ton De Kruyk), Jan Wouters, Ton Du Chatinier, Wim Flight, Gerard Tervoort, Gert Kruys, Frans Adelaar, Gerard Van der Lem, Willy Carbo, Koos Van Tamelen (73 Ben Rietveld).

Goals: Costa (8), Gomes (33)

LYNGBY BK v IK BRAGE BORLÄNGE 1-2 (0-1)
København   16.09.1982
Referee: Manfred Rossner (DDR)   Attendance: 2,803

LYNGBY: Poul Hansen, Tom Olczyk, Lars Sørensen, John Larsen, Max Petersen, Bent Christensen (70 Thomas Larsen), John Helt, Michael Schäfer, Klaus Jensen, Michael Spangsborg (60 Tom Vilmar), Friedl Ovesen.

IK BRAGE: Bengt Nilsson, Bo Theorin, Peter Uhlbäck (75 Roger Lundin), Göran Arnberg, Rolf Ola Nilsson, Kent Hagberg, Rhonny Nilsson, Kenneth Gustavsson (85 Lars Håkman), Lars Gyllenvag, Roger Hansson, Blomberg.

Goals: Gyllenvag (10), Klaus Jensen (73), Lars Sørensen (87 og)

IK BRAGE BORLÄNGE v LYNGBY BK 2-2 (0-1)
Domnarsvallen, Borlänge   29.09.1982
Referee: Rolf Haugen (NOR)   Attendance: 3,341

IK BRAGE: Bengt Nilsson, Bo Theorin, Rolf Ola Nilsson, Göran Arnberg, Anders Fernström, Kent Hagberg, Rhonny Nilsson, Kenneth Gustavsson (75 Peter Uhlbäck), Leif Karlsson (60 Thomas Blomberg), Roger Hansson, Lars Gyllenvag.

LYNGBY: Poul Hansen, Tom Olczyk, Lars Sørensen, John Larsen, Max Petersen, John Helt, Michael Schäfer, Tom Vilmar (.. Michael Spangsborg), Bent Christensen, Dennis Foss Nielsen (.. Friedl Ovesen), Klaus Jensen.

Goals: Lars Sørensen (37 pen), Larsen (48 og), Schäffer (69 og), R. Nilsson (89)

FRAM REYKJAVÍK
v SHAMROCK ROVERS DUBLIN 0-3 (0-2)
Reykjavík   21.09.1982
Referee: Roger Verhaeghe (BEL)   Attendance: 567

FRAM: Gudmundur Baldursson, Thorsteinn Thorsteinsson, Sverrir Einarsson, Marteinn Geirsson, Arntorsson, Stefansson (45 Hjálmtysson), Vidar Thorkelsson, Kristinn Rúnar Jónsson, Halldor Arason, Lárus Gretarsson (60 Hafsteinsson), Gudmundur Torfasson.

SHAMROCK ROVERS: Alan O'Neill, Peter Eccles, Jack McDonagh, Ronnie Murphy, James Beglin, Robert Gaffney, Tommy Gaynor, Denis Clarke, Alan Campbell, Liam Buckley, Noel Synnot (.. Gay O'Carroll).   Trainer: J. Gyles

Goals: Murphy (30), Campbell (43), Gaynor (89)

**SHAMROCK ROVERS DUBLIN
v FRAM REYKJAVÍK 4-0** (1-0)

Milltown, Dublin   30.09.1982

Referee: Ole Amundsen (DEN)   Attendance: 1,600

SHAMROCK ROVERS: Alan O'Neill, Peter Eccles, Synnott, Ronnie Murphy, James Beglin, Robert Gaffney, Jack McDonagh, Denis Clarke, Alan Campbell, Liam Buckley, Tommy Gaynor, Gay O'Carroll (78 Fran Moore). Trainer: J. Gyles

FRAM: Fridrik Fridriksson, Ragnarsson, Thorsteinn Thorsteinsson, Marteinn Geirsson, Arntorsson, Sverrir Einarsson, Vidar Thorkelsson, Kristinn Rúnar Jónsson, Bryngeir Torfasson, Lárus Gretarsson (45 Bjornsson), Gudmundur Torfasson.

Goals: O'Carroll (16), Buckley (54), Beglin (72), Gaynor (77)

AEK ATHINA v 1.FC KÖLN 3-3 (2-2)

Neas Filadelfeias, Athina   14.09.1982

Referee: Bogdan Dochev (BUL)   Attendance: 37,000

AEK: Stergioudis (60 Hristos Arvanitis), Lissandros Georgamlis, Petros Ravousis, Stelios Manolas, Vaggelis Paraprastanitis, Kostas Ballis, Dimitris Nikoloudis, Vaggelis Vlahos, Giannis Dintsikos (53 Hristos Ardizoglou), Mogias Rantovic, Thomas Mauros.   Trainer: Zlatko Cajkovski

1.FC KÖLN: Harald Schumacher, Mathias Hönerbach, Gerd Strack, Paul Steiner, Holger Willmer, Harald Konopka, Bernd Cullmann, Herbert Zimmermann, Sljivo, Pierre Littbarski, Klaus Fischer (46 Frank Hartmann).   Trainer: Rinus Michels

Goals: Vlahos (2), Fischer (29), Zimmermann (33), Ballis (42 pen), Nikoloudis (51), Strack (57)

The match was abandoned after 88 minutes due to floodlight failure. The result declared was null and void and replayed on 28th September 1982.

FC ZURRIEQ v HAJDUK SPLIT 1-4 (0-3)

Stadium National, Ta'Qali   22.09.1982

Referee: Paolo Bergamo (ITA)   Attendance: 3,127

FC ZURRIEQ: Anthony Pace; Borg, Raymond Falzon; Sciberras, Tony Bonnici, Louis Cutajar; Paul Camilleri, Zahra, Charlie Muscat, Mario Farrugia, Mario Schembri (35 Vella).

HAJDUK: Ivan Pudar; Zoran Jelikić, Branko Miljuš; Ivan Jerolimov, Boro Primorac, Vedran Rožić; Zdenko Adamović (60 Mladen Bogdanović), Goran Šušnjara, Ivan Gudelj, Nenad Šalov, Dušan Pešić (46 Vlaho Macan).   Trainer: Pero Nadoveza

Goals: Pešić (3), Adamović (14), Gudelj (41), Farrugia (46), Jerolimov (68)

AEK ATHINA v 1.FC KÖLN 0-1 (0-0)

Neas Filadelfeias, Athina   28.09.1982

Referee: Alexis Ponnet (BEL)   Attendance: 12,461

AEK: Hristos Arvanitis, Lissandros Georgamlis, Dimitris Karagkiozopoulos, Petros Ravousis, Panagiotis Stilianopoulos, Hristos Ardizoglou, Dimitris Nikoloudis, Vaggelis Vlahos, Giannis Dintsikos (46 Mihalis Tzirakis), Mogias Rantovic, Thomas Mauros.   Trainer: Zlatko Cajkovski

1.FC KÖLN: Harald Schumacher, Mathias Hönerbach, Gerd Strack, Paul Steiner, Dieter Prestin, Harald Konopka, Edhem Sljivo, Stephan Engels, Klaus Fischer, Pierre Littbarski, Klaus Allofs (82 Frank Hartmann).   Trainer: Rinus Michels

Goal: K. Allofs (57)

HAJDUK SPLIT v FC ZURRIEQ 4-0 (1-0)

Poljud, Split   29.09.1982

Referee: Vasos Constantinou (CYP)   Attendance: 5,000

HAJDUK: Zoran Simović; Zoran Jelikić, Branko Miljuš, Ivan Jerolimov, Boro Primorac, Vedran Rožić, Mladen Bogdanović, Miso Krsticević (46 Mladen Karoglan), Goran Šušnjara, Nikica Cukrov, Dušan Pešić (75 Davor Cop).   Trainer: Pero Nadoveza

FC ZURRIEQ: Anthony Pace; Raymond Falzon, Vella (72 Francis Scicluna); Sciberras, Tony Bonnici, Louis Cutajar; Borg, Paul Camilleri, Charlie Muscat (80 Alfons Camilleri), Mario Farrugia, Zahra.

Goals: Jerolimov (24, 66), Cukrov (70, 79)

1.FC KÖLN v AEK ATHINA 5-0 (4-0)

Müngersdorfer Stadion, Köln   6.10.1982

Referee: José Luis Garcia Carrion (SPA)   Att: 19,000

1.FC KÖLN: Harald Schumacher, Dieter Prestin, Holger Willmer, Gerd Strack, Paul Steiner, Harald Konopka, Pierre Littbarski (52 Frank Hartmann), Edhem Sljivo, Klaus Fischer, Stephan Engels (60 Rainer Bonhof), Klaus Allofs. Trainer: Rinus Michels

AEK: Hristos Arvanitis, Lissandros Georgamlis (46 Stauros Letsas), Stelios Manolas, Petros Ravousis, Dimitris Karagkiozopoulos, Hristos Ardizoglou, Panagiotis Stilianopoulos, Dimitris Nikoloudis, Mogias Rantovic (57 Giannis Dintsikos), Vaggelis Vlahos, Thomas Mauros.   Trainer: Zlatko Cajkovski

Goals: Fischer (8, 25), Sljivo (15, 61), Engels (21)

SECOND ROUND

CORVINUL HUNEDOARA v NK SARAJEVO 4-4 (3-2)

Corvinul, Hunedoara   20.10.1982

Referee: Romualdas Yushka (USSR)   Attendance: 18,000

CORVINUL: Marian Ioniță; Mircea Rednic, Ioan Andonie, Florin Dubinciuc, Ion Bogdan; Victor Oncu, Dorin Mateuț (88 Dan Tîrnoveanu), Ioan Petcu; Romulus Gabor, Florea Dumitrache, Dorin Nicșa (56 Michael Klein).
Trainer: Remus Vlad

NK SARAJEVO: Janjus; Ferid Radeljas, Faruk Hadzibegić, Nijaz Ferhatović, Mirza Kapetanović; Zelimir Vidović, Mehmed Janjos (55 Davor Jozić), Edin Hadzialagić (55 Nihad Milak); Safet Susić, Zoran Lukić, Predrag Pasić.
Trainer: Srboljub Markusević

Goals: Hadzialagić (7), Lukić (17, 83), Dumitrache (37), Andonie (41), Petcu (43), Mateuț (54), Pasić (80)

NK SARAJEVO v CORVINUL HUNEDOARA 4-0 (1-0)

Kosevo, Sarajevo   3.11.1982

Referee: Gianfranco Menegalli (ITA)   Attendance: 25,000

NK SARAJEVO: Janjus; Ferid Radeljas, Faruk Hadzibegić, Nijaz Ferhatović, Mirza Kapetanović; Zelimir Vidović, Mehmed Janjos (55 Davor Jozić), Zoran Lukić, Safet Susić, Husref Musemić (46 Boban Bozović), Predrag Pasić.
Trainer: Srboljub Markusević

CORVINUL: Marian Ioniță; Mircea Rednic, Ioan Andonie, Florin Dubinciuc, Ion Bogdan; Victor Oncu, Michael Klein, Ioan Petcu, Dorin Mateuț (70 Dumitru Gălan); Florea Dumitrache, Romulus Gabor.   Trainer: Remus Vlad

Sent off: Dumitrache & Gabor (80)

Goals: Musemić (33), Jozić (60), Susić (69), Pasić (79)

PAOK THESSALONIKI v SEVILLA CF 2-0 (0-0)

Toumpas, Thessaloniki   20.10.1982

Referee: Charles Corver (HOL)   Attendance: 45,000

PAOK: Mladen Fortoula, Giorgos Skartados, Nikos Alavantas, Thomas Siggas, Kostas Iosifidis, Giannis Psarras, Vasilis Georgopoulos (77 Minervino Gkouerino), Giorgos Koudas, Holger Trimhold, Hristos Dimopoulos (80 Vasilis Vasilakos), Giorgos Kostikos.   Trainer: Heinz Heer

SEVILLA CF: Francisco BUYO Sánchez, José Ramón NIMO Maldonado (66 José Luis RUDA de la Vega), Ricardo SERNA Orozco, Antonio ÁLVAREZ Giráldez, Francisco Sánchez Pérez "CURRO", Pablo BLANCO, JUAN CARLOS Álvarez Vega, FRANCISCO López Alfaro, Carlos Alberto Gomes "PINTINHO", Jorge Orlando LÓPEZ, CÉSAR Coelho de Moraes (68 Enrique MONTERO Román).
Trainer: Manuel CARDO ROMERO

Goals: Dimopoulos (49), Kostikos (60)

SEVILLA CF v PAOK THESSALONIKI 4-0 (2-0)

Ramón Sánchez Pizjuán, Sevilla   3.11.1982

Referee: Vojtěch Christov (CZE)   Attendance: 65,000

SEVILLA CF: Francisco BUYO Sánchez, José Ramón NIMO Maldonado, Ricardo SERNA Orozco, Antonio ÁLVAREZ Giráldez, Pablo BLANCO, FRANCISCO López Alfaro, José Luis RUDA de la Vega, Carlos Alberto Gomes "PINTINHO", Jorge Orlando LÓPEZ (89 GERVASIO Salas), Enrique MAGDALENO Díaz (65 Enrique MONTERO Román), Santiago Llorente "SANTI".
Trainer: Manuel CARDO ROMERO

PAOK: Mladen Fortoula, Giorgos Skartados, Thomas Siggas, Nikos Alavantas, Kostas Iosifidis, Giannis Damanakis, Vasilis Georgopoulos, Holger Trimhold (49 Hristos Dimopoulos), Giorgos Koudas, Giannis Psarras (77 Minervino Gkouerino), Giorgos Kostikos.   Trainer: Heinz Heer

Goals: Santi (20), López (43), Magdaleno (56), Pintinho (86)

FERENCVÁROS BUDAPEST v FC ZÜRICH 1-1 (0-1)

Népstadion, Budapest   20.10.1982

Referee: Victoriano Sánchez Arminio (SPA)   Att: 20,000

FERENCVÁROS: Gábor Zsiboras; Károly Jancsika, Attila Dózsa, Péter Judik (86 Péter Rubold); Tibor Rab, Zoltán Ebedli (86 Róbert Koch), László Szokolai; Sándor Murai, Tibor Nyilasi, László Szabadi, László Pogány.   Trainer: Dezső Novák

FC ZÜRICH: Karl Grob; Heinz Lüdi; Fritz Baur, Erni Maissen, Roland Häusermann, Walter Iselin; Hanspeter Zwicker, Jurica Jerkovic, Rudolf Landolt; Rudolf Elsener (86 Ruffer), Walter Seiler.

Goals: Seiler (18), Szokolai (56)

FC ZÜRICH v FERENCVÁROS BUDAPEST 1-0 (0-0)

Letzigrund, Zürich   3.11.1982

Referee: Mircea Salomir (ROM)   Attendance: 9,100

FC ZÜRICH: Karl Grob; Fritz Baur, Heinz Lüdi, Rudolf Landolt, Walter Iselin; Erni Maissen, Jurica Jerkovic, Roland Häusermann, Hanspeter Zwicker; Rudolf Elsener, Walter Seiler (89 Wynton Rufer).

FERENCVÁROS: Gábor Zsiboras; Károly Jancsika, Attila Dózsa, Tibor Rab, Péter Judik (75 Péter Rubold); Zoltán Ebedli, László Szokolai, László Pogány; László Szabadi (64 Sándor Murai), Tibor Nyilasi, Gábor Pölöskei.
Trainer: Dezső Novák

Goal: Seiler (58)

AS ROMA v IFK NORRKÖPPING 1-0 (0-0)

Stadio Olimpico, Roma 20.10.1982

Referee: Zoran Petrović (YUG)   Attendance: 70,000

AS ROMA: Franco Tancredi; Sebastiano Nela, Pietro Vierchowod; Agostino di Bartolomei, Paulo Roberto Falcão, Aldo Maldera; Maurizio Iorio, Herbert Prohaska, Roberto Pruzzo, Claudio Valigi, Bruno Conti (81 Carlo Ancelotti). Trainer: Nils Liedholm

IFK: Jan-Ake Jonsson; Mikael Granskog, Håkan Lundström (80 Jan Kalén), Sven-Olof Bergman, Tomas Mansson, Peter Liljedahl, Jan Svensson, Eine Fredriksson, Håkan Pettersson, Stefan Pettersson, Jan Hellström (86 Jonas Lind). Trainer: Bo Axberg

Goal: Pruzzo (52 pen)

1.FC KAISERSLAUTERN v SSC NAPOLI 2-0 (0-0)

Betzenberg, Kaiserslautern 3.11.1982

Referee: George Courtney (ENG)   Attendance: 35,000

1.FC KAISERSLAUTERN: Armin Reichel; Wolfgang Wolf, Hans-Peter Briegel; Michael Dusek, Werner Melzer, Axel Brummer (52 Dieter Kitzmann), Norbert Eilenfeldt, Reiner Geye, Torbjörn Nilsson, Hans Bongartz, Thomas Allofs. Trainer: Rudi Kröner

SSC NAPOLI: Luciano Castellini; Giuseppe Bruscolotti, Moreno Ferrario; Raimondo Marino (46 Antonino Criscimanni), Ruud Krol, Filippo Citterio; Costanzo Celestini, Paolo Dal Fiume, Ramon Angel Diaz (86 Agostino Iacobelli), Claudio Vinazzani, Claudio Pellegrini.   Trainer: Giacomini

Goals: Nilsson (70), Briegel (82)

IFK NORRKÖPPING v AS ROMA 1-0 (0-0, 1-0) (AET)

Idrottspark, Norrköpping 3.11.1982

Referee: David F.T. Syme (SCO)   Attendance: 17,567

IFK: Jan-Ake Jonsson; Mikael Granskog, Håkan Lundström, Sven-Olof Bergman, Tomas Mansson, Peter Liljedahl, Jan Svensson, Eine Fredriksson, Håkan Pettersson (104 Jan Kalén), Stefan Pettersson, Jan Hellström (109 Kent Lundqvist). Trainer: Bo Axberg

AS ROMA: Franco Tancredi; Sebastiano Nela, Pietro Vierchowod; Ubaldo Righetti, Paulo Roberto Falcão, Aldo Maldera; Carlo Ancelotti (46 Odoacre Chierico), Herbert Prohaska (57 Claudio Valigi), Roberto Pruzzo, Agostino di Bartolomei, Bruno Conti.   Trainer: Nils Liedholm

Goal: Bergman (59)

Penalties: 0-1 Di Bartolomei, Lundqvist (miss), 0-2 Conti, 1-2 S. Pettersson, 1-3 Chierico, 2-3 Bergman, 2-4 Righetti, Svensson (miss)

WERDER BREMEN v IK BRAGE BORLÄNGE 2-0 (1-0)

Weserstadion, Bremen 20.10.1982

Referee: Paul Rion (LUX)   Attendance: 12,000

WERDER: Dieter Burdenski, Thomas Schaaf, Klaus Fichtel, Norbert Siegmann, Jonny Otten, Wolfgang Sidka, Benno Möhlmann, Rigobert Gruber (66 Martin Haskamp), Yasuhiko Okudera (80 Karl-Heinz Kamp), Michael Böhnke, Norbert Meier.   Trainer: Otto Rehhagel

IK BRAGE: Bengt Nilsson, Rolf Ola Nilsson, Bo Theorin, Göran Arnberg, Anders Fernström, Kent Hagberg, Rhonny Nilsson, Peter Uhlbäck (66 Leif Karlsson), Thomas Blomberg, Roger Hansson (80 Mats Hillgren), Lars Gyllenvag.

Goals: Meier (44), Okudera (63)

SSC NAPOLI v 1.FC KAISERSLAUTERN 1-2 (0-0)

Stadio San Paolo, Napoli 20.10.1982

Referee: Bogdan Dochev (BUL)   Attendance: 50,000

SSC NAPOLI: Luciano Castellini; Giuseppe Bruscolotti (52 Agostino Iacobelli), Moreno Ferrario; Raimondo Marino, Ruud Krol, Filippo Citterio; Claudio Vinazzani (46 Roberto Amodio), Paolo Dal Fiume, Ramon Angel Diaz, Antonino Criscimanni, Claudio Pellegrini.   Trainer: Giacomini

1.FC KAISERSLAUTERN: Armin Reichel; Wolfgang Wolf, Hans-Peter Briegel; Michael Dusek, Werner Melzer, Axel Brummer (73 Andreas Brehme), Norbert Eilenfeldt, Reiner Geye, Torbjörn Nilsson, Hans Bongartz (71 Dieter Kitzmann), Thomas Allofs.   Trainer: Rudi Kröner

Goals: Nilsson (72), Diaz (79), Thomas Allofs (89)

IK BRAGE BORLÄNGE v WERDER BREMEN 2-6 (0-3)

Domnarsvallen, Borlänge 3.11.1982

Referee: Frederick McKnight (NIR)   Attendance: 3,452

IK BRAGE: Bengt Nilsson, Leif Karlsson, Bo Theorin, Anders Fernström, Peter Uhlbäck (46 Kenneth Gustavsson), Kent Hagberg (46 Mats Hillgren), Rhonny Nilsson, Göran Arnberg, Roger Hansson, Lars Gyllenvag, Michael Wåhlström.

WERDER: Dieter Burdenski, Thomas Schaaf, Klaus Fichtel, Norbert Siegmann, Jonny Otten, Wolfgang Sidka, Benno Möhlmann (35 Karl-Heinz Kamp), Rigobert Gruber, Yasuhiko Okudera, Rudolf Völler, Norbert Meier.
Trainer: Otto Rehhagel

Goals: Völler (12, 47, 61), Meier (20, 87), Wåhlström (71), Gruber (24), Arnberg (89)

GLASGOW RANGERS v 1.FC KÖLN 2-1 (1-0)

Ibrox, Glasgow   20.10.1982

Referee: Rolf Eriksson (SWE)   Attendance: 35,000

RANGERS: James Stewart, David MacKinnon, John McClelland, Craig Paterson (83 Gregor Stevens), Alistair Dawson (76 John MacDonald), James Bett, Robert Prytz, Robert Russell, David Cooper, Derek Johnstone, Ian Redford.

1.FC KÖLN: Harald Schumacher, Harald Konopka (80 Herbert Zimmermann), Gerd Strack, Paul Steiner, Dieter Prestin, Rainer Bonhof, Edhem Slijvo, Bernd Cullmann, Stephan Engels, Pierre Littbarski, Klaus Allofs (86 Holger Willmer).   Trainer: Rinus Michels

Goals: Johnstone (10), K. Allofs (60), McClelland (85)

1.FC KÖLN v GLASGOW RANGERS 5-0 (4-0)

Müngersdorfer Stadion, Köln   3.11.1982

Referee: Károly Palotai (HUN)   Attendance: 61,000

1.FC KÖLN: Harald Schumacher; Dieter Prestin, Gerd Strack, Paul Steiner, Holger Willmer, Harald Konopka, Edhem Slijvo, Stephan Engels, Pierre Littbarski, Klaus Fischer, Klaus Allofs (73 Bernd Cullmann).   Trainer: Rinus Michels

RANGERS: James Stewart, David MacKinnon, John McClelland, Gregor Stevens, Alistair Dawson, Robert Russell, Robert Prytz, James Bett, Ian Redford (57 Colin McAdam), David Cooper (74 John MacDonald), Derek Johnstone.

Goals: Littbarski (7 pen), Engels (11, 21 pen), Fischer (19), K. Allofs (52)

VIKING STAVANGER
v DUNDEE UNITED 1-3 (0-0)

Stavanger stadion   20.10.1982

Referee: Ole Amundsen (DEN)   Attendance: 8,890

VIKING: Tore Haugvaldstad, Gunstein Fjetland (85 Trygve Johannessen), Per Henriksen, Torbjørn Svendsen, Svein Fjaelberg, Tor Reidar Brekke, Tonning Hammer, Gary Goodchild, Bjarne Berntsen, Isak Arne Refvik (88 Åge Risanger), Cato Andersen.

DUNDEE UNITED: Hamish McAlpine, John Holt, Derek Stark, Richard Gough, Paul Hegarty, David Narey, Maurice Malpas, Ralph Milne, William Kirkwood, Paul Sturrock, David Dodds.   Trainer: James McLean

Goals: Milne (73, 80 pen), Henriksen (76), Sturrock (87)

DUNDEE UNITED v VIKING STAVANGER 0-0

Tannadice Park, Dundee   3.11.1982

Referee: Osmo Orakangas (FIN)   Attendance: 10,611

DUNDEE UNITED: Hamish McAlpine, Iain Phillip (.. Maurice Malpas, Derek Stark, Richard Gough, Paul Hegarty, David Narey, John Reilly (.. John Clark), Ralph Milne, William Kirkwood, John Holt, David Dodds.   Trainer: James McLean

VIKING: Erik Johannessen, Gunstein Fjetland, Per Henriksen, Torbjørn Svendsen, Svein Fjaelberg, Tor Reidar Brekke, Tonning Hammer, Gary Goodchild, Bjarne Berntsen, Isak Arne Refvik, Cato Andersen.

HAJDUK SPLIT
v GIRONDINS de BORDEAUX 4-1 (1-1)

Poljud, Split   20.10.1982

Referee: Keith Hackett (ENG)   Attendance: 45,400

HAJDUK: Ivan Pudar, Zoran Jelikić, Branko Miljuš, Ivan Jerolimov (81 Vlaho Macan), Boro Primorac, Vedran Rožić, Mladen Bogdanović (79 Nikica Cukrov), Goran Šušnjara, Ivan Gudelj, Nenad Šalov, Dušan Pešić.   Trainer: Pero Nadoveza

GIRONDINS: Richard Ruffier; Gernot Rohr, Raymond Domenech, Léonard Specht, Marius Trésor, François Bracci, Jean-François Thouvenel, Michel Audrain (52 Antoine Martínez), Bernard Lacombe, Alain Giresse, Caspar Memering.   Trainer: Aimé Jacquet

Goals: Bracci (6), Bogdanović (38), Jerolimov (47), Šalov (57 pen), Cukrov (86)

GIRONDINS de BORDEAUX
v HAJDUK SPLIT 4-0 (2-0)

Municipal, Bordeaux   3.11.1982

Referee: Franz Wöhrer (AUS)   Attendance: 20,000

GIRONDINS: Richard Ruffier; Gernot Rohr, François Bracci, Léonard Specht, Marius Trésor, Jean-François Thouvenel, Jean Tigana, Bruno Lippini (62 Antoine Martínez), Bernard Lacombe, Alain Giresse, Caspar Memering (79 Raymond Domenech).   Trainer: Aimé Jacquet

HAJDUK: Zoran Simović; Zoran Jelikić, Vedran Rožić, Boro Primorac, Branko Miljuš, Goran Šušnjara (62 Miso Krsticević), Ivan Gudelj, Mladen Bogdanović, Nenad Šalov, Ivan Jerolimov, Dušan Pešić (56 Nikica Cukrov).   Trainer: Pero Nadoveza

Goals: Rohr (24), Giresse (32, 75), Thouvenel (55)

SPARTAK MOSKVA v FC HAARLEM 2-0 (1-0)

Lenin stadion, Moskva   20.10.1982

Referee: Eduard Sostarić (YUG)   Attendance: 15,000

SPARTAK: Rinat Dasaev, Vladimir Sochnov, Boris Pozdniakov, Vladimir Scherbak, Oleg Romantsev, Sergei Schavlo, Edgar Gess, Yuri Gavrilov, Sergei Schvetsov, Fiedor Cherenkov, Sergei Rodionov.   Trainer: Konstantin Beskov

HAARLEM: Edward Metgod, Keith Masefield, Martin Haar, Chris Verkaik, Alwin Leijsner, Luc Nijholt, Gerrie Kleton, Wim Balm, Frank Van Leen, Pieter Keur (85 Tommy Kristiansen), Joop Böckling.

Goals: Gess (17), Schvetsov (90)

FC HAARLEM v SPARTAK MOSKVA 1-3 (1-1)

Haarlem stadion   3.11.1982

Referee: Viriato Graça Oliva (POR)   Attendance: 18,000

HAARLEM: Edward Metgod, Keith Masefield, Martin Haar, Piet Huyg, Alwin Leijsner, Luc Nijholt, Gerrie Kleton, Wim Balm, Chris Verkaik (70 Tommy Kristiansen), Joop Böckling, Frank Van Leen.

SPARTAK: Rinat Dasaev (87 Aleksei Prudnikov), Vladimir Sochnov, Boris Pozdniakov, Vladimir Scherbak, Oleg Romantsev, Sergei Schavlo, Aleksandr Kalashnikov (85 Evgeni Kuznetsov), Yuri Gavrilov, Sergei Schvetsov, Fiedor Cherenkov, Sergei Rodionov.   Trainer: Konstantin Beskov

Goals: Huyg (25), Schvetsov (43), Schavlo (55), Gavrilov (85)

VALENCIA CF v BANÍK OSTRAVA 1-0 (0-0)

Estadio Luis Casanova, Valencia   20.10.1982

Referee: Horst Brummeier (AUS)   Attendance: 18,000

VALENCIA CF: José Manuel SEMPERE Maciá, José CARRETE de Julián, Miguel TENDILLO Berenguer (68 Ricardo Penella ARIAS), Manuel BOTUBOT Perreira, Salvador RIBES, Daniel SOLSONA Puig, Ángel CASTELLANOS Céspedes, ROBERTO Fernández Bonilla (80 Javier SUBIRATS Hernández), Enrique SAURA Gil, Kurt Welzl, Mario Alberto KEMPES Chiodi.   Trainer: Manuel MESTRE Torres

BANÍK: Luděk Mikloško, Lubomír Šrámek, Rostislav Vojáček, Zdeněk Šreiner, Zdeněk Rygel, Václav Pěcháček, Petr Němec, Zdeněk Válek, Augustín Antalík (82 Libor Radimek), Václav Daněk, Werner Lička.   Trainer: Evžen Hadamczik

Goal: Welzl (62)

After heavy rain throughout the game, the referee decided to suspend the game in the 47th minute due to a waterlogged pitch. After a fifty minute interruption the game then resumed.

BANÍK OSTRAVA v VALENCIA CF 0-0

Bazaloch, Ostrava   3.11.1982

Referee: Volker Roth (WG)   Attendance: 25,000

BANÍK: Luděk Mikloško, Lubomír Šrámek, Rostislav Vojáček, Václav Danek, Zdeněk Rygel, Libor Radimek, Augustín Antalík, Zdeněk Válek (75 Lubomír Odehnal), Lubomír Knapp (30 Petr Němec), Zdeněk Šreiner, Werner Lička.   Trainer: Evžen Hadamczik

VALENCIA CF: José Ramón BERMELL Sabater, Ángel CASTELLANOS Céspedes, Ricardo Penella ARIAS, Miguel TENDILLO Berenguer, Salvador RIBES, CESAR Ferrando Gimenez, Daniel SOLSONA Puig, ROBERTO Fernández Bonilla, Enrique SAURA Gil, Kurt Welzl, Mario Alberto KEMPES Chiodi.   Trainer: Miljan Miljanić

Sent off: Arias (58)

AS ST. ETIENNE v BOHEMIANS PRAHA 0-0

Stade Geoffroy Guichard, St.Etienne   20.10.1982

Referee: John Hunting (ENG)   Attendance: 11,443

AS ST. ETIENNE: Jean Castaneda; Patrick Battiston, Gérard Janvion, Philippe Mahut, Patrice Lestage, Bernard Genghini, Jean-François Larios (46 Jean-François Daniel), Thierry Oleksiak, Jean-Louis Zanon, Laurent Roussey, Johnny Rep.   Trainer: Robert Herbin

BOHEMIANS: Zdeněk Hruška, František Jakubec, Zdeněk Prokeš, Jiří Ondra, Pavel Chaloupka, Jiří Sloup, Zdeněk Koukal, Jaroslav Němec (85 Miroslav Prilozný), Milan Cermák, Tibor Micinec (78 Stanislav Levý), Premysl Bicovský.   Trainer: Tomás Pospichal

BOHEMIANS PRAHA v AS ST. ETIENNE 4-0 (1-0)

Štadion-Dolíčku, Praha   3.11.1982

Referee: Paolo Casarin (ITA)   Attendance: 16,000

BOHEMIANS: Zdeněk Hruška, František Jakubec, Zdeněk Prokeš, Premysl Bicovský, Zdeněk Koukal, Pavel Chaloupka, Peter Zelenský, Jiří Sloup, Miroslav Prilozný, Milan Cermák (77 Stanislav Levý), Jaroslav Němec (68 Tibor Micinec).   Trainer: Tomás Pospichal

AS ST. ETIENNE: Jean Castaneda; Patrick Battiston, Gérard Janvion, Philippe Mahut, Patrice Lestage, Jean-Louis Zanon, Thierry Oleksiak, Bernard Genghini (65 Thierry Wolff), Jean-François Daniel, Laurent Roussey, Johnny Rep.   Trainer: Robert Herbin

Goals: Němec (28), Prilozný (59), Prokeš (62), Micinec (78)

ANDERLECHT BRUSSEL v FC PORTO 4-0 (3-0)

Stade Emile Versé, Brussel   20.10.1982

Referee: Clive Thomas (WAL)   Attendance: 27,000

ANDERLECHT: Jacky Munaron, Wim Hofkens, Luka Peruzović, Morten Olsen, Michel de Groote, Per Frimann-Hansen (85 Walter de Greef), Juan Lozano, Ludo Coeck, Frank Vercauteren, Erwin Vandenbergh, Alex Czerniatynski.   Trainer: Paul van Himst

FC PORTO: António Jorge Rodrigues AMARAL; GABRIEL Azevedo Mendes, Carlos António Fonseca SIMÕES, EURICO Monteiro Gomes, Augusto Soares INÁCIO (70 Adelino de Jesús TEIXEIRA), António Manuel FRASCO Vieira, António Augusto Gomes de Silva "SOUSA", RODOLFO Reis Ferreira, ROMEU Fernando Fernandes da Silva, Fernando Mendes Soares GOMES, José Alberto COSTA (46 Michael Walsh).

Goals: Lozano (6 pen, 15), Czerniatynski (36), Olsen (79)

FC PORTO v ANDERLECHT BRUSSEL 3-2 (0-2)

Estádio das Antas, Porto   3.11.1982

Referee: Jan Redelfs (WG)   Attendance: 45,000

FC PORTO: António Jorge Rodrigues AMARAL; João Pinto (40 ROMEU Fernando Fernandes da Silva), Carlos António Fonseca SIMÕES, EURICO Monteiro Gomes, Adelino de Jesús TEIXEIRA; António Manuel FRASCO Vieira, RODOLFO Reis Ferreira, António Augusto Gomes de Silva "SOUSA" (40 Manuel Alves PENTEADO), José Alberto COSTA; Michael Walsh, Fernando Mendes Soares GOMES.

ANDERLECHT: Jacky Munaron, Wim Hofkens, Luka Peruzović, Hugo Broos, Michel de Groote, Frank Vercauteren, Morten Olsen, Per Frimann-Hansen, Ludo Coeck (85 Walter de Greef), Erwin Vandenbergh (50 Kenneth Brylle), Juan Lozano.   Trainer: Paul van Himst

Goals: Coeck (18), Vandenbergh (41), Costa (63), Walsh (68, 77)

BENFICA LISBOA v KSC LOKEREN 2-0 (1-0)

Estádio da Luz, Lisboa   20.10.1982

Referee: Dimitar Dimitrov (BUL)   Attendance: 40,000

BENFICA: Manuel Galrinho BENTO; Minervino José Lopes PIETRA, HUMBERTO Manuel Jesús COELHO, António José BASTOS LOPES, António Augusto da Silva VELOSO; DIAMANTINO Manuel Fernandes Miranda (80 ALVARO Monteiro de Magalhães), SHÉU Han, CARLOS MANUEL Correia dos Santos, Fernando Albino de Sousa CHALANA; Tamagnini Manuel Gomes Baptista NENÉ, Zoran Filipović (80 CÉSAR Martins de Oliveira).   Trainer: Sven-Göran Eriksson

LOKEREN: Bob Hoogenboom; Karol Dobiás, Maurits de Schrijver, Ronald Somers, Kim Christofte, Raymond Mommens, James Tolmie, Arnór Guðjohnsen, René Verheyen, René Van der Gijp, Preben Elkjaer-Larsen.

Goals: Nené (20), Pietra (66)

KSC LOKEREN v BENFICA LISBOA 1-2 (1-0)

Daknamstadion, Lokeren   3.11.1982

Referee: Dušan Krchnák (CZE)   Attendance: 17,000

LOKEREN: Bob Hoogenboom; Ronald Somers, Maurits de Schrijver, Karol Dobiás, James Tolmie (67 Kim Christofte), Arnór Guðjohnsen, René Verheyen, Rik van Cauter, Raymond Mommens; René Van der Gijp, Preben Elkjaer-Larsen.

BENFICA: Manuel Galrinho BENTO, Minervino José Lopes PIETRA, HUMBERTO Manuel Jesús COELHO, António José BASTOS LOPES, António Augusto da Silva VELOSO; ALBERTO Carlos BASTOS LOPES, CARLOS MANUEL Correia dos Santos (70 DIAMANTINO Manuel Fernandes Miranda), Fernando Albino de Sousa CHALANA, João António Ferreira Resende ALVES; Tamagnini Manuel Gomes Baptista NENÉ, Zoran Filipović (74 CÉSAR Martins de Oliveira).   Trainer: Sven-Göran Eriksson

Goals: Van der Gijp (7), Filipović (57, 64)

SLASK WROCLAW v SERVETTE GENÈVE 0-2 (0-0)

Slask, Wroclaw   20.10.1982

Referee: John Carpenter (EIRE)   Attendance: 20,000

SLASK: Zdzislaw Kostrzewa, Ryszard Sobiesiak, Mieczyslaw Kopycki, Pawel Król, Robert Majewski (46 Eugeniusz Ptak), Henryk Kowalczyk, Roman Faber, Miroslaw Pekala (74 Jacek Nocko), Waldemar Prusik, Janusz Sybis, Aleksandr Socha.

SERVETTE: Erich Burgener; Franco Seramondi, Alain Geiger, Michel Renquin, Guy Dutoit, Marc Schnyder, Lucien Favre, Michel Decastel, Angelo Elia, Jean-Paul Brigger, Yagcha Mustapha (82 Youssef Radi).   Trainer: Guy Mathez

Goals: Decastel (68), Favre (78)

SERVETTE GENÈVE v SLASK WROCLAW 5-1 (3-1)

Stade des Charmilles, Genève   4.11.1982

Referee: Heinz Fahnler (AUS)   Attendance: 9,000

SERVETTE: Erich Burgener; Franco Seramondi, Alain Geiger, Michel Renquin, Guy Dutoit, Marc Schnyder, Lucien Favre, Michel Decastel, Angelo Elia, Jean-Paul Brigger, Yagcha Mustapha (46 Vittorio Bevilacqua).   Trainer: Guy Mathez

SLASK: Zdzislaw Kostrzewa, Ryszard Sobiesiak, Mieczyslaw Kopycki, Pawel Król, Robert Majewski, Miroslaw Pekala (60 Henryk Kowalczyk), Roman Faber, Ryszard Tarasiewicz, Waldemar Prusik, Aleksandr Socha (81 Jacek Nocko), Janusz Sybis.

Goals: Favre (27 pen, 47), Prusik (28), Decastel (35, 73), Brigger (36)

SHAMROCK ROVERS DUBLIN v UNIVERSITATEA CRAIOVA 0-2 (0-1)

Milltown, Dublin   21.10.1982

Referee: Alain Delmer (FRA)   Attendance: 4,200

SHAMROCK ROVERS: Alan O'Neill; Michael Giles, Noel Synnott, Ronnie Murphy, James Beglin; Tommy Gaynor, Robert Gaffney, Denis Clarke, Liam Buckley, Alan Campbell (72 John Stiles), Jack McDonagh.   Trainer: J. Giles

UNIVERSITATEA: Silviu Lung; Nicolae Negrilă, Nicolae Tilihoi, Costică Ştefănescu, Mircea Irimescu; Aurel Ţicleanu, Costică Donose, Aurel Beldeanu (86 Sorin Cîrţu), Ilie Balaci (77 Ion Geolgău); Zoltan Crişan, Rodion Cămătaru. Trainer: Constantin Oţet

Goals: Irimescu (4), Balaci (59)

**UNIVERSITATEA CRAIOVA
v SHAMROCK ROVERS DUBLIN 3-0** (1-0)

Central, Craiova 3.11.1982

Referee: László Györy (HUN)   Attendance: 20,000

UNIVERSITATEA: Silviu Lung; Nicolae Negrilă, Nicolae Tilihoi, Costică Ştefănescu, Nicolae Ungureanu; Aurel Ţicleanu (27 Ion Geolgău), Costică Donose, Ilie Balaci; Zoltan Crişan, Sorin Cîrţu, Mircea Irimescu (46 Aurel Beldeanu).
Trainer: Constantin Oţet

SHAMROCK ROVERS: Alan O'Neill; Michael Giles, Noel Synnott, Ronnie Murphy, James Beglin; Robert Gaffney, Jack McDonagh, Denis Clarke; Alan Campbell, Liam Buckley, John Coady (49 John Stiles).   Trainer: J. Giles

Goals: Campbell (30 og), Cîrţu (53, 67)

SEVILLA FC v 1.FC KAISERSLAUTERN 1-0 (0-0)

Ramón Sánchez Pizjuán, Sevilla 24.11.1982

Referee: Robert Valentine (SCO)   Attendance: 55,000

SEVILLA FC: Francisco BUYO Sánchez, Antonio ÁLVAREZ Giráldez, José Ramón NIMO Maldonado, Ricardo SERNA Orozco, Francisco SAN JOSÉ Pozo (75 Pablo BLANCO), FRANCISCO López Alfaro, Carlos Alberto Gomes "PINTINHO", JUAN CARLOS Álvarez Vega, Jorge Orlando LÓPEZ (57 CESAR Coelho de Moraes), Enrique MAGDALENO Díaz, Santiago Llorente "SANTI".
Trainer: Manuel CARDO ROMERO

1.FC KAISERSLAUTERN: Armin Reichel, Werner Melzer, Wolfgang Wolf, Michael Dusek, Dieter Kitzmann, Norbert Eilenfeldt, Reiner Geye, Hans-Peter Briegel, Hans Bongartz (74 Axel Brummer), Torbjörn Nilsson, Thomas Allofs.
Trainer: Rudi Kröner

Sent off: Nimo (88)

Goal: Francisco (56)

THIRD ROUND

**ANDERLECHT BRUSSEL
v NK SARAJEVO 6-1** (5-1)

Stade Emile Versé, Brussel 24.11.1982

Referee: Erik Fredriksson (SWE)   Attendance: 19,416

ANDERLECHT: Jacky Munaron, Wim Hofkens, Morten Olsen, Luka Peruzović, Juan Lozano (86 Walter De Greef), Michel de Groote, Frank Vercauteren, Erwin Vandenbergh (75 Alex Czerniatynski), Ludo Coeck, Kenneth Brylle, Per Frimann-Hansen.   Trainer: Paul van Himst

NK SARAJEVO: Janjus, Ferid Radeljas, Mirza Kapetanović, Nijaz Ferhatović, Faruk Hadzibegić; Zelimir Vidović, Safet Susić, Edin Hadzialagić (59 Smajić), Zoran Lukić, Mehmed Janjos (46 Boban Bozović), Davor Jozić.
Trainer: Srboljub Markusević

Goals: Lozano (5, 25), Vandenbergh (33, 40), Jozić (41), Vercauteren (43), Ferhatović (59 og)

1.FC KAISERSLAUTERN v SEVILLA FC 4-0 (3-0)

Betzenberg, Kaiserslautern 8.12.1982

Referee: Luigi Agnolin (ITA)   Attendance: 34,000

1.FC KAISERSLAUTERN: Armin Reichel, Michael Dusek, Wolfgang Wolf, Hans-Peter Briegel, Andreas Brehme, Norbert Eilenfeldt, Reiner Geye, Dieter Kitzmann, Axel Brummer (79 Bruno Hübner), Torbjörn Nilsson, Thomas Allofs.
Trainer: Rudi Kröner

SEVILLA FC: Francisco BUYO Sánchez, Antonio ÁLVAREZ Giráldez, Pablo BLANCO, Ricardo SERNA Orozco (71 José Romero RIVAS), Francisco Sánchez Pérez "CURRO", JOSÉ LUIS Benítez Portello, FRANCISCO López Alfaro, Carlos Alberto Gomes "PINTINHO", Jorge Orlando LÓPEZ (56 GERVASIO Salas), Enrique MAGDALENO Díaz, José Luis RUDA de la Vega.   Trainer: Manuel CARDO ROMERO

Goals: Nilsson (10), Geye (19), Brehme (44), Eilenfeldt (68)

**NK SARAJEVO
v ANDERLECHT BRUSSEL 1-0** (1-0)

Koševo, Sarajevo 8.12.1982

Referee: Emilio Carlos Guruceta Muro (SPA)   Att: 26667

NK SARAJEVO: Janjus, Ferid Radeljas, Nijaz Ferhatović, Edin Hadzialagić, Mirza Kapetanović, Zelimir Vidović, Mehmed Janjos (46 Dragan Bozović), Husref Musemić, Boban Bozović, Safet Susić, Davor Jozić (46 Desheredić).
Trainer: Srboljub Markusević

ANDERLECHT: Jacky Munaron, Wim Hofkens, Morten Olsen, Luka Peruzović, Michel de Groote, Per Frimann-Hansen, Juan Lozano, Ludo Coeck, Frank Vercauteren, Kenneth Brylle (67 Alex Czerniatynski), Erwin Vandenbergh.
Trainer: Paul van Himst

Goal: Musemić (40)

1.FC KÖLN v AS ROMA 1-0 (1-0)

Müngersdorfer Stadion, Köln 24.11.1982

Referee: Michel Vautrot (FRA)   Attendance: 49,000

1.FC KÖLN: Harald Schumacher; Bernd Cullmann, Dieter Prestin, Paul Steiner, Herbert Zimmermann, Harald Konopka, Rainer Bonhof, Edhem Slijvo, Stephan Engels, Klaus Fischer, Klaus Allofs.   Trainer: Rinus Michels

AS ROMA: Franco Tancredi; Agostino di Bartolomei, Sebastiano Nela, Pietro Vierchowod, Aldo Maldera, Carlo Ancelotti, Paulo Roberto Falcão, Maurizio Iorio, Herbert Prohaska, Bruno Conti (46 Odoacre Chierico), Roberto Pruzzo.   Trainer: Nils Liedholm

Goal: K. Allofs (41)

AS ROMA v 1.FC KÖLN 2-0 (0-0)

Stadio Olimpico, Roma   8.12.1982

Referee: Roger Schoeters (BEL)   Attendance: 66,720

AS ROMA: Franco Tancredi, Agostino di Bartolomei, Sebastiano Nela, Pietro Vierchowod, Aldo Maldera, Paulo Roberto Falcão, Herbert Prohaska, Carlo Ancelotti, Maurizio Iorio, Roberto Pruzzo, Bruno Conti.   Trainer: Nils Liedholm

1.FC KÖLN: Harald Schumacher, Bernd Cullmann, Dieter Prestin, Rainer Bonhof (86 Frank Hartmann), Holger Willmer, Herbert Zimmermann, Edhem Slijvo, Stephan Engels, Klaus Allofs, Pierre Littbarski, Klaus Fischer.
Trainer: Rinus Michels

Goals: Iorio (56), Falcão (89)

GIRONDINS de BORDEAUX v UNIVERSITATEA CRAIOVA 1-0 (0-0)

Municipal, Bordeaux   24.11.1982

Referee: Antonio José Silva Garrido (POR)   Att: 40,000

GIRONDINS: Richard Ruffier; Raymond Domenech (80 Bruno Lippini), Léonard Specht, Marius Trésor, François Bracci; Jean Tigana, Alain Giresse, Jean-François Thouvenel; Antoine Martínez, Bernard Lacombe, Caspar Memering.
Trainer: Aimé Jacquet

UNIVERSITATEA: Silviu Lung; Nicolae Negrilă, Nicolae Tilihoi, Costică Ștefănescu (Cap), Nicolae Ungureanu; Aurel Țicleanu, Costică Donose, Aurel Beldeanu (83 Zoltan Crișan), Mircea Irimescu; Ion Geolgău (85 Sorin Cîrțu), Rodion Cămătaru.   Trainer: Constantin Oțet

Goal: Giresse (50 pen)

DUNDEE UNITED v WERDER BREMEN 2-1 (1-0)

Tannadice Park, Dundee   24.11.1982

Referee: Heinz Fahnler (AUS)   Attendance: 10,872

DUNDEE UNITED: Hamish McAlpine, Paul Hegarty, Derek Stark (46 John Holt), David Narey, Maurice Malpas, Richard Gough, Eamonn Bannon (72 John Reilly), William Kirkwood, Ralph Milne, Paul Sturrock, David Dodds.
Trainer: James McLean

WERDER: Dieter Burdenski, Klaus Fichtel, Karl-Heinz Kamp, Norbert Siegmann, Jonny Otten, Benno Möhlmann, Wolfgang Sidka, Rigobert Gruber, Yasuhiko Okudera, Rudolf Völler, Norbert Meier (76 Uwe Bracht).
Trainer: Otto Rehhagel

Goals: Milne (15), Meier (65), Narey (83)

UNIVERSITATEA CRAIOVA v GIRONDINS de BORDEAUX 2-0 (1-0, 1-0) (AET)

Central, Craiova   8.12.1982

Referee: Jan Keizer (HOL)   Attendance: 40,000

UNIVERSITATEA: Silviu Lung; Nicolae Negrilă, Nicolae Tilihoi, Costică Ștefănescu, Nicolae Ungureanu; Aurel Țicleanu, Costică Donose (58 Ion Geolgău), Mircea Irimescu; Zoltan Crișan (83 Sorin Cîrțu), Rodion Cămătaru, Ilie Balaci.
Trainer: Constantin Oțet

GIRONDINS: Richard Ruffier; Gernot Rohr, Léonard Specht, Marius Trésor, François Bracci; Jean-François Thouvenel, Antoine Martínez, Jean Tigana, Alain Giresse; Bernard Lacombe, Caspar Memering (75 Bruno Lippini).
Trainer: Aimé Jacquet

Goals: Țicleanu (39), Geolgău (101)

WERDER BREMEN v DUNDEE UNITED 1-1 (0-1)

Weserstadion, Bremen   8.12.1982

Referee: Dušan Krchnák (CZE)   Attendance: 40,000

WERDER: Dieter Burdenski, Klaus Fichtel, Karl-Heinz Kamp (11 Michael Böhnke), Norbert Siegmann, Jonny Otten, Benno Möhlmann, Wolfgang Sidka, Rigobert Gruber (46 Thomas Schaaf), Yasuhiko Okudera, Rudolf Völler, Norbert Meier.
Trainer: Otto Rehhagel

DUNDEE UNITED: Hamish McAlpine, David Narey, Richard Gough, Paul Hegarty, Maurice Malpas, William Kirkwood, Derek Stark, Eamonn Bannon, Ralph Milne, Paul Sturrock, David Dodds (59 John Holt).   Trainer: James McLean

Goals: Hegarty (3), Völler (48)

FC ZÜRICH v BENFICA LISBOA 1-1 (0-0)

Letzigrund, Zürich   24.11.1982

Referee: Siegfried Kirschen (DDR)   Attendance: 19,000

FC ZÜRICH: Karl Grob; Heinz Lüdi; Fritz Baur, Rudolf Landolt, Roland Häusermann, Walter Iselin, Hanspeter Zwicker, Erni Maissen (82 Peter Stoll), Jurica Jerković, Walter Seiler (69 Wynton Rufer), Rudolf Elsener.

BENFICA: Manuel Galrinho BENTO; António Augusto da Silva VELOSO, HUMBERTO Manuel Jesús COELHO, António José BASTOS LOPES, Pietra; Fernando Albino de Sousa CHALANA, João António Ferreira Resende ALVES (67 DIAMANTINO Manuel Fernandes Miranda), ALBERTO Carlos BASTOS LOPES (85 FREDERICO Nobre Rosa), CARLOS MANUEL Correia dos Santos, Zoran Filipović, Tamagnini Manuel Gomes Baptista NENÉ.
Trainer: Sven-Göran Eriksson

Goals: W. Rufer (76), Filipović (86)

BENFICA LISBOA v FC ZÜRICH 4-0 (1-0)

Estádio da Luz, Lisboa 8.12.1982

Referee: Walter Roth (WG)   Attendance: 75,000

BENFICA: Manuel Galrinho BENTO; HUMBERTO Manuel Jesús COELHO, Minervino José Lopes PIETRA, António José BASTOS LOPES, António Augusto da Silva VELOSO; DIAMANTINO Manuel Fernandes Miranda, CARLOS MANUEL Correia dos Santos, João António Ferreira Resende ALVES (81 SHÉU Han), Fernando Albino de Sousa CHALANA; Tamagnini Manuel Gomes Baptista NENÉ, Zoran Filipović (75 CÉSAR Martins de Oliveira). Trainer: Sven-Göran Eriksson

FC ZÜRICH: Karl Grob; Fritz Baur, Rudolf Landolt, Heinz Lüdi, Walter Iselin (66 Shane Rufer), Hanspeter Zwicker, Roland Häusermann, Erni Maissen, Walter Seiler (46 Wynton Rufer), Jurica Jerković, Rudolf Elsener.

Goals: Filipović (12), Diamantino (51), Nené (60, 86 pen)

SERVETTE GENÉVE v BOHEMIANS PRAHA 2-2 (0-1)

Stade des Charmilles, Genève 24.11.1982

Referee: László Györi (HUN)   Attendance: 16,000

SERVETTE: Erich Burgener; Franco Seramondi, Alain Geiger, Michel Renquin, Guy Dutoit, Marc Schnyder, Lucien Favre, Michel Decastel, Angelo Elia, Jean-Paul Brigger (79 Manuel Mattioli), Yagcha Mustapha (79 Patrick Gavillet). Trainer: Guy Mathez

BOHEMIANS: Zdeněk Hruška, František Jakubec, Jaroslav Marcik, Premysl Bicovský, Stanislav Levý, Pavel Chaloupka, Peter Zelenský, Jiří Sloup, Jaroslav Němec, Milan Cermák (85 Zdeněk Koukal), Miroslav Prilozný (58 Vladimír Hruška). Trainer: Tomás Pospichal

Goals: Sloup (23), Schnyder (53), Chaloupka (69), Elia (81)

SPARTAK MOSKVA v VALENCIA CF 0-0

Dinamo, Tbilisi 24.11.1982

Referee: Bruno Galler (SWI)   Attendance: 28,800

SPARTAK: Rinat Dasaev, Vladimir Sochnov, Gennadi Morozov, Vladimir Scherbak, Oleg Romantsev; Sergei Schavlo, Aleksandr Kalashnikov, Edgar Gess, Yuri Gavrilov, Fiedor Cherenkov, Boris Pozdniakov.   Trainer: Konstantin Beskov

VALENCIA CF: José Ramón BERMELL Sabater, José CARRETE de Julián, Salvador RIBES, Miguel TENDILLO Berenguer, CESAR Ferrando Gimenez, Ángel CASTELLANOS Céspedes, ROBERTO Fernández Bonilla, Mario Alberto KEMPES Chiodi, Daniel SOLSONA Puig, Kurt Welzl, PABLO Rodríguez Flores.   Trainer: Miljan Miljanić

VALENCIA CF v SPARTAK MOSKVA 2-0 (1-0)

Estadio Luis Casanova, Valencia 8.12.1982

Referee: Keith Hackett (ENG)   Attendance: 47,000

VALENCIA CF: José Ramón BERMELL Sabater, José CARRETE de Julián, Enrique MORENO Bellver, Miguel TENDILLO Berenguer, Salvador RIBES, ROBERTO Fernández Bonilla, Daniel SOLSONA Puig, CESAR Ferrando Gimenez (85 Javier SUBIRATS Hernández), Enrique SAURA Gil, Kurt Welzl (62 Luis Dario FELMAN), Mario Alberto KEMPES Chiodi.   Trainer: Miljan Miljanić

SPARTAK: Rinat Dasaev, Vladimir Sochnov, Gennadi Morozov, Vladimir Scherbak, Oleg Romantsev, Sergei Schavlo, Aleksandr Kalashnikov (60 Evgeni Kuznetsov), Yuri Gavrilov, Edgar Gess, Fiedor Cherenkov, Sergei Rodionov (87 Boris Pozdniakov).   Trainer: Konstantin Beskov

Goals: Solsona (31), Moreno (84)

QUARTER-FINALS

BOHEMIANS PRAHA v SERVETTE GENEVE 2-1 (1-1)

Štadion-Dolíčku, Praha 8.12.1982

Referee: Henning Lund Sørensen (DEN)   Att: 17,000

BOHEMIANS: Vladimír Borovicka, Premysl Bicovský, František Jakubec, Zdeněk Prokeš, Jiří Ondra, Pavel Chaloupka (85 Stanislav Levý), Peter Zelenský, Jiří Sloup, Jaroslav Němec, Milan Cermák, Vladimír Hruška (78 Miroslav Prilozný). Trainer: Tomás Pospichal

SERVETTE: Erich Burgener; Alain Geiger, Franco Seramondi (55 Manuel Mattioli), Michel Renquin, Guy Dutoit, Marc Schnyder, Michel Decastel, Lucien Favre, Angelo Elia (83 Patrick Gavillet), Jean-Paul Brigger, Yagcha Mustapha. Trainer: Guy Mathez

Goals: Decastel (16), Cermak (39), Prilozný (87 pen)

BOHEMIANS PRAHA v DUNDEE UNITED 1-0 (1-0)

Štadion-Dolíčku, Praha 2.03.1983

Referee: Marcel van Langenhove (BEL)   Attendance: 16,000

BOHEMIANS: Zdeněk Hruška, František Jakubec, Zdeněk Prokeš, Jaroslav Marcik, Stanislav Levý, Peter Zelenský, Premysl Bicovský, Pavel Chaloupka, Zdeněk Koukal, Milan Cermák, Miroslav Prilozný (70 Vladimír Hruška). Trainer: Tomás Pospichal

DUNDEE UNITED: Hamish McAlpine, Richard Gough, David Narey, Paul Hegarty, Maurice Malpas, Derek Stark, William Kirkwood, Ralph Milne (86 John Holt), David Dodds, Eamonn Bannon, Paul Sturrock.   Trainer: James McLean

Goal: Chaloupka (11)

DUNDEE UNITED v BOHEMIANS PRAHA 0-0
Tannadice Park, Dundee 16.03.1983
Referee: André Daina (SWI)   Attendance: 21,336

DUNDEE UNITED: Hamish McAlpine, Richard Gough, David Narey, Paul Hegarty, Maurice Malpas, Derek Stark (46 John Reilly), William Kirkwood, Ralph Milne, David Dodds, Eamonn Bannon, Paul Sturrock.   Trainer: James McLean

BOHEMIANS: Zdeněk Hruška, František Jakubec, Zdeněk Prokeš, Jaroslav Marcik, Stanislav Levý, Pavel Chaloupka, Premysl Bicovský, Peter Zelenský, Zdeněk Koukal, Milan Cermák (88 Tibor Micinec), Miroslav Prilozný (81 Petar Novák).   Trainer: Tomás Pospichal

**1.FC KAISERSLAUTERN
v UNIVERSITATEA CRAIOVA 3-2** (2-0)
Betzerberg, Kaiserslautern 2.03.1983
Referee: Roger Schoeters (BEL)   Attendance: 33,000

1.FC KAISERSLAUTERN: Armin Reichel; Dieter Kitzmann, Werner Melzer, Michael Dusek, Andreas Brehme; Reiner Geye, Hans-Peter Briegel (40 Axel Brummer), Hans Bongartz; Norbert Eilenfeldt, Torbjörn Nilsson, Thomas Allofs (75 Hans-Günther Neues).   Trainers: Rudi Kröner & Ernst Diehl

UNIVERSITATEA: Silviu Lung; Nicolae Negrilă, Mircea Irimescu, Costică Ştefănescu, Nicolae Ungureanu; Ion Dumitru (64 Aurel Ţicleanu), Costică Donose, Aurel Beldeanu (75 Sorin Cîrţu); Ion Geolgău, Zoltan Crişan, Rodion Cămătaru.   Trainer: Constantin Oţet

Goals: Brehme (24, 51), Irimescu (40 og), Geolgău (53), Crişan (72)

**UNIVERSITATEA CRAIOVA
v 1.FC KAISERSLAUTERN 1-0** (0-0)
Central, Craiova 16.03.1983
Referee: Keith Hackett (ENG)   Attendance: 50,000

UNIVERSITATEA: Silviu Lung; Nicolae Negrilă, Nicolae Tilihoi, Costică Ştefănescu, Nicolae Ungureanu; Aurel Ţicleanu, Ilie Balaci, Ion Geolgău (75 Sorin Cîrţu), Costică Donose; Zoltan Crişan (46 Aurel Beldeanu), Rodion Cămătaru.   Trainer: Constantin Oţet

1.FC KAISERSLAUTERN: Armin Reichel; Wolfgang Wolf, Hans-Peter Briegel, Michael Dusek; Andreas Brehme, Reiner Geye, Werner Melzer, Norbert Eilenfeldt (85 Bruno Hübner), Hans Bongartz; Torbjörn Nilsson, Thomas Allofs.   Trainer: Rudi Kröner

Goal: Negrilă (82)

AS ROMA v BENFICA LISBOA 1-2 (0-1)
Stadio Olimpico, Roma 2.03.1983
Referee: Horst Brummeier (AUS)   Attendance: 65,342

AS ROMA: Franco Tancredi; Sebastiano Nela, Pietro Vierchowod; Carlo Ancelotti, Paulo Roberto Falcão, Aldo Maldera; Bruno Conti, Herbert Prohaska, Roberto Pruzzo, Agostino di Bartolomei, Maurizio Iorio.
Trainer: Nils Liedholm

BENFICA: Manuel Galrinho BENTO; Minervino José Lopes PIETRA, HUMBERTO Manuel Jesús COELHO, ALVARO Monteiro de Magalhães, António José BASTOS LOPES; CARLOS MANUEL Correia dos Santos, João António Ferreira Resende ALVES, Fernando Albino de Sousa CHALANA (69 DIAMANTINO Manuel Fernandes Miranda); Zoran Filipović (75 JOSÉ LUÍS Lopes Costa e Silva), Tamagnini Manuel Gomes Baptista NENÉ, SHÉU Han.
Trainer: Sven-Göran Eriksson

Goals: Filipović (40, 60), Di Bartolomei (66)

BENFICA LISBOA v AS ROMA 1-1 (1-0)
Estádio da Luz, Lisboa 16.03.1983
Referee: Károly Palotai (HUN)   Attendance: 69,000

BENFICA: Manuel Galrinho BENTO, Minervino José Lopes PIETRA, HUMBERTO Manuel Jesús COELHO, ÁLVARO Monteiro de Magalhães, António José BASTOS LOPES; CARLOS MANUEL Correia dos Santos, Tamagnini Manuel Gomes Baptista NENÉ, Zoran Filipović (79 JOSÉ LUÍS Lopes Costa e Silva), João António Ferreira Resende ALVES, Fernando Albino de Sousa CHALANA (67 DIAMANTINO Manuel Fernandes Miranda), SHÉU Han.
Trainer: Sven-Göran Eriksson

AS ROMA: Franco Tancredi; Michele Nappi, Pietro Vierchowod; Sebastiano Nela, Paulo Roberto Falcão, Aldo Maldera; Odoacre Chierico, Herbert Prohaska, Paolo Alberto Faccini (67 Carlo Ancelotti), Ubaldo Righetti, Bruno Conti (28 Maurizio Iorio).   Trainer: N. Liedholm.   **Sent off**: Iorio (88)

Goals: Filipović (18), Falcão (85)

**VALENCIA CF
v ANDERLECHT BRUSSEL 1-2** (1-1)
Estadio Luis Casanova, Valencia 2.03.1983
Referee: Brian McGinlay (SCO)   Attendance: 45,000

VALENCIA CF: José Luis Fernández MANZANEDO, Ángel CASTELLANOS Céspedes, Adjutori SERRAT Giró, Miguel TENDILLO Berenguer, Manuel BOTUBOT Perreira; Javier SUBIRATS Hernández, Enrique SAURA Gil (76 Salvador RIBES), Daniel SOLSONA Puig (81 Luis Dario FELMAN), ROBERTO Fernández Bonilla, Mario Alberto KEMPES Chiodi, PABLO Rodríguez Flores.   Trainer: Miljan Miljanić

ANDERLECHT: Jacky Munaron, Wim Hofkens, Morten Olsen, Luka Peruzović, Michel de Groote, Walter de Greef, Juan Lozano, Ludo Coeck, Frank Vercauteren, Per Frimann-Hansen (63 Alex Czerniatynski), Erwin Vandenbergh.
Trainer: Paul van Himst

Goals: Vercauteren (3), Solsona (43), Coeck (54)

ANDERLECHT BRUSSEL
v VALENCIA CF 3-1 (2-0)

Heysel, Brussel 16.03.1983

Referee: Luigi Agnolin (ITA)   Attendance: 45,000

ANDERLECHT: Jacky Munaron, Wim Hofkens, Morten Olsen, Luka Peruzović, Michel de Groote; Per Frimann-Hansen, Juan Lozano, Ludo Coeck, Frank Vercauteren; Erwin Vandenbergh, Kenneth Brylle-Larsen.
Trainer: Paul van Himst

VALENCIA CF: José Ramón BERMELL Sabater; José CARRETE de Julián, Miguel TENDILLO Berenguer, Ricardo Penella ARIAS, Adjutori SERRAT Giró; Salvador RIBES (70 CESAR Ferrando Gimenez), Ángel CASTELLANOS Céspedes, ROBERTO Fernández Bonilla; Luis Dario FELMAN (46 Enrique SAURA Gil), Mario Alberto KEMPES Chiodi, PABLO Rodríguez Flores.   Trainer: Koldo AGUIRRE

Goals: Brylle (34, 60), De Groote (39), Ribes (50)

BENFICA LISBOA
v UNIVERSITATEA CRAIOVA 0-0

Estádio da Luz, Lisboa 6.04.1983

Referee: Erik Fredriksson (SWE)   Attendance: 62,500

BENFICA: Manuel Galrinho BENTO; Minervino José Lopes PIETRA, HUMBERTO Manuel Jesús COELHO, ANTÓNIO José BASTOS LOPES, ALVARO Monteiro de Magalhães; CARLOS MANUEL Correia dos Santos, SHÉU Han (55 Tamagnini Manuel Gomes Baptista NENÉ), João António Ferreira Resende ALVES, Fernando Albino de Sousa CHALANA (85 JOSÉ LUÍS Lopes Costa e Silva); DIAMANTINO Manuel Fernandes Miranda, Zoran Filipović.
Trainer: Sven-Göran Eriksson

UNIVERSITATEA: Silviu Lung; Nicolae Negrilă, Nicolae Tilihoi, Grigore Ciupitu, Nicolae Ungureanu, Aurel Țicleanu, Costică Donose (77 Ion Dumitru), Mircea Irimescu (56 Aurel Beldeanu), Ion Geolgău, Zoltan Crișan, Rodion Cămătaru.
Trainer: Constantin Oțet

SEMI-FINALS

BOHEMIANS PRAHA
v ANDERLECHT BRUSSEL 0-1 (0-1)

Štadion-Dolíčku, Praha 6.04.1983

Referee: Walter Eschweiller (WG)   Attendance: 18,000

BOHEMIANS: Zdeněk Hruška, Zdeněk Prokeš, František Jakubec, Jaroslav Marcik, Peter Zelenský (46 Premysl Bicovský), Pavel Chaloupka, Zdeněk Koukal, Stanislav Levý, Milan Cermák, Miroslav Prilozný, Tibor Micinec.
Trainer: Tomás Pospichal

ANDERLECHT: Jacky Munaron, Luka Peruzović, Wim Hofkens, Morten Olsen, Michel de Groote, Per Frimann-Hansen, Walter de Greef, Ludo Coeck, Frank Vercauteren, Erwin Vandenbergh, Kenneth Brylle (69 Alex Czerniatynski).
Trainer: Paul van Himst

Goal: Vandenbergh (30)

ANDERLECHT BRUSSEL
v BOHEMIANS PRAHA 3-1 (2-0)

Heysel, Brussel 20.04.1983

Referee: George Courtney (ENG)   Attendance: 40,000

ANDERLECHT: Jacky Munaron, Wim Hofkens, Morten Olsen, Luka Peruzović, Michel de Groote, Per Frimann-Hansen (89 Walter de Greef), Juan Lozano, Ludo Coeck, Frank Vercauteren, Erwin Vandenbergh, Kenneth Brylle (67 Alex Czerniatynski).   Trainer: Paul van Himst

BOHEMIANS: Zdeněk Hruška, František Jakubec, Zdeněk Prokeš, Peter Zelenský, Stanislav Levý, Premysl Bicovský, Zdeněk Koukal, Pavel Chaloupka, Milan Cermák, Tibor Micinec (67 Miroslav Prilozný), Vladimír Hruška.
Trainer: Tomás Pospichal

Goals: Vandenbergh (39 pen), Brylle (41), Jakubec (57), Czerniatynski (89)

UNIVERSITATEA CRAIOVA
v BENFICA LISBOA 1-1 (1-0)

Central, Craiova 20.04.1983

Referee: Robert Valentine (SCO)   Attendance: 50,000

UNIVERSITATEA: Silviu Lung; Ion Geolgău, Nicolae Tilihoi, Costică Ştefănescu, Nicolae Ungureanu; Aurel Țicleanu, Costică Donose (2 Aurel Beldeanu), Ilie Balaci, Mircea Irimescu; Zoltan Crișan, Rodion Cămătaru (61 Sorin Cîrțu).
Trainer: Constantin Oțet

BENFICA: Manuel Galrinho BENTO; Minervino José Lopes PIETRA, HUMBERTO Manuel Jesús COELHO, ANTÓNIO José BASTOS LOPES, ALVARO Monteiro de Magalhães; SHÉU Han, Glenn Strömberg (70 ALBERTO Carlos BASTOS LOPES), DIAMANTINO Manuel Fernandes Miranda, Fernando Albino de Sousa CHALANA; Tamagnini Manuel Gomes Baptista NENÉ (50 JOSÉ LUÍS Lopes Costa e Silva), Zoran Filipović.
Trainer: Sven-Göran Eriksson

Goals: Balaci (16), Filipović (53)

FINAL

UEFA CUP 1983-84

ANDERLECHT BRUSSEL
v BENFICA LISBOA 1-0 (1-0)

Stade du Heysel, Brussel   4.05.1983

Referee: Bogdan Dochev (BUL)   Attendance: 52,694

ANDERLECHT: Jacky Munaron, Wim Hofkens, Luka Peruzović, Morten Olsen, Michel De Groote, Per Frimann-Hansen, Juan Lozano, Ludo Coeck, Frank Vercauteren, Kenneth Brylle-Larsen, Erwin Vandenbergh (80 Alex Czerniatynski).   Trainer: Paul van Himst

BENFICA: Manuel Galrinho BENTO, Minervino José Lopes PIETRA, HUMBERTO Manuel Jesús COELHO, ALVARO Monteiro de Magalhães, FREDERICO Nobre Rosa (84 Alberto BASTOS LOPES), CARLOS MANUEL Correia dos Santos, JOSÉ LUIS Lopes Costa e Silva, SHÉU Han, Fernando Albino de Sousa CHALANA, DIAMANTINO Manuel Fernandes Miranda, Zoran Filipović (65 Tamagnini Manuel Gomes Baptista NENÉ).   Trainer: Sven-Göran Eriksson

Goal: Brylle-Larsen (30)

BENFICA LISBOA
v ANDERLECHT BRUSSEL 1-1 (1-1)

Estádio da Luz, Lisboa   18.05.1983

Referee: Charles Corver (HOL)   Attendance: 80,000

BENFICA: Manuel Galrinho BENTO, Minervino José Lopes PIETRA, HUMBERTO Manuel Jesús COELHO, António José BASTOS LOPES, António Augusto da Silva VELOSO (62 João António Ferreira Resende ALVES), CARLOS MANUEL Correia dos Santos, SHÉU Han (50 Zoran Filipović), Glenn STRÖMBERG, Fernando Albino de Sousa CHALANA, Tamagnini Manuel Gomes Baptista NENÉ, DIAMANTINO Manuel Fernandes Miranda.   Trainer: Sven-Göran Eriksson

ANDERLECHT: Jacky Munaron, Walter De Greef, Luka Peruzović, Morten Olsen, Hugo Broos, Michel De Groote, Per Frimann-Hansen, Ludo Coeck, Frank Vercauteren, Juan Lozano, Erwin Vandenbergh (78 Kenneth Brylle-Larsen).   Trainer: Paul van Himst

Goals: Shéu (32), Lozano (38)

UEFA Cup Top Scorers 1982-83:

8 goals: Zoran Filipović (Benfica Lisboa)

7 goals: Erwin Vandenbergh (Anderlecht Brussel)

6 goals: Alain Giresse (Girondins Bordeaux)

5 goals: Juan Lozano, Kenneth Brylle-Larsen (Anderlecht), Norbert Meier, Rudi Völler (Werder Bremen), Miroslav Prilozny (Bohemians Praha), Husref Musemić (NK Sarajevo), Tamagnini Manuel Gomes Baptista "NENÉ" (Benfica), Hans-Peter Briegel (FC Kaiserslautern), Michel Decastel (Servette Genève)

FIRST ROUND

RABAT AJAX v INTER BRATISLAVA 0-10 (0-5)

Rabat   11.09.1983

Referee: Rosario lo Bello (ITA)   Attendance: 4,220

RABAT AJAX: Charles Attard (59 Charles Galea), Charles Borg, Emanuel Cortis, David Busuttil, G. Borg, Raymond Galea, Carmel Busuttil (46 Charles Bugeja), Mario Zahra, Charles Scerri, Kevin Asciak, Edmund Caruana.   Trainer: John Bugeja

INTER: Dušan Maluniak; Pavol Šebo, Jozef Barmoš (51 Peter Polácek), Ladislav Jurkemik, Rudolf Ducký, Ladislav Hudec, Peter Mráz (72 Marián Tomcák), Karol Brezík, Libor Koník, Jozef Reznák, Peter Michalec.   Trainer: Arnost Hlozek

Goals: Brezík (15, 24, 35, 88), Koník (26, 28), Hudec (51), Reznák (62, 75), Tomcák (82)

INTER BRATISLAVA v RABAT AJAX 6-0 (2-0)

Pasienkoch, Bratislava   27.09.1983

Referee: Velichko Tsoncev (BUL)   Attendance: 1,829

INTER: Eleg Jakubicka, Peter Polácek (60 Radomír Hrotek), Ladislav Jurkemik, Pavol Šebo, Vladimír Weiss, Libor Koník, Karol Brezík, Peter Mráz, Ivan Burcel, Jozef Reznák (46 Rudolf Ducký), Marián Tomcák.

RABAT AJAX: Charles Attard, Franz Mallia, David Busuttil, Emanuel Cortis, G. Borg, Raymond Galea (46 Raymond Zahra), Charles Borg, Mario Zahra, Charles Scerri, Kevin Asciak, Edmund Caruana.   Trainer: John Bugeja

Goals: Mráz (11), Tomcák (39, 60, 76 pen, 88), Brezík (85)

ÍB VESTMANNEYJAR v FC CARL ZEISS JENA 0-0

Kopavogsvöllur, Reykjavík   14.09.1983

Referee: John Kinsella (EIRE)   Attendance: 550

ÍBV: Adalsteinn Johansson, Thordur Hallgrimsson, Vidar Elíasson, Valthor Sigthórsson, Snorri Rútsson, Sveinn Sveinsson, Jóhann Georgsson, Hlynur Stéfansson, Bergur Augustsson (62 Sigurjon Kristinsson), Tómas Pálsson, Omar Jóhansson.

FC CARL ZEISS: Hans-Ulrich Grapenthin, Rüdiger Schnuphase, Gerhard Hoppe, Heiko Peschke, Jürgen Köberlein, Stefan Meixner (78 Thomas Töpfer), Thomas Ludwig, Matthias Pittelkow, Martin Trocha, Jürgen Raab, Jörg Burow.   Trainer: Hans-Joachim Meyer

**FC CARL ZEISS JENA
v ÍB VESTAMANNAEYJAR 3-0** (0-0)

Ernst-Abbe-Sportfeld, Jena   28.09.1983

Referee: Erik Steen Jensen (DEN)   Attendance: 12,500

FC CARL ZEISS: Hans-Ulrich Grapenthin, Rüdiger Schnuphase, Gert Brauer, Konrad Weise, Jürgen Köberlein, Gerhard Hoppe (54 Heiko Peschke), Stefan Meixner, Matthias Pittelkow, Andreas Bielau, Jürgen Raab (50 Jörg Burow), Martin Trocha.   Trainer: Hans-Joachim Meyer

ÍBV: Páll Palmason, Snorri Rútsson, Thordur Hallgrimsson, Valthor Sigthórsson, Vidar Elíasson, Sveinn Sveinsson, Jóhann Georgsson, Hlynur Stéfansson, Bergur Augustsson, Tómas Pálsson (62 Sigurjon Kristinsson), Omar Jóhansson.

Goals: Bielau (53, 61), Trocha (54)

FC ZÜRICH v ANTWERP FC 1-4 (1-2)

Letzigrund, Zürich   14.09.1983

Referee: Miklós Nagy (HUN)   Attendance: 6,350

FC ZÜRICH: Karl Grob; Fritz Baur, Heinz Lüdi, Rudolf Landolt, Roger Kundert, Jurica Jerkovic, Walter Iselin (38 Markus Schneider), Urs Schönenberger (84 Roland Häusermann), Gerd Bold, Rudolf Elsener, Wynton Rufer.   Trainer: Hans Kodric

ANTWERP FC: Ratko Svilar; Gaston Boeckstaens, Danny Koekelcoren, André Heerwegh, Frank Mariman, Patrick Ipermans, László Fazekas, Vladimir Petrovic (53 Harry Cnops), Leo van der Elst, Marc Van der Linden (85 Jean-Michel Lecloux), Petur Petursson.   Trainer: Dockx

Goals: Petursson (13, 17, 67), Baur (28), Cnops (89)

RADNICKI NIS v FC ST. GALLEN 3-0 (2-0)

Cair, Nis   14.09.1983

Referee: Ion Igna (ROM)   Attendance: 21,000

RADNICKI: M. Gavrilović; Zoran Milošević, Dragan Radosavljević, Zoran Bojović, Miroslav Simonović, Miloš Drizić, Sanid Beganović (78 Dragiša Binić), Dragan Stojković (85 Branislav Djordjević), Dušan Mitosević, Bratislav Rincić, Miroslav Aleksić.   Trainer: Ilja Dimovski

FC ST. GALLEN: Bruno Huwyler; Zdeněk Urban, Christian Gross, Beat Rietmann, Peter Germann, Hanspeter Bamert, Metin Sengoer, Hannes Gort (21 Paul Friberg), Martin Gisinger, Gerhard Ritter, Manfred Braschler.   Trainer: Helmuth Johanssen

Goals: Beganović (4 pen), Stojković (37), Rincić (65)

ANTWERP FC v FC ZÜRICH 4-2 (0-0)

Bosuilstadion, Antwerp   27.09.1983

Referee: Howard William King (WAL)   Attendance: 12,500

ANTWERP FC: Ratko Svilar; Gaston Boeckstaens (66 Patrick Vermeiren), Danny Koekelcoren, André Heerwegh, Frank Mariman, Patrick Ipermans, László Fazekas, Vladimir Petrovic, Leo van der Elst, Marc Van der Linden, Petur Petursson (70 Harry Cnops)

FC ZÜRICH: Karl Grob; Heinz Lüdi, Gerd Bold, Rudolf Landolt, Fritz Baur, Roger Kundert, Jurica Jerkovic, Walter Iselin, Markus Schneider, Wynton Rufer, Rudolf Elsener.

Goals: Fazekas (50 pen, 84), Landolt (69), Petrovic (74), Van der Linden (76), Rufer (80)

FC ST. GALLEN v RADNICKI NIS 1-2 (0-0)

Stadion Espenmoos, St.Gallen   27.09.1983

Referee: Emilio Soriano Aladrén (SPA)   Attendance: 10,200

FC ST. GALLEN: Bruno Huwyler; Zdeněk Urban, Christian Gross, Beat Rietmann, Peter Germann, Hanspeter Bamert, Armin Veh, Gerhard Ritter, Martin Gisinger, Paul Friberg, Manfred Braschler.

RADNICKI: Zoran Milenković, Miroslav Simonović, Stojan Gavrilović, Miloš Drizić, Zoran Milošević, Sanid Beganović, Zoran Bojović, Branislav Djordjević, Bratislav Rincić, Dušan Mitosević, Miroslav Aleksić.   Trainer: Ilja Dimovski

Goals: Mitosević (62), Ritter (65), Aleksić (82)

BRYNE IL v ANDERLECHT BRUSSEL 0-3 (0-1)

Bryne   14.09.1983

Referee: Arto Ravander (FIN)   Attendance: 2,417

BRYNE IL: Per Egil Nygard; Kjell Iversen, Trond Sirevåg, Knut Ertresvåg, Oddgeir Mellemstrand, Oddvar Kristensen, Trond Totland, Gaute Engstrøm, Johnny Gilje (64 Stig Norheim), Gabriel Hoyland, Bernt Maeland.

ANDERLECHT: Jacky Munaron, Georges Grün, Luka Peruzović, Morten Olsen, Michel de Groote, Per Frimann-Hansen, Frank Arnesen (51 Vincenzo Scifo), René Vandereycken, Frank Vercauteren, Arnór Guðjohnsen, Erwin Vandenbergh.   Trainer: Paul Van Himst

Goals: Vandereycken (33), Guðjohnsen (53), Vandenbergh (75)

ANDERLECHT BRUSSEL v BRYNE IL 1-1 (1-0)

Constant Vanden Stock, Brussel   28.09.1983

Referee: Malcolm Moffat (NIR)   Attendance: 6,500

ANDERLECHT: Jacky Munaron, Georges Grün, Morten Olsen, Luka Peruzović, Michel de Groote (32 Henrik Andersen), Per Frimann-Hansen (55 Vincenzo Scifo), Frank Arnesen, Frank Vercauteren, René Vandereycken, Alex Czerniatynski, Dirk Goosens.   Trainer: Paul Van Himst

BRYNE IL: Per Egil Nygard, Geir Herrem, Gaute Engstrøm, Knut Ertresvåg, Oddgeir Mellemstrand, Oddvar Kristensen, Trond Totland (70 Johnny Gilje), Jenti Engstrøm, Sverre Kristian Vaule, Gabriel Hoyland, Bernt Maeland.

Goals: Czerniatynski (44), Maeland (82)

**VfB STUTTGART
v LEVSKI SPARTAK SOFIA 1-1** (0-0)

Neckarstadion, Stuttgart   14.09.1983

Referee: Ronald Bridges (WAL)   Attendance: 17,500

VfB: Helmut Roleder, Bernd Förster, Kurt Niedermayer, Karl-Heinz Förster, Guido Buchwald, Thomas Kempe (71 Andreas Müller), Hermann Ohlicher, Ásgeir Sigurvinsson, Karl Allgöwer, Peter Reichert (46 Walter Kelsch), Dan Corneliusson.   Trainer: Helmut Benthaus

LEVSKI SPARTAK: Borislav Mihailov, Plamen Nikolov, Veselin Balevski, Nasko Sirakov, Petar Petrov, Nikolai Iliev, Grigor Grigorov, Krasimir Chavdarov (71 Krasimir Koev), Emil Spasov, Rusi Gochev (57 Mihail Valchev), Bojidar Iskrenov.   Trainer: Vasil Metodiev

Goals: Kelsch (76), Valchev (78)

AA GENT v RC LENS 1-1 (1-0)

Stade Jules Otten, Gent   14.09.1983

Referee: Victoriano Sánchez Arminio (SPA)   Att: 13,000

AA GENT: André Lauryssen, Guy Hanssens, Søren Busk, Luc Criel, Michel de Wolf; Aad Koudijzer, René Mücher, Jan Van Troos, Tony Rombouts (63 Kiyiaki Tokodi), Benny De Kneef, Hubert Cordiez (82 Willy Quipor).   Trainer: Van den Dael

RC LENS: Jean Pierre Tempet; René Marsiglia, Didier Sénac, Hervé Flak, Jean Pierre Bade; Daniel Krawczyk, Philippe Piette, Daniel Xuereb; Roman Ogaza, Miroslaw Tlokinski (86 Philippe Vercruysse), François Brisson (82 Pascal Peltier). Trainer: Gérard Houllier

Goals: Busk (37), Ogaza (55)

**LEVSKI SPARTAK SOFIA
v VfB STUTTGART 1-0** (0-0)

Vasil Levski, Sofia   28.09.1983

Referee: Roger Schoeters (BEL)   Attendance: 65,000

LEVSKI SPARTAK: Borislav Mihailov, Plamen Nikolov, Veselin Balevski, Nasko Sirakov, Petar Petrov, Nikolai Iliev, Grigor Grigorov, Krasimir Chavdarov (58 Plamen Tzvetkov), Emil Spasov, Rusi Gochev (61 Mihail Valchev), Bojidar Iskrenov.   Trainer: Vasil Metodiev

VfB: Helmut Roleder, Bernd Förster, Kurt Niedermayer, Karl-Heinz Förster, Günther Schäfer, Andreas Müller (70 Thomas Kempe), Hermann Ohlicher, Ásgeir Sigurvinsson, Karl Allgöwer, Walter Kelsch (70 Peter Reichert), Dan Corneliusson.   Trainer: Helmut Benthaus

Goal: Valchev (89)

RC LENS v AA GENT 2-1 (0-0, 1-1) (AET)

Félix Bollaert, Lens   28.09.1983

Referee: Walter Eschweiller (WG)   Attendance: 34361

RC LENS: Jean Pierre Tempet; René Marsiglia, Jean Pierre Bade, Didier Sénac, Hervé Flak; Daniel Krawczyk, Philippe Piette, Daniel Xuereb, Miroslaw Tlokinski (110 Pascal Peltier), François Brisson, Philippe Vercruysse.
Trainer: Gérard Houllier

AA GENT: André Lauryssen, Guy Hanssens, Luc Criel, Søren Busk, Michel de Wolf; Willy Quipor, Aad Koudijzer, Jan Van Troos, René Mücher; Hubert Cordiez (105 Tony Rombouts), Kiyiaki Tokodi (63 Benny De Kneef).   Trainer: Van den Dael

Goals: Koudijzer (54), Tlokinski (75), Piette (92)

**ANORTHOSIS FAMAGUSTA
v BAYERN MÜNCHEN 0-1** (0-1)

Larnaca   14.09.1983

Referee: Belá Divinyi (HUN)   Attendance: 18,000

ANORTHOSIS: Mihalis Pamporis, Stefanos Lysandrou, Toumazos Toumazou, Nikos Nikolaou, Kostas Konstantinou, Hristakis Hristou "Kittos", Hristakis Kovis, Andreas Andreou, Iordan Iordanov, Fivos Vrahimis, Kostas Fotis (78 Neofytos Tsoukas).

BAYERN: Manfred Müller, Reiner Maurer, Wolfgang Dremmler, Klaus Augenthaler, Bernd Dürnberger, Karl Del'Haye (46 Hans Meisel), Wolfgang Grobe, Wolfgang Kraus (61 Norbert Nachtweih), Karl-Heinz Rummenigge, Reinhold Mathy, Søren Lerby.   Trainer: Udo Lattek

Goal: Mathy (32)

**BAYERN MÜNCHEN
v ANORTHOSIS FAMAGUSTA 10-0** (7-0)

Olympiastadion, München 28.09.1983

Referee: Egwin Borg (MAL)   Attendance: 8,000

BAYERN: Manfred Müller, Klaus Augenthaler, Wolfgang Dremmler, Reiner Maurer, Bernd Dürnberger, Hans Pflügler, Wolfgang Kraus, Søren Lerby (56 Hans Meisel), Karl Del'Haye, Michael Rummenigge, Karl-Heinz Rummenigge (46 Reinhold Mathy).   Trainer: Udo Lattek

ANORTHOSIS: Mihalis Pamporis, Stefanos Lysandrou, Toumazos Toumazou, Kostas Konstantinou, Nikos Nikolaou, Iordan Iordanov, Hristakis Kovis, Hristakis Hristou "Kittos" (56 Efthimos Efthimiou), Fivos Vrahimis, Kostas Fotis, Andreas Andreou.

Goals: K.H. Rummenigge (8, 30), Augenthaler (17, 41, 80), M. Rummenigge (19), Dremmler (26), Lerby (34), Del'Haye (75), Kraus (79)

WERDER BREMEN v MALMÖ FF 1-1 (0-0)

Weserstadion, Bremen   14.09.1983

Referee: Kenneth J. Hope (SCO)   Attendance: 19,750

WERDER: Dieter Burdenski, Thomas Schaaf, Bruno Pezzey, Rigobert Gruber, Yasuhiko Okudera (28 Uwe Bracht), Wolfgang Sidka, Benno Möhlmann, Norbert Meier, Uwe Reinders, Frank Neubarth, Rudolf Völler.
Trainer: Otto Rehhagel

MALMÖ FF: Pertti Alaja, Roland Andersson, Kent Jönsson, Roy Andersson, Ingemar Erlandsson, Björn Nilsson, Magnus Andersson (80 Lars Larsson), Mikael Rönnberg, Hasse Borg, Anders Palmer, Thomas Sunesson.

Goals: Reinders (66 pen), Sunesson (76)

MALMÖ FF v WERDER BREMEN 1-2 (1-0)

Malmö Stadion   28.09.1983

Referee: Joseph Worral (ENG)   Attendance: 16,950

MALMÖ FF: Pertti Alaja, Roland Andersson, Kemt Jönsson, Roy Andersson, Ingemar Erlandsson, Björn Nilsson, Magnus Andersson, Mikael Rönnberg, Hasse Borg, Anders Palmer (77 Lars Larsson), Thomas Sunesson.

WERDER: Dieter Burdenski, Thomas Schaaf, Bruno Pezzey, Jonny Otten (46 Norbert Meier), Rigobert Gruber, Yasuhiko Okudera, Wolfgang Sidka, Benno Möhlmann, Uwe Bracht, Uwe Reinders, Rudolf Völler.   Trainer: Otto Rehhagel

Goals: Rönnberg (37 pen), Pezzey (47), Sidka (57)

1.FC KAISERSLAUTERN v WATFORD FC 3-1 (1-1)

Betzenberg, Kaiserslautern   14.09.1983

Referee: Erik Fredriksson (SWE)   Attendance: 19,960

1.FC KAISERSLAUTERN: Roland Grüner, Wolfgang Wolf, Hans-Peter Briegel, Werner Melzer, Andreas Brehme, Reiner Geye, Hans Bongartz, Thomas Allofs, Axel Brummer (46 Norbert Eilenfeldt), Torbjörn Nilsson, Dieter Kitzmann.
Trainer: Dietrich Weise

WATFORD: Stephen Sherwood, Charles Palmer (67 Patrick Rice), Steven Sims (67 Stephen Terry), Kenneth Jackett, Paul Franklin, Richard Jobson, Jan Lohman, Nigel Callaghan, John Barnes, James Gilligan, Wilfred Rostron.
Manager: Graham Taylor

Goals: Thomas Allofs (9), Gilligan (16), Nilsson (55, 85)

**WATFORD FC
v 1.FC KAISERSLAUTERN 3-0** (2-0)

Vicarage Road, Watford   28.09.1983

Referee: Valeri Butenko (USSR)   Attendance: 21,457

WATFORD: Stephen Sherwood, Charles Palmer, Ian Bolton, Stephen Terry, Richard Jobson, Kenneth Jackett, Wilfred Rostron, Nigel Callaghan, John Barnes, James Gilligan, Ian Richardson.   Manager: Graham Taylor

1.FC KAISERSLAUTERN: Armin Reichel, Wolfgang Wolf, Hans-Peter Briegel, Werner Melzer, Andreas Brehme, Manfred Plath (65 Norbert Eilenfeldt), Reiner Geye, Hans Bongartz, Thomas Allofs, Torbjörn Nilsson, Axel Brummer.
Trainer: Dietrich Weise

Goals: Richardson (4, 56), Melzer (8 og)

**VITÓRIA GUIMARÃES
v ASTON VILLA BIRMINGHAM 1-0** (0-0)

Estádio Municipal, Guimarães   14.09.1983

Referee: Joël Quiniou (FRA)   Attendance: 28,750

VITÓRIA: SILVINO Almeida Louro, Gregório Francisco Penteado FREIXO, AMÂNDIO Ramiro Barreiras, ALFREDO Manuel Silva MURÇA, Alfredo Magalhães Silva Rodrigues "LAURETA", NIVALDO Gomes da Silva, António Joaquim BARRINHA (83 FLÁVIO José das Neves), Francisco José Saura "PAQUITO", ELDON Armond Bravo, José Severino DA SILVA (56 Orlando António FONSECA Costa), JOAQUIM Fernando MURÇA.   Trainer: Hermann Stessl

ASTON VILLA: Nigel Spink, Gary Williams, Colin Gibson, Allan Evans, Brendan Ormsby, Dennis Mortimer, Alan Curbishley, Paul Rideout (81 Anthony Morley), Peter Withe, Stephen McMahon, Andy Blair (74 Mark Walters).
Manager: Anthony Barton

Goal: Freixo (82 pen)

ASTON VILLA BIRMINGHAM
v VITÓRIA GUIMARÃES 5-0 (1-0)

Villa Park, Birmingham   28.09.1983

Referee: Werner Föckler (WG)   Attendance: 23,732

ASTON VILLA: Nigel Spink, Gary Williams, Colin Gibson, Allan Evans, Brendan Ormsby, Dennis Mortimer, Alan Curbishley, Mark Walters, Peter Withe, Stephen McMahon, Anthony Morley.   Manager: Anthony Barton

VITÓRIA: SILVINO Almeida Louro, Gregório Francisco Penteado FREIXO, AMÂNDIO Ramiro Barreiras (82 PAULO RICARDO dos Santos), ALFREDO Manuel Silva MURÇA, Alfredo Manuel Silva Rodrigues "LAURETA", NIVALDO Gomes da Silva, JOAQUIM Fernando MURÇA, Francisco José Saura "PAQUITO", ELDON Armond Bravo, Orlando António FONSECA Costa (54 JÚLIO Carlos da Costa Augusto), FLÁVIO José das Neves.   Trainer: Hermann Stessl

Goals: Withe (2, 48, 89), Ormsby (56), Gibson (74)

NOTTINGHAM FOREST
v VORWÄRTS FRANKFURT am ODER 2-0 (1-0)

City Ground, Nottingham   14.09.1983

Referee: Alder Dante da Silva dos Santos (POR)   Att: 14,994

FOREST: Hans Van Breukelen, Vivian Anderson, Kenneth Swain, Colin Todd, Chris Fairclough, Ian Bowyer, Colin Walsh, Ian Wallace, Peter Davenport (67 Bryn Gunn), Steve Hodge, Steven Wigley.   Manager: Brian Clough

VORWÄRTS: Karl-Heinz Wienhold, Ralph Probst, Frieder Andrich, Norbert Rudolph, Hans-Jörg Hildebrandt, André Jarmuszkiewicz, Uwe Schultz, Lothar Hause, Bernd Wunderlich, Rainer Pietsch, Harald Gramenz.   Trainer: Jürgen Grossheim

Goals: Wallace (16), Hodge (61)

VORWÄRTS FRANKFURT am ODER
v NOTTINGHAM FOREST 0-1 (0-0)

Stadion der Freundschaft, Frankfurt am Oder   28.09.1983

Referee: Gerard J.M. Geurds (HOL)   Attendance: 18,000

VORWÄRTS: Karl-Heinz Wienhold, Ralph Probst, Lothar Hause, Frank Geyer, Hans-Jörg Hildebrand, André Jarmuszkiewicz, Uwe Schultz, Frieder Andrich, Bernd Wunderlich, Rainer Pietsch (56 Volkmar Kuhlee), Harald Gramenz.   Trainer: Jürgen Grossheim

FOREST: Hans Van Breukelen, Vivian Anderson, Kenneth Swain (46 Bryn Gunn), Colin Todd, Paul Hart, Ian Bowyer, Steven Wigley, Ian Wallace, Garry Birtles, Steve Hodge, Colin Walsh (70 Daniel Wilson).   Manager: Brian Clough

Goal: Bowyer (66)

DROGHEDA UNITED
v TOTTENHAM HOTSPUR LONDON 0-6 (0-3)

United Park, Drogheda   14.09.1983

Referee: Ole Amundsen (DEN)   Attendance: 7,000

DROGHEDA UNITED: Brendan Flynn, Terry Byrne, Tony Macken, Matt Bradley, Noel Greenhalgh, Richie Bayley, Paul Nugent, Gerry Martin, Paddy Dillon (46 Pat Mohan), Martin Murray, Donal Murphy.   Manager: Tony Macken

TOTTENHAM: Raymond Clemence, Christopher Hughton, Gary O'Reilly, Graham Roberts, Paul Price, Stephen Perryman, Gary Mabbutt, Anthony Galvin, Garry Brooke, Mark Falco, Garth Crooks.   Trainer: Keith Burtenshaw

Goals: Falco (5, 74), Crooks (33), Galvin (44), Mabbutt (51, 81)

TOTTENHAM HOTSPUR LONDON
v DROGHEDA UTD 8-0 (4-0)

White Hart Lane, London   28.09.1983

Referee: Anthony Briguglio (MAL)   Attendance: 19,831

TOTTENHAM: Raymond Clemence, Christopher Hughton (82 Gary O'Reilly), Anthony Galvin, Graham Roberts, Paul Price, Stephen Perryman, Gary Mabbutt, Steven Archibald, Mark Falco, Glenn Hoddle, Alan Brazil.
Trainer: Keith Burtenshaw

DROGHEDA UNITED: Brendan Flynn, Terry Byrne, Tony Macken, Matt Bradley, Noel Greenhalgh (58 Frank Flanagan), Richie Bayley, Paul Nugent, Gerry Martin, Paul Kearns, Martin Murray, Donal Murphy (65 Pat Mohan).
Manager: Tony Macken

Goals: Falco (17, 35), Roberts (26, 41), Brazil (50, 74), Archibald (56), Hughton (60)

CELTIC GLASGOW v ÅRHUS GF 1-0 (0-0)

Celtic Park, Glasgow   14.09.1983

Referee: Augusto Lamo Castillo (SPA)   Attendance: 23,569

CELTIC: Patrick Bonner, Daniel McGrain, Mark Reid, Robert Aitken, William McStay, Murdo MacLeod, David Provan, Paul McStay, Francis McGarvey, Thomas Burns, James Melrose (63 Brian McClair).   Manager: David Hay

ÅRHUS GF: Troels Rasmussen, Bent Wachmann, Bjørn Kristensen, John Stampe, Frank Olsen, Doudal, Willy Scheepers, Per Beck Andersen (66 Sander), Hansen, Lars Lundqvist (75 Tommy Cristensen), Karsten Christensen.

Goal: Aitken (63)

ÅRHUS GF v CELTIC GLASGOW 1-4 (0-2)

Århus stadion   28.09.1983

Referee: J. Poucek (CZE)   Attendance: 14,500

ÅRHUS GF: Troels Rasmussen, Doudal, John Stampe, Bjørn Kristensen, Frank Olsen, Ziegler, Willy Scheepers, Per Beck Andersen, Karsten Christensen, Lars Lundqvist, Bent Wachmann.

CELTIC: Patrick Bonner, Daniel McGrain, Mark Reid, Robert Aitken, Thomas McAdam, Francis McGarvey (.. John Halpin), Paul McStay, Murdo MacLeod, Thomas Burns, David Provan, James Melrose (.. Brian McClair).   Manager: David Hay

Goals: MacLeod (20), McGarvey (26), Aitken (47), Scheepers (76), Provan (80)

SPARTA ROTTERDAM v COLERAINE FC 4-0 (2-0)

Stadion Spangen, Rotterdam   14.09.1983

Referee: Kazimierz Mikolajewski (POL)   Attendance: 5,500

SPARTA: Bas van Noorwijk, Danny Blind, Leen van Oosten, Adri Andriessen, Robert Verbeek, Louis van Gaal, Edwin Olde Riekerink, Ron van den Berg, Ronald Lengkeek, Wout Holverda, René Eijer.   Trainer: Bert Jacobs

COLERAINE: Vincent Magee, Ronnie McDowell, Martin Tabb, Jackie McManus, Raymond Henry, Raymond McCoy (60 Richard Wade), Kevin Mahon, Gerry O'Kane (65 Anthony Hutton), Roy McCreadie, Patrick Mullan, Eygene McNutt.

Goals: Olde Riekerink (14 pen, 21), Lengkeek (64, 67)

**ST. MIRREN PAISLEY
v FEYENOORD ROTTERDAM 0-1** (0-1)

St Mirren Park, Paisley   14.09.1983

Referee: Svein Inge Thime (NOR)   Attendance: 10,301

ST. MIRREN: William Thomson, Steve Clarke, Mark Fulton, John McCormack, Phil McAveety (46 David Walker), Tony Fitzpatrick (68 Frank McDougall), Lex Richardson, Rowan Alexander, Ian Scanlon, Frank McAvennie, Gardner Speirs.   Trainer: Ricky McFarlane

FEYENOORD: Joop Hiele, Sjaak Troost, Henk Duut, Michel Van de Korput, Ben Wijnstekers, André Hoekstra (65 André Stafleu), Ivan Nielsen, Johan Cruijff, Ruud Gullit, Peter Houtman, Pierre Vermeulen (75 Wim van Til).   Trainer: Thijs Libregts

Goal: Gullit (29)

COLERAINE FC v SPARTA ROTTERDAM 1-1 (0-0)

The Showgrounds, Coleraine   28.09.1983

Referee: Rolf Haugen (NOR)   Attendance: 1,500

COLERAINE: Vincent Magee, Ronnie McDowell, Martin Tabb, Jackie McManus, Anthony Hutton, Raymond McCoy, Kevin Mahon, Gerry O'Kane (61 Patrick Mullan), Roy McCreadie, Felix Healy (82 Raymond Henry), Eygene McNutt.

SPARTA: Bas van Noorwijk, Danny Blind, Leen van Oosten, Adri Andriessen, Robert Verbeek (52 Ron Stevens), Louis van Gaal, Edwin Olde Riekerink, Ron van den Berg, Ronald Lengkeek, Wout Holverda, René Eijer.

Goals: Holverda (51), Healy (63)

**FEYENOORD ROTTERDAM
v ST. MIRREN PAISLEY 2-0** (0-0)

Feyenoord, Rotterdam   28.09.1983

Referee: Augusto Marques Pires (POR)   Attendance: 18,286

FEYENOORD: Joop Hiele, André Hoekstra, Henk Duut (54 Andrei Jeliazkov), Michel Van de Korput, Ben Wijnstekers, Wim van Til, Ivan Nielsen, Johan Cruijff, Ruud Gullit, Peter Houtman, Pierre Vermeulen.   Trainer: Thijs Libregts

ST. MIRREN: William Thomson, David Walker, Mark Fulton, Phil MvAveety, Steve Clarke, Frank McAvennie, John McCormack, William Abercromby, Ian Scanlon, Frank McDougall, Gardner Speirs (59 John McEachran).   Trainer: Ricky McFarlane

Goals: Van Til (58), Jeliazkov (76)

ATLÉTICO MADRID v FC GRONINGEN 2-1 (0-0)

Estadio Vicente Calderón, Madrid   14.09.1983

Referee: Gino Menicucci (ITA)   Attendance: 40,000

ATLÉTICO: Ángel Jesús MEJÍAS Rodríguez, Miguel Ángel RUIZ Garcia, Juan Carlos ARTECHE Gómez, BALBINO García Puerto, Enrique "QUIQUE" RAMOS González, Miroslav Votava, Luis MARIAN (46 Roberto Simón MARINA), Jesús LANDÁBURU Sahuquillo, JULIO PRIETO Martín, HUGO SÁNCHEZ Márquez, Juan José RUBIO Jiménez (68 Luis Mario CABRERA Molina).   Trainer: LUIS Aragonés

FC GRONINGEN: Harry Schellekens; Ronald Steenge, Karel Hiddink, Walter Waalderbos, Adri van Tiggelen, Jan van Dijk, Theo Keukens, Erwin Koeman, Bud Brocken, Rob McDonald, Ron Jans (87 Anne Mulder).   Trainer: Han Berger

Goals: McDonald (56), Marina (85), Waalderbos (89 og)

FC GRONINGEN v ATLÉTICO MADRID 3-0 (1-0)

Oosterpark, Groningen   28.09.1983

Referee: Vojtěch Christov (CZE)   Attendance: 17,750

FC GRONINGEN: Harry Schellekens, Ronald Steenge, Karel Hiddink, Walter Waalderbos (64 Henk De Haan), Adri Van Tiggelen, Jan van Dijk, Erwin Koeman, Theo Keukens, Bud Brocken, Rob McDonald, Ron Jans.   Trainer: Han Berger

ATLÉTICO: Ángel Jesús MEJÍAS Rodríguez, Miguel Ángel RUIZ Garcia, Juan Carlos ARTECHE Gómez, BALBINO García Puerto (38 Roberto Simón MARINA), CLEMENTE Villaverde Huelga, JULIO PRIETO Martín, Miroslav Votava, Jesús LANDÁBURU Sahuquillo, Enrique "QUIQUE" RAMOS González, Juan Carlos Gómez PEDRAZA (56 Luis Mario CABRERA Molina), HUGO SÁNCHEZ Márquez.   Trainer: LUIS Aragonés

Goals: Jans (14), E. Koeman (78), van Dijk (83)

LARISA v HONVÉD BUDAPEST 2-0 (1-0)

Alkazar, Larisa   14.09.1983

Referee: Iordan Zhezhov (BUL)   Attendance: 10,448

LARISA: Giorgos Plitsis, Dimitris Parafestas, Giannis Gkalitsios, Nikos Patsiavouras, Giorgos Mitsibonas, Theodoros Voutiritsas, Gkolam Hasembor, Hristos Andreoudis (67 Giannis Gkampetas), Kostas Maloumidis, Mihalis Ziogas (46 Kazimir Kmiecik), Giannis Valaoras.   Trainer: Walter Skocik

HONVÉD: József Andrusch; Sándor Sallai, Antal Nagy, György Kerepeczky, József Tóth; Gábor Sikesdi, László Gyimesi, László Gere (67 Márton Esterházy), Lajos Détári; Béla Bodonyi, László Dajka (78 Mihály Kozma).   Trainer: Bertalan Bicskei

Goals: Maloumidis (15 pen), Kmiecik (76)

PSV EINDHOVEN v FERENCVÁROS BUDAPEST 4-2 (3-1)

Philips sportpark, Eindhoven   14.09.1983

Referee: George Courtney (ENG)   Attendance: 9,250

PSV: Pim Doesburg, Berry van Aerle, Huub Stevens, Ernie Brandts, Piet Wildschut, Ton Lokhoff, Willy van de Kerkhof, Michel Valke, Arie Haan, Jurrie Koolhof, Hallvar Thoresen.   Trainer: Jan Reker

FERENCVÁROS: Gábor Zsiboras; Károly Jancsika, László Pogány, László Takács, Tibor Rab, Lajos Kvaszta, Zoltán Kiss (46 Péter Rubold), Péter Judik, Róbert Koch, Zoltán Ebedli, Sándor Murai (80 Kovács).   Trainer: Dezső Novák

Goals: Koolhof (19, 80), Thoresen (20, 40), Ebedli (37), Kvaszta (68)

HONVÉD BUDAPEST v FC LARISA 3-0 (0-0, 1-0) (AET)

Kispest, Budapest   28.09.1983

Referee: Franz Latzin (AUS)   Attendance: 10,000

HONVÉD: József Andrusch; György Kerepeczky, Antal Nagy, Sándor Sallai; László Gere (46 Mihály Kozma), László Gyimesi, Imre Garaba (91 Gábor Sikesdi), István Varga; Béla Bodonyi, László Dajka, Márton Esterházy.   Trainer: Bertalan Bicskei

LARISA: Giorgos Plitsis, Dimitris Parafestas, Giorgos Mitsibonas, Giannis Gkalitsios, Nikos Patsiavouras; Gkolam Hasembor (78 Mihalis Ziogas), Hristos Andreoudis, Kazimir Kmiecik (50 Thomas Dramalis), Theodoros Voutiritsas, Kostas Maloumidis, Giannis Valaoras.   Trainer: Walter Skocik

Goals: Dajka (53, 70, 115)

FERENCVÁROS BUDAPEST v PSV EINDHOVEN 0-2 (0-1)

Üllöi út, Budapest   28.09.1983

Referee: Enzo Barbaresco (ITA)   Attendance: 18,000

FERENCVÁROS: Gábor Zsiboras; Károly Jancsika, Attila Dózsa, Péter Judik, László Takács, Gábor Szántó (62 Kovács), Zoltán Ebedli, Róbert Koch, Péter Rubold, Sándor Murai (62 József Bánki), László Pogány.   Trainer: Dezső Novák

PSV: Hans Segers, Piet Wildschut, Huub Stevens, Ernie Brandts, Berry van Aerle, Jan Poortvliet, Willy van de Kerkhof, Arie Haan, Michel Valke, Jurrie Koolhof, Hallvar Thoresen.

Goals: Thoresen (26), Koolhof (55)

LOKOMOTIV PLOVDIV v PAOK THESSALONIKI 1-2 (0-1)

Lokomotiv, Plovdiv   14.09.1983

Referee: Karl Heinz Tritschler (WG)   Attendance: 12,000

LOKOMOTIV: Stefan Staikov, Dimitar Kalkanov (78 Anchev), Kurbanov, Rumen Staikov, Ivan Bedelev, Racho Kilapov (65 Emil Iliev), Hristo Sotirov, Bonev, Eduard Eranosian, Anio Sadkov, Georgi Popov.   Trainer: Angelov

PAOK: Mladen Fortoula, Giorgos Skartados, Nikos Alavantas, Giannis Psarras, Theodoros Apostolidis, Thomas Siggas (28 Minervino Gkouerino), Kyriakos Alexandridis (46 Holger Trimhold), Vasilis Georgopoulos, Hristos Dimopoulos, Giorgos Koudas, Giorgos Kostikos.   Trainer: Pal Csernai

Goals: Dimopoulos (42), Georgopoulos (48), Sadkov (72 pen)

**PAOK THESSALONIKI
v LOKOMOTIV PLOVDIV 3-1** (1-1)

Toumpas, Thessaloniki 28.09.1983

Referee: Károly Palotai (HUN)   Attendance: 23,000

PAOK: Mladen Fortoula, Giannis Damanakis, Nikos Alavantas, Giannis Psarras, Haris Baniotis, Giorgos Skartados, Kyriakos Alexandridis (75 Apostolos Tsourelas), Vasilis Georgopoulos, Hristos Dimopoulos, Giorgos Koudas (80 Minervino Gkouerino), Giorgos Kostikos.
Trainer: Pal Csernai

LOKOMOTIV: Stefan Staikov, Anchev, Kurbanov, Plamen Nikolov, Rumen Staikov, Ivan Bedelev, Liubomir Burnarski (77 Georgi Dimitrov), Bonev, Eduard Eranosian, Anio Sadkov (74 Racho Kilapov), Fedia Mikov.   Trainer: Angelov

Goals: Eranosian (13), Kostikos (44), Skartados (66), Dimopoulos (75 pen)

ARIS BONNEVOIE v AUSTRIA WIEN 0-5 (0-2)

Parc des Sports Municipal, Bonnevoie 14.09.1983

Referee: Ignatius W.M. van Swieten (HOL)   Att: 1125

ARIS: Claude Birenbaum; Bamberg, Jean Zuang, Cernin, Roger Fandel, Marx (82 Jean-Jacques Mathes), André Vandivinit, Theo Scholten; Michel Zaccaria (70 De Iulis), Leogrande, Berckes.

AUSTRIA: Friedrich Koncilia; Robert Sara, Karl Daxbacher, Franz Zore, Josef Degeorgi; Herbert Prohaska, Fritz Drazan, Ernst Baumeister (82 Andreas Ogris), Alfred Drabits, Tibor Nyilasi (70 Anton Polster), István Magyar.
Trainer: Václav Halama

Goals: Drabits (38), Nyilasi (41), Prohaska (58, 79, 82 pen)

AUSTRIA WIEN v ARIS BONNEVOIE 10-0 (6-0)

Franz Horr, Wien 28.09.1983

Referee: Widukind Hermann (DDR)   Attendance: 3,000

AUSTRIA: Friedrich Koncilia; Robert Sara, Franz Zore, Karl Daxbacher, Josef Degeorgi; Herbert Prohaska, Ernst Baumeister, István Magyar; Alfred Drabits, Tibor Nyilasi, Fritz Drazan (46 Anton Polster).   Trainer: Václav Halama

ARIS: Claude Birenbaum, Fernand Braun, Jean Zuang (76 Claude Hess), Roger Fandel, Marcel Weber, Michel Zaccaria (69 De Iulis), Jean-Jacques Mathes, Marc Gérin, Bamberg, Leogrande, Berckes.

Goals: Magyar (11), Daxbacher (17), Nyilasi (20, 25, 69, 89), Drabits (23, 34), Polster (65), Zore (82)

SEVILLA FC v SPORTING LISBOA 1-1 (1-0)

Ramón Sánchez Pizjuán, Sevilla 14.09.1983

Referee: Zoran Petrović (YUG)   Attendance: 45,000

SEVILLA FC: Francisco BUYO Sánchez, Pablo BLANCO, Ricardo SERNA Orozco, Antonio ÁLVAREZ Giráldez, Francisco SAN JOSÉ (81 Francisco Sánchez Pérez "CURRO"), JUAN CARLOS Álvarez Vega, FRANCISCO López Alfaro (81 Juan ÁLVAREZ Giráldez), Carlos Alberto Gomes "PINTINHO", MOISÉS Rodríguez Carrión, Enrique MAGDALENO Díaz, Enrique MONTERO Román.
Trainer: Manuel CARDO ROMERO

SPORTING: Béla Katzirz, GABRIEL Azevedo Mendes, VIRGÍLIO Manuel Bagulho Lopes, Francisco José Teles de Andrade "ZÉZINHO", MÁRIO JORGE da Silva Pinho Fernandes, José Eldon de Araújo Lobo Júnior "LITO", Fernando António de Carvalho FESTAS, ROMEU Fernando Fernandes da Silva (66 Paulo Jorge dos Santos FUTRE), António Luis Alves Ribeiro de OLIVEIRA, MANUEL José Tavares FERNANDES, Rui Manuel da Trindade JORDÃO.
Trainer: Joseph Venglos

Goals: Magdaleno (18), Manuel Fernandes (72)

SPORTING LISBOA v SEVILLA FC 3-2 (1-1)

Estádio José Alvalade, Lisboa 28.09.1983

Referee: Luigi Agnolin (ITA)   Attendance: 65,000

SPORTING: Béla Katzirz, GABRIEL Azevedo Mendes, MÁRIO JORGE da Silva Pinho Fernandes, Vanio Kostov (60 Paulo Jorge dos Santos FUTRE), VIRGÍLIO Manuel Bagulho Lopes, Francisco José Teles de Andrade "ZÉZINHO", José Eldon de Araújo Lobo Júnior "LITO", ROMEU Fernando Fernandes da Silva, MANUEL José Tavares FERNANDES, António Luis Alves Ribeiro de OLIVEIRA, Rui Manuel da Trindade JORDÃO (80 FERNANDO Mendes CRUZ).
Trainer: Joseph Venglos

SEVILLA FC: Francisco BUYO Sánchez, José Ramón NIMO Maldonado, Francisco SAN JOSÉ, Ricardo SERNA Orozco, Antonio ÁLVAREZ Giráldez, FRANCISCO López Alfaro (64 JOSE LUIS Benítez Portello), MOISÉS Rodríguez Carrión, Carlos Alberto Gomes "PINTINHO", JUAN CARLOS Álvarez Vega, Juan ÁLVAREZ Giráldez, Enrique MONTERO Román (84 José Luis RUDA de la Vega).
Trainer: Manuel CARDO ROMERO

Goals: Montero (27), Buyo (33 og), Francisco (47), Mário Jorge (59), A. Oliveira (88)

SPARTA PRAHA v REAL MADRID 3-2 (1-1)

Stadión na Letnej, Praha   14.09.1983

Referee: Alain Delmer (FRA)   Attendance: 40,000

SPARTA: Jaroslav Olejár, Július Bielik, Jozef Chovanec, František Straka, Josef Jarolím (46 Jan Berger), Vítězslav Lavička, Ivan Hašek, Vlastimil Calta, Miroslav Denk (72 Daniel Drahokoupil), Stanislav Griga, Zdeněk Procházka. Trainer: Václav Ježek

REAL: Mariano GARCIA REMON, JUAN JOSE Jiménez Collar, John Metgod, José Antonio SALGUERO García, José Antonio CAMACHO Alfaro, Isidoro SAN JOSÉ Pozo, ÁNGEL de los Santos Cano, Juan José LOZANO Bohorquez (72 ISIDRO Díaz González), Alberto BERNARDO, Juan Gomez González "JUANITO", Carlos Alonso González "SANTILLANA". Trainer: Alfredo di Stefano

Goals: Chovanec (27), Santillana (40), Procházka (53), Juanito (60), Griga (78)

REAL MADRID v SPARTA PRAHA 1-1 (1-0)

Estadio Santiago Bernabéu, Madrid   28.09.1983

Referee: Alexis Ponnet (BEL)   Attendance: 58,800

REAL: AGUSTÍN Rodríguez Santiago, JUAN JOSE Jiménez Collar, Alfonso FRAILE Sánchez, Ulrich Stielike (84 Francisco PINEDA García), José Antonio CAMACHO Alfaro, Isidoro SAN JOSÉ Pozo, Juan José LOZANO Bohorquez, Ricardo GALLEGO Redondo (68 ÁNGEL de los Santos Cano), Juan Gomez González "JUANITO", Carlos Alonso González "SANTILLANA", ISIDRO Díaz González.

SPARTA: Jaroslav Olejár, Miloš Beznoska, František Straka, Jozef Chovanec, Július Bielik, Ivan Hašek, Vlastimil Calta, Jan Berger, Vítězslav Lavička (59 Tomáš Skuhravý), Stanislav Griga (79 Daniel Drahokoupil), Zdeněk Procházka. Trainer: Václav Ježek

Sent off: Beznoska (48)

Goals: Isidro (23), Skuhravý (74)

BANÍK OSTRAVA v B 1903 KØBENHAVN 5-0 (3-0)

Bazaloch, Ostrava   14.09.1983

Referee: R. Beduzzi (SWI)   Attendance: 5,500

BANÍK: Pavol Michalík, Petr Ondrášek, Rostislav Vojácek, Václav Pechácek, Petr Zajaroš, Zdeněk Šreiner, Petr Němec, Zdeněk Válek, Ivan Gábor, Werner Licka (89 Augustín Antalík), Peter Bauman (65 Lubomír Odehnal). Trainer: Stanislav Jarábek

B 1903: Per Poulsen, John Andersen, H. Hansen, Lars Christensen (20 Sørensen), Ahlberg, Pierre Larsen, Jørgensen, Henrik Ibenfeldt, Klaus Mathiesen, Jens Peter Koch (58 Schöne), Niels Haarbye.   Trainer: N. Ch. Helmstrøm

Goals: Válek (6, 20), Sreiner (43, 47), Zajaros (86)

B 1903 KØBENHAVN v BANÍK OSTRAVA 1-1 (1-1)

København   28.09.1983

Referee: Anders Mattsson (FIN)   Attendance: 612

B 1903: Per Poulsen, John Andersen, Kreibke, Jørgensen, H. Hansen, Pierre Larsen, Henrik Ibenfeldt, Jens Sass Hansen, Jens Peter Koch, Schøne (60 S. Larsen), Sørensen.

BANÍK: Luděk Mikloško; Petr Ondrášek (46 Petr Zajaroš), Rostislav Vojácek, Václav Pechácek, Jiří Jurásek, Zdeněk Šreiner, Ladislav Kalmár, Dušan Vrťo, Ivan Gábor (73 Peter Bauman), Werner Licka, Zdeněk Válek.

Goals: Licka (15), Koch (32)

**HELLAS VERONA
v CRVENA ZVEZDA BEOGRAD 1-0** (1-0)

Stadio Marc'Antonio Bentegodi, Verona   14.09.1983

Referee: Alojzy Jarguz (POL)   Attendance: 26,623

VERONA: Claudio Garella; Mauro Ferroni, Massimo Storgato (76 Joseph Jordan); Domenico Volpati, Silvano Fontolan, Roberto Tricella; Pietro Fanna, Luigi Sacchetti, Stefano Rebonato (60 Luciano Marangon), Antonio Di Gennaro, Giuseppe Galderisi.   Trainer: Osvaldo Bagnoli

CRVENA ZVEZDA: Tomislav Ivković; Bosko Djurovski, Stojanović (82 Jovica Nikolić); Goran Milojević, Zoran Banković, Miroslav Šugar, Marko Elsner; Miloš Šeštić (70 Rajko Janjanin), Milko Djurovski, Nedeljko Milosavljević, Mitar Mrkela.   Trainer: Zec

Goal: Fanna (19 pen)

**CRVENA ZVEZDA BEOGRAD
v HELLAS VERONA 2-3** (1-1)

Crvena Zvezda, Beograd   28.09.1983

Referee: George Courtney (ENG)   Attendance: 75,000

CRVENA ZVEZDA: Tomislav Ivković; Bosko Djurovski, Milan Jovin; Zoran Banković, Miroslav Šugar, Marko Elsner; Miloš Šeštić, Zarko Djurović (70 Goran Milojević), Milko Djurovski, Rajko Janjanin, Mitar Mrkela (46 Jovica Nikolić). Trainer: Zec

VERONA: Claudio Garella; Mauro Ferroni, Luciano Marangon; Domenico Volpati, Silvano Fontolan, Roberto Tricella; Pietro Fanna, Luigi Sacchetti, Massimo Storgato, Antonio Di Gennaro, Giuseppe Galderisi.   Trainer: Osvaldo Bagnoli

Sent off: Bankovic (67), M. Djurovski (87)

Goals: B. Djurovski (17 pen), Sacchetti (34), M. Djurovski (58), Galderisi (65, 83)

**TRABZONSPOR
v INTERNAZIONALE MILANO 1-0** (0-0)
Avni Aker, Trabzon   14.09.1983
Referee: Jan Keizer (HOL)   Attendance: 32,500
TRABZONSPOR: Senol Günes, Turgay Semercioglu, Necati Özçaglayan; Kemal Serdar, K. Osman Denizci, Hasan Vezir (46 Senol Ustaömer); Güngör Sahinkaya, Tuncay Soyak, Hasan Sengün, Levent Erköse, Iskender Gönen.
Trainer: Ahmet Suat Özyazici
INTER: Walter Zenga; Giuseppe Bergomi, Giuseppe Baresi; Giancarlo Pasinato (64 Riccardo Ferri), Fulvio Collovati, Graziano Bini; Ludo Coeck, Giampiero Marini, Alessandro Altobelli, Hans Peter Müller, Antonio Sabato. Trainer: Radice
Goal: Tuncay (88)

**INTERNAZIONALE MILANO
v TRABZONSPOR 2-0** (0-0)
Stadio Dino Manuzzi, Cesena,   28.09.1983
Referee: Klaus Scheurell (DDR)   Attendance: 22,500
INTER: Walter Zenga; Riccardo Ferri, Giuseppe Bergomi; Salvatore Bagni, Fulvio Collovati, Giuseppe Baresi; Giampiero Marini (57 Evaristo Beccalossi), Antonio Sabato, Alessandro Altobelli, Hans Peter Müller, Aldo Serena.   Trainer: Radice
TRABZONSPOR: Senol Günes; Turgay Semercioglu, Necati Özçaglayan; Kemal Serdar, K. Osman Denizci, Vezir Hasan; Güngör Sahinkaya, Tuncay Soyak (87 Gökhan Ersoy), Hasan Sengün, Senol Ustaömer, Iskender Gönen.
Trainer: Ahmet Suat Özyazici
Goals: Altobelli (48 pen), Collovati (86)

WIDZEW LÓDZ v ELFSBORG BORÅS 0-0
Bialystok   14.09.1983
Referee: Jakob Baumann (SWI)   Attendance: 32,000
WIDZEW: Józef Mlynarczyk, Krzysztof Kaminski, Roman Wójcicki, Jerzy Wijas, Tadeusz Swiatek, Jacek Gierek (71 Marek Filipczak), Piotr Romke, Krzysztof Kajrys, Wieslaw Wraga, Dariusz Dziekanowski, Jerzy Leszczyk (60 Miroslaw Myslinski).
ELFSBORG: Tore Stenbäcken, Morgan Hansson, Mikael Zeybrandt, Bengt-Göran Stenbäcken, Ulrih Andersson, Frank Klarström, Tommy Svensson (74 Lennart Nilsson), Christer Andersson (84 Mats Jinefors), Thomas Johansson, Thomas Ahlström, Roger Bergström.

ELFSBORG BORÅS v WIDZEW LÓDZ 2-2 (1-0)
Ryavallen, Borås   28.09.1983
Referee: Bernd Stumpf (DDR)   Attendance: 8,000
ELFSBORG: Tore Stenbäcken, Thomas Johansson, Bengt-Göran Stenbäcken (82 Lennart Nilsson), Mikael Zeybrandt, Ulrih Andersson, Christer Andersson, Morgan Hansson (62 Mats Jinefors), Roger Bergström, Frank Klarström, Thomas Ahlström, Tommy Svensson.
WIDZEW: Józef Mlynarczyk, Tadeusz Swiatek (16 Miroslaw Myslinski), Roman Wójcicki, Jerzy Wijas, Krzysztof Kaminski, Piotr Romke, Krzysztof Kajrys, Jacek Gierek, Wlodzimierz Smolarek, Dariusz Dziekanowski, Wieslaw Wraga (59 Marek Filipczak).
Goals: Svensson (28), Kajrys (80), Dziekanowski (84), Bergström (85)

SPARTAK MOSKVA v HJK HELSINKI 2-0 (1-0)
Lenin stadion, Moskva   14.09.1983
Referee: Evangelos Giannakoudakis (GRE)   Att: 25700
SPARTAK: Rinat Dasaev, Aleksandr Bubnov, Boris Pozdniakov, Sergei Bazulev, Evgeni Mileschkin, Evgeni Kuznetsov (72 Edgar Gess), Vladimir Sochnov (65 Valeri Gladilin), Gennadi Morozov, Yuri Gavrilov, Fiedor Cherenkov, Sergei Argudiaev.   Trainer: Konstantin Beskov
HJK: Markku Palmroos, Erkki Valla, Jari Rantanen, Pasi Rasimus, Jari Europaeus, Jouko Soini, Juha Dahllund, Markku Kanerva, Atik Ismail, Sixten Boström, Mikonen.
Goals: Argudiaev (13), Gladilin (88)

HJK HELSINKI v SPARTAK MOSKVA 0-5 (0-3)
Olympic, Helsinki   28.09.1983
Referee: Wlodzimierz Brodka (POL)   Attendance: 1,796
HJK: Markku Palmroos, Reima Kokko, Pasi Rasimus, Jari Rantanen, Kalle Niemi, Jari Europaeus, Sixten Boström (46 Erkki Valla), Juha Dahllund, Pasi Jaakonsaari, Atik Ismail (60 Reijo Linna), Markku Kanerva.
SPARTAK: Rinat Dasaev (78 Andrei Mikhalichev), Vladimir Sochnov, Boris Pozdniakov, Sergei Bazulev, Evgeni Mileschkin, Evgeni Kuznetsov, Aleksandr Bubnov, Gennadi Morozov, Yuri Gavrilov, Fiedor Cherenkov (46 Yuri Reznik), Sergei Argudiaev.   Trainer: Konstantin Beskov
Goals: Gavrilov (13, 28, 57 pen, 82 pen), Cherenkov (43)

DINAMO KIEV v STADE LAVALLOISE 0-0

Republikanskiy, Kiev   14.09.1983

Referee: Göksel Erhan (TUR)   Attendance: 49,800

DINAMO: Mikhail Mikhailov, Vladimir Lozinski, Oleg Kuznetsov, Sergei Baltacha, Valeri Chernikov, Leonid Buriak (64 Aleksandr Zavarov), Andrei Bal, Anatoli Demianenko, Viktor Khlus, Vadim Evtushenko, Oleg Blohin. Trainer: Morozov

STADE LAVALLOISE: Jean Michel Godart; Loic Pérard, Michel Sorin, Patrice Bozon, Jean Marc Miton; Jean Paul Rabier, Thierry Goudet, Jose Souto; Klaus Jank, Oumar Sene (85 Robert Buigues), Eric Stefanini. Trainer: Michel Le Milinaire

LOKOMOTIVE LEIPZIG v GIRONDINS de BORDEAUX 4-0 (3-0)

Bruno Plache stadion Leipzig   28.09.1983

Referee: Eduard Sostarić (YUG)   Attendance: 24,500

LOKOMOTIVE: René Müller, Ronald Kreer, Thomas Dennstedt, Wolfgang Altmann, Uwe Zötzsche; Uwe Bredow, Lutz Moldt, Hans-Jürgen Kinne, Matthias Liebers; Peter Schöne, Hans Richter.   Trainer: Harro Miller

GIRONDINS: Christian Delachet; Patrick Battiston, Gernot Rohr, Marius Trésor, Raymond Domenech (33 Dieter Müller); René Girard, Léonard Specht, Antoine Martínez (68 Michel Audrain), Alain Giresse; Bernard Lacombe, Bernard Zenier.

Goals: Schöne (11), Dennstedt (13), Richter (34, 73)

STADE LAVALLOISE v DINAMO KIEV 1-0 (1-0)

Le Basser, Laval   28.09.1983

Referee: Ulrich Nyffenegger (SWI)   Attendance: 20,000

STADE LAVALLOISE: Jean Michel Godart; Loic Pérard, Michel Sorin, Patrice Bozon, Jean Marc Miton; Jean Paul Rabier, Thierry Goudet, Jose Souto; Klaus Jank (85 Jacky Paillard), Oumar Sene, Eric Stefanini. Trainer: Michel Le Milinaire

DINAMO: Mikhail Mikhailov, Oleg Kuznetsov, Sergei Baltacha, Vasili Evseev, Anatoli Demianenko; Vladimir Lozinski, Oleg Blohin, Andrei Bal, Leonid Buriak (28 Mikhail Olefirenko), Vadim Evtushenko, Aleksandr Zavarov. Trainer: Morozov

Goal: Souto (34)

SPORTUL STUDENŢESC BUCUREŞTI v STURM GRAZ 1-2 (1-0)

Steaua, Bucureşti   14.09.1983

Referee: Sadik Deda (TUR)   Attendance: 7,000

SPORTUL STUDENTESC: Andrei Speriatu; Marian Mihail, Paul Cazan, Gino Iorgulescu, Ion Munteanu; Constantin Pană, Marcel Coraş, Imilian Şerbănică; Alexandru Terheş (65 Marian Bucurescu), Mircea Sandu (60 Romulus Chihaia), Gheorghe Hagi.   Trainer: Ion Voica

STURM: Walter Saria; Rudolf Schauss, Anton Pichler, Manfred Steiner, Franz Feirer; Heinz Thonhofer, Zvonko Breber, Rupert Marko (80 Peter Huberts); Bozo Bakota, László Szokolai (89 Michael Ströbl), Gernot Jurtin. Trainer: Gernot Fraydl

Goals: Munteanu (31), Szokolai (75), Jurtin (82)

GIRONDINS de BORDEAUX v LOKOMOTIVE LEIPZIG 2-3 (0-1)

Municipal, Bordeaux   14.09.1983

Referee: John Carpenter (Eir)   Attendance: 8,000

GIRONDINS: Christian Delachet; Jean-François Thouvenel (41 Raymond Domenech), Gernot Rohr, Marius Trésor, Patrick Battiston (32 Léonard Specht); René Girard, Jean Tigana, Alain Giresse; Antoine Martínez, Bernard Lacombe, Bernard Zenier.   Trainer: Aimé Jacquet

LOKOMOTIVE: René Müller, Ronald Kreer, Thomas Dennstedt, Wolfgang Altmann, Uwe Zötzsche; Uwe Bredow, Lutz Moldt, Hans-Jürgen Kinne, Matthias Liebers; Peter Schöne, Hans Richter.   Trainer: Harro Miller

Goals: Zötzsche (15 pen), Richter (51, 86), Girard (63), Giresse (72)

STURM GRAZ v SPORTUL STUDENŢESC BUCUREŞTI 0-0

Bundesstadion, Liebenau, Graz   28.09.1983

Referee: Andonios Vasaras (GRE)   Attendance: 15,000

STURM: Walter Saria; Rudolf Schauss, Anton Pichler, Manfred Steiner, Franz Feirer; Heinz Thonhofer (81 Walter Hörmann), Zvonko Breber, Peter Huberts; Bozo Bakota, László Szokolai, Gernot Jurtin.   Trainer: Gernot Fraydl

SPORTUL STUDENTESC: Andrei Speriatu; Marian Mihail, Paul Cazan, Gino Iorgulescu, Ion Munteanu; Marcel Coraş, Imilian Şerbănică, Gheorghe Hagi (20 Romulus Chihaia); Florin Grigore, Mircea Sandu, Marian Bucurescu (52 Aurel Munteanu).   Trainer: Ion Voica

UNIVERSITATEA CRAIOVA
v HAJDUK SPLIT 1-0 (0-0)

Central, Craiova 14.09.1983

Referee: Michel Vautrot (FRA)   Attendance: 40,000

UNIVERSITATEA: Silviu Lung; Nicolae Negrilă, Nicolae Tilihoi, Costică Donose, Nicolae Ungureanu; Aurel Țicleanu (73 Adrian Popescu), Aurel Beldeanu, Ion Geolgău, Mircea Irimescu; Sorin Cîrțu, Rodion Cămătaru. Trainer: Constantin Oțet

HAJDUK: Zoran Simović; Nikica Cukrov, Josip Čop, Vedran Rožić, Branko Miljuš; Miloš Bursać (86 Mladen Bogdanović), Nenad Šalov, Zoran Vujović, Dragutin Celić; Zlatko Vujović, Zoran Vulić.   Trainer: Pero Nadoveza

Goal: Geolgău (86)

LEVSKI SPARTAK SOFIA
v WATFORD FC 1-3 (1-1, 1-1) (AET)

Vasil Levski, Sofia 2.11.1983

Referee: Erik Fredriksson (SWE)   Attendance: 60,000

LEVSKI SPARTAK: Borislav Mihailov, Plamen Nikolov, Veselin Balevski, Petar Petrov, Nikolai Iliev, Rusi Gochev (51 Emil Velev), Plamen Tzvetkov (107 Krasimir Chavdarov), Nasko Sirakov, Petar Kurdov, Emil Spasov, Bojidar Iskrenov. Trainer: Vasil Metodiev

WATFORD: Stephen Sherwood, Charles Palmer, Steven Sims, Paul Franklin, Neil Price, Wilfred Rostron, Ian Bolton, Richard Jobson, Nigel Callaghan, Ian Richardson, John Barnes. Manager: Graham Taylor

Goals: Spasov (6 pen), Callaghan (9), Rostron (116), Richardson (117)

HAJDUK SPLIT
v UNIVERSITATEA CRAIOVA 1-0 (0-0, 1-0) (AET)

Hajduk, Split 28.09.1983

Referee: Horst Brummeier (AUS)   Attendance: 50,000

HAJDUK: Zoran Simović; Nikica Cukrov, Josip Čop, Vedran Rožić, Branko Miljuš; Blaž Slišković (99 Zdenko Adamović), Nenad Šalov, Zoran Vujović; Dragutin Celić, Zlatko Vujović, Dušan Pešić (59 Zoran Vulić).   Trainer: Pero Nadoveza

UNIVERSITATEA: Silviu Lung; Nicolae Negrilă, Nicolae Tilihoi, Costică Ștefănescu, Nicolae Ungureanu; Aurel Țicleanu, Aurel Beldeanu, Costică Donose (106 Adrian Popescu), Mircea Irimescu; Rodion Cămătaru, Ion Geolgău (27 Sorin Cîrțu).   Trainer: Constantin Oțet

Goal: Zo. Vujović (63)

Penalties: 1-0 Irimescu, 1-1 Vulic, Beldeanu (miss), 1-2 Adamovic, Țicleanu (miss), Celić (miss), Ungureanu (miss), 1-3 Šalov

SPARTAK MOSKVA
v ASTON VILLA BIRMINGHAM 2-2 (0-0)

Dinamo, Moskva 19.10.1983

Referee: Roger Schoetters (BEL)   Attendance: 50,400

SPARTAK: Rinat Dasaev, Vladimir Sochnov, Boris Pozdniakov, Sergei Bazulev, Aleksandr Bubnov, Evgeni Kuznetsov (73 Valeri Gladilin), Sergei Rodionov, Gennadi Morozov, Yuri Gavrilov, Fiedor Cherenkov, Sergei Argudiaev (65 Yuri Reznik).   Trainer: Konstantin Beskov

ASTON VILLA: Nigel Spink, Gary Williams, Colin Gibson, Allan Evans, Brendan Ormsby, Dennis Mortimer, Des Bremner, Mark Walters, Peter Withe, Stephen McMahon, Anthony Morley.   Manager: Anthony Barton

Goals: Gibson (47), Gavrilov (52, 89 pen), Walters (68)

SECOND ROUND

WATFORD FC
v LEVSKI SPARTAK SOFIA 1-1 (1-0)

Vicarage Road, Watford 19.10.1983

Referee: Georges Konrath (FRA)   Attendance: 16,139

WATFORD: Stephen Sherwood, Charles Palmer, Wilfred Rostron, Richard Jobson, Stephen Terry, Ian Bolton, Nigel Callaghan, John Barnes (17 David Johnson), James Gilligan, Kenneth Jackett, Ian Richardson (81 Steven Sims). Manager: Graham Taylor

LEVSKI SPARTAK: Borislav Mihailov, Plamen Nikolov, Veselin Balevski, Petar Petrov, Nikolai Iliev, Grigor Grigorov (58 Petar Kurdov), Rusi Gochev, Nasko Sirakov (52 Krasimir Koev), Plamen Tzvetkov, Emil Spasov, Bojidar Iskrenov. Trainer: Vasil Metodiev

Goals: Rostron (43), Gochev (74)

ASTON VILLA BIRMINGHAM
v SPARTAK MOSKVA 1-2 (1-0)

Villa Park, Birmingham 2.11.1983

Referee: Egbert Mulder (HOL)   Attendance: 29,511

ASTON VILLA: Nigel Spink, Mark Jones, Colin Gibson, Allan Evans, Brendan Ormsby, Dennis Mortimer, Des Bremner, Mark Walters, Peter Withe, Stephen McMahon, Anthony Morley.   Manager: Anthony Barton

SPARTAK: Rinat Dasaev, Vladimir Sochnov, Boris Pozdniakov, Sergei Bazulev, Aleksandr Bubnov, Evgeni Kuznetsov, Valeri Gladilin, Gennadi Morozov, Yuri Gavrilov, Fiedor Cherenkov, Sergei Rodionov. Trainer: Konstantin Beskov

Goals: Withe (2), Cherenkov (46, 89)

**TOTTENHAM HOTSPUR LONDON
v FEYENOORD ROTTERDAM 4-2** (4-0)

White Hart Lane, London   19.10.1983

Referee: Emilio Carlos Guruceta Muro (SPA)   Att: 35404

TOTTENHAM: Raymond Clemence, Stephen Perryman, Graham Roberts, Gary Stevens, Christopher Hughton, Garry Brooke (82 Ian Crook), Glenn Hoddle, Gary Mabbutt, Anthony Galvin, Steven Archibald, Mark Falco.
Trainer: Keith Burtenshaw

FEYENOORD: Joop Hiele, Sjaak Troost, Ruud Gullit (33 Wim van Til), Henk Duut, Ivan Nielsen, Ben Wijnstekers, André Hoekstra, Johan Cruijff, Andrei Jeliazkov, Peter Houtman (22 André Stafleu), Pierre Vermeulen.   Trainer: Thijs Libregts

Goals: Archibald (7, 33), Galvin (19, 39), Cruijff (75), Nielsen (81).

**NOTTINGHAM FOREST
v PSV EINDHOVEN 1-0** (0-0)

City Ground, Nottingham   2.11.1983

Referee: Zoran Petrović (YUG)   Attendance: 16,943

FOREST: Stephen Sutton, Vivian Anderson, Kenneth Swain, Colin Todd, Paul Hart, Ian Bowyer, Steven Wigley (80 Chris Fairclough), Ian Wallace (76 Garry Birtles), Peter Davenport, Colin Walsh, Steve Hodge.   Manager: Brian Clough

PSV: Pim Doesburg, Berry van Aerle (60 Rob Landsbergen), Huub Stevens, Ernie Brandts, Piet Wildschut, Ton Lokhoff (76 Jan Poortvliet), Willy van de Kerkhof, Arie Haan, Michel Valke, Jurrie Koolhof, Hallvar Thoresen.   Trainer: Jan Reker

Goal: Davenport (56)

**FEYENOORD ROTTERDAM
v TOTTENHAM HOTSPUR LONDON 0-2** (0-1)

Feyenoord, Rotterdam   2.11.1983

Referee: Luigi Agnolin (ITA)   Attendance: 54,600

FEYENOORD: Joop Hiele, Sjaak Troost, Wim van Til (46 Peter Houtman), André Stafleu, Ivan Nielsen, Ben Wijnstekers, Ruud Gullit, Johan Cruijff, André Hoekstra, Andrei Jeliazkov, Pierre Vermeulen (37 Mario Been).   Trainer: Thijs Libregts

TOTTENHAM: Raymond Clemence, Daniel Thomas, Graham Roberts, Gary Stevens, Christopher Hughton, Stephen Perryman, Glenn Hoddle, Gary Mabbutt, Anthony Galvin, Steven Archibald, Mark Falco (83 Alan Brazil).
Trainer: Keith Burtenshaw

Goals: Hughton (25), Galvin (84).

**SPARTA ROTTERDAM
v FC CARL ZEISS JENA 3-2** (1-0)

Stadion Spangen, Rotterdam   19.10.1983

Referee: Howard William King (WAL)   Attendance: 8,000

SPARTA: Bas Van Noorwijk, Danny Blind, Leen van Oosten, Adri Andriessen, Robert Verbeek (53 John de Wolf), Edwin Olde Riekerink, Louis van Gaal, Ron van den Berg, Ronald Lengkeek, Wout Holverda, René Eijer.

FC CARL ZEISS: Hans-Ulrich Grapenthin, Gerhard Hoppe, Rüdiger Schnuphase, Konrad Weise, Wolfgang Schilling, Andreas Krause, Thomas Ludwig, Stefan Meixner (88 Matthias Pittelkow), Andreas Bielau, Jürgen Raab, Martin Trocha (71 Jörg Burow).   Trainer: Hans-Joachim Meyer

Goals: Holverda (45), Bielau (49), Van den Berg (69), Lengkeek (75), Ludwig (85).

**PSV EINDHOVEN
v NOTTINGHAM FOREST 1-2** (0-0)

Philips sportpark, Eindhoven   19.10.1983

Referee: Aron Schmidhuber (WG)   Attendance: 27,000

PSV: Pim Doesburg, Berry van Aerle, Huub Stevens, Ernie Brandts, Piet Wildschut, Ton Lokhoff (65 Jan Heintze), Willy van de Kerkhof, Arie Haan, Michel Valke, Jurrie Koolhof, Hallvar Thoresen.   Trainer: Jan Reker

FOREST: Hans Van Breukelen, Vivian Anderson, Kenneth Swain, Colin Todd, Paul Hart, Ian Bowyer, Steven Wigley, Ian Wallace, Peter Davenport, Colin Walsh, Steve Hodge (73 Chris Fairclough).   Manager: Brian Clough

Goals: Davenport (51), Koolhof (84 pen), Walsh (90 pen).

**FC CARL ZEISS JENA
v SPARTA ROTTERDAM 1-1** (0-0)

Ernst-Abbe-Sportfeld, Jena   2.11.1983

Referee: Gérard Biguet (FRA)   Attendance: 12,000

FC CARL ZEISS: Hans-Ulrich Grapenthin, Gert Brauer, Rüdiger Schnuphase (60 Jürgen Köberlein), Konrad Weise (35 Matthias Pittelkow), Wolfgang Schilling, Heiko Peschke, Andreas Krause, Thomas Ludwig, Andreas Bielau, Jürgen Raab, Martin Trocha.   Trainer: Hans-Joachim Meyer

SPARTA: Bas Van Noorwijk, Danny Blind, Ron Stevens, Adri Andriessen, John de Wolf, Edwin Olde Riekerink, Louis van Gaal, Ron van den Berg, Ronald Lengkeek, Wout Holverda, René Eijer.

Goals: Schnuphase (59), Van den Berg (84).

FC GRONINGEN v INTERNAZIONALE MILANO 2-0 (1-0)

Oosterpark, Groningen   19.10.1983

Referee: Brian McGinlay (SCO)   Attendance: 17,500

FC GRONINGEN: Harry Schellekens, Adri Van Tiggelen, Karel Hiddink, Walter Waalderbos, Theo Keukens, Jan van Dijk, Fandi Ahmad, Erwin Koeman (76 Jos Roossien), Bud Brocken, Rob McDonald, Ron Jans.   Trainer: Han Berger

INTER: Walter Zenga; Riccardo Ferri, Giuseppe Bergomi; Salvatore Bagni, Fulvio Collovati, Giuseppe Baresi; Ludo Coeck, Antonio Sabato, Alessandro Altobelli, Evaristo Beccalossi (62 Carlo Muraro), Giampiero Marini. Trainer: Radice

Goals: E. Koeman (16), Fandi Ahmad (89)

STURM GRAZ v HELLAS VERONA 0-0

Bundesstadion Liebenau, Graz   2.11.1983

Referee: László Györy (HUN)   Attendance: 21,500

STURM: Walter Saria; Franz Feirer, Manfred Steiner, Rudolf Schauss; Zvonko Breber, Heinz Thonhofer; Peter Huberts, Anton Pichler, László Szokolai (89 Rupert Marko), Walter Hörmann, Gernot Jurtin.   Trainer: Gernot Fraydl

VERONA: Claudio Garella; Mauro Ferroni, Massimo Storgato; Domenico Volpati, Silvano Fontolan, Roberto Tricella; Pietro Fanna, Luigi Sacchetti, Maurizio Iorio, Antonio Di Gennaro, Giuseppe Galderisi (70 Joseph Jordan). Trainer: Osvaldo Bagnoli

INTERNAZIONALE MILANO v FC GRONINGEN 5-1 (0-0)

Stadio Comunale, Bari   2.11.1983

Referee: Alain Delmer (FRA)   Attendance: 40,000

INTER: Walter Zenga; Riccardo Ferri, Giuseppe Bergomi; Salvatore Bagni, Fulvio Collovati, Giuseppe Baresi; Antonio Sabato, Hans Peter Müller (90 Giampiero Marini), Alessandro Altobelli, Evaristo Beccalossi (69 Giancarlo Pasinato), Aldo Serena.   Trainer: Radice

FC GRONINGEN: Harry Schellekens; Adri Van Tiggelen, Karel Hiddink, Walter Waalderbos, Jos Roossien, Jan van Dijk, Theo Keukens, Erwin Koeman, Bud Brocken (61 Fandi Ahmad), Rob McDonald, Ron Jans (76 Henk De Haan). Trainer: Han Berger

Goals: Collovati (53), Altobelli (55 pen), Serena (59, 89), McDonald (61), Müller (78)

AUSTRIA WIEN v STADE LAVALLOISE 2-0 (2-0)

Franz Horr, Wien   19.10.1983

Referee: Iordan Zhezhov (BUL)   Attendance: 7,000

AUSTRIA: Friedrich Koncilia, Robert Sara, Franz Zore, Karl Daxbacher, Josef Degeorgi; Ernst Baumeister, Dzemal Mustedanagic, Herbert Prohaska; Alfred Drabits (30 Fritz Drazan, 82 Anton Polster); Tibor Nyilasi, István Magyar. Trainer: Václav Halama

STADE LAVAL: Jean Michel Godart; Loic Pérard, Michel Sorin, Patrice Bozon, Jean Marc Miton; Jean Paul Rabier, Thierry Goudet, Jose Souto; Klaus Jank (73 Karl Thordarson), Oumar Sene, Eric Stefanini (82 Robert Buigues). Trainer: Michel Le Milinaire

Goals: Prohaska (19 pen), Magyar (44)

HELLAS VERONA v STURM GRAZ 2-2 (2-2)

Stadio Marc'Antonio Bentegodi, Verona   19.10.1983

Referee: Joël Quiniou (FRA)   Attendance: 33,844

VERONA: Claudio Garella; Mauro Ferroni, Luciano Marangon; Domenico Volpati, Silvano Fontolan, Roberto Tricella; Pietro Fanna, Luigi Sacchetti, Joseph Jordan, Antonio Di Gennaro, Giuseppe Galderisi (46 Massimo Storgato). Trainer: Osvaldo Bagnoli

STURM: Walter Saria; Franz Feirer, Manfred Steiner, Rudolf Schauss; Zvonko Breber, Heinz Thonhofer (81 Rupert Marko); Bozo Bakota, Anton Pichler, László Szokolai, Peter Huberts (62 Walter Hörmann), Gernot Jurtin.   Trainer: Gernot Fraydl

Sent off: Marangon

Goals: Fanna (12), Szokolai (18), Jurtin (26), Galderisi (45)

STADE LAVAL v AUSTRIA WIEN 3-3 (3-0)

Stade Francis Le Basser, Laval   2.11.1983

Referee: George Courtney (ENG)   Attendance: 18,000

STADE LAVAL: Jean Michel Godart; Loic Pérard (80 Christian Felci), Michel Sorin, Patrice Bozon, Jean Marc Miton; Jean Paul Rabier, Thierry Goudet, Jose Souto; Karl Thordarson, Oumar Sene, Eric Stefanini (75 Klaus Jank). Trainer: Michel Le Milinaire

AUSTRIA: Friedrich Koncilia; Robert Sara, Franz Zore, Karl Daxbacher, Josef Degeorgi; Herbert Prohaska, Dzemal Mustedanagic, Ernst Baumeister (83 Anton Polster); István Magyar (75 Alfred Drabits), Fritz Drazan, Tibor Nyilasi.

Goals: Séné (21), Miton (38), Stefanini (42), Daxbacher (53), Baumeister (56), Nyilasi (61)

RC LENS v ANTWERP FC 2-2 (0-2)

Stade Félix Bollaert, Lens   19.10.1983

Referee: Oliver Donnelly (NIR)   Attendance: 35,500

RC LENS: Jean Pierre Tempet; Hervé Flak, René Marsiglia, Didier Sénac, Francis Gillot, Daniel Krawczyk (62 Michel Catalano), Philippe Piette, Philippe Vercruysse; Daniel Xuereb, Miroslaw Tlokinski (68 Pascal Peltier), François Brisson. Trainer: Gérard Houllier

ANTWERP FC: Tony Goosens, André Heerwegh, Gaston Boeckstaens, Danny Koekelcoren, Christian Labarbe; Patrick Ipermans, Vladimir Petrovic, Leo van der Elst, Petur Petursson; Harry Cnops (79 Patrick Vermeiren), Marc Van der Linden (79 Jean-Michel Lecloux).

Goals: Cnops (22, 26), Flak (74), Peltier (83)

**BANÍK OSTRAVA
v ANDERLECHT BRUSSEL 2-2** (1-1)

Bazaloch, Ostrava   2.11.1983

Referee: Ronald Bridges (WAL)   Attendance: 13,553

BANÍK: Luděk Mikloško; Petr Ondrášek, Lubomír Šrámek, Rostislav Vojácek, Petr Zajaroš, Zdeněk Šreiner, Ladislav Kalmár, Dušan Vrťo (78 Petr Němec), Ivan Gábor, Werner Licka, Zdeněk Válek.

ANDERLECHT: Jacky Munaron, Wim Hofkens, Walter de Greef, Morten Olsen, Luka Peruzović, Michel de Groote, Frank Arnesen (63 Alex Czerniatynski), René Vandereycken, Frank Vercauteren, Kenneth Brylle, Erwin Vandenbergh. Trainer: Paul Van Himst

Goals: Brylle (9), Válek (17), Vandenbergh (57), Licka (59)

ANTWERP FC v RC LENS 2-3 (0-2)

Bosuilstadion, Antwerpen   2.11.1983

Referee: Jakob Baumann (SWI)   Attendance: 22,600

ANTWERP FC: Ratko Svilar; André Heerwegh, Gaston Boeckstaens, Danny Koekelcoren, Christian Labarbe; Vladimir Ipermans, László Fazekas (46 Jean-Michel Lecloux), Leo van der Elst, Petur Petursson; Marc Van der Linden (82 Patrick Vermeiren), Harry Cnops.

RC LENS: Jean Pierre Tempet; René Marsiglia, Didier Sénac, Francis Gillot, Jean Pierre Bade; Daniel Krawczyk, Philippe Piette, Philippe Vercruysse; Daniel Xuereb, Pascal Peltier (71 Miroslaw Tlokinski), François Brisson. Trainer: Gérard Houllier

Goals: Boeckstaens (22 og, 55), Xuereb (25), Brisson (46), Van der Elst (88 pen)

WIDZEW LÓDZ v SPARTA PRAHA 1-0 (1-0)

Bialystok   19.10.1983

Referee: Ion Igna (ROM)   Attendance: 25,250

WIDZEW: Józef Mlynarczyk, Miroslaw Myslinski, Roman Wójcicki, Jerzy Wijas, Krzysztof Kaminski, Piotr Romke, Krzysztof Kajrys (85 Marek Filipczak), Wieslaw Wraga, Jerzy Leszczyk (71 Jacek Gierek), Dariusz Dziekanowski, Wlodzimierz Smolarek.   Trainer: Wladyslaw Zmuda

SPARTA: Jaroslav Olejár, Ivan Hašek, Jozef Chovanec, František Straka, Július Bielik, Miroslav Denk (46 Tomáš Skuhravý), Vlastimil Calta, Jan Berger, Vítzěslav Lavička, Stanislav Griga, Zdeněk Procházka.   Trainer: Václav Ježek

Goal: Wójcicki (42)

**ANDERLECHT BRUSSEL
v BANÍK OSTRAVA 2-0** (0-0)

Constant Vanden Stock, Brussel   19.10.1983

Referee: Keith Hackett (ENG)   Attendance: 12,000

ANDERLECHT: Jacky Munaron, Georges Grün, Luka Peruzović, Morten Olsen, Wim Hofkens, Per Frimann-Hansen, Frank Arnesen, René Vandereycken, Frank Vercauteren, Erwin Vandenbergh, Kenneth Brylle-Larsen.   Trainer: Paul Van Himst

BANÍK: Luděk Mikloško, Jiří Jurásek, Rostislav Vojácek, Petr Ondrášek, Václav Pechácek, Zdeněk Šreiner, Ladislav Kalmár (86 Ivan Gábor), Dušan Vrťo, Petr Němec, Zdeněk Válek, Werner Licka.

Goals: Brylle (64), Arnesen (80)

SPARTA PRAHA v WIDZEW LÓDZ 3-0 (2-0)

Stadión na Letnej, Praha   2.11.1983

Referee: Valeri Butenko (USSR)   Attendance: 26,000

SPARTA: Jaroslav Olejár, Ivan Hašek, Jozef Chovanec, František Straka, Július Bielik, Vítzěslav Lavička (75 Miloš Beznoska), Jan Berger, Vlastimil Calta, Tomáš Skuhravý, Stanislav Griga (88 Daniel Drahokoupil), Zdeněk Procházka. Trainer: Václav Ježek

WIDZEW: Józef Mlynarczyk, Miroslaw Myslinski, Roman Wójcicki, Jerzy Wijas, Krzysztof Kaminski, Jerzy Leszczyk (31 Marek Filipczak), Krzysztof Kajrys, Piotr Romke (86 Jacek Gierek), Wieslaw Wraga, Dariusz Dziekanowski, Wlodzimierz Smolarek.

Goals: Procházka (32), Griga (39), Skuhravý (83)

RADNICKI NIS v INTER BRATISLAVA 4-0 (1-0)

Cair, Niš   19.10.1983

Referee: László Pádár (HUN)   Attendance: 18,000

RADNICKI: Zoran Milenković, Stojan Gavrilović (60 Djinović), Dragan Radosavljević, Branislav Djordjević, Zoran Bojović, Miloš Drizić, Sanid Beganović, Dragan Stojković, Dušan Mitosević, Bratislav Rincić (85 Ivan Stanković), Miroslav Aleksić.   Trainer: Ilja Dimovski

INTER: Stanislav Fišan (75 Eleg Jakubicka), Peter Polácek, Jozef Barmoš, Jaroslav Šimoncic, Rudolf Ducký, Ladislav Hudec, Peter Michalec, Libor Koník (56 Jozef Reznák), Karol Brezík, Marián Tomcák, Peter Mráz.

Goals: Mitosević (18, 55), Stojković (59), Beganović (67 pen)

INTER BRATISLAVA v RADNICKI NIS 3-2 (3-1)

Bratislava   2.11.1983

Referee: Kenneth J. Hope (SCO)   Attendance: 3,000

INTER: Eleg Jakubicka, Peter Michalec, Jozef Barmoš, Ladislav Jurkemik, Rudolf Ducký, Jaroslav Šimoncic, Peter Mráz, Libor Koník (66 Karol Brezík), Ladislav Hudec, Stanislav Moravec, Jozef Reznák (74 Vladimír Weiss)

RADNICKI: Zoran Milenković, Stojan Gavrilović, Zoran Bojović, Zoran Milošević, Dragan Radosavljević (66 Dragan Stojković), Miloš Drizić, Dragiša Binić, Branislav Djordjević (84 Ivan Stanković), Dušan Mitosević, Bratislav Rincić, Miroslav Aleksić.   Trainer: Ilja Dimovski

Goals: Michalec (19), Gavrilović (25), Reznák (33), Moravec (44), Aleksić (89)

SPORTING LISBOA v CELTIC GLASGOW 2-0 (1-0)

Estádio José Alvalade, Lisboa   19.10.1983

Referee: Horst Brummeier (AUS)   Attendance: 57,500

SPORTING: Bela Katzirz, GABRIEL Azevedo Mendes, Francisco José Teles de Andrade "ZÉZINHO", VIRGÍLIO Manuel Bagulho Lopes (84 CARLOS Jorge Marques Caldas XAVIER), MÁRIO JORGE da Silva Pinho Fernandes, José Eldon de Araújo Lobo Júnior "LITO", Vanio Kostov, António Luis Alves Ribeiro de OLIVEIRA, ROMEU Fernando Fernandes da Silva (83 Paulo Jorge dos Santos FUTRE), MANUEL José Tavares FERNANDES, Rui Manuel da Trindade JORDÃO.   Trainer: Joseph Venglos

CELTIC: Patrick Bonner, Daniel McGrain, Graeme Sinclair, Robert Aitken, Thomas McAdam, Murdo MacLeod, David Provan, Paul McStay, Francis McGarvey, Thomas Burns, James Melrose (69 Brian McClair).   Manager: David Hay

Goals: Jordão (29, 65)

CELTIC GLASGOW v SPORTING LISBOA 5-0 (3-0)

Celtic Park, Glasgow   2.11.1983

Referee: Alexis Ponnet (BEL)   Attendance: 39,183

CELTIC: Patrick Bonner, Daniel McGrain, Graeme Sinclair, Robert Aitken, Thomas McAdam, Murdo MacLeod, David Provan, Paul McStay, Francis McGarvey (86 James Melrose), Thomas Burns (75 Mark Reid), Brian McClair.   Manager: David Hay

SPORTING: Bela Katzirz, GABRIEL Azevedo Mendes, MÁRIO JORGE da Silva Pinho Fernandes (62 CARLOS Jorge Marques Caldas XAVIER), Vanio Kostov, VIRGÍLIO Manuel Bagulho Lopes, Francisco José Teles de Andrade "ZÉZINHO", José Eldon de Araújo Lobo Júnior "LITO", ROMEU Fernando Fernandes da Silva, MANUEL José Tavares FERNANDES, António Luis Alves Ribeiro de OLIVEIRA, Rui Manuel da Trindade JORDÃO.   Trainer: Joseph Venglos

Goals: Burns (18), McAdam (43), McClair (44), MacLeod (58), McGarvey (59)

HONVÉD BUDAPEST v HAJDUK SPLIT 3-2 (2-1)

Kispest, Budapest   19.10.1983

Referee: Widukind Hermann (DDR)   Attendance: 5,000

HONVÉD: József Andrusch, Antal Nagy, György Kerepeczky, István Varga, Lajos Détári (60 Mihály Kozma), Sándor Sallai, Béla Bodonyi, Imre Garaba (68 Gábor Sikesdi), Márton Esterházy, László Dajka, László Gyimesi.
Trainer: Bertalan Bicskei

HAJDUK: Zoran Simović, Nikica Cukrov, Branko Miljuš, Dragutin Celić, Zoran Vulić, Vedran Rožić, Zlatko Vujović, Blaž Slišković, Zoran Vujović, Goran Šušnjara, Dušan Pešić.   Trainer: Pero Nadoveza

Goals: Dajka (32), Cukrov (38), Bodonyi (41), Pešić (53), Varga (89 pen)

HAJDUK SPLIT v HONVÉD BUDAPEST 3-0 (1-0)

Poljud, Split   2.11.1983

Referee: John Carpenter (NIR)   Attendance: 50,000

HAJDUK: Zoran Simović, Zoran Vulić, Vedran Rožić, Darko Drazić, Branko Miljuš, Dragutin Celić, Zoran Vujović, Goran Šušnjara; Zlatko Vujović, Blaž Slišković, Dušan Pešić (85 Mladen Bogdanović).   Trainer: Pero Nadoveza

HONVÉD: József Andrusch; György Kerepeczky, István Varga, Imre Garaba, Sándor Sallai; Gábor Sikesdi, László Gyimesi (65 Mihály Kozma), Lajos Détári, József Tóth; László Dajka (54 László Gere), Márton Esterházy.
Trainer: Bertalan Bicskei

Goals: Pešić (14, 61), Zlatko Vujović (85)

**LOKOMOTIVE LEIPZIG
v WERDER BREMEN 1-0** (1-0)

Bruno Plache stadion, Leipzig   19.10.1983

Referee: Alphonse Constantin (BEL)   Attendance: 25,500

LOKOMOTIVE: René Müller, Andreas Treske, Wolfgang Altmann, Thomas Dennstedt, Uwe Zötzsche, Lutz Moldt, Uwe Bredow, Hans-Jürgen Kinne, Matthias Liebers, Peter Schöne, Hans Richter.   Trainer: Harro Miller

WERDER: Dieter Burdenski, Thomas Schaaf, Bruno Pezzey, Rigobert Gruber, Jonny Otten, Wolfgang Sidka, Benno Möhlmann, Yasuhiko Okudera, Norbert Meier, Uwe Reinders (75 Frank Neubarth), Rudolf Völler.   Trainer: Otto Rehhagel

Goal: Richter (35)

**WERDER BREMEN
v LOKOMOTIVE LEIPZIG 1-1** (0-1)

Weserstadion, Bremen   2.11.1983

Referee: Victoriano Sánchez Arminio (SPA)   Att: 36,000

WERDER: Dieter Burdenski, Yasuhiko Okudera, Bruno Pezzey, Rigobert Gruber, Jonny Otten, Wolfgang Sidka, Benno Möhlmann (36 Thomas Schaaf), Norbert Meier, Uwe Reinders, Frank Neubarth, Rudolf Völler.
Trainer: Otto Rehhagel

LOKOMOTIVE: René Müller, Andreas Treske, Wolfgang Altmann, Ronald Kreer, Uwe Zötzsche, Lutz Moldt, Uwe Bredow, Matthias Liebers, Peter Schöne, Dieter Kühn (77 Olaf Marschall), Hans Richter.   Trainer: Harro Miller

Goals: Schöne (17), Völler (72)

PAOK THESSALONIKI v BAYERN MÜNCHEN 0-0

Toumpas, Thessaloniki   19.10.1983

Referee: Gino Menicucci (ITA)   Attendance: 33,500

PAOK: Mladen Fortoula, Nikos Alavantas, Giannis Damanakis, Haris Baniotis, Giannis Psarras, Kyriakos Alexandridis, Giorgos Skartados, Giorgos Koudas, Hristos Dimopoulos, Vasilis Georgopoulos, Giorgos Kostikos.
Trainer: Pal Csernai

BAYERN: Jean-Marie Pfaff, Klaus Augenthaler, Wolfgang Dremmler, Bertram Beierlozer, Reinhold Mathy, Bernd Dürnberger, Wolfgang Kraus, Michael Rummenigge, Søren Lerby, Hans Pflügler, Karl-Heinz Rummenigge.
Trainer: Udo Lattek

**BAYERN MÜNCHEN
v PAOK THESSALONIKI 0-0** (AET)

Olympiastadion, München   2.11.1983

Referee: Alan Robinson (ENG)   Attendance: 30,000

BAYERN: Jean-Marie Pfaff, Klaus Augenthaler, Bertram Beierlozer, Bernd Dürnberger, Norbert Nachtweih, Wolfgang Kraus, Hans Pflügler, Søren Lerby, Reinhold Mathy (67 Dieter Hoeness), Michael Rummenigge, Karl-Heinz Rummenigge (36 Karl Del'Haye).   Trainer: Udo Lattek

PAOK: Mladen Fortoula, Nikos Alavantas, Giannis Damanakis, Haris Baniotis, Giannis Psarras, Giorgos Skartados, Kyriakos Alexandridis, Giorgos Koudas (55 Vasilis Vasilakos), Vasilis Georgopoulos (112 Kostas Malioufas), Hristos Dimopoulos, Giorgos Kostikos.   Trainer: Pal Csernai

Penalties: 0-1 Kostikos, 1-1 Augenthaler, 1-2 Dimopoulos, Hoeness (miss), 1-3 Skartados, 2-3 Kraus, 2-4 Vasilakos, 3-4 Nachtweih, Damanakis (miss), 4-4 Lerby, 4-5 Alavantas, 5-5 Del'Haye, 5-6 Alexandridis, 6-6 Dürnberger, 6-7 Psaras, 7-7 M. Rumenigge, 7-8 Danidis, 8-8 Pflügler, Malioufas (miss), 9-8 Pfaff.

THIRD ROUND

**SPARTA ROTTERDAM
v SPARTAK MOSKVA 1-1** (0-1)

Stadion Spangen, Rotterdam   23.11.1983

Referee: Raul Joaquín Fernandes Nazare (POR)   Att: 14,500

SPARTA: Bas Van Noortwijk, Danny Blind, Leen van Oosten, Ron Stevens, John de Wolf (85 Robin Schmidt), Edwin Olde Riekerink, Louis van Gaal, Ron van den Berg, Ronald Lengkeek, Wout Holverda, René Eijer.

SPARTAK: Rinat Dasaev, Vladimir Sochnov, Sergei Bazulev, Gennadi Morozov, Aleksandr Bubnov, Fiodor Cherenkov, Valeri Gladilin, Edgar Gess, Sergei Argudiaev, Yuri Gavrilov, Sergei Rodionov.   Trainer: Konstantin Beskov

Goals: Rodionov (33), de Wolf (80 pen)

**SPARTAK MOSKVA
v SPARTA ROTTERDAM 2-0** (1-0)

Dinamo, Tbilisi   7.12.1983

Referee: Einar Halle (NOR)   Attendance: 37,900

SPARTAK: Rinat Dasaev, Vladimir Sochnov, Boris Pozdniakov, Valeri Popelnukha, Evgeni Mileschkin, Aleksandr Bubnov, Valeri Gladilin, Gennadi Morozov, Yuri Gavrilov, Fiodor Cherenkov, Sergei Rodionov.
Trainer: Konstantin Beskov

SPARTA: Bas Van Noortwijk, Danny Blind, Leen van Oosten, Ron Stevens, John de Wolf, Edwin Olde Riekerink, Louis van Gaal, Ron van den Berg, Ronald Lengkeek, Wout Holverda, René Eijer (58 Robin Schmidt).

Goals: Gladilin (42, 79)

RADNICKI NIS v HAJDUK SPLIT 0-2 (0-1)

Cair, Nis   23.11.1983

Referee: Dušan Krchnák (CZE)   Attendance: 20,002

RADNICKI: Zoran Milenković, Stojan Gavrilović, Milovan Obradović, Zoran Bojović, Dragan Mitrović (65 Dragiša Binić), Miloš Drizić, Sanid Beganović, Dragan Stojković (55 Branislav Djordjević), Dušan Mitosević, Ivan Stanković, Miroslav Aleksić.   Trainer: Ilja Dimovski

HAJDUK: Zoran Simović, Zoran Vulić, Branko Miljuš, Dragutin Celić, Josip Cop, Vedran Rožić, Zlatko Vujović, Blaž Slišković (78 Ivan Jerolimov), Zoran Vujović, Goran Šušnjara, Dušan Pešić (88 Zdenko Adamović).   Trainer: Pero Nadoveza

Goals: Zlatko Vujović (43), Vulić (53)

ANDERLECHT BRUSSEL v RC LENS 1-0 (1-0)

Constant Vanden Stock, Brussel   7.12.1983

Referee: Siegfried Kirschen (DDR)   Attendance: 39,000

ANDERLECHT: Jacky Munaron; Wim Hofkens (64 Georges Grün), Luka Peruzović, Morten Olsen, Michel de Groote; Walter de Greef, René Vandereycken, Frank Vercauteren, Kenneth Brylle; Erwin Vandenbergh (78 Frank Arnesen), Alex Czerniatynski.   Trainer: Paul Van Himst

RC LENS: Jean Pierre Tempet; Hervé Flak, Didier Sénac, Francis Gillot, René Marsiglia; Philippe Piette, Daniel Krawczyk, Philippe Vercruysse; Daniel Xuereb (73 Miroslaw Tlokinski), François Brisson, Pascal Peltier (58 Roman Ogaza).   Trainer: Gérard Houllier

Goal: De Greef (38)

HAJDUK SPLIT v RADNICKI NIS 2-0 (0-0)

Poljud, Split   7.12.1983

Referee: Enzo Barbaresco (ITA)   Attendance: 25,000

HAJDUK: Zoran Simović, Nikica Cukrov (74 Ivan Jerolimov), Branko Miljuš, Dragutin Celić, Josip Cop, Vedran Rožić, Zlatko Vujović, Blaž Slišković, Zoran Vujović, Goran Šušnjara (46 Zoran Vulić), Dušan Pešić.   Trainer: Pero Nadoveza

RADNICKI: Zoran Milenković, Stojan Gavrilović, Milovan Obradović, Zoran Bojović, Dragan Mitrović, Branislav Djordjević, Dragiša Binić, Dragan Stojković, Dušan Mitosević, Bratislav Rincić (74 Zoran Milošević), Miroslav Aleksić.   Trainer: Ilja Dimovski

Goals: Zlatko Vujović (61, 71)

WATFORD FC v SPARTA PRAHA 2-3 (0-2)

Vicarage Road, Watford   23.11.1983

Referee: Aron Schmidhuber (WG)   Attendance: 15,590

WATFORD: Stephen Sherwood, Nigel Gibbs, Wilfred Rostron, Leslie Taylor, Steven Sims, Paul Franklin, Nigel Callaghan, Ian Richardson, John Barnes, Kenneth Jackett (46 Richard Jobson), David Johnson (76 James Gilligan).   Manager: Graham Taylor

SPARTA: Jaroslav Olejár; Július Bielik, František Straka, Ivan Hašek, Miloš Beznoska, Jan Berger, Tomáš Skuhravý, Jozef Chovanec, Stanislav Griga (81 Zdeněk Ščasný), Vlastimil Calta, Zdeněk Procházka (62 Miroslav Denk).   Trainer: Václav Ježek

Goals: Berger (25), Griga (30), Rostron (66), Gilligan (83), Ščasný (89)

RC LENS v ANDERLECHT BRUSSEL 1-1 (0-0)

Félix Bollaert, Lens   23.11.1983

Referee: David F.T. Syme (SCO)   Attendance: 34,374

RC LENS: Jean Pierre Tempet; Hervé Flak, Didier Sénac, Francis Gillot, Jean Pierre Bade; Daniel Krawczyk, Philippe Piette, Philippe Vercruysse; Daniel Xuereb (73 Miroslaw Tlokinski), Pascal Peltier (64 Roman Ogaza), François Brisson.   Trainer: Gérard Houllier

ANDERLECHT: Jacky Munaron; Wim Hofkens, Luka Peruzović, Morten Olsen, Michel de Groote; Walter de Greef, René Vandereycken, Frank Vercauteren, Kenneth Brylle; Erwin Vandenbergh, Alex Czerniatynski (85 Frank Arnesen).   Trainer: Paul Van Himst

Goals: Vandenbergh (87), Munaron (89 og)

SPARTA PRAHA v WATFORD FC 4-0 (4-0)

Stadión na Letnej, Praha   7.12.1983

Referee: Talal Tokat (TUR)   Attendance: 37,000

SPARTA: Jaroslav Olejár, Zdeněk Ščasný (63 Michal Bílek), František Straka, Július Bielik, Jozef Chovanec, Miloš Beznoska, Vlastimil Calta, Jan Berger, Josef Jarolím, Stanislav Griga (76 Zdeněk Procházka), Tomáš Skuhravý.   Trainer: Václav Ježek

WATFORD: Stephen Sherwood, Nigel Gibbs, Steven Sims, Paul Franklin, Neil Price (78 Francis Cassidy), Ian Richardson, Kenneth Jackett, Richard Jobson (65 Worrell Sterling), Nigel Callaghan, John Barnes, Wilfred Rostron.   Trainer: Graham Taylor

Goals: Chovanec (3), Beznoska (9), Skuhravý (29), Jarolím (42)

**BAYERN MÜNCHEN
v TOTTENHAM HOTSPUR LONDON 1-0** (0-0)

Olympiastadion, München 23.11.1983

Referee: Jan Keizer (HOL)   Attendance: 20,000

BAYERN: Jean-Marie Pfaff, Klaus Augenthaler, Wolfgang Dremmler, Bertram Beierlozer, Bernd Dürnberger, Søren Lerby, Hans Pflügler, Michael Rummenigge, Dieter Hoeness, Karl-Heinz Rummenigge (46 Karl Del'Haye), Wolfgang Kraus. Trainer: Udo Lattek

TOTTENHAM: Raymond Clemence, Graham Roberts, Christopher Hughton, Gary Stevens, Daniel Thomas, Stephen Perryman, Michael Hazard (77 Garry Brooke), Glenn Hoddle, Alistair Dick (77 Alan Brazil), Steven Archibald, Mark Falco. Manager: Keith Burtenshaw

Goal: M. Rummenigge (86)

**CELTIC GLASGOW
v NOTTINGHAM FOREST 1-2** (0-0)

Celtic Park, Glasgow 7.12.1983

Referee: André Daina (SWI)   Attendance: 66,938

CELTIC: Patrick Bonner, Daniel McGrain, Mark Reid, Robert Aitken, Thomas McAdam, Graeme Sinclair (63 James Melrose), Brian McClair, Paul McStay, Francis McGarvey, Murdo MacLeod, Thomas Burns.   Manager: David Hay

FOREST: Hans Van Breukelen, Vivian Anderson, Kenneth Swain, Chris Fairclough, Paul Hart, Ian Bowyer, Steven Wigley, Peter Davenport, Garry Birtles, Steve Hodge, Colin Walsh. Manager: Brian Clough

Goals: Hodge (53), Walsh (74), MacLeod (79)

**TOTTENHAM HOTSPUR LONDON
v BAYERN MÜNCHEN 2-0** (0-0)

White Hart Lane, London 7.12.1983

Referee: Alain Delmer (FRA)   Attendance: 41,977

TOTTENHAM: Raymond Clemence, Graham Roberts, Daniel Thomas, Gary Stevens, Stephen Perryman, Richard Cooke, Christopher Hughton (23 Gary O'Reilly), Glenn Hoddle, Mark Falco, Steven Archibald, Alistair Dick (61 Garry Brooke).

BAYERN: Jean-Marie Pfaff, Wolfgang Dremmler, Klaus Augenthaler, Wolfgang Grobe, Bernd Dürnberger, Wolfgang Kraus, Søren Lerby, Hans Pflügler, Michael Rummenigge, Dieter Hoeness, Karl-Heinz Rummenigge. Trainer: Udo Lattek

Goals: Archibald (53), Falco (88)

**AUSTRIA WIEN
v INTERNAZIONALE MILANO 2-1** (0-0)

Prater, Wien 23.11.1983

Referee: John Carpenter (EIRE)   Attendance: 16,000

AUSTRIA: Friedrich Koncilia, Robert Sara, Josef Degeorgi (46 Dzemal Mustedanagic); Franz Zore, Ernst Baumeister, Karl Daxbacher, Alfred Drabits (64 Fritz Drazan), Herbert Prohaska, Anton Polster, Tibor Nyilasi, István Magyar. Trainer: Václav Halama

INTERNAZIONALE: Walter Zenga; Riccardo Ferri, Giuseppe Bergomi; Salvatore Bagni, Fulvio Collovati, Giuseppe Baresi; Hans Peter Müller, Antonio Sabato, Alessandro Altobelli, Evaristo Beccalossi (65 Giampiero Marini), Aldo Serena (46 Carlo Muraro).   Trainer: Radice

Goals: Muraro (53), Nyilasi (78, 83)

**INTERNAZIONALE MILANO
v AUSTRIA WIEN 1-1** (0-0)

Stadio Giuseppe Meazza, Milano 7.12.1983

Referee: Alexis Ponnet (BEL)   Attendance: 69,659

INTERNAZIONALE: Walter Zenga, Riccardo Ferri, Giuseppe Baresi, Salvatore Bagni, Fulvio Collovati, Graziano Bini, Hans Peter Müller (74 Giancarlo Pasinato), Antonio Sabato, Alessandro Altobelli (74 Carlo Muraro), Evaristo Beccalossi, Aldo Serena. Trainer: Radice

AUSTRIA: Friedrich Koncilia; Robert Sara, Josef Degeorgi; Franz Zore, Ernst Baumeister, Karl Daxbacher, Fritz Drazan (89 Alfred Drabits), Herbert Prohaska, Anton Polster (71 Dzemal Mustedanagic), Tibor Nyilasi, István Magyar. Trainer: Václav Halama

Goals: Magyar (72), Bagni (79)

NOTTINGHAM FOREST v CELTIC GLASGOW 0-0

City Ground, Nottingham 23.11.1983

Referee: Emilio Soriano Aladrén (SPA)   Attendance: 32,017

FOREST: Stephen Sutton, Vivian Anderson, Kenneth Swain, Chris Fairclough, Paul Hart, Ian Bowyer, Steven Wigley, Peter Davenport (65 Ian Wallace), Garry Birtles, Steve Hodge, Colin Walsh.   Manager: Brian Clough

CELTIC: Patrick Bonner, Daniel McGrain, Mark Reid, Robert Aitken, Thomas McAdam (54 James Melrose), Graeme Sinclair, Brian McClair, Paul McStay, Francis McGarvey, Murdo MacLeod, Thomas Burns.   Manager: David Hay

STURM GRAZ v LOKOMOTIVE LEIPZIG 2-0 (2-0)

Bundesstadion, Liebenau, Graz   23.11.1983

Referee: Keith Hackett (ENG)   Attendance: 16,000

STURM: Walter Saria, Rudolf Schauss, Anton Pichler, Manfred Steiner, Franz Feirer, Heinz Thonhofer, Zvonko Breber, Peter Huberts, Walter Hörmann, László Szokolai, Gernot Jurtin.   Trainer: Gernot Fraydl

LOKOMOTIVE: René Müller, Andreas Treske, Wolfgang Altmann, Ronald Kreer, Uwe Zötzsche, Uwe Bredow, Lutz Moldt, Frank Baum, Peter Schöne, Hans Richter, Dieter Kühn.   Trainer: Harro Miller

Goals: Jurtin (14, 24)

LOKOMOTIVE LEIPZIG v STURM GRAZ 1-0 (1-0)

Bruno Plache stadion, Leipzig   7.12.1983

Referee: Ulf Eriksson (SWE)   Attendance: 21,000

LOKOMOTIVE: René Müller, Andreas Treske, Wolfgang Altmann, Ronald Kreer, Uwe Zötzsche, Uwe Bredow, Lutz Moldt, Matthias Liebers, Peter Schöne (33 Hans-Jürgen Kinne), Hans Richter, Dieter Kühn (76 Olaf Marschall).   Trainer: Harro Miller

STURM: Walter Saria, Rudolf Schauss, Anton Pichler, Kurt Grössinger, Franz Feirer, Heinz Thonhofer (63 Bozo Bakota), Zvonko Breber, Peter Huberts, Walter Hörmann, László Szokolai, Gernot Jurtin.   Trainer: Gernot Fraydl

Goal: Zötzsche (12)

QUARTER-FINALS

**TOTTENHAM HOTSPUR LONDON
v AUSTRIA WIEN 2-0** (0-0)

White Hart Lane, London   7.03.1984

Referee: Eduard Sostarić (YUG)   Attendance: 34,069

TOTTENHAM: Anthony Parks, Gary Stevens, Graham Roberts, Paul Miller, Christopher Hughton, Osvaldo Ardiles, Stephen Perryman, Michael Hazard (71 Glenn Hoddle), Steven Archibald, Alan Brazil, Alistair Dick.
Manager: Keith Burtenshaw

AUSTRIA: Friedrich Koncilia, Robert Sara, Erich Obermayer, Karl Daxbacher, Josef Degeorgi; Dzemal Mustedanagić, Herbert Prohaska, Ernst Baumeister (73 Anton Polster), István Magyar, Fritz Drazan (76 Alfred Drabits), Tibor Nyilasi.   Trainer: Václav Halama

Goals: Archibald (59), Brazil (67)

**AUSTRIA WIEN
v TOTTENHAM HOTSPUR LONDON 2-2** (0-1)

Prater, Wien   21.03.1984

Referee: Adolf Prokop (DDR)   Attendance: 31,000

AUSTRIA: Friedrich Koncilia; Robert Sara, Erich Obermayer, Karl Daxbacher, Josef Degeorgi; István Magyar, Herbert Prohaska, Fritz Drazan (61 Alfred Drabits), Dzemal Mustedanagic; Anton Polster, Tibor Nyilasi.
Trainer: Václav Halama

TOTTENHAM: Raymond Clemence, Gary Stevens, Graham Roberts (87 Daniel Thomas), Paul Miller, Christopher Hughton, Osvaldo Ardiles, Stephen Perryman, Gary Mabbutt, Anthony Galvin, Steven Archibald, Alan Brazil (81 Mark Falco).   Manager: Keith Burtenshaw

Goals: Brazil (12), Prohaska (63 pen), Ardiles (82), Nyilasi (88)

NOTTINGHAM FOREST v STURM GRAZ 1-0 (0-0)

City ground, Nottingham   7.03.1984

Referee: Vojtěch Christov (CZE)   Attendance: 19,459

FOREST: Hans Van Breukelen, Vivian Anderson (80 Bryn Gunn), Chris Fairclough, Paul Hart, Kenneth Swain, Ian Bowyer, Steven Wigley, Steve Hodge, Colin Walsh (58 Peter Davenport), Garry Birtles, Ian Wallace.
Manager: Brian Clough

STURM: Walter Saria; Manfred Steiner, Peter Huberts, Rudolf Schauss, Kurt Grössinger, Franz Feirer; Walter Hörmann, Zvonko Breber (82 Heinz Thonhofer); Gernot Jurtin, Bozo Bakota (85 Rupert Marko), László Szokolai.
Trainer: Gernot Fraydl

Goal: Hart (70)

**STURM GRAZ
v NOTTINGHAM FOREST 1-1** (1-0, 1-0) (AET)

Bundesstadion Liebenau, Graz   21.03.1984

Referee: Romualdas Yushka (USSR)   Attendance: 21,000

STURM: Walter Saria, Rudolf Schauss, Anton Pichler, Manfred Steiner, Franz Feirer; Zvonko Breber, Walter Hörmann, Peter Huberts (60 Heinz Thonhofer); Bozo Bakota, László Szokolai, Gernot Jurtin.   Trainer: Gernot Fraydl

FOREST: Hans Van Breukelen, Vivian Anderson, Chris Fairclough, Paul Hart, Kenneth Swain, Ian Bowyer, Frans Thijssen, Steve Hodge, Colin Walsh, Garry Birtles, Peter Davenport.   Manager: Brian Clough

Goals: Bakota (45 pen), Walsh (114 pen)

SPARTA PRAHA v HAJDUK SPLIT 1-0 (0-0)

Stadión na Letnej, Praha 7.03.1984

Referee: Howard William King (WAL) Attendance: 38,000

SPARTA: Jaroslav Olejár, Zdeněk Ščasný, František Straka, Jozef Chovanec, Július Bielik, Jan Berger, Vlastimil Calta, Ivan Hašek, Miroslav Denk (61 Tomáš Skuhravý), Stanislav Griga, Zdeněk Procházka (46 Josef Jarolím). Trainer: Václav Ježek

HAJDUK: Zoran Simović, Nikica Cukrov, Branko Miljuš, Vedran Rožić, Josip Cop, Ivan Gudelj, Zlatko Vujović, Blaž Slišković, Zoran Vulić (46 Dušan Pešić), Zoran Vujović, Dragutin Celić. Trainer: Pero Nadoveza

Goal: Hašek (50)

**SPARTAK MOSKVA
v ANDERLECHT BRUSSEL 1-0** (0-0)

Dinamo, Tbilisi 21.03.1984

Referee: André Daina (SWI) Attendance: 51,000

SPARTAK: Rinat Dasaev, Vladimir Sochnov, Boris Pozdniakov, Sergei Bazulev, Aleksandr Bubnov, Evgeni Kuznetsov (70 Evgeni Sidorov), Valeri Gladilin, Gennadi Morozov, Yuri Gavrilov, Sergei Schavlo, Sergei Rodionov.

ANDERLECHT: Jacky Munaron, Georges Grün, Luka Peruzović, Per Frimann-Hansen, Michel de Groote, Walter de Greef, René Vandereycken, Wim Hofkens, Alex Czerniatynski, Erwin Vandenbergh, Vincenzo Scifo.
Trainer: Paul Van Himst

Goal: Rodionov (89)

**HAJDUK SPLIT
v SPARTA PRAHA 2-0** (1-0, 1-0) (AET)

Poljud, Split 21.03.1984

Referee: Robert Valentine (SCO) Attendance: 52,500

HAJDUK: Zoran Simović, Nikica Cukrov, Josip Cop, Vedran Rožić, Ivan Gudelj, Blaž Slišković, Dragutin Celić, Goran Šušnjara, Zoran Vulić, Ivan Jerolimov (75 Davor Cop), Dževad Prekazi. Trainer: Pero Nadoveza

SPARTA: Jaroslav Olejár; Július Bielik, František Straka, Jozef Chovanec, Ivan Hašek, Zdeněk Ščasný, Jan Berger, Vlastimil Calta (51 Josef Jarolím), Miroslav Denk, Stanislav Griga, Zdeněk Procházka (82 Tomáš Skuhravý).
Trainer: Václav Ježek

Goals: Gudelj (18), Slisković (119)

SEMI-FINALS

**HAJDUK SPLIT
v TOTTENHAM HOTSPUR LONDON 2-1** (0-1)

Poljud, Split 11.04.1984

Referee: Robert Wurtz (FRA) Attendance: 35,000

HAJDUK: Zoran Simović, Nikica Cukrov, Branko Miljuš, Vedran Rožić, Ivan Jerolimov, Ivan Gudelj, Blaž Slišković, Zoran Vujović (59 Dževad Prekazi), Zoran Vulić, Dragutin Čelić, Dušan Pešić. Trainer: Pero Nadoveza

TOTTENHAM: Anthony Parks, Daniel Thomas, Graham Roberts, Paul Miller, Christopher Hughton, Stephen Perryman, Gary Mabbutt (68 Ian Crook), Michael Hazard, Steven Archibald, Anthony Galvin, Mark Falco.
Manager: Keith Burtenshaw

Goals: Falco (19), Gudelj (67), Pešić (77)

**ANDERLECHT BRUSSEL
v SPARTAK MOSKVA 4-2** (2-1)

Constant Vanden Stock, Brussel 7.03.1984

Referee: Paolo Bergamo (ITA) Attendance: 29,800

ANDERLECHT: Jacky Munaron, Wim Hofkens (80 Georges Grün), Luka Peruzović, Morten Olsen, Michel de Groote, Walter de Greef, Frank Vercauteren, René Vandereycken, Alex Czerniatynski (85 Per Frimann-Hansen), Vincenzo Scifo, Kenneth Brylle-Larsen. Trainer: Paul Van Himst

SPARTAK: Rinat Dasaev, Vladimir Sochnov, Boris Pozdniakov, Sergei Bazulev, Aleksandr Bubnov, Evgeni Kuznetsov, Gennadi Morozov, Yuri Gavrilov, Fiedor Cherenkov, Sergei Schvetsov (60 Valeri Gladilin), Sergei Rodionov (82 Evgeni Sidorov).

Goals: Rodionov (19), Brylle (29 pen, 43, 85 pen), Vercauteren (78), Gladilin (80)

**TOTTENHAM HOTSPUR LONDON
v HAJDUK SPLIT 1-0** (1-0)

White Hart Lane, London 25.04.1984

Referee: Paolo Casarin (ITA) Attendance: 43,969

TOTTENHAM: Anthony Parks, Daniel Thomas, Graham Roberts, Paul Miller, Christopher Hughton, Stephen Perryman, Michael Hazard, Steven Archibald, Mark Falco, Gary Stevens (80 Gary Mabbutt), Anthony Galvin.
Manager: Keith Burtenshaw

HAJDUK: Zoran Simović, Zoran Vulić, Branko Miljuš, Ivan Gudelj, Josip Čop, Vedran Rožić, Ivan Jerolimov, Goran Šušnjara, Zoran Vujović, Dževad Prekazi, Dušan Pešić.
Trainer: Pero Nadoveza

Goal: Hazard (6)

NOTTINGHAM FOREST
v ANDERLECHT BRUSSEL 2-0 (0-0)

City Ground, Nottingham 11.04.1984

Referee: Horst Brummeier (AUS) Attendance: 22,681

FOREST: Hans Van Breukelen, Vivian Anderson, Chris Fairclough, Paul Hart, Kenneth Swain, Ian Bowyer, Steven Wigley, Gary Mills, Steve Hodge, Peter Davenport, Colin Walsh. Manager: Brian Clough

ANDERLECHT: Jacky Munaron, Luka Peruzović, Michel de Groote, Walter de Greef, Morten Olsen, René Vandereycken, Frank Vercauteren, Wim Hofkens, Vincenzo Scifo (86 Georges Grün), Alex Czerniatynski, Erwin Vandenbergh. Trainer: Paul Van Himst

Goals: Hodge (84, 88)

ANDERLECHT BRUSSEL
v NOTTINGHAM FOREST 3-0 (1-0)

Stade Constant Vanden Stock, Brussel 25.04.1984

Referee: Emilio Carlos Guruceta Muro (SPA) Att: 36500

ANDERLECHT: Jacky Munaron, Georges Grün, Morten Olsen, Walter de Greef, Michel de Groote, Wim Hofkens (66 Frank Vercauteren), Vincenzo Scifo, René Vandereycken, Kenneth Brylle-Larsen, Erwin Vandenbergh, Alex Czerniatynski. Trainer: Paul Van Himst

FOREST: Hans Van Breukelen, Vivian Anderson, Chris Fairclough, Paul Hart, Kenneth Swain, Ian Bowyer, Steven Wigley, Gary Mills, Steve Hodge (62 Garry Birtles), Peter Davenport, Colin Walsh. Manager: Brian Clough

Goals: Scifo (18), Brylle-Larsen (60 pen), Vandenbergh (88)

FINAL

ANDERLECHT BRUSSEL
v TOTTENHAM HOTSPUR LONDON 1-1 (0-0)

Stade Constant vanden Stock, Brussel 9.05.1984

Referee: Bruno Galler (SWI) Attendance: 38,000

ANDERLECHT: Jacky Munaron, Morten Olsen, Georges Grün, Walter De Greef, Michel De Groote, Vincenzo Scifo, Wim Hofkens, Erwin Vandenbergh (81 Frank Arnesen), René Vandereycken, Alex Czernyatinski (65 Frank Vercauteren), Kenneth Brylle-Larsen. Trainer: Paul van Himst

TOTTENHAM: Anthony Parks, Daniel Thomas, Paul Miller, Graham Roberts, Christopher Hughton, Gary Stevens (80 Gary Mabbutt), Stephen Perryman, Michael Hazard, Anthony Galvin, Mark Falco, Steven Archibald.
Manager: Keith Burtenshaw

Goals: Miller (58), Olsen (85)

TOTTENHAM HOTSPUR LONDON
v ANDERLECHT BRUSSEL 1-1 (0-0) (AET)

White Hart Lane, London 23.05.1984

Referee: Volker Roth (WG) Attendance: 46,258

TOTTENHAM: Anthony Parks, Daniel Thomas, Paul Miller (76 Osvaldo Ardiles), Graham Roberts, Christopher Hughton, Michael Hazard, Gary Mabbutt (74 Alistair Dick), Gary Stevens, Anthony Galvin, Steven Archibald, Mark Falco. Manager: Keith Burtenshaw

ANDERLECHT: Jacky Munaron, Morten Olsen, Georges Grün, Michel De Groote, Walter De Greef, Wim Hofkens, Vincenzo Scifo, Frank Vercauteren, René Vandereycken, Frank Arnesen (76 Arnór Guðjohnsen), Alex Czernyatinski (102 Kenneth Brylle-Larsen). Trainer: Paul Van Himst

Goals: Czerniatynski (60), Roberts (84)

Penalties: 1-0 Roberts; M. Olsen (miss); 2-0 Falco; 2-1 Brylle; 3-1 Stevens; 3-2 Scifo; 4-2 Archibald; 4-3 Vercauteren; Thomas (miss); Guðjohnsen (miss)

UEFA Cup Top Scorers 1983-84:

9 goals: Tibor Nyilasi (Austria Wien)

6 goals: Kenneth Brylle-Larsen (Anderlecht), Mark Falco (Tottenham), Yuri Gavrilov (Spartak Moskva)

5 goals: Steve Archibald (Tottenham), Karol Brezík, Marián Tomcák (Inter Bratislava), Herbert Prohaska (Austria Wien), Hans Richter (Lokomotive Leipzig),

UEFA CUP 1984-85

FIRST ROUND

RABAT AJAX v PARTIZAN BEOGRAD 0-2 (0-0)

Valletta 12.09.1984

Referee: Jakob Baumann (SWI) Attendance: 6,000

RABAT AJAX: Iordan Filipov; Kevin Asciak, J. Zahra, Borg, Emanuel Cortis, Martin Scicluna, Ronald Scerri, Carmel Busuttil, Mario Zahra, Edmund Caruana, Emanuel Azzopardi.

PARTIZAN: Fahrudin Omerović, Miodrag Radović, Slobodan Rojević, Jovica Kolb, Dragan Kaličanin, Vladimir Vermezovic (.. Radomir Radulović), Miloš Djelmas, Zvonko Varga, Dragan Mance, Zoran Dimitrijević (.. Slavisa Vukicević), Nikica Klincarski. Trainer: Nenad Bjeković

Goals: Vukicević (63), Djelmas (70)

PARTIZAN BEOGRAD v RABAT AJAX 2-0 (1-0)

Beograd   3.10.1984

Referee: Vasos Konstantinou (CYP)   Attendance: 12,000

PARTIZAN: Fahrudin Omerović, Miodrag Radović, Slobodan Rojević, Miodrag Ješić, Dragan Kaličanin, Ljubomir Radanović, Miloš Djelmas (61 Zvonko Popović), Admir Smajić (46 Goran Stevanović), Dragan Mance, Zoran Dimitrijević, Nikica Klincarski.   Trainer: Nenad Bjeković

RABAT AJAX: Iordan Filipov; Ronald Scerri (70 Raymond Galea), E. Zahra, J. Borg, Emanuel Cortis, Emanuel Azzopardi, Mario Zahra, Carmel Busuttil, Martin Scicluna, Edmund Caruana, Charles Scerri.

Goals: Mance (18), Stefanović (64)

**KR REYKJAVÍK
v QUEENS PARK RANGERS LONDON 0-3** (0-1)

Laugardalsvöllur, Reykjavík   18.09.1984

Referee: Oliver Donnelly (NIR)   Attendance: 2,000

KR: Stefán Jóhansson, Jón G. Bjarnason, Saevar Leifsson, Haraldur Haraldsson, Jakob Pétursson (.. Sverrir Herbertsson), Jósteinn Einarsson, Águst Már Jónsson, Gunnar Gíslason, Björn Rafnsson, Saebjörn Guðmundsson, Hálfdán Örlygsson (.. Sigurdur Helgason).   Trainer: Hólmbert Fridjónsson

QPR: Peter Hucker; Warren Neill, Ian Dawes, Wayne Fereday (.. Ian Stewart), Stephen Wicks, Terence Fenwick, Gary Micklewhite, Mike Fillery, Gary Bannister (.. Jeremy Charles), Simon Stainrod, John Gregory.   Manager: Alan Mullery

Goals: Stainrod (24, 76), Bannister (64)

**QUEENS PARK RANGERS LONDON
v KR REYKJAVÍK 4-0** (3-0)

Arsenal Stadium, Highbury, London   2.10.1984

Referee: Robert Finn (EIRE)   Attendance: 6,196

QPR: Peter Hucker; Warren Neill (81 Martin Allen), Ian Dawes, Wayne Fereday, Stephen Wicks, Terence Fenwick, Ian Stewart, Mike Fillery (64 Gary Cooper), Gary Bannister, Jeremy Charles, John Gregory.   Manager: Alan Mullery

KR: Stefán Jóhansson, Jón G. Bjarnason, Stefán Pétursson, Haraldur Haraldsson, Jakob Pétursson, Jósteinn Einarsson, Águst Már Jónsson, Gunnar Gíslason, Hálfdán Orlygsson, Saebjörn Guðmundsson, Saevar Leifsson.
Trainer: Hólmbert Fridjónsson

Goals: Bannister (11, 17, 60), Charles (28)

**BOHEMIANS DUBLIN
v GLASGOW RANGERS 3-2** (2-2)

Dalymount Park, Dublin   18.09.1984

Referee: Frangcon Roberts (WAL)   Attendance: 10,000

BOHEMIANS: Dermot O'Neill; Dave Connell, Paul Power, Barry Murphy, Gino Lawless, Paul Doolin, Larry Wyse, John Reynor, Jackie Jameson, Rocky O'Brien, Michael Shelley.

RANGERS: Nicol Walker; David MacKinnon, Alistair Dawson, John McClelland, Craig Paterson, Ian Redford, David McPherson, Campbell Fraser, Sandy Clark (.. Iain Ferguson), Alistair McCoist (.. John MacDonald), David Cooper.
Trainer: John Wallace

Goals: McCoist (7), McPherson (29), O'Brien (24, 36), Lawless (53)

**GLASGOW RANGERS
v BOHEMIANS DUBLIN 2-0** (0-0)

Ibrox Park, Glasgow   3.10.1984

Referee: Malcolm Moffat (NIR)   Attendance: 33,000

RANGERS: Peter McCloy; David MacKinnon, Alistair Dawson, John McClelland, Craig Paterson, Ian Redford, Robert Russell, David McPherson, Iain Ferguson (59 David Mitchell), Alistair McCoist (.. Campbell Fraser), David Cooper.
Trainer: John Wallace

BOHEMIANS: Dermot O'Neill; Dave Connell, Paul Power, Barry Murphy, Gino Lawless, Paul Doolin, Larry Wyse, John Reynor, Jackie Jameson, Rocky O'Brien, Michael Shelley.

Goals: Paterson (84), Redford (89)

**VIDEOTON SZÉKESFEHÉRVÁR
v DUKLA PRAHA 1-0** (1-0)

Sóstói, Székesfehérvár   18.09.1984

Referee: Yusuf Namoglu (TUR)   Attendance: 8,000

VIDEOTON: János Koszta, Tibor Végh, László Disztl, József Csuhay, Gábor Horváth; Győző Burcsa, Ferenc Csongrádi, Imre Vadász, Lajos Májer, József Szabó, György Nováth.
Trainer: Ferenc Kovács

DUKLA: Karel Stromšik; Aleš Bažant, Jan Fiala, Josef Klucký, Petr Rada; Bohus Viger, Stanislav Pelc (78 Luboš Urban), Ladislav Vízek, Miloš Belák (80 Tomáš Kříž), Michal Vána, Pavel Korejčík.   Trainer: Ladislav Novák

Goal: Szabó (37)

**DUKLA PRAHA
v VIDEOTON SZÉKESFEHÉRVÁR 0-0**

Stadión na Juliske, Praha   2.10.1984

Referee: Bo Helén (SWE)   Attendance: 3,000

DUKLA: Karel Stromšik; Aleš Bažant, Jan Fiala, Josef Klucký, Petr Rada; Stanislav Pelc, Václav Danek, Tomáš Kříž; Pavel Korejčík, Ladislav Vízek, Michal Vána (65 Milan Luhovy).

VIDEOTON: János Koszta; Tibor Végh, László Disztl, József Csuhay, Gábor Horváth; Győző Burcsa (89 Gyula Vaszil), József Szabó, Ferenc Csongrádi, Imre Vadász, Lajos Májer (57 István Pálkovics), György Nováth.   Trainer: Ferenc Kovács

GLENTORAN BELFAST
v STANDARD LIÈGE 1-1 (1-0)

The Oval, Belfast   18.09.1984

Referee: Kenneth J. Hope (SCO)   Attendance: 4,000

GLENTORAN: Reg Hillen, George Neill, Alfie Stewart, Robert Strain, Harry McCue; James Cleary, Raymond Morrison, Robert Bowers; Ron Manley, Gerry Mullan, Gary Blackledge (81 Timothy Kelly).

STANDARD: Gilbert Bodart, Freddy Luyckx, Eddy Snelders, Michel Wintacq, Patrick Aussems; Etienne Delangre, Guy Dardenne, Guy Hellers; John Telen (89 Jean-Marc Bosman), Roger Raeven, Heinz Gründel.   Trainer: Louis Pilot

Goals: Bowers (2), Telen (59)

AJAX AMSTERDAM
v RED BOYS DIFFERDANGE 14-0 (5-0)

Ajax, Amsterdam   3.10.1984

Referee: Eamonn A. Farrell (EIRE)   Attendance: 9,240

AJAX: Hans Galjé; Sonny Silooy, Frank Rijkaard, Ronald Spelbos, Peter Boeve; Ronald Koeman, Dick Schoenaker, Gerald Vanenburg, John Bosman, Marco van Basten, Felix Gasselich.   Trainer: Aad de Mos

RED BOYS: Alain Valli, Romain Michaux, Daniel Kuffer, Francis Kremer, René Scheuer, Gilbert Hotton, Marco Heyar, Luigi de Stephanis, Sauro Marinelli, René Müller (46 Fred Schreiner), Gérard Simon (57 J.P. Grandjean).
Trainer: Albert Adams

Goals: Spelbos (5 pen), R. Koeman (9, 73, 78), Van Basten (15, 39, 49, 65, 84), Bosman (18, 82), Rijkaard (47), Vanenburg (57), Schoenaker (71)

STANDARD LIÈGE
v GLENTORAN BELFAST 2-0 (1-0)

Stade Maurice Dufrasne 'Sclessin', Liège   3.10.1984

Referee: Erik Steen Jensen (DEN)   Attendance: 8,624

STANDARD: Gilbert Bodart; Freddy Luyckx, Eddy Snelders, Michel Wintacq, Patrick Aussems; Etienne Delangre, Guy Dardenne, Guy Hellers; John Telen (46 Zoran Jelikic), Roger Raeven (72 Jean-Marc Bosman), Heinz Gründel.
Trainer: Louis Pilot

GLENTORAN: Reg Hillen; George Neill, Alfie Stewart, Robert Strain, Harry McCue; James Cleary, Raymond Morrison, Robert Bowers; Gary Blackledge, Ron Manley, Gerry Mullan.

Goals: Dardenne (9), Jelikic (50)

VORWÄRTS FRANKFURT am ODER
v PSV EINDHOVEN 2-0 (1-0)

Stadion der Freundschaft, Frankfurt am Oder   19.09.1984

Referee: Georges Konrath (FRA)   Attendance: 15,000

VORWÄRTS: Karl-Heinz Wienhold, Detlef Rudolph, Lothar Hause, Hans-Jörg Hildebrandt, Frank Geyer, Norbert Rudolph, André Jarmuszkiewicz (86 Ralph Probst), Lutz Hendel; Bernd Wunderlich, Rainer Pietsch, Kuhlee (80 Lothar Enzmann).
Trainer: Jürgen Grossheim

PSV: Hans Van Breukelen; Piet Wildschut, Glenn Hysén, Ernie Brandts, Jan Heintze; Ton Lokhoff, Willy van de Kerkhof, Frans Van Rooij (69 Peter Corbijn), Michel Valke, Kenneth Brylle, Hans Smulders (81 Erik-Jan Van den Boogaard).
Trainer: Jan Reker

Goals: Hendel (7), Pietsch (62)

RED BOYS DIFFERDANGE
v AJAX AMSTERDAM 0-0

Stade Municipal, Differdange   18.09.1984

Referee: Ib Nielsen (DEN)   Attendance: 2,300

RED BOYS: Alain Valli, Romain Michaux, Daniel Kuffer, Francis Kremer, René Scheuer, Jean-Marc Schmit (55 Sauro Marinelli), Luigi de Stephanis, Juan Sarriás, Marco Heyar, Gérard Simon (66 Fred Schreiner), René Müller.
Trainer: Albert Adams

AJAX: Hans Galjé, Sonny Silooy, Frank Rijkaard, Ronald Spelbos, Peter Boeve; Ronald Koeman, Dick Schoenaker, Gerald Vanenburg, Felix Gasselich (65 John Bosman), Marco van Basten, Rob De Wit.   Trainer: Aad de Mos

PSV EINDHOVEN
v WORVÄRTS FRANKFURT am ODER 3-0 (2-0)

Philips sportpark, Eindhoven   3.10.1984

Referee: Ángel Franco Martínez (SPA)   Attendance: 16,863

PSV: Hans Van Breukelen; Berry van Aerle, Huub Stevens, Ernie Brandts, Jan Heintze; Ton Lokhoff, Willy van de Kerkhof, Glenn Hysén, Michel Valke, Kenneth Brylle, Hallvar Thoresen.

VORWÄRTS: Karl-Heinz Wienhold, Detlef Rudolph, Lothar Hause, Frank Geyer (84 Ralph Probst), Hans-Jörg Hildebrandt, André Jarmuszkiewicz, Norbert Rudolph, Lutz Hendel; Bernd Wunderlich, Rainer Pietsch, Volkmar Kuhlee.
Trainer: Jürgen Grossheim

Goals: Brandts (17), Brylle (18), Valke (87)

**ANDERLECHT BRUSSEL
v WERDER BREMEN 1-0** (0-0)

Constant Vanden Stock, Brussel   19.09.1984

Referee: Valeri Butenko (USSR)   Attendance: 30,000

ANDERLECHT: Jacky Munaron; Luka Peruzović, Georges Grün (84 Per Frimann-Hansen), Vincenzo Scifo, Michel de Groote, Frank Vercauteren, René Vandereycken, Wim Hofkens (46 Walter de Greef), Arnór Guðjohnsen, Morten Olsen, Alex Czerniatynski.   Trainer: Paul Van Himst

WERDER: Dieter Burdenski, Thomas Schaaf (82 Günter Hermann), Jonny Otten, Michael Kutzop, Bruno Pezzey, Benno Möhlmann, Wolfgang Sidka, Yasuhiko Okudera, Rudolf Völler, Frank Neubarth (89 Norbert Siegmann), Norbert Meier.   Trainer: Otto Rehhagel

Goal: Czerniatynski (88)

**WERDER BREMEN
v ANDERLECHT BRUSSEL 2-1** (0-0)

Weserstadion, Bremen   3.10.1984

Referee: Alain Delmer (FRA)   Attendance: 36,000

WERDER: Dieter Burdenski, Thomas Schaaf, Michael Kutzop (46 Frank Neubarth), Bruno Pezzey, Jonny Otten, Wolfgang Sidka, Benno Möhlmann, Yasuhiko Okudera, Norbert Meier, Uwe Reinders (57 Günter Hermann), Rudolf Völler.   Trainer: Otto Rehhagel

ANDERLECHT: Jacky Munaron, Georges Grün, Luka Peruzović, Morten Olsen, Michel de Groote; Wim Hofkens, René Vandereycken, Vincenzo Scifo (77 Arnór Guðjohnsen), Frank Vercauteren, Per Frimann-Hansen, Alex Czerniatynski.   Trainer: Paul van Himst

Goals: Sidka (48 pen, 60, 63 og)

NOTTINGHAM FOREST v CLUB BRUGGE 0-0

City Ground, Nottingham   19.09.1984

Referee: Werner Föckler (WG)   Attendance: 18,307

FOREST: Stephen Sutton, Bryn Gunn, Kenneth Swain, Chris Fairclough, Mark Smalley, Ian Bowyer, Steven Wigley, John Metgod, Trevor Christie (72 Gary Mills), Peter Davenport, Colin Walsh.   Manager: Brian Clough

CLUB BRUGGE: Birger Jensen; Tew Mamadou, Franky van der Elst, Hugo Broos, Gino Maes, Jan Ceulemans, René Verheyen, Alex Querter, Willy Wellens, Marc Degryse (81 Luc Beyens), Leo van der Elst.   Trainer: Henk Houwaart

**CLUB BRUGGE
v NOTTINGHAM FOREST 1-0** (0-0)

Olympiastadion, Brugge   3.10.1984

Referee: Claude Bouillet (FRA)   Attendance: 26,800

CLUB BRUGGE: Birger Jensen; Tew Mamadou, Franky van der Elst, Hugo Broos, Gino Maes, Luc Beyens, René Verheyen, Alex Querter, Willy Wellens, Marc Degryse (90 Stefan Vereycken), Leo van der Elst.   Trainer: Henk Houwaart

FOREST: Stephen Sutton; Bryn Gunn, Kenneth Swain, Chris Fairclough, Paul Hart, Ian Bowyer, Gary Mills, John Metgod; Trevor Christie, Peter Davenport, Steve Hodge.   Manager: Brian Clough

Goal: Wellens (89)

**SPORTING BRAGA
v TOTTENHAM HOTSPUR LONDON 0-3** (0-3)

Estádio 1. de Maio, Braga   19.09.1984

Referee: Gérard Biguet (FRA)   Attendance: 25,000

SPORTING: HELDER Joaquim Maximo Catalão; Eduardo José Gomes Camassels Mendes "DITO", ARTUR Soares Correia, Manuel Gomes da Silva "NELITO", VITOR Manuel Lopes dos SANTOS; José Carvalho Gonçalves "SERRA" (67 JOAQUIM ALBERTO Lima Fernandes), Adriano Santos SPENCER, Celso Santiago de Sousa "ZINHO"; José Paulo Miranda Sampaio "RIFA" (63 Mauricio Zacarias REINALDO Gomes), JORGE GOMES da Silva Filho, José Manuel Jesus Carvalho ABRANTES.
Trainer: Joaquim Lucas Duro de Jesus "QUINITO"

TOTTENHAM: Raymond Clemence; Stephen Perryman, Paul Miller, Graham Roberts, Christopher Hughton; Gary Mabbutt, Michael Hazard (83 Daniel Thomas), Anthony Galvin; Clive Allen (83 Garth Crooks), Mark Falco, John Chiedozie.   Trainer: Peter Shreevers

Goals: Falco (31, 42), Galvin (44)

**TOTTENHAM HOTSPUR LONDON
v SPORTING BRAGA 6-0** (3-0)

White Hart Lane, London   3.10.1984

Referee: Klaus Scheurell (DDR)   Attendance: 22,478

TOTTENHAM: Raymond Clemence, Stephen Perryman, Graham Roberts, Paul Miller (46 Glenn Hoddle), Christopher Hughton, John Chiedozie, Gary Stevens, Michael Hazard, Garth Crooks, Mark Falco (70 Richard Cooke), Anthony Galvin.   Trainer: Peter Shreevers

SPORTING: HELDER Joaquim Maximo Catalão; Eduardo José Gomes Camassels Mendes "DITO", ARTUR Soares Correia, Manuel Gomes da Silva "NELITO", Carlos Augusto Faria "CARVAHAL", VITOR Manuel Lopes dos SANTOS, JOAQUIM ALBERTO Lima Fernandes, Sérgio PINTO, Adriano Santos SPENCER, Celso Santiago de Sousa "ZINHO", JORGE GOMES da Silva Filho.
Trainer: Joaquim Lucas Duro de Jesus "QUINITO"

Goals: Stevens (10), Hughton (15), Crooks (27, 57, 82), Falco (66)

MANCHESTER UNITED v RÁBA ETO GYÖR 3-0 (2-0)

Old Trafford, Manchester   19.09.1984

Referee: José Rosa Dos Santos (POR)   Attendance: 32,537

MANCHESTER UNITED: Gary Bailey; Michael Duxbury, Arthur Albiston, Remi Moses, Kevin Moran, Graeme Hogg, Bryan Robson, Arnold Mühren; Mark Hughes, Norman Whiteside, Jesper Olsen.   Manager: Ron Atkinson

RÁBA ETO: László Kovács, István Turbék, Péter Judik, Gábor Hlagyvik, Péter Hannich, László Szepesi, Ottó Szabó, Tamás Preszeller, Csaba Stark, Adam Kurucz, János Vági (72 Lazar Szentes).   Trainer: József Verebes

Goals: Robson (17), Mühren (37), Hughes (74)

RÁBA ETO GYÖR v MANCHESTER UNITED 2-2 (0-1)

Györ stadion   3.10.1984

Referee: Alphonse Constantin (BEL)   Attendance: 26,000

RÁBA ETO: László Kovács, István Turbék, Gábor Hlagyvik, Sándor Mile (46 Lajos Rezi), Gyula Csonka, Peter Hannich, Tamás Preszeller, István Magyar, Ottó Szabó, Csaba Stark, János Vági (68 László Szepesi).   Trainer: József Verebes

MANCHESTER UNITED: Gary Bailey; Michael Duxbury, Kevin Moran, Graeme Hogg, Arthur Albiston; Jesper Olsen, Remi Moses, Arnold Mühren; Mark Hughes, Alan Brazil, Bryan Robson (73 John Gidman).   Manager: Ron Atkinson

Goals: Brazil (10), Preszeller (51), Hannich (58), Mühren (75 pen)

SOUTHAMPTON FC v HAMBURGER SV 0-0

The Dell, Southampton   19.09.1984

Referee: Roger Schoeters (BEL)   Attendance: 19,178

SOUTHAMPTON: Peter Shilton; Michael Mills, Mark Dennis, Steven Williams, Mark Whitlock, Mark Wright, Nick Holmes, Alan Curtis (46 Stephen Moran), Joseph Jordan, David Armstrong, David Wallace.   Manager: L. McMenemy

HSV: Ulrich Stein; Manfred Kaltz, Bernd Wehmeyer, Ditmar Jakobs, Jürgen Groh, Jürgen Milewski, Eric Soler, Mark McGhee, Felix Magath, Wolfgang Rolff, Michael Schröder.   Trainer: Ernst Happel

HAMBURGER SV v SOUTHAMPTON FC 2-0 (0-0)

Volksparkstadion, Hamburg   3.10.1984

Referee: Paolo Bergamo (ITA)   Attendance: 28,000

HSV: Ulrich Stein; Michael Schröder, Ditmar Jakobs, Bernd Wehmeyer, Manfred Kaltz; Eric Soler, Kai Steffen (63 Bernd Schuhmann), Felix Magath, Wolfram Wuttke, Mark McGhee, Jürgen Milewski (27 Thomas von Heesen).   Trainer: Ernst Happel

SOUTHAMPTON: Peter Shilton; Mark Wright, Michael Mills, Steven Williams, Mark Dennis, Mark Whitlock, Nick Holmes, Stephen Baker, Joseph Jordan, David Wallace, Stephen Moran.   Manager: Lawrie McMenemy

Goals: Kaltz (69 pen), McGhee (89)

PARIS ST. GERMAIN v HEART OF MIDLOTHIAN EDINBURGH 4-0 (2-0)

Parc des Princes, Paris   19.09.1984

Referee: Eduard Sostarić (YUG)   Attendance: 21,639

PARIS ST. GERMAIN: Dominique Baratelli; Jean-Claude Lemoult, Gérard Janvion, Dominique Bathenay, Philippe Jeannol (70 Thierry Bacconnier); Luis Fernández, Safet Sušić, Alain Couriol; Dominique Rocheteau (75 Gérard Lanthier), Nambatingue Toko, Richard Niederbacher.   Trainer: Georges Peyroche

HEARTS: Henry Smith; Kenneth Black, William "Sandy" Jardine, Walter Kidd, Brian Whittaker, Craig Levein, David Bowman, Gary Mackay, James Bone, John Robertson, Alex MacDonald (60 William Johnston).   Alex McDonald

Goals: Sušić (22, 57), Rocheteau (36), Niederbacher (62)

HEART OF MIDLOTHIAN EDINBURGH v PARIS ST. GERMAIN 2-2 (1-2)

Tynecastle Park, Edinburgh   3.10.1984

Referee: Ulf Eriksson (SWE)   Attendance: 10,023

HEARTS: Henry Smith; George Cowie, Brian Whittaker, Craig Levein, Walter Kidd (Cap); Kenneth Black, David Bowman, James Bone (72 Derek O'Connor); Donald Park (72 Alex MacDonald), John Robertson, William Johnston.   Trainer: Alex McDonald

PARIS ST. GERMAIN: Dominique Baratelli; Thierry Bacconnier, Gérard Janvion, Dominique Bathenay (Cap), Philippe Jeannol (78 Thierry Tinmar); Alain Couriol, Jean-Claude Lemoult, Safet Sušić; Richard Niederbacher, Dominique Rocheteau (72 Gérard Lanthier), Nambatingue Toko.   Trainer: Georges Peyroche

Goals: Niederbacher (10), Robertson (27, 86), Jeannol (44)

AIK SOLNA v DUNDEE UNITED 1-0 (1-0)

Råsunda, Solna   19.09.1984

Referee: Volker Roth (WG)   Attendance: 5,721

AIK: Bernt Ljung; Lars Zetterlund, Kari Virtanen, Bjorn Kindlund, Sven Dahlqvist; Thomas Bergman, Goran Göransson, Björn Johansson, Thomas Andersson, Thomas Johansson, Ove Rübsamen.

DUNDEE UNITED: William Thomson; Gary McGinnis, Maurice Malpas, Richard Gough, Paul Hegarty, David Narey, Eamonn Bannon, Stuart Beedie, William Kirkwood, Paul Sturrock (.. Stuart Beedie), David Dodds (.. Ralph Milne).   Manager: James McLean

Goal: T. Andersson (13)

DUNDEE UNITED v AIK SOLNA 3-0 (0-0)

Tannadice Park, Dundee 3.10.1984

Referee: Victoriano Sánchez Arminio (SPA)   Att: 11,427

DUNDEE UNITED: Hamish McAlpine; Maurice Malpas, Iain Munro, Richard Gough, Paul Hegarty, David Narey, Eamonn Bannon, Ralph Milne, John Clark (53 John Holt), Paul Sturrock, David Dodds.   Manager: James McLean

AIK: Bernt Ljung; Åke Andersson, Kari Virtanen, Björn Kindlund, Sven Dahlqvist, Lars Zetterlund (78 Kjell Jonevret), Goran Göransson, Björn Johansson (78 Lenny Asp), Thomas Andersson, Thomas Johansson, Ove Rübsamen.

Goals: Sturrock (46), Milne (69, 72)

ÖSTERS IF VÄXJÖ v LINZER ASK 0-1 (0-0)

Varendsvallen, Växjö 19.09.1984

Referee: Jiří Stiegler (CZE)   Attendance: 518

ÖSTERS: Stefan Gustavsson; Tonny Westring, Tommy Berggren, Andreas Ravelli, Mats Rohdin; Anders Brink, Åke Andersson, Tommy Westerlund (73 Per Lindblad), Mats Nordgren, Stefan Karlsson (75 Jan Mattsson), Peter Truedsson.

LASK: Klaus Lindenberger; Kurt Nagl, Klaus Dantlinger, Gert Trafella, Christian Lehermayr; Wolfgang Nagl, Walter Koch, Karl Meister; Erwin Höld, Michael Toppel (88 Andreas Roth), Maximilian Hagmayr.

Goal: Höld (84)

LINZER ASK v ÖSTERS IF VÄXJÖ 1-0 (1-0)

Linzer stadion 3.10.1984

Referee: Gerasimos Germanakos (GRE)   Attendance: 10,500

LASK: Klaus Lindenberger; Gert Trafella, Christian Lehermayr, Klaus Dantlinger (49 Rupert Lehermayr), Kurt Nagl; Wolfgang Nagl, Walter Koch, Karl Meister; Erwin Höld, Maximilian Hagmayr (66 Christian Schilcher), Tadeusz Malnowicz.

ÖSTERS: Thomas Ravelli; Tommy Berggren, Tonny Westring, Andreas Ravelli, Mats Rohdin; Åke Andersson (46 Tommy Westerlund), Peter Svensson, Mats Nordgren; Peter Truedson, Stefan Karlsson (65 Peter Stavander), Anders Brink.

Goal: Hagmayr (45)

REAL MADRID v SSW INNSBRUCK 5-0 (2-0)

Estadio Santiago Bernabéu, Madrid 19.09.1984

Referee: Siegfried Kirschen (DDR)   Attendance: 55,000

REAL: MIGUEL ÁNGEL González Suárez; Miguel Porlan Noguera "CHENDO", Ulrich Stielike, Francisco BONET Serrano, José Antonio CAMACHO Alfaro; Isidoro SAN JOSÉ Pozo, Juan José LOZANO Bohorquez, José Miguel González Martín del Campo "MICHEL"; Juan Gomez González "JUANITO", Carlos Alonso González "SANTILLANA" (40 ISIDRO Díaz González), Emilio BUTRAGUEÑO Santos (72 Ricardo GALLEGO Redondo).

Trainer: AMANCIO Amaro Varela

SSW: Hermann Steinlechner; Michael Streiter, Robert Auer, Hugo Hovenkamp, Gert Jörgensen (61 Wolfgang Hupfauf); Zoltán Kereki, Andreas Gretschnig, Arnold Koreimann, Manfred Linzmaier; Alfred Roscher, Andreas Spielmann (74 Ewald Gröss).   Trainer: Cor Brom

Goals: Michel (2, 58), Santillana (6), Juanito (51 pen), Butragueño (54)

SSW INNSBRUCK v REAL MADRID 2-0 (1-0)

Tivoli, Innsbruck 3.10.1984

Referee: László Pádár (HUN)   Attendance: 4,500

SSW: Hermann Steinlechner; Zoltán Kereki, Hugo Hovenkamp, Robert Auer, Michael Streiter; Manfred Linzmaier, Andreas Gretschnig, Gert Jörgensen, Arnold Koreimann, Alfred Roscher, Ewald Gröss.   Trainer: Cor Brom

REAL: MIGUEL ÁNGEL González Suárez; Alfonso FRAILE Sánchez, Miguel Porlan Noguera "CHENDO", Ulrich Stielike, José Antonio CAMACHO Alfaro; Isidoro SAN JOSÉ Pozo, Rafael MARTÍN VÁZQUEZ, Manuel SANCHIS Hontiyuelo, Emilio BUTRAGUEÑO Santos, Juan José LOZANO Bohorquez (46 ISIDRO Díaz González), Jorge Alberto VALDANO Castellano (46 Francisco PINEDA García).

Trainer: AMANCIO Amaro Varela

Goals: Roscher (20, 64)

FC SION v ATLÉTICO MADRID 1-0 (0-0)

Tourbillon, Sion 19.09.1984

Referee: Aron Schmidhuber (WG)   Attendance: 7,500

FC SION: Pierre-Marie Pittier; Jean-Yves Valentini, Léonard Karlen, Alain-Emile Balet, Vincent Fournier; Régis Moret, Álvaro López, Christophe Bonvin; Claude Sarrasin (24 Bernard Perrier), Yves Mauron, Dominique Cina.

Trainer: Jean-Claude Donzé

ATLÉTICO: Carlos Santiago PEREIRA; Miroslav Votava, Juan Carlos ARTECHE Gómez, BALBINO García Puerto, Miguel Ángel RUIZ Garcia, TOMAS Reñones Crego, Roberto Simón MARINA, Jesús LANDÁBURU Sahuquillo (63 Juan José RUBIO Jiménez), Enrique "QUIQUE" RAMOS González, Juan Carlos Gómez PEDRAZA, HUGO SÁNCHEZ Márquez.

Trainer: Luis Aragonés

Goal: Cina (75)

ATLÉTICO MADRID v FC SION 2-3 (2-3)

Estadio Vicente Calderón, Madrid 3.10.1984

Referee: Alan Robinson (ENG)   Attendance: 25,000

ATLÉTICO: Carlos Santiago PEREIRA; Miroslav Votava, Juan Carlos ARTECHE Gómez, Miguel Ángel RUIZ Garcia, TOMAS Reñones Crego; Enrique "QUIQUE" RAMOS González, Roberto Simón MARINA, Jesús LANDÁBURU Sahuquillo (68 JULIO PRIETO Martín); Juan Carlos Gómez PEDRAZA (58 Luis Mario CABRERA Molina), HUGO SÁNCHEZ Márquez, Juan José RUBIO Jiménez.   Trainer: Luis Aragonés

FC SION: Pierre-Marie Pittier; Jean-Yves Valentini, Léonard Karlen, Alain-Emile Balet, Pierre-Alain Valentini; Vincent Fournier, Álvaro López, Blaise Piffaretti (46 Régis Moret); Yves Mauron, Dominique Cina (86 Bernard Perrier), Christophe Bonvin.   Trainer: Jean-Claude Donzé

Goals: Marina (1 og), Cina (4, 14), H. Sánchez (16 pen), Pedraza (38)

SPORTING LISBOA v AJ AUXERRE 2-0 (0-0)

Estádio José Alvalade, Lisboa 19.09.1984

Referee: Gerald Losert (AUS)   Attendance: 50,250

SPORTING: Vítor Manuel Afonso DAMAS de Oliveira, CARLOS Jorge Marques Caldas XAVIER, OCEANO Andrade da Cruz, Pedro Manuel Regateiro VENÂNCIO, MÁRIO JORGE da Silva Pinho Fernandes; VIRGÍLIO Manuel Bagulho Lopes, António Augusto Gomes de Silva "SOUSA" (71 Luís Filipe Vieira Carvalho "LITOS"), JAIME Moreira PACHECO; José Eldon de Araújo Lobo Júnior "LITO", MANUEL José Tavares FERNANDES, Rui Manuel da Trindade JORDÃO (68 ELDON Armond Bravo).   Trainer: John Toshack

AJ AUXERRE: Joël Bats; Jean Luc Charles, Basile Boli, Pawel Janas, Claude Barret; Dominique Cuperly, Alain Fiard, Jean-Marc Ferreri; Didier Danio, Patrice Garande, Andrzej Szarmach.   Trainer: Guy Roux

Goals: Manuel Fernandes (54), Jaime Pacheco (80)

**AJ AUXERRE
v SPORTING LISBOA 2-2** (1-0, 2-0) (AET)

Abbé Deschamps, Auxerre 3.10.1984

Referee: Robert Valentine (SCO)   Attendance: 21,250

AJ AUXERRE: Joël Bats; Jean Luc Charles, Pawel Janas, Claude Barret, Basile Boli; Dominique Cuperly (68 Bernard Ferrer), Alain Fiard (100 Eric Géraldès), Jean-Marc Ferreri; Patrice Garande, Andrzej Szarmach (Cap), Didier Danio. Trainer: Guy Roux

SPORTING: Vítor Manuel Afonso DAMAS de Oliveira; CARLOS Jorge Marques Caldas XAVIER, OCEANO Andrade da Cruz, VIRGÍLIO Manuel Bagulho Lopes, Pedro Manuel Regateiro VENÂNCIO, MÁRIO JORGE da Silva Pinho Fernandes, ROMEU Fernando Fernandes da Silva (82 GABRIEL Azevedo Mendes), JAIME Moreira PACHECO; José Eldon de Araújo Lobo Júnior "LITO" (68 Luís Filipe Vieira Carvalho "LITOS"), ELDON Armond Bravo, MANUEL José Tavares FERNANDES (Cap).   Trainer: John Toshack

Goals: Szarmach (16, 84), Oceano (93), Litos (119)

**DUKLA BANSKÁ BYSTRICA
v BORUSSIA MÖNCHENGLADBACH 2-3** (1-1)

Štadión na Štiavničkách, Banská Bystrica 19.09.1984

Referee: Peer Frickmann (DEN)   Attendance: 13,923

DUKLA: Miroslav Mentel; Vladimír Kinier, Jozef Oboril, Milan Bagin, Miloš Targoš (79 Milan Lackovic); Dušan Vrťo, Ján Kocian (31 Pavol Dina), Marián Takáč; Jozef Majzlik, Miroslav Miškuf, Milan Němec.   Trainer: Jozef Adamec

BORUSSIA: Ulrich Sude; Bernd Krauss, Hans-Günter Bruns, Hans-Georg Dressen (38 Michael Frontzeck), Ulrich Borowka; Uwe Rahn, Thomas Herbst, Christian Hochstätter; Ewald Lienen, Frank Mill (80 Thomas Krisp), Hans-Jörg Criens. Trainer: Josef Heynckes

Goals: Němec (30, 65 pen), Hochstätter (25), Criens (71), Lienen (77)

**BORUSSIA MÖNCHENGLADBACH
v DUKLA BANSKÁ BYSTRICA 4-1** (1-0)

Bökelberg, Mönchengladbach 3.10.1984

Referee: Stjepan Glavina (YUG)   Attendance: 12,000

BORUSSIA: Ulrich Sude; Bernd Krauss, Hans-Günter Bruns, Wilfried Hannes, Michael Frontzeck (68 Ulrich Borowka); Kai-Erik Herlovsen, Thomas Herbst, Uwe Rahn, Christian Hochstätter (60 Armin Veh), Ewald Lienen, Hans-Jörg Criens. Trainer: Josef Heynckes

DUKLA: Marián Magdolen; Milan Bagin, Jozef Oboril, Vladimír Kinier, Miloš Targoš (85 Vladimír Sivý); Ján Kocian (66 Pavol Dina), Jozef Majzlik, Marián Takáč, Milan Lackovic, Miroslav Miškuf, Milan Němec.   Trainer: Jozef Adamec

Goals: Herbst (27), Rahn (50, 51, 66), Targoš (53)

**BOHEMIANS CKD PRAHA
v APOLLON LIMASSOL 6-1** (3-0)

Štadion-Dolíčku, Praha 19.09.1984

Referee: Lajos Hartmann (HUN)   Attendance: 3,248

BOHEMIANS: Zdeněk Hruška; František Jakubec, Zdeněk Prokeš, Jiří Ondra (71 Jaroslav Marcik), Jozef Kukucka, Stanislav Levý, Peter Zelenský (46 Jiří Sloup), Zdeněk Koukal, Petr Janecka, Tibor Micinec, Vladimír Hruška. Trainer: Tomáš Pospichal

APOLLON: Stavros Lambrou, Giannis Pieris (10 Ermogenis Ermogenous), Stavros Stylianou, Kostas Zittis, Andreas Efrem; Antonis Ilia "Antrelis", Giannis Giagkoudakis, Giannis Ioannou, David Kenny, Ross Jenkins, Andreas Kissonergis (59 Dimitris Agas).   Trainer: Alan Dicks

Goals: Micinec (24, 28, 65), Janečka (33, 54 pen), Jenkins (73), V. Hruška (86)

APOLLON LIMASSOL v BOHEMIANS PRAHA 2-2 (0-1)

Limassol 3.10.1984

Referee: Ahmed Yasharov (BUL)   Attendance: 6,000

APOLLON: Dimitris Miltiadous, Giannis Pieris (.. Giannis Giagkoudakis), Stavros Stylianou, Antonis Ilia "Antrellis", Kostas Zittis; Giannis Giagkoudakis, Giannis Ioannou, David Kenny; Andreas Efrem, Ross Jenkins, Andreas Kissonergis (55 Dimitris Agas).

BOHEMIANS: Zdeněk Hruška, František Jakubec, Zdeněk Prokeš, Jiří Ondra, Jozef Kukucka, Stanislav Levý, Jiří Sloup, Zdeněk Koukal (72 Jaroslav Marcik); Petr Janecka (46 Milan Škoda), Tibor Micinec, Vladimír Hruška.
Trainer: Tomáš Pospíchal

Goals: Janecka (38), Škoda (59), Kenny (75), Stylianou (81)

DINAMO MINSK v HJK HELSINKI 4-0 (3-0)

Dinamo, Minsk 19.09.1984

Referee: Octavian Ștreng (ROM)   Attendance: 32,000

DINAMO: Ivan Zhekiu, Sergei Borovski, Andrei Schalimo, Viktor Yanushevski (61 Yuri Trukhan), Viktor Schischkin, Andrei Zigmantovich, Sergei Gotsmanov, Aleksandr Kisten (27 Valeri Melnikov); Sergei Aleinikov, Viktor Sokol, Georgi Kondratiev.

HJK: Markku Palmroos, Reima Kokko, Keith Osgood, Erik Holmgren, Kalle Niemi, Reijo Linna (61 Petteri Schutschkoff), Erkki Valla (72 Markku Kanerva), Juha Dahllund, Pasi Jaakonsaari, Jari Parikka, Atik Ismail.

Goals: Kondratiev (22, 28, 39), Schalimo (60)

REAL VALLADOLID v NK RIJEKA 1-0 (0-0)

Nuevo José Zorrilla, Valladolid 19.09.1984

Referee: Paolo Bergamo (ITA)   Attendance: 22,000

REAL VALLADOLID: Carlos Alberto FENOY Muguerza; Miguel ARACIL Arnau, José Rodríguez Hernández "FRANCIS", Antonio GARCÍA NAVAJAS, Pablo MARTÍN SÁEZ (46 Luis Mariano MINGUELA Muñoz); EUSEBIO Sacristán Mena (67 Pedro Pérez DUQUE), JORGE Enrique Alonso Mantilla, José MORÉ Bonet, Francisco Javier SÁNCHEZ VALLES, Jorge Orosman DA SILVA Etcheberrito, Patricio Nazario YÁÑEZ Candía.
Trainer: Fernando REDONDO

NK RIJEKA: Mauro Ravnić, Nebojsa Malbasa, Miloš Hrstić, Srećko Juričić, Zvjezdan Radin, Borce Sredojević, Kahrović (66 Stevanović), Nenad Gračan, Danko Matrljan (78 Davor Radmanović), Adrijano Fegić, Damir Desnica.
Trainer: Josip Skoblar

Goal: Da Silva (66)

HJK HELSINKI v DINAMO MINSK 0-6 (0-4)

Olympia, Helsinki 3.10.1984

Referee: Michal Listkiewicz (POL)   Attendance: 1,185

HJK: Markku Palmroos, Reima Kokko, Keith Osgood, Reijo Linna, Kalle Niemi; Erkki Valla, Mika Muhonen (46 Atik Ismail), Juha Dahllund; Pasi Jaakonsaari, Jari Parikka, Markku Kanerva.

DINAMO: Ivan Zhekiu, Sergei Borovski, Yuri Kurnenin, Viktor Yanushevski (27 Liudas Rumbutis), Viktor Schischkin, Yuri Trukhan, Sergei Gotsmanov, Valeri Melnikov; Sergei Aleinikov, Viktor Sokol (55 Aleksandr Metlitski), Georgi Kondratiev.

Goals: Gotsmanov (4, 29, 50, 89), Melnikov (20), Kondratiev (22)

NK RIJEKA v REAL VALLADOLID 4-1 (2-1)

Kantrida, Rijeka 3.10.1984

Referee: Karl-Heinz Tritschler (WG)   Attendance: 12,000

NK RIJEKA: Mauro Ravnić, Nebojsa Malbasa, Zvjezdan Radin, Borce Sredojevic, Miloš Hrstic; Srećko Juričić, Nenad Gračan, Adrijano Fegić; Kahrović (59 Milenković), Danko Matrljan (79 Davor Radmanović), Damir Desnica.
Trainer: Josip Skoblar

REAL VALLADOLID: Carlos Alberto FENOY Muguerza; Ricardo Moar Ríos "RICHARD", Antonio GARCÍA NAVAJAS, Francisco Javier SÁNCHEZ VALLES, Miguel ARACIL Arnau, JORGE Enrique Alonso Mantilla, José Rodríguez Hernández "FRANCIS", EUSEBIO Sacristán Mena (70 Pedro Pérez DUQUE), José MORÉ Bonet, Patricio Nazario YÁÑEZ Candía (59 Luis Mariano MINGUELA Muñoz), Jorge Orosman DA SILVA Etcheberrito.   Trainer: Fernando REDONDO

Goals: Fegić (5, 77), Hrstić (24), Moré (26), Desnica (84)

OB ODENSE v SPARTAK MOSKVA 1-5 (1-2)

Odense stadion 19.09.1984

Referee: Henk J. van Ettekoven (HOL)   Attendance: 3,308

OB: Lars Høgh, T. Nielsen, B. Hansen, Frank Clausen, Henrik Eigenbrod, K. Ziegler (64 Carsten Margaard), Moseby, Allan Hansen, B. Nielsen, Hans Peter Utoft, Keld Bordingaard (73 A. Nielsen).

SPARTAK: Rinat Dasaev; Vladimir Sochnov, Boris Pozdniakov (70 Sergei Schulgin), Evgeni Sidorov, Aleksandr Bubnov, Sergei Schavlo, Evgeni Kuznetsov, Gennadi Morozov, Yuri Gavrilov, Fiedor Cherenkov, Sergei Rodionov (70 Guram Adzhoev).

Goals: Utoft (17), Gavrilov (26), Sidorov (43), Schavlo (57), Rodionov (59), Kuznetsov (64)

SPARTAK MOSKVA v OB ODENSE 2-1 (1-1)

Lenin stadion, Moskva   3.10.1984

Referee: Stefanos Hadjistephanou (CYP)   Att: 19,500

SPARTAK: Rinat Dasaev; Vladimir Sochnov, Boris Pozdniakov, Evgeni Sidorov, Aleksandr Bubnov; Sergei Schavlo, Evgeni Kuznetsov, Gennadi Morozov, Yuri Gavrilov (46 Sergei Schvetsov), Fiedor Cherenkov, Sergei Rodionov.

OB: Lars Høgh; Frank Clausen, B. Hansen, Allan Nielsen, Henrik Eigenbrod; Kim Ziegler, Hans Peter Utoft, Ulrik Moseby; Vilhelm Munk-Nielsen, Keld Bordingaard, Micky Rasmussen.

Goals: Cherenkov (18), Rasmussen (43), Sidorov (65)

**OLYMPIAKOS PEIRAIAS
v NEUCHATEL XAMAX 1-0** (1-0)

Olympiako, Athina   19.09.1984

Referee: Vladimir Kuznetsov (USSR)   Attendance: 61,978

OLYMPIAKOS: Nikos Sargkanis; Petros Xanthopoulos, Stavros Papadopoulos, Petros Mihos, Nikos Vamvakoulas; Roger Albertsen, Tasos Mitropoulos, Meletis Persias; Kurt Welzl (65 Takis Lemonis), Nikos Anastopoulos, Giorgos Kokolakis (46 Vaggelis Kousoulakis).   Trainer: Georg Kessler

XAMAX: Karl Engel; Tiziano Salvi, Don Givens, Mirko Tacchella, Silvano Bianchi, Enrique Mata, Pierre Thévenaz (72 Edouard Léger), Philippe Perret, Rudolf Elsener (65 Patrice Mottiez), Robert Lüthi, Pascal Zaugg.   Trainer: Gilbert Gress

Goal: Mitropoulos (2)

**LOKOMOTIVE LEIPZIG
v SK LILLESTRØM 7-0** (2-0)

Bruno-Plache st. Leipzig   19.09.1984

Referee: Franz Latzin (AUS)   Attendance: 12,000

LOKOMOTIVE: René Müller; Andreas Treske, Frank Baum, Ronald Kreer, Uwe Zötzsche; Uwe Bredow (73 Peter Schöne), Lutz Moldt, Matthias Lindner, Matthias Liebers; Dieter Kühn, Olaf Marschall.   Trainer: Harro Miller

LILLESTRØM: Arne Amundsen; Tor Inge Smedås, Ole Dyrstad, Bård Bjerkeland, Hans Jørgen Stordahl; Bjørnar Erlandsen, Joar Vaadal, Pål Forsnes (61 Arne Erlandsen), Rune Richarsen; Lasse Opseth (46 Georg Hammer), André Krogsaeter.

Goals: Zötzsche (17 pen, 57 pen), Baum (44), Lindner (69), Kühn (78, 84, 89)

**NEUCHATEL XAMAX
v OLYMPIAKOS PEIRAIAS 2-2** (1-0)

Stade de la Maladière, Neuchâtel   3.10.1984

Referee: Adolf Prokop (DDR)   Attendance: 11,200

XAMAX: Karl Engel; Tiziano Salvi (77 Patrice Mottiez), Don Givens, Stéphane Forestier, Silvano Bianchi; Enrique Mata, Pierre Thévenaz, Philippe Perret; Rudolf Elsener, Robert Lüthi, Pascal Zaugg.   Trainer: Gilbert Gress

OLYMPIAKOS: Nikos Sargkanis; Petros Xanthopoulos, Stavros Papadopoulos, Petros Mihos, Nikos Vamvakoulas; Vaggelis Kousoulakis, Roger Albertsen, Tasos Mitropoulos; Kurt Welzl (58 Takis Lemonis), Nikos Anastopoulos, Giorgos Kokolakis (78 Giorgos Togias).   Trainer: Georg Kessler

Goals: Lüthi (25), Anastopoulos (53, 89), Zaugg (71)

**LILLESTRØM SK
v LOKOMOTIVE LEIPZIG 3-0** (1-0)

Åråsen, Lillestrøm   3.10.1984

Referee: David Richardson (ENG)   Attendance: 416

LILLESTRØM: Arne Amundsen; Georg Hammer, Hans Jørgen Stordahl, Bård Bjerkeland, Tor Inge Smedås; Pål Forsnes (88 Lars Falao), Arne Erlandsen, Bjørnar Erlandsen (46 Lasse Opseth), Rune Richardsen; Stein Eilertsen, André Krogsaeter.

LOKOMOTIVE: René Müller; Wolfgang Altmann, Andreas Treske, Ronald Kreer, Uwe Zötzsche; Matthias Lindner, Lutz Moldt, Matthias Liebers (5 Peter Schöne), Uwe Bredow; Olaf Marschall, Hans Richter.   Trainer: Harro Miller

Goals: Eilertsen (13), Krogsaeter (55), Forsnes (70)

SLIVEN v ZELJEZNICAR SARAJEVO 1-0 (0-0)

Hadzi Dimitar, Sliven   19.09.1984

Referee: Antonin Reznicek (CZE)   Attendance: 15,000

SLIVEN: Dancho Iorgov; Plamen Prodanov, Nikolai Arabov, Nenko Kanev, Sergei Hristov, Petar Rashev, Vasko Shalamanov (58 Jivko Kelepov), Ivan Valchev (72 Ivan Metodiev), Tsonko Simeonov, Tenko Dobrev, Demir Demirev.

ZELJEZNICAR: Dragan Skrba; Branislav Berjan, Mirsad Baljić, Haris Skoro, Refik Sabanadzović, Josip Cilić, Edin Bahtić, Dragan Odović, Edin Curić (56 Zoran Samardzija), Mehmed Bazdarević, Nikola Nikić.   Trainer: Ivica Osim

Goal: Demirev (89)

ZELJEZNICAR SARAJEVO v SLIVEN 5-1 (2-1)
Grbavica, Sarajevo   3.10.1984
Referee: Anatoli Milchenko (USSR)   Attendance: 15,000
ZELJEZNICAR: Dragan Skrba; Branislav Berjan, Mirsad Baljić, Haris Skoro, Refik Sabanadzović, Josip Cilić, Edin Bahtić (85 Matković), Dragan Odović, Edin Curić (79 Zoran Samardzija), Mehmed Bazdarević, Nikola Nikić.
Trainer: Ivica Osim
SLIVEN: Dancho Iorgov; Plamen Prodanov, Nikolai Arabov (70 Vasko Shalamanov), Angel Kalburov, Sergei Hristov; Vasko Santurov (59 Ivan Metodiev), Petar Rashev, Ivan Valchev, Tsonko Simeonov, Tenko Dobrev, Demir Demirev.
Goals: Simeonov (16), Curić (20), Bahtić (28, 55, 70), Baljić (65)

**FENERBAHÇE ISTANBUL
v AC FIORENTINA FIRENZE 0-1** (0-1)
Istanbul   19.09.1984
Referee: Romualdas Yushka (USSR)   Attendance: 11,886
FENERBAHÇE: Yasar Duran, Ismail Kartal, Sedat Karaoglu, Abdülkerim Durmaz, Cem Pamiroglu, Önder Çakar, Dušan Pesić (65 Engin Verel), Müjdat Yetkiner (63 Hüseyin Çakiroglu), Senol Çorlu, Ilyas Tüfekçi, Srebrenko Repcić.
Trainer: Veselinović
FIORENTINA: Giovanni Galli; Leonardo Occhipinti, Claudio Gentile, Gabriele Oriali, Luca Moz, Daniel Alberto Passarella, Daniele Massaro, SOCRATES Sampaio de Souza Vieira Oliveira (89 Stefano Carobbi), Paolo Monelli (83 Claudio Pellegrini), Eraldo Pecci, Pasquale Iachini.
Trainers: Giancarlo De Sisti & Onesti
Goal: Pecci (18)

AS MONACO v CSKA SOFIA 2-2 (2-2)
Louis II, Monaco   19.09.1984
Referee: Emilio Soriano Aladrén (SPA)   Attendance: 18,307
AS MONACO: Henri Stambouli; Claude Puel, Yvon Le Roux, Ernest Simon, Manuel Amoros; Nenad Stojkovic (60 Carlos Lopez), Eric Benoît, Bernard Genghini; Daniel Bravo, Philippe Anziani, Bruno Bellone.   Trainer: Lucien Muller
CSKA: Georgi Velinov; Nedialko Mladenov, Krasimir Bezinski, Radoslav Zdravkov, Vasil Tinchev (71 Metodi Tomanov); Georgi Dimitrov, Plamen Markov, Kostadin Ianchev; Lachezar Tanev, Georgi Slavkov (74 Iordan Dimitrov), Stoicho Mladenov.   Trainer: Manol Manolov
Goals: Genghini (8, 19), Slavkov (14), Markov (16)

**AC FIORENTINA FIRENZE
v FENERBAHÇE ISTANBUL 2-0** (1-0)
Stadio Comunale, Firenze   3.10.1984
Referee: Brian McGinlay (SCO)   Attendance: 15,000
FIORENTINA: Giovanni Galli; Claudio Gentile, Renzo Contratto, Gabriele Oriali (46 Leonardo Occhipinti), Luca Moz, Daniel Alberto Passarella, Daniele Massaro, SOCRATES Sampaio de Souza Vieira Oliveira, Paolo Monelli, Eraldo Pecci, Claudio Pellegrini (74 Paolo Pulici).
Trainers: Giancarlo De Sisti & Onesti
FENERBAHÇE: Yasar Duran; Ismail Kartal, Erdogan Arica, Önder Çakar, Abdülkerim Durmaz, Cem Pamiroglu, Dušan Pesić (46 Sharit), Müjdat Yetkiner, Senol Çorlu, Ilyas Tüfekci, Srebrenko Repcić (70 Engin Verel).   Trainer: Veselinović
Goals: Passarella (33 pen), Pulici (83)

CSKA SOFIA v AS MONACO 2-1 (2-0)
St. Narodna Armia, Sofia   3.10.1984
Referee: Talal Tokat (TUR)   Attendance: 30,000
CSKA: Georgi Velinov; Nedialko Mladenov, Georgi Dimitrov, Radoslav Zdravkov, Vasil Tinchev; Krasimir Bezinski, Lachezar Tanev, Kostadin Ianchev, Plamen Markov (82 Rudji Kerimov); Georgi Slavkov, Stoicho Mladenov (88 Iordan Dimitrov).
AS MONACO: Henri Stambouli; Claude Puel, Nenad Stojkovic, Ernest Simon, Manuel Amoros; Eric Benoît, Carlos Lopez, Daniel Bravo, Bernard Genghini; Philippe Anziani (83 Guy Platto), Bruno Bellone (46 Philippe Tibeuf).
Goals: S. Mladenov (7), Zdravkov (13 pen), Tibeuf Zako (75)

**REAL BETIS SEVILLA
v UNIVERSITATEA CRAIOVA 1-0** (0-0)
Benito Villamarín, Sevilla   19.09.1984
Referee: Michel Vautrot (FRA)   Attendance: 25,000
BETIS: José Ramón ESNAOLA Laburu; DIEGO Rodríguez Fernández (72 José Díaz CALLEJA), Al-lal Mohamed Amar "ALEX", Francisco Javier MANTILLA Mier, Rafael GORDILLO Vázquez; Antolín ORTEGA Fernández (58 Pedro Valdominos Horche "VALDO"), Antonio PARRA Fernández, José Carlos SUÁREZ García, Julio CARDEÑOSA Rodríguez; Hipólito RINCÓN Povedano, Francisco Machín García Puente "PACO".
UNIVERSITATEA: Silviu Lung; Nicolae Negrilă, Mircea Irimescu, Costică Ştefănescu, Nicolae Ungureanu; Aurel Ţicleanu (22 Aurel Beldeanu), Adrian Popescu, Marian Bîcu; Ion Geolgău, Rodion Cămătaru, Sorin Cîrţu (71 Octavian Popescu).   Trainer: Mircea Rădulescu
Goal: Suárez (79)

**UNIVERSITATEA CRAIOVA
v REAL BETIS SEVILLA 1-0** (0-0, 1-0) (AET)

Central, Craiova 3.10.1984

Referee: Heinz Fahnler (AUS)   Attendance: 35,000

UNIVERSITATEA: Silviu Lung; Nicolae Negrilă, Mircea Irimescu, Costică Ştefănescu, Nicolae Ungureanu (91 Octavian Popescu); Aurel Ţicleanu (82 Marian Bîcu), Aurel Beldeanu, Ion Geolgău, Adrian Popescu; Rodion Cămătaru, Sorin Cîrţu. Trainer: Mircea Rădulescu

BETIS: José Ramón ESNAOLA Laburu; DIEGO Rodríguez Fernández, Al-lal Mohamed Amar "ALEX", Francisco Javier MANTILLA Mier, Rafael GORDILLO Vázquez; Antonio PARRA Fernández, Antolín ORTEGA Fernández, Julio CARDEÑOSA Rodríguez (84 Antonio CASADO Ruiz), José Carlos SUÁREZ García; Francisco Machín García Puente "PACO" (68 José Díaz CALLEJA), Hipólito RINCÓN Povedano.

Sent off: Diego (46), Cămătaru (104)

Goal: Cîrţu (46)

Penalties: 1-0 Irimescu, 1-1 Casado, 2-1 Bîcu, 2-2 Mantilla, 3-2 Cîrţu, 3-3 Calleja, 4-3 Ştefănescu, Rincón (miss), 5-3 O. Popescu

1.FC KÖLN v POGON SZCZECIN 2-1 (0-1)

Müngersdorfer Stadion, Köln 19.09.1984

Referee: Edwin Borg (MAL)   Attendance: 17,000

1.FC KÖLN: Harald Schumacher, Mathias Hönerbach, Manfred Lefkes, William Hartwig, Hans-Peter Lehnhoff, Hans-Werner Reif (46 Frank Hartmann), Uwe Haas (62 Uwe Bein), Stephan Engels, Andreas Gielchen, Pierre Littbarski, Klaus Allofs. Trainer: Hannes Löhr

POGON: Marek Szczech, Marek Ostrowski, Janusz Makowski, Kazimierz Sokolowski, Mariusz Kuras, Adam Kensy, Jacek Duchowski (74 Andrzej Miazek), Jerzy Hawrylewicz, Krzysztof Urbanowicz, Janusz Turowski, Marek Lesniak.

Goals: Haas (35 og), Engels (52), Littbarski (76)

POGON SZCZECIN v 1.FC KÖLN 0-1 (0-0)

Pogon, Szczeczin 3.10.1984

Referee: Arto Ravander (FIN)   Attendance: 25,000

POGON: Marek Szczech, Marek Ostrowski, Janusz Makowski, Kazimierz Sokolowski, Zbigniew Czepan, Jerzy Hawrylewicz, Adam Kensy, Leszek Wolski, Mariusz Kuras, Janusz Turowski, Marek Lesniak.

1.FC KÖLN: Harald Schumacher, Mathias Hönerbach, Manfred Lefkes, Paul Steiner, Andreas Gielchen, Hans-Peter Lehnhoff (54 William Hartwig), Uwe Bein, Stephan Engels, Frank Hartmann, Pierre Littbarski, Klaus Allofs. Trainer: Hannes Löhr

Goal: Bein (71)

WIDZEW LÓDZ v ÅRHUS GF 2-0 (1-0)

Widzew, Lódz 20.09.1984

Referee: Sinasi Berisa (YUG)   Attendance: 15,000

WIDZEW: Henryk Bolesta; Krzysztof Kaminski, Marek Dziuba, Tadeusz Swiatek, Miroslaw Myslinski, Miroslaw Jaworski (83 Miroslaw Kuniczuk), Wieslaw Wraga, Jerzy Wijas, Krzysztof Kajrys (64 Jerzy Leszczyk), Dariusz Dziekanowski, Wlodzimierz Smolarek.

ÅRHUS GF: Troels Rasmussen; Bent Wachmann (47 Svenningsen), Grønbeck, John Stampe, Frank Olsen, Mørup (67 Mortensen), Morten Donnerup, Per Beck Andersen, Hansen, Willy Scheepers, Karsten Christensen.

Goals: Dziekanowski (21 pen), Swiatek (52)

ÅRHUS GF v WIDZEW LÓDZ 1-0 (1-0)

Århus stadion 3.10.1984

Referee: Gudmundur Haraldsson (ICE)   Attendance: 4,000

ÅRHUS GF: Troels Rasmussen, Willy Scheepers, John Stampe, Grønbeck, Frank Olsen, Per Beck Andersen (42 Peter Vesterdal), Morten Donnerup, Hansen, Karsten Christensen, Mortensen, Lars Lundkvist.

WIDZEW: Henryk Bolesta; Miroslaw Myslinski, Marek Dziuba, Jerzy Wijas, Krzysztof Kaminski; Tadeusz Swiatek, Piotr Romke, Krzysztof Kajrys (74 Miroslaw Jaworski); Wieslaw Wraga (84 Jerzy Leszczyk), Dariusz Dziekanowski, Wlodzimierz Smolarek.

Goal: Lundqvist (21)

**SPORTUL STUDENŢESC BUCUREŞTI
v INTERNAZIONALE MILANO 1-0** (0-0)

23 August, Bucureşti 20.09.1984

Referee: Augusto Lamo Castillo (SPA)   Attendance: 25,000

SPORTUL STUDENŢESC: Andrei Speriatu; Marian Mihail, Paul Cazan, Gino Iorgulescu, Ion Munteanu; Alexandru Terheş (88 Aurel Munteanu), Constantin Pană, Laurenţiu Bozeşan (83 Imilian Şerbănică); Marcel Coraş, Mircea Sandu, Gheorghe Hagi. Trainer: Constantin Ardeleanu

INTER: Walter Zenga; Giuseppe Bergomi, Fulvio Collovati, Graziano Bini, Giuseppe Baresi; Andrea Mandorlini, William Brady, Giampiero Marini; Franco Causio, Alessandro Altobelli, Carlo Muraro (78 Giancarlo Pasinato). Trainers: Ilario Castagner & Giancarlo Cella

Goal: M. Sandu (84)

INTERNAZIONALE MILANO
v SPORTUL STUDENŢESC BUCUREŞTI 2-0 (0-0)

Giuseppe Meazza, Milano 3.10.1984

Referee: Erik Fredriksson (SWE)

INTER: Walter Zenga; Giuseppe Bergomi, Fulvio Collovati, Riccardo Ferri, Giuseppe Baresi; Andrea Mandorlini (89 Giampiero Marini), William Brady, Antonio Sabato, Karl-Heinz Rummenigge; Alessandro Altobelli, Giancarlo Pasinato (35 Franco Causio). Trainer: Ilario Castagner

SPORTUL STUDENŢESC: Andrei Speriatu; Marian Mihail, Paul Cazan, Gino Iorgulescu, Ion Munteanu; Alexandru Terheş (77 Romulus Chihaia), Constantin Pană, Laurenţiu Bozeşan, Marcel Coraş; Mircea Sandu, Gheorghe Hagi. Trainer: Constantin Ardeleanu

Goals: Brady (69), K.H. Rummenigge (85)

SECOND ROUND

STANDARD LIÈGE v 1.FC KÖLN 0-2 (0-1)

Stade Maurice Dufrasne 'Sclessin', Liège 24.10.1984

Referee: Eduard Sostarić (YUG) Attendance: 15,000

STANDARD: Gilbert Bodart; Freddy Luyckx, Michel Collard, Patrick Aussems, Michel Wintacq; Heinz Gründel, Guy Hellers, Eddy Snelders, Etienne Delangre, Guy Dardenne, Roger Raeven (76 Patrick Bonomi). Trainer: Louis Pilot

1.FC KÖLN: Harald Schumacher; Gerd Strack, Mathias Hönerbach, Paul Steiner, Hans-Peter Lehnhoff, Karl-Heinz Geils (84 Frank Hartmann); William Hartwig (48 Andreas Gielchen), Uwe Bein, Stephan Engels, Pierre Littbarski, Klaus Allofs. Trainer: Hannes Löhr

Goals: Littbarski (38), Bein (80)

1.FC KÖLN v STANDARD LIÈGE 2-1 (1-0)

Müngersdorfer Stadion, Köln 7.11.1984

Referee: Heinz Fahnler (AUS) Attendance: 26,000

1.FC KÖLN: Harald Schumacher; Mathias Hönerbach, Gerd Strack, Paul Steiner, Andreas Gielchen (46 William Hartwig), Hans-Peter Lehnhoff, Uwe Bein (68 Thomas Hässler), Stephan Engels, Karl-Heinz Geils, Pierre Littbarski, Klaus Allofs. Trainer: Hannes Löhr

STANDARD: Gilbert Bodart; Michel Collard, Patrick Aussems, Michel Wintacq, Freddy Luyckx; Eddy Snelders, Etienne Delangre, Guy Hellers; Heinz Gründel, Guy Dardenne, Roger Raeven (67 Jean-Marc Bosman). Trainer: Louis Pilot

Goals: Strack (41), K. Allofs (54), Gründel (75)

AC FIORENTINA FIRENZE
v ANDERLECHT BRUSSEL 1-1 (1-0)

Stadio Comunale, Firenze 24.10.1984

Referee: George Courtney (ENG) Attendance: 55,500

FIORENTINA: Giovanni Galli; Carlo Pascucci, Renzo Contratto, Gabriele Oriali (76 Stefano Carobbi), Leonardo Occhipinti, Daniel Alberto Passarella, Daniele Massaro, SOCRATES Sampaio de Souza Vieira Oliveira, Paolo Monelli (76 Paolo Pulici), Eraldo Pecci, Pasquale Iachini. Trainer: Giancarlo De Sisti

ANDERLECHT: Jacky Munaron; Luka Peruzović, Georges Grün, Vincenzo Scifo, Michel de Groote, Frank Vercauteren, René Vandereycken, Wim Hofkens (51 Walter de Greef), Erwin Vandenbergh, Morten Olsen, Alex Czerniatynski (88 Per Frimann-Hansen). Trainer: Paul van Himst

Goals: Socrates (22), Vandenbergh (50)

ANDERLECHT BRUSSEL
v AC FIORENTINA FIRENZE 6-2 (1-0)

Constant Vanden Stock, Brussel 7.11.1984

Referee: Dušan Krchnák (CZE) Attendance: 41,000

ANDERLECHT: Jacky Munaron; Georges Grün, Michel de Groote, Vincenzo Scifo, Luka Peruzović, Morten Olsen, René Vandereycken, Frank Arnesen (52 Per Frimann-Hansen), Erwin Vandenbergh (66 Walter de Greef), Frank Vercauteren, Alex Czerniatynski. Trainer: Paul van Himst

FIORENTINA: Giovanni Galli; Claudio Gentile, Renzo Contratto, Gabriele Oriali, Carlo Pascucci (73 Claudio Pellegrini), Leonardo Occhipinti, Daniele Massaro, SOCRATES Sampaio de Souza Vieira Oliveira, Paolo Monelli (79 Paolo Pulici), Eraldo Pecci, Pasquale Iachini. Trainer: Giancarlo De Sisti

Goals: De Groote (11), Socrates (50 pen), Czerniatynski (59), Vandenbergh (60), Frimann-Hansen (69), Iachini (70), Vercauteren (77 pen), Scifo (83 pen)

CLUB BRUGGE
v TOTTENHAM HOTSPUR LONDON 2-1 (1-0)

Olympiastadion, Brugge 24.10.1984

Referee: André Daina (SWI) Attendance: 25,000

CLUB BRUGGE: Birger Jensen; Tew Mamadou (55 Luc Beyens), Hugo Broos, Franky van der Elst, Gino Maes, Alex Querter, René Verheyen (65 Luc Hinderijckx), Leo van der Elst, Jan Ceulemans, Willy Wellens, Marc Degryse. Trainer: Henk Houwaart

TOTTENHAM: Raymond Clemence, Stephen Perryman, Paul Miller, Graham Roberts, Christopher Hughton, Gary Stevens, Michael Hazard (60 Glenn Hoddle), Anthony Galvin, John Chiedozie, Mark Falco, Garth Crooks (69 Clive Allen). Manager: Peter Shreeves

Sent off: Hoddle (84)

Goals: Ceulemans (5), B. Jensen (80 pen), Allen (82)

**TOTTENHAM HOTSPUR LONDON
v CLUB BRUGGE 3-0** (3-0)

White Hart Lane, London   7.11.1984

Referee: Augusto Lamo Castillo (SPA)   Attendance: 34,356

TOTTENHAM: Raymond Clemence; Gary Stevens, Gary Mabbutt, Graham Roberts, Paul Miller; Stephen Perryman, John Chiedozie (77 Garry Brooke), Mark Falco, Clive Allen (88 Daniel Thomas), Michael Hazard, Anthony Galvin.   Manager: Peter Shreeves

CLUB BRUGGE: Birger Jensen; Luc Beyens, Franky van der Elst, Hugo Broos, Luc Hinderyckx, Jan Ceulemans (46 Stefan Vereycken), René Verheyen, Alex Quertier, Willy Wellens, Marc Degryse, Leo van der Elst (88 Johan Renier).   Trainer: Henk Houwaart

Goals: Hazard (5), Allen (28), Roberts (37)

**INTERNAZIONALE MILANO
v GLASGOW RANGERS 3-0** (1-0)

Stadio Giuseppe Meazza, Milano   24.10.1984

Referee: Volker Roth (WG)   Attendance: 65,591

INTERNAZIONALE: Walter Zenga; Giuseppe Bergomi, Giuseppe Baresi, Andrea Mandorlini (76 Giampiero Marini), Fulvio Collovati, Graziano Bini, Giancarlo Pasinato (64 Franco Causio), Antonio Sabato, Alessandro Altobelli, William Brady, Karl-Heinz Rummenigge.   Trainer: Ilario Castagner

RANGERS: Peter McCloy; Alistair Dawson, John McClelland, David McPherson, Craig Paterson, Ian Redford, Robert Russell (70 Iain Ferguson), Campbell Fraser, Alistair McCoist (85 Robert Fleck), Robert Prytz, David Cooper.   Trainer: John Wallace

Goals: Sabato (17), Causio (67), K.H. Rummenigge (87)

**GLASGOW RANGERS
v INTERNAZIONALE MILANO 3-1** (2-1)

Ibrox, Glasgow   7.11.1984

Referee: Vojtěch Christov (CZE)   Attendance: 33,000

RANGERS: Peter McCloy; Alistair Dawson, John McClelland, David McPherson, Craig Paterson, Ian Redford, David MacKinnon, Campbell Fraser, Iain Ferguson (71 Alistair McCoist), David Mitchell, Robert Prytz (75 Stuart Munro).   Trainer: John Wallace

INTERNAZIONALE: Walter Zenga; Giuseppe Bergomi, Giuseppe Baresi, Riccardo Ferri, Fulvio Collovati, Graziano Bini, Andrea Mandorlini, Antonio Sabato, Alessandro Altobelli, William Brady, Karl-Heinz Rummenigge.   Trainer: Ilario Castagner

Goals: Mitchell (5), Altobelli (15), D. Ferguson (17, 55)

LINZER ASK v DUNDEE UNITED 1-2 (1-1)

Linzer stadion   24.10.1984

Referee: Ioan Igna (ROM)   Attendance: 18,500

LASK: Klaus Lindenberger; Gert Trafella, Christian Lehermayr, Klaus Dantlinger, Kurt Nagl, Wolfgang Nagl (70 Michael Toppel), Walter Koch, Karl Meister; Erwin Höld, Maximilian Hagmayr, Tadeusz Malnowicz.

DUNDEE UNITED: Hamish McAlpine; Richard Gough, Paul Hegarty, David Narey, Maurice Malpas; John Holt, William Kirkwood, Stuart Beedie, Eamonn Bannon; Ralph Milne (73 Alex Taylor), Paul Sturrock.   Manager: James McLean

Goals: Kirkwood (15), Hagmayr (26), Bannon (88 pen)

DUNDEE UNITED v LINZER ASK 5-1 (2-1)

Tannadice Park, Dundee   7.11.1984

Referee: Klaus Scheurell (DDR)   Attendance: 10,185

DUNDEE UNITED: Hamish McAlpine; Gary McGinnis, Paul Hegarty, David Narey, Richard Gough; Stuart Beedie, John Holt, Alex Taylor; Thomas Coyne, Paul Sturrock (69 John Reilly), Eamonn Bannon (80 David Beaumont).   Manager: James McLean

LASK: Klaus Lindenberger; Gert Trafella, Christian Lehermayr, Klaus Dantlinger, Kurt Nagl; Rupert Lehrmayr, Wolfgang Nagl, Andreas Roth, Erwin Höld (62 Michael Toppel), Maximilian Hagmayr, Tadeusz Malnowicz.

Goals: Hegarty (15), Hagmayr (33), Coyne (45, 58), Gough (75), Beaumont (88)

**QUEENS PARK RANGERS LONDON
v PARTIZAN BEOGRAD 6-2** (3-2)

Arsenal Stadium, Highbury, London   24.10.1984

Referee: Karl-Heinz Tritschler (WG)   Attendance: 7,836

QPR: Peter Hucker; Warren Neill, Ian Dawes, Wayne Fereday, Stephen Wicks, Terence Fenwick, Ian Stewart (46 Steve Burke), Mike Fillery, Gary Bannister, Simon Stainrod, John Gregory.   Manager: Alan Mullery

PARTIZAN: Fahrudin Omerović, Miodrag Radović (46 Radomir Radulović), Slobodan Rojević, Miodrag Ješić, Dragan Kaličanin, Ljubomir Radanović (46 Zvonko Popović), Miloš Djelmas, Vladimir Vermezović, Dragan Mance, Admir Smajić, Nikica Klinčarski.   Trainer: Nenad Bjeković

Sent off: Neill (76)

Goals: Gregory (13), Klinčarski (14), Mance (25), Fereday (26), Stainrod (44), Neill (54), Bannister (57, 83)

PARTIZAN BEOGRAD
v QUEENS PARK RANGERS LONDON 4-0 (2-0)

JNA, Beograd   7.11.1984

Referee: Valeri Butenko (USSR)   Attendance: 60,000

PARTIZAN: Fahrudin Omerović; Nikola Marjanović, Slobodan Rojević (87 Vladimir Vermezović), Miodrag Ješić, Dragan Kaličanin, Ljubomir Radanović, Admir Smajić, Zvonko Živković, Dragan Mance, Zoran Dimitrijevic (68 Slaviša Vukicević), Nikica Klinčarski.   Trainer: Nenad Bjeković

QPR: Peter Hucker; Gary Chivers, Ian Dawes, Gary Waddock (65 Gary Micklewhite), Stephen Wicks, Terence Fenwick, Wayne Fereday, Mike Fillery, Gary Bannister, Simon Stainrod, John Gregory.   Manager: Alan Mullery

Goals: Mance (4), Kaličanin (40 pen), Ješić (46), Živković (64)

PSV EINDHOVEN v MANCHESTER UNITED 0-0

Philips sportpark, Eindhoven   24.10.1984

Referee: Ulf Eriksson (SWE)   Attendance: 24,775

PSV: Hans Van Breukelen, Berry van Aerle, Huub Stevens, Ernie Brandts, Jan Heintze, Willy van de Kerkhof, Glenn Hysén, Michel Valke, Frans Van Rooij (77 Piet Wildschut), Kenneth Brylle, Hallvar Thoresen.

MANCHESTER UNITED: Gary Bailey; John Gidman, Kevin Moran, Graeme Hogg, Arthur Albiston; Gordon Strachan, Remi Moses, Bryan Robson, Jesper Olsen, Mark Hughes, Alan Brazil.   Manager: Ron Atkinson

MANCHESTER UNITED
v PSV EINDHOVEN 1-0 (0-0, 0-0) (AET)

Old Trafford, Manchester   7.11.1984

Referee: Luigi Agnolin (ITA)   Attendance: 39,281

MANCHESTER UNITED: Gary Bailey; John Gidman, Kevin Moran (24 William Garton), Graeme Hogg, Arthur Albiston; Gordon Strachan, Remi Moses, Bryan Robson, Jesper Olsen, Mark Hughes, Francis Stapleton (75 Norman Whiteside). Manager: Ron Atkinson

PSV: Hans Van Breukelen, Berry van Aerle, Huub Stevens, Ernie Brandts, Jan Heintze, Ton Lokhoff, Willy van de Kerkhof, Glenn Hysén (106 Peter Corbijn), Michel Valke, Kenneth Brylle (114 Frans Van Rooij), Hallvar Thoresen.

Goal: Strachan (92 pen)

AJAX AMSTERDAM
v BOHEMIANS PRAHA 1-0 (1-0)

Ajax, Amsterdam   24.10.1984

Referee: Adolf Prokop (DDR)   Attendance: 9,240

AJAX: Hans Galjé, Sonny Silooy, Frank Rijkaard, Ronald Spelbos, Peter Boeve, Ronald Koeman, Gerald Vanenburg, Dick Schoenaker, John Bosman (66 Wilco Van Buuren), Marco van Basten, Rob De Wit (79 Felix Gasselich).
Trainer: Aad de Mos

BOHEMIANS: Vladimír Borovicka, František Jakubec, Zdeněk Prokeš, Jiří Ondra, Jozef Kukucka, Stanislav Levý, Peter Zelenský, Zdeněk Koukal, Petr Janecka, Milan Škoda, Vladimír Hruska.   Trainer: Tomáš Pospíchal

Goal: Bosman (27)

BOHEMIANS PRAHA
v AJAX AMSTERDAM 1-0 (0-0)

Štadion-Dolíčku, Praha   7.11.1984

Referee: David F.T. Syme (SCO)   Attendance: 18,000

BOHEMIANS: Vladimír Borovicka, Stanislav Levý, Zdeněk Prokeš, Jiří Ondra, Jozef Kukucka, Jiří Sloup, Peter Zelenský, Zdeněk Koukal, Petr Janecka, Tibor Micinec (46 Milan Škoda), Vladimír Hruska (64 František Jakubec).
Trainer: Tomáš Pospíchal

AJAX: Hans Galjé, Sonny Silooy, Frank Rijkaard (91 John Bosman), Ronald Spelbos, Peter Boeve, Edo Ophof, Ronald Koeman, Dick Schoenaker, Felix Gasselich (70 Rob De Wit), Gerald Vanenburg, Marco van Basten.   Trainer: Aad de Mos

Goal: Sloup (80)

Penalties: 1-0 Levy; Spelbos (miss); 2-0 Janecka; 2-1 Ophof; 3-1 Sloup; 3-2 R. Koeman; 4-2 Kukucka; Schoenaker (miss)

NK RIJEKA v REAL MADRID 3-1 (2-0)

Kantrida, Rijeka   24.10.1984

Referee: Keith Hackett (ENG)   Attendance: 25,000

NK RIJEKA: Mauro Ravnić, Nebojsa Malbasa (64 Milenković), Miloš Hrstić, Srećko Juričić, Ticić, Borce Sredojević, Stevanović, Nenad Gračan (16 Davor Radmanović), Danko Matrljan, Adrijano Fegić, Damir Desnica.   Trainer: Josip Skoblar

REAL: MIGUEL ÁNGEL González Suárez; Miguel Porlan Noguera "CHENDO", José Antonio CAMACHO Alfaro, Ulrich Stielike, Isidoro SAN JOSÉ Pozo; Manuel SANCHIS Hontiyuelo, Ricardo GALLEGO Redondo (68 Rafael MARTÍN VÁZQUEZ), Francisco PINEDA García (75 ISIDRO Díaz González), Juan José LOZANO Bohorquez, Emilio BUTRAGUEÑO Santos, Carlos Alonso González "SANTILLANA".   Trainer: AMANCIO Amaro Varela

Goals: Fegić (39, 58), Matrljan (40), Isidro (81)

REAL MADRID v NK RIJEKA 3-0 (0-0)
Estadio Santiago Bernabéu, Madrid 7.11.1984
Referee: Roger Schoeters (BEL)   Attendance: 55,000
REAL: MIGUEL ÁNGEL González Suárez, Miguel Porlan Noguera "CHENDO", José Antonio CAMACHO Alfaro, Ulrich Stielike, Alfonso FRAILE Sánchez (60 Emilio BUTRAGUEÑO Santos), Isidoro SAN JOSÉ Pozo, Juan Gomez González "JUANITO", José Miguel González Martín del Campo "MICHEL", Carlos Alonso González "SANTILLANA", Juan José LOZANO Bohorquez (46 Manuel SANCHIS Hontiyuelo), Jorge Alberto VALDANO Castellano.
Trainer: AMANCIO Amaro Varela

NK RIJEKA: Mauro Ravnić, Milenković, Miloš Hrstić, Srećko Juričić, Borce Sredojević, Ticić; Stevanović (37 Sestan), Nenad Gračan, Danko Matrljan (73 Davor Radmanović), Adrijano Fegić, Damir Desnica.   Trainer: Josip Skoblar

Sent off: Milenković (34), Desnica (75), Ticić (89)

Goals: Juanito (67 pen), Santillana (79), Valdano (82)

**PARIS ST. GERMAIN
v VIDEOTON SZÉKESFEHÉRVÁR 2-4** (0-2)
Parc des Princes, Paris 24.10.1984
Referee: Alan Robinson (ENG)   Attendance: 20,000
PARIS ST. GERMAIN: Dominique Baratelli (Cap); Jean-Claude Lemoult, Gérard Janvion (46 Gérard Lanthier), Dominique Bathenay, Philippe Jeannol; Alain Couriol, Luis Fernández, Safet Sušić; Nambatingue Toko, Dominique Rocheteau, Richard Niederbacher.
Trainer: Georges Peyroche

VIDEOTON: Péter Disztl, Gyula Vaszil (78 Géza Wittman), György Nováth, József Csuhay, Gábor Horváth, Tibor Végh, Ferenc Csongrádi, Győző Burcsa, Imre Vadász, Lajos Májer (71 István Pálkovics), József Szabó.   Trainer: Ferenc Kovács

Goals: Szabó (2, 28), Csongrádi (54, 73), Rocheteau (75, 83)

**VIDEOTON SZÉKESFEHÉRVÁR
v PARIS ST. GERMAIN 2-0** (2-0)
Sóstói, Székeféhérvar 7.11.1984
Referee: Aron Schmidhuber (WG)   Attendance: 25,000
VIDEOTON: Péter Disztl, István Pálkovics, József Csuhay, György Nováth, Gábor Horváth; Győző Burcsa, Vegh, Ferenc Csongrádi; Lajos Májer, József Szabó, Imre Vadász.
Trainer: Ferenc Kovács

PARIS ST. GERMAIN: Jean-Michel Moutier; Gérard Janvion (54 Thiery Bacconnier), Pascal Havet, Philippe Jeannol, Jean-Claude Lemoult; Alain Couriol (63 Jean-François Charbonnier), Luis Fernández, Gérard Lanthier; Njo-Léa, Richard Niederbacher, Safet Sušić.
Trainer: Georges Peyroche

Goals: Burcsa (36), Szabo (38 pen)

This match was adandoned due to fog after 67 minutes and replayed the following day.

**VIDEOTON SZÉKESFEHÉRVÁR
v PARIS ST. GERMAIN 1-0** (0-0)
Sóstói, Székesfehérvár 8.11.1984
Referee: Aron Schmidhuber (WG)   Attendance: 25,000
VIDEOTON: Péter Disztl, József Csuhay, György Nováth, Tibor Végh, Gábor Horváth, István Pálkovics (58 István Borsányi), Ferenc Csongrádi, Géza Wittman (55 Ottó Gömöri), Győző Burcsa, József Szabó, Lajos Májer.
Trainer: Ferenc Kovács

PARIS ST. GERMAIN: Jean-Michel Moutier; Jean-Claude Lemoult, Philippe Jeannol, Havet, Thierry Tinmar; Luis Fernández (83 Jean-François Charbonnier), Dominique Bathenay, Gérard Lanthier; Gilles Cardinet, Safet Sušić, Richard Niederbacher.   Trainer: Georges Peyroche

Goal: Májer (54)

**BORUSSIA MÖNCHENGLDABACH
v WIDZEW LÓDZ 3-2** (2-0)
Bökelberg, Mönchengladbach 24.10.1984
Referee: Yuri Savchenko (USSR)   Attendance: 16,000
BORUSSIA: Ulrich Sude; Bernd Krauss, Hans-Günter Bruns, Wilfried Hannes, Michael Frontzeck; Kai-Erik Herlovsen, Thomas Herbst (84 Ulrich Borowka), Uwe Rahn; Ewald Lienen (80 Winfried Schäfer), Frank Mill, Hans-Jörg Criens.
Trainer: Josef Heynckes

WIDZEW: Henryk Bolesta; Tadeusz Swiatek, Marek Dziuba, Roman Wójcicki, Krzysztof Kaminski, Piotr Romke, Jerzy Wijas (46 Miroslaw Myslinski), Krzysztof Kajrys, Wieslaw Wraga, Dariusz Dziekanowski, Wlodzimierz Smolarek.

Goals: Rahn (22), Criens (32), Wraga (56), Herbst (61), Myslinski (68)

**WIDZEW LÓDZ
v BORUSSIA MÖNCHENGLADBACH 1-0** (0-0)
Widzew, Lódz 7.11.1984
Referee: Joël Quiniou (FRA)   Attendance: 25,000
WIDZEW: Henryk Bolesta, Tadeusz Swiatek, Marek Dziuba, Roman Wójcicki, Krzysztof Kaminski, Krzysztof Kajrys, Jerzy Wijas, Piotr Romke (89 Jerzy Leszczyk); Wieslaw Wraga, Dariusz Dziekanowski, Wlodzimierz Smolarek.

BORUSSIA: Ulrich Sude; Bernd Krauss, Ulrich Borowka, Hans-Günter Bruns, Michael Frontzeck, Uwe Rahn, Kai-Erik Herlovsen (72 Thomas Herbst), Wilfried Hannes; Ewald Lienen, Frank Mill, Hans-Jörg Criens.
Trainer: Josef Heynckes

Goal: Smolarek (65)

ZELJEZNICAR SARAJEVO v FC SION 2-1 (1-0)

Grbavica, Sarajevo   24.10.1984

Referee: Yusuf Namoglu (TUR)   Attendance: 22,000

ZELJEZNICAR: Dragan Skrba; Branislav Berjan, Josip Cilić, Refik Sabanadzović, Mirsad Baljić, Dragan Odović, Haris Skoro, Edin Curić, Mehmed Bazdarević, Edin Bahtić, Nikola Nikić.   Trainer: Ivica Osim

FC SION: Pierre-Marie Pittier; Jean-Yves Valentini, Léonard Karlen, Vincent Fournier, Régis Moret, Alvaro Lopez, Alain Balet, Pierre-Alain Valentini, Azziz Bouderbala (87 Olivier Rey), Dominique Cina, Christophe Bonvin (42 Claude Sarrasin).   Trainer: Jean-Claude Donzé

Goals: Bahtić (25, 84), Sabanadzović (75 og)

**OLYMPIAKOS PEIRAIAS
v UNIVERSITATEA CRAIOVA 0-1** (0-0)

Olympiako, Athina   7.11.1984

Referee: Alexis Ponnet (BEL)   Attendance: 80,000

OLYMPIAKOS: Nikos Sargkanis; Petros Xanthopoulos, Vasilis Papaggelis, Petros Mihos, Nikos Vamvakoulas; Meletis Persias, Kurt Welzl (46 Giorgos Togias), Vaggelis Kousoulakis, Roger Albertsen (78 Giorgos Zindros); Tasos Mitropoulos, Nikos Anastopoulos.   Trainer: Georg Kessler

UNIVERSITATEA: Silviu Lung; Nicolae Negrilă, Nicolae Tilihoi, Costică Ştefănescu, Nicolae Ungureanu; Aurel Ţicleanu, Mircea Irimescu, Vasile Mănăilă, Ion Geolgău (85 Marian Bîcu); Sorin Cîrţu (88 Aurel Beldeanu), Rodion Cămătaru.

Goal: Cîrţu (75)

FC SION v ZELJEZNICAR SARAJEVO 1-1 (0-0)

Stade de Tourbillon, Sion   7.11.1984

Referee: Gerard J.M.Geurgs (HOL)   Attendance: 9,000

FC SION: Pierre-Marie Pittier; Jean-Yves Valentini, Pierre-Alain Valentini, Alain Balet, Léonard Karlen (76 Régis Moret), Alvaro Lopez, Vincent Fournier, Christophe Bonvin, Claude Sarrasin, Azziz Bouderbala (68 Yves Mauron), Dominique Cina.   Trainer: Jean-Claude Donzé

ZELJEZNICAR: Dragan Skrba; Branislav Berjan, Mirsad Baljić, Refik Sabanadzović, Vlado Komsić, Josip Cilić, Edin Bahtić, Edin Curić, Haris Skoro, Mehmed Bazdarević, Nikola Nikić.   Trainer: Ivica Osim

Goals: Curić (76), Cina (88)

HAMBURGER SV v CSKA SOFIA 4-0 (2-0)

Volksparkstadion, Hamburg   24.10.1984

Referee: Robert Wurtz (FRA)   Attendance: 19,000

HAMBURGER SV: Ulrich Stein; Manfred Kaltz, Ditmar Jakobs, Christian Hofmeister, Michael Schröder, Eric Soler, Wolfgang Rolff, Felix Magath, Bernd Schuhmann (65 Kai Steffen), Thomas von Heesen, Mark McGhee.   Trainer: Ernst Happel

CSKA: Georgi Velinov; Nedialko Mladenov, Georgi Dimitrov, Radoslav Zdravkov, Vasil Tinchev, Krasimir Bezinski (46 Iordan Dimitrov), Kostadin Ianchev, Plamen Markov; Lachezar Tanev, Georgi Slavkov, Stoicho Mladenov.

Goals: McGhee (19), Von Heesen (43, 89), Magath (62)

**UNIVERSITATEA CRAIOVA
v OLYMPIAKOS PEIRAIAS 1-0** (1-0)

Central, Craiova   24.10.1984

Referee: Paolo Bergamo (ITA)   Attendance: 40,000

UNIVERSITATEA: Silviu Lung; Nicolae Negrilă, Nicolae Tilihoi, Costică Ştefănescu, Nicolae Ungureanu; Aurel Ţicleanu, Marian Bîcu, Aurel Beldeanu, Ilie Balaci (46 Octavian Popescu); Ion Geolgău (60 Vasile Mănăilă), Sorin Cîrţu.

OLYMPIAKOS: Nikos Sargkanis; Petros Xanthopoulos, Stavros Papadopoulos, Petros Mihos, Nikos Vamvakoulas; Meletis Persias, Tasos Mitropoulos (67 Takis Lemonis), Giorgos Kokolakis, Vaggelis Kousoulakis; Vasilis Papaggelis (46 Giorgos Togias), Nikos Anastopoulos.
Trainer: Georg Kessler

Goal: Cîrţu (17)

CSKA SOFIA v HAMBURGER SV 1-2 (0-1)

Sofia   7.11.1984

Referee: Ronald Bridges (WAL)   Attendance: 9,000

CSKA: Georgi Velinov; Krasimir Bezinski, Radoslav Zdravkov, Vasil Tinchev, Georgi Dimitrov (65 Angel Chervenkov), Kostadin Ianchev, Lachezar Tanev, Rudji Kerimov, Iordan Dimitrov (46 Ilia Voinov), Plamen Markov, Stoicho Mladenov.

HAMBURGER SV: Ulrich Stein; Manfred Kaltz, Bernd Wehmeyer, Ditmar Jakobs, Michael Schröder, Eric Soler, Wolfram Wuttke, Thomas von Heesen, Mark McGhee, Felix Magath, Wolfgang Rolff (65 Kai Steffen).
Trainer: Ernst Happel

Goals: Wuttke (8), McGhee (53), Zdravkov (89)

**LOKOMOTIVE LEIPZIG
v SPARTAK MOSKVA 1-1** (0-1)

Bruno-Plache-stadion, Leipzig 24.10.1984

Referee: Bruno Galler (SWI)   Attendance: 14,500

LOKOMOTIVE: René Müller; Frank Baum, Andreas Treske, Ronald Kreer, Uwe Zötzsche; Matthias Lindner, Lutz Moldt, Wolfgang Altmann, Uwe Bredow, Peter Schöne (72 Thomas Dennstedt), Hans Richter.   Trainer: Harro Miller

SPARTAK: Rinat Dasaev; Aleksandr Bubnov, Vladimir Sochnov, Almir Kaiumov, Boris Pozdniakov; Gennadi Morozov, Evgeni Kuznetsov, Sergei Schavlo, Evgeni Sidorov (84 Sergei Shvetsov), Yuri Gavrilov, Sergei Rodionov (89 Guram Adzhoev)

Goals: Gavrilov (7), Zötzsche (84 pen)

**SPARTAK MOSKVA
v LOKOMOTIVE LEIPZIG 2-0** (1-0)

Lenin stadion, Moskva 7.11.1984

Referee: Svein Inge Thime (NOR)   Attendance: 15,500

SPARTAK: Rinat Dasaev; Aleksandr Bubnov, Vladimir Sochnov, Almir Kaiumov, Boris Pozdniakov; Gennadi Morozov, Kuznetsov, Yuri Gavrilov (88 Fiedor Cherenkov), Sergei Schavlo, Mikhail Rusiaev (52 Evgeni Sidorov), Sergei Rodionov.

LOKOMOTIVE: René Müller; Frank Baum, Andreas Treske, Ronald Kreer, Uwe Zötzsche; Lutz Moldt, Matthias Liebers, Matthias Lindner (66 Uwe Bredow); Peter Schöne, Hans Richter, Olaf Marschall.   Trainer: Harro Miller

Goals: Gavrilov (26), Rodionov (47)

SPORTING LISBOA v DINAMO MINSK 2-0 (0-0)

Estádio José Alvalade, Lisboa 24.10.1984

Referee: Howard William King (WAL)   Attendance: 70,000

SPORTING: Vítor Manuel Afonso DAMAS de Oliveira; CARLOS Jorge Marques Caldas XAVIER, MÁRIO JORGE da Silva Pinho Fernandes, OCEANO Andrade da Cruz, Pedro Manuel Regateiro VENÂNCIO, Francisco José Teles de Andrade "ZÉZINHO", José Eldon de Araújo Lobo Júnior "LITO" (72 Luís Filipe Vieira Carvalho "LITOS"), António Augusto Gomes de Silva "SOUSA", MANUEL José Tavares FERNANDES, JAIME Moreira PACHECO, Rui Manuel da Trindade JORDÃO (63 ELDON Armond Bravo).   Trainer: John Toshack

DINAMO: Ivan Zhekiu; Sergei Borovski, Yuri Trukhan, Viktor Yanushevski, Viktor Schischkin, Andrei Zigmantovich (80 Aleksandr Metlitski), Sergei Gotsmanov, Liudas Rumbutis (64 Andrei Schalimo); Sergei Aleinikov, Viktor Sokol, Georgi Kondratiev.

Goals: Borovski (48 og), Manuel Fernandes (90)

**DINAMO MINSK
v SPORTING LISBOA 2-0** (2-0, 2-0) (AET)

Dinamo, Minsk 7.11.1984

Referee: Dieter Pauly (WG)   Attendance: 32,000

DINAMO: Ivan Zhekiu; Sergei Borovski, Yuri Kurnenin, Viktor Yanushevski, Yuri Trukhan; Andrei Zigmantovich, Sergei Gotsmanov (119 Aleksandr Metlitski), Valeri Melnikov (93 Andrei Schalimo); Sergei Aleinikov, Viktor Sokol, Georgi Kondratiev.

SPORTING: Vítor Manuel Afonso DAMAS de Oliveira; CARLOS Jorge Marques Caldas XAVIER, ROMEU Fernando Fernandes da Silva (74 ELDON Armond Bravo), OCEANO Andrade da Cruz, Pedro Manuel Regateiro VENÂNCIO, Francisco José Teles de Andrade "ZÉZINHO" (55 José Eldon de Araújo Lobo Júnior "LITO"), Luís Filipe Vieira Carvalho "LITOS", António Augusto Gomes de Silva "SOUSA", MANUEL José Tavares FERNANDES, VIRGÍLIO Manuel Bagulho Lopes, Rui Manuel da Trindade JORDÃO.   Trainer: John Toshack

Goals: Sokol (4, 18)

Penalties: 1-0 Sokol; 1-1 Jordão; 2-1 Kondratjev; 2-2 Manuel Fernandes, 3-2 Zigmantovich; 3-3 Litos; 4-3 Kurnenin; Carlos Xavier (miss); 5-3 Aleinikov

THIRD ROUND

**UNIVERSITATEA CRAIOVA
v ZELJEZNICAR SARAJEVO 2-0** (2-0)

Central, Craiova 28.11.1984

Referee: Ángel Franco Martínez (SPA)   Attendance: 50,000

UNIVERSITATEA: Silviu Lung; Adrian Popescu, Nicolae Tilihoi, Costică Ştefănescu, Nicolae Ungureanu; Marian Bîcu, Aurel Beldeanu, Vasile Mănăilă, Ion Geolgău, Rodion Cămătaru, Sorin Cîrţu (70 Octavian Popescu).

ZELJEZNICAR: Dragan Skrba; Branislav Berjan, Refik Sabanadzović, Vlado Komsić, Mirsad Baljić; Mehmet Bazdarević, Edin Čurić (46 Zoran Samardzija), Haris Skoro, Josip Cilić; Nikola Nikić, Edin Bahtić.   Trainer: Ivica Osim

Goals: Beldeanu (19), Cămătaru (26 pen)

**ZELJEZNICAR SARAJEVO
v UNIVERSITATEA CRAIOVA 4-0** (2-0)

Grbavica, Sarajevo 12.12.1984

Referee: Ronald Bridges (WAL)   Attendance: 25,000

ZELJEZNICAR: Dragan Skrba; Branislav Berjan (38 Nikola Nikić), Refik Sabanadzović, Vlado Capljić, Mirsad Baljić; Josip Cilić, Haris Skoro, Mehmet Bazdarević; Edin Bahtić, Radmilo Mihajlović, Zoran Samardzija (55 Vlado Komsić).   Trainer: Ivica Osim

UNIVERSITATEA: Silviu Lung; Nicolae Negrilă, Mircea Irimescu, Costică Ştefănescu, Nicolae Ungureanu; Aurel Ţicleanu, Marian Bîcu, Vasile Mănăilă; Ion Geolgău, Rodion Cămătaru, Sorin Cîrţu (53 Octavian Popescu).

Sent off: Irimescu (64)

Goals: Skoro (32), Samardzija (44), Mihailović (62), Nikić (82)

ANDERLECHT BRUSSEL
v REAL MADRID 3-0 (0-0)

Constant Vanden Stock, Brussel 28.11.1984

Referee: Volker Roth (WG) Attendance: 41,000

ANDERLECHT: Jacky Munaron; Georges Grün, Morten Olsen, Luka Peruzović, Michel de Groote; Frank Arnesen (60 Per Frimann-Hansen), Vincenzo Scifo, Wim Hofkens (78 Walter de Greef), Frank Vercauteren, Alex Czerniatynski, Erwin Vandenbergh. Trainer: Paul van Himst

REAL: MIGUEL ÁNGEL González Suárez; Miguel Porlan Noguera "CHENDO", Ulrich Stielike, Alfonso FRAILE Sánchez, José Antonio CAMACHO Alfaro; Rafael MARTÍN VÁZQUEZ (46 Isidoro SAN JOSÉ Pozo), Ricardo GALLEGO Redondo, José Miguel González Martín del Campo "MICHEL", Manuel SANCHIS Hontiyuelo, Carlos Alonso González "SANTILLANA", Jorge Alberto VALDANO Castellano (75 Emilio BUTRAGUEÑO Santos).
Trainer: AMANCIO Amaro Varela

Goals: Vandenbergh (65), Czerniatynski (66), Vercauteren (85 pen)

REAL MADRID
v ANDERLECHT BRUSSEL 6-1 (4-1)

Estadio Santiago Bernabéu, Madrid 12.12.1984

Referee: Michel Vautrot (FRA) Attendance: 95,000

REAL: MIGUEL ÁNGEL González Suárez; Manuel SANCHIS Hontiyuelo, Isidoro SAN JOSÉ Pozo, Ulrich Stielike, José Antonio CAMACHO Alfaro; Ricardo GALLEGO Redondo, Juan José LOZANO Bohorquez (75 Rafael MARTÍN VÁZQUEZ), José Miguel González Martín del Campo "MICHEL" (56 José Antonio SALGUERO García); Jorge Alberto VALDANO Castellano, Carlos Alonso González "SANTILLANA", Emilio BUTRAGUEÑO Santos.
Trainer: AMANCIO Amaro Varela

ANDERLECHT: Jacky Munaron; Georges Grün, Morten Olsen, Luka Peruzović, Per Frimann-Hansen-Hansen, Michel de Groote (55 Arnór Guðjohnsen), Wim Hofkens (81 Henrik Andersen), Vincenzo Scifo, Frank Vercauteren, Frank Arnesen, Alex Czerniatynski. Trainer: Paul van Himst

Goals: Sanchis (3), Butragueño (16, 47, 52), Valdano (29, 39), Frimann-Hansen (34)

HAMBURGER SV
v INTERNAZIONALE MILANO 2-1 (1-0)

Volksparkstadion, Hamburg 28.11.1984

Referee: André Daina (SWI) Attendance: 61,418

HAMBURGER SV: Ulrich Stein; Manfred Kaltz, Bernd Wehmeyer, Ditmar Jakobs, Michael Schröder; Jürgen Groh, Wolfram Wuttke, Thomas von Heesen, Mark McGhee (67 Jürgen Milewski), Felix Magath (70 Eric Soler), Wolfgang Rolff. Trainer: Ernst Happel

INTERNAZIONALE: Angelo Recchi; Giuseppe Bergomi, Andrea Mandorlini, Giuseppe Baresi, Fulvio Collovati, Graziano Bini, Antonio Sabato, Giampiero Marini, Alessandro Altobelli, William Brady (57 Giancarlo Pasinato), Karl-Heinz Rummenigge. Trainer: Ilario Castagner

Goals: Bergomi (1 og), K.H. Rummenigge (46), von Heesen (85)

INTERNAZIONALE MILANO
v HAMBURGER SV 1-0 (0-0)

Stadio Giuseppe Meazza, Milano 12.12.1984

Referee: Keith Hackett (ENG) Attendance: 78,398

INTERNAZIONALE: Angelo Recchi; Giuseppe Bergomi, Andrea Mandorlini, Giuseppe Baresi, Fulvio Collovati, Riccardo Ferri, Antonio Sabato (67 Franco Causio), Giampiero Marini, Alessandro Altobelli, William Brady, Karl-Heinz Rummenigge. Trainer: Ilario Castagner

HAMBURGER SV: Ulrich Stein; Manfred Kaltz, Bernd Wehmeyer (82 Jürgen Milewski), Ditmar Jakobs, Michael Schröder, Jürgen Groh, Wolfram Wuttke, Thomas von Heesen, Mark McGhee, Felix Magath, Wolfgang Rolff (77 Eric Soler).
Trainer: Ernst Happel

Goal: Brady (77 pen)

SPARTAK MOSKVA v 1.FC KÖLN 1-0 (1-0)

Dinamo, Tbilisi 28.11.1984

Referee: Erik Fredriksson (SWE) Attendance: 40,000

SPARTAK: Rinat Dasaev; Aleksandr Bubnov, Vladimir Sochnov, Almir Kaiumov, Boris Pozdniakov; Evgeni Kuznetsov, Gennadi Morozov, Sergei Schavlo, Fiedor Cherenkov (86 Guram Adzhoev), Yuri Gavrilov, Sergei Rodionov.

1.FC KÖLN: Harald Schumacher; Gerd Strack, Karl-Heinz Geils, Dieter Prestin, Paul Steiner; William Hartwig, Mathias Hönerbach, Uwe Bein (77 Frank Hartmann); Stephan Engels, Pierre Littbarski, Klaus Allofs. Trainer: Hannes Löhr

Goal: Pozdniakov (35)

1.FC KÖLN v SPARTAK MOSKVA 2-0 (1-0)

Müngersdorfer Stadion, Köln   12.12.1984

Referee: José Rosa Dos Santos (POR)   Attendance: 35,000

1.FC KÖLN: Harald Schumacher; Paul Steiner, Karl-Heinz Geils, Mathias Hönerbach, Hans-Peter Lehnhoff (74 Andreas Gielchen), William Hartwig, Dieter Prestin, Uwe Bein, Stephan Engels, Pierre Littbarski, Klaus Allofs.   Trainer: Hannes Löhr

SPARTAK: Rinat Dasaev; Vladimir Sochnov, Almir Kaiumov, Boris Pozdniakov, Aleksandr Bubnov; Evgeni Sidorov (69 Oleg Kuzhlev), Evgeni Kuznetsov, Yuri Gavrilov, Sergei Schavlo, Fiedor Cherenkov, Sergei Rodionov (59 Guram Adzhoev).

Goals: Bein (24), Littbarski (75)

WIDZEW LÓDZ v DINAMO MINSK 0-2 (0-1)

Widzew, Lódz   28.11.1984

Referee: Robert Valentine (SCO)   Attendance: 18,000

WIDZEW: Henryk Bolesta; Tadeusz Swiatek, Roman Wójcicki, Marek Dziuba, Krzysztof Kaminski; Krzysztof Kajrys, Jerzy Wijas, Piotr Romke (78 Miroslaw Jaworski); Wieslaw Wraga, Jerzy Leszczyk (46 Miroslaw Myslinski), Dariusz Dziekanowski.

DINAMO: Ivan Zhekiu; Sergei Borovsky, Yuri Kurnenin, Viktor Yanushevski, Yuri Trukhan, Viktor Schischkin, Andrei Zigmantovich, Sergei Aleinikov, Sergei Gotsmanov, Viktor Sokol (85 Liudas Rumbutis), Georgi Kondratiev.

Goals: Zigmantovich (38), Rumbutis (88)

DINAMO MINSK v WIDZEW LÓDZ 0-1 (0-1)

Dinamo, Tbilisi   12.12.1984

Referee: Paolo Bergamo (ITA)   Attendance: 10,000

DINAMO: Ivan Zhekiu; Sergei Borovsky, Yuri Trukhan, Viktor Schischkin, Yuri Kurnenin, Andrei Zigmantovich (87 Aleksandr Metlitski), Sergei Gotsmanov, Valeri Melnikov (60 Andrei Schalimo); Sergei Aleinikov, Viktor Sokol, Georgi Kondratiev.

WIDZEW: Henryk Bolesta; Tadeusz Swiatek, Roman Wójcicki, Marek Dziuba, Miroslaw Myslinski; Piotr Romke, Krzysztof Kajrys, Miroslaw Jaworski (82 Miroslaw Kuniczuk), Jerzy Wijas, Dariusz Dziekanowski, Jerzy Leszczyk.

Goal: Dziekanowski (10 pen)

TOTTENHAM HOTSPUR LONDON v BOHEMIANS ČKD PRAHA 2-0 (1-0)

White Hart Lane, London   28.11.1984

Referee: Jan Keizer (HOL)   Attendance: 27,971

TOTTENHAM: Raymond Clemence; Stephen Perryman, Paul Miller, Graham Roberts, Gary Mabbutt (68 Christopher Hughton), Michael Hazard (68 Richard Cooke), Glenn Hoddle, Gary Stevens; Mark Falco, Clive Allen, John Chiedozie.

BOHEMIANS: Vladimír Borovička; František Jakubec, Zdeněk Prokeš, Jiří Ondra, Jozef Kukučka; Tibor Mičinec, Jiří Sloup, Zdeněk Koukal; Petr Janečka, Milan Škoda, Vladimír Hruška.   Trainer: Tomáš Pospíchal

Goals: Ondra (25 og), Stevens (80)

BOHEMIANS ČKD PRAHA v TOTTENHAM HOTSPUR LONDON 1-1 (0-1)

Stadión Vršovice, Praha   12.12.1984

Referee: Alexis Ponnet (BEL)   Attendance: 17,500

BOHEMIANS: Vladimír Borovicka; František Jakubec, Zdeněk Prokeš, Jaroslav Marčík (46 Stanislav Levý), Jozef Kukučka; Tibor Mičinec, Jiří Sloup, Zdeněk Koukal; Petr Janečka, Milan Škoda, Vladimír Hruška.   Trainer: Tomáš Pospíchal

TOTTENHAM: Raymond Clemence; Stephen Perryman, Paul Miller, Graham Roberts, Christopher Hughton, Gary Stevens, Glenn Hoddle (46 Gary Mabbutt), Garth Crooks (89 Daniel Thomas), Anthony Galvin, John Chiedozie, Mark Falco.   Manager: Peter Shreeves

Goals: Falco (8), Prokeš (50)

MANCHESTER UNITED v DUNDEE UNITED 2-2 (1-0)

Old Trafford, Manchester   28.11.1984

Referee: Bogdan Dochev (BUL)   Attendance: 48,278

MANCHESTER UNITED: Gary Bailey; John Gidman, Arthur Albiston, Gordon McQueen, Michael Duxbury; Remi Moses, Bryan Robson, Gordon Strachan, Mark Hughes, Norman Whiteside (72 Francis Stapleton), Jesper Olsen.

DUNDEE UNITED: Hamish McAlpine; Richard Gough, John Holt, Maurice Malpas, Paul Hegarty, David Narey, Eamonn Bannon, Stuart Beedie, William Kirkwood, David Dodds, Paul Sturrock.   Manager: James McLean

Goals: Strachan (9 pen), Hegarty (47), Robson (50), Sturrock (61)

DUNDEE UNITED v MANCHESTER UNITED 2-3 (1-2)

Tannadice Park, Dundee   12.12.1984

Referee: Alain Delmer (FRA)   Attendance: 22,500

DUNDEE UNITED: Hamish McAlpine; Richard Gough, John Holt, Maurice Malpas, Paul Hegarty, David Narey, Eamonn Bannon, Gary McGinnis, William Kirkwood (52 Alex Taylor), David Dodds, Paul Sturrock.   Manager: James McLean

MANCHESTER UNITED: Gary Bailey; John Gidman, Arthur Albiston, Gordon McQueen, Michael Duxbury, Remi Moses, Bryan Robson, Gordon Strachan, Mark Hughes, Francis Stapleton, Arnold Mühren.

Goals: Hughes (12), Dodds (25), McGinnis (43 og), Hegarty (50), Mühren (75)

VIDEOTON SZÉKESFEHÉRVÁR
v PARTIZAN BEOGRAD 5-0 (1-0)

Sóstói, Székesfehérvár 28.11.1984

Referee: Siegfried Kirschen (DDR)   Attendance: 20,000

VIDEOTON: Péter Disztl; Tibor Végh, László Disztl, József Csuhay, Gábor Horváth; Győző Burcsa, Ferenc Csongrádi, Imre Vadász, Lajos Májer, József Szabó, György Nováth.
Trainer: Ferenc Kovács

PARTIZAN: Fahrudin Omerović; Nikola Marjanovic, Ljubomir Radanović, Dragan Kaličanin, Slobodan Rojević (55 Miodrag Radović); Miodrag Ješić, Admir Smajić, Zoran Dimitrijević (58 Zvonko Varga); Nikica Klincarski, Zvonko Zivković, Dragan Mance.   Trainer: Nenad Bjeković

Goals: Szabó (11, 48, 49 pen, 74), Májer (80)

PARTIZAN BEOGRAD
v VIDEOTON SZÉKESFEHÉRVÁR 2-0 (2-0)

JNA, Beograd 12.12.1984

Referee: Franz Wöhrer (AUS)   Attendance: 30,000

PARTIZAN: Fahrudin Omerović; Vladimir Vermezović, Slobodan Rojević (75 Goran Stevanović), Miodrag Ješić, Admir Smajić, Ljubomir Radanović, Zoran Dimitrijević, Zvonko Zivković, Dragan Mance, Zvonko Varga (79 Miloš Djelmas), Nikica Klincarski.   Trainer: Nenad Bjeković

VIDEOTON: Péter Disztl; József Csuhay, Gábor Horváth, László Disztl, Tibor Végh; Győző Burcsa, Lajos Májer, Ferenc Csongrádi, József Szabó, Imre Vadász, György Nováth.
Trainer: Ferenc Kovács

Goals: Zivković (12), Varga (45)

QUARTER-FINALS

MANCHESTER UNITED
v VIDEOTON SZÉKESFEHÉRVÁR 1-0 (0-0)

Old Trafford, Manchester 6.03.1985

Referee: Augusto Lamo Castillo (SPA)   Attendance: 35,432

MANCHESTER UNITED: Gary Bailey; John Gidman, Arthur Albiston, Michael Duxbury, Paul McGrath, Graeme Hogg, Gordon Strachan, Norman Whiteside, Mark Hughes, Francis Stapleton, Jesper Olsen.   Manager: Ron Atkinson

VIDEOTON: Péter Disztl; József Csuhay, Gábor Horváth, László Disztl, Tibor Végh; Győző Burcsa, Lajos Májer, Ferenc Csongrádi (46 Gyula Vaszil, 84 István Borsanyi), József Szabó, Imre Vadász, István Pálkovics.   Trainer: Ferenc Kovács

Goal: Stapleton (60)

VIDEOTON SZÉKESFEHÉRVÁR
v MANCHESTER UNITED 1-0 (1-0, 1-0) (AET)

Sóstói, Székesfehérvár 20.03.1985

Referee: Erik Fredriksson (SWE)   Attendance: 25,000

VIDEOTON: Péter Disztl; István Borsanyi, Tibor Végh, László Disztl, Gábor Horváth; Győző Burcsa, Gyula Vaszil (76 Máté Faddi), Géza Wittman, István Pálkovics (106 Ottó Gömöri), József Szabó, Imre Vadász.   Trainer: Ferenc Kovács

MANCHESTER UNITED: Gary Bailey; John Gidman, Paul McGrath, Graeme Hogg, Arthur Albiston, Michael Duxbury, Gordon Strachan, Bryan Robson (108 Jesper Olsen); Norman Whiteside, Mark Hughes, Francis Stapleton.
Manager: Ron Atkinson

Goal: Wittman (20)

Penalties: 0-1 Whiteside, 1-1 Szabó, 1-2 Olsen, 2-2 Burcsa, Stapleton (miss), 3-2 Végh, 3-3 Strachan, 4-3 Wittman, 4-4 Gidman, Gömöri (miss), Hughes (miss), 5-4 L. Disztl

TOTTENHAM HOTSPUR LONDON
v REAL MADRID 0-1 (0-1)

White Hart Lane, London 6.03.1985

Referee: Paolo Casarin (ITA)   Attendance: 39,914

TOTTENHAM: Raymond Clemence; Gary Stevens, Christopher Hughton, Michael Hazard, Paul Miller (82 Alistair Dick), Stephen Perryman, John Chiedozie (62 Garry Brooke), Mark Falco, Anthony Galvin, Glenn Hoddle, Garth Crooks.
Manager: Peter Shreeves

REAL: MIGUEL ÁNGEL González Suárez; Miguel Porlan Noguera "CHENDO", Manuel SANCHIS Hontiyuelo, Ulrich Stielike, José Antonio SALGUERO García, José Antonio CAMACHO Alfaro, Ricardo GALLEGO Redondo, ÁNGEL de los Santos Cano, José Miguel González Martín del Campo "MICHEL", Emilio BUTRAGUEÑO Santos (81 Juan Gomez González "JUANITO"), Jorge Alberto VALDANO Castellano (88 Carlos Alonso González "SANTILLANA").
Trainer: AMANCIO Amaro Varela

Goal: Perryman (15 og)

REAL MADRID
v TOTTENHAM HOTSPUR LONDON 0-0

Estadio Santiago Bernabéu, Madrid 20.03.1985

Referee: Bruno Galler (SWI)   Attendance: 95,000

REAL: MIGUEL ÁNGEL González Suárez; Miguel Porlan Noguera "CHENDO", José Antonio CAMACHO Alfaro, Francisco PINEDA García (88 Isidoro SAN JOSÉ Pozo), Manuel SANCHIS Hontiyuelo, José Antonio SALGUERO García, José Miguel González Martín del Campo "MICHEL", Ricardo GALLEGO Redondo, ÁNGEL de los Santos Cano, Emilio BUTRAGUEÑO Santos (90 Juan José LOZANO Bohorquez), Jorge Alberto VALDANO Castellano.
Trainer: AMANCIO Amaro Varela

TOTTENHAM: Raymond Clemence; Christopher Hughton, Paul Miller, Daniel Thomas, Michael Hazard, Graham Roberts, Stephen Perryman, Mark Falco, Anthony Galvin (83 Alistair Dick), Glenn Hoddle, Garth Crooks (70 Garry Brooke).
Manager: Peter Shreeves

Sent off: Perryman (79)

**ZELJEZNICAR SARAJEVO
v DINAMO MINSK 2-0** (0-0)

Grbavica, Sarajevo   6.03.1985

Referee: André Daina (SWI)   Attendance: 28,000

ZELJEZNICAR: Dragan Skrba; Branislav Berjan, Belić, Refik Sabanadzović, Vlado Capljić, Josip Cilić, Edin Bahtić, Haris Skoro, Radmilo Mihajlović, Mehmed Bazdarević, Edin Curić (50 Zoran Samardžija).   Trainer: Ivica Osim

DINAMO: Ivan Zhekiu; Sergei Borovski, Yuri Kurnenin, Viktor Yanushevski (80 Liudas Rumbutis), Yuri Trukhan; Andrei Zigmantovich, Sergei Gotsmanov, Viktor Schischkin (46 Aleksandr Kisten); Sergei Aleinikov, Viktor Sokol, Georgi Kondratiev.

Goals: Samardzija (64), Bazdarević (86)

**DINAMO MINSK
v ZELJEZNICAR SARAJEVO 1-1** (1-1)

Dinamo, Minsk   20.03.1985

Referee: Talal Tokat (TUR)   Attendance: 31,500

DINAMO: Ivan Zhekiu; Sergei Borovski, Yuri Kurnenin (60 Andrei Schalimo), Viktor Yanushevski, Yuri Trukhan; Andrei Zigmantovich (60 Aleksandr Metlitski), Sergei Gotsmanov, Aleksandr Kisten; Sergei Aleinikov, Viktor Sokol, Georgi Kondratiev.

ZELJEZNICAR: Dragan Skrba; Branislav Berjan, Vlado Komsić, Refik Sabanadzović, Vlado Capljić, Josip Cilić, Edin Bahtić, Haris Skoro, Radmilo Mihajlović, Mehmed Bazdarević, Zoran Samardžija.   Trainer: Ivica Osim

Goals: Kisten (14), Bahtić (22)

**INTERNAZIONALE MILANO
v 1.FC KÖLN 1-0** (0-0)

Stadio Giuseppe Meazza, Milano   6.03.1985

Referee: Robert Wurtz (FRA)   Attendance: 76,800

INTER: Walter Zenga; Giuseppe Bergomi, Andrea Mandorlini (71 Giancarlo Pasinato), Giuseppe Baresi, Fulvio Collovati, Riccardo Ferri, Franco Causio, Giampiero Marini, Alessandro Altobelli, Antonio Sabato (22 Enrico Cucchi), Karl-Heinz Rummenigge.   Trainer: Ilario Castagner

1.FC KÖLN: Harald Schumacher; Dieter Prestin, Karl-Heinz Geils (64 Andreas Gielchen), Mathias Hönerbach, Paul Steiner; William Hartwig, Pierre Littbarski (89 Gerd Strack), Hans-Peter Lehnhoff, Uwe Bein, Stephan Engels, Klaus Allofs.   Trainer: Hannes Löhr

Goal: Causio (54)

**1.FC KÖLN
v INTERNAZIONALE MILANO 1-3** (0-1)

Müngersdorfer Stadion, Köln   20.03.1985

Referee: Alexis Ponnet (BEL)   Attendance: 59,000

1.FC KÖLN: Harald Schumacher; Paul Steiner, Dieter Prestin, Mathias Hönerbach, Hans-Peter Lehnhoff, William Hartwig, Uwe Bein, Karl-Heinz Geils (19 Uwe Haas, 46 Gerd Strack), Stephan Engels, Pierre Littbarski, Klaus Allofs.   Trainer: Hannes Löhr

INTERNAZIONALE: Walter Zenga; Giuseppe Bergomi, Andrea Mandorlini, Giuseppe Baresi, Fulvio Collovati, Franco Causio (12 Graziano Bini), Riccardo Ferri, Giampiero Marini, William Brady, Alessandro Altobelli, Karl-Heinz Rummenigge.   Trainer: Ilario Castagner

Goals: Marini (18), Bein (64), K.H. Rummenigge (75, 84)

SEMI-FINALS

**INTERNAZIONALE MILANO
v REAL MADRID 2-0** (1-0)

Stadio Giuseppe Meazza, Milano   10.04.1985

Referee: Franz Wöhrer (AUS)   Attendance: 75,521

INTERNAZIONALE: Walter Zenga; Giuseppe Bergomi, Andrea Mandorlini, Giuseppe Baresi, Giampiero Marini, Giancarlo Pasinato (85 Franco Causio), Enrico Cucchi, Antonio Sabato, William Brady, Alessandro Altobelli, Karl-Heinz Rummenigge.   Trainer: Ilario Castagner

REAL: MIGUEL ÁNGEL González Suárez; ISIDRO Díaz González, José Antonio SALGUERO García, Manuel SANCHIS Hontiyuelo, Miguel Porlan Noguera "CHENDO" (66 Isidoro SAN JOSÉ Pozo), Rafael MARTÍN VÁZQUEZ (70 Juan Gomez González "JUANITO"), Ricardo GALLEGO Redondo, José Antonio CAMACHO Alfaro, Juan José LOZANO Bohorquez, Jorge Alberto VALDANO Castellano, Emilio BUTRAGUEÑO Santos.   Trainer: AMANCIO Amaro Varela

Goals: Brady (25 pen), Altobelli (57)

**REAL MADRID
v INTERNAZIONALE MILANO 3-0** (2-0)

Estadio Santiago Bernabéu, Madrid   24.04.1985

Referee: Robert Valentine (SCO)   Attendance: 90,200

REAL: MIGUEL ÁNGEL González Suárez; Miguel Porlan Noguera "CHENDO", José Antonio SALGUERO García (26 Alfonso FRAILE Sánchez, 76 Juan Gomez González "JUANITO"), Ulrich Stielike, José Antonio CAMACHO Alfaro; José Miguel González Martín del Campo "MICHEL", Isidoro SAN JOSÉ Pozo, Ricardo GALLEGO Redondo; Francisco PINEDA García, Carlos Alonso González "SANTILLANA", Jorge Alberto VALDANO Castellano.

INTERNAZIONALE: Walter Zenga; Giuseppe Bergomi (38 Giancarlo Pasinato, 80 Franco Causio), Fulvio Collovati, Graziano Bini, Giuseppe Baresi, Enrico Cucchi, Antonio Sabato, William Brady, Andrea Mandorlini, Alessandro Altobelli, Karl-Heinz Rummenigge.   Trainer: Ilario Castagner

Goals: Santillana (12, 42), Michel (57)

**VIDEOTON SZÉKESFEHÉRVÁR
v ZELJEZNICAR SARAJEVO 3-1** (2-1)

Sóstói, Székesfehérvár   10.04.1985

Referee: Ioan Igna (ROM)   Attendance: 30,000

VIDEOTON: Péter Disztl; Tibor Végh, László Disztl, József Csuhay, Gábor Horváth; Győző Burcsa, Géza Wittman, Imre Vadász, István Pálkovics (67 Gyula Vaszil), József Szabó, László Gyenti (64 István Borsányi).   Trainer: Ferenc Kovács

ZELJEZNICAR: Dragan Skrba; Vlado Komsić, Vlado Capljić, Refik Sabanadzović, Josip Cilić, Mirsad Baljić, Haris Skoro, Mehmed Bazdarević, Edin Bahtić, Radmilo Mihajlović, Zoran Samardzija.   Trainer: Ivica Osim

Goals: Burcsa (7), L. Disztl (18), Skoro (21), Vadász (82)

**ZELJEZNICAR SARAJEVO
v VIDEOTON SZÉKESFEHÉRVÁR 2-1** (1-0)

Grbavica, Sarajevo   24.04.1985

Referee: Dieter Pauly (WG)   Attendance: 25,000

ZELJEZNICAR: Dragan Skrba; Branislav Berjan, Vlado Capljić, Refik Sabanadzović, Vlado Komsić, Edin Curić (83 Josip Cilić), Mehmed Bazdarević, Mirsad Baljić; Edin Bahtić, Haris Skoro, Zoran Samardzija.   Trainer: Ivica Osim

VIDEOTON: Péter Disztl; István Borsányi, László Disztl, József Csuhay, Gábor Horváth (46 György Nováth), István Pálkovics, Tibor Végh, Géza Wittman, Győző Burcsa, József Szabó, Imre Vadász.   Trainer: Ferenc Kovács

Goals: Bahtić (5), Curić (72), Csuhay (87)

FINAL

**VIDEOTON SZÉKESFEHÉRVÁR
v REAL MADRID 0-3** (0-1)

Sóstói, Székesfehérvár   8.05.1985

Referee: Michel Vautrot (FRA)   Attendance: 40,000

VIDEOTON: Péter Disztl; Tibor Végh (Cap), László Disztl, József Csuhay, Gábor Horváth; István Borsányi, István Pálkovics, Géza Wittman, Győző Burcsa, György Nováth (63 László Gyenti), Imre Vadász.   Trainer: Ferenc Kovács

REAL MADRID: MIGUEL ÁNGEL GonzálezSuárez; Ulrich STIELIKE, Miguel Porlan Noguera "CHENDO", José Antonio CAMACHO Alfaro (Cap), Manuel SANCHIS Hontiyuelo; Ricardo GALLEGO Redondo, Isidoro SAN JOSÉ Pozo, José Miguel Gonzáles Martín del Campo "MICHEL"; Emilio BUTRAGUEÑO Santos (79 Juan Gómez González "JUANITO"), Carlos Alonso González SANTILLANA (85 José Antonio SALGUERO García), Jorge Alberto VALDANO Castellano.   Trainer: Luis MOLOWNY Arbelo

Goals: Michel (32), Santillana (77), Valdano (90)

**REAL MADRID
v VIDEOTON SZÉKESFEHÉRVÁR 0-1** (0-0)

Estadio Santiago Bernabéu, Madrid   22.05.1985

Referee: Alexis Ponnet (BEL)   Attendance: 90,200

REAL MADRID: MIGUEL ÁNGEL GonzálezSuárez; Ulrich STIELIKE, Miguel Porlan Noguera "CHENDO", José Antonio CAMACHO Alfaro (Cap), Manuel SANCHIS Hontiyuelo; Ricardo GALLEGO Redondo, Isidoro SAN JOSÉ Pozo, José Miguel Gonzáles Martín del Campo "MICHEL"; Emilio BUTRAGUEÑO Santos, Carlos Alonso González SANTILLANA, Jorge Alberto VALDANO Castellano (57 Juan Gómez Gonzáles "JUANITO").
Trainer: Luis MOLOWNY Arbelo

VIDEOTON: Péter Disztl; Tibor Végh, László Disztl, József Csuhay, Gábor Horváth; Győző Burcsa, Ferenc Csongrádi (Cap) (58 Géza Wittman), Imre Vadász; Lajos Májer, József Szabó, György Nováth (51 István Pálkovics).
Trainer: Ferenc Kovács

Goal: Májer (86)

UEFA Cup Top Scorers 1984-85:

7 goals: József Szabó (Videoton), Edin Bahtić (Zeljeznicar Sarajevo)

6 goals: Gary Bannister (Queen's Park Rangers)

5 goals: Karl-Heinz Rummenigge (Inter Milano), Carlos Alonso González SANTILLANA (Real Madrid), Marco van Basten (Ajax Amsterdam)

UEFA CUP 1985-86

FIRST ROUND

AVENIR BEGGEN v PSV EINDHOVEN 0-2 (0-1)

Stade de Beggen   11.09.1985

Referee: Frans Van den Wijngaert (BEL)   Attendance: 2,000

AVENIR: Paul Koch, Hubert Meunier, Rolf Jentgen, Gilbert Dresch, Patrick Thiry (62 Schinker), Langers, Aldo Catani (53 Stratigelis), Jean Paul Girres, Serge Jentgen, Armin Krings, Théo Malget.

PSV: Hans Van Breukelen, Berry Van Aerle, Ruud Gullit, Huub Stevens, Jan Heintze, Willy van de Kerkhof, Ton Lokhoff, Michel Valke, René van der Gijp, Rob McDonald, Hallvar Thoresen.   Trainer: Hans Kraay

Goals: Thoresen (30), Lokhoff (80)

PSV EINDHOVEN v AVENIR BEGGEN 4-0 (3-0)
Philips sportpark, Eindhoven   2.10.1985
Referee: Alan Snoddy (NIR)   Attendance: 10,000
PSV: Hans Van Breukelen, Eric Gerets, Ruud Gullit, Huub Stevens, Jan Heintze, Willy van de Kerkhof, Ton Lokhoff, Michel Valke, René van der Gijp, Rob McDonald (59 Frans van Rooij), Hallvar Thoresen (80 Frank Berghuis).

AVENIR: Paul Koch, Patrick Thiry (37 Thomas Wolf), Hubert Meunier, Rolf Jentgen, Gilbert Dresch, Jean Paul Girres, Serge Jentgen, Langers (69 Stratigelis), Jeannot Krecke, Armin Krings, Théo Malget.

Goals: McDonald (16), Thoresen (27, 59), Van der Gijp (43)

SLAVIA PRAHA v ST. MIRREN PAISLEY 1-0 (0-0)
Dr. Vacka, Praha   17.09.1985
Referee: Gerard Geurds (HOL)   Attendance: 7,000
SLAVIA: Zdeněk Hruška, Roman Sokol, Luboš Kubík, Jiří Jeslínek, Miroslav Janu, Jiří Dolezal, Karel Jarolím, Milan Frýda, Jaroslav Němec (69 Pavel Rehák), Miroslav Kouril, Marián Takác.   Trainer: Jaroslav Jareš

ST. MIRREN: Campbell Money, Thomas Wilson, Steve Clarke, Peter Godfrey, Derek Hamilton, James Rooney (88 Kenneth McDowall), Neil Cooper, Anthony Fitzpatrick, William Abercromby, Francis McGarvey (89 Peter Mackie), Brian Gallagher.   Trainer: Alex Miller

Goal: Kouril (77)

VALUR REYKJAVÍK v FC NANTES 2-1 (0-0)
Laugardalsvöllur, Reykjavík   17.09.1985
Referee: Svein Inge Thime (NOR)   Attendance: 2,000
VALUR: Stefan Arnarson, Thorgrimur Thrainsson, Gudni Bergsson, Grimur Saemundsen, Magni Pétursson, Saevar Jónsson, Hilmar Hardarson, Valur Valsson, Heimir Karlsson (61 Kristinn Björnsson), Gudmundur Thorbjörnsson, Ingvar Guðmundsson.

FC NANTES: Jean-Paul Bertrand-Demanes, William Ayache, Yvon Le Roux, Michel Der Zakarian, Antoine Kombouaré, Vincent Bracigliano, Fabien Debotté, Jorge Burruchaga, Pierre Morice (63 Christophe Robert), José Touré, Loic Amisse.   Trainer: Jean-Claude Suaudeau

Goals: Torbjörnsson (49, 89), Touré (51)

**ST. MIRREN PAISLEY
v SLAVIA PRAHA 3-0** (1-0, 1-0) (AET)
St. Mirren Park, Paisley   2.10.1985
Referee: Rolf Haugen (NOR)   Attendance: 11,760
ST. MIRREN: Campbell Money, Thomas Wilson, Derek Hamilton, James Rooney, Peter Godfrey, Steve Clarke (74 Ian Scanlon, 82 Kenneth McDowall), Anthony Fitzpatrick, Neil Cooper, Francis McGarvey, Brian Gallagher, Gardner Speirs.   Trainer: Alex Miller

SLAVIA: Zdeněk Hruška, Roman Sokol, Luboš Kubík, Marián Takác (70 Miroslav Kouril), Jiří Jeslínek, Karel Jarolím, Jaroslav Němec, Jiří Dolezal, Milan Frýda, Miroslav Janu, Bohuš Víger (56 Pavel Rehák).

Goals: Gallagher (42), McGarvey (101, 108)

FC NANTES v VALUR REYKJAVÍK 3-0 (1-0)
La Beaujoire, Nantes   2.10.1985
Referee: Alder da Silva dos Santos (POR)   Att: 15,000
FC NANTES: Jean-Paul Bertrand-Demanes, William Ayache, Yvon Le Roux, Michel Der Zakarian (87 Antoine Kombouaré), Christophe Frankowski, Vincent Bracigliano, Fabien Debotté, Jorge Burruchaga, Pierre Morice, José Touré, Loic Amisse (81 Christophe Robert).   Trainer: Jean-Claude Suaudeau

VALUR: Stefan Arnarson, Thorgrimur Thrainsson, Magni Pétursson, Heimir Karlsson (32 G. Jonsson), Grimur Saemundsen, Saevar Jónsson, Gudni Bergsson, Hilmar Hardarson, Gudmundur Thorbjörnsson, Valur Valsson, Ingvar Guðmundsson.

Goals: Amisse (20, 62), Touré (53)

LINZER ASK v BANÍK OKD OSTRAVA 2-0 (1-0)
Linzer Stadion   18.09.1985
Referee: Velitchko Tsonchev (BUL)   Attendance: 5,200
LASK: Klaus Lindenberger; Dietmar Grüneis, Christian Lehermayr, Kurt Nagl, Siegfried Paseka; Gerald Piesinger, Wolfgang Nagl, Karl Meister, Johann Gröss (68 Rudolf Köstenberger), Maximilian Hagmayr, Tadeusz Malnowicz (74 Andreas Roth).   Trainer: János Kondert

BANÍK: Luděk Mikloško, Ivo Staš (87 Roman Sialini), Libor Bilas, Václav Pechácek, Petr Zajaroš, Zdeněk Šreiner, Lubomír Odehnal, Karel Kula, Jiří Záleský, Zdeněk Válek (77 Zbyněk Ollender), Václav Danek.   Trainer: Josef Kolecko

Goals: Meister (26), Köstenberger (79)

BANÍK OSTRAVA v LINZER ASK 0-1 (0-0)

Bazaloch, Ostrava   1.10.1985

Referee: Franz Gächter (SWI)   Attendance: 5,000

BANÍK: Luděk Mikloško, Petr Ondrášek, Zdeněk Šreiner, Václav Pecháček, Petr Zajaroš, Ivo Staš; Lubomír Odehnal, Jiří Záleský, Karel Kula; Václav Danek (56 Werner Licka), Zdeněk Válek (81 Roman Sialini)

LASK: Klaus Lindenberger; Dietmar Grüneis, Christian Lehermayr, Klaus Dantlinger, Siegfried Paseka; Gerald Piesinger, Wolfgang Nagl, Kurt Nagl, Karl Meister; Johann Gröss (76 Erwin Höld), Maximilian Hagmayr.
Trainer: János Kondert

Goal: C. Lehermayr (85)

KS WAREGEM v ÅRHUS GF 5-2 (1-1)

Regenboogstadion, Waregem   18.09.1985

Referee: Günther Habermann (DDR)   Attendance: 9,500

KS WAREGEM: Wim de Coninck, Marc Millecamps, Pino de Craeye, Franky Dekenne, Yvan de Sloover, Sergio da Silva, Erwin Denorme, Alain van Baekel, Armin Görtz, Filip de Smet, Danny Veyt.   Trainer: Urbain Haesaert

ÅRHUS GF: Troels Rasmussen, John Stampe, Bjørn Kristensen, Bent Wachmann, Doudal, Jan Bartram, Karsten Christensen, J. Mortensen (67 Mørup), Thomas Andersen, Flemming Povlsen, Lars Lundkvist.

Goals: Lundkvist (24), Veyt (39), Povlsen (50), Dekenne (54), De Smet (57), De Craeye (64), Van Baekel (78)

ÅRHUS GF v KS WAREGEM 0-1 (0-0)

Århus stadion   2.10.1985

Referee: Andrzej Libich (POL)   Attendance: 5,200

ÅRHUS GF: Troels Rasmussen, John Stampe, Bjørn Kristensen (46 Doudal), Bent Wachmann, Jan Bartram, Karsten Christensen, Mørup, Thomas Andersen, Flemming Povlsen, Grønbeck, Lars Lundkvist.

KS WAREGEM: Wim de Coninck, Marc Millecamps, Pino de Craeye, Franky Dekenne, Yvan de Sloover, Sergio da Silva, Erwin Denorme, Alain van Baekel, Armin Görtz, Danny Veyt, Filip de Smet (86 Juvenal Olmos).   Trainer: Urbain Haesaert

Goal: Veyt (89)

GLASGOW RANGERS v CLUB ATLÉTICO OSASUNA PAMPLONA 1-0 (0-0)

Ibrox, Glasgow   18.09.1985

Referee: Vojtěch Christov (CZE)   Attendance: 29,479

RANGERS: Nicol Walker, Hugh Burns, Stuart Munro, David McPherson, Craig Paterson, Douglas Bell, Alistair McCoist, Robert Russell, Robert Williamson (60 Derek Johnstone), Campbell Fraser, David Cooper (60 Kevin McMinn).
Trainer: John Wallace

OSASUNA: Vicente Fernández BIURRUN, Ignacio Francisco IBÁÑEZ Sagardoy, Javier CASTAÑEDA López, Carlos González PURROY, Andrés SABIDO Martín, Francisco RÍPODAS Oroz, BENITO Ballent Rodrigo (87 José Manuel ECHEBERRÍA Salaverría), José María LUMBRERAS Paños, Jesús OREJUELA Rodríguez, Eugenio BUSTINGORRI Oriz, Fermín DE LUIS Marín (79 Francisco MINA Mariñalena).
Trainer: Ivan Brzić

Goal: Paterson (54)

ATLÉTICO OSASUNA PAMPLONA v GLASGOW RANGERS 2-0 (2-0)

El Sadar, Pamplona   2.10.1985

Referee: Joël Quiniou (FRA)   Attendance: 26,000

OSASUNA: Vicente Fernández BIURRUN, Ignacio Francisco IBÁÑEZ Sagardoy, Javier CASTAÑEDA López, José María LECUMBERRI Garriz, Carlos González PURROY, José María LUMBRERAS Paños (90+1 José Manuel ECHEBERRÍA Salaverría), Francisco RÍPODAS Oroz, Eugenio BUSTINGORRI Oriz, BENITO Ballent Rodrigo, Jesús OREJUELA Rodríguez, Enrique MARTÍN Monreal Lizarraga (88 Miguel Ángel SOLA Elizalde).   Trainer: Ivan Brzić

RANGERS: Nicol Walker, Hugh Burns, David McPherson, Craig Paterson, Stuart Munro, Robert Russell (61 Kevin McMinn), Douglas Bell, Iain Durrant, Alistair McCoist, Derek Johnstone, David Cooper (69 Robert Williamson).
Trainer: John Wallace

Goals: Rípodas (11), Martín (40)

FC COLERAINE v LOKOMOTIVE LEIPZIG 1-1 (1-0)

The Showgrounds, Coleraine   18.09.1985

Referee: Albert Thomas (HOL)   Attendance: 3,000

COLERAINE: James Platt, Ronnie McDowell, Desmond Edgar, Edward McElhinney, Martin Tabb, Richard Wade, Paul McGurnaghan, Felix Healy, David Richardson (74 Alan Campbell), Roy McCreadie, Raymond Henry.

LOKOMOTIVE: René Müller, Ronald Kreer, Frank Baum, Andreas Treske, Uwe Zötzsche, Uwe Bredow, Wolfgang Altmann, Matthias Liebers, Hans-Jörg Leitzke, Peter Schöne, Dieter Kühn (43 Hans Richter).
Trainer: Hans-Ulrich Thomale

Goals: Wade (2), Liebers (67)

**LOKOMOTIVE LEIPZIG
v FC COLERAINE 5-0** (4-0)

Bruno-Plache-Stadion, Leipzig   2.10.1985

Referee: Roger Phillipi (LUX)   Attendance: 11,500

LOKOMOTIVE: René Müller, Frank Baum, Ronald Kreer, Andreas Treske, Uwe Zötzsche, Uwe Bredow, Lutz Moldt (72 Wolfgang Altmann), Matthias Liebers, Matthias Lindner, Dieter Kühn (68 Hans Richter), Hans-Jörg Leitzke. Trainer: Hans-Ulrich Thomale

COLERAINE: James Platt, Ronnie McDowell, Martin Tabb, Desmond Edgar, Edward McElhinney (17 Ronnie Marks), Richard Wade, Raymond Henry, Roy McCreadie, Paul McGurnaghan (58 Felix Healy), David Richarson, Alan Campbell.

Goals: Leitzke (10), Kühn (33), Baum (34), Liebers (44), Richter (82)

AJ AUXERRE v AC MILAN 3-1 (1-1)

Abbé-Deschamps, Auxerre   18.09.1985

Referee: Brian McGinlay (SCO)   Attendance: 15,800

AJ AUXERRE: Bruno Martini; Jacky Perdrieau, Claude Barret, Alain Fiard, Basile Boli, Pawel Janas, Bernard Ferrer (87 Antonio Gomez), Didier Danio, Patrice Garande, Jean-Marc Ferreri, Roger Boli (78 Pascal Vahirua). Trainer: Guy Roux

AC MILAN: Giuliano Terraneo, Mauro Tassotti, Paolo Maldini, Franco Baresi, Agostino di Bartolomei, Filippo Galli, Andrea Icardi (76 Mario Bortolazzi), Raymond Colin Wilkins, Mark Hateley, Alberigo Evani, Antonio Paolo Virdis. Trainer: Nils Liedholm

Goals: Virdis (4), Garande (38, 63), Danio (68)

**BOHEMIANS DUBLIN
v DUNDEE UNITED 2-5** (1-3)

Dalymount Park, Dublin   18.09.1985

Referee: Ronald Bridges (WAL)   Attendance: 4,185

BOHEMIANS: Dermot O'Neill, Alan Kinsella, Thomas Conway, Paul Power, Gino Lawless, Barry Murphy, Larry Wyse (.. Conor Flynn), Eugene Davis, Jackie Jameson, Rocky O'Brien, John Reynor (.. John Treacy)

DUNDEE UNITED: Hamish McAlpine, Maurice Malpas, John Holt, Richard Gough, Paul Hegarty, David Narey, Eamonn Bannon, David Beaumont, William Kirkwood, Paul Sturrock (.. Stuart Beedie), David Dodds (.. Ralph Milne). Manager: James McLean

Goals: Sturrock (4, 53, 59), Bannon (33, 38), Lawless (39), O'Brien (70)

AC MILAN v AJ AUXERRE 3-0 (2-0)

Giuseppe Meazza, Milano   2.10.1985

Referee: Alexis Ponnet (BEL)   Attendance: 62,000

AC MILAN: Giuliano Terraneo, Mauro Tassotti, Paolo Maldini, Franco Baresi, Agostino di Bartolomei, Filippo Galli, Andrea Icardi, Raymond Colin Wilkins, Mark Hateley, Alberigo Evani, Antonio Paolo Virdis. Trainer: Nils Liedholm

AJ AUXERRE: Bruno Martini; Jacky Perdrieau, Basile Boli, Pawel Janas, Claude Barret, Alain Fiard, Bernard Ferrer, Didier Danio (68 Győző Burcsa), Patrice Garande, Jean-Marc Ferreri, Roger Boli (46 Eric Cantona).   Trainer: Guy Roux

Goals: Virdis (29, 82), Hateley (36)

**INTERNAZIONALE MILANO
v FC ST. GALLEN 5-1** (3-0)

Giuseppe Meazza, Milano   18.09.1985

Referee: George Koukoulakis (GRE)   Attendance: 40,000

INTERNAZIONALE: Walter Zenga; Giuseppe Bergomi, Luciano Marangon, Giuseppe Baresi, Fulvio Collovati, Andrea Mandorlini, Pietro Fanna (87 Franco Selvaggi), Marco Tardelli, Alessandro Altobelli, William Brady (79 Enrico Cucchi), Karl-Heinz Rummenigge.   Trainer: Ilario Castagner

FC ST. GALLEN: Bruno Huwyler; Alex Germann, Peter Germann (54 Dietmar Metzler), Thomas Tschuppert (46 Hanspeter Zwicker), Beat Rietmann, Ladislav Jurkemik, André Fimian, Walter Hörmann, Walter Pellegrini, Mario Signer, Manfred Braschler.   Trainer: Werner Olk

Goals: Altobelli (9), Marangon (36), Mandorlini (45), Rummenigge (61, 68), Pellegrini (72)

**DUNDEE UNITED
v BOHEMIANS DUBLIN 2-2** (2-1)

Tannadice Park, Dundee   2.10.1985

Referee: Henning Lund Sørensen (DEN)   Attendance: 7,550

DUNDEE UNITED: William Thomson, John Holt, Maurice Malpas, Richard Gough, Paul Hegarty, David Narey, Eamonn Bannon, Ralph Milne, John Clark, Paul Sturrock (.. Thomas Coyne), Ian Redford.   Manager: James McLean

BOHEMIANS: Dermot O'Neill, Alan Kinsella, Thomas Conway, Barry Murphy, Gino Lawless, Ronnie L. Murphy, Paul Power, Eugene Davis (.. Larry Wyse), Jackie Jameson, Rocky O'Brien, John Treacy.

Goals: Milne (7), Redford (31), Jameson (33), O'Brien (67)

FC ST. GALLEN v INTERNAZIONALE MILANO 0-0

Stadion Espenmoos, St.Gallen   2.10.1985

Referee: Claude Bouillet (FRA)   Attendance: 16,200

FC ST. GALLEN: Bruno Huwyler; Claudio Taddei, Peter Germann, Walter Hörmann, Beat Rietmann, Ladislav Jurkemik, Dietmar Metzler, André Fimian, Walter Pellegrini, Mario Signer, Manfred Braschler.   Trainer: Werner Olk

INTERNAZIONALE: Walter Zenga, Giuseppe Bergomi, Luciano Marangon, Giuseppe Baresi, Fulvio Collovati, Andrea Mandorlini, Pietro Fanna, Marco Tardelli, Alessandro Altobelli, William Brady, Karl-Heinz Rummenigge.   Trainer: Ilario Castagner

1.FC KÖLN v REAL SPORTING GIJÓN 0-0

Müngersdorfer stadion, Köln   18.09.1985

Referee: Lajos Németh (HUN)   Attendance: 12,000

1.FC KÖLN: Harald Schumacher, Michel van de Korput, Paul Steiner, Mathias Hönerbach, Ralf Geilenkirchen (46 Hans-Peter Lehnhoff), William Hartwig, Thomas Hässler (62 Stephan Engels), Karl-Heinz Geils, David Pizanti, Pierre Littbarski, Norbert Dickel.   Trainer: Hannes Löhr

SPORTING GIJÓN: Juan Carlos ABLANEDO Iglesias, Manuel Enrique JIMÉNEZ Abalo, Bernardino Serrano Mori "MINO", José Manuel ESPINOSA Gómez, Secundino Suárez Vázquez "CUNDI", JAIME Francisco Álvarez González (74 Enrique Castro González "QUINI"), Manuel MESA Quirós, JOAQUÍN Alonso González, ESTEBAN Gutiérrez Fernández, Jorge Ribaldo RINALDI Pilypas (62 Tomás ORBEGOZO Eguiaguren), ELOY Olaya Prendes.   Trainer: José Manuel NOVOA

AC TORINO v PANATHINAIKOS ATHINA 2-1 (0-0)

Stadio Comunale, Torino   18.09.1985

Referee: Erik Fredriksson (SWE)   Attendance: 50,000

AC TORINO: Silvano Martina, Giancarlo Corradini, Giacomo Ferri, Renato Zaccarelli, JUNIOR Leovigildo Lins Gama, Paolo Beruatto (80 Marco Osio), Danilo Pileggi, Antonio Sabato, Walter Schachner, Giuseppe Dossena, Antonio Comi.   Trainer: Radice

PANATHINAIKOS: Nikos Sargkanis, Kostas Tarasis, Nikos Karoulias, Giannis Kyrastas, Nikos Vamvakoulas, Kostas Mauridis, Dimitris Saravakos, Nikos Patsiavouras (18 Mihalis Gerothodoros), Spiros Livathinos, Juan Ramon Rocha, Nikos Karavidas (80 Giannis Dontas).   Trainer: Petr Pakeret

Goals: Comi (48), Saravakos (50), Mauridis (87 og)

REAL SPORTING GIJÓN v 1.FC KÖLN 1-2 (1-0)

El Molinón, Gijón   2.10.1985

Referee: Franz Wöhrer (AUS)   Attendance: 39,000

SPORTING GIJÓN: Juan Carlos ABLANEDO Iglesias, Manuel Enrique JIMÉNEZ Abalo, Bernardino Serrano Mori "MINO", José Manuel ESPINOSA Gómez, Secundino Suárez Vázquez "CUNDI", Tomás ORBEGOZO Eguiaguren, Manuel MESA Quirós (81 Carlos González González "ZURDI"), JOAQUÍN Alonso González, ESTEBAN Gutiérrez Fernández, Enrique Castro González "QUINI" (67 Jorge Ribaldo RINALDI Pilypas), ELOY Olaya Prendes.   Trainer: José Manuel NOVOA

1.FC KÖLN: Harald Schumacher, Michel van de Korput, Paul Steiner, Mathias Hönerbach, Ralf Geilenkirchen, Hans-Peter Lehnhoff (80 Andreas Gielchen), Stephan Engels, Karl-Heinz Geils, David Pizanti (46 Thomas Hässler), Norbert Dickel, Pierre Littbarski.   Trainer: Hannes Löhr

Goals: Mino (2), Engels (46), Dickel (79)

PANATHINAIKOS ATHINA v AC TORINO 1-1 (0-1)

Olympiako, Athina   2.10.1985

Referee: Michel Vautrot (FRA)   Attendance: 73,000

PANATHINAIKOS: Nikos Sargkanis, Kostas Tarasis, Nikos Karoulias, Giannis Kyrastas, Velimir Zajec (61 Grigoris Haralampidis), Kostas Mauridis, Dimitris Saravakos, Kostas Antoniou, Nikos Vamvakoulas, Mihalis Gerothodoros, Nikos Karavidas (46 Giannis Dontas).   Trainer: Petr Pakeret

AC TORINO: Silvano Martina, Giancarlo Corradini, Ezio Rossi, Renato Zaccarelli, JUNIOR Leovigildo Lins Gama, Giacomo Ferri, Danilo Pileggi, Antonio Sabato, Walter Schachner (61 Paolo Beruatto), Giuseppe Dossena (82 Roberto Cravero), Antonio Comi.   Trainer: Radice

Goals: Comi (1), Saravakos (71 pen)

RÁBA ETO GYÖR v BOHEMIANS PRAHA 3-1 (1-1)

Györi stadion   18.09.1985

Referee: Joseph Worral (ENG)   Attendance: 15,000

RÁBA ETO: Ferenc Mészáros, István Turbék, Gábor Hlagyvik, Róbert Horváth, Tamás Preszeller; Péter Rubold, Peter Hannich, József Somogyi (46 Lajos Rezi); Ottó Szabó (40 Vendel Rugovics), Béla Melis, Gyula Hajszán.   Trainer: József Verebes

BOHEMIANS: Vladimír Borovicka, Stanislav Levý, Jiří Ondra, Zdeněk Šajtar, Zdeněk Koukal; Peter Zelenský, Jiří Tymich, Pavel Chaloupka; Petr Janecka (63 Milan Škoda), Tibor Micinec, Vladimír Hruška.   Trainer: Tomás Pospichal

Goals: Hannich (19, 74), Tymich (24), Rubold (48)

BOHEMIANS PRAHA
v RÁBA ETO GYÖR 4-1 (2-1, 3-1) (AET)

Bratislava   2.10.1985

Referee: Paolo Bergamo (ITA)   Attendance: 20,000

BOHEMIANS: Milan Švengr, Zdeněk Šcasný (70 Milan Škoda), Jiří Ondra, Jaroslav Marcík, Stanislav Levý; Zdeněk Šajtar, Peter Zelenský, Zdeněk Koukal; Petr Janecka, Tibor Micinec, Vladimír Hruška.

RÁBA ETO: Ferenc Mészáros; István Turbék, Gábor Hlagyvik, Róbert Horváth, Lajos Rezi; Gyula Csonka (55 Vendel Rugovics, 84 László Szijártó), Peter Hannich, Péter Rubold, Tamás Preszeller; Béla Melis, Gyula Hajszán.
Trainer: József Verebes

Goals: Marcik (8), Micinec (18), Hajszan (45), V. Hruška (89 pen, 110)

CHERNOMORETS ODESSA
v WERDER BREMEN 2-1 (2-0)

Central, Odessa   18.09.1985

Referee: Einar Halle (NOR)   Attendance: 40,900

CHERNOMORETS: Viktor Grischko, Nikolai Romanchuk, Valentin Kovach, Vladimir Ischak, Vladimir Ploskina, Igor Saveliev (66 Ivan Scharyi), Aleksandr Spitsin, Aleksandr Scherbakov, Viktor Pasulko, Igor Yurchenko (81 Sergei Zharkov), Oleg Morozov.   Trainer: Viktor Prokopenko

WERDER: Dieter Burdenski, Bruno Pezzey, Michael Kutzop, Hermann Ruländer, Thomas Schaaf, Wolfgang Sidka, Miroslav Votava, Norbert Meier, Yasuhiko Okudera, Frank Neubarth, Rudolf Völler.   Trainer: Otto Rehhagel

Goals: Yurchenko (13), Scherbakov (42), Meier (46)

VIDEOTON SZÉKESFEHÉRVÁR
v MALMÖ FF 1-0 (0-0)

Sóstói, Székesfehérvár   18.09.1985

Referee: Jean-François Crucke (BEL)   Attendance: 10,000

VIDEOTON: Péter Disztl; József Csuhay, László Disztl, Gábor Horváth; Tibor Végh, Adám Kurucz (72 György Nováth), Ferenc Csongrádi (80 Zoltán Csucsánszky), Imre Vadász; Lajos Májer, József Szabó, György Kerekes.
Trainer: Ferenc Kovács

MALMÖ FF: Jan Möller, Magnus Andersson, Mats Arvidsson, Kent Jonsson (22 Deval Eminovski), Torbjörn Persson; Caspar Pauckstadt, Hasse Borg, Ingemar Erlandsson, Anders Palmer; Leif Engqvist (85 Lars Larsson), Björn Nilsson.

Goal: Végh (78)

WERDER BREMEN
v CHERNOMORETS ODESSA 3-2 (1-1)

Weserstadion, Bremen   2.10.1985

Referee: David Syme (SCO)   Attendance: 30,100

WERDER: Dieter Burdenski, Bruno Pezzey, Michael Kutzop, Thomas Schaaf (74 Axel Noruschat), Thomas Wolter, Wolfgang Sidka, Miroslav Votava, Norbert Meier, Yasuhiko Okudera, Frank Ordenewitz, Frank Neubarth.   Trainer: Otto Rehhagel

CHERNOMORETS: Viktor Grischko, Nikolai Romanchuk, Valentin Kovach, Vladimir Ischak, Vladimir Ploskina, Igor Saveliev, Aleksandr Spitsin, Aleksandr Scherbakov, Viktor Pasulko, Igor Yurchenko (63 Igor Nakonechnyi), Oleg Morozov.   Trainer: Viktor Prokopenko

Goals: Kutzop (10), Pasulko (25), O. Morozov (47), Pezzey (53), Neubarth (73)

MALMÖ FF
v VIDEOTON SZÉKESFEHÉRVÁR 3-2 (0-1)

Malmö Stadion   2.10.1985

Referee: Velodi Miminoshvili (USSR)   Attendance: 8,800

MALMÖ FF: Jan Möller, Magnus Andersson, Mats Arvidsson, Hasse Borg, Torbjörn Persson; Caspar Pauckstadt, Deval Eminovski, Ingemar Erlandsson, Anders Palmer; Björn Nilsson, Lars Larsson.

VIDEOTON: Péter Disztl; László Disztl; József Csuhay, György Nováth; Tibor Végh, Ferenc Csongrádi (77 István Borsányi), Imre Vadász, Gábor Horváth; Adám Kurucz, József Szabó, Lajos Májer (77 György Kerekes).
Trainer: Ferenc Kovács

Goals: Möller (5 og), Eminovski (51), Erlandsson (59), Larsson (68), Szabó (87 pen)

SPARTAK MOSKVA
v TURUN PALLOSEURA 1-0 (1-0)

Lenin stadion, Moskva   18.09.1985

Referee: Borislav Aleksandrov (BUL)   Attendance: 21,300

SPARTAK: Rinat Dasaev, Vladimir Sochnov, Boris Kuznetsov, Sergei Novikov, Aleksandr Bubnov, Sergei Schavlo (76 Oleg Kuzhlev), Evgeni Kuznetsov, Gennadi Morozov, Yuri Gavrilov (56 Andrei Rudakov), Fiedor Cherenkov, Sergei Rodionov.

PALLOSEURA: Dan-Ola Eckerman, Ari Heikkinen, Pauno Kymäläinen, Timo Jalo, Esa Johansson, Pasi Rasimus, Tomi Jalo, Kimmo Lipponen, Juha Laaksonen, Heikki Suhonen (88 Vesa Salmela), Vesa Mars.

Goal: Cherenkov (24)

TURUN PALLOSEURA
v SPARTAK MOSKVA 1-3 (1-2)

Kupittaan, Turku 2.10.1985

Referee: Erik Steen Jensen (DEN)   Attendance: 5,642

PALLOSEURA: Dan-Ola Eckerman, Ari Heikkinen, Pauno Kymäläinen, Timo Jalo, Esa Johansson, Pasi Rasimus, Tomi Jalo, Kimmo Lipponen, Juha Laaksonen, Heikki Suhonen, Vesa Mars (55 Mika Aaltonen)

SPARTAK: Rinat Dasaev, Vladimir Sochnov, Boris Kuznetsov, Sergei Novikov, Aleksandr Bubnov, Sergei Schavlo (61 Evgeni Sidorov), Evgeni Kuznetsov, Gennadi Morozov (79 Almir Kaiumov), Mikhail Rusiaev, Fiedor Cherenkov, Sergei Rodionov.

Goals: Laaksonen (1 og), Rodionov (14), Lipponen (17), Novikov (47)

BORUSSIA MÖNCHENGLADBACH
v LECH POZNAN 1-1 (0-0)

Bökelberg, Mönchengladbach 18.09.1985

Referee: Malcolm Moffatt (NIR)   Attendance: 11,000

BORUSSIA: Ulrich Sude, Hans-Georg Dressen, Hans-Günter Bruns, Kai-Erik Herlovsen, Ulrich Borowka, André Winkhold, Uwe Rahn, Christian Hochstätter, Ewald Lienen, Frank Mill, Kurt Pinkall (46 Michael Frontzeck).
Trainer: Josef Heynckes

LECH: Zbigniew Plesnierowicz, Krzysztof Pawlak, Czeslaw Jakolcewicz, Damian Lukasik, Hieronim Barczak, Piotr Romke, Piotr Skrobowski, Mariusz Niewiadomski, Ryszard Rybak, Boguslaw Pachelski (33 Jerzy Kruszczynski), Miroslaw Okoński.   Trainer: Wlodzimierz Jakubowski

Goals: Mill (59), Lukasik (73)

WISMUT AUE
v DNEPR DNEPROPETROVSK 1-3 (0-1)

Otto-Grotewohl-Stadion, Aue 18.09.1985

Referee: Jiří Stiegler (CZE)   Attendance: 22,000

WISMUT: Jörg Weissflog, Volker Schmidt, Roland Balck, Heiko Münch, Steffen Krauss, Bernhard Konik, Jürgen Escher, Uwe Bauer, Holger Erler (70 Ralf Kraft), Wilfried Reypka (76 Rainer Pietsch), Harald Mothes.   Trainer: Harald Fischer

DNEPR: Sergei Krakovski, Sergei Bashkirov, Aleksandr Sorokalet, Sergei Puchkov, Aleksandr Lisenko, Boris Schurschin, Viktor Kuznetsov, Gennadi Litovchenko, Andrei Dilai (79 Aleksei Cherednik), Oleg Protasov, Oleg Taran (70 Nikolai Kudritski).

Goals: Litovchenko (27), Taran (47), Schmidt (75), Viktor Kuznetsov (76)

LECH POZNAN
v BORUSSIA MÖNCHENGLADBACH 0-2 (0-1)

Lech, Poznan 2.10.1985

Referee: Bo Helen (SWE)   Attendance: 25,000

LECH: Zbigniew Plesnierowicz, Krzysztof Pawlak, Czeslaw Jakolcewicz, Damian Lukasik, Hieronim Barczak, Mariusz Niewiadomski (80 Dariusz Skrzypczak), Piotr Skrobowski (73 Rafal Stroinski), Piotr Romke, Ryszard Rybak, Miroslaw Okoński, Jerzy Kruszczynski.
Trainer: Wlodzimierz Jakubowski

BORUSSIA: Ulrich Sude, Kai-Erik Herlovsen, Ulrich Borowka (33 André Winkhold), Hans-Georg Dressen, Michael Frontzeck, Thomas Krisp, Christian Hochstätter, Uwe Rahn, Ewald Lienen, Frank Mill, Christoph Budde (62 Hans-Jörg Criens).   Trainer: Josef Heynckes

Goals: Niewiadomski (34 og), Lienen (77)

DNEPR DNEPROPETROVSK
v WISMUT AUE 2-1 (0-0)

Krivoi Rog 2.10.1985

Referee: Miklos Nagy (HUN)   Attendance: 26,000

DNEPR: Sergei Krakovski, Sergei Bashkirov, Aleksandr Sorokalet, Sergei Puchkov, Aleksandr Lisenko, Boris Schurschin (72 Aleksei Cherednik), Viktor Kuznetsov, Gennadi Litovchenko, Andrei Dilai, Oleg Protasov, Oleg Taran (65 Nikolai Kudritski).

WISMUT: Jörg Weissflog, Heiko Münch, Volker Schmidt, Bernhard Konik, Peter Georgi, Steffen Krauss, Jürgen Escher, Harald Mothes, Wilfried Reypka, Roland Balck, Ralf Kraft (65 Steffen Lorenz).   Trainer: Harald Fischer

Goals: Protasov (51, 78), Lorenz (72)

LEGIA WARSZAWA
v VIKING STAVANGER 3-0 (1-0)

Stadion Wojska Polskiego, Warszawa 18.09.1985

Referee: Heinz Holzmann (AUS)   Attendance: 10,000

LEGIA: Jacek Kazimierski; Dariusz Kubicki, Zbigniew Kaczmarek, Krzysztof Gawara, Dariusz Wdowczyk; Jan Karas, Kazimierz Buda, Andrzej Buncol; Jaroslaw Araszkiewicz (83 Krzysztof Iwanicki), Dariusz Dziekanowski, Witold Sikorski (46 Tomasz Arceusz).   Trainer: Jerzy Engel

VIKING: Erik Thorstvedt; Jan Verner Hansen, Per Henriksen, Arild Ravndal, Svein Fjaelberg; Cato Andersen, Tonning Hammer, Kjell Lundal; Torbjørn Svendsen, Nils Ove Hellvik, Gary Goodchild (74 Arnt Edgar Tellefsen).

Goals: Dziekanowski (36), Arceusz (67), Buda (69)

**VIKING STAVANGER
v LEGIA WARSZAWA 1-1** (0-0)

Stavanger stadion   2.10.1985

Referee: Eamonn A. Farrell (EIRE)   Attendance: 1,506

VIKING: Erik Thorstvedt; Jan Verner Hansen, Per Henriksen, Svein Fjaelberg, Arild Ravndal; Cato Andersen, Tonning Hammer, Kjell Lundal (85 Svein Enersen); Torbjørn Svendsen, Nils Ove Hellvik, Gary Goodchild.

LEGIA: Jacek Kazimierski; Dariusz Kubicki, Andrzej Sikorski, Krzysztof Gawara, Dariusz Wdowczyk; Jan Karas, Andrzej Buncol, Kazimierz Buda, Zbigniew Kaczmarek (64 Krzysztof Iwanicki); Dariusz Dziekanowski, Tomasz Arceusz (85 Witold Sikorski).   Trainer: Jerzy Engel

Goals: Hammer (52), Dziekanowski (74)

**PIRIN BLAGOEVGRAD
v HAMMARBY IF 1-3** (1-1)

Hristo Botev, Blagoevgrad   18.09.1985

Referee: Costa Kapsos (CYP)   Attendance: 15,000

PIRIN: Kiril Stoikov, Rosen Pashov, Nikolai Gavaliugov, Ivan Georgiev, Todor Krajanov, Evgeniy Oblakov, Iordan Bozdanski, Petar Tzvetkov (77 Atanas Laskov), Iordan Kostov (68 Vladimir Karakichev), Ventsislav Dinev, Petar Mihtarski.

HAMMARBY: Roger Skalleberg, Kjell Granqvist (63 Peter Uhlbäck), Per Holmberg, Thomas Dennerby, Klas Johansson, Sulo Vaattovaara, Sten-Ove Ramberg, Thomas Turesson, Mats Wahlberg, Thomas Lundin (72 Billy Ohlsson), Ulf Eriksson.

Goals: Eriksson (13, 83), Dinev (45), Ramberg (58)

**HAMMARBY IF STOCKHOLM
v PIRIN BLAGOEVGRAD 4-0** (1-0)

Stockholm   2.10.1985

Referee: Keith Cooper (WAL)   Attendance: 3,207

HAMMARBY: Roger Skalleberg, Kjell Granqvist, Per Holmberg, Sulo Vaattovaara, Klas Johansson, Thomas Turesson, Sten-Ove Ramberg, Michael Andersson, Mats Wahlberg, Billy Ohlsson, Ulf Eriksson (16 Thomas Lundin).

PIRIN: Kiril Stoikov, Rosen Pashov, Petar Mihtarski, Ivan Georgiev, Todor Krajanov, Atanas Laskov, Vladimir Karakichev, Evgeniy Oblakov, Iordan Kostov, Ventsislav Dinev, Iordan Bozdanski.

Goals: B. Ohlsson (33, 76), Ramberg (69), Lundin (89)

SPARTA ROTTERDAM v SV HAMBURG 2-0 (0-0)

Stadion Spangen, Rotterdam   18.09.1985

Referee: John E.Martin (ENG)   Attendance: 12,000

SPARTA: Bas Van Noortwijk, Danny Blind, Adri Andriessen, Piet Wijnberg, René Eijer, Ronald Lengkeek, Louis van Gaal, Edwin Olde Riekerink, Silvio Diliberto (74 Roelf-Jan Tiktak), Robin Schmidt, Leen van der Weel.   Trainer: Theo Vonk

HAMBURGER SV: Ulrich Stein, Manfred Kaltz, Ditmar Jakobs, Gerard Plessers, Michael Schröder, Peter Lux, Wolfgang Rolff, Felix Magath, Thomas Kroth, Heinz Gründel, Thomas von Heesen (72 Eric Soler).   Trainer: Ernst Happel

Goals: Lengkeek (75), Schmidt (79)

**SV HAMBURG
v SPARTA ROTTERDAM 2-0** (0-0, 2-0) (AET)

Volksparkstadion, Hamburg   2.10.1985

Referee: Zoran Petrović (YUG)   Attendance: 28,000

HAMBURGER SV: Ulrich Stein, Manfred Kaltz, Ditmar Jakobs, Michael Schröder, Bernd Wehmeyer (57 Ralf Bälzis), Peter Lux, Wolfgang Rolff, Thomas Kroth, Thomas von Heesen, Heinz Gründel, Mark McGhee.   Trainer: Ernst Happel

SPARTA: Bas Van Noortwijk, Danny Blind, Adri Andriessen, Piet Wijnberg, René Eijer, Ronald Lengkeek, Edwin Olde Riekerink, Louis van Gaal, Silvio Diliberto (85 Piet De Kant), Robin Schmidt, Leen van der Weel (76 Henk Fräser).

Goals: Schröder (77), Von Heesen (84)

Penalties: Lengkeek (miss), 0-1 Kaltz, 1-1 Wijnberg, Rolff (miss), Olde Riekerink (miss), 2-1 Kroth, 2-2 Blind, 3-2 Von Heesen, 3-3 Van Gaal, McGhee (miss), 3-4 Andriessen, Schröder (miss)

**SPORTING LISBOA
v FEYENOORD ROTTERDAM 3-1** (2-0)

Estádio José Alvalade, Lisboa   18.09.1985

Referee: Robert Valentine (SCO)   Attendance: 70,000

SPORTING: Vítor Manuel Afonso DAMAS de Oliveira, GABRIEL Azevedo Mendes, António Maurício Farinha Henrique MORATO, Pedro Manuel Regateiro VENÂNCIO, FERNANDO Manuel Antunes MENDES, Luís Filipe Vieira Carvalho "LITOS" (81 OCEANO Andrade da Cruz), JAIME Moreira PACHECO, António Augusto Gomes de Silva "SOUSA", MÁRIO JORGE da Silva Pinho Fernandes, Rui Manuel da Trindade JORDÃO, MANUEL José Tavares FERNANDES (Cap).   Trainer: Manuel José

FEYENOORD: Joop Hiele, Benny Wijnstekers, Ivan Nielsen, Henk Duut, Sjaak Troost, Keje Molenaar, Mario Been, Jan Sørensen (58 John Eriksen), Stanley Brard, Johnny Rep (85 André Stafleu), Simon Tahamata.   Trainer: Ab Fafié

Goals: Manuel Fernandes (29, 62), Jordão (34), Duut (76)

**FEYENOORD ROTTERDAM
v SPORTING LISBOA 2-1** (1-0)

Feyenoord, Rotterdam 1.10.1985

Referee: Bogdan Dochev (BUL)   Attendance: 34,118

FEYENOORD: Joop Hiele, Benny Wijnstekers, Sjaak Troost, Keje Molenaar, Henk Duut, Jan Sørensen, Mario Been, Stanley Brard (51 André Hoekstra), Tscheu La Ling (75 Johnny Rep), John Eriksen, Simon Tahamata.

SPORTING: Vítor Manuel Afonso DAMAS de Oliveira, GABRIEL Azevedo Mendes, António Maurício Farinha Henrique MORATO (/Cap), Pedro Manuel Regateiro VENÂNCIO, FERNANDO Manuel Antunes MENDES, Luís Filipe Vieira Carvalho "LITOS", JAIME Moreira PACHECO, António Augusto Gomes de Silva "SOUSA", MÁRIO JORGE da Silva Pinho Fernandes; Rui Manuel da Trindade JORDÃO (89 Sergio António SAUCEDO), MANUEL José Tavares FERNANDES (Cap/) (76 OCEANO Andrade da Cruz). Trainer: Manuel José

Goals: Eriksen (45), Litos (59), Been (66)

**PORTIMONENSE
v PARTIZAN BEOGRAD 1-0** (0-0)

Estádio do Portimonense, Portimão 18.09.1985

Referee: Alphonse Constantin (BEL)   Attendance: 13,000

PORTIMONENSE: Jorge Manuel Domingos María VITAL, José António DINIS Pereira Ferreira, Carlos Manuel Picada Silva Ribeiro "BALACÓ", Carlos António Fonseca SIMÕES (Cap), Fernando Luís Teixeira "TEIXEIRINHA", Carlos Manuel da Silva FREIRE (44 Francisco da Cruz BARÃO), António José Pereira de CARVALHO, NIVALDO Gomes da Silva (40 JOÃO Henrique G. Efigénia "REINA"), LUÍS Lourenço G. Efigénia "REINA", Pedro João Correia Gomes Marta "PITA", Serge Henry Helene CADORIN. Trainer: Vítor Oliveira

PARTIZAN: Fahrudin Omerović; Miodrag Radović, Vladimir Vermezović, Vlado Capljić, Slobodan Rojević, Zvonko Zivković, Goran Stevanović (27 Milos Djelmas), Ljubomir Radanović, Radoslav Nikodijević, Zvonko Varga (21 Vladislav Djukić), Nebojsa Vučičević.

Goal: Pita (47)

**PARTIZAN BEOGRAD
v PORTIMONENSE 4-0** (2-0)

Beograd 2.10.1985

Referee: Sadik Deda (TUR)   Attendance: 33,000

PARTIZAN: Fahrudin Omerović; Miodrag Radović, Slobodan Rojević, Vladimir Vermezović, Vlado Capljić, Ljubomir Radanović, Vladislav Djukić, Zvonko Zivković (62 Milos Djelmas), Zvonko Varga (67 Admir Smajić), Goran Stevanović, Nebojsa Vučičević.

PORTIMONENSE: Jorge Manuel Domingos María VITAL, José António DINIS Pereira Ferreira, Carlos Manuel Picada Silva Ribeiro "BALACÓ", Carlos António Fonseca SIMÕES (Cap), Fernando Luís Teixeira "TEIXEIRINHA", António José Pereira de CARVALHO, Francisco da Cruz BARÃO (74 JOÃO Henrique G. Efigénia "REINA"), Serge Henry Helene CADORIN, Carlos Manuel da Silva FREIRE, NIVALDO Gomes da Silva, LUÍS Lourenço G. Efigénia "REINA" (59 Pedro João Correia Gomes Marta "PITA").   Trainer: Vítor Oliveira

Goals: Vučičević (19 pen, 83, 86), Djukic (29)

AEK ATHINA v REAL MADRID 1-0 (1-0)

Neas Filadelfeias, Athina 18.09.1985

Referee: Ion Igna (ROM)   Attendance: 50,000

AEK: Hristos Arvanitis, Simeon Hatzis, Ilias Armodoros, Lissandros Georgamlis, Stelios Manolas, Dimitris Karagkiozopoulos, Nikos Pias (59 Haralampos Akrivopoulos), Giannis Dintsikos, Håkan Sandberg, Márton Esterházy, Paulos Papaioannou (77 Polivios Hatzopoulos). Trainer: Jacek Gmoch

REAL: José Manuel OCHOTORENA Santacruz, Miguel Porlan Noguera "CHENDO", José Antonio CAMACHO Alfaro, Antonio MACEDA Francés, Manuel SANCHIS Hontiyuelo, Rafael GORDILLO Vázquez, Emilio BUTRAGUEÑO Santos, José Miguel González Martín del Campo "MICHEL", HUGO SÁNCHEZ Márquez, Ricardo GALLEGO Redondo (46 Rafael MARTÍN VÁZQUEZ), Juan Gómez González "JUANITO" (76 Jorge Alberto VALDANO Castellano). Trainer: Luis MOLOWNY Arbelo

Goal: Papaioannou (10)

REAL MADRID v AEK ATHINA 5-0 (4-0)

Estadio Santiago Bernabéu, Madrid 2.10.1985

Referee: Alain Delmer (FRA)   Attendance: 85,000

REAL: José Manuel OCHOTORENA Santacruz, Miguel Porlan Noguera "CHENDO", Antonio MACEDA Francés, Manuel SANCHIS Hontiyuelo, José Antonio CAMACHO Alfaro, José Miguel González Martín del Campo "MICHEL", Ricardo GALLEGO Redondo, Rafael GORDILLO Vázquez, Emilio BUTRAGUEÑO Santos (59 Juan Gómez González "JUANITO"), HUGO SÁNCHEZ Márquez, Jorge Alberto VALDANO Castellano (67 Carlos Alonso González "SANTILLANA").   Trainer: Luis MOLOWNY Arbelo

AEK: Hristos Arvanitis, Simeon Hatzis, Ilias Armodoros, Stelios Manolas (60 Polivios Hatzopoulos), Lissandros Georgamlis, Dimitris Karagkiozopoulos (36 Nikos Pias), Paulos Papaioannou, Kostas Ballis, Márton Esterházy, Håkan Sandberg, Thomas Mauros.   Trainer: Jacek Gmoch

Goals: Georgamlis (5 og), Butragueño (11), Michel (19), Valdano (32), Hugo Sánchez (58)

**DINAMO TIRANA
v HAMRUN SPARTANS 1-0** (0-0)

Qemal Stafa, Tirana 18.09.1985

Referee: Kyros Georgiou (CYP)   Attendance: 12,000

DINAMO: Ilir Luarasi, Arian Stafa, Muhedin Targaj, Naum Kove, Durim Kuqi, Agim Canaj, Imami (82 Albert Topçiu), Sulejman Demollari (80 Duka), Andrea Marko, Arben Vila, Eduard Abazi.

HAMRUN SPARTANS: Alan Zammit, Edwin Farrugia (81 Konrad Sultana), Alfred Azzopardi, Marco Grech, George Xuereb, Alex Azzopardi, Gejtu Refalo, R. Mitchell, Raymond Vella, Leo Refalo, Raymond Xuereb (71 Stefan Sultana).

Goal: Abazi (58)

**LOKOMOTIV SOFIA
v APOEL NICOSIA 4-2** (1-2, 2-2) (AET)

Sofia 2.10.1985

Referee: Austin Publiesevich (MAL)   Attendance: 25,000

LOKOMOTIV: Nikolai Donev, Aleksandar Dudov, Pavel Dochev, Dimitar Vasev, Valeri Damianov, Valeri Stankov (46 Aleksandar Bonchev), Gosho Petkov, Kiril Metkov, Boicho Velichkov, Ivan Vasilev, Stoicho Stoev (66 Marko Bogdanov).

APOEL: Andreas Petrides, Giangos Ioannides, Kostas Miamiliotis (91 Dimitris Kleanthous), Dimitris Misos, Nikos Pantziaras, Koulis Pantziaras, Andreas Stylianou, Takis Antoniou, Ian Moores, Giannis Ioannou, Mihalis Prodromou (66 Takis Timotheou).

Goals: Velichkov (11 pen, 78), Moores (16), Ioannou (22), Petkov (99), Metkov (108)

HAMRUN SPARTANS v DINAMO TIRANA 0-0

Hamrun stadium, Valletta 2.10.1985

Referee: Bruno Galler (SWI)   Attendance: 4,200

HAMRUN SPARTANS: A. Zammit, Edwin Farrugia, Alex Azzopardi, Marco Grech, George Xuereb, Alfred Azzopardi, Leo Refalo (61 Georgi Ivanov), Gejtu Refalo, Raymond Xuereb (73 R. Mitchell), Raymond Vella, Michael Degiorgio.

DINAMO: Ilir Luarasi, Durim Kuqi, Arian Stafa, Muhedin Targaj, Eduard Abazi, Agim Canaj, Astrit Ramadani, Imami (.. Naum Kove), Arben Vila, Andrea Marko, Sulejman Demollari.

HAJDUK SPLIT v FC METZ 5-1 (2-1)

Poljud, Split 18.09.1985

Referee: George Courtney (ENG)   Attendance: 40,000

HAJDUK: Ivan Pudar; Jerko Tipurić (71 Zoran Vujović), Kalinić, Vatroslav Petrinović, Milan Petrović, Ivan Gudelj, Stjepan Andrijasević, Blaž Slisković (88 Josip Spanjić), Dragutin Celić, Zoran Vulić, Zlatko Vujović.
Trainer: Poklepović

FC METZ: Michel Ettore; Luc Sonor, Alain Colombo, Fernando Zappia, Richard Honorine, Sylvain Kastendeuch, Thierry Pauk (71 Carmelo Micciche), Carlos Lopez (46 Plamen Markov), Philippe Hinschberger, Jules Bocandé, Didier Six.   Trainer: Marcel Husson

Goals: Petrinović (12), Bocandé (31), Zlatko Vujović (28 pen, 63, 67, 76)

APOEL NICOSIA v LOKOMOTIV SOFIA 2-2 (1-1)

Nicosia 18.09.1985

Referee: Arsen Hoxha (ALB)   Attendance: 15,000

APOEL: Andreas Petrides, Giangos Ioannides, Koulis Pantziaras, Dimitris Misos, Nikos Pantziaras, Terry McDermott, Takis Antoniou, Panagiotis Maragkos, Ian Moores, Giannis Ioannou, Nikos Prokopi (72 Andreas Stylianou).

LOKOMOTIV: Nikolai Donev, Aleksandar Dudov, Pavel Dochev (46 Marko Bogdanov), Dimitar Vasev, Valeri Damianov, Valeri Stankov, Aleksandar Bonchev (75 Gosho Petkov), Kiril Metkov, Boicho Velichkov, Ivan Vasilev, Stoicho Stoev.

Goals: Prokopi (18), Velichkov (30), McDermott (49), Vasilev (54)

FC METZ v HAJDUK SPLIT 2-2 (0-0)

Stade Saint-Symphorien, Metz 2.10.1985

Referee: Luigi Agnolin (ITA)   Attendance: 12,000

FC METZ: Michel Ettore; Luc Sonor, Sylvain Kastendeuch, Fernando Zappia, Thierry Pauk, Philippe Hinschberger (80 Alain Colombo), Carlos Lopez (79 Bernard Mahmoud), Plamen Markov, Carmelo Micciche, Jules Bocandé, Didier Six.
Trainer: Marcel Husson

HAJDUK: Ivan Pudar; Branko Miljus, Zoran Vulić, Kalinić, Milan Petrović, Zoran Vujović (72 Jerko Tipurić), Dragutin Celić, Ive Jerolimov (87 Stjepan Andrijasević), Blaž Slisković, Aljosa Asanović, Zlatko Vujović.   Trainer: Poklepović

Goals: Markov (53), Zappia (64), Zlatko Vujović (72, 90)

DINAMO BUCUREȘTI
v VARDAR SKOPJE 2-1 (1-1)

Dinamo, București   18.09.1985

Referee: Valeri Butenko (USSR)   Attendance: 8,000

DINAMO: Dumitru Moraru; Lică Movilă, Ioan Andonie, Alexandru Nicolae, Nelu Stănescu; Mircea Rednic, Ioan Zare, Alexandru Suciu (16 Ioan Varga); Nistor Văidean, Ionel Augustin, Sorin Răducanu (62 Gheorghe Tulba). Trainers: Constantin Cernăianu & Florin Cheran

VARDAR: Momčilo Grosev; Jovan Jovanovski (78 Ilija Najdoski), Dragan Kanatlarovski, Dragan Setinov, Milko Simovski; Stoimir Urosević, Vasil Ringov, Cedomir Janevski, Toni Savevski; Gordan Zdravkov (89 Tome Trajanovski), Darko Pancev.   Trainer: Vukašin Visnjevat

Goals: Pancev (9), Rednic (28), Augustin (50 pen)

VARDAR SKOPJE
v DINAMO BUCUREȘTI 1-0 (0-0)

Gradski, Skoplje   2.10.1985

Referee: Dieter Pauly (WG)   Attendance: 30,000

VARDAR: Momčilo Grosev; Jovan Jovanovski, Dragan Setinov, Cedomir Janevski, Milko Simovski; Stoimir Urosević (70 Slobodan Goračinov), Dragan Kanatlarovski, Toni Savevski, Vasil Ringov; Gordan Zdravkov, Darko Pancev (82 Ilija Najdoski).   Trainer: Vukašin Visnjevat

DINAMO: Dumitru Moraru; Mircea Rednic, Alexandru Nicolae, Ioan Zare, Nelu Stănescu; Lică Movilă, Ioan Andonie, Ioan Varga, Alexandru Suciu (70 Marin Dragnea); Nistor Văidean, Ionel Augustin.   Trainer: Constantin Cernăianu

Goal: Zdravkov (46)

NEUCHÂTEL XAMAX
v SPORTUL STUDENȚESC BUCUREȘTI 3-0 (2-0)

Stade de la Maladière, Neuchâtel   18.09.1985

Referee: Stoian Ilievski (BUL)   Attendance: 14,800

XAMAX: Karl Engel; Peter Küffer, Daniel Don Givens (65 Carsten Nielsen), Pierre Thévenaz, Claude Ryf; Uli Stielike, Philippe Perret, Heinz Hermann; Rudolf Elsener (79 Patrice Mottiez), Robert Lüthi, Maurizio Jacobacci. Trainer: Gilbert Gress

SPORTUL STUDENȚESC: Andrei Speriatu, Marian Mihail, Mircea Popa, Gino Iorgulescu, Aurel Munteanu; Aurel Țicleanu (72 Lucian Burchel), Constantin Pană (65 Paul Cazan), Laurențiu Bozeșan; Gheorghe Hagi, Mircea Sandu, Marcel Coraș. Trainers: Constantin Ardeleanu & Tănase Dima

Goals: Jacobacci (9), Ryf (27), Stielike (65)

SPORTUL STUDENȚESC BUCUREȘTI
v NEUCHÂTEL XAMAX 4-4 (4-2)

Sportul Studențesc, București   3.10.1985

Referee: Keith Hackett (ENG)   Attendance: 14,000

SPORTUL STUDENȚESC: Andrei Speriatu; Marian Mihail, Paul Cazan, Gino Iorgulescu (85 Mircea Popa), Lucian Burchel; Alexandru Terheș, Constantin Pană, Laurențiu Bozeșan (70 Aurel Țicleanu); Gheorghe Hagi, Mircea Sandu, Marcel Coraș. Trainers: Constantin Ardeleanu & Tănase Dima

XAMAX: Karl Engel; Tiziano Salvi, Daniel Don Givens, Pierre Thévenaz, Claude Ryf; Heinz Hermann, Uli Stielike, Philippe Perret; Rudolf Elsener (46 Patrice Mottiez), Robert Lüthi (82 Carsten Nielsen), Maurizio Jacobacci.   Trainer: Gilbert Gress

Goals: Hagi (3, 41 pen, 44 pen), Ryf (9), Lüthi (20), Sandu (23), Givens (50), Stielike (73)

ATHLETIC CLUB BILBAO
v BEȘIKTAȘ ISTANBUL 4-1 (1-1)

San Mamés, Bilbao   18.09.1985

Referee: Kenneth J. Hope (SCO)   Attendance: 40,000

ATHLETIC: Andoni ZUBIZARRETA Urreta, Santiago URQUIAGA Pérez, Jesús Íñigo LICERANZU Ochoa (69 Francisco "PACHI" SALINAS Fernández), Antonio GOICOECHEA Olascoaga, Luis DE LA FUENTE Castillo, Miguel DE ANDRÉS Barace, José Ramón GALLEGO Souto, Ismael URTUBI Aróstegui (46 Manuel SARABIA López), Daniel Ruiz Bazán "DANI", JULIO SALINAS Fernández, Estanislao ARGOTE Salaberría. Trainer: Javier CLEMENTE Lázaro

BEȘIKTAȘ: Zafer Öger, Hüsamettin Gökçen, Samet Aybaba, Ulvi Güveneroğlu, Kadir Akbulut, Feyyaz Uçar, Fikret Demirer (66 Ziya Doğan), Gökhan Keskin, Ali Gültiken, Mirsad Kovačević, Bora Öztürk (31 Sinan Ergin). Trainer: Branko Stanković

Goals: Gökhan (17), J. Salinas (30, 49, 83), Sarabia (77)

BEȘIKTAȘ ISTANBUL
v ATHLETIC CLUB BILBAO 0-1 (0-1)

İnönü, Istanbul   3.10.1985

Referee: Claudio Pieri (ITA)   Attendance: 9,200

BEȘIKTAȘ: Zafer Öger, Hüsamettin Gökçen, Samet Aybaba, Ulvi Güveneroğlu, Kadir Akbulut, Gökhan Keskin, Fikret Demirer (62 Ali Gültiken), Necdet Ergün, Feyyaz Uçar, Mirsad Kovačević, Metin Tekin (75 Sinan Ergin). Trainer: Branko Stanković

ATHLETIC: Andoni ZUBIZARRETA Urreta, Santiago URQUIAGA Pérez, Antonio GOICOECHEA Olascoaga, Jesús Íñigo LICERANZU Ochoa, José María NÚÑEZ Urrezola, José Ramón GALLEGO Souto (51 Juan José ELGUEZÁBAL Bustiza), Miguel DE ANDRÉS Barace, Francisco "PACHI" SALINAS Fernández, José María NORIEGA Aldecoa, Manuel SARABIA López (60 Daniel Ruiz Bazán "DANI"), ENDIKA Guarrotxena Arzubiaga.   Trainer: Javier CLEMENTE Lázaro

Goal: Sarabia (12)

RFC LIÈGE v SSW INNSBRUCK 1-0 (0-0)

Stade Jules Georges, Liège   18.09.1985

Referee: Vitor Fernandes Correia (POR)   Att: 13,000

RFC LIÈGE: Pierre Drouguet, Bernard Wegria, Jean-François de Sart, Moreno Giusto, Raphaël Quaranta, Guy François, Edhem Sljivo, Hans-Peter Lipka, Benoît Thans, Willy Geurts, Luc Ernes.   Trainer: Robert Waseige

SSW: Peter Burgstaller; Robert Auer, Michael Streiter, Arnold Koreimann, Alfred Hörtnagl, Hansi Müller, Thomas Lenninger, Alfred Roscher, Manfred Linzmaier, Michael Toppel, Kurt Welzl (70 Christoph Westerthaler).   Trainer: Felix Latzke

Goal: Thans (66)

SSW INNSBRUCK v RFC LIÈGE 1-3 (1-2)

Tivoli, Innsbruck   2.10.1985

Referee: Lajos Hartmann (HUN)   Attendance: 15,000

SSW: Peter Burgstaller (66 Walter Obexer); Thomas Lenninger, Jürgen Kuntschner, Robert Auer (77 Alfred Hörtnagl), Michael Streiter, Manfred Linzmaier, Hansi Müller, Arnold Koreimann, Michael Toppel, Alfred Roscher, Christoph Westerhaler.   Trainer: Felix Latzke

RFC LIÈGE: Pierre Drouguet, Bernard Wegria, Jean-François de Sart, Moreno Giusto, Raphaël Quaranta, Guy François (79 Bernard Habrant), Hans-Peter Lipka, Edhem Sljivo, Benoît Thans, Luc Ernes, Willy Geurts.   Trainer: Robert Waseige

Goals: Lipka (15), Roscher (17), Thans (38), De Sart (64 pen)

BOAVISTA PORTO v CLUB BRUGGE 4-3 (1-1)

Estadio do Bessa, Porto   19.09.1985

Referee: Roth Linsberger (SWI)   Attendance: 20,000

BOAVISTA: PAULINO Roque Moreira da Silva, António Alves de Oliveira "QUEIRÓ", ADÃO da Silva (Cap), FREDERICO Nobre Rosa, António de Oliveira CAETANO; Joaquim José Ferreirinha Moreira "QUINITO" (59 José da Silva COELHO), Philipe Leonardus WALKER, José Joaquim Pimentel RIBEIRO (70 Manuel José PIRES Belo), Rui Manuel Magalhães CASACA; João Luís Vergel "TONANHA", JOSÉ António Silvestre RAFAEL.   Trainer: João Alves

CLUB BRUGGE: Birger Jensen, Franky van der Elst, Tew Mamadou, Hugo Broos, Luc Beyens (87 Henk Houwaert), René Verheyen, Alex Querter, Jan Ceulemans, Léo Van der Elst, Jean-Pierre Papin, Marc Degryse.   Trainer: Henk Houwaert

Goals: Papin (4), José Rafael (11, 65), Tonanha (46), Ceulemans (69), Coelho (72), L. Van der Elst (80)

CLUB BRUGGE v BOAVISTA PORTO 3-1 (1-1)

Olympiastadion, Brugge   2.10.1985

Referee: Victoriano Sánchez Arminio (SPA)   Att: 28,000

CLUB BRUGGE: Birger Jensen; Tew Mamadou, Franky van der Elst, Hugo Broos, Luc Beyens (46 Willy Wellens), Jan Ceulemans, René Verheyen (83 Stefan Vereycken), Alex Querter, Jean-Pierre Papin, Marc Degryse, Leo van der Elst.   Trainer: Henk Houwaart

BOAVISTA: ALFREDO da Silva Castro, Luís Pedro Barros BARNY Monteiro, FREDERICO Nobre Rosa, ADÃO da Silva (Cap), Rui Manuel Magalhães CASACA, Joaquim José Ferreirinha Moreira "QUINITO" (58 Francisco José de Matos AGATÃO), António de Oliveira CAETANO; Philipe Leonardus WALKER, João Luís Vergel "TONANHA", José da Silva COELHO (69 Zoran Filipović), JOSÉ António Silvestre RAFAEL.   Trainer: João Alves

Goals: Papin (28, 53, 86), Coelho (38)

SECOND ROUND

**SPARTA ROTTERDAM
v BORUSSIA MÖNCHENGLADBACH 1-1** (0-0)

Stadion Spangen, Rotterdam   23.10.1985

Referee: Ángel Franco Martínez (SPA)   Attendance: 24,693

SPARTA: Bas Van Noortwijk, Danny Blind, Adri Andriessen, Piet Wijnberg, René Eijer, Bert Veldhoen (35 Ronald Lengkeek), Louis van Gaal, Edwin Olde Riekerink, Roelf-Jan Tiktak, Silvio Diliberto, Leen van der Weel.

BORUSSIA: Ulrich Sude, Bernd Krauss, Hans-Günter Bruns, Wilfried Hannes, Michael Frontzeck, Hans-Georg Dressen, Kai-Erik Herlovsen (78 Thomas Herbst), Uwe Rahn, Ewald Lienen (67 Ulrich Borowka), Kurt Pinkall, Hans-Jörg Criens.   Trainer: Josef Heynckes

Goals: Olde Riekerink (46), Pinkall (58)

**BORUSSIA MÖNCHENGLADBACH
v SPARTA ROTTERDAM 5-1** (3-1)

Bökelberg, Mönchengladbach   6.11.1985

Referee: Erik Fredriksson (SWE)   Attendance: 22,000

BORUSSIA: Ulrich Sude, Kai-Erik Herlovsen, Bernd Krauss, Wilfried Hannes, Michael Frontzeck, Ulrich Borowka, Thomas Krisp, Uwe Rahn (76 Ewald Lienen), Thomas Herbst, Frank Mill (76 Hans-Jörg Criens), Kurt Pinkall.   Trainer: Josef Heynckes

SPARTA: Bas Van Noortwijk, Danny Blind, Adri Andriessen, Piet Wijnberg, René Eijer, Ronald Lengkeek, Edwin Olde Riekerink (72 Roelf-Jan Tiktak), Louis van Gaal, Silvio Diliberto, Robin Schmidt, Leen van der Weel (46 Victor Tebbens).

Goals: Rahn (12, 14), Pinkall (34), Diliberto (38), Herbst (67), Criens (89)

**PSV EINDHOVEN
v DNEPR DNEPROPETROVSK 2-2** (0-1)

Philips sportpark, Eindhoven 23.10.1985

Referee: Neil Midgley (ENG) Attendance: 18,000

PSV: Hans Van Breukelen, Eric Gerets, Huub Stevens, Ernie Brandts, Jan Heintze (71 Frans van Rooij), Willy van de Kerkhof, Ton Lokhoff, Michel Valke, René van der Gijp, Rob McDonald, Hallvar Thoresen.

DNEPR: Sergei Krakovski, Sergei Bashkirov, Ivan Vishnevski, Sergei Puchkov, Aleksandr Lisenko, Boris Schurschin (86 Nikolai Kudritski), Gennadi Litovchenko, Aleksandr Sorokalet, Viktor Kuznetsov, Oleg Protasov, Oleg Taran (67 Vladimir Liutyi).

Goals: Protasov (17, 68), McDonald (55), Thoresen (80)

**DNEPR DNEPROPETROVSK
v PSV EINDHOVEN 1-0** (0-0)

Krivoi Rog 6.11.1985

Referee: Franz Gächter (SWI) Attendance: 34,000

DNEPR: Sergei Krakovski, Sergei Bashkirov, Ivan Vishnevski, Sergei Puchkov, Aleksandr Lisenko, Boris Schurschin (68 Nikolai Kudritski), Gennadi Litovchenko, Aleksandr Sorokalet, Viktor Kuznetsov, Oleg Protasov, Oleg Taran (56 Vladimir Liutyi).

PSV: Hans Van Breukelen, Eric Gerets, Huub Stevens, Ernie Brandts, Jan Heintze, Willy van de Kerkhof, Ton Lokhoff (56 Frans van Rooij), Michel Valke, René van der Gijp, Rob McDonald, Hallvar Thoresen.

Goal: Litovchenko (47)

**REAL MADRID
v CHERNOMORETS ODESSA 2-1** (1-1)

Estadio Santiago Bernabéu, Madrid 23.10.1985

Referee: Keith Hackett (ENG) Attendance: 75,000

REAL: José Manuel OCHOTORENA Santacruz, Miguel Porlan Noguera "CHENDO", Antonio MACEDA Francés, Manuel SANCHIS Hontiyuelo, José Antonio CAMACHO Alfaro, José Miguel González Martín del Campo "MICHEL", Ricardo GALLEGO Redondo (64 Carlos Alonso González "SANTILLANA"), Rafael GORDILLO Vázquez, Emilio BUTRAGUEÑO Santos, HUGO SÁNCHEZ Márquez, Jorge Alberto VALDANO Castellano.
Trainer: Luis MOLOWNY Arbelo

CHERNOMORETS: Viktor Grischko, Nikolai Romanchuk, Valentin Kovach, Vladimir Ischak, Vladimir Ploskina, Igor Nakonechnyi, Aleksandr Spitsin (5 Aleksandr Bagapov), Aleksandr Scherbakov (83 Viktor Khlus), Viktor Pasulko, Igor Yurchenko, Oleg Morozov. Trainer: Viktor Prokopenko

Goals: Gordillo (1), Bagapov (8), Valdano (71)

CHERNOMORETS ODESSA v REAL MADRID 0-0

Centralniy, Odessa 6.11.1985

Referee: Ulf Eriksson (SWE) Attendance: 41535

CHERNOMORETS: Viktor Grischko, Nikolai Romanchuk, Valentin Kovach, Vladimir Ischak, Vladimir Ploskina, Aleksandr Spitsin, Aleksandr Bagapov (60 Igor Nakonechnyi), Aleksandr Scherbakov, Viktor Pasulko, Igor Yurchenko, Vladimir Fink (46 Oleg Morozov).
Trainer: Viktor Prokopenko

REAL: José Manuel OCHOTORENA Santacruz, Miguel Porlan Noguera "CHENDO", Manuel SANCHIS Hontiyuelo, Antonio MACEDA Francés, José Antonio CAMACHO Alfaro, José Miguel González Martín del Campo "MICHEL", Ricardo GALLEGO Redondo (78 José Antonio SALGUERO García), Rafael GORDILLO Vázquez, Emilio BUTRAGUEÑO Santos (89 Rafael MARTÍN VÁZQUEZ), HUGO SÁNCHEZ Márquez, Jorge Alberto VALDANO Castellano.
Trainer: Luis MOLOWNY Arbelo

SPARTAK MOSKVA v CLUB BRUGGE 1-0 (1-0)

Lenin stadion, Moskva 23.10.1985

Referee: Carlos Alberto da Silva Valente (POR) Att: 27,300

SPARTAK: Rinat Dasaev, Vladimir Sochnov, Boris Kuznetsov, Sergei Novikov (60 Yuri Gavrilov), Aleksandr Bubnov, Evgeni Sidorov, Evgeni Kuznetsov, Gennadi Morozov (37 Aleksandr Schibaev), Mikhail Rusiaev, Fiedor Cherenkov, Sergei Rodionov.

CLUB BRUGGE: Birger Jensen, Luc Beyens, Franky van der Elst, Hugo Broos, Stefan Vereycken (62 Luc Van Walleghem), Jan Ceulemans, René Verheyen, Alex Querter, Jean-Pierre Papin, Willy Wellens, Leo van der Elst.
Trainer: Henk Houwaart

Goal: Cherenkov (45 pen)

CLUB BRUGGE v SPARTAK MOSKVA 1-3 (0-1)

Olympiastadion, Brugge 6.11.1985

Referee: Bo Helen (SWE) Attendance: 29,000

CLUB BRUGGE: Birger Jensen, Luc Beyens, Hugo Broos, Franky van der Elst, Alex Querter, Leo van der Elst, René Verheyen, Jan Ceulemans, Willy Wellens, Marc Degryse (57 Luc Van Walleghem), Jean-Pierre Papin.
Trainer: Henk Houwaart

SPARTAK: Rinat Dasaev, Aleksandr Schibaev (37 Vladimir Sochnov), Boris Kuznetsov, Sergei Novikov, Aleksandr Bubnov, Sergei Schavlo, Evgeni Kuznetsov, Gennadi Morozov, Yuri Gavrilov, Fiedor Cherenkov, Sergei Rodionov.

Goals: Bubnov (28), Rodionov (49), Papin (50), Schavlo (64)

**KS WAREGEM
v ATLÉTICO OSASUNA PAMPLONA 2-0** (1-0)

Regenboogstadion, Waregem   23.10.1985

Referee: Raul Joaquin Fernandes Nazare (POR)   Att: 18,000

WAREGEM: Wim de Coninck, Erwin Denorme, Franky Dekenne, Marc Millecamps, Yvan de Sloover, Sergio da Silva, Armin Görtz, Pino de Craeye, Alain van Baekel, Filip de Smet, Danny Veyt.   Trainer: Urbain Haesaert

OSASUNA: Vicente Fernández BIURRUN, Ignacio Francisco IBÁÑEZ Sagardoy, José María LECUMBERRI Garriz, Javier CASTAÑEDA López, Carlos González PURROY, Francisco Javier MINA Mariñalena, Miguel Ángel SOLA Elizalde (80 Dionisio Domínguez Sandino "DIONI"), José María LUMBRERAS Paños, Eugenio BUSTINGORRI Oriz, BENITO Ballent Rodrigo, Enrique MARTÍN Monreal Lizarraga (67 Jon Andoni GOICOECHEA Lasa).   Trainer: Ivan Brzić

Goals: de Sloover (14), Veyt (59)

**ATLÉTICO OSASUNA PAMPLONA
v KS WAREGEM 2-1** (2-0)

El Sadar, Pamplona   6.11.1985

Referee: Luigi Agnolin (ITA)   Attendance: 19,000

OSASUNA: Vicente Fernández BIURRUN, José María LUMBRERAS Paños, José María LECUMBERRI Garriz, Javier CASTAÑEDA López, Carlos González PURROY, Miguel Ángel SOLA Elizalde (82 José Manuel ECHEBERRÍA Salaverría), Francisco RÍPODAS Oroz, Eugenio BUSTINGORRI Oriz, Jon Andoni GOICOECHEA Lasa (68 BENITO Ballent Rodrigo), Jesús OREJUELA Rodríguez, Enrique MARTÍN Monreal Lizarraga.   Trainer: Ivan Brzić

WAREGEM: Wim De Conick, Erwin Denorme, Franky Dekenne, Marc Millecamps, Yvan de Sloover, Sergio Da Silva (84 Bart Mauroo), Armin Görtz, Pino de Craeye, Filip de Smet (86 Luvila Mutombo), Alain van Baekel, Danny Veyt.   Trainer: Urbain Haesaert

Goals: Orejuela (7), Sola (10), Veyt (62)

RFC LIÈGE v ATHLETIC CLUB BILBAO 0-1 (0-0)

Stade Jules Georges (Rocourt), Liège   23.10.1985

Referee: Alain Delmer (FRA)   Attendance: 30,000

RFC LIÈGE: Pierre Drouguet, Bernard Wegria, Jean-François de Sart, Moreno Giusto, Raphaël Quaranta, Hans-Peter Lipka, Edhem Sljivo, Benoît Thans; Guy François, Luc Ernes, Willy Geurts.   Trainer: Robert Waseige

ATHLETIC: Andoni ZUBIZARRETA Urreta, Santiago URQUIAGA Pérez, Antonio GOICOECHEA Olascoaga, Jesús Íñigo LICERANZU Ochoa, Luis DE LA FUENTE Castillo, Miguel DE ANDRÉS Barace, José Ramón GALLEGO Souto, Ismael URTUBI Aróstegui, ENDIKA Guarrotxena Arzubiaga, Manuel SARABIA López, José María NORIEGA Aldecoa (73 Juan José ELGUEZÁBAL Bustiza).   Trainer: Javier CLEMENTE Lázaro

Goal: De Andrés (90)

ATHLETIC CLUB BILBAO v RFC LIÈGE 3-1 (1-0)

San Mamés, Bilbao   6.11.1985

Referee: Adolf Prokop (DDR)   Attendance: 32,000

ATHLETIC: Andoni ZUBIZARRETA Urreta, Santiago URQUIAGA Pérez, Jesús Íñigo LICERANZU Ochoa, Antonio GOICOECHEA Olascoaga, Luis DE LA FUENTE Castillo, José Ramón GALLEGO Souto, Miguel DE ANDRÉS Barace, Ismael URTUBI Aróstegui (60 Francisco "PACHI" SALINAS Fernández), ENDIKA Guarrotxena Arzubiaga, Manuel SARABIA López (69 Daniel Ruiz Bazán "DANI"), José María NORIEGA Aldecoa.   Trainer: Javier CLEMENTE Lázaro

RFC LIÈGE: Pierre Drouguet, Bernard Wegria, Moreno Giusto, Jean-François de Sart, Raphaël Quaranta, Hans-Peter Lipka, Edhem Sljivo, Guy François (71 Jean-Marie Houben), Willy Geurts, Luc Ernes, Benoît Thans (75 Bernard Habrant).   Trainer: Robert Waseige

Goals: Urtubi (32 pen), Noriega (52, 70), Ernes (85)

AC MILAN v LOKOMOTIVE LEIPZIG 2-0 (0-0)

Stadio Giuseppe Meazza, Milano   23.10.1985

Referee: Franz Wöhrer (AUS)   Attendance: 58,803

AC MILAN: Giuliano Terraneo, Mauro Tassotti, Paolo Maldini, Franco Baresi (66 Luigi Russo), Agostino di Bartolomei, Filippo Galli, Marco Macina (57 Gabriello Carotti), Raymond Colin Wilkins, Mark Hateley, Alberigo Evani, Antonio Paolo Virdis.   Trainer: Nils Liedholm

LOKOMOTIVE: René Müller, Ronald Kreer, Uwe Zötzsche, Andreas Treske, Frank Baum, Frank Edmond, Hans-Jörg Leitzke (64 Hans Richter), Wolfgang Altmann, Peter Schöne, Matthias Liebers, Dieter Kühn (78 Lutz Moldt).   Trainer: Hans-Ulrich Thomale

Goals: Virdis (74 pen), Hateley (76)

LOKOMOTIVE LEIPZIG v AC MILAN 3-1 (2-0)

Zentralstadion, Leipzig   6.11.1985

Referee: Eduard Sostarić (YUG)   Attendance: 18,000

LOKOMOTIVE: René Müller, Frank Edmond (59 Kracht), Uwe Zötzsche, Wolfgang Altmann (74 Hans Richter), Andreas Treske, Frank Baum, Hans-Jörg Leitzke, Lutz Moldt, Olaf Marschall, Matthias Liebers, Dieter Kühn.   Trainer: Hans-Ulrich Thomale

AC MILAN: Giuliano Terraneo, Luigi Russo, Paolo Maldini, Mauro Tassotti, Agostino di Bartolomei, Filippo Galli, Alberigo Evani, Raymond Colin Wilkins, Mark Hateley (68 Marco Macina), Paolo Rossi (80 Gabriello Carotti), Antonio Paolo Virdis.   Trainer: Nils Liedholm

Goals: Moldt (6), Leitzke (20), Virdis (47), Richter (75)

**LINZER ASK
v INTERNAZIONALE MILANO 1-0** (0-0)

Linzer Stadion 23.10.1985

Referee: Alphonse Constantin (BEL)   Attendance: 18,500

LASK: Hubert Wimmer; Klaus Dantlinger, Gerald Piesinger, Dietmar Grüneis, Christian Lehermayr, Wolfgang Nagl, Johann Gröss, Siegfried Paseka, Maximilian Hagmayr (40 Rudolf Köstenberger), Karl Meister, Erwin Höld (34 Tadeusz Malnowicz).   Trainer: János Kondert

INTERNAZIONALE: Walter Zenga, Giuseppe Bergomi, Andrea Mandorlini, Giuseppe Baresi, Fulvio Collovati, Riccardo Ferri, Pietro Fanna, Marco Tardelli, Alessandro Altobelli, Enrico Cucchi (69 William Brady), Karl-Heinz Rummenigge.   Trainer: Ilario Castagner

Goal: Gröss (81)

**INTERNAZIONALE MILANO
v LINZER ASK 4-0** (2-0)

Stadio Giuseppe Meazza, Milano 6.11.1985

Referee: Velodi Miminoshvili (USSR)   Attendance: 42,000

INTERNAZIONALE: Walter Zenga, Giuseppe Bergomi, Luciano Marangon, Andrea Mandorlini, Fulvio Collovati, Riccardo Ferri (59 Alberto Rivolta), Pietro Fanna, Giuseppe Baresi, Alessandro Altobelli, William Brady, Karl-Heinz Rummenigge.   Trainer: Ilario Castagner

LASK: Klaus Lindenberger; Klaus Dantlinger, Gerald Piesinger, Dietmar Grüneis, Christian Lehermayr, Wolfgang Nagl (46 Maximilian Hagmayr), Johann Gröss, Siegfried Paseka, Erwin Höld, Tadeusz Malnowicz, Karl Meister. Trainer: János Kondert

Goals: Brady (20 pen), Altobelli (34, 80, 81)

AC TORINO v HAJDUK SPLIT 1-1 (0-1)

Stadio Comunale, Torino 23.10.1985

Referee: Alexis Ponnet (BEL)   Attendance: 30,000

AC TORINO: Silvano Martina; Giancarlo Corradini, Giovanni Francini; Renato Zaccarelli, JUNIOR Leovigildo Lins Gama, Giacomo Ferri, Danilo Pileggi (46 Paolo Beruatto), Antonio Sabato, Walter Schachner, Giuseppe Dossena, Antonio Comi.   Trainer: Radice

HAJDUK: Zoran Varvodić; Branko Miljus, Milan Petrović, Ivan Gudelj (85 Stjepan Andrijasević), Kalinić, Dragutin Celić, Zlatko Vujović, Blaž Sliskovic, Ive Jerolimov, Aljosa Asanović, Josip Spanjić.   Trainer: Poklepović

Goals: Sliskovič (35), Schachner (74)

HAJDUK SPLIT v AC TORINO 3-1 (2-1)

Poljud Split 6.11.1985

Referee: Karl-Heinz Tritschler (WG)   Attendance: 55,000

HAJDUK: Zoran Varvodić; Branko Miljus, Milan Petrović, Ivan Gudelj (88 Stjepan Deverić), Kalinić (80 Ive Jerolimov), Dragutin Celić, Zlatko Vujović, Blaž Sliskovic, Zoran Vujović, Aljosa Asanović, Zoran Vulić.   Trainer: Poklepović

AC TORINO: Silvano Martina; Ezio Rossi, Giacomo Ferri, Renato Zaccarelli (35 Roberto Cravero), JUNIOR Leovigildo Lins Gama (71 Francesco Lerda), Paolo Beruatto, Danilo Pileggi, Antonio Sabato, Walter Schachner, Giuseppe Dossena, Antonio Comi.   Trainer: Radice

Goals: Asanović (1), Junior (14 pen), Sliskovič (28), Zlatko Vujović (54 pen)

PARTIZAN BEOGRAD v FC NANTES 1-1 (1-0)

Beograd 23.10.1985

Referee: Paolo Bergamo (ITA)   Attendance: 55,000

PARTIZAN: Fahrudin Omerović; Miodrag Radović (64 Radoslav Nikodijević), Slobodan Rojević, Vladimir Vermezović, Vlado Capljić, Milos Djelmas, Ljubomir Radanović, Zvonko Zivković, Zvonko Varga, Vladislav Djukić, Nebojsa Vučičević (56 Goran Stevanović).

FC NANTES: Jean-Paul Bertrand-Demanes, William Ayache, Christophe Frankowski (61 Antoine Kombouaré), Yvon Le Roux, Michel Der Zakarian, Vincent Bracigliano, Fabien Debotté, Jorge Burruchaga, Vahid Halilhodzic (89 Pierre Morice), José Touré, Loic Amisse.
Trainer: Jean-Claude Suaudeau

Goals: Le Roux (10 og), Halilhodzić (69)

FC NANTES v PARTIZAN BEOGRAD 4-0 (1-0)

Stade La Beaujoire, Nantes 6.11.1985

Referee: Dieter Pauly (WG)   Attendance: 30,000

FC NANTES: Jean-Paul Bertrand-Demanes, Christophe Frankowski, Yvon Le Roux, Michel Der Zakarian, William Ayache, Jorge Burruchaga, Vincent Bracigliano, Fabien Debotté (84 Pierre Morice), José Touré, Vahid Halilhodzic, Loic Amisse (89 Christophe Robert).
Trainer: Jean-Claude Suaudeau

PARTIZAN: Fahrudin Omerović; Bajro Župić, Vladimir Vermezović, Vlado Capljić, Slobodan Rojević (68 Radoslav Nikodijević); Zvonko Zivković, Ljubomir Radanović, Milos Djelmas, Zvonko Varga (46 Goran Stevanović), Vladislav Djukić, Nebojsa Vučičević.

Goals: Burruchaga (13), Amisse (51, 87), Bracigliano (57)

1.FC KÖLN v BOHEMIANS PRAHA 4-0 (2-0)

Müngersdorfer stadion, Köln   23.10.1985

Referee: Ion Igna (ROM)   Attendance: 12,000

1.FC KÖLN: Harald Schumacher, Michel van de Korput, Dieter Prestin, Paul Steiner, Ralf Geilenkirchen, Karl-Heinz Geils, Armin Görgens (32 Vincent Mennie), Uwe Bein, Stephan Engels, Pierre Littbarski, Klaus Allofs (46 Thomas Hässler).   Trainer: Hannes Löhr

BOHEMIANS: Vladimír Borovicka, Jiří Ondra, Zdeněk Šajtar, Jaroslav Marcík, Stanislav Levý, Peter Zelenský, Pavel Chaloupka (46 Július Chlpík), Zdeněk Koukal, František Jakubec, Petr Janecka, Tibor Micinec.

Goals: Littbarski (11, 83), Geils (13), Van de Korput (52)

VARDAR SKOPLJE v DUNDEE UNITED 1-1 (1-1)

Gradski, Skoplje   6.11.1985

Referee: László Pádár (HUN)   Attendance: 30,000

VARDAR: Momčilo Grosev; Jovan Jovanovski, A. Simovski, Slobodan Goračinov (.. Nikola Avramovski), Dragan Kanatlarovski, B. Simovski, Gordan Zdravkov, Petar Georgijevski, Darko Pancev, Toni Savevski, Vasil Ringov (.. Tome Trajanovski).   Trainer: Vukašin Visnjevat

DUNDEE UNITED: William Thomson, Maurice Malpas, John Holt (.. David Beaumont), Paul Hegarty, Richard Gough, David Narey, Eamonn Bannon, Ralph Milne (.. Stuart Beedie), William Kirkwood, Paul Sturrock, David Dodds.   Manager: James McLean

Goals: Hegarty (14), Pancev (25)

BOHEMIANS PRAHA v 1.FC KÖLN 2-4 (1-2)

Štadion-Dolíčku, Praha   6.11.1985

Referee: Jan Keizer (HOL)   Attendance: 6,000

BOHEMIANS: Vladimír Borovicka, Jiří Ondra, František Jakubec, Jaroslav Marcík, Stanislav Levý, Jozef Kukucka, Peter Zelenský, Tibor Micinec, Petr Janecka, Milan Škoda, Pavel Vandas.

1.FC KÖLN: Harald Schumacher, Michel van de Korput, Paul Steiner (76 Olaf Janssen), Dieter Prestin, Karl-Heinz Geils, Ralf Geilenkirchen (60 Hans-Peter Lehnhoff), Uwe Bein, Vincent Mennie, Stephan Engels, Pierre Littbarski, Norbert Dickel.   Trainer: Hannes Löhr

Goals: Mennie (5), Janecka (15), Dickel (34, 76), Litbarski (60), Micinec (89)

HAMMARBY IF v ST. MIRREN PAISLEY 3-3 (2-1)

Stockholm   23.10.1985

Referee: Dušan Krchnák (CZE)   Attendance: 4,300

HAMMARBY: Roger Skalleberg, Kjell Granqvist, Sulo Vaattovaara, Thomas Dennerby, Klas Johansson, Thomas Turesson, Sten-Ove Ramberg, Michael Andersson, Mats Wahlberg, Thomas Lundin, Ulf Eriksson.

ST. MIRREN: Campbell Money, Thomas Wilson, Derek Hamilton, James Rooney, Neil Cooper, Steve Clarke, Anthony Fitzpatrick, Kenneth McDowall (.. Peter Mackie), Francis McGarvey, Brian Gallagher, Gardner Speirs.

Goals: Lundin (32), M. Andersson (44 pen, 65), Gallagher (43, 80, 85)

DUNDEE UNITED v VARDAR SKOPLJE 2-0 (0-0)

Tannadice Park Dundee   23.10.1985

Referee: Bernd Stumpf (DDR)   Attendance: 9,129

DUNDEE UNITED: William Thomson, Maurice Malpas, John Holt, Paul Hegarty, Richard Gough, David Narey, Eamonn Bannon, Ralph Milne, William Kirkwood (66 David Dodds), Paul Sturrock, Ian Redford.   Manager: James McLean

VARDAR: Momčilo Grosev; Ilija Najdoski, Milko Simovski, Dragan Kanatlarovski, Dragan Setinov, Cedomir Janevski, Stoimir Urosević (62 Tome Trajanovski), Toni Savevski, Petar Georgijevski, Gordan Zdravkov, Vasil Ringov (76 Jovan Jovanovski).   Trainer: Vukašin Visnjevat

Goals: Redford (54), Gough (77)

ST. MIRREN PAISLEY v HAMMARBY IF 1-2 (1-0)

St. Mirren Park, Paisley   6.11.1985

Referee: Ib Nielsen (DEN)   Attendance: 11,278

ST. MIRREN: Campbell Money, Thomas Wilson, Derek Hamilton, James Rooney (.. William Abercromby), Peter Godfrey, Steve Clarke, Neil Fitzpatrick, Peter Mackie, Francis McGarvey (.. Kenneth McDowall), Brian Gallagher, Gardner Speirs.

HAMMARBY: Roger Skalleberg, Jean-Paul Vonderburg, Per Holmberg, Sulo Vaattovaara, Klas Johansson, Peter Uhlbäck, Sten-Ove Ramberg, Michael Andersson, Thomas Turesson, Thomas Lundin, Billy Ohlsson (.. Håkan Ivarsson).

Goals: McGarvey (20), Ivarsson (87), M. Andersson (89)

VIDEOTON SZÉKESFEHÉRVÁR v LEGIA WARSZAWA 0-1 (0-0)

Sóstói, Székesfehérvár 23.10.1985

Referee: George Koukoulakis (GRE)   Attendance: 15,000

VIDEOTON: Péter Disztl; Tibor Végh, László Disztl, József Csuhay (59 György Kerekes); Gyula Vaszil, Zoltán Csucsánszky, Ferenc Csongrádi, Imre Vadász; Adám Kurucz (46 György Nováth), József Szabó, Lajos Májer.   Trainer: Ferenc Kovács

LEGIA: Jacek Kazimierski, Dariusz Kubicki, Andrzej Sikorski, Krzysztof Gawara, Dariusz Wdowczyk; Zbigniew Kaczmarek (68 Witold Sikorski), Kazimierz Buda (78 Jaroslaw Araszkiewicz), Andrzej Buncol, Jan Karas; Dariusz Dziekanowski, Tomasz Arceusz.   Trainer: Jerzy Engel

Goal: Araszkiewicz (88)

LEGIA WARSZAWA v VIDEOTON SZÉKESFEHÉRVÁR 1-1 (0-1)

Wojska Polskiego, Warszawa   6.11.1985

Referee: Emilio Soriano Aladren (SPA)   Attendance: 15,000

LEGIA: Jacek Kazimierski, Dariusz Kubicki, Andrzej Sikorski, Krzysztof Gawara; Dariusz Wdowczyk, Zbigniew Kaczmarek (87 Witold Sikorski), Andrzej Buncol, Ryszard Milewski (55 Jaroslaw Araszkiewicz), Jan Karas; Dariusz Dziekanowski, Tomasz Arceusz.   Trainer: Jerzy Engel

VIDEOTON: János Koszta, István Borsányi, László Disztl, József Csuhay; Gyula Vaszil, Ferenc Csongrádi (85 Ferenc Simon), György Nováth, Tibor Végh, Imre Vadász; Lajos Májer, György Kerekes (85 Ottó Gömöri).   Trainer: Ferenc Kovács

Goals: Nováth (35), Dziekanowski (78)

LOKOMOTIV SOFIA v NEUCHATEL XAMAX 1-1 (0-1)

Sofia   23.10.1985

Referee: Michel Vautrot (FRA)   Attendance: 8,000

LOKOMOTIV: Nikolai Donev; Valeri Damianov, Aleksandar Dudov, Vladimir Lalov, Dimitar Vasev, Gosho Petkov, Kiril Metkov, Marko Bogdanov (63 Aleksandar Bonchev), Ivan Vasilev, Stoicho Stoev, Boicho Velichkov.

XAMAX: Karl Engel, Daniel Don Givens, Tiziano Salvi, Heinz Hermann, Claude Ryf, Peter Küffer, Philippe Perret, Uli Stielike, Rudolf Elsener (56 Patrice Mottiez), Robert Lüthi (82 Carsten Nielsen), Maurizio Jacobacci.   Trainer: Gilbert Gress

Goals: Perret (37), Bonchev (76)

NEUCHATEL XAMAX v LOKOMOTIV SOFIA 0-0

Stade de la Maladière, Neuchâtel   6.11.1985

Referee: Gerald Losert (AUS)   Attendance: 17,200

XAMAX: Karl Engel, Tiziano Salvi, Daniel Don Givens, Heinz Hermann, Claude Ryf, Peter Küffer, Philippe Perret, Uli Stielike, Rudolf Elsener, Robert Lüthi (82 Pierre Thévenaz), Maurizio Jacobacci (55 Carsten Nielsen).   Trainer: Gilbert Gress

LOKOMOTIV: Nikolai Donev, Aleksandar Dudov, Vladimir Lalov, Valeri Damianov, Dimitar Vasev, Marko Bogdanov, Kiril Metkov, Ivan Vasilev, Gosho Petkov (70 Aleksandar Bonchev), Boicho Velichkov, Stoicho Stoev.

DINAMO TIRANA v SPORTING LISBOA 0-0

Qemal Stafa, Tirana   23.10.1985

Referee: Radu Petrescu (ROM)   Attendance: 19,000

DINAMO: Ilir Luarasi, Arian Stafa, Arben Ndreu, Muhedin Targaj, Durim Kuqi, Agim Canaj, Imami, Andrea Marko, Sulejman Demollari, Eduard Abazi, Arben Vila (30 Albert Topçiu).

SPORTING: Vítor Manuel Afonso DAMAS de Oliveira, GABRIEL Azevedo Mendes, Pedro Manuel Regateiro VENÂNCIO, António Maurício Farinha Henrique MORATO, FERNANDO Manuel Antunes MENDES, Luís Filipe Vieira Carvalho "LITOS" (67 OCEANO Andrade da Cruz), JAIME Moreira PACHECO, António Augusto Gomes de Silva "SOUSA", MÁRIO JORGE da Silva Pinho Fernandes, MANUEL José Tavares FERNANDES (Cap), Rui Manuel da Trindade JORDÃO (67 Sergio António SAUCEDO).   Trainer: Manuel José

SPORTING LISBOA v DINAMO TIRANA 1-0 (0-0)

Estádio José Alvalade, Lisboa   6.11.1985

Referee: Eamonn Farrell (EIRE)   Attendance: 60,000

SPORTING: Vítor Manuel Afonso DAMAS de Oliveira, GABRIEL Azevedo Mendes, Pedro Manuel Regateiro VENÂNCIO, António Maurício Farinha Henrique MORATO, FERNANDO Manuel Antunes MENDES, Luís Filipe Vieira Carvalho "LITOS" (78 CARLOS Jorge Marques Caldas XAVIER), António Augusto Gomes de Silva "SOUSA" (72 OCEANO Andrade da Cruz), JAIME Moreira PACHECO, MÁRIO JORGE da Silva Pinho Fernandes, MANUEL José Tavares FERNANDES (Cap), Rui Manuel da Trindade JORDÃO.   Trainer: Manuel José

DINAMO: Ilir Luarasi, Arian Stafa (89 Genc Ibro), Arben Ndreu, Muhedin Targaj, Durim Kuqi, Agim Canaj, Imami (22 Naum Kove), Sulejman Demollari, Andrea Marko, Eduard Abazi, Albert Topçiu.

Goal: Venáncio (53)

THIRD ROUND

**BORUSSIA MÖNCHENGLADBACH
v REAL MADRID 5-1** (2-0)
Rheinstadion, Düsseldorf   27.11.1985
Referee: Luigi Agnolin (ITA)   Attendance: 65,000
BORUSSIA: Ulrich Sude, Thomas Krisp, Wilfried Hannes, Hans-Günter Bruns, Michael Frontzeck, Kai-Erik Herlovsen, Uwe Rahn, Ulrich Borowka, Ewald Lienen, Frank Mill, Hans-Jörg Criens (68 Hans-Georg Dressen).
Trainer: Josef Heynckes
REAL: José Manuel OCHOTORENA Santacruz, Miguel Porlan Noguera "CHENDO", Antonio MACEDA Francés (62 Emilio BUTRAGUEÑO Santos), José Antonio SALGUERO García, José Antonio CAMACHO Alfaro; Rafael MARTÍN VÁZQUEZ (66 Carlos Alonso González "SANTILLANA"), José Miguel González Martín del Campo "MICHEL", Ricardo GALLEGO Redondo, Rafael GORDILLO Vázquez, HUGO SÁNCHEZ Márquez, Jorge Alberto VALDANO Castellano.
Trainer: Luis MOLOWNY Arbelo
Sent off: Gordillo (85)
Goals: Mill (36), Salguero (40 og), Rahn (55, 59), Gordillo (69), Lienen (85)

**REAL MADRID
v BORUSSIA MÖNCHENGLADBACH 4-0** (2-0)
Estadio Santiago Bernabéu, Madrid   11.12.1985
Referee: Brian McGinlay (SCO)   Attendance: 95,000
REAL: José Manuel OCHOTORENA Santacruz, José Miguel González Martín del Campo "MICHEL", José Antonio CAMACHO Alfaro, José Antonio SALGUERO García, Isidoro SAN JOSÉ Pozo (75 José Ángel Ruiz López "CHOLO"), Antonio MACEDA Francés, Juan Gómez González "JUANITO" (90 Rafael MARTÍN VÁZQUEZ), Emilio BUTRAGUEÑO Santos, Carlos Alonso González "SANTILLANA", Ricardo GALLEGO Redondo, Jorge Alberto VALDANO Castellano.
Trainer: Luis MOLOWNY Arbelo
BORUSSIA: Ulrich Sude, Thomas Krisp (46 Christian Hochstätter), Michael Frontzeck, Wilfried Hannes, Kai-Erik Herlovsen (53 Thomas Herbst), Ulrich Borowka, Hans-Georg Dressen, Uwe Rahn, Ewald Lienen, Frank Mill, Hans-Jörg Criens.   Trainer: Josef Heynckes
Goals: Valdano (6, 19), Santillana (77, 88)

KSV WAREGEM v AC MILAN 1-1 (0-0)
Regenboogstadion, Waregem   27.11.1985
Referee: Aron Schmidhuber (WG)   Attendance: 18,000
WAREGEM: Wim de Coninck, Pino De Craeye, Franky Dekenne, Sergio Da Silva, Yvan de Sloover, Marc Millecamps, Armin Görtz, Luvila Mutombo (59 Juvenal Olmos), Alain van Baekel, Filip De Smet, Danny Veyt.
Trainer: Urbain Haesaert
AC MILAN: Giuliano Terraneo, Luigi Russo, Paolo Maldini, Mauro Tassotti, Agostino di Bartolomei, Filippo Galli, Andrea Icardi, Raymond Colin Wilkins, Antonio Paolo Virdis, Paolo Rossi (84 Mario Bortolazzi), Gabriello Carotti.
Trainer: Nils Liedholm
Goals: Veyt (65), Virdis (88)

AC MILAN v KSV WAREGEM 1-2 (1-1)
Stadio Giuseppe Meazza, Milan   11.12.1985
Referee: Vojtěch Christov (CZE)   Attendance: 45,000
AC MILAN: Giuliano Terraneo, Luigi Russo (76 Marco Macina), Paolo Maldini, Mauro Tassotti, Agostino di Bartolomei, Filippo Galli, Mario Bortolazzi, Raymond Colin Wilkins, Antonio Paolo Virdis, Paolo Rossi, Alberigo Evani.
Trainer: Nils Liedholm
WAREGEM: Wim de Coninck, Pino De Craeye, Franky Dekenne, Sergio Da Silva (89 Luc Millecamps), Yvan de Sloover, Marc Millecamps, Armin Görtz, Bart Mauroo (63 Luvila Mutombo), Alain van Baekel, Filip De Smet, Danny Veyt.   Trainer: Urbain Haesaert
Goals: Bortolazzi (38), De Smet (42 pen), Veyt (67)

**INTERNAZIONALE MILANO
v LEGIA WARSZAWA 0-0**
Stadio Giuseppe Meazza, Milano   27.11.1985
Referee: Adolf Prokop (DDR)   Attendance: 34,000
INTERNAZIONALE: Walter Zenga, Giuseppe Bergomi, Luciano Marangon, Giuseppe Baresi, Fulvio Collovati, Riccardo Ferri, Enrico Cucchi, Andrea Mandorlini, Alessandro Altobelli, William Brady, Massimo Pellegrini (81 Marco Tardelli).   Trainer: Mario Corso
LEGIA: Jacek Kazimierski, Dariusz Kubicki, Andrzej Sikorski, Krzysztof Gawara, Dariusz Wdowczyk, Zbigniew Kaczmarek, Andrzej Buncol, Kazimierz Buda, Jan Karas (65 Witold Sikorski), Tomasz Arceusz (55 Jaroslaw Araszkiewicz), Dariusz Dziekanowski.   Trainer: Jerzy Engel

**LEGIA WARSZAWA
v INTERNAZIONALE MILANO 0-1** (0-0)

Wojska Polskiego, Warszawa   11.12.1985

Referee: Ulf Eriksson (SWE)   Attendance: 25,000

LEGIA: Jacek Kazimierski, Dariusz Kubicki, A. Sikoski (47 Jaroslaw Araszkiewicz), Krzysztof Gawara, Dariusz Wdowczyk, Jan Karas (114 Tomasz Cebula), Kazimierz Buda, Andrzej Buncol, Zbigniew Kaczmarek, Tomasz Arceusz, Dariusz Dziekanowski.   Trainer: Jerzy Engel

INTERNAZIONALE: Walter Zenga, Giuseppe Bergomi, Luciano Marangon, Giuseppe Baresi, Andrea Mandorlini, Riccardo Ferri, Alberto Rivolta (97 Pietro Fanna), Daniele Bernazzani (103 Giuseppe Minaudo), Alessandro Altobelli, William Brady, Karl-Heinz Rummenigge.
Trainer: Mario Corso

Goal: Fanna (108)

**DNEPR DNEPRPETROVSK
v HAJDUK SPLIT 0-1** (0-0)

Krivoi Rog   27.11.1985

Referee: Ion Igna (ROM)   Atendance: 24,500

DNEPR: Sergei Krakovski, Aleksei Cherednik, Ivan Vishnevski, Sergei Puchkov, Aleksandr Lisenko, Boris Schurschin (75 Nikolai Kudritski), Viktor Kuznetsov, Gennadi Litovchenko, Aleksandr Sorokalet, Oleg Protasov, Oleg Taran (56 Vladimir Liutyi).

HAJDUK: Zoran Varvodić; Branko Miljus, Milan Petrović, Ivan Gudelj, Dragutin Celić, Zoran Vulić, Ive Jerolimov, Zlatko Vujović, Blaž Sliskovic (46 Jerko Tipurić), Zoran Vujović, Aljosa Asanović.   Trainer: Poklepović

Goal: Puchikov (78 og)

SPARTAK MOSKVA v FC NANTES 0-1 (0-0)

Dinamo, Tbilisi   27.11.1985

Referee: Neil Midgley (ENG)   Attendance: 48,500

SPARTAK: Rinat Dasaev, Almir Kaiumov, Boris Kuznetsov, Sergei Novikov, Aleksandr Bubnov, Sergei Schavlo, Evgeni Kuznetsov, Gennadi Morozov, Yuri Gavrilov, Fiedor Cherenkov, Evgeni Sidorov (62 Guram Adzhoev).

FC NANTES: Jean-Paul Bertrand-Demanes, William Ayache, Yvon Le Roux, Michel Der Zakarian, Christophe Frankowski, José Touré (65 Pierre Morice), Fabien Debotté, Jorge Burruchaga (84 Antoine Kombouaré), Vincent Bracigliano, Vahid Halilhodzic, Loic Amisse.
Trainer: Jean-Claude Suaudeau

Goal: Morice (77 pen)

**HAJDUK SPLIT
v DNEPR DNEPROPETROVSK 2-0** (0-0)

Poljud, Split   11.12.1985

Referee: Ángel Franco Martínez (SPA)   Attendance: 40,000

HAJDUK: Zoran Varvodić; Branko Miljus, Milan Petrović, Ivan Gudelj, Ive Jerolimov, Dragutin Celić, Zoran Vujović, Blaž Slisković (75 Jerko Tipurić), Zlatko Vujović, Aljosa Asanović, Zoran Vulić (87 Stjepan Andrijasević).   Trainer: Poklepović

DNEPR: Sergei Krakovski, Sergei Bashkirov, Ivan Vishnevski, Sergei Puchkov, Aleksandr Lisenko, Boris Schurschin (64 Aleksei Cherednik), Viktor Kuznetsov, Gennadi Litovchenko, Aleksandr Sorokalet, Oleg Protasov, Oleg Taran (53 Vladimir Liutyi).

Goals: Gudelj (47, 64)

FC NANTES v SPARTAK MOSKVA 1-1 (0-0)

La Beaujoire, Nantes   11.12.1985

Referee: Helmut Kohl (AUS)   Attendance: 42,000

FC NANTES: Jean-Paul Bertrand-Demanes, William Ayache, Yvon Le Roux, Michel Der Zakarian, Christophe Frankowski (10 Antoine Kombouaré), Fabien Debotté, Vincent Bracigliano, Pierre Morice, José Touré, Vahid Halilhodzic, Loic Amisse (70 Deschamps).   Trainer: Jean-Claude Suaudeau

SPARTAK: Rinat Dasaev, Almir Kaiumov, Boris Kuznetsov, Sergei Novikov, Aleksandr Bubnov, Sergei Schavlo (72 Evgeni Sidorov), Evgeni Kuznetsov, Gennadi Morozov, Yuri Gavrilov, Fiedor Cherenkov, Sergei Rodionov.

Goals: Cherenkov (68), Touré (69)

HAMMARBY IF v 1.FC KÖLN 2-1 (0-1)

Stockholm   27.11.1985

Referee: Ronald Bridges (WAL)   Attendance: 9,800

HAMMARBY: Roger Skalleberg, Sten-Ove Ramberg, Peter Uhlbäck, Klas Johansson, Jean-Paul Vonderburg (10 Thomas Dennerby), Per Holmberg, Michael Andersson, Sulo Vaattovaara, Thomas Turesson (77 Thomas Lundin), Billy Ohlsson, Ulf Eriksson.

1.FC KÖLN: Harald Schumacher, Michel van de Korput, Karl-Heinz Geils, Paul Steiner, Mathias Hönerbach, Ralf Geilenkirchen, Uwe Bein (77 Olaf Janssen), Vincent Mennie, Stephan Engels, Pierre Littbarski, Klaus Allofs.
Trainer: Hannes Löhr

Goals: Geilenkirchen (32), Holmberg (70, 88)

1.FC KÖLN v HAMMARBY IF 3-1 (1-1)

Müngersdorfer stadion, Köln   11.12.1985

Referee: Joël Quiniou (FRA)   Attendance: 14,000

1.FC KÖLN: Harald Schumacher, Karl-Heinz Geils, Michel van de Korput, Paul Steiner, Hans-Peter Lehnhoff (63 Thomas Hässler), Ralf Geilenkirchen, Uwe Bein, Andreas Gielchen (55 Olaf Janssen), Stephan Engels, Pierre Littbarski, Klaus Allofs. Trainer: Hannes Löhr

HAMMARBY: Roger Skalleberg, Per Holmberg, Sulo Vaattovaara, Peter Uhlbäck, Klas Johansson, Michael Andersson, Mats Wahlberg, Thomas Dennerby (14 Thomas Lundin), Thomas Turesson, Billy Ohlsson (88 Håkan Ivarsson), Ulf Eriksson.

Goals: Mi. Andersson (37 pen), Littbarski (40 pen), K. Allofs (66), Bein (86)

ATHLETIC CLUB BILBAO v SPORTING LISBOA 2-1 (1-0)

San Mamés, Bilbao   27.11.1985

Referee: André Daina (SWI)   Attendance: 45,000

ATHLETIC: Andoni ZUBIZARRETA Urreta, Santiago URQUIAGA Pérez, José María NÚÑEZ Urrezola, Antonio GOICOECHEA Olascoaga, Luis DE LA FUENTE Castillo (85 Jesús Iñigo LICERANZU Ochoa), José Ramón GALLEGO Souto, Miguel DE ANDRÉS Barace, Ismael URTUBI Aróstegui, José María NORIEGA Aldecoa (54 JULIO SALINAS Fernández), Manuel SARABIA López, Estanislao ARGOTE Salaberría.   Trainer: Javier CLEMENTE Lázaro

SPORTING: Vítor Manuel Afonso DAMAS de Oliveira, GABRIEL Azevedo Mendes, António Maurício Farinha Henrique MORATO (/Cap), Pedro Manuel Regateiro VENÂNCIO, FERNANDO Manuel Antunes MENDES, António Augusto Gomes de Silva "SOUSA", MANUEL José Tavares FERNANDES (Cap/) (64 Raphael Joseph MEADE, 89 Sergio António SAUCEDO), JAIME Moreira PACHECO, OCEANO Andrade da Cruz, MÁRIO JORGE da Silva Pinho Fernandes, Rui Manuel da Trindade JORDÃO.   Trainer: Manuel José

Sent off: Jordão (63)

Goals: Sarabia (14), J. Salinas (57), Meade (73)

SPORTING LISBOA v ATHLETIC CLUB BILBAO 3-0 (1-0)

Estádio José Alvalade, Lisboa   11.12.1985

Referee: Jan Keizer (HOL)   Attendance: 70,000

SPORTING: Vítor Manuel Afonso DAMAS de Oliveira, GABRIEL Azevedo Mendes, Pedro Manuel Regateiro VENÂNCIO, António Maurício Farinha Henrique MORATO (/Cap), FERNANDO Manuel Antunes MENDES, CARLOS Jorge Marques Caldas XAVIER (67 OCEANO Andrade da Cruz), António Augusto Gomes de Silva "SOUSA", JAIME Moreira PACHECO, MÁRIO JORGE da Silva Pinho Fernandes, MANUEL José Tavares FERNANDES (Cap/) (76 Sergio António SAUCEDO), Raphael Joseph MEADE. Trainer: Manuel José

ATHLETIC: Andoni ZUBIZARRETA Urreta, Santiago URQUIAGA Pérez, José María NÚÑEZ Urrezola, Antonio GOICOECHEA Olascoaga, Luis DE LA FUENTE Castillo, José Ramón GALLEGO Souto, Miguel DE ANDRÉS Barace, Francisco "PACHI" SALINAS Fernández (46 José María NORIEGA Aldecoa), Ismael URTUBI Aróstegui, JULIO SALINAS Fernández (60 Estanislao ARGOTE Salaberría), Manuel SARABIA López.
Trainer: Javier CLEMENTE Lázaro

Goals: Manuel Fernandes (19 pen), Meade (56), Sousa (75)

DUNDEE UNITED v NEUCHÂTEL XAMAX 2-1 (0-1)

Tannadice Park, Dundee   27.11.1985

Referee: Marcel van Langenhove (BEL)   Attendance: 10,633

DUNDEE UNITED: William Thomson, Maurice Malpas, William Kirkwood, Richard Gough, Paul Hegarty, David Narey, Eamonn Bannon, Ralph Milne, Ian Redford, Paul Sturrock, David Dodds.   Manager: James McLean

XAMAX: Karl Engel; Peter Küffer, Pierre Thévenaz, Tiziano Salvi, Daniel Don Givens, Philippe Perret, Rudolf Elsener (70 Patrice Mottiez), Robert Lüthi, Uli Stielike, Carsten Nielsen (80 Maurizio Jacobacci), Heinz Hermann.
Trainer: Gilbert Gress

Goals: Stielike (21), Dodds (53), Redford (75)

NEUCHÂTEL XAMAX v DUNDEE UNITED 3-1 (1-1, 2-1) (AET)

Stade de la Maladière, Neuchâtel   11.12.1985

Referee: José Rosa dos Santos (POR)   Attendance: 17,400

XAMAX: Karl Engel; Tiziano Salvi (27 Stéphane Forestier), Heinz Hermann, Daniel Don Givens, Claude Ryf, Peter Küffer, Uli Stielike, Philippe Perret, Rudolf Elsener (72 Patrice Mottiez), Robert Lüthi, Carsten Nielsen.
Trainer: Gilbert Gress

DUNDEE UNITED: William Thomson, Richard Gough, Paul Hegarty, David Narey, Maurice Malpas, Ralph Milne (113 Kevin Gallacher), David Beaumont, William Kirkwood, Eamonn Bannon, Thomas Coyne (61 John Clark), Ian Redford.   Manager: James McLean

Goals: Redford (17), Nielsen (39, 108), Hermann (56)

QUARTER-FINALS

SPORTING LISBOA v 1.FC KÖLN 1-1 (0-0)
Estádio José Alvalade Lisboa   4.03.1986
Referee: George Courtney (ENG)   Attendance: 60,000
SPORTING: Vítor Manuel Afonso DAMAS de Oliveira, OCEANO Andrade da Cruz, VIRGÍLIO Manuel Bagulho Lopes, DUÍLIO Dias Júnior, MÁRIO JORGE da Silva Pinho Fernandes, Luís Filipe Vieira Carvalho "LITOS" (46 Rui Manuel da Trindade JORDÃO), António Augusto Gomes de Silva "SOUSA", CARLOS Jorge Marques Caldas XAVIER (76 ROMEU Fernando Fernandes da Silva), JAIME Moreira PACHECO, MANUEL José Tavares FERNANDES (Cap), Raphael Joseph MEADE.   Trainer: Manuel José
1.FC KÖLN: Harald Schumacher, Michel van de Korput, Paul Steiner, Dieter Prestin, Hans-Peter Lehnhoff, Karl-Heinz Geils, Ralf Geilenkirchen, Mathias Hönerbach, David Pizanti (59 Olaf Janssen), Pierre Littbarski (80 Norbert Dickel), Klaus Allofs.   Trainer: Georg Kessler
Goals: Meade (55), K. Allofs (89 pen)

1.FC KÖLN v SPORTING LISBOA 2-0 (2-0)
Müngersdorfer stadion, Köln   18.03.1986
Referee: Paolo Casarin (ITA)   Attendance: 37,000
1.FC KÖLN: Harald Schumacher, Michel van de Korput, Paul Steiner, Dieter Prestin, Ralf Geilenkirchen, Karl-Heinz Geils, Uwe Bein, Mathias Hönerbach, Olaf Janssen, Klaus Allofs, Norbert Dickel (74 Hans-Peter Lehnhoff).
Trainer: Georg Kessler
SPORTING: Vítor Manuel Afonso DAMAS de Oliveira, VIRGÍLIO Manuel Bagulho Lopes, GABRIEL Azevedo Mendes, Pedro Manuel Regateiro VENÂNCIO, FERNANDO Manuel Antunes MENDES (81 BRAVO), OCEANO Andrade da Cruz, ROMEU Fernando Fernandes da Silva (25 Rui Manuel da Trindade JORDÃO), António Augusto Gomes de Silva "SOUSA", JAIME Moreira PACHECO; MANUEL José Tavares FERNANDES (Cap), Raphael Joseph MEADE.
Trainer: Manuel José
Goals: K. Allofs (8), Bein (36)

REAL MADRID v NEUCHÂTEL XAMAX 3-0 (1-0)
Estadio Santiago Bernabéu, Madrid   5.03.1986
Referee: Zoran Petrović (YUG)   Attendance: 100,000
REAL: AGUSTÍN Rodríguez Santiago (35 José Manuel OCHOTORENA Santacruz); José Antonio SALGUERO García, Miguel Porlan Noguera "CHENDO", Manuel SANCHIS Hontiyuelo, José Antonio CAMACHO Alfaro, José Miguel González Martín del Campo "MICHEL", Ricardo GALLEGO Redondo, Juan Gómez González "JUANITO" (72 Carlos Alonso González "SANTILLANA"), Emilio BUTRAGUEÑO Santos, HUGO SÁNCHEZ Márquez, Jorge Alberto VALDANO Castellano.   Trainer: Luis MOLOWNY Arbelo
XAMAX: Karl Engel, Daniel Don Givens, Heinz Hermann, Stéphane Forestier, Claude Ryf, Peter Küffer, Uli Stielike, Philippe Perret (85 Pierre Thévenaz), Patrice Mottiez, Robert Lüthi, Carsten Nielsen (69 Rudolf Elsener).
Trainer: Gilbert Gress
Goals: Hugo Sánchez (33), Michel (68), Butragueño (85)

NEUCHÂTEL XAMAX v REAL MADRID 2-0 (1-0)
Stade de la Maladière, Neuchâtel   19.03.1986
Referee: Karl-Heinz Tritschler (WG)   Attendance: 26,000
XAMAX: Karl Engel; Claude Ryf, Heinz Hermann, Pierre Thévenaz, Peter Küffer, Uli Stielike (54 Tiziano Salvi), Philippe Perret, Patrice Mottiez, Robert Lüthi (74 Rudolf Elsener), Carsten Nielsen, Maurizio Jacobacci.   Trainer: Gilbert Gress
REAL: José Manuel OCHOTORENA Santacruz; Miguel Porlan Noguera "CHENDO" (90 Carlos Alonso González "SANTILLANA"), Manuel SANCHIS Hontiyuelo, José Antonio CAMACHO Alfaro, José Miguel González Martín del Campo "MICHEL", Ricardo GALLEGO Redondo, Rafael MARTÍN VÁZQUEZ, Juan Gómez González "JUANITO", Emilio BUTRAGUEÑO Santos, HUGO SÁNCHEZ Márquez, Jorge Alberto VALDANO Castellano (86 José Ángel Ruiz López "CHOLO").   Trainer: Luis MOLOWNY Arbelo
Goals: Stielike (11), Jacobacci (90)

HAJDUK SPLIT v KS WAREGEM 1-0 (1-0)
Poljud, Split   5.03.1986
Referee: Valeri Butenko (USSR)   Attendance: 50,000
HAJDUK: Zoran Varvodić; Jerko Tipurić, Milan Petrović, Ivan Gudelj, Ive Jerolimov, Dragutin Celić, Zlatko Vujović, Blaž Slisković (80 Vatroslav Petrinović), Zoran Vujović, Aljosa Asanović, Stjepan Deverić.   Trainer: Poklepović
WAREGEM: Wim de Coninck, Erwin Denorme, Bart Mauroo, Yvan de Sloover, Pino De Craeye, Marc Millecamps, Armin Görtz, Sergio Da Silva, Alain van Baekel, Filip De Smet (72 Juvenal Olmos), Danny Veyt.   Trainer: Urbain Haesaert
Goal: Zl. Vujović (9)

KS WAREGEM
v HAJDUK SPLIT 1-0 (0-0, 1-0) (AET)

Regenboogstadion, Waregem 19.03.1986

Referee: José Rosa Dos Santos (POR)   Attendance: 20,000

WAREGEM: Wim de Coninck, Bart Mauroo (55 Luvila Mutombo), Franky Dekenne, Marc Millecamps, Yvan de Sloover, Pino De Craeye, Sergio Da Silva, Alain van Baekel (118 Luc Millecamps), Armin Görtz, Danny Veyt, Filip De Smet.   Trainer: Urbain Haesaert

HAJDUK: Zoran Varvodić: Branko Miljus, Milan Petrović, Zoran Vujović, Aljosa Asanović, Blaž Sliskovic, Dragutin Celić, Ivan Gudelj, Zoran Vulić, Zlatko Vujović, Ive Jerolimov (91 Stjepan Deverić, 116 Vatroslav Petrinović).
Trainer: Poklepović.   **Sent off**: Vulić (85)

Goal: Mutombo (60)

Penalties: 0-1 Gudelj, 1-1 Mutombo, 1-2 Zlatko Vujović, 2-2 De Smet, 2-3 Celić, 3-3 Millecamps, 3-4 Asanović, 4-4 De Coninck, Miljus (miss), 5-4 Görtz

INTERNAZIONALE MILANO
v FC NANTES 3-0 (1-0)

Stadio Giuseppe Meazza, Milano 5.03.1986

Referee: Brian McGinlay (SCO)   Attendance: 50,000

INTERNAZIONALE: Walter Zenga, Giuseppe Bergomi, Andrea Mandorlini, Giuseppe Baresi, Fulvio Collovati, Riccardo Ferri, Pietro Fanna (88 Giampiero Marini), Marco Tardelli, Alessandro Altobelli, William Brady (82 Giuseppe Minaudo), Karl-Heinz Rummenigge.   Trainer: Mario Corso

FC NANTES: Jean-Paul Bertrand-Demanes, William Ayache, Antoine Kombouaré, Vincent Bracigliano, Yvon Le Roux, Michel Der Zakarian, Fabien Debotté (80 Christophe Frankowski), Jorge Burruchaga, Vahid Halilhodzic, José Touré, Loic Amisse (75 Pierre Morice).   Trainer: J.-C. Suaudeau

Goals: Le Roux (13 og), Tardelli (62), K.H. Rummenigge (79)

FC NANTES
v INTERNAZIONALE MILANO 3-3 (3-1)

La Beaujoire, Nantes 19.03.1986

Referee: Bruno Galler (SWI)   Attendance: 44,000

FC NANTES: Jean-Paul Bertrand-Demanes; William Ayache, Antoine Kombouaré, Vincent Bracigliano, Yvon Le Roux, Michel Der Zakarian, Pierre Morice (69 Fabien Debotté), Jorge Burruchaga, Vahid Halilhodzic, José Touré (61 Christophe Robert), Loic Amisse.   Trainer: Jean-Claude Suaudeau

INTERNAZIONALE: Walter Zenga; Giuseppe Bergomi, Andrea Mandorlini, Giuseppe Baresi, Fulvio Collovati (65 Giampiero Marini), Riccardo Ferri, Pietro Fanna (78 Giuseppe Minaudo), Marco Tardelli, Alessandro Altobelli, William Brady, Karl-Heinz Rummenigge.   Trainer: Mario Corso

Sent off: Der Zakarian (53)

Goals: Der Zakarian (8), Altobelli (33, 63), Halilhodzic (37 pen), Le Roux (41), Brady (58 pen)

SEMI-FINALS

INTERNAZIONALE MILANO
v REAL MADRID 3-1 (1-0)

Stadio Giuseppe Meazza, Milano 2.04.1986

Referee: Erik Fredriksson (SWE)   Attendance: 83,000

INTERNAZIONALE: Walter Zenga, Giuseppe Bergomi, Andrea Mandorlini, Giuseppe Baresi, Riccardo Ferri, Enrico Cucchi, Pietro Fanna, Marco Tardelli, Alessandro Altobelli, William Brady (85 Giuseppe Minaudo), Karl-Heinz Rummenigge.   Trainer: Mario Corso

REAL: José Manuel OCHOTORENA Santacruz, Miguel Porlan Noguera "CHENDO", José Antonio CAMACHO Alfaro, Rafael GORDILLO Vázquez, José Antonio SALGUERO García, Juan Gómez González "JUANITO" (61 Rafael MARTÍN VÁZQUEZ), Emilio BUTRAGUEÑO Santos, José Miguel González Martín del Campo "MICHEL", HUGO SÁNCHEZ Márquez, Ricardo GALLEGO Redondo, Jorge Alberto VALDANO Castellano.   Trainer: Luis MOLOWNY Arbelo

Goals: Tardelli (1, 54), Valdano (87), Salguero (89 og)

REAL MADRID v INTERNAZIONALE MILANO
5-1 (1-0, 3-1) (AET)

Estadio Santiago Bernabéu, Madrid 16.04.1986

Referee: Jan Keizer (HOL)   Attendance: 90,000

REAL: AGUSTÍN Rodríguez Santiago, Miguel Porlan Noguera "CHENDO", José Antonio CAMACHO Alfaro, Antonio MACEDA Francés, Manuel SANCHIS Hontiyuelo (14 José Antonio SALGUERO García), Rafael GORDILLO Vázquez, Emilio BUTRAGUEÑO Santos, José Miguel González Martín del Campo "MICHEL", HUGO SÁNCHEZ Márquez, Ricardo GALLEGO Redondo, Carlos Alonso González "SANTILLANA" (110 Juan Gómez González "JUANITO").
Trainer: Luis MOLOWNY Arbelo

INTERNAZIONALE: Walter Zenga, Giuseppe Bergomi, Andrea Mandorlini, Giuseppe Baresi, Fulvio Collovati, Riccardo Ferri, Pietro Fanna, Marco Tardelli, Alessandro Altobelli (51 Giampiero Marini), William Brady, Karl-Heinz Rummenigge (83 Daniele Bernazzani).
Trainer: Mario Corso

Sent off: Mandorlini (102)

Goals: Hugo Sánchez (44 pen, 74 pen), Gordillo (63), Brady (66 pen), Santillana (94, 107)

1.FC KÖLN v KS WAREGEM 4-0 (1-0)
Müngersdorfer stadion, Köln 2.04.1986
Referee: André Daina (SWI) Attendance: 45,000
1.FC KÖLN: Harald Schumacher, Karl-Heinz Geils, Michel van de Korput, Paul Steiner, Dieter Prestin, Mathias Hönerbach, Olaf Janssen, Thomas Hässler, Hans-Peter Lehnhoff (68 Ralf Geilenkirchen), Uwe Bein (75 Andreas Gielchen), Klaus Allofs. Trainer: Georg Kessler
WAREGEM: Wim de Coninck, Pino De Craeye, Marc Millecamps, Franky Dekenne (49 Juvenal Olmos), Yvan de Sloover, Bart Mauroo, Erwin Denorme (75 Luvila Mutombo), Alain van Baekel, Armin Görtz, Danny Veyt, Filip De Smet.
Trainer: Urbain Haesaert
Goals: Lehnhoff (40), Allofs (49, 65 pen), Geilenkirchen (79)

KS WAREGEM v 1.FC KÖLN 3-3 (0-2)
Guldensporenstadion, Kortrijk 16.04.1986
Referee: Horst Brummeier (AUS) Attendance: 10,000
WAREGEM: Wim de Coninck, Marc Millecamps, Franky Dekenne, Yvan de Sloover, Pino De Craeye (46 Bart Mauroo), Alain van Baekel, Liam Buckley, Armin Görtz, Juvenal Olmos (46 Luvila Mutombo), Filip De Smet, Danny Veyt.
Trainer: Urbain Haesaert
1.FC KÖLN: Harald Schumacher, Michel van de Korput, Dieter Prestin (59 Andreas Gielchen), Paul Steiner, Karl-Heinz Geils, Mathias Hönerbach, Thomas Hässler, Uwe Bein, Olaf Janssen, Ralf Geilenkirchen, Klaus Allofs.
Trainer: Georg Kessler
Goals: Allofs (26, 35, 68 pen), Mutombo (53, 59), Görtz (79)

FINAL

REAL MADRID v 1.FC KÖLN 5-1 (2-1)
Estadio Santiago Bernabéu, Madrid 30.04.1986
Referee: George Courtney (ENG) Attendance: 65,000
REAL MADRID: AGUSTÍN Rodríguez Santiago; Jesús Ángel SOLANA Bermejo, José Antonio CAMACHO Alfaro, José Antonio SALGUERO Garcia, Juan Gómez González "JUANITO", José Miguel González Martín del Campo "MICHEL", Rafael MARTÍN VÁZQUEZ (82 Carlos Alonso González SANTILLANA), Rafael GORDILLO Vázquez, Jorge Alberto VALDANO Castellano, Emilio BUTRAGUEÑO Santos, HUGO SÁNCHEZ Márquez.
Trainer: Luis MOLOWNY Arbelo
1.FC KÖLN: Harald Schumacher; Andreas Gielchen; Karl-Heinz Geils, Paul Steiner, Dieter Prestin; Ralf Geilenkirchen, Mathias Hönerbach, Uwe Bein (71 Thomas Hässler), Olaf Janssen; Pierre Littbarski (84 Norbert Dickel), Klaus Allofs.
Trainer: Georg Kessler
Goals: K. Allofs (29), Hugo Sánchez (37), Gordillo (41), Valdano (50, 85), Santillana (90)

1.FC KÖLN v REAL MADRID 2-0 (1-0)
Olympiastadion, Berlin 6.05.1986
Referee: Robert Bonar Valentine (SCO) Attendance: 21,185
1.FC KÖLN: Harald Schumacher, Andreas Gielchen, Dieter Prestin, Karl-Heinz Geils (83 Robert Schmitz), Ralf Geilenkirchen, Mathias Hönerbach, Uwe Bein, Paul Steiner, Olaf Janssen (59 David Pizanti); Pierre Littbarski, Klaus Allofs.
Trainer: Georg Kessler
REAL MADRID: AGUSTÍN Rodríguez Santiago; Antonio MACEDA Francés; Miguel Porlan Noguera "CHENDO", Jesús Ángel SOLANA Bermejo, José Antonio CAMACHO Alfaro; Rafael GORDILLO Vázquez, José Miguel González Martín del Campo "MICHEL", Jorge Alberto VALDANO Castellano, Ricardo GALLEGO Redondo, Emilio BUTRAGUEÑO Santos (88 Juan Gómez González JUANITO), HUGO SÁNCHEZ Márquez (20 Carlos Alonso González SANTILLANA).
Trainer: Luis MOLOWNY Arbelo
Goals: Bein (23), Geilenkirchen (72)

UEFA Cup Top Scorers 1985-86:

9 goals: Klaus Allofs (1.FC Köln)
8 goals: Zlatko Vujović (Hajduk Split)
7 goals: Jorge Alberto VALDANO (Real Madrid)
6 goals: Alessandro Altobelli (Inter Milano), Danny Veyt (KSV Waregem), Antonio Paolo Virdis (Milan AC)
5 goals: HUGO SÁNCHEZ Márquez, Carlos Alonso González SANTILLANA (Real Madrid), Jean-Pierre Papin (Club Brugge KV)

UEFA CUP 1986-87

FIRST ROUND

NEUCHÂTEL XAMAX v LYNGBY IF 2-0 (1-0)
Stade de la Maladière, Neuchâtel 16.09.1986
Referee: José Guedes (POR) Attendance: 8,200
XAMAX: Joël Corminboeuf; Daniel Don Givens, Zdeněk Urban, Robert Lei-Ravello, Claude Ryf, Patrice Mottiez (78 Daniel Fasel), Heinz Hermann, Uli Stielike, Pascal Zaugg, Beat Sutter (66 Robert Lüthi), Maurizio Jacobacci.
Trainer: Gilbert Gress
LYNGBY: Henrik Christensen; Lars Sørensen, Peter Packness, John Larsen, Henrik Larsen, Bent Christensen (89 Michael Gothenborg), Michael Schäfer, Michael Christophersen, Denis Foss-Nielsen, Jørn Terkelsen (30 Tom Vilmar), Klaus Jensen.
Goals: Jacobacci (29), Stielike (82)

LYNGBY IF v NEUCHÂTEL XAMAX 1-3 (0-3)
Lyngby 1.10.1986
Referee: Klaus Peschel (DDR)   Attendance: 4,062
LYNGBY: Henrik Christensen; Lars Sørensen, Peter Packness, John Larsen, Henrik Larsen, Bent Christensen, Michael Schäfer, Denis Foss-Nielsen (46 Michael Gothenborg), Michael Christophersen, Jørn Terkelsen (46 Henrik Jörgensen), Michael Spangsborg.
XAMAX: Joël Corminboeuf; Daniel Don Givens, Zdeněk Urban, Pierre Thévenaz, Claude Ryf (59 Patrice Mottiez), Uli Stielike, Robert Lei-Ravello, Heinz Hermann, Beat Sutter, Robert Lüthi, Maurizio Jacobacci (77 Pascal Zaugg).
Goals: Jacobacci (2), Lüthi (38, 44), Jørgensen (72)

BORUSSIA MÖNCHENGLADBACH v PARTIZAN BEOGRAD 1-0 (1-0)
Bökelberg, Mönchengladbach 16.09.1986
Referee: Lajos Németh (HUN)   Attendance: 6,000
BORUSSIA: Uwe Kamps, Hans-Günter Bruns, Ulrich Borowka, Hans-Georg Dressen, André Winkhold, Bernd Krauss, Dirk Bakalorz, Uwe Rahn, Michael Frontzeck, Andreas Brandts, Günter Thiele (71 Ewald Lienen). Trainer: Josef Heynckes
PARTIZAN: Fahrudin Omerović, Vlado Čapljić, Ljubomir Radanović, Isa Sadriju, Vladimir Vermezović, Srećko Katanec, Bajro Župić, Nebojša Vučičević, Admir Smajić (88 Goran Stevanović), Miloš Djelmas, Fadilj Vokri (65 Goran Bogdanović).
Goal: Krauss (24)

PARTIZAN BEOGRAD v BORUSSIA MÖNCHENGLADBACH 1-3 (0-1)
Beograd 1.10.1986
Referee: Robert Wurtz (FRA)   Attendance: 50,000
PARTIZAN: Fahrudin Omerović, Vlado Čapljić, Bajović (75 Milinko Pantić), Vladimir Vermezović, Srećko Katanec, Bajro Župić, Goran Bogdanović (46 Admir Smajić), Goran Stevanović, Miloš Djelmas, Fadilj Vokri, Nebojša Vučičevič.
BORUSSIA: Uwe Kamps, Hans-Günter Bruns, André Winkhold, Ulrich Borowka, Bernd Krauss, Hans-Georg Dressen, Uwe Rahn, Dirk Bakalorz (69 Thomas Krisp), Ewald Lienen, Michael Frontzeck, Günter Thiele (79 Andreas Brandts). Trainer: Josef Heynckes
Goals: Dressen (27), Vučičević (47), Brandts (82), Lienen (85)

FC GRONINGEN v GALWAY UNITED 5-1 (1-1)
Oosterpark, Groningen 16.09.1986
Referee: Jean-Pierre Schön (LUX)   Attendance: 12,641
FC GRONINGEN: Sjaak Storm, Claus Boekweg, Ron van den Berg, John de Wolf, Paul Mason, Edwin Olde Riekerink, Joop Gall, Edwin Bakker (75 Johan de Kock), Jos Roossien, Peter Houtman, René Eijkelkamp.   Trainer: Rob Jacobs
GALWAY UNITED: Richard Blackmore, John Naughton, Kevin Cassidy, Martin Moran, Peter Carpenter; Paul Murphy, Stuart Ashton, Pat O'Toole, Martin McDonnell; Noel Mernagh (84 Richard O'Flaherty), Paul McGee.
Goals: Eijkelkamp (4), McGee (37 pen), Houtman (48, 57, 70), Mason (69)

GALWAY UNITED v FC GRONINGEN 1-3 (0-2)
Carraroe, Páirc an Cháthánaigh 1.10.1986
Referee: Claude Bouillet (FRA)   Attendance: 2,000
GALWAY UNITED: Richard Blackmore, Stuart Ashton, Kevin Cassidy, Martin Moran, Peter Carpenter, Paul Murphy (72 Ronan Kileen), Pat O'Toole, Martin McDonnell, Richard O'Flaherty (85 Stephen Lally), Noel Mernagh, Paul McGee.
FC GRONINGEN: Sjaak Storm, Paul Mason, Ron van den Berg (46 Joop Gall), John de Wolf, Mark Verkuyl, Jan van Dijk, Edwin Olde Riekerink (68 Marco Waslander), Jos Roossien, Johan de Kock, Peter Houtman, René Eijkelkamp.
Goals: Houtman (22, 56), De Kock (36), Murphy (63)

JEUNESSE D'ESCH v AA GENT 1-2 (0-1)
Stade de la Frontière, Esch sur Alzette 16.09.1986
Referee: George Sandoz (SWI)   Attendance: 3,000
JEUNESSE: John Van Rijswijck, Jacques Müller, Romain Welscher, Jean Pierre Barboni, Gianni Di Pentima, Yves Kemp (46 Jean-Marie Strotz), Daniel Ferrassini, Denis Scuto, Denis Mogenot, Théo Scholten, Jean Luc Guillot.
AA GENT: André Lauryssen, Michel de Wolf, Johan van Looy, Benny de Kneef, Robert Gijbels, Luc Hinderijckx, Milan Ruzić, Frank Nollet, Roger Raeven, Toine van Mierlo, Hubert Cordiez. Trainer: Johan Grijzenhout
Goals: Nollet (36), Scholten (48), Van Looy (78)

AA GENT v JEUNESSE D'ESCH 1-1 (0-1)
Stade Jules Otten, Gent 1.10.1986
Referee: Wilfred Wallace (EIRE)   Attendance: 6,000
AA GENT: André Lauryssen, Michel de Wolf, Luc Criel, Johan van Looy (88 Roger Raeven), Benny de Kneef, Robert Gijbels, Luc Hinderijckx, Milan Ruzić, Frank Nollet, Toine van Mierlo, Hubert Cordiez.   Trainer: Johan Grijzenhout
JEUNESSE: John Van Rijswick, Jacques Müller, Romain Welscher, Gianni Di Pentima, Jean Pierre Barboni, Daniel Ferrassini, Yves Kemp (72 Dany Theis), Denis Scuto, Denis Mogenot, Théo Scholten, Jean Luc Guillot.
Goals: Guillot (43), Hinderijckx (53)

BEVEREN WAAS
v VÅLERENGENS IF OSLO 1-0 (0-0)

Freethiel, Beveren   17.09.1986

Referee: Oliver Donnely (NIR)   Attendance: 3,000

BEVEREN: Filip de Wilde, Julien Lodders, Paul Lambrichts, Danny Pfaff, Eddy Maes; Marek Kusto, Paul Theunis, Dominique Lemoine (46 Franz Schmedding), Patrick Gorez; David Fairclough, Eugène Ekeke (81 Robby Buyens). Trainer: Ladislav Novák

VÅLERENGENS IF: Geir Mediås, Jarle Ødegaard, Jo Bergsvand, Lasse Eriksen, Jan Erik Aalbu; Knut Arild Løberg, Tore Nilsen, Eivind Arnevåg, Egil Johansen; Øivind Husby (87 Pål Enger), Oystein Kruge (75 Henning Lund).

Goal: Fairclough (75)

VÅLERENGENS IF OSLO v BEVEREN WAAS 0-0

Bislett, Oslo   30.09.1986

Referee: Simo Ruokonen (FIN)   Attendance: 3,000

VÅLERENGENS IF: Geir Mediås; Eivind Arnevåg, Jo Bergsvand, Lasse Eriksen, Jan Erik Aalbu; Tore Nilsen, Knut Arild Løberg, Vidar Davidsen (64 Oystein Kruge), Egil Johansen; Øivind Husby, Pål Fredheim.

BEVEREN: Filip de Wilde, Patrick Gorez (34 Robby Buyens), Julien Lodders, Danny Pfaff, Paul Lambrichts, Eddy Maes; Paul Theunis, Dominique Lemoine (78 Frank Peeraer), Marek Kusto; Franz Schmedding, David Fairclough. Trainer: Ladislav Novák

ATHLETIC CLUB BILBAO
v 1.FC MAGDEBURG 2-0 (0-0)

San Mamés, Bilbao   17.09.1986

Referee: Pietro d'Elia (ITA)   Attendance: 29,000

ATHLETIC: Vicente Fernández BIURRUN, Íñigo LICERANZU Ochoa, José Antonio "PIZO" GOMEZ Romón, Antonio GOICOECHEA Olascoaga, Luis DE LA FUENTE Castillo (69 Santiago URQUIAGA Pérez), José Ramón GALLEGO Souto, Francisco "PACHI" SALINAS Fernández, Ismael URTUBI Aróstegui, ENDIKA Guarrotxena Arzubiaga (63 LUIS FERNANDO Fernández Rodríguez), Manuel SARABIA López, Estanislao ARGOTE Salaberría. Trainer: José Ángel IRÍBAR

1.FC MAGDEBURG: Dirk Heyne, Dirk Stahmann, Detlef Schössler, Frank Cebulla, Uwe Kirchner, Frank Siersleben, Rolf Döbbelin, Heiko Bonan (63 Frank Windelband), Wolfgang Steinbach, Marcus Wuckel, Damian Halata. Trainer: Joachim Streich

Goals: Gallego (56), P. Gómez (61)

1.FC MAGDEBURG
v ATHLETIC CLUB BILBAO 1-0 (1-0)

Ernst-Grube-Stadion, Magdeburg   1.10.1986

Referee: Gérard Biguet (FRA)   Attendance: 25,000

1.FC MAGDEBURG: Dirk Heyne, Dirk Stahmann, Detlef Schössler, Uwe Kirchner (82 Peter-Frank Köhler), Frank Siersleben, Rolf Döbbelin, Wolfgang Steinbach, Damian Halata, Frank Cebulla (60 Reinhard Rother), Marcus Wuckel, Frank Windelband.   Trainer: Joachim Streich

ATHLETIC: Vicente Fernández BIURRUN, Santiago URQUIAGA Pérez, Íñigo LICERANZU Ochoa, Antonio GOICOECHEA Olascoaga, Luis DE LA FUENTE Castillo (32 Juan José ELGUEZÁBAL Bustiza), José Ramón GALLEGO Souto, Francisco "PACHI" SALINAS Fernández, LUIS FERNANDO Fernández Rodríguez, José Antonio "PIZO" GOMEZ Romón, ENDIKA Guarrotxena Arzubiaga (88 Manuel SARABIA López), Estanislao ARGOTE Salaberría. Trainer: José Ángel IRÍBAR

Goal: Windelband (33)

ATLÉTICO MADRID
v WERDER BREMEN 2-0 (0-0)

Estadio Vicente Calderón, Madrid   17.09.1986

Referee: Bruno Galler (SWI)   Attendance: 38,000

ATLÉTICO: Agustín de Carlos ELDUAYEN; TOMAS Reñones Crego, Miguel Ángel RUIZ García, Juan Carlos ARTECHE Gómez, CLEMENTE Villaverde Huelga (46 JULIO SALINAS Fernández), JULIO PRIETO Martín, Jesús LANDÁBURU Sahuquillo, Enrique "QUIQUE" SETIEN Soler, SERGIO Elias Morgado Rodríguez, Pedro URALDE Hernáez, Francisco LLORENTE Gento.   Trainer: Vicente Miera

WERDER: Dieter Burdenski, Gunnar Sauer, Michael Kutzop (65 Dieter Schlindwein), Matthias Ruländer, Jonny Otten, Thomas Schaaf, Benno Möhlmann, Miroslav Votava, Norbert Meier (81 Manfred Burgsmüller); Rudolf Völler, Frank Neubarth.   Trainer: Otto Rehhagel

Goals: Uralde (48), Arteche (71)

**WERDER BREMEN
v ATLÉTICO MADRID 2-1** (0-0, 1-1) (AET)

Weserstadion, Bremen 1.10.1986

Referee: Alain Delmer (FRA)   Attendance: 31,000

WERDER: Dieter Burdenski, Gunnar Sauer, Michael Kutzop (61 Frank Ordenewitz), Miroslav Votava, Thomas Wolter, Thomas Schaaf, Benno Möhlmann (69 Günter Herrmann), Norbert Meier, Jonny Otten, Manfred Burgsmüller, Frank Neubarth.   Trainer: Otto Rehhagel

ATLÉTICO: Agustín de Carlos ELDUAYEN; TOMAS Reñones Crego, Miguel Ángel RUIZ García, Juan Carlos ARTECHE Gómez, CLEMENTE Villaverde Huelga, JULIO PRIETO Martín, Jesús LANDÁBURU Sahuquillo (95 Francisco LLORENTE Gento), SERGIO Elias Morgado Rodríguez, Enrique "QUIQUE" RAMOS González; Jorge Orosman DA SILVA Etchevarría (73 Enrique "QUIQUE" SETIEN Soler), JULIO SALINAS Fernández.   Trainer: Vicente Miera

Sent off: Carvalho

Goals: Neubarth (65), Meier (83), Salinas (113)

ÍA AKRANES v SPORTING LISBOA 0-9 (0-4)

Laugardalsvöllur, Reykjavík   17.09.1986

Referee: John Lloyd (WAL)   Attendance: 2,000

ÍA AKRANES: Birkir Kristinsson, Sigurdur Lárusson, Sigurdur B. Jónsson, Gudjón Thordarson, Heimir Guðmundsson, Olafur Thordarson (46 Haflidi Gudjónsson), Sveinbjörn Hákonarsson, Gudbjörn Tryggvason, Julius Petur Ingólfsson (70 Arni Sveinsson), Pétur Pétursson, Valgeir Bardason.

SPORTING: Jorge Manuel Domingos María VITAL, GABRIEL Azevedo Mendes, António Maurício Farinha Henrique MORATO, Pedro Manuel Regateiro VENÂNCIO, MÁRIO JORGE da Silva Pinho Fernandes, OCEANO Andrade da Cruz, Celso Santiago de Sousa "ZINHO", Manuel NEGRETE Arias, MÁRIO Marques COELHO, Raphael Joseph MEADE (58 Sílvio Paiva "SILVINHO"), MANUEL José Tavares FERNANDES (46 Robert Roderick McDonald). Trainer: MANUEL JOSÉ Jesus Silva

Goals: Manuel Fernandes (10, 39 pen), Meade (14, 37), McDonald (49, 60, 86), Negrete (64), Zinho (90 pen)

SPORTING LISBOA v ÍA AKRANES 6-0 (3-0)

Estádio José Alvalade, Lisboa   1.10.1986

Referee: José María Miguel Pérez (SPA)   Attendance: 10,000

SPORTING: Vítor Manuel Afonso DAMAS de Oliveira, GABRIEL Azevedo Mendes, Pedro Manuel Regateiro VENÂNCIO, António Maurício Farinha Henrique MORATO, OCEANO Andrade da Cruz, Celso Santiago de Sousa "ZINHO", Manuel NEGRETE Arias, Luís Filipe Vieira Carvalho "LITOS" (71 MÁRIO JORGE da Silva Pinho Fernandes), MÁRIO Marques COELHO, MANUEL José Tavares FERNANDES (16 Raphael Joseph MEADE), Robert Roderick McDonald. Trainer: MANUEL JOSÉ Jesus Silva

ÍA AKRANES: Birkir Kristinsson, Sigurdur B. Jónsson, Sigurdur Lárusson, Gudjón Thordarson, Valgeir Bardarson, Olafur Thordarson, Heimir Guðmundsson, Gudbjörn Tryggvason, Sveinbjörn Hákonarsson, Arni Sveinsson (80 Einar Johanesson), Pétur Pétursson.

Goals: Meade (18), Zinho (23, 43 pen), McDonald (72), Mário Coelho (78, 87)

**SPARTA CKD PRAHA
v VITÓRIA GUIMARÃES 1-1** (0-0)

Štadión na Letnej, Praha   17.09.1986

Referee: Neil Midgley (ENG)   Attendance: 10,500

SPARTA: Jan Stejskal, Július Bielik, František Straka, Daniel Drahokoupil, Michal Bílek, Ivan Hašek, Ivan Cabala, Jozef Chovanec, Zdeněk Procházka (59 Vlastimil Calta), Tomáš Skuhravý, Petar Novák.   Trainer: Václav Ježek

VITÓRIA: António JESUS Pereira, João Ribeiro Silva "COSTEADO", MIGUEL Alberto Fernandes Marques, Ornedes Alves Santos "NENÉ", António José Pereira de CARVALHO (90 BASAULA Lemba), ADEMIR Bernardes de Alcântara, N'DINGA Mbote, Rui António Cruz Ferreira "NASCIMENTO", Carlos Manuel Pereira Pinto "ADÃO", Paulo Roberto Vacinello "PAULINHO CASCAVEL" (82 RUI Manuel Pereira VIEIRA), ROLDÃO Moreira de Novais.   Trainer: M. MARINHO PERES

Goals: Skuhravý (61), Roldão (80)

**VITÓRIA GUIMARÃES
v SPARTA CKD PRAHA 2-1** (0-0)

Estádio Municipal, Guimarães   1.10.1986

Referee: Jean-Marie Lartigot (FRA)   Attendance: 35,000

VITÓRIA: António JESUS Pereira, João Ribeiro Silva "COSTEADO", MIGUEL Alberto Fernandes Marques, Ornedes Alves Santos "NENÉ", António José Pereira de CARVALHO (57 N'KAMA Monduone), N'DINGA Mbote, ADEMIR Bernardes de Alcântara (88 RUI Manuel Pereira VIEIRA), Rui António Cruz Ferreira "NASCIMENTO", Carlos Manuel Pereira Pinto "ADÃO", Paulo Roberto Vacinello " PAULINHO CASCAVEL", ROLDÃO Moreira de Novais.
Trainer: Mario MARINHO PERES

SPARTA: Jan Stejskal; Daniel Drahokoupil, František Straka, Jozef Chovanec, Michal Bílek, Vlastimil Calta, Ivan Cabala, Ivan Hašek, Július Bielik, Tomáš Skuhravý, Petar Novák.

Goals: P. Novák (55), Cascavel (75, 85)

**HEART OF MIDLOTHIAN EDINBURGH
v DUKLA PRAHA 3-2** (1-1)

Tynecastle Park, Edinburgh   17.09.1986

Referee: A. van Volcem (BEL)   Attendance: 20,000

HEARTS: Henry Smith, Walter Kidd, Brian Whittaker, William Jardine, Kenneth Black, Craig Levein (46 John Robertson), John Colquhoun, Ian Jardine (73 Andrew Watson), Alexander Clark, Gary Mackay, Wayne Foster. Manager: Alex MacDonald

DUKLA: Petr Kostelník, Josef Klucký, Josef Novák, Jan Fiala, Petr Rada, Stanislav Griga, Günther Bittengel, Luboš Urban, Tadeás Gajger, Milan Luhový, Dušan Fitzel. Trainer: Jiří Lopata

Goals: Foster (1), Fitzel (44), Klucký (64), Clark (65), Robertson (70)

**IFK GÖTEBORG
v SIGMA ZTS OLOMOUC 4-0** (2-0)

Ullevi, Göteborg   1.10.1986

Referee: Howard Will King (WAL)   Attendance: 11,167

IFK: Thomas Wernersson, Roland Nilsson, Glenn Hysén, Mats-Ola Carlsson, Stig Fredriksson, Peter Larsson, Jerry Carlsson (54 Magnus Johansson), Michael Andersson, Tommy Holmgren (85 Per Edmund Mordt), Johnny Ekström, Jari Rantanen. Trainer: Gundar Bengtsson

SIGMA: Jan Laslop, Miloš Beznoska, Miroslav Mlejnek, Oto Vyskocil, Petr Mrázek, Jiří Malík (46 Rudolf Muchka), Oldřich Machala, Vladimír Šišma, Vratislav Rychtera, Miroslav Prílozny, Roman Sedlácek (53 Jiří Fiala).

Goals: Rantanen (13), M. Andersson (40), Ekström (85, 87)

DUKLA PRAHA v HEART OF MIDLOTHIAN EDINBURGH 1-0 (0-0)

Stadión na Juliske, Praha   1.10.1986

Referee: Helmut Kohl (AUS)   Attendance: 3,250

DUKLA: Petr Kostelník; Aleš Laušman, Jan Fiala, Josef Novák, Petr Rada, Jaroslav Vodicka, Luboš Urban, Tomáš Kříž (86 Jiří Vadura), Günther Bittengel, Pavel Korejčík (8 Stanislav Griga), Milan Luhový.   Trainer: Jiří Lopata

HEARTS: Henry Smith, Walter Kidd (78 Andrew Watson), William Jardine, Craig Levein, Brian Whittaker, Neil Berry, Kenneth Black, Gary Mackay, John Colquhoun, Alexander Clark, Wayne Foster (46 John Robertson). Trainer: Alex MacDonald

Goal: Griga (54)

FC NANTES v AC TORINO 0-4 (0-0)

Stade La Beaujoire, Nantes   17.09.1986

Referee: David Syme (SCO)   Attendance: 19,000

FC NANTES: Jean-Paul Bertrand-Demanes; Antoine Kombouaré, Julio Jorge Olarticoechea (73 Didier Deschamps), Yvon Le Roux (73 Laurent Obry), Marcel Desailly, Vincent Bracigliano; Fabien Debotté, Jorge Burruchaga, Philippe Anziani, Christophe Robert, Pierre Morice. Trainer: Jean-Claude Suaudeau

AC TORINO: Fabrizio Lorieri; Giancarlo Corradini, Giovanni Francini; Roberto Cravero, JUNIOR Leovigildo Lins Gama, Giacomo Ferri; Paolo Beruatto, Antonio Sabato (40 Pietro Mariani, 50 Ezio Rossi), Willem Kieft, Giuseppe Dossena, Antonio Comi. Trainer: Radice

Sent off: Bracigliano (38)

Goals: Comi (54), Beruatto (61), Kieft (82, 89)

**SIGMA ZTS OLOMOUC
v IFK GÖTEBORG 1-1** (1-0)

Stadión Miru, Olomouc   17.09.1986

Referee: Ihsan Ture (TUR)   Attendance: 7,000

SIGMA: Vladimír Buberník; Miloš Beznoska, Miroslav Mlejnek, Petr Mrázek, Oto Vyskocil, Oldřich Machala, Leoš Kalvoda, Vladimír Šišma, Roman Sedlácek, Miroslav Prílozný (73 Zdeněk Koukal), Rudolf Muchka (46 Igor Popovec). Trainer: Karel Brückner

IFK: Thomas Wernersson, Roland Nilsson, Glenn Hysén, Mats-Ola Carlsson, Stig Fredriksson; Magnus Johansson, Michael Andersson, Tord Holmgren (79 Jerry Carlsson), Per Edmund Mordt, Johnny Ekström, Sam Bjur (63 Jari Rantanen).   Trainer: Gundar Bengtsson

Goals: Mlejnek (32), Johansson (66)

AC TORINO v FC NANTES 1-1 (0-0)

Stadio Comunale, Torino   1.10.1986

Referee: Keith Hackett (ENG)   Attendance: 40,000

AC TORINO: Fabrizio Lorieri; Giancarlo Corradini, Roberto Cravero, Giovanni Francini (46 Ezio Rossi); Paolo Beruatto, Giacomo Ferri, JUNIOR Leovigildo Lins Gama, Antonio Sabato, Giuseppe Dossena (79 Renato Zaccarelli), Willem Kieft, Antonio Comi.   Trainer: Radice

FC NANTES: Jean-Paul Bertrand-Demanes; Antoine Kombouaré, Didier Deschamps, Marcel Desailly, Julio Jorge Olarticoechea (86 Patrick Delanoë), Bruno Baronchelli (77 Laurent Obry), Jorge Burruchaga, Pierre Morice, Christophe Robert, Philippe Anziani, Loic Amisse. Trainer: Jean-Claude Suaudeau

Goals: Kieft (48 pen), Anziani (66)

SSC NAPOLI v FC TOULOUSE 1-0 (0-0)

Stadio San Paolo, Napoli   17.09.1986

Referee: Karl-Heinz Tritschler (WG)   Attendance: 73,875

SSC NAPOLI: Claudio Garella; Giuseppe Bruscolotti, Ciro Ferrara; Salvatore Bagni, Moreno Ferrario (78 Giuseppe Volpecina), Alessandro Renica; Luigi Caffarelli (49 Ciro Muro), Fernando De Napoli, Bruno Giordano, Diego Armando Maradona, Andrea Carnevale.   Trainer: Bianchi

FC TOULOUSE: Philippe Bergeroo; Patrice Lestage, Benoît Tihy; Jean-Luc Ruty, Alberto Tarantini, Pascal Despeyroux; Jean-Philippe Durand, Albert Jose Marcico, Yannick Stopyra, Gérald Passi (86 Pierre Espanol), Éric Bellus.   Trainer: Jacques Santini

Goal: Carnevale (55)

BAYER LEVERKUSEN v KALMAR FF 3-0 (0-0)

Ulrich Haberland Stadion, Leverkusen   1.10.1986

Referee: Ronald Bridges (WAL)   Attendance: 10,000

BAYER: Rüdiger Vollborn, Thomas Hörster, Peter Zanter (46 Christian Hausmann), Alois Reinhardt, Falko Götz, Christian Schreier, Günter Drews, Wolfgang Rolff, Florian Hinterberger, Bum Kun Cha, Herbert Waas (69 Stefan Kohn).

KALMAR: Leif Friberg, Håkan Arvidssen, Björn Wigstedt, Magnus Arvidsson, Hakan Jägerbrink (73 Mordenheim), Niklas Karlström, Martin Holmberg, Peter Nilsson, Mikael Marko (54 Jan Jansson), Peter Karlsson, Johnny Erlandsson.

Goals: Drews (62), Rolff (64), Cha (90)

FC TOULOUSE v SSC NAPOLI 1-0 (1-0)

Municipal, Toulouse   1.10.1986

Referee: Erik Fredriksson (SWE)   Attendance: 34,951

FC TOULOUSE: Philippe Bergeroo; Patrice Lestage (120 Jean-Jacques Marx), Jean-Luc Ruty, Alberto Tarantini, Benoît Tihy; Pascal Despeyroux, Jean-Philippe Durand, Gérald Passi (76 Pierre Espanol), Éric Bellus, Albert Jose Marcico, Yannick Stopyra.   Trainer: Jacques Santini

SSC NAPOLI: Claudio Garella, Giuseppe Bruscolotti, Moreno Ferrario, Alessandro Renica, Ciro Ferrara, Salvatore Bagni, Ciro Muro (64 Bruno Giordano), Fernando De Napoli, Diego Armando Maradona, Andrea Carnevale, Giuseppe Volpecina (59 Raimondo Marino).   Trainer: Bianchi

Goal: Stopyra (15)

Penalties: Stopyra (miss), 0-1 Giordano; 1-1 Marcico, 1-2 Ferrario, 2-2 Durand, 2-3 Renica, 3-3 Marx, Bagni (miss), 4-3 Tarantini, Maradona (miss)

COLERAINE v STAHL BRANDENBURG 1-1 (0-0)

The Showgrounds, Coleraine   17.09.1986

Referee: Charles Gilson (LUX)   Attendance: 2,000

COLERAINE: James Platt, Martin Tabb, Raymond Henry, Desmond Edgar, Ronnie McDowell, Richard Wade, John Sloan, Felix Healy, Paul McGurnaghan, Sammy McQuiston, Raymond McCoy.

STAHL: Detlev Zimmer, Christoph Ringk, Eckhardt Märzke, Jens Pahlke, Winfried Kräuter, Ingolf Pfahl, Roland Gumtz, Eberhard Janotta, Andreas Lindner, Peter Schoknecht (63 Uwe Ferl), Jan Voss.   Trainer: Peter Kohl

Goals: Janotta (50), Healy (78 pen)

KALMAR FF v BAYER LEVERKUSEN 1-4 (0-2)

Fredriksskans, Kalmar   17.09.1986

Referee: Yuri Savchenko (USSR)   Attendance: 2,000

KALMAR: Leif Friberg, Håkan Arvidssen, Björn Wigstedt (66 Mordenheim), Magnus Arvidsson, Martin Holmberg, Hakan Jägerbrink, Billy Landsdowne, Peter Nilsson, Jan Jansson, Peter Karlsson (62 Mikael Marko), Johnny Erlandsson.

BAYER: Rüdiger Vollborn, Thomas Hörster, Peter Zanter, Alois Reinhardt, Falko Götz, Christian Schreier (69 Stefan Kohn), Wolfgang Patzke (46 Günter Drews), Wolfgang Rolff, Florian Hinterberger, Bum Kun Cha, Herbert Waas.

Goals: Schreier (8, 19 pen), Cha (60), Götz (62), P. Nilsson (67)

STAHL BRANDENBURG v COLERAINE 1-0 (1-0)

Stahl, Brandenburg   1.10.1986

Referee: Kaj Natri (FIN)   Attendance: 15,500

STAHL: Detlev Zimmer, Christoph Ringk, Eckhardt Märzke, Jens Pahlke, Silvio Demuth, Uwe Ferl (88 Mike Wangerin), Roland Gumtz (70 Peter Schoknecht), Eberhard Janotta, Ingolf Pfahl, Jan Voss, Frank Jeske.   Trainer: Peter Kohl

COLERAINE: James Platt, Martin Tabb, Desmond Edgar, Paul McGurnaghan, Raymond Henry, Ronnie McDowell, Richard Wade, John Sloan, Felix Healy, Sammy McQuiston (79 Michael O'Neill), Raymond McCoy.

Goal: Jeske (41)

GLASGOW RANGERS
v ILVES KISSAT TAMPERE 4-0 (2-0)
Ibrox, Glasgow   17.09.1986

Referee: Jan Damgaard (DEN)   Attendance: 28,000

RANGERS: Christopher Woods, James Nicholl, Stuart Munro, Graeme Souness (.. Kevin McMinn), David McPherson, Terry Butcher, Campbell Fraser, Robert Fleck, Alistair McCoist, Iain Durrant, David Cooper.

ILVES: Mika Malinen, Arto Uimonen, Jari Lemivaara (.. Juha Riippa), Pekka Heino, Risto Salonen, Petri Ojala, Ilpo Talvio, Kimmo Lipponen, Ari Hjelm, Michael Belfield, Mikko Korhonen (.. Esa Kuusisto).

Goals: Fleck (30, 44, 52), McCoist (70)

DUNDEE UNITED
v RACING CLUB LENS 2-0 (0-0)
Tannadice Park, Dundee   1.10.1986

Referee: Claudio Pieri (ITA)   Attendance: 11,645

DUNDEE UNITED: William Thomson; Gary McGinnis, David Beaumont, Paul Hegarty, Maurice Malpas; James McInally, Ian Redford, Eamonn Bannon, Ralph Milne, Thomas Coyne (77 David Bowman), Paul Sturrock.
Manager: James MacLean

RC LENS: Gaétan Huard; Éric Sikora, Didier Sénac, Francis Gillot, Michel Catalano; Claude Deplanche, Daniel Krawczyk, Dominique Lefebvre (74 Vénancio Ramos), Eric Dewilder, Chérif Oudjani (79 Hassan Hanini), Daniel Carreno.

Goals: Milne (56), Coyne (59)

ILVES KISSAT TAMPERE
v GLASGOW RANGERS 2-0 (0-0)
Tammelan Pallokenttä, Tampere   1.10.1986

Referee: Ivan Gregr (CZE)   Attendance: 3,000

ILVES: Mika Malinen, Arto Uimonen, Erkki Putkonen, Jari Lemivaara (.. Juha Riippa), Risto Salonen, Ilpo Talvio, Petri Ojala, Kimmo Lipponen, Michael Belfield, Ari Hjelm, Mikko Korhonen

RANGERS: Christopher Woods, James Nicholl, David McPherson, Terry Butcher, Stuart Munro, Robert Fleck, Robert Russell, Colin Miller, Iain Durrant (.. Douglas Bell), Alistair McCoist, David Cooper (.. Scott Nisbet).

Goals: Hjelm (54 pen), Uimonen (73)

BAYER UERDINGEN
v FC CARL ZEISS JENA 3-0 (2-0)
Grotenberg-Kampfbahn, Krefeld   17.09.1986

Referee: George Smith (SCO)   Attendance: 15,000

BAYER: Werner Vollack, Matthias Herget, Frank Thommessen, Rudi Bommer, Wolfgang Funkel, Dietmar Klinger, Michael Dämgen, Atli Edvaldsson, Friedhelm Funkel (82 Marcel Witeczek); Stefan Kuntz, Oliver Bierhoff (89 Frank Kirchhhoff).   Trainer: Karlheinz Feldkamp

FC CARL ZEISS: Perry Bräutigam, Heiko Peschke, Wolfgang Schilling, Mario Röser, Gert Brauer, Stefan Böger, Andreas Krause, Thomas Ludwig, Jens-Uwe Penzel, Jörg Burow, Andreas Bielau.   Trainer: Lothar Kurbjuweit

Goals: Bierhoff (36), F. Funkel (43), Bommer (74 pen)

RACING CLUB LENS
v DUNDEE UNITED 1-0 (1-0)
Stade Félix Bollaert, Lens   17.09.1986

Referee: Gerald Losert (AUS)   Attendance: 11,330

RC LENS: Gaétan Huard; Éric Sikora, Claude Deplanche, Francis Gillot, Michel Catalano, Daniel Krawczyk, Dominique Lefebvre, Eric Dewilder, Daniel Carreno, Chérif Oudjani (73 Hassan Hanini), William Njo Léa.   Trainer: Joachim Marx

DUNDEE UNITED: William Thomson, David Beaumont, Paul Hegarty, David Narey, Christopher Sulley, Maurice Malpas, David Bowman, Eamonn Bannon, Ralph Milne, Kevin Gallacher, Paul Sturrock.   Manager: James MacLean

Goal: Carreno (42)

FC CARL ZEISS JENA
v BAYER UERDINGEN 0-4 (0-0)
Ernst-Abbe-Sportfeld, Jena   1.10.1986

Referee: Jean-François Crucke (BEL)   Attendance: 16,000

FC CARL ZEISS: Perry Bräutigam, Heiko Peschke, Jens-Uwe Penzel, Mario Röser, Gert Brauer (68 Stefan Meixner), Andreas Krause, Thomas Ludwig, Böger, Matthias Pittelkow; Andreas Bielau, Jörg Burow.   Trainer: Lothar Kurbjuweit

BAYER: Werner Vollack, Matthias Herget, Frank Thommessen (79 Ludger van de Loo), Michael Dämgen, Rudi Bommer, Atli Edvaldsson, Dietmar Klinger, Wolfgang Funkel, Werner Buttgereit, Stefan Kuntz, Klaus Basten (78 Marcel Witeczek).   Trainer: Karlheinz Feldkamp

Goals: Herget (68), Edvaldsson (76), Kuntz (77), Bommer (90)

OFI IRAKLEIO v HAJDUK SPLIT 1-0 (1-0)

OFI, Irakleio 17.09.1986

Referee: Adolf Prokop (DDR)   Attendance: 5187

OFI: Giorgos Mitseas; Miltiadis Andreanidis, Hristos Vasileiou, Giannis Mihalitsios, Grigoris Tsinos, Nikos Nioplias, Giannis Samaras, Alexander Isis (65 Grigoris Haralampidis), Grigoris Papavasileiou, Rajko Janjanin, Giorgos Vlastos (75 Hristos Kariotis).   Trainer: Eugeniusz Gerard

HAJDUK: Mladen Pralija; Branko Miljus, Dragan Setinov, Stjepan Andrijasević, Robert Jarni, Dragutin Celić (46 Ive Jerolimov, 85 Zdenko Adamović), Ante Mise, Luka Peruzović, Milos Bursac, Aljosa Asanović, Stjepan Deverić.   Trainer: Sertzian Kresić

Goal: Vlastos (22)

FC BARCELONA v FLAMURTARI VLORË 0-0

Camp Nou, Barcelona 1.10.1986

Referee: Alder da Silva dos Santos (POR)   Att: 15,000

FC BARCELONA: Andoni ZUBIZARRETA Urreta, GERARDO Miranda Concepción, Miguel Bernardo Bianquetti "MIGUELI", José MORATALLA Claramunt, JULIO ALBERTO Moreno Casas; URBANO Ortega Cuadros (70 VÍCTOR Muñoz Manrique), Ángel PEDRAZA Lamilla (77 ESTEBAN Vigo Benítez), ROBERTO Fernández Bonilla, MARCOS Alonso Peña; Gary Winston Lineker, Leslie Mark Hughes.   Trainer: Terry Venables

FLAMURTARI: Arthur Lekbello, Petro Ruci (84 Shkëlkim Muça), Rrapo Taho, Kreshnik Çipi, Lushaj; Alfred Zijai, Vasillaq Ziu, Alfred Ferko, Agim Bubeqi, Vasil Ruci (78 Roland Iljadhi), Latif Gjondeda.   Trainer: Leonidas Curri

HAJDUK SPLIT v OFI IRAKLEIO 4-0 (2-0)

Poljud, Split 1.10.1986

Referee: Dušan Krchnák (CZE)   Attendance: 15,000

HAJDUK: Mladen Pralija; Branko Miljus, Dragan Setinov, Stjepan Andrijasević, Robert Jarni, Dragutin Celić (75 Ante Mise), Ive Jerolimov (60 Jerko Tipurić), Luka Peruzović, Milos Bursac, Aljosa Asanović, Stjepan Deverić.

OFI: Giorgos Mitseas, Miltiadis Andreanidis, Hristos Vasileiou, Grigoris Papavasileiou, Giannis Mihalitsios, Grigoris Tsinos (66 Nikos Gkoulis), Nikos Nioplias, Alexander Isis, Giannis Samaras, Rajko Janjanin, Giorgos Vlastos (61 Grigoris Haralampidis).   Trainer: Eugeniusz Gerard

Goals: Jerolimov (4), Bursac (36, 50), Deverić (47)

HIBERNIANS PAOLA v TRAKIA PLOVDIV 0-2 (0-2)

Valletta 17.09.1986

Referee: Hristos Kolokithas (GRE)   Attendance: 5,000

HIBERNIANS: John Bonello; Edwin Camilleri, Paul McGrath, John Campbell, Norman Buttigieg, Alfred Azzopardi, Ian Buhagiar, Joseph Xuereb, Kevin Muscat (88 Ian Attard), Noel Attard, John Cauchi.

TRAKIA: Milan Karatanchev (46 Dimitar Vichev), Trifon Pachev, Dimitar Mladenov, Blagoia Blangev, Zaprian Rakov, Marin Bakalov, Kostadin Kostadinov, Vasil Simov, Georgi Georgiev, Ivailo Stoinov (54 Boris Hvoinev), Atanas Pashev.

Sent off: Alfred Azzopardi (32)

Goals: Bakalov (6, 40)

FLAMURTARI VLORË v FC BARCELONA 1-1 (0-0)

Flamurtari, Vlorë 17.09.1986

Referee: Charles Scerri (MAL)   Attendance: 13,000

FLAMURTARI: Arthur Lekbello, Petro Ruci, Rrapo Taho, Kreshnik Çipi, Roland Iljadhi; Alfred Ferko, Alfred Zijai, Vasillaq Ziu (87 Shkëlkim Muça), Latif Gjondeda; Agim Bubeqi, Vasil Ruci.   Trainer: Leonidas Curri

FC BARCELONA: Andoni ZUBIZARRETA Urreta, GERARDO Miranda Concepción, Miguel Bernardo Bianquetti "MIGUELI", José Manuel Martínez Toral "MANOLO", VÍCTOR Muñoz Manrique (79 Esteve FRADERA Serrat), José MORATALLA Claramunt, URBANO Ortega Cuadros, Ángel PEDRAZA Lamilla, MARCOS Alonso Peña (79 ESTEBAN Vigo Benítez); Gary Winston Lineker, Leslie Mark Hughes.   Trainer: Terry Venables

Goals: V. Ruci (65), Esteban (90)

TRAKIA PLOVDIV v HIBERNIANS PAOLA 8-0 (4-0)

Hristo Botev, Plovdiv 1.10.1986

Referee: Hiqmet Kuka (ALB)   Attendance: 4,000

TRAKIA: Milan Karatanchev; Ivan Kochev, Dimitar Mladenov, Blagoia Blangev, Zaprian Rakov; Marin Bakalov, Kostadin Kostadinov (46 Petar Kurdov), Vasil Simov (46 Ivailo Stoinov), Antim Pehlivanov, Georgi Georgiev, Atanas Pashev.

HIBERNIANS: Lekbello, Silvio Camilleri, Edwin Camilleri, John Campbell, Norman Buttigieg (46 Mifsud), Ian Attard, Noel Attard, Joseph Xuereb, Kevin Muscat, Charles Cassar (79 Vincent Spagnol), Gauci.

Goals: Simov (5 pen), Pehlivanov (10, 14), Pashev (30), Kurdov (49), Georgiev (54), Bakalov (57), Mladenov (80)

AC FIORENTINA FIRENZE
v BOAVISTA PORTO 1-0 (1-0)

Stadio Comunale, Firenze   17.09.1986

Referee: Horst Brummeier (AUS)   Attendance: 34,100

FIORENTINA: Marco Landucci; Claudio Gentile, Renzo Contratto; Stefano Carobbi, Celeste Pin, Roberto Galbiati; Roberto Onorati, Gabriele Oriali, Ramon Angel Diaz (76 Alberto Di Chiara), Roberto Baggio, Paolo Monelli.
Trainer: Eugenio Bersellini

BOAVISTA: ALFREDO da Silva Castro, António Alves de Oliveira "QUEIRÓ", FREDERICO Nobre Rosa, António de Oliveira CAETANO, Francisco José de Matos AGATÃO, ADÃO da Silva, José da Silva COELHO, Philipe Leonardus WALKER, NÉLSON António Bertolazzi (75 José Joaquim Pimentel RIBEIRO), João Luís Vergel "TONANHA", JOSÉ AUGUSTO Pereira Leite (43 Carlos Alberto Bastos PARENTE).
Trainer: João Alves

Goal: Pin (31)

BOAVISTA PORTO
v AC FIORENTINA FIRENZE 1-0 (1-0, 1-0) (AET)

Estádio do Bessa, Porto   2.10.1986

Referee: Jan Keizer (HOL)   Attendance: 10,000

BOAVISTA: Guy Hubart, António Alves de Oliveira "QUEIRÓ", FREDERICO Nobre Rosa, António de Oliveira CAETANO, João Luís Vergel "TONANHA", ADÃO da Silva (46 Luís Pedro Barros BARNY Monteiro), José da Silva COELHO, Philipe Leonardus WALKER, NÉLSON António Bertolazzi, José Joaquim Pimentel RIBEIRO (89 Francisco José de Matos AGATÃO), Rui Manuel Magalhães CASACA.
Trainer: João Alves

FIORENTINA: Marco Landucci; Claudio Gentile, Renzo Contratto; Stefano Carobbi (117 Aldo Maldera), Celeste Pin, Roberto Galbiati; Nicola Berti, Gabriele Oriali, Ramon Angel Diaz, Roberto Onorati, Paolo Monelli.
Trainer: Eugenio Bersellini

Goal: Nelson (8)

Penalties: 0-1 Monelli, 1-1 Agatão, Diaz (miss), 2-1 Caetano, Maldera (miss), 3-1 Tonanha, Onorati (miss)

INTERNAZIONALE MILANO
v AEK ATHINA 2-0 (0-0)

Stadio Giuseppe Meazza, Milano   17.09.1986

Referee: Marcel van Langenhove (BEL)   Attendance: 49,055

INTERNAZIONALE: Walter Zenga; Giuseppe Bergomi, Fabio Calcaterra; Giuseppe Baresi, Riccardo Ferri, Pasarella; Oliviero Garlini (82 Giuseppe Minaudo), Enrico Cucchi (46 Alberto Rivolta), Alessandro Altobelli, Gianfranco Matteoli, Karl-Heinz Rummenigge.   Trainer: Giovanni Trapattoni

AEK: Theologos Papadopoulos; Simeon Hatzis, Lambros Maurodimos, Stelios Manolas (83 Lambros Georgiadis), Polivios Hatzopoulos, Paulos Papaioannou; Dimitris Patikas, Kostas Ballis, Håkan Sandberg, Márton Esterházy, Dimitris Karagkiozopoulos.   Trainer: Albert Fafié

Goals: Altobelli (56), Rummenigge (78)

AEK ATHINA
v INTERNAZIONALE MILANO 0-1 (0-1)

Olympiako, Athina   2.10.1986

Referee: Ulf Eriksson (SWE)   Attendance: 60,000

AEK: Theologos Papadopoulos; Simeon Hatzis, Ilias Armodoros; Stelios Manolas, Polivios Hatzopoulos, Paulos Papaioannou; Lambros Georgiadis, Kostas Ballis (36 Nikos Pias), Håkan Sandberg, Márton Esterházy, Dimitris Karagkiozopoulos (57 Dimitris Patikas).
Trainer: Albert Fafié

INTERNAZIONALE: Walter Zenga, Giuseppe Bergomi, Fabio Calcaterra, Giuseppe Baresi, Riccardo Ferri, Daniel Alberto Passarella; Pietro Fanna, Marco Tardelli, Alessandro Altobelli, Gianfranco Matteoli, Andrea Mandorlini.
Trainer: Giovanni Trapattoni

Goal: Pasarella (8)

SPORTUL STUDENŢESC BUCUREŞTI
v OMONOIA NICOSIA 1-0 (0-0)

Sportul Studenţesc, Bucureşti   17.09.1986

Referee: Michal Listkiewicz (POL)   Attendance: 10,000

SPORTUL STUDENŢESC: Cristian Gheorghe, Marian Mihail, Constantin Pană, Gino Iorgulescu, Ion Munteanu; Tudorel Cristea, Aurel Ţicleanu, Laurenţiu Bozeşan (64 Lucian Burchel); Alexandru Terheş (83 Constantin Stănici), Marcel Coraş, Gheorghe Hagi.
Trainers: Constantin Ardeleanu & Tănase Dima

OMONOIA: Andreas Haritou; Hristakis Omirou "Mavris", Sotiris Tsikkos, Evagoras Hristofi, Giorgos Hristodoulou; Iakovos Zahariadis, Filippos Dimitriou (64 Giannis Kalotheu), George Savides (71 Panikos Xiouroupas), Andreas Haralampous, Andreas Andreou "Kantilos", Spas Djevizov.
Trainer: Ioncho Arsov

Goal: Hagi (58)

OMONOIA NICOSIA
v SPORTUL STUDENŢESC BUCUREŞTI 1-1 (0-1)

Makarios, Levkosia   1.10.1986

Referee: Meletis Voutsaras (GRE)   Attendance: 30,000

OMONOIA: Andreas Haritou; Hristakis Omirou Mavris, Evagoras Hristofi, Sotiris Tsikkos, Giorgos Hristodoulou; Iakovos Zahariadis (23 Andreas Haralampous), Panikos Xiouroupas, Petar Zethinski (62 Filippos Dimitriou); Andreas Andreou "Kantilos", Spas Djevizov, George Savides.

SPORTUL STUDENŢESC: Cristian Gheorghe; Marian Mihail, Gino Iorgulescu, Paul Cazan, Ion Munteanu (73 Lucian Burchel); Aurel Ţicleanu, Constantin Pană, Laurenţiu Bozeşan, Gheorghe Hagi; Alexandru Terheş (89 Constantin Stănici), Marcel Coraş.
Trainers: Constantin Ardeleanu & Tănase Dima

Goals: Iorgulescu (44), Savides (79)

**UNIVERSITATEA CRAIOVA
v GALATASARAY ISTANBUL 2-0** (0-0)

Central, Craiova   17.09.1986

Referee: Dieter Pauly (WG)   Attendance: 30,000

UNIVERSITATEA: Silviu Lung; Nicolae Negrilă, Emil Săndoi, Marian Rada, Nicolae Ungureanu; Ion Geolgău, Vasile Mănăilă, Mircea Irimescu (75 Gheorghe Popescu), Marian Bîcu, Gheorghe Biță, Sorin Cîrțu (54 Dănuț Bica).
Trainers: Mircea Rădulescu & Silviu Stănescu

GALATASARAY: Zoran Simović; Yusuf Altintaş, Erhan Önal, Raşit Cetiner, Semih Caliskan; Ismail Demiriz, Ugur Tütüneker, Ilyas Tüfekçi, Dzevad Prekazi; Bülent Alkiliç (75 Muhammet Altintaş), Cüneyt Tanman.
Trainer: Jupp Derwall

Goals: Geolgău (57), Bîcu (86)

STANDARD LIÈGE v NK RIJEKA 1-1 (0-0)

Stade Maurice Dufrasne 'Sclessin', Liège   1.10.1986

Referee: Emilio Carlos Guruceta Muro (SPA)   Att: 20,000

STANDARD: Gilbert Bodart, Freddy Luyckx, Patrick Aussems, Thierry Siquet, Gilles Thomas, Guy Vandersmissen, Vladimir Petrovic, Etienne Delangre, Nico Claesen, Alex Czerniatynski, Srebrenko Repcić.

NK RIJEKA: Mauro Ravnić, Igor Jelavić, Milenković, Vlado Kotur, Roberto Paliska, Borče Sredojević, Janko Janković, Davor Radmanović, Danko Matrljan, Predrag Valenčič (75 Zoran Škerjanc), Zoran Vujčić.

Goals: Janković (49), Bodart (65 pen)

**GALATASARAY ISTANBUL
v UNIVERSITATEA CRAIOVA 2-1** (0-1)

Ali Sami Yen, Istanbul   1.10.1986

Referee: Rosario lo Bello (ITA)   Attendance: 31,035

GALATASARAY: Zoran Simović; Ismail Demiriz, Raşit Cetiner, Erhan Önal (69 Muhammet Altintaş), Semih Caliskan; Ahmet Ceylan, Yusuf Altintaş, Arif Kocabiyik, Dzevad Prekazi; Cüneyt Tanman, Savas Koç.
Trainer: Jupp Derwall

UNIVERSITATEA: Silviu Lung; Adrian Popescu, Emil Săndoi, Marian Rada, Nicolae Ungureanu; Vasile Mănăilă, Gheorghe Popescu, Mircea Irimescu, Marian Bîcu (88 Alexandru Racolțea); Ion Geolgău (82 Dănuț Bica), Gheorghe Biță.   Trainers: Silviu Stănescu & Nicolae Zamfir

Sent off: Silviu Lung (88)

Goals: Biță (1), Cüneyt (65), Yusuf (88)

**PÉCSI MUNKAS SC
v FEYENOORD ROTTERDAM 1-0** (1-0)

PMSC, Pécs   17.09.1986

Referee: Antonis Vasaras (GRE)   Attendance: 14,000

PÉCS: László Bodnár, Mihály Kónya, Arpád Toma, Antal Róth (64 Gábor Márton), Sándor Brezniczky; Zsolt Turi, Károly Megyeri, Balázs Bérczy, Lajos Dobány; Ferenc Lovász, Ferenc Mészáros.   Trainer: József Garami

FEYENOORD: Joop Hiele, Benny Wijnstekers, Jos van Herpen, Sjaak Troost, Henk Duut, Ruud Heus, André Hoekstra, Mario Been, René Hofman (46 Reginald Blinker), Lars Elstrup, Simon Tahamata.   Trainer: Rinus Israël

Goal: Mészáros (26)

NK RIJEKA v STANDARD LIÈGE 0-1 (0-1)

Kantrida, Rijeka   17.09.1986

Referee: Ignace van Swieten (HOL)   Attendance: 9,000

NK RIJEKA: Mauro Ravnić, Igor Jelavić, Strukar, Roberto Paliska, Radoslav Ljepović (57 Zoran Škerjanc), Borče Sredojević, Janko Janković, Davor Radmanović, Danko Matrljan, Vlado Kotur (46 Mladen Mladenović), Zoran Vujčić.

STANDARD: Gilbert Bodart, Freddy Luyckx, Michel Collard, Zoran Jelikic, Patrick Aussems, Etienne Delangre, Vladimir Petrović, Nico Claesen, Alex Czerniatynski (81 Jean-Marc Bosman), Guy Vandersmissen, Srebrenko Repcić.

Goal: Claesen (26)

**FEYENOORD ROTTERDAM
v MSC PÉCSI 2-0** (0-0)

Feyenoord, Rotterdam   1.10.1986

Referee: Brian Hill (ENG)   Attendance: 26,679

FEYENOORD: Joop Hiele, Benny Wijnstekers (46 Reginald Blinker), Jos van Herpen, Sjaak Troost, Keje Molenaar, André Hoekstra, Mario Been, Ruud Heus, René Hofman (86 Peter Barendse), Lars Elstrup, Simon Tahamata.

PÉCS: László Bodnár, Mihály Kónya, Arpád Toma, Antal Róth, Sándor Brezniczky (46 Tibor Bendes); Károly Megyeri, Balázs Bérczi, Zsolt Turi, Jakab Lutz, Lajos Dobány (75 Ferenc Lovász), Ferenc Mészáros.   Trainer: József Garami

Goals: Heus (67), Hofman (84)

DINAMO MINSK v RÁBA ETO GYÖR 2-4 (1-2)

Dinamo, Minsk   17.09.1986

Referee: Velitchko Tsonchev (BUL)   Attendance: 23,000

DINAMO: Ivan Zhekiu, Viktor Yanushevski, Sergei Borovski, Yuri Trukhan, Yuri Kurnenin, Aleksandr Dozmorov, Aleksandr Kisten, Andrei Zigmantovich, Aleksandr Metlitski (67 Sergei Derkach); Viktor Sokol, Georgi Kondratiev.   Trainer: Ivan Ivanovich Savostikov

RÁBA ETO: Tibor Ulbert, Gyula Csonka, Gábor Hlagyvik, Róbert Horváth, Tamás Preszeller; Ottó Szabó, Zsolt Kiss, Péter Rubold (83 József Somogyi), György Handel (52 István Turbék); Lázár Szentes, Gyula Hajszán.   Trainer: Imre Gellei

Goals: Hajszán (18), Szabó (44, 80), Zigmantovich (45), Kondratiev (50), Szentes (62)

FC LUZERN v SPARTAK MOSKVA 0-1 (0-0)

Allmend stadion, Luzern   1.10.1986

Referee: Jozef Marko (CZE)   Attendance: 17,900

FC LUZERN: Gottfried Waser; Stefan Marini, Hanspeter Kaufmann, Roland Widmer, Roger Wehrli, Urs Birrer, Hanspeter Burri, René Müller, Marco Bernaschina, Jürgen Mohr, André Halter (46 Martin Müller).   Trainer: Rausch Friedl

SPARTAK: Rinat Dasaev; Almir Kaiumov, Boris Kuznetsov, Vagiz Khidiatulin, Yuri Susloparov; Renat Ataulin, Evgeni Kuznetsov, Aleksei Eremenko, Oleg Kuzhlev, Fiedor Cherenkov, Sergei Rodionov.   Trainer: Konstantin Ivanovich Beskov

Goal: Kuzhlev (87)

RÁBA ETO GYÖR v DINAMO MINSK 0-1 (0-1)

Györ stadion   1.10.1986

Referee: Zoran Petrović (YUG)   Attendance: 16,000

RÁBA ETO: Tibor Ulbert, Gyula Csonka, Gábor Hlagyvik, Róbert Horváth (39 József Somogyi), István Turbék; Ottó Szabó, Zsolt Kiss, Péter Rubold, Tamás Preszeller; Lázár Szentes, György Handel (81 Béla Melis).   Trainer: Imre Gellei

DINAMO: Ivan Zhekiu, Viktor Yanushevski, Sergei Borovski, Yuri Trukhan, Pavel Rodnienok (64 Andrei Schalimo), Aleksandr Kisten, Sergei Aleinikov, Andrei Zigmantovich, Yuri Kurnenin; Georgi Kondratiev, Viktor Sokol (75 Sergei Derkach).   Trainer: Ivan Ivanovich Savostikov

Goal: Rodnienok (15)

**LEGIA WARSZAWA
v DNEPR DNEPROPETROVSK 0-0**

Wojska Polskiego, Warszawa   17.09.1986

Referee: Ion Crăciunescu (ROM)   Attendance: 15,000

LEGIA: Jacek Kazimierski, Dariusz Kubicki, Zbigniew Kaczmarek, Gavara, Dariusz Wdowczyk (46 Andrzej Sikorski); Jaroslaw Araszkiewicz, Jan Karas, Kazimierz Buda (83 Krzysztof Iwanicki), Tomasz Arceusz, Dariusz Dziekanowski, Witold Sikorski.   Trainer: Jerzy Engel

DNEPR: Sergei Krakovski, Vladimir Bagmut, Sergei Puchkov, Aleksandr Sorokalet, Oleg Fediukov, Anton Schokh, Gennadi Litovchenko, Yuri Gavrilov (86 Aleksei Cherednik), Vladimir Liutyi; Oleg Protasov (88 Nikolai Kudritski), Oleg Taran.   Trainer: Vladimir Aleksandrovich Emets

SPARTAK MOSKVA v FC LUZERN 0-0

Lenin stadion, Moskva   17.09.1986

Referee: Aron Schmidhuber (WG)   Attendance: 38,000

SPARTAK: Rinat Dasaev; Almir Kaiumov, Boris Kuznetsov, Vagiz Khidiatulin, Yuri Susloparov; Vladimir Kapustin, Evgeni Kuznetsov, Andrei Rudakov (77 Oleg Kuzhlev), Aleksei Eremenko (73 Andrei Mitin), Fiedor Cherenkov, Sergei Rodionov.   Trainer: Konstantin Ivanovich Beskov

FC LUZERN: Gottfried Waser; Stefan Marini, Hanspeter Kaufmann, Roland Widmer, Roger Wehrli, Urs Birrer, Hanspeter Burri, René Müller, Marco Bernaschina (56 Martin Müller), Jürgen Mohr (82 Omar Torfason), André Halter.   Trainer: Rausch Friedl

**DNEPR DNEPROPETROVSK
v LEGIA WARSZAWA 0-1** (0-0)

Krivoi Rog   1.10.1986

Referee: Antal Hutak (HUN)   Attendance: 24,600

DNEPR: Sergei Krakovski, Sergei Bashkirov, Oleg Fediukov (46 Yuri Gavrilov), Sergei Puchkov, Aleksandr Sorokalet, Vladimir Liutyi, Anton Schokh, Gennadi Litovchenko, Vladimir Bagmut, Oleg Protasov, Oleg Taran (80 Nikolai Kudritski).   Trainer: Vladimir Aleksandrovich Emets

LEGIA: Jacek Kazimierski, Dariusz Kubicki, Witold Sikorski, Dariusz Wdowczyk, Krzysztof Gawara, Jaroslaw Araszkiewicz, Jan Karas, Zbigniew Kaczmarek, Tomasz Arceusz, Dariusz Dziekanowski (31 Kazimierz Buda, 65 Krzysztof Iwanicki), Andrzej Sikorski.   Trainer: Jerzy Engel

Goal: Araszkiewicz (78)

LINZER ASK v WIDZEW LÓDZ 1-1 (1-1)

Linzer stadion   17.09.1986

Referee: Borislav Aleksandrov (BUL)   Attendance: 5,000

LASK: Klaus Lindenberger; Klaus Dantlinger, Christian Lehermayr, Siegfried Paseka, Gerald Piesinger, Dariusz Gajda, Johann Rabitsch, Karl Meister (84 Kurt Nagl), Johann Gröss, Rudolf Köstenberger, Peter Enevoldsen (26 Christoph Westerthaler).

WIDZEW: Henryk Bolesta; Kazimierz Przybys, Adam Walczak, Marek Dziuba, Krzysztof Kaminski, Tadeusz Swiatek, Leszek Iwanicki, Kazimierz Putek, Krzysztof Kajrys, Jerzy Leszczyk (70 Jacek Gierek), Wieslaw Wraga (88 Przemyslaw Mlynarczyk).

Goals: Wraga (7), Dantlinger (32)

**FC SWAROWSKI TIROL INNSBRUCK
v CFKA SREDETS SOFIA 3-0** (1-0)

Tivoli stadion, Innsbruck   18.09.1986

Referee: Carlo Longhi (ITA)   Attendance: 10,000

FC TIROL: Tomislav Ivkovic; Rudolf Steinbauer, Ivica Kalinic, Gerald Messlender, Michael Streiter; Andreas Spielmann, Manfred Linzmaier, Hansi Müller (81 Thomas Eder), Arnold Koreimann; Alfred Roscher, Peter Pacult. Trainer: Latzke

SREDETS: Georgi Velinov, Ilia Diakov (15 Aleksandar Aleksandrov), Sasho Borisov, Angel Chervenkov, Nedialko Mladenov; Ivailo Kirov, Lachezar Tanev, Aleksandar Chavdarov, Krasimir Bezinski; Liuboslav Penev, Hristo Stoichkov.

Goals: Roscher (11), Pacult (46), Linzmaier (77)

WIDZEW LÓDZ v LINZER ASK 1-0 (0-0)

Widzew, Lódz   1.10.1986

Referee: James Duncan (SCO)   Attendance: 12,000

WIDZEW: Henryk Bolesta; Kazimierz Przybys, Adam Walczak, Krzysztof Kaminski, Tadeusz Swiatek, Leszek Iwanicki (83 Wieslaw Cisek), Marek Podsiadlo, Marek Dziuba, Kazimierz Putek, Krzysztof Kajrys (56 Jacek Gierek), Wieslaw Wraga

LASK: Klaus Lindenberger; Dietmar Grüneis, Klaus Dantlinger, Christian Lehermayr, Siegfried Paseka; Dariusz Gajda (46 Johann Gröss), Gerald Piesinger, Karl Meister, Johann Rabitsch; Christoph Westerthaler, Rudolf Köstenberger

Goal: Wraga (56)

**CFKA SREDETS SOFIA
v FC SWAROWSKI TIROL INNSBRUCK 2-0** (1-0)

Vasil Levski, Sofia   30.09.1986

Referee: Franz Gächter (SWI)   Attendance: 20,000

SREDETS: Georgi Velinov; Krasimir Bezinski, Angel Chervenkov, Nedialko Mladenov (46 Aleksandar Aleksandrov), Sasho Borisov (70 Iordan Dimitrov); Aleksandar Chavdarov, Emil Kostadinov, Hristo Stoichkov, Liuboslav Penev, Lachezar Tanev, Kostadin Ianchev.

FC TIROL: Tomislav Ivkovic; Robert Idl (56 Heinz Peischl, 73 Thomas Eder), Gerald Messlender, Rudolf Steinbauer, Robert Auer; Peter Pacult, Manfred Linzmaier, Arnold Koreimann, Alfred Roscher, Hansi Müller, Andreas Spielmann. Trainer: Latzke

Goals: Tanev (35 pen), Kostadinov (80)

**FC SWAROVSKI TIROL INNSBRUCK
v CFKA SREDETS SOFIA 0-2**

Tivoli stadium, Innsbruck   17.09.1986

Referee: Carlo Longhi (ITA)   Attendance: 8,000

FC TIROL: Tomislav Ivkovic; Michael Streiter, Ivica Kalinic, Gerald Messlender, Arnold Koreimann; Rudolf Steinbauer, Manfred Linzmaier, Hansi Müller, Andreas Spielmann; Alfred Roscher, Peter Pacult.

SREDETS: Georgi Velinov; Ilia Diakov, Sasho Borisov, Angel Chervenkov, Nedialko Mladenov; Ivailo Kirov, Lachezar Tanev, Aleksandar Chavdarov, Krasimir Bezinski; Liuboslav Penev, Hristo Stoichkov.

Goal: Stoichkov (15), Penev (..)

This match was abandoned after 33 minutes due to heavy rain and was replayed the following day.

SECOND ROUND

DUKLA PRAHA v BAYER LEVERKUSEN 0-0

Stadión na Juliske, Praha   22.10.1986

Referee: Franz Gächter (SWI)   Attendance: 8,500

DUKLA: Petr Kostelník, Jan Fiala, Josef Novák, Petr Rada, Aleš Laušman, Pavel Korejčík, Tomáš Kříž, Günther Bittengel, Dušan Fitzel; Milan Luhový, Stanislav Griga. Trainer: Jiří Lopata

BAYER: Rüdiger Vollborn, Thomas Hörster, Jean-Pierre De Keyser, Alois Reinhardt, Thomas Zechel (73 Peter Zanter), Christian Hausmann, Christian Schreier, Wolfgang Rolff, Florian Hinterberger; Herbert Waas, Stefan Kohn (82 Wolfgang Patzke).   Trainer: Erich Ribbeck

BAYER LEVERKUSEN v DUKLA PRAHA 1-1 (0-0)
Ulrich-Haberland, Leverkusen   4.11.1986

Referee: Antal Hutak (HUN)   Attendance: 11,200

BAYER: Rüdiger Vollborn, Peter Zanter, Thomas Hörster, Alois Reinhardt, Falko Götz, Christian Schreier, Wolfgang Rolff (80 Stefan Kohn), Christian Hausmann, Florian Hinterberger, Herbert Waas, Bum Kun Cha.
Trainer: Erich Ribbeck

DUKLA: Petr Kostelník, Dušan Fitzel, Josef Novák, Jan Fiala, Petr Rada; Milan Luhový (74 Aleš Laušman), Pavel Korejčík, Luboš Urban, Tomáš Kříž (66 Jiří Vadura), Günther Bittengel, Stanislav Griga.   Trainer: Jiří Lopata

Goals: Götz (17), Vadura (79)

FC GRONINGEN v NEUCHÂTEL XAMAX 0-0
Oosterpark, Groningen,   22.10.1986

Referee: Thorbjørn Aas (NOR)   Attendance: 15,302

FC GRONINGEN: Sjaak Storm; Paul Mason, Claus Boekweg, John de Wolf, Mark Verkuyl, Edwin Olde Riekerink, Jan van Dijk, Jos Roossien (85 Joop Gall), Johan de Kock; Peter Houtman, René Eijkelkamp.

XAMAX: Joël Corminboeuf; Zdeněk Urban, Daniel Don Givens, Pierre Thévenaz, Claude Ryf; Robert Lei-Ravello, Uli Stielike, Heinz Hermann, Beat Sutter, Robert Lüthi, Patrice Mottiez (46 Maurizio Jacobacci).

NEUCHÂTEL XAMAX v FC GRONINGEN 1-1 (1-1)
Stade de la Maladière, Neuchâtel   5.11.1986

Referee: Lajos Németh (HUN)   Attendance: 17,200

XAMAX: Joël Corminboeuf; Daniel Don Givens, Zdeněk Urban (80 René Fluri), Pierre Thévenaz, Claude Ryf, Uli Stielike, Robert Lei-Ravello, Heinz Hermann, Beat Sutter, Robert Lüthi, Maurizio Jacobacci (46 Patrice Mottiez).

FC GRONINGEN: Sjaak Storm, Paul Mason, Claus Boekweg, John de Wolf, Mark Verkuyl, Edwin Olde Riekerink, Jan van Dijk, Jos Roossien, Johan de Kock, Peter Houtman, René Eijkelkamp (78 Marco Waslander).

Goals: Sutter (39), van Dijk (44)

**SK BEVEREN
v ATHLETIC CLUB BILBAO 3-1** (2-1)
Freethiel, Beveren   22.10.1986

Referee: Velitchko Tsonchev (BUL)   Attendance: 9,000

BEVEREN: Filip de Wilde, Julien Lodders, Danny Pfaff, Eddy Maes, Patrick Gorez (82 Salvino Marinelli), Robby Buyens, Frank Peeraer, Paul Theunis, Marek Kusto, David Fairclough, Eugène Ekeke (81 Dominique Lemoine).
Trainer: Ladislav Novák

ATHLETIC: Vicente Fernández BIURRUN, Santiago URQUIAGA Pérez, Genar ANDRINÚA Kortabarría, Antonio GOICOECHEA Olascoaga (28 Francisco FERREIRA Colmenero), LUIS FERNANDO Fernández Rodríguez, José María AGUIRRE López, José Ramón GALLEGO Souto, Juan José ELGUEZÁBAL Bustiza (79 José Antonio "PIZO" GÓMEZ Romón), Ismael URTUBI Aróstegui; ENDIKA Guarrotxena Arzubiaga, Félix Ángel SARRIUGARTE Montoya.
Trainer: José Ángel IRÍBAR

Goals: Peeraer (14), Sarriugarte (16), Theunis (28), Fairclough (58)

**ATHLETIC CLUB BILBAO
v SK BEVEREN 2-1** (0-0)
Estadio San Mamés, Bilbao   5.11.1986

Referee: Keith Hackett (ENG)   Attendance: 38,800

ATHLETIC: Vicente Fernández BIURRUN, Santiago URQUIAGA Pérez (70 José Antonio "PIZO" GÓMEZ Romón), Francisco FERREIRA Colmenero (62 Felix Ángel SARRIUGARTE Montoy), Genar ANDRINÚA Kortabarría, Luis DE LA FUENTE Castillo; José Ramón GALLEGO Souto, LUIS FERNANDO Fernández Rodríguez, Enrique AYÚCAR Alberdi, ENDIKA Guarrotxena Arzubiaga, Manuel SARABIA López, Estanislao ARGOTE Salaberría.
Trainer: José Ángel IRÍBAR

BEVEREN: Filip de Wilde, Julien Lodders, Eddy Maes, Paul Lambrichts, Danny Pfaff, Marek Kusto, Patrick Stalmans, Paul Theunis, Patrick Gorez, Frank Peeraer (83 Dominique Lemoine), David Fairclough (86 Eugène Ekeke).
Trainer: Ladislav Novák

Goals: Fairclough (58), Argote (63 pen), Luis Fernando (76)

**VITÓRIA GUIMARÃES
v ATLÉTICO MADRID 2-0** (0-0)
Estádio Municipal, Guimarães   22.10.1986

Referee: Ronald Bridges (WAL)   Attendance: 20,000

VITÓRIA: António JESUS Pereira, João Ribeiro Silva "COSTEADO", MIGUEL Alberto Fernandes Marques, José António Costa Fonseca "TOZÉ", Rui António Cruz Ferreira "NASCIMENTO", António José Pereira de CARVALHO, N'KAMA Monduone (82 N'DINGA Mbote), Carlos Manuel Pereira Pinto "ADÃO", ADEMIR Bernardes de Alcântara, ROLDÃO Moreira de Novais, Paulo Roberto Vacinello "PAULINHO CASCAVEL".
Trainer: Mario MARINHO PERES

ATLÉTICO: Agustín de Carlos ELDUAYEN; TOMAS Reñones Crego, RODOLFO Dapena Dapena, Miguel Ángel RUIZ García, CLEMENTE Villaverde Huelga; JULIO PRIETO Martín, Jesús LANDÁBURU Sahuquillo, Roberto Simón MARINA, Enrique "QUIQUE" RAMOS González, Jorge Orosman DA SILVA Etchevarría, JULIO SALINAS Fernández.
Trainer: Vicente Miera

Goals: Cascavel (47 pen), Roldão (89)

ATLÉTICO MADRID
v VITÓRIA GUIMARÃES 1-0 (0-0)

Estadio Vicente Calderón, Madrid   5.11.1986

Referee: Alphonse Constantin (BEL)   Attendance: 55,000

ATLÉTICO: Agustín de Carlos ELDUAYEN; TOMAS Reñones Crego, Juan Carlos ARTECHE Gómez, Miguel Ángel RUIZ García, RUBÉN BILBAO Barruetabeña (71 JULIO PRIETO Martín); Enrique "QUIQUE" SETIEN Soler (60 Juan José RUBIO Jiménez), Roberto Simón MARINA, Jesús LANDÁBURU Sahuquillo, Francisco LLORENTE Gento; Jorge Orosman DA SILVA Etchevarría, Pedro URALDE Hernáez.
Trainer: Vicente Miera

VITÓRIA: António JESUS Pereira, João Ribeiro Silva "COSTEADO", MIGUEL Alberto Fernandes Marques, Ornedes Alves Santos "NENÉ" (55 José António Costa Fonseca "TOZÉ"), Rui António Cruz Ferreira "NASCIMENTO" (60 RUI Manuel Pereira VIEIRA), António José Pereira de CARVALHO, ROLDÃO Moreira de Novais, N'DINGA Mbote, Paulo Roberto Vacinello "PAULINHO CASCAVEL", Carlos Manuel Pereira Pinto "ADÃO", ADEMIR Bernardes de Alcântara.
Trainer: Mario MARINHO PERES

Goal: Da Silva (90)

WIDZEW LÓDZ v BAYER UERDINGEN 0-0

Widzew, Lódz   22.10.1986

Referee: Einar Haile (NOR)   Attendance: 10,000

WIDZEW: Henryk Bolesta, Adam Walczak, Krzysztof Kaminski, Kazimierz Przybys, Krzysztof Kajrys, Marek Podsiadlo, Marek Dziuba, Kazimierz Putek, Leszek Iwanicki (64 Wieslaw Cisek), Jerzy Leszczyk (77 Slawomir Chalaszkiewicz), Wieslaw Wraga.

BAYER: Werner Vollack, Werner Buttgereit, Matthias Herget, Michael Dämgen (73 Karl-Heinz Wöhrlin), Frank Thommessen, Rudi Bommer, Atli Edvaldsson, Wolfgang Funkel, Dietmar Klinger (68 Ludger van de Loo), Stefan Kuntz, Friedhelm Funkel.   Trainer: Karlheinz Feldkamp

BAYER UERDINGEN v WIDZEW LÓDZ 2-0 (1-0)

Grotenberg-Kampfbahn, Krefeld   5.11.1986

Referee: Carlos Alberto da Silva Valente (POR)   Att: 15,000

BAYER: Werner Vollack, Karl-Heinz Wöhrlin, Michael Dämgen, Frank Thommessen (55 Ludger van de Loo), Rudi Bommer, Atli Edvaldsson, Friedhelm Funkel (89 Klaus Basten), Wolfgang Funkel, Werner Buttgereit, Oliver Bierhoff, Stefan Kuntz.   Trainer: Karlheinz Feldkamp

WIDZEW: Henryk Bolesta, Adam Walczak, Krzysztof Kaminski, Kazimierz Przybys, Marek Podsiadlo, Krzysztof Kajrys, Marek Dziuba, Kazimierz Putek, Leszek Iwanicki (60 Tadeusz Swiatek), Jerzy Leszczyk (46 Przemyslaw Mlynarczyk), Wieslaw Wraga.

Goals: Dziuba (23 og), Bierhoff (80)

LEGIA WARSZAWA
v INTERNAZIONALE MILANO 3-2 (1-1)

Wojska Polskiego, Warszawa   22.10.1986

Referee: José María Miguel Pérez (SPA)   Attendance: 22,000

LEGIA: Jacek Kazimierski, Dariusz Kubicki, Andrzej Sikorski, Krzysztof Gawara, Dariusz Wdowczyk (85 Krzysztof Iwanicki), Zbigniew Kaczmarek, Jan Karas, Jaroslaw Araszkiewicz, Witold Sikorski, Tomasz Arceusz, Dariusz Dziekanowski.
Trainer: Jerzy Engel

INTER: Walter Zenga, Giuseppe Bergomi, Daniel Alberto Passarella, Riccardo Ferri, Andrea Mandorlini, Giuseppe Baresi, Marco Tardelli, Adriano Piraccini, Gianfranco Matteoli (73 Fabio Calcaterra), Alessandro Altobelli, Karl-Heinz Rummenigge (60 Oliviero Garlini).
Trainer: Giovanni Trapattoni

Goals: Altobelli (17), W. Sikorski (42), Dziekanowski (58), Karas (61), Ferri (77)

INTERNAZIONALE MILANO
v LEGIA WARSZAWA 1-0 (1-0)

Stadio Giuseppe Meazza, Milano   5.11.1986

Referee: George Courtney (ENG)   Attendance: 48,953

INTER: Walter Zenga, Giuseppe Bergomi, Andrea Mandorlini, Giuseppe Baresi, Riccardo Ferri, Daniel Alberto Passarella, Pietro Fanna (80 Marco Tardelli), Adriano Piraccini, Alessandro Altobelli, Gianfranco Matteoli, Karl-Heinz Rummenigge (58 Oliviero Garlini).
Trainer: Giovanni Trapattoni

LEGIA: Jacek Kazimierski, Dariusz Kubicki, Andrzej Sikorski, Dariusz Wdowczyk, Krzysztof Gawara, Jaroslaw Araszkiewicz (83 Andrzej Tomczyk), Jan Karas, Zbigniew Kaczmarek, Tomasz Arceusz (80 Krzysztof Iwanicki), Dariusz Dziekanowski, Witold Sikorski.   Trainer: Jerzy Engel

Sent off: Andrzej Sikorski (59)

Goal: Fanna (44)

AC TORINO v RÁBA ETO GYÖR 4-0 (3-0)

Stadio Comunale, Torino   22.10.1986

Referee: José Rosa dos Santos (POR)   Attendance: 27,405

AC TORINO: Fabrizio Lorieri, Giancarlo Corradini, Roberto Cravero, Giovanni Francini (56 Giacomo Ferri), Ezio Rossi, Giuseppe Dossena, Antonio Sabato, JUNIOR Leovigildo Lins Gama, Paolo Beruatto, Willem Kieft (80 Francesco Lerda), Antonio Comi.   Trainer: Radice

RÁBA ETO: Tibor Ulbert, Gyula Csonka, Gábor Hlagyvik, Róbert Horváth, Tamás Preszeller; Ottó Szabó (71 József Póczik), Péter Rubold, Béla Melis, István Turbék; Lázár Szentes, Gyula Hajszán (56 György Handel).
Trainer: Imre Gellei

Goals: Kieft (26, 36), Dossena (40), Comi (74)

RÁBA ETO GYÖR v AC TORINO 1-1 (1-1)

Györ stadion   5.11.1986

Referee: Jan Keizer (HOL)   Attendance: 8,500

RÁBA ETO: Tibor Ulbert, István Turbék, Gábor Hlagyvik, Tamás Preszeller; Gyula Csonka, Péter Rubold, József Póczik (60 Lajos Rezi), József Somogyi; Ottó Szabó, Lázár Szentes, Gyula Hajszán (70 György Handel).   Trainer: Imre Gellei

AC TORINO: Fabrizio Lorieri, Giancarlo Corradini, Roberto Cravero, Ezio Rossi, Giovanni Francini; Antonio Sabato, JUNIOR Leovigildo Lins Gama, Giuseppe Dossena, Paolo Beruatto; Willem Kieft (26 Francesco Lerda), Antonio Comi (75 Giacomo Ferri).   Trainer: Radice

Goals: Somogyi (14), Comi (18)

**BORUSSIA MÖNCHENGLADBACH
v FEYENOORD ROTTERDAM 5-1** (2-1)

Bökelberg, Mönchengladbach   22.10.1986

Referee: Victoriano Sánchez Arminio (SPA)   Att: 18,000

BORUSSIA: Uwe Kamps, Hans-Günter Bruns, André Winkhold, Ulrich Borowka, Bernd Krauss (80 Thomas Krisp), Michael Frontzeck, Hans-Georg Dressen, Dirk Bakalorz, Uwe Rahn, Günter Thiele (86 Andreas Brandts), Ewald Lienen. Trainer: Josef Heynckes

FEYENOORD: Joop Hiele, Keje Molenaar (77 Kenneth Monkou), Jos van Herpen, Sjaak Troost, Benny Wijnstekers, André Hoekstra, Mario Been, Ruud Heus, René Hofman (64 Reginald Blinker), Lars Elstrup, Simon Tahamata.

Goals: Dressen (18, 44), Elstrup (43), Rahn (53), Bruns (68), Thiele (79)

**FEYENOORD ROTTERDAM
v BORUSSIA MÖNCHENGLADBACH 0-2** (0-1)

Feyenoord, Rotterdam   5.11.1986

Referee: Erik Fredriksson (SWE)   Attendance: 14,616

FEYENOORD: Joop Hiele, Keje Molenaar, Sjaak Troost (64 Henk Duut), Ruud Heus, Benny Wijnstekers, Peter Barendse, Mario Been, André Hoekstra (46 Reginald Blinker), René Hofman, Lars Elstrup, Simon Tahamata.

BORUSSIA: Uwe Kamps, Hans-Günter Bruns, André Winkhold, Ulrich Borowka, Michael Frontzeck, Bernd Krauss, Hans-Georg Dressen, Dirk Bakalorz (64 Hans-Jörg Criens), Uwe Rahn, Günter Thiele (60 Andreas Brandts), Ewald Lienen. Trainer: Josef Heynckes

Goals: Rahn (37 pen, 89)

FC BARCELONA v SPORTING LISBOA 1-0 (0-0)

Camp Nou, Barcelona   22.10.1986

Referee: Adolf Prokop (DDR)   Attendance: 35,000

FC BARCELONA: Andoni ZUBIZARRETA Urreta, GERARDO Miranda Concepción, Miguel Bernardo Bianquetti "MIGUELI", José MORATALLA Claramunt, JULIO ALBERTO Moreno Casas; VÍCTOR Muñoz Manrique, Ramón María CALDERE Del Rey (60 José Manuel Martínez Toral "MANOLO"), Roberto, ESTEBAN Vigo Benítez (60 Ángel PEDRAZA Lamilla); Gary Winston Lineker, Leslie Mark Hughes.   Trainer: Terry Venables

SPORTING: Vítor Manuel Afonso DAMAS de Oliveira, GABRIEL Azevedo Mendes, Pedro Manuel Regateiro VENÂNCIO (50 VIRGÍLIO Manuel Bagulho Lopes), António Maurício Farinha Henrique MORATO, FERNANDO Manuel Antunes MENDES; DUÍLIO Dias Júnior, OCEANO Andrade da Cruz, MÁRIO Marques COELHO, Manuel NEGRETE Arias; MANUEL José Tavares FERNANDES (90 Celso Santiago de Sousa "ZINHO"), Raphael Joseph MEADE.
Trainer: MANUEL JOSÉ Jesus Silva

Goal: Julio Alberto (73)

SPORTING LISBOA v FC BARCELONA 2-1 (1-0)

Estádio José Alvalade, Lisboa   5.11.1986

Referee: Luigi Agnolin (ITA)   Attendance: 50,000

SPORTING: Vítor Manuel Afonso DAMAS de Oliveira, VIRGÍLIO Manuel Bagulho Lopes (87 Robert Roderick McDonald), DUÍLIO Dias Júnior, Pedro Manuel Regateiro VENÂNCIO, FERNANDO Manuel Antunes MENDES; Celso Santiago de Sousa "ZINHO", OCEANO Andrade da Cruz, Manuel NEGRETE Arias, MÁRIO JORGE da Silva Pinho Fernandes; MANUEL José Tavares FERNANDES (69 GABRIEL Azevedo Mendes), Raphael Joseph MEADE. Trainer: MANUEL JOSÉ Jesus Silva

FC BARCELONA: Andoni ZUBIZARRETA Urreta; GERARDO Miranda Concepción, Miguel Bernardo Bianquetti "MIGUELI", José MORATALLA Claramunt, JULIO ALBERTO Moreno Casas; URBANO Ortega Cuadros, Ángel PEDRAZA Lamilla (70 Juan Carlos Pérez ROJO), ROBERTO Fernández Bonilla, MARCOS Alonso Peña (70 ESTEBAN Vigo Benítez); Gary Winston Lineker, Vicente Raúl AMARILLA Vera.

Goals: Negrete (41), Meade (60), Roberto (84)

HAJDUK SPLIT v TRAKIA PLOVDIV 3-1 (3-1)

Poljud, Split   22.10.1986

Referee: George Sandoz (SWI)   Attendance: 17,000

HAJDUK: Mladen Pralija; Branko Miljus, Dragan Setinov, Jerko Tipurić, Robert Jarni, Dragutin Celić, Ive Jerolimov (46 Ante Mise), Goran Milanko, Milos Bursac, Aljosa Asanović, Stjepan Deverić.

TRAKIA: Dimitar Vichev; Trifon Pachev, Slavcho Horozov (82 Dimitar Mladenov), Blagoia Blangev, Zaprian Ivanov, Marin Bakalov, Ivan Kochev, Vasil Simov, Ivailo Stoinov (68 Petar Kurdov), Georgi Georgiev, Atanas Pashev.

Goals: Jerolimov (7), Bursac (13), Simov (34), Deverić (40)

TRAKIA PLOVDIV v HAJDUK SPLIT 2-2 (2-0)

Hristo Botev, Plovdiv   5.11.1986

Referee: Michel Vautrot (FRA)   Attendance: 15,000

TRAKIA: Milan Karatanchev, Trifon Pachev, Dimitar Mladenov, Blagoia Blangev, Zaprian Ivanov (86 Antim Pehlivanov), Marin Bakalov (86 Ivan Kochev), Kostadin Kostadinov, Vasil Simov, Petar Kurdov, Georgi Georgiev, Atanas Pashev.

HAJDUK: Mladen Pralija, Branko Miljus, Dragan Setinov, Jerko Tipurić, Robert Jarni, Dragutin Celić, Zdenko Adamović (54 Milos Bursac), Luka Peruzović, Stjepan Andrijasević (71 Cakić), Aljosa Asanović, Stjepan Deverić.

Goals: Mladenov (42), Pashev (44), Deverić (74), Bursac (85)

IFK GÖTEBORG
v STAHL BRANDENBURG 2-0 (2-0)

Ullevi, Göteborg   22.10.1986

Referee: Valeri Butenko (USSR)   Attendance: 7,029

IFK: Thomas Wernersson, Mats Ola Carlsson, Glenn Hysén, Peter Larsson, Stig Fredriksson; Magnus Johansson, Tord Holmgren, Jerry Carlsson (78 Per Edmund Mordt), Tommy Holmgren; Johnny Ekström, Jari Rantanen.
Trainer: Gundar Bengtsson

STAHL: Detlev Zimmer, Christoph Ringk, Eckhardt Märzke, Jens Pahlke, Winfried Kräuter, Silvio Demuth, Bernd Kubowitz (55 Timo Lange), Roland Gumtz, Ingolf Pfahl, Jan Voss; Frank Jeske (81 Peter Schoknecht).   Trainer: Peter Kohl

Goals: Rantanen (12), Larsson (21)

**FC SWAROWSKI TIROL INNSBRUCK
v STANDARD LIÈGE 2-1** (1-0)

Tivoli stadium, Innsbruck   22.10.1986

Referee: Joseph Worral (ENG)   Attendance: 8,000

FC TIROL: Tomislav Ivkovic; Robert Auer, Ivica Kalinic, Gerald Messlender, Arnold Koreimann, Alfred Hörtnagl (66 Thomas Eder), Heinz Peischl, Hansi Müller, Christian Valentini; Rudolf Steinbauer, Andreas Spielmann.
Trainer: Latzke

STANDARD: Gilbert Bodart, Patrick Aussems, Michel Renquin, Zoran Jelikic, Michel Wintacq, Freddy Luyckx, Vladimir Petrovic, Guy Vandersmissen, Guy Hellers, Jean-Marc Bosman, Srebrenko Repcić.

Goals: Spielmann (10), Hellers (62), Jelikic (88 og)

**STAHL BRANDENBURG
v IFK GÖTEBORG 1-1** (1-1)

Stahlwerker, Brandenburg   5.11.1986

Referee: Frederick McKnight (NIR)   Attendance: 15,000

STAHL: Detlev Zimmer, Christoph Ringk, Eckhardt Märzke, Jens Pahlke, Roland Gumtz, Silvio Demuth, Timo Lange (76 Uwe Kirchner), Ingolf Pfahl (52 Bernd Kubowitz), Peter Schoknecht, Jan Voss, Frank Jeske.   Trainer: Peter Kohl

IFK: Thomas Wernersson, Mats Ola Carlsson, Glenn Hysén, Peter Larsson, Stig Fredriksson, Magnus Johansson, Tord Holmgren, Jerry Carlsson, Per Edmund Mordt, Tommy Holmgren, Jari Rantanen (54 Sam Bjur).
Trainer: Gundar Bengtsson

Goals: Rantanen (21), Voss (43)

**STANDARD LIÈGE
v FC SWAROWSKI TIROL INNSBRUCK 3-2** (0-1)

Stade Maurice Dufrasne 'Sclessin', Liège   5.11.1986

Referee: Manfred Rossner (DDR)   Attendance: 36,000

STANDARD: Gilbert Bodart; Etienne Delangre (89 Patrick Aussems), Michel Renquin, Zoran Jelikic, Michel Wintacq; Freddy Luyckx, Vladimir Petrovic, Guy Vandersmissen, Guy Hellers; Alex Czerniatinski, Srebrenko Repcić.

FC TIROL: Tomislav Ivkovic; Rudolf Strobl (68 Robert Idl), Ivica Kalinic, Gerald Messlender, Arnold Koreimann, Manfred Linzmaier, Rudolf Steinbauer, Heinz Peischl, Hansi Müller, Alfred Roscher (84 Alfred Hörtnagl), Andreas Spielmann.
Trainer: Latzke

Goals: Spielmann (14), Roscher (47), Repcić (48), Wintacq (57), Luyckx (66)

FC TOULOUSE v SPARTAK MOSKVA 3-1 (1-0)

Municipal, Toulouse   22.10.1986

Referee: Zoran Petrović (YUG)   Attendance: 35,962

FC TOULOUSE: Philippe Bergeroo; Patrice Lestage, Benoît Tihy, Jean-Luc Ruty, Alberto Tarantini, Pascal Despeyroux, Jean-Philippe Durand, Pierre Espanol (73 Éric Assadourian), Yannick Stopyra, Gérald Passi, Éric Bellus.
Trainer: Jacques Santini

SPARTAK: Rinat Dasaev, Almir Kaiumov, Boris Kuznetsov, Vagiz Khidiatulin, Yuri Susloparov; Renat Ataulin, Evgeni Kuznetsov, Andrei Mitin (50 Gennadi Bogachev), Aleksei Eremenko; Oleg Kuzhlev (65 Aleksandr Schibaev), Sergei Rodionov.   Trainer: Konstantin Ivanovich Beskov

Goals: Passi (42, 66, 81), Rodionov (56)

SPARTAK MOSKVA v FC TOULOUSE 5-1 (2-1)

Lenin stadion, Moskva   5.11.1986

Referee: Pietro d'Elia (ITA)   Attendance: 42,000

SPARTAK: Rinat Dasaev, Almir Kaiumov, Boris Kuznetsov, Vagiz Khidiatulin, Aleksandr Bubnov, Aleksandr Schibaev; Vladimir Kapustin (53 Evgeni Kuznetsov), Aleksei Eremenko, Sergei Novikov (90 Yuri Susloparov); Andrei Rudakov, Sergei Rodionov.   Trainer: Konstantin Ivanovich Beskov

FC TOULOUSE: Philippe Bergeroo; Patrice Lestage, Benoît Tihy, Jean-Luc Ruty, Alberto Tarantini, Pascal Despeyroux (81 Éric Assadourian), Jean-Philippe Durand, Pierre Espanol, Yannick Stopyra, Gérald Passi, Éric Bellus.
Trainer: Jacques Santini

Goals: Durand (7), Rudakov (9, 18), Rodionov (50), Novikov (79 pen, 90)

**DUNDEE UNITED
v UNIVERSITATEA CRAIOVA 3-0** (0-0)

Tannadice Park, Dundee   22.10.1986

Referee: Dušan Krchnák (CZE)   Attendance: 10,728

DUNDEE UNITED: William Thomson; Gary McGinnis, John Clark, David Narey, Maurice Malpas; Ralph Milne, David Bowman, James McInally; Eamonn Bannon (77 Thomas Coyne), Paul Sturrock (77 Kevin Gallacher), Ian Redford.
Manager: James MacLean

UNIVERSITATEA: Alexandru Racolțea; Nicolae Negrilă, Emil Săndoi, Marian Rada, Nicolae Ungureanu (Cap); Adrian Popescu, Gheorghe Popescu, Mircea Irimescu (67 Vasile Mănăilă), Marian Bîcu; Ion Geolgău, Gheorghe Biță.
Trainer: Constantin Teașcă

Goals: Redford (54, 89), Clark (81)

**SPORTUL STUDENȚESC BUCUREȘTI
v AA GENT 0-3** (0-1)

Sportul Studențesc, București   22.10.1986

Referee: Gerald Losert (AUS)   Attendance: 11,000

SPORTUL STUDENȚESC: Cristian Gheorghe, Marian Mihail, Paul Cazan, Gino Iorgulescu, Ion Munteanu; Aurel Țicleanu, Constantin Pană, Lucian Burchel (62 Constantin Stănici), Gheorghe Hagi; Alexandru Terheș (46 Tudorel Cristea), Marcel Coraș.
Trainers: Constantin Ardeleanu & Tănase Dima

AA GENT: André Lauryssen; Benny de Kneef, Michel de Wolf, Luc Criel (10 Johan Van Looy), Hubert Cordiez; Frank Nollet, Milan Ruzić, Robert Gijbels; Toine Van Mierlo, Roger Raeven (75 Peter Hallaert), Luc Hinderijckx.
Trainer: Johan Grijzenhout

Goals: Raeven (33), Hinderyckx (79), Hallaert (89)

**UNIVERSITATEA CRAIOVA
v DUNDEE UNITED 1-0** (0-0)

Central, Craiova   5.11.1986

Referee: Alain Delmer (FRA)   Attendance: 39,000

UNIVERSITATEA: Alexandru Racolțea; Nicolae Negrilă, Emil Săndoi, Marian Rada, Nicolae Ungureanu; Adrian Popescu, Gheorghe Popescu, Marian Bîcu; Ion Geolgău, Sorin Cîrțu, Gheorghe Biță.   Trainer: Constantin Teașcă

DUNDEE UNITED: William Thomson; Gary McGinnis, John Clark, David Beaumont, Maurice Malpas; James McInally, David Bowman, Eamonn Bannon; Ralph Milne (87 Thomas Coyne), Paul Sturrock (59 Kevin Gallacher), Ian Redford.
Manager: James MacLean

Goal: Biță (59)

**AA GENT
v SPORTUL STUDENȚESC BUCUREȘTI 1-1** (0-1)

Stade Jules Otten, Gent   5.11.1986

Referee: Kaj Natri (FIN)   Attendance: 18,000

AA GENT: André Lauryssen; Benny De Kneef, Frank Nollet, Robert Gijbels, Hubert Cordiez; Toine Van Mierlo, Milan Ruzić, Luc Hinderijckx; Bernard Verheecke, Roger Raeven, Johan Van Looy.   Trainer: Johan Grijzenhout

SPORTUL STUDENȚESC: Cristian Gheorghe; Marian Mihail, Paul Cazan, Mircea Popa, Ion Munteanu; Aurel Țicleanu, Constantin Pană (66 Tudorel Cristea), Marcel Coraș, Laurențiu Bozeșan (80 Lucian Burchel); Gino Iorgulescu, Gheorghe Hagi.
Trainers: Constantin Ardeleanu & Tănase Dima

Goals: Iorgulescu (17), Hinderijckx (53)

**GLASGOW RANGERS
v BOAVISTA PORTO 2-1** (2-1)

Ibrox, Glasgow   23.10.1986

Referee: Bo Helén (SWE)   Attendance: 38,772

RANGERS: Christopher Woods, James Nicholl, David McPherson, Terry Butcher, Stuart Munro; Derek Ferguson, Graeme Souness (37 Kevin McMinn), Iain Durrant, Robert Fleck (79 Scott Nisbet); Alistair McCoist, David Cooper.

BOAVISTA: Guy Hubart, António Alves de Oliveira "QUEIRÓ", FREDERICO Nobre Rosa, ADÃO da Silva, António de Oliveira CAETANO; Philipe Leonardus WALKER, Rui Manuel Magalhães CASACA, João Luís Vergel "TONANHA", Francisco José de Matos AGATÃO; NÉLSON António Bertolazzi (54 JAIME Alves Magalhães, 76 Luís Pedro Barros BARNY Monteiro), José da Silva COELHO.
Trainer: João Alves

Goals: Tonanha (32), McPherson (35), McCoist (45)

BOAVISTA PORTO
v GLASGOW RANGERS 0-1 (0-0)

Estádio do Bessa, Porto   4.11.1986

Referee: Aron Schmidhuber (WG)   Attendance: 20,000

BOAVISTA: Guy Hubart, António Alves de Oliveira "QUEIRÓ", ADÃO da Silva, FREDERICO Nobre Rosa, António de Oliveira CAETANO; Rui Manuel Magalhães CASACA (46 JOSÉ AUGUSTO Pereira Leite), Philipe Leonardus WALKER, João Luís Vergel "TONANHA", José Joaquim Pimentel RIBEIRO (46 Francisco José de Matos AGATÃO); NÉLSON António Bertolazzi, José da Silva COELHO.   Trainer: Alves

RANGERS: Christopher Woods, James Nicholl, David McPherson, Terry Butcher, Stuart Munro; Douglas Bell, Campbell Fraser, Derek Ferguson, Iain Durrant; Alistair McCoist (82 Robert Fleck), David Cooper.

Goal: Ferguson (73)

THIRD ROUND

FC GRONINGEN
v VITÓRIA GUIMARÃES 1-0 (1-0)

Oosterpark, Groningen,   26.11.1986

Referee: Valeri Butenko (USSR)   Attendance: 15,884

FC GRONINGEN: Sjaak Storm, Paul Mason, Claus Boekweg, John de Wolf, Mark Verkuyl, Edwin Olde Riekerink, Jan van Dijk, Jos Roossien, Ron van den Berg, Peter Houtman, Johan de Kock.

VITÓRIA: António JESUS Pereira, João Ribeiro Silva "COSTEADO", MIGUEL Alberto Fernandes Marques, Ornedes Alves Santos "NENÉ", RUI Manuel Pereira VIEIRA, N'DINGA Mbote, ADEMIR Bernardes de Alcântara, Rui António Cruz Ferreira "NASCIMENTO", Carlos Manuel Pereira Pinto "ADÃO", Paulo Roberto Vacinello "PAULINHO CASCAVEL" (81 N'KAMA Monduone), ROLDÃO Moreira de Novais.   Trainer: Mario MARINHO PERES

Goal: De Kock (5)

VITÓRIA GUIMARÃES
v FC GRONINGEN 3-0 (2-0)

Estádio Municipal, Guimarães   10.12.1986

Referee: Vojtěch Christov (CZE)   Attendance: 15,000

VITÓRIA: António JESUS Pereira, João Ribeiro Silva "COSTEADO", MIGUEL Alberto Fernandes Marques, Ornedes Alves Santos "NENÉ" (80 RUI Manuel Pereira VIEIRA), BASAULA Lemba, N'DINGA Mbote, Rui António Cruz Ferreira "NASCIMENTO", ADEMIR Bernardes de Alcântara, Carlos Manuel Pereira Pinto "ADÃO", Paulo Roberto Vacinello "PAULINHO CASCAVEL" (80 José António Costa Fonseca "TOZÉ"), ROLDÃO Moreira de Novais.
Trainer: Mario MARINHO PERES

FC GRONINGEN: Sjaak Storm, Paul Mason (80 Edwin Bakker), Claus Boekweg, John de Wolf, Mark Verkuyl, Jan van Dijk, Edwin Olde Riekerink, Jos Roossien, Ron van den Berg (46 Johan de Kock), Peter Houtman, René Eijkelkamp.

Goals: Nascimento (29), N'Dinga (39), Cascavel (81)

SPARTAK MOSKVA
v FC SWAROWSKI TIROL INNSBRUCK 1-0 (1-0)

Lokomotiv st., Simferopol   26.11.1986

Referee: Einar Halle (NOR)   Attendance: 26,200

SPARTAK: Rinat Dasaev, Almir Kaiumov, Boris Kuznetsov, Yuri Susloparov, Aleksandr Bubnov; Andrei Mitin, Vladimir Kapustin, Aleksei Eremenko, Sergei Novikov (68 Oleg Kuzhlev); Andrei Rudakov, Sergei Rodionov.
Trainer: Konstantin Ivanovich Beskov

FC TIROL: Tomislav Ivkovic, Rudolf Steinbauer, Ivica Kalinic, Heinz Peischl, Robert Auer, Peter Pacult (46 Robert Idl), Gerald Messlender, Rudolf Strobl, Alfred Roscher, Hansi Müller, Andreas Spielmann (89 Alfred Hörtnagl).
Trainer: Latzke

Goal: Rudakov (26)

FC SWAROWSKI TIROL INNSBRUCK
v SPARTAK MOSKVA 2-0 (0-0)

Tivoli, Innsbruck   10.12.1986

Referee: Emilio Carlos Guruceta Muro (SPA)   Att: 17,000

FC TIROL: Tomislav Ivkovic; Robert Auer, Ivica Kalinic, Gerald Messlender, Arnold Koreimann, Rudolf Steinbauer, Manfred Linzmaier, Hansi Müller, Andreas Spielmann (66 Robert Idl); Alfred Roscher, Peter Pacult (80 Rudolf Strobl).
Trainer: Latzke

SPARTAK: Rinat Dasaev, Almir Kaiumov, Yuri Susloparov, Aleksandr Bubnov, Boris Kuznetsov; Evgeni Kuznetsov, Andrei Mitin, Sergei Novikov, Aleksei Eremenko, Andrei Rudakov (10 Vladimir Kapustin), Sergei Rodionov.
Trainer: Konstantin Ivanovich Beskov

Goals: Roscher (70), Müller (72)

BAYER UERDINGEN v FC BARCELONA 0-2 (0-0)

Grotenberg-Kampfbahn, Krefeld   26.11.1986

Referee: Erik Fredriksson (SWE)   Attendance: 30,000

BAYER: Werner Vollack, Matthias Herget (61 Oliver Bierhoff), Karl-Heinz Wöhrlin, Michael Dämgen (76 Werner Buttgereit), Rudi Bommer, Friedhelm Funkel, Wolfgang Funkel, Atli Edvaldsson, Dietmar Klinger, Marcel Witeczek, Stefan Kuntz.   Trainer: Karlheinz Feldkamp

FC BARCELONA: Andoni ZUBIZARRETA Urreta, GERARDO Miranda Concepción, Miguel Bernardo Bianquetti "MIGUELI", José MORATALLA Claramunt, JULIO ALBERTO Moreno Casas, Francisco José CARRASCO Hidalgo, VÍCTOR Muñoz Manrique, ROBERTO Fernández Bonilla (85 URBANO Ortega Cuadros), MARCOS Alonso Peña, Leslie Mark Hughes (85 Ramón María CALDERE Del Rey), Gary Winston Lineker.
Trainer: Terry Venables

Goals: Roberto (74), Hughes (77)

FC BARCELONA v BAYER UERDINGEN 2-0 (0-0)

Camp Nou, Barcelona   10.12.1986

Referee: André Daina (SWI)   Attendance: 20,000

FC BARCELONA: Andoni ZUBIZARRETA Urreta, GERARDO Miranda Concepción, Miguel Bernardo Bianquetti "MIGUELI", José MORATALLA Claramunt, JULIO ALBERTO Moreno Casas; Francisco José CARRASCO Hidalgo, VÍCTOR Muñoz Manrique, ROBERTO Fernández Bonilla (66 Ramón María CALDERE Del Rey), MARCOS Alonso Peña, Leslie Mark Hughes, Gary Winston Lineker (72 Juan Carlos Pérez ROJO).   Trainer: Terry Venables

BAYER: Werner Vollack, Friedhelm Funkel, Michael Dämgen (83 Larus Guðmundsson), Wolfgang Funkel, Karl-Heinz Wöhrlin, Rudi Bommer, Frank Kirchhoff, Atli Edvaldsson, Werner Buttgereit, Marcel Witeczek (69 Oliver Bierhoff), Stefan Kuntz.   Trainer: Karlheinz Feldkamp

Goals: Rojo (73, 79)

GLASGOW RANGERS v BORUSSIA MÖNCHENGLADBACH 1-1 (1-1)

Ibrox, Glasgow   26.11.1986

Referee: Paolo Casarin (ITA)   Attendance: 35,000

RANGERS: Christopher Woods, Terry Butcher, James Nicholl, David McPherson, Stuart Munro, Derek Ferguson, Campbell Fraser (67 Colin West), Kevin McMinn, Alistair McCoist, Iain Durrant, David Cooper.

BORUSSIA: Uwe Kamps, André Winkhold, Hans-Günter Bruns, Ulrich Borowka, Hans-Georg Dressen, Christian Hochstätter (75 Thomas Krisp), Ewald Lienen, Dirk Bakalorz, Michael Frontzeck, Uwe Rahn, Hans-Jörg Criens.   Trainer: Josef Heynckes

Goals: Durrant (14), Rahn (45)

BORUSSIA MÖNCHENGLADBACH v GLASGOW RANGERS 0-0

Bökelberg, Mönchengladbach   10.12.1986

Referee: Alexis Ponnet (BEL)   Attendance: 34,000

BORUSSIA: Uwe Kamps, André Winkhold, Ulrich Borowka, Hans-Günter Bruns, Michael Frontzeck, Thomas Krisp (44 Jörg Jung), Dirk Bakalorz, Uwe Rahn, Ewald Lienen, Günter Thiele, Hans-Jörg Criens.   Trainer: Josef Heynckes

RANGERS: Christopher Woods, Alistair Dawson, David McPherson, Terry Butcher, Stuart Munro, Douglas Bell (78 Colin West), Graeme Souness, Derek Ferguson, Kevin McMinn, David Cooper, Alistair McCoist.

DUNDEE UNITED v HAJDUK SPLIT 2-0 (1-0)

Tannadice Park, Dundee   26.11.1986

Referee: Werner Föckler (WG)   Attendance: 11,569

DUNDEE UNITED: William Thomson, Maurice Malpas, David Beaumont, James McInally, John Clark, David Narey, William McKinlay, Ralph Milne (87 Thomas Coyne), Eamonn Bannon (49 Kevin Gallacher), Paul Sturrock, Ian Redford.

HAJDUK: Mladen Pralija, Branko Miljus, Dragan Setinov, Ive Jerolimov, Robert Jarni, Dragutin Čelić, Capljić (46 Zdenko Adamović), Luka Peruzović, Aljosa Asanović, Milos Bursac, Stjepan Deverić.

Goals: McInally (28), Clark (48)

HAJDUK SPLIT v DUNDEE UNITED 0-0

Poljud, Split   10.12.1986

Referee: Jan Keizer (HOL)   Attendance: 26,000

HAJDUK: Mladen Pralija, Branko Miljus, Dragan Setinov, Stjepan Andrijasević, Zoran Vulić, Dragutin Celić, Ive Jerolimov, Luka Peruzović, Milos Bursac, Aljosa Asanović, Stjepan Deverić.

DUNDEE UNITED: William Thomson, Gary McGinnis, John Holt, David Narey, James McInally, John Clark, Ralph Milne, David Beaumont, Kevin Gallacher, Eamonn Bannon, Ian Redford.   Manager: James MacLean

AA GENT v IFK GÖTEBORG 0-1 (0-0)

Stade Jules Otten, Gent   26.11.1986

Referee: Neil Midgley (ENG)   Attendance: 15,000

AA GENT: André Lauryssen, Benny de Kneef, Luc Criel, Hubert Cordiez, Michel de Wolf, Robert Gijbels, Luc Hinderijckx, Frank Nollet, Milan Ruzić, Toine van Mierlo (62 Roger Raeven), Peter Hallaert (72 Johan van Looy).   Trainer: Johan Grijzenhout

IFK: Thomas Wernersson, Mats-Ola Carlsson, Peter Larsson, Glenn Hysén, Per Edmund Mordt, Roland Nilsson (64 Michael Andersson), Jerry Carlsson, Tord Holmgren, Magnus Johansson, Tommy Holmgren, Jari Rantanen.   Trainer: Gundar Bengtsson

Goal: Rantanen (64)

IFK GÖTEBORG v AA GENT 4-0 (1-0)

Ullevi, Göteborg   10.12.1986

Referee: David Syme (SCO)   Attendance: 15,203

IFK: Ove Tobiasson; Glenn Hysén, Mats-Ola Carlsson, Peter Larsson, Per Edmund Mordt, Roland Nilsson (85 Peter Hedman), Tord Holmgren, Jerry Carlsson, Tommy Holmgren, Magnus Johansson, Jari Rantanen.   Trainer: G. Bengtsson

AA GENT: André Lauryssen, Michel de Wolf, Luc Criel, Benny de Kneef, Robert Gijbels, Milan Ruzić, Luc Hinderijckx (52 Toine van Mierlo), Frank Nollet, Peter Hallaert (58 Johan van Looy), Bernard Verheecke, Hubert Cordiez.   Trainer: Johan Grijzenhout

Goals: Johansson (44), Rantanen (50), Hysén (57), Larsson (64)

AC TORINO v BEVEREN WAAS 2-1 (0-0)

Stadio Comunale, Torino   26.11.1986

Referee: Adolf Prokop (DDR)   Attendance: 34,165

AC TORINO: Fabrizio Lorieri; Giancarlo Corradini, Giovanni Francini; Renato Zaccarelli, JUNIOR Leovigildo Lins Gama, Giacomo Ferri; Paolo Beruatto, Ezio Rossi, Roberto Cravero, Giuseppe Dossena, Antonio Comi.   Trainer: Radice

BEVEREN: Filip de Wilde; Julien Lodders, Danny Pfaff, Eddy Maes; Patrick Stalmans, Patrick Gorez; Paul Theunis, Frank Peeraer (61 Dominique Lemoine), Marek Kusto, David Fairclough, Eugène Ekeke (77 Salvino Marinelli).   Trainer: Ladislav Novák

Goals: Comi (48 pen), E. Rossi (58), Fairclough (84)

BEVEREN WAAS v AC TORINO 0-1 (0-0)

Freethiel, Beveren   10.12.1986

Referee: Franz Wöhrer (AUS)   Attendance: 14,500

BEVEREN: Filip de Wilde; Danny Pfaff, Patrick Gorez, Paul Lambrichts, Eddy Maes, Patrick Stalmans, Frank Peeraer (80 Robby Buyens), David Fairclough, Paul Theunis, Marek Kusto, Dominique Lemoine (61 Salvino Marinelli).   Trainer: Ladislav Novák

AC TORINO: Fabrizio Lorieri; Giancarlo Corradini, Giovanni Francini; Renato Zaccarelli, JUNIOR Leovigildo Lins Gama, Ezio Rossi, Paolo Beruatto, Antonio Sabato, Roberto Cravero (85 Giacomo Ferri), Giuseppe Dossena, Antonio Comi (89 Francesco Lerda).   Trainer: Radice

Goal: Dossena (74)

**DUKLA PRAHA
v INTERNAZIONALE MILANO 0-1** (0-1)

Stadión na Juliske, Praha   26.11.1986

Referee: Karl-Heinz Tritschler (WG)   Attendance: 29,500

DUKLA: Petr Kostelník, Jan Fiala, Petr Kostecký, Josef Novák, Petr Rada, Dušan Fitzel, Stanislav Griga, Milan Luhový, Günther Bittengel, Luboš Urban, Pavel Korejčík.   Trainer: Jiří Lopata

INTER: Walter Zenga, Andrea Mandorlini, Riccardo Ferri, Fabio Calcaterra, Giuseppe Bergomi, Pietro Fanna (61 Marco Tardelli), Adriano Piraccini, Gianfranco Matteoli, Giuseppe Baresi, Karl-Heinz Rummenigge, Alessandro Altobelli.   Trainer: Giovanni Trapattoni

Goals: Altobelli (17)

**INTERNAZIONALE MILANO
v DUKLA PRAHA 1-0** (0-0)

Stadio Giuseppe Meazza, Milano   10.12.1986

Referee: Joël Quiniou (FRA)   Attendance: 44,136

INTER: Walter Zenga, Giuseppe Bergomi, Andrea Mandorlini, Giuseppe Baresi, Riccardo Ferri, Daniel Alberto Passarella, Pietro Fanna (69 Marco Tardelli), Adriano Piraccini, Alessandro Altobelli, Gianfranco Matteoli, Karl-Heinz Rummenigge.   Trainer: Giovanni Trapattoni

DUKLA: Petr Kostelník, Stanislav Griga, Petr Rada, Josef Novák, Jan Fiala, Milan Luhový, Günther Bittengel, Luboš Urban, Pavel Korejčík, Tomáš Kříž, Dušan Fitzel.   Trainer: Jiří Lopata

Goal: K.H. Rummenigge (56)

This match was adandoned after 77 minutes due to fog and was replayed on 17th December 1986.

**INTERNAZIONALE MILANO
v DUKLA PRAHA 0-0**

Stadio Giuseppe Meazza, Milano   17.12.1986

Referee: Joël Quiniou (FRA)   Attendance: 20,162

INTER: Walter Zenga, Giuseppe Bergomi, Andrea Mandorlini, Giuseppe Baresi, Fabio Calcaterra, Daniel Alberto Passarella, Pietro Fanna, Adriano Piraccini, Gianfranco Matteoli (80 Marco Tardelli), Alessandro Altobelli, Karl-Heinz Rummenigge.   Trainer: Giovanni Trapattoni

DUKLA: Petr Kostelník, Stanislav Griga, Josef Novák, Jan Fiala, Petr Rada, Milan Luhový, Luboš Urban, Aleš Laušman (75 Jiří Vadura), Dušan Fitzel, Günther Bittengel, Tomáš Kříž (75 Jaroslav Vodicka).   Trainer: Jiří Lopata

QUARTER-FINALS

DUNDEE UNITED v FC BARCELONA 1-0 (1-0)

Tannadice Park, Dundee   4.03.1987

Referee: Paolo Casarin (ITA)   Attendance: 21,322

DUNDEE UNITED: William Thomson, John Holt, James McInally, Maurice Malpas, John Clark, David Narey, Iain Ferguson, Kevin Gallacher (72 Paul Kinnaird), Eamonn Bannon, Paul Sturrock, Ian Redford.
Manager: James MacLean

FC BARCELONA: Andoni ZUBIZARRETA Urreta, GERARDO Miranda Concepción, Miguel Bernardo Bianquetti "MIGUELI", José Manuel Martínez Toral "MANOLO", VÍCTOR Muñoz Manrique, José MORATALLA Claramunt, Francisco José CARRASCO Hidalgo, Gary Winston Lineker, ROBERTO Fernández Bonilla, Leslie Mark Hughes, Ramón María CALDERE Del Rey.   Trainer: Terry Venables

Goal: Gallacher (2)

FC BARCELONA v DUNDEE UNITED 1-2 (1-0)

Camp Nou, Barcelona   18.03.1987

Referee: Karl-Heinz Tritschler (WG)   Attendance: 42,000

FC BARCELONA: Andoni ZUBIZARRETA Urreta, Miguel Bernardo Bianquetti "MIGUELI", GERARDO Miranda Concepción, José Manuel Martínez Toral "MANOLO", José MORATALLA Claramunt, VÍCTOR Muñoz Manrique, Ramón María CALDERE Del Rey (87 URBANO Ortega Cuadros), ROBERTO Fernández Bonilla, MARCOS Alonso Peña (65 Juan Carlos Pérez ROJO), Gary Winston Lineker, Leslie Mark Hughes.   Trainer: Terry Venables

DUNDEE UNITED: William Thomson, Maurice Malpas, David Narey, John Clark, John Holt, James McInally, Ian Redford, Paul Hegarty, Paul Sturrock, Iain Ferguson, Kevin Gallacher.   Manager: James MacLean

Goals: Calderé (40), Clark (85), Ferguson (89)

BORUSSIA MÖNCHENGLADBACH v VITÓRIA GUIMARÃES 3-0 (2-0)

Bökelberg, Mönchengladbach   4.03.1987

Referee: Einar Halle (NOR)   Attendance: 16,500

BORUSSIA: Uwe Kamps, Hans-Günter Bruns, Bernd Krauss, Ulrich Borowka, Kai-Erik Herlovsen, Hans-Georg Dressen, Dirk Bakalorz, Ewald Lienen, Michael Frontzeck, Hans-Jörg Criens, Uwe Rahn.   Trainer: Josef Heynckes

VITÓRIA: António JESUS Pereira, João Ribeiro Silva "COSTEADO" (87 NIVALDO Bezerra Ramos Filho), MIGUEL Alberto Fernandes Marques, Ornedes Alves Santos "NENÉ", HEITOR Camarin Junior, ROLDÃO Moreira de Novais, N'KAMA Monduone, RUI Manuel Pereira VIEIRA, Carlos Manuel Pereira Pinto "ADÃO" (77 BASAULA Lemba), Paulo Roberto Vacinello "PAULINHO CASCAVEL", ADEMIR Bernardes de Alcântara.   Trainer: Mario MARINHO PERES

Goals: Criens (9), Krauss (41), Heitor (67 og)

VITÓRIA GUIMARÃES v BORUSSIA MÖNCHENGLADBACH 2-2 (1-1)

Estádio Municipal, Guimarães   18.03.1987

Referee: Robert Valentine (SCO)   Attendance: 22,000

VITÓRIA: António JESUS Pereira, Rui António Cruz Ferreira "NASCIMENTO", João Ribeiro Silva "COSTEADO" (46 N'DINGA Mbote), MIGUEL Alberto Fernandes Marques, RUI Manuel Pereira VIEIRA, HEITOR Camarin Junior, BASAULA Lemba, NIVALDO Bezerra Ramos Filho, Carlos Manuel Pereira Pinto "ADÃO", Paulo Roberto Vacinello "PAULINHO CASCAVEL", ADEMIR Bernardes de Alcântara.   Trainer: Mario MARINHO PERES

BORUSSIA: Uwe Kamps, Hans-Günter Bruns, Kai-Erik Herlovsen, Ulrich Borowka, Bernd Krauss, Hans-Georg Dressen, Christian Hochstätter, Dirk Bakalorz (86 Andreas Brandts), Michael Frontzeck, Uwe Rahn, Hans-Jörg Criens (68 Günter Thiele).   Trainer: Josef Heynckes

Goals: Bakalorz (30), Cascavel (36), Ademir (70), Heitor (85 og)

AC TORINO v FC SWAROWSKI TIROL INNSBRUCK 0-0

Stadio Comunale, Torino   4.03.1987

Referee: Alexis Ponnet (BEL)   Attendance: 40,600

AC TORINO: Renato Copparoni, Renato Zaccarelli, Ezio Rossi, Giovanni Francini, Roberto Cravero, Giacomo Ferri, Giuseppe Dossena, JUNIOR Leovigildo Lins Gama (82 Francesco Lerda), Paolo Beruatto, Willem Kieft, Antonio Comi.   Trainer: Radice

FC TIROL: Tomislav Ivkovic; Ivica Kalinic, Robert Auer, Gerald Messlender, Arnold Koreimann; Rudolf Steinbauer, Robert Idl, Hansi Müller, Andreas Spielmann; Alfred Roscher, Peter Pacult (80 Michael Streiter)   Trainer: Latzke

FC SWAROWSKI TIROL INNSBRUCK v AC TORINO 2-1 (0-0)

Tivoli stadion, Innsbruck   18.03.1987

Referee: Erik Fredriksson (SWE)   Attendance: 17,000

FC TIROL: Tomislav Ivkovic, Ivica Kalinic, Rudolf Steinbauer, Rudolf Strobl, Arnold Koreimann; Andreas Spielmann (81 Heinz Peischl), Manfred Linzmaier (89 Michael Streiter), Hansi Müller, Robert Idl; Alfred Roscher, Peter Pacult.   Trainer: Latzke

AC TORINO: Renato Copparoni, Roberto Cravero, Ezio Rossi, Giacomo Ferri, Giovanni Francini, Antonio Sabato, Giuseppe Dossena, JUNIOR Leovigildo Lins Gama, Paolo Beruatto, Willem Kieft, Antonio Comi.   Trainer: Radice.

Sent off: Ferri (69)

Goals: Müller (60), Pacult (79), Francini (86)

IFK GÖTEBORG v INTERNAZIONALE MILANO 0-0

Ullevi, Göteborg   4.03.1987

Referee: Jan Keizer (HOL)   Attendance: 43,103

IFK: Thomas Wernersson, Mats-Ola Carlsson, Peter Larsson, Glenn Hysén, Per Edmund Mordt, Lars Zetterlund, Tord Holmgren, Stefan Pettersson, Magnus Johansson, Tommy Holmgren, Jari Rantanen (86 Lennart Nilsson).   Trainer: Gundar Bengtsson

INTER: Walter Zenga, Giuseppe Bergomi, Andrea Mandorlini, Daniel Alberto Passarella, Riccardo Ferri, Adriano Piraccini, Giuseppe Baresi, Gianfranco Matteoli, Marco Tardelli, Oliviero Garlini (87 Pietro Fanna), Alessandro Altobelli.   Trainer: Giovanni Trapattoni

INTERNAZIONALE MILANO
v IFK GÖTEBORG 1-1 (0-0)

Stadio Giuseppe Meazza, Milano   18.03.1987

Referee: Adolf Prokop (DDR)   Attendance: 61,376

INTER: Walter Zenga, Giuseppe Bergomi, Andrea Mandorlini, Giuseppe Baresi, Riccardo Ferri, Daniel Alberto Passarella, Pietro Fanna, Adriano Piraccini, Alessandro Altobelli, Gianfranco Matteoli, Oliviero Garlini. Trainer: Giovanni Trapattoni

IFK: Thomas Wernersson, Mats-Ola Carlsson, Glenn Hysén, Peter Larsson, Stig Fredriksson, Lars Zetterlund, Tord Holmgren, Magnus Johansson, Tommy Holmgren, Stefan Pettersson, Jari Rantanen (63 Lennart Nilsson). Trainer: Gundar Bengtsson

Goals: Fredriksson (57 og), Pettersson (78)

SEMI-FINALS

IFK GÖTEBORG
v FC SWAROWSKI TIROL INNSBRUCK 4-1 (2-1)

Nya Ullevi, Göteborg   8.04.1987

Referee: Joël Quiniou (FRA)   Attendance: 48,510

IFK: Thomas Wernersson; Mats-Ola Carlsson, Glenn Hysén, Peter Larsson, Stig Fredriksson; Michael Andersson, Tord Holmgren, Magnus Johansson, Tommy Holmgren, Stefan Pettersson, Lennart Nilsson (79 Jari Rantanen). Trainer: Gundar Bengtsson

FC TIROL: Tomislav Ivkovic; Gerald Messlender (86 Rudolf Strobl), Robert Auer, Ivica Kalinic, Arnold Koreimann; Rudolf Steinbauer, Manfred Linzmaier, Robert Idl (59 Alfred Hörtnagl), Hansi Müller; Alfred Roscher, Peter Pacult. Trainer: Latzke

Goals: Hysén (29), Andersson (34), Pacult (45), L. Nilsson (56), Kalinic (58 og)

FC SWAROWSKI TIROL INNSBRUCK
v IFK GÖTEBORG 0-1 (0-0)

Tivoli stadion, Innsbruck   22.04.1987

Referee: Victoriano Sánchez Arminio (SPA)   Att: 21,000

FC TIROL: Tomislav Ivkovic; Michael Streiter (57 Andreas Spielmann), Robert Auer, Rudolf Strobl, Arnold Koreimann, Rudolf Steinbauer; Manfred Linzmaier, Robert Idl (63 Alfred Hörtnagl), Hansi Müller; Alfred Roscher, Peter Pacult. Trainer: Latzke

IFK: Thomas Wernersson, Mats-Ola Carlsson, Glenn Hysén, Peter Larsson (55 Roland Nilsson), Stig Fredriksson; Michael Andersson, Tord Holmgren, Magnus Johansson, Tommy Holmgren; Stefan Pettersson, Lennart Nilsson (81 Jari Rantanen).   Trainer: Gundar Bengtsson

Goal: M. Andersson (73)

DUNDEE UNITED
v BORUSSIA MÖNCHENGLADBACH 0-0

Tannadice Park, Dundee   8.04.1987

Referee: Marcel van Langenhove (BEL)   Attendance: 15,789

DUNDEE UNITED: William Thomson, John Clark (46 Kevin Gallacher), Paul Hegarty, David Narey, Maurice Malpas, James McInally, Eamonn Bannon, Ian Redford, Iain Ferguson, John Holt, Paul Sturrock.   Manager: James MacLean

BORUSSIA: Uwe Kamps, Hans-Günter Bruns, André Winkhold, Ulrich Borowka, Kai-Erik Herlovsen, Christian Hochstätter, Hans-Georg Dressen, Dirk Bakalorz, Ewald Lienen, Michael Frontzeck, Hans-Jörg Criens. Trainer: Josef Heynckes

BORUSSIA MÖNCHENGLADBACH
v DUNDEE UNITED 0-2 (0-1)

Bökelberg, Mönchengladbach   22.04.1987

Referee: José Rosa Dos Santos (POR)   Attendance: 33,500

BORUSSIA: Uwe Kamps, Hans-Günter Bruns, André Winkhold (80 Jörg Jung), Ulrich Borowka, Kai-Erik Herlovsen, Christian Hochstätter (46 Bernd Krauss), Günter Thiele, Uwe Rahn, Ewald Lienen, Michael Frontzeck, Hans-Jörg Criens. Trainer: Josef Heynckes

DUNDEE UNITED: William Thomson, William Kirkwood, Paul Hegarty, David Narey, John Holt, David Bowman, James McInally, Ian Redford, Eamonn Bannon, Iain Ferguson (86 John Clark), Paul Sturrock (88 Kevin Gallacher). Manager: James MacLean

Goals: Ferguson (43), Redford (90)

FINAL

IFK GÖTEBORG v DUNDEE UNITED 1-0 (1-0)

Nya Ullevi, Göteborg   6.05.1987

Referee: Siegfried Kirschen (DDR)   Attendance: 50,053

IFK: Thomas Wernersson, Mats-Ola Carlsson, Glenn Hysén (Cap), Peter Larsson, Stig Fredriksson; Magnus Johansson (68 Roland Nilsson), Tord Holmgren (90 Lars Zetterlund), Michael Andersson, Tommy Holmgren; Stefan Pettersson, Lennart Nilsson.   Manager: Gunder Bengtsson

DUNDEE UNITED: William Thomson; Maurice Malpas, David Narey (Cap), John Holt, Paul Hegarty (56 John Clark); James McInally, William Kirkwood, David Bowman, Eamonn Bannon; Paul Sturrock (90 David Beaumont), Ian Redford. Manager: James McLean

Goal: Pettersson (38)

DUNDEE UNITED v IFK GÖTEBORG 1-1 (0-1)
Tannadice Park, Dundee 20.05.1987
Referee: Ioan Igna (ROM)   Attendance: 20,911
DUNDEE UNITED: William Thomson, Maurice Malpas, John Clark, David Narey, John Holt (46 Paul Hegarty); James McInally, Iain Ferguson, William Kirkwood; Paul Sturrock, Ian Redford (72 Eamonn Bannon), Kevin Gallacher.   Manager: James McLean
IFK: Thomas Wernersson; Mats-Ola Carlsson, Glenn Hysén, Peter Larsson, Stig Fredriksson; Roland Nilsson (77 Magnus Johansson), Tord Holmgren, Michael Andersson, Tommy Holmgren (70 Per Edmund Mordt); Stefan Pettersson, Lennart Nilsson.   Manager: Gunder Bengtsson
Goals: L. Nilsson (23), Clark (58)

UEFA Cup Top Scorer 1986-87:

5 goals: Paulinho Cascavel (Vitória Guimarães), Jari Rantanen (IFK Göteborg), Peter Houtman (FC Groningen), Wim Kieft (Torino Calcio)

UEFA CUP 1987-88

FIRST ROUND

AUSTRIA WIEN v BAYER LEVERKUSEN 0-0
Prater, Wien 15.09.1987
Referee: John Blankenstein (HOL)   Attendance: 11,125
AUSTRIA: Franz Bernhard Wohlfahrt; Robert Frind, Walter Hörmann, Peter Webora; Manfred Zsak, Herbert Prohaska, Frank Schinkels, Ernst Ogris (48 Gerald Baumgartner), Anton Pfeffer, Alfred Drabits, Tibor Nyilasi.   Trainer: Karl Stotz
BAYER: Rüdiger Vollborn; Thomas Hörster, Falko Götz, Knut Reinhardt, Peter Zanter; Wolfgang Rolff, Christian Schreier, Ralf Falkenmayer, Andrzej Buncol; Bum Kun Cha, Klaus Täuber (83 Herbert Waas).   Trainer: Erich Ribbeck

BAYER LEVERKUSEN v AUSTRIA WIEN 5-1 (1-1)
Ulrich Haberland st., Leverkusen 29.09.1987
Referee: Alphonse Constantin (BEL)   Attendance: 11,500
BAYER: Rüdiger Vollborn; Thomas Hörster, Falko Götz, Jean-Pierre De Keyser, Wolfgang Rolff, Christian Schreier (78 Klaus Täuber), Ralf Falkenmayer, Andrzej Buncol, Knut Reinhardt, Bum Kun Cha, Herbert Waas (70 Minas Hantzidis).   Trainer: Erich Ribbeck
AUSTRIA: Franz Bernhard Wohlfahrt; Erich Obermayer, Peter Webora, Robert Frind, Walter Hörmann (60 Christian Prosenik); Manfred Zsak, Herbert Prohaska, Frank Schinkels, Josef Degeorgi; Tibor Nyilasi (74 Ernst Ogris), Andreas Ogris.   Trainer: Karl Stotz
Goals: Rolff (24, 60), Webora (31), Schreier (46), Hörster (57), Cha (74)

CELTIC GLASGOW
v BORUSSIA DORTMUND 2-1 (1-0)
Celtic Park, Glasgow 15.09.1987
Referee: Bep Thomas (HOL)   Attendance: 41,400
CELTIC: Allen McKnight; Chris Morris, Derek Whyte, Peter Grant, Anton Rogan; Robert Aitken, William Stark, Paul McStay, Thomas Burns (78 Owen Archdeacon); Mark McGhee, Andrew Walker.   Trainer: William McNeill
BORUSSIA: Wolfgang De Beer; Günter Kutowski, Frank Pagelsdorf, Dirk Hupe; Gerhard Kleppinger, Michael Zorc, Murdo MacLeod, Marcel Răducanu, Thomas Helmer; Norbert Dickel (76 Daniel Simmes), Frank Mill.
Trainer: Reinhard Saftig
Goals: Walker (4), Mill (64), Whyte (88)

BORUSSIA DORTMUND
v CELTIC GLASGOW 2-0 (0-0)
Westfalenstadion, Dortmund 29.09.1987
Referee: Rosario lo Bello (ITA)   Attendance: 54,000
BORUSSIA: Wolfgang De Beer; Günter Kutowski, Frank Pagelsdorf, Dirk Hupe (69 Daniel Simmes); Gerhard Kleppinger, Murdo MacLeod, Michael Zorc, Marcel Răducanu, Thomas Helmer; Norbert Dickel, Frank Mill.   Trainer: Reinhard Saftig
CELTIC: Allen McKnight; Chris Morris, Derek Whyte, Mick McCarthy, Anton Rogan; Robert Aitken, William Stark (88 Dougie McGuire), Peter Grant, Paul McStay, Thomas Burns; Andrew Walker (83 Anthony Shepherd).
Trainer: William McNeill
Goals: Dickel (74, 86)

**BOHEMIANS DUBLIN
v ABERDEEN FC 0-0**

Dalymount Park, Dublin   15.09.1987

Referee: Frans Van den Wijngaert (BEL)   Att: 10,000

BOHEMIANS: Dermot O'Neill; Alan Kinsella, Martin Duffy, Barry Murphy, Ronnie Murphy; Rocky O'Brien, Derek Swan, Derek Murray (76 John Byrne), Jackie Jameson; Joe Lawless, Paul McGee.   Trainer: William Young

ABERDEEN: Jim Leighton; Stewart McKimmie, Alexander McLeish, William Miller, David Robertson; Robert Connor, Neil Simpson (66 Peter Weir), Peter Nicholas, William Falconer; John Hewitt, Joe Miller (76 Gary Hackett). Trainer: Ian Porterfield

ABERDEEN FC v BOHEMIANS DUBLIN 1-0 (1-0)

Pittodrie, Aberdeen   30.09.1987

Referee: Egil Nervik (NOR)   Attendance: 10,000

ABERDEEN: Jim Leighton; Stewart McKimmie, Alexander McLeish, William Miller, David Robertson (46 Brian Grant); Robert Connor, James Bett, Peter Nicholas, William Falconer; John Hewitt (68 Gary Hackett), Joe Miller.
Trainer: Ian Porterfield

BOHEMIANS: Dermot O'Neill; Alan Kinsella, Martin Duffy, Barry Murphy, Ronnie Murphy; Rocky O'Brien, Derek Murray, John Byrne, Jackie Jameson; Joe Lawless, Paul McGee. Trainer: William Young

Goal: Bett (2 pen)

**SPORTUL STUDENŢESC BUCUREŞTI
v GKS KATOWICE 1-0** (0-0)

Sportul Studenţesc, Bucureşti   15.09.1987

Referee: Zdeněk Havlicek (CZE)   Attendance: 15,000

SPORTUL STUDENŢESC: Răzvan Voicilă; Marian Mihail, Mircea Popa, Paul Cazan, Ion Munteanu; Aurel Ţicleanu, Tudorel Cristea, Constantin Stănici, Laurenţiu Bozeşan (62 Lucian Burchel); Marcel Coraş, Mihail Ţîrlea.
Trainer: Mircea Rădulescu

GKS: Miroslaw Dreszer; Piotr Nazimek, Piotr Piekarczyk, Marek Biegun, Jerzy Kapias; Dariusz Grzesik, Robert Razakowski, Zbigniew Krzyzos (23 Andrzej Lesiak), Marek Koniarek; Krzysztof Hetmanski, Miroslaw Kubisztal (64 Bogdan Dlugajczyk).   Trainer: Wladyslaw Zmuda.

Sent off: Grzeszik

Goals: Ţîrlea (46)

**GKS KATOWICE
v SPORTUL STUDENŢESC BUCUREŞTI 1-2** (1-2)

Chorzów   1.10.1987

Referee: Henning Lund-Sørensen (DEN)   Att: 8,000

GKS: Miroslaw Dreszer; Piotr Nazimek (74 Krzysztof Hetmanski), Jerzy Wijas, Piotr Piekarczyk, Jerzy Kapias; Marek Biegun, Andrzej Lesiak (46 Bogdan Dlugajczyk), Janusz Nawrocki; Miroslaw Kubisztal, Jan Furtok, Marek Koniarek.
Trainer: Wladyslaw Zmuda

SPORTUL STUDENŢESC: Răzvan Voicilă; Marian Mihail, Mircea Popa, Tudorel Cristea, Ion Munteanu (40 Daniel Ciucă); Constantin Pană, Laurenţiu Bozeşan (58 Gino Iorgulescu), Adrian Pologea, Constantin Stănici; Mihail Ţîrlea, Marcel Coraş.   Trainer: Mircea Rădulescu

Goals: Ţîrlea (22), Cristea (28), Koniarek (31)

**EPA LARNACA
v VICTORIA BUCUREŞTI 0-1** (0-0)

Zenon st., Larnaca   16.09.1987

Referee: Antal Hutak (CZE)   Attendance: 5,000

EPA: Haris Konstantinou; Louis Stefani, Nikandros Toumazou, Pierakis Pierettis, Giorgos Lemesios; Tasos Porfiriou (59 Mihalis Theodotou), Stanislav Pelc, John Clarke (65 Dimitris Ioannou), Tasos Maki; Nikos Skayias, Takis Filippou.   Trainer: Jiří Lopata

VICTORIA: Ion Rotărescu; Petre Comănescu, Cornel Mirea, Costel Solomon, Dan Topolinschi; Victor Cojocaru, Ion Balaur, Victor Ene (76 Ionel Augustin), Sorin Henzel; Claudiu Vaişcovici (62 Cornel Ţălnar), Nicolae Nuţă.
Trainer: Dumitru Nicolae Nicuşor

Goals: V. Ene (51)

**VICTORIA BUCUREŞTI
v EPA LARNACA 3-0** (1-0)

Victoria, Bucureşti   29.09.1987

Referee: Plarent Kotherja (ALB)   Attendance: 9,000

VICTORIA: Ion Rotărescu; Petre Comănescu, Cornel Mirea, Costel Solomon, Dan Topolinschi (85 Emil Ursu); Victor Cojocaru, Ionel Augustin, Victor Ene (79 Vasile Caciureac); Claudiu Vaişcovici, Nicolae Nuţă, Cornel Ţălnar.
Trainer: Dumitru Nicolae Nicuşor

EPA: Haris Konstantinou; Giorgos Lemesios, Pierakis Pierettis, Giannis Perdios, Dimitris Ioannou; Mihalis Theodotou, Nikandros Toumazou, Stanislav Pelc, John Clarke; Takis Filippou (74 Tasos Maki), Nikos Skayias.
Trainer: Jiří Lopata

Goals: Nuţă (32, 61 pen), Augustin (82)

WISMUT AUE v VALUR REYKJAVÍK 0-0
Otto-Grotewohl-Stadion, Aue 16.09.1987

Referee: Ivan Timoshenko (USSR)   Attendance: 18,000

WISMUT: Jörg Weissflog; Heiko Münch, Volker Schmidt, André Köhler, Bernhard Konik; Steffen Krauss, Matthias Weiss, Roland Balck (74 Wilfred Reypka); Ulf Einsiedel (67 Matthias Jacob), Harald Mothes, Klaus Bittner.
Trainer: Hans Speth

VALUR: Gudmundur Baldursson; Thorgrimur Thrainsson, Sigurjon Kristjansson, Magni Blondal Petursson, Jon Gretar Jonsson, Saevar Jonsson, Gudni Bergsson (82 Amundi Sigmundsson), Hilmar Sighvatsson, Valur Valsson, Ingvar Guðmundsson, Njall Eidsson.   Trainer: Ian Ross

VALUR REYKJAVÍK v WISMUT AUE 1-1 (1-0)
Laugardalsvöllur, Reykjavík 30.09.1987

Referee: Lucien Kayser (LUX)   Attendance: 1,673

VALUR: Gudmundur Baldursson; Thorgrimur Thrainsson, Gudni Bergsson, Saevar Jonsson, Njall Eidsson (86 Amundi Sigmundsson), Ingvar Guðmundsson, Magni Blondal Petursson, Hilmar Sighvatsson, Valur Valsson; Jon Gretar Jonsson, Sigurjon Kristiansson.   Trainer: Ian Ross

WISMUT: Jörg Weissflog; Volker Schmidt, Klaus Becher (33 Ulf Einsiedel), André Köhler, Bernhard Konik; Steffen Krauss, Harald Mothes, Matthias Weiss, Roland Balck; Klaus Bittner (62 Sven Zweigler), Matthias Jacob.   Trainer: Hans Speth

Goals: J.G. Jonsson (11), Weiss (81 pen)

BORUSSIA MÖNCHENGLADBACH
v ESPANYOL BARCELONA 0-1 (0-1)
Bökelberg, Mönchengladbach 16.09.1987

Referee: Michel Vautrot (FRA)   Attendance: 19,000

BORUSSIA: Uwe Kamps; Hans-Günther Bruns, Thomas Herbst, Hans Georg Dressen (71 Eric Willaarts); André Winkhold, Kai Erik Herlovsen, Christian Hochstätter, Dirk Bakalorz, Michael Frontzeck; Günter Thiele, Hans-Jörg Criens.
Trainer: Wolf Werner.

ESPANYOL: Thomas N'Kono; José Ignacio Pérez de Arrilucea Tejedor "IÑAKI", José María GALLART Riera, José Rodríguez Hernández "FRANCIS", Miguel SOLER Sarasols; Manuel ZÚÑIGA Fernández, John Lauridsen, Javier ZUBILLAGA Martínez, Juan GOLOBART Serra (5 Diego OREJUELA Rodríguez); Miguel PINEDA Ozaeta, Ángel "PICHI" ALONSO Herrera (46 Ernesto VALVERDE Tejedor).
Trainer: Javier Clemente

Sent off: Bruns (87)

Goal: Pineda (34)

ESPANYOL BARCELONA
v BORUSSIA MÖNCHENGLADBACH 4-1 (2-0)
Sarriá, Barcelona 30.09.1987

Referee: George Courtney (ENG)   Attendance: 15,500

ESPANYOL: Thomas N'Kono; Santiago URKIAGA Pérez, José María GALLART Riera, José Rodríguez Hernández "FRANCIS", Miguel SOLER Sarasols; Manuel ZÚÑIGA Fernández, José Ignacio Pérez de Arrilucea Tejedor "IÑAKI", Juan GOLOBART Serra (69 MIGUEL ÁNGEL García Domínguez), Javier ZUBILLAGA Martínez (56 Diego OREJUELA Rodríguez); Miguel PINEDA Ozaeta, Ernesto VALVERDE Tejedor.   Trainer: Javier Clemente

BORUSSIA: Uwe Kamps; André Winkhold, Kai Erik Herlovsen, Michael Frontzeck, Hans Georg Dressen, Thomas Herbst, Dirk Bakalorz, Christian Hochstätter, Thomas Krisp (46 Günter Thiele); Uwe Rahn, Hans-Jörg Criens.
Trainer: Wolf Werner

Goals: Valverde (30), Iñaki (45), Golobart (49), Pineda (54), Rahn (59)

PALLOSEURA TURKU
v ADMIRA WACKER WIEN 0-1 (0-1)
Kupittaan, Turku 16.09.1987

Referee: Bo Helén (SWE)   Attendance: 1,783

PALLOSEURA: Dan-Ola Eckerman; Petri Sulonen, Esa Johansson, Ari Heikkinen, Juha Laaksonen; Kim Suominen, Juha Halonen, Tomi Jalo, Mika Aaltonen; Tommi Paavola, Marko Rajamäki.   Trainer: Tommy Lindholm

ADMIRA WACKER: Wolfgang Knaller; Helmut Graf, Herbert Oberhofer, Alois Dötzl; Michael Gruber, Peter Artner, Ernst Baumeister, Manfred Kern, Josef Heiling; Gerhard Rodax, Walter Knaller.   Trainer: August Starek

Goal: Rodax (14)

ADMIRA WACKER WIEN
v PALLOSEURA TURKU 0-2 (0-1)
Bundesstadion Südstadt, María Enzesdorf 30.09.1987

Referee: Lajos Hartmann (HUN)   Attendance: 2,000

ADMIRA WACKER: Gerald Kummer; Helmut Graf, Herbert Oberhofer, Alois Dötzl (74 Ernst Aigner); Peter Artner, Ernst Baumeister, Manfred Kern, Josef Heiling; Gerhard Rodax, Muhidin Teskeredzic, Walter Knaller.
Trainer: August Starek

PALLOSEURA: Dan-Ola Eckerman; Petri Sulonen, Kim Suominen, Ari Heikkinen, Tomi Jalo; Juha Laaksonen, Vesa Salmela, Tommi Paavola, Mika Aaltonen; Juha Halonen, Marko Rajamäki.   Trainer: Tommy Lindholm

Goals: Aaltonen (39, 75)

LINZER ASK v FC UTRECHT 0-0

Linzer Stadion   16.09.1987

Referee: Todor Kolev (BUL)   Attendance: 3,500

LASK: Klaus Lindenberger; Dietmar Grüneis, Christian Lehermayr, Dariusz Gajda; Karl Meister, Gerald Piesinger, Wolfgang Nagl, Andreas Roth (52 Christoph Westerthaler), Adam Kensy; Johann Gröss, Rudolf Köstenberger (75 Roussi Gochev).   Trainer: Adolf Blutsch

FC UTRECHT: Jan-Willem Van Ede; Herman Verrips, Gerrit Plomp, Henk Fräser, Erik Van der Meer; Ton De Kruyk, Ton Pattinama, Gert Kruys (90 Edwin De Kruijff), Gijs Steinmann (46 Alex Van Ginkel); John Van Loen, Johan De Kock.   Trainer: Han Berger

FC UTRECHT v LINZER ASK 2-0 (1-0)

Galgenwaard, Utrecht   30.09.1987

Referee: Adolf Prokop (DDR)   Attendance: 18,000

FC UTRECHT: Jan-Willem Van Ede; Herman Verrips, Gerrit Plomp, Henk Fräser, Erik Van der Meer, Rob Alflen, Ton Pattinama, Edwin De Kruijff, Gijs Steinmann; John Van Loen, Johan De Kock (83 Mark Verroen).   Trainer: Han Berger

LASK: Klaus Lindenberger; Dietmar Grüneis, Christian Lehermayr, Dariusz Gajda; Gerald Piesinger, Wolfgang Nagl, Karl Meister (46 Siegfried Paseka), Adam Kensy, Johann Rabitsch (54 Roussi Gochev); Andreas Roth, Rudolf Köstenberger.   Trainer: Adolf Blutsch

Goals: Van Loen (22), Steinmann (48)

HONVÉD BUDAPEST v SK LOKEREN 1-0 (0-0)

Bozsik-stadion, Budapest   16.09.1987

Referee: George Koukoulakis (GRE)   Attendance: 7,000

HONVÉD: Péter Disztl; Sándor Sallai, László Disztl, József Csuhay, András Cseh; Sándor Lippai, József Fitos, Imre Fodor, János Sass; János Romanek (46 László Gyimesi), Kálmán Kovács.   Trainer: Bertalan Bicskei

LOKEREN: Bob Hoogenboom; Johan Schoofs, Ronald Somers, Ronny Laroy, Bruno Versavel; Patrick Versavel, Didier M'Buyu, Mohammed Timouni, Patrick Van Veirdeghem; Angelo Nijskens, Ferenc Mészáros (90 Didier Verheughe).   Trainer: Wim Jansen

Goal: Fodor (53)

SK LOKEREN v HONVÉD BUDAPEST 0-0

Daknamstadion, Lokeren   29.09.1987

Referee: David Syme (SCO)   Attendance: 7,500

LOKEREN: Bob Hoogenboom; Johan Schoofs, Ronald Somers, Ronny Laroy, Patrick Van Veirdeghem; Patrick Versavel, Didier M'Buyu, Mohammed Timouni, Bruno Versavel (68 Didier Verheughe); Angelo Nijskens (84 Erwin Palmers), Ferenc Mészáros.   Trainer: Wim Jansen

HONVÉD: Péter Disztl; László Disztl, Sándor Sallai, József Csuhay, András Cseh; Sándor Lippai, József Fitos, László Gyimesi, János Sass; Imre Fodor, Kálmán Kovács (90 Gábor Sikesdi).   Trainer: Bertalan Bicskei

**TATABÁNYA BANYASZ
v VITÓRIA GUIMARÃES 1-1** (1-0)

Tatabánya   16.09.1987

Referee: Ozcan Oal (TUR)   Attendance: 5,000

TATABÁNYA: Imre Kiss; József Vincze, Endre Udvardi, József Szalma; Miklós Moldván, László Emmer, Károly Csapó (Cap), László Nagy; György Zircher, Gyula Plotár (46 Tibor Simon), István Vincze.   Trainer: Miklós Temesvári

VITÓRIA: António JESUS Pereira (Cap); Ornedes Alves Santos "NENÉ", João Ribeiro Silva "COSTEADO", MIGUEL Alberto Fernandes Marques, António José Pereira de CARVALHO, Benjamim Pereira Sobrinho "BENÉ"; N'DINGA Mbote, RENÉ Carmo Kreuz (70 Luís Carlos Saroli "CAIO JÚNIOR"), Carlos Manuel Pereira Pinto "ADÃO"; KIPULU Kioma, António José Alves Ribeiro "TOZÉ II" (46 N'KAMA Monduone).   Trainer: René Simoes

Goals: Plotár (41), Caio Junior (78)

**VITÓRIA GUIMARÃES
v TATABÁNYA BANYASZ 1-0** (0-0)

Estádio Municipal, Guimarães   30.09.1987

Referee: John Lloyd (WAL)   Attendance: 30,000

VITÓRIA: António JESUS Pereira (Cap); João Ribeiro Silva "COSTEADO", MIGUEL Alberto Fernandes Marques, Ornedes Alves Santos "NENÉ"; António José Pereira de CARVALHO, Rui António Cruz Ferreira "NASCIMENTO", RENÉ Carmo Kreuz, ADEMIR Bernardes de Alcântara, Carlos Manuel Pereira Pinto "ADÃO"; KIPULU Kioma, António José Alves Ribeiro "TOZÉ II" (46 N'KAMA Monduone).   Trainer: René Simoes

TATABÁNYA: Imre Kiss; József Vincze, Endre Udvardi, József Szalma; Miklós Moldván (82 László Emmer), László Szábo (68 Gyula Dobesch), György Zicher, László Nagy (Cap), István Schmidt; István Vincze, Gyula Plotár.   Trainer: Miklós Temesvári

Goal: Kipulu (71)

FC BARCELONA v BELENENSES LISBOA 2-0 (0-0)

Camp Nou, Barcelona   16.09.1987

Referee: Horst Brummeier (AUS)   Attendance: 20,000

FC BARCELONA: Andoni ZUBIZARRETA Urreta; GERARDO Miranda Concepción, Miguel Bernardo Bianquetti "MIGUELI", José MORATALLA Claramunt, JULIO ALBERTO Moreno Casas; VÍCTOR Muñoz Manrique (Cap), Bernd Schuster, ROBERTO Fernández Bonilla, URBANO Ortega Cuadros (46 Ramón María CALDERE Del Rey); Francisco José CARRASCO Hidalgo, Gary Winston Lineker. Trainer: Terry Venables

BELENENSES: JORGE Manuel MARTINS da Silva; Álvaro Cardoso TEIXEIRA, JOSÉ ANTÓNIO Prudêncio Conde Bargiela (Cap), Luís Fernando Gonçalves SOBRINHO, ARTUR Alberto Ferreira da Fonte; PAULO Jorge Côncio MONTEIRO (83 HILÁRIO Fernandes Gomes), José Alberto Peixoto da Silva "JUANICO", Stoicho Mladenov, Luís Reina, JAIME Jerónimo da Mercês, MAPUATA N'kiamba Esalo. Trainer: Mário Peres "MARINHO"

Goals: Moratalla (87), Víctor (90)

BELENENSES LISBOA v FC BARCELONA 1-0 (1-0)

Estádio do Restelo, Lisboa   30.09.1987

Referee: Kurt Röthlisberger (SWI)   Attendance: 24,000

BELENENSES: JORGE Manuel MARTINS da Silva; Álvaro Cardoso TEIXEIRA, JOSÉ ANTÓNIO Prudêncio Conde Bargiela (Cap), Luís Fernando Gonçalves SOBRINHO, ARTUR Alberto Ferreira da Fonte (55 Luís Reina); PAULO Jorge Côncio MONTEIRO (70 José Francisco "CHICO" FARIA), José Alberto Peixoto da Silva "JUANICO", Stoicho Mladenov, JAIME Jerónimo da Mercês, MAPUATA N'kiamba Esalo, Francisco Conde Junior "CHIQUINHO". Trainer: Mário Peres "MARINHO"

FC BARCELONA: Andoni ZUBIZARRETA Urreta; GERARDO Miranda Concepción, Miguel Bernardo Bianquetti "MIGUELI", José MORATALLA Claramunt, JULIO ALBERTO Moreno Casas; VÍCTOR Muñoz Manrique (Cap), Bernd Schuster, ROBERTO Fernández Bonilla, URBANO Ortega Cuadros; Francisco José CARRASCO Hidalgo, Gary Winston Lineker.   Trainer: LUIS Aragonés Suárez

Goal: Mapuata (4)

UNIVERSITATEA CRAIOVA v GD CHAVES 3-2 (0-1)

Central, Craiova   16.09.1987

Referee: Yusuf Namoglu (TUR)   Attendance: 40,000

UNIVERSITATEA: Ştefan Crişan; Nicolae Negrilă (Cap), Emil Săndoi, Gheorghe Popescu, Anton Weissenbacher; Gheorghe Ciurea, Vasile Mănăilă, Mircea Irimescu (40 Nicolae Ghiţă); Ştefan Stoica (63 Ion Geolgău), Viorel Vancea, Pavel Badea.   Trainer: Constantin Oţet

GD CHAVES: Carlos Manuel Costa PADRÃO; António CERQUEIRA Coelho Jorge, José António da Rocha GARRIDO, Jorge Sousa Gomes "JORGINHO", ROGÉRIO Manuel Silva Pimenta (70 Fernando José Ferreira VICENTE); GILBERTO dos Santos Gomes, Radoslav Zdravkov, LUÍS Ernesto da Costa SAURA (46 José Carvalho Gonçalves "SERRA"), DIAMANTINO dos Reis Brás (Cap); Georgi Slavkov, Carlos Manuel Oliveiros Silva "VERMELHINHO". Trainer: RAÚL António ÁGUAS

Goals: Gilberto (19), Vermelhinho (52), Ciurea (63 pen), Vancea (65), Ghiţă (85)

GD CHAVES v UNIVERSITATEA CRAIOVA 2-1 (1-0)

Estádio Municipal, Chaves   30.09.1987

Referee: Thomas Donnelly (NIR)   Attendance: 16,000

GD CHAVES: Carlos Manuel Costa PADRÃO; António CERQUEIRA Coelho Jorge, José António da Rocha GARRIDO, Jorge Sousa Gomes "JORGINHO", DIAMANTINO dos Reis Brás (Cap); GILBERTO dos Santos Gomes, Radoslav Zdravkov (84 Fernando José Ferreira VICENTE), DAVID Manuel Reis e Silva; José Carvalho Gonçalves "SERRA", Georgi Slavkov (63 JULIO SERGIO Almeida Santos), Carlos Manuel Oliveiros Silva "VERMELHINHO".   Trainer: RAÚL António ÁGUAS

UNIVERSITATEA: Silviu Lung (Cap); Nicolae Negrilă, Emil Săndoi, Gheorghe Popescu, Adrian Popescu; Vasile Mănăilă, Marian Rada, Gheorghe Ciurea (46 Nicolae Ghiţă), Pavel Badea; Ion Geolgău (68 Mircea Irimescu), Viorel Vancea. Trainer: Constantin Oţet

Goals: Slavkov (5), Vermelhinho (62), Ghiţă (83)

POGON SZCZECIN v HELLAS VERONA 1-1 (0-1)

Szczecin   16.09.1987

Referee: Bo Karlsson (SWE)   Attendance: 22,000

POGON: Marek Szczech; Mariusz Kuras, Jerzy Sokolowski, Kazimierz Sokolowski, Krzysztof Urbanowicz; Jacek Cyzio, Adam Benesz, Marek Ostrowski, Jacek Krzystolik; Jerzy Hawrylewicz, Marek Lesniak.   Trainer: Jan Jucha

VERONA: Giuliano Giuliani; Giuseppe Iachini, Roberto Solda, Silvano Fontolan, Domenico Volpati, Thomas Berthold, Luciano Bruni (78 Vinicio Verza), Antonio Di Gennaro, Roberto Galia; Marco Pacione, Preben Elkjaer-Larsen (47 Luigi Sacchetti).   Trainer: Osvaldo Bagnoli.

Sent off: Solda (24)

Goals: Elkjaer-Larsen (8), Lesniak (59)

HELLAS VERONA v POGON SZCZECZIN 3-1 (3-0)

Stadio Marc'Antonio Bentegodi, Verona   30.09.1987

Referee: José Alberto Veiga Trigo (POR)   Att: 29,000

VERONA: Giuliano Giuliani; Domenico Volpati, Giuseppe Volpecina (71 Luigi Sacchetti), Thomas Berthold, Silvano Fontolan; Giuseppe Iachini, Vinicio Verza, Roberto Galia, Marco Pacione, Antonio Di Gennaro, Preben Elkjaer-Larsen (80 Fernando Gasparini).   Trainer: Osvaldo Bagnoli

POGON: Marek Szczech; Mariusz Kuras, Jerzy Sokolowski, Krzysztof Urbanowicz, Kazimierz Sokolowski; Andrzej Miazek, Adam Benesz (58 Jacek Krzystolik), Marek Ostrowski, Jacek Cyzio; Jerzy Hawrylewicz, Marek Lesniak.
Trainer: Jan Jucha

Goals: Elkjaer-Larsen (32, 39 pen), Di Genaro (43 pen), Hawrylewicz (82)

FC VALLETTA v JUVENTUS TORINO 0-4 (0-3)

National, Ta' Qali   16.09.1987

Referee: John Martin (ENG)   Attendance: 18,000

FC VALLETTA: Raymond Mifsud; Raymond Briffa, Paul Curmi; Francis Grioli, Kristian Laferla, Dennis Fenech; Melchior Cremona (82 Jeffrey Farrugia), Joe Camilleri, Nicky Saliba; Jesmond Zerafa, Michael Taliana (52 Alex Busuttil).
Trainer: Formosa

JUVENTUS: Stefano Tacconi; Luciano Favero, Antonio Cabrini; Massimo Bonini, Sergio Brio, Roberto Tricella; Massimo Mauro (57 Renato Buso), Marino Magrin, Angelo Alessio, Luigi de Agostini (46 Beniamino Vignola), Michael Laudrup.   Trainer: Rino Marchesi

Goals: Laudrup (26, 42), Alessio (37, 70)

REAL SPORTING GIJÓN v AC MILAN 1-0 (0-0)

El Molinón, Gijón   16.09.1987

Referee: Ronald Bridges (WAL)   Attendance: 16,000

SPORTING: PEDRO Rodríguez Alfaro; José Manuel ESPINOSA Gómez, José Luis ABLANEDO Iglesias, Manuel Enrique JIMÉNEZ Abalo, Donato Alcalde Tieles "TATI"; JAIME Francisco Álvarez González, JOAQUÍN Alonso González, EMILIO Blanco Cabezón, Carlos Horacio González "ZURDI" (83 MARCELINO García Toral); ELOY Olaya Prendes, Wilmar Rubén CABRERA Sapopa (88 Juan Manuel Suárez del Valle "JUANMA").
Trainer: José Manuel Díaz Novoa

AC MILAN: Giovanni Galli; Mauro Tassotti, Filippo Galli, Roberto Mussi, Walter Bianchi; Daniele Massaro (81 Angelo Colombo), Mario Bortolazzi, Carlo Ancelotti, Roberto Donadoni, Ruud Gullit, Marco van Basten (65 Pietro Paolo Virdis).   Trainer: Arrigo Sacchi

Goal: Jaime (70)

JUVENTUS TORINO v FC VALLETTA 3-0 (1-0)

Stadio Comunale, Torino   30.09.1987

Referee: Mikhalakis Antoniou (CYP)   Attendance: 15,000

JUVENTUS: Stefano Tacconi; Luciano Favero, Pasquale Bruno; Massimo Bonini, Sergio Brio, Gaetano Scirea; Angelo Alessio, Marino Magrin (46 Luigi de Agostini), Ian Rush, Beniamino Vignola, Michael Laudrup (46 Renato Buso).
Trainer: Rino Marchesi

FC VALLETTA: Raymond Mifsud; Raymond Briffa, Paul Curmi; Francis Grioli, Kristian Laferla, Joe Camilleri; Alex Busuttil (89 Jesmond Zerafa), Nicky Saliba, Michael Taliana, Dennis Fenech, Melchior Cremona (86 Jeffrey Farrugia).
Trainer: Formosa

Goals: Magrin (23), Vignola (60), Rush (87)

AC MILAN v REAL SPORTING GIJÓN 3-0 (3-0)

Via del Mare, Lecce   30.09.1987

Referee: Zoran Petrović (YUG)   Attendance: 45,000

AC MILAN: Giovanni Galli; Mauro Tassotti, Walter Bianchi, Angelo Colombo (84 Roberto Mussi), Filippo Galli, Franco Baresi, Daniele Massaro, Carlo Ancelotti, Marco van Basten, Ruud Gullit, Pietro Paolo Virdis (64 Alberigo Evani).   Trainer: Arrigo Sacchi

SPORTING: PEDRO Rodríguez Alfaro; Donato Alcalde Tieles "TATI", Secundino Suárez Vázquez "CUNDI", José Luis ABLANEDO Iglesias, Manuel Enrique JIMÉNEZ Abalo; José Manuel ESPINOSA Gómez, EMILIO Blanco Cabezón, Wilmar Rubén CABRERA Sapopa (46 Juan Manuel Suárez del Valle "JUANMA"), JAIME Francisco Álvarez González, Carlos Horacio González "ZURDI" (46 MARCELINO García Toral), ELOY Olaya Prendes.   Trainer: José Manuel Díaz Novoa

Goals: Virdis (20 pen, 45 pen), Gullit (43)

**BEŞIKTAŞ ISTANBUL
v INTERNAZIONALE MILANO 0-0**

Istanbul   16.09.1987

Referee: Klaus Peschell (DDR)   Attendance: 20,000

BEŞIKTAŞ: Zalad Raze; Ismail Tavis, Kadir Akbulut, Samet Aybaba, Ulvi Güveneroglu; Gökhan Keskin, Bünyamin, Riza Çalimbay, Feyyaz Uçar (20 Metin Tekin), Ali Gültiken, Sinan Ergin.   Trainer: Gordon Milne

INTERNAZIONALE: Walter Zenga; Giuseppe Bergomi, Andrea Mandorlini (85 Fabio Calcaterra); Giuseppe Baresi, Riccardo Ferri, Daniel Passarella; Pietro Fanna, Vincenzo Scifo (70 Massimo Ciocci), Alessandro Altobelli, Gianfranco Matteoli, Adriano Piraccini.   Trainer: Giovanni Trapattoni

**INTERNAZIONALE MILANO
v BEŞIKTAŞ ISTANBUL 3-1** (2-1)

Stadio Giuseppe Meazza, Milano   30.09.1987

Referee: Gérard Biguet (FRA)   Attendance: 15,000

INTERNAZIONALE: Walter Zenga; Giuseppe Bergomi, Salvatore Nobile; Giuseppe Baresi, Riccardo Ferri, Daniel Passarella; Pietro Fanna (46 Andrea Mandorlini), Vincenzo Scifo, Alessandro Altobelli, Gianfranco Matteoli, Aldo Serena (87 Adriano Piraccini).   Trainer: Giovanni Trapattoni

BEŞIKTAŞ: Zalad Raze; Ismail Tavis, Kadir Akbulut, Samet Aybaba, Ulvi Güveneroglu; Gökhan Keskin, Bünyamin (46 Metin Tekin), Riza Çalimbay, Zeki Önatli; Feyyaz Uçar (77 Sinan Ergin), Ali Gültiken.   Trainer: Gordon Milne

Goals: Feyyaz (14), Altobelli (38), Serena (44, 86)

**SPARTAK MOSKVA
v DYNAMO DRESDEN 3-0** (1-0)

Lenin stadion, Moskva   16.09.1987

Referee: Einar Halle (NOR)   Attendance: 48,000

SPARTAK: Rinat Dasaev; Yuri Susloparov, Aleksandr Bokiy, Aleksandr Bubnov, Yuri Surov; Evgeni Kuznetsov, Boris Kuznetsov, Aleksandr Mostovoi; Fiedor Cherenkov, Valeri Schmarov, Sergei Rodionov (46 Mikhail Meskhi).   Trainer: Konstantin Beskov

DYNAMO: Ronny Teuber; Frank Lieberam, Andreas Diebitz, Andreas Trauttmann, Matthias Döschner; Reinhard Häfner (65 Steffen Gerstenberger), Jorg Stübner, Matthias Sammer; Ulf Kirsten (78 Torsten Gütschow), Ralf Minge, Uwe Jähnig.   Trainer: Eduard Geyer

Goals: Mostovoi (32, 80), Cherenkov (57)

COLERAINE FC v DUNDEE UNITED 0-1 (0-0)

The Showgrounds, Coleraine   16.09.1987

Referee: Frangcon Roberts (WAL)   Attendance: 3,800

COLERAINE: James Platt; Nigel Quigley, Desmond Edgar, Raymond Henry, Martin Tabb; Richard Wade, Paul McGurnaghan, Jeremy Robinson, Barry McCreadie, William Beggs (77 Paul Kee), Dermot Doherty (64 Jeff Wright).   Trainer: James Platt

DUNDEE UNITED: William Thomson; Gary McGinnis, Maurice Malpas, David Bowman, Paul Hegarty, David Narey, Iain Ferguson, Eamonn Bannon, Kevin Gallacher; Paul Sturrock (82 David Beaumont), Ian Redford.   Trainer: James McLean

Goal: Sturrock (39)

**DYNAMO DRESDEN
v SPARTAK MOSKVA 1-0** (1-0)

Dynamo, Dresden   30.09.1987

Referee: Egbert Mulder (HOL)   Attendance: 26,000

DYNAMO: Ronny Teuber; Andreas Trauttmann, Frank Lieberam, Andreas Diebitz, Matthias Döschner; Reinhard Häfner (60 Steffen Gerstenberger), Jorg Stübner, Hans-Uwe Pilz (72 Torsten Gütschow), Matthias Sammer; Ulf Kirsten, Ralf Minge.   Trainer: Eduard Geyer

SPARTAK: Rinat Dasaev; Yuri Surov, Aleksandr Bokiy, Yuri Susloparov, Aleksandr Bubnov; Aleksandr Mostovoi (90 Sergei Novikov), Evgeni Kuznetsov, Boris Kuznetsov, Fiedor Cherenkov; Valeri Schmarov (85 Vladimir Kapustin), Mikhail Meskhi.   Trainer: Konstantin Beskov

Goal: Minge (8)

DUNDEE UNITED v COLERAINE FC 3-1 (1-0)

Tannadice Park, Dundee   30.09.1987

Referee: Allan Gunn (ENG)   Attendance: 8,430

DUNDEE UNITED: William Thomson; Gary McGinnis, Maurice Malpas, John Clark, Paul Hegarty, David Narey, Kevin Gallacher, J. Alan Irvine, Gordon McLeod; Paul Sturrock, Ian McPhee (.. Ian Redford).   Trainer: James McLean

COLERAINE: James Platt; Dean McCullough (.. William McCurdy), Desmond Edgar, Nigel Quigley (.. Jeff Wright), Martin Tabb; Richard Wade, Paul McGurnaghan, Jeremy Robinson, Barry McCreadie, Paul Kee, Michael O'Neill.   Trainer: James Platt

Goals: Gallacher (28), Edgar (48), Sturrock (73), Clark (80)

**GRASSHOPPER-CLUB ZÜRICH
v DINAMO MOSKVA 0-4** (0-2)

Hardturm, Zürich   16.09.1987

Referee: José Pérez Sánchez (SPA)   Attendance: 8,900

GRASSHOPPER: Martin Brunner; Silvano Bianchi (46 Stephane De Siebenthal), Rainer Stutz, André Egli, Martin Andermatt, Alexander Imhof, Marcel Koller, Paulo Cesar, Pierre Larsen, Raimondo Ponte, Mats Gren.   Trainer: Kurt Jara

DINAMO: Aleksei Prudnikov (85 Aleksandr Uvarov); Viktor Losev, Andrei Timoshenko (83 Igor Skliarov), Aleksandr Novikov, Sergei Silkin, Igor Dobrovolski, Igor Bulanov, Viktor Vasiliev, Sergei Stukashov, Vasili Karataev, Aleksandr Borodiuk.   Trainer: Eduard Malofeev

Goals: Borodiuk (23, 45 pen, 57), Karataev (79)

**DINAMO MOSKVA
v GRASSHOPPER-CLUB ZÜRICH 1-0** (1-0)

Dinamo, Moskva   30.09.1987

Referee: Manfred Neuner (WG)   Attendance: 16,300

DINAMO: Aleksei Prudnikov; Viktor Losev, Igor Kolivanov (86 Igor Skliarov), Aleksandr Novikov, Sergei Silkin, Igor Dobrovolski, Igor Bulanov, Viktor Vasiliev, Sergei Stukashov, Vasili Karataev, Aleksandr Borodiuk.
Trainer: Eduard Malofeev

GRASSHOPPER: Martin Brunner; Arne Stiel, Rainer Stutz, André Egli, Martin Andermatt, Pierre Larsen, Marcel Koller, Paulo Cesar, Alexander Imhof, Raimondo Ponte (63 Michel Bacchini), Stephane De Siebenthal.   Trainer: Kurt Jara

Goal: Vasiliev (33)

BRØNDBY IF v IFK GÖTEBORG 2-1 (1-0)

Brøndby stadion   16.09.1987

Referee: George Smith (SCO)   Attendance: 29,600

BRØNDBY: Peter Schmeichel; Bjarne Jensen, Kent Nielsen, Lars Olsen, Ole Madsen; Per Steffensen (75 Brian Chrøis), John Jensen, Henrik Jensen, Brian Laudrup (80 Bent Christensen), Claus Nielsen, Kim Vilfort.
Trainer: Birger Petersen

IFK: Thomas Wernersson; Stig Fredriksson, Mats Ola Carlsson, Peter Larsson, Per Edmund Mordt; Roland Nilsson, Tord Holmgren, Michael Andersson, Tommy Holmgren (75 Lars Zetterlund); Lennart Nilsson, Stefan Pettersson.
Trainer: Kjell Pettersson

Goals: Claus Nielsen (33), L. Nilsson (77), Bent Christensen (79)

ZENIT LENINGRAD v CLUB BRUGGE 2-0 (1-0)

Kirova, Leningrad   16.09.1987

Referee: Joseph Worrall (ENG)   Attendance: 32,000

ZENIT: Mikhail Biriukov; Anatoli Davidov, Aleksei Stepanov, Gennadi Timofeev, Vladimir Dolgopolov; Nikolai Vorobiev, Sergei Kuznetsov, Yuri Zheludkov, Boris Chukhlov, Sergei Dmitriev, Dmitri Barannik.   Trainer: Vladimir Golubev

CLUB BRUGGE: Phillippe vande Walle, Mamadou Tew, Franky van der Elst, Hugo Broos, Dennis Van Wijk; Jan Ceulemans, Leo van der Elst (68 Alex Querter), Luc Beyens, Peter Crève; Marc Degryse, Ronny Rosenthal (73 Serge Kimoni).   Trainer: Henk Houwaart

Goals: Chukhlov (8), Zheludkov (70)

IFK GÖTEBORG v BRØNDBY IF 0-0

Ullevi, Göteborg   30.09.1987

Referee: Yuri Savchenko (USSR)   Attendance: 25,718

IFK: Thomas Wernersson; Stig Fredriksson, Mats-Ola Carlsson, Peter Larsson, Per Edmund Mordt; Roland Nilsson, Tord Holmgren, Lars Zetterlund, Tommy Holmgren (82 Magnus Johansson); Lennart Nilsson, Stefan Pettersson.
Trainer: Kjell Pettersson

BRØNDBY: Peter Schmeichel, Ole Østergaard, Kent Nielsen, Lars Olsen, Ole Madsen; Bjarne Jensen, Per Steffensen, John Jensen, Kim Vilfort, Brian Laudrup (71 Brian Chröis), Claus Nielsen (79 Bent Christensen).   Trainer: Birger Petersen

CLUB BRUGGE v ZENIT LENINGRAD 5-0 (3-0)

Olympiapark, Brugge   30.09.1987

Referee: Alain Delmer (FRA)   Attendance: 18,000

CLUB BRUGGE: Birger Jensen; Serge Kimoni, Hugo Broos, Mamadou Tew, Dennis Van Wijk; Franky van der Elst, Luc Beyens, Jan Ceulemans, Peter Crève; Marc Degryse, Kenneth Brylle (85 Alex Querter).   Trainer: Henk Houwaart

ZENIT: Mikhail Biriukov; Anatoli Davidov, Aleksei Stepanov, Vladimir Dolgopolov, Konstantin Ivanov (46 Igor Danilov); Nikolai Vorobiev, Sergei Kuznetsov (73 Aleksandr Kanischev), Yuri Zheludkov, Sergei Dmitriev, Boris Chukhlov, Dmitri Barannik.   Trainer: Vladimir Golubev

Goals: Brylle (20, 39, 59, 69), Ceulemans (44)

MJØNDALEN IF v WERDER BREMEN 0-5 (0-1)

Nedre Eiker, Mjøndalen   16.09.1987

Referee: Simo Ruokonen (FIN)   Attendance: 2,108

MJØNDALEN: Henning Friise; Kai Lagesen, Steinar Aulie, Kai Petter Johansen, Pal Skistad; Tom Gulbrandsen, Geir Andersen, Jörn Gruer (70 Roger Wernersen); Per Terje Markussen, Freddy Orbeck, Stig Arne Gjellestad.
Trainer: Boye Skistad

WERDER: Oliver Reck; Gunnar Sauer, Rune Bratseth, Ulrich Borowka; Thomas Wolter, Thomas Schaaf, Miroslav Votava, Norbert Meier (70 Manfred Burgsmüller), Günter Hermann (70 Jonny Otten); Karl-Heinz Riedle, Frank Ordenewitz.
Trainer: Otto Rehhagel

Goals: Riedle (6, 87), Ordenewitz (52), Sauer (55), Wolter (64)

WERDER BREMEN v MJØNDALEN IF 0-1 (0-0)

Weserstadion, Bremen   30.09.1987

Referee: Frederick McKnight (NIR)   Attendance: 12,000

WERDER: Oliver Reck; Gunnar Sauer, Rune Bratseth, Ulrich Borowka; Matthias Ruländer (46 Thomas Schaaf), Miroslav Votava, Norbert Meier, Günter Hermann, Jonny Otten (46 Manfred Burgsmüller); Karl-Heinz Riedle, Frank Ordenewitz.   Trainer: Otto Rehhagel

MJØNDALEN: Roy Amundsen; Kai Lagesen, Robert Holtungen, Kai Petter Johansen, Pal Skistad; Per Terje Markussen, Tom Gulbrandsen (73 Tore Dybfest), Arnt Kortgaard, Geir Andersen; Roger Wernersen (63 Jörn Gruer), Freddy Orbeck.   Trainer: Boye Skistad

Goal: Markussen (78)

**CRVENA ZVEZDA BEOGRAD
v TRAKIA PLOVDIV 3-0** (0-0)

Crvena Zvezda, Beograd   16.09.1987

Referee: Dan Petrescu (ROM)   Attendance: 30,000

CRVENA ZVEZDA: Stevan Stojanović; Zlatko Krdzević, Slobodan Marović, Refik Šabanadzović, Goran Milojević, Slavko Radovanović, Dragisa Binić, Robert Prosinečki, Borislav Cvetković, Dragan Stojković, Zarko Djurović.   Trainer: Velibor Vasović

TRAKIA: Milan Karatanchev; Trifon Pachev, Slavcho Horozov, Blagoi Blangev (74 Ivan Kochev), Zaprian Rakov, Marin Bakalov, Todor Zaitsev (76 Boris Hvoinev), Georgi Georgiev, Ivailo Stoinov, Petar Zehtinski, Atanas Pashev.   Trainer: Ivan Iluchtchev

Goals: Radovanović (57), Šabanadzovic (60), Cvetković (71)

**FLAMURTARI VLORË
v PARTIZAN BEOGRAD 2-0** (1-0)

Flamurtari, Vlorë   16.09.1987

Referee: George Sandoz (SWI)   Attendance: 19,000

FLAMURTARI: Anesti Arapi; Petro Ruci, Kreshnik Çipi, Roland Iljadhi, Rrapo Taho; Alfred Zijai (64 Eqerem Memushi), Vasil Ruci (66 Viktor Daullja), Alfred Ferko, Latif Gjondeda; Agim Bubeqi, Sokol Kushta.   Trainer: Leonidha Çuri

PARTIZAN: Fahrudin Omerović; Miodrag Bajović, Aleksandr Djordjević, Vladimir Vermezović, Ljubomir Radanović, Srećko Katanec, Nikica Klincarski (64 Jovica Kolb), Goran Stevanović, Fadilj Vokri, Admir Smajić, Nebojsa Vučićević (71 Milorad Bajović).   Trainer: Fahrudin Jusufi

Goals: Djordjević (30 og), Iljadhi (83)

**TRAKIA PLOVDIV
v CRVENA ZVEZDA BEOGRAD 2-2** (0-1)

Hristo Botev, Plovdiv   30.09.1987

Referee: Gerasimos Germanakos (GRE)   Att: 35,000

TRAKIA: Milan Karatanchev; Ivan Kochev, Slavcho Horozov, Blagoi Blangev (46 Boris Hvoinev), Zaprian Rakov; Marin Bakalov, Todor Zaitsev, Georgi Georgiev, Ivailo Stoinov, Petar Zehtinski, Atanas Pashev.   Trainer: Ivan Iluchtchev

CRVENA ZVEZDA: Stevan Stojanović; Zlatko Krdzević, Slobodan Marović, Slavko Radovanović (75 Dragan Punisić), Goran Milojević, Miodrag Krivokapić, Dragisa Binić, Refik Šabanadzović, Borislav Cvetković, Robert Prosinecki, Zarko Djurović.   Trainer: Velibor Vasović

Goals: Djurović (11), Pashev (55 pen), Georgiev (66), Binić (82)

**PARTIZAN BEOGRAD
v FLAMURTARI VLORË 2-1** (1-0)

JNA, Beograd   30.09.1987

Referee: Andrzej Libich (POL)   Attendance: 40,000

PARTIZAN: Fahrudin Omerović; Nikica Klincarski, Aleksandr Djordjević, Vladimir Vermezović, Srećko Katanec; Ljubomir Radanović, Admir Smajić, Goran Stevanović (77 Sladjan Scepović), Fadilj Vokri, Milko Djurovski (35 Milorad Bajović), Nebojsa Vučićević.   Trainer: Fahrudin Jusufi

FLAMURTARI: Anesti Arapi; Petro Ruci (65 Eqerem Memushi), Kreshnik Çipi, Roland Iljadhi, Rrapo Taho; Sokol Kushta, Alfred Zijai, Vasil Ruci (52 Vasillaq Ziu), Alfred Ferko, Latif Gjondeda, Agim Bubeqi.   Trainer: Leonidha Çuri

Goals: Stevanović (44 pen), Vokri (60), Kushta (82)

VELEŽ MOSTAR v FC SION 5-0 (3-0)

Gradski, Mostar   16.09.1987

Referee: Dušan Krchnák (CZE)   Attendance: 22,000

VELEŽ: Vukašin Petranović; Mili Hadziabdić, Ismet Šišić, Drazenko Prskalo, Veselin Djurasović, Ivica Barbarić, Sead Kajtaz, Avdo Kalajdzić, Predrag Jurić (79 Meho Kodro), Anel Karabeg (68 Vladimir Gudelj), Semir Tuce.   Trainer: Enver Marić

FC SION: Marco Pascolo; Vincent Fournier, Slobodan Rojevic, Alain Balet, Michel Sauthier, Yves Debonnaire (53 Dominique Cina), Blaise Piffaretti, Georges Bregy, Jean-Paul Brigger, Abdelaziz Bouderbala, Christophe Bonvin (72 Alvaro Lopez).   Trainer: Jean-Claude Donzé

Goals: Tuce (17, 32, 37, 61 pen), Šišić (60)

FC SION v VELEŽ MOSTAR 3-0 (3-0)

Tourbillon, Sion   30.09.1987

Referee: Alexis Ponnet (BEL)   Attendance: 3,950

FC SION: Pierre-Marie Pittier; Michel Sauthier, Vincent Fournier, Alain Balet, Slobodan Rojevic, Yves Debonnaire, Blaise Piffaretti; Abdelaziz Bouderbala, Jean-Paul Brigger, Dominique Cina, Christophe Bonvin.
Trainer: Jean-Claude Donzé

VELEŽ: Vukašin Petranović; Veselin Djurasović, Mili Hadziabdić, Drazenko Prskalo, Ismet Šišic; Avdo Kalajdzic (46 Zdenko Jedvaj), Anel Karabeg, Ivica Barbarić; Sead Kajtaz (83 Vladimir Gudelj), Predrag Jurić, Semir Tuce.
Trainer: Enver Marić

Goals: Brigger (4), Bouderbala (7), Balet (22)

FC TOULOUSE v PANIONIOS ATHINA 5-1 (2-0)

Municipal, Toulouse   16.09.1987

Referee: Werner Föckler (WG)   Attendance: 25,438

FC TOULOUSE: Phillipe Bergeroo; Patrice Lestage, Jean-Luc Ruty, Alberto Tarantini, Didier Casini; Jacky Paillard, Pascal Despeyroux, Gérald Passi (63 Benoît Tihy), Alberto Marcico; Yannick Stopyra, Dominique Rocheteau (88 Gilles Oliver).
Trainer: Jacques Santini

PANIONIOS: Antonis Manikas; Ilias Berios, Hristos Koutropoulos, Nikos Halkidis, Giannis Papahristopoulos; Stelios Aposporis (80 Alan Biley), Thanasis Kanaras, Noni Lima, Nikos Tsiantakis (84 Giorgos Karamihalos), Davorin Juricic, Thomas Mauros.   Trainer: Urben Brahms

Goals: Passi (8), Stopyra (26), Rocheteau (48), Marcico (52, 87 pen), Aposporis (64)

TJ VÍTKOVICE v AIK SOLNA 1-1 (0-0)

Bazaloch, Ostrava   16.09.1987

Referee: Hubert Forstinger (AUS)   Attendance: 4,500

TJ VÍTKOVICE: Jaroslav Zápalka; Miroslav Karas (58 Jindrich Kusnír), Miroslav Kadlec, Alois Grussmann, Vlastimil Staříčný; Stanislav Dostál (83 Alojz Spak), Bohumil Keler, Miroslav Chmela; Luděk Kovačík, Jiří Šourek, Zbyněk Houška.
Trainer: Ivan Kopecký

AIK: Bernt Ljung; Tomas Bodström, Sven Dahlkvist, Jan Eriksson, Mats Rohdin; Mikael Samuelsson (83 Mats Olausson), Thomas Lundmark, Thomas Bergman, Johan Johansson, Niklas Kindvall, Kim Bergstrand (78 Jari Hudd).
Trainer: Sanny Aslund

Goals: Kindvall (52), Staříčný (77)

PANIONIOS ATHINA v FC TOULOUSE 0-1 (0-0)

Neas Smirnis, Athina   30.09.1987

Referee: Tullio Lanese (ITA)   Attendance: 4,000

PANIONIOS: Antonis Manikas; Ilias Berios, Thanasis Kanaras, Nikos Halkidis, Giannis Gravanis; Stelios Aposporis (65 Spiros Maragkos), Nikos Tsiantakis, Noni Lima; Giorgos Karamihalos, Davorin Juricic, Thomas Mauros.
Trainer: Urben Brahms

FC TOULOUSE: Phillipe Bergeroo; Patrice Lestage, Jean-Luc Ruty, Alberto Tarantini, Didier Casini; Jacky Paillard (74 Jean-Philippe Delpech), Pascal Despeyroux, Alberto Marcico, Benoît Tihy; Yannick Stopyra (74 Michel Pavon), Dominique Rocheteau.   Trainer: Jacques Santini

Goal: Rocheteau (57)

AIK SOLNA v TJ VÍTKOVICE 0-2 (0-0)

Råsunda, Solna   30.09.1987

Referee: James Duncan (SCO)   Attendance: 2,109

AIK: Bernt Ljung; Mats Olausson (67 Mikael Samuelsson), Tomas Bodström, Jan Eriksson, Mats Rohdin; Björn Kindlund (77 Thomas Johansson), Johan Johansson, Thomas Bergman, Thomas Lundmark; Niklas Kindvall, Kim Bergstrand.
Trainer: Nils Andersson

TJ VÍTKOVICE: Jaroslav Zápalka; Jindrich Kusnír, Alois Grussmann, Miroslav Kadlec, Lubomir Vlk, Stanislav Dostál, Jiří Šourek, Jiří Bártl, Oldřich Škarecký; Zbyněk Houška (80 Miroslav Chmela), Vlastimil Staříčný (46 Luděk Kovačík).
Trainer: Ivan Kopecký

Goals: Dostál (61), Houška (77)

BEVEREN WAAS v BOHEMIANS PRAHA 2-0 (1-0)

Freethiel, Beveren   16.09.1987

Referee: Alder da Silva dos Santos (POR)   Attendance: 5,500

BEVEREN: Dirk Rosez; Julien Lodders, Danny Pfaff, Paul Lambrichts, Eddy Maes; Marek Kusto, Patrick Stalmans, Guy François, Dominique Lemoine; Franz Josef Schmedding, David Fairclough.   Trainer: Wilfried Van Moer

BOHEMIANS: Pavel Herda; Stanislav Levy, Peter Zelenský, Libor Bilas, Tomás Matejcek; Zdeněk Scasny, Jiří Tymich, Pavel Chaloupka, Milos Belák; Petr Janecka (80 Karel Zársky), Zdeněk Válek.   Trainer: Dušan Uhrin

Goals: Fairclough (16, 53)

BOHEMIANS PRAHA v BEVEREN WAAS 1-0 (1-0)

Štadion-Dolíčku, Praha 1.10.1987

Referee: Karl-Josef Assenmacher (WG)   Attendance: 3,627

BOHEMIANS: Pavel Herda; Stanislav Levy, Peter Zelenský, Libor Bilas, Tomás Matejcek (61 Jiří Tymich); Pavel Chaloupka, Zdeněk Scasny, Milos Belák; Petr Janecka, Zdeněk Válek (78 Vladimir Hruska), Karel Zársky.
Trainer: Dušan Uhrin

BEVEREN: Dirk Rosez; Julien Lodders, Danny Pfaff, Paul Lambrichts, Eddy Maes; Dominique Lemoine, Guy François (76 Frank Peeraer), Patrick Stalmans, Moshe Sinai, Marek Kusto, David Fairclough (90 Mark Van Britsom).
Trainer: Wilfried Van Moer

Goal: P. Chaloupka (11)

**PANATHINAIKOS ATHINA
v AJ AUXERRE 2-0** (1-0)

Olympiako, Athina 17.09.1987

Referee: Siegfried Kirschen (DDR)   Attendance: 75,000

PANATHINAIKOS: Antonis Minou; Hristos Vasileiou, Giannis Kalitzakis, Kostas Mauridis, Nikos Patsiavouras; Lissandros Georgamlis (46 Kostas Antoniou), Velimir Zajec, Vaggelis Vlahos; Dimitris Saravakos, Hristos Dimopoulos, Kostas Batsinilas (90 Márton Esterházy).
Trainer: Vasilis Daniil

AJ AUXERRE: Bruno Martini; Axel Gendreau, William Prunier, Basile Boli, Claude Barret; Waldemar Matysik, Daniel Dutuel, Andrzej Zgutczinski, Pascal Plancque (30 Eric Géraldès); Eric Cantona, Pascal Vahirua.   Trainer: Guy Roux

Goals: Barret (9 og), Vlahos (51)

**FEYENOORD ROTTERDAM
v SPORA LUXEMBOURG 5-0** (2-0)

Feyenoord, Rotterdam 16.09.1987

Referee: Patrick Daly (EIRE)   Attendance: 7,114

FEYENOORD: Ricardo De Jongh; Ben Wijnstekers, Jos Van Herpen, Kenneth Monkou, Sjaak Troost; Keje Molenaar (33 André Hoekstra), Mario Been, Lars Elstrup, René Hofman (62 Ed Roos); David Mitchell, Reginald Blinker.
Trainer: Rinus Israel

SPORA: Fernand Felten; Marc Colbach (46 Frank Lessure), Gérard Urbing, Carlo Weis, John Kremer; Gérard Jeitz, Marcel Di Domenico, André Mergen, Mike Frantz, Antonio Santopietro (86 Omar Colman), Patrick Juchem.
Trainer: Wolfgang Menzel

Goals: Blinker (16), Mitchell (37, 60), Van Herpen (74), Elstrup (77)

**AJ AUXERRE
v PANATHINAIKOS ATHINA 3-2** (2-2)

Abbé-Deschamps, Auxerre 30.09.1987

Referee: Luigi Agnolin (ITA)   Attendance: 21,000

AJ AUXERRE: Bruno Martini, Frédéric Darras, William Prunier, Basile Boli, Claude Barret, Waldemar Matysik, Daniel Dutuel, Didier Otokoré (81 Eric Géraldès), Pascal Vahirua (75 Roger Boli), Jean-Luc Courtet, Eric Cantona.
Trainer: Guy Roux

PANATHINAIKOS: Antonis Minou; Hristos Vasileiou, Giannis Kalitzakis, Kostas Mauridis, Nikos Patsiavouras; Velimir Zajec, Kostas Antoniou, Vaggelis Vlahos, Lissandros Georgamlis; Dimitris Saravakos (89 Nikos Karoulias), Hristos Dimopoulos (85 Kostas Batsinilas).   Trainer: Vasilis Daniil

Sent off: Georgamlis (88)

Goals: Dutuel (23), Vasileiou (31), Cantona (41), Saravakos (44), Courtet (73)

**SPORA LUXEMBOURG
v FEYENOORD ROTTERDAM 2-5** (2-1)

Stade Municipal, Luxembourg 1.10.1987

Referee: Jean Marie Lartigot (FRA)   Attendance: 1,100

SPORA: Fernand Felten; Marc Colbach (46 Frank Lessure), Gérard Urbing, John Kremer, Carlo Weis; Gérard Jeitz, Mike Frantz, Antonio Santopietro (86 Omar Colman), André Mergen; Marcel Di Domenico, Patrick Juchem.
Trainer: Wolfgang Menzel

FEYENOORD: Ricardo De Jongh; Ben Wijnstekers, Sjaak Troost, Kenneth Monkou, Ruud Heus (70 Jerry Simons), Keje Molenaar (46 André Hoekstra), René Hofman, Lars Elstrup, Ed Roos; Peter Barendse, Reginald Blinker.
Trainer: Rinus Israel

Goals: Elstrup (24 pen, 80), Di Domenico (28), Jeitz (42), Hoekstra (61), Wijnstekers (62), Heus (65)

LOKOMOTIV SOFIA v DINAMO TBILISI 3-1 (1-0)

Lokomotiv, Sofia 17.09.1987

Referee: Vaso Vujović (YUG)   Attendance: 25,000

LOKOMOTIV: Plamen Nikolov; Anton Velkov, Pavel Dochev, Alexander Dudov, Dimitar Vasev; Nikolai Todorov, Alexander Bonchev, Kiril Metkov, Gosho Petkov, Hristo Zlatinov (82 Nasko Jelev), Stoicho Stoev.   Trainer: Apostol Chachevski

DINAMO: Otar Gabeliya; Akhrik Tsveiba, Aleksandr Chivadze, Soso Chedia, Malkhaz Arziani, Zaza Revishvili, Zaur Svanadze (62 Giya Guruli), Tengiz Sulakvelidze, Mamuka Pantsulaia; Otar Korgalidze, Ramaz Schengeliya.
Trainer: G. Zonin

Goals: Zlatinov (45 pen), Stoev (61 pen), Schengeliya (75), Todorov (84)

DINAMO TBILISI v LOKOMOTIV SOFIA 3-0 (1-0)

Dinamo, Tbilisi   30.09.1987

Referee: Robert Matusik (CZE)   Attendance: 60,000

DINAMO: Otar Gabeliya; Gela Ketashvili, Aleksandr Chivadze, Soso Chedia, Malkhaz Arziani, Zaza Revishvili, Akhrik Tsveiba, Tengiz Sulakvelidze, Guram Adzhoev (70 Timur Ketsbaia); Giya Guruli, Ramaz Schengeliya (46 Otar Korgalidze).   Trainer: G. Zonin

LOKOMOTIV: Plamen Nikolov; Anton Velkov, Nasko Jelev, Alexander Dudov, Pavel Dochev; Dimitar Vasev, Alexander Bonchev, Kiril Metkov, Gosho Petkov, Nikolai Todorov (74 Hristo Zlatinov), Stoicho Stoev.   Trainer: Apostol Chachevski

Goals: Sulakvelidze (41), Guruli (73), Chivadze (79)

BRØNDBY IF
v SPORTUL STUDENŢESC BUCUREŞTI 3-0 (2-0)

København   21.10.1987

Referee: Roger Phillipi (LUX)   Attendance: 18,700

BRØNDBY: Peter Schmeichel; Bjarne Jensen, Lars Olsen, Kent Nielsen, Ole Madsen; John Jensen, Per Steffensen, Kurt Bakholt (23 Bent Christensen), Kim Vilfort; Claus Nielsen, Brian Laudrup.   Trainer: Birger Petersen

SPORTUL STUDENŢESC: Cristian Gheorghe; Marian Mihail, Tudorel Cristea, Mircea Popa, Ion Munteanu (82 Daniel Ciucă); Constantin Pană, Laurenţiu Bozeşan, Gino Iorgulescu, Marcel Coraş; Mihail Ţîrlea, Sorin Răducanu (73 Constantin Stănici).   Trainer: Mircea Rădulescu

Goals: Lars Olsen (16), Per Steffensen (30 pen), Bent Christensen (86)

SECOND ROUND

DUNDEE UNITED v TJ VITKOVICE 1-2 (1-1)

Tannadice Park, Dundee   21.10.1987

Referee: Ulf Eriksson (SWE)   Attendance: 8,938

DUNDEE UNITED: William Thomson; David Bowman, Maurice Malpas, Paul Hegarty, Gary McGinnis (60 John Clark), Iain Ferguson, David Narey, Eamonn Bannon, Hamish French; Paul Kinnaird, Ian McPhee (55 Paul Sturrock).   Trainer: James McLean

TJ VÍTKOVICE: Jaroslav Západka; Miroslav Karas, Oldřich Škarecký, Miroslav Kadlec, Lubomir Vlk; Stanislav Dostál, Alois Grussmann, Miroslav Chmela, Jiří Bártl; Zbyněk Houška (83 Jiří Šourek), Luděk Kovačík (80 Rostislav Jeřábek).   Trainer: Ivan Kopecký

Goals: Chmela (12), Ferguson (24), Dostál (78)

SPORTUL STUDENŢESC BUCUREŞTI
v BRØNDBY IF 3-0 (1-0, 3-0) (AET)

Sportul Studenţesc, Bucureşti   4.11.1987

Referee: Heinz Holzmann (AUS)   Attendance: 9,600

SPORTUL STUDENŢESC: Cristian Gheorghe, Marian Mihail, Mircea Popa, Gino Iorgulescu, Ion Munteanu (106 Ionel Achim); Constantin Pană, Laurenţiu Bozeşan, Aurel Ţicleanu, Adrian Pologea; Sorin Răducanu (73 Daniel Ciucă), Marcel Coraş.   Trainer: Mircea Rădulescu

BRØNDBY: Peter Schmeichel; Bjarne Jensen, Kent Nielsen, Lars Olsen, Ole Madsen; Per Steffensen (58 Torben Frank), Brian Chrøis, Bent Christensen, Brian Laudrup (81 Ole Østergaard); Claus Nielsen, Kim Vilfort.   Trainer: Birger Petersen

Goals: I. Munteanu (7), Bozeşan (78), Pană (89)

Penalties: Schmeichel (miss), 1-0 Iorgulescu, Olsen (miss), 2-0 Ţicleanu, K. Nielsen (miss), 3-0 Bozeşan

TJ VÍTKOVICE v DUNDEE UNITED 1-1 (0-1)

Bazaloch, Ostrava   4.11.1987

Referee: Marcel van Langenhove (BEL)   Attendance: 15,000

TJ VÍTKOVICE: Jaroslav Západka; Miroslav Karas, Oldřich Škarecký, Miroslav Kadlec, Lubomir Vlk; Stanislav Dostál, Alois Grussmann, Miroslav Chmela (79 Jiří Šourek), Jiří Bártl, Luděk Kovačík, Zbyněk Houška (59 Rostislav Jeřábek).   Trainer: Ivan Kopecký

DUNDEE UNITED: William Thomson; John Clark, Paul Hegarty, David Beaumont, Maurice Malpas, William McKinlay (64 Gary McGinnis), David Bowman, James McInally, Eamonn Bannon, Iain Ferguson, Joe McLeod (75 Paul Kinnaird).   Trainer: James McLean

Goals: Clark (37), Vlk (77)

INTERNAZIONALE MILANO
v PALLOSEURA TURKU 0-1 (0-1)

Giuseppe Meazza, Milano   21.10.1987

Referee: Wilfred Wallace (EIRE)   Attendance: 15,000

INTERNAZIONALE: Walter Zenga, Andrea Mandorlini, Salvatore Nobile, Giuseppe Baresi, Riccardo Ferri (24 Fabio Calcaterra), Daniel Passarella, Adriano Piraccini, Vincenzo Scifo, Alessandro Altobelli, Gianfranco Matteoli (66 Massimo Ciocci), Aldo Serena.   Trainer: Giovanni Trapattoni

PALLOSEURA: Dan-Ola Eckerman, Ari Heikkinen, Petri Sulonen, Juha Laaksonen, Esa Johansson, Juha Halonen, Tomi Jalo, Tommi Paavola, Kim Suominen, Mika Aaltonen, Marko Rajamäki (87 Vesa Salmela).   Trainer: Tommy Lindholm

Goal: Aaltonen (11)

**PALLOSEURA TURKU
v INTERNAZIONALE MILANO 0-2** (0-0)

Kupittaan, Turku 4.11.1987

Referee: Yanusz Eksztajn (POL)   Attendance: 15,000

PALLOSEURA: Dan-Ola Eckerman, Ari Heikkinen, Petri Sulonen, Juha Laaksonen, Esa Johansson, Juha Halonen, Tomi Jalo, Tommi Paavola, Kim Suominen (81 Vesa Salmela), Mika Aaltonen, Marko Rajamäki.   Trainer: Tommy Lindholm

INTERNAZIONALE: Walter Zenga; Giuseppe Bergomi, Andrea Mandorlini; Giuseppe Baresi, Fabio Calcaterra, Daniel Passarella; Pietro Fanna (87 Adriano Piraccini), Vincenzo Scifo, Alessandro Altobelli, Gianfranco Matteoli, Aldo Serena. Trainer: Giovanni Trapattoni

Goals: Scifo (50), Altobelli (74)

**PANATHINAIKOS ATHINA
v JUVENTUS TORINO 1-0** (1-0)

Olympiako, Athina 21.10.1987

Referee: Ronald Bridges (WAL)   Attendance: 60,000

PANATHINAIKOS: Antonis Minou; Hristos Vasileiou, Iakovos Hatziathanasiou, Giannis Kalitzakis; Nikos Vamvakoulas, Kostas Mauridis, Dimitris Saravakos, Kostas Antoniou, Hristos Dimopoulos, Juan Ramon Rocha (11 Paris Georgakopoulos, 66 Kostas Batsinilas), Vaggelis Vlahos. Trainer: Vasilis Daniil

JUVENTUS: Stefano Tacconi; Luciano Favero, Antonio Cabrini (77 Pasquale Bruno); Massimo Bonini, Sergio Brio, Roberto Tricella; Massimo Mauro (84 Angelo Alessio), Marino Magrin, Ian Rush, Luigi de Agostini, Michael Laudrup. Trainer: Rino Marchesi

Goal: Saravakos (6)

AC MILAN v ESPANYOL BARCELONA 0-2 (0-1)

Via del Mare, Lecce 21.10.1987

Referee: David Syme (SCO)   Attendance: 37,000

AC MILAN: Giovanni Galli; Walter Bianchi, Franco Baresi, Mauro Tassotti, Angelo Colombo, Paolo Maldini, Roberto Donadoni, Carlo Ancelotti, Ruud Gullit; Marco van Basten, Pietro Paolo Virdis.   Trainer: Arrigo Sacchi

ESPANYOL: Thomas N'Kono; Santiago URKIAGA Pérez, José María GALLART Riera, José Rodríguez Hernández "FRANCIS", Miguel SOLER Sarasols, Manuel ZÚÑIGA Fernández, Ernesto VALVERDE Tejedor, Diego OREJUELA Rodríguez (69 Juan GOLOBART Serra), Javier ZUBILLAGA Martínez, MIGUEL ÁNGEL García Domínguez, Ángel "PICHI" ALONSO Herrera (85 John Lauridsen).
Trainer: Javier Clemente

Goals: Zubillaga (40), P. Alonso (49)

**JUVENTUS TORINO
v PANATHINAIKOS ATHINA 3-2** (0-0)

Stadio Comunale, Torino 4.11.1987

Referee: Joël Quiniou (FRA)   Attendance: 50,000

JUVENTUS: Stefano Tacconi; Luciano Favero, Antonio Cabrini; Massimo Bonini (78 Beniamino Vignola), Sergio Brio, Roberto Tricella; Angelo Alessio, Marino Magrin (58 Renato Buso), Ian Rush, Luigi de Agostini, Michael Laudrup. Trainer: Rino Marchesi

PANATHINAIKOS: Antonis Minou; Hristos Vasileiou (30 Iakovos Hatziathanasiou), Nikos Patsiavouras, Giannis Kalitzakis; Nikos Vamvakoulas, Kostas Mauridis; Dimitris Saravakos (82 Thanasis Dimopoulos), Lissandros Georgamlis, Kostas Antoniou, Hristos Dimopoulos, Vaggelis Vlahos. Trainer: Vasilis Daniil

Goals: Saravakos (46), Cabrini (49, 72 pen), Dimopoulos (53), Alessio (59)

ESPANYOL BARCELONA v AC MILAN 0-0

Sarriá, Barcelona 4.11.1987

Referee: Alexis Ponnet (BEL)   Attendance: 30,000

ESPANYOL: Thomas N'Kono; Santiago URKIAGA Pérez, Miguel SOLER Sarasols, MIGUEL ÁNGEL García Domínguez, José Rodríguez Hernández "FRANCIS"; Ernesto VALVERDE Tejedor, Manuel ZÚÑIGA Fernández, Javier ZUBILLAGA Martínez, Ángel "PICHI" ALONSO Herrera, José María GALLART Riera, Diego OREJUELA Rodríguez (69 José Ignacio Pérez de Arrilucea Tejedor "IÑAKI").
Trainer: Javier Clemente

AC MILAN: Giovanni Galli; Mauro Tassotti, Paolo Maldini; Angelo Colombo, Filippo Galli, Franco Baresi; Roberto Donadoni, Carlo Ancelotti, Pietro Paolo Virdis, Ruud Gullit, Mario Bortolazzi (50 Roberto Mussi).   Trainer: Arrigo Sacchi

FC UTRECHT v HELLAS VERONA 1-1 (1-1)

Galgenwaard, Utrecht 21.10.1987

Referee: Ion Igna (ROM)   Attendance: 17,750

FC UTRECHT: Jan-Willem Van Ede; Herman Verrips, Gerrit Plomp, Henk Fräser, Erik Van der Meer; Rob Alflen (71 Ulrich Crüden), Edwin De Kruijff, Ton Pattinama, Gijs Steinmann; Alex Van Ginkel (82 Johan De Kock), John Van Loen.
Trainer: Han Berger

VERONA: Giuliano Giuliani; Thomas Berthold, Giuseppe Iachini, Silvano Fontolan, Domenico Volpati, Giuseppe Volpecina, Roberto Galia, Antonio Di Gennaro, Vinicio Verza; Marco Pacione (69 Luigi Sacchetti), Preben Elkjaer-Larsen. Trainer: Osvaldo Bagnoli

Goals: Berthold (44), Van Ginkel (45)

HELLAS VERONA v FC UTRECHT 2-1 (0-0)

Stadio Marc'Antonio Bentegodi, Verona   4.11.1987

Referee: Manfred Neuner (WG)   Attendance: 28,883

VERONA: Giuliano Giuliani; Silvano Fontolan, Domenico Volpati, Thomas Berthold, Giuseppe Volpecina; Luigi Sacchetti, Vinicio Verza, Antonio Di Gennaro, Roberto Galia; Marco Pacione, Preben Elkjaer-Larsen.
Trainer: Osvaldo Bagnoli

FC UTRECHT: Jan-Willem Van Ede; Herman Verrips, Gerrit Plomp, Henk Fräser, Kevin Young, Ton Pattinama, Rob Alflen, Gijs Steinmann, Johan De Kock, John Van Loen, Alex Van Ginkel.   Trainer: Han Berger

Goals: Di Gennaro (69), De Kock (71), Verrips (89 og)

**ABERDEEN FC
v FEYENOORD ROTTERDAM 2-1** (1-1)

Pittodrie, Aberdeen   21.10.1987

Referee: Erik Fredriksson (SWE)   Attendance: 16,000

ABERDEEN: James Leighton; Stewart McKimmie, Alexander McLeish, William Miller, William Falconer, Robert Connor, James Bett, Peter Nicholas, Peter Weir; Joe Miller, John Hewitt.   Trainer: Ian Porterfield

FEYENOORD: Joop Hiele; Ben Wijnstekers, Jos Van Herpen, Sjaak Troost, Ruud Heus, Keje Molenaar, André Hoekstra, Mario Been; Lars Elstrup, René Hofman, David Mitchell (25 Peter Barendse, 48 Kenneth Monkou).   Trainer: Rinus Israel

Goals: Elstrup (21 pen), Falconer (34), J. Miller (68)

**FEYENOORD ROTTERDAM
v ABERDEEN FC 1-0** (0-0)

Feyenoord, Rotterdam   4.11.1987

Referee: Michel Vautrot (FRA)   Attendance: 24,000

FEYENOORD: Joop Hiele; Keje Molenaar, Jos Van Herpen, Sjaak Troost, Kenneth Monkou, Mario Been, André Hoekstra, Lars Elstrup, René Hofman, David Mitchell, Reginald Blinker (46 Peter Barendse).   Trainer: Rinus Israel

ABERDEEN: James Leighton; Brian Irvine, Alexander McLeish, William Miller, William Falconer, Robert Connor, James Bett, Peter Nicholas, Neil Simpson, Peter Weir; Joe Miller (80 John Hewitt).   Trainer: Ian Porterfield

Goal: Hoekstra (74)

**VITÓRIA GUIMARÃES
v BEVEREN WAAS 1-0** (0-0)

Estádio Municipal, Guimarães   21.10.1987

Referee: Joaquín Ramos Marcos (SPA)   Attendance: 19,250

VITÓRIA: António JESUS Pereira (Cap); João Ribeiro Silva "COSTEADO", MIGUEL Alberto Fernandes Marques, Ornedes Alves Santos "NENÉ", BASÍLIO Fernandes Marques, António José Pereira de CARVALHO (60 RUI Manuel Pereira VIEIRA), Rui António Cruz Ferreira "NASCIMENTO", RENÉ Carmo Kreuz (42 KIPULU Kioma), Carlos Manuel Pereira Pinto "ADÃO"; ADEMIR Bernardes de Alcântara, N'KAMA Monduone.   Trainer: António Oliveira

BEVEREN: Dirk Rosez; Julien Lodders, Danny Pfaff, Paul Lambrichts (Cap), Eddy Maes (50 Frank Peeraer); Marek Kusto, Patrick Stalmans, Mark Van Britsom, Stefan Van der Heyden; David Fairclough, Franz Josef Schmedding (89 Guy François).   Trainer: Wilfried Van Moer

Goal: Ademir (66 pen)

**BEVEREN WAAS
v VITÓRIA GUIMARÃES 1-0** (0-0, 1-0) (AET)

Freethiel, Beveren   4.11.1987

Referee: Alain Delmer (FRA)   Attendance: 12,000

BEVEREN: Dirk Rosez; Danny Pfaff (Cap), Julien Lodders, Paul Lambrichts, Mark Van Britsom (106 Eddy Maes); Marek Kusto, Patrick Stalmans, Frank Peeraer (63 Guy François), Dominique Lemoine; Franz Josef Schmedding, David Fairclough.   Trainer: Wilfried Van Moer

VITÓRIA: António JESUS Pereira (Cap); MIGUEL Alberto Fernandes Marques, João Ribeiro Silva "COSTEADO", Benjamim Pereira Sobrinho "BENÉ", Ornedes Alves Santos "NENÉ", António José Pereira de CARVALHO; Rui António Cruz Ferreira "NASCIMENTO" (67 KIPULU Kioma), N'DINGA Mbote, Carlos Manuel Pereira Pinto "ADÃO"; ADEMIR Bernardes de Alcântara, Luís Carlos Saroli "CAIO JÚNIOR" (85 N'KAMA Monduone).
Trainer: António Oliveira

Goal: Lemoine (66)

Penalties: 1-0 François, 1-1 ...., 2-1 Kusto, 2-2 ...., 3-2 Lemoine, 3-3 ...., 4-3 Schmedding, 4-4 ...., Stalmans (miss), 4-5 Ademir

**CRVENA ZVEZDA BEOGRAD
v CLUB BRUGGE 3-1** (0-1)

Crvena Zvezda, Beograd   21.10.1987

Referee: Jan Keizer (HOL)   Attendance: 60,000

CRVENA ZVEZDA: Stevan Stojanović; Zlatko Krdzević, Slobodan Marović (46 Dejan Joksimović), Refik Šabanadzović, Goran Milojević, Slavko Radovanović, Dragisa Binić, Goran Jurić, Borislav Cvetković, Dragan Stojković, Zarko Djurović.
Trainer: Velibor Vasović

CLUB BRUGGE: Birger Jensen; Mamadou Tew, Franky van der Elst (56 Alex Querter), Hugo Broos, Dennis Van Wijk, Jan Ceulemans, Luc Beyens, Serge Kimoni, Peter Crève (86 Leo van der Elst); Marc Degryse, Kenneth Brylle.
Trainer: Henk Houwaart

Goals: Beyens (41), Radovanović (53), Cvetković (82), Stojković (90 pen)

CLUB BRUGGE
v CRVENA ZVEZDA BEOGRAD 4-0 (1-0)

Olympiapark, Brugge 4.11.1987

Referee: Dušan Krchnák (CZE)   Attendance: 30,287

CLUB BRUGGE: Birger Jensen; Luc Beyens, Serge Kimoni, Hugo Broos, Dennis Van Wijk; Jan Ceulemans, Franky van der Elst, Alex Querter (65 Ronny Rosenthal), Peter Crève; Marc Degryse, Kenneth Brylle.   Trainer: Henk Houwaart

CRVENA ZVEZDA: Stevan Stojanović; Zlatko Krdzević, Goran Jurić, Slavko Radovanović, Refik Šabanadzović, Miodrag Krivokapić, Dragisa Binić, Robert Prosinečki, Borislav Cvetković, Dragan Stojković, Zarko Djurović (55 Nusref Musemić).   Trainer: Velibor Vasović

Goals: Brylle (13), Ceulemans (47), Radovanovic (49 og), Beyens (88)

WISMUT AUE v FLAMURTARI VLORË 1-0 (1-0)

Otto-Grotewohl-Stadion, Aue 21.10.1987

Referee: Jiří Stiegler (CZE)   Attendance: 18,000

WISMUT: Jörg Weissflog; Volker Schmidt, Ronald Färber (67 Wilfred Reypka), André Kohler, Bernhard Konik; Steffen Krauss, Roland Balck, Matthias Weiss; Klaus Bittner, Harald Mothes, Matthias Jacob (58 Ulf Einsiedel).
Trainer: Hans Speth

FLAMURTARI: Anesti Arapi; Rrapo Taho, Petro Ruci (62 Vasillaq Ziu), Alfred Zijai, Roland Iljadhi; Alfred Ferko, Vasil Ruci (78 Viktor Daullja), Eqerem Memushi, Latif Gjondeda; Sokol Kushta, Agim Bubeqi.   Trainer: Leonidha Çuri

Sent off: Bubeqi (88)

Goal: Krauss (22)

FLAMURTARI VLORË v WISMUT AUE 2-0 (1-0)

Flamurtari, Vlorë 4.11.1987

Referee: Laszlo Molnar (HUN)   Attendance: 12,000

FLAMURTARI: Anesti Arapi; Kreshnik Çipi, Petro Ruci, Rrapo Taho, Roland Iljadhi; Alfred Ferko (46 Vasillaq Ziu), Viktor Daullja (89 Esat Shabani), Eqerem Memushi, Alfred Zijai; Vasil Ruci, Sokol Kushta.   Trainer: Leonidha Çuri

WISMUT: Jörg Weissflog; Volker Schmidt, Heiko Münch (73 Ulf Einsiedel), André Kohler, Bernhard Konik; Matthias Weiss, Steffen Krauss, Harald Mothes, Roland Balck; Klaus Bittner, Matthias Jacob (73 John Bemme).   Trainer: Hans Speth

Goals: Taho (3), V. Ruci (72)

GD CHAVES v HONVÉD BUDAPEST 1-2 (0-0)

Estádio Municipal, Chaves 21.10.1987

Referee: Karl-Josef Assenmacher (WG)   Attendance: 10,000

GD CHAVES: João Francisco FONSECA dos Santos; António CERQUEIRA Coelho Jorge, José António da Rocha GARRIDO, Jorge Sousa Gomes "JORGINHO", ROGÉRIO Manuel Silva Pimenta (46 DAVID Manuel Reis e Silva); José Carvalho Gonçalves "SERRA", GILBERTO dos Santos Gomes, DIAMANTINO dos Reis Brás (Cap) (65 JULIO SERGIO Almeida Santos); Carlos Manuel Oliveiros Silva "VERMELHINHO", Radoslav Zdravkov, CÉSAR Rodrigues da Silva.   Trainer: RAÚL António ÁGUAS

HONVÉD: Péter Disztl; Sándor Sallai, László Disztl, József Csuhay (Cap), András Cseh; Gábor Sikesdi, József Fitos, Imre Fodor, János Sass; Sándor Lippai (89 János Romanek), Kálmán Kovács.   Trainer: Bertalan Bicskei

Goals: Kovács (73), Fodor (81), Zdravkov (87)

HONVÉD BUDAPEST v GD CHAVES 3-1 (1-0)

József Bozsik stadion, Budapest 4.11.1987

Referee: Henk van Ettekoven (HOL)   Attendance: 12,000

HONVÉD: Péter Disztl; Sándor Sallai, László Disztl, József Csuhay (Cap), András Cseh; József Fitos, Gábor Sikesdi, László Gyimesi; Imre Fodor, János Romanek, Kálmán Kovács.
Trainer: Bertalan Bicskei

GD CHAVES: João Francisco FONSECA dos Santos; António CERQUEIRA Coelho Jorge, José António da Rocha GARRIDO, Jorge Sousa Gomes "JORGINHO", DIAMANTINO dos Reis Brás (Cap) (15 JORGE Manuel Gomes SILVÉRIO); JULIO SERGIO Almeida Santos, GILBERTO dos Santos Gomes, LUÍS Ernesto da Costa SAURA, DAVID Manuel Reis e Silva (24 Fernando José Ferreira VICENTE); Carlos Manuel Oliveiros Silva "VERMELHINHO", Radoslav Zdravkov.
Trainer: RAÚL António ÁGUAS

Goals: Sallai (22), Jorginho (77), Fitos (79), Kovács (88)

BORUSSIA DORTMUND
v VELEŽ MOSTAR 2-0 (0-0)

Westfalenstadion, Dortmund 20.10.1987

Referee: José Rosa dos Santos (POR)   Attendance: 41,582

BORUSSIA: Wolfgang De Beer; Günter Kutowski, Frank Pagelsdorf, Dirk Hupe; Daniel Simmes, Gerhard Kleppinger, Murdo MacLeod, Marcel Răducanu, Thomas Helmer; Norbert Dickel, Frank Mill.   Trainer: Reinhard Saftig

VELEŽ: Vukašin Petranović; Mili Hadziabdić, Ismet Šišić, Drazenko Prskalo, Veselin Djurasović, Ivica Barbarić, Sead Kajtaz (87 Vladimir Gudelj), Avdo Kalajdzić, Predrag Jurić, Anel Karabeg, Semir Tuce.   Trainer: Enver Marić

Goals: Hupe (68), Dickel (86)

**VELEŽ MOSTAR
v BORUSSIA DORTMUND 2-1** (0-0)

Gradski, Mostar 4.11.1987

Referee: Yuri Savchenko (USSR)   Attendance: 25,000

VELEŽ: Vukašin Petranović; Mili Hadziabdić, Ismet Šišić, Drazenko Prskalo, Veselin Djurasović, Ivica Barbarić, Sead Kajtaz, Avdo Kalajdžić (46 Meho Kodro), Predrag Jurić, Vladimir Gudelj, Semir Tuce.   Trainer: Enver Marić

BORUSSIA: Wolfgang De Beer; Günter Kutowski, Frank Pagelsdorf, Bernd Storck; Gerhard Kleppinger, Murdo MacLeod, Michael Lusch, Thomas Helmer; Daniel Simmes (76 Adrian Spyrka), Norbert Dickel (89 Rupert Gerl), Frank Mill.   Trainer: Reinhard Saftig

Goals: Kodro (67), Mill (88), Jurić (89)

FC BARCELONA v DINAMO MOSKVA 2-0 (2-0)

Camp Nou, Barcelona 21.10.1987

Referee: Albert Thomas (HOL)   Attendance: 26,000

FC BARCELONA: Andoni ZUBIZARRETA Urreta; GERARDO Miranda Concepción, Miguel Bernardo Bianquetti "MIGUELI" (46 Salvador García Puig "SALVA"), JULIO ALBERTO Moreno Casas, VÍCTOR Muñoz Manrique (72 Ramón María CALDERE Del Rey), José Ramón ALEXANCO Ventosa, Vicente Raúl AMARILLA Vera, Bernd Schuster, ROBERTO Fernández Bonilla, Gary Winston Lineker, URBANO Ortega Cuadros.   Trainer: LUIS Aragonés Suárez

DINAMO: Aleksei Prudnikov; Viktor Losev, Andrei Timoshenko, Igor Skliarov, Sergei Silkin, Igor Dobrovolski, Igor Bulanov, Viktor Vasiliev (66 Vladimir Demidov), Sergei Stukashov (55 Igor Kolivanov), Vasili Karataev, Aleksandr Borodiuk.   Trainer: Eduard Malofeev

Goals: Amarilla (10), Schuster (30)

FC TOULOUSE v BAYER LEVERKUSEN 1-1 (0-1)

Municipal, Toulouse 21.10.1987

Referee: Zoran Petrović (YUG)   Attendance: 31,000

FC TOULOUSE: Phillipe Bergeroo; Alberto Tarantini, Jean-Luc Ruty, Benoît Tihy (58 Pierre Español), Pascal Despeyroux, Jacky Paillard, Mickaël Debève, Michel Pavon, Patrice Lestage; Dominique Rocheteau (78 Eric Assadourian), Yannick Stopyra.   Trainer: Jacques Santini

BAYER: Rüdiger Vollborn; Thomas Hörster, Erich Seckler, Falko Götz; Thomas Zechel (22 Peter Zanter, 46 Florian Hinterberger), Christian Schreier, Wolfgang Rolff, Andrzej Buncol, Ralf Falkenmayer, Christian Hausmann; Bum Kun Cha.   Trainer: Erich Ribbeck

Goals: Schreier (34), Tarantini (69 pen)

DINAMO MOSKVA v FC BARCELONA 0-0

Centralniy, Moskva 4.11.1987

Referee: Carlo Longhi (ITA)   Attendance: 24,500

DINAMO: Aleksei Prudnikov; Gennadi Morozov, Igor Skliarov, Andrei Timoshenko, Sergei Silkin, Igor Dobrovolski, Igor Bulanov, Viktor Vasiliev, Sergei Stukashov, Vasili Karataev (61 Sergei Kiriakov), Aleksandr Borodiuk.
Trainer: Eduard Malofeev

FC BARCELONA: Andoni ZUBIZARRETA Urreta; GERARDO Miranda Concepción (63 Salvador García Puig "SALVA"), José Ramón ALEXANCO Ventosa, JULIO ALBERTO Moreno Casas, VÍCTOR Muñoz Manrique, José MORATALLA Claramunt, Francisco José CARRASCO Hidalgo, Bernd Schuster, Ramón María CALDERE Del Rey, Gary Winston Lineker, URBANO Ortega Cuadros.
Trainer: LUIS Aragonés Suárez

BAYER LEVERKUSEN v FC TOULOUSE 1-0 (0-0)

Ulrich-Haberland, Leverkusen 4.11.1987

Referee: Kenneth Hope (SCO)   Attendance: 14,000

BAYER: Rüdiger Vollborn; Erich Seckler, Thomas Hörster, Knut Reinhardt, Alois Reinhardt; Ralf Falkenmayer, Wolfgang Rolff, Andrzej Buncol (66 Jean-Pierre De Keyser), Falko Götz; Christian Schreier, Bum Kun Cha.   Trainer: Erich Ribbeck

FC TOULOUSE: Phillipe Bergeroo; Patrice Lestage, Jean-Luc Ruty, Alberto Tarantini, Gilles Oliver; Pascal Despeyroux, Jacky Paillard, Jean-Philippe Delpech, Benoît Tihy (60 Pierre Español); Michel Pavon (60 Dominique Rocheteau), Yannick Stopyra.   Trainer: Jacques Santini

Goal: Schreier (80)

**VICTORIA BUCUREŞTI
v DINAMO TBILISI 1-2** (0-2)

Dinamo, Bucureşti 22.10.1987

Referee: Manfred Rossner (DDR)   Attendance: 16,000

VICTORIA: Ion Rotărescu; Petre Comănescu, Cornel Mirea, Emil Ursu, Dan Topolinschi; Victor Cojocaru, Ionel Augustin, Victor Ene; Claudiu Vaişcovici, Vasile Caciureac (75 Pompiliu Iordache), Sorin Henzel (46 Cornel Ţălnar).
Trainer: Dumitru Nicolae Nicuşor

DINAMO: Otar Gabeliya; Gela Ketashvili, Tengiz Sulakvelidze, Aleksandr Chivadze, Malkhaz Arziani; Soso Chedia (74 Timur Ketsbaia), Otar Korgalidze, Zaza Revishvili, Akhrik Tsveiba, Giya Guruli, Ramaz Schengeliya.
Trainer: G. Zonin

Goals: Chedia (3), Schengeliya (20), Vaişcovici (67 pen)

DINAMO TBILISI v VICTORIA BUCUREŞTI 0-0

Dinamo, Tbilisi   4.11.1987

Referee: Simo Ruokonen (FIN)   Attendance: 45,000

DINAMO: Otar Gabeliya; Gela Ketashvili, Tengiz Sulakvelidze, Aleksandr Chivadze, Malkhaz Arziani; Soso Chedia, Zaza Revishvili, Akhrik Tsveiba; Giya Guruli (77 Mamuka Pantsulaia), Otar Korgalidze (63 Guram Adzhoev), Ramaz Schengeliya.   Trainer: G. Zonin

VICTORIA: Gheorghe Niţu; Petre Comănescu, Cornel Mirea, Costel Solomon, Dan Topolinschi; Ion Balaur, Victor Cojocaru, Victor Ene; Cornel Ţălnar (77 Sorin Henzel), Ionel Augustin, Claudiu Vaişcovici (68 Pompiliu Iordache).
Trainer: Dumitru Nicolae Nicuşor

**SPARTAK MOSKVA
v WERDER BREMEN 4-1** (2-0)

Lenin stadion, Moskva   24.10.1987

Referee: Kurt Sørensen (DEN)   Attendance: 65,000

SPARTAK: Rinat Dasaev; Yuri Surov, Yuri Susloparov, Vagiz Khidiatulin (77 Boris Kuznetsov), Aleksandr Bubnov; Aleksandr Mostovoi, Evgeni Kuznetsov, Aleksandr Bokiy, Fiedor Cherenkov; Valeri Schmarov (62 Viktor Pasulko), Sergei Rodionov.   Trainer: Konstantin Beskov

WERDER: Oliver Reck; Rune Bratseth, Gunnar Sauer, Ulrich Borowka; Thomas Schaaf, Jonny Otten (38 Norbert Meier), Frank Neubarth, Günter Hermann, Miroslav Votava; Karl-Heinz Riedle, Frank Ordenewitz (46 Manfred Burgsmüller).
Trainer: Otto Rehhagel

Goals: Mostovoi (11), Rodionov (36, 55), Burgsmüller (81), Pasulko (90)

**WERDER BREMEN
v SPARTAK MOSKVA 6-2** (3-0, 4-1) (AET)

Weserstadion, Bremen   3.11.1987

Referee: George Sandoz (SWI)   Attendance: 22,000

WERDER: Oliver Reck; Rune Bratseth, Gunnar Sauer, Ulrich Borowka; Thomas Schaaf, Günter Hermann (76 Manfred Burgsmüller), Frank Ordenewitz (65 Jonny Otten), Miroslav Votava, Karl-Heinz Riedle, Frank Neubarth, Norbert Meier.
Trainer: Otto Rehhagel

SPARTAK: Rinat Dasaev; Boris Kuznetsov, Yuri Susloparov, Vagiz Khidiatulin (61 Viktor Pasulko), Aleksandr Bubnov (91 Vladimir Kapustin), Aleksandr Mostovoi, Evgeni Kuznetsov, Aleksandr Bokiy, Fiedor Cherenkov; Valeri Schmarov, Sergei Rodionov.   Trainer: Konstantin Beskov

Goals: Neubarth (4, 10), Ordenewitz (25), Cherenkov (71), Sauer (78), Riedle (101), Burgsmüller (109), Pasulko (110)

THIRD ROUND

**HELLAS VERONA
v SPORTUL STUDENŢESC BUCUREŞTI 3-1** (2-0)

Stadio Marc'Antonio Bentegodi, Verona   25.11.1987

Referee: George Sandoz (SWI)   Attendance: 26,000

VERONA: Giuliano Giuliani; Domenico Volpati (61 Antonio Terracciano), Silvano Fontolan, Roberto Solda, Giuseppe Volpecina (75 Felice Centofanti); Roberto Galia, Luigi Sacchetti, Antonio Di Gennaro; Vinicio Verza, Preben Elkjaer-Larsen, Marco Pacione.   Trainer: Osvaldo Bagnoli

SPORTUL STUDENŢESC: Cristian Gheorghe; Marian Mihail, Mircea Popa, Tudorel Cristea, Daniel Ciucă; Aurel Ţicleanu, Constantin Pană, Adrian Pologea, Laurenţiu Bozeşan (59 Constantin Stănici); Mihail Ţîrlea (80 Lucian Burchel), Marcel Coraş.   Trainer: Paul Cazan

Goals: Fontolan (25), Pacione (29), Coraş (63), Eljaer-Larsen (81 pen)

**SPORTUL STUDENŢESC BUCUREŞTI
v HELLAS VERONA 0-1** (0-0)

Sportul Studenţesc, Bucureşti   9.12.1987

Referee: Alexis Ponnet (BEL)   Attendance: 15,000

SPORTUL STUDENŢESC: Cristian Gheorghe; Tudorel Cristea, Mircea Popa, Gino Iorgulescu, Ion Munteanu; Aurel Ţicleanu, Constantin Pană (46 Daniel Ciucă), Laurenţiu Bozeşan; Mihail Ţîrlea (74 Sorin Răducanu), Marcel Coraş, Constantin Stănici.   Trainer: Paul Cazan

VERONA: Giuliano Giuliani; Thomas Berthold, Domenico Volpati, Silvano Fontolan, Giuseppe Volpecina; Luigi Sacchetti, Roberto Galia, Antonio Di Gennaro; Vinicio Verza, Marco Pacione, Preben Elkjaer-Larsen.   Trainer: Osvaldo Bagnoli

Goal: Elkjaer-Larsen (69)

**INTERNAZIONALE MILANO
v ESPANYOL BARCELONA 1-1** (1-0)

Stadio Giuseppe Meazza, Milano   25.11.1987

Referee: Franz Wöhrer (AUS)   Attendance: 46,567

INTERNAZIONALE: Walter Zenga; Giuseppe Bergomi, Salvatore Nobile; Giuseppe Baresi, Riccardo Ferri, Daniel Passarella; Pietro Fanna, Vincenzo Scifo, Alessandro Altobelli, Andrea Mandorlini, Aldo Serena.
Trainer: Giovanni Trapattoni

ESPANYOL: Thomas N'Kono; Santiago URKIAGA Pérez, Miguel SOLER Sarasols, José María GALLART Riera, José Rodríguez Hernández "FRANCIS", Manuel ZÚÑIGA Fernández (62 José María Sánchez Guerra "JOB"), Ernesto VALVERDE Tejedor, José Ignacio Pérez de Arrilucea Tejedor "IÑAKI", Ángel "PICHI" ALONSO Herrera, Javier ZUBILLAGA Martínez, Diego OREJUELA Rodríguez (69 John Lauridsen).
Trainer: Javier Clemente

Goals: Serena (31), Lauridsen (82)

**ESPANYOL BARCELONA
v INTERNAZIONALE MILANO 1-0** (1-0)

Sarriá, Barcelona 9.12.1987

Referee: Dieter Pauly (WG)   Attendance: 35,000

ESPANYOL: Thomas N'Kono; Santiago URKIAGA Pérez, Miguel SOLER Sarasols; José Ignacio Pérez de Arrilucea Tejedor "IÑAKI", José Rodríguez Hernández "FRANCIS", Manuel ZÚÑIGA Fernández; Javier ZUBILLAGA Martínez, Ángel "PICHI" ALONSO Herrera (74 John Lauridsen), José María Sánchez Guerra "JOB", Miguel PINEDA Ozaeta (66 Ernesto VALVERDE Tejedor), Diego OREJUELA Rodríguez. Trainer: Javier Clemente

INTERNAZIONALE: Walter Zenga; Giuseppe Bergomi, Salvatore Nobile; Giuseppe Baresi, Riccardo Ferri, Daniel Passarella; Pietro Fanna (56 Massimo Ciocci), Vincenzo Scifo, Alessandro Altobelli, Andrea Mandorlini (64 Gianfranco Matteoli), Aldo Serena.   Trainer: Giovanni Trapattoni

Goal: Orejuela (23)

**HONVÉD BUDAPEST
v PANATHINAIKOS ATHINA 5-2** (3-0)

József Bozsik-stadion, Budapest 25.11.1987

Referee: Henning Lund-Sørensen (DEN)   Att: 15,000

HONVÉD: Péter Disztl; László Disztl, Sándor Sallai, József Csuhay, András Cseh; Gábor Sikesdi, József Fitos, János Sass, László Gyimesi, Imre Fodor, Kálmán Kovács. Trainer: Bertalan Bicskei

PANATHINAIKOS: Antonis Minou; Kostas Mauridis, Hristos Vasileiou (39 Kostas Batsinilas), Giannis Kalitzakis, Lissandros Georgamlis, Nikos Patsiavouras, Kostas Antoniou, Nikos Vamvakoulas, Vaggelis Vlahos (69 Paris Georgakopoulos); Dimitris Saravakos, Hristos Dimopoulos. Trainer: Vasilis Daniil

Goals: Kovács (2, 32, 58, 61), Fodor (24 pen), Saravakos (65, 88)

**PANATHINAIKOS ATHINA
v HONVÉD BUDAPEST 5-1** (2-0)

Olympiako, Athina 9.12.1987

Referee: Dušan Krchnák (CZE)   Attendance: 80,000

PANATHINAIKOS: Nikos Sargkanis; Kostas Mauridis, Iakovos Hatziathanasiou, Nikos Patsiavouras; Juan Ramon Rocha, Kostas Antoniou, Nikos Vamvakoulas, Vaggelis Vlahos (76 Kostas Batsinilas); Paris Georgakopoulos (72 Giannis Kalitzakis); Dimitris Saravakos, Hristos Dimopoulos. Trainer: Vasilis Daniil

HONVÉD: Péter Disztl; László Disztl, Sándor Sallai, József Csuhay, András Cseh; Gábor Sikesdi, József Fitos, János Sass, László Gyimesi; Imre Fodor (67 János Romanek), Kálmán Kovács.   Trainer: Bertalan Bicskei

Goals: Vlahos (23, 37), Antoniou (55), Fitos (60), Mauridis (65), Batsinilas (82)

**FEYENOORD ROTTERDAM
v BAYER LEVERKUSEN 2-2** (2-2)

Feyenoord, Rotterdam 25.11.1987

Referee: José Rosa Dos Santos (POR)   Attendance: 27,000

FEYENOORD: Joop Hiele, Sjaak Troost, Jos Van Herpen, Kenneth Monkou, Ruud Heus; Peter Barendse, André Hoekstra (75 Reginald Blinker), Mario Been, René Hofman; Lars Elstrup, David Mitchell.   Trainer: Rinus Israel

BAYER: Rüdiger Vollborn; Peter Zanter, Thomas Hörster, Alois Reinhardt, Erich Seckler; Knut Reinhardt (82 Florian Hinterberger), Wolfgang Rolff, Andrzej Buncol (21 Falko Götz), Ralf Falkenmayer; Christian Schreier, Markus Feinbier. Trainer: Erich Ribbeck

Goals: Buncol (19), Falkenmayer (32), Been (36), Hoekstra (45)

**BAYER LEVERKUSEN
v FEYENOORD ROTTERDAM 1-0** (1-0)

Ulrich-Haberland, Leverkusen 9.12.1987

Referee: Paolo Casarin (ITA)   Attendance: 20,000

BAYER: Rüdiger Vollborn; Peter Zanter, Alois Reinhardt, Thomas Hörster, Florian Hinterberger, Falko Götz, Wolfgang Rolff, Erich Seckler, Knut Reinhardt (89 Jean-Pierre De Keyser), Markus Feinbier (74 Andrzej Buncol), Christian Schreier.   Trainer: Erich Ribbeck

FEYENOORD: Joop Hiele; Sjaak Troost, Jos Van Herpen, Kenneth Monkou, Ruud Heus; Keje Molenaar, André Hoekstra, Peter Barendse, Lars Elstrup (57 Reginald Blinker), René Hofman, David Mitchell.   Trainer: Rinus Israel

Goal: Götz (30)

VITÓRIA GUIMARÃES v TJ VÍTKOVICE 2-0 (0-0)

Estádio Municipal, Guimarães 25.11.1987

Referee: George Courtney (ENG)   Attendance: 20,000

VITÓRIA: António JESUS Pereira (Cap); João Ribeiro Silva "COSTEADO", MIGUEL Alberto Fernandes Marques, Benjamim Pereira Sobrinho "BENÉ" (17 RUI Manuel Pereira VIEIRA), Rui António Cruz Ferreira "NASCIMENTO", Carlos Manuel Pereira Pinto "ADÃO", ADEMIR Bernardes de Alcântara, António José Pereira de CARVALHO, N'KAMA Monduone (29 KIPULU Kioma), Luís Carlos Saroli "CAIO JÚNIOR", N'DINGA Mbote. Trainer: António Oliveira

TJ VÍTKOVICE: Jaroslav Zápalka; Vlastimil Staričný, Oldřich Škarecký, Miroslav Kadlec, Lubomir Vlk; Stanislav Dostál, Alois Grussmann, Jiří Bártl, Miroslav Chmela (46 Jiří Šourek); Rostislav Jeřábek, Luděk Kovačík (Cap) (84 Zbyněk Houška). Trainer: Ivan Kopecký

Goals: Kipulu (62), Caio Júnior (74)

TJ VITKOVICE
v VITÓRIA GUIMARÃES 2-0 (1-0, 2-0) (AET)
Bazaloch, Ostrava   9.12.1987

Referee: Gerasimos Germanakos (GRE)   Att: 10,000

TJ VÍTKOVICE: Jaroslav Zápalka; Miroslav Karas, Miroslav Kadlec, Alois Grussmann, Lubomir Vlk; Bohumil Keler, Stanislav Dostál, Miroslav Chmela (60 Jiří Šourek), Jiří Bártl, Rostislav Jeřábek (81 Vlastimil Staříčný), Luděk Kovačík.   Trainer: Ivan Kopecký

VITÓRIA: António JESUS Pereira (Cap); RUI Manuel Pereira VIEIRA, Benjamim Pereira Sobrinho "BENÉ", MIGUEL Alberto Fernandes Marques, António José Pereira de CARVALHO; Rui António Cruz Ferreira "NASCIMENTO", N'DINGA Mbote, ADEMIR Bernardes de Alcântara (67 RENÉ Carmo Kreuz), Carlos Manuel Pereira Pinto "ADÃO"; Luís Carlos Saroli "CAIO JÚNIOR" (91 N'KAMA Monduone), KIPULU Kioma.   Trainer: António Oliveira

Sent off: Vlk (109)

Goals: Kovačík (33), Grussmann (88)

Penalties: 1-0 Šourek, 1-1 Adão, 2-1 Bartl, 2-1 Nené, 3-2 Kadlec, 3-3 Miguel, 4-3 Grussmann, 4-4 N'Dinga, 5-4 Kovačík, Bené (miss)

WERDER BREMEN v DINAMO TBILISI 2-1 (2-1)
Weserstadion, Bremen   25.11.1987

Referee: Idelfonso Urizar Azpitarte (SPA)   Att: 21,630

WERDER: Oliver Reck; Rune Bratseth, Gunnar Sauer, Ulrich Borowka; Thomas Schaaf, Günter Hermann, Frank Ordenewitz (76 Manfred Burgsmüller), Miroslav Votava, Karl-Heinz Riedle, Frank Neubarth, Norbert Meier.   Trainer: Otto Rehhagel

DINAMO: Otar Gabeliya; Gela Ketashvili, Aleksandr Chivadze, Soso Chedia, Akhrik Tsveiba, Zaza Revishvili, Zaur Svanadze, Tengiz Sulakvelidze, Otar Korgalidze; Giya Guruli (67 Timur Ketsbaia), Ramaz Schengeliya.   Trainer: G. Zonin

Goals: Neubarth (3), Riedle (18), Schengeliya (20)

DINAMO TBILISI v WERDER BREMEN 1-1 (1-0)
Dinamo, Tbilisi   9.12.1987

Referee: Bo Karlsson (SWE)   Attendance: 80,000

DINAMO: Otar Gabeliya; Gela Ketashvili, Aleksandr Chivadze, Soso Chedia, Akhrik Tsveiba, Zaza Revishvili (67 Mamuka Pantsulaia), Zaur Svanadze, Tengiz Sulakvelidze, Timur Ketsbaia (62 Otar Korgalidze); Giya Guruli, Ramaz Schengeliya.   Trainer: G. Zonin

WERDER: Oliver Reck; Thomas Schaaf, Jonny Otten (53 Manfred Burgsmüller), Rune Bratseth, Michael Kutzop, Ulrich Borowka, Günter Hermann, Miroslav Votava, Karl-Heinz Riedle (89 Matthias Ruländer), Thomas Wolter, Frank Ordenewitz.   Trainer: Otto Rehhagel

Goals: Sulakvelidze (31), Schaaf (61)

BORUSSIA DORTMUND
v CLUB BRUGGE 3-0 (1-0)
Westfalenstadion, Dortmund   25.11.1987

Referee: Ion Igna (ROM)   Attendance: 52,000

BORUSSIA: Wolfgang De Beer; Günter Kutowski, Frank Pagelsdorf, Michael Lusch; Gerhard Kleppinger, Murdo MacLeod, Adrian Spyrka, Ingo Anderbrügge, Thomas Helmer; Norbert Dickel (76 Maurice Banach), Frank Mill.   Trainer: Reinhard Saftig

CLUB BRUGGE: Birger Jensen; Luc Beyens, Mamadou Tew, Hugo Broos, Serge Kimoni; Leo van der Elst, Alex Querter (83 Dennis van Wijk), Jan Ceulemans, Peter Crève; Marc Degryse, Ronny Rosenthal (46 Kenneth Brylle).   Trainer: Henk Houwaart

Goals: Mill (13, 63), Anderbrügge (77)

CLUB BRUGGE
v BORUSSIA DORTMUND 5-0 (1-0, 3-0) (AET)
Olympiapark, Brugge   9.12.1987

Referee: Ronald Bridges (WAL)   Attendance: 32,000

CLUB BRUGGE: Phillippe vande Walle; Hugo Broos, Dennis Van Wijk, Mamadou Tew; Franky van der Elst (119 Stefan Vereycken), Luc Beyens, Leo van der Elst, Peter Crève, Jan Ceulemans; Marc Degryse, Ronny Rosenthal (110 Serge Kimoni).   Trainer: Henk Houwaart

BORUSSIA: Wolfgang De Beer; Günter Kutowski, Frank Pagelsdorf, Bernd Storck, Michael Lusch; Gerhard Kleppinger, Murdo MacLeod, Adrian Spyrka, Thomas Helmer; Daniel Simmes (14 Maurice Banach), Frank Mill (68 Norbert Dickel).   Trainer: Reinhard Saftig

Goals: Ceulemans (10), Leo van der Elst (48, 83 pen, 108 pen) Franky van der Elst (100)

FC BARCELONA
v FLAMURTARI VLORË 4-1 (1-0)
Camp Nou, Barcelona   25.11.1987

Referee: Gérard Biguet (FRA)   Attendance: 16,000

FC BARCELONA: Andoni ZUBIZARRETA Urreta; Salvador García Puig "SALVA", Miguel Bernardo Bianquetti "MIGUELI", José MORATALLA Claramunt, JULIO ALBERTO Moreno Casas; VÍCTOR Muñoz Manrique, Bernd Schuster, Ramón María CALDERE Del Rey (59 ROBERTO Fernández Bonilla), URBANO Ortega Cuadros; Francisco José CARRASCO Hidalgo, Gary Winston Lineker.   Trainer: LUIS Aragonés Suárez

FLAMURTARI: Anesti Arapi; Petro Ruci, Rrapo Taho, Kreshnik Çipi, Roland Iljadhi; Alfred Ferko (52 Vasillaq Ziu), Alfred Zijai, Latif Gjondeda, Eqerem Memushi; Vasil Ruci, Sokol Kushta (82 Viktor Daullja).   Trainer: Leonidha Çuri

Goals: Urbano (43), Lineker (54, 58), Carrasco (55), V. Ruci (70 pen)

FLAMURTARI VLORË
v FC BARCELONA 1-0 (1-0)

Flamurtari, Vlorë 9.12.1987

Referee: Siegfried Kirschen (DDR)   Attendance: 15,000

FLAMURTARI: Anesti Arapi; Petro Ruci, Rrapo Taho, Kreshnik Çipi, Roland Iljadhi; Viktor Daullja, Alfred Ferko, Eqerem Memushi, Vasillaq Ziu; Vasil Ruci, Sokol Kushta. Trainer: Leonidha Çuri

FC BARCELONA: Andoni ZUBIZARRETA Urreta; GERARDO Miranda Concepción, Miguel Bernardo Bianquetti "MIGUELI", José MORATALLA Claramunt (30 Salvador García Puig "SALVA"), José Manuel Martínez Toral "MANOLO"; URBANO Ortega Cuadros, Bernd Schuster, ROBERTO Fernández Bonilla, Ramón María CALDERE Del Rey; Gary Winston Lineker, Francisco José CARRASCO Hidalgo.   Trainer: LUIS Aragonés Suárez

Goal: Kushta (15)

QUARTER-FINALS

HELLAS VERONA v WERDER BREMEN 0-1 (0-0)

Stadio Marc'Antonio Bentegodi, Verona   2.03.1988

Referee: Robert Valentine (SCO)   Attendance: 33,435

VERONA: Giuliano Giuliani; Dario Bonetti, Giuseppe Volpecina (76 Giuseppe Iachini), Thomas Berthold, Silvano Fontolan, Roberto Solda, Domenico Volpati, Roberto Galia, Marco Pacione, Antonio Di Gennaro, Preben Elkjaer-Larsen. Trainer: Osvaldo Bagnoli

WERDER: Oliver Reck; Thomas Schaaf, Jonny Otten; Rune Bratseth, Gunnar Sauer, Ulrich Borowka; Thomas Wolter, Miroslav Votava, Karl-Heinz Riedle, Frank Neubarth (87 Michael Kutzop), Frank Ordenewitz (83 Manfred Burgsmüller). Trainer: Otto Rehhagel

Goal: Neubarth (49)

WERDER BREMEN v HELLAS VERONA 1-1 (1-0)

Weserstadion, Bremen   16.03.1988

Referee: Jan Keizer (HOL)   Attendance: 39,000

WERDER: Oliver Reck; Gunnar Sauer, Rune Bratseth, Jonny Otten, Thomas Schaaf, Michael Kutzop, Miroslav Votava, Frank Neubarth, Norbert Meier (88 Günter Hermann), Karl-Heinz Riedle, Frank Ordenewitz.   Trainer: Otto Rehhagel

VERONA: Giuliano Giuliani; Roberto Solda, Stefano Pioli (71 Domenico Volpati), Dario Bonetti, Thomas Berthold, Giuseppe Volpecina, Giuseppe Iachini (66 Luigi Sacchetti), Roberto Galia, Antonio Di Gennaro; Marco Pacione, Vinicio Verza. Trainer: Osvaldo Bagnoli

Sent off: Di Gennaro (80)

Goals: Sauer (32), Volpecina (54)

PANATHINAIKOS ATHINA
v CLUB BRUGGE 2-2 (0-0)

Olympiako, Athina   2.03.1988

Referee: Aron Schmidhuber (WG)   Attendance: 75,000

PANATHINAIKOS: Antonis Minou; Hristos Vasileiou, Kostas Batsinilas, Kostas Mauridis, Nikos Vamvakoulas; Kostas Antoniou, Velimir Zajec, Lissandros Georgamlis, Juan Ramon Rocha; Dimitris Saravakos, Hristos Dimopoulos (88 Hristos Kalatzis).   Trainer: Vasilis Daniil

CLUB BRUGGE: Phillippe vande Walle; Serge Kimoni, Mamadou Tew, Franky van der Elst, Dennis Van Wijk; Peter Crève, Luc Beyens, Jan Ceulemans, Leo van der Elst; Marc Degryse, Kenneth Brylle (78 Ronny Rosenthal). Trainer: Henk Houwaart

Goals: Saravakos (54), Ceulemans (55), Antoniou (60), Degryse (86)

CLUB BRUGGE
v PANATHINAIKOS ATHINA 1-0 (1-0)

Olympiapark, Brugge   16.03.1988

Referee: Adolf Prokop (DDR)   Attendance: 15,000

CLUB BRUGGE: Phillippe vande Walle; Serge Kimoni, Mamadou Tew, Hugo Broos, Dennis Van Wijk; Leo van der Elst, Franky Var den Elst, Jan Ceulemans, Peter Crève (63 Luc Beyens); Marc Degryse (84 Ronny Rosenthal), Kenneth Brylle. Trainer: Henk Houwaart

PANATHINAIKOS: Nikos Sargkanis; Nikos Vamvakoulas, Kostas Batsinilas, Kostas Mauridis, Nikos Patsiavouras; Kostas Antoniou, Velimir Zajec, Lissandros Georgamlis, Juan Ramon Rocha; Dimitris Saravakos, Hristos Dimopoulos. Trainer: Vasilis Daniil

Goal: Brylle (44)

ESPANYOL BARCELONA
v TJ VITKOVICE 2-0 (1-0)

Sarriá, Barcelona   2.03.1988

Referee: Joël Quiniou (FRA)   Attendance: 17,500

ESPANYOL: Thomas N'Kono; Santiago URKIAGA Pérez, MIGUEL ÁNGEL García Domínguez, Diego OREJUELA Rodríguez, Miguel SOLER Sarasols; Javier ZUBILLAGA Martínez, Juan GOLOBART Serra (60 José Rodríguez Hernández "FRANCIS"), Ernesto VALVERDE Tejedor, Miguel PINEDA Ozaeta (70 Manuel ZÚÑIGA Fernández), John Lauridsen, Sebastian LOSADA Bestard.
Trainer: Javier Clemente

TJ VÍTKOVICE: Jaroslav Zápalka; Miroslav Karas, Miroslav Kadlec, Vlastimil Staričný, Alois Grussmann, Miroslav Chmela, Jiří Bártl, Rostislav Jeřábek (66 Zbyněk Houška), Oldřich Škarecký, Luděk Kovačík, Stanislav Dostál. Trainer: Ivan Kopecký

Goals: Lauridsen (31), Pineda (69)

TJ VITKOVICE v ESPANYOL BARCELONA 0-0

Bazaloch, Ostrava 16.03.1988

Referee: Bep Thomas (HOL)   Attendance: 20,000

TJ VÍTKOVICE: Jaroslav Zápalka; Miroslav Karas, Miroslav Kadlec, Vlastimil Stařičný, Alois Grussmann; Stanislav Dostál, Jiří Bártl, Bohumil Keler (46 Jiří Šourek); Miroslav Chmela, Zbyněk Houška (46 Oldřich Škarecký), Luděk Kovačík.   Trainer: Ivan Kopecký

ESPANYOL: Carlos MELÉNDEZ Latorre; Santiago URKIAGA Pérez, MIGUEL ÁNGEL García Domínguez, José Rodríguez Hernández "FRANCIS" (70 José María GALLART Riera), Miguel SOLER Sarasols; José María Sánchez Guerra "JOB", José Ignacio Pérez de Arrilucea Tejedor "IÑAKI", Javier ZUBILLAGA Martínez, Diego OREJUELA Rodríguez (66 Juan GOLOBART Serra); Ernesto VALVERDE Tejedor, Ángel "PICHI" ALONSO Herrera.   Trainer: Javier Clemente

BAYER LEVERKUSEN v FC BARCELONA 0-0

Müngersdorfer stadion, Köln 2.03.1988

Referee: Michel Vautrot (FRA)   Attendance: 40,000

BAYER: Rüdiger Vollborn; Thomas Hörster, Erich Seckler, Alois Reinhardt; Falko Götz (67 Ralf Falkenmayer), Bum Kun Cha, Wolfgang Rolff, Mílton Queiroz da Paixão "TITA" (78 Andrzej Buncol), Knut Reinhardt; Christian Schreier, Herbert Waas.   Trainer: Erich Ribbeck

FC BARCELONA: Andoni ZUBIZARRETA Urreta; GERARDO Miranda Concepción, José MORATALLA Claramunt, José Ramón ALEXANCO Ventosa, JULIO ALBERTO Moreno Casas; VÍCTOR Muñoz Manrique, Bernd Schuster, ROBERTO Fernández Bonilla, URBANO Ortega Cuadros; Gary Winston Lineker, Francisco José CARRASCO Hidalgo.   Trainer: LUIS Aragonés Suárez

FC BARCELONA v BAYER LEVERKUSEN 0-1 (0-0)

Camp Nou, Barcelona 16.03.1988

Referee: George Courtney (ENG)   Attendance: 32,500

FC BARCELONA: Andoni ZUBIZARRETA Urreta; GERARDO Miranda Concepción, Miguel Bernardo Bianquetti "MIGUELI", ROBERTO Fernández Bonilla, José Manuel Martínez Toral "MANOLO"; Ramón María CALDERE Del Rey, Bernd Schuster, VÍCTOR Muñoz Manrique (46 Mohamed Ali Amar NAYIM), URBANO Ortega Cuadros; Francisco José CARRASCO Hidalgo, Gary Winston Lineker.   Trainer: LUIS Aragonés Suárez

BAYER: Rüdiger Vollborn; Thomas Hörster, Alois Reinhardt, Florian Hinterberger, Bum Kun Cha, Wolfgang Rolff, Mílton Queiroz da Paixão "TITA" (77 Andrzej Buncol), Ralf Falkenmayer, Klaus Täuber, Christian Schreier, Herbert Waas (72 Falko Götz).   Trainer: Erich Ribbeck

Goal: Tita (59)

SEMI-FINALS

CLUB BRUGGE v ESPANYOL BARCELONA 2-0 (1-0)

Olympiapark, Brugge 6.04.1988

Referee: Pietro d'Elia (ITA)   Attendance: 30,000

CLUB BRUGGE: Phillippe vande Walle; Luc Beyens, Serge Kimoni, Mamadou Tew, Dennis Van Wijk; Franky van der Elst, Leo van der Elst (63 Ronny Rosenthal), Jan Ceulemans, Peter Crève; Marc Degryse, Kenneth Brylle (82 Alex Querter).   Trainer: Henk Houwaart

ESPANYOL: Carlos MELÉNDEZ Latorre; José María Sánchez Guerra "JOB", José Ignacio Pérez de Arrilucea Tejedor "IÑAKI", MIGUEL ÁNGEL García Domínguez, José María GALLART Riera, Santiago URKIAGA Pérez, Miguel SOLER Sarasols, Javier ZUBILLAGA Martínez, Diego OREJUELA Rodríguez (53 John Lauridsen), Ángel "PICHI" ALONSO Herrera (75 Sebastián LOSADA Bestard), Ernesto VALVERDE Tejedor.   Trainer: Javier Clemente

Goals: Ceulemans (42), Gallart (74 og)

ESPANYOL BARCELONA v CLUB BRUGGE 3-0 (1-0, 2-0) (AET)

Sarriá, Barcelona 20.04.1988

Referee: Helmut Kohl (AUS)   Attendance: 43,000

ESPANYOL: Thomas N'Kono; José María Sánchez Guerra "JOB", Juan GOLOBART Serra, José María GALLART Riera, Santiago URKIAGA Pérez, Javier ZUBILLAGA Martínez (73 Manuel ZÚÑIGA Fernández), Diego OREJUELA Rodríguez (65 John Lauridsen), Ángel "PICHI" ALONSO Herrera, Miguel SOLER Sarasols, Sebastián LOSADA Bestard, Ernesto VALVERDE Tejedor.   Trainer: Javier Clemente

CLUB BRUGGE: Phillippe vande Walle; Serge Kimoni, Hugo Broos, Mamadou Tew, Dennis Van Wijk; Leo van der Elst (65 Ronny Rosenthal), Franky van der Elst, Luc Beyens, Marc Degryse, Peter Crève (101 Alex Querter), Kenneth Brylle.   Trainer: Henk Houwaart

Sent off: Beyens (42)

Goals: Orejuela (10), Losada (63), Pichi Alonso (119)

BAYER LEVERKUSEN v WERDER BREMEN 1-0 (0-0)

Ulrich-Haberland, Leverkusen 6.04.1988

Referee: Gerasimos Germanakos (GRE)   Att: 17,000

BAYER: Rüdiger Vollborn; Thomas Hörster, Florian Hinterberger, Alois Reinhardt, Erich Seckler, Christian Schreier (61 Falko Götz), Wolfgang Rolff, Mílton Queiroz da Paixão "TITA" (75 Andrzej Buncol), Bum Kun Cha, Herbert Waas, Klaus Täuber.   Trainer: Erich Ribbeck

WERDER: Oliver Reck; Gunnar Sauer, Rune Bratseth, Ulrich Borowka; Günter Hermann, Miroslav Votava, Frank Neubarth, Jonny Otten, Thomas Wolter, Karl-Heinz Riedle, Frank Ordenewitz (67 Norbert Meier).   Trainer: Otto Rehhagel

Goal: A. Reinhardt (60)

WERDER BREMEN v BAYER LEVERKUSEN 0-0
Weserstadion, Bremen 20.04.1988
Referee: Henning Lund Sørensen (DEN)   Att: 43,000
WERDER: Oliver Reck; Gunnar Sauer, Michael Kutzop, Rune Bratseth (60 Thomas Schaaf), Thomas Wolter (46 Frank Ordenewitz), Miroslav Votava, Günter Hermann, Norbert Meier, Jonny Otten; Manfred Burgsmüller, Karl-Heinz Riedle. Trainer: Otto Rehhagel
BAYER: Rüdiger Vollborn; Wolfgang Rolff, Erich Seckler, Alois Reinhardt, Jean-Pierre De Keyser, Ralf Falkenmayer, Bum Kun Cha, Andrzej Buncol, Florian Hinterberger, Klaus Täuber, Herbert Waas (11 Markus Feinbier, 86 Falko Götz). Trainer: Erich Ribbeck

FINAL

ESPANYOL BARCELONA
v BAYER LEVERKUSEN 3-0 (1-0)
Estadio Sarría, Barcelona 4.05.1988
Referee: Dušan Krchnák (CZE)   Attendance: 45,000
ESPANYOL: Thomas N'Kono; MIGUEL ÁNGEL García Domínguez, José María Sánchez Guerra "JOB", José María GALLART Riera, Miguel SOLER Sarasols; Diego OREJUELA Rodríguez (66 Juan GOLOBART Serra), Ernesto VALVERDE Tejedor, José Ignacio Pérez de Arrilucea Tejedor "IÑAKI", Santiago URKIAGA Pérez, Ángel "PICHI" ALONSO Herrera (70 John Lauridsen), Sebastián LOSADA Bestard. Trainer: Javier Clemente
BAYER: Rüdiger Vollborn; Wolfgang Rolff, Jean-Pierre De Keyser, Alois Reinhardt, Florian Hinterberger; Bum Kun Cha (18 Falko Götz), Andrzej Buncol, Ralf Falkenmayer (76 Knut Reinhardt), Herbert Waas, Mílton Queiroz da Paixão "TITA", Klaus Täuber.   Trainer: Erich Ribbeck
Goals: Losada (44, 57), Soler (49)

BAYER LEVERKUSEN
v ESPANYOL BARCELONA 3-0 (0-0, 3-0) (AET)
Ulrich-Haberland-Stadion, Leverkusen 18.05.1988
Referee: Jan Keizer (HOL)   Attendance: 22,000
BAYER: Rüdiger Vollborn; Wolfgang Rolff, Erich Seckler, Alois Reinhardt, Knut Reinhardt; Andrzej Buncol, Ralf Falkenmayer, Mílton Queiroz da Paixão "TITA" (62 Klaus Täuber), Bum Kun Cha, Christian Schreier (46 Herbert Waas), Falko Götz.   Trainer: Erich Ribbeck
ESPANYOL: Thomas N'Kono; MIGUEL ÁNGEL García Domínguez, José María Sánchez Guerra "JOB", José María GALLART Riera, Juan GOLOBART Serra (73 Manuel ZÚÑIGA Fernández); José Ignacio Pérez de Arrilucea Tejedor "IÑAKI", Diego OREJUELA Rodríguez (67 Javier ZUBILLAGA Martínez), Miguel SOLER Sarasols, Santiago URKIAGA Pérez; Ángel "PICHI" ALONSO Herrera, Sebastián LOSADA Bestard. Trainer: Javier Clemente
Goals: Tita (58), Götz (63), Cha Bum Kun (81)
Penalties: 0-1 Pichi Alonso, Falkenmayer (saved), 0-2 Job, 1-2 Rolff, Urkiaga (miss), 2-2 Waas, Zúñiga (saved), 3-2 Täuber, Losada (miss)

UEFA Cup Top Scorers 1987-88:

6 goals: Kenneth Brylle-Larsen (Club Brugge), Kálmán Kovács (Honvéd Budapest), Dimitris Saravakos (Panathinaikos Athina)
5 goals: Jan Ceulemans (Club Brugge), Preben Elkjaer-Larsen (Hellas Verona)

UEFA CUP 1988-89

FIRST ROUND

SLIEMA WANDERERS
v VICTORIA BUCUREŞTI 0-2 (0-1)
National, Ta' Qali 4.09.1988
Referee: Meletis Voutsaras (GRE)   Attendance: 3,000
SLIEMA: Charles Sciberras; Stephen Thewma, Michael Camilleri, Emanuel Farrugia, James Navarro, Jonathan Magri Overend, Martin Gregory (61 Edmond Zammit), John Caruana, Roger Walker, Michael Taliana, Simon Grech. Trainer: Lawrence Borg
VICTORIA: Gheorghe Niţu; Ştefan Bălan, Ioan Zare, Cornel Mirea, Dan Daniel, Victor Cojocaru, Marcel Coraş (65 Paul Layis), Costel Solomon, Fănel Ţîră, Sandor Kulcsar (70 Marian Damaschin), Adrian Ursea.   Trainer: Florin Halagian
Goals: Kulcsar (35), C. Solomon (59 pen)

VICTORIA BUCUREȘTI v SLIEMA WANDERERS 6-1 (5-0)

Victoria, București 6.10.1988

Referee: Kazimierz Orlowski (POL)   Attendance: 5,000

VICTORIA: Nicolae Pavel; Victor Cojocaru, Costel Solomon, Cornel Mirea (71 Paul Layis), Dan Topolinschi, Emil Ursu, Dan Daniel, Adrian Ursea (46 Ioan Zare), Marcel Coraș, Sandor Kulcsar, Marian Damaschin.
Trainer: Florin Halagian

SLIEMA: Charles Sciberras; Stephen Thewma, Michael Camilleri, John Caruana, James Navarro, Carlos Cluett, Edmond Zammit, Emanuel Farrugia, Michael Taliana (46 Edwin Gauci), Roger Walker, Simon Grech (58 Mario Gauci).
Trainer: Lawrence Borg

Goals: V. Cojocaru (12, 41), Coraș (16, 39, 43 pen), Layis (89), M. Gauci (90)

US LUXEMBOURG v RFC LIÈGE 1-7 (1-2)

Achille Hammerel, Luxembourg 6.09.1988

Referee: Franz Gächter (SWI)   Attendance: 2,700

US LUXEMBOURG: Gilles Burini; Claude Gauser, Joel Groff (65 Xavier Wald), Laurent Schönkert, Marc Birsens, Fernand Heinisch, Thomas Wolf, Luc Feiereisen (60 Pierre Hoscheid), Patrick Morocutti, Gerard Jeitz, Fabian Mellinger.
Trainer: Lorrain Libot

RFC LIÈGE: Ratko Stojic; Bernard Wegria, Bernard Habrant (70 Vincent Machiels), Raphaël Quaranta, Jean-François De Sart, Moreno Giusto, Didier Quain, Jean-Marie Houben, Danny Veyt, Luc Ernes, Zvonko Varga (57 Danny Boffin).
Trainer: Robert Waseige

Goals: Jeitz (3), Varga (7, 33), Ernes (54 pen, 60), De Sart (79), Houben (81), Boffin (84 pen)

FIRST VIENNA v IKAST FC 1-0 (1-0)

Hohe Warte, Wien 6.09.1988

Referee: Gabor Plasek (HUN)   Attendance: 3,500

FIRST VIENNA: Gottfried Angerer; Jiří Ondra, Kurt Russ, Thomas Niedersträsser; Ewald Jenisch, Peter Zoltan, Gerald Glatzmayer, Andreas Heraf, Günther Vidreis; Gerhard Steinkogler, Alfred Drabits.   Trainer: Ernst Dokupil

IKAST: Mogens Krogh; Torben Piechnik, Johnny Hansen, Ejner Rahbek, Henning Larsen, Niels Erik Søndergaard, Kent Hansen, Sigurd Kristensen, Jan Larsen, Ove Hansen, Mogens Kjeldsen (67 Flemming Linneberg).
Trainer: Ole Brandenborg

Goal: Steinkogler (4)

RFC LIÈGE v US LUXEMBOURG 4-0 (2-0)

Jules Georges, Rocourt-Liège 5.10.1988

Referee: Werner Föckler (WG)   Attendance: 3,000

RFC LIÈGE: Ratko Stojic; Bernard Wegria, Raphaël Quaranta, Frédéric Waseige, Vincent Machiels, Moreno Giusto, Luc Ernes, Didier Quain (72 Bernard Habrant), Danny Boffin, Danny Veyt, Nebosja Malbasa (70 Jean-Marie Houben).
Trainer: Robert Waseige

US LUXEMBOURG: Gilles Burini; Claude Gauser (62 Xavier Wald), Thomas Wolf, Laurent Schönkert, Marc Birsens, Fernand Heinisch (86 Carlo Meysenbourg), Joel Groff, Luc Feiereisen, Patrick Morocutti, Gerard Jeitz, René Thines.
Trainer: Lorrain Libot

Goals: Malbasa (8, 56), Veyt (34, 61)

IKAST FC v FIRST VIENNA 2-1 (0-1)

Ikast Stadion 5.10.1988

Referee: Bo Helen (SWE)   Attendance: 3,371

IKAST: Mogens Krogh; Johnny Hansen, Torben Piechnik, Niels Erik Søndergaard, Henning Larsen, Kim Eriksen, Kent Hansen, Jan Larsen, Sigurd Kristensen, Ove Hansen (65 Flemming Linneberg), Klaus Grandlund.
Trainer: Ole Brandenborg

FIRST VIENNA: Gottfried Angerer; Kurt Russ, Jiří Ondra, Thomas Niedersträsser, Peter Zoltan (72 Helmuth Slezak), Günther Vidreis, Andreas Heraf, Gerald Glatzmayer, Ernst Mader (62 Peter Webora), Ewald Jenisch, Gerhard Steinkogler.
Trainer: Ernst Dokupil

Goals: Glatzmayer (5), J. Hansen (63), Grandlund (73)

RFC ANTWERP DEURNE v 1.FC KÖLN 2-4 (2-1)

Bosuilstadion, Antwerpen 6.09.1988

Referee: Einar Halle (NOR)   Attendance: 20,000

RFC ANTWERP: Wim De Coninck, Ronny Van Rethy, Rudy Taeymans (70 Ralf Geilenkirchen), Franky Dekenne, Geert Emmerechts, Hans-Peter Lehnhoff, Frans Van Rooij, Rudy Smidts, Thierry Pister, Dirk Goossens, Nico Claesen.
Trainer: Georg Kessler

1.FC KÖLN: Bodo Illgner; Andreas Gielchen, Jürgen Kohler, Andreas Keim, Jan Jensen, Pierre Littbarski, Thomas Hässler (88 Ralf Sturm), Mathias Hönerbach, Olaf Janssen, Flemming Povlsen (78 Stephan Engels), Thomas Allofs.
Trainer: Christoph Daum

Goals: Keim (3), Van Rooij (34), Goossens (43), Thomas Allofs (47), Povlsen (55), Janssen (87)

1.FC KÖLN v RFC ANTWERP 2-1 (2-1)
Müngersdorfer, Köln   12.10.1988
Referee: Bo Karlsson (SWE)   Attendance: 11,500

1.FC KÖLN: Bodo Illgner; Paul Steiner, Jürgen Kohler, Mathias Hönerbach, Jan Jensen (77 Stephan Engels), Olaf Janssen, Pierre Littbarski, Thomas Hässler (57 Falko Götz), Armin Görtz, Flemming Povlsen, Thomas Allofs.
Trainer: Christoph Daum

FC ANTWERP: Wim De Coninck; Ronny Van Rethy, Yves Vanderveeren, Franky Dekenne, Hans-Peter Lehnhoff, Ralf Geilenkirchen, Thierry Pister, Rudy Smidts (46 Rudy Taeymans), Frans Van Rooij, Marc Van der Linden, Nico Claesen (60 Dirk Goossens).   Trainer: Georg Kessler

Goals: Dekenne (4), Littbarski (8), Allofs (10)

FC GRONINGEN v ATLÉTICO MADRID 1-0 (1-0)
Oosterpark, Groningen   7.09.1988
Referee: Lajos Németh (HUN)   Attendance: 19,000

FC GRONINGEN: Sjaak Storm, Jan van Dijk, Wim Koevermans, John de Wolf, Marco Koorman, Erik Regtop (70 Barend Beltman), Edwin Olde Riekerink, Theo ten Caat (74 Harrie Sinkgraven), Jos Roossien, Erik Groekelen, Hennie Meijer.   Trainer: Hans Westerhof

ATLÉTICO: ABEL Resino Gómez; Pedro TOMÁS Reñones Crego, José ARMANDO Lucas Contreras, LUIS GARCÍA García, SERGIO Elías Morgado Rodríguez, Roberto Simón MARINA, Juan Carlos AGUILERA Martín (58 Manuel Sánchez Delgado "MANOLO"), Antonio Joaquín PARRA Fernández, CARLOS Muñoz Cobos, BALTAZAR María de Morais, Paulo Jorge dos Santos FUTRE.
Trainer: José María Maguregui

Goal: Groeleken (41)

ATLÉTICO MADRID v FC GRONINGEN 2-1 (1-1)
Vicente Calderón, Madrid   5.10.1988
Referee: Klaus Peschel (DDR)   Attendance: 35,000

ATLÉTICO: ABEL Resino Gómez; Pedro TOMÁS Reñones Crego, José ARMANDO Lucas Contreras (64 JUAN CARLOS Rodríguez Moreno), Sergio MARRERO Barrios, SERGIO Elías Morgado Rodríguez, Antonio OREJUELA Rivero, Manuel Sánchez Delgado "MANOLO", Antonio Joaquín PARRA Fernández, Roberto Simón MARINA (38 Juan Carlos AGUILERA Martín), BALTAZAR María de Morais, Paulo Jorge dos Santos "FUTRE".   Trainer: José María Maguregui

FC GRONINGEN: Sjaak Storm; Claus Boekweg, Wim Koevermans, John de Wolf, Marco Koorman (76 Barend Beltman), Jan van Dijk, Edwin Olde Riekerink, Jos Roossien, Theo ten Caat, Hennie Meijer, René Eykelkamp.
Trainer: Hans Westerhof

Goals: Baltazar (4 pen), ten Caat (20), Futre (48)

SPORTING LISBOA v AJAX AMSTERDAM 4-2 (3-1)
Estádio José Alvalade, Lisboa   7.09.1988
Referee: Ronald Bridges (WAL)   Attendance: 75,000

SPORTING: Rodolfo Sérgio Rodríguez RODRÍGUEZ; JOÃO LUÍS Barbosa, António Maurício Farinha Henrique MORATO, Pedro Manuel Regateiro VENÂNCIO, FERNANDO Manuel Antunes MENDES, OCEANO Andrade da Cruz, CARLOS MANUEL Correia dos Santos, Paulo SILAS do Prado Pereira, Luís Filipe Vieira Carvalho "LITOS", Paulo Roberto Vacinello "PAULINHO CASCAVEL" (58 RUI José MASIDE Ribeiro), José Manuel FORBS (82 CARLOS Jorge Marques Caldas XAVIER).
Trainer: Pedro Virgílio Rocha Franchetti

AJAX: Stanley Menzo; Hans Werdekker, Peter Larsson, Frank Verlaat, Mark Verkuyl, Aron Winter (46 Wim Jonk), Arnold Scholten, Arnold Mühren (61 Rob Witschge), Dennis Bergkamp, Stefan Pettersson, John Van't Schip.
Trainer: Kurt Linder

Goals: Oceano (6), Pettersson (18, 80), Cascavel (21 pen), João Luis (25), Litos (76 pen)

AJAX AMSTERDAM v SPORTING LISBOA 1-2 (0-1)
Stadion Ajax De Meer, Amsterdam   5.10.1988
Referee: Adolf Prokop (DDR)   Attendance: 22,000

AJAX: Stanley Menzo; Marciano Vink (58 Arnold Scholten), Jan Wouters, Peter Larsson, Mark Verkuyl, Aron Winter, Wim Jonk (46 Hans Werdekker), Richard Witschge, John Van't Schip, Stefan Pettersson, Rob Witschge.
Trainers: Spitz Kohn & Louis van Gaal

SPORTING: Vítor Manuel Afonso DAMAS de Oliveira; JOÃO LUÍS Barbosa, António Maurício Farinha Henrique MORATO, William DOUGLAS Humia Menezes (50 RUI José MASIDE Ribeiro), Pedro Manuel Regateiro VENÂNCIO, FERNANDO Manuel Antunes MENDES, Paulo SILAS do Prado Pereira, CARLOS Jorge Marques Caldas XAVIER, OCEANO Andrade da Cruz, Luís Filipe Vieira Carvalho "LITOS", José Manuel FORBS.   Trainer: Pedro Virgílio Rocha Franchetti

Goals: Silas (21), Verkuyl (80), Maside (87)

**MONTPELLIER PAILLADE SC
v BENFICA LISBOA 0-3** (0-2)

Stade de la Mosson, Montpellier   7.09.1988

Referee: Manfred Neuner (WG)   Attendance: 12,500

MONTPELLIER HSC: Albert Rust; Pascal Baills, Claude Lowitz, Julio Cesar Silvo, Franck Lucchesi, Jean-Claude Lemoult, Kader Ferhaoui (50 Laurent Blanc), Carlos Valderrama, Gérard Bernardet (Cap), Patrick Cubaynnes, Roger Milla.   Trainer: Pierre Mosca

BENFICA: SILVINO Almeida Louro; António Augusto da Silva VELOSO (Cap), RICARDO Gomes Raimundo, José Carlos Nepomuceno MOZER, ÁLVARO Monteiro Magalhães; HERNÂNI Madruga Neves, ELZO Eloísio Coelho, António Manuel PACHECO Domingos (77 Fernando Albino de Sousa CHALANA), Afonso ABEL de Campos (69 Vitor Manuel Costa Araújo "PANEIRA"), VALDO Cândido Filho, Mats Magnusson.   Trainer: António José Conceição Oliveira "TONI"

Goals: Hernani (8), Abel (44), Valdo (83)

**BENFICA LISBOA
v MONTPELLIER PAILLADE SC 3-1** (1-0)

Estádio da Luz, Lisboa   5.10.1988

Referee: Carlo Longhi (ITA)   Attendance: 50,000

BENFICA: SILVINO Almeida Louro; António Augusto da Silva VELOSO, RICARDO Gomes Raimundo, José Carlos Nepomuceno MOZER, ÁLVARO Monteiro Magalhães, ELZO Eloísio Coelho, Vitor Manuel Costa Araújo "PANEIRA", VALDO Cândido Filho (72 DIAMANTINO Manuel Fernandes Miranda), Fernando Albino de Sousa CHALANA, VATA Matanu Garcia (75 Adesvaldo José de LIMA), ADEMIR Bernardes de Alcântara.
Trainer: António José Conceição Oliveira "TONI"

MONTPELLIER HSC: Albert Rust; Pascal Baills, Jean-Jacques Nono, Julio Cesar Silvo (82 Patrick Cubaynes), Franck Lucchesi, Laurent Blanc, Jean-Claude Lemoult, Claude Lowitz (46 Christian Navarro), Gérard Bernardet, Kader Ferhaoui, Roger Milla.   Trainer: Pierre Mosca

Goals: Chalana (22), Ademir (51), Mozer (73), Cubaynes (82)

**DNEPR DNEPROPETROVSK
v GIRONDINS de BORDEAUX 1-1** (0-1)

Meteor, Dnepropetrovsk   7.09.1988

Referee: Neil Midgley (ENG)   Attendance: 28,500

DNEPR: Valeri Gorodov; Sergei Bashkirov, Ivan Vishnevski, Vadim Tischenko (71 Eduard Son), Aleksandr Sorokalet, Nikolai Kudritski, Vladimir Bagmut, Aleksei Cherednik, Anton Schokh (Cap), Vladimir Liutyi (75 Vadim Evtushenko), Evgeni Schakhov.   Trainer: Evgeni Mefodievni Kuierevski

GIRONDINS: Dominique Dropsy; Jean-Christophe Thouvenel, Gernot Rohr, Didier Sénac, Alain Roche, Jean Amadou Tigana (Cap), Eric Dewilder, Jean-Marc Ferreri, Yannick Stopyra, Vincenzo Scifo, Clive Allen (71 Dominique Thomas).   Trainer: Aimè Jacquet

Goals: Roche (24), Liutyi (49)

**GIRONDINS de BORDEAUX
v DNEPR DNEPROPETROVSK 2-1** (0-1)

Stade Municipal, Bordeaux   5.10.1988

Referee: Helmut Kohl (AUS)   Attendance: 35,000

GIRONDINS: Dominique Dropsy; Jean-Christophe Thouvenel, Zoran Vujović, Didier Sénac, Alain Roche, Gernot Rohr (46 Jean-Marc Ferreri), Eric Dewilder, Jean Amadou Tigana, Yannick Stopyra, Vincenzo Scifo, Clive Allen (88 Eric Péan).   Trainer: Aimè Jacquet

DNEPR: Sergei Krakovski; Vladimir Geraschenko, Ivan Vishnevski, Sergei Puchkov, Aleksandr Sorokalet (61 Eduard Son), Nikolai Kudritski, Vladimir Bagmut, Aleksei Cherednik (46 Vadim Tiscenko), Anton Schokh, Vladimir Liutyi, Evgeni Schakhov.   Trainer: Evgeni Mefodievni Kuierevski

Goals: Cherednik (2), Stopyra (48), Scifo (75 pen)

TRAKIA PLOVDIV v DINAMO MINSK 1-2 (0-1)

Hristo Botev, Plovdiv   7.09.1988

Referee: Rudolf Liska (CZE)   Attendance: 8,000

TRAKIA: Tsvetan Nedialkov, Trifon Pachev, Dimitar Mladenov, Ivan Kochev, Zaprian Rakov (82 Ivan Govedarov), Marin Bakalov, Vasil Vasilev, Todor Zaitsev, Antim Pehlivanov, Boris Hvoinev (46 Kostadin Kostadinov), Atanas Pashev.   Trainer: Ivan Gluchev

DINAMO: Andrei Satsunkevich, Pavel Rodnienok, Aleksandr Metlitski (82 Sergei Pavliuchuk), Viktor Yanushevski, Sergei Shirokyi, Andrei Zigmantovich, Sergei Gotsmanov, Sergei Derkach (66 Viktor Sokol), Sergei Aleinikov, Igor Gurinovich, Georgi Kondratiev.   Trainer: Eduard Malofeiev

Sent off: Pashev (42)

Goals: Kondratiev (45), Gotsmanov (80), Zaitsev (88 pen)

DINAMO MINSK v TRAKIA PLOVDIV 0-0

Dinamo, Minsk   5.10.1988

Referee: Ion Igna (ROM)   Attendance: 35,300

DINAMO: Andrei Satsunkevich; Pavel Rodnienok, Aleksandr Metlitski, Sergei Gomonov, Sergei Shirokyi (57 Yuri Antonovich), Andrei Zigmantovich, Sergei Gotsmanov, Sergei Derkach (85 Viktor Sokol), Sergei Aleinikov, Igor Gurinovich, Georgi Kondratiev.   Trainer: Eduard Malofeiev

TRAKIA: Dimitar Vichev, Trifon Pachev, Dimitar Mladenov, Ivan Govedarov, Zaprian Rakov, Ivan Kochev, Kostadin Kostadinov, Todor Zaitsev, Antim Pehlivanov, Tzvetozar Dermendjiev (72 Boris Hvoinev), Vasil Vasilev.
Trainer: Ivan Gluchev

MALMÖ FF v TORPEDO MOSKVA 2-0 (1-0)

Malmö stadium   7.09.1988

Referee: Keith Cooper (WAL)   Attendance: 9,505

MALMÖ FF: Jan Möller; Per Agren, Stefan Schwarz (23 Hans Borg), Roger Ljung, Magnus Andersson, Niklas Larsson, Jonas Thern, Leif Engqvist, Joakim Nilsson, Martin Dahlin (80 Lars Larsson), Håkan Lindman.   Trainer: Roy Hodgson

TORPEDO: Aleksei Prudnikov; Aleksandr Polukarov, Valentin Kovach, Aleksandr Gitselov, Vadim Rogovskoi, Vladimir Grechnev, Yuri Savichev (65 Gennadi Grishin), Andrei Rudakov, Nikolai Savichev, Oleg Schirinbekov, Sergei Agashkov.   Trainer: Valentin Ivanov

Goals: Dahlin (26), Kovach (86 og)

**1.FC LOKOMOTIVE LEIPZIG
v FC AARAU 4-0** (2-0)

Bruno-Plache Stadion, Leipzig   5.10.1988

Referee: Kaj Natri (FIN)   Attendance: 5,200

1.FC LOKOMOTIVE: René Müller; Frank Baum, Torsten Kracht, Matthias Lindner (46 Matthias Liebers), André Barylla, Uwe Bredow, Damian Halata, Heiko Scholz, Hans-Jörg Leitzke (70 Dieter Kühn), Olaf Marschall, Matthias Zimmerling.   Trainer: Hans Ulrich Thomale

AARAU: Roberto Böckli; Rolf Osterwalder, Heinz Siegrist (46 Reto Rossi), André Meier, Daniel Wyss, Alfred Herberth, Thomas Wyss, Samuel Opoku N'ti (70 Christian Wyss), René Van der Gijp, Christian Matthey, Adrian Knup.   Trainer: Hubert Kostka

Goals: Zimmerling (21, 28 pen), Halata (59, 83)

**TORPEDO MOSKVA
v MALMÖ FF 2-1** (1-0, 2-0) (AET)

Torpedo, Moskva   5.10.1988

Referee: Ildefonso Urizar Azpitarte (SPA)   Att: 8200

TORPEDO: Valeri Sarichev; Aleksandr Polukarov, Gennadi Grishin, Sergei Prigoda (55 Valentin Kovach), Vadim Rogovskoi, Vladimir Grechnev, Yuri Savichev, Aleksandr Gitselov (63 Andrei Rudakov), Nikolai Savichev, Oleg Schirinbekov, Sergei Agashkov.   Trainer: Valentin Ivanov

MALMÖ FF: Jan Möller; Per Agren, Niklas Larsson, Hans Borg, Magnus Andersson, Roger Ljung, Jonas Thern, Leif Engqvist, Joakim Nilsson (115 Stefan Schwarz), Martin Dahlin, Håkan Lindman (91 Hans Johansson). Trainer: Valentin Ivanov

Goals: Grechnev (18), Schirinbekov (66), Ljung (104 pen)

ABERDEEN FC v DYNAMO DRESDEN 0-0

Pittodrie, Aberdeen   7.09.1988

Referee: Peter Mikkelsen (DEN)   Attendance: 14,500

ABERDEEN: Theodorus Snelders; Stewart McKimmie, Alexander McLeish, William Miller, David Robertson, James Bett, Neil Simpson, Robert Connor, John Hewitt (70 Paul Mason), David Dodds, Charles Nicholas.   Trainer: Alexander Smith

DYNAMO: Ronny Teuber; Frank Lieberam, Ulf Kirsten, Andreas Trautmann, Matthias Döschner, Andreas Diebitz, Jörg Stübner, Hans-Uwe Pilz, Ralf Hauptmann, Uwe Kirchner, Matthias Sammer.   Trainer: Eduard Geyer

**FC AARAU
v 1.FC LOKOMOTIVE LEIPZIG 0-3** (0-0)

Brügglifeld, Aarau   7.09.1988

Referee: Alain Delmer (FRA)   Attendance: 6,500

AARAU: Roberto Böckli; Rolf Osterwalder, Hansrüdi Schär, Thomas Tschuppert, Bernd Kilian, René Van der Gijp, Alfred Herberth (71 Samuel Opoku N'ti), André Meier, Urs Kühni (74 René Barth), Christian Matthey, Adrian Knup.   Trainer: Hubert Kostka

1.FC LOKOMOTIVE: René Müller; Frank Baum, Torsten Kracht, Matthias Lindner, Uwe Bredow, Damian Halata, Matthias Liebers, Heiko Scholz, Hans-Jörg Leitzke, Olaf Marschall, Bernd Hobsch (82 Dieter Kühn).   Trainer: Hans Ulrich Thomale

Goals: Hobsch (67, 81), Marschall (85)

DYNAMO DRESDEN v ABERDEEN FC 2-0 (1-0)

Dynamo, Dresden   5.10.1988

Referee: Bruno Galler (SWI)   Attendance: 36,000

DYNAMO: Ronny Teuber; Frank Lieberam, Andreas Trautmann, Uwe Kirchner, Matthias Döschner, Andreas Diebitz, Jürg Stübner, Matthias Sammer, Hans-Uwe Pilz, Ulf Kirsten (84 Ralf Minge), Torsten Gütschow (79 Uwe Jähnig).   Trainer: Eduard Geyer

ABERDEEN: Theodorus Snelders; Stewart McKimmie, Alexander McLeish, William Miller, David Robertson, James Bett, Neil Simpson, Paul Mason, David Dodds, Robert Connor (78 Brian Irvine), Brian Grant (85 Paul Wright).   Trainer: Alexander Smith

Sent off: Robertson (39)

Goals: Gütschow (4), Kirsten (66)

GLASGOW RANGERS v GKS KATOWICE 1-0 (0-0)

Ibrox Park, Glasgow 7.09.1988

Referee: Claude Bouillet (FRA)   Attendance: 41,120

RANGERS: Christopher Woods; Gary Stevens, John Brown, Richard Gough, Raymond Wilkins, Terry Butcher, Kevin Drinkell, Ian Ferguson, David Cooper, Iain Durrant (31 Derek Ferguson), Mark Walters.   Trainer: Graeme Souness

GKS: Janusz Jojko; Marek Biegun, Piotr Piekarczyk, Jerzy Kapias, Jerzy Wijas, Janusz Nawrocki, Krzysztof Walczak (89 Dariusz Rzezniczek), Andrzej Rudy, Jan Furtok, Wiktor Morcinek (81 Andrzej Lesiak), Miroslaw Kubisztal. Trainer: Wladyslaw Zmuda

Goal: Walters (73)

HEART OF MIDLOTHIAN EDINBURGH v ST. PATRICK'S DUBLIN 2-0 (1-0)

Tynecastle Park, Edinburgh 5.10.1988

Referee: Thorod Presberg (NOR)   Attendance: 8,000

HEARTS: Henry Smith; Walter Kidd, Neil Berry, Brian Whittacker, Kenneth Black, David McPherson, John Colquhoun, Gary Mackay, Iain Ferguson, Michael Galloway, Eamonn Bannon (57 Wayne Foster).   Trainer: Alex McDonald

ST. PATRICK'S: Dave Henderson; Curtis Fleming, Patrick Kelch (63 Paul Byrne), John McDonnell, Damine Byrne, Robert Gaffney, Maurice O'Driscoll, John Treacy (75 Noël Reid), Mick Moody, Patrick Fenlon, Mark Ennis.   Trainer: Brian Kerr

Goals: Black (24), Galloway (67)

GKS KATOWICE v GLASGOW RANGERS 2-4 (1-2)

Stadion ul. Bukowa, Chorzów 5.10.1988

Referee: Pietro d'Elia (ITA)   Attendance: 35,000

GKS: Janusz Jojko; Marek Biegun, Piotr Piekarczyk, Jerzy Wijas, Wiktor Morcinek (83 Andrzej Lesiak), Janusz Nawrocki, Andrzej Rudy, Jerzy Kapias, Krzysztof Walczak (83 Dariusz Rzezniczek), Jan Furtok, Miroslaw Kubisztal. Trainer: Wladyslaw Zmuda

RANGERS: Christopher Woods; Gary Stevens, Richard Gough, Terry Butcher, Stuart Munro, Mark Walters, Raymond Wilkins, Ian Ferguson, David Cooper, Iain Durrant (83 John McGregor), Alistair McCoist.   Trainer: Graeme Souness

Goals: Furtok (5), Butcher (12, 16), Kubisztal (62), Durrant (71), Ferguson (78)

TURUN PALLOSEURA v LINFIELD BELFAST 0-0

Kupittaa, Turku 7.09.1988

Referee: Rune Larsson (SWE)   Attendance: 2,977

PALLOSEURA: Dan-Ola Eckermann; Ari Heikkinen, Jyrki Hännikäinen, Petri Sulonen, Esa Johansson, Juha Halonen, Tomi Jalo, Kari Skants, Kimmo Lipponen, Kim Suominen, Marko Räjämäki.   Trainer: Tommy Lindholm

LINFIELD: George Dunlop; Darrin Coyle, Alan Dornan, Philip Knell (65 Gareth Davies), David Jeffrey, Lindsay McKeown, Abdelli Khammal, Paul Mooney, Martin McGaughey, George O'Boyle (73 Duncan McLeod), Sid Burrows.   Trainer: Roy Coyle

ST. PATRICK'S DUBLIN v HEART OF MIDLOTHIAN EDINBURGH 0-2 (0-2)

Tolka Park, Dublin 7.09.1988

Referee: Howard Will King (WAL)   Attendance: 8,000

ST. PATRICK'S: Dave Henderson; Curtis Fleming, Patrick Kelch, John McDonnell, Damien Byrne, Robert Gaffney, Patrick Fenlon, Maurice O'Driscoll, Mick Moody (80 Mark Meagan), Paul Byrne (46 Noël Reid), Mark Ennis. Trainer: Brian Kerr

HEARTS: Henry Smith (80 Murray McDermott), Walter Kidd, Neil Berry, Brian Whittacker, Kenneth Black, David McPherson, John Colquhoun, Gary Mackay, Iain Ferguson, Michael Galloway, Wayne Foster (71 Eamonn Bannon).   Trainer: Alex McDonald

Goals: Foster (14 pen), Galloway (41)

LINFIELD BELFAST v PALLOSEURA TURUN 1-1 (0-1)

Racecourse Ground, Wrexham 5.10.1988

Referee: Guy Goethals (BEL)   Attendance: 904

LINFIELD: George Dunlop; Darrin Coyle, Alan Dornan, Philip Knell, David Jeffrey, Lindsay McKeown, Abdelli Khammal, Paul Mooney (70 George O'Boyle), Martin McGaughey, Lee Doherty, Sid Burrows (59 Anthony Coly).   Trainer: Roy Coyle

PALLOSEURA: Dan-Ola Eckermann; Ari Heikkinen, Jyrki Hännikäinen, Petri Sulonen, Esa Johansson, Juha Halonen, Tomi Jalo, Kim Suominen, Kimmo Lipponen, Juha Laaksonen, Marko Räjämäki.   Trainer: Tommy Lindholm

Goals: Suominen (38), O'Boyle (75)

REAL SOCIEDAD SAN SEBASTIÁN
v DUKLA PRAHA 2-1 (1-1)

Estadio de Atocha, San Sebastián   7.09.1988

Referee: George Sandoz (SWI)   Attendance: 21,000

REAL SOCIEDAD: Luis Miguel ARCONADA Echarre; Alberto GÓRRIZ Echarte, Juan LARRAÑAGA Gurruchaga, Agustín GAJATE Vidriales, Juan María MUJIKA Izaguirre, Santiago BAKERO Escudero, Jesús María ZAMORA Ansorena, Jon Andoni GOICOECHEA Lasa (67 José Miguel ZÚÑIGA Martiarena), Luciano ITURRINO Cenekorta (60 Joaquín URÍA Lekuona), Mikel LOINAZ Balda, Lorenzo Juarros García "LOREN".   Trainer: John Benjamin Toshack

DUKLA: Petr Kostelník; Aleš Bažant, Ivan Hucko, Dušan Fitzel, Ivan Schulz, Aleš Foldyna (88 Aleš Laušman), Pavel Karoch, Jiří Němec, Tomáš Kříž, Günther Bittengel, Milan Luhový.   Trainer: Jaroslav Jares

Goals: Loinaz (37, 47), Bittengel (38)

DAC DUNAJSKÁ STREDA
v ÖSTERS VÄXJÖ 6-0 (4-0)

DAC, Dunajská Streda   5.10.1988

Referee: Roman Steindl (AUS)   Attendance: 4,140

DAC: Stanislav Vahala; Ján Kapko, Dušan Liba, Ján Hodúr, Peter Fieber, Rudolf Pavlik, Július Simon, Petr Kaspar, Peter Soltés (85 Attila Belansky), Marián Takác, Tibor Micinec (74 Martin Kulich).   Trainer: Karol Pecze

ÖSTERS: Thomas Ravelli; Micael Svensson, Tommy Berggreen, Jari Europaeus, Tonny Westring, Christer Frisk, Per Lindbald (62 Nicklas Persson), Ulrik Jansson, Jan Jansson, Hans Eklund (82 Tommy Westerlund), Erkka Petäjä.   Trainer: Per Ole Bildt

Goals: Liba (8), Takac (14, 22), Pavlik (45), Micinec (46), Šoltés (61)

DUKLA PRAHA
v REAL SOCIEDAD SAN SEBASTIÁN 3-2 (1-0)

Stadión na Juliske, Praha   5.10.1988

Referee: Alexis Ponnet (BEL)   Attendance: 6,119

DUKLA: Petr Kostelnik; Aleš Bažant, Daniel Drahokoupil, Dušan Fitzel, Ivan Schulz, Aleš Foldyna, Pavel Korejčík, Tomas Kriz (75 Pavel Karoch), Jiří Němec, Günther Bittengel, Milan Luhový.   Trainer: Jaroslav Jares

REAL SOCIEDAD: Luis Miguel ARCONADA Echarre; Juan LARRAÑAGA Gurruchaga, Javier BENGOETXEA Iparaguirre, Agustín GAJATE Vidriales, Alberto GÓRRIZ Echarte, Joaquín URÍA Lekuona (60 Juan María MUJIKA Izaguirre), Luis Fernando DADIE Fernández, José Miguel ZÚÑIGA Martiarena (50 Mikel LOINAZ Balda), Jesús María ZAMORA Ansorena, Lorenzo Juarros García "LOREN", Jon Andoni GOICOECHEA Lasa.   Trainer: John Benjamin Toshack

Goals: Němec (17), Foldyna (55), Bittengel (72), Loren (75), Loinaz (82)

INTERNAZIONALE MILANO
v BRAGE BÖRLANGE 2-1 (1-0)

Giuseppe Meazza, Milano   7.09.1988

Referee: Ion Crăciunescu (ROM)   Attendance: 30,901

INTER: Astutillo Malgioglio; Giuseppe Bergomi, Giuseppe Baresi, Andreas Brehme, Riccardo Ferri, Andrea Mandorlini, Alessandro Bianchi (80 Pasquale Rocco), Nicola Berti, Angel Ramon Diaz, Gianfranco Matteoli, Massimo Ciocci (56 Dario Morello).   Trainer: Giovanni Trapattoni

BRAGE: Bengt Andersson; Plamen Nikolov, Göran Arnberg, Patrick Englund, Peter Granberg, Olle Perätalo (56 Bernhard Brcic), Simon Hunt, Jarmo Alatensiö, Jonas Källström, Göran Bergort, Johan Hällman.   Trainer: Jan Lindstedt

Goals: Diaz (44 pen), Arnberg (64 pen), Matteoli (89)

ÖSTERS VÄXJÖ
v DAC DUNAJSKÁ STREDA 2-0 (0-0)

Värendsvallen, Växjö   7.09.1988

Referee: Kurt Horsted (DEN)   Attendance: 1,141

ÖSTERS: Thomas Ravelli; Michael Svensson, Tonny Westring, Jari Europaeus, Erkka Petäjä, Tommy Westerlund (63 Per Lindblad), Jesper Jansson, Ulrik Jansson, Jan Jansson, Hans Eklund, Christer Frisk.   Trainer: Per Ole Bildt

DAC: Stanislav Vahala, Tibor Zsákovics, Jozef Medgyes, Dušan Liba, Peter Fieber, Rudolf Pavlik, Ján Hodúr, Petr Kaspar, Marián Takác, Peter Soltés (67 Jaroslav Nagy), Peter Medgyes (86 Július Simon).   Trainer: Karol Pecze

Goals: J. Jansson (71), Petäjä (76)

BRAGE BÖRLANGE
v INTERNAZIONALE MILANO 1-2 (1-1)

Domnarsvallen, Börlange   5.10.1988

Referee: Klaus Scheurell (DDR)   Attendance: 8,652

BRAGE: Bengt Andersson; Plamen Nikolov, Göran Arnberg, Patrick Englund, Peter Granberg, Rolf Ola Nilsson, Simon Hunt, Jarmo Alatensiö (76 Bernhard Brcic), Jonas Källström, Goran Bergort, Johan Hällman.   Trainer: Jan Lindstedt

INTER: Walter Zenga; Giuseppe Bergomi, Giuseppe Baresi, Andreas Brehme, Riccardo Ferri, Dario Morello, Lothar Matthäus, Aldo Serena, Andrea Mandorlini, Alessandro Bianchi, Nicola Berti.   Trainer: Giovanni Trapattoni

Goals: Berti (10), Hällman (45), Morello (77)

FK MOLDE v KSV WAREGEM 0-0

Nye Molde   7.09.1988

Referee: Robert Stewart (NIR)   Attendance: 3,020

FK **MOLDE**: Thor Andre Olsen; Geir Sperre, Knut Eikrem, Lasse Möller, Erik Ole Stravrum, Finn Renna (80 Stein Olav Hestad), Kjell Rekdal, Torbjörn Evensen (67 Ronald Wenaas), Jan Berg, Jostein Flo, Oystein Neerland.
Trainer: Harry Hestad

WAREGEM: Hans Galjé, Bart Mauroo, Benny De Kneef, Yvan de Sloover, Marc Mertens, Pino Decraeye, Richard Niederbacher, Vital Borkelmans, Alain Van Baekel, Patrick Teppers (76 Morceau Lutonadio), Hans Christiaens (8 Luc Hinderyckx).   Trainer: Urbain Haesaert

SV WAREGEM v FK MOLDE 5-1 (1-0)

Regenboogstadion, Waregem   5.10.1988

Referee: Freidrich Kaupe (AUS)   Attendance: 5,000

WAREGEM: Hans Galjé (51 Ludo Deschepper), Pino Decraeye, Jacko McDonagh, Yvan de Sloover, Marc Mertens, Alain Van Baekel, Vital Borkelmans, Emmanuel Karagiannis (80 Bart Mauroo), Patrick Teppers, Richard Niederbacher, Hans Christiaens.   Trainer: Urbain Haesaert

FK **MOLDE**: Thor Andre Olsen; Stein Olav Hestad, Lasse Möller, Knut Eikrem, Geir Sperre, Jan Berg, Torbjörn Evensen (16 Ronald Wenaas), Kjell Rekdal, Erik Ole Stravrum, Jostein Flo (68 Finn Renna), Öystein Neerland.
Trainer: Harry Hestad

Goals: Niederbacher (43, 47), Christiaens (69, 72), Rekdal (78), Teppers (86)

**BAYERN MÜNCHEN
v LEGIA WARSZAWA 3-1** (2-0)

Olympiastadion, München   7.09.1988

Referee: Lajos Hartmann (HUN)   Attendance: 15,000

BAYERN: Raimond Aumann; Klaus Augenthaler, Norbert Nachtweih, Ulrich Bayerschmidt (79 Armin Eck), Stefan Reuter, Roland Grahammer (46 Erland Johnsen), Olaf Thon, Hans-Dieter Flick, Roland Wohlfarth, Jürgen Wegmann, Ludwig Kögl.   Trainer: Josef Heynckes

LEGIA: Zbigniew Robakiewicz; Zbigniew Kaczmarek, Dariusz Kubicki, Arkadiusz Gmur, Dariusz Wdowczyk, Leszek Pisz, Dariusz Dziekanowski (65 Kazimierz Buda), Stanislaw Terlecki, Krzysztof Iwanicki, Andrzej Latka, Ryszard Robakiewicz.   Trainer: Andrzej Strejlau

Goals: Wegmann (9), Thon (23, 61), Iwanicki (55)

**LEGIA WARSZAWA
v BAYERN MÜNCHEN 3-7** (1-4)

Stadion Wojska Polskiego, Warszawa   5.10.1988

Referee: John Martin (ENG)   Attendance: 12,000

LEGIA: Maciej Szczesny; Zbigniew Kaczmarek, Dariusz Kubicki, Dariusz Wdowczyk, Leszek Pisz, Tomasz Arceusz (.. Arkadiusz Gmur), Dariusz Dziekanowski, Krzysztof Iwanicki, Andrzej Latka, Ryszard Robakiewicz, Stanislaw Terlecki.
Trainer: Andrzej Strejlau

BAYERN: Raimond Aumann; Norbert Nachtweih, Klaus Augenthaler (46 Armin Eck), Roland Grahammer, Hans Pflügler, Stefan Reuter, Olaf Thon, Hans-Dieter Flick, Ludwig Kögl, Roland Wohlfarth (70 Jürgen Wegmann), Johnny Ekström.   Trainer: Josef Heynckes

Goals: Nachtweih (19), Ekström (23, 44), Kubicki (36), Augenthaler (41), Wegmann (78, 82), R. Robakiewicz (85, 88), Eck (89)

VELEŽ MOSTAR v APOEL NICOSIA 1-0 (1-0)

Gradski, Mostar   7.09.1988

Referee: Edgar Azzopardi (MAL)   Attendance: 8,000

VELEŽ: Vukašin Petranović; Mili Hadziabdić, Ismet Šišić, Ivica Barbarić, Ibro Rahimić, Zdenko Jedvaj, Sead Kajtaz, Vladimir Gudelj (59 Emir Tufek), Zijad Repak, Anel Karabeg (76 Stipe Jurić), Semir Tuce.   Trainer: Zarko Barbarić

APOEL: Andreas Petrides; Nikos Magnitis, Kostas Miamiliotis, Andreas Stavrou, Koulis Pantziaras, Ara Petrosian, Gary Owen (82 Dimitris Misos), Sokratis Maragkos (65 Dimitris Kleanthous), Giannis Ioannou, Panikos Neocleous, Peter John Farrell.   Trainer: Thomas Cassidy

Goal: Repak (31)

APOEL NICOSIA v VELEŽ MOSTAR 2-5 (1-1)

Makarios, Nicosia   5.10.1988

Referee: Mircea Salomir (ROM)   Attendance: 7,000

APOEL: Andreas Petrides; Nikos Magnitis (71 Sokratis Maragkos), Kostas Miamiliotis, Andreas Stavrou, Dimitris Kleanthous, Ara Petrosian, Gary Owen, Kyriakos Plakitis (77 Peter John Farrell), Antros Sotiriou, Giannis Ioannou, Loukas Hatziloukas.   Trainer: Thomas Cassidy

VELEŽ: Vukašin Petranović; Mili Hadziabdić, Ismet Šišić, Ibro Rahimić, Veselin Djurasović, Zdenko Jedvaj (67 Emir Tufek), Zijad Repak, Vladimir Gudelj, Sead Kajtaz (75 Meho Kodro), Anel Karabeg, Semir Tuce.   Trainer: Zarko Barbarić

Goals: Kleanthous (35 og), Owen (44 pen), Gudelj (47, 88), Tuce (50), Repak (58), Plakitis (62)

AEK ATHINA
v ATHLETIC CLUB BILBAO 1-0 (1-0)

Stadio Neas Filadelfeias, Athina   7.09.1988

Referee: Robert Bonar Valentine (SCO)   Attendance: 27,000

AEK: Spiros Oikonomopoulos; Paulos Papaioannou, Giorgos Koutoulas, Stelios Manolas, Simeon Hatzis (7 Hristos Vasilopoulos), Lambros Maurodimos, Dimitris Patikas, Dimitris Pittas, Miroslav Okoński, Henrik Nielsen (85 Giorgos Hristodoulou), Giorgos Savvidis.   Trainer: Dušan Bajević

ATHLETIC: Vicente Fernández BIURRUN; Antonio LAKABEG Fraile, Francisco FERREIRA Colmenero, Genaro ANDRINÚA Kortabarría, Rafael ALKORTA Martínez, Íñigo LIZARRALDE Lazcano, Francisco "PACHI" SALINAS Fernández, José María AGUIRRE López (6 Estanislao ARGOTE Salaberría, 78 Ricardo MENDIGUREN Egaña), LUIS FERNANDO Fernández Rodríguez, Ander GARITANO Urquiza, Pedro Jesús URALDE Hernáez.
Trainer: Howard Kendall

Goal: Pittas (32)

ATHLETIC CLUB BILBAO
v AEK ATHINA 2-0 (2-0)

Estadio San Mamés, Bilbao   5.10.1988

Referee: Luigi Agnolin (ITA)   Attendance: 35,000

ATHLETIC: Vicente Fernández BIURRUN; Antonio LAKABEG Fraile, Francisco FERREIRA Colmenero, Genaro ANDRINÚA Kortabarría, Rafael ALKORTA Martínez, José Ramón GALLEGO Souto (86 Andoni AYARZA Zallo), Francisco "PACHI" SALINAS Fernández, LUIS FERNANDO Fernández Rodríguez, Ander GARITANO Urquiza (40 Íñigo LIZARRALDE Lazcano), Estanislao ARGOTE Salaberría, Pedro Jesús URALDE Hernáez.   Trainer: Howard Kendall

AEK: Spiros Oikonomopoulos; Simeon Hatzis, Stelios Manolas, Giorgos Koutoulas, Hristos Vasilopoulos, Lambros Maurodimos, Dimitris Patikas, Dimitris Pittas, Miroslav Okoński, Giorgos Famelis (80 Giorgos Hristodoulou), Henrik Nielsen.   Trainer: Dušan Bajević

Goals: Uralde (3, 6)

SERVETTE GENÈVE v STURM GRAZ 1-0 (0-0)

Stade des Charmilles, Genève   7.09.1988

Referee: Manfred Rossner (DDR)   Attendance: 9,800

SERVETTE: Peter Kobel; Pascal Besnard, Rainer Häsler, Urs Bamert, Marco Schälibaum, Fredy Grossenbacher, Lucien Favre, José Sinval, Karl-Heinz Rummenigge, John Eriksen (76 Philippe Fargeon), Christophe Bonvin.
Trainer: Jean-Claude Donzé

STURM: Otto Konrad; Michael Petrovic, Peter Huberts, Rudolf Schauss, Georg Zellhofer, Franz Feirer, Kurt Temm, Harald Holzer, Ewald Türmer, Harald Krämer (88 Walter Kogler), Günther Koschak.   Trainer: Walter Ludescher

Sent off: Feirer (69)

Goal: Grossenbacher (89)

STURM GRAZ v SERVETTE GENÈVE 0-0

Bundesstadion Liebenau, Graz   5.10.1988

Referee: Jean-François Crucke (BEL)   Attendance: 7,000

STURM: Otto Konrad; Michael Petrovic, Walter Kogler, Rudolf Schauss, Georg Zellhofer (46 Wolfgang Hainzl), Peter Huberts, Kurt Temm, Jürgen Werner, Ewald Türmer (30 Hannes Fasching), Günther Koschak, Harald Holzer.
Trainer: Walter Ludescher

SERVETTE: Peter Kobel; Pascal Besnard, Rainer Hasler, Urs Bamert, Marco Schällibaum, Pascal Cacciapaglia, Lucien Favre, José Sinval, Karl-Heinz Rummenigge, John Eriksen, Christophe Bonvin.   Trainer: Jean-Claude Donzé

BEŞIKTAŞ ISTANBUL
v DINAMO ZAGREB 1-0 (1-0)

Fenerbahçe, Istanbul   7.09.1988

Referee: Yuri Savchenko (USSR)   Attendance: 20,286

BEŞIKTAŞ: Raze Zalad; Recep Cetin, Kadir Akbulut, Gökhan Keskin, Ulvi Guveneroglu, Mehmet Özdilek, Senol Fidan (46 Sinan Ergin), Riza Çalimbay, Feyyaz Uçar, Les Ferdinand (36 Ali Gültiken), Zeki Önatli.   Trainer: Gordon Milne

DINAMO: Drazen Ladić; Željko Cupan, Damir Lesjak, Drazulko Prskalo, Andrej Panadić, Dubravko Pavlicić, Stjepan Deverić, Drazen Besek, Zoran Skerjanić (79 Marijan Lemesić), Zoran Dimitrijević (82 Muhamed Preljević), Mustafa Agić.
Trainer: Miroslav Blazević

Goal: Feyyaz (5)

DINAMO ZAGREB
v BEŞIKTAŞ ISTANBUL 2-0 (1-0)

Maksimir, Zagreb   5.10.1988

Referee: Todor Kolev (BUL)   Attendance: 30,000

DINAMO: Drazen Ladić; Željko Cupan, Dubravko Pavlicić, Muhamed Preljević, Vlado Kasalo, Drazulko Prskalo, Vasec, Zoran Skerjanić, Zvonimir Boban (82 Mustafa Agić), Radmilo Mihajlović (75 Bovgat), Stjepan Deverić.
Trainer: Miroslav Blazević

BEŞIKTAŞ: Raze Zalad; Recep Cetin, Ulvi Guveneroglu, Gökhan Keskin, Kadir Akbulut, Riza Çalimbay, Zeki Önatli, Mehmet Özdilek, Senol Fidan (82 Sinan Ergin), Ali Gültiken, Feyyaz Uçar.   Trainer: Gordon Milne

Goals: Mihajlović (40, 65)

SSC NAPOLI v PAOK THESSALONIKI 1-0 (0-0)

San Paolo, Napoli 7.09.1988

Referee: Aron Schmidhuber (WG)   Attendance: 62,662

SSC NAPOLI: Giuliano Giuliani; Ciro Ferrara, Antonio Carannante, Luca Danilo Fusi, Giancarlo Corradini, Alessandro Renica, Massimo Crippa, Fernando De Napoli, Antonio Oliveira filho "Careca", Diego Armando Maradona, Francesco Romano (77 Simone Giacchetta). Trainer: Ottavio Bianchi

PAOK: Giannis Gkitsioudis, Nikolaos Karageorgiou, Antonis Maureas, Dimitris Mitoglou, Kostas Malioufas, Kostas Lagonidis, Stefanos Borbokis, Giorgos Skartados, Mike Small (60 Aristidis Karasavvidis), Luis Fernando (72 Mihalis Leontiadis), Kyriakos Alexandridis.   Trainer: Marinus Israel

Goal: Maradona (58 pen)

PAOK THESSALONIKI v SSC NAPOLI 1-1 (0-1)

Toumpas, Thessaloniki 6.10.1988

Referee: Horst Brummeier (AUS)   Attendance: 45,000

PAOK: Giannis Gkitsioudis; Nikolaos Karageorgiou, Antonis Maureas, Dimitris Mitoglou, Kostas Malioufas, Kostas Lagonidis (62 Mihalis Iordanidis), Stefanos Borbokis, Giorgios Skartados, Aristidis Karasavvidis (46 Mike Small), Luis Fernando, Kyriakos Alexandridis.   Trainer: Marinus Israel

SSC NAPOLI: Giuliano Giuliani; Ciro Ferrara, Giovanni Francini, Giancarlo Corradini, Rogerio Ricardo de Brito "Alemao", Alessandro Renica, Massimo Crippa, Fernando De Napoli (46 Antonio Carannante), Antonio Oliveira filho "Careca", Diego Armando Maradona, Luca Danilo Fusi. Trainer: Ottavio Bianchi

Goals: Careca (17), Skartados (65)

ZALGIRIS VILNIUS v FC AUSTRIA-MEMPHIS WIEN 2-0 (0-0)

Zalgiris, Vilnius 7.09.1988

Referee: Kim Milton Nielsen (DEN)   Attendance: 17,000

ZALGIRIS: Alvidas Koncevicius; Igor Pankratiev, Viacheslav Sukristovas, Romas Mazheikis, Arvidas Yanonis (90 Viktoras Bridaitis), Robertas Tautkus, Stasis Baranauskas, Valdas Ivanauskas, Sigitas Yakubauskas, Robertas Fridrikas, Arminas Narbekovas.   Trainer: Benjaminas Zelkjavicius

FC AUSTRIA-MEMPHIS: Franz Wohlfahrt; Walter Hörmann, Erich Obermayer, Josef Degeorgi, Anton Pfeffer, Manfred Zsak, Andreas Ogris, Herbert Prohaska, José Alberto Percudani (75 Michael Künast), Peter Stöger (88 Christian Prosenik), Attila Sekerlioglu.   Trainer: Ferdinand Janotka

Sent off: Zsak (55)

Goals: Fridrikas (59), Baranauskas (78)

FC AUSTRIA-MEMPHIS WIEN v ZALGIRIS VILNIUS 5-2 (4-1)

Franz Horr stadion, Wien 7.10.1988

Referee: Michel Girard (FRA)   Attendance: 5,000

FC AUSTRIA-MEMPHIS: Franz Wohlfahrt; Walter Hörmann, Erich Obermayer, Josef Degeorgi, Anton Pfeffer, Attila Sekerlioglu, Andreas Ogris, Herbert Prohaska, José Alberto Percudani (89 Josef Furtner), Michael Künast, Hannes Pleva (85 Peter Stöger).   Trainer: Ferdinand Janotka

ZALGIRIS: Vatslovas Yurkus, Virginius Baltusnikas, Viacheslav Sukristovas, Robertas Fridrikas, Arvidas Yanonis, Robertas Tautkus (21 Igor Pankratiev, 76 Gintaras Kviliunas), Stasis Baranauskas, Valdas Ivanauskas, Sigitas Yakubauskas, Vidmantas Rasiukas, Arminas Narbekovas.   Trainer: Benjaminas Zelkjavicius

Goals: Baltusnikas (3), Pleva (4, 15), Prohaska (5), Sekerlioglu (45), Fridrikas (51), Percudani (73)

VfB STUTTGART v TATABÁNYA BANYASZ 2-0 (0-0)

Neckarstadion, Stuttgart 7.09.1988

Referee: José Pérez Sánchez (SPA)   Attendance: 20,600

VfB: Eike Immel; Karl Allgöwer, Günther Schäfer (46 Alexander Strehmel), Rainer Zietsch, Rainer Schütterle (79 Gerhard Poschner), Srečko Katanec, Michael Schröder, Jürgen Hartmann, Ásgeir Sigurvinsson, Maurizio Gaudino, Fritz Walter.   Trainer: Arendt Haan

TATABÁNYA: Tamás Mazi; Dénes Vaczi, József Vincze, Endre Udvardi, László Nagy, Peter Jarfas, Karoly Csapo, István Schmidt (90 Gyula Dobesch), József Szalma, József Kiprich, Gyula Plotar.   Trainer: Miklós Temesvári

Goals: Gaudino (49), Walter (88)

TATABÁNYA BANYASZ v VfB STUTTGART 2-1 (0-0)

Bábyász stadion, Tatabánya 11.10.1988

Referee: Vasilis Nikakis (GRE)   Attendance: 8,000

TATABÁNYA: Imre Kiss; Károly Lakatos, József Vincze, Endre Udvardi (57 Gyula Dobesch), László Nagy, Károly Csapo, Dénes Vaczi, József Szalma, István Schmidt, József Kiprich, Gyula Plotar.   Trainer: Miklós Temesvári

VfB: Eike Immel; Karl Allgöwer, Rainer Zietsch, Guido Buchwald, Günther Schäfer (83 Alexander Strehmel), Maurizio Gaudino, Srečko Katanec, Jürgen Hartmann, Ásgeir Sigurvinsson (83 Michael Schröder), Fritz Walter, Jürgen Klinsmann.   Trainer: Arendt Haan

Goals: Csapo (53), Allgöwer (78 pen), Schmidt (81)

AS ROMA v FC NÜRNBERG 1-2 (0-1)

Stadio Flaminio, Roma   7.09.1988

Referee: José Rosa Dos Santos (POR)   Attendance: 16,263

AS ROMA: Angelo Peruzzi, Antonio Tempestilli, Gianluca Signorini, Fulvio Collovati, Sebastiano Nela, Jorge Luis Andrade da Silva, Lionello Manfredonia, Manuel Gerolin (46 Bruno Conti), Stefano Desideri, Renato Portaluppi (37 Ruggiero Rizzitelli), Rudolf Völler.   Trainer: Nils Liedholm

FC NÜRNBERG: Andreas Köpke; Ralf Dusend, Anders Giske, Jorg Dittwar, Thomas Brunner, Joachim Philipkowski, Manfred Schwabl, Stefan Kuhn, Martin Wagner (89 Hans-Jürgen Heidenreich), Soulyman Sane, Dieter Eckstein (81 Thomas Kristl).   Trainer: Hermann Gerland

Sent off: Rizzitelli

Goals: Sane (45), Desideri (48 pen), Eckstein (57)

JUVENTUS TORINO v OŢELUL GALAŢI 5-0 (3-0)

Comunale, Torino   12.10.1988

Referee: Albert Rudolf Thomas (HOL)   Attendance: 15,613

JUVENTUS: Stefano Tacconi; Pasquale Bruno, Roberto Galia, Sergio Brio, Luigi de Agostini, Roberto Tricella, Giancarlo Marocchi (82 Marino Magrin), Rui Gil Soares Barros, Michael Laudrup, Massimo Mauro, Alessandro Altobelli (78 Renato Buso).   Trainer: Dino Zoff

OŢELUL: Tudorel Călugăru; Şurian Borali, Viorel Anghelinei, Mario Agiu, Gelu Popescu, Marius Stan, Nicolae Burcea (46 Ion Profir), Ion Gigi, Mihăiţă Hanghiuc (64 Eugen Ralea), Haralambie Antohi, Octavian Popescu.   Trainer: Cornel Dinu

Goals: De Agostini (18), Agiu (26 og), Rui Barros (29, 72), Altobelli (50)

FC NÜRNBERG v AS ROMA 1-3 (1-2, 1-2) (AET)

Städt-stadion, Nürnberg   12.10.1988

Referee: Valeri Butenko (USSR)   Attendance: 20,000

FC NÜRNBERG: Andreas Köpke; Stefan Kuhn, Hans-Jürgen Heidenreich, Jörg Dittwar, Thomas Brunner (101 Frank Türr), Manfred Schwabl, Joachim Phillipkowski, Hans-Jürgen Brunner, Ralf Dusend, Soulyman Sane (77 Rudolf Stenzel), Dieter Eckstein.   Trainer: Hermann Gerland

AS ROMA: Franco Tancredi; Antonio Tempestilli, Lionello Manfredonia, Emidio Oddi, Sebastiano Nela, Jorge Luis Andrade da Silva, Stefano Desideri, Giuseppe Giannini, Roberto Policano (91 Bruno Conti), Renato Portaluppi, Rudolf Völler (114 Manuel Gerolin).   Trainer: Nils Liedholm.

Sent off: Renato (97)

Goals: Völler (9), Eckstein (21 pen), Policano (35), Portaluppi (93)

PARTIZAN BEOGRAD v SLAVIA SOFIA 5-0 (2-0)

JNA, Beograd   7.09.1988

Referee: José Donato Pes Pérez (SPA)   Attendance: 25,000

PARTIZAN: Fahrudin Omerović, Nikica Klincarski, Borce Sredojević, Darko Milanić, Predrag Spasić, Dragoljub Brnović, Zoran Batrović, Goran Milojević, Vladislav Djukić (78 Milonja Djukić), Fadilj Vokri (49 Sladan Scepović), Nebojsa Vučičević.   Trainer: Fahrudin Jusufi

SLAVIA: Antonio Ananiev; Pavlin Dimitrov, Ivan Haidarliev, Aleksandar Markov, Ivailo Venkov (46 Tsvetan Mitov), Iordan Kostov, Petar Bojkov, Ilia Karadeliev, Petar Aleksandrov, Plamen Simeonov, Miroslav Mironov (59 Ognian Radev).   Trainer: Hristo Mladenov

Goals: Batrović (7, 28), V. Djukić (46), Vokri (48), M. Djukić (90)

OŢELUL GALAŢI v JUVENTUS TORINO 1-0 (0-0)

Dunărea, Galaţi   7.09.1988

Referee: Yusuf Namoglu (TUR)   Attendance: 30,000

OŢELUL: Tudorel Călugăru, Şurian Borali (72 Adrian Oprea), Viorel Anghelinei, Mario Agiu, Gelu Popescu, Marius Stan, Nicolae Burcea, Ion Profir, Eugen Ralea (56 Ionel Drăgoi), Haralambie Antohi, Octavian Popescu.
Trainer: Cornel Dinu

JUVENTUS: Stefano Tacconi; Nicolo Napoli, Pasquale Bruno, Sergio Brio, Luigi de Agostini, Antonio Cabrini, Giancarlo Marocchi, Rui Gil Soares Barros, Michael Laudrup, Massimo Mauro, Alessandro Altobelli.   Trainer: Dino Zoff

Goals: Profir (59 pen)

SLAVIA SOFIA v PARTIZAN BEOGRAD 0-5 (0-0)

Slavia, Sofia   12.10.1988

Referee: José Conceição Silva (POR)   Attendance: 6,500

SLAVIA: Antonio Ananiev; Pavlin Dimitrov, Plamen Tachev, Valeri Grekov, Ivailo Venkov (46 Tsvetan Mitov), Iordan Kostov, Ognian Radev, Miroslav Mironov, Petar Aleksandrov, Plamen Simeonov, Andrei Jeliazkov (58 Petar Bojkov).   Trainer: Hristo Mladenov

PARTIZAN: Fahrudin Omerović; Borce Sredojević, Miodrag Vojović, Vladimir Vermezović, Aleksandar Djordjević, Dragoljub Brnović, Zoran Batrović, Goran Milojević, Vladislav Djukić, Fadilj Vokri (60 Milonja Djukić), Nebojsa Vučičević (67 Sladan Scepović).   Trainer: Fahrudin Jusufi

Goals: Vokri (48), Djordjević (51), Grekov (73 og), M. Djukić (80), V. Djukić (89)

**BAYER LEVERKUSEN
v BELENENSES LISBOA 0-1** (0-0)

Ulrich-Haberland, Leverkusen   7.09.1988

Referee: Piotr Werner (POL)   Attendance: 10,600

BAYER: Rüdiger Vollborn; Jean-Pierre De Keyser, Bum-Kun Cha, Wolfgang Rolff, Andrzej Buncol, Thomas Hörster (46 Claus-Dieter Wollitz), Florian Hinterberger, Herbert Waas, Christian Schreier, Marek Lesniak, Klaus Täuber (69 Erich Seckler).   Trainer: Marinus Michels

BELENENSES: JORGE Manuel MARTINS da Silva; JOSÉ ANTÓNIO Prudêncio Conde Bargiela, Luís Fernando Gonçalves SOBRINHO, CARLOS Manuel Gonçalves RIBEIRO, Francisco Conde Junior "CHIQUINHO", PAULO Jorge Côncio MONTEIRO (69 João António Silva Duarte GALO), José Alberto Peixoto da Silva "JUANICO", Álvaro Cardoso TEIXEIRA, Carlos Manuel Pereira Pinto "ADÃO", José Amaro Justino "ZÉ MÁRIO", Stoicho Mladenov (78 Carlos Eduardo Alberigi "DUDU").   Trainer: John Henry Mortimore

Goal: Mladenov (64)

**BELENENSES LISBOA
v BAYER LEVERKUSEN 1-0** (0-0)

Estádio do Restelo, Lisboa   12.10.1988

Referee: Brian Hill (ENG)   Attendance: 18,000

BELENENSES: JORGE Manuel MARTINS da Silva; JOSÉ ANTÓNIO Prudêncio Conde Bargiela, Luís Fernando Gonçalves SOBRINHO, Álvaro Cardoso TEIXEIRA, CARLOS Manuel Gonçalves RIBEIRO, JAIME Jerónimo da Mercês (77 Carlos Eduardo Alberigi "DUDU"), PAULO Jorge Côncio MONTEIRO (89 Jorge Baidek), José Alberto Peixoto da Silva "JUANICO", José Amaro Justino "ZÉ MÁRIO", Carlos Manuel Pereira Pinto "ADÃO", Stoicho Mladenov. Trainer: John Henry Mortimore

BAYER: Rüdiger Vollborn; Jean-Pierre De Keyser, Thomas Hörster (68 Marek Lesniak), Erich Seckler, Bum Kun Cha, Wolfgang Rolff, Florian Hinterberger, Herbert Waas, Christian Schreier, Knut Reinhardt, Klaus Tauber.
Trainer: Marinus Michels

Goal: Adão (84)

ÍA AKRANES v ÚJPESTI DÓZSA BUDAPEST 0-0

Akranesvollür, Akranes   8.09.1988

Referee: Patrick Daly (EIRE)   Attendance: 1,000

ÍA AKRANES: Olafur Gottskalsson; Alexander Hognasson, Orn Gunnarsson, Mark Duffield, Sigurdur Jonsson, Karl Thordarson, Olafur Thordarson, Sigursteinur Gislason, Heimir Guðmundsson, Elis Vigludsson, Haraldur Ingolfsson. Trainer: Gudjon Thordarson

ÚJPESTI DÓZSA: István Brockhauser; István Schneider, József Varga, László Szélpál, Csaba Vojtekovski (89 Miklos Temesvari), István Kozma, Ervin Kovács, István Balogh, Andras Szabó, Lajos Schroth (85 Zoltan Klink), György Katona.   Trainer: István Varga

**ÚJPESTI DÓZSA BUDAPEST
v ÍA AKRANES 2-1** (1-0)

József Dozsa, Budapest   5.10.1988

Referee: Velitchko Tsonchev (BUL)   Attendance: 1,000

ÚJPESTI DÓZSA: Attila Grof; István Schneider, Ervin Kovács, László Szélpál (58 Zoltan Kecskes), István Kozma, Miklos Temesvari, Zoltan Klink, Andras Szabó, Lajos Schroth, Sándor Steidl (86 Csaba Vojtekovski), György Katona.
Trainer: István Varga

ÍA AKRANES: Olafur Gottskalsson; Orn Gunnarsson (18 Johannes Gudlaugsson), Alexander Hognasson, Sigurdur Jonsson, Heimir Guðmundsson, Karl Thordarson, Mark Duffield, Olafur Thordarson, Sigursteinur Gislason (61 Gunnar Jonsson), Elis Vigludsson, Haraldur Ingolfsson.   Trainer: Gudjon Thordarson

Goals: Steidl (44), K. Thordarsson (68), Katona (72)

SECOND ROUND

**ÚJPESTI DÓZSA BUDAPEST
v GIRONDINS de BORDEAUX 0-1** (0-1)

Jozsef-Dózsa stadion, Budapest   26.10.1988

Referee: Ihsan Ture (TUR)   Attendance: 3,000

ÚJPESTI DÓZSA: István Brockhauser; Zoltán Slezak, Miklos Temesvari, Ervin Kovács, István Kozma, András Szabó, István Schneider (54 István Balogh), Zoltán Kecskes (75 Zoltán Klink), Sándor Steidl, György Katona, Dénes Eszenyi.   Trainer: István Varga

GIRONDINS: Dominique Dropsy; Jean-Christophe Thouvenel (84 Dominique Thomas), Didier Sénac, Alain Roche, Zoran Vujović, Eric Dewilder, Jean Amadou Tigana, Vincenzo Scifo, Gernot Rohr, Yannick Stopyra, Jean-Marc Ferreri.   Trainer: Aimè Jacquet

Goals: Stopyra (45)

**GIRONDINS de BORDEAUX
v ÚJPESTI DOZSA BUDAPEST 1-0** (0-0)

Stade Municipal, Bordeaux   8.11.1988

Referee: Adolf Prokop (DDR)   Attendance: 20,059

GIRONDINS: Dominique Dropsy; Jean-Christophe Thouvenel, Didier Sénac, Alain Roche, Zoran Vujović, Eric Dewilder, Jean Amadou Tigana, Gernot Rohr (37 Dominique Thomas), Jean-Marc Ferreri, Yannick Stopyra, Clive Allen (70 Vincenzo Scifo).   Trainer: Aimè Jacquet

ÚJPESTI DOZSA: István Brockhauser; László Szélpál, Miklos Temesvari (80 Zoltán Klink), Ervin Kovács, Zoltán Slezak, István Kozma, Sándor Steidl, Andras Szabó, Lajos Schroth, István Balogh (70 Dénes Eszenyi), György Katona.   Trainer: István Varga

Goals: Ferreri (74 pen)

**SPORTING LISBOA
v REAL SOCIEDAD SAN SEBASTIÁN 1-2** (1-1)
Estádio José Alvalade, Lisboa 26.10.1988
Referee: Aron Schmidhuber (WG)   Attendance: 50,000
SPORTING: Vítor Manuel Afonso DAMAS de Oliveira; JOÃO LUÍS Barbosa, Pedro Manuel Regateiro VENÂNCIO, António Maurício Farinha Henrique MORATO, MÁRIO JORGE da Silva Pinho Fernandes, CARLOS MANUEL Correia dos Santos, OCEANO Andrade da Cruz, Paulo SILAS do Prado Pereira, Luís Filipe Vieira "LITOS" (62 RUI José MASIDE Ribeiro), Paulo Roberto Vacinello "PAULINHO CASCAVEL" (71 Hans Eskilsson), José Manuel FORBS.
Trainer: Pedro Virgílio Rocha Franchetti
REAL SOCIEDAD: Luis Miguel ARCONADA Echarre; José Miguel ZÚÑIGA Martiarena, Alberto GÓRRIZ Echarte, Juan LARRAÑAGA Gurruchaga, Agustín GAJATE Vidriales, Javier BENGOETXEA Iparaguirre, Santiago BAKERO Escudero, Luciano ITURRINO Cenekorta, Jesús María ZAMORA Ansorena, Lorenzo Juarros García "LOREN" (85 Miguel Ángel FUENTES Azpiroz), Jon Andoni GOICOECHEA Lasa (73 Juan María MUJIKA Izaguirre).   Trainer: John Benjamin Toshack
Sent off: Rui Maside (70)
Goals: Iturrino (17), Cascavel (32 pen), Loren (49)

**REAL SOCIEDAD SAN SEBASTIÁN
v SPORTING LISBOA 0-0**
Estadio de Atotxa, San Sebastián 9.11.1988
Referee: Pietro d'Elia (ITA)   Attendance: 20,000
REAL SOCIEDAD: Luis Miguel ARCONADA Echarre; José Miguel ZÚÑIGA Martiarena, Alberto GÓRRIZ Echarte, Juan LARRAÑAGA Gurruchaga, Agustín GAJATE Vidriales, Javier BENGOETXEA Iparaguirre, Santiago BAKERO Escudero, Luciano ITURRINO Cenekorta, Jesús María ZAMORA Ansorena, Lorenzo Juarros García "LOREN" (58 Mikel LOINAZ Balda), Jon Andoni GOICOECHEA Lasa (88 Miguel Ángel FUENTES Azpiroz).   Trainer: John Benjamin Toshack
SPORTING: Vítor Manuel Afonso DAMAS de Oliveira; JOÃO LUÍS Barbosa, António Maurício Farinha Henrique MORATO, Pedro Manuel Regateiro VENÂNCIO, MÁRIO JORGE da Silva Pinho Fernandes, CARLOS MANUEL Correia dos Santos, OCEANO Andrade da Cruz, FERNANDO Manuel Antunes MENDES (78 José António Ramalho LIMA), Paulo SILAS do Prado Pereira, William DOUGLAS Humia Menezes, José Manuel FORBS.   Trainer: Pedro Virgílio Rocha Franchetti

RFC LIÈGE v BENFICA LISBOA 2-1 (0-0)
Jules George, Rocourt-Liège 26.10.1988
Referee: Thorbjörn Aas (NOR)   Attendance: 30,000
RFC LIÈGE: Ratko Stojic; Bernard Wegria, Jean-François De Sart, Bernard Habrant, Raphaël Quaranta, Jean-Marie Houben, Didier Quain, Danny Veyt, Luc Ernes, Zvonko Varga, Nebosja Malbasa.   Trainer: Robert Waseige
BENFICA: SILVINO Almeida Louro; António Augusto da Silva VELOSO, RICARDO Gomes Raimundo, ÁLVARO Monteiro Magalhães, José Carlos Nepomuceno MOZER, ELZO Eloísio Coelho (40 Mats Magnusson), Afonso ABEL de Campos, Fernando Albino de Sousa CHALANA, VATA Matanu Garcia, Vitor Manuel Costa Araújo "PANEIRA", HERNÂNI Madruga Neves.
Trainer: António José Conceição Oliveira "TONI"
Goals: Chalana (48 pen), Varga (58), Malbasa (68)

BENFICA LISBOA v RFC LIÈGE 1-1 (0-1)
Estádio da Luz, Lisboa 9.11.1988
Referee: Günther Habermann (DDR)   Attendance: 60,000
BENFICA: SILVINO Almeida Louro; António Augusto da Silva VELOSO, RICARDO Gomes Raimundo, José António da Rocha GARRIDO (67 António Manuel PACHECO Domingos), ÁLVARO Monteiro Magalhães, VATA Matanu Garcia, Adesvaldo José de LIMA, Fernando Albino de Sousa CHALANA, VALDO Cândido Filho, Vitor Manuel Costa Araújo "PANEIRA", HERNÂNI Madruga Neves (46 Mats Magnusson).
Trainer: António José Conceição Oliveira "TONI"
RFC LIÈGE: Ratko Stojic; Bernard Wegria, Jean-François De Sart, Bernard Habrant (64 Moreno Giusto), Raphaël Quaranta, Jean-Marie Houben, Didier Quain, Danny Veyt, Luc Ernes (85 Frédéric Waseige), Zvonko Varga, Nebosja Malbasa.   Trainer: Robert Waseige
Goals: Malbasa (18), Lima (58)

DYNAMO DRESDEN v KSV WAREGEM 4-1 (3-0)
Dynamo, Dresden 26.10.1988
Referee: John Blankenstein (HOL)   Attendance: 35,000
DYNAMO: Ronny Teuber; Frank Lieberam, Andreas Trautmann, Uwe Kirchner, Andreas Diebitz, Ralf Hauptmann, Matthias Sammer, Hans-Uwe Pilz, Matthias Döschner, Ulf Kirsten, Torsten Gütschow (83 Ralf Minge).
Trainer: Eduard Geyer
WAREGEM: Ludo De Schepper; Yvan de Sloover, Jacko McDonagh, Marc Mertens, Vital Borkelmans, Pino Decraeye, Emmanuel Karagiannis, Patrick Teppers (73 Nick Descamps), Alain van Baekel, Hans Christiaens, Richard Niederbacher.
Trainer: Urbain Haesaert
Goals: Kirchner (12), Kirsten (23, 39, 64), Niederbacher (83)

KS WAREGEM v DYNAMO DRESDEN 2-1 (1-0)

Regenboogstadion, Waregem   9.11.1988

Referee: Keith Cooper (WAL)   Attendance: 5,000

WAREGEM: Ludo De Schepper; Marc Mertens, Jacko McDonagh, Yvan de Sloover, Pino Decraeye, Emmanuel Karagiannis, Patrick Teppers, Vital Borkelmans, Alain van Baekel, Hans Christiaens, Richard Niederbacher. Trainer: Urbain Haesaert

DYNAMO: Ronny Teuber; Frank Lieberam, Andreas Trautmann, Uwe Kirchner, Jörg Stübner, Hans-Uwe Pilz (78 Uwe Jähnig), Ralf Hauptmann, Ralf Minge, Matthias Döschner, Matthias Sammer (88 Steffen Büttner), Torsten Gütschow.   Trainer: Eduard Geyer

Goals: Niederbacher (10), Van Baekel (49), Pilz (54 pen)

1.FC LOKOMOTIVE LEIPZIG v SSC NAPOLI 1-1 (0-0)

Zentralstadion, Leipzig   26.10.1988

Referee: Alexis Ponnet (BEL)   Attendance: 80,100

1.FC LOKOMOTIVE: René Müller; Frank Baum, Ronald Kreer, Matthias Lindner, Torsten Kracht, Damian Halata, Heiko Scholz (79 Hans-Jorg Leitzke), Matthias Liebers (80 Dieter Kühn), Uwe Bredow, Olaf Marschall, Matthias Zimmerling.   Trainer: Hans Ulrich Thomale

SSC NAPOLI: Giuliano Giuliani; Alessandro Renica, Giancarlo Corradini, Ciro Ferrara, Giovanni Francini, Fernando De Napoli, Rogerio Ricardo de Brito "Alemao", Luca Danilo Fusi (80 Tebaldo Bigliardi), Massimo Crippa (73 Antonio Carannante), Antonio Oliveira filho "Careca", Diego Armando Maradona.   Trainer: Ottavio Bianchi

Goals: Zimmerling (69), Francini (73)

SSC NAPOLI v 1.FC LOKOMOTIVE LEIPZIG 2-0 (1-0)

San Paolo, Napoli   9.11.1988

Referee: George Sandoz (SWI)   Attendance: 53,442

SSC NAPOLI: Giuliano Giuliani; Ciro Ferrara, Giovanni Francini, Luca Danilo Fusi (89 Antonio Carannante), Giancarlo Corradini, Alessandro Renica, Massimo Crippa, Fernando De Napoli, Antonio Oliveira filho "Careca", Diego Armando Maradona, Andrea Carnevale.
Trainer: Ottavio Bianchi

1.FC LOKOMOTIVE: René Müller, Ronald Kreer, Frank Baum, Matthias Lindner, Torsten Kracht, Uwe Bredow, Heiko Scholz, Matthias Liebers (76 Frank Edmond), Olaf Marschall, Damian Halata, Hans-Jorg Leitzke (43 Jürgen Rische).
Trainer: Hans Ulrich Thomale

Goals: Francini (2), Scholz (61 og)

JUVENTUS TORINO v ATHLETIC CLUB BILBAO 5-1 (3-1)

Stadio Comunale, Torino   26.10.1988

Referee: Neil Midgley (ENG)   Attendance: 37,752

JUVENTUS: Stefano Tacconi; Luciano Favero, Sergio Brio, Roberto Tricella, Luigi de Agostini, Massimo Mauro, Giancarlo Marocchi, Roberto Galia, Rui Gil Soares Barros, Alessandro Altobelli (68 Antonio Cabrini), Michael Laudrup (84 Renato Buso).   Trainer: Dino Zoff

ATHLETIC: Vicente Fernández BIURRUN; Antonio LAKABEG Fraile, Genaro ANDRINÚA Kortabarría, Francisco Quintanilla Barañano "TXIRRI" (76 Francisco FERREIRA Colmenero), Rafael ALKORTA Martínez, Íñigo LIZARRALDE Lazcano, José Ramón GALLEGO Souto (55 Ricardo MENDIGUREN Egaña), LUIS FERNANDO Fernández Rodríguez, Juan José ELGUEZÁBAL Bustiza, Pedro Jesús URALDE Hernáez, Estanislao ARGOTE Salaberría. Trainer: Howard Kendall

Goals: Laudrup (4, 51), Galia (23), Uralde (35), Mauro (40), Altobelli (46)

ATHLETIC CLUB BILBAO v JUVENTUS TORINO 3-2 (0-1)

Estadio San Mamés, Bilbao   9.11.1988

Referee: Erik Fredriksson (SWE)   Attendance: 25,000

ATHLETIC: Vicente Fernández BIURRUN; Rafael ALKORTA Martínez (67 Antonio LAKABEG Fraile), Ismael URTUBI Aróstegui, Francisco FERREIRA Colmenero, Genaro ANDRINÚA Kortabarría, Íñigo LIZARRALDE Lazcano, José Ramón GALLEGO Souto, Ricardo MENDIGUREN, Pedro Jesús URALDE Hernáez, Felix Sarriugarte (69 Francisco Quintanilla Barañano "TXIRRI"), Estanislao ARGOTE Salaberría.   Trainer: Howard Kendall

JUVENTUS: Stefano Tacconi; Luciano Favero, Luigi de Agostini, Roberto Galia, Sergio Brio, Roberto Tricella, Giancarlo Marocchi, Rui Gil Soares Barros, Alessandro Altobelli, Massimo Mauro (71 Antonio Cabrini), Michael Laudrup.   Trainer: Dino Zoff

Goals: Laudrup (35), Uralde (52), Andrinúa (59, 70), Galia (77)

MALMÖ FF v INTERNAZIONALE MILANO 0-1 (0-0)

Malmö stadion   26.10.1988

Referee: Claude Bouillet (FRA)   Attendance: 14,203

MALMÖ FF: Jan Möller; Per Agren, Stefan Schwarz, Roger Ljung, Magnus Andersson, Niklas Larsson, Jonas Thern, Leif Engqvist, Joakim Nilsson, Martin Dahlin, Håkan Lindman. Trainer: Valentin Ivanov

INTER: Walter Zenga; Giuseppe Bergomi, Giuseppe Baresi, Andreas Brehme, Riccardo Ferri, Andrea Mandorlini, Gianfranco Matteoli, Nicola Berti, Angel Ramonz Diaz (65 Alessandro Bianchi), Lothar Matthäus, Aldo Serena.
Trainer: Giovanni Trapattoni

Goal: Serena (82)

INTERNAZIONALE MILANO v MALMÖ FF 1-1 (1-0)

Giuseppe Meazza, Milano 9.11.1988

Referee: Jiří Stiegler (CZE)   Attendance: 45,936

INTER: Walter Zenga (73 Astutillo Malgioglio); Giuseppe Bergomi, Andreas Brehme, Gianfranco Matteoli, Riccardo Ferri, Andrea Mandorlini, Alessandro Bianchi, Nicola Berti, Angel Ramonz Diaz, Lothar Matthäus, Aldo Serena.   Trainer: Giovanni Trapattoni

MALMÖ FF: Jan Möller; Per Agren (85 Peter Jönsson), Stefan Schwarz, Roger Ljung, Magnus Andersson, Niklas Larsson, Jonas Thern, Leif Engqvist, Joakim Nilsson, Martin Dahlin, Håkan Lindman.   Trainer: Valentin Ivanov

Goals: Diaz (12), J. Nilsson (66)

DINAMO ZAGREB v VfB STUTTGART 1-3 (0-1)

Maksimir, Zagreb   26.10.1988

Referee: Marcel van Langenhove (BEL)   Attendance: 40,000

DINAMO: Drazen Ladić; Željko Cupan, Muhamed Preljević, Drazulko Prskalo, Vlado Capljić, Vlado Kasalo, Stjepan Deverić, Drazen Besek, Zvonimir Boban (69 Mustafa Agić), Mirko Lulić (32 Dubravko Pavlicić), Zoran Skerjanić.   Trainer: Josip Skoblar

VfB: Eike Immel; Günther Schäfer, Rainer Zietsch, Michael Schröder, Jürgen Hartmann, Guido Buchwald, Karl Allgöwer, Fritz Walter (66 Rainer Schütterle), Jürgen Klinsmann (75 Alexander Strehmel), Ásgeir Sigurvinsson, Maurizio Gaudino.   Trainer: Arendt Haan

Goals: Klinsmann (44), Walter (51), Schröder (63), Besek (79)

PARTIZAN BEOGRAD v AS ROMA 4-2 (2-1)

JNA, Beograd   26.10.1988

Referee: Lajos Hartmann (HUN)   Attendance: 44,790

PARTIZAN: Fahrudin Omerović; Predrag Spasić, Nikica Klincarski, Vladimir Vermezović, Borce Sredojević, Dragoljub Brnović, Zoran Batrović, Goran Milojević (60 Aleksandr Djordjević), Vladislav Djukić, Fadilj Vokri (46 Jia Xiuchuan), Nebojsa Vučičević.   Trainer: Momčilo Vukotić

AS ROMA: Franco Tancredi; Antonio Tempestilli, Sebastiano Nela, Lionello Manfredonia, Emidio Oddi, Jorge Luis Andrade da Silva, Bruno Conti, Manuel Gerolin, Rudolf Völler, Giuseppe Giannini (88 Fulvio Collovati), Roberto Policano.   Trainer: Nils Liedholm

Goals: Conti (10, 68), V. Djukić (17, 77), Vermezović (31), Milojević (54)

VfB STUTTGART v DINAMO ZAGREB 1-1 (0-0)

Neckarstadion, Stuttgart   9.11.1988

Referee: Vitor Fernandes Correia (POR)   Attendance: 17,600

VfB: Eike Immel; Karl Allgöwer, Guido Buchwald, Rainer Zietsch, Jürgen Hartmann, Maurizio Gaudino, Srečko Katanec, Ásgeir Sigurvinsson, Michael Schröder (69 Alexander Strehmel), Jürgen Klinsmann, Fritz Walter.   Trainer: Arendt Haan

DINAMO: Drazen Ladić; Vlado Kasalo, Andrej Panadić, Drazulko Prskalo, Dubravko Pavlicić, Drazen Besek, Zvonimir Boban, Zoran Skerjanić, Muhamed Preljević, Radmilo Mihajlović, Stjepan Deverić.   Trainer: Josip Skoblar

Goals: Walter (48), Mihajlović (66)

AS ROMA v PARTIZAN BEOGRAD 2-0 (1-0)

Stadio Olimpico, Roma   9.11.1988

Referee: Victoriano Sánchez Arminio (SPA)   Att: 20755

AS ROMA: Franco Tancredi; Antonio Tempestilli, Sebastiano Nela, Lionello Manfredonia, Emidio Oddi, Jorge Luis Andrade da Silva, Bruno Conti, Stefano Desideri (76 Manuel Gerolin), Rudolf Völler (87 Fulvio Collovati), Giuseppe Giannini, Roberto Policano.   Trainer: Nils Liedholm.

PARTIZAN: Fahrudin Omerović; Borce Sredojević, Nikica Klincarski, Vladimir Vermezović, Predrag Spasić, Dragoljub Brnović (76 Milonja Djukić), Zoran Batrović, Goran Milojević (46 Darko Milanić), Vladislav Djukić, Fadilj Vokri, Nebojsa Vučičević.   Trainer: Momčilo Vukotić

Sent off: Manfredonia (48)

Goals: Völler (21), Giannini (72 pen)

BAYERN MÜNCHEN v DAC DUNAJSKÁ STREDA 3-1 (1-0)

Olympiastadion, München   26.10.1988

Referee: Michat Listkiewicz (POL)   Attendance: 11,000

BAYERN: Raimond Aumann; Klaus Augenthaler, Roland Grahammer (66 Norbert Nachtweih), Hans Pflügler, Stefan Reuter, Hans-Dieter Flick, Hans Dörfner (76 Armin Eck), Ludwig Kögl, Olaf Thon, Jürgen Wegmann, Roland Wohlfarth.   Trainer: Josef Heynckes

DAC: Stanislav Vahala; Ján Hodúr, Ján Kapko (66 Tibor Szaban), Dušan Liba, Peter Fieber, Rudolf Pavlik, Július Simon, Petr Kaspar, Marián Takác, Peter Soltés (84 Jozef Medgyes), Tibor Micinec.   Trainer: Karol Pecze

Goals: Flick (21), Wegmann (53), Thon (76), Szaban (78)

**DAC DUNAJSKÁ STREDA
v BAYERN MÜNCHEN 0-2** (0-2)

DAC, Dunajská Streda   9.11.1988

Referee: Thomas Oliver Donnely (NIR)   Attendance: 15,572

DAC: Stanislav Vahala; Ján Hodúr, Ján Kapko, Peter Fieber, Rudolf Pavlik, Július Simon, Dušan Liba (7 Tibor Szaban), Marián Takác, Petr Kaspar, Peter Soltés (87 Martin Kulich), Tibor Micinec.   Trainer: Karol Pecze

BAYERN: Raimond Aumann; Klaus Augenthaler, Norbert Nachtweih, Roland Grahammer, Stefan Reuter, Olaf Thon (66 Hans Dörfner), Hans-Dieter Flick, Armin Eck, Hans Pflügler, Johnny Ekström, Roland Wohlfarth (66 Helmut Winklhofer). Trainer: Josef Heynckes

Sent off: Szaban (35)

Goals: Thon (5 pen, 28)

**HEART OF MIDLOTHIAN EDINBURGH
v FC AUSTRIA-MEMPHIS WIEN 0-0**

Tynecastle Park, Edinburgh   26.10.1988

Referee: Ignace Van Swieten (HOL)   Attendance: 14,021

HEARTS: Henry Smith; Walter Kidd, David McPherson, Neil Berry, Brian Whittaker, John Colquhoun, Michael Galloway, Kenneth Black, Allan Moore, Wayne Foster (60 Gary Mackay), Eamonn Bannon (82 Iain Ferguson).

Trainer: Alex McDonald

FC AUSTRIA-MEMPHIS: Franz Wohlfahrt, Attila Sekerlioglu, Erich Obermayer, Anton Pfeffer, Josef Degeorgi, Manfred Zsak, Herbert Prohaska, Michael Künast, Peter Stöger (78 Robert Frind), Andreas Ogris (80 Hannes Pleva), José Alberto Percudani.   Trainer: August Starek

1.FC KÖLN v GLASGOW RANGERS 2-0 (0-0)

Müngersdorfer, Köln   26.10.1988

Referee: Lajos Németh (HUN)   Attendance: 42,000

1.FC KÖLN: Bodo Illgner; Jürgen Kohler, Paul Steiner, Jan Jensen (65 Olaf Janssen), Mathias Hönerbach (30 Falko Götz), Thomas Hässler, Pierre Littbarski, Stephan Engels, Armin Görtz, Flemming Povlsen, Thomas Allofs.
Trainer: Christoph Daum

RANGERS: Christopher Woods; Gary Stevens, Richard Gough, Terry Butcher, Stuart Munro, Ian Ferguson, Derek Ferguson, Raymond Wilkins, Alistair McCoist, Mark Walters (83 Scott Nisbet), Kevin Drinkell.   Trainer: Graeme Souness

Sent off: McCoist (88)

Goals: O. Janssen (75), Allofs (87)

**FC AUSTRIA-MEMPHIS WIEN v HEART OF
MIDLOTHIANS EDINBURGH 0-1** (0-0)

Prater, Wien   9.11.1988

Referee: José María Enriquez Negreira (SPA)   Att: 15,000

FC AUSTRIA-MEMPHIS: Franz Wohlfahrt; Erich Obermayer, Anton Pfeffer, Josef Degeorgi, Manfred Zsak, Herbert Prohaska, Michael Künast, Walter Hörrmann (73 Attila Sekerlioglu), Andreas Ogris, José Alberto Percudani, Hannes Pleva (83 Josef Furtner).   Trainer: August Starek

HEARTS: Henry Smith; Walter Kidd, Neil Berry, David McPherson, Brian Whittaker, Gary Mackay (83 Ian Jardine), James Sandison, Kenneth Black, Eamonn Bannon, Wayne Foster (11 John Colquhoun), Michael Galloway.
Trainer: Alex McDonald

Goal: Galloway (58)

GLASGOW RANGERS v 1.FC KÖLN 1-1 (0-0)

Ibrox stadium, Glasgow   9.11.1988

Referee: Luigi Agnolin (ITA)   Attendance: 42,204

RANGERS: Christopher Woods; Gary Stevens, Richard Gough, Terry Butcher, Stuart Munro, David Cooper (81 Scott Nisbet), Derek Ferguson, Ian Ferguson, James Nicholl (67 Ian McCall), Kevin Drinkell, Mark Walters.
Trainer: Graeme Souness

1.FC KÖLN: Bodo Illgner; Mathias Hönerbach, Paul Steiner, Jürgen Kohler, Thomas Hässler, Pierre Littbarski, Jan Jensen (62 Andreas Keim), Olaf Janssen, Armin Görtz, Thomas Allofs (89 Falko Götz), Flemming Povlsen.
Trainer: Christoph Daum

Goals: Drinkell (77), Jensen (90)

**FIRST VIENNA
v PALLOSEURA TURKU 2-1** (1-1)

Hohe Warte, Wien   26.10.1988

Referee: Ioan Igna (ROM)   Attendance: 5,000

FIRST VIENNA: Gottfried Angerer; Kurt Russ, Jiří Ondra, Thomas Niederstrásser, Peter Zoltan, Andreas Heraf (61 Josef Marko), Günther Vidreis, Gerald Glatzmayer, Ernst Mader, Alfred Drabits, Gerhard Steinkogler (46 Peter Webora).
Trainer: Ernst Dokupil

PALLOSEURA: Dan-Ola Eckermann; Jyrki Hännikäinen, Petri Sulonen, Esa Johansson, Ari Heikkinen, Juha Laaksonen, Kim Suominen, Juha Halonen, Kimmo Lipponen, Tomi Jalo, Marko Räjämäki.   Trainer: Tommy Lindholm

Goals: Drabits (15), Jalo (34), Glatzmayer (61)

**PALLOSEURA TURKU
v FIRST VIENNA 1-0** (0-0)
Kupittaa, Turku   9.11.1988
Referee: Yuri Savchenko (USSR)   Attendance: 2,894
PALLOSEURA: Dan-Ola Eckerman; Jyrki Hännikäinen, Ari Heikkinen, Petri Sulonen, Esa Johansson, Juha Laaksonen, Kim Suominen, Tomi Jalo, Juha Halonen, Kimmo Lipponen, Marko Räjämäki.   Trainer: Tommy Lindholm
FIRST VIENNA: Gottfried Angerer; Jiří Ondra, Kurt Russ, Peter Webora (75 Gerald Schober), Peter Zoltan, Andreas Heraf (71 Gerhard Steinkogler), Günther Vidreis, Thomas Niederstrasser, Gerald Glatzmayer, Ernst Mader, Alfred Drabits.   Trainer: Ernst Dokupil
Goal: Sulonen (69)

FC GRONINGEN v SERVETTE GENÈVE 2-0 (1-0)
Oosterpark, Groningen   26.10.1988
Referee: Aleksei Spirin (USSR)   Attendance: 19,500
FC GRONINGEN: Johan Tukker, Claus Boekweg, Wim Koevermans, John de Wolf, Jos Roossien, Edwin Olde Riekerink, Erik Regtop, Theo ten Caat, Erik Groekelen, Hennie Meijer, René Eykelkamp.   Trainer: Hans Westerhof
SERVETTE: Peter Kobel; Rainer Hasler, Pascal Besnard, Urs Bamert, Marco Schällibaum, Christophe Bonvin, Pascal Cacciapaglia, Lucien Favre, José Sinval, John Eriksen, Karl-Heinz Rummenigge.   Trainer: Thierry de Coudens
Goals: Groekelen (11), Meijer (83)

SERVETTE GENÈVE v FC GRONINGEN 1-1 (1-0)
Stade des Charmilles, Genève   9.11.1988
Referee: Tullio Lanese (ITA)   Attendance: 12,000
SERVETTE: Peter Kobel; Pascal Besnard, Rainer Hasler (77 Philippe Hertig), Urs Bamert, Marco Schällibaum, José Sinval, Pascal Cacciapaglia, Lucien Favre, Christophe Bonvin, John Eriksen, Karl-Heinz Rummenigge.
Trainer: Thierry de Coudens
FC GRONINGEN: Johan Tukker, Jan van Dijk, Claus Boekweg, John de Wolf, Marco Koorman, Edwin Olde Riekerink, Erik Regtop, Jos Roossien, Theo ten Caat, Hennie Meijer, René Eykelkamp.   Trainer: Hans Westerhof
Goals: Schällibaum (30), Meijer (64)

VELEŽ MOSTAR v BELENENSES LISBOA 0-0
Gradski, Mostar   26.10.1988
Referee: Peter Mikkelsen (DEN)   Attendance: 15,000
VELEŽ: Vukašin Petranović; Mili Hadziabdić, Ismet Šišić, Ibro Rahimić, Veselin Djurasović, Zdenko Jedvaj (46 Emir Tufek), Sead Kajtaz, Vladimir Gudelj, Meho Kodro (75 Zijad Repak), Anel Karabeg, Semir Tuce.   Trainer: Zarko Barbarić
BELENENSES: JORGE Manuel MARTINS da Silva; João António Silva Duarte GALO (76 Jorge Baidek), JOSÉ ANTÓNIO Prudêncio Conde Bargiela, Luís Fernando Gonçalves SOBRINHO, José Amaro Justino "ZÉ MÁRIO", José Alberto Peixoto da Silva "JUANICO", JAIME Jerónimo da Mercês, Álvaro Cardoso TEIXEIRA, PAULO Jorge Côncio MONTEIRO (79 Carlos Eduardo Alberigi "DUDU"), Stoicho Mladenov, Carlos Manuel Pereira Pinto "ADÃO".
Trainer: John Henry Mortimore

**BELENENSES LISBOA
v VELEŽ MOSTAR 0-0** (AET)
Estádio de Restelo, Lisboa   10.11.1988
Referee: David F.T. Syme (SCO)   Attendance: 10,000
BELENENSES: JORGE Manuel MARTINS da Silva; CARLOS Manuel Gonçalves RIBEIRO, JOSÉ ANTÓNIO Prudêncio Conde Bargiela, Luís Fernando Gonçalves SOBRINHO, José Amaro Justino "ZÉ MÁRIO", JAIME Jerónimo da Mercês, Álvaro Cardoso TEIXEIRA (58 João António Silva Duarte GALO), Carlos Manuel Pereira Pinto "ADÃO", Francisco Conde Junior "CHIQUINHO", PAULO Jorge Côncio MONTEIRO (81 José Francisco "CHICO" FARIA), Stoicho Mladenov.
Trainer: John Henry Mortimore
VELEŽ: Vukašin Petranović; Mili Hadziabdić, Veselin Djurasović, Ibro Rahimić, Ahmed Gosto, Zijad Repak, Vladimir Gudelj, Anel Karabeg, Ivica Barbarić, Sead Kajtaz (116 Andjelko Kvesić), Semir Tuce (97 Meho Kodro).
Trainer: Zarko Barbarić
Penalties: 1-0 Chico Faria; 1-1 Gudelj; 2-1 Mladenov; 2-2 Kodro; Carlos Ribeiro (miss); 2-3 Repak; 3-3 Adão; Rahimic (miss); Jaime (miss); 3-4 Barbaric

**DINAMO MINSK
v VICTORIA BUCUREŞTI 2-1** (1-0)
Dinamo, Minsk   26.10.1988
Referee: Velitchko Tsonchev (BUL)   Attendance: 23,000
DINAMO: Andrei Satsunkevich; Pavel Rodnienok (51 Sergei Shirokyi), Aleksandr Metlitski, Sergei Gomonov, Sergei Pavliuchuk, Andrei Zigmantovich, Sergei Aleinikov, Sergei Gotsmanov, Sergei Derkach, Igor Gurinovich, Andrei Shalimo.
Trainer: Ivan Ivanovic Savostikov
VICTORIA: Gheorghe Niţu, Victor Cojocaru, Costel Solomon, Cornel Mirea, Dan Topolinschi, Dan Daniel, Emil Ursu, Marcel Coraş (90 Fănel Ţîră), Adrian Ursea (80 Paul Layis), Sandor Kulcsar, Marian Damaschin.
Trainer: Florin Halagian
Sent off: Shalimo (85)
Goals: Gurinovich (45), Kulcsar (57), Zigmantovich (78)

VICTORIA BUCUREŞTI
v DINAMO MINSK 1-0 (0-0)

Victoria, Bucureşti   10.11.1988

Referee: Vaso Vujović (YUG)   Attendance: 10,000

VICTORIA: Gheorghe Niţu, Victor Cojocaru, Costel Solomon, Cornel Mirea, Dan Topolinschi, Emil Ursu (46 Ioan Zare), Dan Daniel, Adrian Ursea, Marcel Coraş, Sandor Kulcsar (70 Paul Layis), Marian Damaschin.
Trainer: Florin Halagian

DINAMO: Andrei Satsunkevich, Pavel Rodnienok, Aleksandr Metlitski (60 Yuri Antonovich), Sergei Pavliuchuk, Sergei Gomonov (75 Viktor Sokol), Sergei Schiroki, Andrei Zigmantovich, Sergei Gotsmanov, Sergei Aleinikov, Sergei Derkach, Igor Gurinovich.
Trainer: Ivan Ivanovic Savostikov

Goal: C. Solomon (54 pen)

THIRD ROUND

FC GRONINGEN v VfB STUTTGART 1-3 (0-3)

Oosterpark, Groningen   22.11.1988

Referee: Jiří Stiegler (CZE)   Attendance: 20400

FC GRONINGEN: Johan Tukker; Jan van Dijk, John de Wolf, Claus Boekweg, Marco Koorman (46 Erik Groekelen), Edwin Olde Riekerink, Erik Regtop, Theo ten Caat, Jos Roossien, Hennie Meijer, René Eykelkamp.   Trainer: Hans Westerhof

VfB: Eike Immel; Günther Schäfer, Rainer Zietsch, Karl Allgöwer, Guido Buchwald, Srečko Katanec (68 Alexander Strehmel), Jürgen Hartmann, Ásgeir Sigurvinsson, Michael Schröder, Maurizio Gaudino (76 Fritz Walter), Jürgen Klinsmann.   Trainer: Arendt Haan

Goals: Allgöwer (18), Gaudino (32, 39), Meijer (82)

VfB STUTTGART v FC GRONINGEN 2-0 (1-0)

Neckarstadion, Stuttgart   6.12.1988

Referee: Gerasimos Germanakos (GRE)   Attendance: 8,500

VfB: Eike Immel; Karl Allgöwer, Guido Buchwald, Alexander Strehmel, Günther Schäfer, Srečko Katanec, Michael Schröder, Jürgen Hartmann, Ásgeir Sigurvinsson (46 Fritz Walter, 70 Nils Schmäler), Maurizio Gaudino, Jürgen Klinsmann.
Trainer: Arendt Haan

FC GRONINGEN: Johan Tukker; Harrie Sinkgraven, Claus Boekweg, Jan van Dijk, Jos Roossien, Marco Koorman (46 Erik Groekelen), Edwin Olde Riekerink, Erik Regtop, Theo ten Caat, Hennie Meijer, René Eykelkamp.
Trainer: Hans Westerhof

Goals: Klinsmann (22, 52)

REAL SOCIEDAD SAN SEBASTIÁN
v 1.FC KÖLN 1-0 (0-0)

Estadio de Atotxa, San Sebastián   23.11.1988

Referee: David Syme (SCO)   Attendance: 20,000

REAL SOCIEDAD: Luis Miguel ARCONADA Echarre; José Miguel ZÚÑIGA Martiarena, Agustín GAJATE Vidriales, Alberto GÓRRIZ Echarte, Javier BENGOETXEA Iparaguirre, Santiago BAKERO Escudero (54 Juan María MUJIKA Izaguirre), Jesús María ZAMORA Ansorena, Luciano ITURRINO Cenekorta, Juan LARRAÑAGA Gurruchaga, Lorenzo Juarros García "LOREN", Jon Andoni GOICOECHEA Lasa (54 Mikel LOINAZ Balda).
Trainer: John Benjamin Toshack

1.FC KÖLN: Bodo Illgner; Andreas Gielchen, Mathias Hönerbach, Jürgen Kohler, Armin Görtz, Olaf Janssen, Stephan Engels (15 Falko Götz), Pierre Littbarski, Thomas Allofs, Flemming Povlsen, Thomas Hässler.
Trainer: Christoph Daum

Goal: Loinaz (75)

1.FC KÖLN
v REAL SOCIEDAD SAN SEBASTIÁN 2-2 (2-1)

Müngersdorfer, Köln   7.12.1988

Referee: Henning Lund-Sørensen (DEN)   Att: 38,000

1.FC KÖLN: Bodo Illgner, Paul Steiner (74 Günter Schlipper), Mathias Hönerbach, Jürgen Kohler, Armin Görtz, Thomas Hässler, Flemming Povlsen, Stephan Engels, Pierre Littbarski, Falko Götz (46 Ralf Sturm), Thomas Allofs.
Trainer: Christoph Daum

REAL SOCIEDAD: Luis Miguel ARCONADA Echarre; Juan LARRAÑAGA Gurruchaga, José Miguel ZÚÑIGA Martiarena, Agustín GAJATE Vidriales, Alberto GÓRRIZ Echarte, Santiago BAKERO Escudero, Luciano ITURRINO Cenekorta (75 Miguel Ángel FUENTES Azpiroz), Jesús María ZAMORA Ansorena, Javier BENGOETXEA Iparaguirre, Lorenzo Juarros García "LOREN", Jon Andoni GOICOECHEA Lasa (51 Juan María MUJIKA Izaguirre).   Trainer: John Benjamin Toshack

Goals: Götz (4), Engels (29), Goikoetxea (38 pen), Fuentes (90)

BAYERN MÜNCHEN
v INTERNAZIONALE MILANO 0-2 (0-0)

Olympiastadion, München   23.11.1988

Referee: Alexis Ponnet (BEL)   Attendance: 73,000

BAYERN: Raimond Aumann; Klaus Augenthaler, Roland Grahammer, Hans Pflügler, Norbert Nachtweih, Hans Dörfner, Stefan Reuter (69 Johnny Ekström), Olaf Thon, Ludwig Kögl, Roland Wohlfarth, Jürgen Wegmann.
Trainer: Josef Heynckes

INTER: Walter Zenga; Corrado Verdelli, Giuseppe Bergomi, Riccardo Ferri, Giuseppe Baresi, Nicola Berti, Lothar Matthäus, Gianfranco Matteoli, Andreas Brehme, Aldo Serena, Alessandro Bianchi.   Trainer: Giovanni Trapattoni

Goals: Serena (60), Berti (71)

**INTERNAZIONALE MILANO
v BAYERN MÜNCHEN 1-3** (1-3)

Giuseppe Meazza, Milano   7.12.1988

Referee: Bruno Galler (SWI)   Attendance: 68,158

INTER: Walter Zenga; Corrado Verdelli, Giuseppe Baresi, Riccardo Ferri, Giuseppe Bergomi, Alessandro Bianchi, Nicola Berti, Gianfranco Matteoli (46 Dario Morello), Lothar Matthäus, Andreas Brehme (35 Pasquale Rocco), Aldo Serena.
Trainer: Giovanni Trapattoni

BAYERN: Raimond Aumann, Klaus Augenthaler, Roland Grahammer, Norbert Nachtweih, Stefan Reuter, Olaf Thon (90 Ludwig Kögl), Hans Dörfner, Hans Pflügler, Johnny Ekström, Jürgen Wegmann (78 Armin Eck), Roland Wohlfarth.
Trainer: Josef Heynckes

Goals: Wohlfarth (33), Augenthaler (37), Wegmann (41), Serena (45)

RFC LIÈGE v JUVENTUS TORINO 0-1 (0-1)

Stade Jules George, Liège   23.11.1988

Referee: Robert Bonar Valentine (SCO)   Attendance: 32,000

RFC LIÈGE: Ratko Stojic; Bernard Wegria, Raphaël Quaranta, Bernard Habrant, Jean-François De Sart, Jean-Marie Houben (33 Moreno Giusto), Luc Ernes, Didier Quain (70 Danny Boffin), Zvonko Varga, Danny Veyt, Nebosja Malbasa.
Trainer: Robert Waseige

JUVENTUS: Stefano Tacconi; Luciano Favero, Luigi de Agostini, Antonio Cabrini, Sergio Brio, Roberto Tricella, Roberto Galia, Rui Gil Soares Barros, Alessandro Altobelli, Massimo Mauro (56 Marino Magrin), Michael Laudrup.
Trainer: Dino Zoff

Goal: Altobelli (17)

DYNAMO DRESDEN v AS ROMA 2-0 (1-0)

Dynamo, Dresden   23.11.1988

Referee: Gérard Biguet (FRA)   Attendance: 36,000

DYNAMO: Ronny Teuber; Andreas Trautmann, Frank Lieberam, Andreas Diebitz, Matthias Döschner, Uwe Kirchner, Jörg Stübner, Hans-Uwe Pilz, Ulf Kirsten (87 Uwe Jähnig), Ralf Minge, Torsten Gütschow (61 Matthias Sammer).
Trainer: Eduard Geyer

AS ROMA: Franco Tancredi; Manuel Gerolin, Sebastiano Nela, Fulvio Collovati, Emidio Oddi, Stefano Desideri, Bruno Conti (60 Jorge Luis Andrade da Silva), Ruggiero Rizzitelli, Rudolf Völler, Giuseppe Giannini, Roberto Policano.
Trainer: Nils Liedholm

Goals: Gütschow (14 pen), Minge (82)

JUVENTUS TORINO v RFC LIÈGE 1-0 (1-0)

Stadio Comunale, Torino   7.12.1988

Referee: Adolf Prokop (DDR)   Attendance: 27,792

JUVENTUS: Stefano Tacconi; Luciano Favero, Antonio Cabrini, Roberto Galia, Pasquale Bruno, Roberto Tricella, Giancarlo Marocchi, Rui Gil Soares Barros, Alessandro Altobelli, Massimo Mauro, Michael Laudrup.
Trainer: Dino Zoff

RFC LIÈGE: Ratko Stojic; Jean-Marie Houben (69 Danny Boffin), Raphaël Quaranta, Bernard Habrant, Jean-François De Sart, Moreno Giusto, Luc Ernes, Didier Quain, Zvonko Varga, Danny Veyt, Nebosja Malbasa.   Trainer: Robert Waseige

Goal: Altobelli (16)

**GIRONDINS de BORDEAUX
v SSC NAPOLI 0-1** (0-1)

Stade Municipal, Bordeaux   23.11.1988

Referee: Karl-Heinz Tritschler (WG)   Attendance: 27,315

GIRONDINS: Dominique Dropsy; Jean-Christophe Thouvenel, Zoran Vujović, Didier Sénac, Alain Roche, Dominique Thomas (61 Eric Péan), Eric Dewilder, Jean Amadou Tigana, Yannick Stopyra, Vincenzo Scifo, Jean-Marc Ferreri.   Trainer: Aimè Jacquet

SSC NAPOLI: Giuliano Giuliani; Ciro Ferrara, Giovanni Francini, Luca Danilo Fusi, Giancarlo Corradini, Alessandro Renica, Massimo Crippa, Fernando De Napoli, Antonio Oliveira filho "Careca" (74 Antonio Carannante), Diego Armando Maradona, Andrea Carnevale.
Trainer: Ottavio Bianchi

Sent off: Roche & De Napoli (57)

Goal: Carnevale (6)

AS ROMA v DYNAMO DRESDEN 0-2 (0-0)

Stadio Olimpico, Roma   7.12.1988

Referee: Helmut Kohl (AUS)   Attendance: 30,336

AS ROMA: Franco Tancredi; Manuel Gerolin, Fulvio Collovati, Sebastiano Nela, Antonio Tempestilli, Stefano Desideri, Renato Portaluppi, Roberto Policano, Giuseppe Giannini, Bruno Conti, Rudolf Völler.   Trainer: Nils Liedholm

DYNAMO: Ronny Teuber; Andreas Trautmann, Frank Lieberam, Andreas Diebitz, Matthias Döschner, Uwe Kirchner, Jörg Stübner, Hans-Uwe Pilz (46 Ralf Hauptmann), Ulf Kirsten, Matthias Sammer, Torsten Gütschow.
Trainer: Eduard Geyer

Goals: Gütschow (70), Kirsten (80)

SSC NAPOLI v GIRONDINS de BORDEAUX 0-0
San Paolo, Napoli   7.12.1988

Referee: Neil Midgley (ENG)   Attendance: 58,794

SSC NAPOLI: Giuliano Giuliani; Ciro Ferrara, Luca Danilo Fusi, Giovanni Francini, Giancarlo Corradini, Alessandro Renica, Antonio Carannante, Massimo Crippa, Antonio Oliveira filho "Careca" (25 Simone Giacchetta), Diego Armando Maradona, Andrea Carnevale.
Trainer: Ottavio Bianchi

GIRONDINS: Dominique Dropsy; Jean-Christophe Thouvenel, Zoran Vujović, Didier Sénac, Eric Péan, Gernot Rohr, Eric Dewilder, Jean Amadou Tigana, Yannick Stopyra (54 Marc Pascal), Vincenzo Scifo, Jean-Marc Ferreri.
Trainer: Aimè Jacquet

Sent off: Thouvenel (3)

**HEART OF MIDLOTHIAN EDINBURGH
v VELEŽ MOSTAR 3-0** (1-0)
Tynecastle Park, Edinburgh   23.11.1988

Referee: Erik Fredriksson (SWE)   Attendance: 17,417

HEARTS: Henry Smith, Walter Kidd (86 Ian Jardine), Neil Berry, David McPherson, Brian Whittaker, Kenneth Black, John Colquhoun, Gary Mackay, Iain Ferguson, Michael Galloway, Eamonn Bannon (46 James Sandison).
Trainer: Alex McDonald

VELEŽ: Vukašin Petranović, Mili Hadziabdić, Ahmed Gosto (75 Predrag Juric), Ibro Rahimić, Veselin Djurasović, Ismet Šišić, Zijad Repak, Vladimir Gudelj, Sead Kajtaz, Ivica Barbarić, Semir Tuce (82 Meho Kodro).
Trainer: Enver Marić

Sent off: Šišic (85)

Goals: Bannon (17), Galloway (56), Colquhoun (90)

**VELEŽ MOSTAR v HEART OF MIDLOTHIAN
EDINBURGH 2-1** (1-0)
Gradski, Mostar   7.12.1988

Referee: Carlo Longhi (ITA)   Attendance: 20,000

VELEŽ: Vukašin Petranović; Ahmed Gosto, Zdenko Jedvaj, Veselin Djurasović, Mili Hadziabdić, Anel Karabeg, Stipe Jurić, Vladimir Gudelj, Semir Tuce, Predrag Jurić, Zijad Repak (52 Meho Kodro).   Trainer: Enver Marić

HEARTS: Henry Smith; Brian Whittaker, Walter Kidd, Neil Berry, David McPherson, Kenneth Black, Eamonn Bannon, Gary Mackay, Ian Jardine, Michael Galloway (85 Allan Moore), John Colquhoun.   Trainer: Alex McDonald

Goals: Tuce (30), Galloway (53), Gudelj (88)

**VICTORIA BUCUREŞTI
v PALLOSEURA TURKU 1-0** (1-0)
Victoria, Bucureşti   23.11.1988

Referee: Victoriano Sánchez Arminio (SPA)   Att: 12,000

VICTORIA: Gheorghe Niţu, Victor Cojocaru, Dan Daniel, Ioan Zare, Dan Topolinschi, Emil Ursu, Costel Solomon, Adrian Ursea, Marcel Coraş (79 Paul Laiys), Sandor Kulcsar (46 Fănel Ţîră), Marian Damaschin.
Trainer: Florin Halagian

PALLOSEURA: Dan-Ola Eckerman, Ari Heikkinen, Jyrki Hännikäinen, Petri Sulonen, Juha Laaksonen (71 Kari Skants), Esa Johansson, Juha Halonen, Kim Suominen, Tomi Jalo, Kimmo Lipponen, Marko Rajamäki.
Trainer: Tommy Lindholm

Goal: Ursu (3)

QUARTER-FINALS

**PALLOSEURA TURKU
v VICTORIA BUCUREŞTI 3-2** (1-2)
Kupittaan, Turku   7.12.1988

Referee: Albert Thomas (HOL)   Attendance: 3,595

PALLOSEURA: Dan-Ola Eckerman; Jyrki Hännikäinen, Ari Heikkinen, Petri Sulonen, Esa Johansson, Juha Halonen (86 Timo Taipale), Tomi Jalo, Kim Suominen, Kimmo Lipponen, Kari Skants, Marko Rajamäki.   Trainer: Tommy Lindholm

VICTORIA: Gheorghe Niţu; Victor Cojocaru, Cornel Mirea, Ioan Zare, Dan Topolinschi, Emil Ursu (58 Ştefan Bălan), Costel Solomon (73 Paul Laiys), Dan Daniel, Marcel Coraş, Marian Damaschin, Adrian Ursea.   Trainer: Florin Halagian

Goals: Solomon (16), Heikkinen (25 og), Rajamäki (37), Halonen (51), Jalo (90)

**HEART OF MIDLOTHIAN EDINBURGH
v BAYERN MÜNCHEN 1-0** (0-0)
Tynecastle Park, Edinburgh   28.02.1989

Referee: Helmut Kohl (AUS)   Attendance: 26,294

HEARTS: Henry Smith, Alan McLaren, Craig Levein, David McPherson, Tosh McKinlay, John Colquhoun (82 Wayne Foster), Neil Berry, Kenneth Black, Eamonn Bannon, Michael Galloway, Iain Ferguson (89 Gary Mackay).
Trainer: Alex McDonald

BAYERN: Raimond Aumann; Klaus Augenthaler, Roland Grahammer, Erland Johnsen, Stefan Reuter, Hans-Dieter Flick, Olaf Thon, Hans Pflügler, Ludwig Kögl (66 Armin Eck), Roland Wohlfarth (71 Jürgen Wegmann), Johnny Ekström.
Trainer: Josef Heynckes

Goal: Ferguson (56)

BAYERN MÜNCHEN v HEART OF MIDLOTHIAN EDINBURGH 2-0 (1-0)

Olympiastadion, München   14.03.1989

Referee: Emilio Soriano Aladren (SPA)   Attendance: 25,000

BAYERN: Raimond Aumann; Klaus Augenthaler, Erland Johnsen, Hans Pflügler, Norbert Nachtweih, Stefan Reuter, Armin Eck (56 Johnny Ekström), Ludwig Kögl, Hans-Dieter Flick, Roland Wohlfarth, Jürgen Wegmann.
Trainer: Josef Heynckes

HEARTS: Henry Smith, Craig Levein, Alan McLaren, David McPherson, Tosh McKinlay (78 John Robertson), Gary Mackay, Neil Berry, Eamonn Bannon (71 Iain Ferguson), Kenneth Black, Michael Galloway, John Colquhoun.
Trainer: Alex McDonald

Goals: Augenthaler (16), Johnsen (69)

VICTORIA BUCUREŞTI v DYNAMO DRESDEN 1-1 (0-1)

Victoria, Bucureşti   28.02.1989

Referee: David Syme (SCO)   Attendance: 12,000

VICTORIA: Gheorghe Niţu; Victor Cojocaru, Costel Solomon, Dorian Ştefan, Ştefan Bălan, Emil Ursu, Dan Daniel (46 Cornel Mirea), Adrian Ursea, Fănel Ţîră, Marcel Coraş, Sandor Kulcsar (39 Marian Damaschin).
Trainer: Florin Halagian

DYNAMO: Ronny Teuber, Andreas Trautmann, Matthias Mauksch, Uwe Kirchner, Matthias Döschner, Matthias Sammer, Ralf Hauptmann, Hans-Uwe Pilz (68 Uwe Jähnig), Ralf Minge, Ulf Kirsten, Torsten Gütschow (67 Steffen Büttner).   Trainer: Eduard Geyer

Sent off: Kirsten (2)

Goals: Gütschow (24), C. Solomon (48)

DYNAMO DRESDEN v VICTORIA BUCUREŞTI 4-0 (0-0)

Dynamo, Dresden   15.03.1989

Referee: Erik Fredriksson (SWE)   Attendance: 36,000

DYNAMO: Ronny Teuber, Frank Lieberam, Matthias Mauksch, Andreas Trautmann, Uwe Kirchner, Matthias Döschner (70 Steffen Büttner), Jörg Stübner, Ralf Minge (84 Uwe Jähnig), Hans-Uwe Pilz, Matthias Sammer, Torsten Gütschow.   Trainer: Eduard Geyer

VICTORIA: Gheorghe Niţu; Victor Cojocaru, Ioan Zare, Dorian Ştefan, Marian Pană (52 Emil Ursu), Cornel Mirea, Costel Solomon, Paul Laiys (71 Fănel Ţîră), Sandor Kulcsar, Marcel Coraş, Marian Damaschin.   Trainer: Florin Halagian

Sent off: Mirea (73)

Goals: Minge (47, 77), Gütschow (87, 90 pen)

VfB STUTTGART v REAL SOCIEDAD SAN SEBASTIÁN 1-0 (1-0)

Neckarstadion, Stuttgart   28.02.1989

Referee: Rosario lo Bello (ITA)   Attendance: 25,160

VfB: Eike Immel, Rainer Zietsch, Guido Buchwald, Nils Schmäler, Günther Schäfer, Jürgen Hartmann, Srečko Katanec, Maurizio Gaudino (83 Gerhard Poschner), Ásgeir Sigurvinsson, Olaf Schmäler (83 Rainer Schütterle), Fritz Walter.   Trainer: Arendt Haan

REAL SOCIEDAD: Luis Miguel ARCONADA Echarre, Juan LARRAÑAGA Gurruchaga, Alberto GÓRRIZ Echarte, Javier BENGOETXEA Iparaguirre (46 Joaquín URÍA Lekuona), Agustín GAJATE Vidriales, Juan María MUJIKA Izaguirre, Santiago BAKERO Escudero, Jesús María ZAMORA Ansorena, Jon Andoni GOICOECHEA Lasa, José María ZÚÑIGA Martiarena (73 Miguel Ángel FUENTES Azpiroz), Lorenzo Juarros García "LOREN".   Trainer: John Benjamin Toshack

Goal: Walter (35)

REAL SOCIEDAD SAN SEBASTIÁN v VfB STUTTGART 1-0 (1-0, 1-0) (AET)

Estadio de Atotxa, San Sebastián   16.03.1989

Referee: Joseph Worrall (ENG)   Attendance: 27,400

REAL SOCIEDAD: Luis Miguel ARCONADA Echarre; Juan LARRAÑAGA Gurruchaga, Agustín GAJATE Vidriales, Alberto GÓRRIZ Echarte, Mikel LASA Goicoechea (99 Mikel LOINAZ Balda), Juan María MUJIKA Izaguirre, Luciano ITURRINO Cenekorta (84 Miguel Ángel FUENTES Azpiroz), Jesús María ZAMORA Ansorena, Carlos MARTÍNEZ Ugarte, Lorenzo Juarros García "LOREN", Jon Andoni GOICOECHEA Lasa.   Trainer: John Benjamin Toshack

VfB: Eike Immel, Nils Schmäler, Karl Allgöwer, Guido Buchwald, Michael Schröder (93 Rainer Schütterle), Jürgen Hartmann, Srečko Katanec, Rainer Zietsch (70 Gerhard Poschner), Ásgeir Sigurvinsson, Fritz Walter, Maurizio Gaudino.   Trainer: Arendt Haan

Goal: Zamora (17)

Penalties: 0-1 Allgöwer, 1-1 Goikoetxea; 1-2 Gaudino; Martínez (saved); 1-3 Walter; 2-3 Loinaz; 2-4 Buchwald; Gajate (saved)

JUVENTUS TORINO v SSC NAPOLI 2-0 (2-0)

Stadio Comunale, Torino   1.03.1989

Referee: George Courtney (ENG)   Attendance: 46,204

JUVENTUS: Stefano Tacconi; Luciano Favero, Roberto Galia, Roberto Tricella, Pasquale Bruno, Luigi de Agostini, Giancarlo Marocchi, Rui Gil Soares Barros, Massimo Mauro (87 Marino Magrin), Alessandro Altobelli (73 Michael Laudrup), Alexandr Zavarov.   Trainer: Dino Zoff

SSC NAPOLI: Giuliano Giuliani; Ciro Ferrara, Giancarlo Corradini, Alessandro Renica, Giovanni Francini, Luca Danilo Fusi, Massimo Crippa, Rogerio Ricardo de Brito "Alemao" (53 Francesco Romano), Diego Armando Maradona, Antonio Oliveira filho "Careca", Andrea Carnevale.   Trainer: O. Bianchi

Goals: Bruno (13), Corradini (45 og)

SSC NAPOLI v JUVENTUS TORINO 3-0 (2-0, 2-0) (AET)
Stadio San Paolo, Napoli 15.03.1989

Referee: Siegfried Kirschen (DDR)   Attendance: 89,089

SSC NAPOLI: Giuliano Giuliani; Ciro Ferrara, Giancarlo Corradini, Alessandro Renica, Giovanni Francini, Massimo Crippa, Antonio Carannante (115 Maurizio Neri), Rogerio Ricardo de Brito "Alemao", Diego Armando Maradona (96 Francesco Romano), Antonio Oliveira filho "Careca", Andrea Carnevale.   Trainer: Ottavio Bianchi

JUVENTUS: Stefano Tacconi; Pasquale Bruno, Roberto Tricella, Sergio Brio (36 Luciano Favero), Luigi de Agostini, Roberto Galia, Massimo Mauro (91 Marino Magrin), Giancarlo Marocchi, Alessandro Altobelli, Rui Gil Soares Barros, Michael Laudrup.   Trainer: Dino Zoff

Goals: Maradona (10 pen), Carnevale (45), Renica (120)

SEMI-FINALS

SSC NAPOLI v BAYERN MÜNCHEN 2-0 (1-0)
San Paolo, Napoli 5.04.1989

Referee: Michel Vautrot (FRA)   Attendance: 77,593

SSC NAPOLI: Giuliano Giuliani; Alessandro Renica, Ciro Ferrara, Giancarlo Corradini, Fernando De Napoli, Luca Danilo Fusi, Rogerio Ricardo de Brito "Alemao", Diego Armando Maradona (Cap) (81 Antonio Carannante), Giovanni Francini, Antonio Oliveira filho "Careca", Andrea Carnevale.   Trainer: Ottavio Bianchi

BAYERN: Raimond Aumann; Klaus Augenthaler (Cap), Erland Johnsen (81 Roland Grahammer), Stefan Reuter, Norbert Nachtweih, Hans-Dieter Flick, Olaf Thon, Hans Dörfner, Ludwig Kögl, Johnny Ekström (77 Armin Eck), Roland Wohlfarth.   Trainer: Josef Heynckes

Goals: Careca (41), Carnevale (60)

BAYERN MÜNCHEN v SSC NAPOLI 2-2 (0-0)
Olympiatadion, München 19.04.1989

Referee: David Syme (SCO)   Attendance: 73,132

BAYERN: Raimond Aumann; Klaus Augenthaler (Cap), Hans-Dieter Flick (65 Johnny Ekström), Norbert Nachtweih (80 Erland Johnsen), Stefan Reuter, Hans Dörfner, Armin Eck, Ludwig Kögl, Hans Pflügler, Roland Wohlfarth, Jürgen Wegmann.   Trainer: Josef Heynckes

SSC NAPOLI: Giuliano Giuliani; Alessandro Renica, Ciro Ferrara, Giancarlo Corradini, Fernando De Napoli (90 Antonio Carannante), Luca Danilo Fusi, Rogerio Ricardo de Brito "Alemao" (76 Tebaldo Bigliardi), Giovanni Francini, Massimo Crippa, Antonio Oliveira filho "Careca", Diego Armando Maradona.   Trainer: Ottavio Bianchi

Goals: Careca (61, 76), Wohlfarth (63), Reuter (81)

VfB STUTTGART v DYNAMO DRESDEN 1-0 (0-0)
Neckarstadion, Stuttgart 5.04.1989

Referee: Lajos Németh (HUN)   Attendance: 55,000

VfB: Eike Immel, Guido Buchwald (Cap), Karl Allgöwer, Nils Schmäler, Srečko Katanec, Maurizio Gaudino, Ásgeir Sigurvinsson, Jürgen Hartmann, Michael Schröder, Fritz Walter, Jürgen Klinsmann (61 Olaf Schmäler).   Trainer: Arendt Haan

DYNAMO: Ronny Teuber, Uwe Kirchner, Ralf Hauptmann, Frank Lieberam, Andreas Trautmann, Matthias Döschner (46 Steffen Büttner), Jörg Stübner, Hans-Uwe Pilz, Matthias Sammer, Ralf Minge, Torsten Gütschow (77 Uwe Jähnig).   Trainer: Eduard Geyer

Goals: Allgöwer (69)

DYNAMO DRESDEN v VfB STUTTGART 1-1 (0-0)
Dynamo-stadion, Dresden 19.04.1989

Referee: Horst Brummeier (AUS)   Attendance: 38,000

DYNAMO: Ronny Teuber; Uwe Kirchner (67 Uwe Jähnig), Andreas Trautmann, Frank Lieberam, Steffen Büttner, Ralf Hauptmann, Jörg Stübner, Ralf Minge, Hans-Uwe Pilz, Torsten Gütschow, Matthias Sammer.   Trainer: Eduard Geyer

VfB: Eike Immel; Günther Schäfer, Jürgen Hartmann, Karl Allgöwer, Michael Schröder, Guido Buchwald (Cap) (79 Rainer Zietsch), Srečko Katanec, Nils Schmäler, Ásgeir Sigurvinsson, Jürgen Klinsmann, Maurizio Gaudino.   Trainer: Arendt Haan

Goals: Allgöwer (64), Lieberam (83)

FINAL

SSC NAPOLI v VfB STUTTGART 2-1 (0-1)
San Paolo, Napoli 3.05.1989

Referee: Gerasimos Germanakos (GRE)   Attendance: 81,093

SSC NAPOLI: Giuliano Giuliani; Ciro Ferrara, Giovanni Francini, Giancarlo Corradini (46 Massimo Crippa), Rogerio Ricardo de Brito "Alemao", Alessandro Renica, Luca Danilo Fusi, Fernando De Napoli, Antonio Oliveira filho "Careca", Diego Armando Maradona (Cap), Andrea Alessandro Carnevale.   Trainer: Ottavio Bianchi

VfB STUTTGART: Eike Immel; Günther Schäfer, Michael Schröder, Srečko Katanec, Jürgen Hartmann, Guido Buchwald (Cap), Karl Allgöwer, Fritz Walter (75 Rainer Zietsch), Olaf Schmäler, Ásgeir Sigurvinsson, Maurizio Gaudino.   Trainer: Arendt Haan

Goals: Gaudino (17), Maradona (68 pen), Careca (87)

VfB STUTTGART v SSC NAPOLI 3-3 (1-2)

Neckarstadion, Stuttgart 17.05.1989

Referee: Victoriano Sánchez Arminio (SPA)   Att: 67,000

VfB STUTTGART: Eike Immel, Günther Schäfer, Jürgen Hartmann, Karl Allgöwer (Cap), Nils Schmäler, Michael Schröder, Maurizio Gaudino, Srečko Katanec, Ásgeir Sigurvinsson, Jürgen Klinsmann, Fritz Walter (78 Olaf Schmäler).   Trainer: Arendt Haan

SSC NAPOLI: Giuliano Giuliani, Ciro Ferrara, Giovanni Francini, Alessandro Renica, Giancarlo Corradini, Fernando De Napoli, Rogerio Ricardo de Brito "Alemao" (31 Antonio Carannante), Luca Danilo Fusi, Antonio Oliveira filho "Careca" (70 Tebaldo Bigliardi), Diego Armando Maradona (Cap), Andrea Alessandro Carnevale.   Trainer: Ottavio Bianchi

Goals: Alemao (19), Klinsmann (29), Ferrara (40), Careca (61), De Napoli (68 og), O. Schmäler (90)

UEFA Cup Top Scorers 1988-89:

6 goals: Antonio de Oliveira filho CARECA (Napoli), Torsten Gütschow (Dynamo Dresden)

5 goals: Olaf Thon, Jürgen Wegmann (Bayern München), Ulf Kirsten (Dynamo Dresden), Michael Galloway (Hearts)

UEFA CUP 1989-90

PRELIMINARY MATCH

France and Jugoslavia were equal on points in the UEFA table which allocated the number of entrants for each country. UEFA therefore decided there should be a play-off match between the teams from each country who would have normally qualified.

AJ AUXERRE v DINAMO ZAGREB 0-1 (0-0)

Stade Abbé-Deschamps, Auxerre 9.08.1989

Referee: Allan Gunn (ENG)   Attendance: 7,885

AJ AUXERRE: Bruno Martini; Michel Catalano, Frédéric Darras, Basile Boli, Claude Barret (Cap); Waldemar Matysik, Christophe Cocard, Daniel Dutuel (81 Raphael Guerreiro), Kalman Kovacs (60 Didier Negblé Otokoré), Bernard Ferrer, Pascal Vahirua.   Trainer: Guy Roux

DINAMO: Drazen Ladić; Željko Cupan, Muhamed Preljević, Andrej Panadić, Zvonko Lipovać, Milivoj Bracun (46 Damir Lesjak), Drazen Besek, Miodrag Djurdjević, Davor Suker, Zvonimir Boban (Cap), Zoran Skerjanć (78 Stanislav Komocar).   Trainer: Josip Kuze

Goal: Suker (79)

DINAMO ZAGREB v AJ AUXERRE 1-3 (0-2)

Maksimir, Zagreb 23.08.1989

Referee: Ulf Eriksson (SWE)   Attendance: 28,471

DINAMO: Drazen Ladić; Željko Cupan, Muhamed Preljević, Andrej Panadić, Zvonko Lipovać (77 Stanislav Komocar), Damir Lesjak, Drazen Besek, Mladen Mladenović, Davor Suker, Zvonimir Boban (Cap), Miodrag Djurdjević (46 Zoran Skerjanć).   Trainer: Josip Kuze

AJ AUXERRE: Bruno Martini; Michel Catalano, Frédéric Darras, Basile Boli (Cap), Stéphane Mazzolini, Waldemar Matysik, Didier Negblé Otokoré (72 Christophe Cocard), Raphael Guerreiro, Kalman Kovacs, Enzo Scifo, Pascal Vahirua.   Trainer: Guy Roux

Goals: Kovacs (33), Otokoré (36, 57), Panadić (54)

FIRST ROUND

FC SOCHAUX v AS JEUNESSE D'ESCH 7-0 (3-0)

Bonal, Sochaux 12.09.1989

Referee: Freddy Phillipoz (SWI)   Attendance: 2,182

FC SOCHAUX: Gilles Rousset, Laurent Croci, Benoît Tihy, Franck Silvestre, Faruk Hadzibegić, Philippe Lucas (Cap), Francisco Carrasco, Thierry Laurey, Eric Lada (61 Jean-Christophe Thomas), Mehmed Bazdarevic (46 Chérif Oudjani), Fabrice Henry.   Trainer: Sylvester Takac

JEUNESSE: Christian Hoffmann; Jacques Müller, Jean Wagner, Romain Welscher, Pierre Petry, Marcel Bossi, Marc Thomé, Théo Scholten, William Bianchini (78 Fabrizio Rinaldis), Jean Pierre Barboni (Cap), Dany Theis.   Trainer: Norbert Müller

Goals: Lada (6, 25), Silvestre (22), Oudjani (47, 70), Carrasco (88), Petry (90 og)

JEUNESSE D'ESCH v FC SOCHAUX 0-5 (0-4)

Stade de la Frontière, Esch-sur-Alzette 26.09.1989

Referee: Ignace Goris (BEL)   Attendance: 1,000

JEUNESSE: Christian Hoffmann; Jacques Müller (Cap), Romain Welscher (64 Danilo Ontano), Romain Blasi, Marcel Bossi, Marc Thomé, Fabrizio Rinaldis, Théo Scholten, William Bianchini, Carlos De Oliveira (46 Jean Wagner), Dany Theis.   Trainer: Norbert Müller

FC SOCHAUX: Gilles Rousset; Laurent Croci, Benoît Tihy (46 Chérif Oudjani), Franck Silvestre, Faruk Hadzibegić, Philippe Lucas (Cap), Francisco Carrasco, Thierry Laurey, Eric Lada (62 Philippe Morin), Fabrice Henry, Jean-Christophe Thomas.   Trainer: Sylvester Takac

Goals: Carrasco (8), Thomas (27, 28, 54), Silvestre (39)

**HIBERNIAN EDINBURGH
v VIDEOTON SZÉKESFEHÉRVÁR 1-0** (1-0)

Easter Road Park, Edinburgh   12.09.1989

Referee: Jean-François Crucke (BEL)   Attendance: 12,800

HIBERNIAN: Andrew Goram (Cap); Paul Kane, Alan Sneddon, Neil Cooper, Graham Mitchell, Gordon Hunter, Michael Weir, Neil Orr (80 Brian Hamilton), Keith Houchen, John Collins, Gareth Evans.   Trainer: Alexander Miller

VIDEOTON: Zsolt Petry; Attila Kuttor, Gábor Horvath (Cap), Csaba László, László Emmer, Lajos Takács, Gyula Jónás, Zsolt Máriási, Mirsad Sprecsak (87 László Quiriko), Zoltán Csucsanszky (89 László Gyenti), Tamás Petres.   Trainer: Gábor Kaszas

Goal: Mitchell (25)

FIRST VIENNA v VALLETTA FC 3-0 (1-0)

Hohe-Warte, Wien   26.09.1989

Referee: Lajos Hartmann (HUN)   Attendance: 680

FIRST VIENNA: Gottfried Angerer, Thomas Niederstrasser, Jiří Ondra (Cap) (64 Rene Ruziczka), Ewald Jenisch, Christian Salaba, Gerald Glatzmayer, Norbert Lindner, Ralph Balzis, Andreas Heraf, Alfred Drabits (68 Gerald Schober), Günther Vidreis.   Trainer: Ernst Doukupil

VALLETTA FC: Reginald Cini; Raymond Briffa (40 Silvio Briffa), William Mackay, Kristian Laferla (Cap), Alexander Busuttil (64 Raymond Sciberras), Joseph Camilleri, Jesmond Zerafa, Borislav Giorev, Krasimir Manolov, Joseph Zarb, Nicholas Saliba.   Trainer: George Busuttil

Goals: Jenisch (20), Balzis (57, 78)

**VIDEOTON SZÉKESFEHÉRVÁR
v HIBERNIAN EDINBURGH 0-3** (0-1)

Sóstói stadion, Székesfehérvár   26.09.1989

Referee: Karl-Josef Assenmacher (WG)   Attendance: 16,166

VIDEOTON: Zsolt Petry, Attila Kuttor, Gábor Horvath (Cap), Csaba László, Zoltán Németh (24 Mirsad Sprecsak), Lajos Takács, Gyula Jónás, Zsolt Máriási, László Quiriko (59 László Babai), Zoltán Csucsanszky, Tamás Petres.   Trainer: Gábor Kaszas

HIBERNIAN: Andrew Goram (Cap); Paul Kane, Alan Sneddon, Neil Cooper, Graham Mitchell (46 Patrick McGinlay), Gordon Hunter, Brian Hamilton, Neil Orr, Keith Houchen (84 Steven Archibald), John Collins, Gareth Evans.   Trainer: Alexander Miller

Sent off: Petres (52)

Goals: Houchen (9), Evans (60), Collins (80)

GÓRNIK ZABRZE v JUVENTUS TORINO 0-1 (0-0)

Górnik, Zabrze   12.09.1989

Referee: Kurt Röthlisberger (SWI)   Attendance: 19,633

GÓRNIK: Józef Wandzik; Tomasz Waldoch, Józef Dankowski (Cap), Piotr Jegor, Miroslaw Staniek, Miroslaw Szlezak, Piotr Brzoza, Zenon Lissek, Dariusz Kosela (88 Ryszard Krausz), Krysztof Zagorski, Ryszard Cyron (67 Boguslaw Cygan).   Trainer: Zdzislaw Podedworny

JUVENTUS: Stefano Tacconi; Pasquale Bruno, Luigi de Agostini, Daniele Fortunato, Sergio Brio (Cap), Angelo Alessio, Sergei Aleinikov, Rui Gil Soares Barros, Aleksandr Zavarov, Giancarlo Marocchi, Salvatore Schillaci (76 Pierluigi Casiraghi).   Trainer: Dino Zoff

Goal: Zavarov (72)

VALLETTA FC v FIRST VIENNA 1-4 (0-2)

National, Ta' Qali   12.09.1989

Referee: Giorgos Koukoulakis (GRE)   Attendance: 1,520

VALLETTA FC: Reginald Cini; Raymond Briffa, William Mackay, Kristian Laferla (Cap), Raymond Sciberras (46 Alexandre Busuttil), Joseph Camilleri, Jesmond Zerafa, Borislav Giorev, Krasimir Manolov (77 Silvio Briffa), Joseph Zarb, Nicholas Saliba.   Trainer: George Busuttil

FIRST VIENNA: Helmut Fleischmann; Thomas Niederstrasser, Jiří Ondra (Cap), Ewald Jenisch, Christian Salaba, Gerald Glatzmayer, Kurt Russ, Ralph Balzis, Andreas Heraf, Ernst Mader (46 Norbert Lindner), Günther Vidreis.   Trainer: Ernst Doukupil

Goals: Camilleri (17 og), Balzis (42), Vidreis (51), Zarb (63 pen), Heraf (86)

JUVENTUS TORINO v GÓRNIK ZABRZE 4-2 (4-1)

Stadio Comunale, Torino   27.09.1989

Referee: Karl-Heinz Tritschler (WG)   Attendance: 20,000

JUVENTUS: Stefano Tacconi; Roberto Galia, Luigi de Agostini, Daniele Fortunato, Sergio Brio (Cap), Roberto Tricella, Sergei Aleinikov, Rui Gil Soares Barros (46 Pierluigi Casiraghi), Aleksandr Zavarov, Giancarlo Marocchi (46 Pasquale Bruno), Salvatore Schillaci.   Trainer: Dino Zoff

GÓRNIK: Józef Wandzik (46 Franciszek Sulski); Tomasz Waldoch, Józef Dankowski, Piotr Jegor, Miroslaw Staniek, Piotr Rzepka (Cap), Robert Warzycha, Zenon Lissek, Dariusz Kosela (74 Piotr Brzoza), Krysztof Zagorski, Ryszard Cyron.   Trainer: Zdzislaw Podedworny

Goals: Schillaci (2, 25), Fortunato (4), Marocchi (6), Kosela (44), Lissek (83)

ÍA AKRANES v RFC LIÈGEOIS 0-2 (0-1)

Akranesvöllur, Akranes   12.09.1989

Referee: Denis McArdle (EIRE)   Attendance: 684

ÍA AKRANES: Olafur Gottskalsson, Haraldur Ingolfsson, Heimir Guðmundsson, Alexander Hognason, Sigurdur Jonsson, Julius Ingolfsson (86 Bjarki Gunnlaugsson), Karl Thordarson, Sigurstein Gíslason, Bjarki Petursson, Stefan Vidarsson (86 Adalsteinn Viglundsson), Gudbjörn Tryggvason (Cap).   Trainer: Sigurdur Larusson

RFC LIÈGEOIS: Jacques Munaron; Bernard Wegria, Moreno Giusto, Jean-François De Sart (Cap), Danny Boffin, Jean-Marc Bosman, Jean-Marie Houben, Luc Ernes, Frédéric Waseige, Zvonko Varga, Nebosja Malbasa (80 Angelo Nijskens). Trainer: Robert Waseige

Goals: Ernes (7), Waseige (81)

FC ANTWERP v VITOSHA SOFIA 4-3 (0-1)

Bosuilbaan, Antwerp   26.09.1989

Referee: Friedrich Kaupe (AUS)   Attendance: 7,000

ANTWERP: Willem De Coninck; Willem Kiekens, Nicolas Broekaert, Franky Dekenne, Rudy Smidts, Hans-Peter Lehnhoff, Frans van Rooy (Cap), Patrick Schrooten (46 Ralf Geilenkirchen), Raphaël Quaranta, Nicolas Peter Claesen, Alexandr Czerniatynski (70 Geert Hoebrechts). Trainer: Dimitri Davidovic

VITOSHA: Dimitar Popov; Kiril Vangelov, Krasimir Koev, Stoil Petrov, Bogomil Savov, Georgi Slavchev, Ilia Gruev, Velko Iotov (71 Georgi Donkov), Petar Mihtarski, Georgi Iordanov (Cap) (85 Dinko Gospodinov), Bojidar Iskrenov.
Trainer: Dobromir Zhotchov

Goals: Slavchev (6), Geilenkirchen (85), Donkov (87), Mihtarski (89), Claesen (90, 94), Quaranta (96)

RFC LIÈGEOIS v ÍA AKRANES 4-1 (3-1)

Jules Georges, Rocourt, Liège   27.09.1989

Referee: René Bindels (LUX)   Attendance: 2,501

RFC LIÈGEOIS: Jacques Munaron (46 Patrick Gusbin); Bernard Wegria, Moreno Giusto, Jean-François De Sart, Bernard Habrant, Jean-Marc Bosman, Vincent Machiels, Luc Ernes, Frédéric Waseige (75 Danny Boffin), Didier Quain (Cap), Angelo Nijskens.   Trainer: Robert Waseige

ÍA AKRANES: Olafur Gottskalsson, Haraldur Ingolfsson, Heimir Guðmundsson, Alexander Hognason, Sigurdur Jonsson, Julius Ingolfsson, Karl Thordarson, Sigurstein Gíslason, Bjarki Petursson (79 Orn Gunnarsson), Adalsteinn Viglundsson (63 Stefan Vidarsson), Gudbjörn Tryggvason (Cap).   Trainer: Sigurdur Larusson

Goals: Ernes (5, 19), Petursson (22), Wegria (40), Boffin (83)

ABERDEEN FC v RAPID WIEN 2-1 (0-1)

Pittodrie stadium, Aberdeen   13.09.1989

Referee: José María Enriquez Negreira (SPA)   Att: 16,439

ABERDEEN: Theodorus Snelders; Stewart McKimmie, Craig Robertson, Neil Simpson (15 Brian Grant), Alexander McLeish, William Miller (Cap), Charles Nicholas, James Bett, Paul Mason, Robert Connor, Eoin Jess (77 Willem Van der Ark).   Trainer: Alexander Smith

RAPID: Michael Konsel; Andreas Reisinger, Franz Blizenec, Robert Pecl, Peter Schöttel, Reinhard Kienast (Cap), Christian Keglevits, Heimo Pfeiffenberger, Zlatko Kranjcar (23 Franz Weber), Andreas Herzog, Jan-Age Fjörtoft (83 Andreas Poiger).   Trainer: Hans Johannes Krankl

Sent off: Pecl (68)

Goals: Kranjcar (7), C. Robertson (80), Grant (89)

VITOSHA SOFIA v FC ANTWERP 0-0

Vasil Levski, Sofia   13.09.1989

Referee: Michel Girard (FRA)   Attendance: 10,000

VITOSHA: Dimitar Popov; Kiril Vangelov, Petar Hubchev, Stoil Petrov (59 Krasimir Koev), Bogomil Savov, Georgi Slavchev, Ilia Gruev, Georgi Donkov (65 Preslav Getov), Bojidar Iskrenov, Georgi Iordanov (Cap), Petar Mihtarski.
Trainer: Dobromir Zhotchov

ANTWERP: Willem De Coninck; Raphaël Quaranta, Nicolas Broekaert, Franky Dekenne, Rudy Smidts, Hans-Peter Lehnhoff, Frans van Rooy (Cap), Patrick Schrooten, Geert Emmerechts (46 Willem Kiekens), Nicolas Peter Claesen, Alexandr Czerniatynski (71 Milos Curcić).
Trainer: Dimitri Davidovic

RAPID WIEN v ABERDEEN FC 1-0 (1-0)

Gerhard Hanappi stadion, Wien   27.09.1989

Referee: Dieter Pauly (WG)   Attendance: 19,000

RAPID: Michael Konsel; Andreas Reisinger, Franz Blizenec, Karl Brauneder, Peter Schöttel, Reinhard Kienast (Cap), Christian Keglevits, Heimo Pfeiffenberger, Zlatko Kranjcar (46 Franz Weber), Andreas Herzog (61 Andreas Poiger), Jan-Age Fjörtoft.   Trainer: Hans Johannes Krankl

ABERDEEN: Theodorus Snelders; Stewart McKimmie, David Robertson (46 Brian Grant), Brian Irvine, Alexander McLeish, William Miller (Cap), James Bett, Charles Nicholas, Paul Mason, Robert Connor, Ian Cameron (75 Willem Van der Ark).   Trainer: Alexander Smith

Goals: Fjörtoft (18)

FC TWENTE ENSCHEDE v CLUB BRUGGE KV 0-0
Diekman, Enschede   13.09.1989
Referee: Peter Mikkelsen (DEN)   Attendance: 12,857
FC TWENTE: Johannes De Koning, Fred Rutten (Cap), Wilfried Elzinga, Jan Gaasbeek, Marcel Peeper, André Paus (65 André Karnebeek), Mika Lipponen, John Neijenhuis (61 Robin Schmidt), Claus Nielsen, Per Steffensen, Pieter Huistra.   Trainer: Ron Spelbos
CLUB BRUGGE: Danny Verlinden; Luc Beyens (46 Stefan Vereycken), Alex Querter, Pascal Yvon Plovie, László Disztl, Vital Borkelmans, Franky Richard Van der Elst, Jan Ceulemans (Cap), Lorenzo Jules Staelens, Frank Farina, Hans Christiaens (75 Foeke Booy).   Trainer: George Leekens

**CLUB BRUGGE KV
v FC TWENTE ENSCHEDE 4-1 (4-1)**
Olympiapark, Brugge   27.09.1989
Referee: Wolf-Günter Wiesel (WG)   Attendance: 18,334
CLUB BRUGGE: Philippe Vande Walle, László Disztl, Alex Querter (88 Peter Creve), Pascal Yvon Plovie, Foeke Booy, Vital Borkelmans, Franky Richard Van der Elst, Jan Ceulemans (Cap), Lorenzo Jules Staelens, Frank Farina, Hans Christiaens (70 Luc Beyens).   Trainer: George Leekens
FC TWENTE: Johannes De Koning, Fred Rutten, Wilfried Elzinga, Jan Gaasbeek (54 Robin Schmidt), Marcel Peeper, André Paus, Mika Lipponen, André Karnebeek, Claus Nielsen, Per Steffensen (33 John Neijenhuis), Pieter Huistra.   Trainer: Ron Spelbos
Goals: Booy (7), Disztl (18), Staelens (20), Paus (24), Farina (32)

1.FC KÖLN v PLASTIKA NITRA 4-1 (1-1)
Mungersdorfer, Köln   13.09.1989
Referee: Andrew Ritchie (NIR)   Attendance: 7,000
1.FC KÖLN: Bodo Illgner; Alfons Higl, Paul Steiner, Anders Giske (20 Olaf Janssen), Thomas Hässler, Uwe Rahn, Pierre Littbarski (Cap), Hans-Georg Dressen, Falko Götz, Armin Görtz, Frank Ordenewitz (75 Ralf Sturm).   Trainer: Christoph Daum
PLASTIKA: Peter Paluch; Viliam Vidumsky, Jozef Blaho, Michal Hipp, Jaroslav Dekys, Lubomir Mihok, Ivan Jurik, Milos Belak, Lubomir Moravcik, Dušan Borko (Cap) (15 Milan Lednicky), Vladimir Bochnovic (60 Marián Süttö).   Trainer: Milan Lesicky
Goals: Götz (8, 56, 61), Hipp (21), Littbarski (73 pen)

PLASTIKA NITRA v 1.FC KÖLN 0-1 (0-1)
Plastika, Nitra   27.09.1989
Referee: Dragisa Komadinić (YUG)   Attendance: 8,556
PLASTIKA: Peter Paluch, Viliam Vidumsky, Jozef Blaho, Michal Hipp (Cap), Jaroslav Dekys, Lubomir Mihok (76 Miroslav Sovic), Milan Lednicky, Milos Belak, Lubomir Moravcik, Vladimir Vcelka, Marián Süttö.   Trainer: Milan Lesicky
1.FC KÖLN: Bodo Illgner, Alfons Higl, Paul Steiner, Anders Giske, Thomas Hässler, Uwe Rahn, Pierre Littbarski (Cap), Frank Greiner (76 Olaf Janssen), Falko Götz, Armin Görtz, Frank Ordenewitz (74 Ralf Sturm).   Trainer: Christoph Daum
Goal: Higl (33)

**FC KARL MARX STADT
v BOAVISTA PORTO 1-0 (1-0)**
Ernst Thalmann Sportforum, Karl Marx Stadt   13.09.1989
Referee: Einar Halle (NOR)   Attendance: 19,828
FC KARL MARX STADT: Jens Schmidt; Steffen Ziffert, Torsten Bittermann, Sven Köhler, Jörg Illing, Jan Seifert (28 Thomas Laudeley), Detlef Müller (Cap), Rico Steinmann, Jens Mitzscherling, Steffen Heidrich, Peter Keller (68 Hans Richter).   Trainer: Christoph Franke
BOAVISTA: Carlos Manuel Costa PADRÃO; FREDERICO Nobre Rosa (Cap), JAIME Alves Magalhães, VALDIR Oliveira, José António Rocha GARRIDO, Rui Manuel Magalhães CASACA, Philipe Leonardus WALKER, Francisco José de Matos AGATÃO (64 Carlos Alberto Bastos PARENTE), Francisco Couto "CHIQUINHO CARIOCA" (76 JOÃO Manuel Vieira PINTO), ISAÍAS Marques Soares, JORGE ANDRADE de Guimarães.   Trainer: Manuel Barbosa
Goal: Köhler (17)

**BOAVISTA PORTO
v FC KARL MARX STADT 2-2 (1-0, 1-0) (AET)**
Estádio do Bessa, Porto   27.09.1989
Referee: Alain Delmer (FRA)   Attendance: 6,820
BOAVISTA: Carlos Manuel Costa PADRÃO; FREDERICO Nobre Rosa, JAIME Alves Magalhães, VALDIR Oliveira (55 Jorge VALÉRIO Moreira PEREIRA), Carlos Alberto Bastos PARENTE (Cap), Rui Manuel Magalhães CASACA, Philipe Leonardus WALKER, Francisco José de Matos AGATÃO, JOÃO Manuel VIEIRA Pinto (99 José Manuel FORBS), ISAÍAS Marques Soares, JORGE ANDRADE de Guimarães.   Trainer: Manuel Barbosa
FC KARL MARX STADT: Jens Schmidt, Steffen Ziffert, Torsten Bittermann (79 Thomas Laudeley), Sven Köhler, Jörg Illing, Detlef Müller (Cap), Dirk Barsikow, Rico Steinmann, Jens Mitzscherling (96 Uwe Mehlhorn), Steffen Heidrich, Peter Keller.   Trainer: Christoph Franke
Goals: João Pinto (40, 91), Heidrich (104), Mehlhorn (119)

VfB STUTTGART
v FEYENOORD ROTTERDAM 2-0 (1-0)
Neckarstadion, Stuttgart   13.09.1989
Referee: Keith Stuart Hackett (ENG)   Attendance: 18,614
VfB: Eike Immel; Gunther Schäfer, Karl Allgöwer, Guido Buchwald (Cap), Alexander Strehmel, José Horacio Basualdo, Jürgen Hartmann, Fritz Walter, Demir Hotic (75 Gerhard Poschner), Michael Frontzeck, Maurizio Gaudino. Trainer: Arendt Haan
FEYENOORD: Joop Hiele; Sjaak Troost (Cap), Marcel Brands, Antal Roth (78 John Metgod), René Brochard (56 Jan Mulder), Ton Lokhoff, Martin Van Geel, Paul Nortan, Reginald Blinker, József Kiprich, Zier Tebbenhoff. Trainer: Pim Verbeeck
Goals: Walter (21), Allgöwer (48)

MTK/VM BUDAPEST v DINAMO KIEV 1-2 (0-1)
MTK, Budapest   27.09.1989
Referee: Gerassimos Germanakos (GRE)   Att: 4,152
MTK/VM: Gábor Zsiborás; Csaba Horváth, Gábor Hires (Cap), Emil Lörincz, Imre Vadasz, Tibor Balog, Gábor Balog, Arpád Hahn, Rezsö Kekesi (66 Donat Cservenkay), Ferenc Lakatos (59 Zsolt Huszak), Róbert Jovan. Trainer: József Verebes
DINAMO: Viktor Chanov; Sergei Zaets, Andrei Bal, Oleg Kuznetsov (Cap), Sergei Shmatovalenko, Oleg Luzhnyi, Ivan Yaremchuk, Gennadi Litovchenko, Vasili Rats (82 Oleg Salenko), Aleksei Mikhailichenko (77 Andrei Kanchelskis), Oleg Protasov.   Trainer: Valeriy Lobanovskiy
Sent off: Protasov (64)
Goals: Zaets (10), Jovan (87), Salenko (88)

FEYENOORD ROTTERDAM
v VfB STUTTGART 2-1 (1-0)
Feyenoord, Rotterdam   27.09.1989
Referee: José Rosa dos Santos (POR)   Attendance: 21,736
FEYENOORD: Joop Hiele; Steve Wasiman (74 Wlodzimierz Smolarek), Marcel Brands, Jan Mulder, John Metgod, Ton Lokhoff, Martin Van Geel (Cap), Paul Nortan, Reginald Blinker (46 René Brochard), József Kiprich, Pieter Keur. Trainer: Pim Verbeeck
VfB: Eike Immel; Gunther Schäfer, Karl Allgöwer, Guido Buchwald (Cap), Alexander Strehmel, José Horacio Basualdo (65 Ásgeir Sigurvinsson), Jürgen Hartmann, Fritz Walter (80 Nils Schmäler), Demir Hotic, Michael Frontzeck, Maurizio Gaudino.   Trainer: Arendt Haan
Goals: Keur (21), Van Geel (52 pen), Sigurvinsson (66)

FC WETTINGEN v FC DUNDALK 3-0 (1-0)
Altenburg, Wettingen   13.09.1989
Referee: Dušan Krchnák (CZE)   Attendance: 3,700
FC WETTINGEN: Jorg Stiel; Marcel Heldmann, Alex Germann, Peter Schepull, Martin Rueda (Cap), Roger Kundert, Maurizio Jacobacci, Brian Bertelsen, Andreas Löbmann, Jan Svensson, Dan Corneliusson (85 Rainer Stutz). Trainer: Udo Klug
DUNDALK: Alan O'Neill, Eugene "Gino" Lawless, Martin Lawlor, Joey Malone (Cap), James Coll, John Cleary, Thomas McNulty, Larry Wyse, Michael Shelley, Rodney Collins, Anthony Cousins. Trainer: Turlough O'Connor
Goals: Cleary (42 og), Corneliusson (66), Löbmann (69)

DINAMO KIEV v MTK/VM BUDAPEST 4-0 (3-0)
Republikanskiy, Kiev   13.09.1989
Referee: Dimitar Dimitrov (BUL)   Attendance: 35,000
DINAMO: Viktor Chanov; Pavel Yakovenko (66 Vladimir Gorili), Sergei Zaets, Oleg Kuznetsov, Sergei Shmatovalenko, Oleg Luzhnyi, Ivan Yaremchuk, Gennadi Litovchenko, Vasili Rats (80 Oleg Salenko), Aleksei Mikhailichenko (Cap), Oleg Protasov.   Trainer: Valeriy Lobanovskiy
MTK/VM: Gábor Zsiborás; Csaba Horváth, Gábor Hires (Cap), Emil Lörincz, Imre Vadász, Tibor Balog, Péter Hannich (85 Zsolt Huszak), Arpád Hahn, Imre Katzenbach, Ferenc Lakatos (62 Rezsö Kekesi), Róbert Jovan. Trainer: József Verebes
Goals: Protasov (12), Rats (23, 33), Yakovenko (55)

FC DUNDALK v FC WETTINGEN 0-2 (0-1)
Oriel Park, Dundalk   27.09.1989
Referee: Douglas Diarmid Hope (SCO)   Attendance: 1,361
DUNDALK: Alan O'Neill, Eugene "Gino" Lawless (74 Peter Eccles), Martin Lawlor, James Coll, Joey Malone (Cap), Thomas McNulty, Larry Wyse (46 John Cleary), Paul Newe, Anthony Cousins, Rodney Collins, Michael Shelley. Trainer: Turlough O'Connor
FC WETTINGEN: Jorg Stiel; Marcel Heldmann, Alex Germann, Peter Schepull, Martin Rueda (Cap), Roger Kundert, Maurizio Jacobacci, Brian Bertelsen (75 Reto Baumgartner), Andreas Löbmann, Jan Svensson (75 Roland Häusermann), Dan Corneliusson.   Trainer: Udo Klug
Goals: Löbmann (42, 53)

ÖRGRYTE GÖTEBORG
v HAMBURGER SV 1-2 (0-1)
Ullevi, Göteborg   13.09.1989

Referee: Allan Gunn (ENG)   Attendance: 3,454

ÖRGRYTE: Sven Andersson; Klas Palm, Christer Larsson (71 Anders Roth), Niclas Sjöstedt (Cap), Hans Berndtsson, Hans Prytz, Rikard Nilsson, Peter Karlsson (66 Johan Blomberg), Thomas Blomberg, Leif Ytterell, Mats Lundgren.   Trainer: Conny Karlsson

HAMBURGER SV: Richard Golz; Ditmar Jakobs (Cap), Carsten Kober, Dietmar Beiersdorfer, Detlev Dammeier, Thomas von Heesen, Harald Spörl, Sascha Jusufi, Jan Furtok, Armin Eck, John Jensen.   Trainer: Willi Reimann

Goals: Furtok (8), Roth (71), Jensen (80)

IFK GÖTEBORG v ZALGIRIS VILNIUS 1-0 (0-0)
Ullevi, Göteborg   27.09.1989

Referee: John Lloyd (WAL)   Attendance: 4,670

IFK: Thomas Ravelli, Roland Nilsson, Lars Zetterlund, Ola Svensson, Pontus Kamark, Mikael Nilsson, Andreas Ravelli, Per Edmund Mordt, Tommy Holmgren (Cap), Kennet Andersson, Klas Ingesson (65 Magnus Johansson).   Trainer: Kjell Pettersson

ZALGIRIS: Valdemaras Martinkenas; Robertas Fridrikas, Viacheslav Sukristovas, Romas Mazheikis, Arvidas Yanonis, Gintaras Kvitkauskas, Stanislovas Baranauskas, Valdas Ivanauskas (29 Gediminas Sjugzda), Sigitas Yakubauskas (Cap), Vidmantas Rasiukas (66 Virginius Baltusnikas), Arminas Narbekovas.   Trainer: Beniaminis Viktorovic Zelkiavicius

Goal: M. Nilsson (53)

HAMBURGER SV
v ÖRGRYTE GÖTEBORG 5-1 (2-0)
Volksparkstadion, Hamburg   27.09.1989

Referee: Michal Listkiewicz (POL)   Attendance: 10,000

HAMBURGER SV: Richard Golz; Jorg Bode, Michael Schröder, Dietmar Beiersdorfer (Cap), Carsten Kober, Thomas von Heesen (71 Jens-Peter Fischer), Harald Spörl, Detlev Dammeier, Jan Furtok, Armin Eck, Andreas Merkle (60 John Jensen).   Trainer: Willi Reimann

ÖRGRYTE: Sven Andersson; Klas Palm, Christer Larsson, Niclas Sjöstedt (Cap), Hans Berndtsson, Hans Prytz, Rikard Nilsson (56 Anders Roth), Peter Karlsson (65 Joakim Grandelius), Thomas Blomberg, Leif Ytterell, Mats Lundgren.   Trainer: Conny Karlsson

Goals: von Heesen (25), Beiersdorfer (35), Grandelius (76), Furtok (79), Eck (88), Fischer (89)

GLENTORAN BELFAST
v DUNDEE UNITED 1-3 (0-1)
The Oval, Belfast   13.09.1989

Referee: Walter Keith Burge (WAL)   Attendance: 5,814

GLENTORAN: Dean Smyth; John Devine (67 Robert Craig), Conor McCaffrey, Raymond Campbell, Terry Moore (Cap), Robert Bowers, Ron McCreery, William Caskey, Gary McCartney, John Jameson, Stephen Douglas (67 George Neill).   Trainer: Thomas Jackson

DUNDEE UNITED: William Thomson; Alexander Cleland, Maurice Malpas (Cap), Alfred van der Hoorn, Paul Hegarty, David Narey, Kevin Gallacher, David Bowman, Michael O'Neill (60 Peter Hinds), James McInally, Mika-Matti Paatelainen (84 Hamish French).   Trainer: James McLean

Goals: Cleland (31), Jameson (68), J. McInally (71), Hinds (85)

ZALGIRIS VILNIUS v IFK GÖTEBORG 2-0 (1-0)
Zalgiris, Vilnius   13.09.1989

Referee: Branko Bujić (YUG)   Attendance: 15,200

ZALGIRIS: Valdemaras Martinkenas; Robertas Fridrikas, Viacheslav Sukristovas, Romas Mazheikis, Arvidas Yanonis, Gintaras Kvitkauskas, Stanislovas Baranauskas, Valdas Ivanauskas, Sigitas Yakubauskas (Cap), Vidmantas Rasiukas, Arminas Narbekovas.   Trainer: Beniaminis Viktorovic Zelkiavicius

IFK: Thomas Ravelli, Roland Nilsson, Lars Zetterlund, Ola Svensson, Pontus Kamark, Mikael Nilsson, Klas Ingesson, Per Edmund Mordt (79 Andreas Ravelli), Tommy Holmgren (Cap), Kennet Andersson, Ulf Johansson (69 Peter Eriksson).   Trainer: Kjell Pettersson

Goals: Fridrikas (36, 88)

DUNDEE UNITED
v GLENTORAN BELFAST 2-0 (1-0)
Tannadice Park, Dundee   27.09.1989

Referee: Neil Midgley (ENG)   Attendance: 9,344

DUNDEE UNITED: William Thomson; Alexander Cleland, Maurice Malpas (Cap), Alfred van der Hoorn (65 Miodrag Krivokapic), John Clark, David Narey, Kevin Gallacher, David Bowman, Peter Hinds (73 Michael O'Neill), James McInally, Allan Preston.   Trainer: James McLean

GLENTORAN: Dean Smyth; George Neill, Conor McCaffrey, Raymond Campbell, Terry Moore (Cap), Robert Bowers, John Devine, William Caskey (50 Andrew Mathieson), Gary McCartney, John Jameson, William Totten (80 Stephen Douglas).   Trainer: Thomas Jackson

Goals: Clark (25), Gallacher (47)

HANSA ROSTOCK v BANÍK OSTRAVA 2-3 (2-0)

Ostseestadion, Rostock   13.09.1989

Referee: Kaj John Natri (FIN)   Attendance: 20,320

HANSA: Jens Kunath, Heiko März, Axel Rietentiet, Jens Wahl, Gernot Alms, Hilmar Weilandt, Axel Schulz, Volker Röhrich, Jurl Schlünz (Cap) (85 Jens Leonhardt), Andreas Babendererde, Rainer Jarohs (70 Henri Fuchs). Trainer: Jurgen Decker

BANÍK: Luděk Mikloško; Ivo Staš, Jiří Zaleský, Petr Skarabela, Dušan Vrťo, Viliam Hyravy, Karel Kula, Radim Necas, Radek Basta, Radomir Chylek (Cap)(89 Libor Fryc), Dušan Horvath (88 Dušan Fabry).   Trainer: Milan Macala

Goals: Wahl (27, 38 pen), Kula (57), Hyravy (66), Horvath (75)

PARIS ST. GERMAIN v KUUSYSI LAHTI 3-2 (1-1)

Parc des Princes, Paris   27.09.1989

Referee: José Alberto Veiga Trigo (POR)   Attendance: 9,437

PARIS ST. GERMAIN: Joël Bats; Franck Tanasi, Michel Bibard, Yvon Le Roux, Philippe Jeannol (Cap) (72 Jean-Pierre Bosser), Jean-François Charbonnier, Daniel Bravo (55 Amara Simba), Christian Pérez, Zlatko Vujović, Safet Sušić, Gabriel Calderon.   Trainer: Tomislav Ivić

KUUSYSI: Ismo Korhonen; Ilkka Remes, Jarmo Saastamoinen, Juha Mielonen (66 Sixten Boström), Hannu Jäntti, Petri Järvinen, Keijo Kousa (Cap), Jari Rinne, Kalle Lehtinen (78 Sami Vehkakoski), Ismo Lius, Juha Annunen. Trainer: Antti Muurinen

Sent off: Kousa (68)

Goals: Remes (14), Sušić (18), Vujović (57), Calderon (68), Lius (90 pen)

BANÍK OSTRAVA v HANSA ROSTOCK 4-0 (2-0)

Stadión na Bazaloch, Ostrava   27.09.1989

Referee: Vadim Zhuk (USSR)   Attendance: 8,140

BANÍK: Luděk Mikloško (Cap); Ivo Staš, Jiří Zaleský (78 Radek Basta), Petr Skarabela, Dušan Vrťo, Viliam Hyravý, Karel Kula, Radim Necas, Václav Pechacek, Radomir Chylek (59 Libor Fryc), Dušan Horvath.   Trainer: Milan Macala

HANSA: Jens Kunath; Heiko März (Cap) (87 Claude Kluth), Axel Rietentiet (63 Florian Weichert), Jens Wahl, Gernot Alms, Hilmar Weilandt, Axel Schulz, Volker Röhrich, Jens Dowe, Andreas Babendererde, Henri Fuchs.   Trainer: Jurgen Decker

Goals: Necas (28), Chylek (43), Zálesky (69), Pechácek (77)

LILLESTRØM SK v WERDER BREMEN 1-3 (0-2)

Åråsen, Lillestrøm   13.09.1989

Referee: Gudmundur Haraldsson (ICE)   Attendance: 6,972

LILLESTRØM: Frode Grodas; Dennis Schiller, Ole Dyrstad (Cap), Bard Bjerkeland, Bjarne Sognnaes, Tom Buer, Arne Erlandsen, Jan Ove Pedersen, Erik Soler, Tom Gulbrandsen, Kenneth Nysaether.   Trainer: David Hay

WERDER: Jürgen Rollmann; Manfred Bockenfeld, Uwe Harttgen (65 Thomas Schaaf), Rune Bratseth, Michael Kutzop, Ulrich Borowka, Miroslav Votava (Cap), Dieter Eilts (85 Thomas Wolter), Marco Bode, Günter Hermann, Wynton Rufer.   Trainer: Otto Rehhagel

Goals: Eilts (10), Bode (15, 71), Pedersen (87)

KUUSYSI LAHTI v PARIS ST. GERMAIN 0-0

Urheilukeskus, Lahti   13.09.1989

Referee: Wieland Ziller (DDR)   Attendance: 3,882

KUUSYSI: Ismo Korhonen; Ilkka Remes, Jarmo Saastamoinen, Juha Mielonen, Hannu Jäntti, Petri Järvinen, Keijo Kousa (Cap), Jari Rinne, Kalle Lehtinen (71 Sixten Boström), Ismo Lius, Juha Annunen (88 Sami Vehkakoski). Trainer: Antti Muurinen

PARIS ST. GERMAIN: Joël Bats; Franck Tanasi, Thierry Rabat, Yvon Le Roux, Philippe Jeannol, Jean-François Charbonnier, Christian Pérez (72 Daniel Bravo), Oumar Sene (Cap), Zlatko Vujović, Safet Sušić, Gabriel Calderon. Trainer: Tomislav Ivić

WERDER BREMEN v LILLESTRØM SK 2-0 (0-0)

Weserstadion, Bremen   27.09.1989

Referee: Charles Agius (MAL)   Attendance: 9,873

WERDER: Jürgen Rollmann; Manfred Bockenfeld, Jonny Otten (46 Dieter Eilts), Rune Bratseth, Frank Neubarth, Ulrich Borowka (Cap), Thomas Schaaf, Miroslav Votava, Norbert Meier (81 Gunnar Sauer), Günter Hermann, Wynton Rufer. Trainer: Otto Rehhagel

LILLESTRØM: Frode Grodas; Erik Soler, Ole Dyrstad (Cap), Bard Bjerkeland, Bjarne Sognnaes, Dennis Schiller, Arne Erlandsen, Stein Amundsen (51 Tom Buer), Gunnar Halle, Tom Gulbrandsen, Kenneth Nysaether.   Trainer: David Hay

Goals: Neubarth (66), Sauer (89)

**ROVANIEMI PALLOSEURA
v GKS KATOWICE** 1-1 (1-1)
Keskuskentta, Rovaniemi 13.09.1989
Referee: Henning Lund Sørensen (DEN)   Attendance: 2,967

PALLOSEURA: Matti Vikman; Miika Tolvanen, Jari Europaeus (Cap), Hannu Ollila, Arto Autti, Ari Tegelberg, Markku Kallio, Tomi Tiainen, Petri Nieminen (14 Jarmo Ilola), Malcolm Dunkley, Pasi Tauriainen (65 Petteri Karila). Trainer: Brian Doyle

GKS: Janusz Jojko; Jacek Duchowski, Piotr Piekarczyk, Andrzej Lesiak, Jerzy Wijas, Piotr Szlezinger, Dariusz Grzesik, Miroslaw Kubisztal (75 Krzysztof Walczak), Janusz Nawrocki (Cap), Wiktor Morcinek, Marek Swierczewski. Trainer: Wladyslaw Zmuda

Goals: Kubisztal (2), Tiainen (43)

**GKS KATOWICE
v ROVANIEMI PALLOSEURA** 0-1 (0-0)
GKS, Katowice 27.09.1989
Referee: Arsen Hoxha (ALB)   Attendance: 3,185

GKS: Janusz Jojko; Jacek Duchowski, Piotr Piekarczyk, Andrzej Lesiak, Piotr Szlezinger (80 Marek Haladyn), Dariusz Grzesik, Janusz Nawrocki (Cap), Jerzy Wijas, Krzysztof Walczak (46 Wiktor Morcinek), Marek Swierczewski, Miroslaw Kubisztal.   Trainer: Wladyslaw Zmuda

PALLOSEURA: Matti Vikman; Miika Tolvanen, Hannu Ollila, Jari Europaeus (Cap), Arto Autti, Tomi Tiainen (33 Petteri Karila, 86 Jarmo Ilola), Ari Tegelberg, Markku Kallio, Pasi Tauriainen, Petri Nieminen, Malcolm Dunkley. Trainer: Brian Doyle

Goal: Karila (59)

ZENIT LENINGRAD v NAESTVED IF 3-1 (1-1)
St.Sergei Mironovich Kirov, Leningrad 13.09.1989
Referee: Eero Aho (FIN)   Attendance: 8,200

ZENIT: Mikhail Biriukov (Cap); Vladimir Dolgopolov, Aleksei Stepanov, Nikolai Vorobiev, Nikolai Larionov (71 Valeri Popelnukha), Arkadi Afanasiev, Sergei Podpali (32 Boris Matveev), Yuri Zheludkov, Vasili Ivanov, Boris Chuklov, Dimitri Barannik.   Trainer: Vladimir Golubev

NAESTVED: Ole Kjaer, Søren Christensen, Morgens Hansen, Klaus Juliusson (Cap), Bo Nielsen, Friedl Ovesen, Torben Johansen, Alex Nielsen (76 Frank Løndahl), Frank Hougaard, Kurt Jørgensen, Søren Juel.   Trainer: Benny Jensen

Goals: Jørgensen (19 pen), Chuklov (22), Stepanov (60), Popelnukha (74)

NAESTVED IF v ZENIT LENINGRAD 0-0
Naestved stadion 27.09.1989
Referee: Rune Larsson (SWE)   Attendance: 4,182

NAESTVED: Ole Kjaer (Cap), Søren Christensen, Mogens Hansen, Hernik Frimann (73 Thomas Madsen), Bo Nielsen, Friedl Ovesen (60 Brian Møller), Torben Johansen, Alex Nielsen, Frank Hougaard, Kurt Jørgensen, Søren Juel. Trainer: Benny Jensen

ZENIT: Mikhail Biriukov (Cap), Vladimir Dolgopolov, Aleksei Stepanov, Nikolai Vorobiev, Nikolai Larionov, Arkadi Afanasiev, Sergei Podpali, Yuri Zheludkov, Valeri Popelnukha, Boris Chuklov, Dimitri Barannik.   Trainer: Vladimir Golubev

ATALANTA BERGAMO v SPARTAK MOSKVA 0-0
Stadio Comunale, Bergamo 13.09.1989
Referee: Marcel Van Langenhove (BEL)   Attendance: 20,063

ATALANTA: Fabrizio Ferron; Renzo Contratto, Luigino Pasciullo, Walter Bonacina, Claudio Vertova, Domenico Progna, Glenn Peter Strömberg (Cap), Claudio Prandelli, Claudio Paul Caniggia, Eligio Nicolini, Armando Madonna (75 Roberto Bordin).   Trainer: Emiliano Mondonico

SPARTAK: Stanislav Cherchesov; Sergei Bazulev, Vasili Kulkov, Gennadi Morozov, Boris Pozdniakov, Aleksandr Bokiy, Evgeni Kuznetsov, Viktor Pasulko, Igor Schalimov, Fiedor Cherenkov (Cap), Sergei Rodionov.
Trainer: Oleg Romanchev

**SPARTAK MOSKVA
v ATALANTA BERGAMO** 2-0 (1-0)
Lenin, Moskva 27.09.1989
Referee: Bo Karlsson (SWE)   Attendance: 49,987

SPARTAK: Stanislav Cherchesov; Sergei Bazulev, Vasili Kulkov, Andrei Ivanov, Boris Pozdniakov, Aleksandr Bokiy, Evgeni Kuznetsov (54 Viktor Pasulko), Igor Schalimov, Valeri Schmarov, Fiedor Cherenkov (Cap) (64 Vladimir Kapustin), Sergei Rodionov.   Trainer: Oleg Romanchev

ATALANTA: Fabrizio Ferron; Renzo Contratto, Luigino Pasciullo, Roberto Bordin (21 Armando Madonna), Claudio Vertova, Domenico Progna, Glenn Peter Strömberg (Cap), Claudio Prandelli (72 Mario Bortolazzi), Claudio Paul Caniggia, Eligio Nicolini, Walter Bonacina.
Trainer: Emiliano Mondonico

Sent off: Strömberg & Pasulko (88)

Goals: Cherenkov (28), Rodionov (88)

VALENCIA CF v VICTORIA BUCUREŞTI 3-1 (1-0)

Estadio Luis Casanova, Valencia   13.09.1989

Referee: Karl-Heinz Tritschler (WG)   Attendance: 18,000

VALENCIA CF: José Manuel OCHOTORENA Santa Cruz; Enrique Sánchez Flores "QUIQUE", Ricardo Penella ARIAS, Salvador González Marco "VORO", José Miguel TORRES Orenga, Miguel Ángel BOSSIO Bastianini (71 Francisco Javier CAMARASA Castellar), FERNANDO Gómez Colomer (Cap), Fernando Martínez Perales "NANDO", ELOY José Olaya Prendes, António José Gomes do Matos "TONI" (54 Javier SUBIRATS Hernández), Emilio Ángel FENOLL Mora.   Trainer: Víctor Rodolfo Esparrago Videla

VICTORIA: Dumitru Moraru; Victor Cojocaru, Alexandru Nicolae, Costel Solomon (Cap), Dan Topolinschi, Emil Ursu, Adrian Ursea (87 Sorin Cigan), Ovidiu Hanganu, Sandor Kulcsar (60 Ionel Fulga), Marcel Coraş, Fănel Ţîră.   Trainer: Florin Halagian

Goals: Toni (36), Fenoll (48), Coraş (61), Quique (71)

VICTORIA BUCUREŞTI v VALENCIA CF 1-1 (0-1)

Victoria, Bucureşti   27.09.1989

Referee: Luigi Agnolin (ITA)   Attendance: 7,300

VICTORIA: Dumitru Moraru; Victor Cojocaru, Dorian Ştefan, Costel Solomon (Cap), Marian Pană, Ionel Fulga (63 Sorin Cigan), Adrian Ursea, Ovidiu Hanganu, Sandor Kulcsar, Marcel Coraş, Costel Orac (46 Fănel Ţîră).   Trainer: Florin Halagian

VALENCIA CF: José Manuel OCHOTORENA Santa Cruz; Francisco FERRANDO Gimenez (58 José Miguel TORRES Orenga), Francisco CAMARASA Castellar, Salvador González Marco "VORO", Fernando GINER Gil, Miguel Ángel BOSSIO Bastianini, FERNANDO Gómez Colomer (Cap), Carlos ARROYO Ayala (86 Javier SUBIRATS Hernández), ELOY José Olaya Prendes, António José Gomes do Matos "TONI", Fernando Martínez Perales "NANDO".   Trainer: Víctor Rodolfo Esparrago Videla

Goals: Toni (37), Hanganu (52)

FC PORTO v FLACĂRA MORENI 2-0 (1-0)

Estádio das Antas, Porto   13.09.1989

Referee: Gerhard Kapl (AUS)   Attendance: 25,000

FC PORTO: VÍTOR Manuel Martins BAÍA; JOÃO Domingos da Silva PINTO (Cap), Stéphane August Demol, JOSÉ CARLOS Nascimento, Cláudio Ibraim Vaz Leal "BRANCO", António dos Santos Ferreira ANDRÉ, JAIME Fernandes MAGALHÃES, Rabah Madjer, José RUI Lopes ÁGUAS, Fernando Oscar BANDEIRINHA Barbosa, José Orlando Vinha Rocha SEMEDO (54 DOMINGOS José Paciência Oliveira).   Trainer: ARTUR JORGE Braga Melo Teixeira

FLACĂRA: Florin Alexandru Tene; Teodor Beldie, Dorel Purdea, Iulian Chiriţă, Petre Butufei, Ion Balaur, Ion Constantin Marcu, Marin Dragnea (Cap), Nistor Văidean (78 Victor Glăvan), Constantin Pană, Constantin Lala (84 George Timiş).   Trainer: Ion Nunweiller.   **Sent off**: Balaur (66)

Goals: José Carlos (36), Branco (56)

FLACĂRA MORENI v FC PORTO 1-2 (0-1)

Flacăra, Moreni   27.09.1989

Referee: Yusuf Namoglu (TUR)   Attendance: 8,000

FLACĂRA: Florin Alexandru Tene; Vasile Jercălău, Teodor Beldie, Petre Butufei, Victor Glăvan (46 Ion Constantin Marcu), Iulian Chiriţă, Marin Dragnea (Cap), Constantin Pană, Daniel Sava, Mihai Stere (65 Nistor Văidean), Constantin Lala.   Trainer: Ion Nunweiller

FC PORTO: VÍTOR Manuel Martins BAÍA; JOÃO Domingos da Silva PINTO (Cap), Stéphane August Demol, JOSÉ CARLOS Nascimento, Cláudio Ibraim Vaz Leal "BRANCO", JAIME Fernandes MAGALHÃES, Fernando Oscar BANDEIRINHA Barbosa, António dos Santos Ferreira ANDRÉ, José Orlando Vinha Rocha SEMEDO, Rabah Madjer (69 DOMINGOS José Paciência Oliveira, 88 Alcides Rodrigues Tavares "KIKI"), José RUI Lopes ÁGUAS.   Trainer: ARTUR JORGE Braga Melo Teixeira

Goals: Jaime Magalhães (21), Beldie (52), Rui Águas (89)

ATLÉTICO MADRID v FIORENTINA FIRENZE 1-0 (0-0)

Estadio Vicente Calderón, Madrid   13.09.1989

Referee: Aron Schmidhuber (WG)   Attendance: 38,000

ATLÉTICO: ABEL Résino Gómez; TOMAS Renones Crego, Eugenio BUSTINGORRI Oriz, Francisco FERREIRA Colmenero, Andoni GOIKOETXEA Olascoaga, DONATO Gama da Silva, Manuel Sánchez Delgado "MANOLO", José Antonio "PIZO" GÓMEZ Romón (70 Roberto Simon MARINA), BALTAZAR María de Morais Junior, Paulo Jorge dos Santos "FUTRE", Antonio OREJUELA Rivero (Cap) (70 ALFREDO Santaelena Aguado).   Trainer: Javier Clemente

FIORENTINA: Marco Landucci; Stefano Pioli, Giuseppe Volpecina, Giuseppe Iachini, Celeste Pin, Sergio Battistini (Cap), Alberto di Chiara, Carlos Caetano Bledorn Verri DUNGA, Óscar Alberto Dertycia (70 Stefano Daniel), Roberto Baggio, Luboš Kubik (75 Roberto Bosco).   Trainer: Bruno Giorgi

Sent off: Di Chiara (69)

Goal: Baltazar (78)

**AC FIORENTINA FIRENZE
v ATLÉTICO MADRID 1-0** (1-0, 1-0) (AET)

Stadio Comunale Renato Curi, Perugia 27.09.1989

Referee: Michel Vautrot (FRA) Attendance: 24,544

FIORENTINA: Marco Landucci; Stefano Pioli, Giuseppe Volpecina, Giuseppe Iachini, Celeste Pin, Sergio Battistini (Cap), Mauro Zironelli, Carlos Caetano Bledorn Verri DUNGA (65 Mario Faccenda), Óscar Alberto Dertycia (116 Simone Sereni), Roberto Baggio, Renato Buso. Trainer: Bruno Giorgi

ATLÉTICO: ABEL Résino Gómez; TOMAS Renones Crego, SERGIO Elias Morgado Rodríguez, Francisco FERREIRA Colmenero, Andoni GOIKOETXEA Olascoaga, DONATO Gama da Silva (66 Roberto Simon MARINA), José Antonio "PIZO" GÓMEZ Romón (77 Manuel Sánchez Delgado "MANOLO"), Antonio OREJUELA Rivero, BALTAZAR María de Morais Junior, Paulo Jorge dos Santos "FUTRE", Eugenio BUSTINGORRI Oriz. Trainer: Javier Clemente

Sent off: GOIKOETXEA (103)

Goal: Buso (25)

Penalties: 1-0 Battistini, Futre (miss), 2-0 Pioli, Marina (miss), Sereni (saved), 2-1 Bustingorri, Volpecina (miss), Manolo (saved), 3-1 R. Baggio

IRAKLIS THESSALONIKI v FC SION 1-0 (1-0)

Stadio Kautatzogleio, Thessaloniki 13.09.1989

Referee: Jozef Marko (CZE) Attendance: 14,041

IRAKLIS: Giorgos Plitsis; Kostas Iliadis, Anastasios Leukopoulos, Pagonis Vakalopoulos, Thomas Deligiannis, Giorgos Papadopoulos, Theofanis Tountziaris, Daniil Papadopoulos (88 Athanasios Anastasiadis), Andreas Bonovas, Giannis Tsifopoulos (Cap) (74 Giorgos Mallios), Athanasios Dimopoulos. Trainer: Agne Simonson

FC SION: Stephan Lehmann; François Rey, Sebastien Fournier, Nestor Rolando Clausen, Michel Sauthier, Alvaro Lopez (Cap), Blaise Piffaretti (77 Marco Lorenz), Mirsad Baljic (87 Olivier Rey), Michele Bacchini, Jurgen Mohr, Dominique Cina. Trainer: Yves Debonnaire

Goal: Tountziaris (28)

FC SION v IRAKLIS THESSALONIKI 2-0 (0-0)

Stade Tourbillon, Sion 27.09.1989

Referee: José María Enriquez Negreira (SPA) Att: 14,630

FC SION: Stephan Lehmann; Olivier Rey, François Rey (72 Michel Renquin), Nestor Rolando Clausen (41 Sebastien Fournier), Michel Sauthier, Alvaro Lopez, Blaise Piffaretti, Mirsad Baljic, Marco Lorenz, Jean-Paul Brigger (Cap), Dominique Cina. Trainer: Yves Debonnaire

IRAKLIS: Giorgos Plitsis; Kostas Iliadis, Anastasios Leukopoulos, Pagonis Vakalopoulos, Thomas Deligiannis, Giorgos Papadopoulos (33 Hristos Zifkas), Giorgos Mallios (86 Fotis Papadopoulos), Daniil Papadopoulos, Athanasios Anastasiadis, Giannis Tzifopoulos (Cap), Athanasios Dimopoulos. Trainer: Agne Simonson

Goals: Baljic (75), Lopez (79)

AJ AUXERRE v APOLONIA FIER 5-0 (1-0)

Stade Abbé-Deschamps, Auxerre 13.09.1989

Referee: Serge Muhmenthaler (SWI) Attendance: 10,455

AJ AUXERRE: Bruno Martini; Michel Catalano, Frédéric Darras, Basile Boli (Cap), Stéphane Mazzolini, Waldemar Matysik, Didier Negblé Otokoré (75 Christophe Cocard), Raphael Guerreiro, Kalman Kovacs, Vincnzo Scifo, Pascal Vahirua. Trainer: Guy Roux

APOLONIA: Vladimir Stefa; Dashnor Bita, Saimir Mahmutaj, Mikel Pogace, Sotiraq Tegu, Dashnor Poçi, Albert Stroni (69 Arben Ndreu), Pandeli Tole (Cap), Sotiraq Kokuri, Iliaz Haxhiaj, Kujtim Majaçi. Trainer: Vangjel Capo

Goals: Boli (20), Vahirua (51, 56), Pogace (62 og), Guerreiro (73)

APOLONIA FIER v AJ AUXERRE 0-3 (0-2)

Flamurtari, Vlorë 27.09.1989

Referee: Gheorghe Constantin (ROM) Attendance: 4,500

APOLONIA: Vladimir Stefa; Dashnor Bita, Dhimitraq Papuciu, Mikel Pogaçe, Sotiraq Tegu, Afrim Veliu, Albert Stroni (52 Arben Ndreu), Pandeli Tole (Cap), Dashnor Poçi (37 Sotiraq Kokuri), Iliaz Haxhiaj, Kujtim Majaçi. Trainer: Vangjel Capo

AJ AUXERRE: Bruno Martini; Michel Catalano, Frédéric Darras, Basile Boli (Cap), Stéphane Mazzolini, Waldemar Matysik, Didier Negblé Otokoré (46 Christophe Cocard), Raphael Guerreiro, Kalman Kovacs, Vincenzo Scifo, Pascal Vahirua (46 Daniel Dutuel). Trainer: Guy Roux

Goals: Scifo (20, 31), Cocard (72)

FK RAD BEOGRAD
v OLYMPIAKOS PEIRAIAS 2-1 (1-0)

Banjić, Beograd   13.09.1989

Referee: Joseph Worrall (ENG)   Attendance: 5,000

FK RAD: Jovan Savić; Sasa Nedeljković, Djordje Vasić, Radoman Grbović, Miroslav Djukić, Dragoslav Musić (89 Goran Acimović), Miroslav Stević (78 Stevica Kuzmanovski), Darko Nestorović, Cedomir Djoncević, Goran Ivanović, Dragoslav Dubajić (Cap).   Trainer: Ivica Brzić

OLYMPIAKOS: Panagiotis Molakidis, Stratos Apostolakis, Theodoros Pahatouridis, Sotiris Maurommatis, Alexis Alexiou, Panagiotis Tsalouhidis, Nikos Tsiantakis (80 Ilias Savvidis), Savvas Kofidis, Nikos Anastopoulos (46 Vaggelis Kalogeropoulos), Lajos Detari, Anastasios Mitropoulos (Cap). Trainer: Miltos Papapostolou

Goals: Nestorović (37), Djoncević (53), Tsalouhidis (89)

OLYMPIAKOS PEIRAIAS
v FK RAD BEOGRAD 2-0 (1-0)

Karaiskaki, Peiraias   28.09.1989

Referee: Carlo Longhi (ITA)   Attendance: 26,052

OLYMPIAKOS: Ilias Talikriadis; Stratos Apostolakis, Kyriakos Karataidis, Sotiris Maurommatis, Alexis Alexiou, Panagiotis Tsalouhidis, Nikos Tsiantakis, Savvas Kofidis (78 Minas Hantzidis), Nikos Anastopoulos, Lajos Detari, Anastasios Mitropoulos (Cap) (89 Isaak Moustakidis). Trainer: Miltos Papapostolou

FK RAD: Željko Cicović; Sasa Nedjeljković, Stevica Kuzmanovski, Radoman Grbović, Miroslav Djukić, Djordje Vasić, Miroslav Stević (73 Nedim Tutić), Darko Nestorović, Dragoslav Musić (57 Dragan Anicić), Goran Ivanović (Cap), Dragoslav Dubajić.   Trainer: Ivica Brzić

Goals: Detari (35), Anastopoulos (76)

APOLLON LIMASSOL
v REAL ZARAGOZA 0-3 (0-1)

Tsirion, Limassol   14.09.1989

Referee: Todor Kolev (BUL)   Attendance: 6,490

APOLLON: Thrasos Koniotis; Antonis Ilia Antrellis, Haralampos Hristofi, Dimitris Ioannou, Haralampos Pittas, Giorgos Iosifidis (88 Dimitris Orfanidis), Aggelos Tsolakis (73 Theofilos Atanasiou), Giannis Giagkoudakis (Cap), Giannis Ioannou, Eugeniusz Ptak, Krzysztof Adamczyk.
Trainer: Jerzy Engel

REAL: José Luis CHILAVERT González; Narciso JULIA Fontané, PABLO Alfaro Armengot, Juan António SEÑOR Gómez (Cap), Alfonso FRAILE Sánchez, Juan Francisco Rodríguez "JUANITO", Miguel PARDEZA Pichardo, Juan VIZCAÍNO Morcillo (75 Jesús GLARÍA Yetano), Francisco HIGUERA Fernández (64 Francisco García "SALILLAS"), Nasko Sirakov, Francisco Pérez VILLARROYA.
Trainer: Radomir Antić

Goals: Juanito (44 pen), Pardeza (73), Pablo Alfaro (84)

REAL ZARAGOZA
v APOLLON LIMASSOL 1-1 (1-0)

Estadio La Romareda, Zaragoza   26.09.1989

Referee: Ernest Kesseler (LUX)   Attendance: 10,000

REAL: José Luis CHILAVERT González; Isidro VILANOVA Abadía, PABLO Alfaro Armengot, Juan António SEÑOR Gómez (Cap), Narciso JULIA Fontané, Juan Francisco Rodríguez "JUANITO", Miguel PARDEZA Pichardo, Juan VIZCAÍNO Morcillo, Francisco García "SALILLAS", Nasko Sirakov (46 Francisco HIGUERA Fernández), Francisco Pérez VILLARROYA.   Trainer: Radomir Antić

APOLLON: Mihalis Hristofi; Antonis Ilia Antrellis, Haralampos Hristofi, Dimitris Ioannou, Haralampos Pittas, Giorgos Iosifidis, Kostas Hristoforou "Rizos" (60 Aggelos Tsolakis), Giannis Giagkoudakis (Cap), Giannis Ioannou, Eugeniusz Ptak, Krzysztof Adamczyk.   Trainer: Jerzy Engel

Goals: Pardeza (39), Pittas (89 pen)

GALATASARAY ISTANBUL
v CRVENA ZVEZDA BEOGRAD 1-1 (1-1)

Ali Sami Yen stadi, Istanbul   14.09.1989

Referee: Alphonse Constantin (BEL)   Attendance: 30,580

GALATASARAY: Zoran Simović; Bülent Alkiliç Buyuk (87 Tugay Kerimoglu), Metin Yildiz (71 Ismail Demiriz), Cüneyt Tanman (Cap), Yusuf Altintaş, Bülent Korkmaz Kuyuk, Serhat Güler, Dzevad Prekazi, Hasan Vezir, Muhammet Altintaş, Ilyas Tufekçi.   Trainer: Sigfried Held

CRVENA ZVEZDA: Stevan Stojanović; Goran Jurić, Slobodan Marović, Dragan Kanatlarovski, Milos Drizić, Dusko Radinović, Robert Prosinečki, Dejan Savicević (65 Vladan Lukić), Darko Pancev, Dragan Stojković (Cap), Mitar Mrkela.
Trainer: Dragoslav Sekularac

Goals: Mrkela (11), Hasan (35)

CRVENA ZVEZDA BEOGRAD
v GALATASARAY ISTANBUL 2-0 (1-0)

Crvena Zvezda, Beograd   27.09.1989

Referee: Joaquim Ramos Marcos (SPA)   Attendance: 46,866

CRVENA ZVEZDA: Stevan Stojanović; Goran Jurić, Slobodan Marović (85 Slavko Radinović), Dragan Kanatlarovski, Milos Drizić, Ilija Najdovski, Robert Prosinečki, Dejan Savicević, Darko Pancev, Dragan Stojković (Cap)(82 Vlada Stosić), Vladan Lukić.   Trainer: Dragoslav Sekularac

GALATASARAY: Zoran Simović; Bülent Alkiliç Buyuk, Semih Yavakuran, Cüneyt Tanman (Cap), Erhan Önal, Bülent Korkmaz Kuyuk, Serhat Güler, Dzevad Prekazi (86 Tugay Kerimoglu), Hasan Vezir, Muhammet Altintaş, Erdal Keser (47 Ilyas Tufekci).   Trainer: Sigfried Held

Goals: Lukić (3), Pancev (66)

AUSTRIA WIEN v AJAX AMSTERDAM 1-0 (1-0)
Prater, Wien   14.09.1989
Referee: George Smith (SCO)   Attendance: 10,000

AUSTRIA: Franz Wohlfarth; Ernst Aigner, Robert Frind (73 Christian Prosenik), Anton Pfeffer, Josef Degeorgi, Michael Künast, Manfred Zsak (Cap), Yevgeni Milevski (84 Enrique Baez), Walter Hörmann, Andreas Ogris, Ralph Hasenhüttl.   Trainer: Erich Hof

AJAX: Stanley Menzo; Marciano Vink, Peter Larsson, Mark Verkuijl, Aron Winter, Jan Wouters (Cap), Ronald De Boer, Frank De Boer, John Van't Schip, Pál Fischer (66 Bryan Roy), Richard Witschge.   Trainer: Leo Beenhakker

Goal: Degeorgi (18)

AJAX AMSTERDAM v AUSTRIA WIEN 1-1 (1-0, 1-0) (AET)
Stadion de Meer, Amsterdam   27.09.1989
Referee: Bruno Galler (SWI)   Attendance: 22,000

AJAX: Stanley Menzo; Marciano Vink (101 Ron Willems), Peter Larsson, Mark Verkuijl, Aron Winter, Jan Wouters (Cap), Bryan Roy, Dennis Bergkamp (73 Ronald de Boer), John Van't Schip, Pál Fischer, Richard Witschge.   Trainer: Leo Beenhakker

AUSTRIA: Franz Wohlfarth; Ernst Aigner, Attila Sekerlioglu, Anton Pfeffer, Josef Degeorgi, Christian Prosenik, Manfred Zsak (Cap), Yevgeni Milevski (80 Enrique Baez), Walter Hörmann, Andreas Ogris, Hannes Pleva.   Trainer: Erich Hof

Goals: Wouters (44), Pleva (98)

This match was abandoned after 104 minutes and was awarded to FK Austria with a 3-0 scoreline by UEFA.

SPORTING LISBOA v SSC NAPOLI 0-0
Estádio José Alvalade, Lisboa   14.09.1989
Referee: George Courtney (ENG)   Attendance: 40,000

SPORTING: Tomislav Ivković; JOÃO LUÍS Barbosa, José Martins LEAL, Pedro Manuel Regateiro VENÂNCIO, Luis Carlos Ferreira "LUISINHO", CARLOS MANUEL Correia dos Santos (Cap), CARLOS Jorge Marques Caldas XAVIER (68 ALI Mahomed HASSAN), William DOUGLAS Humia Menezes, Paulo Roberto Vacinello "PAULINHO CASCAVEL", MARLON Eduardo Alves Reis Brandao, Valter Machado da Silva "VALTINHO" (36 FERNANDO Mendes Soares GOMES).   Trainer: Manuel José Jésus da Silva

SSC NAPOLI: Giuliano Giuliani; Ciro Ferrara, Marco Baroni, Massimo Crippa, Alemao Rogerio Ricardo de Brito, Alessandro Renica (Cap), Luca Danilo Fusi, Fernando De Napoli, Careca António Oliveira filho, Massimo Mauro (70 Diego Armando Maradona), Andrea Alessandro Carnevale.   Trainer: Alberto Bigon

SSC NAPOLI v SPORTING LISBOA 0-0 (AET)
Stadio San Paolo, Napoli   27.09.1989
Referee: Gérard Biguet (FRA)   Attendance: 53,268

SSC NAPOLI: Giuliano Giuliani; Ciro Ferrara, Giovanni Francini (119 Giancarlo Corradini), Massimo Crippa, Alemao Rogerio Ricardo de Brito, Marco Baroni, Luca Danilo Fusi, Fernando De Napoli (91 Massimo Mauro), Careca António Oliveira filho, Diego Armando Maradona (Cap), Andrea Alessandro Carnevale.   Trainer: Alberto Bigon

SPORTING: Tomislav Ivković; OCEANO Andrade da Cruz, José Martins LEAL, Pedro Manuel Regateiro VENÂNCIO, Luis Carlos Ferreira "LUISINHO", CARLOS MANUEL Correia dos Santos (Cap), Valter Machado da Silva "VALTINHO" (91 ALI Mahomed HASSAN), William DOUGLAS Humia Menezes, José António Ramalho LIMA (119 Paulo Roberto Vacinello "PAULINHO CASCAVEL"), MARLON Eduardo Alves Reis Brandao, FERNANDO Mendes Soares GOMES.   Trainer: Manuel José Jésus da Silva

Penalties: Crippa (saved), Luisinho (saved), 1-0 Careca, 1-1 Douglas, 2-1 Mauro, Marlon (saved), 3-1 Baroni, 3-2 Cascavel, Maradona (saved), 3-3 Carlos Manuel, 4-3 Ferrara, Gomes (saved)

SECOND ROUND

FC ANTWERP v DUNDEE UNITED 4-0 (3-0)
Stade de Bosuil, Antwerp   17.10.1989
Referee: Ivan Gregr (CZE)   Attendance: 6,822

FC ANTWERP: Willem De Coninck; Willem Kiekens, Nicolas Broeckaert, Raphaël Quaranta, Rudy Smidts, Hans-Peter Lehnhoff (77 Alexandr Czerniatynski), Frans van Rooy (Cap), Patrick Schrooten, Geert Emmerechts, Nicolas Peter Claesen, Ralf Geilenkirchen.   Trainer: Dimitri Davidovic

DUNDEE UNITED: William Thomson; John Clark, Maurice Malpas (Cap), James McInally, Paul Hegarty (51 Alfred van der Hoorn), David Narey, William McKinlay, David Bowman, Mika-Matti Paatelainen, Darren Jackson (62 Michael O'Neill), Kevin Gallacher.   Trainer: James McLean

Goals: Geilenkirchen (22), Van Rooy (23, 31), Clesen (47)

DUNDEE UNITED v FC ANTWERP 3-2 (1-2)

Tannadice Park, Dundee 31.10.1989

Referee: Ulf Eriksson (SWE)   Attendance: 8,994

DUNDEE UNITED: Alan Main; Alfred van der Hoorn, Maurice Malpas (Cap), James McInally, Miodrag Krivokapic, John Clark, William McKinley, David Bowman, Michael O'Neill, Mika-Matti Paatelainen, Kevin Gallacher (63 Peter Hinds).   Trainer: James McLean

FC ANTWERP: Ratko Svilar; Willem Kiekens, Nicolas Broeckaert, Alexandr Czerniatynski, Rudy Smidts, Hans-Peter Lehnhoff, Frans van Rooy (Cap), Patrick Schrooten, Geert Emmerechts (87 Rudy Taeymans), Nicolas Pieter Claesen, Ralf Geilenkirchen.   Trainer: Dimitri Davidovic

Sent off: Claesen (83)

Goals: Lehnhoff (19), Claesen (22), Paatelainen (42), M. O'Neill (62), Clark (89)

FIRST VIENNA v OLYMPIAKOS PEIRAIAS 2-2 (1-1)

Hohe-Warte, Wien 17.10.1989

Referee: Dimitar Dimitrov (BUL)   Attendance: 3,400

FIRST VIENNA: Gottfried Angerer; Thomas Niederstrasser, Jiří Ondra (Cap), Gerald Schober (46 Alfred Drabits), Christian Salaba (59 Gerhard Kammerhofer), Gerald Glatzmayer, Kurt Russ, Ewald Jenisch, Ralph Balzis, Anton Haiden, Günther Vidreis.   Trainer: Ernst Doukupil

OLYMPIAKOS: Ilias Talikriadis; Stratos Apostolakis, Vaggelis Kalogeropoulos, Kyriakos Karataidis, Alexis Alexiou, Panagiotis Tsalouhidis, Nikos Tsiantakis, Ilias Savvidis, Nikos Anastopoulos (76 Isaak Moustakidis), Lajos Detari (89 Minas Hantzidis), Anastasios Mitropoulos (Cap).   Trainer: Imre Komora

Sent off: Apostolakis (78)

Goals: Niederstrasser (27), Tsalouhidis (35), Alexiou (70), Haiden (84)

OLYMPIAKOS PEIRAIAS v FC FIRST VIENNA 1-1 (0-0)

Karaiskaki, Peiraias 2.11.1989

Referee: José Francisco Pérez Sánchez (SPA)   Att: 31,116

OLYMPIAKOS: Ilias Talikriadis; Theodoros Pahatouridis, Kyriakos Karataidis, Alexis Alexiou, Sotiris Mauromatis (83 Agapios Kaltaveridis), Panagiotis Tsalouhidis, Vaggelis Kalogeropoulos (46 Nikos Tsiantakis), Ilias Savvidis, Nikos Anastopoulos, Lajos Detari, Anastasios Mitropoulos (Cap).   Trainer: Imre Komora

FIRST VIENNA: Gottfried Angerer; Gerald Schober, Jiří Ondra (Cap), Ewald Jenisch, Christian Salaba (63 Alfred Drabits), Gerald Glatzmayer (76 Gerhard Kammerhofer), Ralph Balzis, Anton Haiden, Günther Vidreis, Kurt Russ, Andreas Heraf.   Trainer: Ernst Doukupil

Goals: Detari (53), Jenisch (57)

REAL ZARAGOZA v HAMBURGER SV 1-0 (0-0)

Estadio La Romareda, Zaragoza 18.10.1989

Referee: Friedrich Kaupe (AUS)   Attendance: 15,000

REAL: José Luis CHILAVERT González; Alberto BELSUÉ Arias, Alfonso FRAILE Sánchez, Juan Francisco Rodríguez "JUANITO", PABLO Alfaro Armengot (53 Jesús GLARÍA Yetano), Juan António SEÑOR Gómez (Cap), Narciso JULIA Fontané, Francisco Pérez VILLARROYA, Francisco Garcia "SALILLAS" (63 Francisco HIGUERA Fernández), Nasko Sirakov, Miguel PARDEZA Pichardo.

Trainer: Radomir Antić

HAMBURGER SV: Richard Golz; Jörg Bode, Holger Ballwanz, Michael Schröder, Dietmar Beiersdorfer (Cap) (71 Harald Spörl), Detlev Dammeier, Sascha Jusufi (87 Jens-Peter Fischer), Carsten Kober, John Jensen, Jan Furtok, Armin Eck.   Trainer: Willi Reimann

Goal: Sirakov (88)

HAMBURGER SV v REAL ZARAGOZA 2-0 (0-0, 1-0) (AET)

Volksparkstadion, Hamburg 31.10.1989

Referee: Alphonse Constantin (BEL)   Attendance: 18,500

HAMBURGER SV: Richard Golz; Michael Schröder, Hans-Werner Moser, Dietmar Beiersdorfer (Cap), Detlev Dammeier, Sascha Jusufi, Thomas von Heesen, Armin Eck, John Jensen (64 Andreas Merkle), Jens-Peter Fischer (99 Holger Ballwanz), Jan Furtok.   Trainer: Willi Reimann

REAL: José Luis CHILAVERT González; Juan Francisco Rodríguez "JUANITO", Alfonso FRAILE Sánchez, PABLO Alfaro Armengot, Juan VIZCAÍNO Morcillo (91 Francisco Garcia "SALILLAS"), Juan António SEÑOR Gómez, Narciso JULIA Fontané, Francisco Higuera Fernández, Francisco Pérez VILLARROYA, Nasko Sirakov, Miguel PARDEZA Pichardo (83 Alberto BELSUÉ Arias).   Trainer: Radomir Antić

Sent off: Higuera (72), Pablo (79)

Goals: Merkle (69, 96)

HIBERNIAN EDINBURGH v RFC LIÈGEOIS 0-0

Easter Road Park, Edinburgh 18.10.1989

Referee: Cornelius Bakker (HOL)   Attendance: 18,010

HIBERNIAN: Andrew Goran (Cap); Paul Kane, Alan Sneddon (46 Neil Orr), Neil Cooper, Graham Mitchell, Gordon Hunter, Michael Weir (64 Steven Archibald), Brian Hamilton, Keith Houchen, John Collins, Gareth Evans.   Trainer: Alexander Miller

RFC LIÈGEOIS: Jacques Munaron; Bernard Wegria, Frédéric Waseige, Bernard Habrant, Jean-François De Sart (Cap), Moreno Giusto, Danny Boffin, Jean-Marie Houben, Zvonko Varga (87 Angelo Nijskens), Jean-Marc Bosman, Luc Ernes.   Trainer: Robert Waseige

RFC LIÈGEOIS
v HIBERNIAN EDINBURGH 1-0 (0-0, 0-0) (AET)
Jules Georges, Rocourt, Liège   31.10.1989
Referee: Ildefonso Urizar Azpitarte (SPA)   Att: 15,300

RFC LIÈGEOIS: Jacques Munaron; Bernard Wegria, Frédéric Waseige, Bernard Habrant, Jean-François De Sart (Cap), Moreno Giusto, Danny Boffin, Jean-Marie Houben, Zvonko Varga, Angelo Nijskens (100 Nebosja Malbasa), Luc Ernes.   Trainer: Robert Waseige

HIBERNIAN: Andrew Goram (Cap); Paul Kane, Alan Sneddon, Neil Cooper, Graham Mitchell, Gordon Hunter, Brian Hamilton, Neil Orr, Keith Houchen (46 Patrick McGinlay), John Collins, Gareth Evans (105 David Fellinger).   Trainer: Alexander Miller

Goal: De Sart (105)

WERDER BREMEN v AUSTRIA WIEN 5-0 (2-0)
Weserstadion, Bremen   18.10.1989
Referee: Einar Halle (NOR)   Attendance: 15,178

WERDER: Oliver Reck; Michael Kutzop, Rune Bratseth, Jonny Otten, Manfred Bockenfeld, Günter Hermann (75 Miroslav Votava), Dieter Eilts, Norbert Meier (46 Ulrich Borowka), Karlheinz Riedle, Frank Neubarth (Cap), Wynton Rufer.   Trainer: Otto Rehhagel

AUSTRIA: Franz Wohlfarth; Robert Frind, Ernst Aigner, Michael Künast, Attila Sekerlioglu, Manfred Zsak (Cap), Christian Prosenik, Enrique Baez, Walter Hörmann, Andreas Ogris, Ralph Hasenhüttl (66 Hannes Pleva).   Trainer: Erich Hof

Goals: Neubarth (14), Hermann (23), Riedle (58), Rufer (73), Kutzop (76)

ROVANIEMI PALLOSEURA
v AJ AUXERRE 0-5 (0-1)
Keskuskentta, Rovaniemi   18.10.1989
Referee: Klaus Peschel (DDR)   Attendance: 4,036

PALLOSEURA: Matti Vikman; Arto Autti, Hannu Ollila, Miika Tolvanen, Petteri Karila, Jari Europaeus (Cap), Petri Nieminen, Markku Kallio, Pasi Tauriainen, Malcolm Dunkley, Ari Tegelberg.   Trainer: Brian Doyle

AJ AUXERRE: Bruno Martini; Michel Catalano, Stéphane Mazzolini, Basile Boli, Claude Barret (Cap), Waldemar Matysik, Didier Negblé Otokoré (72 Christophe Cocard), Raphael Guerreiro, Kalman Kovacs, Vincenzo Scifo, Pascal Vahirua (79 Daniel Dutuel).   Trainer: Guy Roux

Goals: Otokoré (1), Scifo (64, 69), Guerreiro (84), Cocard (88)

AUSTRIA WIEN v WERDER BREMEN 2-0 (1-0)
Franz-Horr-stadion, Wien   31.10.1989
Referee: Gérard Biguet (FRA)   Attendance: 1,500

AUSTRIA: Franz Wohlfarth; Anton Pfeffer, Ernst Aigner, Josef Degeorgi, Attila Sekerlioglu, Manfred Zsak (Cap), Christian Prosenik, Enrique Baez (73 Yevgeni Milevski), Hannes Pleva, Andreas Ogris (60 José Percudani), Ralph Hasenhüttl.   Trainer: Erich Hof

WERDER: Oliver Reck; Ulrich Borowka, Rune Bratseth, Jonny Otten, Manfred Bockenfeld (78 Thomas Wolter), Gunnar Sauer, Dieter Eilts, Miroslav Votava (Cap), Karlheinz Riedle (56 Marco Bode), Thomas Schaaf, Wynton Rufer.   Trainer: Otto Rehhagel

Goals: Hasenhüttl (9, 80)

AJ AUXERRE
v ROVANIEMI PALLOSEURA 3-0 (1-0)
Stade Abbé-Deschamps, Auxerre   31.10.1989
Referee: Carlos da Silva Valente (POR)   Attendance: 5,222

AJ AUXERRE: Bruno Martini; Frédéric Darras, Stéphane Mazzolini, Basile Boli, Claude Barret (Cap), Waldemar Matysik, Christophe Cocard, Daniel Dutuel, Kalman Kovacs (59 Pascal Vahirua), Vincenzo Scifo (46 Didier Negblé Otokoré), Franco Vignola.   Trainer: Guy Roux

PALLOSEURA: Ari Matinlassi; Arto Autti, Hannu Ollila, Miika Tolvanen, Jarmo Ilola (69 Petteri Karila), Jari Europaeus (Cap), Petri Nieminen, Markku Kallio, Pasi Tauriainen (86 Kimmo Tauriainen), Malcolm Dunkley, Ari Tegelberg.   Trainer: Brian Doyle

Goals: Scifo (4 pen), Dutuel (66), Darras (77)

CLUB BRUGGE KV v RAPID WIEN 1-2 (1-0)
Olympia-Park, Brugge   18.10.1989
Referee: David Syme (SCO)   Attendance: 17,993

CLUB BRUGGE: Philippe Vande Walle; Lorenzo Jules Staelens, Cedomir Janevski, Pascal Yvon Plovie, Alex Querter, Franky Richard Van der Elst, Jan Ceulemans (Cap), Vital Borkelmans, Frank Farina, Foeke Booy (63 Luc Beyens), Hans Christiaens.   Trainer: George Leekens

RAPID: Michael Konsel; Franz Blizenec, Reinhard Kienast (Cap), Robert Pecl, Franz Weber, Zlatko Kranjcar (63 Heimo Pfeiffenberger), Peter Schöttel, Andreas Herzog (89 Karl Brauneder), Andraes Reisinger, Christian Keglevits, Jan-Age Fjörtoft.   Trainer: Hans Johannes Krankl

Goals: Christiaens (23), Keglevits (87), Pfeiffenberger (90)

RAPID WIEN v CLUB BRUGGE KV 4-3 (0-1)

Gerhard-Hanappi-stadion, Wien   1.11.1989

Referee: Carlo Longhi (ITA)   Attendance: 18,000

RAPID: Michael Konsel; Franz Blizenec, Reinhard Kienast (Cap), Karl Brauneder, Franz Weber, Zlatko Kranjcar (51 Christian Keglevits), Peter Schöttel, Andreas Herzog, Andreas Reisinger (71 Franz Resch), Heimo Pfeiffenberger, Jan-Age Fjörtoft.   Trainer: Hans Johannes Krankl

CLUB BRUGGE: Philippe Vande Walle; Lorenzo Jules Staelens, Cedomir Janevski, Pascal Yvon Plovie, Alex Querter (83 Foeke Booy), Franky Richard Van der Elst, Jan Ceulemans (Cap), Vital Borkelmans, Frank Farina, Peter Creve, Kenneth Brylle-Larsen (85 Hans Christiaens).
Trainer: George Leekens

Goals: Farina (18), Fjörtoft (52), Keglevits (71, 87), Ceulemans (81 pen), Pfeiffenberger (84), Booy (90)

1.FC KÖLN v SPARTAK MOSKVA 3-1 (2-1)

Müngersdorfer stadion, Köln   18.10.1989

Referee: John Spillane (EIRE)   Attendance: 20,000

1.FC KÖLN: Bodo Illgner; Paul Steiner, Anders Giske, Alfons Higl, Olaf Janssen, Thomas Hässler, Uwe Rahn (27 Ralf Sturm), Pierre Littbarski (Cap), Armin Görtz, Falko Götz (79 Frank Greiner), Frank Ordenewitz.
Trainer: Christoph Daum

SPARTAK: Stanislav Cherchesov; Sergei Bazulev, Vasili Kulkov, Boris Pozdniakov, Evgeni Kuznetsov, Gennadi Morozov, Andrei Ivanov, Fiedor Cherenkov (Cap), Igor Schalimov (59 Aleksandr Mostovoi), Valeri Schmarov, Sergei Rodionov.   Trainer: Oleg Romanchev

Goals: Cherenkov (31), Sturm (33), Görtz (40), Ordenewitz (71)

AC FIORENTINA FIRENZE v FC SOCHAUX 0-0

Stadio Comunale Renato Curi, Perugia   18.10.1989

Referee: Lajos Németh (HUN)   Attendance: 16,010

FIORENTINA: Marco Landucci; Stefano Pioli, Giuseppe Volpecina, Mario Faccenda, Celeste Pin, Sergio Battistini (Cap), Renato Buso, Carlos Caetano Bledorn Verri DUNGA, Oscar Alberto Dertycia, Roberto Baggio, Luboš Kubik.
Trainer: Bruno Giorgi

FC SOCHAUX: Gilles Rousset; Laurent Croci, Benoît Tihy, Franck Silvestre, Faruk Hadzibegić, Philippe Lucas (Cap), Francisco Carrasco (63 Philippe Morin), Thierry Laurey, Eric Lada (71 Chérif Oudjani), Mehmed Bazdarevic, Jean-Christophe Thomas.   Trainer: Sylvester Takac

SPARTAK MOSKVA v 1.FC KÖLN 0-0

Lenin, Moskva   1.11.1989

Referee: Thorodd Presberg (NOR)   Attendance: 50,000

SPARTAK: Stanislav Cherchesov; Yuri Susloparov, Vasili Kulkov, Gennadi Morozov (54 Andrei Ivanov), Boris Pozdniakov, Aleksandr Mostovoi, Evgeni Kuznetsov, Igor Schalimov, Valeri Schmarov, Fiedor Cherenkov (Cap), Sergei Rodionov.   Trainer: Oleg Romanchev

1.FC KÖLN: Bodo Illgner; Alfons Higl, Armin Görtz, Anders Giske, Paul Steiner, Frank Greiner, Thomas Hässler, Olaf Janssen, Falko Götz (90 Uwe Rahn), Pierre Littbarski (Cap), Ralf Sturm (75 Frank Ordenewitz).
Trainer: Christoph Daum

FC SOCHAUX v AC FIORENTINA FIRENZE 1-1 (1-1)

Stade Bonal, Sochaux   1.11.1989

Referee: Emilio Soriano Aladren (SPA)   Attendance: 15,928

FC SOCHAUX: Gilles Rousset; Laurent Croci, Benoît Tihy (74 Philippe Morin), Franck Silvestre (42 Chérif Oudjani), Faruk Hadzibegić, Philippe Lucas, Francisco Carrasco, Thierry Laurey, Eric Lada, Fabrice Henry, Jean-Christophe Thomas.
Trainer: Sylvester Takac

FIORENTINA: Marco Landucci; Stefano Pioli, Giuseppe Volpecina, Giuseppe Iachini (60 Luboš Kubik), Celeste Pin, Mario Faccenda, Sergio Battistini (Cap), Carlos Caetano Bledorn Verri DUNGA, Renato Buso, Roberto Baggio, Alberto Di Chiara (87 Oscar Alberto Dertycia).
Trainer: Bruno Giorgi

Sent off: Faccenda (4)

Goals: Buso (32), Laurey (36)

PARIS ST. GERMAIN v JUVENTUS TORINO 0-1 (0-0)

Parc des Princes, Paris   18.10.1989

Referee: John Blankenstein (HOL)   Attendance: 30,699

PARIS ST. GERMAIN: Joël Bats; Franck Tanasi, Jean-Pierre Bosser (68 Francis Llacer), Michel Bibard (68 Daniel Bravo), Philippe Jeannol, Jean-François Charbonnier, Christian Pérez, Oumar Sene (Cap), Zlatko Vujović, Safet Susić, Gabriel Calderon.   Trainer: Tomislav Ivić

JUVENTUS: Stefano Tacconi (Cap); Nicolo Napoli, Luigi de Agostini, Roberto Galia, Dario Bonetti, Daniele Fortunato, Sergei Aleinikov, Rui Gil Soares Barros, Aleksandr Zavarov, Giancarlo Marocchi, Salvatore Schillaci (82 Pierluigi Casiraghi).   Trainer: Dino Zoff

Goal: Rui Barros (65)

**JUVENTUS TORINO
v PARIS ST. GERMAIN 2-1** (1-1)
Stadio Comunale, Torino 1.11.1989

Referee: George Courtney (ENG) Attendance: 41,306

JUVENTUS: Stefano Tacconi (Cap); Nicolo Napoli, Luigi de Agostini, Roberto Galia, Dario Bonetti, Daniele Fortunato, Sergei Aleinikov (40 Pasquale Bruno), Rui Gil Soares Barros (83 Angelo Alessio), Aleksandr Zavarov, Giancarlo Marocchi, Salvatore Schillaci. Trainer: Dino Zoff

PARIS ST. GERMAIN: Joël Bats; Franck Tanasi, Jean-Pierre Bosser, Oumar Sene (Cap), Philippe Jeannol (42 Michel Bibard), Jean-François Charbonnier, Daniel Bravo, Christian Pérez, Zlatko Vujović (83 Amara Simba), Safet Susić, Gabriel Calderon. Trainer: Tomislav Ivić

Goals: Galia (26), Bravo (30), Bosser (83 og)

DINAMO KIEV v BANÍK OSTRAVA 3-0 (1-0)
Republikanskiy, Kiev 18.10.1989

Referee: Ioan Igna (ROM) Attendance: 50,000

DINAMO: Viktor Chanov; Vladimir Bessonov, Andrei Bal, Oleg Kuznetsov, Sergei Shmatovalenko, Oleg Luzhnyi (79 Sergei Zaets), Ivan Yaremchuk, Gennadi Litovchenko, Vasili Rats, Aleksei Mikhailichenko (Cap), Oleg Salenko. Trainer: Valeriy Lobanovskiy

BANÍK: Luděk Miklosko (Cap); Václav Pechacek, Ivo Stas, Dušan Vrto, Jiří Zalesky (72 Dušan Fabry), Petr Skarabela, Viliam Hyravy, Karel Kula, Radek Basta, Radim Necas, Dušan Horvath. Trainer: Milan Macala

Goals: Mikhailichenko (33), Bessonov (54), Litovchenko (79)

**CRVENA ZVEZDA BEOGRAD
v ZALGIRIS VILNIUS 4-1** (3-0)
Crvena Zvezda, Beograd 18.10.1989

Referee: Vassilos Nikakis (GRE) Attendance: 58,000

CRVENA ZVEZDA: Stevan Stojanović; Goran Jurić, Slobodan Marović, Dragan Kanatlarovski, Milos Drizić, Ilija Najdovski, Robert Prosinečki, Dejan Savicević (89 Vlada Stosić), Darko Pancev, Dragan Stojković (Cap), Mitar Mrkela (73 Vladan Lukić). Trainer: Dragoslav Sekularac

ZALGIRIS: Valdemaras Martinkenas; Robertas Fridrikas, Viacheslav Sukristovas, Romas Mazheikis, Gintaras Kvitkauskas, Robertas Tautkus, Stanislovas Baranauskas (46 Arunas Zhekas), Valdas Ivanauskas, Sigitas Yakubauskas, Vidmantas Rasiukas, Arminas Narbekovas.
Trainer: Beniaminis Viktorovic Zelkiavicius

Goals: Savicević (30), Kanatlarovski (31), Pancev (33), Drizić (56), Ivanauskas (67)

BANÍK OSTRAVA v DINAMO KIEV 1-1 (1-1)
Stadion na Bazaloch, Ostrava 1.11.1989

Referee: Dušan Colić (YUG) Attendance: 11,058

BANÍK: Luděk Miklosko (Cap); Roman Kaizar, Václav Pechacek, Radek Basta, Ivo Stas, Dušan Vrto, Viliam Hyravy, Karel Kula, Radomir Chylek, Libor Fryc, Dušan Horvath. Trainer: Milan Macala

DINAMO: Viktor Chanov; Vladimir Bessonov, Andrei Bal, Oleg Kuznetsov, Sergei Shmatovalenko, Oleg Luzhnyi, Aleksei Mikhailichenko (Cap), Gennadi Litovchenko, Sergei Zaets, Ivan Yaremchuk (88 Vasili Rats), Oleg Salenko (60 Yuri Nikiforov). Trainer: Valeriy Lobanovskiy

Goals: Bessonov (2), Chylek (35)

**ZALGIRIS VILNIUS
v CRVENA ZVEZDA BEOGRAD 0-1** (0-0)
Zalgiris, Vilnius 1.11.1989

Referee: Lajos Hartmann (HUN) Attendance: 13,300

ZALGIRIS: Valdemaras Martinkenas; Robertas Fridrikas, Viacheslav Sukristovas, Romas Mazheikis, Arvidas Yanonis, Arunas Zhekas, Stanislovas Baranauskas (46 Vidmantas Rasiukas), Valdas Ivanauskas, Sigitas Yakubauskas (Cap), Gintaras Kvitkauskas (63 Virginius Baltusnikas), Arminas Narbekovas. Trainer: Beniaminis Viktorovic Zelkiavicius

CRVENA ZVEZDA: Stevan Stojanović; Goran Jurić, Slobodan Marović, Dragan Kanatlarovski, Milos Drizić (78 Vlada Stosić), Ilija Najdovski, Robert Prosinečki, Dejan Savicević, Darko Pancev, Dragan Stojković (Cap), Mitar Mrkela (72 Vladan Lukić). Trainer: Dragoslav Sekularac

Goal: Prosinečki (70)

ZENIT LENINGRAD v VfB STUTTGART 0-1 (0-0)
Stadion Sergei Mironovic Kirov, Leningrad 18.10.1989

Referee: Howard King (WAL) Attendance: 33,000

ZENIT: Mikhail Biriukov (Cap), Aleksei Stepanov, Nikolai Larionov, Nikolai Vorobiov, Arkadi Afanasiev, Sergei Podpali, Yuri Zheludkov (59 Vladimir Dolgopolov), Dmitri Barannik, Vasili Ivanov, Boris Chuklov, Dmitri Radchenko. Trainer: Vladimir Golubev

VfB: Eike Immel, Karl Allgöwer, Guido Buchwald (Cap), Alexander Strehmel, Günther Schäfer, José Horacio Basualdo, Jürgen Hartmann, Ásgeir Sigurvinsson, Michael Frontzeck, Demir Hotic, Fritz Walter. Trainer: Arendt Haan

Goal: Allgöwer (87)

VfB STUTTGART v ZENIT LENINGRAD 5-0 (4-0)

Neckarstadion, Stuttgart   1.11.1989

Referee: Ihsan Ture (TUR)   Attendance: 13,000

VfB: Eike Immel, Karl Allgöwer (46 Axel Jüptner), Guido Buchwald (Cap), Alexander Strehmle, Nils Schmäler, José Horacio Basualdo (60 Gerhard Poschner), Jürgen Hartmann, Ásgeir Sigurvinsson, Michael Frontzeck, Demir Hotic, Fritz Walter.   Trainer: Arendt Haan

ZENIT: Mikhail Biriukov (Cap), Aleksei Stepanov, Nikolai Larionov (46 Yuri Zheludkov), Nikolai Vorobiov, Arkadi Afanasiev, Sergei Podpali, Vladimir Dolgopolov, Dmitri Barannik, Vasili Ivanov, Boris Chuklov, Dmitri Radchenko.   Trainer: Vladimir Golubev

Goals: Walter (27), Sigurvinsson (41, 44), Allgöwer (43), Buchwald (49)

FC WETTINGEN v SSC NAPOLI 0-0

Letzingrund, Wettingen   18.10.1989

Referee: Ioan Crăciunescu (ROM)   Attendance: 22,000

FC WETTINGEN: Jörg Stiel; Marcel Heldmann, Alex Germann, Peter Schepull, Martin Rueda (Cap), Roger Kundert, Maurizio Jacobacci, Brian Bertelsen, Andreas Löbmann (80 Salvatore Romano), Jan Svensson, Dan Corneliusson.   Trainer: Udo Klug

SSC NAPOLI: Giuliano Giuliani; Ciro Ferrara, Giovanni Francini, Massimo Crippa, "Alemao" Rogerio Ricardo de Brito, Marco Baroni, Luca Danilo Fusi, Fernando De Napoli, Careca António Oliveira filho, Diego Armando Maradona (Cap), Andrea Alessandro Carnevale (46 Massimo Mauro).   Trainer: Alberto Bigon

SSC NAPOLI v FC WETTINGEN 2-1 (0-1)

Stadio Comunale San Paolo, Napoli   1.11.1989

Referee: Edgar Azzopardi (MAL)   Attendance: 47,334

SSC NAPOLI: Giuliano Giuliani; Ciro Ferrara (Cap), Giancarlo Corradini, Massimo Crippa (46 Careca António Oliveira filho, 81 Tebaldo Bigliardi), "Alemao" Rogerio Ricardo de Brito, Marco Baroni, Luca Danilo Fusi, Fernando De Napoli, Gianfranco Zola, Massimo Mauro, Andrea Alessandro Carnevale.   Trainer: Alberto Bigon

FC WETTINGEN: Jörg Stiel; Marcel Heldmann, Alex Germann, Peter Schepull, Martin Rueda (Cap), Roger Kundert, Roland Häusermann (79 Salvatore Romano), Brian Bertelsen, Andreas Löbmann, Jan Svensson, Dan Corneliusson (65 Maurizio Jacobacci).   Trainer: Udo Klug

Goals: Bertelsen (14), Baroni (47), Mauro (74 pen)

FC PORTO v VALENCIA CF 3-1 (1-0)

Estádio das Antas, Porto   18.10.1989

Referee: Michel Girard (FRA)   Attendance: 22,500

FC PORTO: VÍTOR Manuel Martins BAÍA; JOÃO Domingos da Silva PINTO (Cap), Stéphane August Demol, JOSÉ CARLOS Nascimento, Cláudio Ibraim Vaz Leal "BRANCO", Fernando Oscar BANDEIRINHA Barbosa, JAIME Fernandes MAGALHÃES (68 DOMINGOS José Paciência Oliveira), José Orlando Vinha Rocha SEMEDO, António dos Santos Ferreira ANDRÉ, José RUI Lopes ÁGUAS (80 Alcides Rodrigues Tavares "KIKI"), Rabah Madjer.
Trainer: ARTUR JORGE Braga Melo Teixeira

VALENCIA CF: José Manuel OCHOTORENA Santa Cruz; Francisco FERRANDO Gutiérrez (63 TOMAS González Rivera), Ricardo Penella ARIAS, Salvador González Marco "VORO", Fernando GINER Gil, Francisco CAMARASA Castellar, FERNANDO Gómez Colomer (Cap) (79 Javier SUBIRATS Hernández), Carlos ARROYO Ayala, Fernando Martínez Perales "NANDO", ELOY José Olaya Prendes, Antonio José Gomes do Matos "TONI".
Trainer: Víctor Rodolfo Esparrago Videla

Goals: Rui Águas (7, 48), Arroyo (62), Madjer (70)

VALENCIA CF v FC PORTO 3-2 (1-1)

Estadio Luis Casanova, Valencia   1.11.1989

Referee: George Smith (SCO)   Attendance: 38,000

VALENCIA CF: José Manuel OCHOTORENA Santa Cruz; Enrique Sánchez Flores "QUIQUE" (69 Javier SUBIRATS Hernández), Ricardo Penella ARIAS, Salvador González Marco "VORO", Fernando Martínez Perales "NANDO", Francisco CAMARASA Castellar (50 TOMAS González Rivera), Carlos ARROYO Ayala, José Miguel TORRES Orenga, FERNANDO Gómez Colomer (Cap), Antonio José Gomes do Matos "TONI", Emilio Ángel FENOLL Mora.
Trainer: Víctor Rodolfo Esparrago Videla

FC PORTO: VÍTOR Manuel Martins BAÍA; JOÃO Domingos da Silva PINTO (Cap), Stéphane August Demol, Geraldo Dutra Pereira "GERALDÃO", PAULO António do Prado PEREIRA, Alcides Rodrigues Tavares "KIKI", Fernando Oscar BANDEIRINHA Barbosa (67 JORGE António Pinto COUTO), António dos Santos Ferreira ANDRÉ, José Orlando Vinha Rocha SEMEDO, Rabah Madjer, José RUI Lopes ÁGUAS (87 DOMINGOS José Paciência Oliveira).
Trainer: ARTUR JORGE Braga Melo Teixeira

Sent off: Torres (32)

Goals: Fenoll (39, 62, 89), Madjer (43), Couto (80)

FC SION v FC KARL MARX STADT 2-1 (0-1)

Stade de Tourbillon, Sion   19.10.1989

Referee: Rosario lo Bello (ITA)   Attendance: 10,354

FC SION: Stephan Lehmann; Michel Sauthier, Olivier Rey, François Rey, Alvaro Lopez, Blaise Piffaretti, Jean-Paul Brigger (Cap), Michele Bacchini, Marco Lorenz, Mirsad Baljic, Dominique Cina (46 Franco Petrella).
Trainer: Yves Debonnaire

FC KARL MARX STADT: Jens Schmidt; Dirk Barsikow, Thomas Laudeley, Detlef Müller (Cap), Jörg Illing, Sven Köhler (76 Uwe Mehlhorn), Steffen Ziffert, Steffen Heidrich, Peter Keller, Jens Mitzscherling (83 Lutz Wienhold), Rico Steinmann.   Trainer: Christoph Franke

Goals: Laudeley (25), Brigger (49), Piffaretti (66)

VfB STUTTGART v FC ANTWERP 1-1 (0-0)

Neckarstadion, Stuttgart   5.12.1989

Referee: Zoran Petrović (YUG)   Attendance: 14,000

VfB: Eike Immel, Gunther Schäfer, Karl Allgöwer (Cap), Axel Jüptner, Jürgen Hartmann, Nils Schmäler, Michael Frontzeck, José Horacio Basualdo (64 Manfred Kastl), Peter Rasmussen (74 Gerhard Poschner), Fritz Walter, Maurizio Gaudino.
Trainer: Arendt Haan

FC ANTWERP: Ratko Svilar; Willem Kiekens, Nicolaas Broeckaert, Geert Emmerechts, Rudy Smidts, Patrick Schrooten, Ralf Geilenkirchen, Frans van Rooy (Cap), Raphaël Quaranta (77 Alexandr Czerniatynski), Hans-Peter Lehnhoff, Nicolas Pieter Claesen.   Trainer: Dimitri Davidovic

Goals: Frontzeck (51), Broeckaert (60)

FC KARL MARX STADT v FC SION 4-1 (3-0)

Ernst Thälmann stadion, Karl Marx Stadt   1.11.1989

Referee: Alan Snoddy (NIrl)   Attendance: 20,800

FC KARL MARX STADT: Jens Schmidt; Detlef Müller (Cap), Torsten Bittermann, Jörg Illing, Thomas Laudeley, Peter Keller, Sven Köhler, Steffen Ziffert, Steffen Heidrich, Lutz Wienhold (85 Jens Mitzscherling), Rico Steinmann.
Trainer: Christoph Franke

FC SION: Patrick Tornare; Michel Sauthier, Olivier Rey (26 Sebastian Fournier), François Rey, Jean-Claude Willa, Blaise Piffaretti, Alvaro Lopez, Franco Petrella, Michel Bacchini, Jean-Paul Brigger (Cap), Olivier Biaggi (46 Dominique Cina).
Trainer: Yves Debonnaire

Goals: Ziffert (11), Steinmann (29 pen), Wienhold (41), Laudeley (64), Cina (79)

JUVENTUS TORINO v FC KARL MARX STADT 2-1 (0-0)

Stadio Comunale, Torino   22.11.1989

Referee: Guy Goethals (BEL)   Attendance: 17,426

JUVENTUS: Stefano Tacconi (Cap); Nicolo Napoli, Luigi de Agostini, Roberto Galia, Dario Bonetti, Daniele Fortunato, Sergei Aleinikov (61 Pierluigi Casiraghi), Rui Gil Soares Barros, Aleksandr Zavarov, Giancarlo Marocchi, Salvatore Schillaci.   Trainer: Dino Zoff

FC KARL MARX STADT: Jens Schmidt; Steffen Ziffert, Torsten Bittermann, Sven Köhler, Jörg Illing, Detlef Müller (Cap), Dirk Barsikow, Rico Steinmann, Lutz Wienhold (78 Jens Mitzscherling), Steffen Heidrich, Peter Keller.
Trainer: Hans Meyer

Goals: Wienhold (70), Schillaci (82), Casiraghi (88)

THIRD ROUND

FC ANTWERP v VfB STUTTGART 1-0 (1-0)

Stade de Bosuil, Antwerpen   21.11.1989

Referee: Aleksei Spirin (USSR)   Attendance: 10,800

FC ANTWERP: Ratko Svilar; Willem Kiekens, Nicolaas Broeckaert, Geert Emmerechts, Rudy Smidts, Patrick Schrooten, Ralf Geilenkirchen, Frans van Rooy (Cap), Raphaël Quaranta, Hans-Peter Lehnhoff (87 Milos Curcić), Alexandre Czerniatynski.   Trainer: Dimitri Davidovic

VfB: Eike Immel, Gunther Schäfer, Karl Allgöwer, Guido Buchwald (Cap), Jürgen Hartmann, Nils Schmäler, Michael Frontzeck, José Horacio Basualdo, Ásgeir Sigurvinsson (67 Axel Jüptner), Fritz Walter (70 Olaf Schmäler), Demir Hotic.
Trainer: Arendt Haan

Goal: Lehnhoff (10)

FC KARL MARX STADT v JUVENTUS TORINO 0-1 (0-0)

Ernst Thälmann stadion, Karl Marx Stadt   6.12.1989

Referee: George Smith (SCO)   Attendance: 27,800

FC KARL MARX STADT: Jens Schmidt; Steffen Ziffert, Torsten Bittermann, Sven Köhler, Jörg Illing, Detlef Müller (Cap), Dirk Barsikow, Rico Steinmann, Lutz Wienhold, Steffen Heidrich, Peter Keller (54 Uwe Mehlhorn).
Trainer: Hans Meyer

JUVENTUS: Stefano Tacconi (Cap); Dario Bonetti, Luigi de Agostini, Roberto Galia, Pasquale Bruno, Daniele Fortunato, Sergei Aleinikov, Rui Gil Soares Barros (78 Sergio Brio), Aleksandr Zavarov, Giancarlo Marocchi, Salvatore Schillaci (82 Pierluigi Casiraghi).   Trainer: Dino Zoff

Goal: De Agostini (20)

SSC NAPOLI v WERDER BREMEN 2-3 (0-1)

Stadio Comunale San Paolo, Napoli   22.11.1989

Referee: Bo Karlsson (SWE)   Attendance: 42,329

SSC NAPOLI: Giuliano Giuliani; Ciro Ferrara, Giovanni Francini, Marco Baroni, Alemao Rogerio Ricardo de Brito (68 Giancarlo Corradini), Alessandro Renica (46 Massimo Mauro), Luca Danilo Fusi, Fernando De Napoli, Careca António Oliveira filho, Diego Armando Maradona (Cap), Andrea Alessandro Carnevale.   Trainer: Alberto Bigon

WERDER: Oliver Reck; Manfred Bockenfeld, Jonny Otten, Rune Bratseth, Günter Hermann, Ulrich Borowka, Dieter Eilts, Miroslav Votava (Cap), Karlheinz Riedle, Frank Neubarth (69 Thomas Wolter), Wynton Rufer.   Trainer: Otto Rehhagel

Goals: Neubarth (41), Riedle (46), Alemao (52), Careca (65), Rufer (90)

WERDER BREMEN v SSC NAPOLI 5-1 (1-0)

Weserstadion, Bremen   6.12.1989

Referee: Emilio Soriano Aladren (SPA)   Attendance: 35,000

WERDER: Oliver Reck; Manfred Bockenfeld (84 Thomas Wolter), Jonny Otten, Rune Bratseth (75 Gunnar Sauer), Günter Hermann, Ulrich Borowka, Dieter Eilts, Miroslav Votava (Cap), Karlheinz Riedle, Frank Neubarth, Wynton Rufer.   Trainer: Otto Rehhagel

SSC NAPOLI: Giuliano Giuliani; Ciro Ferrara, Giovanni Francini, Massimo Crippa, Marco Baroni (46 Andrea Alessandro Carnevale), Giancarlo Corradini, Luca Danilo Fusi, Fernando De Napoli, Careca António Oliveira filho, Diego Armando Maradona (Cap), Gianfranco Zola (60 Alessandro Renica).   Trainer: Alberto Bigon

Goals: Riedle (24, 62), Rufer (55), Bratseth (70 og), Sauer (88), Eilts (90)

AC FIORENTINA FIRENZE v DINAMO KIEV 1-0 (0-0)

Stadio Comunale Renato Curi, Perugia   22.11.1989

Referee: Karl-Heinz Tritschler (WG)   Attendance: 22,533

FIORENTINA: Marco Landucci; Stefano Pioli, Giuseppe Volpecina, Giuseppe Iachini (79 Mauro Zironelli), Celeste Pin, Sergio Battistini (Cap), Luboš Kubik, Carlos Caetano Bledorn Verri DUNGA, Oscar Alberto Dertycia (87 Roberto Del Lama), Roberto Baggio, Alberto Di Chiara.   Trainer: Bruno Giorgi

DINAMO: Viktor Chanov; Vladimir Bessonov, Andrei Bal, Oleg Kuznetsov, Sergei Shmatovalenko, Oleg Luzhnyi, Aleksei Mikhailichenko (Cap), Gennadi Litovchenko, Oleg Salenko (88 Yuri Nikiforov), Ivan Yaremchuk, Sergei Zaets. Trainer: Valeriy Lobanovskiy

Sent off: Yaremchuk (35)

Goal: Baggio (77 pen)

DINAMO KIEV v AC FIORENTINA FIRENZE 0-0

Republikanskiy, Kiev   6.12.1989

Referee: Joseph Worrall (ENG)   Attendance: 61,289

DINAMO: Viktor Chanov; Vladimir Bessonov, Andrei Bal, Oleg Kuznetsov, Sergei Shmatovalenko, Vasili Rats, Aleksei Mikhailichenko (Cap), Gennadi Litovchenko, Oleg Salenko (65 Sergei Yuran), Oleg Protasov, Sergei Zaets. Trainer: Valeriy Lobanovskiy

FIORENTINA: Marco Landucci; Stefano Pioli, Giuseppe Volpecina, Giuseppe Iachini, Celeste Pin, Sergio Battistini (Cap), Luboš Kubik, Carlos Caetano Bledorn Verri DUNGA, Oscar Alberto Dertycia, Roberto Baggio, Alberto Di Chiara. Trainer: Bruno Giorgi

HAMBURGER SV v FC PORTO 1-0 (0-0)

Volksparkstadion, Hamburg   22.11.1989

Referee: Tullio Lanese (ITA)   Attendance: 18,200

HAMBURGER SV: Richard Golz; Hans-Werner Moser, Carsten Kober, Dietmar Beiersdorfer (Cap), John Jensen, Thomas von Heesen, Harald Spörl, Sascha Jusufi, Michael Schröder, Jan Furtok, Andreas Merkle. Trainer: Willi Reimann

FC PORTO: VÍTOR Manuel Martins BAÍA; JOÃO Domingos da Silva PINTO (Cap), Stéphane August Demol, Geraldo Dutra Pereira "GERALDÃO", PAULO António do Prado PEREIRA, António dos Santos Ferreira ANDRÉ, Fernando Oscar BANDEIRINHA Barbosa (65 DOMINGOS José Paciência Oliveira), José Orlando Vinha Rocha SEMEDO, Cláudio Ibraim Vaz Leal "BRANCO" (65 JORGE António Pinto COUTO), Rabah Madjer, José RUI Lopes ÁGUAS. Trainer: ARTUR JORGE Braga Melo Teixeira

Goal: Von Heesen (48)

FC PORTO v HAMBURGER SV 2-1 (1-1)

Estádio das Antas, Porto   6.12.1989

Referee: Kurt Röthlisberger (SWI)   Attendance: 45,000

FC PORTO: VÍOR Manuel Martins BAÍA; JOÃO Domingos da Silva PINTO (Cap)(71 DOMINGOS José Paciência Oliveira), Stéphane August Demol, Geraldo Dutra Pereira "GERALDÃO", Ruiz António Cruz Ferreira "NASCIMENTO", António dos Santos Ferreira ANDRÉ, Fernando Oscar BANDEIRINHA Barbosa (46 JAIME Fernandes MAGALHÃES), José Orlando Vinha Rocha SEMEDO, Cláudio Ibraim Vaz Leal "BRANCO", Rabah Madjer, JORGE António Pinto COUTO.   Trainer: ARTUR JORGE Braga Melo Teixeira

HAMBURGER SV: Richard Golz; Jörg Bode, Carsten Kober, Dietmar Beiersdorfer (Cap), John Jensen, Thomas Von Heesen, Harald Spörl, Sascha Jusufi (70 Jens-Peter Fischer), Michael Schröder (79 Holger Ballwanz), Jan Furtok, Armin Eck. Trainer: Willi Reimann

Goals: Eck (42), Nascimento (45), J. Couto (63)

RAPID WIEN v RFC LIÈGE 1-0 (0-0)

Gerhard-Hanappi-stadion, Wien   22.11.1989

Referee: Carlos da Silva Valente (POR)   Attendance: 15,500

RAPID: Andreas Koch; Franz Blizenec, Reinhard Kienast (Cap), Robert Pecl, Karl Brauneder, Franz Weber, Peter Schöttel, Andreas Herzog (46 Zlatko Kranjcar), Andreas Reisinger, Heimo Pfeiffenberger, Jan-Age Fjörtoft.   Trainer: Hans Johannes Krankl

RFC LIÈGEOIS: Jacques Munaron; Bernard Habrant, Jean-François De Sart (Cap), Moreno Giusto, Bernard Wegria, Luc Ernes (72 Angelo Nijskens), Frédéric Waseige, Jean-Marie Houben, Danny Boffin, Zvonko Varga, Nebosja Malbasa.   Trainer: Robert Waseige

Sent off: Houben (81)

Goal: Kranjcar (47)

1.FC KÖLN
v CRVENA ZVEZDA BEOGRAD 3-0 (0-0)

Müngersdorfer stadion   6.12.1989

Referee: Jozef Marko (CZE)   Attendance: 36,000

1.FC KÖLN: Bodo Illgner; Alfons Higl, Paul Steiner, Anders Giske, Thomas Hässler, Olaf Janssen (46 Uwe Rahn), Pierre Littbarski (Cap), Frank Greiner (75 Axel Britz), Falko Götz, Ralf Sturm, Frank Ordenewitz.   Trainer: Christoph Daum

CRVENA ZVEZDA: Zvonko Milojević; Goran Jurić, Milos Drizić, Ilija Najdovski, Slobodan Marović, Dragan Kanatlarovski (61 Slavko Radinović), Robert Prosinečki, Vlada Stosić, Dejan Savicević, Dragan Stojković (Cap), Vladan Lukić (83 Mitar Mrkela).   Trainer: Dragoslav Sekularac

Sent off: Rahn & Drizic (89)

Goals: Götz (59, 83), Ordenewitz (90)

RFC LIÈGEOIS v RAPID WIEN 3-1 (2-0)

Jules Georges, Rocourt, Liège   6.12.1989

Referee: Lajos Németh (HUN)   Attendance: 14,000

RFC LIÈGEOIS: Jacques Munaron; Bernard Habrant, Jean-François De Sart (Cap), Vincent Machiels, Bernard Wegria, Luc Ernes, Frédéric Waseige, Jean-Marc Bosman, Danny Boffin, Zvonko Varga, Angelo Nijskens (88 Nebosja Malbasa).   Trainer: Robert Waseige

RAPID: Michael Konsel; Franz Blizenec, Reinhard Kienast (Cap), Robert Pecl, Karl Brauneder, Zlatko Kranjcar (56 Heimo Pfeiffenberger), Peter Schöttel, Andreas Herzog, Andreas Reisinger, Christian Keglevits, Jan-Age Fjörtoft.   Trainer: Hans Johannes Krankl

Goals: Waseige (5), Ernes (34), Boffin (46), Fjörtoft (80)

OLYMPIAKOS PEIRAIAS v AJ AUXERRE 1-1 (1-1)

Karaiskaki, Peiraias   22.11.1989

Referee: John Blankenstein (HOL)   Attendance: 29,683

OLYMPIAKOS: Ilias Talikriadis, Stratos Apostolakis, Kyriakos Karataidis, Theodoros Pahatouridis, Sotiris Maurommatis, Panagiotis Tsalouhidis, Minas Hantzidis (46 Nikos Tsiantakis), Ilias Savvidis, Nikos Anastopoulos, Lajos Detari, Anastasios Mitropoulos (Cap).   Trainer: Imre Komora

AJ AUXERRE: Bruno Martini; Frédéric Darras, Stéphane Mazzolini, Basile Boli, Claude Barret (Cap), Waldemar Matysik, Michel Catalano, Raphael Guerreiro, Kalman Kovacs, Vincenzo Scifo, Pascal Vahirua (71 Christophe Cocard, 88 Christophe Messager).   Trainer: Guy Roux

Goals: Kovacs (19), Anastopoulos (30)

CRVENA ZVEZDA BEOGRAD
v 1.FC KÖLN 2-0 (0-0)

Crvena Zvezda, Beograd   22.11.1989

Referee: Gérard Biguet (FRA)   Attendance: 79,750

CRVENA ZVEZDA: Stevan Stojanović; Goran Jurić, Slobodan Marović, Dragan Kanatlarovski, Milos Drizić, Ilija Najdovski, Robert Prosinečki (78 Vlada Stosić), Dejan Savicević, Darko Pancev, Dragan Stojković (Cap), Mitar Mrkela (58 Vladan Lukić).   Trainer: Dragoslav Sekularac

1.FC KÖLN: Bodo Illgner; Alfons Higl, Jan Jensen (85 Frank Ordenewitz), Anders Giske, Paul Steiner, Olaf Janssen, Thomas Hässler, Uwe Rahn, Ralf Sturm (82 Falko Götz), Pierre Littbarski (Cap), Frank Greiner.   Trainer: Christoph Daum

Goals: Savicević (76, 80)

AJ AUXERRE v OLYMPIAKOS PEIRAIAS 0-0

Stade Abbé-Deschamps, Auxerre   6.12.1989

Referee: Dieter Pauly (WG)   Attendance: 14,500

AJ AUXERRE: Bruno Martini; Frédéric Darras, Stéphane Mazzolini, Basile Boli, Claude Barret (Cap), Waldemar Matysik, Michel Catalano, Raphael Guerreiro, Kalman Kovacs, Vincenzo Scifo, Pascal Vahirua.   Trainer: Guy Roux

OLYMPIAKOS: Ilias Talikriadis; Stratos Apostolakis, Kyriakos Karataidis, Theodoros Pahatouridis, Sotiris Maurommatis (82 Ilias Savvidis), Panagiotis Tsalouhidis, Nikos Tsiantakis, Apostolos Drakopoulos, Nikos Anastopoulos, Lajos Detari, Anastasios Mitropoulos (Cap).   Trainer: Imre Komora

QUARTER-FINALS

1.FC KÖLN v FC ANTWERP 2-0 (1-0)

Müngersdorfer stadion   6.03.1990

Referee: Neil Midgley (ENG)   Attendance: 26,000

1.FC KÖLN: Bodo Illgner; Alfons Higl, Armin Görtz, Anders Giske, Andreas Gielchen, Frank Greiner, Thomas Hässler, Andrzej Rudy, Ralf Sturm (72 Falko Götz), Pierre Littbarski (Cap), Olaf Janssen (77 Jan Jensen).   Trainer: Christoph Daum

FC ANTWERP: Ratko Svilar; Willem Kiekens, Geert Emmerechts, Milos Curcić, Rudy Smidts, Hans-Peter Lehnhoff, Frans van Rooy (Cap), Patrick Schrooten, Patrick Van Veirdeghem, Nicolas Peter Claesen (64 Alexandre Czerniatynski), Ralf Geilenkirchen.   Trainer: Dimitri Davidovic

Goals: Littbarski (2), Giske (53)

FC ANTWERP v 1.FC KÖLN 0-0

Stade de Bosuil, Antwerpen   20.03.1990

Referee: Emilio SORIANO ALADREN (SPA)   Att: 18,000

FC ANTWERP: Ratko Svilar (47 Willem De Coninck); Willem Kiekens (68 Patrick Van Veirdeghem), Alexandre Czerniatynski, Nicolaas Broeckaert, Rudy Smidts, Hans-Peter Lehnhoff, Frans van Rooy (Cap), Patrick Schrooten, Raphaël Quaranta, Nicolas Pieter Claesen, Ralf Geilenkirchen.   Trainer: Dimitri Davidovic

1.FC KÖLN: Bodo Illgner; Alfons Higl (50 Hans-Georg Dressen), Armin Görtz, Anders Giske, Jan Jensen, Thomas Hässler, Andrzej Rudy, Paul Steiner, Falko Götz, Pierre Littbarski (Cap), Olaf Janssen.   Trainer: Christoph Daum

AC FIORENTINA FIRENZE
v AJ AUXERRE 1-0 (1-0)

Stadio Comunale Renato Curi, Perugia   7.03.1990

Referee: Erik Fredriksson (SWE)   Attendance: 17,537

FIORENTINA: Marco Landucci; Giuseppe Volpecina, Antonio Dell'Oglio, Giuseppe Iachini, Stefano Pioli, Sergio Battistini (Cap), Marco Nappi, Carlos Caetano Bledorn Verri DUNGA, Renato Buso, Roberto Baggio, Luboš Kubik.   Trainer: Bruno Giorgi

AJ AUXERRE: Bruno Martini; Michel Catalano, Frédéric Darras, Basile Boli, Claude Barret (Cap), Waldemar Matysik, Stéphane Mazzolini, Raphael Guerreiro, Kalman Kovacs (86 Daniel Dutuel), Enzo Scifo, Christophe Cocard.   Trainer: Guy Roux

Goal: Volpecina (6)

AJ AUXERRE
v AC FIORENTINA FIRENZE 0-1 (0-0)

Stade Abbé-Deschamps, Auxerre   21.03.1990

Referee: George Smith (SCO)   Attendance: 17,500

AJ AUXERRE: Bruno Martini; Michel Catalano, Stéphane Mazzolini, Basile Boli, Claude Barret (Cap), Waldemar Matysik, Christophe Cocard, Raphael Guerreiro, Kalman Kovacs (72 Franck Soler), Vincenzo Scifo, Pascal Vahirua (50 Didier Negblé Otokoré).   Trainer: Guy Roux

FIORENTINA: Marco Landucci; Stefano Pioli, Antonio Dell'Oglio, Giuseppe Iachini, Celeste Pin, Sergio Battistini (Cap)(29 Mario Faccenda, 56 Alberto Malusci), Marco Nappi, Carlos Caetano Bledorn Verri DUNGA, Renato Buso, Roberto Baggio, Luboš Kubik.   Trainer: Bruno Giorgi

Sent off: Iachini (85), Boli (89)

Goal: Nappi (78)

RFC LIÈGEOIS v WERDER BREMEN 1-4 (1-3)

Stade Jules Georges, Rocourt, Liège   7.03.1990

Referee: Rodger Gifford (WAL)   Attendance: 14,500

RFC LIÈGEOIS: Jacques Munaron; Bernard Wegria, Bernard Habrant, Jean-François De Sart (Cap), Danny Boffin, Luc Ernes (56 Angelo Nijskens), Jean-Marie Houben, Frédéric Waseige, Cvijan Milosevic, Zvonko Varga, Nebosja Malbasa (82 Victor Ipkeba Nosa).   Trainer: Robert Waseige

WERDER: Oliver Reck; Gunnar Sauer, Ulrich Borowka (80 Marco Bode), Rune Bratseth, Jonny Otten, Miroslav Votava (Cap), Manfred Bockenfeld, Frank Neubarth (80 Thomas Wolter), Dieter Eilts, Wynton Rufer, Karlheinz Riedle.   Trainer: Otto Rehhagel

Goals: Bockenfeld (32), Riedle (35, 68), Rufer (39), Varga (40)

WERDER BREMEN v RFC LIÈGEOIS 0-2 (0-1)

Weserstadion, Bremen   21.03.1990

Referee: Carlo Longhi (ITA)   Attendance: 18,000

WERDER: Oliver Reck; Gunnar Sauer, Ulrich Borowka, Rune Bratseth, Jonny Otten, Miroslav Votava (Cap), Manfred Bockenfeld (70 Thomas Schaaf), Frank Neubarth, Thomas Wolter, Wynton Rufer, Karlheinz Riedle.   Trainer: Otto Rehhagel

RFC LIÈGEOIS: Jacques Munaron (46 Patrick Gusbin); Bernard Wegria (76 Moreno Giusto), Vincent Machiels, Jean-François De Sart (Cap), Danny Boffin, Luc Ernes, Jean-Marie Houben, Frédéric Waseige, Cvijan Milosevic, Didier Quain, Angelo Nijskens.   Trainer: Robert Waseige

Goals: De Sart (25), Milosevic (80 pen)

HAMBURGER SV v JUVENTUS TORINO 0-2 (0-0)

Volksparkstadion, Hamburg   7.03.1990

Referee: Bo Karlsson (SWE)   Attendance: 42,900

HAMBURGER SV: Richard Golz; Hans-Werner Moser (75 Marcus Marin), Michael Schröder, Carsten Kober, Dietmar Beiersdorfer (Cap)(60 Holger Ballwanz), Thomas von Heesen, Harald Spörl, Sascha Jusufi, Jan Furtok, Armin Eck, Andreas Merkle.   Trainer: Gerd-Volker Schock

JUVENTUS: Stefano Tacconi; Pasquale Bruno, Luigi de Agostini, Roberto Galia, Sergio Brio (Cap), Dario Bonetti, Sergei Aleinikov (84 Michele Serena), Rui Gil Soares Barros (72 Angelo Alessio), Pierluigi Casiraghi, Giancarlo Marocchi, Salvatore Schillaci.   Trainer: Dino Zoff

Goals: Schillaci (50), Casiraghi (57)

**AC FIORENTINA FIRENZE
v WERDER BREMEN   0-0**

Stadio Comunale Renato Curi, Perugia   17.04.1990

Referee: Gérard Biguet (FRA)   Attendance: 25,787

FIORENTINA: Marco Landucci; Stefano Pioli (10 Giuseppe Volpecina), Antonio Dell'Oglio, Alberto Malusci, Celeste Pin, Sergio Battistini (Cap), Marco Nappi, Carlos Caetano Bledorn Verri DUNGA, Renato Buso (89 Giacomo Callegari), Roberto Baggio, Alberto Di Chiara.   Trainer: Francesco Graziani

WERDER: Oliver Reck; Thomas Wolter, Jonny Otten, Rune Bratseth, Thomas Schaaf (71 Günter Hermann), Ulrich Borowka (78 Marco Bode), Dieter Eilts, Miroslav Votava (Cap), Karlheinz Riedle, Frank Neubarth, Wynton Rufer.   Trainer: Otto Rehhagel

JUVENTUS TORINO v HAMBURGER SV   1-2 (1-0)

Stadio Comunale, Torino   21.03.1990

Referee: Michel Vautrot (FRA)   Attendance: 42,977

JUVENTUS: Stefano Tacconi; Pasquale Bruno (38 Salvatore Avallone), Luigi de Agostini, Roberto Galia, Sergio Brio (Cap), Dario Bonetti, Sergei Aleinikov, Rui Gil Soares Barros (76 Pierluigi Casiraghi), Aleksandr Zavarov, Giancarlo Marocchi, Salvatore Schillaci.   Trainer: Dino Zoff

HAMBURGER SV: Richard Golz; Hans-Werner Moser (47 Harald Spörl), Michael Schröder (64 Marcus Marin), Carsten Kober, Dietmar Beiersdorfer (Cap), Thomas von Heesen, Holger Ballwanz, Sascha Jusufi, Jan Furtok, Armin Eck, Andreas Merkle.   Trainer: Gerd-Volker Schock

Goals: Galia (34), Furtok (72), Merkle (78)

JUVENTUS TORINO v 1.FC KÖLN   3-2 (2-0)

Stadio Comunale, Torino   4.04.1990

Referee: Helmut Kohl (AUS)   Attendance: 41,870

JUVENTUS: Stefano Tacconi; Nicolo Napoli, Luigi de Agostini, Roberto Galia, Dario Bonetti, Roberto Tricella (Cap), Sergei Aleinikov, Rui Gil Soares Barros (84 Sergio Brio), Pierluigi Casiraghi, Giancarlo Marocchi, Salvatore Schillaci.   Trainer: Dino Zoff

1.FC KÖLN: Bodo Illgner, Alfons Higl, Armin Görtz, Hans-Georg Dressen (59 Frank Ordenewitz), Andreas Gielchen, Frank Greiner, Thomas Hässler, Andrzej Rudy (74 Falko Götz), Ralf Sturm, Pierre Littbarski (Cap), Olaf Janssen.   Trainer: Christoph Daum

Goals: Rui Barros (22), Higl (45 og), Marocchi (53), Götz (80), Sturm (90)

SEMI-FINALS

**WERDER BREMEN
v AC FIORENTINA FIRENZE   1-1** (0-0)

Weserstadion, Bremen   3.04.1990

Referee: Petter Mikkelsen (DEN)   Attendance: 27,000

WERDER: Oliver Reck; Manfred Bockenfeld (46 Günter Hermann), Jonny Otten, Rune Bratseth, Thomas Wolter, Ulrich Borowka, Dieter Eilts, Miroslav Votava (Cap), Karlheinz Riedle, Frank Neubarth, Wynton Rufer.   Trainer: Otto Rehhagel

FIORENTINA: Marco Landucci; Stefano Pioli, Antonio Dell'Oglio, Alberto Malusci, Celeste Pin, Sergio Battistini (Cap), Marco Nappi (85 Alessandro Antinori), Luboš Kubik, Renato Buso (79 Giacomo Callegari), Roberto Baggio, Alberto Di Chiara.   Trainer: Francesco Graziani

Goals: Nappi (78), Landucci (90 og)

1.FC KÖLN v JUVENTUS TORINO   0-0

Müngersdorfer stadion, Köln   18.04.1990

Referee: Zoran Petrović (YUG)   Attendance: 51,000

1.FC KÖLN: Bodo Illgner, Andreas Gielchen, Armin Görtz (45 Falko Götz), Anders Giske, Paul Steiner (Cap), Frank Greiner, Thomas Hässler, Andrzej Rudy (75 Uwe Rahn), Ralf Sturm, Olaf Janssen, Frank Ordenewitz.   Trainer: Christoph Daum

JUVENTUS: Stefano Tacconi (Cap); Nicolo Napoli, Luigi de Agostini, Roberto Galia, Pasquale Bruno, Dario Bonetti, Sergei Aleinikov, Rui Gil Soares Barros, Pierluigi Casiraghi, Angelo Alessio, Salvatore Schillaci (89 Sergio Brio).   Trainer: Dino Zoff

FINAL

UEFA CUP 1990-91

JUVENTUS TORINO
v AC FIORENTINA FIRENZE 3-1 (1-1)
Stadio Comunale, Torino 2.05.1990
Referee: Emilio SORIANO ALADREN (SPA)   Att: 47,519
JUVENTUS: Stefano Tacconi (/Kap); Nicoló Napoli, Luigi de Agostini, Roberto Galia, Sergio Brio (Cap/) (46 Angelo Alessio), Dario Bonetti, Sergei Aleinikov, Rui Gil Soares Barros, Pierluigi Casiraghi, Giancarlo Marocchi, Salvatore Schillaci.   Trainer: Dino Zoff
FIORENTINA: Marco Landucci; Antonio Dell'Oglio, Giuseppe Volpecina, Carlos Caetano Bledorn Verri DUNGA, Celeste Pin, Sergio Battistini (Cap), Marco Nappi, Luboš Kubik (46 Alberto Malusci), Renato Buso, Roberto Baggio, Alberto Di Chiara.   Trainer: Francesco Graziani
Goals: Galia (3), Buso (10), Casiraghi (59), De Agostini (74)

AC FIORENTINA FIRENZE
v JUVENTUS TORINO 0-0
Stadio Partenio, Avelino 16.05.1990
Referee: Aron Schmidhuber (WG)   Attendance: 30,999
FIORENTINA: Marco Landucci; Antonio Dell'Oglio, Giuseppe Volpecina, Carlos Caetano Bledorn Verri DUNGA, Celeste Pin, Sergio Battistini (Cap), Marco Nappi (70 Mauro Zironelli), Luboš Kubik, Renato Buso, Roberto Baggio, Alberto Di Chiara.   Trainer: Francesco Graziani
JUVENTUS: Stefano Tacconi (Cap); Nicolo Napoli, Luigi de Agostini, Roberto Galia, Pasquale Bruno, Angelo Alessio, Sergei Aleinikov, Rui Gil Soares Barros (70 Salvatore Avallone), Pierluigi Casiraghi (77 Massimiliano Rosa), Giancarlo Marocchi, Salvatore Schillaci.   Trainer: Dino Zoff.
Sent off: Bruno (58)

UEFA Cup Top Scorers 1989-90:

6 goals: Falko Götz (1.FC Köln), Karl-Heinz Riedle (Werder Bremen)
5 goals: Vincenzo Scifo (AJ Auxerre)

FIRST ROUND

BV 09 BORUSSIA DORTMUND
v CHEMNITZER FC 2-0 (1-0)
Westfalenstadion, Dortmund 18.09.1990
Referee: Antonio Martin Navarrete (SPA)   Att: 30,124
BORUSSIA: Wolfgang De Beer; Thomas Helmer, Sergei Gorlukovich, Peter Quallo, Michael Schulz; Michael Lusch (64 Günter Breitzke), Thomas Franck, Michael Rummenigge, Murdo MacLeod; Flemming Povlsen, Frank Mill.   Trainer: Horst Köppel
CHEMNITZER FC: Jens Schmidt; Dirk Barsikow, Torsten Bittermann, Detlef Müller, Thomas Laudeley, Sven Köhler, Steffen Heidrich, Jan Seifert (78 József Dzurják), Peter Keller, Uwe Mehlhorn, Jens Mitzscherling (79 Arnd Spranger).   Trainer: Hans Meyer
Goals: Helmer (20), Mill (90)

CHEMNITZER FC
v BV 09 BORUSSIA DORTMUND 0-2 (0-1)
Sportforum, Chemnitz 2.10.1990
Referee: Keith Stuart Hackett (ENG)   Attendance: 11,904
CHEMNITZER FC: Jens Schmidt; Dirk Barsikow, Thomas Laudeley, Jan Seifert, Sven Köhler (22 Detlef Müller), Peter Keller, Arnd Spranger (74 József Dzurják), Rico Steinmann, Steffen Ziffert, Uwe Mehlhorn, Jens Mitzscherling.   Trainer: Hans Meyer
BORUSSIA: Wolfgang De Beer; Thomas Helmer (77 Günter Kutowski), Sergei Gorlukovich, Peter Quallo, Michael Schulz; Michael Lusch (66 Thomas Franck), Michael Zorc, Michael Rummenigge, Murdo MacLeod; Flemming Povlsen, Frank Mill.   Trainer: Horst Köppel
Goals: Helmer (24), M. Rummenigge (50)

GLENAVON LURGAN
v GIRONDINS de BORDEAUX 0-0
Mourneview Park, Lurgan 18.09.1990
Referee: Rune Pedersen (NOR)   Attendance: 3,250
GLENAVON: Robbie Beck; Robert Davies, Tony Scappaticci, Dessie McCann, Paul Byrne, Bryan McLoughlin, Fintan McConville, Glenn Ferguson, Gary Blackledge, Stephen McBride, Stevie Conville.   Manager: Terry Nicholson
GIRONDINS: Joseph-Antoine Bell; Jean-Luc Dogon, Bixente Lizarazu, Didier Sénac, Patrick Battiston; Didier Deschamps, Jean-Philippe Durand, Patrick Vervoort, Philippe Fargeon, Jean-Marc Ferreri, Christophe Dugarry. Trainer: Gernot Rohr

GIRONDINS de BORDEAUX
v GLENAVON LURGAN 2-0 (2-0)

Parc Lescure, Bordeaux   2.10.1990

Referee: Raul Garcia de Loza (SPA)   Attendance: 14,000

GIRONDINS: Joseph-Antoine Bell; Jean-Luc Dogon, Didier Sénac, Patrick Battiston, Jean-Pierre Bade; Stéphane Plancque (70 Alim Ben Mabrouk), Jean-Philippe Durand, Didier Deschamps, Bixente Lizarazu (72 Philippe Fargeon); Christophe Dugarry, Jean-Marc Ferreri.   Trainer: Gérard Gili

GLENAVON: Robbie Beck; Dessie McCann (85 Tony Cochrane), Paul Byrne, Tony Scappaticci, Dean McCullough, Bryan McLoughlin, Fintan McConville (76 John Campbell), Stephen McBride, Gary Blackledge, Glenn Ferguson, Stevie Conville.   Manager: Terry Nicholson

Goals: Dugarry (4), Ferreri (9)

SPORTING LISBOA v KV MECHELEN 1-0 (1-0)

José Alvalade, Lisboa   18.09.1990

Referee: Kenneth Hope (SCO)   Attendance: 57,500

SPORTING: Tomislav Ivkovic; CARLOS Jorge Marques Caldas XAVIER, Luís Carlos Ferreira "LUISINHO", Pedro Manuel Regateiro VENÂNCIO, José Martins LEAL; Luís Filipe Carvalho "LITOS", OCEANO Andrade da Cruz, Wiilliam DOUGLAS Humia Menezes, Jorge Paulo CADETE Reis, Hamilton Souza "CARECA" (83 FILIPE Manuel Esteves Ramos); Fernando Mendes Soares GOMES.   Trainer: Marinho Peres

KV MECHELEN: Michel Preud'homme; Koen Sanders, Philippe Albert, Marc Emmers, Adri Bogers; Pascal De Wilde, Klas Ingesson, Marc Wilmots, Bruno Versavel; René Eykelkamp, Francis Severeyns (81 Patrick Versavel).   Trainer: Fi van Hoof

Goal: Cadete (37)

RODA JC KERKRADE v AS MONACO 1-3 (1-2)

Gemeentelijk Sportpark 'Kaalheide' Kerkrade   18.09.1990

Referee: Rune Larsson (SWE)   Attendance: 15,000

RODA: Henryk Bolesta; Gerrie Senden (53 Peter Van der Waart), Eugène Hanssen, Marc Luypers, René Trost, Eric Van de Luèr, Erwin Vanderbroeck (46 Michel Broeders), Pierre Blättler, René Hofman, Graham Arnold, Michel Haan.   Trainer: Jan Reker

AS MONACO: Jean-Luc Ettori; Patrick Valéry, Franck Sauzée, Roger Mendy, Patrick Blondeau; Marcel Dib, Claude Puel, Dominique Bijotat, Gérald Passi; RUI Gil Soares de BARROS, George Weah (76 Benjamin Clément). Trainer: Arsène Wenger

Goals: Weah (27), Arnold (37), Passi (42), Dib (88)

KV MECHELEN v SPORTING LISBOA 2-2 (1-1)

Achter de Kazerne, Mechelen   3.10.1990

Referee: Pietro d'Elia (ITA)   Attendance: 6,800

KV MECHELEN: Michel Preud'homme; Koen Sanders, Philippe Albert, Leo Clijsters, Geert Deferm, Patrick Versavel (73 Francis Severeyns), Klas Ingesson, Marc Emmers, Bruno Versavel, Marc Wilmots (34 Paul De Mesmaeker), René Eykelkamp.   Trainer: Fi van Hoof

SPORTING: Tomislav Ivkovic; CARLOS Jorge Marques Caldas XAVIER, Luís Carlos Ferreira "LUISINHO", Pedro Manuel Regateiro VENÂNCIO, José Martins LEAL; FILIPE Manuel Esteves Ramos (90 JOÃO LUÍS II Garces Esteves), OCEANO Andrade da Cruz, Wiilliam DOUGLAS Humia Menezes, Jorge Paulo CADETE Reis, Hamilton Souza "CARECA", Fernando Mendes Soares GOMES (82 Vlado Bozinoski).   Trainer: Marinho Peres

Goals: Albert (8), Gomes (30), Carlos Xavier (55 og), Cadete (81)

AS MONACO v RODA KERKRADE 3-1 (1-0)

Louis II, Monaco   3.10.1990

Referee: Allan Gunn (ENG)   Attendance: 2,500

AS MONACO: Jean-Luc Ettori; Patrick Valéry, Emmanuel Petit, Roger Mendy, Luc Sonor; Claude Puel, Dominique Bijotat, Jean-Marc Ferratge, Gérald Passi; George Weah (69 Benjamin Clément), RUI Gil Soares de BARROS (69 Ramón Díaz).   Trainer: Arsène Wenger

RODA: Jos Smits; Garry Van Egmond (73 Peter Van der Waart), Marc Luypers, Pierre Blättler, René Trost, Michel Broeders, Alphons Groenendijk, Eric Van de Luèr, Silvio Diliberto, René Hofman (10 Stephan Janssen), Graham Arnold.   Trainer: Jan Reker

Goals: Weah (35), Passi (65), Díaz (84), Janssen (87)

HIBERNIANS PAOLA
v PARTIZAN BEOGRAD 0-3 (0-1)

National, Ta' Qali   18.09.1990

Referee: Ilias Karamanis (GRE)   Attendance: 2,000

HIBERNIANS: John Bonello; Edwin Camilleri (46 Ian Attard), George Buttigieg, Stephen Cassar, Derek Ronald, Michael Spiteri, Michael Woods (54 William Spiteri), Charlie Scerri, Steve Scott, David Carabott, Joe Vella.   Trainer: Joe Cilia

PARTIZAN: Fahrudin Omerović; Vujadin Stanojković, Darko Milanić, Slaviša Jokanović, Milinko Pantić (68 Aleksandar Djordjević), Budimir Vujačić, Goran Bogdanović (62 Sladjan Scepović), Predrag Mijatović, Josip Visnjić, Milan Djurdjević, Goran Stevanović.   Trainer: Miloš Milutinović

Goals: Djurdjević (15), Djordjević (81), Mijatović (89)

PARTIZAN BEOGRAD
v HIBERNIANS PAOLA 2-0 (1-0)

JNA, Beograd   3.10.1990

Referee: Loizos Loizou (CYP)   Attendance: 10,000

PARTIZAN: Fahrudin Omerović (46 Goran Pandurović); Vujadin Stanojković, Darko Milanić, Slaviša Jokanović, Goran Petrić, Budimir Vujačić, Goran Bogdanović (31 Aleksandar Djordjević), Predrag Mijatović, Sladjan Scepović, Josip Visnjić, Goran Stevanović.   Trainer: Miloš Milutinović

HIBERNIANS: John Bonello; Edwin Camilleri, George Buttigieg (16 Kevin Ciantar), Ian Attard, Stephen Cassar, Michael Spiteri, William Spiteri, David Carabott, Charlie Scerri, Steve Scott, Derek Ronald (86 Franco Francalanza).   Trainer: Joe Cilia

Goals: Stevanović (26), Scepović (80)

AVENIR BEGGEN
v INTER BRATISLAVA 2-1 (2-1)

Beggen   18.09.1990

Referee: Johannes Reygwart (HOL)   Attendance: 500

AVENIR: Georges Eiden; Vehad Tubic, Jaba Moreira, Rolf Jentgen, Serge Jentgen (71 Alex Wilhelm), Jean-Paul Girres, Carlo Weis, Frank Goergen, Théo Scholten, Markus Krahen (90 Torben Jörgensen), Armin Krings.
Trainer: Michel Clement

INTER: Gabriel Szurdi; Miloš Jonis, Bartolomej Jurasko, Milan Bagin, Emil Stranianek, Rudolf Rehák, Peter Lavrincík, Martin Obsitník (86 Roman Polák), Branislav Kubica, Ján Stojka, Peter Bárka (52 Ladislav Jakubec).
Trainer: Jozef Adamec

Goals: Stojka (4), Krahen (36, 41)

FIMLEIKAFÉLAG HAFNARFJÖRDUR
v DUNDEE UNITED 1-3 (1-1)

Hafnarfjördur   18.09.1990

Referee: Patrick Kelly (IRL)   Attendance: 395

FH: Halldór Halldórsson; Björn Jónsson, Birgir Skúlason, Gudmundur Hilmarsson; Gudmundur Sigurdsson, Kristján Gíslason (53 Pálmi Jónsson), Thórhallur Víkingsson, Magnús Pálsson, Olafur Kristjánsson, Andri Marteinsson, Hordur Magnússon.   Trainer: Olafur Jóhanesson

DUNDEE UNITED: William Thomson; Maurice Malpas, Freddy Van Der Hoorn, Alex Cleland, Brian Welsh, Darren Jackson (60 Paddy Connolly), Allan Preston, Raymond McKinnon, William McKinlay, Mika-Matti Paatelainen, James McInally.   Trainer: Jim McLean

Goals: B. Jonsson (2, 89 og), Jackson (32), Cleland (77)

INTER BRATISLAVA v AVENIR BEGGEN 5-0 (2-0)

Petrzalka, Bratislava   3.10.1990

Referee: Kazimierz Orlowski (POL)   Attendance: 1,089

INTER: Ladislav Tóth, Miloš Jonis, Bartolomej Jurasko, Milan Bagin, Emil Stranianek, Rudolf Rehák, Peter Lavrincík, Vladimír Weiss, Martin Obsitník, Ján Stojka (67 Ladislav Jakubec), Branislav Kubica.   Trainer: Jozef Adamec

AVENIR: Georges Eiden; Vehad Tubic, Jaba Moreira, Rolf Jentgen, Pascal Melone, Jean-Paul Girres, Carlo Weis, Frank Goergen, Serge Jentgen (13 Schroeder, 76 Zarko Cimbaljevic), Théo Scholten, Markus Krahen.   Trainer: Michel Clement

Goals: Kubica (4), Stojka (14), Jurasko (51 pen, 59 pen), Weiss (83)

DUNDEE UNITED
v FIMLEIKAFÉLAG HAFNARFJÖRDUR 2-2 (0-2)

Tannadice Park, Dundee   3.10.1990

Referee: Norman Loughins (NIR)   Attendance: 5,475

DUNDEE UNITED: William Thomson; Scott Kopel, Maurice Malpas, John Clark, Brian Welsh, David Bowman, Christian Dailly (54 Paddy Connolly), Michael O'Neill, James McInally, William McKinlay, Allan Preston (65 Alex Cleland).
Trainer: Jim McLean

FH: Halldór Halldórsson; Björn Jónsson, Birgir Skúlason, Gudmundur Hilmarsson; Gudmundur Sigurdsson, Kristján Gíslason (86 Leifur Gardarsson), Thórhallur Víkingsson (86 Hallsteinn Arnarson), Magnús Pálsson, Olafur Kristjánsson, Andri Marteinsson, Hordur Magnússon.
Trainer: Olafur Jóhanesson

Goals: Magnússon (19), Gíslason (28), Connolly (63), Hilmarsson (78 og)

LAUSANNE SPORTS
v REAL SOCIEDAD SAN SEBASTIÁN 3-2 (0-2)

Stade Olympique de la Pontaise, Lausanne   19.09.1990

Referee: Manfred Rössner (DDR)   Attendance: 20,600

LAUSANNE SPORTS: Patrick Maillard; Frank Verlaat, Dominique Herr, Christophe Ohrel (81 Jürg Studer), Marc Hottiger, Pierre-André Schürmann, Jean-Michael Aeby, Milan Fryda, Patrick Isabella, Bozhidar Iskrenov (58 Philippe Douglas), Stéphane Chapuisat.   Trainer: Umberto Barberis

REAL SOCIEDAD: José Luis GONZÁLEZ Vázquez; Alberto GÓRRIZ Echarte, Agustín GAJATE Vidriales, Javier BENGOETXEA Iparraguirre, Miguel Ángel FUENTES Azpiroz, Miguel Ángel ROTETA; Kevin Richardson, Juan Antonio LARRAÑAGA Gurrutxaga, José María LUMBRERAS Paños; Mikel LASA Goikoetxea (75 Joaquín URÍA Lekuona), John Aldridge (85 Mikel LOINAZ Balda).
Trainer: Marco Antonio Boronat

Goals: Lumbreras (17), Gajate (27), Hottiger (50, 90), Chapuisat (78)

REAL SOCIEDAD SAN SEBASTIÁN v LAUSANNE SPORTS 1-0 (0-0)

Atotxa, San Sebastián   2.10.1990

Referee: Gérard Biguet (FRA)   Attendance: 18,500

REAL SOCIEDAD: José Luis GONZÁLEZ Vázquez; Agustín GAJATE Vidriales, Alberto GÓRRIZ Echarte, Javier BENGOETXEA Iparraguirre, Miguel Ángel FUENTES Azpiroz, Mikel LASA Goikoetxea; Juan Antonio LARRAÑAGA Gurrutxaga, Kevin Richardson, José María LUMBRERAS Paños; Dalian Atkinson (69 Mikel LOINAZ Balda, 74 Javier GURUCETA Aizpún), John Aldridge.
Trainer: Marco Antonio Boronat

LAUSANNE SPORTS: Stefan Huber; Christophe Ohrel, Dominique Herr, Frank Verlaat, Marc Hottiger (50 Jean-Manuel Mourelle), Pierre-André Schürmann, Jean-Michel Aeby, Milan Fryda, Philippe Douglas (74 Yann Poulard), Bozhidar Iskrenov, Stéphane Chapuisat.
Trainer: Umberto Barberis

Goal: Aldridge (55)

MTK/VM BUDAPEST v FC LUZERN 1-1 (1-1)

MTK-VM, Budapest   19.09.1990

Referee: Rodger Gifford (WAL)   Attendance: 2,500

MTK/VM: Gábor Zsiborás; Gábor Hires, János Talapa, Árpád Hahn, Gábor Wendler, Csaba Horváth, Péter Hannich, Ferenc Lakatos (46 Róbert Jován), Donát Cservenkai, László Ivanics (54 Ferenc Simon), Gábor Pölöskei.
Trainer: József Verebes

FC LUZERN: Giorgio Mellacina; Stefan Marini, Urs Birrer, René Van Eck, Peter Gmür (54 Herbert Baumann, 80 Hanspeter Burri), Heinz Moser, Peter Nadig, Urs Schönenberger, John Eriksen, Semir Tuce, Adrian Knup.
Trainer: Friedel Rausch

Goals: Knup (17), Cservenkai (44)

VEJLE BK v FC ADMIRA WACKER WIEN 0-1 (0-0)

Vejle stadion   19.09.1990

Referee: Leif Sundell (SWE)   Attendance: 2,400

VEJLE BK: Peter Kjaer; John Larsen, Preben Eljaer Larsen, Jacob Laursen, Finn Christensen (83 Carsten Pedersen), Brian Steen Nielsen, Johnny Mølby, Keld Bordinggaard, Henrik Risom, Brian Rasmussen, Steen Thychosen.
Trainer: Ebbe Skovdahl

ADMIRA WACKER: Wolfgang Knaller; Wolfgang Gramann, Marko Elsner, Alois Dötzl, Helmut Graf, Gerald Bacher, Peter Artner, Olaf Marschall, Uwe Müller, Ernst Ogris (88 Dietmar Kühbauer), Michael Binder.
Trainer: Thomas Parits

Goal: Binder (65)

FC LUZERN v MTK/VM BUDAPEST 2-1 (0-0)

Allmend, Luzern   2.10.1990

Referee: Ildefonso Urizar Azpitarte (SPA)   Att: 10,350

FC LUZERN: Giorgio Mellacina; Stefan Marini, Peter Gmür, René Van Eck, Urs Birrer (59 Hanspeter Burri), Urs Schönenberger, Peter Nadig, Heinz Moser, Adrian Knup, John Eriksen, Semir Tuce.   Trainer: Friedel Rausch

MTK/VM: Gábor Zsiborás; Gábor Hires, Gábor Wendler, László Kardos, Tibor Farkas (78 Ferenc Simon), Árpád Hahn, Csaba Horváth (85 Ferenc Hámori), László Ivanics, János Talapa, Gábor Balogh, Donát Cservenkai.
Trainer: József Verebes

Goals: Van Eck (54), Kardos (70), Nadig (80)

FC ADMIRA WACKER WIEN v VEJLE BK 3-0 (3-0)

Bundesstadion Südstadt, Wien   2.10.1990

Referee: Mircea Salomir (ROM)   Attendance: 2,000

ADMIRA WACKER: Wolfgang Knaller; Marko Elsner, Gerald Bacher, Helmut Graf, Wolfgang Gramann, Alois Dötzl, Peter Artner, Olaf Marschall, Josef Degeorgi; Ernst Ogris (77 Dietmar Kühbauer), Michael Binder (70 Johann Abfalterer).
Trainer: Thomas Parits

VEJLE BK: Peter Kjaer; John Larsen, Preben Eljaer Larsen (46 Lars Döhr Pedersen), Jacob Laursen, Brian Steen Nielsen, Carsten Pedersen, Finn Christensen, Keld Bordinggaard (67 Johnny Mølby), Henrik Risom, Steen Thychosen, Christian Lundberg.   Trainer: Ebbe Skovdahl

Goals: Binder (17), Marschall (27), Ogris (45)

DERRY CITY FC v VITESSE ARNHEM 0-1 (0-1)

Brandywell, Derry   19.09.1990

Referee: Alain Delmer (FRA)   Attendance: 3,500

DERRY CITY: Timothy Dalton; John Coady, Kevin Brady, Tony McCarthy, Paul Curran, Paul Carlyle, Stuart Gauld, Felix Healy, Joe Hanrahan, Jonathan Speak, Paul McGee.
Trainer: Jim McLaughlin

VITESSE: Raymond van der Gouw; Edward Sturing, John van der Brom, Roberto Straal, Theo Bos, Arjan Vermeulen, Bart Latuheru, Martin Laamers, René Eijer, Hans van Arum, Huub Loeffen (80 Ton Van Bremen).   Trainer: Bert Jacobs

Goal: Loeffen (18)

VITESSE ARNHEM v DERRY CITY FC 0-0
Nieuw-Monnikenhuize, Arnhem 2.10.1990
Referee: Joaquin Urio Velázquez (SPA)   Attendance: 5,742
VITESSE: Raymond van der Gouw; Roberto Straal, John van der Brom, Theo Bos, Arjan Vermeulen, Ton Van Bremen, Martin Laamers, René Eijer, Bart Latuheru, Hans van Arum, Huub Loeffen (59 Hans Visser).   Trainer: Bert Jacobs
DERRY CITY: Timothy Dalton; Paul Curran, Kevin Brady, Felix Healy, Tony McCarthy, John Coady, Paul Carlyle, Stuart Gauld, Paul Hegarty, Jonathan Speak, Paul McGee. Trainer: Jim McLaughlin

IFK NORRKÖPING v 1.FC KÖLN 0-0
Idrottspark, Norrköping 19.09.1990
Referee: Marcel van Langenhove (BEL)   Attendance: 10,403
IFK NORRKÖPING: Lars Eriksson; Jan Kalén, Sulo Vaattovaara, Mats Almgren, Jonas Lind; Tor-Arne Fredheim (73 Magnus Karlsson), Evgeni Kuznetsov, Jonny Rödlund, Göran Holter; Jan Hellström, Patrik Andersson. Trainer: Jörgen Augustsson
1.FC KÖLN: Bodo Illgner; Falko Götz, Frank Greiner, Anders Giske, Alfons Higl, Hans-Dieter Flick, Andrzej Rudy, Henrik Andersen, Axel Britz; Maurice Banach (76 Frank Ordenewitz), Ralf Sturm.   Trainer: Erich Rutemöller

BRØNDBY IF
v EINTRACHT FRANKFURT am MAIN 5-0 (1-0)
Brøndby stadion   19.09.1990
Referee: Andrew Wilson Waddell (SCO)   Att: 12,400
BRØNDBY: Peter Schmeichel; Lars Olsen, Kim Vilfort, Uche Okechukwu, Bjarne Jensen, Jens Madsen, Carsten Vagn Jensen (87 Frank Pingel), Kim Christofte, Erik Rasmussen (77 Henrik Jensen), Bent Christensen, Torben Frank. Trainer: Morten Olsen
EINTRACHT: Uli Stein; Manfred Binz, Dietmar Roth, Karl-Heinz Körbel, Michael Klein; Andreas Möller, Thomas Lasser, Ralf Falkenmayer, Stefan Studer; Lothar Sippel, Dieter Eckstein (57 Janusz Turowski).   Trainer: Jörg Berger
Goals: Okechukwu (9), B. Christensen (55, 84), Christofte (64 pen), Madsen (80)

1.FC KÖLN v IFK NORRKÖPING 3-1 (0-1)
Müngersdorfer Stadion, Köln   3.10.1990
Referee: Lajos Hartmann (HUN)   Attendance: 9,200
1.FC KÖLN: Bodo Illgner; Falko Götz, Frank Greiner, Anders Giske, Alfons Higl; Hans-Dieter Flick (68 Olaf Janssen), Andrzej Rudy, Henrik Andersen, Axel Britz (38 Frank Ordenewitz); Maurice Banach, Ralf Sturm.   Trainer: Erich Rutemöller
IFK NORRKÖPING: Lars Eriksson; Jan Kalén, Sulo Vaattovaara, Mats Almgren, Jonas Lind; Tor-Arne Fredheim, Evgeni Kuznetsov, Jonny Rödlund, Göran Holter; Jan Hellström (84 Magnus Karlsson), Patrik Andersson (57 Ragnar Ericsson).   Trainer: Jörgen Augustsson
Goals: Hellström (20), Higl (49), Banach (72), Ordenewitz (78)

EINTRACHT FRANKFURT am MAIN
v BRØNDBY IF 4-1 (3-1)
Waldstadion, Frankfurt am Main   3.10.1990
Referee: Valeri Butenko (USSR)   Attendance: 12,000
EINTRACHT: Uli Stein; Karl-Heinz Körbel, Uwe Bindewald (71 Ralf Weber), Heinz Gründel, Andreas Möller, Manfred Binz, Ralf Falkenmayer, Stefan Studer, Anthony Yeboah, Uwe Bein (66 Lothar Sippel), Dieter Eckstein. Trainer: Jörg Berger
BRØNDBY: Peter Schmeichel; Lars Olsen, Uche Okechukwu, Jens Madsen (87 Henrik Jensen), Kim Vilfort, Bjarne Jensen, Kim Christofte, Carsten Vagn Jensen, Erik Rasmussen (29 John Jensen), Torben Frank, Bent Christensen. Trainer: Morten Olsen
Goals: Yeboah (5), Eckstein (22), Christensen (28), Bein (37), Möller (86 pen)

PARTIZANI TIRANA
v UNIVERSITATEA CRAIOVA 0-1 (0-0)
Qemal Stafa, Tirana   19.09.1990
Referee: Michel Vautrot (FRA)   Attendance: 14,000
PARTIZANI: Blendi Nallbani; Shahin Berberi, Lorenc Leskaj, Adnan Ocelli, Ilir Shulku (27 Ylli Shehu, 46 Bledar Kola), Lefter Millo, Ledio Pano, Fatmir Hasanpapa, Lorenc Agalliu, Alfons Muça, Eduard Kaçaçi.
Trainer: Sulejman Starova
UNIVERSITATEA: Florin Prunea; Vasile Mănăilă, Emil Săndoi, Adrian Popescu, Nicolae Zamfir; Gheorghe Ciurea, Ion Olaru, Adrian Pigulea, Pavel Badea; Ștefan Stoica, Eugen Neagoe (44 Dănuț Bica).   Trainer: Sorin Cîrțu
Goal: Ciurea (88)

UNIVERSITATEA CRAIOVA
v PARTIZANI TIRANA 1-0 (0-0)

Central, Craiova   3.10.1990

Referee: Raymond Lewis (ENG)   Attendance: 10,760

UNIVERSITATEA: Florin Prunea; Vasile Mănăilă, Emil Săndoi, Adrian Popescu, Dănuţ Bica; Gheorghe Ciurea, Nicolae Zamfir, Ştefan Stoica, Ion Olaru (83 Daniel Emil Mogoşanu), Adrian Pigulea (87 Gheorghe Ceauşilă), Pavel Badea.   Trainer: Sorin Cîrţu

PARTIZANI: Blendi Nallbani, Shahin Berberi, Lorenc Leskaj, Fatmir Hasanpapa, Ilir Shulku, Lefter Millo, Adnan Ocelli, Alfons Muça, Ledio Pano (25 Bledar Kola), Lorenc Agalliu, Eduard Kaçaçi.   Trainer: Sulejman Starova

Goal: N. Zamfir (78)

RSC ANDERLECHT BRUSSEL
v PETROLUL PLOIEŞTI 2-0 (0-0)

Constant Vanden Stock, Brussel   19.09.1990

Referee: Emilio Soriano Aladren (SPA)   Attendance: 6,750

ANDERLECHT: Filip De Wilde; Guy Marchoul (20 Bertrand Crasson), Graeme Rutjes, Wim Kooiman, Michel De Wolf; Charles Musonda, Alain Van Baekel, Luis Oliveira, Marc Degryse; Luc Nilis, Gert Verheyen.   Trainer: Aad de Mos

PETROLUL: Gheorghe Liliac; Valeriu Daniel Popa, Sandu Pitulice, Aurel Silviu Panait, Niculae Ruse; Octavian Grigore, Ion Dudan (69 Sorin Drăgan), Ştefan Matei, Marcel Catinca (89 Gheorghe Greaca), Bujorel Mocanu, Adrian Ursea.   Trainer: Virgil Dridea

Goals: Verheyen (64), Nilis (85 pen)

POLITEHNICA TIMIŞOARA
v ATLÉTICO MADRID 2-0 (1-0)

1 Mai, Timişoara   19.09.1990

Referee: Yusuf Namoglu (TUR)   Attendance: 37,000

POLITEHNICA: Dumitru Jipa; Constantin Varga (43 Vasile Ionuţ), Petre Andreaş, Adrian Crăciun, Adrian Stoicov; Cristian China, Adrian Bungău, Sorin Vlaicu, Octavian Popescu; Călin Rosenblum (86 Daniel Mănăilă), Ion Timofte.   Trainer: Constantin Rădulescu

ATLÉTICO: ABEL Resino Gómez; Pedro TOMÁS Reñones Crego, DONATO Gama da Silva, Roberto SOLOZÁBAL Villanueva, JUAN CARLOS Rodríguez Moreno; ALFREDO Santaelena Aguado, Manuel Sánchez Delgado "MANOLO" (60 José Antonio "PIZO" GÓMEZ Romón), JULIO PRIETO Martín; Paulo Jorge dos Santos "FUTRE", Gerhard Rodax, BALTAZAR Maria de Morais.   Trainer: Tomislav Ivić

Sent off: Donato (85)

Goals: Bungău (43 pen), O. Popescu (65)

PETROLUL PLOIEŞTI
v RSC ANDERLECHT BRUSSEL 0-2 (0-1)

Petrolul, Ploieşti   3.10.1990

Referee: Heinz Holzmann (AUS)   Attendance: 10,000

PETROLUL: Gheorghe Liliac; Valeriu Daniel Popa, Sandu Pitulice, Aurel Panait, Niculae Ruse; Octavian Grigore, Gheorghe Greaca, Ştefan Matei (60 Ion Dudan), Bujorel Mocanu, Marcel Catinca (46 Irinel Manea), Adrian Ursea.   Trainer: Virgil Dridea

ANDERLECHT: Filip De Wilde; Wim Kooiman, Graeme Rutjes, Bertrand Crasson, Michel De Wolf; Charles Musonda, Alain Van Baekel (75 Stephen Keshi), Marc Degryse, Luis Oliveira (75 John Van Loen); Gert Verheyen, Luc Nilis.   Trainer: Aad de Mos

Goals: Nilis (22, 88)

ATLÉTICO MADRID
v POLITEHNICA TIMIŞOARA 1-0 (0-0)

Vicente Calderón, Madrid   3.10.1990

Referee: Frans van der Wijngaert (BEL)   Att: 58,200

ATLÉTICO: ABEL Resino Gómez; Pedro TOMÁS Reñones Crego, Juan Francisco Rodríguez "JUANITO", Francisco FERREIRA Colmenero, JUAN CARLOS Rodríguez Moreno (64 Antonio Muñoz Gómez "TONI"); José Antonio "PIZO" GÓMEZ Romón, ALFREDO Santaelena Aguado, Manuel Sánchez Delgado "MANOLO"; Paulo Jorge dos Santos "FUTRE", BALTAZAR Maria de Morais (72 JULIO PRIETO Martín), Gerhard Rodax.   Trainer: Tomislav Ivić

POLITEHNICA: Dumitru Jipa; Petre Andreaş, Adrian Crăciun, Vasile Ionuţ, Adrian Stoicov; Cristian China, Adrian Bungău, Sorin Vlaicu, Ionel Bărbosu; Ion Timofte (82 Călin Rosenblum), Octavian Popescu.   Trainer: Constantin Rădulescu

Goal: Juanito (89)

SK RAPID WIEN
v INTERNAZIONALE MILANO 2-1 (0-1)

Gerhard-Hanappi-Stadion, Wien   19.09.1990

Referee: Joël Quiniou (FRA)   Attendance: 15,500

RAPID: Michael Konsel; Reinhard Kienast, Helmut Hauptmann (52 Franz Weber), Robert Pecl, Andreas Poiger; Christian Keglevits, Peter Schöttel, Andreas Herzog, Andreas Reisinger, Heimo Pfeifenberger (88 Peter Wurz), Jan Age Fjörtoft.   Trainer: Hans Krankl

INTERNAZIONALE: Walter Zenga; Giuseppe Bergomi, Andreas Brehme, Nicola Berti, Riccardo Ferri, Sergio Battistini, Alessandro Bianchi, Andrea Mandorlini, Jürgen Klinsmann, Lothar Matthäus (23 Fausto Pizzi), Aldo Serena (68 Giuseppe Baresi).   Trainer: Giovanni Trapattoni

Goals: Matthäus (5), Pfeifenberger (54), Keglevits (71)

**INTERNAZIONALE MILANO
v SK RAPID WIEN 3-1** (0-0, 2-1) (AET)
Stadio Bentegodi, Verona   3.10.1990
Referee: George Courtney (ENG)   Attendance: 27,647
INTERNAZIONALE: Walter Zenga; Giuseppe Bergomi, Andreas Brehme, Nicola Berti, Antonio Paganin, Sergio Battistini, Alessandro Bianchi, Fausto Pizzi (38 Andrea Mandorlini), Jürgen Klinsmann, Lothar Matthäus (118 Riccardo Ferri), Aldo Serena.   Trainer: Giovanni Trapattoni
RAPID: Michael Konsel; Franz Weber, Andreas Poiger, Robert Pecl, Peter Schöttel, Reinhard Kienast, Horst Steiger (33 Helmut Hauptmann, 78 Peter Wurz), Andreas Reisinger, Heimo Pfeifenberger, Andreas Herzog, Jan Age Fjörtoft.   Trainer: Hans Krankl
Goals: Berti (67,84), Weber (88), Klinsmann (101)

AS ROMA v BENFICA LISBOA 1-0 (1-0)
Stadio Olimpico, Roma   19.09.1990
Referee: Kurt Röthlisberger (SWI)   Attendance: 59,074
AS ROMA: Angelo Peruzzi; Thomas Berthold, Sebastiano Nela, Giovanni Piacentini, Aldair dos Santos, Antonio Comi, Stefano Desideri, Fausto Salsano, Rudi Völler, Giuseppe Giannini (63 Manuel Gerolin), Andrea Carnevale.   Trainer: Ottavio Bianchi
BENFICA: SILVINO Almeida Louro; PAULO Sérgio Braga MADEIRA, António Augusto da Silva VELOSO, WILLIAM Amaral de Andrade, Hans Jurgen Stefan SCHWARZ, Jonas Thern, VÍTOR Manuel Araújo "PANEIRA", Paulo Manuel Carvalho SOUSA (73 António Manuel PACHECO Domingos), José RUI Lopes ÁGUAS, Valdo Cândido Filho Filho, ISAÍAS Marques Soares (81 Adesvaldo José de LIMA).   Trainer: Sven Göran Eriksson
Goal: Carnevale (45)

BENFICA LISBOA v AS ROMA 0-1 (0-1)
Estádio da Luz, Lisboa   3.10.1990
Referee: Aron Schmidhuber (GER)   Attendance: 93,000
BENFICA: SILVINO Almeida Louro; António Augusto da Silva VELOSO, RICARDO Gomes Raimundo, WILLIAM Amaral de Andrade, FERNANDO Manuel Antunes MENDES (46 VATA Matanu Garcia), SAMUEL António Silva Tavares Quina (21 PAULO Sérgio Braga MADEIRA), Vítor Manuel Araújo "PANEIRA", Paulo Manuel Carvalho SOUSA, José RUI Lopes ÁGUAS, Valdo Cândido Filho Filho, ISAÍAS Marques Soares.   Trainer: Sven Göran Eriksson
AS ROMA: Angelo Peruzzi; Antonio Tempestilli, Sebastiano Nela, Thomas Berthold, Aldair dos Santos (51 Amedeo Carboni), Antonio Comi, Stefano Desideri, Giovanni Piacentini, Rudi Völler, Giuseppe Giannini (69 Fabrizio di Mauro), Andrea Carnevale.   Trainer: Ottavio Bianchi
Goal: Giannini (27)

ATALANTA BERGAMO v DINAMO ZAGREB 0-0
Comunale, Bergamo   19.09.1990
Referee: Peter Mikkelsen (DEN)   Attendance: 29,033
ATALANTA: Fabrizio Ferron; Renzo Contratto, Luigino Pasciullo, Walter Bonacina, Teobaldo Bigliardi, Domenico Progna, Roberto Bordin, Fabrizio Catelli, Carlo Perrone (72 Antonio Rizzolo), Tiziano De Patre, Claudio Caniggia.   Trainer: Pierluigi Frosio
DINAMO: Drazen Ladić; Željko Petrović, Gregor Zidan, Andrei Panadić, Zvonko Lipovać, Sasa Person, Ronald González, Mladen Mladenović, Davor Šuker (87 Slavko Istvanić), Zvonimir Boban, Kujtim Šalja (72 Hernán Medford).   Trainer: Kobescak

**DINAMO ZAGREB
v ATALANTA BERGAMO 1-1** (0-0)
Nk Dinamo, Zagreb   3.10.1990
Referee: Siegfried Kirschen (GER)   Attendance: 33,200
DINAMO: Drazen Ladić; Željko Petrović, Gregor Zidan, Damir Lesjak (71 Hernán Medford), Andrei Panadić, Sasa Person, Drazenko Prskalo (50 Ronald González), Mladen Mladenović, Davor Šuker, Zvonimir Boban, Kujtim Šalja.   Trainer: Kobescak
ATALANTA: Fabrizio Ferron; Renzo Contratto, Luigino Pasciullo, Sergio Porrini, Teobaldo Bigliardi, Domenico Progna, Tiziano De Patre, Roberto Bordin, Paulino Evair (89 Marco Monti), Eligio Nicolini, Claudio Caniggia (79 Carlo Perrone).   Trainer: Pierluigi Frosio
Goals: Boban (54), Evair (60 pen)

ZAGLEBIE LUBIN v AC BOLOGNA 0-1 (0-0)
Zaglebie, Lubin   19.09.1990
Referee: Henning Lund-Sørensen (DEN)   Att: 18,000
ZAGLEBIE: Jaroslaw Bako; Jaroslaw Chwaliszewski, Romuald Kujawa, Zdzislaw Pietrzykowski (78 Marcin Cilinski), Andrzej Wójcik, Zbigniew Szewczyk, Marek Godlewski, Adam Zejer, Jaroslaw Góra, Dariusz Marciniak, Stefan Machaj.   Trainer: Stanislaw Swierk
BOLOGNA: Nello Cusin; Renato Villa, Antonio Cabrini, Nikolai Iliev, Paolo Negro, Roberto Tricella, Pietro Mariani, Massimo Bonini, Herbert Waas, Lajos Détári, Emiliano Verga.   Trainer: Francesco Scoglio
Goal: Bonini (78)

AC BOLOGNA v ZAGLEBIE LUBIN 1-0 (0-0)
Renato Dall'Ara, Bologna   3.10.1990
Referee: Rolf Blattmann (SWI)   Attendance: 7,749
BOLOGNA: Nello Cusin; Renato Villa, Antonio Cabrini, Pierluigi Di Già, Nikolai Iliev, Roberto Tricella, Pietro Mariani, Emiliano Verga, Herbert Waas, Massimo Bonini, Giuseppe Lorenzo.   Trainer: Francesco Scoglio
ZAGLEBIE: Jaroslaw Bako; Jaroslaw Chwaliszewski (46 Dariusz Lewandowski), Romuald Kujawa, Zdzislaw Pietrzykowski, Andrzej Wójcik, Zbigniew Szewczyk, Marek Godlewski, Adam Zejer, Jaroslaw Góra, Dariusz Marciniak, Stefan Machaj.   Trainer: Stanislaw Swierk
Goal: Di Già (90)

1.FC MAGDEBURG
v PALLOSEURA ROVANIEMI 0-0
Ernst-Grube-Stadion, Magdeburg   19.09.1990
Referee: James McCluskey (SCO)   Attendance: 3,000
1.FC MAGDEBURG: Dirk Heyne; Dirk Stahmann, René Schneider, Sandy Enge, Jens Gerlach, Peter Köhler (46 Lutz Schwerinski), Jens Landrath, Frank Siersleben, Stefan Minkwitz, Uwe Rösler, Heiko Laessig (72 Jaroslaw Flisnik). Trainer: Siegmund Mewes
RoPs: Matti Vikman; Andrzej Ambrozej, Steven Polack, Arto Autti, Heikki Leinonen, Tero Forss, Ari Tegelberg (75 Tomi Tiainen), Tero Kemppainen, Petteri Karila, Vesa Tauriainen, Malcolm Dunkley.   Trainer: Jerzy Masztaler

GKS KATOWICE
v TURUN PALLOSEURA TURKU 3-0 (1-0)
GKS, Katowice   19.09.1990
Referee: Erman Toroglu (TUR)   Attendance: 3,030
GKS: Miroslaw Dreszer; Roman Szewczyk, Janusz Nawrocki, Andrzej Lesiak, Piotr Nazimek, Piotr Swierczewski (55 Adam Ksiazek), Miroslaw Kubisztal, Marek Swierczewski, Krzysztof Walczak, Zdzislaw Strojek (81 Dariusz Rzezniczek), Piotr Prabucki.   Trainer: Orest Lenczyk
TPS: Dan-Ola Eckerman; Esa Johansson, Petri Sulonen, Ari Heikkinen, Juha Laaksonen, Kim Suominen (75 Timo Taipale), Mika Aaltonen, Niclas Grönholm, Juha Halonen, Kimmo Lipponen, Marko Rajamäki.
Trainer: Heikki Suhonen
Goals: Heikkinen (18 og), Strojek (54), Prabucki (81)

PALLOSEURA ROVANIEMI
v 1.FC MAGDEBURG 0-1 (0-1)
Keskuskenttä, Rovaniemi   3.10.1990
Referee: Vadim Zhuk (USSR)   Attendance: 3,645
RoPs: Matti Vikman; Andrzej Ambrozej, Heikki Leinonen, Arto Autti, Tero Kemppainen, Steven Polack, Vesa Tauriainen, Tero Forss, Petteri Karila, Ari Tegelberg (69 Juhani Vuorenmaa), Malcolm Dunkley.   Trainer: Jerzy Masztaler
1.FC MAGDEBURG: Dirk Heyne; Dirk Stahmann, Frank Cebulla, Frank Siersleben, Jens Gerlach (20 René Schneider), Jens Landrath, Peter Köhler, Stefan Minkwitz, Dirk Grempler, Uwe Rösler, Heiko Laessig (85 Sandy Enge). Trainer: Siegmund Mewes
Goal: Laessig (4)

TURUN PALLOSEURA TURKU
v GKS KATOWICE 0-1 (0-1)
Kupittaan, Turku   3.10.1990
Referee: Bernd Heynemann (GER)   Attendance: 1,171
TPS: Dan-Ola Eckerman; Esa Johansson, Petri Sulonen, Ari Heikkinen, Timo Taipale, Juha Halonen, Mika Aaltonen, Kimmo Lipponen, Kim Suominen, Niclas Grönholm (68 Pertti Vigren), Marko Rajamäki.   Trainer: Heikki Suhonen
GKS: Miroslaw Dreszer; Roman Szewczyk, Andrzej Lesiak, Krzysztof Walczak, Janusz Nawrocki, Piotr Prabucki (75 Piotr Swierczewski), Zdzislaw Strojek (75 Arkadiusz Wolowicz), Marek Swierczewski, Miroslaw Kubisztal, Adam Ksiazek, Dariusz Grzesik.   Trainer: Orest Lenczyk
Goal: Szewczyk (27)

BAYER LEVERKUSEN
v FC TWENTE ENSCHEDE 1-0 (1-0)
Ulrich Haberland, Leverkusen   19.09.1990
Referee: Keith Cooper (WAL)   Attendance: 10,100
BAYER: Rüdiger Vollborn; Andreas Fischer, Thomas Hörster, Martin Kree, Knut Reinhardt, Jorginho, Christian Schreier, Andrzej Buncol (80 Markus Feinbier), Ioan Lupescu (76 Alois Reinhardt), Ulf Kirsten, Andreas Thom.
Trainer: Jürgen Gelsdorf
FC TWENTE: Hans De Koning; Wilfried Elzinga, Alfred Rutten, André Paus, André Karnebeek, Jan Gaasbeek, Marco Roelofsen, Jan Van Halst, Bertil Ter Avest, Youri Mulder, John Neijenhuis (75 Claus Nielsen).   Trainer: Theo Vonk
Goal: Kirsten (41)

FC TWENTE ENSCHEDE
v BAYER LEVERKUSEN 1-1 (0-0, 1-0) (AET)

Diekman, Enschede   3.10.1990

Referee: Sándor Varga (HUN)   Attendance: 14,000

FC TWENTE: Hans De Koning; Wilfried Elzinga, André Paus, Jan Van Halst, André Karnebeek, John Neijenhuis (55 Clemens Zwijnenburg), Jan Gaasbeek, Bertil Ter Avest, Michael Dikken, Claus Nielsen (77 Marco Roelofsen), Youri Mulder.   Trainer: Theo Vonk

BAYER: Rüdiger Vollborn; Jorginho, Thomas Hörster, Martin Kree, Alois Reinhardt; Andreas Fischer, Knut Reinhardt (80 Jean-Pierre De Keyser), Christian Schreier, Ioan Lupescu; Andreas Thom, Ulf Kirsten (111 Erich Seckler). Trainer: Jürgen Gelsdorf

Goals: Paus (84), Kirsten (97)

ASTON VILLA BIRMINGHAM
v BANÍK OSTRAVA 3-1 (1-1)

Villa Park, Birmingham   19.09.1990

Referee: Manfred Neuner (GER)   Attendance: 27,317

ASTON VILLA: Nigel Spink; Christopher Price, Stuart Gray, Paul McGrath, Derek Mountfield, Kent Nielsen, Anthony Daley, David Platt, Kevin Gage (46 Ian Ormondroyd), Gordon Cowans, Anthony Cascarino (57 Ian Olney).
Trainer: Jozef Venglos

BANÍK: Pavel Srnicek; Dušan Horváth, Pavel Kubánek, Karel Kula, Petr Skarabela, Roman Sialini, Radomír Chylek, Ivo Stas, Zbynek Ollender, Radim Necas, Jan Palínek.
Trainer: Jaroslav Gürtler

Goals: Chylek (31), Platt (32), Mountfield (58), Olney (78)

DNEPR DNEPROPETROVSK
v HEART OF MIDLOTHIAN 1-1 (0-1)

Meteor, Dnepropetrovsk   19.09.1990

Referee: Werner Föckler (GER)   Attendance: 15,500

DNEPR: Valeri Gorodov; Andrei Yudin, Sergei Bezhenar, Andrei Sidelnikov, Vladimir Geraschenko, Nikolai Kudritski (68 Oleg Smolianinov), Vladimir Bagmut, Oleg Benko (38 Evgeni Iarovenko), Eduard Son, Yuri Gudimenko, Evgeni Schakhov.   Trainer: Evgeni Kucherevski

HEARTS: Henry Smith; Alan McLaren, Tosh McKinlay, Craig Levein, Neil Berry (26 David Kirkwood), George Wright, John Robertson, David McCreery (58 Walter Kidd), Wayne Foster, James Sandison, John Colquhoun.   Trainer: Joe Jordan

Goals: Robertson (22), Gudimenko (56)

BANÍK OSTRAVA
v ASTON VILLA BIRMINGHAM 1-2 (1-0)

Bazaloch, Ostrava   3.10.1990

Referee: Tullio Lanese (ITA)   Attendance: 13,544

BANÍK: Ivo Schmucker; Pavel Kubánek, Dušan Horváth, Karel Kula, Petr Skarabela, Roman Sialini, Radomír Chylek (73 Radek Basta), Ivo Stas, Zbynek Ollender, Radim Necas, Dušan Vrto.   Trainer: Jaroslav Gürtler

ASTON VILLA: Nigel Spink; Christopher Price, Stuart Gray, Paul McGrath, Derek Mountfield, Kent Nielsen, Anthony Daley, David Platt, Ian Olney, Gordon Cowans, Ian Ormondroyd.   Trainer: Jozef Venglos

Goals: Necas (41), Mountfield (52), Stas (59 og)

HEART OF MIDLOTHIAN
v DNEPR DNEPROPETROVSK 3-1 (3-1)

Tynecastle Park, Edinburgh   3.10.1990

Referee: Einar Halle (NOR)   Attendance: 18,760

HEARTS: Henry Smith; Alan McLaren, Tosh McKinlay, Craig Levein, David Kirkwood, David McPherson, John Colquhoun (68 Derek Ferguson), George Wright (34 Gary Mackay), John Robertson, Iain Ferguson, Eamonn Bannon. Trainer: Joe Jordan

DNEPR: Valeri Gorodov; Andrei Yudin (76 Oleg Benko), Vladimir Geraschenko, Andrei Sidelnikov, Sergei Bezhenar, Nikolai Kudritski, Vladimir Bagmut, Sergei Mamchur, Eduard Son, Yuri Gudimenko (68 Evgeni Iarovenko), Evgeni Schakhov.   Trainer: Evgeni Kucherevski

Goals: McPherson (20), Robertson (21 pen, 41), Schakhov (40 pen)

TORPEDO MOSKVA v GAIS GÖTEBORG 4-1 (4-0)

Torpedo, Moskva   19.09.1990

Referee: Stavros Zakestidis (GRE)   Attendance: 2,000

TORPEDO: Valeri Sarichev; Aleksandr Polukarov, Andrei Kalaichev, Aleksandr Gitselov, Vadim Rogovskoi, Sergei Shustikov (55 Vladimir Grechnev), Gennadi Grishin (63 Sergei Zhukov), Yuri Tishkov, Nikolai Savichev, Oleg Schirinbekov, Sergei Agashkov.   Trainer: Valentin Ivanov

GAIS: Sören Järelöv; Jan Lundqvist, Piotr Piekarczyk, Erik Holmgren; Anders Björk, Lenna Kreivi, Simon Hunt, Morgan Nilsson, Magnus Gustafsson, Samir Bakaou (46 Pär Eriksson), Mikael Göransson.   Trainer: Bo Falk

Goals: Gitselov (15), Tishkov (26, 32), Grishin (44), Göransson (76)

GAIS GÖTEBORG v TORPEDO MOSKVA 1-1 (0-1)
Ullevi, Göteborg   3.10.1990

Referee: Karl-Heinz Tritschler (GER)   Attendance: 3,725

GAIS: Sören Järelöv; Pär Eriksson, Piotr Piekarczyk, Jan Lundqvist, Mikael Göransson, Lenna Kreivi, Simon Hunt (55 Anders Björk), Morgan Nilsson (60 Ulf Köhl), Magnus Gustafsson, Joakim Nafors, Erik Holmgren.   Trainer: Bo Falk

TORPEDO: Valeri Sarichev; Aleksandr Polukarov, Andrei Kalaichev, Sergei Shustikov (48 Gennadi Grishin), Mikhail Soloviev, Sergei Zhukov, Aleksandr Gitselov, Yuri Tishkov, Andrei Afanasiev, Oleg Schirinbekov, Sergei Agashkov.   Trainer: Valentin Ivanov

Goals: Tishkov (41), Köhl (67)

IRAKLIS THESSALONIKI v VALENCIA CF 0-0
Kautatzogleio, Thessaloniki   19.09.1990

Referee: Michel Girard (FRA)   Attendance: 14,500

IRAKLIS: Giorgos Plitsis; Kostas Iliadis, Pagonis Vakalopoulos, Dennis Facigani, Giorgos Papadopoulos, Fanis Tountziaris, Daniil Papadopoulos, Hristos Zifkas, Thanassis Dimopoulos, Remco Boere (53 Sakis Anastasiadis), Vasilis Hatzipanagis (69 Dimitris Adamou).   Trainer: Telis Batakis

VALENCIA CF: José Manuel OCHOTORENA; Fernando GINER Gil, Ricardo Penella ARIAS, Salvador González Marco "VORO", Fernando Martínez Perales "NANDO" (73 Francisco José CAMARASA Castellar); Miguel Ángel BOSSIO Bastianini, ROBERTO Fernández Bonilla, FERNANDO Gómez Colomer; Antônio José Gomes de Matos "TONI", Enrique CUXART Vaquer, ELOY José Olaya Prendes (83 Carlos ARROYO Ayala).   Trainer: Víctor Rodolfo Espárrago

**CHERNOMORETS ODESSA
v ROSENBORG BK TRONDHEIM 3-1** (1-0)
Central, Odessa   19.09.1990

Referee: Stephanos Hadjistephanou (CYP)   Att: 16,000

CHERNOMORETS: Viktor Grishko; Yuri Nikiforov, Yuri Schelepnitski, Vasili Ischak, Sergei Puchkov (70 Sergei Kuznetsov), Aleksandr Spitsin, Ilia Tsimbalar, Ivan Getsko, Sergei Tretiak, Georgi Kondratiev, Vladimir Eremin (87 Vladimir Korolianchuk).   Trainer: Viktor Prokopenko

ROSENBORG: Ola By Rise; Øivind Husby, Trond Sollied, Knut Torbjørn Eggen, Trond Henriksen, Kåre Ingebrigtsen, Sverre Brandhaug, Ørjan Berg, Roar Strand, Gøran Sørloth, Jahn Ivar Jakobsen.   Trainer: Nils Arne Eggen

Goals: Tsimbalar (3), Getsko (48), Kondratiev (58), Sørloth (79)

**VALENCIA CF
v IRAKLIS THESSALONIKI 2-0** (0-0, 0-0) (AET)
Luis Casanova, Valencia   3.10.1990

Referee: Brian Hill (ENG)   Attendance: 27,500

VALENCIA CF: José Manuel OCHOTORENA; Enrique Sánchez Flores "QUIQUE", Ricardo Penella ARIAS, Fernando GINER Gil, Salvador González Marco "VORO"; Carlos ARROYO Ayala (91 Enrique CUXART), TOMÁS González Rivera, FERNANDO Gómez Colomer; ELOY José Olaya Prendes, Antônio José Gomes de Matos "TONI" (63 Liuboslav Penev), Emilio Ángel FENOLL Mora.   Trainer: Víctor Rodolfo Espárrago

IRAKLIS: Giorgos Plitsis; Hristos Zifkas, Kostas Iliadis, Thomas Deligiannis, Daniil Papadopoulos (71 Sakis Anastasiadis), Andreas Bonovas, Giorgos Papadopoulos, Hristos Kostis, Dennis Facigani, Thanassis Dimopoulos (82 Remco Boere), Fanis Tountziaris.   Trainer: Telis Batakis

Goals: Fernando (101), Cuxart (108)

**ROSENBORG BK TRONDHEIM
v CHERNOMORETS ODESSA 2-1** (1-1)
Lerkendal, Trondheim   3.10.1990

Referee: Hakan Lundgren (SWE)   Attendance: 14,440

ROSENBORG: Ola By Rise; Øivind Husby (67 Roar Strand), Trond Sollied, Knut Torbjørn Eggen, Trond Henriksen, Kåre Ingebrigtsen, Sverre Brandhaug, Ørjan Berg, Karl-Petter Løken, Gøran Sørloth, Jahn Ivar Jakobsen. Trainer: Nils Arne Eggen

CHERNOMORETS: Viktor Grishko; Yuri Nikiforov, Yuri Schelepnitski, Vasili Ischak, Sergei Puchkov, Aleksandr Spitsin, Ilia Tsimbalar, Ivan Getsko, Sergei Tretiak, Georgi Kondratiev (90 Yuri Kulisch), Sergei Gusev (82 Vladimir Eremin).   Trainer: Viktor Prokopenko

Goals: Jakobsen (28), Schelepnitski (38), Sollied (76)

SEVILLA FC v PAOK THESSALONIKI 0-0
Ramón Sánchez Pizjuán, Sevilla   19.09.1990

Referee: Helmut Kohl (AUS)   Attendance: 40,000

SEVILLA FC: Juan Carlos UNZUÉ Libinau; Manuel HERRERO Maestre, Juan MARTAGÓN Romero, DIEGO Rodríguez Fernández, Manuel JIMÉNEZ Jiménez; José Antonio SALGUERO García, Rafael Paz Marín "RAFA PAZ", Manuel ZÚÑIGA Fernández (76 Ignacio CONTE Crespo); RAMÓN Vázquez García, Anton Polster, José CARVAJAL Puente.   Trainer: Vicente Cantatore

PAOK: Giannis Gkitsioudis; Ibrahim Hassan, Dimitris Mitoglou, Giorgos Mitsibonas (46 Magdi Tolba), Nikos Karageorgiou, Giannis Alexoulis, Kostas Lagonidis, Giorgos Skartados, Giorgos Toursounidis, Giannis Anastasiadis (72 Stefanos Borbokis), Mihalis Leontiadis.   Trainer: Rob Jacobs

PAOK THESSALONIKI v SEVILLA FC 0-0 (AET)
Toumpas, Thessaloniki 3.10.1990
Referee: Bo Karlsson (SWE)   Attendance: 40,000
PAOK: Giannis Gkitsioudis; Ibrahim Hassan, Dimitris Mitoglou, Giorgos Mitsibonas, Nikos Karageorgiou, Giannis Alexoulis (105 Kostas Malioufas), Kostas Lagonidis (65 Giannis Anastasiadis), Giorgos Skartados, Giorgos Toursounidis, Magdi Tolba, Mihalis Leontiadis.
Trainer: Rob Jacobs
SEVILLA FC: Juan Carlos UNZUÉ Libinau; Domingo SERRANO Gil, Juan MARTAGÓN Romero, DIEGO Rodríguez Fernández, Manuel JIMÉNEZ Jiménez; Rafael Paz Marín "RAFA PAZ" (75 José CARVAJAL Puente), José Antonio SALGUERO García, Pablo BENGOECHEA Dutra, Manuel ZÚÑIGA Fernández; Anton Polster, RAMÓN Vázquez García (97 Ignacio CONTE Crespo).   Trainer: Vicente Cantatore
Penalties: 0-0 Skartados (saved), Bengoechea (saved), 1-0 Karageorgiou, 1-1 Salguero, 2-1 Toursounidis, 2-2 Polster, 3-2 Hassan, 3-3 Serrano, Tolba (miss), 3-4 Diego

FC SLAVIA SOFIA v OMONOIA NICOSIA 2-1 (1-0)
Sofia 19.09.1990
Referee: Vladimir Chekhoiev (USSR)   Attendance: 12,000
SLAVIA: Ivko Ganchev; Zarko Machev, Evgeni Marinov, Aleksandar Markov, Kiril Kachamanov, Ivelin Penev (72 Valentin Ignatov), Dean Angelov, Atanas Kirov (46 Sasho Nachev), Rosen Krumov, Zvetozar Dermendjiev, Plamen Petkov.   Trainer: Vutzov
OMONOIA: Andreas Haritou; Giannis Kalotheou, Koulis Iacovou, Stelios Mavroftis, Evagoras Hristofi, Kostas Petsas, Sakis Andreou (90 Kostas Malekos), Andreas Giatrou, Tibor Micinec, Zdenek Koukal, Panikos Xiouroupas.
Trainer: Helmut Senekowitsch
Goals: Petkov (5), Micinec (68), Ignatov (82)

OMONOIA NICOSIA
v FC SLAVIA SOFIA 4-2 (1-1, 2-1) (AET)
Makarios, Nicosia 3.10.1990
Referee: Branko Bujić (YUG)   Attendance: 18,000
OMONOIA: Andreas Haritou; Giannis Kalotheou, Koulis Iacovou, Stelios Mavroftis, Evagoras Hristofi, Kostas Petsas, Andreas Kantilos (120 Sakis Andreou), Andreas Giatrou, Tibor Micinec, Zdenek Koukal, Panikos Xiouroupas.
Trainer: Helmut Senekowitsch
SLAVIA: Ivko Ganchev; Zarko Machev (46 Ilia Diakov), Evgeni Marinov, Aleksandar Markov, Kiril Kachamanov, Ivelin Penev, Dean Angelov, Ivailo Venkov (65 Sasho Nachev), Rosen Krumov, Zvetozar Dermendjiev, Atanas Kirov.
Trainer: Vutzov
Goals: Micinec (3 pen), Kirov (10), Xiouroupas (51), Dermendjiev (110 pen), Kalotheu (109, 118)

FENERBAHÇE ISTANBUL
v VITÓRIA GUIMARÃES 3-0 (2-0)
Fenerbahçe, Istanbul 19.09.1990
Referee: Ivan Gregr (CZE)   Attendance: 23,035
FENERBAHÇE: Harald Schumacher; Erdi Demir, Gökhan Gedikali, Ercan Kol, B. Senol Çorlu, Semih Yuvakuran, Hakan Tecimer, Oguz Çetin, Turan Sofuoglu, Fadil Vokri, Aykut Kocaman (74 K. Senol Ustaömer).   Trainer: Togay
VITÓRIA: António JESUS Pereira; ALBERTO Paulo Lombardo Grou, GERMANO Joaquim Estevao Santos, JORGE Augusto PINTO, Benjamin Pereira Sobrinho "BENÉ", BASÍLIO Fernandes Marques, JOÃO BAPTISTA de Melo, N'DINGA Mbote (68 Hamed ZIAD Tlemcani), Emile Belmont M'BOUH (52 BASAÚLA Lemba), José Manuel Guedes SOEIRO Silva; Francisco Carlos "CHIQUINHO".   Trainer: Paulo Autuori
Goals: Vokri (34), Turan (40), B. Senol (62 pen)

VITÓRIA GUIMARÃES
v FENERBAHÇE ISTANBUL 2-3 (1-3)
Estádio Municipal, Guimarães 3.10.1990
Referee: Rosario lo Bello (ITA)   Attendance: 15,000
VITÓRIA: António JESUS Pereira; Ângelo Fernando Conceição Santos "NANDO", GERMANO Joaquim Estevao Santos, BASÍLIO Fernandes Marques, JORGE Augusto PINTO, BASAÚLA Lemba, JOÃO BAPTISTA de Melo, N'DINGA Mbote, Francisco Carlos "CHIQUINHO", José Manuel Guedes SOEIRO Silva, Hamed ZIAD Tlemcani.
Trainer: Paulo Autuori
FENERBAHÇE: Harald Schumacher; Erdi Demir, Gökhan Gedikali, Ercan Kol, B. Senol Çorlu, Semih Yuvakuran, Müjdat Yetkiner, Oguz Çetin, Turan Sofuoglu, Aykut Kocaman, Fadil Vokri.   Trainer: Togay
Goals: Vokri (6), Müjdat (10), Aykut (25), Soeiro (32), Basaula (77)

ROYAL ANTWERP FC
v FERENCVÁROS BUDAPEST 0-0
Bosuil, Antwerpen 20.09.1990
Referee: Carlos Alberto Silva Valente (POR)   Att: 5,500
ANTWERP FC: Wim De Coninck; Wim Kiekens, Nico Broeckaert, Geert Emmerechts, Raphaël Quaranta, Hans-Peter Lehnhoff, Ralf Geilenkirchen (62 Mario Krohm), Ludo Geens, Frans Van Rooy, Mohammed Lashaf, Nico Claesen.
Trainer: Dimitri Davidovic
FERENCVÁROS: Miklós Józsa; Tibor Simon, Attila Pintér, Zsolt Limperger, József Keller, Péter Lipcsei, Antal Topor (72 Sándor Szenes), Csaba Patkós, András Keresztúri, Pál Fischer (82 Zsolt Páling), Zsolt Fonnyadt.   Trainer: Tibor Nyilasi

**FERENCVÁROS BUDAPEST
v ROYAL ANTWERP FC 3-1** (0-0, 0-0) (AET)

ZTE, Zalaegerszeg 3.10.1990

Referee: Pierluigi Magni (ITA)   Attendance: 16,500

FERENCVÁROS: Miklós Józsa;, Tibor Simon, Attila Pintér, József Keller, Antal Topor (108 Flórián Albert), Sándor Szenes (99 Gyula Vaszil), Zsolt Limperger, Péter Lipcsei, András Keresztúri, Pál Fischer, Zsolt Fonnyadt.
Trainer: Tibor Nyilasi

ANTWERP FC: Wim De Coninck; Ludo Geens, Nico Broeckaert, Geert Emmerechts, Raphaël Quaranta (86 Mario Krohm), Ronny Van Geneugden, Frans Van Rooy, Rudy Smidts, Hans-Peter Lehnhoff (33 Ralf Geilenkirchen), Mohammed Lashaf, Nico Claesen.
Trainer: Dimitri Davidovic

Goals: Keresztúri (93), Topor (102), Van Rooy (104 pen), Fischer (111)

SECOND ROUND

**1.FC MAGDEBURG
GIRONDINS de BORDEAUX 0-1** (0-1)

Ernst-Grube-Stadion, Magdeburg 23.10.1990

Referee: Heinz Holzmann (AUS)   Attendance: 13,500

1.FC MAGDEBURG: Dirk Heyne; Dirk Stahmann, René Schneider (64 Peter Köhler), Frank Cebulla, Jörg Dobritz, Frank Siersleben, Jens Gerlach, Stefan Minkwitz, Jens Landrath (79 Lutz Schwerinski), Heiko Laessig, Uwe Rösler.
Trainer: Siegmund Mewes

GIRONDINS: Joseph-Antoine Bell; Jean-Luc Dogon, Bixente Lizarazu, Didier Sénac, Patrick Battiston, Jean-Pierre Bade, Stéphane Plancque, Jean-Philippe Durand (58 Christophe Dugarry), Wim Kieft, Jean-Marc Ferreri, Patrick Vervoort.
Trainer: Gérard Gili

Goal: Ferreri (45 pen)

**GIRONDINS de BORDEAUX
v 1.FC MAGDEBURG 1-0** (0-0)

Parc Lescure, Bordeaux 6.11.1990

Referee: Pierluigi Pairetto (ITA)   Attendance: 20,000

GIRONDINS: Joseph-Antoine Bell, Patrick Battiston (24 Christophe Dugarry, 84 Lamine Sagna), Didier Sénac, Jean-Christophe Thouvenel, Jean-Philippe Durand, Jean-Luc Dogon, Patrick Vervoort, Jean-Marc Ferreri, Didier Deschamps, Bixente Lizarazu, Wim Kieft.
Trainer: Gérard Gili

1.FC MAGDEBURG: Dirk Heyne; Dirk Stahmann, Dirk Grempler, René Schneider, Peter Köhler (62 Jörg Dobritz), Timo Ehle (57 Lutz Schwerinski), Frank Cebulla, Jens Gerlach, Frank Siersleben, Heiko Laessig, Uwe Rösler.
Trainer: Siegmund Mewes

Goal: Ferreri (57)

1.FC KÖLN v INTER BRATISLAVA 0-1 (0-0)

Müngersdorfer Stadion, Köln 24.10.1990

Referee: Michal Listkiewicz (POL)   Attendance: 8,000

1.FC KÖLN: Bodo Illgner; Falko Götz, Alfons Higl (70 Frank Greiner), Anders Giske, Olaf Janssen; Hans-Dieter Flick (78 Horst Heldt), Andrzej Rudy, Henrik Andersen; Maurice Banach, Ralf Sturm, Frank Ordenewitz.
Trainer: Erich Rutemöller

INTER: Ladislav Tóth; Bartolomej Jurasko, Miloš Jonis, Milan Bagin, Emil Stranianek; Branislav Kubica, Rudolf Rehák, Vladimír Weiss, Martin Obsitník, Ján Stojka (69 Peter Lavrincík), Milan Lednicky (84 Peter Bárka).
Trainer: Jozef Adamec

Goal: Obsitník (64)

INTER BRATISLAVA v 1.FC KÖLN 0-2 (0-0)

Petrzalka, Bratislava 6.11.1990

Referee: José Rosa dos Santos (POR)   Attendance: 12,000

INTER: Ladislav Tóth; Bartolomej Jurasko, Milan Bagin, Rudolf Rehák, Emil Stranianek, Miloš Jonis, Branislav Kubica, Vladimír Weiss, Martin Obsitník; Ján Stojka (58 Peter Bárka), Milan Lednicky.   Trainer: Jozef Adamec

1.FC KÖLN: Bodo Illgner; Falko Götz, Alfons Higl, Anders Giske, Frank Greiner, Olaf Janssen; Hans-Dieter Flick, Andrzej Rudy, Henrik Andersen (67 Andreas Gielchen); Maurice Banach (81 Horst Heldt), Frank Ordenewitz.
Trainer: Erich Rutemöller

Goals: Götz (57), Janssen (62)

**UNIVERSITATEA CRAIOVA
v BV 09 BORUSSIA DORTMUND 0-3** (0-0)

Central, Craiova 24.10.1990

Referee: Carlo Longhi (ITA)   Attendance: 25,000

UNIVERSITATEA: Florin Prunea; Adrian Popescu, Emil Săndoi, Dănuț Bica; Gheorghe Ciurea, Vasile Mănăilă, Pavel Badea, Ion Olaru (76 Silvian Cristescu), Nicolae Zamfir; Ștefan Stoica, Adrian Pigulea (67 Eugen Neagoe).
Trainer: Sorin Cîrțu

BORUSSIA: Wolfgang De Beer; Thomas Helmer, Sergei Gorlukovich, Peter Quallo, Michael Schulz; Michael Lusch (76 Günter Kutowski), Michael Zorc, Michael Rummenigge, Gerhard Poschner (76 Stefan Strerath); Flemming Povlsen, Frank Mill.   Trainer: Horst Köppel

Goals: Zorc (59), Mill (69, 78)

**BV 09 BORUSSIA DORTMUND
v UNIVERSITATEA CRAIOVA 1-0** (1-0)

Westfalenstadion, Dortmund   6.11.1990

Referee: Dimitar Dimitrov (BUL)   Attendance: 20,117

BORUSSIA: Wolfgang De Beer; Thomas Helmer, Sergei Gorlukovich, Peter Quallo, Michael Schulz; Michael Lusch (68 Martin Driller), Michael Zorc (46 Thomas Franck), Michael Rummenigge, Gerhard Poschner; Günter Breitzke, Flemming Povlsen.   Trainer: Horst Köppel

UNIVERSITATEA: Florin Prunea; Adrian Popescu, Emil Săndoi, Dănuț Bica, Vasile Mănăilă; Gheorghe Ciurea, Ion Olaru, Pavel Badea, Adrian Pigulea; Daniel Emil Mogoșanu, Ștefan Stoica.   Trainer: Sorin Cîrțu

Goal: Zorc (39)

**BRØNDBY IF
v FERENCVÁROS BUDAPEST 3-0** (1-0)

Brøndby stadion   24.10.1990

Referee: Keith Cooper (WAL)   Attendance: 14,200

BRØNDBY: Peter Schmeichel; Bjarne Jensen, Lars Olsen, Uche Okechukwu, Kim Vilfort, Henrik Jensen (61 John Jensen), Carsten Vagn Jensen (71 Friday Elahor), Kim Christofte, Erik Rasmussen, Torben Frank, Bent Christensen.   Trainer: Morten Olsen

FERENCVÁROS: Miklós Józsa; Attila Pintér, Péter Lipcsei, Zsolt Limperger, Tibor Simon, Antal Topor (46 Gyula Vaszil), Sándor Szenes, András Keresztúri, József Keller, Pál Fischer, Zsolt Fonnyadt.   Trainer: Tibor Nyilasi

Goals: Christofte (29 pen), Okechukwu (81), Vilfort (90)

CHERNOMORETS ODESSA v AS MONACO 0-0

Central, Odessa   24.10.1990

Referee: Alphonse Constantin (BEL)   Attendance: 25,000

CHERNOMORETS: Viktor Grishko; Sergei Puchkov, Andrei Telesnenko, Sergei Kuznetsov, Vasili Ischak, Sergei Tretiak, Yuri Schelepnitski, Sergei Gusev (78 Aleksandr Nikiforov), Ilia Tsimbalar, Ivan Getsko (78 Vladimir Korolianchuk), Georgi Kondratiev.
Trainer: Viktor Prokopenko

AS MONACO: Jean-Luc Ettori; Patrick Valéry, Emmanuel Petit, Franck Sauzée, Luc Sonor; RUI Gil Soares de BARROS (73 Dominique Bijotat), Marcel Dib, Claude Puel, Gérald Passi, Ramón Díaz, George Weah (78 Benjamin Clément).   Trainer: Arsène Wenger

**FERENCVÁROS BUDAPEST
v BRØNDBY IF 0-1** (0-0)

Üllői út, Budapest   7.10.1990

Referee: Michel Vautrot (FRA)

FERENCVÁROS: József Szeiler; Péter Lipcsei, Attila Pintér, József Keller, Tibor Simon, Antal Topor, Gyula Vaszil, József Bánki, Zsolt Páling, Pál Fischer, Zsolt Nagy.
Trainer: Tibor Nyilasi

BRØNDBY: Peter Schmeichel; Bjarne Jensen, Kim Vilfort, Lars Olsen, Uche Okechukwu, John Jensen, Erik Rasmussen (70 Frank Pingel), Kim Christofte, Carsten Vagn Jensen, Bent Christensen, Torben Frank.   Trainer: Morten Olsen

Goal: Christensen (79)

**AS MONACO
v CHERNOMORETS ODESSA 1-0** (1-0)

Louis II, Monaco   7.11.1990

Referee: Kenneth Hope (SCO)   Attendance: 6,000

AS MONACO: Jean-Luc Ettori; Patrick Valéry, Emmanuel Petit, Roger Mendy, Luc Sonor; Franck Sauzée, Marcel Dib, Gérald Passi, RUI Gil Soares de BARROS; George Weah (14 Benjamin Clément), Ramón Díaz (74 Dominique Bijotat).   Trainer: Arsène Wenger

CHERNOMORETS: Viktor Grishko; Aleksandr Spitsin, Sergei Tretiak, Yuri Nikiforov, Andrei Telesnenko, Vasili Ischak (74 Yuri Kulisch), Yuri Schelepnitski, Igor Saveliev, Ilia Tsimbalar, Ivan Getsko, Sergei Gusev (69 Vladimir Korolianchuk).   Trainer: Viktor Prokopenko

Goal: Weah (14)

FC LUZERN v ADMIRA WACKER WIEN 0-1 (0-0)

Allmend, Luzern   24.10.1990

Referee: Ivan Gregr (CZE)   Attendance: 9,500

FC LUZERN: Giorgio Mellacina; Stefan Marini, René Van Eck, Urs Birrer, Peter Gmür, Urs Schönenberger, Heinz Moser (77 John Eriksen), Hanspeter Burri (77 Stefan Wolf), Peter Nadig, Semir Tuce, Adrian Knup.   Trainer: Friedel Rausch

ADMIRA WACKER: Wolfgang Knaller; Marko Elsner, Helmut Graf, Wolfgang Gramann, Uwe Müller, Josef Degeorgi, Andreas Gretschnig, Peter Artner, Alois Dötzl, Ernst Ogris (89 Dietmar Kühbauer), Olaf Marschall (21 Michael Binder).
Trainer: Thomas Parits

Goal: Binder (71)

ADMIRA WACKER WIEN v FC LUZERN 1-1 (0-0)

Bundesstadion Südstadt, Wien 7.11.1990

Referee: Vadim Zhuk (USSR) Attendance: 4,500

ADMIRA WACKER: Wolfgang Knaller; Marko Elsner; Helmut Graf, Wolfgang Gramann; Uwe Müller, Peter Artner, Alois Dötzl, Josef Degeorgi, Andreas Gretschnig (72 Gerald Glatzmayer); Ernst Ogris (88 Michael Binder), Olaf Marschall. Trainer: Thomas Parits

FC LUZERN: Beat Mutter; Stefan Marini, René Van Eck, Urs Birrer (46 John Eriksen), Peter Gmür, Stefan Wolf (75 Patrick Huser), Heinz Moser, Urs Schönenberger, Semir Tuce, Adrian Knup, Peter Nadig. Trainer: Friedel Rausch

Goals: Marschall (51), Marini (88)

HEART OF MIDLOTHIAN EDINBURGH v AC BOLOGNA 3-1 (3-0)

Tynecastle Park, Edinburgh 24.10.1990

Referee: José Maria Enriquez Negreira (SPA) Att: 11,155

HEARTS: Henry Smith; Alan McLaren, Tosh McKinlay, Craig Levein, David Kirkwood (79 Derek Ferguson), David McPherson, John Colquhoun, Neil Berry, Wayne Foster, Iain Ferguson, Eamonn Bannon. Trainer: Joe Jordan

BOLOGNA: Nello Cusin; Pietro Mariani, Renato Villa, Pierluigi Di Già, Nikolai Iliev, Roberto Tricella, Emiliano Verga, Massimo Bonini (75 Rosario Biondo), Herbert Waas, Egidio Notaristefano, Giuseppe Lorenzo (85 Giuseppe Campione). Trainer: Luigi Radice

Goals: Foster (7, 24), Iain Ferguson (38), Notaristefano (60)

AC BOLOGNA v HEART OF MIDLOTHIAN EDINBURGH 3-0 (1-0)

Renato Dall'Ara, Bologna 7.11.1990

Referee: Ignace Van Swieten (HOL) Attendance: 12,224

BOLOGNA: Nello Cusin; Rosario Biondo, Antonio Cabrini, Massimo Bonini, Roberto Tricella, Renato Villa, Pietro Mariani, Emiliano Verga, Giuseppe Campione (58 Fabio Poli), Lajos Détári (74 Giuseppe Lorenzo), Egidio Notaristefano. Trainer: Luigi Radice

HEARTS: Henry Smith; Gary Mackay, Tosh McKinlay, Craig Levein, David Kirkwood, David McPherson, John Colquhoun, Neil Berry, John Robertson (80 Scott Crabbe), Iain Ferguson, Eamonn Bannon (64 Alan McLaren). Trainer: Joe Jordan

Goals: Détári (19), Villa (73), Mariani (84)

FENERBAHÇE ISTANBUL v ATALANTA BERGAMO 0-1 (0-1)

Fenerbahçe, Istanbul 24.10.1990

Referee: Kurt Röthlisberger (SWI) Attendance: 35,000

FENERBAHÇE: Harald Schumacher; Erdi Demir, Semih Yuvakuran (79 Ahmet Suphi Evke), Hasan Özdemir, Müjdat Yetkiner, Ismail Kartal, Hakan Tecimer, B. Senol Çorlu, Fadil Vokri, Oguz Çetin, Aykut Kocaman (46 Ridvan Dilmen). Trainer: Guus Hiddink

ATALANTA: Fabrizio Ferron; Renzo Contratto, Luigino Pasciullo, Sergio Porrini, Teobaldo Bigliardi, Domenico Progna, Roberto Bordin, Walter Bonacina, Paulino Evair (72 Antonio Rizzolo), Eligio Nicolini, Carlo Perrone (87 Marco Monti). Trainer: Pierluigi Frosio

Goal: Bonacina (43)

ATALANTA BERGAMO v FENERBAHÇE ISTANBUL 4-1 (1-0)

Comunale, Bergamo 7.11.1990

Referee: Karl-Josef Assenmacher (GER) Att: 14,972

ATALANTA: Fabrizio Ferron; Renzo Contratto (62 Marco Monti), Luigino Pasciullo, Walter Bonacina, Sergio Porrini, Domenico Progna, Glenn Strömberg, Roberto Bordin, Paulino Evair (67 Tiziano De Patre), Eligio Nicolini, Carlo Perrone. Trainer: Pierluigi Frosio

FENERBAHÇE: Harald Schumacher; Ahmet Suphi Evke, Semih Yuvakuran (26 Erdi Demir), Ercan Kol, Müjdat Yetkiner, Gökhan Gedikali, Ismail Kartal, Ridvan Dilmen, Fadil Vokri, Oguz Çetin, Aykut Kocaman. Trainer: Guus Hiddink

Goals: Evair (2), Perrone (55), Nicolini (57), Bonacina (61), Ismail (90)

VALENCIA CF v AS ROMA 1-1 (1-0)

Luis Casanova, Valencia 24.10.1990

Referee: Siegfried Kirschen (GER) Attendance: 37,400

VALENCIA: José Manuel OCHOTORENA; Enrique Sánchez Flores "QUIQUE", Salvador González Marco "VORO", Ricardo Penella ARIAS, Fernando GINER Gil; ROBERTO Fernández Bonilla, Antônio José Gomes de Matos "TONI", Carlos ARROYO Ayala (76 TOMÁS González Rivera), Liuboslav Penev, FERNANDO Gómez Colomer, ELOY José Olaya Prendes (76 Emilio Ángel FENOLL Mora). Trainer: Víctor Rodolfo Espárrago

AS ROMA: Giuseppe Zinetti; Antonio Tempestilli (46 Ruggiero Rizzitelli), Sebastiano Nela, Thomas Berthold, ALDAIR Nascimento dos Santos, Antonio Comi, Stefano Desideri, Giovanni Piacentini, Rudi Völler, Giuseppe Giannini, Fabrizio di Mauro. Trainer: Ottavio Bianchi

Goals: Roberto (24), Rizzitelli (73)

AS ROMA v VALENCIA CF 2-1 (1-0)

Stadio Olimpico, Roma   7.11.1990

Referee: Gérard Biguet (FRA)   Attendance: 47,825

AS ROMA: Giuseppe Zinetti; Antonio Tempestilli, Sebastiano Nela, Thomas Berthold, ALDAIR Nascimento dos Santos, Antonio Comi, Giovanni Piacentini, Fabrizio di Mauro, Rudi Völler, Giuseppe Giannini (65 Fausto Salsano), Ruggiero Rizzitelli (89 Stefano Pellegrini).   Trainer: Ottavio Bianchi

VALENCIA: José Manuel OCHOTORENA; Enrique Sánchez Flores "QUIQUE", Salvador González Marco "VORO", Ricardo Penella ARIAS, Fernando GINER Gil; Miguel Ángel BOSSIO Bastianini (80 Enrique CUXART Vaquer), ELOY José Olaya Prendes, ROBERTO Fernández Bonilla, Liuboslav Penev, FERNANDO Gómez Colomer, Carlos Horacio González González "ZURDI" (59 Emilio Ángel FENOLL Mora).   Trainer: Víctor Rodolfo Espárrago

Goals: Giannini (36), Völler (64 pen), Fernando (70 pen)

ASTON VILLA BIRMINGHAM v INTERNAZIONALE MILANO 2-0 (1-0)

Villa Park, Birmingham   24.10.1990

Referee: Lajos Németh (HUN)   Attendance: 36,461

ASTON VILLA: Nigel Spink; Christopher Price, Stuart Gray, Andrew Comyn, Derek Mountfield, Kent Nielsen, Anthony Daley, David Platt, Paul Birch, Gordon Cowans, Anthony Cascarino.   Trainer: Jozef Venglos

INTERNAZIONALE: Walter Zenga; Giuseppe Bergomi, Andreas Brehme, Nicola Berti, Riccardo Ferri, Sergio Battistini, Paolo Stringara, Fausto Pizzi (71 Andrea Mandorlini), Jürgen Klinsmann, Lothar Matthäus, Aldo Serena.   Trainer: Giovanni Trapattoni

Goals: Nielsen (14), Platt (67)

INTERNAZIONALE MILANO v ASTON VILLA BIRMINGHAM 3-0 (1-0)

Stadio Giuseppe Meazza, Milano   7.11.1990

Referee: Alexei Spirin (USSR)   Attendance: 32,800

INTERNAZIONALE: Walter Zenga; Giuseppe Bergomi, Andreas Brehme, Nicola Berti (81 Andrea Mandorlini), Riccardo Ferri, Sergio Battistini (46 Antonio Paganin), Alessandro Bianchi, Fausto Pizzi, Jürgen Klinsmann, Lothar Matthäus, Aldo Serena.   Trainer: Giovanni Trapattoni

ASTON VILLA: Nigel Spink; Christopher Price, Paul McGrath, Derek Mountfield (82 Ian Olney), Kent Nielsen, Stuart Gray, David Platt, Paul Birch, Gordon Cowans, Anthony Daley, Anthony Cascarino.   Trainer: Jozef Venglos

Goals: Klinsmann (7), Berti (64), Bianchi (75)

GKS KATOWICE v BAYER LEVERKUSEN 1-2 (0-1)

GKS, Katowice   24.10.1990

Referee: Yusuf Namoglu (TUR)   Attendance: 4,833

GKS: Miroslaw Dreszer; Janusz Nawrocki, Roman Szewczyk, Dariusz Grzesik, Piotr Swierczewski, Marek Swierczewski, Andrzej Lesiak, Miroslaw Kubisztal, Krzysztof Walczak (56 Dariusz Rzezniczek), Zdzislaw Strojek, Piotr Prabucki (69 Adam Ksiazek).   Trainer: Orest Lenczyk

BAYER: Rüdiger Vollborn; Thomas Hörster, Martin Kree, Alois Reinhardt; Jorginho, Franco Foda, Christian Schreier, Ioan Lupescu, Knut Reinhardt; Ulf Kirsten (59 Heiko Herrlich), Andreas Thom (31 Andrzej Buncol).   Trainer: Jürgen Gelsdorf

Goals: Thom (27), Buncol (48), Piotr Swierczewski (85)

BAYER LEVERKUSEN v GKS KATOWICE 4-0 (1-0)

Ulrich Haberland, Leverkusen   7.11.1990

Referee: Kaj John Natri (FIN)   Attendance: 8,700

BAYER: Rüdiger Vollborn; Franco Foda, Erich Seckler, Martin Kree, Jorginho, Markus Feinbier, Christian Schreier, Ioan Lupescu, Knut Reinhardt; Marek Lesniak, Andreas Thom (80 Heiko Herrlich).   Trainer: Jürgen Gelsdorf

GKS: Janusz Jojko; Roman Szewczyk, Andrzej Lesiak, Adam Ksiazek, Arkadiusz Wolowicz (46 Marek Swierczewski), Dariusz Grzesik, Piotr Swierczewski, Janusz Nawrocki, Krzysztof Walczak (46 Piotr Prabucki), Zdzislaw Strojek, Miroslaw Kubisztal.   Trainer: Orest Lenczyk

Goals: Lesniak (28), Jorginho (78), Herrlich (82), Schreier (88)

SPORTING LISBOA v POLITEHNICA TIMIȘOARA 7-0 (2-0)

Estádio José Alvalade, Lisboa   24.10.1990

Referee: Hans-Peter Dellwing (GER)   Attendance: 45,000

SPORTING: Tomislav Ivković; CARLOS Jorge Marques Caldas XAVIER, Luís Carlos Ferreira "LUISINHO", Pedro Manuel Regateiro VENÂNCIO (83 Vlado Bozinoski), José Martins LEAL; Luís Filipe Carvalho "LITOS", OCEANO Andrade da Cruz, Hamilton Souza "CARECA", FILIPE Manuel Esteves Ramos; Fernando Mendes Soares GOMES, Jorge Paulo CADETE Reis (83 José António Ramalho LIMA).   Trainer: Marinho Peres

POLITEHNICA: Dumitru Jipa; Adrian Crăciun, Petre Andreaș, Vasile Ionuț, Adrian Stoicov; Ionel Bărbosu, Adrian Bungău, Călin Rosenblum (53 Alin Oloșutean), Sorin Vlaicu, Ion Timofte, Octavian Popescu (53 Constantin Varga).   Trainer: Constantin Rădulescu

Goals: Cadete (31, 50, 70), Gomes (36, 61), Careca (79), Bozinoski (90)

POLITEHNICA TIMIŞOARA v SPORTING LISBOA 2-0 (1-0)

1 Mai, Timişoara 7.11.1990

Referee: Serge Muhmenthaler (SWI)   Attendance: 20,000

POLITEHNICA: Dumitru Jipa; Constantin Varga, Petre Andreaş, Adrian Crăciun, Adrian Stoicov; Adrian Bungău (57 Daniel Mănăilă), Cristian China (72 Florin Bătrînu), Sorin Vlaicu, Octavian Popescu; Călin Rosenblum, Ion Timofte. Trainer: Constantin Rădulescu

SPORTING: Tomislav Ivković; CARLOS Jorge Marques Caldas XAVIER, Vlado Bozinoski, Pedro Manuel Regateiro VENÂNCIO, José Martins LEAL; OCEANO Andrade da Cruz, Luís Filipe Carvalho "LITOS", Wiilliam DOUGLAS Humia Menezes (65 Luís Carlos Ferreira "LUISINHO"), FILIPE Manuel Esteves Ramos, Jorge Paulo CADETE Reis (86 JOÃO LUÍS II Garcês Esteves); Fernando Mendes Soares GOMES. Trainer: Marinho Peres

Goals: Vlaicu (44), Varga (52 pen)

OMONOIA NICOSIA v RSC ANDERLECHT BRUSSEL 1-1 (0-0)

Makarios Nicosia 24.10.1990

Referee: Roger Philippi (LUX)   Attendance: 9,473

OMONOIA: Hristos Hristou; Stelios Mavroftis, Giannis Kalotheou, Kostas Petsas, Evagoras Hristofi, Koulis Iacovou, Andreas Giatrou, Tibor Micinec, Sakis Andreou, Andreas Kantilos, Panikos Xiouroupas. Trainer: Helmut Senekowitsch

ANDERLECHT: Filip De Wilde; Bertrand Crasson (26 Adri Van Tiggelen), Graeme Rutjes, Wim Kooiman, Michel De Wolf; Luis Oliveira, Charles Musonda, Marc Degryse, Alain Van Baekel; Gert Verheyen, Luc Nilis.   Trainer: Aad de Mos

Goals: Kalotheou (51 og), Mavroftis (83)

RSC ANDERLECHT BRUSSEL v OMONOIA NICOSIA 3-0 (2-0)

Constant Vanden Stock, Brussel 7.10.1990

Referee: Oli Olsen (ICE)   Attendance: 18,900

ANDERLECHT: Filip De Wilde; Bertrand Crasson, Graeme Rutjes, Wim Kooiman, Michel De Wolf; Luis Oliveira (75 Pär Zetterberg), Charles Musonda, John Van Loen, Alain Van Baekel (75 Adri Van Tiggelen); Luc Nilis, Gert Verheyen. Trainer: Aad de Mos

OMONOIA: Andreas Haritou; Koulis Iacovou, Sakis Andreou, Stelios Mavroftis, Evagoras Hristofi, Kostas Petsas, Andreas Kantilos, Andreas Giatrou (79 Stelios Stylianou), Tibor Micinec, Zdenek Koukal (89 Hristakis Georghiou), Panikos Xiouroupas.   Trainer: Helmut Senekowitsch

Goals: Verheyen (5), Oliveira (38 pen), Rutjes (60)

VITESSE ARNHEM v DUNDEE UNITED 1-0 (1-0)

Nieuw-Monnikenhuize, Arnhem 24.10.1990

Referee: Mircea Salomir (ROM)   Attendance: 8,331

VITESSE: Raymond van der Gouw; Edward Sturing (52 Huub Loeffen), Frans Thijssen, Theo Bos, Roberto Straal, Arjan Vermeulen, Martin Laamers, John van der Brom, René Eijer, Bart Latuheru, Hans van Arum (77 Rick Hilgers). Trainer: Bert Jacobs

DUNDEE UNITED: Alan Main; David Narey, Alex Cleland, Freddy Van Der Hoorn, Brian Welsh, Maurice Malpas, William McKinlay, James McInally, David Bowman, Darren Jackson (65 Mika-Matti Paatelainen), Hamish French. Trainer: Jim McLean

Goal: Eijer (30)

DUNDEE UNITED v VITESSE ARNHEM 0-4 (0-2)

Tannadice Park, Dundee 7.11.1990

Referee: Bernd Heynemann (GER)   Attendance: 10,261

DUNDEE UNITED: Alan Main; David Narey (46 Christian Dailly), Alex Cleland, Freddy Van Der Hoorn, Miodrag Krivokapic, William McKinlay, James McInally (72 Paddy Connolly), Maurice Malpas, Mika-Matti Paatelainen, Darren Jackson, Hamish French.   Trainer: Jim McLean

VITESSE: Raymond van der Gouw; Edward Sturing (46 Arjan Vermeulen), Frans Thijssen, Theo Bos (68 Ton Van Bremen), Roberto Straal, Martin Laamers, John van der Brom, René Eijer, Bart Latuheru, Rick Hilgers, Hans van Arum. Trainer: Bert Jacobs

Goals: Latuheru (10, 37), Van den Brom (62 pen), Eijer (73)

TORPEDO MOSKVA v SEVILLA FC 3-1 (0-0)

Torpedo Moskva 24.10.1990

Referee: Rune Larsson (SWE)   Attendance: 15,000

TORPEDO: Valeri Sarichev; Aleksandr Polukarov, Vadim Rogovskoi, Andrei Afanasiev, Oleg Schirinbekov, Sergei Agashkov, Sergei Shustikov, Nikolai Savichev, Gennadi Grishin (53 Aleksandr Kuzmichev), Aleksandr Gitselov (53 Sergei Zhukov), Yuri Tishkov.   Trainer: Valentin Ivanov

SEVILLA FC: Juan Carlos UNZUÉ Libinau; Domingo SERRANO Gil, Juan MARTAGÓN Romero (60 PASCUAL Donat Llopia), DIEGO Rodríguez Fernández, Manuel JIMÉNEZ Jiménez; José Antonio SALGUERO García, Rafael Paz Marín "RAFA PAZ", Pablo BENGOECHEA Dutra, Manuel ZÚÑIGA Fernández (58 José CARVAJAL Puente); RAMÓN Vázquez García, Anton Polster.   Trainer: Vicente Cantatore

Sent off: Tishkov (68)

Goals: Tishkov (58), Polster (71), Zhukov (84 pen), Schirinbekov (89)

SEVILLA FC v TORPEDO MOSKVA 2-1 (1-1)
Ramón Sánchez Pizjuán, Sevilla 7.11.1990
Referee: Pierluigi Magni (ITA)   Attendance: 26,700

SEVILLA FC: Juan Carlos UNZUÉ Libinau; Domingo SERRANO Gil, Juan MARTAGÓN Romero (60 PASCUAL Donat Llopia), DIEGO Rodríguez Fernández, Manuel JIMÉNEZ Jiménez; Rafael Paz Marín "RAFA PAZ" (69 Ignacio CONTE Crespo), José Antonio SALGUERO García, Pablo BENGOECHEA Dutra; RAMÓN Vázquez García, José CARVAJAL Puente, Anton Polster.
Trainer: Vicente Cantatore

TORPEDO: Valeri Sarichev; Aleksandr Polukarov, Vadim Rogovskoi, Andrei Kalaichev, Andrei Afanasiev, Sergei Shustikov (80 Mikhail Soloviev), Sergei Agashkov, Oleg Schirinbekov, Sergei Zhukov, Aleksandr Gitselov, Nikolai Savichev (73 Aleksandr Kuzmichev).
Trainer: Valentin Ivanov

Sent off: Schirinbekov (67)

Goals: N. Savichev (9), Bengoechea (25), Ramón (62)

PARTIZAN BEOGRAD v REAL SOCIEDAD SAN SEBASTIÁN 1-0 (0-0, 1-0) (AET)
JNA, Beograd 8.11.1990
Referee: Rosario lo Bello (ITA)   Attendance: 45,000

PARTIZAN: Goran Pandurović; Vujadin Stanojković, Darko Milanić, Miodrag Jesić (104 Sladjan Scepović), Budimir Vujačić, Slaviša Jokanović, Goran Bogdanović, Predrag Mijatović (46 Goran Petrić), Goran Stevanović, Josip Visnjić, Milan Djurdjević.   Trainer: Miloš Milutinović

REAL SOCIEDAD: José Luis GONZÁLEZ Vázquez; Miguel Ángel FUENTES Azpiroz, Alberto GÓRRIZ Echarte, Juan Antonio LARRAÑAGA Gurrutxaga, Agustín GAJATE Vidriales, Javier BENGOETXEA Iparraguirre, José María LUMBRERAS Paños (38 Luis Fernando DADIE Fernández), Kevin Richardson, Juan Antonio MENTXAKA Lorente, Mikel LASA Goikoetxea, John Aldridge.
Trainer: Marco Antonio Boronat

Goal: Stevanović (48)

Penalties: 1-0 Visnjić, 1-1 Metxaka; 2-1 Vujačić, 2-2 Lasa, 3-2 Petrić, 3-3 Górriz, 4-3 Djurdjević, Aldridge (saved), Scepović (missed), Bengoetxea (saved)

THIRD ROUND

REAL SOCIEDAD SAN SEBASTIÁN v PARTIZAN BEOGRAD 1-0 (0-0)
Atotxa, San Sebastián 24.10.1990
Referee: Peter Mikkelsen (DEN)   Attendance: 21,600

REAL SOCIEDAD: José Luis GONZÁLEZ Vázquez, Miguel Ángel FUENTES Azpiroz, Agustín GAJATE Vidriales, Alberto GÓRRIZ Echarte, Javier BENGOETXEA Iparraguirre; Mikel LASA Goikoetxea, Juan Antonio MENTXAKA Lorente, Juan Antonio LARRAÑAGA Gurrutxaga, Kevin Richardson (75 Javier GURUCETA Aizpún), José María LUMBRERAS Paños (39 Luis Fernando DADIE Fernández), John Aldridge.
Trainer: Marco Antonio Boronat

PARTIZAN: Goran Pandurović; Vujadin Stanojković, Darko Milanić, Goran Petrić, Miodrag Jesić, Budimir Vujačić, Goran Bogdanović, Predrag Mijatović, Slaviša Jokanović, Josip Visnjić, Sladjan Scepović.   Trainer: Miloš Milutinović

Goal: Larrañaga (90)

BRØNDBY IF v BAYER LEVERKUSEN 3-0 (1-0)
Brøndby, stadion 28.11.1990
Referee: Alexei Spirin (USSR)   Attendance: 23,000

BRØNDBY: Peter Schmeichel; John Jensen, Lars Olsen, Jens Risager, Bjarne Jensen, Kim Vilfort, Carsten Vagn Jensen, Kim Christofte, Erik Rasmussen, Torben Frank (70 Frank Pingel), Bent Christensen.   Trainer: Morten Olsen

BAYER: Rüdiger Vollborn; Thomas Hörster, Andreas Fischer (46 Erich Seckler), Martin Kree, Franco Foda (61 Markus Feinbier), Jorginho, Christian Schreier, Ioan Lupescu, Jean-Pierre De Keyser; Andreas Thom, Ulf Kirsten.
Trainer: Jürgen Gelsdorf

Goals: Frank (5, 66), Christensen (60)

BAYER LEVERKUSEN v BRØNDBY IF 0-0
Ulrich Haberland, Leverkusen 11.12.1990
Referee: Joaquin Ramos Marcos (SPA)   Attendance: 10,000

BAYER: Rüdiger Vollborn; Martin Kree, Franco Foda (85 Matthias Stammann), Alois Reinhardt (56 Marek Lesniak), Knut Reinhardt, Jorginho, Ioan Lupescu, Christian Schreier, Heiko Herrlich, Andreas Thom, Ulf Kirsten.
Trainer: Jürgen Gelsdorf

BRØNDBY: Peter Schmeichel; Jens Risager, Lars Olsen, Uche Okechukwu (75 Frank Pingel), Bjarne Jensen, John Jensen, Carsten Vagn Jensen, Kim Christofte, Kim Vilfort, Bent Christensen, Torben Frank.   Trainer: Morten Olsen

TORPEDO MOSKVA v AS MONACO 2-1 (2-0)

Torpedo Moskva 28.11.1990

Referee: Kurt Röthlisberger (SWI)   Attendance: 10,000

TORPEDO: Valeri Sarichev; Aleksandr Polukarov, Vadim Rogovskoi, Sergei Shustikov, Gennadi Grishin (71 Vladimir Grechnev), Sergei Agashkov, Sergei Zhukov, Andrei Afanasiev, Nikolai Savichev, Yuri Tishkov, Aleksandr Gitselov (49 Aleksandr Kuzmichev).   Trainer: Valentin Ivanov

AS MONACO: Jean-Luc Ettori; Patrick Valéry, Luc Sonor, Emmanuel Petit, Roger Mendy, Marcel Dib (77 Dominique Bijotat), Claude Puel, Franck Sauzée, Ramón Díaz (46 Benjamin Clément), RUI Gil Soares de BARROS, Gérald Passi.   Trainer: Arsène Wenger

Goals: Tishkov (19), N. Savichev (45), Passi (56)

PARTIZAN BEOGRAD v INTERNAZIONALE MILANO 1-1 (0-0)

JNA, Beograd 12.12.1990

Referee: Michel Vautrot (FRA)   Attendance: 33,500

PARTIZAN: Goran Pandurović; Vujadin Stanojković, Darko Milanić, Slaviša Jokanović, Bratislav Mijalković, Budimir Vujačić, Goran Bogdanović, Predrag Mijatović, Josip Visnjić, Milan Djurdjević (46 Sladjan Scepović), Goran Stevanović.   Trainer: Miloš Milutinović

INTERNAZIONALE: Walter Zenga; Giuseppe Bergomi, Giuseppe Baresi, Paolo Stringara, Massimiliano Tacchinardi, Andrea Mandorlini, Alessandro Bianchi, Nicola Berti, Jürgen Klinsmann, Lothar Matthäus, Aldo Serena.   Trainer: Giovanni Trapattoni

Goals: Stevanović (62), Matthäus (64)

AS MONACO v TORPEDO MOSKVA 1-2 (0-0)

Louis II, Monaco 11.12.1990

Referee: Tullio Lanese (ITA)   Attendance: 11,000

AS MONACO: Jean-Luc Ettori; Patrick Valéry, Luc Sonor, Emmanuel Petit, Roger Mendy (52 Dominique Bijotat), Marcel Dib, RUI Gil Soares de BARROS, Franck Sauzée, George Weah, Ramón Díaz, Gérald Passi (65 Youssouf Fofana).   Trainer: Arsène Wenger

TORPEDO: Valeri Sarichev; Aleksandr Polukarov, Andrei Kalaichev, Gennadi Grishin (85 Mikhail Soloviev), Vadim Rogovskoi, Sergei Shustikov, Sergei Zhukov (46 Aleksandr Gitselov), Yuri Tishkov, Nikolai Savichev, Sergei Agashkov, Oleg Schirinbekov.   Trainer: Valentin Ivanov

Goals: Tishkov (70), Díaz (82), Gitselov (90)

AS ROMA v GIRONDINS de BORDEAUX 5-0 (2-0)

Stadio Olimpico, Roma 28.11.1990

Referee: John Blankenstein (HOL)   Attendance: 48,699

AS ROMA: Giuseppe Zinetti; Antonio Tempestilli, Sebastiano Nela (75 Giovanni Piacentini), Thomas Berthold, Aldair dos Santos, Antonio Comi, Stefano Desideri, Fabrizio di Mauro, Rudi Völler, Fausto Salsano (80 Bruno Conti), Manuel Gerolin.   Trainer: Ottavio Bianchi

GIRONDINS: Joseph-Antoine Bell; Jean-Christophe Thouvenel, Bixente Lizarazu (66 Jean-Pierre Bade), Didier Sénac, Patrick Battiston, Didier Deschamps, Jean-Philippe Durand, Patrick Vervoort, Wim Kieft, Jean-Marc Ferreri, Stéphane Plancque (46 Philippe Fargeon).   Trainer: Gérard Gili

Goals: Völler (10, 45 pen, 50), Gerolin (61, 74)

INTERNAZIONALE MILANO v PARTIZAN BEOGRAD 3-0 (1-0)

Stadio Giuseppe Meazza, Milano 28.11.1990

Referee: Helmut Kohl (AUS)   Attendance: 63,071

INTERNAZIONALE: Walter Zenga; Giuseppe Bergomi, Andrea Mandorlini, Sergio Battistini, Riccardo Ferri, Antonio Paganin, Alessandro Bianchi, Nicola Berti, Jürgen Klinsmann, Lothar Matthäus, Aldo Serena.   Trainer: Giovanni Trapattoni

PARTIZAN: Goran Pandurović; Vujadin Stanojković, Bratislav Mijalković, Slaviša Jokanović, Goran Petrić, Budimir Vujačić, Goran Bogdanović (62 Sladjan Scepović), Predrag Mijatović, Josip Visnjić, Milan Djurdjević, Goran Stevanović.   Trainer: Miloš Milutinović

Goals: Matthäus (32), Mandorlini (47), Bianchi (68)

GIRONDINS de BORDEAUX v AS ROMA 0-2 (0-0)

Parc Lescure, Bordeaux 12.12.1990

Referee: Bo Karlsson (SWE)   Attendance: 18,500

GIRONDINS: Joseph-Antoine Bell; Jean-Christophe Thouvenel, Bixente Lizarazu, Stéphane Plancque (72 Bernard Gimenez), Jean-Luc Dogon, Christophe Dugarry, Jean-Philippe Durand, Patrick Vervoort, Wim Kieft, Jean-Marc Ferreri, Philippe Fargeon (30 Philippe Sence).   Trainer: Gérard Gili

AS ROMA: Giuseppe Zinetti; Thomas Berthold, Sebastiano Nela, Giovanni Piacentini (84 Roberto Muzzi), Aldair dos Santos, Antonio Comi, Stefano Desideri, Fabrizio di Mauro, Rudi Völler, Fausto Salsano, Manuel Gerolin (46 Giovanni Piacentini).   Trainer: Ottavio Bianchi

Goals: Völler (72 pen), Desideri (89)

ADMIRA WACKER WIEN
v AC BOLOGNA 3-0 (2-0)
Bundesstadion Südstadt, Wien 28.11.1990
Referee: Lajos Hartmann (HUN)   Attendance: 7,500
ADMIRA WACKER: Wolfgang Knaller; Alois Dötzl, Wolfgang Gramann, Helmut Graf, Josef Degeorgi, Marko Elsner, Ernst Ogris (10 Michael Binder, 81 Gerald Glatzmayer), Peter Artner, Uwe Müller, Andreas Gretschnig, Olaf Marschall. Trainer: Thomas Parits
BOLOGNA: Nello Cusin; Rosario Biondo, Antonio Cabrini, Massimo Bonini, Paolo Negro (46 Pierluigi Di Già), Roberto Tricella, Pietro Mariani, Emiliano Verga, Herbert Waas (65 Giuseppe Lorenzo), Lajos Détári, Fabio Poli. Trainer: Luigi Radice
Goals: Gretschnig (31, 55), U. Müller (35)

BV 09 BORUSSIA DORTMUND
v RSC ANDERLECHT BRUSSEL 2-1 (0-1)
Westfalenstadion, Dortmund 12.12.1990
Referee: Zoran Petrović (YUG)   Attendance: 40,100
BORUSSIA: Wolfgang De Beer; Sergei Gorlukovich, Thomas Helmer, Peter Quallo, Michael Schulz; Michael Lusch, Günter Kutowski, Michael Rummenigge, Gerhard Poschner (66 Robert Nikolic); Jürgen Wegmann, Flemming Povlsen. Trainer: Horst Köppel
ANDERLECHT: Filip De Wilde; Adri Van Tiggelen, Graeme Rutjes, Wim Kooiman, Michel De Wolf, Bertrand Crasson; Charles Musonda, Marc Degryse, Alain Van Baekel (82 John Van Loen), Luc Nilis, Luis Oliveira (65 Gert Verheyen). Trainer: Aad de Mos
Goals: Van Baekel (36), Gorlukovich (49), Schulz (79)

AC BOLOGNA
v ADMIRA WACKER WIEN 3-0 (1-0, 3-0) (AET)
Renato Dall'Ara, Bologna 12.12.1990
Referee: Karl-Heinz Tritschler (GER)   Attendance: 4,290
BOLOGNA: Nello Cusin; Rosario Biondo, Antonio Cabrini, Massimo Bonini, Paolo Negro, Roberto Tricella, Pierluigi Di Già (69 Giuseppe Campione), Emiliano Verga, Herbert Waas, Egidio Notaristefano, Fabio Poli (30 Giuseppe Lorenzo). Trainer: Luigi Radice
ADMIRA WACKER: Wolfgang Knaller; Alois Dötzl, Wolfgang Gramann, Helmut Graf, Josef Degeorgi, Marko Elsner, Ernst Ogris (57 Michael Binder), Peter Artner, Uwe Müller, Andreas Gretschnig (91 Dietmar Kühbauer), Olaf Marschall.   Trainer: Thomas Parits
Goals: Waas (6), Cabrini (50 pen), Negro (70)
Penalties: 0-1 Marschall, Tricella (miss), Elsner (miss), 1-1 Bonini, 1-2 Müller, 2-2 Verga, 2-3 Gramann, 3-3 Waas, Degeorgi (miss), Cabrini (miss), 3-4 Artner, 4-4 Notaristefano, 4-5 Binder, 5-5 Biondo, Dötzl (miss), 6-5 Lorenzo

VITESSE ARNHEM v SPORTING LISBOA 0-2 (0-2)
Nieuw-Monnikenhuize, Arnhem 28.11.1990
Referee: Peter Mikkelsen (DEN)   Attendance: 10,729
VITESSE: Raymond van der Gouw; Roberto Straal, Frans Thijssen, Theo Bos, Ton Van Bremen, Martin Laamers, John van der Brom, René Eijer, Bart Latuheru, Hans van Arum, Rick Hilgers (73 Huub Loeffen).   Trainer: Bert Jacobs
SPORTING: Tomislav Ivkovic; CARLOS Jorge Marques Caldas XAVIER (40 JOÃO LUÍS I Barbosa), Pedro Manuel Regateiro VENÂNCIO, MIGUEL Alberto Fernandes Marques, José Martins LEAL; Luís Filipe Carvalho "LITOS", OCEANO Andrade da Cruz (31 Vlado Bozinoski), Wiilliam DOUGLAS Humia Menezes, FILIPE Manuel Esteves Ramos; Fernando Mendes Soares GOMES, Jorge Paulo CADETE Reis. Trainer: Marinho Peres
Goals: Carlos Xavier (24), Gomes (37)

SPORTING LISBOA v VITESSE ARNHEM 2-1 (1-0)
Estádio José Alvalade, Lisboa 12.12.1990
Referee: George Courtney (ENG)   Attendance: 51,000
SPORTING: Tomislav Ivkovic; CARLOS Jorge Marques Caldas XAVIER, Pedro Manuel Regateiro VENÂNCIO, MIGUEL Alberto Fernandes Marques, José Martins LEAL; Luís Filipe Carvalho "LITOS", OCEANO Andrade da Cruz (78 Vlado Bozinoski), Wiilliam DOUGLAS Humia Menezes, Hamilton Souza "CARECA"; Jorge Paulo CADETE Reis, Fernando Mendes Soares GOMES (64 JOÃO LUÍS II Garces Esteves).   Trainer: Marinho Peres
VITESSE: Raymond van der Gouw; Roberto Straal, Frans Thijssen, Theo Bos, Arjan Vermeulen, Martin Laamers, John van der Brom, René Eijer, Bart Latuheru, Hans van Arum, Rick Hilgers (46 Huub Loeffen).   Trainer: Bert Jacobs
Goals: Douglas (26, 67), Van Arum (78)

RSC ANDERLECHT BRUSSEL
v BV 09 BORUSSIA DORTMUND 1-0 (0-0)
Constant Vanden Stock, Brussel 28.11.1990
Referee: José Rosa dos Santos (POR)   Attendance: 25,500
ANDERLECHT: Filip De Wilde; Adri Van Tiggelen, Wim Kooiman, Graeme Rutjes, Michel De Wolf; Charles Musonda, Alain Van Baekel (72 Bertrand Crasson), Gert Verheyen (38 Marc Van der Linden), Marc Degryse, Luc Nilis, Luis Oliveira. Trainer: Aad de Mos
BORUSSIA: Wolfgang De Beer; Günter Kutowski, Thomas Helmer, Peter Quallo, Sergei Gorlukovich; Michael Lusch (77 Jürgen Wegmann), Michael Zorc, Michael Rummenigge, Gerhard Poschner; Flemming Povlsen, Frank Mill (20 Stefan Strerath).   Trainer: Horst Köppel
Goal: Van der Linden (74)

1.FC KÖLN v ATALANTA BERGAMO 1-1 (0-0)

Müngersdorfer Stadion, Köln 28.11.1990

Referee: Guy Goethals (BEL)   Attendance: 24,500

1.FC KÖLN: Bodo Illgner; Alfons Higl, Frank Greiner, Anders Giske, Falko Götz, Olaf Janssen, Karsten Baumann (81 Jan Jensen), Maurice Banach, Ralf Sturm (46 Andreas Gielchen), Horst Heldt, Frank Ordenewitz.   Trainer: Erich Rutemöller

ATALANTA: Fabrizio Ferron; Renzo Contratto, Luigino Pasciullo, Walter Bonacina, Teobaldo Bigliardi, Domenico Progna, Glenn Strömberg, Roberto Bordin, Paulino Evair (90 Sergio Porrini), Eligio Nicolini, Carlo Perrone (84 Claudio Caniggia).   Trainer: Pierluigi Frosio

Goals: Progna (49 og), Bordin (54)

ATALANTA BERGAMO v 1.FC KÖLN 1-0 (1-0)

Comunale, Bergamo 12.12.1990

Referee: Joël Quiniou (FRA)   Attendance: 20,309

ATALANTA: Fabrizio Ferron; Renzo Contratto, Luigino Pasciullo, Walter Bonacina, Teobaldo Bigliardi, Domenico Progna, Glenn Strömberg (61 Sergio Porrini), Roberto Bordin, Paulino Evair, Eligio Nicolini, Claudio Caniggia (83 Carlo Perrone).   Trainer: Pierluigi Frosio

1.FC KÖLN: Bodo Illgner; Alfons Higl, Frank Greiner, Anders Giske, Falko Götz, Maurice Banach (73 Reinhold Daschner), Hans-Dieter Flick, Karsten Baumann, Ralf Sturm, Horst Heldt, Frank Ordenewitz (42 Henrik Andersen).
Trainer: Erich Rutemöller

Goal: Nicolini (16)

QUARTER-FINALS

BRØNDBY IF v TORPEDO MOSKVA 1-0 (0-0)

Brøndby stadion 6.03.1991

Referee: Marcel van Langenhove (BEL)   Attendance: 15,600

BRØNDBY: Peter Schmeichel; Kim Vilfort, Lars Olsen, Jens Risager, Bjarne Jensen, Jens Madsen, Carsten Vagn Jensen, John Jonsen (81 Henrik Jensen), Kim Christofte, Erik Rasmussen (68 Uche Okechukwu), Bent Christensen.   Trainer: Morten Olsen

TORPEDO: Valeri Sarichev; Aleksandr Polukarov, Andrei Kalaichev, Aleksandr Gitselov (82 Aleksei Yushkov), Vadim Rogovskoi, Sergei Shustikov, Sergei Agashkov, Gennadi Grishin (65 Yuri Matveev), Igor Chugainov, Nikolai Savichev, Oleg Schirinbekov.   Trainer: Valentin Ivanov

Goal: Madsen (58)

**TORPEDO MOSKVA
v BRØNDBY IF 1-0** (0-0, 1-0) (AET)

Torpedo Moskva 20.03.1991

Referee: John Blankenstein (HOL)   Attendance: 8,201

TORPEDO: Valeri Sarichev; Andrei Kalaichev, Andrei Afanasiev, Aleksandr Gitselov (67 Aleksandr Kuzmichev), Vadim Rogovskoi, Sergei Shustikov, Gennadi Grishin, Yuri Matveev, Aleksei Yushkov (57 Oleg Schirinbekov), Igor Chugainov, Sergei Agashkov.   Trainer: Valentin Ivanov

BRØNDBY: Peter Schmeichel; Bjarne Jensen, Uche Okechukwu, Lars Olsen, Carsten Vagn Jensen, John Jensen, Kim Christofte, Jens Madsen, Frank Pingel (97 Friday Elahor), Bent Christensen, Kim Vilfort.   Trainer: Morten Olsen

Goal: Schirinbekov (87)

Penalties: 0-1 Christensen, 1-1 Afanasiev, 1-2 Madsen, 2-2 Rogovskoi, 2-3 Vilfort, ..., 2-4 Christofte, ...

AC BOLOGNA v SPORTING LISBOA 1-1 (0-0)

Renato Dall'Ara, Bologna 6.03.1991

Referee: Rune Larsson (SWE)   Attendance: 33,000

BOLOGNA: Gianluigi Valleriani; Rosario Biondo, Renato Villa, Pietro Mariani (80 Emiliano Verga), Paolo Negro, Pierluigi Di Già, Marco Schenardi, Romano Galvani, Kubilay Türkyilmaz (72 Giuseppe Lorenzo), Egidio Notaristefano, Herbert Waas.   Trainer: Luigi Radice

SPORTING: Tomislav Ivkovic; CARLOS Jorge Marques Caldas XAVIER, José Martins LEAL, MÁRIO JORGE da Silva Pinho Fernandes, Luís Carlos Ferreira "LUISINHO"; FILIPE Manuel Esteves Ramos, OCEANO Andrade da Cruz, Wiilliam DOUGLAS Humia Menezes, Hamilton Souza "CARECA" (70 Luís Filipe Carvalho "LITOS"); Fernando Mendes Soares GOMES, Jorge Paulo CADETE Reis.   Trainer: Marinho Peres

Goals: Türkyilmaz (49), Luisinho (88)

SPORTING LISBOA v AC BOLOGNA 2-0 (1-0)

José Alvalade, Lisboa 20.03.1991

Referee: Joël Quiniou (FRA)   Attendance: 70,000

SPORTING: Tomislav Ivkovic; CARLOS Jorge Marques Caldas XAVIER, José Martins LEAL, Pedro Manuel Regateiro VENÂNCIO, Luís Carlos Ferreira "LUISINHO"; Luís Filipe Carvalho "LITOS" (88 MÁRIO JORGE da Silva Pinho Fernandes), OCEANO Andrade da Cruz, Wiilliam DOUGLAS Humia Menezes (87 Hamilton Souza "CARECA"); Fernando Mendes Soares GOMES, FILIPE Manuel Esteves Ramos, Jorge Paulo CADETE Reis.   Trainer: Marinho Peres

BOLOGNA: Gianluigi Valleriani; Rosario Biondo, Pierluigi Di Già (14 Giuseppe Anaclerio), Martino Traversa, Paolo Negro, Emiliano Verga, Pietro Mariani, Roberto Tricella, Herbert Waas, Romano Galvani, Marco Schenardi (31 Kubilay Türkyilmaz).   Trainer: Luigi Radice

Goals: Cadete (20), Gomes (80 pen)

**ATALANTA BERGAMO
v INTERNAZIONALE MILANO 0-0**

Comunale, Bergamo   6.03.1991

Referee: Hubert Forstinger (AUS)   Attendance: 25,000

ATALANTA: Fabrizio Ferron; Renzo Contratto, Luigino Pasciullo, Sergio Porrini, Teobaldo Bigliardi, Domenico Progna, Pierluigi Orlandini, Roberto Bordin, Giovanni Bonavita, Carlo Perrone, Claudio Caniggia.
Trainer: Bruno Giorgi

INTERNAZIONALE: Walter Zenga; Giuseppe Bergomi, Andreas Brehme (80 Giuseppe Baresi), Sergio Battistini, Riccardo Ferri, Antonio Paganin, Alessandro Bianchi, Paolo Stringara, Jürgen Klinsmann, Lothar Matthäus, Aldo Serena.
Trainer: Giovanni Trapattoni

**RSC ANDERLECHT BRUSSEL
v AS ROMA 2-3** (0-1)

Constant Vanden Stock, Brussel   20.03.1991

Referee: Peter Mikkelsen (DEN)   Attendance: 27,000

ANDERLECHT: Filip De Wilde; Bertrand Crasson, Adri Van Tiggelen, Graeme Rutjes, Michel De Wolf; Gert Verheyen (41 John Van Loen), Wim Kooiman, Stephen Keshi, Marc Degryse, Luis Oliveira, Nii Lamptey.   Trainer: Aad de Mos

AS ROMA: Giovanni Cervone; Stefano Pellegrini, Thomas Berthold, Antonio Comi, Amedeo Carboni (57 Giovanni Piacentini), Manuel Gerolin, Fabrizio di Mauro, Giuseppe Giannini, Antonio Tempestilli (70 Dario Rossi), Rudi Völler, Ruggiero Rizzitelli.   Trainer: Ottavio Bianchi

Goals: Völler (23, 55, 70), Kooiman (74), Lamptey (82)

**INTERNAZIONALE MILANO
v ATALANTA BERGAMO 2-0** (0-0)

Stadio Giuseppe Meazza, Milano   20.03.1991

Referee: José Rosa dos Santos (POR)   Attendance: 45,000

INTERNAZIONALE: Walter Zenga; Giuseppe Bergomi, Sergio Battistini, Riccardo Ferri, Giuseppe Baresi, Nicola Berti, Antonio Paganin, Alessandro Bianchi, Lothar Matthäus, Jürgen Klinsmann, Aldo Serena.
Trainer: Giovanni Trapattoni

ATALANTA: Fabrizio Ferron; Renzo Contratto (69 Giovanni Bonavita), Sergio Porrini, Teobaldo Bigliardi, Luigino Pasciullo, Domenico Progna, Walter Bonacina, Roberto Bordin, Pierluigi Orlandini, Carlo Perrone (69 Tiziano De Patre), Paulino Evair.   Trainer: Bruno Giorgi

Goals: Serena (60), Matthäus (63)

SEMI-FINALS

BRØNDBY IF v AS ROMA 0-0

Brøndby stadion   10.04.1991

Referee: Lajos Németh (HUN)   Attendance: 17,000

BRØNDBY: Peter Schmeichel; Bjarne Jensen, Jens Madsen (74 Henrik Jensen), Lars Olsen, Brian Jensen, John Jensen (84 Uche Okechukwu), Kim Christofte, Erik Rasmussen, Frank Pingel, Bent Christensen, Kim Vilfort.
Trainer: Morten Olsen

AS ROMA: Giovanni Cervone; Sebastiano Nela, Amedeo Carboni, Thomas Berthold, Aldair dos Santos, Antonio Comi, Stefano Desideri, Fabrizio di Mauro, Rudi Völler, Giuseppe Giannini (75 Manuel Gerolin), Ruggiero Rizzitelli.
Trainer: Ottavio Bianchi

**AS ROMA
v RSC ANDERLECHT BRUSSEL 3-0** (1-0)

Stadio Olimpico, Roma   6.03.1991

Referee: George Courtney (ENG)   Attendance: 55,000

AS ROMA: Giovanni Cervone; Antonio Tempestilli, Stefano Pellegrini, Thomas Berthold, Aldair dos Santos, Sebastiano Nela, Stefano Desideri, Manuel Gerolin (25 Antonio Comi), Rudi Völler, Giuseppe Giannini (79 Roberto Muzzi), Ruggiero Rizzitelli.   Trainer: Ottavio Bianchi

ANDERLECHT: Filip De Wilde; Gert Verheyen (50 Bertrand Crasson), Adri Van Tiggelen, Graeme Rutjes, Michel De Wolf, Stephen Keshi, Alain Van Baekel (83 John Van Loen), Luis Oliveira, Marc Degryse, Wim Kooiman, Nii Lamptey.   Trainer: Aad de Mos

Goals: Desideri (44), Völler (73), Rizzitelli (76)

AS ROMA v BRØNDBY IF 2-1 (1-0)

Stadio Olimpico, Roma   24.04.1991

Referee: Emilio Soriano Aladren (SPA)   Attendance: 58,042

AS ROMA: Giovanni Cervone; Stefano Pellegrini, Sebastiano Nela, Aldair dos Santos, Thomas Berthold, Antonio Comi (71 Roberto Muzzi), Giuseppe Giannini, Stefano Desideri, Fabrizio di Mauro, Rudi Völler (88 Manuel Gerolin), Ruggiero Rizzitelli.
Trainer: Ottavio Bianchi

BRØNDBY: Peter Schmeichel, Bjarne Jensen, Kim Vilfort, Brian Jensen, Lars Olsen, Erik Rasmussen (75 Jens Madsen), John Jensen, Kim Christofte, Henrik Jensen (89 Friday Elahor), Frank Pingel, Bent Christensen.   Trainer: Morten Olsen

Goals: Rizzitelli (33), Nela (62 og), Völler (87)

SPORTING LISBOA
v INTERNAZIONALE MILANO 0-0

José Alvalade, Lisboa   10.04.1991

Referee: Zoran Petrović (YUG)   Attendance: 80,000

SPORTING: Tomislav Ivkovic; CARLOS Jorge Marques Caldas XAVIER, José Martins LEAL (75 Hamilton Souza "CARECA"), Pedro Manuel Regateiro VENÂNCIO, Luís Carlos Ferreira "LUISINHO"; Krasimir Balakov, OCEANO Andrade da Cruz, Wiilliam DOUGLAS Humia Menezes; Fernando Mendes Soares GOMES, FILIPE Manuel Esteves Ramos, Jorge Paulo CADETE Reis.   Trainer: Marinho Peres

INTERNAZIONALE: Walter Zenga; Giuseppe Bergomi, Andreas Brehme, Sergio Battistini, Riccardo Ferri, Antonio Paganin, Alessandro Bianchi, Nicola Berti, Jürgen Klinsmann, Lothar Matthäus, Fausto Pizzi.   Trainer: Giovanni Trapattoni

INTERNAZIONALE MILANO
v SPORTING LISBOA 2-0 (2-0)

Stadio Giuseppe Meazza, Milano   24.04.1991

Referee: Gérard Biguet (FRA)   Attendance: 70,000

INTERNAZIONALE: Walter Zenga; Antonio Paganin, Giuseppe Bergomi, Riccardo Ferri, Andreas Brehme, Alessandro Bianchi, Sergio Battistini, Lothar Matthäus, Nicola Berti, Jürgen Klinsmann, Aldo Serena.   Trainer: Giovanni Trapattoni

SPORTING: Tomislav Ivkovic; JOÃO LUÍS I Barbosa, José Martins LEAL, Pedro Manuel Regateiro VENÂNCIO, Luís Carlos Ferreira "LUISINHO"; Krasimir Balakov, OCEANO Andrade da Cruz, Wiilliam DOUGLAS Humia Menezes (46 Luís Filipe Carvalho "LITOS"), FILIPE Manuel Esteves Ramos; Fernando Mendes Soares GOMES, Jorge Paulo CADETE Reis.   Trainer: Marinho Peres

Goals: Matthäus (15 pen), Klinsmann (35)

FINAL

INTERNAZIONALE MILANO
v AS ROMA 2-0 (0-0)

Stadio Giuseppe Meazza, Milano   8.05.1991

Referee: Alexei Spirin (USSR)   Attendance: 68,887

INTERNAZIONALE: Walter Zenga; Antonio Paganin (64 Giuseppe Baresi), Giuseppe Bergomi, Riccardo Ferri, Andreas Brehme, Alessandro Bianchi, Sergio Battistini, Lothar Matthäus, Nicola Berti, Jürgen Klinsmann, Aldo Serena (89 Fausto Pizzi).   Trainer: Giovanni Trapattoni

AS ROMA: Giovanni Cervone; Antonio Tempestilli, Antonio Comi (75 Roberto Muzzi), Thomas Berthold, Aldair dos Santos (72 Amedeo Carboni), Sebastiano Nela, Fabrizio di Mauro, Giuseppe Giannini, Manuel Gerolin, Ruggiero Rizzitelli, Rudi Völler.   Trainer: Ottavio Bianchi

Goals: Matthäus (55 pen), Berti (65)

AS ROMA
v INTERNAZIONALE MILANO 1-0 (0-0)

Stadio Olimpico, Roma   22.05.1991

Referee: Joël Quiniou (FRA)   Attendance: 71,000

AS ROMA: Giovanni Cervone; Antonio Tempestilli (56 Fausto Salsano), Aldair dos Santos, Thomas Berthold, Sebastiano Nela, Manuel Gerolin, Stefano Desideri (68 Roberto Muzzi), Fabrizio di Mauro, Giuseppe Giannini, Rudi Völler, Ruggiero Rizzitelli.   Trainer: Ottavio Bianchi

INTERNAZIONALE: Walter Zenga; Giuseppe Bergomi, Riccardo Ferri, Sergio Battistini, Andreas Brehme, Antonio Paganin, Alessandro Bianchi, Nicola Berti, Lothar Matthäus, Jürgen Klinsmann, Fausto Pizzi (66 Andrea Mandorlini).   Trainer: Giovanni Trapattoni

Goal: Rizzitelli (80)

UEFA Cup Top Scorers 1990-91:

10 goals: Rudi Völler (Roma)

6 goals: Lothar Matthäus (Internazionale), Jorge Paulo CADETE dos Santos Reis (Sporting Lisboa), Yuri Tishkov (Torpedo Moskva)

5 goals: FERNANDO Mendes Soares GOMES (Sporting Lisboa), Bent Christensen (Brøndby IF)